上海市志

公安司法分志
司法行政卷

1978—2010

上海市地方志编纂委员会　编

上海人民出版社

领导视察

1985 年 10 月 25 日，司法部部长邹瑜（右一）为影片《少年犯》题词并颁奖

1986 年 9 月 27 日，司法部副部长陈卓（二排左一）在首次全国律师资格考试上海考区现场巡视

1988 年 6 月 5 日，市委副书记杨堤（站立者右二）视察女劳教大队

1992 年 1 月 7 日，司法部部长蔡诚（左一）出席在上海展览中心举行的浦东涉外律师事务所成立典礼

1995 年 10 月 28 日，司法部常务副部长张秀夫（右一）视察第三劳教所

1998 年 1 月 11—16 E，市委副书记王力平（中）视察第一、第二劳教所

2001 年 8 月 2 日，市委常委、市法制宣传教育领导小组副组长、市委宣传部部长殷一璀在市法宣教育领导小组会议上讲话

2001 年 12 月 5 日，市委副书记、市法宣领导小组组长龚学平（左一）为“东方法治”网站揭幕并点击开通

2002 年 3 月 6 日，副市长冯国勤（前排左二）视察第二劳教所

2002 年 12 月 8 日，市人大常委会主任陈铁迪（前排右二）视察闵行区七宝镇开展全国第二届法制宣传日暨上海市第十四届宪法宣传周法律宣传咨询现场

2004 年 10 月 14 日，市委副书记刘云耕（右二）视察第二劳教所

2004 年 11 月 15 日，司法部部长张福森（前排左一）视察浦东新区潍坊新村街道、徐汇区斜土路街道矫正工作

2005 年 4 月 25 日，全国人大法工委副主任王胜明（前排左二）、司法部副部长段正坤（前排右一）到市公证处进行公证法立法调研

2006 年 9 月 29 日，司法部副部长陈训秋（前排中）视察女劳教所

2007 年 1 月 21 日，市政协主席蒋以任视察（右二）第一劳教所并看望农场困难职工

2007 年 2 月 7 日，市委常委、政法委书记吴志明（左）在首届上海十大“平安英雄”颁奖晚会上为新航社工颁奖

1986 年 4 月 3 日，上海市小学法制教育经验交流会在黄陂南路第一小学召开。该校四年级表演主题班会——“法就在我们中间”

1991 年 3 月 14 日，市人大常委会通过关于深入开展法制宣传教育的决议

1998 年 12 月 2 日，市司法局与东方电视台举办全市百万市民法律知识竞赛决赛

2000 年 10 月 16 日，领导干部依法治市专题研修班开学典礼暨干部法制培训基地揭牌仪式举行

2002 年 8 月 16 日，市依法治市办、市委宣传部、市司法局、市法宣办在全市依法治市宣传日开展系列宣传活动

2006 年 12 月 4 日，近千名公务员代表全市公务员举行“忠于宪法，服务人民”宣誓仪式，拉开第 18 届宪法宣传周序幕

2007 年 12 月 3 日，“12 · 4”全国法制宣传日暨上海市第十九届宪法宣传周法制宣传活动在普陀区青少年活动中心举行

2008 年 3 月 27 日，全市“奥运法制宣传上海行活动”启动

2009 年 4 月 29 日，《上海世博会市民法律知识手册》首发式暨社区法制宣传系列讲座开讲仪式举行

2010 年 12 月 8 日，首届城市治理论坛暨"上海依法治理优秀案例"颁奖大会召开，会议主题为"民主法治与城市发展"

1980 年 9 月，上海律师赴北京参加林彪、江青反革命集团案件的刑事辩护工作。出庭的辩护律师前排从左至右为甘雨霈、韩学章、张思之、马克昌、周奎正，后排从左至右为傅志人、张中、苏惠渔、周亨元

1984 年 7 月 3—5 日，全市第一届律师代表大会召开

1989 年 4 月 8 日，全国合作制律师事务所试点工作座谈会在上海召开

2000 年 9 月 30 日，市司法局首次组织 200 余名新律师举行律师执业宣誓仪式

2004 年 11 月 4 日，全球主要城市律师会会长峰会在上海举办

2007 年 4 月 26 日，首届“东方大律师”颁奖晚会在广电大厦演播大厅举行

1988 年 4 月 28 日，市公证处首次发布公告，公示接待时间等事项

1994 年 11 月 12 日，上海市第一次公证员代表大会暨上海市公证员协会成立大会召开

1995 年 3 月 28 日，市公证处为上海首次国有土地使用权拍卖依法办理公证

2000 年 7 月 18 日，中法上海公证法律交流培训中心签约仪式举行

2002 年，市公证处为福利彩票开奖现场公证

2010 年 8 月 5 日，由全国普法办主办、司法部法宣司和市司法局承办、浦东新区司法局协办的“学法伴我世博行”全国网上法律知识竞赛公证抽奖仪式在上海举行

1999 年 4 月 1 日，市司法鉴定工作委员会举行首次专家聘请仪式。市人大常委会副主任漆世贵（左二）、副市长冯国勤（左三）出席会议

2001 年 11 月 20 日，市司法鉴定专家聘请暨市司法鉴定中心揭牌仪式举行

2004 年 8 月 14 日，首次司法鉴定人执业考核举行，市公安、检察、法院、卫生、财政等各个系统共 867 名执业登记备案的司法鉴定人参加考核

2010 年 6 月 4 日，市司法鉴定协会第一届第一次会员代表大会召开

1996 年 12 月 9 日，全国首条法律咨询热线电话“58391490”在浦东新区开通

1999 年 3 月 18 日，上海市“16000148”法律服务专用电话开通

2002 年 1 月 15 日，市司法局将原“16000148”法律服务专线改为“12348”法律咨询专线，并交由市法律援助中心统一管理

2003 年 8 月 30 日，市司法局、市法宣办等单位联合开展迎接《法律援助条例》实施大型宣传咨询活动

2008 年，全市法律援助机构向经济困难群体发放《法律援助证》，持证人可凭证直接申请法律援助，免予经济状况审查

2009 年 9 月 27 日，长三角地区法律援助协作会议在上海召开

1987 年 12 月 28—30 日，上海市乡镇法律服务工作会议在上海县党校召开

1994 年 6 月 16 日，上海首家街道司法所——徐汇区徐家汇街道司法所挂牌成立

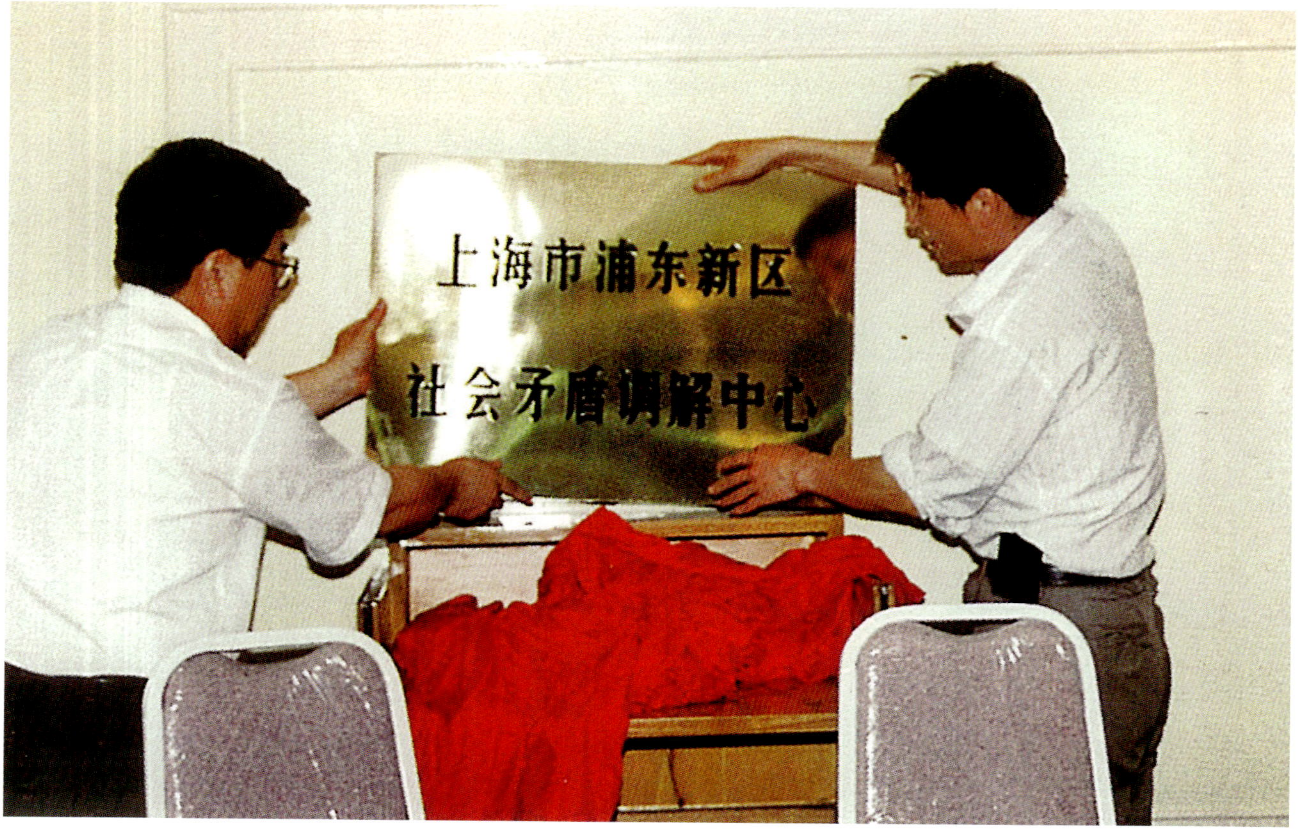

1995 年 6 月 28 日，浦东新区成立全国首家社会矛盾调解中心

1996 年 11 月 28 日，全市首家区县司法局派出机构——奉贤县司法局西渡司法所揭牌

2007 年 5 月 30 日，市高级人民法院、市司法局联合召开人民调解新闻发布会，通报上海法院委托人民调解工作情况

2010 年 7 月 23 日，世博园区人民调解工作室成立

1986 年 9 月，上海法律专科学校首届暨上海市政法管理干部学院第二届开学典礼召开

1999 年 7 月 12 日，市司法局同上海大学举行共建上海大学法学院签约仪式

2000 年 9 月，市政法管理干部学院首届高等法律职业教育新生开学典礼召开

2003 年 7 月 7 日，市政法管理干部学院、上海大学法学院第一次党代会召开

2003 年 11 月，市政法管理干部学院、上海大学法学院新校区扩建工程开工典礼举行

2009 年 11 月 19 日，市立法研究所、上海政法学院举行合作框架协议签约仪式。市人大常委会主任、上海政法学院名誉院长刘云耕（后排左六），市人大常委会副主任周禹鹏（后排右五）出席庆典并讲话

2000 年 9 月 16 日，市社会帮教志愿者协会第一次会员代表大会举行

2004 年 11 月 1 日，市新航社区服务总站在黄浦区外滩陈毅广场举行社工签约仪式

2006 年 4 月 28 日，市社会帮教志愿者协会揭牌签约仪式举行

2007 年 2 月 10 日，首届上海市社区矫正・安置帮教专场招聘会召开，面向全市社区服刑人员、刑释解教人员及其家属招聘

2008 年 6 月 18 日，市司法局召开让阳光洒向每一个青少年——“特殊对象未成年子女关爱行动”推进会

2009 年 6 月 30 日，苏浙沪社区矫正与安置帮教工作协作机制会议在上海召开

1984 年 12 月 18 日，市犯罪改造学学会举行成立大会

1993 年 3 月 23 日，市司法行政系统人民警察授衔仪式在上海展览中心举行

2001 年 11 月 13—16 日，市司法局在第一劳教所召开全市监狱劳教农场发展研讨会

2009 年 10 月 23 日，市戒毒管理局正式挂牌成立

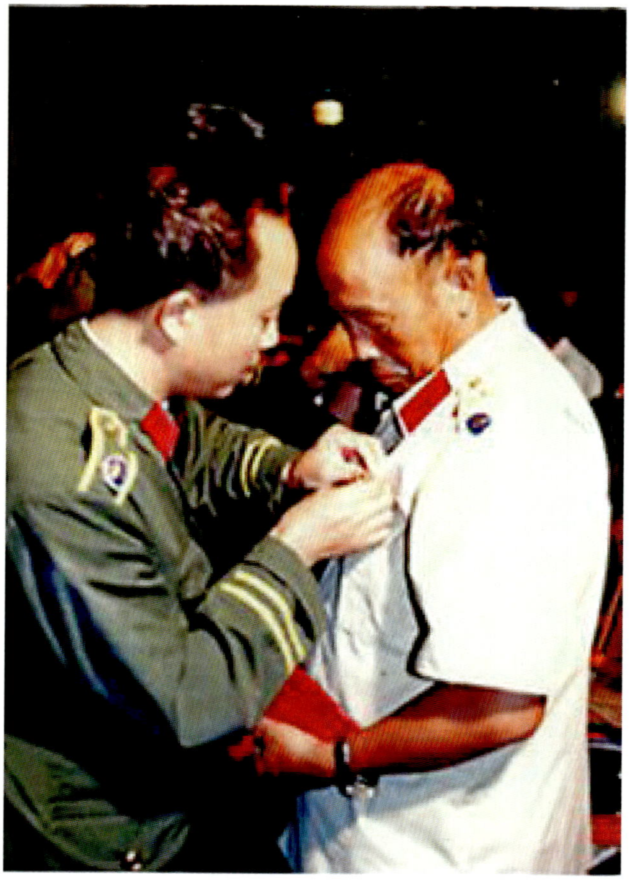

20 世纪 80 年代，为民警授“两劳”工作 30 年荣誉勋章

1999 年，劳教场所干警队列操练

2008 年，戒毒场所急救伤员演练

2010 年，“迎世博” 防暴队日常训练

办公地址

1980 年 1 月 10 日，市委批复，同意建立上海市司法局，办公地址在福州路 209 号

1982 年 11 月 25 日，市司法局机关由福州路 209 号迁至建国西路 648 号

1994 年 7 月 25 日，市司法局临时迁至仙霞路 620 弄 34 号办公

1997 年 9 月 8 日，市司法局机关新办公大楼（吴兴路 225 号）建成启用

《上海市志·公安司法分志·司法行政卷（1978—2010）》编纂委员会及编纂人员

主　　任　吴军营（2013.02—2013.03）　郑善和（2013.03—2017.04）
陆卫东（2017.04—　　　）

副 主 任　（以姓氏笔画为序）

王　协　王东晟　牛海陵　朱久伟　朱剑华　刘　平　刘卫萍
刘江江　刘言浩　刘忠定　刘建华　刘晓红　李　鸣　李和平
杨俊一　吴　琦　宋　烈　张　祎　陈春兰　陈耀鑫　邵建平
罗培新　罗震川　金国华　周仲飞　郑林奇　钟　杰　桂晓民
夏小和　董海峰　蔡永健　戴卫东

委　　员　（以姓氏笔画为序）

卜少华　于　凌　万恩标　马　宁　马　屹　马传荣　王　琼
王　滨　王兴和　王春华　文　勇　邓　骏　叶　林　叶　斌
冯　铉　冯秀琴　刘太阳　关明泉　许国柱　李　强　李柏勤
杨俊懿　吴浩波　何祝辉　宋向岭　张　铭　张承斌　张鲁滨
张婷婷　陆松涛　陈　东　陈　宏　陈红蕾　陈继军　邵　平
范胜琴　罗晓冰　郑明苇　胡骞骛　冒国平　俞静贤　姜　岸
姚　生　袁胜利　徐　东　徐　彤　徐　青　徐　勇　高志刚
高时川　黄　群　黄一欣　黄立群　梅义征　曹家侃　麻汉云
商忠强　董继明　蒋　毅　蒋晓虹　程家荣　傅忠伟　虞　雷
管丽娟　魏　晔

主　　编　朱久伟（2013.02—2017.07）　王　协（2019.05—　　　）

副 主 编　（以姓氏笔画为序）

王　挺　王兴和　王奕蓉　叶　林　张丽艳　张婷婷　陈　颖
邵玉婷　徐　东　黄一欣

责任编辑　（以姓氏笔画为序）

王劲茹　王晓琛　汤竞成　孙　黎　赵文志　董　雷

总纂编辑　吴晓玲

资料收集和供稿人　（以姓氏笔画为序）

马为丽　马克兵　王　炯　王　毅　方乐莺　尹晓楠　邓　燕

冯文照　冯立章　吕　凌　朱光耀　花苓芝　李玉麒　李正汪
杨　征　宋春雷　张　弦　张益铨　陈国海　周章柏　郑红海
郑启龙　赵小亮　骆　昭　倪玥玥　徐　鑫　徐文生　奚秋蓉
高　亚　章志伟　彭国亮　葛占林　董　澍　董坤一　路　敦
詹建德　魏栋培

《上海市志·公安司法分志·司法行政卷（1978—2010）》咨询专家名单

（以姓氏笔画为序）

牛　敏　左扣子　朱光明　朱宝麒　竹彰富　刘小禾　刘振宇
李　黎　李柏勤　李海歌　李培培　杨　杰　杨军益　肖建平
沈宗仁　沈剑美　张　凌　邵建平　郑长裕　项冶萍　赵金洪
胡厚植　唐秀凤　黄晓明　蒋传光　缪林凤

《上海市志·公安司法分志·司法行政卷（1978—2010）》评议专家名单

组　　长　缪晓宝

成　　员（以姓氏笔画为序）

王卫红　王永鉴　朱少华　刘　建　汤啸天　李　劼　李培龙　赵增辉　施伟东　桂晓民

《上海市志·公安司法分志·司法行政卷（1978—2010）》审定专家名单

组　　长　缪晓宝

成　　员（以姓氏笔画为序）

王卫红　王永鉴　刘　建　汤啸天　李　劼　赵增辉　徐　静　黄玉婷

《上海市志·公安司法分志·司法行政卷（1978—2010）》验收单位和人员名单

验收单位　上海市地方志办公室

验收人员　洪民荣　姜复生　黄晓明　过文瀚　黄文雷

业务编辑　杨军益

序

“治天下者以史为鉴，治郡国者以志为鉴”。修志是中华民族优秀传统文化。习近平总书记强调，要高度重视修史修志，让文物说话、把历史智慧告诉人们。《上海市志·公安司法分志·司法行政卷（1978—2010）》详细记述了党的十一届三中全会后上海司法行政恢复建立至2010年间的发展历程，记录翔实、史料丰富、内容客观，采用了大量的文献、档案、照片等，系统展示了上海法制宣传、律师、公证、司法鉴定、法律援助、人民调解、监狱、戒毒等司法行政各方面工作，充分呈现出上海司法行政发展过程中的机遇与挑战、调整与变革、守正与创新，具有很强的存史、资政和育人功能。相信这本志书一定能够成为广大读者观察、了解司法行政工作的重要窗口，成为专家学者研究上海法治建设进程的参考读本。

修志是为了更好前行。站在向第二个百年奋斗目标奋进的历史关头，上海司法行政承担着统筹推进法治上海建设的新职能，肩负着重要的时代使命。全系统上下将以志书出版为契机，以史为鉴、开创未来，从志书记载的33年历史进程中汲取经验和智慧，激发斗志和动力，奋力开创新时代上海司法行政工作新局面。

编纂志书是一项艰巨的系统工程，凝结着编撰人员的辛勤付出和奉献精神，也得到了上海市地方志办公室等单位的大力支持，上海司法行政系统老领导、老同志的鼎力相助，以及相关单位、部门的积极参与。在此，谨向多年来为完成这部志书编纂任务付出艰辛劳动的全体编纂人员，以及经常指导这部志书的专家和同志致以深深的敬意和诚挚的感谢！

值此《司法行政卷》付梓之际，谨以为序。

《上海市志·公安司法分志·司法行政卷（1978—2010）》编纂委员会

2021年4月

《上海市志(1978—2010)》凡例

一、本志坚持以马克思主义为指导，遵循辩证唯物主义和历史唯物主义原理，实事求是记述上海市自然、政治、经济、文化和社会的历史与现状。

二、本志为上海市首轮社会主义新方志中《上海通志》《上海市专志系列丛刊》之续，续义不续例，体例方面创新调整，并对首轮志书补缺正误。采用小篇平列体，分别编纂，陆续出版，汇为全志。

三、本志记述地域范围，以2010年底上海市行政区划为准。由上海市辐射至全国其他地区及国外事物，兼及记述。

四、本志记述内容的时限，上起1978年，下讫2010年，反映这一时期上海改革开放全貌。首轮《上海市专志系列丛刊》所缺或记述内容不够丰富的分志、分卷，上溯至事物发端。中国共产党分志、人民代表大会分志、人民政府分志、人民政协分志、民主党派分志，为保持同一届次内容记述的完整性，下延至2010年后的首个换届年份。

五、本志按自然、政治、经济、文化和社会为序设置分志、分卷，事以类从，类为一志，并兼顾当代社会分工的原则。全志除总述外，中国共产党分志、农业分志、工业分志、商业分志、服务业分志、城乡建设分志、金融分志、口岸分志设置综述卷，并设经济综述分志，加强全志整体性。各分志、分卷采用篇章节体，卷首设概述、大事记，以专记、附录、索引殿后。

六、本志体裁以述、记、志、传、图、表、录为主，力求内容与形式统一。

七、本志人物传遵循"生不立传"原则。入传人物排列先后以卒年为序。在世人物以人物简介(排列以生年为序)、人物表(人物录)记载。

八、本志采用规范的语体文、记述体，行文按《〈上海市志(1978—2010)〉编纂行文规范》，力求严谨、朴实、简洁、流畅，以第三人称记述。

九、本志纪年,凡1949年5月27日上海市解放以前的用历史纪年,一般标示朝代、年号、年份,括注公元纪年;1949年5月27日上海市解放后,一律采用公元纪年。

十、本志所记述的地名、机构名称、职称及币种、计量单位,一般按当时称谓。

十一、本志所用统计资料,原则上根据统计部门公布的材料;未列入统计部门统计的,根据部门统计的材料。

十二、本志资料来源于国家档案馆、上海市及有关省市档案馆、部门档案馆(室),以及历史文献、口碑资料、社会调查、部门提供的材料等,均经考证核实,一般不注明出处。

编 纂 说 明

一、本卷根据上海市第二轮地方志书编纂要求，坚持依法修志和实事求是的撰写原则，力求全面、客观地记述1978—2010年上海司法行政系统的历史、成果和经验。

二、本卷根据上海司法行政工作改革实践与发展的特点，设置全书的框架，分别采用述、记、志、传、图、表、录等志书体裁。

三、本卷卷首设图片、凡例、编纂说明、目录、概述、大事记；正文按业务项目分类，共设15篇，篇以下分设章、节、目；卷末设专记、附录、索引和编后记。主要照片集中于卷首，有关照片、图表、录随文插附。监狱工作因单独修志，本卷不设专篇，只在总述、大事记和建制中简要记述。

四、本卷所记述的单位和机构名称，其称谓因体制、机构的调整变化有所变更。为尊重历史，根据《上海市志（1978—2010）编纂行文规范》的要求，记述时采用当时的称谓。

五、本卷中凡未标明地名的“市”均指上海市。

六、本卷中凡未标明名称的“党”均指中国共产党；“市委”指中共上海市委。

七、本卷大事记中凡涉及人物职务，如无变动，一年内只标明职务名称一次，后直书人物姓名，换年相同。

八、本卷年代采用公元纪年，所出现的××年代，如无特别说明，均指20世纪××年代。

九、本卷涉及金额的货币种类，如无特殊说明，均指人民币。

十、本卷附录主要收录上海市人大常委会、市政府颁布的有关法规、行政规章和重要规范性文件。

十一、本卷中涉及相关法均为中华人民共和国颁布。

目　录

CONTENTS

概 述

新中国成立以来，上海司法行政机关经历了建立、撤销、重建和发展的曲折历程。1949年上海解放后，华东军政委员会司法部设在上海，管理华东地区的司法行政工作。1953年上海市人民法院增设司法行政处，管理司法行政工作。1955年6月1日，上海市司法局成立，负责基层法院的机构管理、人员编制、干部训练、法制宣传、律师、公证、人民调解、司法统计、法令编纂以及司法经费等工作。这是上海首次成立专门的市级司法行政机关，也是司法行政与司法审判第一次分离。随后，人民律师制度、公证制度逐步建立，全市性的法制宣传工作、人民调解工作也逐步开展起来。1959年5月25日，市司法局被撤销，职能划归市高级人民法院，上海市专门建制的司法行政机关自此中断20年。

1980年1月10日，上海市司法局恢复建立。此后30多年间，市司法局在市委、市政府的正确领导和司法部的有力指导下，深入贯彻落实党的路线、方针、政策，严格执行国家法律、法规，始终围绕全市中心工作和改革发展大局，认真履行不断充实丰富的职责使命，为促进全市经济发展、推进法治建设、维护社会和谐稳定发挥了积极作用。

一

1978年12月，党的十一届三中全会开启了上海司法行政工作的新时期。70年代末到90年代初，市司法局各方面工作都呈现出欣欣向荣的新气象，法制宣传和法学教育工作开创了新局面，律师和公证制度快速恢复建立并繁荣发展，人民调解工作不断向基层延伸，监狱和劳教工作管理体制逐步理顺。

恢复建立司法行政机构。1980年1月10日，市委批复，同意建立上海市司法局。到1982年，全市22个区、县普遍建立司法行政机构；同时成立法律顾问处(律师事务所)和公证处，街道乡镇设立司法助理员。1983年，政法部门体制改革，劳改劳教工作划归市司法局管理。80年代以后，从市到区县到街道、乡镇的多层次、多功能、多种类的司法行政组织体系逐步健全，司法行政干警队伍和法律服务队伍不断发展壮大。

开创法制宣传教育新局面。党的十一届三中全会提出"加强社会主义民主，健全社会主义法制"的战略方针，拉开了新时期社会主义法制建设的序幕。1981年，市司法局创办《上海司法》。1983年，创办《上海法制报》。全市各大报刊、影视、广播等媒体，开设法制专栏、专题节目，共同加强法制宣传。1985年8月，市普及法律常识办公室成立，设在市司法局。同年12月，出台《关于在全市公民中基本普及法律常识的计划》，由此揭开上海市全面、系统地开展法制宣传教育工程的序幕，五年一轮的法制宣传教育活动自此形成常态化机制。"一五"普法把宪法列为应普及的法律常识的首位，主要围绕维护安定团结、社会稳定的大局而开展。"一五"普法期间，数以百万的市民参与普法培训；也是从"一五"普法开始，领导干部这一"关键少数"始终摆在普法教育的重要位置。其间，系统开展了"十法一条例"(宪法、刑法、民法通则、刑事诉讼法、民事诉讼法、民族区域自治法、婚姻法、继承法、经济合同法、兵役法和治安管理处罚条例)培训工作。1989年，设立宪法宣传周，成为上海法制宣传教育的一张名片。1991年3月,市委、市政府批转市委宣传部、市司法局《关于全市实施法制宣传教育的第二个五年规划的意见》的通知,"二五"普法启动。

恢复发展律师行业。1979年4月,市委组织部同意恢复建立市律师协会。1980年3月,市律师协会正式对外办公。同年8月,崇明县率先成立全市第一家县属法律顾问处。至1982年,全市各区县法律顾问处基本建立。上海律师制度恢复初期,律师队伍数量严重不足,人少案多的矛盾突出。面对困难,市司法局加快步伐,有计划地培养、吸收兼职律师,还从政法机关尚能坚持工作的离退休人员中,吸收一部分为特邀律师。1984年12月,全市法律顾问处更名为律师事务所。1985年,全市律师事务所实行"单独核算、自负盈亏、自收自支、结余留用"办法,极大调动律师的工作积极性,这是上海律师工作改革上的重大突破。1988年,上海8家律师事务所开展合作制律师事务所转制试点,实行律师留职停薪、自收自支,与国家财政脱钩。在此基础上1990年,市司法局制定《关于合作制律师事务所管理办法》,推进合作制律师事务所试点工作。至1991年,全市律师事务所从1980年的2家增长到64家,执业律师由16人增长到2 902人。这一期间,律师业务不断拓展,从办理各类刑事、民事、经济、行政诉讼案件,逐步拓展到参与利用外资、引进技术、补偿贸易等大量非诉讼法律事务,涉外经济法律事务也逐渐增多,律师行业服务经济社会发展的职能作用进一步发挥。

恢复发展公证行业。1979年4月,市委组织部同意恢复建立市公证协会。1980年4月,市公证处正式挂牌对外办公。市公证处恢复建立后,一方面恢复开办了收养子女、私房买卖、赠与、财产继承、遗嘱、民事协议等国内公证业务;另一方面继续积极地办理涉外民事和经济公证业务,更好地为改革开放服务。为适应公证业务的迅速发展,1981年6月,川沙、宝山两县在全市率先建立公证处。至1985年,全市各区(县)共建立公证处,公证处数量达24家,公证人员达150余人。1985年后,涉外公证业务直线上升,年办理涉外公证突破1万件,1987年超过3万件,1988年超过6万件。为适应涉外公证业务大发展的需要,1988年,市司法局在全国率先将办理涉外公证业务的权限下放给各区县公证处。至1991年,全市共有公证处23家,公证员302人,办理各类公证业务100多种。各公证处以"预防和减少纠纷"为宗旨,通过公证活动,宣传社会主义法制,指导和帮助当事人规范法律行为,配合政府有关部门调整各类法律关系,消除纠纷隐患,积极发挥了公证预防纠纷、维护稳定的功能。

恢复发展人民调解和基层法律服务。市司法局恢复建立后,加强了对人民调解工作的领导,调解组织迅速得到恢复与健全,各街道、乡镇相继配备司法助理员,建立调解工作联席会议制度,基层调解网络逐步形成并不断发展。工厂企业相继建立调解组织,一些工厂之间、工厂和地区之间建立联合调解组织或联席会议制度,郊县与江苏、浙江毗邻地区建立跨省市的联合调解组织。实行招聘调委会主任,吸收在职职工参加地区调解工作,发展纠纷信息员,建立各级岗位责任制,各项调解工作制度逐步健全。1984年9月,市郊开始试点建立乡镇法律服务所。随后,全市相继建立乡镇法律服务所,在对相对落后的农村地区提供法律服务方面,起到拾遗补阙的作用。1989年6月,《人民调解委员会组织条例》颁布实施,全市人民调解工作走向制度化、规范化。8月,227个乡镇街道全部成立法律服务所,并作为"政法基层组织"之一,与乡镇政府司法所"政事合一"。1990年7月,市政府发布《上海市乡镇法律服务所工作暂行规定》,明确了乡镇法律服务所的定位。

恢复发展法学教育和司法培训。80年代初期,市司法局创办上海市司法干校和司法学校。1984年后,又先后创办劳改工作警察学校、上海市政法管理干部学院、上海法律专科学校,逐步形成上海司法行政系统的法学教育基地。为解决司法干部"青黄不接"的矛盾,从1982年开始,市司法局通过举办法律专业函授站、政法干部自修大学、大中专自学考试、电大辅导班、委托各大学定向培养、岗位证书培训、法律顾问培训班、律师函授辅导站以及组织出国培训等10多种教育形式，培养适应上海改革开放需要的大批法律人才。80年代后期，市司法局委托复旦大学和上海行政法管理干部学院举办涉外法律培训班，委托复旦大学、华东师范大学代培养在职律师硕士研究生和进修生。在创新教学基地的同时，市司法局坚持既抓全日制学校教育，又抓面广量大的在岗业余教育。1983—1990年，全市司法系统干警的文化专业水平大大提高，其中律师、公证人员大专水平分别由16%和50.7%上升到56.5%和78.7%；劳改局干警大专水平由6%上升到19.2%，大中专水平共达40.3%。根据教育改革的不断深化和用人单位的需求，市司法局还通过与院校联合举办岗位培训、短训等形式，培训了一批财会人员、机关干部等，进一步发挥教育基地的职能作用。

恢复发展劳改、劳教工作。1978年3月，市公安局劳改局恢复行政领导体制，领导全市劳动改造和劳动教养工作。1980年10月，市劳动教养管理委员会恢复重建，由市民政局、公安局、农场局负责人组成，下设劳教办，列入上海市公安局建制。1983年7月，劳改、劳教工作整建制由市公安局划归市司法局管理。这是政法系统的一次重大体制改革。1984年，市劳动教养管理委员会作了调整，由市司法局、公安局、民政局、劳动局和教育局负责人组成，办公室设在市司法局，与市劳改局劳教处两块牌子、一套班子，负责处理市劳教委的日常工作，劳动教养审批机构仍设在市公安局。80年代中期至90年代初期，上海劳改、劳教工作全面步入改革创新期。随着监管改造秩序的稳定，市劳改系统敢为人先，积极推动以罪犯分类改造为主要标志的系列改革，全面探索新的工作机制，创建新的工作平台，初步形成具有上海劳改工作特点的分类改造、综合治理、监区文化、罪犯智力库开发等新平台、新机制，在一些领域取得突破，走在全国前列。在此期间，市劳改系统通过完善组织机构、实行行政首长负责制、弘扬红烛精神、创办特殊学校、探索分类改造、开展社会综合治理和帮教、建设规范化大队、推行承包责任制等，有力地推动劳改、劳教工作深入发展。

二

1992年党的十四大召开后，改革开放和社会主义现代化建设进入新的阶段。随着政治体制改革和民主法治建设的加强，司法行政机关的职能不断调整充实，全市司法行政工作改革发展步伐加快。

推进法制宣传教育和依法治国方略实施。“二五”普法把宣传宪法放在首位，并贯穿于全过程；大力宣传社会主义市场经济法律法规；加强外来人员的法制教育；青少年法制教育走上系统化、规范化轨道；大众传播媒介充分发挥作用，法制宣传教育力度加大。上海的法制宣传工作，从单个法律、法规的宣传，发展到全面的、经常化、制度化、系统化的法制宣传新阶段，从根本上增强广大干部、群众的法制观念和公民意识。1996年，“三五”普法全面启动。同年8月，成立上海市法制宣传教育领导小组，办公室设在市司法局。经过大规模的普法运动，全市公民法律素质明显提高，依法维护自身合法权益的能力不断增强，履行法律义务的自觉性不断提高，运用法律武器同各种违法犯罪行为作斗争的现象不断增多，遇到问题找法，解决问题靠法的观念开始确立。1997年9月，党的十五大提出依法治国的基本方略，中国法治建设进入以贯彻和实施依法治国基本方略为主要内容、以建设社会主义法治国家为奋斗目标的新阶段，法治建设不断取得成就。1999年8月，市委召开依法治市工作会议，印发《上海市进一步推进依法治市工作纲要》，成立上海市依法治市领导小组，依法治市工作在全市推开。2000年，全市19个区县都提出依法治区(县)的口号，227个街道乡镇陆续开展依法治街(乡镇)工作。

促进律师行业蓬勃发展。1992年,全市创办"不占国家编制,不要国家拨款,自主管理,自收自支,自我发展,自我约束"的合作制律师事务所,解决了国家编制有限与社会对律师服务需求量大的矛盾。同年10月,首批4家香港律师事务所在上海设立办事处,开始境外律师事务所在中国境内设立办事处的试点工作。1993年,市司法局制定"理顺体制,加强管理,发展队伍,拓展业务"的律师工作目标,建立和完善市、区(县)司法局及律师事务所"三级"管理体制。1994年12月,市政府颁布《上海市律师管理办法》,全面规范律师管理工作。1995年8月,浦东新区率先在全国推行公职律师制度。1996年,市司法局成立直属律师事务所党委,加强律师党建工作。1997年,市司法局制定了对律师事务所深化改革的若干实施意见和规定,把改革的重点引向《律师法》规定的国资、合作、合伙3种不同组织形式的律师事务所。1999年,在市司法局党委领导下,市律师协会建立党组。2000年,市司法局全面启动国资所脱钩改制工作,全市律师事务所全部改制为合作、合伙制律师事务所。浦东开发开放后,上海涉外法律服务领域不断扩大,上海律师积极为外商投资企业的筹建和成立出谋划策,并为中国企业到海外投资提供法律服务;一大批专门从事证券、外商投资、房地产、知识产权等非诉业务的律师开始活跃在经济社会生活的相关领域。

推进公证行业发展壮大。1993年11月12日,上海市第一次公证员代表大会召开,成立上海市公证员协会。1994年,浦东新区公证处成立,积极开拓土地使用权出租、中外合资经营合同和抵押贷款合同等公证事项。至此,包括市公证处及13个区、6个县和浦东新区、石化地区在内,全市共成立22个公证处。1995年3月,市司法局首次开展公证员执业注册活动。公证人员从最初的29人发展到449人。1996年3月1日,《上海市公证条例》审议通过,这是上海第一个关于公证工作的地方性法规,进一步规范和保障了已经走上快速发展轨道的房地产公证、抵押贷款公证、证据保全、现场监督公证等与国计民生密切相关的公证工作,在国有土地使用权的依法转让公证等方面也迈出新的步伐。2000年,市公证处率先启动公证体制由国家行政机关向事业单位转制的工作,并自2001年1月1日起转为事业单位法人。2001年,市司法局首次实行公证机构年检制度,全市22家公证处通过年检并取得年检许可证。

打造司法鉴定"上海模式"。1998年6月18日,上海市司法鉴定工作委员会成立,办公室设在市司法局,成为全国第一家省级司法鉴定工作委员会,被司法部称为"上海模式"。1999年2月,上海成立第一个司法鉴定专家委员会——上海市人身伤害司法鉴定专家委员会,随后又成立了上海市精神疾病司法鉴定专家委员会。同年3月,市司法鉴定工作委员会召开第一次全体会议,会议明确了市司法鉴定工作委员会的主要职责。2000年7月,上海市司法鉴定中心成立,主要负责组织上海市司法鉴定专家委员会的专家鉴定工作,不以自己名义出具鉴定报告,处于完全中立、公正的地位。同年8月,市司法局设立司法鉴定管理处,承担市司法鉴定工作委员会的日常工作,这是全国最早在省级司法行政机关设立的司法鉴定管理部门。同年11月20日,市司法鉴定中心正式揭牌。至此,市司法鉴定工作委员会、司法鉴定管理处、司法鉴定中心这一政府行政管理、监督和协调为主导,各职能部门共同参加、统一管理的司法鉴定"上海模式",基本框架完成建构。

多措并举开展法律援助工作。1995年8月,浦东新区法律援助中心成立,是全国最早建立的政府法律援助机构。1996年12月26日,全国第一条法律咨询热线58391490(后改为68609999)在浦东开通。1997年6月,上海市法律援助中心成立,负责全市法律援助工作的组织实施、管理协调和指导监督,指导各法律援助中心根据统一受理、统一审查、统一指派、统一监督的"四统一"原则依法做好法律援助工作。8月28日,市司法局出台《关于法律援助的若干规定(试行)》,对法律援助条件及对象、法律援助的范围和程序等作出相关规定。9月，市法律援助中心试运行，并于1998年3月正式挂牌对外服务。1999年3月13日，上海市"16000148"法律服务专用电话开通。5月，市司法局印发《关于办理法律援助事项费用支付办法(试行)》，规范市法律援助中心法律援助资金的使用。2000年4月，全市19个区县均成立法律援助机构。5月，市司法局与市高级人民法院、市检察院等有关部门联合制定规范性文件，协调各有关部门，健全法律援助制度。2001年，全市20个规范的法律援助中心全部建成，为市政府十大实事项目之一，上海成为当时全国唯一的法律援助机构、编制、场所、制度"四落实"的省市。

拓展人民调解和基层法律服务领域。1992年后，随着社会发展，基层矛盾呈现出主体多元化、类型多样化的特点，人民调解工作益发显示其重要性和艰巨性。全市各级司法行政机关，全方位、多层次地建立调解网络，对于易发难解的纠纷，实行专项治理。1994年6月，徐汇区徐家汇街道在全市率先建立司法所。此后，全市各街道、乡镇陆续建立司法科(所)。1995年6月，浦东新区率先建立社会矛盾调解中心，负责调解处理重大群体性社会矛盾纠纷。1996年1月，市人民调解协会成立。1999年起，市司法局开始探索人民调解专业化、规范化、社会化建设，在实践中创立人民调解协议书法律效力法院审核制。至2000年，全市成立13家区县级社会矛盾调解中心；建立乡镇、街道司法科(所)214家，占全市乡镇、街道建设总数的64.5%。随着改革全面深化，在试点和发展乡镇法律服务所的过程中，市司法局逐步建立健全工作程序和以岗位责任制为核心的管理制度。随着改革的全面深化，1992年后，乡镇法律服务所逐步实行自收自支、自负盈亏、自我约束、自我发展的"四自"机制，同时司法助理员与乡镇法律服务所主任分离。2000年3月，《基层法律服务所管理办法》出台，明确乡镇法律服务所转型为基层法律服务所，城市街道也可建立基层法律服务所。2001年底，市司法局启动全市基层法律服务所脱钩改制工作，改制后基层法律服务所的执业组织形式为合伙制。

构建教育培训体系。90年代起，市司法局对在职干警进行有计划、分层次的岗位业务培训，逐步建立健全上岗、转岗、晋升培训制度。1993年，在上海法律高等专科学校和上海大学文学院法律系的基础上，建立上海大学法学院，实现由专科教育向本科教育的跨越。上海大学法学院隶属市委政法委和市司法局，同时接受上海大学领导。1994年，建立市政法人才培训中心和市涉外法律人才培训中心，培养了一批较高层次的法律专业人才。1996年，市司法局提出加强干部的岗位培训和继续教育，除了利用和发挥局属教育机构的作用外，还委托上海大学和中央党校函授学院上海分院举办专升本班，委托复旦大学举办研究生班。1998年，上海大学法学院开始自主招收硕士研究生。至此，通过不懈努力，市司法局基本建成从基础教育到研究生教育，从大中专学历教育到开展岗位培训教育，从全日制普通大中专院校到成人大中专业余教育的多层次、多规格、多形式教育培训体系。

加快监狱劳教体制改革。1995年5月，上海市劳动改造工作管理局更名为上海市监狱管理局，各劳改支队、总队，统一更名为监狱；在原上海市劳改局劳教处的基础上，成立上海市劳动教养工作管理局(简称"市劳教局")，标志着上海监狱工作与劳教工作彻底分开管理，跨入一个新的历史期时。90年代中期后，市监狱局通过调整监狱布局、创建现代化文明监狱、改革监狱体制、构建现代监狱警务机制，全面提高干警综合素质和信息化水平，全面深化和发展监狱工作，使监狱整体工作逐步走上正规化的轨道。市劳教局成立后，始终坚持以安全稳定为中心，坚持依法、严格、文明、科学管理；坚持维护劳教人员合法权益；坚持推进数字化、标准化、网络化的信息化建设；坚持政治建警、素质强警等，实现所政管理规范化、教育矫正多样化、队伍正规化，很多工作走在全国前列。

三

2002年党的十六大以后，中国进入全面建设小康社会、加快推进社会主义现代化新的发展阶段。随着改革开放的进一步深化和经济社会发展，党和国家把民主法治建设和政治体制建设摆在改革发展全局的重要位置加以推进，全面落实依法治国方略。上海司法行政工作迎来了更大的发展机遇。

加快依法治市进程，扎实推进法治宣传。2002年，党的十六大对新时期的法治建设提出了新的任务和更高的要求，把“社会主义法制更加完备，依法治国基本方略得到全面落实”作为全面建设小康社会的目标。“四五”普法期间，全市深入开展以宪法学习宣传为核心，以提高公民法律素质为主线，以提高各级领导干部依法决策、依法管理能力为重点，以提高城市法治化水平为目标，积极探索法治宣传教育与法治实践相互结合的新途径、新方法，实现了由提高全民法律意识向提高全民法律素质的转变，由注重依靠行政手段管理向注重运用法律手段管理的转变，全方位推进全市各项事业的依法治理，为依法治国、建设社会主义法治国家奠定坚实的基础。2006年，“五五”普法启动，首次提出“法律六进”的基本途径，市司法局、市法宣办会同相关部门制定发布“法律进机关”“法律进乡村”“法律进社区”“法律进学校”“法律进企业”和“法律进单位”活动的实施意见，面向不同群体开展有针对性的普法宣传。2008年8月，根据依法治市工作的需要，市委决定恢复建立市依法治市领导小组，办公室设在市司法局。“五五”普法期间，全市各级法治宣传教育部门把法治宣传教育纳入本地区经济和社会发展总体规划，将法治教育与法治实践、法治教育与道德教育有机结合，进一步突出普法重点，创新普法载体，为迎接2010年上海“世博会”的顺利开展，营造良好法治环境。期间，明确提出开展法治创建活动的要求，力求通过形式多样、内容丰富的法治宣传教育活动来培育法治文化，并注重结合法治建设的实践活动来深化法治宣传教育。

建立健全律师制度和管理体制。2001年9月，上海市第六次律师代表大会选举产生由专职律师担任会长的新一届理事会，设置监事会，标志着上海律师工作由过去以司法行政为主的管理逐步向司法行政管理和行业自律管理相结合的体制机制过渡。2002年以后，陆续将律师业务培训、执业纠纷调处、律师年检注册、申请律师执业人员的实习管理等工作职能逐步移交律师协会承办，强化律师协会行业自律管理功能。2008年，各区县均设立了律师工作委员会，健全了区县司法局律师管理权能，市区两级律师管理体制基本形成。同年5月，为贯彻修订后的《律师法》，市司法局对合作制律师事务所进行改制。此后，作为一定历史发展阶段产物的合作制律师事务所完全退出上海法律服务市场，更加符合律师执业特点的个人所、合伙所成为律师执业机构的主要形式。至2010年，全市有律师事务所1 064家，其中合伙所865家、个人所199家；执业律师13 002人，公职律师486人，公司律师218人。合伙所已经成为律师执业机构的主要形式，并出现一批具有一定规模、在国内外具有较高知名度的综合性、专业性的律师事务所。随着改革开放的深入，律师业务从以事后法律救济为目的的诉讼、仲裁向事中法律控制和事前法律策划等非诉讼方面拓展，服务领域几乎已覆盖社会生活和经济生活的各个领域和层面，服务范围也从以诉讼为主的传统服务业发展为诉讼、非讼两翼齐飞。上海律师在党建工作、管理体制、专业能力、参政议政、助力社会经济发展、履行社会责任等方面均取得了飞速发展，在政治、经济、社会、文化、生态建设、对外开放等各个方面均发挥了积极作用。

加快公证体制改革步伐。2002年，全市22家公证机构全面完成从行政体制改为事业体制的转制工作，并以“执行国家公证职能，自主开展业务，独立承担责任，按市场规律和自律机制运行的公益性、非营利性事业法人”的体制和机制运行。2006 年起，根据《公证法》的有关规定，市司法局对全市公证机构的设置进行调整，22 家公证机构统一设置在市级层面上，按“上海市＋字号＋公证处”的方式冠名，其执业区域为整个上海市行政区域，每家公证处均可在全市范围内办理公证业务，不再局限于其注册地的区县范围。2007 年 6 月，市公证协会第三届代表大会选举产生的新一届理事会成员及协会会长、副会长，均由执业公证员担任，是全国首例全部由执业公证员组成的办会领导集体。2008 年 3 月，全市各公证机构完成统一变更名称的工作。至 2010 年，全市公证人员达 844 人，办证总量为 407 614 件。全市 22 家公证处中，有全国文明公证处 3 家、市文明单位 5 家。随着公证队伍逐步壮大、办证量大幅上升，公证已从单纯办理涉外民事公证发展为涉外、国内公证业务并举，从以民事公证为主发展为以开拓经济公证为重点，从单一的出具公证证明发展为向社会提供多层次、多角度的法律服务。在积极发挥其“预防、监督、保障”功能方面，公证工作为保证法律的正确实施，维护社会稳定，维护人民权益，促进社会主义市场经济健康发展发挥重要作用。

规范有序发展司法鉴定工作。2002 年起，市司法局陆续出台了鉴定机构登记公告制度、司法鉴定人执业证制度、统计工作制度、继续教育和业务培训制度。2004 年，首次对申领司法鉴定人执业证人员进行司法鉴定及相关法律业务知识考核、考试。同年 10 月，制定出台《上海市司法鉴定人职业道德规范》。2005 年 2 月，《全国人大常委会关于司法鉴定管理问题的决定》实施后，明确赋予司法行政机关司法鉴定登记管理职能。此后，市司法局认真开展司法鉴定机构和司法鉴定人的审核登记、名册编制和公告管理，统一机构专用章制作管理和司法鉴定人签名备案，统一司法鉴定文书和司法鉴定协议书文本，司法鉴定工作管理进一步加强和规范。2010 年 6 月，上海市司法鉴定协会成立，司法鉴定管理进入行政管理和行业自律管理相结合阶段。至 2010 年，全市纳入市司法局登记管理的司法鉴定机构共有 105 家，司法鉴定人 1 488 人。

不断扩大法律援助工作覆盖面和受益面。2002 年 1 月，市司法局将原“16000148”法律咨询专线改号为“12348”法律咨询专线，并交由市法律援助中心统一管理。此后，市司法局在全市各乡镇(街道)均设立“法律援助工作站”，从而形成市、区(县)、乡镇(街道)三级法律援助组织网络，不仅扩大了法律援助的影响，也使法律援助走进社区，更加便民利民。2006 年，《上海市法律援助若干规定》出台，放宽了受援对象经济困难标准，扩大了法律援助范围。同年，上海在全国率先启动在村(居)委会设立法律援助联络点工作。2008 年，上海基本完成区(县)法律援助中心、街镇法律援助工作站、村居委法律援助联络点的法律援助平台搭建工作，法律援助服务网络基本建成。至 2010 年，全市法律援助机构从成立以来共受理法律援助案件 74 294 件，接待法律咨询 91.5 万人次；“12348”法律咨询专线从开设以来接答法律咨询 115.8 万人次。10 多年间，上海市法律援助工作制度不断健全和完善，法律援助覆盖面和受益面不断扩大，法律援助工作在积极参与社会矛盾纠纷化解、有效维护社会贫弱群体合法权益、维护和促进社会公平正义等方面发挥了积极作用。

构建大调解工作体系。进入 21 世纪，市司法局逐步构建以人民调解为基础，人民调解与行政调解、司法调解相衔接的大调解工作体系。2003 年，市司法局开始探索建立法院、公安、司法行政三个系统解决民间纠纷的协调机制，使三种调解资源得到有效配置。2004 年，市司法局推进人民调解与诉讼调解、行政调解、仲裁的衔接与配合，推动人民调解工作室建设，发展了一批行业性、区域性调委会。2006 年，在总结试点工作经验的基础上，市司法局联合市公安局、市高院、市检察院先后出台相关意见，将民事纠纷诉前委托调解和轻伤害案件委托人民调解向全市推开。2007 年，开展治安案件、医患纠纷、劳动争议及物业管理纠纷的委托人民调解工作。2008 年，初步形成以人民调解为基础的大调解工作格局。在探索多元化解决矛盾纠纷机制的过程中,市司法局不断完善人民调解网络,积极推进民事纠纷案件、轻伤害等轻微刑事案件、治安案件、信访事项委托人民调解工作,大力参与房地物业纠纷、医患纠纷、劳动争议等专业性纠纷调解,参与消费、保险等行业纠纷化解,努力构建人民调解与司法调解、行政调解以及其他行业组织调解相衔接的大调解工作体系,工作领域持续拓展,化解社会矛盾的基础性作用进一步发挥,维护社会和谐稳定第一道防线作用进一步凸显。

组织实施国家统一司法考试。2002 年起,市司法局开始履行组织实施上海考区国家司法考试职能后,逐步建立健全各项制度,覆盖司法考试组织实施的各个工作环节。同时,市司法局依法规范法律职业资格行政审批,将法律职业资格审核列入行政许可受理审批事项,及时向社会公开。在组织实施考试过程中,落实保密承诺机制、严格考试监考机制、建立多方协调机制。2003 年,上海率先在全国实现国家司法考试网上报名,通过统一报名信息数据处理,将考生信息管理、考试成绩查询、法律职业资格申请等纳入网络系统管理轨道。2009 年,再次对国家司法考试信息化管理系统进行个性化升级改造。2010 年 10 月,为提高行政效能和服务质量,市司法局率先制定实施国家司法考试全程网络化管理试点方案。至 2010 年,共组织实施九次国家司法考试上海考区考务工作。

组建上海政法学院。进入 21 世纪,上海市政法管理干部学院开展内部管理体制综合改革、扩大校园面积、外引内培人才、创建新专业、改善专业结构、提升教学科研水平,初步具备独立申办本科院校的基础和条件。2004 年 9 月,市政府批准在上海市政法管理干部学院、上海大学法学院基础上,成立独立设置的本科院校,即上海政法学院。2008 年 4 月,市司法局决定将直属的市司法学校委托该校管理。2009 年起,上海政法学院与司法部合作招收培养“全国政法干警培养模式改革试点班”学生;与上海市监狱管理局、劳教局签订了联合培养人才协议,创建并实施了“两考并一考”的“订单式”人才培养模式。至 2010 年,上海政法学院由单一法学学科发展为拥有 15 个本科专业,并形成以法学为主干,政治学、经济学、社会学、管理学、语言文学等多学科协调发展的学科体系。

建立社区矫正工作体系。2002 年 8 月,上海在全国率先启动社区矫正试点工作;同年 9 月,为进一步提高刑释解教人员安置帮教工作的实效性,上海提出“监所内必访”“出监所必接”“户口必报”“基本情况必知”“有困难必帮”等专项要求。2003 年,市社区矫正工作办公室成立。2004 年 8 月,社区矫正试点工作在全市 19 个区县 226 个街镇全面推开。同年,市司法局决定将安置帮教职能划归市矫正办承担。2005 年 7 月 19 日,市安置帮教领导小组办公室设在市矫正办。社区矫正试点工作自 2004 年在全市推开以来,根据刑罚执行、教育矫正、帮困扶助的三大目标和任务要求,确立“政府主导推动、社团自主运行、社会多方参与”的社区矫正工作总体思路,率先在全国引入社会组织和社会力量参与和协助全市司法行政机关开展社区矫正试点工作,构建日常管理、教育学习、心理矫正、公益劳动及帮困扶助五项内容的社区矫正工作基本框架;规范接收、矫正、终止三个阶段的工作流程;建立了遍及全市的志愿者帮教网络。至 2010 年,基本形成党委、政府统一领导,司法行政机关具体实施,执法主体和工作主体适度分离,人民法院、人民检察院、公安机关等政法各部门密切配合,社会组织和社会力量广泛参与的社区矫正工作机制。在市司法局牵头下,上海政法各部门密切配合、通力协作,共同推进社区矫正制度建设,努力探索具有中国特色的非监禁刑行刑方式,逐渐形成了一套较为完整和科学的社区矫正试点工作体系,确立了较为完整的社区矫正管理规范,实现了政治效果、法律效果、社会效果的有机统一。

深化监狱、劳教体制改革。2003 年起,按照国务院和司法部“全额保障、监企分开、收支分开、规范运行”监狱体制改革要求,上海开展试点工作。通过自上而下的努力,上海基本实现改革目标,初步形成符合监管改造工作规律的新型监狱体制。按照司法部统一部署,2002年4月以来,全市劳教系统积极开展创办特色工作,初步形成具有时代特征、劳教特色、上海特点的劳动教养矫治模式。2008年6月起,随着《中华人民共和国禁毒法》的实施,劳教管理体制开始向戒毒管理体制转型,各劳教所开始收治强制隔离戒毒人员,并于9月增挂强制隔离戒毒所牌子。2009年10月,上海市戒毒管理局正式挂牌,与市劳教局两块牌子、一套班子。在深化体制改革中,上海监狱、劳教系统坚决服从、服务于上海社会治安综合治理大局,着力加强执法规范化建设,通过一系列制度的制定和实施,有力地促进和保障全市监狱、劳教场所的持续安全稳定;深入落实"以改造人为中心"的监狱工作方针以及"教育、感化、挽救"的劳教工作方针,全面凸显监狱、劳教本职职能,努力将破坏社会和谐稳定的罪犯及劳教人员改造成为守法公民,化消极因素为积极因素。

四

1978—2010年,上海司法行政系统历经恢复建立、艰苦创业、改革发展和重组优化等重大历史阶段,逐步形成了"兵种复杂、层多面广、条块交织"的职能特点。一是队伍条线多,状况庞杂。既有机关公务员、司法警察、法学教师、职工,又有律师、公证员、调解员、司法鉴定人等法律服务工作者。二是业务门类多,战线长。各条线、各部门的业务职能、工作条件各不相同。既有行政管理业务、监管改造业务,还有法律服务等业务;既有监狱、劳教所等执法机关,学校、医院等社会配套部门,又有律师事务所、公证处、司法鉴定机构等法律服务组织;既有上海市内单位,又有地处江苏和安徽的监狱、劳教所。三是整合调动资源和社会力量的要求高、难度大。比如法治宣传、法律援助和人民调解等工作都直接面向社会、服务群众,社会性、群众性、基础性强,工作协调难度大。

面对纷繁复杂的局面,市司法局党委持之以恒加强党的建设和队伍建设,充分发挥党支部的战斗堡垒作用和党员先锋模范作用,带领全系统广大干警和法律服务工作者锐意进取、开拓创新、敢于担当、勇闯一流;把思想政治建设摆在第一位,确保广大司法行政干警和法律服务工作者忠诚可靠;把履职能力建设作为重要任务,加强广大司法行政干警和法律服务工作者的法治、业务和文化的教育培训;加强法律服务从业者的职业道德和执业纪律教育,针对不同时期出现的问题,集中开展专项教育治理;坚持反腐倡廉,严肃查处少数干警违法违纪案件,坚决清除队伍中的腐败分子,为上海司法行政工作健康、持续发展,提供了有力的政治保障、组织保障和人才保障。

33年间,上海司法行政工作在深化改革、开拓创新中不断进步发展,积累了重要的基本经验:一是始终坚持党的领导,以党的政治建设为统领,把党对司法行政工作的绝对领导贯彻到全过程、各方面。二是始终坚持以人民为中心,尽最大努力满足群众需求,着力提高群众满意度和获得感。三是始终坚持围绕中心、服务大局,把司法行政工作放在党委政府工作大局中来谋划、来推进,充分发挥服务保障经济社会发展的职能作用。四是始终坚持改革创新,为科学发展注入持久动力,推动工作质量整体迈上新台阶,激励引导全系统努力走在全国前列。五是始终坚持真抓实干,以严的精神、实的作风抓落实,善始善终,善做善成,不断解决影响发展的瓶颈问题,提升司法行政管理能级。

面对新形势、新任务、新要求,上海市司法局将坚持以习近平新时代中国特色社会主义思想为指导,深入学习贯彻习近平法治思想,继承和发扬基本经验,统筹推进法治上海、法治政府、法治社会建设,努力推进让上海的法治名片更加闪亮,为上海加快建设具有世界影响力的社会主义现代化国际大都市提供坚实有力的法治保障和优质高效的法律服务。

大 事 记

1978 年

7 月 24 日　上海市调解工作先进集体、先进工作者代表大会在福州路市革委会礼堂召开，会上表彰先进集体 34 个、先进工作者 196 人。

8 月 20 日　市公安局副局长盛辉兼任市公安局劳改局局长。

1979 年

4 月 10 日　市委组织部批复，同意恢复上海市律师协会。

4 月 12 日　少年犯管教所（简称少管所）被公安部列为对外宾开放单位。1983 年 10 月 4 日，首次接待新西兰首席大法官戴维森等。

11 月 17—18 日　市委书记严佑民、市革委会副主任陈宗烈视察上海农场。

1980 年

1 月 10 日　市委批复，同意建立上海市司法局，鞠华任党组书记、局长，何后、陈昭著任党组成员、副局长。

2 月 9 日　经市政府同意将海丰农场华明分场交还上海农场辟为劳教农场。

2 月 25 日　市委组织部同意市司法局设办公室、业务管理处、法制宣传教育处、人事处和公证处，人员编制 100 人，并同意建立上海市司法干部学校，人员编制暂定 30 人。

3 月 12 日　市律师协会正式对外办公，配备律师 50 人，行政人员 13 人。

3 月 21 日　最高人民检察院副检察长张苏视察少管所。

3 月 28 日　市司法局与市高级人民法院联合召开全市人民调解工作先进集体、先进工作者表彰大会。

4 月 1 日　市公证处挂牌，正式对外开展业务。

5 月　市司法局与市公安局联合发出《关于恢复收养子女公证业务的通知》，市司法局和市房地局联合发出《关于房屋买卖转移和无主财产办理公证的通知》。

6 月 10 日　市司法局制定《上海市律师收费暂行办法》。这是上海律师工作恢复后第一个规范性文件。

6 月 14 日　市司法局向市委上报《关于动员司法干部归队的请示》，并建议成立领导小组。到 1982 年 12 月，动员了 30 余人归队。

7 月 2 日　市司法局制定《上海市法律顾问处工作细则》。

7 月 24 日　全市第一个基层法律顾问处——崇明县法律顾问处成立，解决远郊农民请律师难的问题。

7月　根据国务院批转的司法部《关于迅速建立省属市(地、区)县司法行政机构的请示》,市司法局开始筹建区、县司法行政机构。长宁、虹口、杨浦、南市、徐汇、川沙、奉贤、嘉定、崇明等区、县相继建立司法科或司法科筹建组。

8月25日　上海市第一法律顾问处成立,崇明县率先成立第一家县属法律顾问处。至1983年6月,全市22个区县法律顾问处相继成立;市属法律顾问处增至9家。

9月　经市委批准,市司法局派韩学章、苏惠渔、肖开权、朱华荣、张中等5人到北京参加审理林彪、江青反革命集团案件的刑事辩护工作。

10月18日　上海市劳动教养管理委员会(简称市劳教委)恢复建立。下设劳教办,列入市公安局建制。

11月10—11日　市司法局与市委宣传部、市妇联、市高级人民法院在文化广场联合举办大型《婚姻法》宣传讲座。听众达13 000多人。

1981年

3月18日　经市委宣传部批准,恢复20世纪50年代创办的《上海市司法工作通讯》,并更名《上海司法》,作为内部月刊。

4月3日　根据司法部指示,市司法局在华东政法学院建立华东政法学院上海函授站,学制三年,主要为全市司法行政系统培养大学专科法律人才。

5月23日　长宁区武夷街道潘西调委会主任袁金娣在调解工作中为保卫人民生命安全,与犯罪分子作斗争时光荣牺牲。市政府批准其为革命烈士。

6月　市司法局在试点基础上,在川沙、宝山两县建立公证处,开始办理国内常规公证业务。

7月1日　中共上海市司法局机关党总支成立。

7月24日　市司法局首次召开全市基层司法行政工作座谈会。

10月24日　市政协副主席宋日昌、王致中视察青东农场。

11月11—13日　市人大常委会副主任狄景襄、李培南等视察市监狱、第一劳改队。

12月3日　市司法局召开全市人民调解工作会议,传达贯彻全国首次人民调解工作会议精神。到会1 200多人,市委常委、副市长王鉴讲话。

12月　市司法局成立律师资格审批小组,负责对全市律师进行资格审批。翌年3月,46名律师获第一批律师资格证书。

1982年

2月27日　市司法局召开全市法制宣传教育工作会议,贯彻“八省五市法制宣传教育工作座谈会”精神。

3月31日　市司法局召开全市表彰人民调解工作先进集体、先进个人大会。大会有1 400多人参加,为66个先进集体、314名先进工作者颁奖。

3月　市司法局组织推广长宁区江苏路街道、静安区武定路街道等单位建立调解联席会议制度的经验。年内,全市260个基层单位建立调解联席会议制度。

4月　根据市委指示，市司法局派韩学章、李树棠等18名律师担任审理江青反革命集团在上海的骨干马天水、徐景贤、王秀珍等8名被告的刑事辩护工作。

5月13日　上海市司法学校成立，与上海市司法干校一套机构、两块牌子，学制两年，系中等法律专科学校。9月16日举行开学典礼。

8月　根据司法部、最高人民法院通知，市司法局将原主管审批人民法庭设置、变更、撤销和报批人民法院的机构、编制、任免等事项，移交市高级人民法院管理。

9月16日　为推广律师劳动分配制度改革，市第一、第二法律顾问处业务组开始试行浮动工资制。

10月12日　经市委直属机关党委批准，市司法局机关党总支改建为机关党委。

10月24日　市公安局党组批准，市劳改局将上海农场川东分场从上海农场划出，建立上海市第二劳动教养管理所。

11月25日　市司法局办公地址由福州路209号(市高级人民法院楼内)迁至建国西路648号。

12月13日　长宁区江苏路街道首次举办全市第一个法制宣传日活动。

12月18日　首次召开上海市司法助理员工作经验交流会。

1983年

1月30日　副市长兼市公安局局长杨堤视察川东农场(位于江苏省盐城市大丰区)。

2月4日　中共中央书记处书记、中央政法委书记陈丕显，市委副书记杨堤视察少年犯管教所。

3月1日　全市第一个区公证处——虹口区公证处成立。

3月17日　市司法局组织全市第一次法制宣传日活动。律师、公证人员、司法行政干部和司法学校师生500余人走上街头，向群众宣传法制，开展法律咨询活动，接待群众3 500人。

5月31日　市委宣传部和市司法局联合举办“法制宣传周”活动。全市设226个宣传站，1 000多名审判、检察、司法行政干部上街宣传法制。

6月　上海市政法干部自修大学成立。办事机构设在市司法局宣教处。

7月1日　根据中共中央决定和公安部、司法部有关规定，上海市劳改、劳教工作从即日起整建制移交市司法局管理。7月5日，市司法局、市公安局召开迎送大会。

7月12日　司法部司法鉴定研究所在上海光复西路1347号筹备恢复。

10月9日　李庸夫任市司法局党组书记、局长。

10月10日　共青团上海市司法局委员会建立。

10月17日　经市委宣传部、市委政法委批准，市司法局主办的《上海法制报》试刊第一期出版。翌年1月2日，正式公开发行。陈丕显为该报题词，中顾委委员、原司法部部长魏文伯为《上海法制报》题写报名并题词。

1984年

1月　南汇县横沔公社工业公司建立法律顾问室。这是上海郊县社办企业建立的第一家法律顾问室。

1—2月　市司法局团委组织演讲队伍，先后到苏北、皖南4个劳改、劳教农场，对罪犯和劳教人员作法制宣传演讲30场。

2—3月　经市委、市政府批准，市司法局机关成立政治部、法制宣传处、法学教育处、政策研究室、行政处；撤销人事处、宣教处；保留原局办公室；原局业务管理处改为调解处。下半年成立律师管理处和公证管理处。

3月8日　司法部在沪召开兼职律师座谈会。司法部部长邹瑜到会并讲话。

4月20日　经市委批复同意，市司法局建立纪检组。

5月1日　《上海劳改劳教工作通讯》试刊。7月1日正式出版，为内部月刊。1988年改为《上海劳改劳教通讯》。1995年12月，更名为《上海警苑》。

5月23日　经市政府同意，市劳动教养管理委员会由市司法局、公安局、民政局、劳动局、教育局负责人组成。办公室设在市司法局，与市劳改局劳教处两块牌子、一套班子，负责市劳动教养管理委员会日常工作。

6月　市委同意市司法局党组《关于法律顾问处经济体制改革的请示》。市第一法律顾问处试行承包责任制，首先实行定员、定额、定职、定责。

7月3—5日　市律师协会召开第一届律师代表大会。大会通过《上海市律师协会章程》和工作报告，选举产生第一届理事会理事35人，韩学章任会长。

8月1日　根据市编委通知，全市各区、县司法科改为司法局建制。

9月7—9日　市司法局与市文化局、上海人民广播电台和上海电视台联合举办全市首届法制文艺汇演。各界人士近万人观看演出。

10月13日　市人大常委会副主任李培南率队视察第三劳教所，与干警和劳教人员座谈。

11月1日　受司法部委托，市司法局开始举办上海经济律师培训班，为全国20个省、市培养经济法律人才。先后办过5期，每期两个半月，共培训学员约300人。

11月8日　上海第一家乡镇法律服务所——南汇县大团镇法律服务所成立。

11月19日　经市政府批准，并向国家教委备案，上海市政法管理干部学院成立。学制设大专、短训两个层次。由市委政法委领导，市司法局主管。校址位于青浦县野马浜。

12月18日　上海市犯罪改造学学会召开成立大会，市司法局局长李庸夫任会长。1992年10月，改名为市劳改学会。1998年12月，改名为市监狱学会。

12月26—28日　市劳改局召开劳改劳教双先表彰大会。中共中央书记处书记、全国人大常委会副委员长陈丕显发来贺电。

年底　全市各法律顾问处均改为律师事务所。

1985年

1月3日　市司法局党组讨论通过本年整改工作的十项措施。

1月19日　司法部副部长李石生视察青东农场。

2月1—4日　司法部在上海召开全国司法厅(局)长会议，探讨改革和加强司法行政工作的若干问题。

2月11日　市委宣传部、市委政法委转发市司法局党组《关于在全市公民中普及法律常识的计划》的通知。

3月12—15日　市司法局召开全系统政治工作会议。主要研究端正业务指导思想,自觉地服从于和服务于党的总任务、总目标等5个问题。

3月25日　市委宣传部、市委政法委联合召开全市法制宣传教育工作会议,在全市公民中普及法律常识。上海第一个"五年普法"正式开始。

4月10日—5月20日　"上海劳改劳教工作展览"在中山公园举办,共计22万人次参观展览。

4月29日　市劳改局和深圳影业公司签约联合摄制《少年犯》故事片。影片由市劳改局出资,以反映少年犯改造为主题,并由少管所在押少年犯饰演主角。

5月26日　第三劳改总队与黄浦区长沙路等3个街道首次签订对服刑和刑满释放人员的《共同帮教协议》。

6月11—14日　市政协副主席杨士法率队视察军天湖、白茅岭农场。

6月19日　司法部部长邹瑜视察青东农场。

8月20日　全市第二次法制宣传教育工作会议召开。市委副书记黄菊出席会议并讲话。是日,上海市普及法律常识办公室正式成立,设在市司法局,与法制宣传处合署办公。

8月29日　市委宣传部、市委政法委在吴泾化工厂召开全市法制宣传教育工作现场会。

9月28日　市政法管理干部学院举行开学典礼。首届招收学员189人。

10月13—19日　杨士法率队视察上海、川东农场。

10月15日　由市劳改局主办的劳改、劳教人员第一届"希望之声"文艺汇演开幕。

10月22—23日　由市司法局主办的上海"中澳经济贸易法讨论会"在国际俱乐部举行。副市长李肇基到会致辞。

10月31日　中央纪委委员严佑民、副市长赵行志视察青东农场。

11月7日　市政协主席李国豪,副主席杨士法、徐以枋、吴文祺视察少管所。

11月9日　中央领导乔石、习仲勋在上海观看由市劳改局和深圳影业公司合拍的《少年犯》影片。11月25日,该片在上海大光明电影院举行首映式。1986年6月,该影片获1985年度广播电视部优秀故事片奖和第九届《大众电影》百花奖。

11月19日　市政协副主席张瑞芳视察少管所。

11月24日　市政府同意建立上海法律专科学校,纳入普通高等专科学校建制序列,学制三年。与上海市政法管理干部学院两块牌子、一套班子。市长江泽民为该校题词并题写校牌。

12月24日　市法学会领导班子进行调整,市委政法委同意成立中共上海市法学会党组,陈天池任书记。市法学会由市委政法委领导,市司法局党组代管。

12月26—30日　在司法部召开的全国司法行政系统首届"双先"表彰大会上,授予黄祥"一级英模"称号;授予市司法局信访科王春元、上海县公证处曹云祥、少管所陈菊静、卢湾区五里桥街道司法助理员张望、市第一律师事务所赵珪、市公证处郑琦等8人为先进个人,市监狱八大队为先进集体。

12月27日　市人大常委会通过《关于在本市公民中基本普及法律常识的决议》。

1986年

1月3日　市司法局主办的内刊《上海司法》更名《上海法苑》,由市政府经济法规研究中心、市司法局和市经济法研究会合办,为公开发行的月刊。成立《上海法苑》杂志社。市长江泽民题写刊名。

2月14日　市司法局在上海展览中心召开首届全局系统表彰大会。5个单位、16名个人受到记功表彰。25个单位被评为先进集体,73名个人被评为先进工作者。

2月22日　近7万人在726个考场参加全市首批法制宣传员统一考试。3.4万余人考核合格,获得市法制宣传员证书。

3月3—5日　市普法办公室与市财贸办、市交通办、市财贸学校等联合举办6期财贸、交通部门局级干部普法学习班,有300余名领导干部参加培训。

3月7—17日　市司法局与市委组织部、市委宣传部、市委政法委和市委党校联合举办区、县、局领导干部法律常识学习班,轮训局级领导干部268人。

3月18日　市司法局在人民大舞台召开全市第二次调解工作会议。会上表彰调解工作先进集体156个,先进个人613人。

3月26日　市司法局印发《关于对乡镇法律服务机构工作进行全面检查的通知》。对乡镇法律服务所组织自查、互查、抽查工作作出全面部署。

4月3日　市司法局举办首届司法助理员中专培训班,脱产1年,学员39人。同时,举办乡镇法律服务机构工作人员短训班。

4月4日　市级领导干部法制讲座首讲在市委小礼堂举行。讲座分8讲,市委副书记吴邦国在第一次讲座时,就如何开展全市"普法"工作讲话。

4月8日　市第二劳改总队开始对罪犯进行分类改造试点。

5月20日　中顾委委员曾志、全国政协委员王定国、全国人大常委会委员林月琴,在市委常委陈铁迪陪同下视察市少管所。

6月24日　经市编委批准,第一劳教所、第二劳教所、第三劳教所为相当正处级的事业单位,劳教收容所为科级行政单位。

7月1日　司法部委托市司法局代管司法鉴定科学技术研究所。

7月28日　市司法局和市委宣传部联合召开全市普法工作经验交流大会。市长江泽民出席并讲话。

7月30日　市司法局印发《关于开展民事法律关系公证质量检查的通知》。从8—11月,对1985年度办结的民事法律关系公证进行普查。

9月21—25日　司法部和国家经委在上海召开全国第二次企业法律顾问工作经验交流会。

9月26日　中央政法委副秘书长佘孟孝视察第二劳改总队。

9月27—28日　市司法局在川沙县首次召开乡镇法律服务机构经验交流会,讨论《上海市乡镇法律服务所试行细则》,推动全市乡镇法律服务工作。

9月27—28日　首次举办全国律师资格统一考试。市司法局组织1 000余人参加考试,合格率为84.8%。

11月14—18日　全国律师担任企业法律顾问理论研讨会在上海召开,170多名代表参加。司法部部长邹瑜、市政府副秘书长卢莹辉出席会议并讲话。

1987年

1月18日　上海首次举行专职律师专业知识考试。全市209名律师参加,170人及格。

2 月 11 日　由《上海法苑》杂志社、上海电视二台、上海企业人才研究分会联合主办的"上海首次企业优秀法人代表评选活动"举行颁奖大会。国务院经济法规研究中心总干事顾明、市委副书记杨堤到会讲话。

2 月 17 日　市委召开全市第三次法制宣传工作会议，总结 1986 年普法教育工作，部署 1987 年普法任务。市委副书记吴邦国到会讲话。

3 月 2—3 日　市委宣传部、市司法局联合举办《关于加强法制教育，维护安定团结的决定》的示范讲座，请上海有关专家、教授和领导干部进行辅导讲授。

4 月 1 日　市司法局颁布《人民律师守则》("八要八不要")整顿律师队伍。

5 月 7 日　吴邦国视察市监狱、华东电焊机厂和少年管教所。

5 月 15—17 日　市律师协会召开第二次律师代表大会。会议审议和通过《上海市律师协会第一届理事会工作报告》；修改和通过《上海市律师协会章程》；选举产生市律师协会第二届理事会理事 42 人，韩学章为会长。

6 月 30 日　市法学会召开会员代表大会，审议通过法学会新章程，选举产生第五届理事会，市司法局局长李庸夫当选会长。翌日，市委决定调整市法学会党组，党组成员由 7 人组成，李庸夫任党组书记。

8 月 8—17 日　市司法局与市公安局、市检察院、市高级人民法院、市总工会等在市工人文化宫联合举办全市社会治安综合治理展览会。其间，有 30 多万人次参观。市长江泽民及市委、市政府领导参观展览。

9 月 10—11 日　市司法局召开全市民间纠纷防激化经验交流会，动员全市 6 万多名调解人员坚守社会治安综合治理第一线。

10 月　市劳改局成立思想政治工作研究会，出版不定期刊物《思想政治工作研究》。

11 月 19—24 日　全国 12 省、市电视法制宣传节目在上海展评。市司法局摄制的电视剧《今夜月黑天》获二等奖。

12 月 1 日　市公安局把拘役所移交市劳改局管理。所址在青东农场，收押上海各级人民法院依法判处的拘役犯。

12 月 16 日　市司法局召开抵押贷款公证业务专题讨论会。

12 月 17 日　吴邦国视察市政法管理干部学院、上海法律专科学校，并与院校领导座谈。

12 月　上海市律师对外交流中心成立，由市律师协会管理。

1988 年

1 月 4 日　司法部为白茅岭农场女劳教大队记集体一等功。

1 月　经市司法局批准，市第六律师事务所、杨浦区第一律师事务所开始进行合作制律师事务所试点。

2 月 4 日　市委常委、市委政法委书记石祝三视察第一、第二劳教所。

2 月 3 日　中共上海市委政法委召开律师座谈会，讨论在改革中如何完善律师制度。

2 月 11 日　《大墙内外》杂志社成立。8 月，杂志向社会公开发行。1990 年 6 月停刊。该刊是全国"两劳"系统第一本公开发行的文学月刊，最高月发行量达 30 万册。

2 月　"上海市女律师联谊会"成立，并被吸收为市妇联的团体会员，韩学章任第一届理事会理事长。

3月9日　市第四次法制宣传教育工作会议在上海展览中心召开,总结1987年普法工作,部署1988年普法任务。

3月　市司法局首次对全市专职律师评定专业职称。在386名专职律师中,评出高级律师67人、中级律师134人。

同月　由市司法局、律协和加拿大刑事辩护律师协会访华团共同组织的中加法律讨论会在沪举行。中方介绍中国司法、律师和调解制度。

4月2日　市人大常委会副主任左英等视察少管所。

4月28日　市公证处首次发布公告,公示接待时间等事项。

6月5—12日　市委副书记杨堤视察白茅岭、军天湖农场。

6月20日　卢湾、静安两区率先开展涉外公证业务。

7月27日　市政府发布《上海市企业法律顾问工作暂行办法》,自9月1日起施行。

7月　市普及法律常识办公室编写的《全民所有制工业企业法律知识》出版。市长朱镕基为该书作序。

8月1日　由《上海法苑》杂志社倡议成立的上海市企业法人代表联谊会召开成立大会,首批会员100多人。市委副书记朱镕基到会表示支持和祝贺。

8月2日　经市政府同意,上海农场、川东农场人员户口划归宝山公安分局管理。

8月30日　市司法局召开民间纠纷防激化经验交流会,副市长倪鸿福出席会议并讲话。

9月25日　市司法局、市委宣传部联合发出《关于基本完成普法教育的单位进行总结和检查的通知》,要求对普法教育抓得不够的单位进行检查补课。

9月26—28日　芬兰司法部部长马蒂·罗埃科斯基一行访沪,参观市少管所。

9月　根据司法部通知,市司法局成立中华全国律师大专函授中心上海辅导站,下设7个分站,学员857人。

10月22—26日　市政协副主席王兴率队视察白茅岭、军天湖农场。

11月30日　副市长庄晓天视察上海农场。

12月26日　市律师协会、《文汇报》和《上海法制报》联合举办的全市首届优秀法律顾问评选活动,在国际俱乐部召开颁奖大会。表彰10名最佳法律顾问、28名优秀法律顾问、7个优秀法律顾问室和95名法律顾问。

12月　《上海法制报》召开庆祝创刊五周年大型座谈会,司法部部长蔡诚发来贺电。

同月　市司法局成立监察室,与纪检组两块牌子、一套班子。

1989年

1月　经市司法局批准,由5名律师辞去公职创办的合作制律师事务所——上海市经济律师事务所正式开业。此后上海成立合作制律师事务所都要求合作人辞去公职。

2月1日　市律师协会向97名自50年代以来从事律师工作的老同志颁发中华全国律师协会授予的荣誉证书。

2月27日至3月4日　司法部副部长金鉴率队视察市监狱、少管所、第七劳改支队、劳改警校和第二劳改总队。

3月1日　司法部在上海展览中心友谊会堂召开大会，为荣立全国司法行政系统集体一等功的市第七劳改支队和白茅岭农场劳动阀门厂庆功授奖。司法部副部长金鉴、市委副书记杨堤、市政协副主席王兴等出席会议。

4月6日　市劳改局党校成立，局党委书记黄顺才兼任党校校长。

4月8—12日　全国合作制律师事务所试点工作座谈会在沪召开。上海有10个合作制律师事务所主任参加会议。

4月12日　司法部部长蔡诚、副市长倪鸿福视察少管所。

4月13日　司法部部长蔡诚、司法部副部长鲁坚视察劳改警校。

4月22日　市司法局召开机关和公证处全体人员大会，整顿机关作风，狠抓廉政建设。

5月8日　市律师协会召开上海恢复律师制度十周年纪念大会，市律师协会会长韩学章在会上作《上海律师工作的十年》的报告。大会向130名作出成绩的老律师颁发《上海市律师荣誉证书》。市委副书记杨堤到会并讲话。

7月4—8日　司法部在上海召开全国监管改造工作会议，各省（区）、市的司法厅（局）长、劳改局长等120余人出席。司法部长蔡诚主持会议，市委副书记吴邦国到会并讲话。

7月10日　司法部部长蔡诚视察第一劳改支队。

7月15—17日　倪鸿福视察上海、川东两农场。

8月7—11日　市司法局局长李庸夫向市九届人大常委会第十次会议作《关于在全市公民中开展以宪法为主要内容的法制宣传教育的汇报》。市人大常委会决定将每年宪法颁布日（12月4日）当周为“全市宪法宣传周”。

8月28日　市人大常委会副主任王鉴等视察白茅岭农场。

8月　市司法局对律师事务所开展查财务、查纪律、查质量的“三查”工作，坚决纠正少数律师事务所乱收费现象。并结合颁发律师执照，整顿律师队伍，同时成立审计处。

9月9日　市司法局召开民间纠纷综合治理大型座谈会。倪鸿福出席会议，并就贯彻《人民调解委员会组织条例》作了讲话。

9月16—23日　市委宣传部与市司法局联合举办局以上领导干部《宪法》讲座。

10月　市犯罪改造学学会内部刊物《劳改理论与实践》创刊，蔡诚为之题词。

11月　经市政府批准，撤销原上海市精神病司法鉴定领导小组，成立上海市精神疾病司法鉴定委员会，市司法局副局长王文正为主任，办公室设在市司法局。

同月　市司法局与市委宣传部、市人大法制委员会联合组织宪法知识竞赛活动，全市有12万人参加竞赛，历时2个月。

12月4—10日　市司法局与市委宣传部联合组织全市首次“宪法宣传周”活动。

12月6日　市司法局召开全市宪法教育经验交流会暨普法表彰大会，257个先进集体和555名先进个人受奖。

12月21日　上海首次召开优秀辩护律师表彰大会。10名律师被授予《上海市优秀刑事辩护律师证书》和《上海律师荣誉证书》；24名律师受到表彰。

1990年

1月4日　市委副书记倪鸿福视察市劳改局和市监狱。

2 月 26 日至 3 月 3 日　为保证《行政诉讼法》的实施，市司法局与市委宣传部联合举办《行政诉讼法》培训班。5 月，又会同市委组织部和市政府法制办公室联合举办两次局级领导干部《行政诉讼法》讲座，听众 2 000 人次。

3 月 10 日　在全市学雷锋倡奉献活动中，有 60 家律师事务所律师及司法行政干部 2 000 余人，上街宣传《上海市妇女儿童保护条例》，并开展义务咨询活动。

3 月 15 日　市人大常委会副主任陈铁迪、王崇基率队视察市监狱。

3 月 24 日　市司法局召开 1987—1989 年度全市人民调解工作先进集体、先进个人表彰大会。表彰 37 个街道办事处和乡(镇)政府，267 个先进调委会，694 名先进调解工作者。副市长刘振元到会讲话。

4 月 25 日　为纪念第一部《中华人民共和国婚姻法》颁发四十周年暨第二部婚姻法颁发十周年，市司法局与市委宣传部、民政局、计生委等单位联合发出《关于广泛开展婚姻法宣传活动的通知》，并于 5 月 20 日在全市设立 50 多个宣传点，3 000 多人上街开展法律咨询活动。

5 月 19—21 日　中华全国律师协会评优经验交流会在沪召开。上海十佳刑事辩护律师参加会议。

6 月 7—9 日　市第三次律师代表大会在市政协礼堂召开。选举鞠华、韩学章为名誉会长，王文正为会长。

6 月 11—15 日　司法部向徐汇区律师事务所颁发“从业清廉先进集体”锦旗；上海县第二律师事务所主任姚增荣被评为“从业清廉先进个人”。刘振元出席讲话。

6 月 22 日　市法学会召开年会，800 多名会员出席会议。刘振元讲话。

7 月 2 日　市政府发布《上海市乡镇法律服务所工作暂行规定》，自 8 月 1 日起施行。

7 月 4 日　市司法局与市工商局、市个体劳动者协会、上海电视台联合举办“法在个体劳动者心中”电视演讲比赛现场直播，全市有 3 万多个体劳动者参加。

8 月 2 日　经市政府同意，上海农场、川东农场人员户口划归宝山区公安分局管理。8 月 16 日，江苏省公安厅致函上海市公安局，同意将两农场户口划归上海市管理。

8 月 31 日　市委召开第五次全市法制宣传教育工作会议，表彰 23 个全国普法先进集体和 17 名先进个人。

9 月 7 日　经司法部同意，市政法管理干部学院设立中国高级律师、高级公证员培训中心分部，培训高层次、复合型律师和公证员。

11 月 28 日　市司法局与政法、工商、税务等单位联合举办纪念上海普法五周年大型法律咨询活动和文艺晚会。

11 月 30 日　副市长庄晓天视察上海农场。

12 月 3—9 日　以“人民代表大会制度”为主题，开展第二次《宪法》宣传周活动。

12 月 14 日　市司法局与市委宣传部、市教育局等单位联合召开全市中、小学、中等技校法制教育工作会议，有 1 000 多名教师参加。

1991 年

1 月 30 日至 2 月 4 日　全国司法厅(局)长会议在上海召开。司法部部长蔡诚、副部长金鉴、佘孟孝会见上海各区、县司法局长、劳改劳教单位负责人。

2月4日　市司法局、财政局、物价局联合印发了《上海市乡镇法律服务业务收费管理办法》《上海市乡镇法律服务业务收费标准》。

2月11日　市人大常委会任命薛明仁为市司法局局长。

2月12日　市司法局对律师优秀论文、最佳卷宗进行评选活动。评出优秀论文一等奖2篇、二等奖9篇、三等奖25篇，鼓励奖19篇及最佳卷宗14份。

3月8日　市司法局表彰市级“三八红旗手”4人，局级“三八红旗手”28人，“三八红旗集体”10个，支持妇女工作的优秀干部32人。

3月10日　市司法局举行全市乡镇法律工作者业务和知识统考，有712人参加，平均分为73分。

3月20日　市司法局与市教育局联合制定《关于加强全市中小学、中等职业技术学校法制教育的意见》和《上海市中小学、中等职业技术学校法制教育纲要(试行)》。

3月　市司法局对全市律师工作者进行整顿，取消200余名律师工作者的律师资格。同时，律师资格评审委员会审批通过230余名专职、兼职、特邀律师的律师资格。

4月2日　上海第一家军队法律顾问处在空军政治学院成立。

4月18—25日　女劳动教养所从白茅岭农场整体迁至青浦县天圣庄，并于5月16日正式挂牌。

5月10日　市司法局与市经委、市政府法制办公室联合召开全市企业法律顾问工作会议。

6月7日　市委、市政府召开全市法制宣传教育工作会议，部署第二个五年普法工作。

6月8—20日　全国首届服刑人员书法、绘画、工艺美术作品在上海巡展，有1.5万人次参观。

6月19—20日　由市司法局、华东政法学院和美国伊利诺斯大学国际刑事司法所联合主办的“集团犯罪”国际讨论会，在华夏宾馆召开。有9个国家和地区的50名代表和中国7个省市的65名代表参加会议。司法部部长蔡诚、副市长刘振元及美国驻沪总领事万乐山到会致辞。

6月28日　市公证处浦东接待室在浦东大道691弄13号101室挂牌。

6月　上海首家乡镇律师事务所——上海县新泾乡律师事务所挂牌。

同月　上海首家乡镇调解工作基金会——川沙县洋泾乡调解工作基金会成立。

7月20—22日　司法部副部长张秀夫视察第三劳教所、女劳教所。

7月　市公证处、《上海法制报》《上海法苑》杂志社分别迁址凤阳路660号。

9月10日　市司法局召开全市公证工作会议，部署开展争创“达标公证处”“优秀公证员”评比活动。

9月25日　市高教局批复，上海法律专科学校更名为上海法律高等专科学校。

10月3—5日　市劳改局第三次党代会召开。市委副书记倪鸿福出席会议并讲话。大会选举颜锦章任党委书记，刘云耕、林化宾为党委副书记，林化宾兼纪委书记。

10月　上海第一家村法律顾问室在上海县旗忠村成立。

12月2—8日　全市开展第三届“宪法宣传周”活动，以坚持社会主义道路为主题，举办大型学术交流会、电视文艺晚会和法律咨询征文比赛。

12月20日　经司法部同意，市司法局批准女劳教所为对外开放接待单位。

1992年

1月7日　浦东涉外律师事务所在上海展览中心宴会厅举行成立典礼。司法部部长蔡诚、市委副书记倪鸿福、副市长刘振元和有关部委局负责人及美、法、德等国驻沪总领事300多名中外来宾出席。

1月23—24日,市人大常委会主任叶琦视察宝山区、川沙县、冶金局等单位法制宣传工作。

3月10—14日　蔡诚视察第三劳教所、女劳教所。

3月12—14日　市司法局召开全市公证工作会议。蔡诚到会讲话。

3月17日　市司法局召开深化改革,加强两个文明建设大会,600余人参加。蔡诚和刘振元出席会议并讲话。

同日　市委宣传部和市司法局召开"二五"普法经验交流会。

3月26—29日　倪鸿福率队视察白茅岭、军天湖农场。

4月　上海公证机关开展"公证宣传月"活动。4日,市司法局举行纪念《公证暂行条例》颁布十周年监狱体制改革工作座谈会;12日,全市公证机关324人上街开展公证法律知识宣传和咨询活动;13日,市司法局与市政府法制办召开上海市纪念《公证暂行条例》颁布十周年大会。宣传月期间,市司法局与《上海法制报》联合举办公证知识竞赛,有1.57万人次参加。

5月14—16日　市司法局在川沙县召开全市乡镇法律服务工作会议。会上表彰南汇县祝桥乡法律服务所等10个乡镇法律服务先进集体和30名乡镇法律服务先进工作者。

6月21—24日　市司法局、华东政法学院、国家外国专家局与美国芝加哥伊利诺斯大学国际刑事司法所共同举办的"犯罪与罪犯改造"国际研讨会在沪举行,80多名中外专家、学者参加会议。22日,有20名专家、学者参观女劳教所。这是上海劳教场所首次对外开放。

6月25日　市委宣传部、市农村工作党委、市司法局联合召开全市农村法制宣传教育工作会议。

7月20日　市公证处本部到浦东新区注册。

8月11日　市司法局成立《上海司法行政志》编纂委员会,下设史志办公室。

8月27日　市政协副主席王兴、郑励志率政协委员20余人视察第三劳教所、女劳教所。

8月28日　市司法局、高级人民法院、人民检察院、公安局、房管局、房屋纠纷仲裁委员会共同制定《关于处理民间纠纷的若干规定》。10月1日起施行。

8月31日至9月3日　市司法局召开工作会议。市委副书记倪鸿福到会讲话,传达市委书记吴邦国提出的加强对律师工作领导要求。

9月18日　由市司法局主办的《上海法苑》杂志更名为《法苑》。

9月19—21日　市司法局在律师会堂举办首次招聘律师活动,有2 400余人参加招聘。

9月25日　市委政法委同意成立市司法局浦东办事处(筹)。

10月17日　市劳改局举行《上海监狱人权记录》首发式。该书是中华人民共和国成立以来上海第一部反映监狱人权的长篇纪实性专著。

10月29—31日　蔡诚视察上海司法行政工作。

10月　经司法部批准,首批香港4家境外律师事务所在上海设办事处。

同月　市司法局拍摄的法制电视片《泪思》,获司法部和国家电视艺术家委员会设立的"金剑奖"二等奖;电视小品《猪肉官司》获提名奖。

11月24日　上海首家由归国留学生开办的律师事务所——段和段律师事务所在浦东新区成立。

12月1日　为纪念《宪法》颁布十周年,市司法局组织《上海的今天与昨天》摄影艺术展在工人文化宫开幕。

1993 年

1 月 11 日　市委副书记王力平到市司法局视察工作。

2 月 17 日　王力平一行到市劳改局检查工作。

3 月 1—2 日　市司法局向获全国公证质量评比先进集体和先进个人颁奖，表彰长宁、闸北等 14 个区、县公证处和 18 名优秀公证员。

3 月 20 日　市司法局在浦东新区张江乡政府礼堂召开浦东新区司法行政干部大会，局长薛明仁宣布：市委正式批准成立浦东新区司法局。

3 月 23 日　全市司法行政系统人民警察授衔仪式在上海展览中心举行。市委副书记王力平、市委常委、市公安局局长朱达人等向 110 名警官代表颁发警衔证书。副市长蒋以任代表市委、市政府向市劳改局授衔警官表示祝贺。

4 月 28 日　上海大学法学院成立，可容纳在校生 2 000 余人。上海大学法学院隶属市委政法委和市司法局，同时接受上海大学领导。

同日　浦东新区司法局举行揭牌成立大会。市委副书记王力平，副市长、浦东新区管委会主任赵启正出席。

4 月 29 日　经市政府批准，调整市劳动教养管理委员会成员。市司法局局长薛明仁薛明仁为主任。

5 月 19 日　市司法局开始进行公务员培训。

5 月 29 日　“汪辜会谈”签订《两岸公证文书使用查证协议》后，至 8 月底，上海送海基会公证书副本 515 份，海基会送上海市公证员协会证书副本 118 份。

6 月 9 日　市司法局在上海展览中心召开 1990—1992 年度人民调解工作先进表彰大会。市委副书记王力平，副市长孟建柱出席大会并讲话。

6 月 21—23 日　市司法局、华东政法学院、国家外国专家局和美国伊利诺斯大学国际刑事司法所在沪联合举办“司法与犯罪——经济领域中犯罪及对策”国际研讨会。有美国、法国、马来西亚和中国的 150 余名法律专家、学者、法官和律师参加。

6 月 27 日　全市 1 000 余名律师上街开展第一个“中国律师义务咨询日”活动，为 3 000 余名群众提供法律咨询服务。

7 月 7 日　上海首家基层人民调解协会——青浦县人民调解协会成立。

8 月 6—9 日　市司法局召开工作会议。传达学习中共中央政治局常委会关于加强社会治安综合治理的意见、中共中央政法委第四次会议以及全国司法厅(局)长座谈会精神。王力平出席会议并讲话。

9 月 7 日　上海市律师惩戒委员会成立。市司法局副局长陈鹤鸣为主任。其办事机构设在市司法局律师管理处。

9 月 10 日　中共中央政治局委员、市委书记吴邦国到市司法局视察工作。先后视察建设中的第二监狱、女劳教所及上海大学法学院和政法管理干部学院。

9 月 11 日　中华全国律师协会和亚洲太平洋律师协会与上海律师共同举行“市场经济法制”研讨会。来自中国、美国、韩国、新加坡、泰国等 14 个国家和地区的律师及有关知名人士 100 余人出席。

9月29日　为庆祝国庆45周年、上海司法行政机关重建15周年，市司法局首次举行全局系统大型文艺会演，政法各部门主要领导观看演出。

10月17日　市司法局举办首次证券律师资格统一考试。236人参加考试，占报名人数81%。考试合格36人。

10月27日　司法部副部长张耕视察市女劳教所并题字。

11月6—7日　王力平视察上海农场和川东农场。

11月12日　上海市第一次公证员代表大会暨上海市公证员协会成立。大会通过《上海市公证员协会章程》，选举产生由25人组成的上海市公证员协会第一届理事会，缪晓宝为会长。

11月25—27日　市司法局在金山县召开传达贯彻第三次全国人民调解工作会议暨表彰大会，向“模范人民调解委员会”先进集体和“模范人民调解员”颁发锦旗、奖状和奖金。

12月1日　浦东新区管委会举行政府法律顾问团受聘仪式。

1994年

1月13日　市委副书记王力平视察第三劳教所。

1月　市女劳教所获司法部首批优秀劳动教养学校称号。

3月3日　司法部副部长张秀夫视察女劳教所。

3月12日　司法部副部长王巨禄视察女劳教所。

3月15日　王力平视察司法行政工作，听取市司法局、劳改局工作汇报。

4月9日　最高人民检察院副检察长梁国庆率中央政法委检查组，在市政协主席陈铁迪、市人大常委会副主任顾念祖陪同下，视察上海司法行政和劳改劳教工作。

4月24—26日　市政协主席陈铁迪、副主席石祝三视察白茅岭、军天湖农场。

5月13—15日　司法部部长肖扬视察上海女劳教所等单位。

5月19日　市委同意组建上海市劳动教养工作管理局。

6月8日　上海市涉外法律人才培训中心在律师会堂揭牌。市司法局局长薛明仁为中心主任，办公室设在市司法局教育处。

6月12—16日　肖扬视察上海劳改劳教、律师、公证、教育、法制报刊等单位。

6月14—15日　全市第四次律师代表大会在教育会堂召开。选举王文正为会长，韩学章为名誉会长。肖扬、王力平出席开幕、闭幕式并讲话。

6月16日　上海第一家街道司法所——徐汇区徐家汇街道司法所挂牌成立。

6月　长阳路147号建筑(含市劳改局、市监狱局中心医院)被市政府列为上海市优秀建筑保护单位。

7月25日　市司法局临时迁至仙霞路620弄34号办公。

同日　由市外来流动人口管理协调小组与市司法局联合创办并由《上海法苑》杂志社编辑出版的《打工族画刊》正式出版(内刊)。这是全国首家推出以加强对外来流动人口管理和服务为宗旨的刊物。

8月5日　浦东新区司法局、法制办召开英、美、加拿大和香港等国外、境外律师事务所驻沪办事处律师及浦东新区法律顾问团律师座谈会。副市长赵启正听取国外、境外律师对浦东开发开放的意见和建议。

9月8日　上海首家以香港公司命名的律师机构——上海市永怡律师事务所设立港、澳、台法律事务专线，每周六接受咨询。

9月11日　中华全国律师协会和亚洲太平洋律师协会与上海律师共同举行"市场经济法制"研讨会。有中国、美国、韩国、新加坡、泰国等14个国家和地区的律师及有关知名人士100余人出席。

9月29日　为庆祝国庆45周年、上海司法行政机关重建15周年，市司法局首次举行全局系统大型文艺会演，政法各部门主要领导观看演出。

10月11—13日　副市长孟建柱到上海农场和海丰农场实地考察、现场办公，决定上海农场开发5.1万亩滩涂荒地。

10月14—16日　台北律师公会代表团访沪，与部分律师进行座谈。

11月12日　市政法管理干部学院、上海大学法学院(原上海法律高等专科学校)举行建校10周年庆祝会。

12月4—11日　全市开展第六届法制宣传周活动。其间，开展大型法律咨询活动，举行"学习邓小平同志法制思想"专题研讨会，召开上海市法制讲师团成立大会等。

12月11日　司法部副部长肖建章视察女劳教所。

12月12—23日　全国律师协会党组书记鲁坚在沪考察律师工作。

12月23日　市政府发布《上海市律师管理办法》，共8章48条，自1995年2月1日起施行。

1995年

3月1日　上海第一家常年法律咨询站——杨浦区义务法律咨询站挂牌成立。

3月7—9日　市委宣传部、市司法局召开全市法制宣传教育工作会议，部署全年法制宣传任务。

3月25日　市政府办公厅印发《上海市劳动教养工作管理局职能配置、内设机构和人员编制方案》，确定劳教局机构级别为副局级，设9个处室，局机关编制117名。

3月28日　市公证处为金山县煤炭公司出资23万元买下朱泾镇罗星路面积436平方米国有土地50年使用权出具公证文书。这是上海首次国土使用权拍卖依法公证。

3月　市司法局首次开展公证员执业注册活动。全市212名公证员申请注册，210人准予注册。

4月24日　经市委批准，中共上海市司法局党组改组为中共上海市司法局委员会。市司法局政治部为副局级机构。

5月5—6日　市司法局党委在律师会堂举办副局级以上领导干部学习班。对照孔繁森、王宝森正反两个典型，围绕加强自身建设，如何"做人、做事"，开展交心、谈心，畅所欲言。三为平到会并讲话。

5月26日　市劳教局成立。全市监狱、劳教工作会议在上海展览中心友谊会堂召开。会上，市委政法委秘书长史德保宣读市委、市政府关于组建市劳动教养工作管理局、市劳动改造工作管理局更名为市监狱管理局等决定。市委常委朱达人、副市长孟建柱等分别为市监狱管理局、劳教局揭牌。

6月1日　市劳动改造工作管理局更名为市监狱管理局，市监狱更名为提篮桥监狱，第一劳动改造管教支队更名为五角场监狱,第二劳动改造管教支队更名为周浦监狱,第七劳动改造管教支队更名为北新泾监狱,第二劳动改造管教总队更名为白茅岭监狱,第三劳动改造管教总队更名为军天湖监狱。6月5日,中心医院更名为监狱总医院。

6月2日　市司法局开办的法律义务咨询站——上海市"陈律师"义务法律咨询站正式挂牌。市政协副主席石祝三等为咨询站揭牌。

6月24日　市司法局拍摄的法制系列短剧《神圣的阳光》,在上海电视台14频道播出第100期。

6月28日　浦东新区社会矛盾调解中心成立,为全国第一家。

7月8日　市属第二律师事务所更名震旦律师事务所。改革后的震旦律师事务所不占国家编制。

8月1日　司法部部长肖扬为上海《法苑》杂志社创办十周年题词。

8月8日　上海首创乡镇联办律师事务所——闵行区华漕、诸翟、七宝、纪王4镇联办的上海光华律师事务所挂牌开业。

8月23日　浦东新区率先在全国推行公职律师制度。

8月25日　浦东新区司法局举行新区司法局法律援助中心成立仪式。

8月29日　市劳教局成立文化技术总校,命名为上海市东晨文化技术总校。

9月18日　市司法局批准上海市仲裁委员会登记。

10月18日　由女律师创办的巾帼律师义务法律咨询部在市妇联挂牌开业。

10月26—30日　全国劳教农场经济工作座谈会在沪召开,26个省、区、市劳教局和大型劳教农场的领导出席会议。

10月27日　市人事局将劳教局列为上海国家公务员过渡首批试点单位。

10月28日　司法部常务副部长张秀夫视察女劳教所和第三劳教所。

12月11日　市人事局和市编制委员会同意建立上海市法律人才交流中心。

12月15日　市民政局批准成立上海市人民调解协会。

12月25日　中共中央政治局委员、市委书记黄菊,市委副书记、政法委书记王力平等,视察青浦监狱、政法管理干部学院。

12月29日　市第十届人民代表大会常务委员会第二十四次会议通过《上海市公证条例》。自1996年3月1日起施行。

12月　松江县华阳镇法律服务所主任陈富林(司法助理员),获全国"十佳基层法律工作者"称号。

1996年

1月16日　副市长孟建柱视察第三劳教所、女劳教所和青浦监狱。

1月24日　上海市人民调解协会暨第一次会员代表大会在千鹤宾馆举行,选举产生理事会和17名常务理事,市司法局副局长陈鹤鸣当选为会长。

1月　全市评出一级律师1人,二级律师28人,三级律师230人;二级公证员1人,三级公证员19人。

3月19日　市司法局开始实施国家公务员制度,局设政治部(副局级)和办公室、研究室、法制宣传处、计划财务处、基层工作处、律师管理处、公证管理处、后勤保障处、宣传教育处、警务处、审计处、组织干部处、人事处、纪委(监察室)。

3月24日　市司法局组织全市4 000余名执业律师参加职业道德和执业纪律考试。通过考试,进行年检注册。此举为全国首创。

4月11日　全市首家街道级法律援助中心在南市区董家渡街道成立。

4月12日　全市首批公职律师受证仪式在浦东新区举行。来自浦东新区司法局、城建、工商、公安等10个政府职能部门的28人成为全市首批公职律师。

4月13—15日　司法部在沪召开外国(境外)律师事务所驻华办事处管理工作会议。

4月22日　市司法局、上海电视台联合摄制的《都市新风》专栏节目在14频道正式开播。

5月23日　市委副书记王力平观察联合律师事务所、市公证处、上海法制报社和法苑杂志社。

6月21日　市十届人大常委会28次会议通过《关于全市继续开展法制宣传教育的决议》。

7月31日　全市法制宣传教育工作会议在上海展览中心举行。市委副书记陈至立出席会议并讲话。

8月8日　上海市少年教养所成立。市劳教委主任、市司法局局长薛明仁和市委政法委副秘书长林青山为少年教养所揭牌。

8月10日　《律师法》颁布100天,2 000余名专职律师在全市近百个宣传咨询站为市民提供法律咨询。

8月30日　市委决定成立上海市法制宣传教育领导小组,由市委副书记陈至立任组长。市委常委、市委宣传部部长金炳华、市委常委、副市长孟建柱、市人大常委会副主任漆世贵和薛明仁任副组长。成员由市财政局等13个单位的负责人组成。领导小组下设办公室,负责日常工作,办公室设在市司法局。

9月24日　中共上海市司法局直属律师事务所委员会成立。

11月1日　上海律师学院成立,这在全国尚属首例。律师学院每年通过组织各种培训班、研讨会、“在线培训”等形式,对全体律师业从业人员进行职业道德、执业纪律和业务的培训教育。

同日　市律师协会和市政法管理干部学院联合建立“市政法管理干部学院律师学院”。缪晓宝任院务委员会主任,王文正任院长。

11月4日　市司法局与西藏自治区司法厅达成双方交流协议,日喀则地区司法局分批派人到沪考察进修,上海向日喀则地区司法局提供物资援助等。

11月15日　市编委同意组建上海市戒毒劳动教养管理所。

12月1日　全国优秀律师事迹报告团在沪举行报告会。市司法局党委发布《关于向全国优秀律师学习的通知》。

12月5日　市司法局决定将市监狱管理局所属的隆福实业总公司、华东电焊机厂和东岳饭店(原市劳改局招待所)划归市劳教局管理。

12月9日　全国第一条法律咨询热线电话“58391490”在浦东新区开通。

12月11日　《上海农场志(1950—1990)》出版。

1997年

1月16日　市人大法制委、市司法局和市残联联合召开全市残疾人事业法制工作会议。

1月25—28日　市政协副主席陈正兴、石祝三率团慰问第一、第二劳动教养所干部、民警和职工,并走访困难家庭。

1月31日　市司法行政系统1995—1996年度先进集体和先进个人表彰大会在市委党校举行。

1月　浦东新区司法局拍摄的电视纪录片《浦东新区法律援助中心为残疾人提供法律服务》,在中央电视台一套"中国报道"专栏播出。

2月　经市司法局研究,同意局办公室增设督查科;律管处增设对外交流科;基层工作处增设基层指导科;计财处设财务科(资产管理科)、车辆管理科、技术装备科(基建科)。

同月　经市司法局党委研究决定,市政法人才培训中心由市司法局直接管理。

3月12日　市人大常委会副主任胡正昌慰问第一劳教所干部、民警。

3月27日　依照中国法律的有关规定,市公证处首次举行向收养中国儿童的外国人颁发涉外收养公证书仪式。

3月31日　上海首家合伙制律师事务所——万邦律师事务所成立。

5月3日　市监狱人民警察首届阅兵式在司法警官学校举行。市委常委、市委政法委副书记朱达人出席阅兵式。

5月15日　上海律师在外滩陈毅广场开展宣传、贯彻《律师法》大型义务咨询活动。

6月6日　市法律援助中心成立。

6月25日　陈正兴率队视察基层司法行政工作。

8月3日　市劳教局举行纪念劳教工作40周年座谈会。由王力平题名的《实践与探索——上海劳动教养工作四十年》一书公开出版、发行。

8月12日　全国工会系统第一家职工法律援助中心在市总工会成立。

9月8日　市司法局机关从仙霞路搬回吴兴路225号,正式对外办公。

9月27日　市司法行政系统首届运动会在杨浦体育馆开幕。

10月20日　全国首家在加拿大设立的法律服务机构——上海发展律师事务所多伦多分所成立。

11月13日　市人大常委会副主任沙麟视察青浦监狱、女子监狱、少年管教所和女劳教所。

11月15—18日　司法部副部长刘飏视察上海法制宣传教育等工作。

11月26日　市司法局党委批准戒毒劳教所成立党委。

11月29日—12月2日　市委常委、市委政法委书记朱达人视察第一、第二劳动教养所和驻地武警部队。

12月1—7日　市委组织部、市委宣传部、市人大法制委、市司法局联合举办以"高举邓小平理论伟大旗帜,建设社会主义法治国家"为主题的全市第九届宪法宣传周活动。

12月5日　缪晓宝任中共上海市司法局委员会书记。

12月10日　市司法局决定授予上海通用控制器厂副厂长兼调解干部唐美玲"优秀人民调解员"称号,并号召上海广大司法行政干警和人民调解员向唐美玲烈士学习。

1998年

1月11—16日　市委副书记、市委政法委书记王力平视察第一、第二劳教所。

2月　市司法局党委印发《关于在司法行政系统开展集中教育整顿的意见》。决定从3月起，集中三至四个月时间，在全市司法行政队伍中开展集中教育整顿活动。

3月10日　市委副书记孟建柱，市委常委、市委政法委书记刘云耕，副市长冯国勤视察市司法局工作。

3月24日　模范人民调解员唐美玲先进事迹报告会在友谊会堂举行。报告会由市委宣传部、市司法局、综合治理委员会和虹口区委联合举办。刘云耕到会讲话。

4月3—4日　市第五次律师代表大会召开。孟建柱出席会议并讲话。大会选举产生新一届市律师协会理事会。

4月16日　缪晓宝任市司法局局长。

5月8日　1998上海中外律师业务交流研讨会举行。在沪的外国及香港特别行政区律师事务所律师和上海律师60余人参加会议。

5月14日　市劳动教养学会成立。10月19日，市民政局批复准予登记。

5月26日　全国人大法律委员会副主任委员周克玉视察少管所，并征求对《中华人民共和国预防少年违法行为法(草案)》的意见。

6月18日　上海市司法鉴定工作委员会成立。副市长冯国勤任主任，市政府副秘书长易庆瑶、市司法局局长缪晓宝任副主任，成员有市公、检、法、司和卫生局负责人。市司法鉴定工作委员会下设办公室，办公室设在市司法局。

6月26日　由万国律师事务所、张涌涛律师事务所和唐人律师事务所共同组建的中国首家律师集团事务所在北京人民大会堂举行开业仪式并挂牌。司法部律师司司长段正坤宣读司法部批准决定，副部长肖建章向该所颁发执业许可证。

7月3日　市司法局首次在《上海法制报》发布公告，全市274家基层法律服务所通过1998年度年检、注册。

7月17日　市司法局与上海人民广播电台990千赫《现代城乡》栏目联合开辟“农家法律广角”专题节目。基层法律工作者走进上海人民广播电台。闵行、金山、浦东等区、县的乡镇法律工作者就赡养纠纷等专题进行交流。

同日　经市教委批准，上海大学法学院与美国加利福尼亚州大学柏克莱分校、美中远程教育合作发展基金会三方合作成立“上海——柏克莱管理进修学院”，开展知识产权保护、信息技术管理等课程的非学历教育培训。

7月27日　市刑释解教人员安置帮教协调小组成立。协调小组由市司法局、公安局、劳动与社会保障局等13家成员单位组成。协调小组下设办公室，办公室设在市司法局。

7月30—31日　会议传达全国司法厅局长座谈会精神，回顾上半年工作，部署下半年任务。大会交流依法治区等方面的工作经验。

8月5日　市人大常委会副主任漆世贵率队视察全市人民调解工作，听取全市人民调解工作汇报，实地视察浦东新区梅园街道司法科。

8月19日　市委常委、市纪委书记张惠新到市司法局调研。市司法局党委书记、局长缪晓宝就司法行政系统贯彻中央关于政法机关不再从事经商活动的工作作了汇报。

8月21日　上海第一家合伙制律师事务所——万邦律师事务所所标申请注册，该所标获上海首件法律服务注册商标。

8月27日　全市司法行政干警捐款212.68万元，支援遭受长江特大洪水灾害的灾民。劳教收容人员参加捐款的有 6 350 人，捐款 15.12 万元。

9 月 3 日　市编委同意建立市第四劳动教养管理所。

9 月 17 日　浦东新区司法局、公安局携手实施“110”联合行动，并在梅园、洋泾两个街道开通试运行。

9 月 25 日　市司法局召开直属律师事务所转制工作会议。至年底，全市有 28 家律师事务所通过转制。

9 月 26 日，市综治委刑释解教人员安置帮教工作领导小组召开会议，审议并讨论通过《关于落实全国刑释解教人员安置帮教工作会议精神的下一步安排》《关于增补市财政局等三个单位为市综治委安置帮教工作领导小组成员单位的意见》《关于召开“上海市深入推进安置帮教工作暨先进表彰大会”的意见的说明》三个审议稿。

10 月 7 日　上海百万市民法律知识竞赛拉开序幕，竞赛组委会向全市 31 个分赛区发放 100 万份竞赛试题、3 万份学习材料，开展丰富多彩的群众性法律宣传教育活动。

10 月 9—10 日　全市律师工作会议召开。会议提出上海律师工作 1998—2003 年发展纲要。刘云耕到会并讲话。

10 月 10—12 日　冯国勤到上海、海丰两农场检查滩涂开发和农业生产。

10 月 16 日　市司法局举行颁发执法(行风)督察员聘书仪式，聘请市人大、政协、高院、公安局、市政府法制办等现职领导干部和离退休老同志共 13 人担任执法(行风)督察员。

10 月 21—22 日　全国刑释解教人员安置帮教工作经验交流会在沪召开。会议表彰全国刑释解教人员安置帮教工作先进集体 103 个，先进个人 85 人。中央政法委秘书长王胜俊，市委副书记孟建柱，市委常委、市委政法委书记刘云耕，副市长冯国勤出席会议并讲话。

10 月 27 日　市政协副主席朱达人、俞云波等视察律师工作。

10 月 28 日　市法学会举行七届二次理事会，听取和审议常务理事会的工作汇报，选举倪鸿福为法学会会长。孟建柱、刘云耕到会并讲话。

11 月 5—7 日　由国际律师协会亚太论坛、中华全国律师协会、市律师协会共同主办的国际金融法律研讨会在沪召开，有 17 个国家和地区的 200 多名律师参加会议。国际律协主席波尔霍夫、香港律协会长周永健、亚太论坛共同主席叶锡安等主持会议。副市长冯国勤、司法部副部长段正坤、国际律协主席波尔霍夫和全国律协会长任继圣在开幕式上致辞。

11 月 9 日　市律师协会举行聘请维权顾问仪式，16 名市人大、市政协、市政法机关、新闻及有关单位领导被聘任维权委员会顾问。这在国内尚属首创。

12 月 1—7 日　举办第十届宪法宣传周，以“贯彻宪法精神，坚持依法治市”为主题。市领导陈铁迪、龚学平、金炳华、漆世贵、冯国勤等分别参加有关活动。

12 月 4 日　市政协副主席俞云波率队视察市戒毒劳教所和女劳教所。

12 月 10 日　市司法局与市经委、市商委、市建委、市旅游委以及 15 家区、县政府共同签订市司法局移交企业交接书。市司法局所属企业共 443 家，撤销 142 家，移交 245 家，保留 56 家。

12 月 18 日　市劳教局召开劳动教养学会成立暨首届会员代表大会。会议审议通过学会《章程》和《基金管理办法》，选举产生首届理事会。

同日　上海律师推行执业责任保险。市司法局与平安保险公司上海分公司举行执业责任保险签约仪式。至年底，全市有 307 家律师事务所办理投保手续，投保总额 3.5 亿元。

1999 年

1 月 28 日　市司法局参加“110”社会服务联合行动工作启动。

1 月 29 日　市司法局召开工作会议，贯彻市委七届三次全会、市政法工作会议和全国司法厅(局)长电话会议精神。

2 月 8 日　市委副书记孟建柱，市委常委、市委政法委书记刘云耕等到市司法局与部分律师进行座谈，视察“16000148”法律服务专用电话和“110”社会服务联合行动总值班室。

2 月 24 日　市司法局召开 1996—1998 年度人民调解工作先进集体先进个人表彰大会，对 35 个先进街道(乡镇)、497 个先进调委会、十佳司法助理员、十佳基层法律工作者和 490 名先进调解员进行表彰、奖励。

3 月 4 日　日本关西电视台访问女劳教所，拍摄中国对女性违法犯罪人员实行教育、感化和挽救的纪实片，向日本观众宣传。

3 月 6 日　市司法局召开 1999 年度律师工作会议，传达贯彻孟建柱在部分律师座谈会上的讲话精神，总结 1998 年上海市律师工作，部署 1999 年工作任务。

3 月 10 日　市委副书记、市法制宣传教育领导小组组长龚学平主持召开市法制宣传教育领导小组全体成员会议，要求始终把各级领导干部学法用法作为重中之重认真抓好。

3 月 16 日　市司法鉴定工作委员会召开第一次会议。

3 月 18 日　“16000148”法律服务专用电话全线开通，司法部副部长范方平，市委常委、市委政法委书记刘云耕等出席开通仪式。

3 月 25 日　全市加强法制宣传教育推进依法治理工作会议召开，市委副书记、市法制宣传教育领导小组组长龚学平出席会议并讲话。

3 月 31 日　市劳教局在劳教单位实行新的领导体制，即：党委领导下的所长、政治委员分工负责制，劳教大、中队实行党支部领导下的大队长、政治教导员分工负责制和中队长、政治指导员分工负责制的领导体制。第一、第二劳教所为首批实行单位。

4 月 1 日　市司法鉴定工作委员会举行上海市精神疾病和人身伤害司法鉴定两个专家委员会的专家聘请仪式。

4 月 8 日　“上海律师信息网站”(www.lawyers.com.cn)开通。2000 年 4 月，更名为“东方律师网”。2003 年 12 月 25 日，东方律师网英文版开通。

4 月 12 日　司法部批准新建上海市第四劳教所，要求按照部级现代化文明劳教所的标准进行建设，承担全国司法行政系统对外开放的任务。

4 月 29 日　市人大常委会副主任漆世贵率队视察《律师法》贯彻实施情况，参观联合、段和段、新华律师事务所。

5 月 4 日　市司法局与团市委、市文明办、市教委、市劳动保障局等单位在外滩黄浦公园联合举办奔向新世纪——1999 上海市 18 岁成人仪式。全市 1 500 名 18 岁的青年学生手捧《宪法》，面对国旗，庄严宣誓。

5 月 25 日　上海市纪念律师制度恢复 20 周年报告会在友谊会堂举行。孟建柱、刘云耕、漆世贵、俞云波等出席报告会，孟建柱讲话。

5 月 30 日　历时 1 个月的上海首届律师辩论赛落幕。刘云耕为长宁区代表队颁发冠军奖牌。

6月6日　市司法局举行全国十佳律师、十佳基层法律工作者和全国模范人民调委会、模范人民调解员等英模座谈会。

6月10日　少年教养所被命名为全国司法行政系统首批优秀“青少年维权岗”。

7月12日　市司法局与上海大学签订共建上海大学法学院(政法管理干部学院)的协议。协议规定,在保持上海大学法学院(政法管理干部学院)原有隶属关系不变的前提下,双方实现资源共享。

7月28日　市依法治市领导小组成立。

8月12日　市人大常委会主任陈铁迪、副主任漆世贵视察市法律援助中心,察看值班律师接待群众、提供法律咨询、法律援助的工作情况,听取市法律援助中心负责人的工作汇报。

8月16日　市委召开依法治市工作会议。

8月25日　人大常委会主任陈铁迪,副主任沙麟、胡正昌等30余人就市司法局局长述职进行评议,并视察上海司法行政工作。

8月31日　市司法局召开“讲学习,讲政治,讲正气”(简称“三讲”)教育动员大会。市司法局党委书记、局长缪晓宝作动员报告,市委“三讲”教育巡视组组长林树楠在会上讲话。

9月21日　市司法局、律协在浦东新区金茂大厦举行上海律师跨世纪发展研讨会,副市长冯国勤等出席会议。

10月21—23日　市司法局召开公证工作会议。

10月25—28日　第十九届亚太地区矫正管理者会议在上海举行。有19个国家和地区、国际组织的百余名代表参加大会,司法部副部长范方平、副市长冯国勤出席。

10月29日至11月1日　孟建柱、刘云耕视察第一、第二劳动教养管理所。

11月13日　市司法局在外滩陈毅广场举行上海市公证行业规范服务达标宣誓仪式,来自全市22家公证处的120多名公证员庄严宣誓。

11月29日至12月5日　第十一届宪法宣传周举行。中央政治局委员、市委书记黄菊发表题为《遵守宪法,贯彻〈上海市进一步推进依法治市工作纲要〉,推进依法治市》的电视讲话,各区、县举行升国旗仪式,拉开第十一届宪法宣传周帷幕。

12月13—15日　市政协副主席俞云波率队视察全市“三五”普法工作。

12月23—25日　由司法部和中央综治办共同主办的全国街道社区依法治理工作座谈会在沪召开。

12月25日　中央纪委驻司法部纪检组组长韩灵视察女劳教所。

12月26—28日　全国司法厅(局)长会议在沪召开。中央政治局委员、中央政法委书记、国务委员罗干出席会议并讲话。

12月28日　中共中央政治局委员、中央政法委书记罗干视察卢湾区五里桥街道社区事务受理中心、提篮桥监狱,参观新建成的上海监狱陈列馆。

12月29日　上海监狱陈列馆正式开馆,陈列馆设在提篮桥监狱十字楼内。展区达2 800平方米,刘云耕为开馆仪式剪彩。市人大副主任、市总工会主席包信宝等出席。

2000年

1月25—28日　市司法局召开工作会议,总结1999年工作,部署2000年目标任务。市委副书记孟建柱，市委常委、市委政法委书记刘云耕出席会议并讲话。

2月25日　市司法局与市外来流动人口管理领导小组办公室、市建委建设管理处、上海公安博物馆等单位，在上海公安博物馆举行“上海市外来流动人口法制教育活动基地”揭牌仪式。

2月29日　市司法局召开党风廉政建设干部大会，传达贯彻中共中央总书记江泽民关于从严治党的重要讲话和中纪委四次全会精神，部署2000年反腐败斗争各项工作。

3月3日　市委召开2000年全市法制宣传教育领导小组会议，市委副书记龚学平，市委常委、市委宣传部部长金炳华，市人大常委会副主任漆世贵，副市长冯国勤以及市法宣领导小组成员单位的主要领导出席会议。

3月8—14日　市司法局与市妇联联合举办为期一周的“148妇女维权周”活动。

3月14日　市司法局召开市法制宣传教育会议，部署2000年法制宣传教育工作，推进依法治市。

3月17日　市司法局在“16000148”法律服务专用电话开通一周年仪式上向社会各界宣布，全国第一家“148”法律服务网站（www.148net.com）在上海正式开通。

3月29日　市司法局召开全市司法行政系统处级领导班子和领导干部“三讲”教育工作会议，近300人出席。

4月1日　上海农场庆祝建场50周年。刘云耕为上海农场题词。

同日　上海公证网站（http://www.sh-notary.com）正式开通。

4月25日　市司法鉴定工作委员会新组建文检司法鉴定专家委员会，共聘请文检专家10人。同时新增补50名专家担任人身伤害司法鉴定专家委员会委员。

4月　国务院决定授予第一劳教所干部吴桂堂“全国先进工作者”称号。5月1日，刘云耕专程到市劳教局培训中心看望从北京载誉归来的吴桂堂。

5月15日　刘云耕到市司法局视察上海法制报社和市公证处。

5月18日　团市委、市文明办、市教委、市司法局、市劳动保障局、市法宣办在浦东新区青少年素质训练营，联合举办2000年上海市18岁成人仪式，600名刚满18岁的青年学生手捧《中华人民共和国宪法》庄严宣誓。

5月26日　上海第一家专门为军人设立的“148”维护军人合法权益援助中心在南汇县挂牌运作。

5月27—28日　由中华全国律师协会和市律师协会联合举办的新世纪中国律师发展战略研讨会在沪召开。市委常委、市委政法委书记刘云耕，司法部副部长段正坤等领导出席会议并讲话。

6月8日　刘云耕视察全市基层人民调解工作，与基层司法行政干部和人民调解员座谈。

6月13日　上海首张《中华人民共和国预防未成年人犯罪法》教学光盘在普陀区曹杨职校举行首发式。

6月16—17日　中央综治委副主任罗建平率安置帮教工作检查组来上海检查工作，观看由市司法局基层处负责开发的安帮信息管理系统演示，视察南市区董家渡司法所、徐汇区田林街道派出所、青浦监狱和第三劳教所。

6月21—22日　由中国公证员协会主办、上海市公证员协会承办的全国房地产公证业务研讨会在沪举行。

7月14日　市委、市政府信访办和市司法局联合召开律师参与接待来访群众经验交流会。刘云耕、冯国勤出席并讲话，指出评价律师参与信访接待工作是维护社会稳定的一项创举，还向127

名律师志愿团成员颁发聘书。

7月19日　市司法鉴定中心成立。

同日　市政协副主席陈正兴率队视察全市法律援助工作。

7月27日　市政协主席王力平视察律师工作。

7月　虹口区乍浦路街道成立全市首家社区人民调解庭，确立首席人民调解员制度。

8月10日　王力平率队视察上海劳教工作，强调充分发挥劳教工作在维护社会稳定中的作用。

8月16日　市法宣办会同市政府法制办在教育会堂举行"WTO与我国地方行政管理制度的改革和发展"双月法制讲座，全市各区、县、委办的法宣干部及政府的法制干部300余人参加。

9月12—14日　市司法局召开思想政治工作会议，刘云耕出席会议并讲话。

9月16日　刑释解教人员安置帮教工作会议召开，宣布成立上海市社会帮教志愿者协会，表彰安置帮教先进集体和个人。冯国勤出席会议并讲话。

9月22日　市司法局召开局机关和部分直属单位处级干部"三讲"(讲政治、讲学习、讲正气)教育总结大会。

9月24日　市司法局首次组织200余名新律师举行执业宣誓仪式。

10月16日　市司法局会同市委组织部、市委宣传部、市委党校、市法宣办联合举办局级领导干部依法治市专题研修班，为期7天。全市各行业40多位局级干部参加首期研修班。

10月17日　市司法局党委召开局系统党政负责干部大会，传达和学习党的十五届五中全会和市委七届七次全会精神，100余人参加。

10月28日　市司法局、市法宣办、市综治办、市禁毒办联合举办"以科学、文明、健康的精神风貌跨入新世纪——上海市民学法用法巡礼暨法律宣传大篷车进社区"系列活动。

11月9日　全市"148"经验交流会在嘉定举行。这是自"16000148"法律服务专用电话全面开通之后，第一次全市性集中交流"148"法律服务经验，探讨"148"法律服务发展方向的会议。

11月27日　副市长周禹鹏等到浦东新区司法局调研。

11月　以"增强宪法意识，提高法律素质，迎接21世纪"为主题的第十二届宪法宣传周拉开帷幕。

12月2日　上海市残疾人法律援助中心暨上海市法律援助中心残疾人分中心在市财政局举行揭牌仪式。漆世贵等领导参加揭牌仪式。

12月7日　市委宣传部、市司法局、市法制宣传教育领导小组办公室在光大会展中心举行"面向21世纪的领导干部法律素质"座谈会暨《上海市领导干部"三五"普法文集》《"三五"普法在上海》画册首发式。市委常委、宣传部长殷一璀、市人大常委会副主任刘伦贤等市领导到会并讲话。

12月　《上海司法行政年鉴(1996—1998)》正式出版。这是1949年以来市司法局组织编纂的第一部专业年鉴。

2001年

1月5日　市高级人民法院、市司法局、市法宣办、《法苑》杂志社联合举办"为普法喝彩——上海15年普法回眸"电视文艺晚会。

1月24日　市委副书记、市委政法委书记刘云耕视察女劳教所。

2月14日　市司法局召开工作会议。刘云耕到会并讲话。

2 月 15 日　市司法局召开党风廉政建设暨执法执纪专项教育整顿大会，传达中纪委五次全会、上海市党风廉政建设干部大会及司法部执法执纪专项教育整顿工作会议精神，部署党风廉政建设和反腐败工作。

3 月 15 日　市司法局印发《关于实施市政府建立 20 个规范的法律援助中心实事项目的意见》。至 4 月 1 日，全市 19 个区、县均已建立落实法律援助实事项目工作小组，由司法局局长或分管局长任组长。

3 月 20 日　市人民调解工作指导委员会召开第一次工作会议，通过《上海市人民调解工作指导委员会关于加强人民调解工作的若干规定》和《2001 年上海市人民调解工作指导委员会工作要点》。刘云耕主持会议。

3 月 28 日　副市长冯国勤视察市法制教育学校和女劳教所。

3 月 29 日　上海市召开刑释解教人员安置帮教工作会议，总结 2000 年刑释解教人员安置帮教工作，部署 2001 年度任务。

4 月 25 日　刘云耕到市司法局调研律师管理工作。

4 月 28 日　上海第一家中学生青少年法律援助网站和法律咨询热线开通。刘云耕出席网站开通仪式。

4 月 29 日，上海律师代表队在司法部、全国律协以及中央电视台共同举办的"首届全国律师电视辩论大赛"中荣获大赛冠军。

5 月 13 日　市政协副主席左焕琛率队视察劳教工作。

6 月 29 日　市司法局召开纪念建党 80 周年大会暨市司法行政系统先进事迹报告会。

7 月 23 日　市司法局召开律师参与接待来访群众工作表彰会。冯国勤出席并讲话。

7 月 31 日　市刑释解教人员安置帮教工作协调小组、社会治安综合治理委员会办公室、社会帮教志愿者协会联合举行聂容帮教工作 20 年座谈会，50 余人参加，刘云耕出席会议并讲话。

8 月 2 日　2001 年第二次法制宣传教育领导小组会议召开，市法宣领导小组副组长、市人大常委会副主任漆世贵等领导小组全体成员出席会议，50 余人列席会议。

8 月 16 日　市司法局举行第二届公证员协会代表大会，100 多名公证员代表参加，大会选举产生市公证员协会第二届理事会和常务理事会，桂晓民当选会长，缪晓宝为名誉会长。

8 月 20 日　市人民代表大会常务委员会第三十次会议通过《关于本市进一步开展法制宣传教育的决议》。

8 月 18—21 日　刘云耕视察第一、第二劳教所。

8 月 20—21 日　市人民调解工作指导委员会举办全市首席人民调解员和部分司法助理员培训，390 人接受培训。

8 月 31 日　市法制宣传教育工作会议召开，市委副书记、市法制宣传教育领导小组组长龚学平出席会议并讲话，市委常委、宣传部长殷一璀、市人大常委会副主任包信宝、副市长冯国勤、市政协副主席俞云波等市党政领导以及全国法宣教育和市法宣教育先进单位、先进个人代表等 400 余人参加会议。

9 月 3 日　市司法鉴定工作委员会召开第三次会议，冯国勤出席会议并讲话。

9 月 4 日　冯国勤视察司法鉴定中心。

9 月 15 日　最高人民法院副院长曹建明到沪召开座谈会，了解上海人民调解协议书审核制运作情况。

9月22—23日　第六届律师代表大会召开,总结第五届律协的工作,选举产生新一届理事会,会长从专职律师中产生,大会对理事会、常务理事会、会长的任期等方面作新的调整。刘云耕、漆世贵、冯国勤、俞云波等领导出席会议。有400多名律师代表参加会议。

9月24—25日　由市司法局与美国伊利诺斯大学合作举办的中美法律援助实务研讨会在沪举行。这是上海市第一次举行法律援助涉外交流活动。

9月27日　市人民调解协会第二次会员代表大会召开,选举产生协会第二届理事会,推举市高级人民法院副院长齐奇为名誉会长,选举市司法局副局长胡荣根为会长。

10月31日　刘云耕视察市政法管理干部学院。

11月13—16日　全市监狱劳教农场发展研讨会在上海农场和川东农场举行。

11月15日　市司法局召开执法(行风)督察员座谈会,接受社会公开监督。

11月17—18日　全市司法行政系统的公务员、基层司法助理员、劳教人民警察3 400余人参加司法部组织的全国统一司法行政系统工作人员基本素质教育考试。

11月21日　市司法鉴定中心举行揭牌仪式。

12月5日　由市司法局、市法制宣传教育领导小组办公室、《上海法治报》和东方网共同创办的“东方法治”网站(http://law.eastday.com)举行正式开通仪式。市委副书记、市法宣领导小组组长龚学平为“东方法治”网站揭牌,并点击开通。

12月8日　市司法局和市律师协会举行律师先进事迹报告会,400余人参加。

2002年

1月7日　市委副书记、市委政法委书记刘云耕视察女劳教所,慰问劳教工作干警。

1月15日　原“16000148”法律服务专线改为“12348”法律咨询专线,并划归市法律援助中心统一管理。

2月　奉贤区南桥镇法律服务所脱钩改制为全市第一家合伙制法律服务所。

3月5—7日　副市长冯国勤视察上海第一、第二劳教所。

3月6日　由市司法局和市农工商集团总公司联合组建的上海丰海食品有限公司在上海农场正式揭牌成立。冯国勤参加揭牌仪式。

3月8日　全市法制宣传教育工作会议召开。市委副书记、市法制宣传教育领导小组组长龚学平出席会议并讲话。

3月23日　市司法局召开全市律师工作会议,贯彻落实司法部律师管理工作电视电话会议精神。

3月28日　1999—2001年人民调解工作总结表彰大会召开。刘云耕出席会议并讲话。副市长杨晓渡主持会议。市委常委、市委政法委副书记吴志明、市人大常委会副主任胡正昌、市政协副主席俞云波等领导以及人民调解先进集体、先进个人代表1 000余人参加。

3月30—31日　首次国家司法考试上海考区考试工作顺利进行。

4月2日　市司法局成立国家司法考试办公室。

4月10日　市司法局和市委、市政府信访办公室联合召开关于建立街镇司法、信访综合服务窗口工作动员大会,350余人参加。冯国勤出席会议并讲话。

4月22日　司法部副部长范方平视察女劳教所。

5月17—18日 司法部副部长胡泽君率司法部、最高人民法院专题调研组,视察浦东新区金杨街道和北蔡镇的司法、信访综合服务窗口,调研人民调解工作。

5月23日 司法部劳教局决定将上海市劳教局列为全国首批6个创办劳教特色试点单位之一。

5月29日 市司法局、市律师协会举办上海、香港律师管理研讨会。

5月 黄浦区人民法院委托市人身伤害司法鉴定专家委员会对一公民诉长征医院医疗纠纷人身伤害赔偿一案进行司法鉴定。这是该专家委员会进行的首例医疗纠纷司法鉴定。

6月3—20日 市司法局、市信访办组成联合检查组,分别抽查19个区、县的22个司法信访综合服务窗口,全部验收合格。

6月26—30日 司法部部长张福森,副部长段正坤、胡泽君率调研组到沪,对上海司法行政工作进行全面考察调研。6月27日,张福森视察女劳教所。6月28日,张福森在沪主持召开监狱劳教工作座谈会。

8月16日 市依法治市办公室、市委宣传部、司法局、法宣办在全市依法治市宣传日开展一系列宣传活动。刘云耕出席市法制建设研究会成立大会暨依法治市工作理论研讨会,并为法制建设研究会揭牌。

8月29—30日 司法部在上海召开全国大中城市街道社区法律服务工作座谈会,张福森出席会议并讲话。

9月 市社区矫正试点工作正式启动。

12月2日 市司法局、体育局、法制宣传教育领导小组办公室主办的全国第二届法制宣传日暨上海市第十四届宪法宣传周活动在上海体育场火炬台广场拉开帷幕。开幕式由副市长姜斯宪主持,市人大常委会副主任漆世贵致开幕词。举行"法律进社区,连接你我他——将法律送进千家万户"的法制宣传大篷车发车仪式。

12月3日 由市人大常委会主办的上海市纪念现行宪法颁布施行20周年大会在友谊会堂举行。大会由市人大常委会主任陈铁迪主持,副市长杨晓渡等先后发言。400余人参加大会。

12月4日 市公安局、高级法院、检察院、司法局、法宣办、律协在东方明珠广播电视塔举行全国第二届法制宣传日暨上海市第十四届宪法宣传周"忠于宪法,服务人民——警察、检察官、法官、律师宣誓仪式"在东方明珠广播电视塔举行。吴志明主持宣誓仪式,刘云耕讲话。陈铁迪在上海电视台新闻综合频道发表电视讲话,纪念现行宪法颁布实施20周年。

12月7日 市委组织部、宣传部、市委党校、法制宣传教育领导小组办公室在市委党校大礼堂联合举办上海市领导干部法制讲座,2 000余人参加讲座。

2003年

1月4—5日 市委常委、市委政法委书记吴志明,市高级人民法院院长滕一龙视察川东农场和上海农场。

1月16—17日 由中国公证员协会与国际拉丁公证联盟联合举办的"公证与经济发展"国际研讨会在上海国际会议中心召开。有38个国家的450多名中、外公证专家和专业工作人员与会。司法部部长张福森、副部长段正坤,副市长冯国勤出席会议并讲话。

2月11日 全市人民调解工作会议召开。市委副书记刘云耕,市委常委、市委政法委书记吴志明,副市长冯国勤出席会议。

3月21日　市律师协会第六届理事会第七次会议通过《上海市律师协会律师执业行为规范》,自2003年5月1日起试行,对执业律师的权利义务作出全面规定。这是全国首部行业协会出台的执业行为规范。

4月12日　市司法行政系统召开徐宏祥先进事迹报告会。吴志明出席会议。

5月2日　吴志明在青东农场召开现场办公会,决定将青东农场医院改建为羁押场所"非典"定点医院。改建后的青东农场医院纳入全市防治"非典"体系。

6月26日　市司法行政系统召开法律服务行业行风建设工作大会。

7月　市律师协会代表团在"全球主要城市律师会会长年会"巴黎会议上,赢得2004年"全球主要城市律师会会长年会"的主办权。

8月19日　市社区矫正工作办公室成立,核定编制20人。

9月10日　外国律师事务所驻沪代表处首席代表恳谈会召开。市外经委(外资委)主任潘龙清、市司法局局长缪晓宝与全市50多家外国律师事务所的驻沪首席代表座谈。市委常委、副市长周禹鹏出席会议。

9月15—19日　市司法局会同市律师协会、法律援助中心、东方法治网、青年报社等单位联合举办主题为"弘扬法治精神,维护公平正义"的"卓越、诚信、敬民——上海法律服务志愿活动"。

9月20日　市律师协会组建"上海市为被拆迁人提供法律服务律师志愿团"。刘云耕出席被拆迁法律服务业务培训班并讲话。

9月28日　市司法局会同市妇联、新闻午报社和徐汇区司法局联合举办"老人与法——上海敬老法律咨询活动"。

9月　市律师协会被中华全国律协授予"援助西部地区律师发展工作先进律师协会"荣誉称号。

10月　《上海市司法行政志》由上海社会科学院出版社正式出版。这是第一部记载上海司法行政工作的专志,上限为清末,下限至1995年,大事记延至2002年。

11月12日　市司法局召开推进社区矫正试点工作动员大会。吴志明出席会议并讲话。

12月1日　《上海市司法鉴定人职业道德规范》施行。

12月11日　司法部副部长张军视察女劳教所。

12月12日　市司法局与香港律政司共同举办"加强沪港法律服务紧密合作研讨会"在上海国际会议中心举行。

12月　市高院、司法局联合印发《关于规范全市诉讼活动中公民代理的若干意见》,对全市诉讼活动中的公民代理作出明确规定。

2004年

1月5日　《市司法局关于社区服刑人员日常行为奖惩的规定(试行)》施行。

1月6日　市综治办和市刑释解教人员安置帮教工作协调组联合召开全市刑释解教人员安置帮教工作推进会。市委常委、市委政法委书记吴志明主持会议。市委副书记刘云耕出席会议并讲话。

1月20日　市新航社区服务总站在闸北区挂牌成立。

2月13日　市司法局召开工作会议，传达全国司法厅(局)长会议精神，研究部署2004年司法行政工作任务。

2月19—24日　司法部、民政部“民主法治示范村”专项检查组听取了市司法局、民政局关于“加强农村民主法制建设，推进城市法治化进程”的工作汇报，并赴嘉定、浦东、奉贤和松江区进行实地检查。

2月　市综治办和市安帮办联合制定《关于进一步落实全市刑释解教人员落户就业和社会保障等工作的意见》，明确了刑释解教人员可根据现行户籍政策及时落户。

同月　上海公信扬知识产权司法鉴定所挂牌。这是全市第一家专门从事知识产权司法鉴定的机构。

3月4日　刘云耕视察戒毒劳教所、第三劳教所和少年教养所。

3月6日　第六届律师代表大会第四次会议召开，表决通过《上海市律师协会行业规范性文件制订规则》。市委副书记刘云耕、副市长周太彤出席会议并讲话。

3月25日　上海监狱系统第一家面向服刑人员的监狱内部网站——青浦监狱服刑人员生活指导网(简称爱生网)正式开通。

3月26日　市爱心工程基金会召开常务理事会议，会议由市政协副主席、爱心工程基金会会长谢丽娟主持。

3月30日　市司法局、市司法鉴定工作委员会办公室召开司法鉴定工作会议。

4月17日　市司法局召开律师队伍建设工作会议。司法部副部长段正坤、市委政法委副书记林化宾出席会议并讲话。

4月18—19日　段正坤视察外国律师事务所驻沪代表处。

5月13日　宪法宣传动员暨2004年法制宣传教育工作视频会议召开。市人大常委会副主任包信宝主持，市委副书记殷一璀讲话。

5月20日　市委副书记刘云耕视察长宁区江苏路街道“人民调解李琴工作室”。

5月25—26日　市人大常委会主任龚学平率队视察上海农场和川东农场。

6月23日　市司法局党委召开纪念建党83周年座谈会暨“凝聚力工程”建设经验交流会，传达市委八届五次全会主要精神，表彰司法行政系统的先进党支部、优秀共产党员和优秀党务工作者。

6月25日　市政协副主席谢丽娟率队视察少年教养所，赠送3 000册各类书籍。

7月5日　市领导干部法制教育联席会议各成员单位在市司法局召开第一次会议。市委组织部副部长丁薛祥出席会议。

7月15日　市刑释解教人员安置帮教工作协调小组召开会议。市老干部局、妇联、公安局、民政局等成员单位领导和市社区矫正办有关人员出席会议。

8月3日　上海法律服务行业信用信息系统正式开通。该系统设在上海司法行政网，初步涵盖律师、公证和基层法律服务3个行业有关执业机构和执业人员的信用信息。

8月1日起，该所凡制订涉及劳教人员权益的各类制度、规定和措施时，均需就其必要性和可行性举行听证。

8月14日　市司法行政机关举行首次司法鉴定人执业考核，全市公安、检察、法院、卫生、财政等各个系统共867名执业登记备案的司法鉴定人参加考核。

同日　市司法局与市政治文明办、市法制宣传教育联席会议办公室、卢湾区政府联合主办“法在我心中、维权要依法”依法维权大型宣传咨询活动。市委副书记刘云耕、市人大常委会副主任包信宝、市政协副主席宋仪侨巡视活动现场。

8月18日　市司法局与市检察院联合印发《关于保障律师在审查起诉阶段依法执业的规定(试行)》,对律师在审查起诉阶段的执业权利作明确规定。

9月23日　经市政府批准,在上海大学法学院、上海市政法管理干部学院的基础上建立起独立设置的本科院校——上海政法学院。

9月25日　全市举行首个律师宣传日法律咨询活动。市律师协会召集上海"十佳"青年、"十佳"女律师和其他律师,走到老百姓身边,为市民提供免费咨询服务。

9月28日　市委组织部、市委宣传部、市委党校、市司法局和市法制宣传教育联席会议办公室联合建立"上海东方法治网校"。19个区(县)和20个委办局成立分校,该"网校"设在"东方法治网"(www.cas124.com)。

10月11日　市委、市政府信访办公室,市司法局和市法制宣传教育联席会议办公室联合举办题为"坚持依法信访,维护合法权益,遵守信访秩序,规范信访行为"的大型专题宣传活动。刘云耕出席在徐家汇公园的主会场活动,为徐汇区"心之桥信访服务室"成立揭牌,向18位社会志愿者颁发聘书。

10月13—15日　刘云耕率队视察上海农场、川东农场。

10月20—22日　司法部在上海召开司法鉴定立法与管理工作座谈会。司法部副部长张军出席会议并讲话。

11月4—5日　第三届全球主要城市律师协会会长峰会在上海召开。周太彤出席会议开幕式并致辞。有19个世界主要城市的20个律师协会会长及高层人士40余人与会。该会议在发展中国家举办尚属首次。

11月6日　市司法局召开公证行业创建文明行业誓师大会。

11月9日　杨浦区延吉街道人民调解"杨伯寿工作室"和"杨伯寿人民调解带教点"正式挂牌成立。

11月14—16日　司法部部长张福森调研上海律师管理工作和社区矫正试点工作,视察浦东新区潍坊新村街道、徐汇区斜土路街道。市委常委、市委政法委书记吴志明陪同出席。

11月15—16日　中法《物权法——为经济发展服务》研讨会在上海召开。法国司法部部长多米尼克・贝旁、中国司法部部长张福森、市委副书记刘云耕出席开幕式。

11月19日　市公证处为上海世博会会徽征集评审活动提供公证法律服务。

11月29日至12月5日　以"弘扬宪法精神,增强法制观念"为主题的第四个全国法制宣传日和以"学习宪法,依法维权,建法治之城"为主题的上海市第十六届宪法宣传周系列活动在全市开展。市领导刘云耕、包信宝、杨晓渡、俞云波等分别参加各项重大活动。

11月　上海文艺知识产权司法鉴定中心成立,这是全国首家专门从事文化艺术知识产权的司法鉴定机构。

12月2—3日　全市召开对轻刑犯非监禁矫治措施中英研讨会。来自全国人大法工委、司法部基层司、社区矫正试点省市司法厅(局)和部分高校的代表及英国杜兰郡缓刑局首席官、英国刑事司法服务中心主管等共40余人参会。司法部政治部主任张苏军出席研讨会并致开幕词。

12月3日　市委宣传部、市司法局联合召开"提高依法执政能力,推进城市法治化进程——上海市加强党的依法执政能力建设理论研讨会",刘云耕出席会议并讲话。

12月26日　市司法局举行上海司法行政网(www.justice.gov.com)全新改版后的开通仪式。

2005 年

1 月 12—13 日　市司法局召开工作会议，总结 2004 年全市司法行政工作，全面部署 2005 年工作任务。

1 月 20 日　市司法局组织局系统党员先进性教育活动专题培训。

2 月 1 日　市司法局印发《市司法局关于严格公证执业纪律的通知》。

3 月 6 日　市司法局与市妇联、市法宣办联合主办的以“提高法律素质，建设和谐家庭”为主题的“百万家庭学法律”活动在闸北区青少年活动中心启动。市委副书记刘云耕出席仪式并点击开通“百万家庭学法律”网上知识题库。

3 月 18 日　市司法局召开加强党风廉政建设干部大会。市纪委副书记、监委主任李梅出席并讲话。

3 月 26—27 日　第七届律师代表大会在光大会展中心召开。市委副书记刘云耕，市委常委、市委政法委书记吴志明，市人大常委会副主任王培生，副市长周太彤，市政协副主席俞云波出席会议。大会选举产生市律师协会第七届理事会，并选举产生 15 名常务理事和 20 名监事。

4 月 1 日　上海市法医毒物司法鉴定专家委员会成立，专家委员会由 14 名副主任医师以上专家组成。

4 月 14 日　“上海市爱心帮教基金会”揭牌仪式在少管所举行。市政协副主席谢丽娟出席。

4 月 25 日　全国人大常委会法工委副主任王胜明、司法部副部长段正坤率队到市公证处调研公证法草案的修改。

4 月 26 日　国务院决定授予女劳教所干部蒋绮琼“全国先进工作者”称号。

5 月 13 日　市司法局、市人事局召开 2002—2004 年度上海市人民调解工作总结暨表彰大会，刘云耕出席会议并讲话。

5 月 14 日　市司法局和市律师协会在上海展览中心召开律师工作会议，布置合伙所规范建设年活动。段正坤出席会议并讲话。

5 月 16—17 日　由中国司法部和芬兰司法部主办、市司法局承办的中芬司法合作十周年庆典暨公证、公司法国际研讨会在沪举行。中芬两国司法部官员、两国公证和公司法方面的专家、国际拉丁公证联盟公证和物权方面的专家约 100 人与会。

6 月 15 日至 8 月 20 日　市矫正办组织开展首批创建社区矫正工作达标街镇的验收活动，上海市 34 个街镇通过验收。

8 月 5 日　市法学会和市拥军优属基金会共同组织召开“纪念中国人民抗日战争胜利 60 周年”研讨会，60 余人出席会议。

9 月 8—9 日　第 22 届世界法律大会移师上海国际会议中心继续举行。最高人民法院院长肖扬出席开幕式。

9 月 14 日　中共中央政治局常委、全国政协主席贾庆林在市委副书记、市长韩正，市政协主席蒋以任的陪同下，视察长宁区江苏路街道社区服务中心，并走进矫正社工办公室与社工亲切交流。

9 月 21—23 日　市司法局在大众国际会议中心举办司法行政系统正处级以上领导干部提高构建社会主义和谐社会能力专题研讨班。刘云耕出席研讨班开班式并讲话。

11 月 21 日　市司法局召开全市司法行政基层建设工作会议，传达贯彻全国司法行政基层建设工作会议精神,研究部署全市司法行政基层建设工作。

11月23—24日　市委副书记、市长韩正,市委副书记刘云耕,市委常委、市委政法委书记吴志明,副市长胡延照率队视察上海、川东农场。

11月30日　市委宣传部、市司法局、市法宣办联合召开上海市纪念全民普法20周年座谈会。市委副书记刘云耕、市人大常委会副主任包信宝出席会议并讲话。

12月1日　刘云耕率队到上海政法学院视察调研。

12月10日　市司法局举行全国司法行政系统"规范执法行为,促进执法公正"专项整改活动培训考试。

12月20日　市委副书记刘云耕、副市长严隽琪到上海政法学院视察调研。

12月22日　司法部授予戒毒劳教所部级"现代化文明劳教所"称号。

2006年

1月10日　市法宣办、《上海法治报》、市法学会共同主办的"2003—2005年度上海20个法治建设重大事件有奖评选活动"揭晓。

1月12—13日　市司法局召开工作会议,传达全国司法厅(局)长会议精神,总结2005年工作,研究部署2006年工作任务。

2月6日　市司法局和市高级人民法院联合出台《关于规范民事纠纷委托人民调解的若干意见》,明确人民法院可以委托各街道、乡镇人民调解组织、区域性人民调解委员会负责调解。

2月22日　市司法局印发《关于积极做好进城务工人员法律援助工作的通知》,推出加强进城务工人员法律援助工作的六项举措。

2月24日　市司法局召开加强党风廉政建设干部大会。会议贯彻中纪委六次全会、上海市加强党风廉政建设干部大会精神,部署全年的反腐倡廉工作。

3月4日　由市妇联、综治办、司法局、法宣办联合主办的2006年"三八"妇女维权周暨"平安家庭"创建活动启动仪式在长宁区举行。市委副书记刘云耕出席仪式。

3月6—8日　副市长胡延照视察第一劳教所,察看农田和水利基本建设。

3月8日　市女劳教所获"全国三八红旗集体"称号,授奖大会在上海展览中心友谊会堂举行。

3月15—17日　市司法局举办局系统政治处主任培训班。

3月23日　市法制宣传教育联席会议召开成员单位会议。会议重点研究全市"五五"法制宣传教育规划。市委副书记刘云耕讲话,市委常委、市委宣传部部长王仲伟主持会议,市人大常委会副主任包信宝及市法制宣传教育联席会议成员单位负责人出席会议。

3月25日　市律师协会召开第七届律师代表大会第二次会议,审议通过《上海市律师协会会员处分程序规则》,修改《上海市律师协会律师执业纠纷调解规则》。刘云耕到会并讲话。

3月28日　市人民调解协会召开第三次会员代表大会,选举产生新一届协会理事会,新产生的协会理事会完全由专职人民调解员代表组成。会议通过第二届协会理事会工作报告和财务报告,修改协会《章程》。

4月8日　最高人民检察院副检察长赵虹视察第三劳教所。

4月26日　市十二届人大常委会第二十七次会议审议通过《上海市法律援助若干规定》。《规定》针对国务院出台的《法律援助条例》的授权性规定及法律援助实践中遇到的问题,以"若干规定"

的形式，对有关内容进行细化和补充。

5月2日 “东方法治网”被中央宣传部、司法部评为“2001—2005年全国法制宣传教育先进单位”。

5月10日 市法学会和市综治办在市高级人民法院联合召开“攻克八大治安顽症，推进上海平安建设”理论座谈会。市委副书记刘云耕，市委常委、市委政法委书记吴志明出席会议。

5月12日 市高级人民法院、人民检察院、公安局和司法局联合出台《关于轻伤害案件委托人民调解的若干意见》。

5月31日至6月2日 市司法局举办全市司法行政系统正处级以上领导干部社会主义法治理念教育研讨班。

6月5日 市委、市政府批转《市委宣传部、市司法局关于在上海市开展法制宣传教育的第五个五年规划》。

6月21日 第十二届人大常委会第二十八次会议审议通过《关于全市进一步加强法制宣传教育的决议》。

6月29日 全市召开法制宣传教育工作会议，总结“四五”法制宣传教育工作情况，表彰先进集体和个人，全面部署“五五”法制宣传教育工作。刘云耕出席会议并讲话，王仲伟主持会议，包信宝、市政协副主席黄关从出席会议。

7月27日 由市司法局、解放日报报业集团、文汇新民联合报业集团、上海文广新闻传媒集团、市律师协会联合主办的首届“东方大律师”评选宣传活动正式启动。

8月18日 市司法局、市法学会、市法治研究会召开“法治理念·法治文化·法制宣传”理论研讨会，探讨如何在社会主义法治理念的指导下，推进全市法治文化建设和法制宣传教育工作的创新与发展。刘云耕出席会议并讲话。

9月27—30日 司法部党组副书记、副部长陈训秋等一行到上海调研司法行政系统计财装备工作。

10月19日 市人大常委会主任龚学平、副主任周慕尧、刘伦贤、陈豪、胡炜率队到市律师协会视察，就贯彻实施《律师法》进行专题调研。

10月29日 市法学会在上海展览中心友谊会堂举行50周年庆典大会。中国法学会会长韩杼滨、市委副书记刘云耕到会并讲话。中国法学会副会长罗锋，市委常委、市委政法委书记吴志明，市人大常委会副主任王培生，市政协副主席俞云波以及市老领导王力平、朱达人、石祝三、王兴出席会议。

11月9—10日 市司法局党委召开扩大会议，专题学习中央六中全会作出的重要《决定》，传达韩正、刘云耕等市委领导在市委政法委调研时的讲话精神。

11月16日 市政协主席蒋以任，副主席俞云波、黄关从、王荣华视察市法律援助中心和市律师协会。

12月4—10日 开展第六个全国法制宣传日和市第十八届宪法宣传周活动，主题为“弘扬宪法精神，共建和谐社会”。

2007年

1月9—10日 市司法局召开工作会议，总结2006年上海市司法行政工作，全面部署2007年司法行政工作任务。

1月21日　市政协主席蒋以任视察上海农场。

1月24日　市司法局和市高级人民法院召开2007年度人民调解工作联席会议。

2月7日　矫正社工胡美蓉在“2006年上海十大平安英雄”颁奖晚会上被评为“平安英雄”。市委副书记、市综治委主任刘云耕,市委常委、市委政法委书记吴志明,市委常委、市委宣传部长王仲伟,副市长周太彤出席颁奖晚会,并为“平安英雄”颁奖。

2月8日　市司法局召开加强党风廉政建设干部大会。

3月6日　市司法局印发《上海司法行政工作“十一五”时期发展规划纲要》。

3月24日　第七届律师代表大会第三次会议在青松城召开,表决通过《上海市律师协会章程》修改方案。刘云耕、吴志明出席会议。

3月30日　市司法局召开法制宣传教育联席会议全体成员(扩大)会议,部署2007年法制宣传教育工作。刘云耕讲话,王仲伟主持会议,市人大常委会副主任包信宝出席会议。

4月4日　全国人大常委会委员、内务司法委员会副主任委员祝铭山,全国人大常委会委员、内务司法委员会委员任茂东,市人大常委会副主任周禹鹏视察市律师协会,并就《律师法》修改工作听取市司法局和市律师协会的意见。

4月12日　市总工会、市司法局、市律师协会联合召开“学习全国维护职工权益杰出律师朱素宝先进事迹座谈会”。市人大常委会副主任、市总工会主席陈豪出席会议。

4月24—26日　市司法局党委举办上海市司法行政系统正处级以上领导干部深化社会主义法治理念教育研讨班。

4月26日　市委书记习近平到市司法局调研。

同日　“走向法治、促进和谐”上海首届“东方大律师”颁奖晚会在广电大厦演播大厅举行。市委副书记、市综治委主任刘云耕,市委常委、市委政法委书记吴志明,市人大常委会副主任周禹鹏,市政协副主席俞云波,市高级人民法院院长滕一龙,市人民检察院检察长吴光裕,市人民检察院党组书记蔡旭敏出席颁奖晚会。

5月9日　市司法局党委认真贯彻落实中央领导关于加强“两所一庭”(公安派出所、司法所、人民法庭)建设的指示精神以及司法部《关于创建规范化司法所工的意见》,全市19个区(县)的司法所已全面实现派出或独立设置。

5月24—25日　由中国科技法学会、市人大常委会教科文卫委员会、市法学会、上海政法学院等单位联合主办的第五届“科技法学论坛”在上海政法学院召开。

6月26日　全市召开市公证协会第三届代表大会第一次会议,通过公证协会的工作报告和修改后的《上海公证协会章程》,选举产生新一届公证协会理事会理事、会长、副会长等协会成员。吴志明出席会议。

7月12—14日　全国人大常委会委员、法律委员会副主任委员王以铭率队到沪听取市司法局和市律师协会等单位对《律师法(修订草案)》的修改意见,视察市律师协会和程惠瑛律师事务所。

8月6—8日　吴志明调研司法所建设情况和长宁区人民调解工作。

8月24日　市高级人民法院、市司法局、市社会治安综合治理委员会办公室联合出台《关于进一步加强人民调解工作的若干意见》。

8月30日　市司法局、市高级人民法院联合召开上海人民调解工作推进大会。吴志明出席会议并讲话。

9月12日　由市总工会和市文明办、市法宣办、市劳动和社会保障局等联合主办的“学法律、知荣辱、讲文明、促和谐”农民工风采大赛——决赛在上海教育电视台举行。市委副书记殷一璀，市委常委、市委宣传部部长王仲伟，市人大常委会副主任、市总工会主席陈豪出席大赛并为获奖者颁奖。

同日　市委政法委、市法制宣传教育联席会议办公室举办《守护平安、共建和谐》首届“平安英雄”“东方大律师”巡回报告会。

9月24日　江苏、浙江、上海三省市法学会共同主办的第四届“长三角法学论坛”在上海召开。

10月10日　吴军营任上海市司法局局长。

10月31日　由中国法学会主办、上海市法学会承办的首届“中国—拉美法律合作论坛”在沪召开，有阿根廷、巴西、古巴、西班牙、苏里南以及委内瑞拉等国的法学、法律界人士共16人参加论坛。中国法学会会长韩杼滨，市委常委、市委政法委书记吴志明出席开幕式并致辞。

11月21日　吴志明视察金山区廊下镇司法所、奉贤区工业综合开发区司法所。

11月28—29日　由市法学会与台湾“两岸经贸交流权益保障促进会”联合举办的第九次沪台经贸法律理论与实务研讨会在上海召开。俞云波出席研讨会开幕式并致辞。

12月3—9日　全市开展以“增强宪法意识、推动科学发展、促进社会和谐”为主题的第19届宪法宣传周系列活动。

12月14—15日　市司法局举办律师管理干部社会主义法治理念教育培训班。

12月17日　司法部副部长郝赤勇来沪视察司法鉴定工作。

12月25日　市法学会与上海世博会事务协调局共同举办的“第四届世博会与法治化论坛”在上海国际会议中心召开。

2008年

1月4日　市司法局成立巡察组，分阶段对市司法局系统处级领导班子及其成员进行巡查。

2月1日　司法鉴定专用章钢印正式启用。市司法局统一司法鉴定文书格式要求。

3月1日　全市公证机构统一更名，公证执业不受区域范围和公证事项的限制。

3月4日　司法行政系统纪检监察工作会议召开。

3月12—14日　市司法局举办全系统正处级以上领导干部学习十七大精神培训班。

3月24日　市法制宣传教育联席会议召开全体成员（扩大）会议，审议2007年全市法制宣传教育工作总结和2008年要点。市委常委、市委政法委书记吴志明讲话，市委常委、市委宣传部部长王仲伟主持会议。

3月27日　全市启动“奥运法制宣传上海行”活动。全国普法办副主任、司法部副部长张苏军，市人大常委会副主任王培生出席启动仪式并讲话。

4月19—20日　第八届律师代表大会在青松城召开，选举产生新一届会长、副会长、理事会和监事会。吴志明出席会议并讲话。

4月29日　由中宣部、中政委、司法部、中国法学会共同组织，市委宣传部、市委政法委、市司法局、市法学会承办的“百名法学家百场报告会”上海专场在市委1号会议室举行。中共中央政治局委员、市委书记俞正声主持报告会并讲话。

5月　上海司法行政系统积极开展抗震救灾活动。

6月13日　市机构编制委员会办公室、市人事局、市司法局联合出台《关于进一步加强全市街道乡镇司法所规范化建设的意见》,明确司法所规范化建设的指导思想、工作目标和具体要求。

7月22日　市司法局召开年中工作会议。会议传达市委九届四次全会和全国司法厅(局)长会议精神。

8月7—8日　市司法局举办首届上海律师党支部书记党务能力培训示范班。

9月13日　按照市公安局、市司法局联合下发的收治标准和规定程序,市劳教收容所从市公安局强制戒毒所接收173名强制隔离戒毒人员,标志市劳教局强制隔离戒毒人员收戒工作全面展开。

9月18日　上海市劳教所分别举行增挂强制隔离戒毒所揭牌仪式。上海市戒毒劳动教养管理所更名为上海市第五劳动教养管理所,并增挂上海市第五强制隔离戒毒所牌子。

9月28日　市司法局召开迎世博600天行动计划动员大会,全面部署迎世博工作。

同日　全市召开律师行业党的建设暨加强新社会组织党建工作会议。

10月23—25日　市政协副主席朱晓明率队视察第一、第二劳教所。

10月29日　全市召开人民调解工作会议,表彰2005—2007年度优秀人民调解组织、人民调解员,指导人民调解工作先进单位、先进个人,以及优秀司法信访综合服务窗口。吴志明出席会议并讲话。市人大常委会副主任周禹鹏、市高级人民法院院长应勇、市人民检察院党组书记蔡旭敏出席会议。

11月27日　市法学会召开"法学理论与法治实践——上海法学、法律界纪念改革开放三十周年理论研讨会"。吴志明出席会议。

12月1—7日　全市各级法制宣传部门以"弘扬宪法精神,科学和谐发展"为主题,开展第20届宪法宣传周系列活动。

2009年

1月9日　市司法局召开上海司法行政系统工作会议,传达全国司法厅(局)长会议精神和市政法工作会议精神,回顾总结2008年工作,研究部署2009年工作。

1月23日　副市长胡延照主持召开市政府专题会议,研究调整上海农场、川东农场管理体制工作。

2月6日　市委宣传部、市司法局、市教卫工作党委、市教委、市法宣办联合印发《关于全市贯彻实施〈中小学法制教育指导纲要〉的若干意见》。

2月　市委常委、市委政法委书记吴志明视察青浦、闸北、虹口、宝山等区司法所规范化建设工作,并召开部分司法所所长座谈会。

3月6日　市法制宣传教育联席会议召开全体成员(扩大)会议,修订《上海市法制宣传教育联席会议成员单位工作职责》。吴志明出席会议并讲话,市委常委、市委宣传部部长王仲伟主持会议。市人大常委会副主任王培生出席会议。

3月10日　青东农场企业及土地移交协议签字仪式在市政府人民大厦举行。市政府秘书长姜平主持签字仪式,市劳教局和青浦区在移交文件上签字。

4月15—16日　中共中央政治局委员、市委书记俞正声,市委常委、市委政法委书记吴志明,市委常委、市委秘书长丁薛祥等一行视察上海市第一劳教所(上海市第一强制隔离戒毒所)和上海农场,慰问干警、职工。

4月24日　召开"迎世博、促和谐、构建基层大调解工作格局"现场推进会。吴志明出席会议并讲话。会议由丁薛祥主持。

4 月 27—29 日　市委宣传部、政法委和市司法局、法学会共同承办“百名法学家百场报告会”上海专场活动。

4 月 28 日　首届“上海司法行政系统十大杰出青年”评审会暨颁奖典礼举行。

5 月 9 日　市司法局召开全市公证行业争创文明行业动员大会。

5 月 13 日　市发改委与市司法局联合印发《上海市律师服务收费管理实施办法》。同日，市物价局与市司法局联合印发《上海市律师服务收费政府指导价标准》。

6 月 30 日　由苏、浙、沪三地司法厅(局)联合主办，市司法局承办的苏浙沪社区矫正与安置帮教工作协作机制第二次会议在沪召开。

7 月 15 日　上海农场、川东农场移交工作签字仪式在市政府人民大厦举行。市劳教局和上海光明食品集团签署关于上海农场、川东农场移交工作总协议。吴志明、胡延照出席仪式并讲话。

7 月 17 日　市司法局召开 2009 年年中工作会议。

8 月 18 日　市司法局、上海世博会事务协调局和黄浦区政府联合举办“世博会与市民法律素质”理论研讨会。吴志明出席并讲话。

8 月 19 日　市司法局制定印发《关于加强和改进法律援助工作的若干意见》。

9 月 1 日　《上海矫治》创刊号发刊。

10 月 23 日　市戒毒管理局举行揭牌仪式，标志上海戒毒管理工作步入新阶段。

10 月 23—25 日　司法部副部长郝赤勇在上海调研司法行政工作。

11 月 3 日　市司法局、律协在上海展览中心举行“市律师协会恢复 30 周年纪念大会暨上海律师调解化解社会矛盾纠纷工作表彰会”。会前，中共中央政治局委员、市委书记俞正声，市委副书记、市长韩正，市委副书记殷一璀，市委常委、市委政法委书记吴志明，市委常委、常务副市长杨雄，市委常委、市委秘书长丁薛祥等市委、市政府领导接见律师调解化解社会矛盾纠纷先进个人代表。

11 月 19 日　上海政法学院举行建院 25 周年庆典。市人大常委会主任、上海政法学院名誉院长刘云耕，市人大常委会副主任周禹鹏出席仪式并讲话。

11 月 27—28 日　由上海政法学院、司法部预防犯罪研究所、市社区矫正工作办公室联合主办的“2009 年社区矫正理论与实务研讨会”在上海政法学院召开。

12 月 1—6 日　以“弘扬法治精神，实现‘四个确保’”为主题开展第 21 届宪法宣传周活动。12 月 4 日，全市隆重举行“迎接世博盛会、推进法治建设”社区法制文艺汇演暨人民调解平安志愿者服务活动启动仪式。吴志明出席活动并讲话，市人大常委会副主任王培生、市政协副主席朱晓明出席活动。

2010 年

1 月 6 日　市司法局和市人力资源和社会保障局联合印发《关于规范人民调解组织参与劳动争议调解的若干意见》。

1 月 11 日　市司法局召开工作会议，回顾总结 2009 年工作，研究部署 2010 年任务。

1 月 13 日　市司法局、市法宣办和市教卫党委、市教委联合召开区、县教育法制工作会议暨青少年法制教育工作表彰会。

1 月 16 日　中央新闻媒体 25 位记者到市司法局就上海开展“和谐上海，平安世博’专题宣传活动进行实地采访。至1月26日,中央电视台《新闻联播》、中央人民广播电台、人民日报、新华社、光明日报、法制日报、经济日报、中国青年报、今日信息报等9家新闻单位综合报道了12篇有关上海构建大调解格局及律师、人民调解员、社工等参与化解社会矛盾等方面的主要做法与典型事例。

2月4日　市委副书记、市依法治市领导小组常务副组长殷一璀,市委常委、市委政法委书记、市依法治市领导小组副组长吴志明到市司法局调研全市依法治市工作。

2月8日　市司法局召开上海市法律服务行业窗口迎世博"冲刺100天"会议。

3月15日　市法制宣传教育联席会议全体成员(扩大)会议召开,研究和部署本年度法制宣传教育工作。吴志明出席会议并讲话。市委常委、市委宣传部部长杨振武主持会议。

3月26日　市委办公厅、市政府办公厅联合印发《关于进一步发挥律师在法治政府、法治社会建设中重要作用的若干意见》。

4月1日　第一劳教所(上海农场)隆重举行成立60周年纪念活动。

4月7日,市司法局召开律师队伍警示教育动员会议,对全市开展律师队伍警示教育作出全面部署。

4月26日　劳教收容所干部倪宁赴京参加全国劳动模范和先进工作者表彰大会,荣获"全国先进工作者"称号。

4月27日　市政府决定授予第一劳教所"2007—2009年度上海市劳动模范集体"称号。

4月　市律师协会世博法律帮助热线——"64180280"正式开通。

5月28日　向强制隔离戒毒场所派驻禁毒社工试点工作启动仪式在女强制隔离戒毒所举行。

6月3日　市社会治安综合治理委员会、市司法局联合召开上海市专业调解工作推进大会。吴志明出席会议并讲话。

6月4日　市司法鉴定协会第一届第一次会员代表大会召开,市司法鉴定协会正式成立,选举产生理事52人、常务理事17名和会长、副会长6人。协会下设3个工作委员会及8个专业委员会。

6月30日　市劳教局完成局机关和各劳教所所部机构改革任务。

8月5日　由全国普法办主办,司法部法宣司和市司法局承办,浦东新区司法局协办的"学法伴我世博行"全国网上法律知识竞赛抽奖仪式在上海举行。

8月　市司法局系统各级党组织全体党员开展"情系舟曲一日捐"活动,向甘肃舟曲特大泥石流灾区捐款。

同月　市公证行业积极服务全市首批经济适用住房试点工作。东方公证处、徐汇公证处先后在闵行区和徐汇区,为首批经济适用住房的申请户公开摇号排序及选房工作进行全程现场公证。

10月30日　上海有两家司法鉴定机构,入选首批10家国家级司法鉴定机构名,分别是司法鉴定科学技术研究所司法鉴定中心和上海市公安司法鉴定中心。

12月4日　第22届宪法宣传周活动在松江区开幕。该活动以"弘扬法治精神、营造法治氛围、促进稳定和谐"为主题,面向社会广泛传播维护法治、践行法治的理念700余人参加活动仪式并观看文艺演出。

12月7日　上海律师公会旧址陈列馆开馆仪式隆重举行。

12 月 8 日　市司法局举办以“艰辛铸就成功，奋斗成就精彩”为主题的服务保障世博先进事迹报告会。

12 月 16 日　市司法局召开监狱劳教人民警察队伍建设工作会议。

12 月 27 日　全市安置帮教工作会议召开。吴志明出席会议并讲话。

12 月 30 日　市司法局制定《上海司法行政工作“十二五”时期发展规划纲要》。

第一篇

组织机构

1980年1月，上海市司法局恢复建立。到1982年底，全市各区、县普遍成立司法行政机构，同时成立法律顾问处（律师事务所）和公证处，街道乡镇设立司法助理员。1983年后，全市劳改、劳教工作划归市司法局管理。随着国家法治建设的推进，特别是司法体制改革的不断深化，市司法局的职能不断调整充实，形成从市——区、县——街道、乡镇的多层次、多功能、多"兵种"的体系。至2010年，市司法局主要职能是管理、指导全市的监狱、劳教（戒毒）、社区矫正、安置帮教、律师、公证、司法鉴定、法律援助、人民调解、司法考试、法制宣传、法学教育等工作。经过历次机构改革，市司法局下辖市监狱管理局、市劳动教养工作管理局（市戒毒管理局）、市社区矫正工作办公室等3家局属行政单位，指导管理18个区、县司法局，主管11家事业单位和8个社会组织，领导管理律师事务所1 064家、公证机构21家、司法鉴定机构105家、人民调解组织5 900余个、基层法律服务所84家以及多种形式的法制宣传教育组织。

第一章　市级机构

市司法局恢复建立后，机构逐步充实调整。1983 年，劳改、劳教工作划归市司法局管理。1995 年 6 月起，全市监狱、劳教工作分离，市劳动改造工作管理局更名为市监狱管理局，市劳动教养工作管理局成立，均隶属于市司法局。1996 年，市司法局开始实施国家公务员制度，设置政治部（副局级）以及 14 个职能处（室）。随着司法行政工作职能配置不断强化，1997 年 6 月，成立市法律援助中心。2003 年，成立市社区矫正工作办公室。2004 年，组建上海政法学院。2009 年，成立市戒毒管理局。在司法体制改革过程中，市司法局陆续增设司法鉴定管理处、法制处、司法考试处、法律援助工作处、依法治市工作处等处室。此外，市委、市政府相继成立 6 个有关司法行政工作的市级协调组织机构，并将日常的办事机构设在市司法局内，为市领导决策提供意见和建议。

第一节　议事和办事机构

一、上海市依法治市领导小组及办公室

1999 年 7 月 28 日，市委印发《关于成立上海市依法治市领导小组及其组成人员的通知》，正式成立上海市依法治市领导小组，负责对依法治市工作的实施进行组织协调和督促检查，组织有关方面研究依法治市工作的理论和实践问题，进行工作交流，总结推广经验，为市委决策提供意见和建议。市委书记黄菊担任组长，办公室设在市委机关，市委副书记孟建柱担任办公室主任（兼副组长）。

2003 年 8 月，市委决定撤销上海市依法治市领导小组及其办公室，成立政治文明建设委员会及其办公室。

2008 年 8 月 12 日，市委、市政府印发《关于恢复建立上海市依法治市领导小组及其办公室的批复》，同意恢复建立上海市依法治市领导小组，为市委、市政府领导下统筹协调全市推进依法治市工作的议事协调机构；上海市依法治市领导小组下设办公室，设在市司法局，承担上海市依法治市领导小组的日常工作。

2009 年 9 月 1 日，市委、市政府印发《关于上海市依法治市领导小组组成人员的通知》，公布上海市依法治市领导小组组成人员，由市委书记俞正声任组长，市委副书记、市长韩正任第一副组长，市委副书记殷一璀任常务副组长。市司法局党委书记、局长吴军营任办公室主任。

二、上海市法制宣传教育联席会议及办公室

1996 年 8 月，市委决定成立上海市法制宣传教育领导小组，由市委副书记陈至立任组长，市委常委、市委宣传部部长金炳华，市委常委、副市长孟建柱，市人大常委会副主任漆世贵和市司法局局长薛明仁任副组长。成员由市财政局等 13 个单位的负责人组成。领导小组下设办公室，负责日常

工作,办公室设在市司法局。

2004 年 1 月,市法制宣传教育领导小组改为市法制宣传教育联席会议,作为在市委统一领导下,统筹推进全市法制宣传教育工作的议事协调机构,实行召集人制度,设 5 位召集人,为市委政法委书记、市委宣传部部长、市人大常委会分工联系的副主任、市政府分管副市长和市司法局局长,由 27 个成员单位组成,为市委组织部、市委宣传部、市委政法委、教育卫生工作党委、科技工作党委、建设交通工作党委、金融工作党委、经信工作党委、合作交流工作党委、社会工作党委、国有资产监督管理委员会、市级机关工作党委、人大内务司法委员会、人大常委会法制工作委员会、高级人民法院、人民检察院、商务委员会、公安局、司法局、财政局、人力资源和社会保障局、文化广播影视管理局、市政府法制办公室、政协社会和法制委员会、总工会、共青团上海市委员会、妇女联合会。各成员单位分管法宣工作的领导为联席会议成员。联席会议办公室设在市司法局,市司法局局长兼任联席会议办公室主任,市司法局分管副局长兼任联席会议办公室副主任。联席会议办公室成员包括市委宣传部宣传处处长、市委政法委宣传处处长和市司法局法制宣传处处长,日常工作由市司法局法制宣传处承担。

三、上海市司法鉴定工作委员会及办公室

1998 年 6 月 18 日,市政府决定成立上海市司法鉴定工作委员会,委员会办公室设在市司法局。市司法鉴定工作委员会由副市长冯国勤任主任,市政府副秘书长易庆瑶、市司法局局长缪晓宝任副主任,成员单位有市公安局、市检察院、市高级法院、市司法局、市卫生局等 5 家组成。这是全国第一个省级司法鉴定工作委员会。

专家委员会的主要工作任务是:承担全市重大、疑难案件的鉴定咨询;组织开展司法鉴定学术研究、交流活动,进行相关标准的制定;对全市相关鉴定机构在业务上进行指导和监督。

2004 年 11 月 24 日,市司法鉴定工作委员会办公室印发《上海市司法鉴定专家委员会管理意见》,明确市司法鉴定专家委员会专家的聘任程序、聘期、权利义务、受案范围、解聘情况等事项,规范了全市司法鉴定专家委员会专家的管理工作。

1999—2010 年,经上海市司法鉴定工作委员会批准,先后成立了 6 个专家委员会,即上海市人身伤害司法鉴定专家委员会、上海市精神疾病司法鉴定专家委员会、上海市文检司法鉴定专家委员会、上海市司法会计鉴定专家委员会、上海市法医毒物司法鉴定专家委员会、上海市法医物证司法鉴定专家委员会。

四、上海市综治委刑释解教人员安置帮教工作领导小组及办公室

1998 年 7 月 27 日,经市综治委批准,上海市刑释解教人员安置帮教协调小组成立。协调小组由市司法局、市公安局、市综治办、市总工会、团市委、市妇联、市委老干部局、市民政局、市劳动和社会保障局、市工商局、市青保办、市监狱管理局、市劳教局等 13 家成员单位组成。市司法局党委书记、局长缪晓宝任组长。协调小组下设办公室,办公室设在市司法局。

2003 年 8 月,增补市房屋和土地资源管理局为成员单位。

2005 年 7 月 19 日,市、区(县)综治委刑释解教人员安置帮教工作协调小组更名为市、区(县)综治委刑释解教人员安置帮教工作领导小组。

2009年，增补市社区矫正工作办公室为领导小组成员单位；安置帮教工作领导小组办公室设在市司法局，由市社区矫正工作办公室承担具体工作，实行两块牌子、一套班子，是组织协调市综治委安帮领导小组各成员单位履行职责，指导区（县）安帮办开展工作的协调机构，承担全市安置帮教工作的日常事务。

2010年10月，增补上海市财政局、地方税务局、中国人民银行上海分行为市安帮领导小组成员单位。

五、上海市劳动教养管理委员会及办公室

1980年10月18日，市政府批准重新成立上海市劳动教养管理委员会（市劳教委），领导和管理全市劳教工作，在市公安局设劳教办，列入市公安局建制，作为市劳教委的办事机构，具体负责审批劳动教养案件。

劳改劳教工作由市公安局整建制移交市司法局管理后，市政府于1984年5月23日对市劳教委作了重大调整，由市司法局、公安局、民政局、劳动局、教育局负责人组成，市司法局党组书记、局长李庸夫任主任。办公室设在市司法局，与市劳改局劳教处两块牌子、一套班子，负责处理市劳教委的日常工作，劳动教养审批机构仍设在市公安局。

1993年4月，市司法局党组书记、局长薛明仁任市劳教委主任。

1999年3月，市司法局党委书记、局长缪晓宝任市劳教委主任。

2008年6月，市政府调整市劳教委组成人员，市司法局党委书记、局长吴军营任市劳教委主任，并规定今后成员职务如有变动，由其所在单位接任领导自然替补。

六、上海市人民调解工作指导委员会及办公室

2000年12月26日，市人民调解工作指导委员会正式成立。市委副书记、市委政法委书记刘云耕任委员会主任，市高级人民法院院长滕一龙、市委副秘书长沈红光、市委政法委副书记罗友勤、市公安局局长吴志明及市司法局局长缪晓宝任副主任。委员会的主要职责是：指导、协调全市人民调解工作的开展；制定相关的政策、规定；调研、检查、监督人民调解工作开展情况，总结、推广、宣传人民调解工作成功经验，褒奖人民调解工作先进典型。

委员会办公室设在市司法局，缪晓宝兼任办公室主任。办公室主要职责是：开展调查研究，提出政策性和需要采取的重大措施的建议，供指导委决策；根据指导委的部署和要求，拟定具体工作计划和方案，经批准后，组织实施，检查督促落实；组织、协调指导委各成员单位联络员定期研究工作，建立联系制度，通报人民调解工作的有关情况；承担对有关地区和单位人民调解工作的指导、协调任务；指导、协调各级人民调解网络的建设工作；指导、协调影响社会稳定的重大、疑难民间纠纷的调处；召开指导委联络员会议，听取工作情况介绍，研究有关工作任务；指导、协调各区（县）、街道（乡镇）社区矛盾调解中心的工作；指导、协调人民调解员的培训、考核工作；指导、协调人民调解的宣传工作；指导、协调人民调解工作的制度化、规范化、法制化建设工作；掌握本地区和各单位人民调解工作的进展情况和突出问题，及时向指导委作出汇报和请示，传递、交流指导、协调人民调解工作的重要信息。

2006年，因机构改革，该机构撤销。

第二节　市 司 法 局

1980年1月10日，经市委批复，同意重建市司法局。3月，经上海市第七届人民代表大会常委会第三次会议通过，市司法局正式对外办公。

一、领导班子

【党组、党委成员】

1980年1月，市司法局重建后即建立党组，党组书记鞠华，党组成员何后、陈昭著。12月，任命戴启成、贾天戈、胡文楼、杜蔚然为党组成员。

1982年3月，任命王庄霄为党组副书记。同年8月，任命史焕章为党组成员。

1983年7月，劳改劳教工作整建制划归市司法局领导。9月，市司法局领导班子中一批老干部离职休养。10月，调整领导班子后，建立新一届市司法局党组。党组书记李庸夫，副书记史焕章，党组成员王文正、黄顺才、张兰田。

1984年9月，任命薛明仁为党组成员。

1985年10月，任命史德保为党组成员。

1986年2月，任命王飞为党组成员。12月，任命王煜为党组成员。

1987年2月，党组成员进行调整。党组书记李庸夫，党组副书记薛明仁、黄顺才，党组成员王文正、史德保、王煜。

1991年8月，任命陈鹤鸣、缪晓宝为党组成员。

随着1991年行政领导班子调整，1992年11月组成新的司法局党组。党组书记薛明仁，党组副书记史德保、刘云耕，党组成员陈鹤鸣、缪晓宝，1994年增补朱济民、张凌为党组成员。

1995年10月，市司法局党组改为市司法局委员会。党委书记薛明仁，党委副书记陈鹤鸣、朱济民，党委委员缪晓宝、张凌、杨全心、吴军营。

1997年12月，市委决定，调整市司法局领导班子。缪晓宝任市司法局委员会书记，薛明仁不再担任市司法局委员会书记职务。

2007年10月，市委决定，调整市司法局领导班子。吴军营任市司法局委员会书记，缪晓宝不再担任市司法局委员会书记职务。

表1-1-1　1980—2010年中共上海市司法局党委(党组)负责人任职情况表

姓　名	性　别	职　务	任职时间
鞠　华	男	党组书记	1980.1—1983.10
李庸夫	男	党组书记	1983.10—1992.11
薛明仁	男	党组书记	1992.11—1995.10
		党委书记	1995.10—1997.12
缪晓宝	男	党委书记	1997.12—2007.8

（续表）

姓　名	性　别	职　务	任职时间
吴军营	男	党委书记	2007.2—
王庄霄	女	党组副书记	1982.3—1983.10
史焕章	男	党组副书记	1983.10—1986.1
黄顺才	男	党组副书记	1987.2—1992.11
薛明仁	男	党组副书记	1987.2—1992.11
史德保	男	党组副书记	1992.11—1993.5
刘云耕	男	党组副书记	1993.1—1993.7
陈鹤鸣	男	党委副书记	1995.10—1997.4
朱济民	男	党委副书记	1995.10—2001.3
林化宾	男	党委副书记	1996.6—1999.8
李继斌	男	党委副书记	1998.8—2008.11
张　凌	男	党委副书记	2001.3—2008.4
郑善和	男	党委副书记	2008.3—
李和平	男	党委副书记	2008.11—
何　后	男	党组成员	1980.1—1980.12
陈昭著	男	党组成员	1980.1—1983.10
戴启成	男	党组成员	1980.12—1983.10
贾天戈	男	党组成员	1980.12—1983.10
胡文楼	男	党组成员	1980.12—1983.10
杜蔚然	男	党组成员	1980.12—1983.10
史焕章	男	党组成员	1982.8—1983.10
王文正	男	党组成员	1983.10—1991.9
黄顺才	男	党组成员	1983.10—1987.2
张兰田	男	党组成员	1983.10—1992.11
薛明仁	男	党组成员	1984.9—1987.2
史德保	男	党组成员	1985.10—1992.11
王　飞	男	党组成员	1986.2—1992.10

(续表)

姓　名	性　别	职　务	任职时间
王　煜	男	党组成员	1986.12—1992.11
陈鹤鸣	男	党组成员	1991.9—1995.10
缪晓宝	男	党组成员	1991.9—1995.10
		党委委员	1995.10—1997.12
张　凌	男	党组成员	1994.11—1995.10
		党委委员	1995.10—2001.3
朱济民	男	党组成员	1994.7—1995.10
杨全心	男	党委委员	1995.10—2002.4
桂晓民	男	党委委员	1996.12—
李继斌	男	党委委员	1997.11—1998.8
康　家	男	党委委员	2000.9—2008.1
乔野生	男	党委委员	2001.5—2008.5
胡荣根	男	党委委员	2001.5—2004.8
刘江江	女	党委委员	2001.5—
史秋波	男	党委委员	2002.3—2010.2
庄孝志	男	党委委员	2003.2—
刘忠定	男	党委委员	2003.4—
蔡永健	男	党委委员	2003.4—
郃　荀	男	党委委员	2006.5—
朱久伟	男	党委委员	2006.7—
魏玉琦	男	党委委员	2008.7—
刘建华	男	党委委员	2010.1—

【行政负责人】

1979年12月中旬,市委决定恢复建立市司法局,批准成立由鞠华、戴启成、胡文楼、贾天戈等4人组成市司法局筹备小组,鞠华任组长。

1980年1月建立市司法局,鞠华任局长,何后、陈昭著任副局长。12月31日,又任命杜蔚然为副局长。

1982年3月,王庄霄任市司法局副局长,在局长鞠华患病期间,曾主持司法局工作。

1983年6月下旬，市委决定派李庸夫来市司法局主持工作。9月下旬，王庄霄、陈昭著、杜蔚然等一批老同志离职休养。10月，李庸夫任市司法局局长，副局长史焕章、黄顺才、王文正、顾启良。鞠华为顾问。

1985年3月，任命薛明仁为副局长。

1986年5月，任命史德保为副局长。

1991年2月，任命薛明仁为市司法局局长，8月，任命陈鹤鸣、缪晓宝为副局长。

1993年1月，任命刘云耕为副局长（同年7月，另有任用，离任）。

1994年7月，任命朱济民为副局长。

1995年2月，任命杨全心为副局长。

1998年4月，任命缪晓宝为市司法局局长。

2007年10月，任命吴军营为市司法局局长。

表1-1-2　1980—2010年上海市司法局行政负责人任职情况表

姓　名	性　别	职　务	任职时间
鞠　华	男	局　长	1980.1—1983.9
李庸夫	男	局　长	1983.10—1991.2
薛明仁	男	局　长	1991.2—1998.4
缪晓宝	男	局　长	1998.4—2007.10
吴军营	男	局　长	2007.10—
何　后	男	副局长	1980.1—1980.12
陈昭著	男	副局长	1980.1—1983.9
杜蔚然	男	副局长	1980.12—1983.9
王庄霄	女	副局长	1982.3—1983.9
史焕章	男	副局长	1983.10—1986.1
黄顺才	男	副局长	1983.10—1991.8
王文正	男	副局长	1983.10—1991.8
顾启良	男	副局长	1983.10—1985.5
薛明仁	男	副局长	1985.3—1991.2
史德保	男	副局长	1986.5—1993.5
陈鹤鸣	男	副局长	1991.8—1997.4
缪晓宝	男	副局长	1991.8—1998.4
刘云耕	男	副局长	1993.1—1993.7
朱济民	男	副局长	1994.7—2001.4

(续表)

姓　　名	性　　别	职　　务	任职时间
杨全心	男	副局长	1995.2—2002.4
张　凌	男	副局长	1999.9—2008.4
胡荣根	男	副局长	2001.4—2004.8
史秋波	男	副局长	2002.1—2010.2
桂晓民	男	副局长	2002.2—2008.4
刘忠定	男	副局长	2003.4—
郃　荀	男	副局长	2006.5—
蔡永健	男	副局长	2007.4—
郑善和	男	副局长	2008.4—

二、内设机构

1980 年，市司法局恢复建立后，遵照国务院批转的《关于全国司法行政工作座谈会的报告》提出的 10 项任务，主要管理法院的干部工作、机构设置、人员编制，协同建立健全审判制度等各项司法行政工作，管理干部培训、法学教育、法制宣传、律师、公证、人民调解、司法外事和法律编纂等。为履行职责，市司法局机关设立办公室、业务管理处、法制宣传教育处、人事处、公证处作为内设机构。办公室负责机关文书档案、政策研究、法院司法行政及外事工作；人事处负责机构设置、人员配备工作；业务管理处负责律师、调解等工作；法制宣传教育处负责法制宣传、法学教育；公证处负责公证管理、公证机构的设置、配备工作。

1981 年 3 月，经共青团上海市直属机关委员会同意，成立市司法局机关团支部。

1982 年 8 月，根据司法部和最高人民法院的通知精神，市司法局与市高级人民法院共同商定，将原由市司法局主管的审批人民法庭的设置、变更、撤销和报批人民法院的设置、办公机构、人员编制、任免助审员以及法院的物资装备、司法业务经费和司法统计等工作，移交由市高级人民法院自管。10 月 12 日，成立市司法局重建后第一届机关党委会。同年，局办公室下设外事科。

1983 年 7 月，全市劳改、劳教工作移交给市司法局。经过体制改革，市司法局主要职能调整为：(1) 领导和管理监狱、劳动改造和劳动教养工作；(2) 法制宣传教育工作；(3) 法学教育和司法干部培训工作；(4) 律师工作；(5) 公证工作；(6) 人民调解工作；(7) 制定有关司法行政法规，处理司法外事工作等。局机关内部机构调整，成立行政处，增设行政处党支部，财务科、总务科和物资基建划归行政处管理；调查研究职责划归政策研究室。10 月，经共青团上海市委员会批准，成立共青团上海市司法局委员会。同月，在人事处基础上成立政治部，负责管理全局系统的政治工作，下设办公室、组织科、宣教科、人事科及老干部科。市司法局办公室内设信访、外事、秘书、档案等科室。

1984年，建立纪检组；撤销法制宣传教育处，分别成立法制宣传处、法学教育处；原业务管理处改为调解处，负责人民调解工作；成立律师管理处、公证管理处。

至此，市司法局内设机构为办公室、政治部、政策研究室、行政处、法制宣传处、法学教育处、调解处、公证管理处、律师管理处、行政处，党组设纪检组。

1986年2月18日，成立市司法局妇女工作领导小组。

1988年8月，经市委直属机关工会批准，成立机关工会。

1989年8月，成立审计处，对经济活动进行审计监督。增设监察室，与纪检组两块牌子、一套班子，开展廉政建设。增设综合科（局新闻办公室）。

1990年，市司法局内设机构为：办公室、政治部、纪检组（监察室）、研究室、审计处、公证管理处、律师管理处、法制宣传处，法学教育处、调解处、行政处。按规定设置机关党委、机关工会、团委。

1992年4月24日，市司法局召开机关党员代表大会，改选机关党委，组成第四届机关党委会，选举产生中共上海市司法局机关纪律检查委员会。纪委取代原纪检组，与监察室实行两块牌子、一套班子的管理体制。同年，局办公室外事科名称改为局外事办公室。

1995年，政治部下设组织干部处、宣传教育处、人事处、警务处；办公室设信息技术科和统计科。

1996年，根据市政府批准的职能配置和内设机构，市司法局职能进行转变，主要任务是承担全市刑罚执行、劳动教养、法律服务、法学教育、法制宣传教育、人民调解等司法行政业务工作的计划、管理、指导、协调、服务、监督。因职责强化，市司法局调整、增设内设机构，设置政治部（副局级）以及14个职能处（室），即：办公室（外事办公室）、研究室、法制宣传处、计划财务处、基层工作处、律师管理处、公证管理处、后勤保障处（被装处）、宣传教育处、警务处、审计处、组织干部处（老干部处、机关党委）、人事处、纪委（监察室）。计划财务处下设财务科、技术装备（基建）科、车辆管理科。

1999年7月6日，建立市司法局信息技术中心，原市司法局办公室信息技术科（对外称为“上海市司法局信息中心”）撤销。8月12日，建立市司法局新闻和法制影视中心，原市司法局法制宣传处法制影视室撤销；原办公室督查科撤销。

2000年6月，市司法局调整机构设置内设政治部（副局级）和11个职能处（室），包括：政治部（内含组织处、干部人事处〔老干部处〕、宣传教育处、警务处）、办公室（外事办公室）、监狱劳教政策研究室、法制宣传处（依法治理工作指导处）、律师工作管理处、公证工作管理处、基层工作处（安置帮教工作指导处）、司法鉴定管理处、执业监督处、法制处、计财装备处（基建办公室）、审计处。另按有关规定设置纪委（监察室）机构。此外，按有关规定设置机关党委、直属律师事务所党委、工会、团工委。11月，撤销研究室建制，设立法制处。12月，建立机关服务中心，该中心为事业单位。

2002年3月，市司法局增设司法考试处。

2004年8月20日，增设社区工作管理处。

2009年8月，市司法局职责调整：将原市劳教局的职责划入市司法局，增加指导管理社区矫正工作的职责，增加指导监督司法行政系统戒毒场所管理工作的职责，加强监督管理法律援助工作的职责。内设机构也相应进行了调整：增加市劳教局（戒毒局）和市社区矫正工作办公室为内设机构；增设法律援助工作处和依法治市工作处；将原政治部宣传教育处设为宣传处、教育培训处2个处室;撤销执业监督处,将"指导、监督律师事务所和律师执业""负责对律师事务所和律师依法应当给予吊销律师执业证书行政处罚的行为的处理"职能转移至律师工作管理处;将原机关党委与工会的职能进行归并;撤销社区管理处和直属律师党委。

根据主要职责,市司法局共设16个内设机构。(1)办公室(外事办公室)。(2)政治部(副局级)。内设组织干部处、人事警务处(老干部处)、宣传处、教育培训处。(3)劳动教养工作管理局(戒毒管理局)(副局级)。对外称上海市劳动教养工作管理局。内设政治处、秘书处、所政管理处、教育处(综合治理处)、生活卫生处、公安处(场所警戒处)、生产管理处、财务管理处、康复指导处。(4)社区矫正工作办公室(副局级)。对外称上海市社区矫正工作办公室。内设矫正工作处、联络处、综合处,内设机构级别为副处级。(5)监狱劳教政策研究室。(6)计划财务处(技术装备处)。(7)审计处。(8)法制宣传处。(9)依法治市工作处。(10)律师工作管理处。(11)公证工作管理处。(12)法律援助工作处。(13)基层工作处。(14)司法考试处(上海市国家司法考试办公室)。(15)司法鉴定管理处。(16)法制处。按有关规定设置纪检监察机构和机关党委。

第三节 局属行政单位

一、上海市监狱管理局

1973年11月,市劳改局召开第一次党代会,选举产生局第一届党委及其常委会,对劳改工作实行全面领导,市劳改局名称恢复使用。1978年3月,市公安局劳改局行政领导体制恢复,局长由市公安局副局长兼任。

1980年5月30日,市公安局党组就市劳改企业中刑满、解教就业人员转为国营企业职工就地安置问题请示市委适当调整组织机构,将市劳改局主要任务表述为抓好改造工作,同时也要抓好生产。7月14日,市委决定将市劳改局作为市属局级单位管理,建制仍隶属市公安局。

1983年7月1日起,市劳改局及所属14家单位,由市公安局移交市司法局管理。

1994年5月19日,市委讨论同意:劳教工作从市劳改局分离出去,单独成立市劳教局,机构级别定为副局级,主管全市劳教工作;市劳改局机构级别定为正局级。

1995年5月26日,市监狱管理局揭牌,全市监狱、劳教工作分离。6月1日,市劳动改造工作管理局更名为市监狱管理局,下属市监狱及5家劳改单位均更名为监狱,并启用新印章。

表1-1-3 1973—2010年市监狱(劳改)系统管理机构党委负责人任职情况表

名 称	职 务	姓名及任职时间	
市劳改局第一届党委	书 记	李石山(1973.11—1979.4)、盛辉(1979.4—1979.7)	
	副书记	徐耀东(1973.11—1979.4),王东昇、朱树旺(1973.11—1979.7),施国祥(1979.4增补—1979.7)	
	委 员	1973.11—1974	王东昇、王建功、丛椿滋、朱大经、朱树旺、刘训常、刘同生、苏大明、宋宗贤、李石山、陈正刚、张梅(女)、环坤
		1973.11—1979.7	林传富、庞文令、施国祥、索进云、徐耀东、陶义兴、陶忠恕、曹佩贞(女)。孙安清、李万胜(1975.7增补),盛辉(1979.4增补)

（续表）

名　称	职　务	姓名及任职时间	
市劳改局第一届党委	委员	1973.11—1979.7	王东昇、朱树旺、刘训常、李石山、张梅（女）、环坤（　—1974）、徐耀东，孙安清、李万胜（1975.7 增补），朱大经、施国祥（1977.6 增补），盛辉（1979.4 增补）
市劳改局临时党委	书　记	盛辉（1979.7—1982.10）、黄顺才（1982.10 增补—1984.6）	
	副书记	王东昇（1979.7—1982.9）、施国祥（1979.7 增补—1979.10）、黄顺才（1982.1—1982.10）、罗志诚（1982.9 增补—1984.6）、顾启良（1984.5 增补—1984.6）	
	委　员	1979.7—1984.6	丁仰君、王东昇、王启和、朱大经、李仁堂、施国祥、姜维欣、盛辉。黄顺才（1982.1 增补），罗志诚（1982.9 增补），吴忠良、林专富、袁际禹（1982.11 增补），顾启良（1984.5 增补），涂汉础、黄凤楼（1984.6 增补）
市劳改局第二届党委	书　记	黄顺才（1984.6—1990.5）、颜锦章（1990.5 增补—1991.10）	
	副书记	顾启良（1984.5—1984.6）、汪万年（1985.1 增补—1991.10）、颜锦章（1985.3 增补—1990.5）、林化宾（1991.1 增补—1991.10）	
	委　员	1984.6—1991.10	王启和、王信平、孙锦苓、李仁堂、顾启良、秦桂香（女）、涂汉础、黄凤楼、黄顺才。汪万年（1985.1 增补），王飞、张辉、颜锦章（1985.3 增补），黄裕（1986.1 增补），刘云耕、薄志明（1990.7 增补），林化宾（1991.1 增补）
市劳改局第三届党委	书　记	颜锦章（1991.10—1995.4）	
	副书记	刘云耕（1991.10—1993.7），林化宾（1991.10—1995.5），朱济民、胡荣根（1995.4—1995.5），朱济民（1995.4—1996.6），林化宾（1995.6—1996.6）	
	委　员	1991.10—1995.6	刘云耕、朱济民、林化宾、孙锦苓、麦林华、胡荣根、黄平、颜锦章、薄志明
市监狱管理局党委	书　记	朱济民（1996.6—2001.3）、张凌（2001.3—2008.3）、郑善和（2008.3—　）	
	副书记	胡荣根（1995.4—2001.5）、乔野生（2001.3—2008.3）、麦林华（2001.9—2010.12）、桂晓民（2008.3—　）	
	委　员	1995.6—2010.12	朱济民、朱崇武、麦林华、林化宾、胡荣根、薄志明。夏解平（1996.5 增补），乔野生（1999.9 增补），俞忠明（2000.5 增补），朱晓弟（2000.12 增补），张凌（2001.3），郜荀（2001.10 增补），刘建华（2002.11 增补），蔡晓兰（2004.2 增补），乔利国（2006.5 增补），金小林（2006.5 增补），徐鹏（2006.1 增补），刘怀宝（2007.5 增补），郑善和、桂晓民（2008.3 增补），吴琦（2010.7 增补）

说明：（1）黄顺才，1987 年 2 月—1992 年 11 月任市司法局党组副书记。（2）刘云耕，1993 年 1—7 月任市司法局党组副书记。（3）朱济民，1995 年 10 月—2001 年 3 月任市司法局党委副书记。（4）张凌，2001 年 3 月任市司法局党委副书记。（5）郑善和，2008 年 3 月任市司法局党委副书记。

表1-1-4　1978—2010年市监狱(劳改)系统管理机构行政负责人任职情况表

部　门	职　务	姓名及任职时间
市公安局劳改局	局　长	盛辉(1978.8—1980.7,兼)
	副局长	徐耀东(1978.3—1979.4),施国祥(1978.3—1979.10),王东昇、朱大经(1978.3—1980.7),丁仰君(1978.12—1980.7),林长青(1979.9—1980.7)
市劳改局	局　长	盛辉(1980.7—1982.2,兼)、黄顺才(1982.10—1986.2)、王飞(1986.2—1992.11)、刘云耕(1992.11—1993.7)
	副局长	林长青(1980.7—1982.1),王东昇、朱大经(1980.7—1982.9),黄顺才(1981.8—1982.10),刘邦云(1982.3—1982.9),李仁堂(1982.3—1985.3),罗志诚(1982.9—1985.3),王飞(1983.10—1986.2),涂汉础、黄凤楼(1984.6—1988.4),黄裕(1986.1—1991.1),刘云耕(1986.6—1990.5,局长助理;1990.5—1993.1),朱济民(1991.1—1995.4),吴军营(1992.9—1995.4),薄志明(1992.9—1995.5)
市监狱管理局	局　长	朱济民(1996.7—1999.9)、乔野生(1999.9—2008.4)、桂晓民(2008.4—　)
	副局长	朱济民(1995.5—1996.6)、朱崇武(1995.5—2000.3)、麦林华(1995.5—2001.9)、薄志明(1996.7—2001.8)、俞忠明(2000.3—2011.6)、郃荀(2001.9—2006.5)、刘建华(2002.9—2007.4)、乔利国(2006.5—2007.11)、刘怀宝(2007.3—　)、吴琦(2010.5—　)

说明:(1)盛辉,1978年8月—1984年1月任市公安局副局长。(2)黄顺才,1983年10月—1991年8月任市司法局副局长。(3)刘云耕,1993年1—7月任市司法局副局长。(4)朱济民,1994年8月—2001年3月任市司法局副局长。(5)市监狱管理局政治部主要领导干部,2003年6月起高配为副局级。

二、上海市劳动教养工作管理局(上海市戒毒管理局)

1983年7月,上海劳改、劳教工作由市公安局整建制移交给市司法局管理。

1984年5月,市司法局批准市劳改局劳教管理科升格为局劳教处,负责劳教人员的收容、管理、教育等改造业务。

1994年5月19日,经市委同意,劳教工作从市劳改局分离出去,单独成立市劳动教养工作管理局(简称市劳教局),机构级别定为副局级,主管全市劳教工作,隶属市司法局。

1995年5月26日,市劳教局正式成立。内设9个处(室、部),即办公室、政治部(含机关党委)、纪监审(合署)、管理处、教育处、劳教公安处、财务处、生产计划处后勤保障处。

2000年,市劳教局机关内设机构调整为13个处(室、部)。

2008年9月,市劳教收容所从市公安局接收首批强制隔离戒毒人员,市劳教局全面开展强制隔离戒毒工作。

2009年8月21日,市劳教局调整为市司法局的内设机构之一,仍为副局级。机构改革后,机关内设处室调整为9个。10月23日,上海市戒毒管理局正式挂牌,与市劳教局两块牌子、一套班子,即市劳教局(戒毒局)。

至2010年,市劳教局(戒毒局)有8个劳教所(强制隔离戒毒所)及局机关、教育培训中心、隆福公司等共11个局属单位。

表 1-1-5　1995—2010 年上海市劳教局(戒毒局)党政负责人任职情况表

姓　　名	职　　务	任　　期
吴军营	党委书记	1995.4—2000.8
康　家	党委书记	2000.8—2003.3
蔡永健	党委书记	2003.3—2010.1
刘建华	党委书记	2010.1—
吴军营	局　长	1995.5—2000.8
章荣喜	局　长	2000.8—2006.6
刘建华	局　长	2007.4—

三、上海市社区矫正工作办公室

2002 年 8 月，市委政法委成立社区矫治领导小组及办公室，具体负责全市社区矫治试点推进工作。

2003 年 9 月 15 日，经市委同意，市社区矫正工作办公室成立，作为市司法局下设的副局级常设机构。同年 10 月 24 日，经市编委同意，市社区矫正工作办公室内设 3 个处，即综合处、矫正工作处、联络处，均为副处级，定编 20 人。

市矫正办主要工作职责为：负责拟制规划、协调与推进全市的社区矫正工作；研究社区矫正工作有关的政策、制度及法规建议；督促、检查和指导各区(县)的社区矫正工作；承办社区矫正对象的司法奖惩，负责审批社区矫正对象的行政奖惩；指导社区矫正社会组织开展工作；负责政府购买服务项目的评估和申请；承办市司法局交办的其他事项。

2004 年 3 月 19 日，朱久伟任市社区矫正办主任。

2007 年，市司法局在市社区矫正办公室增设安置帮教工作指导处，承担全市安置帮教工作管理职能。

2009 年 8 月，市社区矫正办调整为市司法局的副局级内设机构，对外称上海市社区矫正工作办公室。

第四节　局属事业单位

一、上海政法学院

上海政法学院前身为创建于 1984 年的上海市政法管理干部学院。初创期为成人高等学院建制，从事成人法学教育。

1985 年，上海法律专科学校挂牌成立，与上海市政法管理干部学院实行一套班子、两块牌子的制度，开始招收法学专科学生，使学校的层次得到了提升，既开展政法干部培训，又进行学历教育。

1992 年 4 月，更名为上海法律高等专科学校。

1993 年 4 月，上海法律高等专科学校与上海大学文学院法律系合作办学，成立上海大学法学院,实现了由专科教育向本科教育的跨越。

2004 年 9 月,经市政府批准,在上海大学法学院、上海市政法管理干部学院的基础上建立起独立设置的本科院校——上海政法学院。

2008 年,市司法局决定将直属的上海市司法学校委托上海政法学院管理。

至 2010 年,上海政法学院初步构建研究生、本科、专科、继续教育及非学历培训等多层次的教育体系。设有司法研究所、科技法研究中心等 20 余个科研机构。出版《上海政法学院学报》,图书馆藏书 70 多万册,中外期刊 1 000 余种,同国内外 10 余所大学、法学院校、科研机构等建立长期合作关系。

表 1-1-6　1985—2010 年上海政法学院书记任职情况表

姓　名	职　　务	在任时间
逄世其	上海市政法管理干部学院代理书记	1985.7—1987.9
潘国和	上海市政法管理干部学院党委书记	1989.4—1996.2
	上海市政法管理干部学院、上海法律专科学校党委书记	
徐书庵	上海市政法管理干部学院党委书记、上海市政法管理干部学院、上海大学法学院党委书记	1996.2—2001.2
刘江江	上海市政法管理干部学院党委书记	2001.2—2003.7
	上海市政法管理干部学院、上海大学法学院党委书记	2003.7—2005.8
	上海政法学院党委书记	2005.8—

表 1-1-7　1985—2010 年上海政法学院院长任职情况表

姓　名	职　　务	在任时间
史焕章	上海市政法管理干部学院院长	1985.9—1986.2
李庸夫	上海市政法管理干部学院院长	1986.2—1996.2
	上海市政法管理干部学院名誉院长	1996.4—1997.6
潘国和	上海市政法管理干部学院、上海大学法学院院长	1996.3—2000.10
金国华	上海市政法管理干部学院、上海大学法学院院长	2001.9—2005.8
	上海政法学院院长	2005.9—

二、上海市东方公证处(上海市公证处)

1979 年 4 月,市委组织部批复同意恢复上海市公证处。

1980 年 4 月 1 日上海市公证处正式挂牌,对外开展公证业务,对内为市司法局的一个业务管理部门,为市司法局直属单位。

1991 年 6 月 27 日,市公证处设立浦东接待室,开拓土地使用权有偿出租、中外合资经营合同、抵押贷款等公证事项。

1995 年,市公证处设 7 个科级机构,即浦东分处、咨询部、涉外民事部、综合经济部、金融房产部、办公室和档案科。

2000 年 12 月 8 日，经市编委同意，市公证处改为事业单位，经济上实行独立核算，自收自支。

2001 年 1 月 9 日，市公证处改制为事业法人，设“七部二科一室”，“七部”为房地产一部、二部，金融证券一部、二部，民事部，经济部，综合部；“二科”为行政科、财务科；“一室”为办公室。同年 9 月 19 日，市公证处领取了由上海市质量体系审核中心颁发的认证合格证书，成为国内第一家通过 ISO9001 质量体系认证的公证机构。

2005 年，市公证处调整部门设置，保留民事部和浦东分处（综合部），取消房产部、金融部、经济部，更名调整为十一个办证室，统一以序号命名，如“公证一部”，同时人员作相应的调整。

2008 年 3 月，市公证处更名为上海市东方公证处。

三、上海市法律援助中心

1997 年 6 月，经市政府批准，上海市法律援助中心成立，为市司法局局属的全额拨款事业单位，并于同年 9 月试运行，行使全市法律援助工作的组织、管理、指导、协调和监督职能。

1998 年 3 月，市法律援助中心正式挂牌对外服务，内设办公室、法务室和法律咨询接待室。全市各律师事务所、公证处和乡镇、街道法律服务所等 3 支法律服务队伍，在法律援助中心的统一协调安排下承办法律援助事务。

2009 年 8 月，市司法局法律援助工作处成立后，原由市法律援助中心承担的管理、指导和监督全市法律援助工作的职能划归市司法局法律援助工作处。市法律援助中心的主要职责是：贯彻执行国家和上海有关法律援助工作的方针、政策和法律、法规、规章；依法受理、审查公民的法律援助申请，并依法及时作出决定；受理市高、中级人民法院指定的刑事辩护案件，并指派律师为被告人提供法律援助服务；受理结案、评估法律援助案件质量，支付法律援助办案补贴；管理和组织实施法律咨询服务、网上法律咨询和全市法律咨询专线工作；负责对各区（县）法律援助中心的业务指导和检查；组织开展法律援助宣传，联系有关社团组织开展法律援助服务工作；承办市司法局交办的其他事项。同年 12 月，市法律援助中心列入参照公务员法管理范围，机构级别为相当于正处级。

四、上海市司法鉴定中心

2000 年 7 月 19 日，上海市司法鉴定中心成立，内设办公室、鉴定部、管理部三个机构。其主要职责是承担全市各司法鉴定专家委员会的运作和管理（组织各专家委员会对司法机关委托的重大、疑难、复杂案件进行鉴定；组织专家对全市司法鉴定业务进行指导和监督；组织专家开展学术研究，进行相关标准的制定）；组织实施对司法鉴定人的业务培训、学术交流。

2001 年 1 月 15 日，原设在市精神卫生中心内的上海市精神疾病司法鉴定专家委员会正式移至市司法鉴定中心内办公。

2003 年，市司法鉴定中心内设机构调整为：办公室、鉴定一部、鉴定二部。

五、上海市预防青少年犯罪帮教中心

2002 年 8 月 27 日，上海市预防青少年犯罪帮教中心成立，为财政全额拨款的事业单位。其职责是：预防青少年违法犯罪，帮助有特殊困难的青少年，对青少年进行技能培训和思想教育，帮助他们适应社会，树立正确的人生观、价值观。

2003年2月20日，按照《事业单位登记管理暂行条例》的规定，市预防青少年犯罪帮教中心注册登记，取得法人资格。

2004年3月8日，市预防青少年犯罪帮教中心内设办公室、社会工作一部、社会工作二部，主要承担市爱心工程基金会秘书处工作，推进青少年帮教工作开展。

六、上海政法人才培训中心(上海市涉外法律人才培训中心)

1994年6月8日，上海市涉外法律人才培训中心成立，旨在培养懂经济、懂法律、同时能熟练掌握法律专业外语的高层次、复合型、外向型法律人才，为实施上海《九十年代紧缺人才培训工程》之一。该中心的办公室设在市司法局教育处，培训基地设在市政法管理干部学院，并在青浦县、浦西、浦东各设培训部。培训中心设置高级班和普通班，高级班招收国家机关、政法部门、企事业单位的法律工作者。

1994年12月，上海政法人才培训中心成立。其前身为1991年5月成立的上海市高级律师、高级公证员培训服务中心。因培训服务中心的规模扩大、职能转换，经审批后改名。该培训中心为事业单位，经济上实行独立核算、自收自支。所需人员编制从市政法管理干部学院编制数中划转。机构级别定为相当于副处级，由市政法管理干部学院代为管理。

1997年2月，经市司法局党委研究决定，上海政法人才培训中心由市司法局直接管理。

1999年9月29日，经市编委同意，建立上海市涉外法律人才培训中心，该中心与上海市政法人才培训中心实行两块牌子、一套班子，属于事业单位，主要承担司法局和政法系统干部培训及各种培训班、工作会议等，机构级别相当于处级，经费来源为自收自支。11月10日，上海涉外法律人才培训中心国际法律培训部成立。

2007年6月，经市司法局办公会议讨论决定，上海市涉外法律人才培训中心委托市司法学校运作。

七、上海律师事务服务中心(上海律师对外交流中心、上海法律人才交流中心)

1988年3月，上海律师对外交流中心成立，是市律师协会设立的具有法人资格的事业单位，与市律师协会实行两块牌子、一套班子。1995年，为加强全市司法外事管理工作，上海律师对外交流中心与市司法局外事办公室合署办公。随着律师协会对外交流工作发展的需求，市编委于2002年7月批准建立上海律师对外交流中心，为市司法局下属独立建制的事业单位，不再与市律师协会两块牌子、一套班子。工作职能主要包括：开展同国外及港澳地区同行业的交流活动；组织律师短期出国考察、培训，组织律师同行业的交流。

1995年12月11日，上海法律人才交流中心成立，隶属于市司法局，统一管理全市律师、公证人员等法律人才的引进和交流工作。1996年9月正式对外办公。中心服务范围为：委托招聘、委托推荐、信息咨询、择业培训、人才测评。服务对象为：全市市属和区县属各律师事务所。1997年1月，该中心的人事代理工作开始启动，业务主要包括：档案管理、合同鉴证、养老保险、用工手续、各类政审等。

为理顺职责，加强管理，市司法局经反复研究于2009年11月24日向市编委提出：撤销上海法律人才交流中心，原上海法律人才交流中心的工作职能归并到上海律师对外交流中心；上海律师对外交流中心更名为“上海律师事务服务中心”。12月14日，市委编批复同意。整合后的上海律师事务服务中心为自收自支的事业单位，属于正处级，主要承担全市律师等法律人才的引进、交流、职业培训和档案管理，组织开展同行业及与国外、港澳地区的行业交流等职能。

2010年6月，上海律师事务服务中心内设办公室、业务部、事业部、执业部、宣传部、调研部、对外交流部、综合部。

八、上海市司法会堂(上海律师会堂)

1992年7月7日，上海律师会堂成立，实行独立核算，自收自支，是集办公、业务讲座、学术交流、会务、资料中心、餐饮、住宿为一体的多功能服务机构。

1999年3月26日，上海律师会堂更名为上海司法会堂，属事业单位，机构级别相当于处级，经费来源为财政全额拨款，内设办公室等4个部门。9月27日起，正式启用新印章。主要为司法行政系统开展学术交流、人员培训和普法宣传以及后勤保障服务。

2000年，司法会堂内设部门调整为综合办公室、营销部、客房部、餐饮部、物业管理部。

2007年，司法会堂多功能厅开辟作为老干部活动中心，得到了局机关离退休老干部的热烈欢迎和一致好评。

2010年，司法会堂内设办公室、业务一部、业务二部、总务部4个科级机构。

九、上海市司法局机关服务中心

2000年12月1日，局机关后勤体制改革后，经市编委批准，同意建立上海市司法局机关服务中心，中心为事业单位，宗旨和业务范围是为本系统提供机关后勤保障、物业管理等配套服务，机构级别相当于处级，经费来源为差额拨款，内设机构为办公室等4个部门。

2008年，局机关服务中心内设部门调整为“一室三科”，即中心办公室、交通服务科、房管服务科、总务科。按照机关后勤服务社会化的要求，机关服务中心主要承担机关后勤保障服务职能。

2010年，机关服务中心深化机关后勤服务社会化改革，主要职能分为后勤保障服务职能和其他服务管理职能两大类，其中后勤保障服务职能包括负责局机关车辆维修服务和汽油用费卡的充值、协助计财处对局产权房进行维护和管理等；其他服务管理职能包括配合做好局机关内部安全防范保卫工作、协助计财处办理局属房产权证等。

十、上海市司法学校(上海市司法干部学校)

1980年2月，市委组织部批准成立上海市司法干部学校，由市司法局主管，主要承担检察、法院、司法机关业务干部的培训任务。

1982年5月，经市政府批准，成立上海市司法学校。与市司法干部学校两块牌子、一套班子。属全日制中等法律专业学校，学制2年，招收上海应届高中毕业生。主要为上海市法院、检察院培养书记员,并为司法行政等机关输送法律人才。

1987 年 9 月,市司法干部学校增设市政法管理干部学院培训部。

1993 年,市司法学校新设懂法律的行政秘书和管理人员专门班,并拓宽为外省市招收委托代培生,于宝山区葑塘镇设第一分部。

1994 年,在浦东杨高路设第二分部。

1995 年,第一分部撤销。

2000 年,根据上海市教委的要求进行教学制度改革,由招收两年制高中毕业生转为招收四年制初中毕业生。

2008 年 4 月,市司法局委托上海政法学院承担市司法学校的日常管理工作。

历任校长:魏明、杨峰、陈燕卿、华黎明、张广昆、胡冠时。历任校党委书记:缪林凤、陈振祥、华黎明、张广昆。

十一、上海市司法宣传资料中心

1981 年 3 月 7 日,经市委宣传部批复同意,《上海司法工作通讯》复刊,更名为《上海司法》(月刊),由市司法局主办,内部刊物,当年 5 月正式出版。办刊人员在市司法局原宣教处列编,1984 年在宣传处列编。

1986 年 1 月,经市编制委员会批准,《上海司法》更名《上海法苑》,由市经济法规研究中心、市司法局和上海经济法研究会合办,市司法局主管。成立《上海法苑》杂志社,为局属处级事业单位,编制 25 人。

2003 年 12 月 22 日,经市机构编制委员会批准,上海市司法宣传资料中心成立。该中心是在原《法苑》杂志社基础上组建起来的全额拨款事业单位其主要职能:(1) 负责编辑上海司法行政系统内部资料刊物《法苑》。(2) 承办上海普法宣传资料《法制宣传手册》。(3) 宣传介绍有关司法行政工作方针政策与法规,规章。(4) 交流司法行政各条线在实践中的创新举措和成功经验;搜索海内外新的司法理念,司法动态和先进做法。(5) 对司法实践中不断出现的新情况,新问题开展探索和交流。(6) 弘扬先进典型,展示司法风采,推动队伍建设。

之后,司法资料中心还承担市司法局政府信息公开受理和文书档案管理工作。

第五节 社 会 组 织

一、上海市律师协会

1979 年 4 月 10 日,经市委组织部批复,同意建立上海市律师协会。

1980 年 3 月 12 日,市律师协会正式恢复建立,启用印章,对外办公。在市司法局指导监督下,市律师协会采取措施,推行律师辩护、代理制度,组建律师执业机构。

1984 年 7 月 3—5 日,上海市第一次律师代表大会召开。大会通过《上海市律师协会章程》,选举市律协第一届理事会理事 35 人,选举韩学章为会长。

1999 年 6 月 14 日,经市委组织部批复同意,建立“中共上海市律师协会党组”。

2001 年 9 月 22—23 日,在第六届律师代表大会上,首次选举执业律师为会长,并从此届开始,均由执业律师担任会长,并将以往每届一次律师代表大会改为届中每年召开一次律师代表大会。

2006 年 2 月 28 日，市律师协会搬入拥有自主产权的办公楼，位于均瑶国际广场 33—35 楼。

2008 年 11 月，经市委组织部批复同意，撤销中共上海市律师协会党组，成立中共上海市律师协会委员会。

历届市律师协会建立并不断完善民主管理机制，确立了“议、审、决、监、行”治理结构；组织架构由代表大会、理事会、监事会、会长会议、专门委员会及秘书处构成。其中，律师代表大会为最高权力机构，代表由会员民主选举产生。在代表大会闭幕期间，理事会为领导机构，选举会长、副会长、秘书长，行使理事会职权。下设由正副会长牵头的各种专门委员会，分别负责某一方面的事务，组成各种业务研究会，开展业务研究活动。秘书处作为理事会的办事机构，负责日常工作。

2010 年，市律师协会业务研究委员会有 31 个，研究会委员有 1 184 人。

表 1－1－8　1984—2010 年上海市律师协会负责人任职情况表

任职时间	会　长	副　会　长
第一届：1984. 7—1987. 5	韩学章	何　后、李树棠、郝鸿泰
第二届：1987. 5—1990. 6	韩学章	何　后、李树棠、郝鸿泰、黄延庆
第三届：1990. 6—1994. 6	王文正	何　后、李树棠、郝鸿泰、黄延庆
第四届：1994. 6—1998. 4	王文正	黄延庆、李树棠、武延年、朱洪超、缪林凤
第五届：1998. 4—2001. 9	张　凌	吴伯庆、武延年、朱洪超、缪林凤
第六届：2001. 9—2005. 3	朱洪超	朱宝麒、吴伯庆、缪林凤、吕红兵
第七届：2005. 3—2008. 4	吕红兵	朱洪超、徐晓青、毛柏根、钱丽萍、王小耘
第八届：2008. 4—2011. 3	刘正东	厉　明、乔文骏、李慈玲、陈乃蔚、徐晓青

说明：1. 1980 年 11 月 3 日，市委组织部批复同意韩学章、王容海为上海市律师协会副会长。
2. 1982 年 3 月 16 日，市委组织部批复同意韩学章为上海市律师协会会长。
3. 1984 年后，历届会长均由律师代表大会选举产生。

二、上海市公证协会

1993 年 11 月 12 日，市公证员协会成立并召开上海市第一次公证员代表大会。大会通过《上海市公证员协会章程》，选举第一届理事会理事、常务理事、会长、副会长和秘书长。

1995 年 12 月 29 日，市人大会常委会第二十四次会议通过《上海市公证条例》，明确市公证员协会是依法维护公证员合法权益，开展公证业务培训和交流，对公证员进行职业道德、执业纪律教育和监督的自律性社会团体法人，受市司法行政部门的指导、监督。

2001 年 8 月 16 日，市公证员协会召开第二次代表大会，选举产生名誉会长、会长，成立了新一届常务理事会、理事会等机构。

2005 年，根据《中华人民共和国公证法》，全国和地方由原来的公证员协会统一称为公证协会。之后，上海市公证员协会改称为“上海市公证协会”。

2007 年 6 月 26 日，市公证协会第三届会员代表大会第一次会议选举产生新一届理事会，理事全部由执业公证员组成。11 月 13 日，市公证协会办公地点搬迁至胶州路 699 号 12 楼 C、D 室。

2008 年 10 月，中共上海市公证协会委员会成立。

市公证协会最高权力机构是会员代表大会，会员由个人会员和单位会员组成。理事会为执行机构,负责开展日常工作,对会员代表大会负责。会员代表大会、理事会、监事会采取民主方式进行表决,选举理事、会长、副会长、监事、监事长。秘书处处理日常事务性工作。

表1-1-9 1993—2010年上海市公证协会负责人任职情况表

任职时间	姓名	职务
1993.11—2001.8	缪晓宝	上海市公证员协会会长
2001.8—2007.6	桂晓民	上海市公证协会会长
2007.6—	黄　群	上海市公证协会会长

三、上海市司法鉴定协会

2010年6月4日,上海市司法鉴定协会成立。主要职能和任务是:组织会员学习贯彻党和国家有关司法鉴定的法律、法规和政策;贯彻执行国家司法鉴定标准和技术规范,推进司法鉴定规范化、标准化建设,并对执行情况进行监督和检查;协调沟通有关部门与会员之间的联系,研究、反映司法鉴定工作中的重大问题,为有关部门制定相关的规章制度提供决策依据;制定会员自律准则,形成会员自律管理机制,开展职业道德和执业纪律教育,对违反自律准则、职业道德和执业纪律的会员予以惩戒;接受有关部门委托,对于涉及重大案件或者遇有特别复杂、疑难、特殊的技术问题的鉴定事项,提供鉴定咨询意见;接受有关部门委托,组织开展司法鉴定人教育培训、执业能力评估、职业道德考核等工作,配合行政主管部门处理对会员的投诉,按照有关规定对会员的违规行为进行处分;组织开展学术交流和理论研讨活动,加强与国内外同行之间协作交流,总结工作经验,提高鉴定质量;为会员提供服务,保障会员依法执业,维护会员的合法权益。

会员代表大会为最高权力机构,有下列职权:制定、修改章程;决定协会的工作方针、确定协会的工作任务;选举、罢免理事;制定、修改协会会费标准;审议理事会的工作报告和财务报告;决定更名、终止等事项;决定其他事项。协会的执行机构是理事会,理事会选举会长、副会长、秘书长,并组成常务理事会,行使理事会职权。

协会下设3个工作委员会:会员与维权工作委员会、业务研究工作委员会、资产管理和财务工作委员会;8个专业委员会:法医临床、法医病理、法医精神病、电子证据、司法会计、物证、建筑工程、知识产权委员会。协会设秘书处,为协会的日常办事机构,负责协会的日常工作。

市司法鉴定协会第一届会长为蔡永健,副会长为杜志淳、沈敏、郭康玺、印保兴、郑林奇。

四、上海市人民调解协会

1996年1月24日,上海市人民调解协会正式成立,并召开第一次会员代表大会。大会通过《上海市人民调解协会章程》《上海市人民调解协会会员管理办法》《上海市人民调解协会会费管理办法》。市司法局副局长陈鹤鸣当选为会长。

市人民调解协会是由人民调解组织和人民调解员组成的群众性社会团体,具有法人地位,受市司法局和市民政局监督管理和业务指导,同时受中华全国人民调解员协会业务指导。

2001年9月27日,市人民调解协会第二次会员代表大会选举产生协会第二届理事会,名誉会长齐奇，会长胡荣根。

2006年3月28日，市人民调解协会召开第三次会员代表大会，选举产生了新一届协会理事会，新产生的协会理事会完全由专职人民调解员代表组成。闸北区临汾路街道人民调解委员会副主任蔡祥云任会长。

五、上海市社会帮教志愿者协会

2000年9月16日，市社会帮教志愿者协会成立并召开第一次会员代表大会。会议审议并通过了协会章程，选举产生了协会第一届理事会，理事会选举市委政法委原秘书长王肇远为协会会长。

市社会帮教志愿者协会成立之初，机构办公地设立在上海市司法局基层处内，由基层处的工作人员具体负责组织志愿者开展帮教服务工作。2004年，安置帮教工作职能由基层处调整至市矫正办后，市社会帮教志愿者协会也随之由上海市社区矫正办公室负责指导、联系。

2006年1月24日，市社会帮教志愿者协会第二次会员代表大会召开，选举新一届理事，王元洪担任理事长；对协会功能进行重新定位，推动协会自主运作。办公地址迁至西康路757号510室。

2009年，全市18个区县全部成立社会帮教志愿者协会，市社会帮教志愿者协会个人会员9 500人，单位会员128家。

2010年1月，市社会帮教志愿者协会召开第三届会员代表大会，理事和常务理事全部由社会人士担任。至年底，市社会帮教志愿者协会登记注册个人会员12 192名、单位会员495个。

六、上海市爱心帮教基金会(上海市爱心工程基金会)

1992年2月，少年管教所发起成立犯罪少年矫治基金会的设想。6月，更名为爱心工程基金会，并开始筹建。

1993年12月27日，经中国人民银行批准，同意成立上海市爱心工程基金会。

1994年5月18日，经市民政局核准取得社会团体法人资格。其宗旨是遵守宪法、法律、法规和国家政策，遵守社会道德风尚，凝聚社会资源，教育引导和保护青少年健康成长，预防和减少青少年违法犯罪，挽救失足青少年，推进社会治安综合治理事业的发展，促进上海的社会安定。业务范围：对青少年中的特殊群体进行帮教资助、技能培训及心理行为矫正等各项活动。6月24日，市爱心工程基金会召开成立大会。谢丽娟任会长，薛明仁任副会长，朱济民任理事长，章谷雷任副理事长兼秘书长。基金会自成立至7月，均挂靠少年管教所。8月，基金会主管单位变更为市劳改局。

至1999年6月，基金会在全市建立9个爱心工程基地(即董家渡、江浦、古华、漕河泾、华阳、大江职业技术学校、金山石化、静安、高桥)和普陀区桃浦镇外来流动人员家长学校。

2002年4月，市爱心工程基金会的业务主管单位变更为市司法局。

2005年1月，更名为上海市爱心帮教基金会。4月14日，揭牌仪式在市少管所举行。业务范围：资助对违法犯罪特殊群体开展教育、矫治、培训、救助、心理辅导等活动。

七、上海市新航社区服务总站

2004年1月19日，上海市新航社区服务总站(以下简称“新航总站”)在市民政局注册成立，系民办非企业单位性质的社会团体,主管单位是市社区矫正工作办公室。2月14日,召开第一届社会工作者大会,会议通过新航总站章程,选举产生第一届董事会、监事会和执行干事。2月18日,新航总站正式挂牌。2月24日,新航总站与徐汇、卢湾、闸北、浦东等4个试点区的48名社工进行签约。8月,新航总站在全市19个区县设立工作站,在218个街道(乡镇)设立社工点。

2007年10月,为进一步推进预防犯罪体系试点工作,浦东新区在整合原新航、自强、阳光社团浦东新区工作站的基础上,成立了上海中致社区服务社,新航原53名浦东社区矫正社工划归为中致社工。

2009年,为进一步深化预防和减少犯罪工作体系建设,市委、市政府决定"采取分类推进的方法,在部分有条件的郊区、城乡接合部地区进一步扩大试点,并将每个试点区的自强、新航阳光三个社工站改组成为一家综合的区域性民办非企业单位"。同年6月,奉贤区成立了奉贤思齐社会工作服务中心,将奉贤区三条线社工整合成立了综合的区域性社会组织,36名原新航社工划归为思齐社工。

2010年7月,松江茸城社区平安服务社在区委政法委牵头下于区民政注册成立,10名原新航社工划归为荣平社工。新航总站的社工管理范围由原18个区县变更为14个区县(黄浦区与卢湾区合并后为14个区县)。

八、上海中法公证法律交流培训中心

2001年2月7日,为加强中法双方在公证领域的交流合作,推动双方公证事业的发展,法国公证人高等理事会、中国公证协会及市公证员协会在双方政府有关部门的大力支持下,正式成立上海中法公证法律交流培训中心(简称中法中心)。其职能和任务是:组织公证员的培训、促进中法两国法律工作者之间的交流。中心设立董事会,董事长由中法双方轮流担任,任期2年。中心设立双方主任,负责中心日常工作的开展。另设有秘书处和财务室。

2002年7月11日,中法中心新址落成,在上海市徐汇区衡山路692号,设有资料室,为公证法律界人士提供法国及中国的各类法律书籍。

自2001年12月起,中法中心每个季度编辑出版一本中法双语公证法律期刊《中心通讯》,该刊物面向中法两国公证界发行,采用双语编排体例,同一内容分别以中、法两种语言编辑,以此推进两国公证法律界信息分享与交流。作为补充载体,中法中心官方网站也为感兴趣的人们及时更新提供各类信息。此外,中法中心还编辑出版了首本法汉法律词汇选编和其他专业著作,旨在为学者及专业人士提供工具与参考。

第六节　代管单位

一、上海市法学会

上海市法学会成立于1956年12月30日,1962年1月30日更名为上海市政治法律学会,1979年5月28日又改名为上海市法学学会,1984年10月25日恢复为上海市法学会。

1985年12月24日,市委批复同意成立中共上海市法学会党组,陈天池为党组书记。隶属市委政法委领导,由市司法局党组代管。

1987年、1991年，在第五届、第六届会员代表大会上，市司法局党组书记、局长李庸夫被选举为会长。

2003年10月，市法学会内设四个职能部(室)：办公室、研究部、联络部、培训部。

至2009年，市法学会从1956年下设6个研究组发展到下设26个学科专业研究会和1个法律实务研究中心，会员从1956年首批348人发展到4 600余人。市法学会的工作范围也逐步扩大，主要有：引领、繁荣法学研究，推进法律理论创新、法律制度创新和法律文化创新，为社会主义民主法制建设提供理论支持；对法治建设中的重大理论问题和实践问题，进行学术研讨，提出对策和建议；参与法律、法规的起草、修改、咨询和论证工作；开展学术交流和学术合作，加强与世界各国和港、澳、台地区，以及各省、市、自治区法学、法律团体的联系；了解、反映会员的意见和要求，维护会员的合法权益；编辑、发行法学研究书刊、杂志，参与法制宣传、法学教育，培养法学人才等。

2010年12月，市法学会领导管理体制调整为“市委领导联系，市委政法委代管”。

市司法局代管期间，市法学会开展多角度、多层次的法学研究。1983年，市法学会创办《情况交流》，推动学术研究活动。1989年，学会会刊《情况交流》更名为《上海法学》。1991年，更名为《上海法学研究》并取得内部资料性出版物准印证。2005年，创办法学研究出版物《东方法学》。2008年，《东方法学》正式创刊。

二、上海市政法党校

1992年7月，市委批准建立上海市政法党校，以上海市政法管理干部学院为依托，实行两块牌子、一套班子。市政法党校的人、财、物在市司法局领导下，由市政法学院统一管理；教学业务由市委政法委负责管理。

市政法党校是市政法系统处级领导干部和处级后备干部教育培训基地，机构级别相当于局级，内设办公室、教务处(科研处)、学员工作处。

按照《中国共产党党校工作暂行条例》，市委党校落实上级办学要求，对市级政法系统处级干部和处级后备干部开办有计划的轮(培)训班次。配合政法各基层单位党委中心组和干警的政治理论学习，定期举办大型“双月讲座”，开展社会调研活动，申报各类立项课题，组织学员进行教学考察等。自2002年起，根据市委政法委的部署，为上海对口支援的云南省、新疆维吾尔自治区阿克苏地区、湖北省秭归县培训政法领导干部。

2010年，市政法党校撤销，不再承担培训任务。

三、司法部司法鉴定科学技术研究所

司法部司法鉴定科学技术研究所(以下简称研究所)隶属国家司法部，为司局级科研事业单位，由市司法局代管，其主要任务是：进行司法鉴定的科学技术研究、培训在职的专业人员、对各地送检的重大案件中的疑难问题进行科学技术鉴定。

1979年9月，司法部委托华东政法学院在上海光复西路1347号筹备恢复司法部司法鉴定科学技术研究所。同年11月，华东政法学院成立司法鉴定科学技术研究所筹备领导小组。1982年7月12日，国家科委正式同意恢复司法部司法鉴定科学技术研究所，规模为200人，当年暂定80人，根据需要，逐步发展。1983 年 3 月 1 日，司法部司法鉴定科学技术研究所正式恢复，为直属司法部的司（局）级科研事业单位，暂由华东政法学院代管。1984 年 5 月，司法部任命法医病理学家郑仲璇为第一任所长。

1986 年 7 月 1 日，司法部明确，将研究所党的关系、政治思想工作和行政工作，委托市司法局代管；所领导干部的任免、调配、科研和基建经费及科研任务等，由司法部管理。

研究所执行国家科技部、司法部赋予的承担“司法鉴定科学技术；培养司法鉴定高端人才，承担全国重大疑难案件的司法鉴定；履行司法鉴定行业技术指导”等职能。出版有《中国司法鉴定》和《法医学杂志》等学术刊物。2010 年被遴选为国家级司法鉴定机构。

第二章 区县和街道(乡镇)机构

市司法局恢复建立后，各区县和街道(乡镇)先后成立司法科(局)，建立法律顾问处、公证处等法律服务机构。1983年，司法助理员归入司法行政系统单独列编。1984年各区(县)司法科改为司法局后，逐步健全和充实内设机构。1993年4月28日，浦东新区司法局成立，为副局级单位。1996年后，原先由司法助理员和乡所共同履行的基层司法行政职能，逐步由司法科(所)承担。2005年，全市司法科转为司法所。至2009年，全市街道、乡镇共设置司法所220家。

第一节 区县机构

一、区县司法科

市司法局恢复建立后，根据国务院批转司法部《关于迅速建立直属市(地、区)、县司法行政机构的请示报告》的精神，1981年1月28日，崇明县率先成立司法科和法律顾问处，下半年，长宁、虹口、杨浦、卢湾、南市、徐汇、川沙、奉贤、嘉定等区县相继成立司法科或司法科筹建组。

1982年，全市22个区县全部成立司法科。

1980—1983年，区、县司法科一般设办公室、法制宣传组、调解工作指导组、法律顾问处、公证处等机构。

二、区县司法局

随着司法行政工作的不断发展，区县司法科的建制越来越不适应。1982年8月24日，市司法局党组向市编制委员会提出《关于全市区、县司法科改为司法局建制的请示报告》。1984年5月30日，市司法局又提出《关于先行解决区、县司法科改局的请示报告》。7月24日，市编制委员会发出《关于区、县人民政府直属科改局的通知》。7月25日，市司法局转发市编制委员会的通知，各区、县司法科改为司法局。8月1日，市司法局召开各区、县司法科长会议，正式宣布区、县司法科改为局的建制。

经过体制改革，1984年各区、县司法科改为司法局后，本着"精简、高效"的原则，逐步健全和充实内设机构，普遍设有4～6个科室。区、县司法局主要任务：一是在社会治安综合治理中发挥作用；二是为群众提供法律服务。具体任务是：围绕中心工作，开展法制宣传；开展律师工作，参与刑事辩护，代理民事诉讼、经济诉讼、行政诉讼和非诉讼事务，担任企事业单位法律顾问等；开展国内公证和涉外公证业务；领导和管理基层人民调解工作，化解矛盾，维护社会稳定；指导和管理乡镇、街道法律服务机构，为乡镇企业提供法律服务；与监狱、劳教所加强联系，组织帮教，推动社会综合治理工作的落实。

为顺应浦东开发开放要求，1993年4月28日，浦东新区司法局成立，为副局级单位。同年8月7日，浦东新区法制办公室成立，与浦东新区司法局合署办公。浦东新区司法局既执行新区司法行政工作职能,又执行新区政府法制工作职能。重点为开发开放浦东的战略决策提供法律服务,除承担区县司法局共同任务外,还承担:(1) 组建能与国外发达国家相媲美的律师事务所,办出新区特色;(2) 筹建浦东新区经济法律服务咨询服务中心,实现律师、公证"一条龙"服务;(3) 参与浦东新区有关法规或规范性文件的起草和执法监督;(4) 抓好普法为重点的法制宣传和调解工作。

至2010年,各区县司法局积极发挥司法行政职能在构建社会主义和谐社会中的作用,扎实推进司法行政工作健康、有序发展。

表 1-2-1　2010 年上海市区县司法局情况表

区　县	办　公　地　址	成立时间(年、月)
浦东新区	浦东新区成山路 820 号 9、10 楼	1993.4
徐汇区	漕溪北路 336 号区政府 13 楼	1984.9
长宁区	长宁区 599 号区政府机关大厦 9 楼	1984.8
普陀区	大渡河路 1668 号 2 号楼 12 楼	1984.9
闸北区	新民支路 28 号 15 楼	1984.12
虹口区	飞虹路 518 号 1 509 室	1984.9
杨浦区	平凉路 852 号	1984.9
黄浦区	延安东路 1234 号 25 楼	1984.9
卢湾区	重庆南路 100 号 13 楼	1984.9
静安区	武定路 969 号 10、11 楼	1984.9
闵行区	莘庄镇莘谭路 384 号	1993.4
宝山区	宝山区西门街 100 号	1988.11
嘉定区	嘉定区嘉戬公路 118 号	1993.4
金山区	金山区石化卫二路 428 号	1984.8
松江区	松江区园中路 1 号	1984.8
青浦区	青松路 231 号	1984.9
奉贤区	奉贤区南桥镇气象路 139 号	1984.8
崇明县	崇明县城桥镇人民路 8 号	1984.9

说明:(1) 原宝山县司法局成立于 1984 年 7 月;原吴淞区司法局成立于 1984 年 9 月。1988 年宝山县、吴淞区合并成立宝山区。(2) 原嘉定县司法局成立于 1984 年 8 月,1992 年县改区。(3) 原闵行区司法局成立于 1984 年 9 月,原上海县司法局成立于 1984 年 10 月,1993 年闵行区、上海县合并成立新的闵行区。(4) 原川沙县司法局成立于 1984 年,1993 年 1 月建浦东新区,撤销川沙县。(5) 青浦县于 2000 年县改区。

第二节　街道(乡镇)机构

上海的基层司法行政机构建设起步于 20 世纪 70 年代末,经历过司法助理员、内设司法科(所)和派出制司法所等组织形式;工作职能从最初的管理人民调解逐渐拓展,发展成为统筹推进基层法治建设、承担基层政府法制工作等综合性司法行政职能。

一、街道(乡镇)司法助理员岗位

根据1978年《全国第八次司法工作会议纪要》和《上海市人民司法工作会议纪要》关于在人民公社设立司法助理员的要求,1979年6月,奉贤县人民法院在全县20个公社、镇场配齐司法助理员。其他各县也逐步配备司法助理员,由他们管理人民调解工作。

1980年起,市区街道、郊县公社(乡镇)逐步配备专职司法助理员和兼职司法助理员,具体负责管理人民调解委员会的工作和处理较为复杂的民间纠纷。

1981年11月18日,司法部颁布《关于司法助理员工作暂行规定》。明确基层司法助理员职责是:管理人民调解委员会工作;指导、检查民间调解工作;参与调解疑难纠纷;接受、处理有关人民调解工作的来信、来访,调查研究本辖区内发生纠纷的原因、特点和规律,并提出预防纠纷的办法等。

1983年,司法助理员归入司法行政系统单独列编。

1984年,结合上海实际情况,市司法局制定《关于加强司法助理员工作的几项规定》。规定指出,司法助理员是司法行政机关的基层工作人员,其人事、供给关系由区县司法局统一管理。司法助理员在区县司法局和乡(镇)人民政府、街道办事处领导下工作。区县司法局主要负责司法助理员的政治、思想工作。司法助理员人选由区(县)司法局和乡(镇)人民政府、街道办事处商定,由区县司法局任命。基层司法助理员职责是:管理人民调解委员会工作;指导、检查民间调解工作;参与调解疑难纠纷;接受、处理有关人民调解工作的来信、来访,调查研究本辖区内发生纠纷的原因、特点和规律,并提出预防纠纷的办法等。同时,还拟定《关于郊县司法助理员试行选聘合同制度的意见》《选聘合同书》《选聘司法助理员登记表》,下发各县人事局和司法局。

1984年底,静安、川沙等11个区、县配齐了专职司法助理员,并陆续颁发任命书;有8个区县基本配齐司法助理员。全市15个国营农场配备专职司法助理员15人。1986年,全市有司法助理员437人。1995年底,全市305个街道、乡镇,配备司法助理员382人(撤二建一的街道和乡镇多数保留两名司法助理员)。

1996年后,乡镇建立司法科(所)的步伐加快,原先由司法助理员和乡所共同履行的基层司法行政职能,逐步由司法科(所)承担。至2007年,全市共有司法助理员568人。

表1-2-2 1980—2007年上海市司法助理员岗位人数情况表

年 份	配备数(人)	年 份	配备数(人)
1980	110	1988	400
1981	140	1989	389
1982	192	1990	389
1983	250	1991	361
1984	357	1992	378
1985	405	1993	333
1986	437	1994	376
1987	400	1995	382

(续表)

年　份	配备数(人)	年　份	配备数(人)
1996	375	2002	299
1997	401	2003	275
1998	405	2004	298
1999	419	2005	309
2000	412	2006	350
2001	349	2007	568

说明：2008年后司法助理员人数纳入司法所统计范围内，不再单独统计。

二、街道(乡镇)司法科(所)

20世纪90年代，抓住区县机构改革和加强基层政法组织建设之机，市司法局加快推进基层司法行政机构建设。以司法助理员为基础，在全市各街道、乡镇广泛建立司法科(所)。

1994年6月，按照城区实行“两级政府、三级管理”和郊县实行“三级政府、三级管理”体制的思路和司法部关于加强司法所建设等要求，徐汇区徐家汇街道等在全市率先建立司法所。司法所主要履行以下几个方面的职能：(1) 参与地区热点、难点纠纷和社会矛盾的调处；(2) 协助街道、乡镇领导依法行政，推进依法治街(乡、镇)；(3)管理和指导地区和辖区内企事业单位的人民调解工作；(4) 开展法制宣传教育工作；(5) 管理和指导基层法律服务所工作；(6) 参与刑释解教人员的安置帮教工作。

司法所(科)建立后，实现了司法行政工作向街道、乡镇的延伸，在调处群体性纠纷、依法治理、管理和指导人民调解工作、开展基层法律服务和对刑释解教人员帮助等方面进行了有益的探索，并收到了较好的效果，对全市基层司法行政工作建设起到了推动作用。

1996年11月28日，全市首家区县司法局派出机构——奉贤县司法局西渡司法所揭牌。

1998年，市司法局印发《市司法局关于加强街道、乡镇司法科规范化建设的通知》。《通知》明确，司法科无论是单独设置机构，还是与综治办合署办公，都是街道办事处或乡镇人民政府管理司法行政工作的一个职能部门，受所在街道办事处或乡镇人民政府领导，业务上受所在区县司法局指导。司法科一般要有3名以上国家公务员，设科长1人。街道司法科必须与街道法律服务所分设，乡镇司法科原则上应与法律服务所分设。1998年，全市有156个街道、乡镇司法科(所)。

1999年12月，全市建立乡镇、街道司法科(所)214家，占全市乡镇、街道建制数的64.5%。

2000年12月，全市建立街道乡镇司法科(所)257家，占街道(乡镇)建制数的89%。

2001年，全市建立得到区委、区府或区编委及相关部门发文认可的司法科(所)总数达130家，占街道乡镇建制数的52.9%。

2002年，市司法局全面启动司法科(所)建设。年内，为落实全市街镇司法科(所)人员列户立编工作，经过多方努力，浦东、闸北、闵行、徐汇、青浦、松江、和金山等8个区建立了独立的司法科(所)。黄浦、静安、普陀、长宁、奉贤、宝山等6个区建立两块牌子、两套班子合署办公的司法科(所)。奉贤部分镇建立司法局派出的司法所。杨浦、虹口和南汇均建立合署的司法科。至年底，全市建立司法科(所)222家(指得到区委、区府或区编委及相关部门发文认可的,后同),其中独立的103家、两家合署的65家、三家合署的54家。

2004年,全市19个区县219个街道、乡镇中,共设置司法所(科)228个。其中,派出制司法所18个,占总数的8.2%;独立司法科98个,占总数的44.7%;合署办公的司法科103个,占总数的47.1%。

2005年,根据中央关于加强"两所一庭"(公安派出所、司法所、人民法庭)建设的精神和司法部《关于创建规范化司法所工作的意见》的要求,市司法局制定《实施意见》,明确司法所应设置成区县司法局在街道(乡、镇)的派出机构,接受街道(乡、镇)的指导、管理和监督,围绕街道(乡、镇)党委的中心工作来开展司法行政业务工作;条件不具备的司法所,独立设置成街道(乡、镇)独立的内设机构,实行区县司法局和街道(乡、镇)双重管理,以街道(乡、镇)为主、区县司法局协管的管理体制。各区县建立的街道(乡、镇)司法行政组织机构统一称为司法所。按照行政区划,原则上每个街道(乡、镇)设置1个司法所,由3名以上国家公务员组成,设所长1人,实行所长负责制。

司法所负责指导管理和组织实施本辖区的司法行政业务工作,主要承担九项职能:(1)指导管理人民调解工作,参与调解疑难、复杂民间纠纷;(2)承担社区矫正日常工作,组织开展对非监禁服刑人员的管理、教育和帮助;(3)开展法律援助工作,指导管理基层法律服务工作;(4)协调有关部门和单位开展对刑释解教人员的安置帮教工作;(5)组织开展法制宣传教育工作;(6)组织开展基层依法治理工作,为乡镇人民政府(街道办事处)依法行政、依法管理提供法律意见和建议;(7)协助基层政府处理社会矛盾纠纷;(8)参与社会治安综合治理工作;(9)完成上级司法行政机关和乡镇人民政府(街道办事处)交办的维护社会稳定的有关工作。

2005年,全市19个区县215个街道、乡镇共设置司法所215个。其中,嘉定、奉贤、金山、青浦、卢湾等7个区实现了司法所的派出设置,派出设置的司法所44个,占总数的20.5%;浦东、松江、闵行、徐汇、闸北、崇明、宝山等8个区县为独立设置,独立设置的司法所(科)共102个,占总数的47.4%;杨浦、虹口、长宁、普陀、静安、黄浦、南汇等7个区为合署设置,合署设置的司法所69个,占总数的32.1%。另外,奉贤区还在5个开发区设立了派出制的司法所。

2006年,经过各方努力,全市司法所组织机构建设得到根本改观。完成司法所派出设置的区县有奉贤、嘉定、青浦、卢湾、金山、普陀、南汇等7个区;完成独立设置的有浦东、徐汇、闸北、宝山、松江、闵行、崇明、杨浦、长宁、虹口等10个区;黄浦区发文改合署设置为独立设置,合署设置的仅静安区1家。

2007年,全市司法所全面实现派出或独立设置。派出设置的区县有奉贤、嘉定、青浦、卢湾、金山、普陀、南汇、静安等8个区共计80个司法所,约占总数的38%;其余11个区县的130个司法所为独立设置,约占62%。另外,奉贤、嘉定、闵行等3个区还在开发区、工业园区、科技园区设立了7个派出制的司法所。

2008年6月,市编办、市人事局、市司法局联合印发《关于进一步加强全市街道乡镇司法所规范化建设的意见》。8月12日,市司法局下发贯彻该意见的通知,就司法所管理体制、干部任免、人员编制、人事管理等事项制定具体要求和操作方案。至年底,奉贤、嘉定、青浦、卢湾、金山、普陀、南汇、静安、松江、长宁、闸北、崇明、杨浦、闵行等14个区(县)已实现司法所双重领导,并以区(县)司法局管理为主的管理体制。

2009年,市司法局制定《上海市司法所规范化建设标准指标体系》《关于司法所规范化建设督导评估工作的指导意见》《关于开展创建示范司法所活动的通知》等三个文件,大力推动司法所"五化”(正规化、信息化、规范化、硬件设施标准化、经费保障制度化)工作,统一全市司法所的运行模式和程序,进一步落实司法所人员编制,保障全市司法所的办公用房,将司法所业务经费列入财政预算。在创建示范性司法所的督导评估中,全市共评选出35家示范司法所。

2010年,市司法局继续加强司法所规范化建设,深化创建示范司法所活动,81个司法所被授予示范司法所。全市司法所依托互联网实现联网,统一标识和行政徽章,在社会矛盾纠纷化解中发挥了职能作用,践行了市司法局对社会“有法律问题,找司法所;有矛盾纠纷,到司法所”的庄严承诺。

第二篇

法制宣传和依法治市

1980年，市司法局重建，下设宣传教育处，主管全市法制宣传工作。1984年，宣传教育处分为法制宣传处和教育处。各区、县司法局(科)建立后，设宣传教育科(股)，管理本区县的法制宣传工作。1985年8月，上海市普及法律常识办公室成立，地点设在市司法局，与法制宣传处合署办公。1990年3月，市普及法律常识办公室更名为市法制宣传教育办公室。1996年，成立上海市法制宣传教育领导小组。2004年1月，改为上海市法制宣传教育联席会议，统筹推进全市法制宣传教育工作的议事协调机构；市委政法委书记、市委宣传部部长、市人大常委会分工联系的副主任、市政府分管副市长和市司法局局长为联席会议召集人，有27家成员单位分管负责人为联席会议成员。

从1985年起，以5年为期限，开展全民普及法律常识宣传，至2010年，共举办5个"五年普法"宣传教育。从"一五"普法到"五五"普法，上海市民的法律素质大幅提升，各级领导干部依法行政的意识和能力明显增强，上海城市的法制化水平显著提高。

从90年代开始，上海对依法治市工作的探索力度也在不断加大。1999年7月28日，上海市依法治市领导小组成立，办公室设在市委。之后，依法治市办机构、职能有所调整。2008年8月，根据依法治市工作的需要，依法治市领导小组办公室设在市司法局。

第一章　法制宣传

市司法局恢复重建后，法制宣传工作全面开展并日益加强。1985 年 12 月，市委宣传部、市委政法委转发市司法局党组《关于在全市公民中基本普及法律常识的计划》，由此揭开上海市全面、系统地开展法制教育工程的序幕。在市委、市政府和市委政法委的指导下，结合上海实际情况，以五年为单位，严格遵照“启动—实施—验收”程序。至 2010 年，已经启动五轮普法活动。1989 年起，每年在宪法颁布日 12 月 4 日的当周，举办宪法宣传周活动，至 2010 年已举办 22 届宪法宣传活动。

在法制宣传教育方面，既关注全(市)民普法，更强调有所侧重，针对不同群体在不同时期的社会经济生活，展开形式各异但卓有成效的宣传活动。与此同时，在法制宣传教育活动中，充分利用纸质媒体、广播电视媒体和互联网媒体的不同优势，推出了一系列社会反响良好的法治文化作品。

随着经济社会的高速发展，上海开始围绕改革、发展、稳定的大局，聚焦市民群众关心的热点难点问题，针对来沪人口增多的现实情况开展有的放矢的普法，为提升全体市民法治观念、推进依法治市、助力上海改革开放提供了坚强的法治支撑。特别是迎接、举办世博会期间，各级法制宣传部门主动担当，跨前一步，围绕“世博会”“和谐社会”“法治政府”开展多层次、全方位、多系列的法制宣传教育活动，营造了良好的法治氛围、彰显了上海一流的法治环境。

第一节　普法规划和决议

一、“一五”普法(1986—1990 年)

1985 年，中共中央、全国人大常委会决定，用五年左右时间向全体公民基本普及法律常识后，上海法制宣传进入全民普法的新阶段。具体步骤：1985 年准备；1986—1988 年实施；1989 年总结检查。

【启动】

1985 年 2 月，中共上海市委宣传部、市委政法委员会批转市司法局党组《关于在全市公民中基本普及法律常识的计划》。3 月，市委宣传部、市委政法委联合召开首次市法制宣传教育工作会议，部署全市普法工作。8 月，中共上海市委召开第二次市法制宣传教育工作会议，传达第一次全国法制宣传教育工作会议精神，对全市普法工作进一步动员部署。12 月，市八届人大常委会第十九次会议听取市司法局《关于本市普及法律常识的情况和今后意见的汇报》，并通过了《关于在全市公民中基本普及法律常识的决议》。

1985 年 1 月，市司法局确定试点单位先行普法，摸索总结对各类人员普法的经验。各区、县普法试点单位 74 个，各委、办、局及基层试点单位 2 414 个。7 月，黄陂南路第一小学对小学生进行法制启蒙教育的经验，在全国小学法制教育会上作了介绍。8 月，在吴泾化工厂召开市法制宣传教育工作现场会，推广一批试点单位的普法经验，司法部副部长蔡诚到会并讲话。吴泾化工厂运用多种形式，生动活泼地开展普法教育的经验，经上海电视台播出后，在全市引起很大反响，许多观众写信,一再要求电视台重播。市内及江苏、浙江等省市一些单位去该厂参观。

上海市开展普及法律常识的基本内容和要求,对普法的对象、基本内容、形式以及要求作了进一步明确,并对上海市公民的普法合格率作出预期:学生力求100%;干部95%;职工90%;居民及务农居民80%。市普法计划下达后,各区、县、局根据上海市计划,结合实际制定或修订本单位普法规划。

1985年,市委宣传部和市司法局组织编写了18万字的《公民法律常识读本》,总发行量350万册;还编写《农民法律常识》和《给小学生讲法律》。市司法局编印《中华人民共和国重要法律选编》《主要经济法规选编》《普法教学大纲》等辅导读物30多万册,并发行司法部编印的《职工法律常识读本》《农民法律常识读本》40多万册。市普及法律常识办公室、市法学会编写《普及法律知识小丛书》7册,市高教局组织编写《法学基础教程》等。市教育局编写《中学法制教育辅导材料》《小学法制教育辅导材料》,制作法制教学幻灯片等。各区、县、局和基层单位,还根据不同对象,编写各种辅导教材。同年12月,上海市通过培训、考试,有4.55万人取得"上海市法制宣传员"证书,基本达到支部厂1人、总支厂2人、党委厂3人以上的原定要求。法制宣传员的任务是,组织法律常识学习、开展辅导,向群众宣传法律知识。还成立上海市普法讲师团,共有法制报告员1 200多人。法制报告员的任务是为基层单位讲授法制课。这些法制宣传员、报告员,是普法教育中的一支骨干力量。

【实施】

1986年,是上海市实施普法教育的第一年,重点是干部,特别是县处级以上领导干部。4—6月,市委共举办8讲市级领导干部法制讲座。3—7月,市委政法委、组织部、宣传部、市委党校和市司法局联合举办6期"上海市区、县、局领导干部法律常识学习班"。群众普法教育由点到面逐步展开。市教育局落实中、小学法制教育教材并列入教学计划。上海市近千所中学、3 000多所小学普遍开设了法制课。6万余名在校大学生中,有1.1万余名经过法律常识学习并考核及格,及格率达18%。各级党校、政校、团校普遍增设法制教育课程。对群众普法,重点讲《刑法》《民法通则》《继承法》《婚姻法》《治安管理处罚条例》和劳动法规等。群众普法教育中联系群众身边的人和事,以案释法,就事论法。全年,上海市经过普法学习并考核及格的有140多万人。全市县、处级以上领导干部和县、处级以上领导机关干部的普法轮训基本完成。其他各级、各类干部的普法学习也大部分完成。

1987年,以《宪法》为重点内容,以青少年为重点对象的普法教育在上海广大群众中展开。2月,市委发出《关于学习贯彻全国人大常委会(关于加强法制教育维护安定团结的决定)的通知》,并于2月17日召开第三次市法制宣传教育工作会议。市八届人大常委会第二十六次会议作出《关于认真学习、坚决贯彻全国人大常委会〈关于加强法制教育维护安定团结的决定〉的决议》(以下简称《决定》)。3月,市司法局组织4次学习宣传《决定》示范讲座,培训市级百人讲师团,并对上海市1 000多名宣传骨干和法制宣传员进行培训,这支队伍承担对广大干部和群众的宣传教育任务。各区、县、局也培训1.5万名宣讲员。3—8月,市委宣传部和市司法局先后与有关部门联合召开"郊县法制教育工作会""市区法制教育工作会""高等院校法制教育工作会""工交、财贸系统法制教育现场会"和"青少年普法工作先进集体、先进个人表彰会"等,有计划有步骤地对各类人员进行法制教育。11月15日,市司法局局长李庸夫在市八届人大常委会三十二次会议上作《关于深入进行以〈宪法〉为重点的普法教育的情况报告》。全年,上海市800多万普法对象中,经过普法学习,累计已达480万人,占应受普法对象总数的60%;其中各级各类干部99万多人,占干部总数的90%。

1988 年 1 月，全国企业法制宣传教育工作会议召开。3 月，市委召开市第四次法制宣传教育工作会议，传达全国企业法制宣传教育工作会议精神，总结 1987 年普法工作、安排 1988 年普法任务。会议要求年内基本完成普法任务。9 月 25 日，市委宣传部、市司法局联合发出《关于基本完成普法教育的单位进行总结和检查的通知》，明确总结检查的要求、内容和方法，以各单位自查为主、上级部门抽查为辅，一般采取“一听二看三考四谈”的方法进行，即一是听取普法情况汇报；二是查看各种普法资料；三是抽考部分人员；四是召开座谈会，听取对普法工作意见。全年，全市有接受教育能力的 818.3 万公民中，已经通过普法教育的 757.2 万人，占总数的 93%。其中，各级干部参加普法学习 115.8 万人，占应受普法人数的 96.1%；职工参加普法学习 450.5 万人，占应受普法人数的 92.1%；农民(包括非农产业的农民)参加普法学习 109.5 万人，占应受普法人数的 91.2%；城镇居民参加普法学习 71.1 万人，占应受普法人数的 94.8%。上海市各高等院校基本都开设法律基础课，中小学也结合政治课、思想品德课安排了法制教育的内容。普法工作取得预期结果。全市 21 个区、县政府都设立法制机构，有 11 个区、县政府聘请律师担任法律顾问。有 1.48 万余家企事业单位聘请法律顾问，比普法前上升 440%。许多大中型企业建立法律顾问室或指定专人从事法律事务工作。上钢一厂、上钢五厂、上海石油化工总厂和市百一店等一批大型企业的合同履约率都在 99%以上。

图 2－1－1　1988 年 9 月，上海市农村法制宣传教育工作会议召开，部署郊县普法和深化法制宣传教育工作

【验收】

上海市的第一个五年普法，在市委统一领导下，市司法局同市委宣传部集中力量，精心部署，分类指导，有计划有步骤地推进普法活动，使全市普法工作健康有序地向前发展。由于各级领导重视，起步较早，重点突出，普及面广，骨干带头作用明显，因此进展较快，至 1988 年提前两年基本完成“一五”普法任务。

1989年,全市进行普法总结、检查并深化法制宣传教育。各区、县、局、科研单位和大专院校等,对本系统、本单位普法教育进行总结检查。市、区人大常委会选择一些系统和单位进行检查。3月,市九届人大常委会第七次会议审议普法工作,市司法局局长李庸夫受市政府委托,作《关于在全市公民中基本普及法律常识工作的情况汇报》。会议肯定上海市"一五"普法的成绩,对普法教育提出要求。8月7日,市委办公厅、市政府办公厅转发市委宣传部、市司法局《关于开展以宪法为主要内容的法制宣传教育的意见》的通知。8月11日,市九届人大常委会第十次会议在听取市司法局局长李庸夫《关于在全市公民中开展以宪法为主要内容的法制教育的汇报》后,作出《关于在全市全体公民中开展以宪法为主要内容的法制教育的决议》。《决议》明确,每年在《宪法》颁布日(12月4日)的当周为上海市宪法宣传周。8月31日,市委宣传部与市司法局联合召开市《宪法》教育工作会议,部署在上海市范围内开展以《宪法》为主要内容的法制宣传教育,重点学《宪法》、结合学《刑法》《治安管理处罚条例》等有关法律、法规,着重宣传:必须坚持四项基本原则、反对资产阶级自由化;正确认识民主与集中、自由与纪律、民主与法制的关系,加强社会主义民主与法制建设;全面领会《宪法》关于公民权利与义务的规定,做一个遵纪守法的好公民;必须坚决维护《宪法》和法律的尊严,严格依法办事。宣传的重点对象是各级干部和青少年,时间为半年。上海市《宪法》宣传团的14名法学教授、专家,深入机关、企事业单位巡回宣讲,重点为处以上干部学《宪法》作辅导,4个月宣讲200余场,听讲10多万人。年底,上海市《宪法》教育经验交流会暨普法表彰大会在上海展览中心举行。会议对3年来上海市普法教育和1989年下半年开展的以《宪法》为主要内容的法制教育活动作了总结;部分单位介绍抓好《宪法》教育,促进依法行政、依法治厂、依法经营的经验;257个市普法先进集体和553名先进个人受到表彰。

1990年,以"稳定压倒一切"为中心,以《宪法》为主要内容,深入开展法制宣传教育。年初,市司法局举办两次由各级党委宣传部(处)和司法行政系统法制宣传干部参加的"认清东欧形势,坚决捍卫宪法"讲座,帮助干部进一步划清社会主义民主与资产阶级民主的界限,加深对中国社会主义基本制度和经济制度的认识,坚定坚持"一个中心、两个基本点"的信念。1月,市九届人大常委会第十四次会议通过《上海市实施〈中华人民共和国集会游行示威法〉办法》后,市司法局和市委宣传部联合发文,部署上半年在上海市范围内开展集会游行示威法的宣传教育,维护上海政治和社会稳定。3月,市委宣传部与市司法局联合发出《关于在全市开展〈中华人民共和国行政诉讼法〉宣传教育的意见》,作为1990年上海市法制宣传教育的重点内容之一。5月26日,市委组织部、宣传部、市司法局和市政府法制办公室联合举办两次局级领导干部《行政诉讼法》讲座,出席听讲2 000余人次。市司法局举办4期上海市宣传骨干培训班。7月,市九届人大常委会第二十次会议通过《关于贯彻实施〈中华人民共和国行政诉讼法〉的决议》后,各级党委和政府对《行政诉讼法》的宣传教育极为重视,基本完成对县团以上干部及所有行政执法人员的教育培训。年底,市司法局与市委宣传部、市青少年保护委员会、市教育局和市劳动局联合召开上海市中小学、中等职业技术学校法制教育工作会议,推广华东模范中学等单位进行法制教育的经验。会上印发《关于加强全市中小学、中等职业技术学校法制教育的意见》和《上海市中小学、中等职业技术学校法制教育纲要》,明确小学阶段主要是进行社会主义民主与法制观念的启蒙教育;初中阶段主要是进行社会主义民主与法制的基础教育;高中阶段主要是进行社会主义民主政治教育和法制教育;中等职业技术学校,应根据各自专业特点,比照普通中学相应阶段的要求和内容进行,还要有选择、有重点地学习专业法律法规和劳动法规。

二、“二五”普法(1991—1995年)

【启动】

1991年3月,市委、市政府批转市委宣传部、市司法局《关于全市实施法制宣传教育的第二个五年规划的意见》(简称“二五”普法)的通知;市九届人大常委会第二十五次会议通过《关于在全市深入开展法制宣传教育的决议》。6月7日,市委、市政府在上海展览中心召开上海市法制宣传教育工作会议对“二五”普法工作进行部署。9月,市委宣传部、市司法局联合发出《关于在本市开展反盗窃法制宣传教育的通知》,在全市范围内开展反盗窃专项斗争。为推进依法治理活动,11月,市司法局与市政府法制办公室等联合召开上海市依法治区研讨会。

市“二五”普法规划下达后,市工业、建设、科技、财贸、交通、外经贸、教卫、农业、市直机关系统以及22个区(县)(包括石化地区)和87个局先后制定“二五”普法规划。所有区(县)都建立法制宣传教育办公室,120多个局建立普法领导小组。全市企业、乡镇、街道和学校也普遍制定“二五”普法规划。各系统各单位还结合行业特点,编写专业法学习教材和辅导材料。有20个区(县)和部分局先后建立领导干部“学法日”制度。

【实施】

“二五”普法期间,全市紧密结合经济建设、改革开放和精神文明建设开展“以宪法为核心、以专业法为重点”的法制宣传教育。全市21个区县和300多个委、办、局普遍建立了领导机构,制定计划、组织培训。为加强“二五”法制宣传教育的组织指导,市委宣传部、市司法局编印了《上海市干部“二五”普法读本》和《上海市公民“二五”普法读本》,组建有36名法学教授、专家和行政部门负责人组成的“上海市法制讲师团”,建立了有5.5万名法制宣传员组成的法制宣传网络。同时,针对“二五”法制宣传教育各个阶段的特点和情况,召开了一系列不同类型、不同层次的现场会和经验交流会,及时地总结经验,提出任务和要求,引导“二五”法制宣传教育工作深入、扎实开展。到1995年,全市900万应受教育对象中,有850万人通过了法制培训和考试,占应受教育对象的94%。其中培训全市党政机关局级干部1 500余名,处级干部3.5万名,占全市处以上干部的90%以上。通过“二五”法制宣传教育的深入开展,进一步增强了广大干部群众的民主法制观念,促进了全市各行业的依法管理,为保障全市的改革开放、经济发展和社会稳定,创造了良好的环境,发挥了积极的作用。

宪法宣传是“二五”法制宣传教育的核心内容。1991年,举办以“人民代表大会制度是我国的基本政治制度”为主题的第三届宪法宣传周,邀请市、区、县的人大代表和委员深入到选区,听取人民的呼声,进一步密切了群众与政府的关系。1992年,以纪念宪法颁布十周年为契机,围绕“现行宪法是建设有中国特色社会主义的根本法制保障”主题,举办在宪法精神指引下,反映上海物质文明建设和精神文明建设的成果的第四届宪法宣传周。1993年初,结合全国和地方各级人代会和政府换届选举工作,全市组织了宪法、选举法的宣传教育,保障了公民民主权利的切实履行和选举工作的顺利进行。同年12月,紧扣“建立和完善社会主义市场经济体制是宪法赋予的历史使命”的主题,组织第五届宪法宣传周。1994年12月,以“贯彻宪法精神,促进改革、发展、稳定”为主题举行了第六届宪法宣传周活动。1995年结合“二五”法制宣传教育总结检查,举行“加强法制教育增强宪法观念,促进依法治理”的第七届宪法宣传周活动。在历届宪法宣传周活动期间,从市到县、从机关到基层，都认真地进行安排，精心组织，围绕宣传主题，以电视节目、报告会、理论研讨会、座谈会、法律咨询、知识竞赛、文艺演出等多种形式，组织干部群众学习宪法。

紧密结合实际，有针对性地开展专业法的学习教育。“二五”普法期间，全市专业法的宣传教育形成了三个学习层次：一是社会共学专业法。即全市公民都须学习的，与改革开放、社会治安城市管理、精神文明建设密切相关的法律法规；二是行业专业法。即与行业的工作、生产和管理密切相关的法律法规；三是岗位专业法。即每个岗位工作人员必须掌握的法律知识。各系统各部门根据各自工作重点和承担职能，确定了专业法学习的内容。市经委针对本系统体制改革的需要，确定了《企业法》《公司法》《企业转换经营机制条例》等法律法规为全系统专业法学习内容。市建委根据所承担的城市建设任务，把《土地管理法》《城市规划法》《环保法》等定为专业法点学习内容。市科委针对中国技术市场全方位开放，组织科技人员重点学习知识产权保护、技术贸易和高新技术产业化等方面法律规定。市外经贸委为适应对外开放的需要，加快与国际贸易的接轨，组织本系统干部职工学习《关税和贸易总协定》、国际法、国际惯例。市政府财贸办针对商业和服务行业特点，为提高财贸职工依法经营和优质服务的水平，加强《经济合同法》《产品质量法》《消费者权益保护法》的学习教育。全市的邮电、工商、财税、劳动、房产、环保、卫生、教育、出版、海关、交通、政法等部门都积极认真地开展了与管理职能密切相关的专业法的学习教育。

围绕党的基本路线，开展社会主义市场经济法律法规的宣传教育。为了做好市场经济法律的学习宣传，市委宣传部、市司法局对“二五”法制宣传教育规划作了修订和调整，确定以《公司法》《反不正当竞争法》《产品质量法》《消费者权益保护法》《税收征管法》《个人所得税法》《劳动法》为重点学习内容。组织编印《社会主义市场经济法律选编》《社会主义市场经济法律讲话》等学习资料，举办两期有600多名法制宣传骨干参加的培训班。将“二五”普法的重点转移到市场经济法律学习内容上，使其成为“二五”普法重中之重的内容。全市有1.6万名处级以上干部以脱产轮训、党校学习、系列讲座、学法日等形式，学习了市场经济法律。市建设党委组织了1 800多名处级以上干部举办了6场讲座，学习市场经济法律。市财贸党委以党校为阵地，对全系统100余名处级以上干部分期分批进行了脱产培训。市工业党委为使大中型企业适应市场，在全系统进行脱产培训。市工业党委在全系统内开展以“企业走向市场”为主题的教育，在两年内对所有的厂长、经理和广大干部职工进行全员轮训。浦东新区结合浦东开发开放的需要，组织全区280多名处级以上干部，进行六个专题的培训，并进行了考试。市仪表、市化工两个控股集团公司在企业繁忙的生产中、组织2 000多名厂长、经理、书记分三批着重学习了《商标法》《专利法》《反不正当竞争法》《经济合同法》等14个法律法规，通过学习考核，进一步增强了企业领导的质量意识、品牌意识、专利意识，提高了企业运用法律参与市场竞争和维护企业权益的能力。市邮电管理局举办了有70多名三产经理、厂长参加的市场经济法制培训班，增强依法经营和管理的水平。在全市学习的基础上，市委宣传部、市司法局在全市范围内举行了历时三个月的社会主义市场经济法律知识竞赛。通过发动，全市有40个区县局60余万名干部职工参加竞赛活动，形成了学习宣传的声势，并通过上海电视台向全市播放了决赛的实况。

围绕重点、热点、难点开展法制宣传教育，促进社会稳定。在广大干部群众中开展社会治安以及禁毒、禁赌、打击贩黄、卖淫嫖娼等法律法规的宣传教育，并把这些内容作为“二五”普法的必读的本内容。同时，根据社会治安整治不同时期打击的重点，编印打击犯罪的宣传资料和宣传图片，摄制法制电视进行广泛的宣传教育。还针对影响社会治安和社会稳定突出的问题，大力开展法制宣传。

“二五”普法中，全市有 2 978 个村、163 个乡镇(街道)、7 171 个厂、1 520 个学校、1.42 万家商店和 5 个区开展依法治理工作。市邮电、市政、电力、铁路、房产和水利等部门开展行业依法治理。

【验收】

1995 年，“二五”普法进行总结检查。市建委、经委、科委、教卫、财贸等委办党委都下发总结检查的通知，召开会议进行布置。宝山、嘉定、卢湾、南市、长宁、徐汇、黄浦等区及松江、南汇县党政领导和人大常委会主任都下基层进行检查。至 9 月底，全市完成总结检查的单位达 90%以上。10 月，市法制宣传教育办公室邀请市人大常委会、市政协、市委宣传部及市委、市政府有关部门领导 60 余人，组成“上海市‘二五’法制宣传教育检查团”，分成 7 个组，先后对 17 个单位进行检查。市人大常委会副主任顾念祖、市政协副主席石祝三及市司法局局长薛明仁等都参加检查团。至年底，上海市有 850 万人通过学习和考核，占应受教育对象的 94%，其中局级干部 1 500 余人，处级干部 3.5 万人，占上海市处级以上干部的 90%以上。“二五”普法中，有 200 个单位、401 名个人被评为市先进集体和先进个人。其中，有 24 家单位及 24 名个人被评为全国普法先进集体和先进个人。

1996 年 6 月，市十届人大常委会第 28 次会议听取和审议市司法局局长薛明仁《关于本市实施法制宣传教育第二个五年规划基本情况的报告》。会议充分肯定“二五”普法工作的成绩。全市 21 个区、县(含石化地区)和部分委、办、局及基层单位相继召开“二五”法制宣传教育总结、表彰大会。“二五”法制宣传教育总结、表彰工作圆满完成。

三、“三五”普法(1996—2000 年)

【启动】

1996 年，“三五”法制宣传教育全面启动。1996 年 6 月，中共上海市委、市政府同意并批转市委宣传部、市司法局《关于在本市开展法制宣传教育的第三个五年规划》，市十届人大常委会第 28 次会议通过《关于本市继续开展法制宣传教育的决议》。7 月 31 日，市法制宣传教育工作会议在上海展览中心举行，部署“三五”法制宣传教育工作。市委副书记陈至立出席会议并就全市开展“三五”法制宣传教育和坚持依法治市作了重要讲话。8 月 30 日，市委决定成立上海市法制宣传教育领导小组，由市委副书记陈至立任组长，市委常委、市委宣传部长金炳华，市委常委、副市长孟建柱，市人大常委会副主任漆世贵和市司法局局长薛明仁任副组长。领导小组下设办公室作为常设办事机构，办公室设在市司法局。全市各区(县)和委办局建立相应的机构，配备专(兼)职法制宣传干部，制定本地区、本单位的“三五”法制宣传教育规划。全市建立 35 个法制讲师团，确定了 120 多个试点单位。

【实施】

“三五”普法期间，全市 19 个区县和各委办局都相应制定规划，建立机构，配备专(兼)职法制宣传干部，在全市形成了一支有 10 379 名专(兼)职法宣干部和 49 014 名法制宣传员的队伍。同时，充实、加强了市和区县、委办局的法制讲师团力量，讲师数达 1 247 名，他们深入基层讲授法律知识，5 年来听讲人次达 45 万。市民的法律意识和法制观念进一步增强；全市各级干部依法决策、依法行政、依法管理、依法办事的能力和水平进一步提高；各行各业依法治理进一步推进。

突出重点对象，形成齐抓共管的法制宣传教育格局。市法制宣传教育领导小组办公室与中共上海市委组织部、市委宣传部、市政府法制办公室、市教委、团市委等有关主管机关，分别成立不同重点对象的指导责任单位。并与各指导责任单位就加强领导干部、司法、行政执法人员、青少年、企事业单位经营管理人员、外地来沪务工经商人员等5种重点对象的法制宣传教育,分别制定了具体的实施意见。各区县也相应建立了相关部门指导责任制度,形成了两级法制宣传教育协调网络。1996年,市法宣办与十多个主管部门就15部基本法律和其他专业法律法规的宣传联合发文,共同抓好宣传工作。

围绕中心,为改革、发展、稳定的大局服务。"三五"普法的重要任务之一是维护社会稳定。全市各级政法机关和法制宣传教育部门加强对社会治安综合治理法律法规的宣传,积极主动围绕"严打"和专项斗争,组织法制宣传队伍,深入里弄乡村,宣传见义勇为先进事迹,广泛发动群众,扶正祛邪,增强广大群众维护社会稳定的信心。在国有企业改革中,市工业党委、市商业党委等坚持法制宣传先行,增强广大职工的参与意识,强化企业经济活动的依法监督,健全各项规章制度,为建立现代企业制度提供法律保障。1997年、1999年,在迎接香港和澳门回归的日子里,将基本法宣传与爱国主义教育紧密结合,深入开展学习宣传香港、澳门基本法的活动。1997年,仅香港基本法的宣传,全市就举办讲座300余场,受教育人次达10多万。1999年,市委宣传部、市司法局、市法宣办联合举行《坚持宪法原则,维护社会稳定》报告会,并在全市巡回宣讲,并通过举行专题讲座、报告会、展览会、故事会等活动,对广大干部群众进行宣传教育。

全市的新闻传媒为"三五"普法发挥重要的舆论导向作用。上海各新闻单位以新闻、报道、专题采访、短评等多种形式,宣传法律、法规,宣传中国法制建设和人民群众学法用法取得的成果。市、区、县各报刊、电台、电视台、有线电视台大部分都设立法制栏目,法制栏目的开辟和法制影视的播出形成了一定的宣传声势,使广大市民可以天天看到法制节目,听到法制新闻。在第五届全国"金剑奖"法制节(剧)目评选和几次全国法制好新闻评比中,上海获得了多个奖项。

坚持以宪法为核心的法律法规宣传教育。"三五"普法期间,每年以宪法宣传周为契机带动了各类法律法规的宣传,掀起了群众性的法制宣传教育热潮。1998年9—12月,历时3个多月举办的百万市民法律知识竞赛,124万市民积极参加。第十一届宪法宣传周期间,在"上海热线"上设置宪法宣传周的专题网页,是一次利用新兴媒体进行法制宣传的有益探索。历届宪法宣传周期间还举行其他法制宣传教育活动,如召开领导干部学法用法经验交流会,法学界、理论界围绕主题进行研讨,举行学生演讲比赛、文艺会演和青少年成人宣誓仪式等,举行大型法律咨询活动等等,宪法宣传周已成为全市法制宣传教育的"品牌"。

提高市民的法律意识和法制观念,开展形式多样的法制宣传。全市各级法制宣传部门以提高市民的法律意识和法制观念为目标,把法律咨询、法学教育、法律服务、110公安司法联动、16000148法律专用电话、法律援助和人民调解工作融汇在一起,通过开办居民法制教育学校、送书上门、以案释法和设立司法行政综合服务窗口等形式,开展了多渠道的法律进社区、进企业、进家庭活动。

坚持学法用法的紧密结合,推进各行各业依法治理。1999年8月,市委召开了依法治市工作会议,印发了《上海市进一步推进依法治市工作纲要》,并成立上海市依法治市领导小组,市人大常委会对贯彻依法治国方略,实行依法治市的目标、内容、要求等进行调研,市法宣办也多次进行了类似的调研,对上海推进依法治市工作提出了建议和意见。各级法宣主管部门以此为契机,促进学法同用法相结合,推进区域、行业、基层依法治理。

【验收】

2000年3月6日,市司法局和市委宣传部、市法制宣传教育领导小组办公室联合下发了《关于上海市实施法制宣传教育第三个五年规划和总结验收暨评比表彰上海市“三五”法制宣传教育先进集体和先进个人的通知》。10月11日，由上海部分市人大代表、市政协委员和市司法局行风督察员组成的市“三五”普法检查组分别对卢湾、长宁、虹口、闸北、普陀、杨浦、松江、金山、青浦、南汇、奉贤等12个区县的“三五”普法工作开展情况进行了检查；12月4日，市人大常委会副主任沙麟、漆世贵、包信宝和部分市人大常委会委员、部分上海的全国人大代表、市人大代表分组视察了浦东新区、市经委、市教委、卢湾区、徐汇区、市建委的“三五”普法工作；12月13日，上海市第十一届人大常委会举行第二十四次会议，专题听取了市司法局局长缪晓宝代表市政府所作的《关于本市“三五”普法工作情况的汇报》，在审议中常委会委员们一致认为全市“三五”普法工作由于领导重视、组织健全、突出重点、形式多样、注重效果，使广大市民进一步提高了法制观念，“遇到问题找法”已成为共识，较好地完成了市“三五”普法规划和决议规定的各项法制宣传教育工作任务。

2001年2月27日，市法制宣传教育领导小组在市委办公厅第一会议室召开2001年第一次全体成员会议。会议由市委副书记、市法宣领导小组组长龚学平主持，市委常委、市委宣传部部长殷一璀和领导小组成员出席会议。会议听取了全市“三五”普法情况、2000年法制宣传教育工作主要特点、2001年法制宣传教育工作要点、全国“三五”普法先进集体、先进个人评选和推荐情况的说明。6月6日，市法宣办印发《关于转发1996—2000年全国法制宣传教育先进集体和先进个人（上海地区）名单的通知》，表彰28个全国“三五”普法先进集体和20名全国“三五”普法先进个人。8月9日，市委宣传部、市司法局、市法宣办联合发出《关于表彰上海市“三五”法制宣传教育先进集体和先进个人的决定》，对246个先进集体、431名先进个人予以表彰。8月31日，在市法制宣传教育工作会议上，市领导及有关部门的领导向全市荣获全国“三五”普法的先进集体和先进个人颁奖，同时还表彰了上海市“三五”普法先进集体和先进个人。

四、“四五”普法（2001—2005年）

【启动】

2001年8月20日，市第十一届人大常委会第三十次会议通过《上海市人民代表大会常务委员会关于本市进一步开展法制宣传教育的决议》。8月30日，市委、市政府转发《市委宣传部、市司法局关于在本市开展法制宣传教育的第四个五年规划》。8月31日，上海市法制宣传教育工作会议召开，会议总结和交流“三五”普法工作经验，表彰“三五”普法先进集体和先进个人，部署“四五”普法工作。会议由市委常委、市法宣领导小组副组长殷一璀主持，市委副书记、市法宣领导小组组长龚学平出席会议并讲话。会后，各区（县）、委办局结合本地区、本系统、本单位的实际，都制定相应的“四五”普法规划，区（县）人大常委会还通过相应决议，全面启动“四五”普法工作。各区（县）、委办局也陆续召开“三五”普法总结暨“四五”法制宣传教育工作会议，并及时充实调整法制宣传教育领导小组成员和办事机构。“四五”普法全面启动。

2001年9月，为配合“四五”普法规划和决议的实施，市法宣办等19个部门分别制定并下发《关于“四五”普法期间加强领导干部学法用法的意见》《关于在本市公务员中开展学法用法活动和依法行政培训的意见》《关于“四五”普法期间加强行政执法人员法制宣传教育的意见》《关于“四五”普法期间加强本市青少年法制宣传教育的意见》《关于“四五”普法期间推动企业经营管理者学法用法的实施意见》《关于“四五”普法期间加强外来务工经商人员法制宣传教育工作的意见》等6个配套文件。10月16日，由法宣办发文首次确定市级机关党工委等74个委办局和部分集团公司为市法宣办“四五”普法工作直接联系单位。

【实施】

“四五”普法期间,全市各级政府、各单位、各部门深入开展以宪法的学习宣传为核心,以提高公民法律素质为主线,以提高各级领导干部依法决策、依法管理的能力为重点,以提高城市法治化水平为目标,积极探索法制宣传教育与法制实践相互结合的新途径、新方法。

坚持围绕市委中心工作开展法制宣传教育活动。“四五”普法期间,市及区县各级法制宣传教育部门,先后结合应对“入世”,筹办世博会,城市精神大讨论,促进司法公正、维护司法权威,以及“严打”,打击和预防毒品犯罪,道路交通整治,抗击“非典”,防治禽流感等开展一系列有声势、有影响的法制宣传教育活动,努力提高广大市民的守法意识、规范意识和权利与义务相一致的观念,引导市民积极参与维护社会稳定的工作。其中,以“提高法律素质,做新一代上海人”和“促进司法公正、维护司法权威”为主题开展的系列大型法制宣传教育活动,前后历时三年,共举办1 000余场社区法制系列讲座、300余场社区法制文艺演出、260余场法制故事巡讲、数十次优秀外来务工青年法制宣讲、2次法制故事征集大赛等活动,并编印了大量的宣传资料和相关的普法丛书下发到基层社区,取得了良好的社会效果。

坚持以宪法的学习宣传为核心。通过集中宣传宪法和国家的基本法律法规,营造全市全民学法用法的氛围,努力提高市民的宪法观念,不断增强市民对国家法治建设的信心。2004年,为宣传贯彻宪法修正案,全市专门召开了宪法学习动员视频会议,并组织全市各高校宪法学专家深入单位、企业、社区为广大市民作宪法专题学习辅导。与此同时,全市将各级领导干部,尤其是处级以上领导干部,司法和行政执法人员,青少年、企业经营管理人员确定为法制宣传教育的重点对象,将中介机构服务人员、社区工作人员和外地来沪务工经商人员作为法制宣传教育的重视对象。针对各类学法对象的实际,建立健全了相关的学法制度。其中,针对领导干部的法制教育,五年来共举办处级以上领导干部法制讲座近1 900次,35万余人次参加;处级以上干部法制培训班或研修班658期,5万余人次参加。

坚持服务于市民的实际法律需求。“四五”期间,全市各级法制宣传教育部门在努力提升法制宣传教育的引导与服务功能,强化引导与服务相结合方面进行了一些有益的探索。一方面,始终注意结合社会热点、难点问题,在充分了解公民实际法律需求的基础上开展法制宣传教育,使广大公民真正感到法律有用,切实懂得遵纪守法的重要性。另一方面,通过鼓励律师、公证员以及基层法律服务工作者深入社区建立相对固定的法律咨询点或宣传站,为居民提供方便、快捷的法律服务;通过法制文艺进社区、法制讲座进社区,努力寻求法制宣传教育与市民实际法律需求的最佳结合点,取得了一定的成效。坚持政府指导与全社会共同参与相结合,努力扩大法制宣传教育的社会覆盖面。“四五”期间,全市进一步健全和完善了党委领导、人大监督、政府实施、各部门齐抓共管、全社会参与的工作运行机制和责任机制,通过明确各有关单位在法制宣传教育工作中的具体职责,对各部门、各单位、各行业的普法任务进行了细化规定。同时,通过集中培训、经验交流和年度考核等方式加强了法制宣传教育队伍建设,努力提高法宣队伍的整体素质,为法制宣传教育工作的开展提供了有力的组织保障。

2005年是全国开展全民普法20周年。全市各区县、委办局以纪念全民普法20周年为契机,深入开展各类法制宣传教育活动,在全社会营造了良好的学法用法氛围。11月30日,市委宣传部、市司法局、市法宣办召开上海市纪念全民普法20周年座谈会。市委副书记刘云耕、市人大常委会副主任包信宝出席。会议对20年来全民普法教育在提高市民法律意识、推进依法行政、促进经济发展、维护社会稳定等方面发挥的重要作用给予充分肯定；对各级党委和政府谋划好新一轮法制宣传教育工作提出明确要求。全市各级媒体广泛宣传20年法治建设方面的巨大成就，凸显上海20年的普法成果和法治化进程。市委宣传部、市法宣办、上海电视台联合拍摄了3集《普法二十年》电视专题片，从社会的角度，通过市民的眼光来反映20年全市法治建设的成就。市法宣办、上海电视台纪实频道联合主办"上海市'法在我身边'DV法制短片大赛"，先后有41部法制短片参加比赛，内容涉及全市司法、行政执法人员的人物"故事"，学法、用法、护法的事件和运用法律手段维权的案例等。短片在纪实频道播出后，受到市民的普遍欢迎。市法宣办与上海人民广播电台990新闻频率联合举办系列广播巡礼活动；市法宣办与上海人民广播电台、东方法治网于11月22日至12月4日举办以"普法20年感言"为主题的短信征集活动，最终评出50条优秀感言和十佳感言。同时，市法宣办还在东方法治网筹建了"华东六省一市普法回顾和展望网上行"网上普法展览馆。展馆以"回顾普法二十年，展望'五五'新发展"为主题，下设"纪念活动安排"等16个展馆，9月初开通至12月底闭馆，共10万人次浏览参观。

【验收】

2005年3月，根据全国普法办有关文件精神，市委宣传部、市司法局、市法宣办联合下发了《关于对本市"四五"普法规划和决议贯彻执行情况进行总结验收的通知》，明确了全市"四五"法制宣传教育的总结验收方案、办法和具体标准。按照通知要求，全市各区县、委办局纷纷建立了以分管法制宣传教育工作的领导挂帅的"四五"法制宣传教育总结验收小组，5—8月先后对本地区、本行业"四五"法制宣传教育规划的完成情况进行自查。9月，市委宣传部、市人大内司委、市司法局、市法宣办邀请部分市人大代表、市政协委员、市法制讲师团成员等组成13个检查组，对19个区县和市总工会、市民政局等5个单位进行了检查验收。12月29日，市司法局受市政府委托，向市十二届人大常委会第二十五次会议作了题为《关于本市第四个五年法制宣传教育工作情况的报告》的专题汇报。市人大常委会充分肯定了全市"四五"普法工作所取得的成绩，认为：通过实施"四五"普法规划，全市法制宣传教育工作途径不断拓展，法制宣传教育的手段和形式不断创新，市民法律意识和法律素养明显提高，各级领导干部和执法人员依法决策依法办事观念明显增强。"四五"普法取得了较显著的成效，完成了市人大常委会"四五"普法决议所确定的各项目标任务。同时，也对全市进一步做好法制宣传教育工作提出了意见和建议。

2006年6月29日，全市召开法制宣传教育工作会议。会上，总结"四五"法制宣传教育工作经验，表彰"四五"法制宣传教育先进集体和个人，对荣获"全国法制宣传教育模范"称号的个人和浦东新区、徐汇、闵行、卢湾、嘉定、奉贤、松江等7个荣获"'四五'全国法制宣传教育先进城区"的区以及市民政局、市电信公司、文广传媒集团、普陀区桃浦镇等8个荣获"'四五'全国法制宣传教育先进单位"的单位进行了表彰；获得表彰的还有荣获"'四五'市级法制宣传教育先进集体"称号的250个先进单位、部门以及荣获"'四五'市级法制宣传教育先进个人"称号的449名先进个人。

五、"五五"普法（2006—2010年）

【启动】

2005年是"五五"普法研究论证之年。市法宣办组织部分法学专家和有关工作部门的相关负责人成立了上海市"五五"普法研究课题组,全面启动了"五五"普法研究论证工作。课题组成员就制定全市"五五"普法规划的有关问题,分头多次深入区(县)、委办局等单位进行调研,听取意见和建议。通过报刊、东方法治网等媒体在全市范围内组织开展"五五"普法规划研究征文活动,集思广益,共同谋划 "五五"法制宣传教育工作。

2006 年是"五五"法制宣传教育的全面启动之年。市法宣办先后七次召开相关策划会、论证会、征求意见会,分别听取有关专家及部门的意见和建议,数易其稿,较好地保证全市"五五"规划和决议既符合国家"五五"规划和决议的主要精神,又紧密结合全市经济和社会发展的实际。6 月 5 日,市委、市政府批转《市委宣传部、市司法局关于在全市开展法制宣传教育的第五个五年规划》,要求各区(县)党委、政府,市委、市政府所属各部、委、办、局,各市级机关,各人民团体认真贯彻执行。6 月 21 日,上海市第十二届人大常委会第二十八次会议审议通过《关于全市进一步加强法制宣传教育的决议》。6 月 29 日,法制宣传教育工作会议召开,会上学习贯彻全国和全市"五五"普法规划和决议,全面部署"五五"法制宣传教育工作。

根据上海市"五五"普法规划和中宣部、司法部及全国普法办关于开展"法律六进"活动的要求,市法宣办明确将领导干部法制教育和法律进机关、进乡村、进社区、进学校、进企业、进单位作为新一轮五年法制宣传教育的重点工作,分别会同有关部门制定开展"法律六进"的实施意见。

2006 年,全市各级法制宣传教育部门,围绕推进平安建设,迎接 2010 年上海"世博会",开展了一系列内容丰富、形式多样的法制宣传教育活动。许多区(县)结合落实"五五"规划要求,拓展法制宣传教育工作的新途径、新办法。杨浦区积极探索推进法治化城区建设,将法治建设纳入全区各级党政干部的政绩考核序列和部门年度考核内容,建立操作性强的法治工作评估体系。卢湾、徐汇、黄浦等区建立了区政府常务会议一小时学法制度。奉贤区坚持实施普法依法治理十项重点工作制度,推进普法与依法治理的有机结合。浦东新区建立了法制宣传教育志愿者协会,深入推进法制宣传教育的社会化,嘉定区开展了星级社区法制宣传站评比活动,等等。

【实施】

"五五"普法期间,全市各级法制宣传教育部门积极响应中央对上海改革发展的新要求,紧紧围绕大局开展法制宣传教育;主动顺应提升市民法律素质的新需求,着力营造自觉学法守法用法的良好氛围;切实回应社会各方对提高城市法治化水平的新期盼,不断推动基层依法治理工作上层次;努力适应开放、透明、信息化的新环境,注重增强法制宣传教育的针对性和有效性。五年中深入开展"法律六进"活动,扎实推进依法治理工作,较好地完成了全市"五五"法制宣传教育规划所确定的各项任务,取得了明显成效。宪法和法律法规得到广泛宣传,广大公民的法律意识和法治观念得到明显增强,城市法治化水平得到进一步提高,法制宣传教育在实施依法治国基本方略、促进经济平稳较快发展、维护社会和谐稳定等方面发挥了重要作用。

围绕"世博会"的筹办、举办开展法制宣传教育。2006 年,全市就启动迎世博文明行动计划,明确提出"守秩序,建法治之城"的目标。至 2010 年,坚持将迎世博法制宣传作为重中之重,连续举办 6 届"世博会与法治化"高端论坛,并在各个层面多次举办"世博会与市民法律素质"系列研讨座谈活动,有力推动了法治服务世博的进程。2009 年,联合全市 10 家单位组织编印了发行量达 17 万册的《中国 2010 年上海世博会市民法律知识手册》和 401 万份《折页》,将世博法律知识送到千家万户。广泛组织开展迎世博社区法制文艺汇演,先后演出 100 余场。成立迎世博法制宣讲团,深入基层和学校宣讲世博相关法律知识,累计举办讲座 500 多场次。举办"迎世博法律知识网上月月赛"

活动，持续14个月，累计答题人数近16万。2010年，与全国普法办联合，组织编印中英文对照的世博法制宣传明信片20余万份，在世博场馆及周围免费发放。同时，由全国普法办主办、司法部法宣司和上海市司法局承办的"学法伴我世博行"网上法律知识竞赛活动，依托"中国普法网"和"东方法治网"在全国范围内全面开展，进一步扩大了世博法制宣传活动的影响力。

围绕"和谐社会"建设，开展法制宣传教育。2006—2010年，市法宣办开展"推进平安建设，构建和谐上海"大型主题宣传活动，每年根据房屋动拆迁、土地征用、劳动就业、安全生产、食品卫生等与民生关系密切的热点问题确定宣传内容，积极倡导广大市民理性表达诉求、依法维护权益。五年来，共举行大型市级宣传活动30余次，形成了良好的宣传导向和声势。部分城市建设任务较重的区注重发挥法制宣传教育的先导作用，结合本地区重大工程多、动拆迁任务重的特点，大力开展"法律进动拆迁基地""法律进工地"等活动，维护了群众的合法权益，促进了社会的和谐稳定。大力开展世博安保相关政策法规的宣传教育活动，为世博安保工作的顺利开展和世博会期间社会面的和谐稳定，夯实了群众基础。

围绕"法治政府"建设开展法制宣传教育。2006—2010年，坚持市政府常务会议会前学法以及组织法制培训、法制讲座等制度。五年来，先后学习了宪法和涉及市场经济、城市建设、社会发展、政府信息公开、突发事件应对等方面的法律法规。扎实开展"法律进机关"活动，推动各区县、各部门建立健全学法制度。"五五"普法期间，累计举办领导干部法制讲座1 250余场，公务员法律知识讲座近5 000场，法制专题研修班250余期。组织编写上海市公务员法律知识读本，开展公务员"五五"普法网上培训和考核工作。注重发挥典型引导作用，认真组织开展100名"学法用法模范公务员"和100个"学法用法示范机关"评选活动。配合中央政法委和中国法学会，每年组织开展"百名法学家百场报告会"上海宣讲活动。坚持每月编写一期《法治参阅》，精心挑选摘编有关专家论述当前法治建设重大问题的文章和主流观点，供全市局级领导干部参考。各区县、街镇普遍建立了法律顾问团制度，完善了重大事项决策前的法律咨询制度，各级领导干部和公务员依法行政、依法办事的意识和能力进一步增强。

开展新出台法律法规的宣传活动。"五五"普法期间，组织有关专家编写"五五"普法读本《生活中的法》，通过以案释法的形式，向市民解读国家各项基本法律法规，已累计免费发放10万余册。五年来，围绕《物权法》《劳动合同法》《侵权责任法》《就业促进法》《政府信息公开条例》《反垄断法》等重要法律法规的颁布实施，通过广泛组织法制讲座、编印学习材料、在媒体开设专栏进行解读、组织专家访谈等形式，多层面、多角度地宣传新法的精神和内容。与此同时，紧扣市民日常生活的实际，持续开展道路交通安全、婚姻家庭继承、社会治安管理、妇女儿童权益保护等方面法律法规的宣传活动。"五五"普法期间，市人大常委会、市法宣办、市律师协会每年都要联合开展"市民与法"系列讲座活动，邀请律师队伍中的市、区县人大代表，深入社区，讲述与市民日常生活紧密相关的法律法规，已举办法制讲座150余场，社会反响热烈。其间，共举办各类社区法制讲座9 000余场，法律咨询活动35 000余次，"12348"热线接听法律咨询电话62万余人次。深入持久的宣传教育活动，为各项法律法规在全市的实施奠定了良好的社会基础。

开展各类主题法制宣传教育活动。2008年，为宣传奥运、确保北京奥运会上海赛区的平安有序，在全国普法办的指导下，全市积极组织开展了"奥运法制宣传上海行"活动。浦东新区制作了2 700套奥运法制宣传画，下发至350个居村委张贴宣传，黄浦区向居民分发奥运法律资料20万份。汶川大地震发生后，全市迅速组织开展《防震减灾法》《破坏性地震应急条例》《突发公共卫生事件应急条例》等与抗震救灾密切相关法律法规的宣传。为了应对世界金融危机对上海的影响，全市集中力量宣传中央和市委应对金融危机的举措，举办了“法治阳光助中小企业过冬”等系列宣传活动，编印了《中小企业维权之道》等资料，免费赠送给中小企业。“11·15”特大火灾事故发生后，市法宣办及时下发了《关于在全市进一步加强〈消防法〉、〈安全生产法〉等法律法规宣传工作的通知》，进一步提高市民的安全意识和责任意识。此外，每年都要利用“3·8”妇女维权周、侨法宣传月、民族宗教法制宣传月、“3·15”消费者权益保护日、世界水日、税法宣传月、知识产权宣传周、道路交通宣传月、禁毒宣传周、助残日、敬老日等重要时间节点，开展各类专题法制宣传教育活动，提高广大市民的法律意识。

推进“法治城区”创建活动。建立完善区县联动、定期沟通的工作机制，稳步推进全市的创建工作。出台“法治城区”项目化推进的实施办法，以项目化推进的方式，每年根据本地区实际，结合群众关心、社会关注的热点难点问题确定具体项目，明确责任单位，协调各方力量，形成创建工作合力，夯实法治城区创建活动的基础。探索制定法治化城区创建活动考评体系，开展依法治理优秀案例征评活动，积极推广基层依法治理的先进经验。2010年，嘉定区、徐汇区获得了“全国法治城区创建活动先进单位”称号。

提高基层民主法治实践的水平。制定印发了“法律进乡村、法律进社区”实施意见和“市级民主法治村”“市级民主法治小区”评估指标，深入推进“民主法治村”和“民主法治小区”创建和评比活动。坚持每年对居(村)委干部进行法制培训，强化了“两委”干部民主意识、程序意识和依法办事意识。各区县以“学法律、讲权利、讲义务、讲责任”为主题，利用社区活动中心、社区学校等载体，紧密结合居(村)民生活实际，定期开展群众性的法治实践活动。利用社区人民调解网络以及社区司法信访综合服务窗口和法律援助站等平台，畅通居(村)民获取法律咨询、法律服务和法律援助的渠道，使群众真正感到依法办事的益处。2010年5月，市委常委、市委政法委书记吴志明在全国第七次法制宣传教育工作会议上以“助推社区民主法治，完善基层社会管理”为题介绍了上海在“法律进社区”方面的做法和经验。

此外，连续七年承办全国普法办主办的全国法治动漫作品征集活动，连续四年开展“梅陇杯”全国法制故事征集大赛等活动，均取得了良好的宣传效应。

【验收】

2010年3月，开展“五五”普法总结验收。市法制宣传教育联席会议办公室印发《关于本市组织开展“五五”普法检查验收工作的通知》，按照“党委领导、人大监督、政府实施、社会参与”的法制宣传教育工作机制，组织“五五”普法的总结验收工作。5—6月，各区县、各大口组织自查，并将自查情况和“五五”普法总结报告报市法宣办。7月份，市委宣传部、市司法局、市法宣办联合组成检查验收组，赴有关区县和大口进行抽查。检查主要采取实地考察、听取汇报、查阅有关数据、召开座谈会等方式进行。检查验收主要包括宪法和国家基本政治法律制度，与全市经济社会发展、社会和谐稳定、迎世博密切相关的法律法规的宣传情况；重点对象的学法用法情况；“法律六进”活动的开展情况；着眼法治实践开展法制宣传教育工作的情况；领导体制和工作机制建设、队伍建设、阵地建设以及经费保障情况。

2011年9月14日，在全市深入推进依法治市工作大会上，市委宣传部、市人力资源和社会保障局、市公务员局、市司法局和市法宣办对全市237个“五五”普法先进集体和425名先进个人进行表彰。

第二节　重点对象学法用法

一、普法重点对象

“一五”普法重点对象是县、处级以上领导干部和青少年；基本内容是中华人民共和国《宪法》《刑法》《刑事诉讼法》《民事诉讼法(试行)》《婚姻法》《继承法》《经济合同法》《兵役法》《治安管理处罚条例》，后又增加《民族区域自治法》《民法通则》，合为“十法一例”。根据不同对象，学习各有不同。

“二五”普法重点对象是各级领导干部、青少年、执法人员和宣传教育工作者。内容以宪法为核心，专业法为重点。分为共学法和专业法。共学法是应受教育对象都必须学习的法律、法规，如《宪法》《行政诉讼法》《国旗法》、关于禁毒、惩治走私和惩治制作、贩卖、传播淫秽物品的犯罪分子的决定及上海制定的保护消费者合法权益、老年人保护、青少年保护、妇女儿童保护、计划生育等条例。专业法是与公民从事的职业相关的法律、法规，如市经委系统学习《企业法》《企业转换经营机制条例》等法律、法规，市外经贸委系统学习《关税和贸易总协定》及国际法、国际惯例等。

“三五”普法重点对象为处级以上领导干部、司法人员和行政执法人员、企业事业单位经营管理人员特别是法定代表人、青少年和外地到沪务工经商人员。为更好地开展对重点对象的法制宣传教育，确定了市委组织部、宣传部、政法委等 17 个部门为指导责任单位。相关指导责任单位对重点对象的法制宣传教育分别制定具体实施意见，协同市法宣办开展工作，各区(县)也相应建立相关部门指导责任制度，形成两级法制宣传教育协调网络。“三五”普法期间，市法宣办还与十多个主管部门就 15 部基本法律和其他专业法律法规的宣传联合发文，共同抓好宣传工作。

“四五”普法重点对象为各级领导干部、司法人员、行政执法人员、青少年和企业经营管理人员；主要内容是与广大公民权利义务密切相关的法律法规、社会主义市场经济法律法规，宣传保障和促进西部大开发的法律法规、加入世界贸易组织后公民需要熟悉的法律法规和加强社会治安、维护社会稳定方面的法律法规。

“五五”普法重点对象是各级领导干部、公务员、青少年、企业经营管理人员和农民；主要内容是深入开展有关宪法和国家基本政治法律制度，与全市经济社会发展、推进法治政府建设、完善社会管理、平安建设、资源节约利用和生态环境建设、迎世博文明行动计划紧密相关的法制宣传教育。

二、重点对象普法实践

【领导干部法制宣传教育】

“一五”普法期间，法制宣传的重点是干部，特别是县处级以上领导干部。1986 年 4—6 月，市委举办市级领导干部法制讲座。全市主要负责干部 143 人参加讲座，共 8 讲，内容分别是：法理、《宪法》《组织法》《刑法》《民法通则》《经济合同法》《涉外经济法》和律师、公证制度等。讲课后经过复习，于同年 8 月上旬进行书面考试。3—7 月，市委政法委、组织部、宣传部、市委党校和市司法局联合举办“上海市区、县、局领导干部法律常识学习班”。全市区、县、局 268 名党政正职领导分 6 批进市委党校脱产两周学习。每期学习班由中共上海市委领导作动员报告。1 300 多名副局级干部，分别参加各部、委、办党校学习。县、处级干部，由各区、县、局党校负责培训。对领导干部普法，除“十法一例”外，还增加法理、《组织法》《涉外经济法》等，并强调要联系改革、开放、搞活的实际，联系社会生活各方面的矛盾和问题，运用法律进行分析处理，在增强法制观念、依法办事上下功夫。至1986年底，全市经过普法学习并考核及格的有140多万人，全市县、处级以上领导干部和县、处级以上领导机关干部的普法轮训基本完成。其他各级、各类干部的普法学习也大部分完成。1987年3月，市司法局培训市级百人讲师团、全市1 000多名宣传骨干和法制宣传员，对广大干部的开展宣传教育。1989年9月，市司法局与中共上海市委宣传部联合举办局以上领导干部《宪法》讲座，市委、市人大、市政府、市政协有关领导和各部、委、办、区、县、局主要领导干部2 000余人次参加听讲。上海市《宪法》宣传团的14名法学教授、专家，深入机关、企事业单位巡回宣讲，重点为处以上干部学《宪法》作辅导，四个月宣讲200余场，听讲10多万人。1990年主要宣传颁布和实施《行政诉讼法》的重大意义；《行政诉讼法》的基本原则；行政诉讼的受案范围、管辖和证据；行政案件的审理、裁决和执行等。宣传教育的对象，原则上普及到有接受教育能力的公民，包括领导干部、各级行政机关工作人员特别是行政执法人员、一般干部及群众三个层次，重点是各级领导干部和行政执法干部。至同年7月，基本完成对县团级以上干部及所有行政执法人员的教育培训。

图2-1-2 1990年2月26日至3月3日，市司法局与市委宣传部联合举办《行政诉讼法》培训班

“二五”普法期间，各级领导干部学法热情更高。市委党校结合领导干部轮训，先后对全市300多名局级干部进行法制教育，重点学习宪法理论、邓小平同志的法制思想以及与党的中心工作密切相关的法律。各区县局建立的党政领导“学法日”制度进一步巩固和发展。有不少区县局把每月1次的学法活动改为每两周学法1次，增加了学法的时间内容。并在学习中，注意结合社会热点、难点和重点问题，边学习有关法律，边研究解决的措施，提高了学习的效果。徐汇区在“二五”普法期间，在搞好区四套班子成员学法的同时，认真抓好400多名处级干部的法制教育，共举办了29次法制系列讲座，并进行了严格考试、取得良好成绩。宝山区、金山县人大常委会坚持对任命的政府主管部门的领导进行法律知识培训和考试，做到不合格者暂不任命，促进了干部学法的自觉性。市委、市人大、市政府、市委宣传部、市经委、市邮电局、市仪表局、黄浦、杨浦、浦东等近40个部门和单位都举办了法制讲座，领导干部学法热情高涨。

“三五”普法期间，领导干部学法用法逐步走上了制度化、规范化的轨道。1997年2月，市委组织部、市委宣传部、市人事局、市司法局、市政府法制办和市法宣办联合发文，规定以江泽民作序的《社会主义法制建设基本知识》为领导干部学法的基本教材，明确学习形式、考试考核和组织管理等要求。五年来，全市各级领导干部相继学习了宪法修正案、刑法、行政复议法、合同法、立法法、会计法等新颁布的法律，并结合一个时期的中心工作和热点问题听取依法治国和依法治市、依法行政、维护社会稳定、香港和澳门基本法等法制讲座。各区县、委办局还着重抓了制度建设和阵地建设，使领导干部学法用法逐步走上了制度化、规范化的轨道。一是建立了各级党委中心组学法制度。浦东、松江等区县紧扣形势，选题切合实际，制度执行严格，取得了较好效果。二是建立了双月或每季一次的法制讲座制度。市委、市人大常委会、市政府和市政协多次举办法制讲座。徐汇等区县从领导干部法律需求出发，注重提高法制讲座的质量。据统计，全市共举办处级以上领导干部法制讲座1 608次，处级以上干部177 922人次参加。三是建立了领导干部法律知识考核制度。全市共举行处级以上干部法律知识考试633次，51 252人次参加。宝山、奉贤、南汇、金山、原南市等区县的人大常委会对人大任命的政府组成人员进行任前法律知识考试。松江区组织政府组成人员举行届中法律知识考试。自1998年起，市人大常委会对其任命的7名市政府组成人员开展述职评议时，把是否具备法律意识作为主要内容，区县人大常委会也同样把具备法律意识作为评议区县政府组成人员述职的主要内容。四是充分发挥各级党校的主阵地作用。各区县、委办局都把党校作为对领导干部法制培训的主阵地，普遍开设了法制课。“三五”期间，举办法制专题班874次，处级以上干部39 548人次参加。市法宣办依托市委党校建立了上海市干部法制培训基地。2000年10月，举办了为期7天的领导干部依法治市理论专题研讨班，40位局级领导干部参加。浦东新区则把法制课程作为一个单元列入该区党校的教学计划。

“四五”普法期间，领导干部法制教育基本走上制度化、规范化的轨道。一是建立党委中心组学法和领导干部法制讲座制度。五年间，共举办处级以上领导干部法制讲座近1 900次，35万余人次参加。二是建立领导干部法制轮训制度。五年间，各区县和委办局共举办处级以上干部法制培训班(或研修班)658期，5万余人次参加了系统的法律知识培训。三是建立领导干部自学法律制度。全市分别于2002年和2003年开展了局级领导干部宪法知识测试和法制学习征文等活动。自2004年7月起，每月编印一期领导干部学法资料《法治参阅》，供全市局级领导干部阅读参考。同年，开通了领导干部学法网站“东方法治上海网校”，供全市处级领导干部学习测试。四是建立重大事项决策法律咨询制度。通过几年的努力，至2005年，市及各区县和大部分街道(镇、乡)都建立了以律师为骨干的法律顾问团。2003年，市及各区县司法局还组建了律师志愿团，协助各级政府化解动拆迁纠纷。此外，全市部分区在建立领导干部法律知识考试制度方面进行了积极的探索。

“五五”普法期间，重点围绕“法治政府”建设对领导干部开展法制宣传教育。累计举办领导干部法制讲座1 250余场，公务员法律知识讲座近5 000场，法制专题研修班250余期。组织编写上海市公务员法律知识读本，开展公务员“五五”普法网上培训和考核工作。注重发挥典型引导作用，认真组织开展100名“学法用法模范公务员”和100个“学法用法示范机关”评选活动。配合中央政法委和中国法学会，每年组织开展“百名法学家百场报告会”上海宣讲活动。坚持每月编写一期《法治参阅》，精心挑选摘编有关专家论述当前法治建设重大问题的文章和主流观点，供全市局级领导干部参考。各区县、街镇普遍建立了法律顾问团制度,完善了重大事项决策前的法律咨询制度,各级领导干部和公务员依法行政、依法办事的意识和能力进一步增强。

【青少年法制宣传教育】

"一五"普法期间,对青少年采取不同形式和多渠道、多层次的方法实施普法教育。1986年起,市教育局落实中、小学法制教育教材并列入教学计划。全市近千所中学、3000多所小学普遍开设了法制课。6万余名在校大学生中,有1.1万余名经过学习并考核及格,占18%。各级党校、政校、团校普遍增设法制教育课程。1987年,以《中华人民共和国宪法》为重点内容,以青少年为重点对象的普法教育展开。1988年6月,全国高等学校法制教育经验交流会召开后,市高教局下发《关于加强法律基础课建设的若干意见》,要求全市53所全日制高校年内全部开出法律基础课,要和其他必修课一样对待,课时不少于36学时并列入教学计划。全市各高等院校基本都开设法律基础课,中小学也结合政治课、思想品德课安排了法制教育的内容。1989年,为加强《宪法》宣传教育,举办两期《宪法》教育师资培训班,各区、县、局及高校300多名宣传部(处)长及司法局长参加培训。8月31日,召开市《宪法》教育工作会议,部署在全市范围内开展以《宪法》为主要内容的法制宣传教育,时间为半年。1990年1月,市九届人大常委会第十四次会议通过《上海市实施〈中华人民共和国集会游行示威法〉办法》后,市司法局和中共上海市委宣传部联合发文,部署上半年在全市范围内开展集会游行示威法的宣传教育,维护上海政治和社会稳定。各高校利用法律课、讲座、广播、黑板报等,对广大学生进行宣传教育,引导他们认清公民在行使集会游行示威的权利时,必须承担义务,遵守有关规定,违反的要负相应的法律责任,从而促进了高校的稳定。《中华人民共和国国旗法》颁布后,市司法局、中共上海市委宣传部与市政府法制办公室联合发出学习贯彻《国旗法》的通知,全市中小学掀起学习《国旗法》热潮。各中小学将《国旗法》教育列入教学计划,安排课时;建立升旗制度;运用多种形式,开展《国旗法》教育。年底,市司法局与市委宣传部、市青少年保护委员会、市教育局和市劳动局联合召开上海市中小学、中等职业技术学校法制教育工作会议,推广华东模范中学等单位进行法制教育的经验。会上印发《关于加强本市中小学、中等职业技术学校法制教育的意见》和《上海市中小学、中等职业技术学校法制教育纲要》,明确小学阶段主要是进行社会主义民主与法制观念的启蒙教育;初中阶段主要是进行社会主义民主与法制的基础教育;高中阶段主要是进行社会主义民主政治教育和法制教育;中等职业技术学校,应根据各自专业特点,比照普通中学相应阶段的要求和内容进行,还要有选择、有重点地学习专业法律法规和劳动法规。

"二五"普法期间,青少年法制教育进一步深化。全市大中小学和中专、技校、职校的法制教育,基本形成了三个不同的教学层次,即:小学生以法制启蒙教育为主;中等学校以法律常识教育为主;大学以法学系统教育为主。同时在教学中基本形成有教材、有大纲、有学时、有师资的良好局面。尤其在对中小学生的法制教育中,坚持做到"四个结合":即与行为规范教育相结合;与学科教育相结合;与综合治理、社区教育相结合;与思想品德、精神文明教育相结合。为了巩固扩大青少年法制教育的成果,进一步提高教育质量和效果,全市各级司法行政部门与教育行政部门多次研讨,探索对青少年开展法制教育的方法、思路、途径和规律。宝山区、嘉定区建立了有全区中专、职校、技校参加的法制教育联席会议制度,加强了法制教学研究和交流。卢湾、长宁、静安、虹口、青浦、南汇等区县司法局为了配合学校的法制教育,还专门组建了由公、检、法、司和法学专家组成的学校法制教育讲师团。经常深入各学校的班级中,为学生上法制课,并担任学校的法制辅导员。闸北、普陀、南市区除了认真搞好学生在学校的法制教育,还加强了社区联系,形成了学校、社会、家庭一体化教育。为使青少年法制教育适应市场经济的发展，各大专院校和中专、职校、技校对法制教材及时进行修改和补充，有针对性地增加了市场经济法律的内容。市教卫党委和市教委为了系统地组织高校学生学习市场经济法律知识，编写《市场经济法律基础》一书，正式出版，推动了高等院校法制教育的开展。

"三五"普法期间，青少年法制教育着眼于提高他们的法律素质，通过"第一课堂"与"第二课堂"的结合，面授灌输与寓教于乐的相互渗透，初步形成了大、中、小学纵向衔接，学校、家庭和社会横向配套的青少年法制教育工作格局。一是以教学有大纲、学习有教材、任课有教师、课时有保证的"四落实"为目标，完善教育内容，重新确定课时。市教委和市法宣办修订了法制教学大纲和教材。市劳动保障局和市法宣办建立了技校法制教育试题库，规定法制培训合格后方能毕业。通过包括法制教育在内的综合素质教育，技校学生的刑事案发率从1995年的万分之七下降到1999年的万分之一。二是利用各种教育资源。杨浦等区县聘请政法干部担任校外辅导员，结合典型案例分析，为青少年学生传授法律知识。市法学会和虹口区成立青少年法制教育研究中心，全市已建立各类青少年法制教育阵地687个。三是在宪法颁布日或"五四"青年节举行由青年学生参加的升国旗暨十八岁成人宣誓仪式，增强青少年的宪法意识和公民意识。四是利用假期对广大青少年进行法制教育。1998—1999年市法宣办连续两年举办了青少年法制夏令营，静安、嘉定、闵行等区县的社区也开展形式各异的寒暑假法制教育活动。

"四五"普法期间，青少年法制教育的基础进一步夯实。自2001年起，全市所有学校都相继配备了法制副校长(或法制辅导员)。与此同时，在全市中等职业技术学校推行了《普法合格证》制度。五年来，共有4万余名技(职)校学生通过了考试并领取了《普法合格证》。不少区县还通过创建法制教育星级示范学校、法制教育特色学校等形式，提高学校开展青少年法制教育的积极性。至2005年，法制教育已成为全市初中二年级学生思想政治教育的主要内容，从而较好地解决了法制教育进入第一课堂的问题。

"五五"普法期间，多策并举，深入开展青少年法制宣传教育活动。市法宣办制定印发全市贯彻实施《中小学法制教育指导纲要》的若干意见，对学校青少年法制教育计划、教材、课时、师资"四落实"提出了更加明确的要求。结合实际，坚持开展青少年法制文艺演出、法律知识竞赛、法制书画比赛、法制教案评比、模拟法庭以及暑期法治实践等活动，不断增强青少年学法用法的积极性和主动性。在2009年全国青少年法律知识竞赛中，上海市参赛队荣获三等奖。重视农民工子女的法制教育，积极开展"小手牵大手"法制教育系列活动。通过系列培训，增强农民工子弟学校校长的法律素养。

【司法和行政执法人员的法制教育】

"二五"普法期间，对执法人员开展依法行政法制教育培训。市政府法制办与市人事局首先以公安、工商、税收系统的干部为重点，组织进行了行政法律法规上岗培训、轮训考试规定成绩合格者才能取得执法证，并持证上岗；成绩不合格者，不得上岗执法。《产品质量法》颁布后，市技术监督局在广泛开展宣传的基础上，加强执法力度，开展了打假治劣工作。1992—1995年，组织全市或区域性的突击专项检查300余次，共立案查处技术监督违法案件7 000余件，罚款达1 000万元。有24件案件交司法机关处理。《产品质量法》的宣传贯彻对净化市场，保护消费者权益，取得了明显效果。1993—1995年，市工商局共查处各类违法违章案件6 276件，罚没款1.7亿元，在打击假冒伪劣商品的治理中，增加检查力度，集中查处假烟假酒、盗版音像制品等违法行为，既打击了假冒行为又保护了知识产权，维护了社会经济秩序。

“三五”普法期间，开展分层次、有步骤、针对性强的司法人员法制培训工作。配合实施上海政法系统干部“九五”教育培训规划，把初任培训、晋升培训、专业培训、学历教育和岗位练兵相结合。1996 年 11 月，市司法局、市政府法制办、市法宣办印发《加强本市行政执法人员法制宣传教育的通知》，明确学法内容，规定培训时间不少于 70 课时。市政府法制办每年组织全市 3 万名执法人员进行相关法律的培训，并实行考试合格持证上岗制度。从 1997 年开始，市人事局、市政府法制办、市法宣办联合组织每两月一次的法制讲座，并由市人事局向参加培训的人员颁发《上海市国家公务员专业培训单科合格证书》。经市级机关党工委和各部门的努力，“三五”期间全市司法人员、行政执法人员的培训率分别达到 100%和 99%。

“四五”普法期间，全市对行政执法人员的法制教育主要以推行行政执法责任制为抓手，先后开展了全市规模的“WTO 与依法行政”“行政许可法”和公务员 MPA 的培训和考试。2002 年，全市有 3.5 万名行政执法人员参加市政府法制办组织的以《行政诉讼证据规则》为主要内容的法制培训，有 10 645 名公务员参加《依法行政与 WTO》基本知识培训。其中，区(县)8 336 人，委、办、局 2 209 人，有 8 395 人参加市《依法行政与 WTO 基本知识》统考，7 633 人合格，考试合格率为 91%。

“五五”普法期间，围绕“法治政府”建设开展法制宣传教育。对司法和行政执法人员进行的法制宣传，扩展到全市公务员队伍。

【来沪工作人员法制宣传教育】

“二五”普法期间，随着外来人员的不断增多，上海逐步加强外来人员法制教育。一是以乡、镇、街道为主，设立外来人员学校、加强外来人员的教育管理。长宁区周家桥街道开办“外来人员学校”的经验经《人民日报》、中央人民广播电台、《解放日报》报道后，这一形式在全市得到全面推广，“外来人员学法业余学校”“外来人员管理学校”“保技能学校”“外来民工文明学校”“外来人员法制教育中心”相继在全市各地区成立，这些形式已成为上海加强外来人员管理教育的有效阵地和措施。二是规范外来人员法制教育的内容，使外来人员学法有教材。根据外来人员在上海打工、生活、娱乐所必须了解和知道的法律法规，市司法局与市公安局联合编写了外来人员法律读本《入沪指南》，市司法局与市外来人口协调领导小组共同主办了“打工族”画刊，每月一期为外来人员学法提供了学习资料。宝山、徐汇、闵行、浦东、嘉定等区也根据本地区的实际，组织力量编写了适应外来人员学习的法律读本，使得外来人员法制教育进一步规范化。三是形成了对外来人员教育管理、服务一体化的局面。不少外来人员在沪打工、生活当中碰到不少困难和纠纷，所在地区的法制教育部门为他们排难解忧提供服务，使他们感受到上海人民的关心和温暖。黄浦区黄河路美食街有外来打工妹 180 多人，在打工中合法权益受侵害的事情屡有发生，她们又不懂得怎样来维护自己的合法权益。针对这一情况，黄浦区司法局与该地区街道联合对她们开展了《劳动法》《妇女权益保护法》的学习教育，提高了她们用法律武器维护自身权益的能力。同时，为她们开辟活动场所，设置了“外来妹之家”，组织开展各种有益活动，丰富她们的业余生活。

“三五”普法期间，积极开展来沪务工经商人员的法制教育。1997 年 2 月和 1998 年 11 月，市法宣办、市外口办就加强来沪务工经商人员法制宣传教育先后联合发出通知，规定外地来沪务工经商人员通过培训、考核合格后方可聘用、上岗。还专门编印了法制培训教材。全市通过 393 所各种形式的培训基地，培训来沪务工经商人员 167 余万人，其中 50 万人领取了合格证。市建设党委加强对来沪的 700 多家施工企业中 35 万务工人员进行法制教育。

"四五"普法期间，不断拓展来沪务工经商人员法制宣传教育途径。2003 起，市法宣办和团市委选拔外来务工经商者中学法优秀分子组成法制演讲团，在全市各区县外来人口集中居住地等场所，宣讲学法用法的重要性。

"五五"普法期间，通过固强补弱开展农民工法制宣传教育活动。组织编写《进城务工经商人员法律知识指南》，免费发放到农民工手中。每年结合春运期间农民工返乡返城的出行高峰，在全市车站码头免费发放符合农民工需要的法宣资料，广泛开展就业、维权等法律咨询活动和法制文艺演出，增强了农民工的法律意识和对上海的认同感。2007 年，以"学法律、知荣辱、讲文明、促和谐"为主题，开展上海市农民工风采大赛，吸引了近 10 万农民工热情参与，决赛现场通过上海教育电视台直播，在广大农民工中产生了强烈反响。2008 年后，相继开展"法与我同行，做遵纪守法的上海人"系列宣传活动和"迎世博"百万农民工基本素质教育活动。各区县、各有关单位在农民工工作的成建制单位以及农民工聚居的村落、社区普遍设立了法制宣传栏，建立了定期学法制度。

【企业经营管理人员法制宣传】

"二五"普法期间，把法制教育同企业改革结合起来是普法的一大特色。通过市场经济法律的学习，加速和促进了企业体制的改革。市科技系统广大干部和科技人员通过《公司法》《企业转换经营机制条例》《科技进步法》的学习，进一步端正了科技为发展经济服务的方向，加快了科研部门向股份制、科技集团企业的发展，开发自助产业，创办民用科技企业，到 1994 年底，创建民营科技企业 6 494 家，其中，股份合作 1 067 家，股份有限制 12 家，联合经济科技企业 179 家。科技体制的改革增强了科研所的活力，为上海的经济发展作出了显著的贡献。上海纺织系统企业改革、调整的力度较大，由于包括法制教育在内的各项思想教育做得比较深入细致，改革举措得到广大职工的理解和支持，没有引发过一次矛盾激化。企业的法人代表和经济管理人员经过"二五"普法的学习，不但增强了依法管理企业、依法经营的自觉性，而且运用法律维护企业合法权益的能力有了明显的增强。上海氯碱股份有限公司生产的烧碱出口时，因价格比较低，被对方要求征收反倾销税，公司领导根据有关法律规定经过应诉、据理力争取得胜诉、维护了公司的合法权益。协昌缝机厂"蝴蝶"商标被某国商人侵权长达八年，该厂领导通过学法增强维护企业权益的意识，依照《巴黎公约》等关于驰名商标的有关条款反败为胜，使得该厂干部职工尝到了学法用法的甜头。

"三五"普法期间，依法规范各种经营管理行为。市法宣办、市工商局、市技监局、市劳动局分别于 1997 年 3 月和 1998 年 4 月联合发文，明确了企业经营管理人员尤其是法定代表人法制培训的要求。市法宣办组织编写了《企业经营管理人员法律基本知识》作为培训教材。市商业党委、市建设党委、市金融党工委和市法宣办还联合编印了与本系统业务密切相关的法律知识读本，如《商业法律基本知识》《城市建设管理法律基本知识》《金融法律基本知识》等，制定培训计划、落实授课大纲、规定课时和考核要求。在各区县、委办局的努力下，在市、区县工商局注册登记的 26 万企业法定代表人基本轮训了一遍。

"四五"普法期间，全市各区县和委办局共举办企业经营管理人员法制培训班 12 514 期，92 万余人次参加；举办企业法定代表人法制培训班 5 747 期，55 万余人次参加。

"五五"普法期间，努力强化企业依法诚信经营的理念。制定印发了开展"法律进企业"活动的实施意见，明确各级企业主管部门组织开展依法治企的责任，进一步完善了企业经营管理人员和职工的法制培训制度。每年定期举办大型国有企业董事、监事、产权代表和经营管理人员法制培训班，其间，累计培训 2 万余人。推进企业法律顾问制度建设，近 70%的大中型企业已经配备了法律顾问或设置了专门的法律服务机构。高标准严要求开展“守法经营示范企业”评比活动,引导企业切实保障劳动者权益、不断完善法人治理结构。针对“两新”组织法制宣传的薄弱环节,制定了深入开展“法律进‘两新’组织活动”的意见。针对中心城区商务楼宇众多的特点,开展企业白领双语法制演讲比赛、辩论赛、知识竞赛等宣传活动,进一步增强了商务楼宇内工作人员学法用法的积极性。

第三节　法制宣传教育活动

一、法制宣传教育形式

市司法局恢复成立后,法制宣传工作得以发展。“一五”“二五”普法的基本形式是有计划、较系统、面对面地上法制课。“三五”普法后,逐步探索法制宣传教育的新形式、新途径。通过多层面、多角度地开展活动,法制宣传教育的形式更加丰富多彩、灵活多样。

【法制课、法制讲座、演讲团】

有计划、较系统、面对面地上法制课,是普法的基本形式。不同部门、不同对象采取不同形式上法制课。全市领导干部普及法律常识,以脱产轮训为主、在职学习为辅,轮训时间一般半个月。党政机关采取平时自学,集中辅导,定期考试和分批轮训的方法。企事业单位一般结合全员政治轮训,集中脱产两周上法制课,也有采取半脱产或业余轮训的方法。市区县局党校、团校、干校开设法制课或举办普法轮训班进行普法。大学开设法律基础课、中小学结合政治课和思想品德课,对学生进行普法教育。城镇街道以居民组为单位,集中上课或由法制宣传员、离退休干部分块包干,送法到户。郊县利用有线广播、农村夜校,开设法律常识讲座,上法制课。

“一五”普法期间,各区县局普遍成立普法讲师团或报告团,向广大群众和领导进行法制演讲和辅导。1985 年 12 月至 1986 年 1 月,市普法办公室与上海电视台联合举办上海市普及法律常识电视讲座。全市 7 万多人报名收听并参加统一考试,有 3.4 万多人获上海市法制宣传员证书。1986 年,市司法局和区县局依靠政法院校、法学研究单位及政法部门干部,分别建立普法讲师团,下基层进行普法演讲。1989 年 9 月,市司法局成立《宪法》演讲团,深入基层,巡回演讲 200 余场,听众 10 万多人,重点是全市处以上干部。1990 年,市司法局组织 15 人的《行政诉讼法》讲师团,全市约 12 万人次参加听讲。

“二五”普法期间,全市 21 个区县和 300 多个委办局普遍建立领导机构,制定计划、组织培训。市委宣传部、市司法局组建有 36 名法学教授、专家和行政部门负责人组成的“上海市法制讲师团”,建立有 5.5 万名法制宣传员组成的法制宣传网络。同时,针对各个阶段的特点和情况,召开一系列不同类型、不同层次的现场会和经验交流会,全市 900 万应受教育对象中,有 850 万人通过了法制培训和考试,占应受教育对象的 94%。其中培训全市党政机关局级干部 1 500 余名,处级干部 3.5 万名,占全市处以上干部的 90%以上。

“三五”普法期间,市法制宣传教育领导小组建立,下设办公室作为常设办事机构。全市 19 个区县和各委办局都相应制定规划,建立机构,配备专(兼)职法制宣传干部的同时,充实、加强了市和区县、委办局的法制讲师团力量,讲师数达 1 247 名,他们深入基层讲授法律知识,五年来听讲人次达 45 万。

“四五”普法期间,各区县和委办局共举办处级以上干部法制培训班(或研修班)658 期,5 万余人次参加了系统的法律知识培训;共举办企业经营管理人员法制培训班 12 514 期,92 万余人次参加;举办企业法定代表人法制培训班 5 747 期,55 万余人次参加。各区县还针对市民具体的法律需求,举办经常性的社区公益性法制讲座。五年间,全市共举办各类社区法制讲座近 1 000 场。

"五五"普法期间,累计举办领导干部法制讲座 1 250 余场,公务员法律知识讲座近 5 000 场,法制专题研修班 250 余期。每年定期举办大型国有企业董事、监事、产权代表和经营管理人员法制培训班,累计培训 2 万余人。成立迎世博法制宣讲团,深入基层和学校宣讲世博相关法律知识,累计举办讲座 500 多场次。五年间,累计举办各类社区法制讲座 9 000 余场。

图 2-1-3 2004 年 2 月 5 日,领导干部学习贯彻《行政许可法》专题研讨班举行

【大众传媒法制宣传】

随着经济和社会的发展,大众传媒法制宣传在法制宣传教育中发挥了主渠道作用。

"一五"普法期间,《解放日报》《文汇报》《新民晚报》加强日常法制新闻报道,开辟《社会政法新闻》《法庭内外》(1995 年更名《法制经纬》)等专栏。上海电视台开设《法律与道德》节目,每周一期。上海人民广播电台组织学法用法征文比赛。全市举办《法律与道德》影片汇映活动,25 天中有 230 万人次观看。市司法局摄制法制电视片和电视录像 13 部 50 集,其中《家宴》《泪思》《咖啡小屋》分获全国法制影视剧一、二、三等奖;《今夜月黑天》《奖金难分》分获 19 省市法制影视评比二等奖和三等奖。1987 年 11 月 19—21 日,市司法局、上海电视二台联合发起组织 9 省市电视法制宣传专栏节目展评,这在全国尚属首次。北京、天津、武汉、山东、安徽、江苏、福建和广东等省市 23 名代表来沪参加展评。上海市司法局摄制的《清官难断家务事(八)——闹新房》获一等奖,评出二等奖 4 个、三等奖 6 个和纪念奖 13 个。1988 年底,在广州举行的全国 17 省市电视法制宣传节目展评中,上海市司法局摄制的电视剧《咖啡小屋》《考一考上海市企业优秀法人代表》《错在机灵》分获一、二、三等奖。

“二五”普法期间,上海的报刊、电台、电视台加强了法制舆论的宣传,以各种形式报道广大干部群众学法用法依法管理的经验和打击违法犯罪的典型事例,有效地配合和推动了“二五”普法工作的开展。其间,上海新闻界在原有的宣传栏目基础上,又开设了不少新的法制专题节目,如上海电台的“案件聚焦”、东方电视台的“东方110”、有线电视台的“法苑写真”、上海电视台的“市民与社会”等等,形成了上海法制宣传教育的交响曲,加大了法制宣传的声势。为了加强对市民的法制教育,提高市民的法律素质,市司法局又与上海电视台联合开辟了《神圣的阳光》栏目,通过法制系列短剧、向广大市民宣传《婚姻法》《妇女权益保护法》《青少年保护法》《老年人保护条例》《消费者权益保护法》《继承法》《劳动法》《广告法》等等。基本上做到市民天天可以看到法制电视,天天可以听到法制新闻,对提高市民的法律意识和法制观念起到了积极的作用。

“三五”普法期间,全市的新闻传媒为“三五”普法发挥重要的舆论导向作用。《解放日报》《文汇报》《新民晚报》等市级大报都开设了法制专栏,《上海法制报》《法苑》等法制报刊发挥了宣传法制的重要作用,区县和委办局的报刊有法制专栏92个;市、区县电台有《法庭内外》《老年人与法》等法制专栏17个;市、区县电视台(有线台)有法制专栏28个,继《案件聚焦》《东方110》等法制专栏节目之后,市司法局、市法宣办与上海有线电视台于2000年4月17日起联合开办《社会方圆》法制专栏,截至2000年底,播出了50期,重播了100次。市法宣办还摄制了反映全市改革开放以来民主法制建设的纪录片《走向法治》和多条法制公益广告,在电视台滚动播出。2000年,为配合“三五”普法总结验收摄制了“三五”普法巡礼片,组织了“三五”普法文艺汇演,编印《上海市领导干部“三五”普法文集》和《“三五”普法在上海》画册,在上海法制报和法苑杂志等报刊开设反映“三五”普法情况的专栏(专版)。法制栏目的开辟和法制影视的播出形成了一定的宣传声势,使广大市民可以天天看到法制节目,听到法制新闻。在第五届全国“金剑奖”法制节(剧)目评选和几次全国法制好新闻评比中,上海获得了多个奖项。

“四五”普法期间,全市先后探索开展了法制摄影大赛、法制故事征集大赛、社区法制文艺汇演、法制故事巡回演讲等群众喜闻乐见的活动。各区县还针对市民具体的法律需求,举办经常性的社区公益性法制讲座。2001—2005年,全市共举办各类社区法制讲座近1 000场。全市各类媒体通过及时报道全国和全市民主法制建设方面的新闻,利用典型案例讲解发生在市民身边的涉法事件,不仅成为市民了解全市民主法制建设进程的主要窗口,而且成为市民学法的重要途径。为占领网络法制宣传教育的阵地,2001年,建立“东方法治”网站。经过几年的发展,该网站逐渐成为全国法制宣传教育的特色网站,至2005年月均点击率达500万人次左右。

“五五”普法期间,全市主要媒体不断提高法制类节目、法制新闻的比重和质量。上海广播电台、电视台、东方卫视的《法眼看天下》《东方大律师》《案件聚焦》《东方110》《庭审纪实》《法律与道德》等栏目都已在全市广大市民中建立了良好的声誉。2008年,上海电视台和上海市司法局联合制作推出《新老娘舅》栏目,创造性地将基层人民调解员面对面调解纠纷的过程搬上电视荧屏,深受广大市民的欢迎,收视率节节攀升,成为广大市民最受欢迎的法制节目之一,收到了良好的法制宣传教育效果。《解放日报》《文汇报》《上海法治报》等坚持把依法治市、依法行政的成果宣传作为日常报道的重要内容,《新闻晨报》《新闻晚报》推出了法制专栏。充分发挥“东方法治网”作为法制宣传教育平台的作用,不断丰富网站内容,增强互动性,提升网站功能。坚持每年对全市社会影视制作公司和公共视频运营机构负责人以及传媒从业人员组织开展两次法制培训,通过提高媒体从业人员的整体法律素质,较好地保证了各类法制栏目(节目)的质量和水平。

【法律知识竞赛】

1985年，吴泾化工厂运用法律知识竞赛等多种形式开展普法教育的经验推广后，法律知识竞赛在全市各单位普遍开展。

1986年3月，市司法局与上海电视台联合举办上海市干部法律常识电视竞赛。

1987年4—9月，全国总工会和京、津、沪等29个城市总工会联合举办"全国职工法律知识竞赛"，以学习《〈法律法规〉选编——职工学法读本》为主要内容。上海组织23万余名职工参加竞赛。

1989年12月，市司法局和市委宣传部、市人大法制委联合举办上海市宪法知识竞赛，全市22个区(县)、20余个局及驻沪部队12万余人参加竞赛。上海电视二台向全市现场转播决赛实况。

1990年3月，市司法局与市劳动局、市总工会、《上海法苑》杂志社、上海电视二台联合举行上海市企业职工劳动法规知识竞赛。全市100余万职工参加。7月，市司法局与市工商局、市个体协会、上海电视二台联合举办法在个体劳动者心中电视演讲赛，历时4个月，全市3万多个体劳动者参加竞赛。

1993年7月，市司法局与市教育局、市劳动局、青年报社联合举办迎东亚运法律知识竞赛(东亚运指东亚运动会)，全市中学、职校和技校学生40余万人参加竞赛。

1994年5月，市司法局与市工商局和市消费者协会、东方电视台联合举办"国脉杯"法律知识竞赛，在东方电视台"快乐大转盘"栏目播8场。8月，市司法局、市工商局和市消费者协会联合组织参加全国《消费者权益保护法》知识竞赛。10月，市司法局与市委宣传部联合举办社会主义市场经济法律知识竞赛。历时3个月，全市有40个区、县、局，60余万干部职工参加竞赛。

图2-1-4　1994年10月，市司法局与市委宣传部联合举办上海市市场经济法律知识竞赛

1998年9月1日至12月2日，由市委宣传部、市司法局、市法制宣传教育领导小组办公室主办的百万市民法律知识竞赛。全市20个区(县)、11个委、办也相应成立分赛区竞赛组委会。共有124万人参加竞赛。

1999 年 11 月 15 日，市司法局、市法制宣传教育领导小组办公室等单位在上海热线主页上举办“上海市第十一届宪法宣传周网上法律知识竞赛”，5 000 余名网民参与竞赛。

2002 年 4 月起，用 9 个月的时间在职工、市民中广泛深入地普及“两法一条例”即《工会法》《劳动法》《上海市劳动合同条例》法律知识和“两法一条例”知识竞赛，吸引全市百万企业职工和企业管理人员积极参与。

2003 年，市法宣办与市禁毒办联合组织了市民禁毒知识竞赛，并于宪法宣传周期间进行了全市总决赛，决出一等奖 1 名、二等奖 2 名、三等奖 3 名。

2004 年，紧扣“学习宪法，依法维权，建法治之城”主题，举办宪法(修正案)知识竞赛，参赛人数达 5 000 人次。市人大常委会办公厅、市精神文明办、市司法局联合组织了历时数月的人民代表大会制度知识竞赛，全市数十万人次参加。7 月，举办“上海市青少年暑期网络法律知识竞赛”，共有 14.3 万余名大、中、小学生参加。

2005 年 11 月 13 日，市法宣办会同团市委举办了全市社工法律知识竞赛。

2006 年 12 月 4—10 日，团市委、市法宣办联合主办上海市青少年“知荣辱、学法律、迎世博”网络法律知识竞赛。竞赛内容涉及社会主义荣辱观、教育法、未成年人保护法、婚姻法、交通法等与青少年生活、学习、工作密切相关的法律法规知识。

2007 年，市总工会与市文明办、市法宣办、市社保局联合举办农民工“学法律、知荣辱、讲文明、促和谐”风采大赛，全市 48 个区(县)局(产业)有 9.3 万名农民工参加知识竞赛答题。

2008 年，开展全市村民自治法律知识竞赛。

2009 年 9 月 7 日至 11 月 10 日，由市司法局、团市委和市法宣办共同主办，黄浦区司法局、区法宣办承办的全国青少年法律知识竞赛上海赛区比赛启动。该比赛共吸引全市 28 支队伍、100 多名 28 周岁以下青年、少年报名比赛。主办方通过综合评定，在参赛选手中选出 3 名符合条件的优秀队员组成上海代表队赴京参加全国总决赛。

2010 年 8 月 5 日，由全国普法办主办，司法部法宣司和市司法局承办、浦东新区司法局协办的“学法伴我世博行”全国网上法律知识竞赛抽奖仪式在沪举行。该活动依托“中国普法网”和“东方

图 2-1-5　2010 年 12 月 19 日，上海市“新沪杯”中学生法律知识竞赛决赛

法治网”，面向全国开展网上法律知识竞赛。竞赛从6月5日开始，7月20日结束，历时1个多月，吸引全国各地近4万网民积极参与。12月19日，上海市“新沪杯”中学生法律知识竞赛在上海教育电视台落幕。该活动由市教卫党委、市教委、市司法局和市法宣办共同主办，以“精彩世博与法同行”为主题，内容主要为宪法、基本法律以及与中学生健康成长密切相关的法律法规和上海世博会的有关知识。全市近300所中学组队参加。

【法制文艺演出】

1983年后，全市普遍开展法制文艺演出活动。

1984年9月，市司法局与市文化局、电台、电视台联合举办首届法制文艺会演，历时5天，共演出6台戏、20场次，观众2万多人。市司法局将优秀节目制成电视录像片发放全市放映，被制成电视剧的《骂声、哭声、笑声》，由中央电视台连续3个春节向全国播出。同年9月，市司法局与市文化局、广播电视局联合举行全市法制文艺宣传演出，3天共演出5台戏、14场次，观众1.5万多人。12月，在法制宣传月中，全市举行群众文艺演出330多台、创作节目2 000多个。

1986年10月，市司法局、市文化局、市总工会、团市委、市妇联、市公安局、市人民检察院和市高级人民法院联合举办上海第二届法制文艺会演，历时1个月，创作演出节目近500个，在全市13个剧场演出，有沪剧、越剧、滑稽、木偶、曲艺、故事、歌舞等，演职员近2万人，观众30多万人。上海电视台转播首场演出实况，市委副书记杨堤等出席开幕式。市总工会、工人文化宫和市检察院等单位，还建立法制文艺宣传演出队，到工厂农村、部队等基层进行巡回演出。上钢五厂根据本厂案例，自编自演沪剧《狱中情》，在冶金系统和外单位演出37场。

1998年，市劳动局和市法宣办联合举办上海市技工学校学生法制文艺汇演。广电技校代表闸北参赛的沪剧表演唱《为你打开一扇窗》博得听众一致好评，荣获二等奖。

2001年1月5日，由市高级人民法院、市司法局、市法宣办、《法苑》杂志社共同主办的《为普法喝彩——上海十五年普法回眸》电视文艺晚会在上海有线电视台戏剧频道“海上大剧院”栏目播出。晚会以寓教于乐的表演形式生动回顾全市15年的普法历程，展示全市公民法律意识的普遍提高，颂扬各行各业涌现的先进模范人物生动感人的事迹。

2002年12月6日，市教育党委、市劳动和社会保障局、市司法局、市法宣办在卢湾区白玉兰剧场联合举办“上海市中等职业学校学生法制文艺汇演”。

2003年，市司法局与有关部门联合开展社区法制文艺汇演，先后创作排演500多个戏剧曲艺类普法节目，演出超过1 000场，观众人数将近100万。

2005年1—4月，“走进法治的春天——‘梅陇杯’法制故事创作大赛汇报演出系列行”在全市获得全国“民主法治示范村”的六个村分别进行慰问演出。六场演出均由上海人民广播电台著名主持人主持，故事演讲全程录音，上广文艺频率制成节目在电台播出。故事演出活动还穿插法律知识有奖互动竞答游戏，村民反响热烈。8月16日，市政治文明办、市法宣办、长宁区委联合举办了大型法制文艺演出活动，市委副书记刘云耕观看了演出。

2003—2005年，以“提高法律素质，做新一代上海人”和“促进司法公正、维护司法权威”为主题开展的系列大型法制宣传教育活动，共举办300余场社区法制文艺演出。

2007年12月3日，“弘扬法治文化，共创和谐社会”——“12·4”全国法制宣传日暨上海市第十九届宪法宣传周法制宣传演出活动在普陀区少年城剧场举行。

2009年3月，市法宣办开展迎世博社区法制文艺汇演活动，先后演出100余场。

图 2-1-6　2007 年 12 月 3 日,第十九届宪法宣传周举行法制宣传演出活动

“五五”普法期间,闵行区和松江区分别创作大型法制宣传滑稽戏《贪心勿要重》和《通心路》,浦东新区创作编排法制宣传系列沪剧《春兰曲》,全市共编排沪剧、小品、评书、相声、舞台剧等作品 100 余件,在全市各个基层社区农村巡回演出,深受基层群众喜爱。

【法制动漫大赛】

随着现代传播媒体技术的发展,动漫逐渐成为法治宣传的一种新型载体。

2003 年,由全国普法办牵头主办、东方法治网承办了第一届全国法制动漫作品征集活动。全国法制动漫征集活动,每年举办一届,影响力日益增强,优秀动漫作品在央视和地方电视台、公共场所播放,取得很好的普法宣传效果。

2004 年,市法宣办配合司法部法宣司、中国普法网举办了全国第二届法制动漫大赛,征集各类作品近 300 件。

2005 年 7—9 月,市法宣办在网上开展了“第三届全国法制动漫征集活动”。

2006 年 5—8 月,由司法部主办、上海市法宣办承办的以“平安中国、平安家园”为主题的第四届全国法制动漫征集活动,共收到有效作品 422 件,部分优秀作品在 CCTV-12 和 CCTV-10 平安专题节目中展播。

2007 年,市法宣办和司法部法制宣传司、中央电视台社会教育节目中心联合承办了由全国普法办主办的以“丰富法治文化,促进社会和谐”为主题的第五届全国法制动漫作品征集活动,共收到有效作品 751 件。

2008 年,受全国普法办和司法部法宣司委托,市法宣办继续承办第六届全国法制动漫作品征集活动。活动从 8 月 10 日开始,至 10 月 15 日截稿,共收到作品 1 130 件,作品数量比第五届增加 41%,作品质量也有较大提升。

2009 年 4 月 11 日,市法宣办召开承办第七届全国法制动漫作品征集活动研讨暨策划会。会上,上海作为第一至六届全国法制动漫作品征集活动的承办方介绍了前六届活动的经验做法、存在的问题及相关建议。与会人员围绕第七届活动的动员方式、奖项设置、作品使用和传播等问题各抒己见，提出诸多宝贵意见和建议。征集活动共收到作品 700 余件。

至此，市司法局连续 7 年承办全国普法办主办的全国法治动漫作品征集活动，累计收到作品近 3 000 件，从中涌现出一大批优秀法治动漫作品，部分作品在中央电视台展播，取得了良好的宣传效应。

【"梅陇杯"法制故事平台】

2005 年，市法宣办会同司法部法宣司、上海文艺出版社面向全国开展首届"梅陇杯"法制故事征集活动，历时近 4 个月，共收到法制故事 15 000 余篇，经有关专家认真评选，共选出获奖作品 50 篇。1—4 月，"走进法治的春天——'梅陇杯'法制故事创作大赛汇报演出系列行"在全市获得全国"民主法治示范村"的六个村分别进行慰问演出。6 月 2 日，东方讲坛周年庆暨"梅陇杯"东方讲坛法制故事巡讲活动开讲仪式举行，市委常委、宣传部部长王仲伟出席仪式并讲话。至年底，"提高法律素质，做新一代上海人——'梅陇杯'东方讲坛法制故事巡讲"活动深入全市各区(县)乡、镇、街道及其他基层单位巡回演讲 296 场。

图 2-1-7 2005 年 1 月 25 日，法制故事巡讲活动在嘉定区江桥镇太平村举行

2006 年 11 月 8 日，由司法部法宣司、市司法局主办，上海文艺出版社《故事会》杂志社承办的第二届"梅陇杯"法制故事创作征集大赛评审会在闵行区梅陇镇陇西村召开。经过评审，法制故事《挽救心灵的偏方》获得一等奖；《滞留公鸡》《钱包里的故事》获得二等奖；10 篇法制故事获得三等奖；另有 50 篇作品获得创作奖。

2007 年 11 月 23 日，由国家司法部法宣司、市法宣办主办、《故事会》杂志社承办，闵行区司法局、梅陇镇人民政府协办的第三届"梅陇杯"全国法制故事创作大赛评审会，在梅陇镇陇西村举行。

2008 年，举行第四届" 梅陇杯"法制故事评审。

2009 年，闵行区司法局联手专业文化团队，与上海佳好艺术剧团建立"闵行区法制文化艺术团"，将"梅陇杯"全国法制故事征集大赛作品改编成独角戏、说唱、小品等法制文艺作品，在全区演出 39 场，观看演出群众 3 万多名。

至2010年,依托知名杂志《故事会》,市司法局与司法部法宣司联合开展4届“梅陇杯”全国法制故事征集大赛,先后征集优秀法制故事数千篇。法律知识故事已经成为《故事会》杂志社的固定栏目,每月都要刊登两篇以真实案例为基础改编的法律知识故事。

二、重大法制宣传教育活动

【宪法宣传周(日)活动】

1983—1985年,市司法局广为采用法制宣传日进行普法宣传。为牢固树立宪法至上的观念,1989年,市司法局向上海市人大提出创设“宪法宣传周”活动的建议,得到上海市委市政府、市人大常委会的一致支持。1989年8月11日,市九届人大常委会第十次会议决定,每年在《宪法》颁布日(12月4日)的当周为全市“宪法宣传周”。

1989年12月4—10日,市司法局与中共上海市委宣传部、市人大法制委员会联合举办首届“宪法宣传周”。其间,举行上海市纪念《宪法》颁布7周年文艺晚会,并由上海电视台向全市现场直播实况;召开宪法理论学术座谈会,邀请法学专家、教授、学者,联系中国社会主义民主与法制建设现状,批判资产阶级自由化在法学领域中的表现,推动《宪法》理论研究;召开全市《宪法》教育经验交流会;举办全市《宪法》知识竞赛电视决赛,该竞赛历时两个月,12万余人参加。

1990年,第二届宪法宣传周以宣传人民代表大会制度为主题,市、区、县人大代表和委员深入选区,听取群众呼声,密切人民与政府的关系。

1991年,第三届宪法宣传周以坚持社会主义道路为主题,市人大召开大型座谈会,电视台播放专题文艺节目,法学会举办大型研讨会,政法干部上街义务咨询等。

1992年,第四届宪法宣传周以宣传宪法是建设有中国特色社会主义根本法制保障为主题,举行“上海市纪念《宪法》颁布十周年大会”;举办“上海的今天和明天”专题摄影展;摄制反映人民代表大会制度的电视片;发行纪念邮封等。

1993年,第五届宪法宣传周以“建立和完善社会主义市场经济体制是宪法赋予的历史使命”为主题,举办“社会主义市场经济与法制建设”研讨会;开展“法在生活中——街头掠影”摄影比赛;印发《宪法修正案》宣传提纲并开展法律咨询;市邮电局发行“《宪法修正案》知识有奖问答”明信片等。

1994年,第六届宪法宣传周以“贯彻《宪法》精神,促进改革、发展、稳定”为主题,市公、检、法、司及工商行政管理等11个行政执法机关联合开展大型法律咨询;举行“学习邓小平法制思想”专题座谈会;组织部分市民参观市高级人民法院、市监狱等。

1995年,第七届宪法宣传周结合“二五”普法总结检查,以“加强法制教育,增强宪法观念,促进依法治理”为主题,增强广大市民《宪法》观念。

1996年,第八届宪法宣传周以“贯彻宪法精神,坚持依法治国,促进社会主义精神文明建设”为主题。12月6日,市人大法制委员会、市司法局、市法制宣传教育领导小组办公室、市法学会联合举行依法治理理论和实践研讨会。全市区、县司法局领导和专家学者、法制宣传教育工作者150余人参加研讨会。

1997年,第九届宪法宣传周以“高举邓小平理论伟大旗帜,建设社会主义法治国家”为主题。12月4日,召开上海市领导干部学法用法座谈会。各区县党委、人大常委会、政府和委办局负责人150人参加座谈会。会议由市委常委、市委宣传部部长金炳华主持。卢湾、徐汇、虹口、外经贸委、汽车工业总公司等单位,围绕“学习贯彻党的十五大精神,推进依法治市进程”,联系本单位实际作了交流发言。市委副书记龚学平就加强全市法制宣传教育、推进依法治理作了讲话。12月3日，市教卫党委、市教委、市司法局在虹口区新沪中学联合召开上海市中小学加强法制教育推进依法治校经验交流会。全市20个区县教育局、司法局分管领导及部分试点学校校长400余人参加会议。

1998年，第十届宪法宣传周以“贯彻宪法精神，坚持依法治市”为主题。12月1—7日，市领导陈铁迪、龚学平、金炳华、漆世贵、冯国勤等分别参加有关活动。12月3日，中共上海市委组织部、宣传部、市人大内务司法委员会、市司法局、市政府法制办公室、市法制宣传教育领导小组办公室联合召开上海市学法用法依法行政经验交流会。全市各区、县、委、办、局分管法制宣传教育的400多名领导干部参加了会议。12月4日清晨，在人民大厦前举行上海市第十届宪法宣传周升国旗暨成人宣誓仪式。12月5日，举行贯彻依法治国方略，推进依法治市进程座谈会。

1999年，第11届宪法宣传周主题为“遵守宪法贯彻《纲要》推进依法治市”。《宪法》宣传周期间，中共中央政治局委员、市委书记黄菊发表题为“遵守《宪法》，贯彻《上海市进一步推进依法治市工作纲要》，推进依法治市”的电视讲话。在上海热线主页设置“上海市第十一届宪法宣传周”专题网页；举办“贯彻宪法精神，建设社会主义法治城市座谈会”；在南京路步行街举办大型法律咨询，市人大常委会主任陈铁迪前往现场视察，和律师们一起解答市民关注的热点问题；在淮海公园举行网上法律知识竞赛抽奖仪式及法制文艺演出。各区县也开展了丰富多彩的宣传活动。

2000年，第12届宪法宣传周围绕“增强宪法意识，提高法律素质，迎接21世纪”主题举行。12月7日下午，市委宣传部、市司法局和市法制宣传教育领导小组办公室在光大会展中心举行《上海市领导干部“三五”普法文集》《“三五”普法在上海画册》首发仪式暨“21世纪领导干部必备的法律素质”座谈会。12月8日下午，南汇县在县劳动保障局会议室举行“法在生活中”法制演讲比赛决赛；12月9日上午，浦东新区在金杨广场举行“让宪法和宪法精神走进社区”宣传系列活动；12月9日上午，黄浦区在南京路步行街世纪广场举行黄浦区市民法律常识ABC知识竞赛决赛；12月10日，宝山区在区业余大学举行全区800余名处级干部学法测试。

2001年4月26日，根据中共中央、国务院转发的《中央宣传部、司法部关于在公民中开展法制宣传教育的第四个五年规划》，确定“将我国现行宪法实施日即12月4日，作为每年一次的全国法制宣传日。”12月3—9日，全市举办以“增强《宪法》观念，推进依法治国”和“学习宪法，迎接‘入世’，推进法治”为主题的“全国第一个法制宣传日暨上海市第十三届宪法宣传周”系列活动。其间，市人大常委会主任陈铁迪、市委副书记龚学平、市委副书记刘云耕、市人大常委会副主任沙麟和漆世贵等领导先后8次参加有关活动并发表讲话。各区县、委办局分别组织138项和232项活动。市和区县报刊、电台、电视台及“东方法治”网站对本次活动作跟踪报道，并制作以“宪法走进千家万户”为主题的节目及公益广告片，在有关媒体上滚动播放。

此后，每年法制宣传日和宪法宣传周的活动参与度更高、覆盖面更广、影响力更强。

2002年，全国第二个法制宣传日的宣传主题是“学习宣传宪法，推进民主法制建设”，第14届宪法宣传周的宣传主题是“贯彻宪法精神，建设社会主义法治城市”。12月2日上午9时，万车宣传宪法发车仪式暨上海市第14届宪法宣传周开幕式在上海体育场火炬台广场举行。12月2日下午，“法制影片展映周”开幕式暨《法官妈妈》首映式在上海影城举行。12月3日，在友谊会堂举行纪念现行宪法颁布施行20周年大会。12月4日，由1 200名人民警察、检察官、法官和律师组成的四个方队（每个方队300人），列队在东方明珠塔前举行“忠于宪法，服务人民”的宣誓仪式。12月4日晚，市人大常委会主任陈铁迪在上海电视台新闻综合频道发表电视讲话。12月6日，市教育党委、市劳动和社会保障局、市司法局、市法宣办在卢湾区白玉兰剧场联合举办“上海市中等职业学校学

图 2-1-8　2001 年 12 月 3 日,"全国第一个法制宣传日暨上海市第十三届宪法宣传周"万车宣传法制发车仪式在上海体育场举行

生法制文艺汇演"。12 月 7 日上午,市委组织部、市委宣传部、市委党校、市法制宣传教育领导小组办公室联合在市委党校举办领导干部法制讲座。

2003 年,全国法制宣传日的主题是"依法治国,执政为民",宪法宣传周的主题是"弘扬宪法精神,推动法治化进程"。12 月 1—7 日,开展"12.4"全国法制宣传日暨市第 15 届宪法宣传周活动。全市各级法制宣传教育部门以"弘扬宪法精神,推动法治化进程"为主题,组织开展了一系列内容丰富、形式多样的《宪法》宣传活动。

2004 年,全国法制宣传日的主题是"弘扬宪法精神,增强法制观念",第 16 届宪法宣传周的主题是"学习宪法,依法维权,建法治之城"。11 月 29 日至 12 月 5 日宪法宣传周期间,部分区县及市民防办利用"东方讲坛"举办了多场领导干部法制讲座;部分区县举行处级领导干部学法测试。上海宝钢集团公司及其各子公司组织了中心组成员学习《宪法》;市高级法院将 100 多块法制宣传版面举行巡回展览;市公安局在"12.4"全国法制宣传日组织经济侦查民警进行任职资格考试,水上公安局结合《宪法》和岗位专业知识举行了法律知识练兵竞赛活动。12 月 3 日,市委宣传部、市司法局联合召开"提高依法执政能力,推进城市法治化进程——上海市加强党的依法执政能力建设理论研讨会",市委副书记刘云耕出席会议并作重要讲话。12 月 4 日,市科教党委、市法宣办成立"上海市青少年法制教育研究培训中心",同时还成立上海市大学生普法志愿者总队;市法宣办印制了《法制宣传手册》增刊——《企业诉讼实例》,将企业经营管理中经常遇到的案例分类汇编成册,帮助企业增强运用法律知识解决实际问题的能力。宪法宣传周期间,部分中小学(职技)校举行了升国旗和宣誓仪式;开展了青少年法制教育各项主题活动;举行"中小学毒品预防教育进课堂推进会";把青少年法制教育融入辩论赛、网络竞赛等活动中,收到了良好效果。

2005 年,全国法制宣传日的主题是"弘扬宪法精神,构建和谐社会",第 17 届宪法宣传周的主题是“增强宪法观念，构建和谐社会，推进法治化进程”。11月28日至12月4日，活动期间，市法宣办与上广990新闻频率先后举办了4期系列巡礼报道，通过不同的人物和事件，从不同角度反映上海20年的普法成果和法治化进程。11月30日，市委宣传部、市司法局、市法宣办联合召开上海市纪念全民普法20周年座谈会。12月4日，由市司法局、市法宣办、嘉定区委和区政府共同主办的“创法治嘉定，建和谐社区”第十七届宪法宣传周主会场活动在嘉定博乐广场举行，市政协主席蒋以任出席并讲话。蒋以任和市人大、市委宣传部、市司法局、市妇联、团市委以及嘉定区领导慰问了法律服务志愿者，并向社区法制宣传站的法律志愿团授旗，为法律志愿者代表佩戴绶带，200余名社区法制宣传站的法律志愿者进行了庄严宣誓。

图2-1-9　2005年11月30日，纪念普法20周年座谈会召开

2006年，全市司法行政和法制宣传部门、各区县、委办局紧密围绕“弘扬宪法精神，共建和谐社会”的主题，开展了一系列形式多样的宣传教育活动。12月4日上午，来自市级机关、市综合工作党委系统的近千名公务员在上海大剧院前广场，代表全市12万公务员举行宣誓仪式，表达全市公务员忠于《宪法》，服务人民的决心，拉开了全市第18届宪法宣传周的帷幕。12月5日，全国民主法治示范村——宝山区月浦镇沈巷村召开“法律进百村入万户活动”现场推进会。12月6日上午，“勤劳富裕民主和谐——建设社会主义和谐新农村”主题宣传活动在奉贤区举行。上海电视台法制节目主持人分别与奉贤区“法治建设先进村”代表签订了结对共建协议书。12月8日是全市区县、乡镇两级人大换届选举宣传日，市委宣传部，市区县、乡镇选举工作委员会办公室，市法宣办联合组织开展系列宣传活动，向市民群众广泛宣传《选举法》的知识，动员广大选民依法积极参加选举。12月7日，市法宣办与闵行区法宣办联合在梅陇镇举办“梅陇杯”全国法制故事创作征集大赛颁奖暨赠书仪式。两届大赛共收到全国各地原创法制故事作品2万余篇，从中评选出优秀法制故事作品百余篇，在全国产生了很大影响。

2007年，在全国法制宣传日、上海市第19届宪法宣传周期间，广泛开展了以“推进平安建设，构建和谐上海”为主题的面向社会的法制宣传教育工作。12月3日，市委宣传部、市人大内司委、市司法局和普陀区举办了“弘扬法治文化·共创和谐社会”法制文艺汇演。12月4日是全国法制宣传日，召开了"学习贯彻十七大精神,扎实推进民主法治建设"理论研讨会。12月5日,市有关部门举行了2007年"市民与法——人大代表说法"讲座2007年度的最后一次讲座和闭幕式。12月7日,"公民意识与社会和谐"主题论坛在卢湾区举行。

2008年,在全国法制宣传日暨第20届宪法宣传周活动期间,全市各级法制宣传教育部门以"弘扬宪法精神,科学和谐发展"为主题开展活动。12月1日,举办"精彩世博、法治先行"专题法制宣传活动,举行迎世博法制宣讲团成立及各区县迎世博法制宣讲小分队授旗仪式。12月2日,开展全市村民自治法律知识竞赛决赛。12月4日,举办"民主法治与科学发展——改革开放30年上海地方民主法治建设的主要成就及展望"理论研讨会。12月5日,举行"树立法治风尚、打造国际城市"法治文艺演出。12月7日,举行了"市民与法——人大代表说法"系列活动闭幕仪式。各区县、各委办局也开展了形式多样的宪法宣传周活动。

2009年,在全国法制宣传日暨第21届宪法宣传周活动期间,全市以"弘扬法治精神,实现'四个确保'"为主题开展活动。12月4日,全市隆重举行"迎接世博盛会、推进法治建设"社区法制文艺汇演暨人民调解平安志愿者服务活动启动仪式。在人民调解平安志愿者服务活动启动仪式上,市领导为上海市人民调解平安志愿者服务总队、市司法局机关服务队和18个区县服务队授旗;人民调解平安志愿者代表庄严宣誓。

2010年,以"弘扬法治精神、营造法治氛围、促进社会稳定"为主题,在全市组织开展"12·4"全国法制宣传日和第22届上海宪法宣传周系列活动。其间,市人大常委会以"加强法治社会建设、做好法制宣传教育工作"为主题,组织40多名人大代表对全市"法律进社区"和来沪务工人员法制宣传教育活动开展情况进行集中视察与监督指导。12月4日,市法宣办与上海电视台、松江区依法治区领导小组、市邮政总公司联合策划举办宪法宣传周主题宣传活动暨法治赠言贺年卡揭幕发行仪式。法治赠言贺年卡分四个系列共10万多份,免费发放给广大来沪务工人员、社区居民以及全市服刑在教人员。中国电信上海公司在全市范围内发放10余万张印载法宣元素的电信卡,广泛传播法治精神。

【面向社会、面向市民法制宣传教育活动】

进入21世纪,随着普法工作的逐步深入,面向社会、面向市民的经常性法制宣传教育活动,范围更广,内容更丰富,群众性普法用法蓬勃开展。

2000年,全市各级法制宣传部门以提高市民的法律意识和法制观念为目标,把法律咨询、法学教育、法律服务、"110"公安司法联动、"16000148"法律服务专用电话、法律援助和人民调解工作融合在一起,通过开办居民法制教育学校送书上门、以案释法和设立司法行政综合服务窗口等形式,开展多渠道的法律进社区、进企业、进家庭活动。为配合新颁布法律法规的学习宣传,市法宣办与有关部门联合发文,开展《合同法》《行政复议法》《立法法》《兵役法》《村民委员会组织法》《土地管理法》《房屋租赁条例》《预防未成年人犯罪法》《归侨侨眷权益保护法》等法律法规的宣传。其间,以市委宣传部、市妇联、团市委、市总工会和市法宣办等联合组织的学法用法系列活动和市商业党委、东方广播电台、市法宣办等联合举办的"百万商业职工法律知识大赛"参加者逾百万,有较大的覆盖面,影响广泛。

2001年,市法宣办与有关委办局建立每季度一次的法宣工作例会制度,积极协调各行政执法部门,对相关的23部专业法律法规加大面向社会宣传的力度。市法宣办组织编写《市民法律知识ABC》《公务员依法行政补充读本》等教材。各区县、委办局也开展了形式多样的专业法宣传活动。全年,《解放日报》的"法律服务"共刊出52期,《新民晚报》的"法律广场"共刊出52期。上海人民广播电台、东方广播电台、上海电视台等大众传媒也积极发挥在面向社会、面向市民法制宣传教育中的主渠道作用。

2002年，面向社会、面向市民开展法律法规宣传，特别是与市民密切相关的专业法律法规的宣传。(1) 及时宣传新颁布或施行的法律法规如《科学技术普及法》《安全生产法》《政府采购法》《农村土地承包法》《上海市轨道交通条例》《上海市市容环境卫生管理条例》等。(2) 运用各种宣传日进行专业法律法规宣传。每年3月份的第一周，市民族宗教事务委员会在全市开展宗教政策、法律法规宣传周活动；3月6—12日，市妇联、市司法局、市法制宣传教育领导小组等部门联合举办以“服务妇女、保障权益、促进发展”为主题的妇女维权宣传服务周活动。3月12日植树节，市绿化局在100多个宣传点上开展以爱绿护绿为主题的宣传教育活动；3月15日，全市开展宣传《消费者权益保护法》宣传咨询活动，维护消费者的合法权益。从宣传月(日)和纪念日分布看，量多、面广、月月有，保障法制宣传长年不断。

图2-1-10　2002年3月9日，市委副书记刘云耕(右一)巡视“服务妇女、保障权益、促进发展”为主题的妇女维权宣传服务周活动法律咨询服务现场

2003年，以各类纪念日为契机开展面向社会的法制宣传工作。为全市有效防止“非典”，市法宣办组织编印《传染病相关法律知识问答》，将依法防治“非典”挂图及有关宣传品送到市民手中。市法宣办先后在3月1—7日，与市民族宗教委联合开展民族和宗教法制宣传周活动；3月8日起，与市妇联举行“保护妇女劳动和婚姻家庭合法权益”为主题的维权周活动。围绕“3·15”消费者权益保护日，与市工商局、市消协联合开展面向全社会的《上海市消费者权益保护条例》的宣传活动，市工商局还通过全市5 438个“居(村)委会消费者权益保护联络点”向社区宣传法律法规11 638次，组织联络员学习相关法律知识2 681次。8月21日，与市老龄办联合举行“上海市老年维权工作经验交流会”，并命名100家“老年维权示范岗”。12月4日及当周，是全国第三个宪法宣传日和上海市第十五届宪法宣传周，主题分别是“依法治国，执政为民”和“弘扬宪法精神，推进法治化进程”，由市法宣办牵头，各区县和委办局积极参与，形式多样、贴近市民，在全市努力营造学习宪法、宣传宪法、遵守宪法的法治氛围，使各项法制宣传教育活动再掀高潮。

图 2-1-11　2003 年 9 月 28 日敬老节期间，市司法局、市妇联、《新闻午报》社、徐汇区司法局联合举办“老人与法”上海敬老法律咨询活动

2004 年，针对行业特点开展普法宣传。3 月，市妇联、市法宣办举行了“华东六省一市妇女法律知识网络竞赛”(上海赛区)和“三八妇女法律咨询专场活动”，有关专家和律师现场共接待各类咨询 40 余人次；10 月，在上海市信访条例施行一周年之际，市信访、市法宣办举办了“坚持依法信访，维护合法权益，遵守信访秩序，规范信访行为”的大型专题宣传活动。此外，市消保委、市法宣办开展“3·15”消费者权益保障日宣传活动，市禁毒办、市宣办组织禁毒宣传月宣传活动并组建全市禁毒宣讲团赴基层进行巡回演讲，市民族宗教委、市法宣办开展民族宗教法制宣传周活动。市法宣办还会同各有关部门先后开展了《食品卫生法》《道路交通安全法》《档案法》《老年人权益保障法》等法律法规宣传活动。

2005 年，面向社会的各项法制宣传活动广泛开展。(1) 3 月 6 日，由市妇联、市司法局、市法宣办联合主办的以“提高法律素质，建设和谐家庭”为主题的“百万家庭学法律”活动在闸北区青少年活动中心启动。市委副书记刘云耕出席仪式，并点击开通“百万家庭学法律”网上知识题库。启动仪式后，由 12 位专家、律师、法官组成的“百万家庭学法律”法制宣讲团深入社区开展法制宣讲。12 月 24 日，举行“百万家庭学法律”知识竞赛电视总决赛。经过网络初赛、区县复赛等层层选拔，选出总决赛桂冠，为本市“百万家庭学法律”系列活动画上了一个圆满的句号。(2) 3 月 26 日至 4 月 20 日，市法宣办会同市社联，利用东方讲坛举办“司法为民、依法维权”系列法制讲座共 32 场，受到市民的普遍欢迎，几乎场场爆满。3 月 26 日，全市各大报纸相继刊登了“法学专家为市民讲法”的新闻报道。8 月 11 日至 9 月 17 日，市法宣办在东方讲坛推出第二期以“推进城市的法治化进程”为主题的 24 场法制系列讲座，所有场次都向社会公众免费开放，并精选了 4 场讲座进行现场录音，于国庆黄金周期间在上海人民广播电台与广大听众见面。(3) 5 月，市禁毒办与市法宣办联合组建上海市服刑劳教人员禁毒宣传报告团。8 月 4 日，以“痛诉毒品危害，共筑禁毒长城”为主题的全市首场禁毒宣传报告会在市科学会堂举行，300 多位来自各区县的禁毒工作人员、社区居民参加了报告会。

8—11月，禁毒宣传报告团赴本市社区、学校、机关、企业、乡村等基层单位进行32场巡回宣传，受众人数达2.5万，受到基层群众的热烈欢迎。

2006年，努力在全社会营造“手牵手共创平安上海，心连心同筑和谐家园”的良好氛围。3月4日，由市妇联、市综治办、市司法局、市法宣办联合主办的2006年“三八”妇女维权周暨“平安家庭”创建活动启动仪式在长宁区举行。市委副书记刘云耕出席并为妇女代表发放了印有长三角各城市妇女维权求助途径和热线电话的《长三角维权一卡通》。来自公安、检察、法院、司法行政、民族宗教、侨务等部门的志愿者在现场为妇女提供义务法律和政策咨询，并发放法制宣传资料。市妇联还结合“平安家庭”创建等载体建设，将2006年定为法制宣传年，全面开展《妇保法》等宣传活动，在东方网上海女性频道开出知识竞赛专栏，有10万人次参加了《妇保法》知识竞赛。5月25日是交通安全宣传日，由市文明办、市公安局、市法宣办联合主办了“‘知荣辱，讲文明，迎世博’——文明在我脚下‘5·25’交通文明宣传活动”。市委宣传部、市公安局、市法宣办明确将交通文明宣传作为2006年的一项重点工作，通过各类媒体，利用典型案例，强化交通法规的宣传，先后组织全市500万市民参加的《交通安全法》考试以及“6·25”新闻媒体志愿者交通文明岗、“7·25”母亲日、“8·25”百位电影明星交通文明宣讲等八次大型系列宣传活动，提高市民的交通文明和交通安全意识。7月20日，市司法局、团市委、市科教党委、市教委、杨浦区教育局、法宣办联合举办了“知荣辱、学法律、迎世博”青少年法制教育主题教育活动启动仪式。来自杨浦区12个社区的中学生、社区青少年和大学生志愿者900多人观看了电影《网络少年》、参加了“与法同行——法律知识挑战赛”、参观了杨浦法院博物馆并旁听杨浦区人民法院的庭审。

2007年，大力宣传与人民群众日常生产生活密切相关的法律法规。广泛宣传《物权法》，通过《法制宣传手册》《法治参阅》集中发表了有关法学专家关于物权法的文章，作为领导干部和广大法宣干部学习物权法的辅导材料。各区县及有关委办局广泛开展了物权法的宣传和讲座活动，全市共举办物权法知识讲座近500场。正确宣传《劳动合同法》《就业促进法》，市劳动和社会保障局联合市总工会、市司法局等部门开展“两法”宣传月活动，市法宣办组织各区县、各委办局的法宣干部参加了司法部举办的“两法”卫星远程讲座。各区县也纷纷举办“两法”讲座、培训以及组织“两法”下乡村、进社区、入企业等各种活动。

2008年，开展迎奥运法制宣传活动。3月，市委宣传部、市法宣办、市体育局、徐汇区、浦东新区、黄浦区联合举办“奥运法制宣传上海行”活动启动仪式。司法部副部长张苏军、市人大常委会副主任王培生出席活动并讲话。各区县分别成立奥运法制宣传小分队，深入社区、乡村、学校宣传奥运相关法律知识。汶川大地震发生后，结合突发事件开展主题法制宣传教育活动。有关部门迅速组织开展《防震减灾法》《破坏性地震应急条例》《突发公共卫生事件应急条例》等与抗震救灾密切相关法律法规的宣传。6月，市法宣办、市应急办、长宁区联合开展《突发事件应对法》及《防震减灾法》宣传教育周活动，市人大常委会副主任胡炜、副市长沈骏出席启动仪式。

2009—2010年，主要以服务上海世博会为重点，开展法制宣传教育。此外，抓住“统计法”“保守国家秘密法”和“人民调解法”等法律法规修订或颁布的有利时机，充分运用报刊、广播电视和互联网等传播媒介，举行专题讲座、新法培训、专家答疑等宣传活动，为新修订、新颁布法律的顺利实施奠定群众基础。

【“法律六进”宣传活动】

法律进机关、进乡村、进社区、进学校、进企业、进单位（简称六进）是“五五”法制宣传教育的重点工作。

2006年8月30日,市委宣传部、市司法局、市法宣办联合下发《关于学习贯彻〈中央宣传部、司法部、全国普法办关于开展“法律六进”活动的通知〉的通知》,要求全市各区县委办局法制宣传教育部门结合各自实际,认真贯彻执行。12月,根据全市“五五”普法规划和中宣部、司法部及全国普法办关于开展“法律六进”活动的要求,市法宣办明确将领导干部法制教育和法律进机关、进乡村、进社区、进学校、进企业、进单位作为新一轮五年法制宣传教育的重点工作,分别会同有关部门制定开展“法律六进”的实施意见,通过细化要求,落实责任,明确目标,努力将各项重点工作落到实处。

2007年,全面部署“法律六进”活动。3—5月,市法宣办与相关部门联合制定下发了关于“五五”普法期间深入开展“法律进机关”“法律进乡村”“法律进社区”“法律进学校”“法律进企业”活动的五个实施意见,进一步细化了工作要求,明确了各部门的职责分工。(1)以加强公务员学法制度建设为重点,开展“法律进机关”活动,全年共举办领导干部和公务员法制讲座1 000余场,法制专题研修班近50期。(2)开展“法律进乡村、进社区”活动。在送法下乡方面,全年共送法律资料1 600.5万册、举办法制讲座555场、开展法制文艺下乡334场、举办法制实践活动2 410次、培训农村干部4 413名、为2.3万人提供法律咨询。同时,逐步将“民主法治村”创建工作纳入经常化的轨道。8月,市委宣传部、市民政局、市司法局在嘉定区江桥镇太平村联合召开上海市“法律进乡村”现场推进会,进一步明确了“民主法治村”创建工作的有关要求。市民政局和市司法局以开展第三届“全国民主法治示范村”的评比推荐工作为契机,对各有关区县推进基层农村的民主法治建设的情况进行了实地调研,初步形成了全市“民主法治村”考核细则。11月7日,市委宣传部、市民政局、市司法局和市法宣办在浦东新区洋泾街道联合召开“法律进社区”现场推进会,通过推介有关区县和街道在“法律进社区”和开展“民主法治小区”创建工作的经验和做法,进一步明确了“法律进社区”的工作思路。(3)完善“法律进学校、进企业”的工作机制。市科教党委、市法宣办联合召开了以“推进学校章程建设,深化法制宣传教育”为主题的学校法制教育工作研讨会,以学校章程建设为抓手推进“法律进学校”活动。市科教党委还通过召开法宣工作座谈会、调整师资培训纲要和单位文明创建(和谐校园)活动相关评估指标等方法,督促检查青少年法制宣传教育工作的落实情况。各有关委办局结合实际,不断丰富“法律进企业”的形式和内容。黄浦区积极开展“法律进两新组织(新经济组织、新社会组织)”活动,长宁区、静安区司法局共同主办“和谐·长安杯”楼宇从业人员法制辩论赛。(4)市法宣办根据进城务工人员的实际,组织编印了《进城务工人员法律知识指南》一书,以案说法,比较全面地解答了进城务工人员在工作和生活中经常遇到的法律问题。市总工会与市文明办、市法宣办、市社保局联合举办了农民工“学法律、知荣辱、讲文明、促和谐”风采大赛,全市48个区县局(产业)有9.3万名农民工参加了知识竞赛答题。

2008年,开展法律“六进”活动。(1)“法律进机关”活动得以进一步深化。在领导干部和公务员学法方面,全年各区县和委办局举办处级以上领导干部法制讲座250余场,公务员法律知识讲座近1 000场,法制专题研修班50余期。各区县和有关单位还不断探索和丰富领导干部和公务员法制学习的形式。认真承办“百名法学家百场报告会”上海宣讲活动。4月29日,“百名法学家百场报告会”上海专场在市委1号会议室举行,中共中央政治局委员、市委书记俞正声主持报告会并作重要讲话。此外,报告团于4月25日、28日两天分别开设了4场专题报告会,为市委党校中青班、全市政法系统领导干部、市经济系统领导干部以及杨浦区各级领导干部深入讲解有关社会主义法治理念以及国家民主法制建设的一些重大问题。推进全市公务员法制培训和考核工作,市委组织部、市委宣传部、市人事局、市法宣办联合组织编写了公务员法律知识读本,下发了上海市公务员“五五”普法培训实施方案。会同市委宣传部、市委组织部，组织开展了2008年度“学法用法模范公务员”和“学法用法示范机关”评选工作。(2)“法律进企业”和“法律进学校”工作取得进展。4月，市法宣办召开“法律进企业”交流座谈会。与市经济工作党委、市国资委、市工商局、市劳动和社会保障局、市总工会联合下发《“守法经营示范企业”创建基本要求及考核细则(试行)》和《关于在本市企业开展“学法在我身边，和谐在于行动”法制宣传教育活动的通知》，举办普法警句格言征集活动。5月，市法宣办会同市科教党委、市教委联合召开“法律进学校”工作座谈会。市委宣传部、市教委、市法宣办联合下发《本市贯彻实施〈中小学法制教育指导纲要〉的若干意见》，起草研究本市教育系统“依法治校示范校”评选标准体系。市法宣办与市教委联合举办农民工同住子女小学校长法制培训班及教育系统与司法行政系统部分法宣干部法制培训班。(3)继续推进“法律进乡村、进社区”活动。市法宣办会同市委宣传部、市民政局对全市19个区县市级民主法治村及小区的创建工作进行检查，评选出第一批“市级民主法治村”和“市级民主法治小区”。与市人大常委会培训工委、市律师协会联合开展“市民与法——人大代表讲法”系列讲座活动；与市民政局联合组织开展了纪念《村民委员会组织》颁布十周年系列宣传活动；依托复旦大学和同济大学，完成了新一轮市民法律素质评估工作。

2009年，继续开展法律“六进”活动。(1)坚持抓好“法律进机关”活动。2009年，进一步落实各项领导干部和公务员学法制度，全年各区、县和委办局举办处级以上领导干部法制讲座200余场，法制专题研修班近百期，领导班子会前学法活动300余次。联合市委组织部、市委宣传部，评选出上海市2009年度“学法用法模范公务员”和“学法用法示范机关”。深入贯彻全国领导干部学法用法工作经验交流电视电话会议精神，商市公务员局，研究制定公务员普法培训考试方案，并制作培训课件和考试题库。积极组织开展“全国公务员学法用法征文”活动，选出一批优秀作品报全国普法办。(2)广泛开展“法律进乡村、进社区”活动。认真贯彻落实市委、市政府办公厅《贯彻实施九届市委七次全会〈实施意见〉重要举措分工方案》和司法部关于开展农村法制宣传教育活动的要求，对全市9个涉农区、县的农村法制建设和法制宣传教育工作情况开展全面调研，下发加强全市农村法制建设和法制宣传教育工作的指导意见。会同市民政局，组织开展第二批市级民主法治村、小区评选活动，完成全国第四批民主法治示范村初评和报送工作，浦东新区航头镇沈庄村等9个村获得第四批“全国民主法治村”称号。积极参与由市委宣传部牵头组织的“三下乡”活动，着力推进基层农村法制讲座、法律咨询和法制文艺活动经常化、制度化。会同市人大内司委、人大常委会培训工委和市律师协会开展2009年“市民与法——人大代表说法系列”讲座活动，全年举办讲座28场，范围覆盖到全市11个区、县的街镇社区，市人大常委会副主任王培生出席活动启动仪式和座谈会。(3)推进“法律进学校、进企业”活动。年内，会同市委宣传部、市教卫党委、市教委制定《关于本市贯彻实施〈中小学法制教育指导纲要〉的若干意见》，为有序、有效推进各中小学校全面规范开展中小学法制教育提供依据。联合市教卫党委、市教委，组织开展市级青少年法制课优秀教案评比活动。会同团市委举办全国青少年法律知识竞赛上海赛区活动，上海代表队荣获三等奖和优秀组织奖。上海市“新沪杯”中小学生法律知识竞赛在市教卫党委、市教委、团市委的协同下得以继续扩大影响。开展2009年“守法经营示范企业”评选活动，41家企业获得首批上海市“守法经营示范企业”称号。走访有关区县和行业协会，开展法律进“两新”组织情况调研，制定下发《关于开展法律进“两新”组织活动的实施意见》。

2010年，继续深入开展“法律六进”工作。(1)加大领导干部和公务员学法用法的推进力度。全年共举办各级领导干部法制讲座2 000多场，法制专题研修班1 000多次。作为局级以上领导干部学法的有益资料，全年共编辑《法治参阅》12 期，发放 36 000 余份，市委领导对第 8 期的内容作批示，要求全市政法系统领导干部认真学习。利用“上海干部在线学习城”网络平台优势，深入推进领导干部学法用法。全年全市 5 300 余名各级干部参加网上法律法规有关课程的学习。扩展公务员法制培训平台，与市公务员局和市干部教育培训中心联合，依托互联网和各单位局域网开展全市公务员“五五”普法培训和测试工作，全市近 4 万名公务员参加培训和测试。组织开展 2010 年度“百名法学家百场讲座”上海专场活动。(2) 增强青少年法制宣传教育工作的有效性。举办全市中小学法制课教师专题培训研讨活动，努力提高中小学法制课教学质量和水平。举办第二届上海市“新沪杯”中学生法律知识竞赛，全市近 300 所中学参赛。市法宣办与卢湾区合作，对青少年学法状况作了深入调研并进行青少年法制教育专题宣传片的策划和设计工作。(3) 扩大农民工等特殊群体法制宣传教育的覆盖面。春运期间，组织开展“关爱农民工、学法迎世博”主题法制宣传活动。以车站码头和交通道口为平台，通过提供法律咨询、发放法宣产品等形式开展一系列切合农民工实际需求的法制宣传活动。市委宣传部、市文明办、市总工会和市法宣办与《上海故事》杂志社联手，举办“农民工讲故事”大赛；继续开展迎世博农民工基本素质培训，基本实现两年培训 200 万农民工的目标。(4) 积极开展法治城区和基层法治创建活动。以项目化推进为抓手，全面开展“法治城区”创建活动，嘉定区、徐汇区获得“全国法治城区创建活动先进单位”的称号。开展第三批上海市“学法用法模范公务员”和“学法用法示范机关”“民主法治小区”和“民主法治村”评选活动。

【“推进平安建设，构建和谐上海”主题宣传活动】

2006 年 4 月 17 日，市法宣办在全市部署开展以“推进平安建设，构建和谐上海”为主题的系列宣传教育活动。各区县法宣办积极响应，结合本地区实际，以推进基层平安建设为重点，开展了形式多样的宣传教育活动。浦东新区积极动员政法干警参与特殊人群社会志愿者服务活动；闵行区建立了全市首家社区来沪青少年服务站；长宁区在临空经济园举行企业内进城务工人员守法宣誓仪式；普陀区举办“普安杯”民间纠纷防激化百日安全竞赛、“推进平安建设，构建和谐普陀”社区摄影大赛；黄浦区成立平安黄浦巡回宣传队；静安区举行“平安城区”万人签名活动；闸北区结合上海火车站周边环境整治以及春运，通过法制宣传版面巡展、发放宣传资料等形式开展了系列宣传活动；金山区举办法制故事创作征集暨巡回演讲大赛；杨浦区新江湾城街道建立进城务工青年法制教育学校等等。

2007 年，围绕“与法同行，共创和谐法治氛围”的主题，先后举办了民族宗教法制宣传周、“三八”妇女维权周、知识产权宣传周、“让我们依法护侨”——上海市侨法宣传月、交通安全系列宣传活动、首届“平安英雄”“东方大律师”巡回演讲以及禁毒法制宣传教育活动，市委副书记刘云耕，市委常委、市委政法委书记吴志明，市委常委、市委统战部部长杨晓渡分别出席了“3・8”妇女维权周、上海市首届“平安英雄”“东方大律师”首场演讲报告会和侨法宣传月启动仪式。东方讲坛办公室结合宣传侨法和道路交通安全法在全市举办了 100 多场法制讲座。

2008 年，继续开展“推进平安建设，构建和谐上海”主题宣传活动。春运期间，在闸北区和徐汇区的协助下，在上海火车站和上海南站开展“共享法治阳光，同建和谐家园”进城务工人员法制宣传教育活动。“3・8”国际妇女节期间，与市妇联联合开展主题为“维护妇女合法权益，共建平安和谐家园”的妇女维权周活动；在全市第 21 个“敬老日”，与市民政局、市公安局等单位联合为老年人开展法律宣传、咨询和服务活动；与有关部门联合举办“知识产权宣传周”、交通安全宣传、民族宗教宣传月、“6・26”国际禁毒日暨《禁毒法》集中宣传等一系列活动。

图 2-1-12　2006 年春节，闸北区在上海站开展春运法治宣传活动

2009 年，以“学法律、促发展、保稳定、迎世博”为主题，继续开展“推进平安建设，构建和谐上海”宣传活动。全市各有关单位围绕新中国成立 60 周年主题和各种纪念日、专题宣传日等节点，精心策划禁毒宣传月、“3·8”妇女维权周、上海市第二十二个敬老日、“3·15”消费者权益保护日、“知识产权宣传周”、交通安全宣传、民族宗教宣传月、第二十二届“中国水法”宣传周、“举报宣传周”“迎国庆”等各类大型主题宣传活动。继续发挥各个区县的司法信访接待窗口、“12348”法律服务专线、消费者维权热线等法律咨询和服务平台的作用，为广大市民释疑解惑、依法维权提供帮助。

【迎接世博法制宣传活动】

2009 年，围绕全年工作重点，组织开展迎世博法制宣传教育活动。3 月，市法宣办启动迎世博社区法制文艺优秀节目评选活动，先后演出近 20 场，观摩演出的社区群众近万人，在宪法宣传周期间，举办优秀社区法制文艺节目汇演。4 月，启动“迎世博网上法律知识月月赛”活动，在“东方法治网”上开展面向全国的网上法律知识竞赛，向市民免费发放由市版权局、市文广局与世博局联合制作的世博会版权保护知识宣传手册。市法宣办成立市迎世博法制宣讲团，各区县同时组建迎世博法制宣传小分队，依托东方讲坛，深入全市基层社区农村，向广大市民宣讲交通安全、知识产权保护、公共安全、预防犯罪、和谐家庭等方面的法律知识，全年共举办社区法制巡讲近 400 场。8 月，市司法局、上海世博局和黄浦区政府联合举办“世博会与市民法律素质”理论研讨会，市委常委、市委政法委书记吴志明出席并讲话。11 月，市法宣办组织开展法制宣传精彩案例评选活动。会同市教卫党委、市教委、团市委开展“迎世博、讲法制、促和谐”上海市青少年法制宣传书画作品征集活动。12 月，宪法宣传周期间，紧扣“弘扬法治精神、实现‘四个确保’”，举办以“迎接世博盛会、推进法治建设”为主题的社区法制文艺汇演，市委常委、市委政法委书记吴志明出席活动并讲话，市人大常委会副主任王培生、市政协副主席朱晓明出席活动。

2010 年，围绕大局，以服务上海世博会为重点，大力开展法制宣传教育。(1) 贴近市民生活实际，广泛开展世博法制宣传活动。与全国普法办联合策划组织世博法宣活动，以“秩序文明、交通文明、行为文明、生态文明、文明参与”为主要内容，设计编印中英文对照的世博法制宣传明信片20多万份，在世博场馆和周边区域的公共场所免费发放；依托“中国普法网”和“东方法治网”，承办为期2个月的“学法伴我世博行”全国网上法律知识竞赛活动，吸引各省市4万多网民积极参与。继续开展“市民与法——人大代表说法系列”活动，举办大型法制讲座和法律咨询活动30余场；全市基层社区广泛开展法制讲座、法律咨询，法制电影巡演、法制故事巡讲活动，获得良好社会反响。(2)着眼城市安全运行，跟进开展专项法制宣传活动。积极应对世博会举办期间城市安全运行面临的挑战，市法宣办制定下发《关于认真做好世博安保相关政策规范宣传工作的通知》，作为全年重点工作进行认真部署和广泛动员。各级法宣工作部门积极响应，结合各项世博安保政策法规的实施，开展多种形式的宣传教育活动。认真组织开展校园周边安全系列法制宣传教育活动，进一步强化各类学校的安全责任意识和中小学生的自我保护意识。以“11·15”特大火灾事故为戒，市法宣办印发《关于在全市进一步加强〈消防法〉、〈安全生产法〉等法律法规宣传工作的通知》，会同有关单位和部门在全市各个层面迅速组织开展与防火救灾和安全生产紧密相关的法律法规宣传教育活动。

第四节　法制宣传教育载体

为适应群众文化的需要，市司法局通过报刊、广播、电影、电视、网络等载体，开展丰富多彩的法制宣传教育活动，传播法律知识，弘扬法治精神，促进社会和谐。

一、纸质载体

【《法苑》】

1956年9月，经中央司法部、市委宣传部、市人民委员会政法办公室批准，由市司法局与高级人民法院合办的《上海司法工作通讯》(月刊)正式出版，内部发行。

市司法局恢复重建后，1981年3月7日，经市委宣传部批复同意，《上海司法工作通讯》复刊，更名为《上海司法》(月刊)，由市司法局主办，为内部刊物，同年5月正式出版。办刊人员在市司法局原宣教处列编，1984年在宣传处列编，至1985年共出版55期，发行80.2万册。月刊设“工作研究”“疑难案例讨论”“知法执法”“审判作风”“调解员园地”“公证工作”“律师工作”“干部培训”“国内外司法情况简介”及小品等栏目。

1986年1月，经市编制委员会批准，《上海司法》更名《上海法苑》，由市经济法规研究中心、市司法局和上海经济法研究会合办，市司法局主管。成立《上海法苑》杂志社，为局属处级事业单位，编制25人。月刊向全国公开发行，江泽民题写刊名。1990年12月，改由市司法局一家主办。

1993年经国家新闻出版署批准，刊名改为《法苑》。1997年起，《法苑》杂志增加市高级人民法院为联合主办单位。2001年11月，《法苑》杂志入选“中国期刊方阵”。

1994年《法苑》改为大16开本，开辟“专题”“浦东法制”“110报警台”“律师楼纪事”“反腐倡廉”“谍海浮沉”“文学角”“名家专栏”“各地传真”“世界之窗”等栏目。1998年第2期起，增辟“重庆专版”。2001年，推出“本刊关注”，开辟“新视野”栏目、增辟“监狱专版”。2002年，增辟“法治快读”专版。

2002年“百万股债下崛起的患难夫妻”一文刊载于《法苑》杂志第八期。该文讲述了一对夫妻在炒股时被骗股款百余万元，一度因还不起他人委托炒股的巨额债款，曾试图出卖自己的器官还债，甚至动过自杀的念头。日后，这对患难夫妻含辛茹苦，发奋创业，从做小生意到开店、办厂，用艰辛挣来的钱，全数还清了百万巨债。此文在《法苑》杂志刊出以后，在社会上引起了强烈的反响。9月15日，上海电视台"有话大家说"栏目以这个真实的故事为内容，特邀《法苑》杂志社编辑部主任、文章作者为嘉宾，并请文中的"患难夫妻"一起上荧屏，参加谈话节目。

2005年，《法苑》杂志社机构撤销，《法苑》变为内刊。

【《上海法制报》】

1983年10月17日，经市委宣传部和市委政法委批准，由市司法局主办的《上海法制报》试刊第一期出版，1984年1月正式公开发行，订户遍及全国各省市。中共中央书记处书记陈丕显为该报题词。中央顾问委员会委员、原司法部部长魏文伯及原全国人大常委会副委员长周谷城也为该报题词。1984年为4开4版周报，1985年为每月周末4开8版，1986年为4开8版，1991年为4开4版周2报，1993年为每周周一、周末两期，1994年为每周周一、三、末各一期。2001年起由4开8版改为对开8版。

该报开辟"关心焦点""社会访谈录""观察与思考""法规""侦破纪实""严打专题报道""申城'一五'普法一瞥""浦东专版""环球经纬""周末闲话"等栏目。2000年4月起，报社与市综治办共同开设综合治理专版。

1996年1月，经上海市人大常委会办公厅批准，《上海法制报》报社开始派记者赴京参加对全国人大会议的报道。

1998年，特邀社会各界资深人士组成专家评报团，定期对报纸加以评论分析。首届评报团成员由原市司法局局长薛明仁、原《文汇报》总编辑马达、原《人民日报》华东分社秘书长贾安坤、原《新闻记者》杂志社主编魏永征、上海社科院法学所研究员浦增元、复旦大学新闻学院院长陈桂兰、赵民等7人组成。2个月刊出1期专家评报团对该报各版的评论、意见。

2000年3月30日，市委宣传部召开全市报刊调整工作会议。会上，宣读了国家新闻出版署关于报刊调整方案的批复，提出《上海法制报》社由上海市委政法委主管、主办。6月30日，市委政法委与市司法司签订报社移交协议书。同年，经中华人民共和国新闻出版署研究，同意《上海法制报》更名为《上海法治报》。

【《法制宣传手册》】

1984年9月，经市委政法委同意，市司法局法制宣传处试办《法制宣传信息》，每月一期，内部发行，是法制宣传的综合性、通俗性宣传资料。设"每月一轮""经验介绍""中小学法制课""法制连环画""黑板报与广播站""青工学法及宣传提纲""访问记"等栏目。1985年4月，《法制宣传信息》改为《法制宣传手册》，由上海市普及法律常识办公室(简称市普法办)主办，1993年停刊。1994年复刊，仍由市普法办主办，《法苑》杂志社负责编辑出版。开辟"上情下达""普法论坛""别忘了你的权利""法律广角""以案释法""社会调查""校园内外""司法局长访谈录"等栏目。《手册》分送全市各基层单位。

2002年，《法制宣传手册》从1月开始采访媒体主要负责人，让他们谈如何开展"四五"普法和相关的依法治理的特色、特点，进一步促进在媒体中开展学法用法活动。

2005年《法制宣传手册》出版增刊《企业诉讼实例》，将企业经营管理中经常遇到的案例分类汇编成册,帮助企业增强运用法律知识解决实际问题的能力。

2009 年,为了配合"五五"普法工作,《法制宣传手册》从原先的 48 页扩版至 64 页,扩大了宣传报道的内容,全年共刊发各类文章 500 余篇,插页彩色图片、内页黑白照片共 1 100 余张。

2010 年,《法制宣传手册》进行全面改版,精简篇幅,优化栏目设置,完善工作机制,设专人负责编辑,每个栏目也落实责任人,提高了内容的可读性和针对性。为全面宣传"五五"普法各项成果,《法制宣传手册》上还开设"五五新得"征文栏目,既总结了工作经验,又宣传了普法成果。

【《打工族画刊》】

1994 年 7 月,由市司法局和市外来流动人口管理协调小组联合创办,《法苑》杂志社出版,内部发行,每月一期。这是全国首家推出以加强对外来流动人口管理和服务为宗旨的刊物,主要宣传上海对外来人口管理的政策法规,反映外来人员劳动、生活情况和要求。该刊面世后,在社会上尤其在外来人口聚居地区及广大"打工族"中引起关注和称道。1995 年 7 月,中共上海市委副书记王力平为该刊一周年题词"参与上海建设,推动家乡发展"。至同年底,共出版 18 期,发行 90 万份。开辟"上情下达""引以为戒""派出所档案""心有千千结""自我宣传""入城须知""为您服务""法律信箱"等栏目。

2002 年 7 月,由《法苑》杂志社编辑出版的《打工族画刊》与安徽省六安市叶集驻沪教育辅导办公室联合创办的"知识民工创业之家"成立。"知识民工创业之家"设立了法律咨询热线,推出了星期六法律服务接待日,组织外来务工经商人员参加职业培训、掌握劳动技能、普及法律知识,为外来务工经商人员提供法律帮助。

【《法治参阅》】

2004 年 7 月,在市委组织部的推动下,市领导干部法制教育联席会议召开首次成员单位会议。根据会议决定,自 7 月起,每月编印一期领导干部学法资料《法治参阅》,供全市局级领导干部阅读参考。《法治参阅》的定期编发,为全市局级领导干部学习法律提供了一个很好的平台。

二、广播、电影、电视载体

1984—1988 年,市司法局共组织拍摄录制了 200 多部法制电视专题片、电视剧和小品,以及 100 多条电视新闻,在普法教育中收到良好的宣传效果。1985 年 11 月 9 日,中央领导习仲勋、乔石在上海观看了由上海市劳改局和深圳影业公司合拍电影《少年犯》,称赞对社会治安综合治理和法制宣传各方面有教育作用。11 月 25 日,《少年犯》影片在上海大光明电影院举行首映式。司法部部长邹瑜等到沪参加首映式。市委、市政府和市委政法委、市委宣传部等有关领导参加首映式。1986 年 6 月,该影片获 1985 年度广播电视部优秀故事片奖和第九届《大众电影》百花奖。

1994 年 6 月,市司法局与上海电视台联合开辟专题节目《神圣的阳光》,将公民日常生活中遇到的法律问题编摄成电视系列短剧,宣传法律知识,至 1995 年底,共播出 170 集。

1997 年,市法制宣传教育领导小组办公室和上海电台"市民与社会"节目合作,于 1 月 7 日起连续 3 天播出新刑事诉讼法专场,于 9 月 29 日起开设 8 场新刑法专场,邀请司法界有关领导和专家对刑事诉讼法、刑法的修改部分向市民作系统讲解,并接受听众的现场咨询。12 月上旬,市法制宣传教育领导小组办公室组织拍摄《市场呼唤法治》《生活在法治社会中——上海依法行政面面观》两部法治电视专题片。通过对有关领导、法律专家以及企业负责人的访谈，运用大量生动形象的典型实例，反映上海在市场经济的发展过程中逐步健全社会主义法制，用法律来规范企业行为，加强行政执法人员依法行政的成果。专题片在上海电视台“案件聚焦”栏目和东方电视台“法律与道德”栏目播出后，收到很好的宣传效果。

1999 年，市司法局选送 18 部剧目参评全国第五届法制影视“金剑奖”，9 部法制影视片获奖；选送新闻参评第十二次全国法制好新闻，4 篇新闻获奖。

2000 年 4 月 6 日，市司法局、市广播电影电视局、市法制宣传教育领导小组办公室联合举办上海市第三届法制电视专题片评比活动，各区县、各委办送来参赛的反映“三五”普法成果的专题片 60 多部，经专家评委的认真审议和评比，共评出一等奖 2 名、二等奖 4 名、三等奖 8 名、特别奖 3 名、优秀奖 30 名。

2001 年，“四五”普法启动，大量法制栏目的开辟和法制影视的播出，使法制宣传做到了每天电台上有声音、电视上有画面。6 月，在第六届全国法制题材电视节(剧)目“金剑奖”评选活动中，评出“金剑奖”上海入围作品 10 件(部)，其中被评为全国法制题材电视节(剧)目“金剑奖”二等奖 3 个：上海电视台社教海外中心的“案件聚集”获法制电视专栏二等奖、上海影视有限公司的《红色康乃馨》获法制题材长篇电视剧二等奖；三等奖 3 个：上海有线电视台的《为了人类共同的智慧》获法制专题片三等奖、上海东方电视台的《法律与道德》获法制电视专栏三等奖、市司法局和上海演员剧团的《人生有缘》获法制题材长篇电视剧三等奖。全年，上海人民广播电台每周一至五都播出“法庭内外”节目，共播出 365 小时，东方广播电台的“东方大律师”共播出 202 小时，上海电视台的“案件聚焦”共播出 103 期，市司法局、市法宣办和上海电视台共同主办的“社会方圆”共播出 231 期，市高级人民法院和上海电视台共同主办的“庭审纪实”共播出 25 期，市公安局和东方电视台共同主办的“东方 110”共播出 103 期，东方电视台的“法律与道德”共播出 52 期。

2002 年，广播主要是上广的“法庭内外”和东广的“东方大律师”栏目，2002 年“法庭内外”共播出 698 小时，“东方大律师”共播出 780 小时；电视主要有“案件聚焦”“社会方圆”“庭审纪实”和“第四焦点”“东方 110”“终极对话”等，2002 年，“案件聚焦”共播出 105 期，“社会方圆”播出 51 期，“庭审纪实”播出 52 期，“东方 110”播出 104 期，“第四焦点”和“法律与道德”各播出 52 期，“终极对话”播出 50 期。

2003 年 7 月，全国司法行政系统第四届“金剑文化工程”评选活动中，上海监狱管理局拍摄的《三天两夜》获“金剑影视”三等奖，《大墙内的团圆》获“金剑新闻”优秀作品奖。

2004 年，市法宣办完成第八届全国法制题材电影电视节(剧)目“金剑奖”和第十七届全国“法制好新闻”奖参赛作品的组织、推荐及初评工作，上海获得“金剑奖”三等奖 5 个，“法制好新闻”一等奖 2 个，二等奖 5 个，三等奖 4 个；举办市级大众传媒采编播人员法制培训班 1 期、区(县)培训班 1 期。闸北区与东方电视台“红茶坊”剧组合作拍摄了电视情景剧《不良记录》；嘉定区拍摄制作的《“说谎”的电子秤》等 12 部法制电视专题片在区有线电视台播放；徐汇区有线电视中心开设了“徐汇金盾”“评案说法”“实话人生”等法制栏目；闵行区在七宝电视台开设了“普法之窗”栏目。市人口计生委等单位制作的公益性电视宣传片《生命保卫战——预防艾滋病》获得全国第十八届电视文艺“星光奖”特别奖。

2005 年，市委宣传部、市法宣办、上海电视台联合拍摄了 3 集《普法二十年》电视专题片，从社会的角度，通过市民的眼光来反映 20 年全市法治建设的成就。由司法部、全国普法办和中华全国法制新闻协会共同举办 2005—2006 年度全国法制好新闻评选和法制题材电影电视节(剧)目评选活动结果揭晓。市司法局组织拍摄的纪录片《普法20年》获纪录片类二等奖。8—11月,由市法宣办、上海电视台纪实频道主办的"上海市'法在我身边'DV法制短片大赛"在全市各区(县)、各行业系统全面展开,共有41部法制短片参赛。11月22日—12月4日,市法宣办与上海人民广播电台、东方法治网联合举办以"普法20年感言"为主题的短信征集活动。活动期间,每天选取数条优秀作品在东方明珠传媒公司的公交电视系统以字幕形式滚动播出,同时在邮政商函广告上刊出,最终评出了50条优秀感言和十佳感言。

2007年11月,在司法部、全国普法办和中华全国法制新闻协会共同举办的2005—2006年度全国法制好新闻评选和法制题材电影电视节(剧)目评选活动中,市司法局组织拍摄的纪录片《普法20年》获纪录片类二等奖。

2008年,市司法局与文广集团联合推出电视节目《新老娘舅》。作为调解类的电视节目,这部文化传媒作品推动广大市民对人民调解制度更加深入的了解。该节目于1月4日正式开播,周一至周日的晚18:30至19:00在东方电视台新闻娱乐频道播出。节目融人民调解与法制宣传于一体,贴近生活,形式新颖,受到观众的欢迎。

三、东方法治网

2001年12月5日,由市司法局、市法宣办、上海法治报和东方网共同创办的"东方法治"网站(http://law.eastday.com)举行开通仪式。该网站具备静态信息、服务、互动交流三种功能。除设有"法治新闻""关注'四五'""新法速递""案件实录"等固定栏目外,还推出了面向社会、面向市民的互动类栏目:"名律师坐堂""法律咨询""法学家论坛""网上请律师、办公证、申请法律援助""法律沙龙"等。市委副书记、市法宣领导小组组长龚学平亲自为"东方法治"网站揭牌并点击开通。开通1个月,点击量即达53万次。

2002年2月1日起,市法宣办、《新民晚报》、上海广播电台、"东方法治"网联合在《新民晚报》国内新闻版、上广清晨新闻节目、"东方法治"网站上开设"今日法律"专栏,这是报刊、广播、网络联手宣传法律、法规和规章的新尝试。至12月,点击量达725万次。

2003年,邀请华东六省联办"东方法治"网,构建区域性网络法制宣传平台,强化大众传媒宣传的整体效应。12月7日,由安徽省依法治省办、福建省法宣办、江苏省依法治省办、江西省法宣办、山东省普法办、上海市法宣办、浙江省普法办联合主办的华东六省一市"东方法治"网站(http://www.east124.com)正式开通。

2004年7月1日,市科教党委、市教委、市劳动保障局、市司法局和市法宣办在东方法治网联合举办了"上海市百万青少年暑期网络法律知识竞赛"活动。至8月2日,上海地区参赛总人数为24 457人,华东地区参赛人数15 000余人。9月28日,市委组织部、市委宣传部、市委党校、市司法局和市法制宣传教育联席会议办公室联合建立"上海东方法治网校",作为全市处级干部学习法律知识的载体。19个区县和20个委办局成立分校,该"网校"设在"东方法治网",学习对象主要包括全市各区(县)、各委办局的处级领导干部、各集团公司的主要负责人及相当于处级的领导干部。全市的其他干部也可以参加"网校"的学习。学员完成全部课程并通过考试,"网校"将自动颁发由市委组织部、市委宣传部、市司法局和市法制宣传教育联席会议办公室统一制作的《上海市领导干部法制教育记录证》。

2005年,东方法治网的社会影响进一步扩大,月均点击率达500万人次左右。网站在"'上海电信杯'我最喜爱的网站"评选活动中被评为群众喜欢的生活服务类网站。新版"问不倒法博士"栏目以数百名律师为后盾，体现在线、即时、多次答复的特点，年咨询总量约3.5万件，回答总量近33万次，日咨询量最多的达126件，栏目的总访问量为24万余次。4月22日，市司法局、市法宣办和市青保办在东方法治网聊天室举行"珍爱生命关注学生"——校园周边安全问题网上大讨论。7—9月，市法宣办在东方法治网上开展了"全国第三届法制动漫征集活动""法律素质基本规范征集活动"，9—12月，市法宣办在东方法治网筹建了"华东六省一市普法回顾和展望网上行"网上普法展览馆。展馆以"回顾普法二十年，展望'五五'新发展"为主题，下设"纪念活动安排"等16个展馆，9月初开通至12月底闭馆，共10万人次浏览参观。此外，法制DV大赛、法制故事创作大赛等活动的获奖作品都在东方法治网上制作专栏进行展示。

2006年，华东六省一市"东方法治网"被中央宣传部、司法部评为"2001—2005年全国法制宣传教育先进单位"。网站围绕新法律法规的颁布和宣传重点节点策划了各种形式的网上宣传活动。如，以"3·8"妇女维权、"3·15"消费者维权为主题与律协合作，组织律师在网上坐堂咨询；和市高级人民法院法宣处合作，结合知识产权保护、法院集中执行、未成年人司法保护、劳动者权益保护、禁毒等宣传重点邀请法官与网民进行网上对话；推出"'四五'表彰'五五'启动"专题报道等等。网站2006年平均每天点击数为20余万次，每天页读数为6万次，日均访问者人数接近1万，逐渐成为一个在全国范围内有影响力的普法交流平台。

2007年，"东方法治网"栏目进行调整，保留17个栏目，新增法治民生、法治博客、普法档案等7个栏目，取消稿件来源最少、点击数最低的9个栏目，同时开设了英文版和繁体字版。新版运行后，社会反映良好，日均点击量均保持在25 000次左右。

2008年8—11月，开展"学法在我身边，和谐在于行动"普法警句格言征集活动，在东方法治网上公布并进行初选，并由专家评选出优秀普法警句格言30条。

2009年4月，市法宣办结合迎世博600天行动计划，在"东方法治网"举办法律知识月月赛活动。该活动每月突出一个主题，开展以知识产权保护、道路交通安全、食品安全、市容环境卫生、社会治安综合治理、遵守秩序遵循规则、劳动者权益保护、暑期青少年迎世博法律知识竞赛、维护宪法权威等为内容的网上答题竞赛，以网络有奖竞赛方式在全社会深入开展普法宣传。至12月31日，共有112 889人参与答题。

2010年6—7月，"东方法治网"承办为期2个月的"学法伴我世博行"全国网上法律知识竞赛活动，吸引各省市众多网民积极参与。

第五节　法治文化培育

2008年起，市司法局积极探索法治文化创建的路径，在全市范围内不断创作法治文化作品的同时，陆续建立法制文化阵地，包括法制文化公园、广场、长廊、纪念馆、展览馆、公交枢纽、专列等公共活动场所。场所拥有一定数量的法制文化元素，包括文字、图片、视频、雕塑、石刻、楹联，定期开展法制文化活动等。全市范围内持续开展具有影响力的法治宣传活动，大力弘扬和培育社会主义法治理念和法治文化。

浦东新区。2008年，浦东新区共制作法制展板196块，绘制宣传画5期26 000多份，举办社区法制讲座400多场次，放映法制电影600多场次，举办法制文艺演出20多场。2009年6月3日，区委宣传部、禁毒办、司法局、总工会、法宣办、涓兴路街道办事处联合举行"迎世博百场禁毒电影进社区进工地、浦东新区2009年公益电影放映暨上海世博会市民法律知识手册发放仪式”。9月29日，由上海市律师协会、浦东新区司法局主办，浦东新区律师工作委员会承办的首届陆家嘴法律论坛——“文化、责任、使命”——探讨上海律师的社会责任和律师文化主题交流会在上海国际会议中心举行。10月13日，新区法宣办举办了“迎世博、讲法制、促和谐”青少年法制宣传书画作品评选活动。10月，新区司法局承办的2009年新区政府实事项目——“来沪流动人员电子法律图书角”建成并投入使用。共建立23个“来沪流动人员电子法律图书角”，为来沪流动人员法制宣传教育探索出了一条有效途径。全年，开展社区法制文艺优秀节目评选巡演，法制文艺演出40余场次，形成一批具有浦东特色的精品节目，沪剧《春兰曲(二)》获市委宣传部优秀群文作品创新奖。2010年，浦东新区积极营造浓厚法治氛围。开展世博户外法制公益广告宣传活动，共制作各类户外法制公益广告2 000多幅，在世博核心区域发放世博法律知识明信片20万张。开展“法治浦东”创建活动。举行青少年法制教育优秀教案征集评选活动和中学生法律知识竞赛。在来沪务工人员集中居住地继续推进新区政府实事工程“电子法律图书角”建设，完成电子法律图书角32个。

徐汇区。2008年，徐汇区开展大型法制宣传活动20场，举行法制文艺汇演等宣传活动50次，发放各类法制宣传资料近40万份。2009年4月26日，区司法局、区教育局、区法制宣传办公室以“与法同行，精彩世博”为主题，在紫竹园中学联合举办“徐家汇商城(集团)——紫竹园杯”青少年法制动漫绘画比赛活动。年内，举办迎世博农民工基本素质教育培训1万人次，发放“精彩世博、法治先行”《中国2010年上海世博会市民法律知识手册》32万册。举办“徐房建筑杯”法制文艺汇演，社区法制文艺演出549场。2010年，徐汇区举行社区法制文艺演出、法制讲座等，发放“五进社区五到家”百姓服务手册，建立社区法制(流动)学校。宪法宣传周期间，区司法局、区法宣办和徐家汇街道联合举办学习宣传《宪法》法制文艺演出暨《人民调解法》宣传活动，与会领导向13个街道、镇赠送《人民调解法》和法律知识书籍，并与社区群众一起观看法制文艺演出。现场展示《人民调解法》《消防法》《安全生产法》宣传展板。

长宁区。2008年11月27日，由长宁区法宣办、区社工委和静安区法宣办、区社工委共同主办的第二届“和谐·长安杯”商务楼宇从业人员法制双语演讲比赛决赛举行，来自长宁和静安两区的12位选手分获一、二、三等奖。至此，历时半年的第二届“和谐·长安杯”商务楼宇从业人员法制双语演讲赛经过多轮比赛落下了帷幕。2009年7月3日，由区司法局、法宣办主办，团区委、教育局、文化局、文化艺术中心协办的“迎世博，建和谐长宁”法制文艺汇演在区工人文化宫举行。10月29日，市律师协会、长宁区司法局联合主办首届“虹桥法律服务论坛”。2010年1月13日，区司法局和区法宣办会同区总工会、江苏路社区在申亚金融广场27楼多功能厅举行“法律进楼宇、求知在书屋”——申亚佳都楼宇“职工书屋”和“职工法律书架”揭牌仪式，并向楼宇职工代表赠送法律书籍。同时，在联合利华(上海)有限责任公司和长联公司设立“职工法律书架”，组织志愿者开展法律咨询和法制讲座。宪法宣传周期间，12月3日，区法宣办和静安区法宣办联合举办第四届“和谐·长安杯”商务楼宇从业人员法制文艺汇演。12月4日，区法宣办会同市教委法宣办共同举办大型广场法律咨询活动暨《人民调解法》《消防法》主题宣传活动。同时，区法宣办还协调区有关委办局和街镇组织开展法制讲座、法律咨询、法制文艺表演等形式多样的法制宣传教育活动。

普陀区。2008年4—9月，在区范围内开展“人文奥运·法治同行——法律图书漂流活动”，活动以奥运法治宣传为主题，先后设立诚信市场、温馨社区、阳光少年、绿色军营和美好都市五个站点，共投漂书籍1 600余册，发放宣传资料3 000余份。12月份举行区纪念改革开放30周年普法图片展和市第二十届宪法宣传周活动。年内，在长风社区试点设立法律书刊特色阅览室及法律图书专柜;开展摄影、漫画大赛等普法活动,提高青少年学法积极性;举办咨询、文艺宣传等社区普法活动700余场。2009年7月5日,区司法局与石泉路街道共同举行“迎世博倒计时300天窗口服务日活动暨石泉法制特色公园揭牌仪式”。石泉法制特色公园以管弄公园改造为契机,突出法制特色,在园内增设普法画廊和法律图书角,并不定期地在园内组织开展专家法律讲座、法律咨询、法制表演等活动。年内,举办讲座、汇演、竞赛、演讲、征文等“精彩世博、法治先行”系列活动1500余场,发放世博法制宣传折页30万册、年历片1万份、宣传品6 000件。2010年12月4日,由普陀、闸北二区法宣办主办,长征镇承办的“弘扬法治精神,营造法治氛围,促进稳定和谐”——“12·4”全国法制宣传日暨上海市第二十二届宪法宣传周大型法律咨询活动在中环百联广场举行。区公、检、法、司,人社、工商、安监等职能部门工作人员,捷阳、国创等律师事务所律师为居民提供婚姻家庭、劳动保障、民事合同、物业管理、教育等方面法律咨询和政策解答,活动现场展出消防安全、道路交通安全、艾滋病防治以及《人民调解法》等宣传版面50块,发放宣传资料3 000余份。

闸北区。2008年1月30日和2月18日,由区司法局牵头联合区有关部门,先后铁路上海站白玉兰广场和南广场开展以“共享法治阳光,同建和谐家园”为主题的大型春运宣传和法律咨询服务活动。2009年,围绕“法律进社区”,举办社区法制讲座90余场次、法制文艺演出27场次;北站街道南星居民区等88个小区被授予市级“民主法治小区”称号;开展“精彩世博,法治先行”东方讲坛——迎世博社区法制宣传系列讲座12场;编印世博市民法律知识手册28万本;举办迎世博社区法制文艺节目评选汇演;组织开展迎世博法律知识网上月月赛活动。2010年,共举办12场迎世博社区法制宣传系列讲座,印制28万本世博市民法律知识手册,举办迎世博青少年法制宣传书画作品征集活动、社区法制文艺节目评选汇演活动、法律知识网上月月赛活动等。

虹口区。2008年3月18日,由区文明办、法宣办、教育局、文化局、未成年人保护办公室、长远集团等部门和单位共同组织创作的法制类校园音乐剧《青春在线》,在群众影剧院上演。市司法局、科教党委、教委、区政协等有关部门领导出席首演仪式并观看演出。该音乐剧演出历时一个半月,上演84场,近四万名中小学生观看。8月15日,四川北路街道与华东政法大学知识产权学院建立“起航之帆”联合普法基地,开展系列普法共建活动。10月28日,“和谐之韵”——虹口区司法行政系统法制文艺汇演系列活动在四川北路公园拉开序幕。这台以法治文化为内容的文艺节目包括小品、小组唱、舞蹈、器乐演奏等,由区司法行政干部、法律服务工作者及矫正社工自行创作、编排、表演。演出现场还开展了法律咨询和法律服务活动。2009年4月15日,“和谐之律”司法行政系统法宣作品征集活动启动,共征集到200多篇展现司法行政各项工作的优秀征文,举行优秀征文演讲比赛,编印《和谐之律——虹口区司法行政系统法宣征文集》。4月15日,在区职工文体中心举行“虹口区百场迎世博法制讲座”启动仪式。市司法局、区人大领导出席启动仪式并向市民赠送法律书籍和世博宣传资料。全年,在全区各社区(街道)、机关和单位举办法制讲座105场,听众19 500余人次。2010年,开展迎世博宣传进千家万户活动,发放世博宣传折页25万份;开展迎世博法律知识网上月月赛,共有8 030人次参与;举行“迎世博百场法制讲座”105场,听众19 500余人次。

杨浦区。2008年6月2日,区青少年法制教育讲师团成立仪式在区司法局举行。讲师团首批15位成员由区政法部门、行政执法部门和复旦大学、同济大学的法律专家、业务骨干组成。至年底,共开设讲座和报告会10场次,听讲青少年5 000余人次。2009年2月,区司法局组织力量编写包括《杨浦区公民法制教育案例集》《杨浦区人民调解案例集》《杨浦区青少年法制教育案例集》和《杨浦区进城务工者法律知识指南》在内的《上海市杨浦区法制宣传教育》系列丛书,免费发放到社区供干部群众阅读、使用;邀请专家、学者和具有实际办案经验的法律工作者对典型案例进行分析和点评，录制成一套法制系列讲座视频资料，分发到全区306个居委会。视频讲座内容包括《信访条例》《社会保险政策》《城镇职工基本医疗保险政策、城镇居民保险政策、医疗保险操作流程》等10讲，播放200多场次，受众1万余人。全年，组织各街道、镇举办基层法制讲座342次，法制文艺汇演159场，开展法律咨询活动539次，发放宣传资料45万余份，宣传对象60万人次。2010年5月，区司法局制作法制宣传展板在全区12个街镇巡展，内容涉及《世界博览会标志保护条例》《专利法》《治安管理处罚法》和《道路交通法》等与世博相关的法律法规；与区委宣传部、区文化局以及各街镇联合举办"2010上海市杨浦区城市文化广场——世博周周演"活动；制作世博宣传条幅和法制宣传画册近6 000张，在居委会法制宣传栏等公众场合张贴。自开展世博法制宣传教育活动以来，共向全区居民印制、发放2010年上海世博会知识手册和法制宣传册逾百万份。

黄浦区。2008年，建立开通了黄浦区普法网站：www.hpsf.gov.cn，为全区"五五"普法提供新的载体。先后在南京路世纪广场等处开展大型的法制宣传教育活动，发放各类宣传资料20 000余份。编印19万册《黄浦区法律服务便民手册》，发放给全区所有家庭。2009年4月3日，区司法局教育培训基地在黄浦区委党校挂牌成立。会上，区司法局和区委党校签订教育培训基地共建协议书，将教育培训基地工作纳入长效管理机制。签约后，教育培训基地的师资力量将由区委党校老师、司法行政系统骨干、外聘教师组成，培训基地将根据司法行政思想政治及教育培训需要，及时调整培训项目，组织开展各类形势任务报告、专题讲座及业务培训活动。同时，区司法行政系统入党积极分子的培养、党务工作者培训、区律师工作委员会对律师的培训等也将纳入基地的培训体系中。2010年，举办"基层自治与社会培育""法治保障与社会治理"两项专题研讨会，开展宪法宣传周等大型法制宣传活动。

卢湾区。2008年8月14日，区法治文化中心正式揭牌成立。中心通过设立法治图书博览室、举办专题展览、举行高端论坛和讲座、开展律师沙龙等形式打造区法治文化建设的品牌。2009年6月3—10日，举办首届卢湾区法治电影周活动，在国泰电影院向全区居民集中展映国产法治类电影，并安排免费专场向全市居民开放。同时，把法治电影送入世博建设工地。在社区居民中开展法治电影观后感有奖征文活动。8月起，区司法局、区法宣办与上海美术家协会漫画艺术专家委员会联合启动"世博与市民公共行为规范"法治漫画标题征集活动，将沪上知名漫画家创作的优秀法治漫画作品制成宣传展板，在全区各社区巡展和征集漫画标题，最终征集到近2 000条漫画标题。12月3日，区司法局、区法宣办举办"法治文化培育与法制宣传创新"主题论坛暨法治漫画标题征集活动颁奖仪式，并将优秀法治漫画制作成台历发放到社区。2010年2月，区司法局开展"平安世博法律知识社区行"活动，利用社区电子宣传广告屏，每月3次宣传与世博相关的法律知识；4月27日，举行"平安世博、文明观博"上海市世博法制宣传明信片发放仪式，将55 000张"平安世博、文明观博"法制明信片投放到城市志愿者服务站、公共休闲场所以及社区文化活动中心，供市民和游客取阅。7月26日至8月3日，区第二届法治电影周活动在国泰电影院举办。其间，放映8部影片共16场次，3 600余人次观影。活动设置"写观影感悟，赢世博门票"抽奖环节，20位幸运观众获得世博会门票。8月3日，举行区第二届法治电影周闭幕式暨"电影艺术与公共普法"主题论坛，来自电影、法学以及实务领域的专家学者共同探讨电影艺术与法制宣传教育的合作模式。

静安区。2008年2月18日，由区法宣办主编的《静安法宣动态》正式创刊。3月26日，由上海银行、市法治研究会、东方法治文化研究中心主办，上海中小企业服务中心、区法制宣传教育领导小组办公室、SMG《东方大律师》栏目承办的"《中小企业维权之道》首发仪式暨律师与企业家沙龙活动"，在静安产业大厦举行。2009年12月2日，静安、长宁两区司法局、社工委、法宣办共同主办"精彩世博法治先行”——第三届“和谐·长安杯”商务楼宇从业人员迎世博法律知识竞赛决赛。整个活动吸引了两区140余名白领青年组队参加。最终，参加决赛的6支队伍分获一、二、三等奖。12月4日，区司法局、法院、计生委、统计局、人保局及部分区属律师事务所在静安公园门口联合举办了大型广场法律咨询及法制宣传活动，为广大市民提供免费法律咨询服务。活动现场共向群众免费发放各类法制书籍1 000余册，提供法律咨询110余人次。2010年，举办“遵党纪、守国法、迎世博”静安区公务员学法用法知识竞赛及征文活动。与长宁区联合开展第四届“和谐·长安杯”商务楼宇从业人员法制主题宣传活动。

宝山区。2008年2月1—6日，在进城务工人员返乡高峰期间，区法宣办、区禁毒办等职能部门联合吴淞街道在吴淞轮渡客运码头、长途汽车客运站开展法律知识宣传活动，向进城务工人员宣传有关公共安全、自我保护以及文明乘车等方面的法律法规知识。活动共展出禁毒宣传展板40块、黑板报8块，发放《禁毒常识》宣传册500份、《农民法律知识问答》等其他宣传材料2 000余份，并利用市禁毒办禁毒宣传车向旅客宣传禁毒等有关法律知识。2009年7月，区法宣办联合区内相关职能部门举办“依法禁毒，构建和谐”系列宣传活动。活动通过“迎世博，禁毒法制数字电影展映”，在各街镇人员密集的公共场所开展禁毒知识巡回宣讲、展示宣传画报等形式，共展出禁毒宣传展板50块、黑板报30块，横幅10条，发放“远离新型毒品，共享美好生活”禁毒宣传材料3 000余份、《禁毒常识》宣传册1 500余份。2010年，组织开展36次各类普法宣传活动，举办法制讲座150次，放映法制电影102场，法制作品巡展96个学校，举办法律知识系列竞赛103场，有36万余人次的各类普法对象参加各类普法活动，以“平安世博、法治先行”为主题的“五个一百”系列普法活动。

闵行区。2008年7月10日，区法宣办在七宝镇举行“七宝杯”大型法制滑稽戏《贪心勿要重》首场公演。全年，共组织综合性法宣活动350次，法律咨询650次，制作法宣版面3 600块，发放法宣资料110余万份，举办法制讲座245场，举办各类法制培训302次，举办法制文艺汇演115场。2009年，区司法局联手专业文化团队，与上海佳好艺术剧团建立“闵行区法制文化艺术团”，将“梅陇杯”全国法制故事征集大赛作品改编成独角戏、说唱、小品等法制文艺作品，在全区演出39场，观看演出群众3万多名。联手街镇，在全区开展“‘华漕杯’‘五五’普法法制摄影大赛”“‘虹桥杯’‘五五’普法成果征文比赛”“‘吴泾杯’‘五五’普法法制案例征集大赛”，取得较好的效果。年内，在13个镇、街道和莘庄工业区建立“‘和谐家园’法制宣传站”，面向社会招募200多名志愿者，每周六统一时间在14个固定地点接待咨询，由法宣志愿者向群众无偿提供法制宣传和法律咨询服务。自法宣站(点)建立，先后开展98场接待服务，接受群众咨询700余人次。2010年，在莘松三村建立“法制宣传教育主题公园”，发挥“1+33”法制宣传站(点)的作用，加强与新闻媒体、专业剧团的合作，巩固社区学院、社区学校的阵地建设，不断扩大法制宣传教育的受众法律援助工作。与闵行电视台合办“生活与法”栏目。开展“迎世博、保春运、促和谐”“加强法制宣传教育、促进社会矛盾化解”等主题活动，通过法制版面巡展、知识巡讲、文艺巡演等形式，让老百姓充分了解世博内涵，文明有序观博。开展“民工子女学校法律知识巡讲”“青少年法律知识竞赛”等活动，不断增强青少年学法守法、自护自救的能力。全年，全区共组织综合性法宣活动843场，法律咨询4 391次，展示法宣版面4 782块(次)，发放法宣资料68万份，举办法制讲座855场，举办各类法制培训1 494次，举办法制文艺汇演464场。

嘉定区。2008年，嘉定区创建首条“法治文化街”。9月6日，区法宣办、区文明办、区司法局、区市政局、工商嘉定分局、嘉定镇街道联合在清河路登龙广场举行嘉定区“法治文化街”揭牌仪式暨“法律服务在身边”大型法律咨询会。区委常委、区委政法委书记贝晓曦出席并讲话。7月10日，区司法局会同区教育局、区法宣办在徐行中学举办嘉定区青少年“法治文化主题游”活动启动仪式，拉开了全区青少年暑期“法治文化主题游”活动帷幕。从7月11至21日，区法宣办每天安排一辆“法治文化主题游”专车，接送全区13个街镇的800余名青少年学生参观10个区青少年法制教育基地。2009年8月16日，由上海文广新闻传媒集团和区依法治区办、区法宣办、区司法局等单位联合主办的“迎世博盛会，创法治嘉定”——《百姓戏台》嘉定法治专场演出在菊园文化活动中心举行。活动开始前，上海人民广播电台“东方大律师”栏目组织的律师志愿者为社区群众提供现场法律咨询。12月2日，区依法治区办、区法宣办、区法制宣传协会、上海东方法治文化研究中心联合举办“嘉定区第21届宪法宣传周主会场活动暨‘嘉定法宝’法治文化系列活动之‘我们怎样做业主’”论坛。2010年，区司法局在《上海法治报》开设“‘海宝’·‘法宝’话世博”系列漫画栏目，联合区新闻办、上海嘉定门户网站开展“平安世博·法治嘉定”——“‘海宝’·‘法宝’话世博”系列漫画网上评议活动，系列漫画通过“海宝”“嘉定法宝”可爱的形象，以四格漫画的形式，诠释依法办博、文明观博、安全观博的观念，形象地解说世博会相关法律法规及管理规定。组织开展为期半年的“平安世博·法治嘉定”——嘉定区“加强法制宣传教育，促进社会矛盾化解”主题宣传暨《农村土地承包经营纠纷调解仲裁法》宣传活动。举办“嘉定法宝杯”——“迎世博盛会、创法治嘉定”法制春联有奖征集活动。

金山区。2008年，金山区共组织举办各类法制宣传教育活动586次，展出法制板报1 597块；法制专栏、画廊2 248期，广播、电视宣传275期，编印分发法制宣传资料9万余份。2009年6月15日，区司法局、区文广局和区法宣办联合印发《关于举办金山区金山农民画法制作品征集大奖赛的具体方案》，共同筹办金山农民画法制作品大奖赛。7月14日，区司法局联合金山农民画院在朱泾镇社区文化活动中心三楼举办金山区农民画作者法制培训活动。12月2日，金山农民画法制作品开展仪式在金山博物馆举行。2010年，全年组织各类法制宣传教育活动5 040次，举办法制讲座、法制文艺演出、法律咨询4 249次，编刊法制宣传栏、布置法律图书角1 598次，展出法制版面3 183期，发放宣传资料67 021份。

松江区。2008年，举办基层法制讲座300余次，法制文艺巡演358场，法律咨询1 787次，法制版面巡展98次，发放宣传挂图3 000余套，编印法宣资料20余万份，发放各类法宣资料71万份。2009年，组织区“五五”普法讲师团深入各镇(街道)开展“平安世博·与法同行”社区法制宣传系列讲座；制作《2010年上海世博会市民法律知识折页(手册)》18万余份发放到每家每户；举办法制讲座达70余场次；举办“迎世博、讲法制、促和谐”青少年法制宣传书画征集活动，共收到各类书画作品180余幅。2010年，在《松江报》制作“以案说法”专版，运用各类媒体刊发法宣信息；在“12.4”宪法宣传周期间，与市法宣办、上海电视新闻中心、上海邮政公司等部门联合举办大型宣传咨询活动。

青浦区。2008年，区司法局和青浦报联合举办“法律与道德”专版，每月一期定期刊出。区法宣办制作40块法制宣传板，编印7 000余册公民普法读本《身边事、身边案、身边法》向各类普法对象免费赠送。在中心城区6个候车亭上制作6幅公益普法广告。宪法宣传周期间，举办法制滑稽戏演出、青少年法律知识竞赛、演讲比赛等系列活动。2009年5月7—22日，“法制主题月”活动在白鹤镇红旗村首站启动，开展法律咨询、法律图版展示、法制文艺演出等系列宣传活动，共发放宣传资料3 500余份，有500多名群众在现场参与了有奖法律知识竞答，现场提供法律咨询和便民服务400多人次，文艺演出11场，9 000余名群众观看演出。9月16日，青浦区“精彩世博法治同行”迎世博法制文艺比赛在区文化馆影剧院进行，来自全区11个街镇的500多名干部群众一起观看。宪法宣传周期间，组织小品比赛、广场法制文艺演出等活动。2010年春运期间，区司法局在朱家角汽车站组织开展专题法制宣传活动，共接待咨询30人次，发送宣传资料1 000余份，展出宣传版面10块。4月1—9日，青浦区“法制主题月”活动在华新镇敬老院首站启动，并在全区11个街道、镇巡回宣传。活动共发放宣传资料1 000余份，为80余名老年人现场提供法律咨询和便民服务，文艺演出11场，1 200余名老年群众现场观看文艺演出。

奉贤区。2008年10月10日，区委宣传部、文广局、司法局、普治办在区文化广场，联合举办“唱响和谐之歌——2008滨海秋韵”法制文艺专场演出。有关单位领导和来自社区群众两千多人观看演出。2009年4月24日，在南桥镇南渡村农家会所，区司法局举行区“精彩世博法治同行”主题宣传活动启动仪式暨“宣传大篷车”巡回下乡活动。现场举行法律咨询和法制文艺演出，发放世博法制宣传图书。2010年，以世博安保为重点，区司法局突出基本法、安保类法规、服务保障类等三大法规宣传，开展各类法制宣传活动1 335次，发放宣传资料375 210份。

南汇区。2008年10月14日，区法制文艺——原创沪剧《春兰曲(2)》在航头镇文化中心进行首演。在“法律进工地”“法律进企业”活动中，与区安监局、区建交委、区总工会联合在全区20余个大型在建工地开展“维权益、促平安、创和谐”为主题的法制文艺巡演。全区共举办法制文艺等各类宣传教育活动203次。2009年9月南汇区司法局正式划入浦东新区司法局。

崇明县。2008年，各乡镇展出法制专栏125期，板报790多块，下发法律知识宣传资料共15 700多份。《崇明报·律师信箱》共登载法制专题文章18期，《崇明报·法治与平安建设》刊发专稿6期，崇明广播电台《法律与生活》栏目共播讲20期。2009年12月，县法宣办会同县青保办在西门小学举行升国旗仪式，揭开了崇明县第二十一届宪法宣传周活动的序幕。活动期间，相继组织开展了小学生法律知识竞赛、公检法司青年辩论赛、县级机关公务员法律知识测试、公职律师法律咨询等系列活动。2010年，共播放法制文艺影视120场；举办法制知识竞赛45场，各类法律培训班、讲座225期；展出法制宣传专栏305期、法治墙报683块；印发宣传资料23.3万份。

第二章　依 法 治 市

1997 年 9 月，党的十五大提出了依法治国方略。1999 年 3 月，依法治国方略载入宪法。同年 7 月，成立上海市依法治市领导小组；8 月，市委召开了依法治市工作会议，印发了《上海市进一步推进依法治市工作纲要》，依法治市工作在全市推开。2002 年，全市各区（县）均成立依法治区（县）办。2003 年 8 月，市委决定撤销上海市依法治市领导小组及其办公室，成立政治文明建设委员会及其办公室。2007 年，市委九次党代会提出，全面推进依法治市，提高城市法治化水平。2008 年 8 月 12 日，市委决定恢复建立市依法治市领导小组，办公室设在市司法局。2009 年 9 月 1 日，市委、市政府印发《关于上海市依法治市领导小组组成人员的通知》，公布依法治市领导小组组成人员。

第一节　沿　　革

一、依法治市办设在市委机关时期的工作

1999 年 7 月 28 日，市委印发《关于成立上海市依法治市领导小组及其组成人员的通知》，正式成立市依法治市领导小组，中共中央政治局委员、上海市委书记黄菊担任组长，办公室（简称市依法治市办）设在市委机关，市委副书记孟建柱担任办公室主任（副组长兼）。市依法治市领导小组的主要职责是，根据市委决定，负责对全市依法治市工作进行组织协调和督促检查，组织有关方面研究依法治市工作的理论和实践问题，进行工作交流，总结推广经验，为市委决策提供意见和建议。8 月 16 日，市依法治市工作会议在上海展览中心召开，黄菊在会上代表市委作《贯彻依法治国方略，推进依法治市工作》的报告。8 月 18 日，印发了《上海市进一步推进依法治市工作纲要》，依法治市工作在上海市推开。

在工作机制上，逐步形成党委统一领导、总揽全局、协调各方的工作格局；在工作内容上，《上海市进一步推进依法治市工作纲要》提出继续推进社会主义民主政治建设、推动和保障经济持续健康发展、加强城市建设和管理、加快社会主义文化建设、确保上海的政治稳定和社会安定等五个方面的任务，以及加强地方立法、加强政府法制建设、推进司法改革和维护司法公正、深化全民法制宣传教育、完善法律服务市场、加强监督、提高法制建设的物质保障等 7 个方面的要求。在市委的领导下、在各成员单位和区（县）的积极投入下，依法治市各项工作稳步推进。

1999 年 12 月，全国街道社区依法治理工作座谈会在上海召开，卢湾区五里桥街道、徐汇区康健街道、闸北区临汾街道社区依法治理的经验得到司法部、中央综治办的肯定。在行业依法治理方面，不少委办局以及集团公司以依法行政为主线，结合实际，研究制定系统（行业）依法治理标准。市外经贸委、市工商局和市邮政局等正式开展行业依法治理工作。市郊农村也广泛开展依法治理活动，全市 2 700 个行政村纳入“依法建制，以制治村，民主管理，村民自治”的法治轨道，其中松江区春申村、青浦区前明村的经验受到上级领导机关的肯定。不少企业和大、中、小学积极开展依法治企、治校工作。同时，上海市还从特大城市的特点出发，探索基层、行业和地区相结合的依法治理模式，南京东路、淮海中路、四川北路开展以参加全国“百城万店无假货”活动为内容的依法治理就是

一例。

至2000年，全市19个区（县）都提出依法治区（县）的口号，227个街道乡镇（占街道乡镇总数的76.4%）正式开展依法治街（乡镇）工作。

2002年，市依法治市办在全市范围内展开依法治市实施情况检查工作，全市近60个部门、单位参与了这项工作，工作成果汇编成《现代化中的法治——上海依法治市工作报告》一书。在依法治市、依法治区的实践基础上，市依法治市办联合全市有关科研院所和高校，选择十个区，开展“法制建设与社会治理”专题系列调研。其中，以长宁区为重点，进行了“上海法治建设指标体系——法治建设与发展评估体系”专题研究，研究成果收入《法制建设与社会治理》系列丛书，书名为《发展与评估——依法治理工作评估体系研究》。上海市法治建设（依法治市）指标体系，包括立法、司法、执法、普法、法律监督、公共安全、社会参与、法律资源、法律服务等11个方面的指标，共有135个数据。

至2002年底，各区县都成立了依法治区（县）办公室。

二、依法治市办设在政治文明办时期的工作

2003年8月，市委决定撤销依法治市领导小组及其办公室，成立政治文明建设委员会及其办公室。长宁、卢湾、闸北、普陀、黄浦、虹口、杨浦、闵行等8个区先后成立区政治文明办，办公室设在区委办公室。全年共编发各类材料126份（件），开展6项课题研究，编印7份材料；组织各类研讨会40次，参加专家400多人次。

2004年，市委办公厅、市政府办公厅印发《上海推进国际化、市场化、信息化、法治化行动纲要》，对推进上海法治建设做了项目化和指标化的尝试。全年共完成市委牵头抓的重点工作2项，完成领导交办任务42件，编发信息调研材料68份，开展重点课题研究8项，组织各类研讨会40余次，参加专家400余人次。

2005年，全年共承担7项市委确定的重点工作和调研工作，参与起草了市委重要文件4件；完成市委领导交办任务32件；编发重要情况87篇，其中市委领导有批示的15篇；开展重点课题研究11项，组织基层开展政治文明建设课题调研331项；组织各类研讨会50余次，参与的基层实务工作者与专家500余人次。

2006年，市政治文明办全年共参与起草市委重要文件6件；完成市委领导交办任务36件；编发重要情况101篇，其中市委领导有批示的19篇。在2005年重点课题基础上，继续深入开展研讨，形成18份报告。

2007年，市委九次党代会提出，全面推进依法治市，提高城市法治化水平。

三、依法治市办设在市司法局时期的工作

2008年4月，全国普法办印发《关于开展法治城市、法治县（市、区）创建活动的意见》的通知。同年8月12日，市委、市政府印发《关于恢复建立上海市依法治市领导小组及其办公室的批复》，同意恢复建立上海市依法治市领导小组，为市委、市政府领导下统筹协调全市推进依法治市工作的议事协调机构；市依法治市领导小组下设办公室，设在市司法局，承担上海市依法治市领导小组的日常工作。

在筹备市依法治市办的过程中，市司法局根据市委决定精神，一方面积极配合市委组织部等有关部门，开展一系列基础性调研，为恢复建立依法治市领导小组及其办公室向市委提供决策参考建议。另一方面，开展法治城区创建活动，构建依法治市工作基层基础；开展中长期规划调研，为2009年和“世博后”上海依法治市工作的深入推进做准备。

2009年8月27日，根据市司法局主要职责内设机构和人员编制规定，明确市司法局“承担上海市依法治市领导小组的日常工作”，内设“依法治市工作处”，依法治市工作处挂上海市依法治市领导小组办公室的牌子。9月1日，市委、市政府印发《关于上海市依法治市领导小组组成人员的通知》，公布上海市依法治市领导小组组成人员，由中共中央政治局委员、上海市委书记俞正声任组长，市委副书记、市长韩正任第一副组长，市委副书记殷一璀任常务副组长。市司法局党委书记、局长吴军营任办公室主任，市司法局副局长郜荀任办公室副主任。

2010年4月27日，市依法治市办印发《上海市依法治市领导小组工作规则》和《上海市依法治市2010年工作要点》，明确各机构工作职责：

上海市依法治市领导小组(以下简称领导小组)是在市委统一领导下，贯彻落实依法治国基本方略，统筹协调全市推进依法治市工作的议事协调机构，对依法治市工作进行组织、协调、指导、督促。(1) 发挥党委总揽全局、协调各方的领导核心作用，努力形成市委统一领导，市人大、市政府、市政协和各部门各司其职，全市各个方面和广大人民群众广泛参加的工作格局。(2) 贯彻落实中央、市委关于加强社会主义法治建设的方针和决策，及时制定具体贯彻落实意见，对全市依法治市工作进行部署。(3) 加强党委依法执政能力建设、加强和完善地方立法、推进依法行政、坚持司法公正、加强经济法治建设、加强基层民主法治建设、加强法制宣传教育、拓展和规范法律服务、维护社会安定和谐、建立健全法律监督体系，协调推进全市法治建设各项工作。(4) 审议通过依法治市中长期工作规划和年度工作要点，并协调组织实施；听取办公室关于落实情况的报告。(5) 及时研究中央关于法治建设的有关精神，结合依法治市工作的理论和实践问题，组织分析研究依法治市工作形势，提出解决依法治市工作中重大问题、难点问题、热点问题的原则性、指导性意见。(6) 召开年度领导小组会议或市依法治市工作会议；举办全市性的大型活动。(7) 进行工作交流，总结推广经验，审查批准上海市依法治市工作各类先进，并进行表彰；批准推荐全国先进。

领导小组成员单位主要职责：领导小组实行成员单位分工负责制，各成员单位在市委和领导小组的协调下，按照各自职能对依法治市工作分工负责，抓好落实。(1) 根据市委和领导小组要求，认真贯彻落实依法治市的规划和年度工作要点，负责规划、组织、指导、协调和督促检查本系统、本部门、本单位依法治市工作，并向领导小组作书面年度工作报告。(2) 积极参加领导小组会议，对加强依法治市工作提出意见和建议。把依法治市工作列入本系统、本部门、本单位议事日程，结合本系统、本部门、本单位实际，认真贯彻落实领导小组的决定和决议。(3) 定期召开本系统、本部门、本单位依法治市工作会议，部署工作、总结和交流经验、研究新问题、提出新对策，积极贯彻落实国家、地方法律、法规，提高依法决策、依法行政、公正司法、依法管理、依法办事能力，提高城市法治化水平，为经济、政治和社会进步提供法治保障。(4) 认真抓好调查研究工作，对本系统、本部门、本单位依法治市工作中的重点、难点以及新形势下的新问题，提出相应对策。(5) 完成市委和领导小组部署的其他任务。

领导小组办公室主要职责：领导小组办公室是领导小组的办事机构，主要职责是承担领导小组日常工作，为领导小组做好服务。(1) 承担全市依法治市工作的规划、年度工作要点、工作总结和领导相关讲话等重要文件起草工作。(2) 承担年度领导小组会议或依法治市工作会议等重要会议的会务组织工作。(3) 根据领导小组工作指示和工作要求，承担对全市依法治市工作的协调、指导、督促、检查等工作。(4) 负责领导小组成员单位和全市相关单位、部门的依法治市工作联络，及时收集依法治市工作信息，编发《上海市依法治市工作简报》。《上海市依法治市工作简报》报领导小组组长、第一副组长、常务副组长、副组长，送领导小组成员；发区县依法治区(县)机构，并送全国普法办；和外省市同级依法治省(市)机关交流。(5) 组织开展依法治市相关重大问题、难点问题、热点问题的调研，加强研究成果利用和资料库建设，对重要研究成果，及时编写《参阅稿》或《专报》，提供领导小组领导决策参考。(6) 完成领导小组交办的其他工作。

第二节　协调指导与督促检查

一、贯彻落实《上海市进一步推进依法治市工作纲要》

1999 年 8 月 16 日，上海市依法治市工作会议在上海展览中心召开。中共中央政治局委员、市委书记黄菊在会上代表市委作《贯彻依法治国方略，推进依法治市工作》的报告。8 月 18 日，印发《上海市进一步推进依法治市工作纲要》。

市依法治市工作会议召开后，市法制宣传教育领导小组办公室组织专门班子，根据《纲要》对普法提出的"突出重点，注重实效，深化全民法制宣传教育"的总体要求，结合上海市实际情况于 2000 年 3 月 9 日制定《贯彻依法治市纲要法制宣传教育工作实施方案》。3 月 14 日，法制宣传教育工作会议召开，市法制宣传教育领导小组组长、市委副书记龚学平出席会议并在讲话中要求认真贯彻《上海市进一步推进依法治市工作纲要》，将依法治市工作的指导思想贯穿于法制宣传教育工作的始终。5 月 15 日，市委副书记、市委政法委书记刘云耕、市委副秘书长沈红光到市司法局调研，并就依法治市、人民调解、律师管理、队伍建设等工作提出明确要求。

1999—2000 年，上海市各区(县)也通过不同形式，对依法治区(县)工作进行协调与指导。1999 年初，浦东新区依法治区领导小组办公室确定 1999 年度依法治区 10 件实事。1999 年 4 月 20 日，中共南汇县委作出"关于全面开展依法治县工作的决定"；5 月 25 日，南汇县第十二届人民代表大会常务委员会第九次会议通过"关于开展依法治县工作的决议"，标志着南汇依法治县工作全面启动。1999 年 12 月 28 日，松江区人大常委会通过《关于推进依法治区的决定》。2000 年 3 月 13 日，松江区依法治区领导小组召开全体成员会议，区委书记、依法治区领导小组组长潘龙清对依法治区工作提出要求，至 2000 年，依法治区三级组织网络基本形成，基本形成"区委领导、一府两院实施、人大监督、政协参与、各方配合"的工作格局。同年 4 月 26 日，长宁区召开区普法依法治理工作会议，总结 1999 年区普法依法治理工作，布置 2000 年工作；4 月 29 日，区委转发依法治区领导小组办公室制定的 2000 年依法治区工作意见，并组建区依法治区工作联络网，明确执法、司法、普法各个环节相关部门在依法治区工作上的职责和任务，初步形成依法治区的有效运行机制。6 月 22 日，普陀区检察院与桃浦镇政府、桃浦社区工作协会联手在上海市首创"普陀区桃浦社区依法治企联席会议制度"，订立了《桃浦社区依法治企工作实施意见》，推出 8 项举措。

2002 年，各地区、单位和部门都调整充实了依法治理领导小组及其办公室，"党委统一领导、各方参与实施、职能部门具体协调"的工作机制逐步完善。

2004 年初，全市开展 "民主法治示范村"创建活动。至 2005 年，全市共有 6 个村被评为"全国民主法治示范村"。在此基础上，许多区又在探索开展"民主法治居委会(小区)""法制楼组"的创建工作。

2007 年 3 月,市司法局党委根据中央政法委、司法部和市委政法委对深化社会主义法治理念教育的部署,印发《关于在全市司法行政系统进一步深化社会主义法治理念教育的通知》,就进一步深化社会主义法治理念教育有关问题进行全面部署。

2009 年 1—3 月,市依法治市办开展向 30 个拟构成依法治市领导小组成员的单位发送《关于确定上海市依法治市领导小组成员的函》和相关反馈工作。在市委主要领导作出重要批示以后,起草《关于贯彻落实市委主要领导批示情况的报告》,提出新的选择方案。

二、贯彻落实《上海市依法治市领导小组工作规则》

2009 年 10—12 月,市依法治市办起草《关于全市依法治市有关工作的请示》,报市委有关领导,在领导作出"进一步梳理依法治市领导小组及其办公室主要工作内容及抓手"的批示后,又起草了《上海市依法治市领导小组工作规则》和《关于深入推进依法治市工作抓手的设想》两个文件。

2010 年 2 月 4 日,殷一璀、吴志明等市委领导到依法治市办调研依法治市工作,市委领导对依法治市办开展的工作给予肯定,对下阶段工作作出指示。根据领导指示精神,市依法治市办完成《上海市依法治市领导小组工作规则》《上海市依法治市 2010 年工作要点》的起草工作,经向领导小组成员单位征求意见修改后,4 月,由市依法治市领导小组领导签发《关于印发〈上海市依法治市领导小组工作规则〉和〈上海市依法治市 2010 年工作要点〉的通知》,印发至领导小组各成员单位和各区(县)委。《上海市依法治市领导小组工作规则》明确领导小组、领导小组成员单位、领导小组办公室的职责;建立会议、办文、工作报告、调查研究、督促检查、工作联络六项制度,这是自 1999 年以来第一次以制度形式明确上海依法治市工作体系自身的运行规则,并成为各区(县)依法治区工作制度建设的蓝本。《上海市依法治市 2010 年工作要点》明确了 2010 年主要工作任务:进一步加强对依法治市工作的领导,深入推进依法治市、把保障世博会成功举办放在突出位置,深入开展法治城区创建活动、结合"十二五"战略,积极开展依法治市工作中长期调研,为上海世博后的经济社会发展提供前瞻性、保障性、实践性思路、更好地运用法律风险防范手段,为实现"五个确保""四个中心"建设、"四个率先"提供法律专业支持和保障。

2010 年 1—2 月,市依法治市办与市法宣办共同作为指导单位,委托市法学会、上海法治报、东方法治网、东方法治文化研究中心共同主办 2009 年度上海"十大法治新闻"评选活动。1 月 29 日,召开"十大法治新闻"评选筹备会,根据评选标准,初选 36 条候选新闻;2 月 10 日,召开复选会,从 36 条新闻中复选出 20 条候选新闻;2 月 22 日,在《上海法治报》《新民晚报》刊登 20 条候选新闻,并在东方法治网和新民网上公示,接受市民投票。3 月 1 日投票截止后,在东方公证处工作人员的现场监督下,选出优胜奖 3 人,鼓励奖 15 人,纪念奖 100 人。6 月 17 日,由市依法治市办、市普法办指导,市法治研究会和上海法治报、市法学会、东方法治文化研究中心、东方法治网主办,普陀区法宣办承办的"法治文化与公共传播"主题论坛暨"上海十大法治新闻"参评优胜者颁奖仪式在普陀区图书馆举行。

2010 年 8 月,市依法治市办和市法宣办、市社建办、市农委以及松江、嘉定、静安、黄浦、浦东、卢湾等区依法治区办联手,以"推进依法治市建设法治上海"为主题,组织举办"8·16"上海依法治市宣传日系列活动,包括"世博后发展与法治化前瞻系列研讨""法治建设与城区发展课题研讨会""法制视角下的党建引领与业主自治论坛"等 11 个场次,参加的专家、学者、法律工作者和基层干部群众有数百人。

第三节　工 作 载 体

一、法治城区创建

法治城区创建的前期基础，是“法治建设先进单位”。奉贤区委、区政府从1999年(当时为奉贤县)开始，在全区范围内开展“法治建设先进单位”创建活动。

2002年，在基层依法治区实践基础上，原依法治市办选择了十个区，开展“法制建设与社会治理”专题系列调研。其中，以长宁区为重点，进行了“上海法治建设指标体系——法治建设与发展评估体系”专题研究，研究成果收入《法制建设与社会治理》系列丛书，书名为《发展与评估——依法治理工作评估体系研究》。

2004年，杨浦区提出建设法治化城区的工作设想，把创设良好的法治环境作为一项系统工程来抓。

2005年，成立了“杨浦区建设法治化城区领导小组”及其办公室，下发《上海市杨浦区建设法治化城区的若干意见》，提出法治政府、司法公正、法律服务、法制宣传、和谐社会、保障机制等具体创建目标和要求，并开创性地开展建设法治化城区工作考核评估工作。

2008年4月14日，全国普法办印发《关于开展法治城市法治县(市区)创建活动的意见》；4月28日，上海市法宣办转发该文件，及时予以贯彻落实。

2009年5月，市司法局印发《关于深入开展法治城区(县)创建活动的实施意见(试行)》，启动法治城区创建工作，得到很多区县的积极响应。

杨浦区在三年法治城区创建工作经验的基础上，2009年，再次将法治城区创建工作列入杨浦区委重点工作，并制定《杨浦区2009年建设法治化城区的实施方案》。

松江区坚持开展依法治区工作。2009年4月，松江区委召开第70次常委会，通过《2009年上海市松江区依法治区工作要点》，法治城区创建工作专列其中。之后，又制定《松江区深入开展依法治区　创建法治城区工作实施意见》。

闵行区2008年制定《关于推进依法治区　创建法治城区意见》和《闵行区2008年法治城区创建活动计划》，以重点项目为抓手，积极推进创建工作。2009年，又制定《2009年闵行区法治城区创建活动计划》和《闵行区依法治区评估体系实施意见(试行)》，深入推进创建活动。

嘉定区2009年5月，召开“2009年嘉定区法制宣传教育工作会议暨嘉定区深化法治城区创建工作大会”，启动创建工作。并在广泛征求相关委办局及13个街镇的意见之后，制定了《关于嘉定区深化“全国法治城区”创建工作的实施意见》《关于2009年嘉定区深化“全国法治城区”创建工作实事项目安排的通知》《创建工作考核评估指标》等文件。

徐汇区从1990年起，每5年制定1个《徐汇区依法治区纲要》，坚持开展依法治区工作。2009年，总结18年来开展依法治区工作的基本经验，梳理法治城区创建工作项目，努力实现创建与依法治区工作的对接，制定《法治城区创建工作实施计划》。

奉贤区2009年初，区委全会报告把建设法治城区列入年度工作重点。在普治工作会议上，区委书记又对法治城区创建着重提出要求。法治创建工作被列入2009年区普治目标考核，占40%。

卢湾区将法治城区创建活动列入2009年区法宣工作要点，并制定《深入推进依法治区　开展法治城区创建工作计划》。

崇明县制定《关于建设法治崇明的若干意见》《建设法治崇明的实施纲要》等文件。

2009年7月1日,召开上海市深入推进法治城区创建调研试点第一次联席会议。徐汇、杨浦、卢湾、闵行、松江、嘉定、奉贤、崇明等8个区(县)依法治区(县)办、区(县)司法局的主要领导、分管领导和联络员,市委政法委、市政府法制办、工商局相关部门的负责人以及市依法治市办的相关人员出席会议。会议决定以到会的8个区(县)为试点单位,开展法治城区创建试点工作。

试点期间,联席会议先后召开五次会议,分别就条、块工作整合和基层依法治理、项目化推进工作方法、区(县)依法行政工作、法治城区创建活动评估办法等进行阶段性总结推广和专题讨论,并邀请市委政法委、市综治办、市政府法制办、市工商局等市依法治市领导小组成员单位到会指导。市依法治市领导小组办公室还根据市委领导的指示精神,召开有市高院、检察院、公安局、市政府法制办、民政局、工商局、安全生产和监督局等领导小组成员单位和相关单位参加的"法治城区创建评估办法"专题讨论会,在杨浦、闵行、奉贤、松江、嘉定等试点区(县)实践的基础上,完成"法治城区创建活动评估体系(2010年试行版)"的设计。

在试点期间,市依法治市办始终把法治城区创建活动推进市、区依法治市、依法治区(县)工作的整体性、协调性放在突出位置。把在上海市范围内开展的民主法治课题研究、依法治理优秀案例的征评、依法治市工作信息交流等工作和区(县)法治城区创建活动紧密结合在一起,丰富创建活动的内容,提升依法治市工作的水平,扩大推进依法治市、依法治区(县)各项工作的社会影响度。通过《依法治市工作简报》和试点专辑及时向上海市发布试点工作推进情况的信息和工作经验,还和《上海法治报》联合组织"上海法治城区创建活动回眸和速写"系列稿件,连续十期刊登,宣传推广上海法治城区创建活动成果,取得较好的社会效果。

2010年5月,市依法治市办组织召开由各区(县)依法治区办和司法局参加的"法治城区创建试点工作总结暨深入推进法治城区创建活动大会",在总结试点经验的基础上,向上海市各区(县)推开法治城区创建活动,促进各区、县理顺依法治区(县)工作体制和深入开展依法治市工作。5月12日,印发《关于深入开展法治城区创建活动和申报全国法治城区创建活动先进单位工作的通知》,总结试点工作,在上海市部署深入推进法治城区创建活动,并布置了创建活动先进申报工作。5月14日,市依法治市领导小组办公室调研组来松江区就"法治城区"创建工作和"十二五"依法治区工作的规划进行调研,就松江一些特色工作的开展、长效机制的完善等进行深入的探讨和交流。7月8日,市依法治市办推荐嘉定区、徐汇区为首批"全国法治县(市、区)创建活动先进单位"候选单位。

至2010年,试点工作按计划顺利进行,已基本完成联席会议议定的工作任务,取得初步的成果。

二、依法治理优秀案例征评

2009年8月,市依法治市办向各区(县)依法治区(县)办、各区(县)司法局下发通知,启动2009年上海依法治理优秀案例征评活动。案例范围包括:围绕推进地方党委依法执政能力建设;加强地方立法和规章制度建设;推进依法行政;坚持公正司法;加强经济法治建设;加强基层民主法治建设;加强法制宣传教育;拓展和规范法律服务;维护社会安定和谐;建立健全法治监督体系等开展的工作,并取得一定成效的工作个案。至10月30日,市依法治市办共收到14个区县选送的91个案例。11月25日,市依法治市办召开优秀案例初选评审会,邀请市委督查室、市委政法委研究室、市政协社法委、市检察院研究室、市信访办、市工商局等实务部门的专家,对91个案例进行初评选,并投票产生出 20 个案例进入下一轮复评。

2010 年 3 月 11 日，市依法治市办组织召开首届“上海依法治理优秀案例”终评会。邀请有市社科院、市社联界和有关高校及媒体等方面，包括法学和政治学、社会学、经济学等领域的专家、学者参加会议，由他们组成独立的第三方评审委员会，对 20 个候选案例进行投票评选及点评。最终，由闵行区依法治区办报送的“依法推进人大监督工作、促进政府预算公开透明”等 10 个案例获评首届“上海依法治理优秀案例”。12 月 8 日，“首届城市治理论坛”暨“上海依法治理优秀案例”颁奖大会在复旦大学举行。

表 2-2-1　首届(2009 年)“上海依法治理优秀案例”情况表

案　　例	报　送　单　位
依法推进人大监督工作，促进政府预算公开透明	闵行区依法治区办
黄浦法院在全国法院首创发布劳动争议诉讼“白皮书”，全力化解劳动争议纠纷取得积极成效	黄浦区人民法院
发挥律师专业优势，依法化解动迁矛盾	虹口区司法局、天一律师事务所
杨浦区探索拆迁多元补偿安置新途径	杨浦区司法局
“堵、疏、补”多管齐下，破解“黑车”整治难题	嘉定区委党校
松江区建立政府合同法律审核制度	松江区依法治区办、松江区政府法制办
交通事故审理“三调合一”工作机制的探索与实践	徐汇公安分局交警支队
以心理诊疗不断促进特殊人员心境和谐与顺利回归	浦东新区司法局
奉贤区着力整合综治力量　维护基层和谐稳定	奉贤区社会综治委办公室
整合资源　搭建平台　延伸功能——金山区非公经济法制论坛取得积极成效	金山区司法局、金山区工商业联合会、金山区人民法院

三、依法治市工作简报

2009 年 4 月份，市司法局按原依法治市办模式恢复了《上海市依法治市工作简报》(以下简称《简报》)。同时，制定《依法治市信息工作管理办法(试行)》，并于 5 月 12 日召开了有条线、区县、科研院校单位联络员参加的依法治市信息工作会议，通过恢复信息联络员队伍的框架，来支撑《简报》的可持续性。5 月 12 日，市依法治市办召开 2009 年上海市依法治市信息和课题工作会议。这是市依法治市领导小组及其办公室恢复建立以来，召开的第一次全市性的工作会议。市依法治市领导小组相关成员单位联络员、区(县)依法治区(县)领导机构办公室负责人及联络员、依法治市课题工作有关单位联络员共 80 余人参加会议。会议印发《依法治市联络员信息工作办法(试行)》，恢复了编写《依法治市工作简报》工作，以其作为主要工作载体，传递促进依法治市工作的动态。全年，共编发 19 期《简报》，发送到各区县依法治区(县)机构、区县司法局等部门，并报送全国普法办。

根据《上海市依法治市领导小组工作规则》规定，依法治市领导小组办公室负责领导小组成员单位和上海市相关单位、部门的依法治市联络工作，及时收集依法治市工作信息，编发《上海市依法治市工作简报》。《简报》报送范围为依法治市领导小组组长、第一副组长、常务副组长、副组长，送领导小组成员，发各区(县)依法治区机构，并送全国普法办，同时也送外省市同级依法治省(市)机关交流。每年依法治市工作简报不定期编发,主要聚焦上海市依法治市工作中先进经验和做法。

2010年,全年编发《依法治市工作简报》20期。

四、民主法治课题研究

由上海市依法治市办主办、上海市法治研究会协办的上海市民主法治建设课题研究征稿活动,每年一度。

2009年,以务实性、建设性、对策性、独创性为指引,进一步体现"立足法治、聚集发展、重在治理"的宗旨,向全社会开放课题申报。2009年共收到32个单位(个人)申报的319项课题,通过对申报选题、程序、主体等内容审核,符合立项条件的共317项。立项课题特点如下。一是选题内容比较集中。申报课题在发布《课题指南》范围内的有189项,占60%;二是涉法部门增多。法院、检察院、公安等系统申报比往年增加较多,共105项,占课题总数的33%;三是与司法行政工作结合度提高。区(县)司法局既作为联络单位做好课题组织联络,又作为申报者申报了如"应对金融危机,化解劳资纠纷(浦东司法局)""城市大调解格局体系构建(杨浦司法局)""依法治区工作评估探索与实践(闵行司法局)"等司法行政工作中遇到的难点重点问题。

2009年,上海市共有359篇课题研究报告参加第八届上海市民主法治建设课题研究成果评选。经评选,共有96项成果获奖(理论研究类45项,实务研究类51项),6家单位获得优秀组织奖。

2010年4月6日,市依法治市办印发《关于做好第九届(2010年)上海市民主法治建设课题研究工作的通知》,制定《课题研究重点说明》和《课题研究工作安排》。4月15日,市依法治市办在上海社会科学会堂召开2009年度上海市民主法治建设课题表彰大会,对获奖单位和个人,以及优秀组织单位进行表彰,并发布2010年度课题指南。8月,组织开展课题中期交流会。11月,2009年上海市民主法治建设课题研究成果集《法治城市与实践展望》由上海社会科学院出版社出版。

第三篇

律　师

律师制度恢复以来，上海律师行业从百废待兴到蓬勃发展。律师事务所也从恢复之初由国家出资设立，到1988年开始实行合作制，之后逐渐发展为以合伙制为主的组织形式。律师的身份从国家干部变为“为当事人提供法律服务的执业人员”；律师业务领域从单一的国内诉讼事务发展为诉讼非诉事务并重、国内涉外事务并举，几乎覆盖了社会生活和经济生活的各个领域，全市拥有一批具有明显专业特长和国际声誉的律师事务所和律师。

30多年间，在市司法局的管理下，基本形成了覆盖律师执业和律师管理工作各方面、各环节的律师法律制度和配套规章体系；市区两级司法行政机关律师管理和司法行政机关、律师协会“两结合”管理体制基本定型、成熟。上海律师行业在党建工作、管理体制、专业能力、参政议政、助力社会经济发展、履行社会责任等方面取得了长足发展，在政治、经济、社会、文化、生态建设、对外开放等各个方面发挥了重要作用。

第一章　律 师 管 理

1979 年 4 月,市律师协会恢复建立。1980 年 8 月《中华人民共和国律师暂行条例》(简称《律师管理条例》)实施后,市司法局指导市律师协会推行律师辩护、代理制度,组建律师执业机构,逐步开展工作。1984 年,市司法局成立律师管理处,全面管理律师工作。1996 年 5 月,《中华人民共和国律师法》(简称《律师法》)出台。根据《律师法》规定,市司法局对全市律师、律师事务所和律师协会进行监督、指导。2001 年,市司法局行政管理和市律师协会行业管理"两结合"的管理体制开始形成。此后,市司法局陆续将律师业务培训、执业纠纷调处、律师年检注册、申请律师执业人员的实习管理等工作职能逐步移交市律师协会承办。2008 年,《律师法》修订实施后,市司法局健全了区(县)司法局律师管理职能,全市 19 个区(县)司法局均依职权进行律师类行政许可受理,以及相应投诉查处和行政处罚工作。与此同时,市律师协会在各区(县)建立律师工作指导委员会。至此,市区"两级管理"和司法行政机关、律师协会"两结合"管理体制基本定型。

第一节　《律师暂行条例》时期的管理

一、律师事务所设立

1980 年 8 月 28 日,第五届全国人大常委会第十五次会议通过《中华人民共和国律师暂行条例》,明确律师执行职务的工作机构是法律顾问处。法律顾问处是事业单位,受国家司法行政机关的组织领导和业务监督。1984 年,全市法律顾问处改称律师事务所。1994 年,市政府公布《上海市律师管理办法》,规定律师事务所的设立,必须具备以下条件:(1) 有律师事务所的名称;(2) 有固定的工作场所;(3) 有律师事务所的章程;(4) 有 3 名以上取得律师资格的专职人员;(5) 有必要的开业经费。其申请程序是:应当向拟设立律师事务所所在地的区(县)司法行政部门提出申请。由区(县)司法行政部门审核后,报市司法行政部门,由市司法行政部门作出审批决定,颁发《律师事务所执业许可证》,始得以律师事务所的名义开业。开业前须到市律师协会办理开业登记手续,按规定向税务部门办理税务登记,依法纳税。

二、律师资格取得

1980 年,《律师暂行条例》实施,规定担任律师的资格为:(1) 在高等院校法律专业毕业,并且做过两年以上司法工作、法律教学工作或者法学研究工作的;(2) 受过法律专业训练,并且担任过人民法院审判员、人民检察院检察员的;(3) 受过高等教育,做过 3 年以上经济、科技等工作,熟悉本专业以及与专业有关的法律、法令,并且经过法律专业训练,适合从事律师工作的;(4) 其他具有本条第 1 项或第 2 项所列人员的法律业务水平,并且有高等学校文化水平,适合从事律师工作的。

1981 年,市司法局成立律师资格审批小组。

1982 年 3 月,首批 46 名律师获得资格证书。

1986年以后,取得律师资格应当经过全国统一律师资格考试或者考核。同年9月,市司法局组织全市律师从业人员和报考律师的人员参加首次全国律师资格统一考试。

1994年《上海市律师管理办法》出台后,根据相关规定:(1)凡具有高等院校法学专科以上学历或者同等专业水平,以及高等院校其他专业本科以上学历的人员,经过全国律师资格统一考试合格的,由司法行政部门授予律师资格;(2)具有高等院校法学本科以上学历,从事法律研究、教学等专业工作并具有高级职称或者具有同等专业水平的人员,申请律师执业的,经司法行政部门按照规定的条件考核批准,授予律师资格。不授予律师资格的是:(1)无民事行为能力或者限制民事行为能力的;(2)故意犯罪,曾被判处刑罚的;(3)被国家机关、事业单位开除公职未满5年的;(4)其他依法不授予律师资格的情形。

至1995年,市司法局共组织7批全国律师资格考试,每批报名人数在1 000～2 700人。其中经考试合格的,按规定条件,经过考核的授予律师资格。

三、监督管理

1979年律师制度恢复后,律师工作的管理与监督制度逐步建立起来。1980—1985年,市司法局提出立法建议,推动律师立法,建立规章制度,先后制定65份规范性文件。其中,1985年印发《关于律师资格审批程序》《贯彻律师职务试行条例实施细则》《律师业务考核办法》《合作制律师事务所管理办法》《关于律师涉外活动的几项规定》等律师执业、涉外活动的规定,及律师事务所各项管理制度。

1987年,市司法局制定《人民律师守则》,提出律师执业活动中要遵循“八要八不准”的原则,即要坚持社会主义律师制度的正确方向、以事实为依据、以法律为准绳、工作认真负责、廉洁奉公、按标准收费;不准营私舞弊、搞不正当竞争、强词夺理、敷衍塞责、私自收案收费、索取或接受合法收入以外的财物和利益等。

1989年10月15日,市司法局发出《关于市属律师事务所设立政治协理员的若干规定》,以加强司法行政机关对律师事务所的思想政治工作和管理工作。先从市属律师事务所设立政治协理员人手,前后派出11名政治协理员。以后逐步推广到全市各区、县律师事务所。

1990年,市司法局律管处设督导员,通过旁听、查卷,检查律师服务质量,并制定律师业务考绩表,安排律师每季度自我考核一次,每年结合评比工作进行全面考核,建立律师个人业务档案。同年11月,市司法局贯彻执行司法部《律师十要十不准》的通知,加强律师职业道德教育。

1993年9月7日,市律师惩戒委员会成立。委员9人,由市司法局领导、市律师协会负责人和律师事务所主任组成,市司法局副局长陈鹤鸣为主任。各区、县也成立律师惩戒委员会。10—11月,市司法局转发市律师协会制定的《上海市律师职业道德规范》及司法部下发的《律师职业道德和执业纪律规范》。从1993年起,市司法局和市律师协会每年组织律师进行一次职业道德培训。

1994年,市政府批准公布《上海市律师管理办法》,全面规范律师管理工作。依据规定,全市律师管理机构是市司法行政部门和市律师协会。

1995年,为发挥区、县司法行政机构管理律师的职能,推进属地管理,确定区(县)司法局行使决定筹建律师事务所、申报律师资格及审查发放律师执业证等10项职权,区、县司法局管理的律师事务所,由原来的43家增至173家。6月,市司法局开展上海市律师业务档案大检查,把检查结果与律师注册登记、报酬和职称评定挂钩,统一实行律师档案归档计酬制度。11月,市司法局印发

《律师惩戒工作的若干规定》,规范市司法局、市律师协会和区、县司法局对律师惩戒事件的受理范围及具体操作程序。全市共举办6期律师职业道德培训班,要求执业律师在工作中体现职业的高尚性,公正廉洁,尊重法官,不拉庸俗的社会关系。并安排市政法系统"十佳"之一高前和律师、区文明单位新华律师事务所主任郭立介绍自我教育的经验。各区、县司法局也采取开现场会、讲评会等形式开展律师道德教育和勤政廉政活动。

四、公职律师试点

1995年8月24日,市浦东新区管理委员会、市司法局联合行文批复,同意浦东新区司法局制定的《上海市浦东新区公职律师试行办法》。公职律师由政府设立,为政府服务,具有公务员身份,为政府职能部门提供法律意见,代理行政诉讼及从事其他法律顾问工作。其活动接受本单位行政管理和司法行政机关管理。

1996年4月12日,全市首批公职律师授证仪式在浦东新区举行。来自浦东新区司法局、城建、工商、公安等10个政府职能部门的23人,成为新中国成立以来第一批政府公职律师,标志着公职律师试点工作迈出了实质性的一步。

图3-1-1 1996年4月12日,上海市首批公职律师授证大会在浦东新区召开

第二节 《律师法》时期的管理

一、行政管理

1996年,《中华人民共和国律师法》颁布后,9月24日,市司法局党委批准建立市司法局直属律师事务所党委,从组织上保证党对律师队伍的政治领导,使律师队伍政治工作有了专门的管理机构,律师党建工作得到进一步加强。11月,又建立上海律师学院,负责对全市执业律师在职继续教育和职业道德、执业纪律、法律知识培训,使律师教育培训更趋规范化、制度化,对于提高律师的政治、业务素质,适应上海经济、社会发展需要发挥了积极作用。

1996—1998年,市司法局先后制定《新批执业律师的若干规定》《关于兼职律师分流的若干规定》《执业律师转所的若干规定》《外省市律师来沪执业的若干规定》《新批律师事务所的规定》《律师参与刑事诉讼辩护的若干规定》《关于加强律师队伍精神文明建设的若干规定》;为配合《律师法》(1996)的实施,制定《上海市关于本市合作律师事务所管理的若干规定》《上海市合伙律师事务所管理的若干规定》《上海市司法局关于律师事务所深化改革的若干实施意见》《上海市律师事务所财务管理办法》《上海市律师事务所会计制度》《上海市律师奖惩管理办法》等9个规范性文件。从1997年6月1日起,启用由市司法局律管处统一设计、监制的律师参与刑事诉讼活动格式文书。1998年11月,市司法局制定《申请设立律师事务所须知(试行)》《申请律师执业证须知(试行)》《申请授予律师资格须知(试行)》和《律师转所须知(试行)》等4个新的试行规定。在律师事务所在转换机制过程中,调整和出台相应规定,完善操作办法,在对律师事务所资产界定、处置和使用上充分体现鼓励、扶持的政策;完善分配机制和执业风险保障机制,为律师事务所向规模化发展打下基础。

1999—2000年,市司法局先后制定《关于加强律师事务所重大事项变更登记工作的通知》《关于律师事务所实习人员暂行规定》《关于律师事务所年检和律师执业证注册的若干规定》《本市律师事务所、社会法律咨询服务机构实行脱钩改制的实施办法》等,全面启动国资律师事务所脱钩改制工作。建立律师事务所登记资料库,对律师事务所章程、合伙人协议等重要文件资料进行归档管理。2000年4月1日起,市司法局首批推出律师资质审批窗口式服务项目。执行重大事项变更登记制度,建立新所设立和新批准执业律师公告制度、新批准律师事务所回访制度。

2001年,市司法局出台《上海市律师服务收费管理办法(试行)》和《上海市律师服务收费政府指导价标准(暂行)》。市司法局与市高级人民法院、市人民检察院、市公安局共同下发《上海市律师助理管理规定》。

2002年,市司法局开展个人开业律师事务所试点,出台《上海市司法局关于个人开业律师事务所管理的规定(试行)》。根据WTO的新形势和新要求,执行《外国律师事务所驻华代表机构管理条例》和《香港律师事务所驻内地代表机构管理办法》,初步建立外国和港澳地区律师事务所驻沪代表处管理的新平台,制订统一的与国际惯例相一致的申请表格,及时将表格和有关法律、法规以及年检注册要求的中英文文本在上海司法行政网上公布,有效规范了外国所的申请工作。在律师和律师事务所的资质管理上,简化、规范审批程序,制作了《申请设立律师事务所》《外地律师事务所在沪设立分所》《律师事务所合并》《律师事务所变更组织形式》《申领律师执业证》《律师重新执业》《律师转类执业》《律师转所执业》《外地律师转沪执业》《申领律师助理证(实习证)》等办事指南,缩短审批时间,提高工作效率。

2003年,在贯彻落实司法部关于开展公职、公司律师试点意见的基础上,上海公职律师、公司律师试点工作有新进展。全市首批开展公职律师、公司律师试点工作的共有11家单位、131人。同时,广泛推行律师事务所代理法律援助申请机制,大幅度增加法律援助办案数量。严格按照《律师法》和《兼职从事律师职业人员管理办法》有关规定,制定并印发《关于进一步规范兼职律师管理工作的通知》,对兼职律师是否符合规定的条件进行严格审查。

2004年,建立法律服务行业诚信信息系统建设。推动律师行业开展创建规范服务达标活动。在律师队伍中开展教育整顿,5月9日,市司法局召开直属律师事务所集中教育整顿活动动员大会;

图 3-1-2　2002 年 9 月 28 日，WTO 背景下规模律师事务所发展与管理研讨会在上海国际会议中心召开

6 月 26 日，召开上海市律师队伍集中教育整顿转阶段工作会议。

2005 年，开展律师事务所规范建设年活动。开展了“律师与构建社会主义和谐社会”主题宣传报道活动，广泛宣传了一批政治素质好、业务能力强、热心公益事业的律师和优秀律师事务所。

2006 年，组织开展首届“东方大律师”评选宣传活动，宣传律师的良好形象。加强了对律师执业活动的监督检查，规范律师收费环节和收费程序，修改《上海市律师收费管理实施办法》，完善律师收费的行业配套规范。

2007 年，评选出 10 名首届“东方大律师”，并以宣传活动为载体，深入宣传了上海律师在国家经济社会发展中的积极作用。推出《执业警示》，完成《律师事务所管理示范文本》的制作，发至各律师事务所；完善了业务指引体系，制定完成了《律师代理货运保险代位追偿工作程序指引》《征地拆迁法律服务操作指引》以及《律师办理商品房交易业务操作指引》等行业指引。

表 3-1-1　第一届“东方大律师”评选情况表

姓　名	性　别	评选时所在律师事务所
翟　建	男	上海翟建律师事务所
段祺华	男	上海段和段律师事务所
鲍培伦	男	上海市恒信律师事务所
陶武平	男	上海市申达律师事务所
钱丽萍	女	上海市君和律师事务所
厉　明	男	上海四维乐马律师事务所
徐晓青	男	上海徐晓青律师事务所
江　宪	男	上海市联合律师事务所

(续表)

姓　　名	性　　别	评选时所在律师事务所
朱树英	男	上海市建纬律师事务所
游闽键	男	上海市协力律师事务所

2008年,《律师法》修订,市司法局全面贯彻落实相关工作,印发《市司法局关于贯彻修订后的〈律师法〉做好对律师和律师事务所执业许可有关工作的通知》等四个规范性文件;协调建立为世博会提供法律服务的工作机制,建立律师法律服务全方位参与世博建设的举措;推进政府法律顾问工作,鼓励律师积极参与政府领导信访接待;强化律师队伍建设,推进"大学习、大讨论"活动的开展;完善"两结合"律师管理体制等具体措施,提出规范律师税费政策等工作建议。

2009年,广泛开展律师事务所与司法所、律师与居村委调委会"双结对"活动,全市所有的司法所和居村委调委会都有律师事务所、律师与之结对。推进法律服务进社区工作,200多家律师事务所与120多个街镇签约,定期定点为社区居民提供法律咨询和服务。修订《关于申请律师执业等事项审批的规定》等规范性文件,规范行政许可行为,提高行政审批效率。制定并推动《上海市律师服务收费管理实施办法》《上海市律师服务收费政府指导价标准》的出台,规范律师服务收费。参与制定并贯彻市高级人民法院和市司法局共同发布的《关于规范法官和律师相互关系的若干规定》,促进司法公正。认真贯彻执行《市司法局关于贯彻修订后的〈律师法〉做好对律师和律师事务所投诉查处有关工作的通知》,开展专题讨论会,理顺投诉处理与行政处罚工作机制。

2010年,加强执业活动的引导激励机制建设,建立"东方大律师"、优秀律师、优秀青年律师、优秀女律师等评选。加强对投诉查处和行政处罚机制调整工作,指导区县司法局对律师违法行为依法实施行政处罚。市司法局与市公安局联合印发《关于提讯、会见看守所在押犯罪嫌疑人、被告人、罪犯的若干规定》,进一步保障律师的会见权。积极探索政府购买法律服务的经费保障机制。推动律师业财税和社会保障政策的完善。贯彻落实《关于规范法官和律师相互关系的若干规定》《上海市高级人民法院、上海市司法局关于规范法官和律师相互关系,加强沟通会商协调的工作纪要》,支持和协助法院系统开展法官或律师"一方退出"机制。对律师执业证依申请注销和律师执业类别变更两项审批事项实施告知承诺。

二、行业管理

《律师法》(1996)实施之后,市律师协会迎来新发展。1996—1998年,在维护律师执业权益,改善律师执业环境方面,市律师协会设立维护律师执业权益委员会,聘请维护律师执业权益的顾问;提请有关部门纠正律师被错捕、错判的案件和妨碍律师依法会见犯罪嫌疑人的违法行为。在强化律师业务研究和律师培训工作方面,协会建立和健全11个业务研究委员会;与市政法管理干部学院联合设立上海律师学院;举办各类法律讲座和业务研讨会;参加市人大法制工作委员会组织的《中华人民共和国合同法》等法律、法规征求意见稿的研讨会,并为有关部门起草规范性文件提供意见。在创建现代化的信息网络系统方面,协会开发律师业务资料检索系统并免费为律师事务所安装;免费为189家有条件的律师事务所安装电子信箱(E-Mail);筹建"上海律师网站"。在健全教育、奖励与批评、惩戒相结合的行业自律机制方面,协会把对律师的职业道德教育列为律师培训的重要内容，督促律师遵守《上海市律师职业道德规范》；配合市司法局举行全体律师参加《律师法》《刑事诉讼法》以及律师职业道德和执业纪律考试；开展评选和表彰优秀青年律师的活动。在积极开展对外交往和业务交流活动方面，协会组织律师代表团3批19人访问法国和澳门地区；接待美、日、英、法等国家和港、澳、台地区法律界、律师界代表团来访34批585人。在办好律师福利事业方面，协会为全体律师投保团体人身险；设立律师医疗互助基金；开办律师活动中心；组织36批1140余人次的律师赴杭州、无锡、桂林、海南等地休养。

图3-1-3　1996年11月1日，上海律师学院成立

1999—2000年，市律协组织律师学"三讲"，安排律师职业道德标兵介绍经验；市律协督导委认真接待当事人投诉和律师来信来访；成立纪律委员会和执业纠纷调解委员会；实行理事轮流值班接待制度。成立继续教育委员会，创设了"3＋2"的培训模式；组织律师参加各类综合及专题培训班；新增设11个业务研究会，开展各具特色、各有重点的研究活动；积极参与有关立法活动。建立信息网络培训中心，连续举办网络信息技术初级培训班和中级培训班；开发律师事务所信息管理系统。开展国内外业务和文化交流，聘请境内外资深律师开办讲座，组织涉外法律培训。定期开展围棋、足球、篮球、乒乓球活动，丰富律师业余生活；举办多种全市规模的律师文体对抗赛，增进律师间交流与友谊。组织律师分批休养；对上海市律师的地位和形象做社会调查；制定深入基层，联系群众的制度。举办各类活动庆祝律师制度恢复20周年；利用网络和各新闻媒体发布大量信息，宣传律协的重要作用；在《新闻报》开辟"律师界"专栏；组织评选优秀成果案例。

2001年，第六届律师代表大会召开，选举产生新一届理事会和监事会，首次选举专职律师为会长。市律协执业纠纷调解委员会实行合议庭工作制度，实行理事轮流值班；继续教育委员会修订《上海律师执业培训学时认定办法》，将"3＋2"培训模式改为"2＋3"模式，通过网络对律师进行培训。在原有22个研究会的基础上，市律协又新设立国际商务纠纷解决研究会、劳动法律关系研究会、WTO规则争端和解决机制研究会。组织涉外法律事务培训，邀请国外资深律师来沪开办讲座；参加全球大城市律师协会会长会议以及香港律师会2001年周年大会。市律师协会建立医疗互助金管理委员会，制定并实施与上海市医疗保险办法接轨的律师医疗互助金管理办法。年内，市律协与多家报刊、电台、电视台建立联系,通过新闻媒体广泛宣传上海律师的工作业绩;组织评选出12家律师事务所为“上海市爱心助残先进单位”,大力宣传上海律师履行社会责任,全心全意为残疾人提供法律援助的先进事迹;改进《上海律师》和《律师业务资料》的编辑出版工作。

图 3-1-4 2001 年 9 月 22—23 日,市六届律师代表大会召开

2002 年,市律师协会聘请市人大、市政府、市政协以及政法系统等有关部门的 13 名领导担任维权委员会顾问,增强维权委员会的权威性和协调功能;制定《上海市律师协会维权委员会规则》,规范维权工作程序,维权委员会全年处理 6 起维权案件。陆续制订了《上海市律师协会律师执业行为规范(试行)》《上海市律师协会会费使用规则(试行)》以及《上海市律师协会律师办理行政诉讼案件指引》,将律师执业行为纳入规范化。制订并试行《上海市律师协会会员处分规则》。与市司法局联合举办“WTO 背景下规模所发展与管理研讨会”,与全国律协联合主办“第二届中国律师论坛”,与全国律协地方工作指导委员会联合主办“京津沪渝四直辖市律协会长和秘书长联席会议”,与香港律政司、香港律师会在沪联合举办“上海・香港律师行业管理研讨会”,与英国驻沪总领事馆文化办事处共同举办中英青年律师论坛。年内,市律协用会费为全市律师整体投保执业责任险,以帮助律师事务所降低成本和抵御风险。这是上海律师与国际接轨及推动律师业发展的重大举措。

2003 年 7 月,上海市律师协会代表团在“全球主要城市律师会会长年会”巴黎会议上,经投票推选,从纽约、东京、新南威尔士等 7 个申办城市中胜出,赢得了 2004 年“全球主要城市律师会会长年会”的主办权。9 月 20 日,市律师协会在全市律师中挑选一批政治素质高、业务能力强的律师,组建“上海市为被拆迁人提供法律服务律师志愿团”,先后组织 2 批共 264 名律师参加志愿团工作。9 月,上海律协被中华全国律协授予“援助西部地区律师发展工作先进律师协会”荣誉称号。

2004 年 11 月 4—5 日,第三届全球主要城市律师协会会长会议在沪召开。此次年会主要涉及的议题包括:在 WTO 架构下法律服务的全球化,加入 WTO 后中国法律市场的国际化,国际法律技能培训,国际律师和国际律师事务所的执业章程、标准和技能以及法律服务国际化等。来自纽约、巴黎、伦敦、东京、新加坡、汉堡、芝加哥、汉城、香港等 19 个世界主要城市的 20 个律师协会的会长及 40 余人参会。该会议在发展中国家举办尚属首次。这次会议在上海举行,标志着上海律师业

25年的发展成就得到国际律师业的承认。12月，成立第一期国企改制上海律师法律服务团。

2005年，召开第七届律师代表大会，选举产生新一届理事会和监事会。建立区（县）律师代表团制度。在开展律师事务所规范建设年活动中，规范活动的对象扩大至全市所有的律师事务所，做到事务所规范建设的全覆盖，并支持律师协会走到前台，第一次具体组织实施全行业的专项活动。全年共举办各类培训班、研修班、业务讲座共50期（讲）。全年理事值班77人次，接待投诉人，解答咨询，并对具体投诉案件提出处理意见和建议；坚持设立投诉专线电话，专人负责接听投诉电话、接收投诉信件、查阅投诉电邮，保证了社会公众投诉渠道的畅通无阻。先后筹建了第二期、第三期“国企改制上海律师法律服务团”。

2006年，全年共举办不同类型的培训班、业务讲座36期（讲）；其间还分别组织和召开不同对象和内容的座谈会、交流会23次，接受培训的律师达到近3万人次。业务研究委员会共召开业务活动近60次。开展全市法律援助调研工作；与法律援助中心建立固定例会制度，在建立律师事务所代理申请法律援助制度、建立法律援助骨干队伍、制定《律师法律援助案件办理指引》、起草《法律援助服务人员行为规范》等方面开展合作。与市总工会签订“维护职工权益，共建和谐社会”合作协议，为全市各级工会和广大职工提供专业的法律服务。与市人大常委会培训工作委员会联合举办“市民与法”——市人大代表说法系列法治讲座活动。编辑并发放《纪律处分案例汇编和评析》《执业纠纷调解案例汇编》，为全市律师提供执业警示，通过案例介绍和点评为事务所管理提供警示和借鉴。

2007年，成立律师人大代表及政协委员联络委员会，组织律师法律咨询团进驻“两会”，为人大代表和政协委员提供法律服务。市律协与市司法局等部门联合主办首届“东方大律师”评选宣传活动。开展税收、收费、律师调查取证难等重大问题的调研工作并与相关部门进行充分沟通。

2008年，召开第八届律师代表大会，选举产生新一届理事会和监事会。制订《上海市律师协会关于区县律师工作委员会工作的指导意见》，修改《上海市律师协会律师代表团工作规则》，增设“环境与资源法律研究委员会”“未成年人保护研究委员会”。在各区县设立“区县律师工作委员会”，成员由律师代表及其他律师组成，主任原则上由代表团团长兼任，以此为平台充分发挥区县律师的基础性自律作用。与国际律师组织及国外律师事务所合作，共同举办了5次各类专题研讨会和讲座。

2009年，组织律师为上海世博会的筹办提供法律服务。与上海世博会筹办工作领导小组志愿者组签约，组建“中国2010年上海世博会志愿者工作法律顾问团”，与世博会筹办工作领导小组志愿者组合作，为招商、保险、活动方案设计等各方面志愿工作提供专业性的建议与意见，并参与了30多个重要合同文本的起草与审核。举办“首届上海律师参政议政研讨会”，构建“协调会议机制”，支持律师人大代表、政协委员参政议政，扩大律师参政议政的社会影响。将原来的19个业务研究委员会调整为31个。邀请台北律师公会、香港律师会、澳门律师公会律师代表团，参加市律协倡导召开的“首届两岸四地城际法律服务研讨会”。

2010年，修改《上海市律师协会章程》，完善律协的组织机构，规范律协的运作程序；先后制定上海市律师协会《会员表彰奖励规则》《业务研究委员会经费使用规则》和《律师代表大会代表规则》，修订《上海市律师协会会费使用规则》等规则。与市政府法制办签署《关于本市政府立法过程中听取市律师协会意见工作备忘录》，确定每年选择若干件涉及人民群众切身利益、社会关注度高、影响面大的立法项目，听取市律协意见。先后举办合伙制律师事务所转制为特殊的普通合伙制研讨会、优秀律师事务所经验交流会、律师事务所规模化建设研讨会和律师事务所品牌化、规范化建设研讨会。成立市律协律师事务所行政主管联谊会，编辑出版《上海市律师事务所行政主管工作手册》。建立"青年律师专业化建设信息库",努力推动青年律师在执业伊始即树立专业化意识。组织期货、保险、信托、证券、银行、基金以及并购重组等业务研究座谈会,讨论当前上海金融法律服务市场状况、业务状况、人才状况及改善措施,推进上海金融法律服务的制度创新。成立"上海律师服务世博推进小组",制定《关于上海律师承办涉世博纠纷案件的指导意见》,规范涉世博案件的代理工作。在世博举办期间每天开通"上海律协世博法律帮助热线",为参观、参展者提供咨询等法律帮助。

第三节　律师管理体制改革

一、管理机构

1980年,市律师协会正式对外办公,在市司法局指导下,组建法律顾问处——律师事务所,开展律师各项业务,负责具体管理工作。市律协建立之初,即属市司法局直属单位,工作人员纳入市司法局的行政编制,经费由市财政局拨款,干部人事归市司法局直接管理。1984年9月,市司法局成立律师管理处,人员主要由市律协抽调,与市律协一起办公,具体办理律师事务所的设立、律师资格的审批以及律师人员的调配等工作。市律协建立之初至1987年,这一阶段,市律协为在全市重建律师制度,做了大量工作,起到司法行政机关对律师工作实施行政管理的职能作用。

1987年,律师管理处迁至市司法局机关内办公,负责律师工作的组织领导与业务监督,同时与市律师协会保持紧密联系,分工协作。1987年上海市第二次律师代表大会和1990年上海市第三次律师代表大会通过的章程,其中第二条对市律协的性质作了以下规定,即:"上海市律师协会是由上海市的律师组成的社会团体,受上海市司法局的领导。"

1993年12月,司法部《关于深化律师工作改革的方案》经国务院批复同意。该方案提出:"从我国的国情和律师工作的实际出发,建立司法行政机关的行政管理与律师协会的行业管理相结合的管理体制。经过一个时期的实践后,逐步向司法行政机关宏观管理下律师行业管理体制过渡。"市司法局在"贯彻《关于深化律师工作改革方案》的意见"中,也提出:"理顺管理体制,转变管理职能,加强行业协会功能。"

1994年12月23日,市政府公布《上海市律师管理办法》规定,全市律师管理机构是市司法行政部门和市律师协会。市司法局的职责是:(1)制定律师行业的发展规划;(2)制定律师工作的管理制度;(3)授予或者取消律师资格、颁发或者收回《律师工作执照》;(4)决定律师事务所及其分支机构的设立、变更、终止和撤销;(5)指导、监督上海市律师协会的工作。市律师协会的职责是:(1)负责律师的执业登记、注册和律师事务所开业登记、变更登记、注销登记;(2)负责对律师事务所的年度检验,并向有关部门报告年度检验情况;(3)保障律师依法执业,维护律师合法权益;(4)指导律师业务活动;(5)负责律师业务培训;(6)负责律师职业道德,执业纪律的教育和监督检查;(7)按照国家有关规定,组织与境外民间律师团体的交流活动;(8)负责市司法行政部门委托办理的其他律师管理工作。市司法局根据该管理办法,制定市和区、县司法局分级管理的具体事务,各区、县不设律师协会分支机构。

1996年,市司法局成立直属律师事务所党委,加强律师党建工作。以加强思想道德建设和事务所内部管理为重点,狠抓律师队伍建设。

1998年,上海率先提出建立司法行政部门行政管理和律师协会行业管理"两结合"管理体制的目标。之后，市律师协会陆续承担起律师业务培训、处理违纪投诉、律师职业道德教育和职业监督、执业纠纷调解等工作。

2001 年 9 月，上海第六次律师代表大会选举产生了由专职律师担任会长的新一届理事会，设置了监事会，标志着上海律师工作由过去以司法行政为主的管理逐步在向司法行政部门指导监督下的“两结合”管理过渡。

2002 年，市司法局深化体制改革，逐步完善“两结合”管理机制。年内，初步形成司法行政机关监督指导下的行业协会自律管理机制。依据“管理到位，指导有力，监督从严”原则，健全律师协会功能，完善行业自律管理机制。委托市律师协会承担 2002 年度律师和律师事务所年检注册工作；积极推进律师行业的党建工作；进一步健全律师协会的组织机构。扩大律师协会的职责范围，科学划分司法行政机关与律师协会的职能分工，进一步理顺司法行政机关与律师协会的关系。

2003 年后，市司法局通过司法行政机关与律师协会定期例会等制度，通报律师管理工作的信息，研究制定有关律师管理的政策或意见，在工作中指导律协加强协会领导机构和办事机构的建设，探索科学的管理模式和内部运行机制。

2008 年，《律师法》修订实施，市司法局健全区（县）司法局律师管理权能，除赋予区县司法局行政许可受理权、审查权和部分行政处罚权外，对日常监督管理权属也作了明确；原 41 家直属律师事务所管理权限、党组织关系移交给各区县司法局。同年 5 月，市律师协会在各区县建立律师工作指导委员会，成员由律师代表及其他律师组成，主任原则上由代表团团长兼任。年底，各区县均设立了律师工作委员会，以此为平台充分发挥区县律师的基础性自律作用。至此，市区“两级管理”和司法行政机关、律师协会“两结合管理”体制基本定型。

二、律师事务所体制改革

律师制度恢复之初，司法部决定按照行政区划设立法律顾问处（又称国资所），将其性质规定为事业单位，经费由单位统收统支。1979 年，上海市共有 2 家法律顾问处、43 名律师。为解决郊县群众请律师难的矛盾，崇明县于 1980 年 8 月率先成立第一家县属法律顾问处。到 1983 年底，上海市 22 个区县法律顾问处相继成立。1984 年，全市法律顾问处改称律师事务所。

1988 年，司法部要求进行合作制律师事务所试点，当年成立的合作所有 8 家，其中还有以个人名字命名的李国机律师事务所，实行律师留职停薪，自收自支，与国家财政脱钩，实行浮动工资制。

1990 年，市司法局制定《关于合作制律师事务所管理办法》，推进合作制律师事务所试点工作。该办法规定合作所的设立，须由 5 名以上辞去公职、专业职务结构合理的律师，作为合作人，提出申请，经市司法局批准成立。

1992 年，全市创办“不占国家编制，不要国家拨款，自主管理，自收自支，自我发展，自我约束”（简称“两不四自”）的合作制律师事务所，解决了国家编制有限与社会对律师服务需求量大的矛盾。

1994 年 12 月，市政府公布《上海市律师管理办法》规定，设立律师事务所，有 3 名以上取得律师资格的专职人员，有必要的开业经费和场所，即可申请成立。此后，“两不四自”的合作制律师事务所发展迅速。全市成立最早的是第二律师事务所（1995 年 7 月改名为“震旦律师事务所”）。

1997 年，市司法局制定了《关于本市律师事务所深化改革的若干实施意见》《关于本市合作律师事务所管理的若干规定》以及《关于本市合伙律师事务所管理的若干规定》，把改革的重点引向《律师法》规定的国资、合作、合伙 3 种不同组织形式的律师事务所，以建立科学合理的内部运行机制,进一步推进律师事务所体制、机制和制度的建设。

2000 年,根据国务院及司法部的有关规定,市司法局出台《本市律师事务所、社会法律咨询服务机构实行脱钩改制的实施办法》,全面启动国资律师事务所脱钩改制工作,从范围、内容、组织形式、产权界定、资产处置、人员安置、劳动合同、人事档案等方面进行了详细规定。国资所脱钩后,全部改制为合伙或合作律师事务所。

2002 年,市司法局开展个人开业律师事务所试点,制定《上海市司法局关于个人开业律师事务所管理的规定(试行)》。年内,成立了 8 家个人开业律师事务所,对完善律师事务所的组织形式起到积极作用。

2008 年,《律师法》修订实施后,首次将律师事务所的组织形式确定为合伙和个人两种,将合伙制细分为普通合伙和特殊的普通合伙两种形式。市司法局发布《关于贯彻修订后的〈律师法〉做好合作律师事务所改制有关工作的通知》等内部指导文件,明确改制方式分为整所改制、合并改制、分立改制三种。至年底,全市大部分合作制律师事务所完成了改制工作。

三、经费改革与收费管理

20 世纪 80 年代恢复律师制度初期,由国家核拨编制,出资组建律师事务所。1982 年 7 月 1 日起,试行司法部制定的统一的《律师收费试行办法》。因限于编制数额,律师人员数量与社会各方对律师服务的要求不相适应,群众请律师难。律师的单一体制滞后律师工作的发展。1984 年起,律师体制不断进行改革。首先从奖金分配制度入手,拉开档次,按劳付酬,破除“大锅饭”弊端。杨浦区律师事务所率先进行。

1986 年 11 月,为落实司法部对律师工作管理体制改革的指示,市司法局会同市财政局制定《上海市律师事务所经费管理办法实施细则》。该细则提出:律师事务所是司法行政部门直接领导的、为社会提供法律服务的事业单位,遵照司法部“用律师收费发展律师业务”的指示,律师事务所的收支结余,可不上缴财政,不缴纳税收(奖金税除外)。该细则规定:根据各律师事务所的收支情况,采取以下管理办法:(1) 对于具有一定规模、业务开展全面、收入稳定、有一定结余的律师事务所,应采取“自收自支、结余留用”的办法。(2) 对暂不具备实行“自收自支”条件的律师事务所,可采取“全额管理,定额补助”的办法,每年由财政部门给予定额补助,增收节支留用,减收超支不补。

1988 年,合作制律师事务所开始试点,实行律师留职停薪,自收自支,与国家财政脱钩,实行浮动工资制。此后,全市律师事务所实行承包责任制,市、区、县律师事务所全体工作人员实行聘任制,聘任期限为一至五年,调动了律师积极性。

1990 年,市司法局制定《关于合作制律师事务所管理办法》,对于合作制律师事务所经费规定:合作所办所经费自筹,合作所与国家财政脱钩,收益分配必须兼顾国家、集体和个人的利益,实行社会主义按劳分配原则。合作人的个人收入,根据市司法局规定的比例,从本人结案业务收入中逐季提取,必须当年结清,并按规定纳税。合作所业务收入,除向主管的司法行政机关缴纳管理费、向市律师协会缴纳会费。提取个人收入以及缴纳各项税金外,余额应按市司法局规定的比例,统一提留事业发展、社会保险、福利、风险和储备等基金,并坚持专款专用的原则集体使用,不得以任何名义分给个人。同年 10 月,市司法局会同市财政局、市物价局,根据司法部、财政部、国家物价局下发的《律师业务收费管理办法及收费标准的通知》,结合上海具体情况,制定了《上海市律师业务收费管理办法实施细则》和《上海市律师业务收费标准》,于 1991 年元月起正式实行。

1996年11月，根据司法部制定的《国家出资设立的律师事务所管理办法》，国家出资设立的律师事务所应当依据司法行政机关的有关规定，建立健全人事、财务、业务、收费等内部管理制度，并报司法行政机关备案。

1997年3月，国家计委、司法部制定《律师服务收费管理暂行办法》，规范律师收费。6月5日，市司法局印发《关于律师承办刑事案件收费问题的通知》，明确在国家计委关于律师收费标准正式文件下发前，律师按照1997年1月1日起施行的《刑事诉讼法》承办刑事案件侦查、审查起诉、审判、申诉四个阶段的收费，可以按照关于办理刑事案件收费的规定单列或分阶段收费，但每一阶段的收费不能超过原收费标准。12月30日，市司法局印发《关于本市律师事务所深化改革的若干实施意见的通知》，明确国资所转制应清理现有的全部资产，制作律师事务所核定资产一览表，并确定实际资产量。合作所转制可按每年度积累形成的事业发展基金总量为基数进行核定，但应不低于律师事务所当年业务总收入结余额的40%，事业发展基金的总量虽达到当年业务收入结余额的40%，但不足律师事务所当年业务总收入10%的，应予补足。不在事业发展基金中列支的固定资产应列入资产核定范围。集体福利基金、主任基金的结余部分属集体资金，不得擅自私分归个人。

2000年7月10日，市国资办、市司法局联合印发《本市律师事务所介入国有资产产权法律事务试点实施方案》，明确律师事务所受托从事国有资产产权法律事务，应依照国家计委、司法部《律师服务收费暂行办法》(1997年)的规定，根据委托事项的内容、复杂程度、标的、风险程度，与委托人协商确定收取律师服务费用的方式和标准。收费方式实行按标的比例收费或计件收费。

2001年11月9日，市司法局和市物价局联合印发《上海市律师服务收费管理办法(试行)》和《上海市律师服务收费政府指导价标准(暂定)》。全市律师事务所按照新颁发的“管理办法”，在指导标准的幅度内制定本所具体的律师服务收费标准。“管理办法”减少了律师和当事人之间因缺乏统一收费标准而发生的纠纷，也结束了困扰律师因收费标准无章可循而带来的不便。

2003年12月20日，市司法局印发《上海市律师事务所财务会计核算管理办法(试行)》，对律师事务所的资产、负债、所有者权益、收入、成本和费用、利润及利润分配、外币业务、清算、会计调整、或有事项、财务会计报告、财务管理和监督等作出具体规定。

2006年，国家发改委和司法部联合印发《律师收费管理办法》。市司法局开始着手修改《上海市律师服务收费管理实施办法》和《上海市律师服务收费政府指导价标准》，突出强化律师收费的公开透明、协商一致、程序规范原则，严格规范律师收费环节和程序，提高收费透明度和规范性。

2007年，市司法局开展服务收费情况检查，完成《上海市律师协会律师收费制度研究》调研报告，根据上海律师业实际情况，修改原《计时收费指引》，起草《委托律师服务计件/按标的额比例收费协议》《委托律师服务计时收费协议》的示范文本和《委托律师服务风险代理收费协议》，完善收费配套文本的制定。

2009年5月13日，市司法局与市发改委联合印发《上海市律师服务收费管理实施办法》。同日，与市物价局联合印发《上海市律师服务收费政府指导价标准》。新出台的律师服务收费管理实施办法及政府指导价标准遵循了“规范律师服务收费行为，维护委托人和律师的合法权益，促进律师服务业健康发展”的指导思想和三大原则：一是贯彻国家有关规定与继承、发展本市律师收费管理实践中一些行之有效的做法相结合；二是把调整和规范律师服务收费纳入本市加快现代服务业发展的总体要求中，既要满足法律服务市场各种层次的需求，营造有利于律师服务业持续健康发展的政策环境，又要保障低收入群体也能得到必要的法律服务；三是价格主管部门与司法行政部门加强对律师收费行为监督、管理与律师协会加强对律师收费行为行业规范、指引相结合。

四、对外开放

随着上海改革开放和经济建设的发展,涉外经济法律事务增多。1984年,在上海市律师协会原有涉外组的基础上,成立以办理涉外法律事务为主的第三律师事务所,凡涉及中国香港地区与上海相互委托办理的法律事务,统由该所负责。

90年代,浦东开发开放,上海律师参加涉外项目谈判、办理涉外见证、担任"三资"企业法律顾问的数量不断增加。市司法局于1991年10月24日决定设立上海市浦东涉外律师事务所,是适应浦东开发开放的一项重要措施。1994年9月,段和段律师事务所在美国西雅图开设分所,成为上海律所在境外设立的首家分支机构,迈出"走出去"第一步。

2000年,首批40家律师事务所被授予涉外项目报批手续代理资格。2001年,获得办理涉外项目咨询业务资格的有182家。2003年,有207家律师事务所获得办理涉外项目咨询业务资格。2004年11月,全球主要城市律师协会会长峰会在上海举行,标志着上海律师在WTO背景下,自觉融入国际律师业发展与合作的信心和决心。上海律师参与代理涉外民商事案件的数量也越来越多,其中涵盖了大批具有重大影响的精品案件,凸显了律师在涉外纠纷化解中的重要作用。

基于涉外业务量的增长、律师经验的积累和国际化视野的培养,从事涉外业务的律师不断拓展行业为企业提供国际法律服务能力和市场竞争力,越来越多地牵头主导跨境法律事务,通过在境外设立分所、参加国际律所联盟组织、建立与境外律所合作关系等方式,进一步优化了法律服务合作领域的国际布局,扩大了上海律师在国际律师舞台的影响力。

1992年7月,司法部决定开展允许境外律师事务所在中国境内设立办事处的试点工作,上海是首批试点城市之一。1992年10月,首批4家境外律师事务所上海办事处成立,第一家是中国香港地区的张叶司徒陈律师事务所。1993年,英国高纬绅律师事务所、英国冼基利律师事务所、美国戴维斯莱特特里梅因律师事务所和加拿大宝德杨律师事务所分别在上海设立代表处,成为首批在上海设立代表处的境外律所。2001年,中国加入WTO,颁布实施了《外国律师事务所驻华代表机构管理条例》,取消了外国所进入中国的地域限制和数量限制。至年底,外国及中国香港特别行政区的律师事务所在上海设立办事处43家。此后,境外律师事务所驻上海代表处机构、代表数量一直位居全国前列。至2010年,全市共有在册外国和中国香港地区律师事务所驻沪代表机构135家,其中外国所代表处118家,中国香港地区所代表处17家。

第二章　律师执业机构与队伍

律师制度恢复后，上海律师事务所经历了国资所、合作所改制与合伙所、个人所的发展三个阶段，组织形式不断完善，始终与国家改革开放同步，以市场化为基本取向，逐步与世界通行律师制度接轨。随着改革开放的逐步深入，上海律师行业的发展取得了长足进步，律师事务所从1980年的2家增长至2010年的1 064家，律师人数从1980年的50人增长至2010年的13 002人。律师队伍结构日趋合理，业务领域不断拓展，全市逐步形成一批具有明显专业特长的律师事务所和律师，在全市乃至全国具有相当声誉。

第一节　执业机构

律师执业机构原称法律顾问处。1980年4月，在市区南部和北部组建市属第一、第二法律顾问处。为解决郊县群众请律师难的矛盾，崇明县于1980年8月率先成立第一家县属法律顾问处。到1983年，全市22个区（县）法律顾问处相继成立，市属法律顾问处增至9家。1984年，上海市法律顾问处改称律师事务所。律师工作由恢复进入发展的阶段。

1988年，合作制律师事务所（简称合作所）开始试点，全市共有53家律师事务所，其中合作所有8家。同年，全国首家以个人名字命名的律师事务所——“李国机律师事务所”成立。

1989年，试点的合作所有10家。

1992年，合作所有12家，全市律师事务所增加到75家。

1995年，全市律师事务所增至215家，其中，国资所173家，合作所42家。

1996年，全市律师事务所有259家，其中国资所204家，合作所55家。

1997年，《律师法》实施后，全市律师事务所有286家，其中，国资所60家，合作所203家，合伙所13家，外地分所10家（其组织形式不明确）。同年3月，全市首家合伙制律师事务所“上海市万邦律师事务所”获准成立。

1998年，全市律师事务所发展到351家，其中合伙律师事务所有65家，国资所65，合作所221。

1999年，全市共有律师事务所381家，其中合伙律师事务所有118家，国资所65，合作所198。

2000年，市司法局全面启动国资所脱钩改制工作。有61家国资所按照国务院规定进行资产处置、人员分流等，转制成为合伙所或合作所。至年底，全市有律师事务所400家，其中合伙所145家，国资所67家，合作所188家。

2001年，列入脱钩改制的61家国资所，全部完成脱钩改制工作，其中2家申请解散，4家申请合并为2家。改制后重新登记的57家，其中合伙所34家，合作所23家。至年底，全市共有律师事务所457家，其中合伙所246家，占全市事务所总数的54%，成为律师事务所的主要组织形式；合作所209家；国资所2家（外地国资所上海分所：吉林青浦、宁夏梦源总部尚未改制）。

2002年，个人开业律师事务所开始试点。11月，全市首家个人律师事务所——翟建律师事务所成立。至年底，全市共有503家律师事务所，其中，合伙所有312家，合作所有183家，个人所有8家。在律师事务所专业化、规模化建设上，上海形成一批具有金融证券、公司、房地产、涉外经贸、知识产权、专利代理、刑事辩护等专业特色的律师事务所;执业律师超过20名的律师事务所有45家;有11家律师事务所在北京、浙江、广东、江苏等地设立了16家分所。

2003年,全市共有542家律师事务所,其中合作所有169家,合伙所有350家,个人所有23家。律师业务领域,法律服务水平上新台阶。有217家律师事务所担任政府法律顾问团、组,130家律师事务所担任国家机关、政府负责人顾问单位。有49家律师事务所获得证券律师业务资格,207家律师事务所获得办理涉外项目咨询业务资格。有26家律师事务所在外地设立分所。分属13个省、市、自治区的61家外地律师事务所在沪设立分所。根据司法部关于开展公职律师、公司律师试点工作的要求,全市首批开展公职律师、公司律师试点工作的共有11家单位、131人。

2004年,全市共有律师事务所608家,其中合伙律师事务所400家,合作律师事务所169家,个人所39家。

2005年,全市律师事务所有682家,其中合作所179家,合伙所447家,个人所56家.

2006年,全市律师事务所有742家,其中合作所177家,合伙所500家,个人所65家。

2007年,全市律师事务所有792家,其中合作所175家,合伙所543家,个人所74家。

2008年,合作制律师事务所开始改制。全市有律师事务所871家,其中合伙所731家,个人所102家,合作所38家。

2009年,全市律师事务所970家,其中合伙所808家、个人所162家。

2010年,全市共有律师事务所1 064家,其中合伙所865家,个人所199家。

表3-2-1 1980—2010年上海市律师执业机构统计表 单位:家

年份	合计	合伙所	合作所	国资所	个人所
1980	2	—	—	2	—
1981	14	—	—	14	—
1982	22	—	—	22	—
1983	24	—	—	24	—
1984	36	—	—	36	—
1985	41	—	—	41	—
1986	43	—	—	43	—
1987	44	—	—	44	—
1988	53	—	6	47	—
1989	58	—	6	52	—
1990	60	—	8	52	—
1991	64	—	10	54	—
1992	75	—	6	69	—
1993	96	—	33	63	—
1994	143	—	34	109	—
1995	215	—	42	173	—
1996	259	—	202	55	—

(续表)

年　份	合　计	合伙所	合作所	国资所	个人所
1997	286	13	203	60	—
1998	351	65	221	65	—
1999	381	118	198	65	—
2000	400	145	188	67	—
2001	457	246	209	2	—
2002	503	312	183	—	8
2003	542	350	169	—	23
2004	608	400	169	—	39
2005	682	447	179	—	56
2006	742	500	177	—	65
2007	792	543	175	—	74
2008	871	731	38	—	102
2009	970	808	—	—	162
2010	1 064	865	—	—	199

说明：1997 年，全市 286 家律师事务所中，包含 10 家外地分所，其组织形式不明确，未统计在表格中。

第二节　律 师 队 伍

一、律师队伍规模

从 1979 年底，市律师协会筹备组调入的业务人员 16 人开始，上海律师人数逐年递增。1983 年起，为解决律师严重不足问题，大量吸收兼职律师和特邀律师。1984 年，全市律师有 711 人。1985 年，全市律师有 1 230 人。随着改革开放的深化，特别是浦东开发开放，专职律师队伍发展迅速，并逐步建成以专职律师为主，兼职、特邀律师比例适当的律师队伍。1990 年，全市执业律师达到 2 334 人。2001 年，全市执业律师有 4 663 人，特邀律师停止注册，退出历史舞台。至 2010 年，全市执业律师总数达到 13 002 人。

表 3－2－2　1979—2010 年上海市执业律师总数统计表　　单位：人

年　份	人　数	年　份	人　数
1979	16	1983	343
1980	50	1984	711
1981	72	1985	1 230
1982	279	1986	1 308

（续表）

年　份	人　数	年　份	人　数
1987	1 205	1999	4 577
1988	2 053	2000	4 642
1989	2 052	2001	4 668
1990	2 334	2002	5 118
1991	2 902	2003	5 602
1992	2 930	2004	6 315
1993	3 447	2005	7 459
1994	4 006	2006	8 400
1995	4 403	2007	9 198
1996	4 887	2008	9 848
1997	4 754	2009	11 405
1998	4 586	2010	13 002

二、律师队伍结构

上海律师制度刚刚恢复之初，人员队伍远不能适应律师工作迅速发展的需要。

1979 年，共有律师及业务人员 43 人(男 37 人、女 6 人，包括实习律师 8 人)，其中，大学学历 27 人，高中学历 10 人，中专学历 5 人，留学归国人员 1 人。当时限于国家编制，不能按实际需要发展专职律师，群众请律师难。

为弥补专职律师的不足，市司法局采取措施，有计划地培养、吸收兼职律师。1983 年制定《上海市兼职律师管理试行办法》，报市政府批准，司法部同意试行。从上海政法院校的法学教师、法学研究人员和企业事业单位的经济管理、技术人员中，发展兼职律师，当年达 160 人。根据 10 个区法律顾问处办理刑事、民事案件统计，80 名兼职律师办理的案件占当年法律顾问处收案总数的 30%～40%，起到显著作用。同时，市司法局还从政法机关尚能坚持工作的离退休人员中，吸收一部分为特邀律师。

随着改革开放的深化，经济迅速发展，特别是浦东开发开放，各方要求律师提供法律服务的领域进一步扩大，迫切需要一支专业的专职律师队伍，以适应形势。但限于律师是国家干部，不可能有很多编制，限制了专职律师队伍的发展。据 1990 年统计，上海市执业律师 2 334 人，其中专职律师 628 人，兼职律师 913 人，特邀律师 793 人。1991 年，执业律师 2 902 人，其中专职律师 643 人，基本上没有发展；兼职律师 1 364 人，占律师总数 47%，专职律师还不到兼职律师的二分之一。律师队伍结构专兼倒挂，形成大量工作靠兼职律师去做的不正常局面，也影响到律师队伍的专业化，给律师管理工作带来不少困难。

90 年代开始，市司法局以发展专职律师工作为工作重点，采取以下措施：(1) 逐步扩大合作制律师事务所的试点，采取不占国家编制，不要国家拨款的办法，积极发展专职律师；(2) 组织上海市律师从业人员和申请律师资格的人员，参加全国律师资格统一考试，从 1988、1990 年两次律师资格考试及格的 1 000 名人员中，吸收一部分到律师队伍里来；(3) 吸收乡镇法律服务所的考试合格人员担任律师；(4) 从政法院校直接分配的毕业生和归国的留学生中发展专职兼职律师。

与此同时，根据国家政策，对兼职律师和特邀律师的人数加以限定。1990 年 7 月，市司法局发出《关于控制兼职、特邀律师人数的通知》，要求各律师事务所在《通知》限定的名额中发展兼职、特邀律师。采取以上措施后，专职律师逐年有大幅度增加。至 1995 年，上海市执业律师 4 403 人，为 1985 年的 3.5 倍，其中：专职律师 2 027 人，比 1985 年增加 5.4 倍，占 46.4%，初步改变律师队伍结构。

1995 年 10 月，市司法局高级职称评审委员会评审出一级律师 9 人，二级律师 112 人(以上为高级律师)、三级律师 321 人(中级律师)，其余为初级律师。律师的文化层次也比以前有明显提高。据 1995 年 10 月统计，律师中具有法律大专学历的 1 780 人(其中专职律师 1 094 人)、法律本科 1 066 人(其中专职律师 508 人)。法律硕士以上 196 人(包括法律博士，其中专职律师 103 人)；其他大专学历 257 人，其他本科 339 人，双学历复合型 119 人，低于大专的 394 人。即具有大专以上学历的占上海市律师总数的 87%。同年，上海率先开展公职律师的试点。

1998 年，上海市共有执业律师 4 586 人，其中专职律师 2 713 人、兼职律师 898 人、特邀律师 975 人。

1999 年，共有执业律师 4 577 人，其中专职律师 3 222 人，增加 18.8%；兼职律师 829 人，特邀律师 526 人。

2000 年，上海市 4 642 名执业律师中，有专职律师 3 522 人。执业律师中本科以上学历占律师总数的 59.1%，法学专业本科从 1998 年的 33.4%上升为 43.2%，博士学历占律师总数的 1%，硕士、双学士占律师总数的 9.6%。专职律师年龄 50 岁以下为 61.7%，其中 35 岁以下 27.6%。中共党员为 1 467 人，占律师总数的 31.6%，其中：专职律师党员 1 221 人，占党员总数的 83.2%；女律师 953 人。

表 3-2-3　1990—2002 年上海市执业律师分类统计表　　单位：人

年　份	专职律师	兼职律师	特邀律师
1990	628	913	793
1991	643	1 364	895
1992	897	1 139	894
1993	1 441	1 171	865
1994	1 737	1 221	1 048
1995	2 027	1 252	1 124
1996	2 394	1 271	1 222
1997	2 472	1 109	1 173
1998	2 713	898	975

(续表)

年　份	专职律师	兼职律师	特邀律师
1999	3 222	829	526
2000	3 522	731	389
2001	3 988	680	—
2002	4 448	670	—

说明：特邀律师自2001年起停止注册。

2001年，全市专职律师3 988人，占执业律师总数的85%，成为执业律师主体；兼职律师680名。执业律师中，本科学历2 476人，占律师总数的53%；硕士学历611人，占律师总数的13.1%；博士学历57人，占律师总数的1.2%。中共党员1 490人，占律师总数的32%，其中专职律师党员1 171人，占律师党员总数的78.6%。213家律师事务所建立党支部。特邀律师自2001年起停止注册。

2002年，全市共有专职律师4 448人，兼职律师670人。律师总数中，本科学历2 774人，占律师总数的54.2%；硕士学历819人，占律师总数的16%；博士学历66人，占律师总数的1.3%。专职律师中年龄50岁以下的占68.5%，其中35岁以下的占30.8%。中共党员1 626人，占律师总数的32%，其中专职律师党员1 343人，占律师党员总数的82.6%。

2003年起，公职律师、公司律师数量增长较快，律师队伍得到进一步发展。全市律师总数为5 471人(其中，专职律师5 041人，兼职律师430人)，公职律师85人，公司律师46人。社会律师中，本科及以上学历4 006人，占社会律师总数的73.0%；硕士学历929人，占社会律师总数的16.9%；博士学历86人，占社会律师总数的1.6%；中共党员1 798人，占社会律师总数的32.7%，其中专职律师党员1 587人，占律师党员总数的88.3%。

至2010年，全市共有社会律师12 298人(其中：专职律师11 749人，占95.54%，兼职律师549人，占4.46%)、研究生以上学历(含博士)4 017人、占32.17%，35岁以下青年律师5 397人、占43.23%。另有公职律师486人、公司律师218人。执业律师人数比2003年翻了一倍多。

表3-2-4　2003—2010年上海市执业律师分类统计表　　单位：人

年　份	社会律师			公职律师	公司律师
	专职律师	兼职律师	合　计		
2003	5 041	430	5 471	85	46
2004	5 618	443	6 061	207	47
2005	6 626	503	7 129	260	70
2006	7 366	530	7 896	378	126
2007	8 143	533	8 676	392	130
2008	8 750	513	9 263	421	164
2009	10 167	534	10 701	486	218
2010	11 749	549	12 298	486	218

表 3-2-5 1988—2010 年上海市一级律师情况表

姓 名	性别	出生年月	职称年月	认 定 文 件	推 荐 单 位
陈瑞漠	男	1926.8	1988.3	(88)沪司律职改字第 07 号	上海市振兴律师事务所
陈泽政	男	1931.9	1988.3	(88)沪司律职改字第 05 号	上海市第三律师事务所
傅玄杰	男	1930.5	1988.3	(89)沪司律职改字第 01 号	上海市第一律师事务所
韩学章	女	1912.2	1988.3	(88)沪司律职改字第 01 号	上海市联合律师事务所
李国机	男	1926.9	1988.3	(88)沪司律职改字第 06 号	上海市第五律师事务所
李树棠	男	1921.7	1988.3	(88)沪司律职改字第 02 号	上海市联合律师事务所
吴伯庆	男	1943.11	1988.3	沪司政发字(1996)第 2 号	上海市金茂律师事务所
徐达权	男	1928.10	1988.3	(88)沪司律职改字第 100 号	上海市国贸律师事务所
张 中	男	1924.11	1988.3	(88)沪司律职改字第 03 号	上海市第一律师事务所
郑传本	男	1933.11	1988.3	(88)沪司律职改字第 04 号	上海市第二律师事务所
高前和	男	1941.4	1996.1	沪司政发字(1996)第 2 号	上海市震旦律师事务所
徐国建	男	1962.10	2002.12	沪司职改办(2003)3 号	上海市邦信阳律师事务所
刘学灵	男	1958.3	2002.12	沪司职改办(2003)3 号	上海市中新律师事务所
叶杭生	男	1952.7	2008.5	—	广庭律师事务所
薄海豹	男	1966.4	2008.5	—	海天律师事务所
孙志祥	女	1967.12	2010.12	—	上海市浦栋律师事务所

第三章 律师业务

30 年来，律师业务不断拓展。律师的服务领域由传统诉讼事务为主到诉讼、非诉并重，由国内业务为主到国内、涉外并举，从单一的为普通当事人提供法律服务，拓展到担任各级党委政府、企事业单位法律顾问，律师在促进社会经济发展，维护社会公平正义等方面发挥了重要作用。律师通过办理诉讼和非诉讼案件、担任企业法律顾问等方式，帮助企业提高依法治理水平、防范化解法律风险、依法维护合法权益、以法治方式解决经济纠纷，成为保障社会主义市场经济健康有序运行的“润滑剂”，是经济高质量发展的重要法治保障力量。

第一节 业务量与业务类型

1979 年律师制度恢复后，律师人数少，主要精力办理刑事辩护案件。之后，除刑事辩护案件外，上海律师开始办理民事代理业务、代写法律文书业务、办理行政诉讼代理、担任法律顾问，逐步开展涉外法律服务和非诉讼法律实务。

1980 年 8 月 26 日，第五届全国人民代表大会常委会第 15 次会议通过《中华人民共和国律师暂行条例》，规定律师的主要业务包括：(1) 接受国家机关、企业事业单位、社会团体、人民公社的聘请，担任法律顾问。(2) 接受民事案件当事人的委托，担任代理人参加诉讼。(3) 接受刑事案件被告人的委托或者人民法院的指定，担任辩护人；接受自诉案件自诉人、公诉案件被害人及其近亲属的委托，担任代理人，参加诉讼。(4) 接受非诉讼事件当事人的委托，提供法律帮助，或者担任代理人，参加调解、仲裁活动。(5) 解答关于法律的询问，代写诉讼文书和其他有关法律事务的文书。

80 年代，上海律师业务量稳步提升。1989 年全年共办理刑事辩护及代理案件 5 346 件，民事代理案件 18 953 件，代写法律文书 30 153 人次，解答法律咨询 56 042 人次。

90 年代开始，上海律师办理非诉讼法律事务初具规模。1995 年，上海律师共办理民事案件诉讼代理 19 923 件，刑事诉讼辩护及代理案件 8 576 件，经济代理 25 167 件，行政代理 670 件，非诉讼法律事务 10 181 件，代写法律文书 14 736 件，解答法律咨询 5 722 人次。

1996 年《律师法》出台，规定律师业务包括：(1) 接受公民、法人和其他组织的聘请，担任法律顾问。(2) 接受民事案件、行政案件当事人的委托，担任代理人，参加诉讼。(3) 接受刑事案件犯罪嫌疑人的聘请，为其提供法律咨询，代理申诉、控告，申请取保候审，接受犯罪嫌疑人、被告人的委托或者人民法院的指定，担任辩护人，接受自诉案件自诉人、公诉案件被害人或者其近亲属的委托，担任代理人，参加诉讼。(4) 代理各类诉讼案件的申诉。(5) 接受当事人的委托，参加调解、仲裁活动。(6) 接受非诉讼法律事务当事人的委托，提供法律服务。(7) 解答有关法律的询问、代写诉讼文书和有关法律事务的其他文书。

1996 年后，刑事类案件、经济类案件和涉外业务量减少；法院指定案件、民事案件与标的较大的案件、房地产案件、非诉讼法律事务以及参与企业股份制改造和企业破产清算事务、涉外见证等案件明显增加。

随着律师队伍不断扩大，业务总量逐年增加。至 2001 年，全市律师共代理刑事案件 12 323 起、民事案件 38 949 件、经济案件 26 198 件、行政案件 1 187 件、非诉讼法律事务 31 479 件、涉外及港澳台法律事务 4 136 件，业务收入达 121 241 万元。提供义务法律咨询服务 45 995 件；办理法律援助案件 2 458 件。

至 2010 年，上海律师积极拓展业务领域，金融、航运等商事涉外非诉讼法律服务占比不断提高，全年办理诉讼业务 92 934 件，非诉讼法律事务 33 180 件。其中，刑事诉讼辩护及代理 14 927 件，占诉讼业务总数的 16.1%；民事诉讼 76 891 件，占诉讼业务总数的 82.7%；行政诉讼 1 116 件，占诉讼业务总数的 1.2%。全市律师办理非诉讼法律事务 33 180 件；担任各类法律顾问 34 280 家。

表 3-3-1　1979—1990 年上海市律师业务量与业务类型情况表　　单位：件

年　份	业务类型				
	刑事辩护	民事代理	非诉事务	解答法律咨询(人次)	代写法律文书(人次)
1979	132	—	—	—	—
1980	1 087	110	—	—	3
1981	2 510	1 431	21	7 046	506
1982	3 610	1 675	171	37 737	1 397
1983	6 106	2 599	309	51 484	2 579
1984	9 727	3 211	699	51 238	4 209
1985	4 543	5 675	1 517	47 992	5 466
1986	4 994	8 566	—	51 558	8 108
1987	4 128	14 191	—	57 815	10 179
1988	4 058	15 275	—	55 204	11 134
1989	5 346	18 953	—	56 042	30 153
1990	7 506	16 357	3 928	55 292	12 015

表 3-3-2　1991—2010 年上海市律师业务量与业务类型情况表　　单位：件

年份	业务类型						
	刑事辩护	民事代理	经济代理	行政代理	非诉事务	解答法律咨询(人次)	代写法律文书(人次)
1991	7 448	14 398	7 882	426	12 711	39 097	9 463
1992	7 167	16 782	10 224	516	10 167	50 449	12 312
1993	5 735	15 848	14 996	419	12 626	56 676	13 064
1994	8 444	18 163	21 420	560	9 474	55 305	14 117
1995	8 576	19 923	25 167	670	10 181	52 777	14 736
1996	9 299	20 357	26 798	636	13 775	51 591	13 330
1997	11 494	23 817	28 862	596	14 264	74 881	14 315
1998	10 512	26 828	27 892	648	16 467	80 527	18 238

(续表)

年份	业务类型						
	刑事辩护	民事代理	经济代理	行政代理	非诉事务	解答法律咨询(人次)	代写法律文书(人次)
1999	18 028	32 293	29 261	870	21 098	84 010	18 139
2000	11 262	37 119	33 372	1 171	26 465	103 612	19 160
2001	12 323	38 949	26 198	1 187	31 479	80 169	32 159
2002	12 042	54 502	25 210	1 198	24 142	77 699	18 017
2003	97 54	48 619	17 425	1 381	27 103	83 971	12 751
2004	10 928	54 722	18 145	1 919	27 440	92 712	19 310
2005	12 720	67 498	22 268	1 499	33 644	101 785	21 525
2006	14 711	68 022	21 547	1 631	46 508	125 633	25 616
2007	19 249	75 366	17 008	1 937	41 989	79 857	29 174
2008	19 794	80 264	17 671	2 262	39 551	88 601	28 742
2009	18 144	78 385		2 391	40 046	93 536	36 030
2010	14 927	76 891		1 116	33 180	77 722	26 737

说明：1991 年起，经济案件从民事案件中分出，单独统计。2009 年后，民事、经济诉讼代理不再单独统计，变更为统计民商事诉讼代理情况。

第二节　诉 讼 业 务

一、刑事诉讼辩护及代理

1979 年律师制度恢复之初，在开展律师业务上，首先是接受法院指定，为刑事被告人进行辩护，当年办理了 132 件刑事辩护案件。1980 年，律师在人员少、任务重、办公用房尚未解决，无法对外办公的情况下，积极配合法实施《刑法》《刑事诉讼法》，办理了 1 087 件刑事辩护案件，其中大部分是法院指定辩护的，计 964 件；被告人或其家属聘请的有 123 件。

1980 年 9 月，韩学章、甘雨霈、张思之、马克昌、周奎正等 5 位律师前往北京参加审理林彪、江青两个反革命集团案辩护工作。1982 年 4 月至 1983 年春，市司法局又派出以韩学章、李树棠为正副组长由 18 名律师组成的律师小组，参与上海两次审理江青反革命集团在沪骨干案的辩护工作。

1983 年 8 月 19 日开始，上海市展开严厉打击严重刑事犯罪斗争，律师参与辩护，尤其对重大案件和死刑案件被告人的辩护。至年底，上海市律师共办刑事辩护案件 3 958 件，占当年所办案件的 65%。经律师指出犯罪事实不清、证据不足的 376 件，适用法律不当的 251 件，占所办案件数 16%。1984 年，上海市律师办结刑事案件 9 727 件，为 1980—1995 年办案最多的一年，占法院收案数 65%。有的区最高达 77%。凡法院指定，被告人及家属委托或自诉代理的案件，律师都能办理。1983 年 8 月—1985 年 8 月“严打”期间，律师办理刑事辩护案件 17 160 件。

1986—1988 年，律师办理的刑事辩护案件，每年都在 4 000 件以上。

图 3-3-1 1989 年 12 月 21 日，上海首次召开刑事辩护律师表彰会，10 名律师获评“上海市优秀刑事辩护律师”

1989—1994 年，刑事辩护案件数量又趋上升，每年在 5 000～8 000 件，一般占法院收案的 60%。辩护质量也稳步提升。如在 1990 年，全年律师刑事辩护案件 7 588 件，指出起诉事实不清、证据不足的 1 135 件，适用法律不当的 591 件，对诉讼程序提出意见的 153 件，同意起诉内容的 4 224 件。经法院审理结果由检察院撤诉的 52 件，发回补充侦查的 166 件，宣告无罪的 28 件，免于刑事处分 259 件，从轻减轻处罚的 2 132 件，改变部分起诉事实的 438 件，改变起诉犯罪性质的 104 件。以上共计 3 179 件，占辩护案件的 42%。

1997—2005 年，刑事辩护案件数量每年在 10 000～12 000 件。

2006—2010 年，刑事辩护案件数量每年在 15 000～20 000 件。

二、民事和经济诉讼代理

1979 年，律师制度恢复后，律师人数少，主要精力在办理刑事辩护案件。1980 年全年仅代理民事案件 110 件。1981 年，为进一步贯彻中央关于加强社会治安综合治理的要求，并为实施《律师暂行条例》作好准备，全面开展律师的各项业务，民事诉讼代理工作相应得到加强。此后，区、县法律顾问处陆续建立，都在不同程度上承办民事诉讼代理案件，全市此项业务的收案由 1981 年的 609 件到 1982 年增加为 1 675 件，1983 年又增至 2 599 件。

此后数年间，民事诉讼代理的收案不断以较大幅度上升。1985 年，全年共代理民事案件 5 675 件，超过了当年办理的刑事辩护案件，并从此改变了以往刑事辩护收案数一直处于领先的状况。1986 年《民法通则》的贯彻实施，为律师承办民事诉讼代理案件提供了极为有利的条件，律师代理民事案件大幅度增加。继 1987 年(14 191 件)、1988 年(15 275 件) 的连续增长后，1989 年更上升至 18 953 件。

民事诉讼代理不但在承办数量上迅速增加,而且内容也不断扩展。除原有的婚姻、继承、房屋、债务等案件外,还不断出现各种经济合同纠纷、人身权利、房地产、涉外以及涉港澳台地区的新类型案件。

1991年起,把经济案件从民事案件中分出,单独统计,一般民事案件代理14 398件。1994年,一般民事案件代理18 163件。1995年,全市律师办理民事诉讼代理19 923件。2000年后,民事案件代理增加明显,达到37 119件。2005年,民事案件代理达67 498件。至2010年,上海律师全年代理民事案件已达76 891件,比2000年增加了107.15%。

经济诉讼的代理,原是民事诉讼代理的一项重要内容。随着经济的快速增长,经济纠纷日益增多,新的经济法律、法规不断颁布,法院专门成立了经济庭,经济诉讼的代理成为律师的一项专门业务。随着市场经济的发展,律师代理经济案件的比重越来越大。1991年起,把经济案件从民事案件中分出,单独统计。当年,一般民事案件代理14 398件,经济案件代理7 882件。1994年,一般民事案件代理18 163件,经济案件代理增至21 420件,比上年增加42.7%,超过一般民事诉讼代理案件数。至1999年,一般民事案件代理32 293件,经济案件代理29 261件。经济案件数量再次被一般民事案件代理数量超过。

在经济诉讼代理案中,不仅有各种经济合同纠纷,也包括海事海商、科技协作、企业承包、经济损害赔偿、涉外以及涉港澳台地区等方面的经济诉讼。随着越来越多的经济纠纷开始被纳入一般民事案件处置,自2008年单列统计经济案件代理17 671件后,2009年起不再单独统计经济案件代理。

三、行政诉讼代理

律师制度恢复以后,少数当事人不服行政机关的处理决定,委托律师代理进行行政诉讼。有些区、县法院在《行政诉讼法》颁布之前即成立行政庭,受理行政诉讼案件。

1990年10月《行政诉讼法》实施后,自1991年至1994年全市律师办理的行政诉讼代理案件共计1 921件,平均每年在四五百件左右。1995年承办670件,1996年及1997年都超过800件。2000年,律师代理行政诉讼案件1 171件,首次超过1 000件。2008年,律师代理行政诉讼案件2 262件,首次超过2 000件。至2010年,代理行政诉讼1 116件,占诉讼业务总数的1.2%。

四、涉外及涉中国港澳台地区诉讼代理

改革开放以后,律师开展涉外法律服务逐年增多,服务项目主要是办理非诉讼法律事务和代理民事诉讼等。1980年春,担任中国银行上海分行法律顾问的律师,代理该行处理股票、债券持有人索债的非诉讼事件,与美国律师谈判3次,达成协议,这是上海律师制度恢复以后的首次涉外法律服务。

1982年中德合资经营的大众汽车有限公司,中方聘请市律师协会指派的上海律师参与,组成谈判班子,与德方律师就合营的投资额、投资比例、利润分成、生产纲领、公司组成形式,技术转让、清算原则和仲裁等主要问题,初步达成协议。到1984年9月,双方谈判代表往返京沪多次,中方律师还随谈判代表团赴德国与大众汽车公司经过6轮谈判,由双方律师在上海草签全部法律文件的中英文本。同年10月,双方授权代表在北京正式签约,使这一20世纪80年代初中国最大的合资

经营项目得以上马。

1984 年 9 月，市对外经济贸易委员会颁布了《上海市关于开办中外合资经营企业和接受外商投资开设自营企业的洽谈工作和审批程序规定》及其实施办法，规定凡投资总额在 500 万美元以上的利用外资项目，或其他由市外经贸委指定的重要项目，都必须委托律师事务所和会计师事务所担任项目顾问。项目顾问参加对外谈判，在经济和法律方面当参谋，指导或拟订协议、合同、章程等建议文本，主办单位在报批文件时必须附上项目顾问作出的见证意见书，否则，市外经贸委不予审批。这项规定，推动律师开展涉外法律服务的工作。

1987—1990 年，上海市律师办理涉外法律事务 1 468 件。90 年代，浦东开发开放，律师办理的涉外法律事务领域不断扩大。1991 年上海市律师参加涉外项目谈判 1 580 次，办理涉外见证 1 229 件，聘请律师担任法律顾问的“三资”企业，占上海市投产的“三资”企业的 54.3%。1995 年律师办理涉外法律事务增至 3 024 件。市第三律师事务所涉外业务占其业务总量的 32%。浦东律师事务所办理涉外业务占 60%以上，该所以高效优质服务获得当事人特别是境外客商信赖，美国摩根公司、日本三菱公司、香港汇丰银行、新加坡华侨银行、中国台湾汤臣集团等一些著名的公司都是其长期客户，还与美、英、法、日、加等国及港澳台地区的律师事务所建立合作关系。

1992—1993 年，办理涉外事务的律师为外商投资企业的筹建和成立出谋献策，帮助制作或修改合同、章程、出具法律意见书等法律事务 1 200 多件，并为中国有实力的企业或经济组织到海外投资，查询当地的法律规定、投资程序，帮助制作法律文件。律师参与谈判的外国投资项目，不少是投资额在 1 000 万元以上的上海市重点项目，投资方是世界著名的跨国公司、集团。日本高分子有限公司在沪创办独资企业，律师仅用半个多月时间就为其办妥全部手续，不到半年就建成投产，产品远销国外。

涉外法律服务还发展到国际金融、证券交易、土地批租、房屋买卖、海商海事，涉港澳台等地区的法律事务。为日、美、法等国银行向上海重大工程项目和企业贷款起草中英文本的贷款协议书，或出具法律意见书。有的律师还与境外律师合作，为上海房地产开发商在新加坡、香港地区出售商品房提供法律服务；有的帮助境外律师审查与中国有关的法律文书；有的接受境外律师的委托，调查在中国大陆的法律事实和法律行为，并出具法律意见书。1991—1995 年律师办理涉外的民事诉讼和经济诉讼案件，每年平均在 400～500 件，每年有几十人次前往美、日、英、澳、德、新加坡和香港地区等办案。一些由归国留学人员组建的律师事务所，利用他们学得的法律专业知识和出入境的便利条件，代理中方当事人打越洋官司。

1996 年，全市律师办理涉外的民事诉讼和经济诉讼案件总数首次超过 1 000 件。1997 年，涉外经济案件代理首次接近 1 000 件，非讼法律事务首次超过 1 000 件，达到 1 295 件。1998 年，涉外见证业务达到历史最高，达 2 737 件。2000 年，涉外民事诉讼代理首次超过 1 000 件，达 1 080 件；涉外非讼法律事务达到历史最高的 3 728 件。2002 年，随着中国加入 WTO，涉外经济案件代理数目达到历史最高的 5 045 件，全年涉外法律事务数量也达到历史最高的 11 053 件，比 2001 年增长 85.4%。2003—2006 年，律师办理涉外业务每年平均 4 500～6 000 件。

表 3-3-3 1991—2006 年上海市办理涉外及涉中国港、澳、台地区法律事务情况表 单位：件

年 份	民事诉讼代理	经济案件代理	非讼法律事务	见 证
1991	206	295	394	1 229
1992	445	104	382	1 457

(续表)

年　份	民事诉讼代理	经济案件代理	非讼法律事务	见　证
1993	334	136	789	1 889
1994	192	196	776	1 582
1995	260	334	780	1 650
1996	661	408	747	1 002
1997	503	955	1 295	1 061
1998	586	886	1 194	2 737
1999	446	712	1 460	900
2000	1 080	771	3 728	51
2001	989	707	2 440	1 825
2002	972	5 045	2 605	2 431
2003	543	1 211	2 508	1 483
2004	1 293	753	2 733	934
2005	803	421	1 697	1 335
2006	1 391	646	2 532	1 505

说明：2007 年后，不再单独统计办理涉外及涉港、澳、台地区法律事务情况数据。

第三节　非诉讼代理和其他业务

一、办理非诉讼法律事务

1981 年 8 月，上海律师开始办理非诉讼法律事务，当年受理了 21 件。1982 年 12 月，市律师协会在向各法律顾问处发出《积极参加社会治安综合治理，进一步加强律师工作的几点打算》中，强调非诉讼法律事务应以解决群众经济纠纷为重点，避免矛盾激化，维护社会经济秩序和当事人的合法权益。全年办理此类非诉讼案件 171 件，办结 98 件，其中经律师调解 63 件，防止矛盾激化 18 件，两者占总数 83%。

许多不必到法院诉讼的婚姻家庭、房屋动迁、劳动争议等一般民事纠纷，到律师事务所，经律师主持调解或参与调解的方式，达成协议，群众称便。1982 年以后，律师办理非诉讼事务逐年增多。1983 年 309 件，1984 年增至 699 件，超过前 3 年总和。1985 年 1 517 件，比上年翻了一倍多。1986—1990 年，每年办理非诉讼事件在 2 300～3 900 件之间。

随着浦东新区的开发开放，上海律师办理的非诉讼事务主要以解决经济纠纷为主，1990 年办理 3 928 件，其中解决经济纠纷 1 697 件。另外，出具法律意见书 1 884 件，提供咨询建议书 3 050 件，涉外见证 1 229 件，参与调解仲裁 2 415 件，专项代理 744 件。律师参与经济谈判 3 444 次，其中参与 500 万元以上的经济谈判 105 次，为大中型企业提供近 2 000 条法律方面的建议，帮助企业清理债务 3 万余起，平息了许多诉讼纠纷。

90年代初，全市律师每年办理非诉讼事务都在1万件上下。1991—1995年，律师办理非诉讼代理55 159件。1996—1998年，律师办理非诉讼事务达42 456件。1999—2000年，代理非诉讼案件47 563件。2001年，办理非诉讼法律事务13 114件。

随着律师队伍不断扩大，业务总量增加，非诉讼法律事务明显增加。2002年，代理非诉讼法律事务24 142件。2005年，增加到33 644件。2006年，达到46 508件。之后略有下降。2007年，办理非诉讼法律事务40 989件。2008年，办理非诉讼法律事务39 551件。2010年，办理非诉讼法律事务33 180件。

二、为重点项目提供法律服务

1985年3月，上海地铁公司成立，开始地铁一号线建设，上海律师即担任该公司法律顾问，协助公司依法进行工程施工招标工作，提供各项法律服务，使地铁工程顺利进行，直到建成通车。

90年代，随着律师业务领域持续拓展，上海律师为许多市政重大工程建设，如内环线、南北高架、南浦大桥、杨浦大桥、地铁1号线、上海体育场等提供法律服务。

1997年起，律师积极参与国家计委下达的国家重点建设工程项目、市政府制定的上海市重点建设工程项目以及标的在1 000万元以上的工程项目，为这些重点工程项目提供法律依据，规范重点建设工程项目的法律服务。律师参与重点工程和投资项目法律服务达到90%以上。全市律师提升法律服务层次，拓展服务领域，提高服务质量，相继为浦东国际博览中心、地铁2号线、金茂大厦建设等大型项目工程提供法律服务。

2000年后，律师作为法律顾问，为轨道交通四号线工程事故处理、国企改制、奥运、世博园区、虹桥商务区、“上海中心”大厦、国家会展中心等百余项重大项目提供法律服务。

2005年，上海律师分别为无锡市政府与韩国海力士公司的超大规模集成电路项目、上海船厂土地发展项目、外高桥电厂三期扩建项目、中国石油天然气股份有限公司承办进口原油并加工项目、南京地铁2号线项目、沈阳市城市建设引进外资提供房地产开发、国泰君安证券股份有限公司发行国内第一个券商短期融资券项目等提供法律服务。

2006年起，律师参与世博园动迁、区“外滩源”重点开发工程动迁工作、为轨道交通9号线、10号线重大建设项目、虹桥综合交通枢纽动建设等城市重大工程建设提供法律服务。

三、担任企业法律顾问

律师制度恢复后，律师主动走访企事业单位，宣传法律顾问业务范围、内容和作用，有的还深入企业单位进行调查研究，帮助企业解决法律问题。

1981年4月，中国飞轮制线厂首先聘请律师担任常年法律顾问，为解决一件厂房的产权归属纠纷，法律顾问查阅该厂有关资料和合同，对生产经营业务上的法律问题提出许多改进意见和建议，有效地维护了企业的合法权益。经报刊发布消息后，许多工厂企业纷纷前来聘请律师担任法律顾问。

1983年10月，市律师协会召开法律顾问工作会议，决定全面开展法律顾问工作。当年，全市聘请法律顾问的单位由上年的51家增至457家。之后，聘请法律顾问的单位逐年增多，1984年超过1 000家。

图 3-3-2　1986 年 11 月 14—18 日,全国律师担任企业法律顾问理论研讨会在上海召开,170 多名代表参加

1987 年 8 月,市律师协会设立法律顾问业务研究会,吸收具有专长、有实践经验的律师参加,定期进行专题研讨,提高业务质量。同年 12 月,市司法局制定《关于律师担任法律顾问的若干规定》,加强对法律顾问工作的管理。区县司法局和律师事务所对法律顾问工作经常进行检查、总结。

1988 年,市律师协会与《文汇报》《上海法制报》联合举办优秀法律顾问评选活动。市司法局和市律师协会专门组织调查组,向 100 家聘请法律顾问的单位进行访问、调查,征求意见。并发出 6 000 多份《上海律师担任法律顾问情况调查表》,以无记名投票方式选出 10 名最佳法律顾问、28 名优秀法律顾问和 7 个优秀法律顾问室。10 名最佳法律顾问的事迹和照片在《文汇报》和《上海法制报》上刊登,收到良好效果。

律师在担任大中型企业法律顾问的同时,还帮助企业建立法律顾问室,培养企业内部的法律顾问人才。在律师指导下工作,企业经营管理逐步纳入法制轨道。1989 年前后,上钢五厂在法律顾问室协助下依法治厂,该厂长被评为上海市第一名优秀法人代表,法律顾问室被评为上海市优秀法律顾问室,该厂被评为全国十佳"企业管理优秀"获奖单位。1989 年,超过 1 万家企业聘请了法律顾问。

浦东开发开放以后,大量外资涌入上海,中外企业迫切需要律师提供服务。到 1993 年,聘请律师担任法律顾问的企事业单位增至 1.87 万家,其中大中型企业 1 582 家,外商投资企业 1 152 家,港澳台地区企业 227 家。

90 年代初出现的证券法律业务,是上海律师业务的新领域。1993 年,上海有 6 家律师事务所和 18 名律师被首批批准具有从事证券法律业务资格。同年,浦东律师事务所律师担任大众出租汽车有限公司 B 股配股的法律顾问,为公司出具中英文法律意见书,参与 B 股配售招股说明书的修订及承销协议的谈判等工作,成功协助完成配股工作。万国律师事务所在 1994 年以后为 30 余家股份公司发行上市新股或配股提供法律服务,对公司信息披露事宜进行审核,为公司股东大会担任律师见证,为董事会的重大决策提供法律咨询。律师还为上海石油化工总厂等几家大型企业 H 股证券在海外发行提供法律服务。有些律师还代理、解决证券交易引发的诉讼纠纷。

1992—1993年，办理涉外事务的律师为外商投资企业的筹建和成立出谋献策，帮助制作或修改合同、章程、出具法律意见书等法律事务1 200多件，并为中国有实力的企业或经济组织到海外投资，查询当地的法律规定、投资程序，帮助制作法律文件。

1995年，聘请法律顾问的单位有20 035家，为1989年的1倍多。

随着经济改革深入，律师担任法律顾问工作范围扩大，涉及金融、证券、期货、知识产权及房地产等领域。上海律师主动介入企业经营活动，帮助企业正确执行经济法规，依法管理，增强企业活力，预防经济纠纷，参与清理"三角债"，参与对外贸易的谈判及办理涉外合同见证等。

2004年12月，市律师协会成立第一期国企改制上海律师法律服务团。

2005年10月23日，市律师协会与市企业法律顾问协会签署战略合作协议。

2006年，市律师协会与市总工会联合建立市总工会法律顾问团，帮助工会参与立法、协调劳动关系、维护职工合法权益。

2010年，全市律师事务所担任各类法律顾问34 280家。

表3-3-4 1979—2010年上海市律师担任法律顾问单位数量情况表

年份	顾问单位(个)	年份	顾问单位(个)
1979	—	1995	20 035
1980	1	1996	21 895
1981	15	1997	17 513
1982	51	1998	18 649
1983	457	1999	18 029
1984	1 358	2000	17 602
1985	3 372	2001	17 011
1986	4 665	2002	16 524
1987	6 023	2003	16 492
1988	8 653	2004	17 944
1989	10 350	2005	21 037
1990	11 446	2006	23 268
1991	10 906	2007	25 727
1992	13 807	2008	29 737
1993	18 703	2009	30 924
1994	20 728	2010	34 280

四、解答法律咨询

1980年，市属第一、第二法律顾问处建立后，经群众辗转相告，来访群众越来越多。至1981年下半年后，每天接待的人数在百人左右。针对来访人数不断增多、应接不暇的情况，市属两个处都由各个业务小组轮流派人参加接待工作,并由一位业务比较熟悉、政治责任心较强的工作人员担任总值班,以适应客观需要。区、县法律顾问处建立后,一般均开展解答、代书业务。各法律顾问处原来大都规定每周有3天接待群众来访,后来改为天天接待。上海县法律顾问处还在该县主要集镇设立法律咨询点,派出律师巡回接待群众。在来访群众中,除委托律师办理刑、民案件外,大多是要求律师解答法律询问和代写法律文书。

据市属第一、第二两个法律顾问处1981年1—10月底的统计,共计接待来访群众6 432人,其中属于民事纠纷的4 509人(包括婚姻、房屋、继承、债务、家庭、邻里等纠纷),占70.1%;询问刑事方面问题的1 454人,占22.6%;其他问题的469人,占7.3%。

1988年,上海市女律师联谊会与上海市妇联协商设立中高级女律师法律咨询部,每周有多名律师到妇联接受妇女法律咨询。1993年更名为巾帼律师义务法律咨询部,2009年正式成立巾帼律师志愿团,仅2009年,女律师就接待了约6 500名来访人员。

1995年6月,浦东法律援助中心成立。律师解答法律咨询场所从律师事务所拓展到法律援助中心。1996年,全国第一条法律咨询热线电话在浦东新区开通。1997年,市法律援助中心成立,全市各律师事务所在法律援助中心的统一协调安排下承办法律援助事务,开展义务法律咨询服务活动。

图3-3-3　1997年5月15日,人民律师为人民——纪念《律师法》颁布一周年,上海律师义务解答法律咨询的大型活动在外滩陈毅广场开展

2000年,全市46个街道(乡镇)建立以"立足社区、服务群众"为宗旨,设立集人民调解、法律服务、法制宣传、安置帮教等功能为一体的基层司法行政综合服务窗口。律师解答法律咨询服务全面对接社区建设。

上海律师自1980年办理解答法律咨询业务以来,一直稳步发展。1981年全市律师解答法律咨询为7 046人次,1982年即达37 737人次。自1983年至1998年的16年间,其中有12年均保持在5万多人次,1996年及1997年都达到6万多人次。自1998年首次超过8万人次后,解答法律咨询逐年上升。1998—2010年,上海律师全年接待人次达到80 000～125 000人次。

五、代写法律文书

1980年,上海市律师开始办理代写法律文书业务,全年接待3人次。随着一系列法律法规的出台和市场经济的稳步推进,代写法律文书业务开始增长,至1985年,代写人次超过5 000人次;1987年,超过10 000人次。

随着律师事务所转制,以及邓小平南方谈话之后改革开放的全面推进,上海律师代写法律文书业务日渐增多。自1987年至1998年12年间,除1989年达到最高峰30 153件、1991年为9 463件外,其余10年均保持在1万多件。进入21世纪,中国加入WTO和中国特色社会主义法律体系的建成,代写法律文书业务迅速增长。2001年,全年代写法律文书首次突破30 000人次,达32 159人次。2009年,达到36 030人次。2001—2010年,上海律师全年代写法律文书人次达到30 000～36 000人次。

第四节 业 务 绩 效

一、业务收入

1980年,市司法局向市政府上报由市律师协会拟定的《上海市律师收费暂行办法》,5月29日获批复同意试行。1982年7月1日,司法部、财政部制定《律师收费试行办法》。该《办法》规定,办理民事案件,按诉讼标的(实得数额)的大小而定收费多少,诉讼标的数额越大的,收费比例相应减低。另外,对于经济困难的当事人应给予法律帮助,减免收费的也作了专门规定。

为落实司法部对律师工作管理体制改革的指示,市司法局于1986年11月会同市财政局制定《上海市律师事务所经费管理办法实施细则》。

凡"自收自支"的律师事务所,全所总收入减去总支出后的结余部分,按15%作为管理费上缴司法行政机关(区、县律师事务所应直接上缴市司法局5%,上缴同级司法局10%);50%作为事业发展基金;20%～24%留作集体福利基金;10%～12%留作职工奖励基金;1%～3%作为主任基金。少数收入低的律师事务所,可按结余的45%作为事业发展基金;18%～23%留作集体福利基金;15%～20%留作职工奖励基金。兼职律师组建的律师事务所,管理费调整为总收入的7.5%。

1990年10月,制定《上海市律师业务收费管理办法实施细则》和《上海市律师业务收费标准》,规定:合作所业务收入,除向主管的司法行政机关缴纳管理费、向市律师协会缴纳会费。提取个人收入以及缴纳各项税金外,余额应按市司法局规定的比例,统一提留事业发展。社会保险、福利、风险和储备等项基金。并坚持专款专用的原则集体使用,不得以任何名义分给个人。

2001年11月9日,市司法局和市物价局联合印发《上海市律师服务收费管理办法(试行)》和《上海市律师服务收费政府指导价标准(暂定)》。

随着律师行业不断发展壮大,规模化水平不断提高,2005年,上海出现首家业务收入达1亿元的"亿元所"。

2009年5月13日,市司法局与市发改委联合印发《上海市律师服务收费管理实施办法》;与市物价局联合印发《上海市律师服务收费政府指导价标准》。

2010年,上海律师业务收入58.14亿元;各在册境外律师事务所驻沪代表机构业务收入总和为23.02亿元。

二、索回赔偿欠款和避免经济损失

在国家核拨编制时期,在市司法局的领导下,律师作为企事业单位法律顾问,帮助企事业单位索回赔偿欠款、避免经济损失。在律师介入之前,企事业单位自己催付欠款,函电频繁或派专人催索,常常旷日持久,问题很难解决。由律师出面,发函催付或进行调解,许多老账得以了结,少量纠纷通过诉讼途径追讨。1982 年上海机电设备供应公司聘请法律顾问后,由律师经手,一年就追回历年积欠款 380 多万元,还清理了 31 起多年难以解决的纠纷案件,收回款项 125 万元。起到了示范效果,促进律师业务的拓展。1993 年,上海律师共为企事业单位累计索回欠款 3.7 亿元;1995 年,累计索回欠款 7.7 亿元。自开展业务以来,至 1995 年,上海律师共为企事业单位索回赔款、欠款累计 63 亿元。《律师法》出台后,随着律师事务所改制,律师帮助企事业单位索回赔偿欠款、避免经济损失业务逐渐成为市场经济行为,市司法局不再对相关业务进行专项统计。

第五节 案 例

一、刑事业务案例

1979 年 7 月,普陀区法院审理董某杀人案。被害人姚某是公交公司先进售票员、全国人大代表,因拒绝与董某结婚,被董用刀砍伤,经抢救脱离生命危险。社会各方要求严惩被告董某。上海律师提出,被告人属故意伤害,致被害人重伤,不是杀人,并有从轻处罚的情节和理由,依法为被告辩护。法院采纳了律师的辩护意见,判处被告 10 年徒刑。

1987 年 11 月 17 日,上海发生一起持枪抢劫银行并杀害工作人员的恶性刑事案件,凶手于某某的女友蒋某某涉嫌包庇罪。1987 年 12 月 19 日,上海市中级人民法院公开审理蒋某某等包庇罪犯于某某、私藏枪支弹药一案,上海律师担任蒋某某的辩护律师。上海电视台转播了庭审调查的 70 分钟节录,收视率超过 95%。11 天后,法院作出宣判:蒋某某犯包庇罪,判处有期徒刑 3 年。本案的庭审和转播,使广大公民对恢复建立后的律师制度以及律师的作用,真正有了较为深刻认识。在刑事诉讼中,律师与公检法部门尽管分工有别、职责不同,但其根本目的是一致的,都是为了维护法律的公正。

二、民事业务案例

1983 年,上海华丰电器厂发现广东某厂假冒本厂“三角牌”商标,出售伪劣吊扇。该厂聘请上海一家律师事务所律师为代理人参与处理这一纠纷。经律师实地调查取证,查实假冒单位,代理华丰厂向广东开平县法院起诉。法院审理确认被告厂侵权,律师协同法院进行调解达成协议:被告立即停止使用“三角牌”商标并登报声明道歉,赔偿原告经济损失。这一长达两年的假冒商标案,终于在两个月内得到公正解决。

1984 年 10 月,美国理查森·克斯公司向中国国家工商行政管理总局商标局提出,上海信谊药厂申请注册的信谊 SINE 商标与该公司注册商标“SINEX”英文字母“相似”,极易被消费者误认“造成严重混淆”，为此提出异议，要求裁定。上海的律师接受信谊药厂的委托，查阅有关资料，代表该厂提出答辩书，指出理查森·克斯公司的商标是以英文字母组成，信谊药厂商标是以中文信谊，英文字母乃周围24只花瓣组成的圆圈图案，商标是以汉字、英文、图案不可分割的3个部分组合，双方商标在读音、图形上都有不同，不会发生混淆和误认。信谊厂使用这一商标已60多年，1980年4月经政府批准备案，1983年中华人民共和国商标法正式实施后，信谊厂依法进行登记。1984年11月，国家工商行政管理总局商标局裁定，采纳上海律师提出的论据，美国理查森·克斯公司对信谊药厂商标的异议不能成立。信谊药厂商标专用权得到维护。

著名作家钱钟书诉出版《围城》（汇校本）的出版社和作者侵犯其著作权，画家吴冠中诉上海朵云轩和香港永昌拍卖行拍卖冒充是他所作的国画《炮打司令部》，均请律师代理参加诉讼。经法院二审判决，使侵权一方受到法律追诉，停止侵权，赔偿损失。

1995年8月，上海音像公司拥有的CD唱片《阿姐鼓》被盗版发行。委托上海律师代理，查清了盗版者，向法院提起诉讼。律师向法庭提交了这一CD唱片生产数量与毛利计算数据，计算出原告损失在100万元以上。经法院庭审判决，原告胜诉。被告立即停止生产并销毁已盗版生产的《阿姐鼓》激光唱片，赔偿原告经济损失100万元，并处罚款30万元，在报上刊登启事，公开向原告赔礼道歉。

1999年4月15日，大韩航空一架货机坠落在莘庄，造成5死42伤，42家企业和1500余家居民房屋受损。上海律师作为委托代理人，妥善处理全部空难事宜，包括赔偿伤员死者、安置过渡、赔偿企业、改造受损房屋以及赔偿1500余户房屋受损居民等等所有事宜。在这次空难赔偿案件的处理中，有很多司法实践的首例和创新。代理律师们妥善地处理了空难后遗漏下的各种创伤和矛盾，很好地化解了社会矛盾。这次空难赔偿案件是中国首件空难赔偿案，对于空难赔偿案件的处理具有里程碑意义，也为妥善处理此类条件打下了扎实的基础。

三、行政业务案例

1981年，卢湾区五里桥赵某一家五口，房屋面积为16.5平方米。因市政建设动迁拆除，经当地街道办事处等部门允诺，在某里弄口人行道上搭建一间临时过渡房屋。当时赵某有书面保证，待新工房竣工分到房屋后，将该临时房屋交出。1984年，赵某分到新公房29.7平方米，以后又增配14.8平方米公房一间。但赵仍强调人口多，居住困难而拒不拆除临时过渡房。经街道办事处等部门多次上门做动迁工作，区人大代表两次向区政府提出议案，均未得到解决。1991年3月区规划局作出拆除该过渡房的处理决定。赵某不服，向市规划局申请复议，市规划局维持原决定赵某于同年6月向区法院提起行政诉讼，状告区规划局。律师接受区规划局委托，担任诉讼代理人。在庭审中提出：临时过渡房是一种临时应急措施，赵某已分配到新住房，理应立即迁出过渡房逾期不迁应负法律责任。在里弄口人行道上搭建建筑物，对公共卫生、道路交通、市容、安全和居民生活都造成严重影响。城市管理部门应责令搭建者限期拆除，并根据有关规定，处以罚款。赵某居住仍有困难问题应通过其他正常渠道解决，不属于规划部门的职责范围，赵某所诉理由不能成立。区法院采纳了代理律师的意见，判决驳回赵某的起诉，维持原行政机关的决定，使这一拖延十多年的拆迁纠纷得以解决。

1990年12月，标准计量管理局检查红旗商场，发现该场承租柜台经营服装的个体工商户蔡某的塑料软尺短缺一厘米，还查获商场为其他17个承租户使用不合格或短缺的计量器具。该局将红旗商场作为处罚对象,制作行政处罚通知书,总罚款 9 361.30 元,并口头决定蔡某应分担 1 500 元。蔡某不服该行政处罚,向法院提起行政诉讼,寻托律师为代理人。经律师调查了解,从蔡某批准经营之日起,长达一年多时间里,没有一个消费者反映服装不符合质量、规格的要求。律师指出蔡某主观上无“以欺骗消费者为目的”的故意,行为上没有弄虚作假,客观上没有“给国家和消费者造成损失”的事实。他使用的塑料皮尺因长期磨损脱落包头,短缺一厘米,应以《计量违法行为细则》的规定“责令改正”。计量局作出处罚决定,向红旗商场发出行政处罚通知书,却没有对蔡某制作行政处罚通知书,只是口头决定蔡某分担罚款,违反了执法程序,影响到当事人的合法权利。律师依据《行政诉讼法》有关规定,提请法庭判决撤销计量局对蔡某的行政处罚。结果区法院采纳了律师的代理意见,依法撤销了原行政决定,诉讼费全部由行政单位承担。

1996 年,上海浦东新区司法局首次成为行政诉讼案被告。顾某因怀疑其母生前所立公证遗嘱不真实,分别向公证处及新区司法局提出撤销公证和申诉请求。区司法局依法答复,顾不服,又向法院提起行政诉讼,浦东区司法局作为被告应诉。经开庭审理,一审法院作出维持司法局具体行政行为的判决。顾某不服提起上诉,二审法院经审理判决驳回上诉,维持原判。

四、涉外业务案例

1994 年,上海律师代理上海玩具进出口公司与美国帝国玩具公司交涉一件赔偿案,律师往返美国 5 次,持续近一年时间,终于打赢了一场历时 10 年的跨国官司,挽回中方损失 200 万美元。

1995 年,上海律师接受中方外贸公司委托,根据事实和证据,反驳一家法国公司借口中方货物质量问题,提出索赔 800 万法郎的无理要求。该案经法国法庭 3 次审理,最终判决法方向中方支付所欠货款和赔偿损失 170 多万法郎,承担一切诉讼费用,并支付 2 万法郎作为滥用司法程序的赔偿。

1995 年 9 月,美国 H 公司为抵赖所欠中国抽纱上海进出口公司 200 万美元货款,借口上海公司侵犯其版权,向纽约法院状告上海公司,索赔诉讼标的高达 1.35 亿美元。上海的律师代理上海公司,与美方谈判,举证辩论,弄清双方争议的事实真相。经法庭确认,这起贸易纠纷应适用《联合国国际货物销售合同公约》和中国法律。结果,原告 H 公司被迫要求协商解决,同意无条件撤回起诉,并一次性偿还抽纱上海公司 200 万美元欠款。该案前后历时 7 个月,以中方胜诉结案。

1997 年,经一年多艰难诉讼,上海律师代理上海和浙江的 3 家公司向美国第一国民银行提起诉讼,讨回几乎无望收回的 185.5 万美元贷款,在国内引起强烈反响。

2001 年,发生在长江口的两艘外轮碰撞事件,引发了至 2001 年以来世界上最大的一起苯乙烯泄漏污染事故,上海律师所被聘为中方代理律师,为对外索赔提供全程法律服务。经过两年多的艰苦谈判和诉讼,中方最终成功获得了 500 多万美元的赔偿。

2005 年,上海律师代理厦门华侨电子股份有限公司应诉美国对华彩电反倾销案,赢得 4.35% 的中国企业最低税率(其他未应诉中国企业为 78.45%);代理南海晋泰木业有限公司应诉美国对华木制家具反倾销案,获得 8.64%的低税率(其他中国企业为 198.08%);代理山东新光股份有限公司在南非国际贸易管理委员会审理的“丙烯酸织物”案中获得零税率;为上海联和投资有限公司和微软 MSN 合资项目提供全程法律服务;为上海海外联合投资有限公司在俄罗斯圣彼得堡市最大外资项目的“波罗的海明珠”综合社区开发项目提供全程法律服务;为福建省汽车工业集团与戴姆勒——克莱斯勒轻型汽车 20 亿元合资项目提供法律服务;为上工(集团)股份公司法律顾问,参与收购德国 DA 企业的商务谈判及提供法律服务；为湖州市太湖东园度假村 3 000 万美元投资项目建设提供法律服务；为标的额 1 亿元的 clever—land 公司出资收购江阴金泰公司项目谈判提供法律服务；代表以亚洲开发银行、法国 BNP 银行为首的 26 家国际银行组成的银团，参与福建湄州湾电厂 5 亿美元再融资项目；为新加坡乐意仓储物流公司出资 6 000 万美元在青岛建设仓储码头项目提供法律服务；为中银国际证券有限公司发售 20 亿中国基金提供全程法律服务；为天津 KTST 公司 1 000 万美元股权转让提供法律服务等。

五、担任企业法律顾问案例

1982 年，上海律师担任上海机电设备供应公司法律顾问。该公司每年进货及供货合同 7～8 万份，但过去合同履约率很低。法律顾问帮助该公司制定《贯彻经济合同法实施细则》，建立起合同签订、审批、保管、检查、统计等一整套管理制度，组织一支合同管理队伍并进行培训。自 1982 年实施这些办法以后，没有发生过重大合同纠纷，8 万份进货和供货合同的履约率，分别达到 97.5% 和 92.8%。淮海工业公司过去合同履约率只有 20%，经济效益不佳，律师采用同样办法帮助其建立管理制度，1983 年的合同履约率提高到 77%，利润增加 20%，经济效益显著提高。

1984 年上海化工染料公司及所属 16 个工厂，为解决化工原料短缺问题，向湖南泸溪县生产黄磷的浦市化工总厂订货。浦化总厂要求该公司贷款 100 万元，扩大配套生产，答应在两年内向上海供应黄磷 1 200 吨。该公司派出包括法律顾问在内的谈判小组，到湖南产地进行调查，弄清浦化总厂生产规模、潜力、偿付能力、设备、实际产量，以及产品供销渠道、统调任务和企业自主权等，对该项目作了可行性分析，然后进行实质性洽谈，仅用 11 天时间，就签订一项由需方贷款 200 万元，供方在 5 年内提供黄磷 2 400 吨的合同。之后上海又有一家工厂，听说律师参加谈判成功，也请律师担任法律顾问，到湖南进行谈判另一笔供货合同，由上海工厂向供方贷款 500 万元，供方提供黄磷 5 000 吨，双方受益，促进生产发展。

六、非诉讼法律事务案例

1999 年 11 月 10 日，上海浦东发展银行 4 亿元 A 股股票正式在上海证券交易所挂牌交易。上海律师担任了浦发银行 IPO 的发行人法律顾问。浦发银行成为了《商业银行法》和《证券法》颁布实施后，第一家规范上市的股份制商业银行。这次上市也在当时证券市场上创造了多项纪录：中国证监会批准的 IPO 规模最大、募集资金最多的公司；一级市场上锁定申购资金数量最大的公司；上海证券交易所上市的第一只银行股等等。这不仅是浦发银行自身创新发展的重要举措，中国商业银行改革的重大突破，也是上海律师提供金融证券法律服务的案例。

2005 年底，上海市国资委在全国率先启动出资监管单位的章程修改工作，其中包括盛融公司、上汽集团、建工集团、百联集团、上港集团等 49 家国有企业，并且将此次章程的修改确定为上海市国资委 2006—2007 年度的重点工作。上海律师接受委托后，依据修订后的《公司法》和上海市国资委的要求，借鉴上市公司和国外先进公司治理的理念和模式，从出资人的定位、董事会和监事会的设置、出资人对董事会、董事会对经营管理机构的授权、行权及限制等诸多方面对章程陆续进行修改。经过一年多的努力，完成了 49 家国有企业章程修改工作。

根据 2009 年国务院提出的上海国际金融中心建设的目标，上海证券交易所、中国金融期货交易所、中国证券登记结算有限责任公司统一规划、投资建设“上海金融交易广场”项目。该项目作为陆家嘴金融城“十二五”期间重点推进的十大工程之一，是上海市重点工程。上海律师经过公开招标，自2009年起持续为该项目提供开发建设、招商租赁、物业管理全过程法律服务。服务内容包括招标代理、造价咨询顾问、勘察、设计、审价、监理、施工总包、桩基、机电、弱电、幕墙、钢结构等专业分包工程、重要材料设备采购、物业管理招标文件的审核，招标后的合同谈判、修改、审核定稿，合同履行过程中的风险提示及法律建议，项目管理人员的法律培训等。

2009年12月15日开工建设的港珠澳大桥，是“一国两制”框架下粤港澳三地首次合作建设的世界级超大型跨海交通工程，上海的律师团队为该项目提供全过程专业法律服务。

第四章　律师履行社会责任

30多年来，律师作为社会主义法治建设的重要力量，逐步形成了参与立法、担任党委政府法律顾问、信访接待、化解和代理涉法涉诉信访案件、代理申诉、动拆迁、重大案（事）件法治工作、重大事项社会风险分析与评估、法制宣传教育、基层法治、调解与仲裁、城管执法等参与城市治理的平台，为上海城市治理体系和治理能力现代化献计出力。

第一节　参政议政

一、担任人大代表、政协委员

2002年"两会"期间，上海律师多次在会场为人大代表和政协委员提供义务法律咨询、为人大代表提交提案和审议法规议案、为政协委员参政议政提供法律意见。有36名专职律师被选为市、区（县）两级人大代表和政协委员。市律师协会通过人大代表和政协委员分别向市人大、市政协提交了《关于增加市人大代表中律师专业人士比例的书面意见》《关于在市政协中设置律师专门界别的提案》，引起热烈反响。

在2003年上海"两会"换届选举中，全市19个区（县）的79家律师事务所86名律师担任市、区（县）人大代表、政协委员。其中，市人大代表5人，市政协委员6人；区（县）人大代表21人，区（县）政协委员54人。在市、区（县）两级人大、政协会上，律师人大代表共提出了21件议案，律师政协委员共提出了31份提案。11月，上海律协成立了"人大代表与政协委员联络工作委员会"，加强与律师人大代表及政协委员的联系与沟通；并积极筹备建立提案、议案资料库，为律师人大代表及政协委员参政议政提供服务。之后，上海律师人大代表和政协委员的议案和提案数量呈逐年提高，上海律师从更高的层面参政议政，献计献策，推进民主政治和法治化进程。

2004年，全市86名律师人大代表、政协委员，向各级人大、政府、政协等部门提出62件议案或建议。

2005年"两会"期间，律师人大代表和政协委员共提交议案、提案、书面意见125件。

2006年，上海律师中有市、区两级人大代表、政协委员90人，其中市人大代表5人，市政协委员7人，在"两会"中提出了近60件关系国计民生及上海经济社会发展、民主法制建设的提案和议案。

2007年，上海律师中有市、区两级人大代表、政协委员104人，其中市人大代表5人，市政协委员8人。区级律师人大代表及政协委员实际增加13人，比上届的78人增加了16.67%。市人大代表、市政协委员达到13人。各级律师人大代表和政协委员提交的议案和提案数量为71件。市十二届人大五次会议共收到市人大代表十人以上联名提出的议案78件，其中24件代表议案作为正式议案交市人大有关专门委员会在大会闭会后审议并提出审议结果的报告，提请市人大常委会会议审议决定，24件正式议案中，律师市人大代表提出的议案有5件。

2008年，"两会"换届选举中，全市有118名律师被选为市、区（县）两级人大代表和政协委员，其中当选为各级人大代表36人（市级人大代表11人）、当选为各级政协委员82人（全国政协委员1

人、市级政协委员 11 人、市政协常委 2 人)。各级律师人大代表和政协委员提交的议案和提案数量为 136 件。市十三届一次会议主席团第一次会议通过的议案截止时间,大会共收到十人以上联名提出的议案 144 件,经审查,其中 49 件议案作为正式议案交市人大有关专门委员会在大会闭会后审议并提出审议结果的报告,提请市人大常委会会议审议决定。这 49 件正式议案中,律师市人大代表提出 10 件。

图 3-4-1　2008 年 1 月 24 日,上海律师参加第十三届人民代表大会第一次会议

2009 年,上海有 2 名律师分别当选全国人大代表和全国政协委员,11 名律师当选上海市人大代表,11 名律师当选上海市政协委员(其中两名为政协常委),94 名律师分别当选区、县人大代表和政协委员。市律师协会举办“首届上海律师参政议政研讨会”,着力提高律师人大代表、政协委员参政议政的能力和水平;构建“协调会议机制”,广泛利用律师各类专业人才聚集的优势,共同对人大代表、政协委员的议案、提案进行调研、论证,提高律师建言献策的质量,并形成行业多渠道参政议政的氛围。当年,律师市人大代表、政协委员实际共提交 136 件议案、书面意见和提案、社情民意,其中律师人大代表提出的有关对新《律师法》实施一周年情况进行执法检查的意见,被纳入执法调研项目。

2010 年“两会”期间,律师人大代表提出议案及书面意见 75 件,律师政协委员提出提案及社情民意 71 件。6 月,市政府法制办和市律师协会签署《关于全市政府立法过程中听取市律师协会意见工作备忘录》,确定每年选择若干件涉及人民群众切身利益、社会关注度高、影响面大的立法项目,听取市律师协会意见。为不断提高律师参政议政水平,市律协在 2010 年将“律师人大代表与政协委员联络委员会”更名为“律师参政议政促进委员会”,对律师人大代表和政协委员参政议政给予更有力的支持。组织律师人大代表走进社区。“市民与法”讲座也与时俱进,为了配合世博会的召开,讲座早准备,早启动。年内讲座共在 8 个区县举办,有 14 位市、区两级律师人大代表担任主讲人,讲课内容涉及平安世博、社会治安综合治理、拆违条例、劳动合同、老年人权益保护等主题，涉及范围从中心城区扩大到郊县、街道、社区、企业和学校，并将系列讲座中的讲课内容制作成视频资料，在上海政法综治网播放，受到社区百姓的欢迎。

二、担任政府法律顾问

1986 年，上海律师开始担任政府法律顾问。法律顾问主要为政府依法行政提供法律帮助，参与市、区、县三级政府制定规章，负责提供法律依据，答复法律咨询，代理政府出庭诉讼，参加政府指定的经济活动，进行项目的可行性、合法性研究等。

1986 年 6 月，南汇县最早设立法律顾问室，聘请本县律师事务所主任及一位兼职律师（县司法局长）为法律顾问。之后，上海县、吴淞区、闸北区政府也相继聘请了县、区律师事务所主任担任法律顾问。

1987 年 7 月，市律协参加全国律协在延吉市召开的“律师担任政府法律顾问经验交流会”，会后在市司法局的主持下，向全市区、县司法局局长和律师事务所主任作了传达，并就律师担任政府法律顾问工作发了简报，又向区、县政府和区、县司法局及律师事务所分发《政府法律顾问》一书。此后，上海各级政府和职能部门聘请律师担任法律顾问的日益增多。

1994 年后，全市律师担任 345 个政府机关的法律顾问。有 9 个区、县司法局组建区、县政府法律顾问团。8 个区、县司法局为正副区长、县长配备律师担任法律顾问。至 1995 年，全市律师担任政府法律顾问达到 286 家。

1999 年 4 月，卢湾区在全市首创三级法律顾问制度，即区政府建立法律顾问团，街道建立法律顾问室，居委会建立法律顾问小组。区政府法律顾问团成员坚持每周四参加区领导接待群众来访，协助区领导解答群众的法律问题，积极为区政府部门提供法律帮助，为区综合经济部门提供法律咨询。

2001 年，全市担任政府法律顾问团（组）的有 253 家，担任国家机关、政府负责人顾问单位的有 236 家。

2003 年，上海轨道交通 4 号线工程事故发生后，根据市委、市政府领导的要求，市司法局迅速行动，成立了由 7 名民事、建筑、保险等方面的专业律师组成的法律顾问团，为事故处理提供全程法律服务，为有关责任主体承担相应的赔偿责任提供法律建议。

至 2010 年 3 月，市委办公厅、市政府办公厅联合印发《关于充分发挥律师在法治政府、法治社会建设中重要作用的若干意见》，对各级政府及其部门聘请律师担任政府法律顾问提出明确要求，律师参与政府法律顾问工作进一步深入。

三、参与立法活动

上海律师在地方性法规和政府规章的起草论证、规范性文件以及政策的制定和调整过程中，积极通过咨询会、座谈会、听证会等多种形式，认真发表律师法律意见和建议。

1996—1998 年，市律师协会组织有关业务研究委员会或指派律师参与法律、法规和规范性文件草案的研讨。

2000 年，市人大、市政府将市律协列为制订法律、法规和规章必须征求意见的单位。1999—

2000年,由市律协有关研究会出面,参与立法前期研讨会活动14次,对法律草案提出具体的修改意见和建议。至2000年底,市律协共组织律师参与了《上海市经纪人条例》《上海市社会保障卡管理办法》等22件征求意见的法规规章草案的讨论和研究,提出了许多具体意见,整理后函复市政府法制办。至此,上海律师已从单个参与立法活动走上了组成团队参与地方立法之路。

2001年,全国人大常委会法制工作委员会调查组到沪召开座谈会,与部分上海律师就《商标法》修正案(草案)进行研讨,征求律师意见;市人民代表大会就制定中的《上海市市容环境卫生管理条例》专门到律师事务所进行调研,听取律师意见;市律师协会组织律师对上海市人大、市政府征求意见的《上海市专利条例》《上海市劳动合同条例》等法规草案进行讨论研究。

2003年,经上海市第十二届人大常委会第九次主任会议讨论,聘请27人为上海市人大常委会立法和咨询专家,聘任期一年,其中有上海的专职律师2人。

2005年,有3名律师分别被聘为市人大常委会立法和咨询专家及市人大法制委员会咨询组成员。

2008年,市律师协会成为立法听证会必须邀请的专家单位。

2010年6月,市政府法制办与市律师协会共同签署《关于本市政府立法过程中听取律师协会意见工作签署备忘录》,明确提出:在地方性法规、政府规章的起草论证过程中,起草和制定机关应当通过咨询会、座谈会、听证会等多种形式,认真听取律师法律意见和建议。

四、典型案例

2003年“两会”期间,上海律师人大代表建议制定《上海市法律援助条例》的议案,一系列的建议中包括将“见义勇为者”列入上海法律援助的“法定受助对象”。2005年7月,以2003年的议案为蓝本,形成的《上海市法律援助若干规定》(草案),正式被上海市人民政府提请人大审议。在这份草案中,详细规范了法律援助的监督管理和经费保障等内容,对全市19个区县的20个法律援助中心的工作,提供了法律依据。之后,市律师协会法律援助与社区服务研究委员会,围绕“上海律师参与法律援助”展开了深入调研,完成了司法部指定由市法律援助中心起草的《法律援助服务人员行为规范》。在2006年“两会”上,两位律师人大代表分别提交《关于〈上海市法律援助若干规定〉(草案)的书面意见》和《上海市法律援助若干规定的配套规定》的议案。议案针对法律援助经济困难标准、法律援助范围、法律援助办案补贴标准等提出的全面的数据分析与详实的立法意见,也成为此后立法听证会上讨论的重点文件之一。2006年2月24日,市人大法制委会同市府法治办召开了由上海市民政局、上海市财政局等各个政府职能部门参加的《上海市法律援助若干规定》立法听证会,两位律师以立法提案者的身份出席。听证会上,两位律师代表的发言得到了相关立法部门的重视,很多意见直接被立法部门采纳。2006年7月1日,经市人大常委会通过的《上海市法律援助若干规定》正式实行。

2004年,市政协十届二次会议期间,律师政协委员提出《剖析建筑市场八个“擦边球”,加强针对性管理的建议》,获得当年度上海市政协的个人优秀提案奖,并被全国政协转发。

2005年“两会”期间,律师人大代表和律师政协委员分别制定《上海市法律服务促进条例》的议案,共同呼吁通过地方立法规范法律服务市场。

2006年,律师人大代表提出《上海私营经济园区应该依法行事》的议案;律师政协委员提出《提案关于规范本市劳务用工的六条建议》,被上海市建委采纳。

2007 年，市十二届人大五次会议期间，律师人大代表提出《关于制定〈上海市电子商务条例〉的议案》。

2008 年，市政协会议中，律师政协委员提出《制定统一规范的税收政策，促进上海律师服务业又好又快发展》的提案。

2009 年，律师人大代表提出制定控烟立法的议案，促成上海在世博会前制定并颁布了《上海市公共场所控制吸烟条例》；律师政协委员提出《关于打造国际并购服务中心，进一步夯实上海国际金融中心基础建设》的议案。

2010 年，市政协十一届三次会议期间，律师政协委员联名提交提案《关于进一步加强我市金融审判工作并适时建立金融法院的建议》。

第二节 维护社会稳定

一、参与信访接待

上海律师参与信访接待，协助信访部门工作人员接待来访群众，参与党委、政府领导接待日信访接待，致力于化解信访矛盾，有效建立起各级党政机关与来信来访群众的沟通平台和联系纽带。

1996 年 8 月 13—16 日，静安区司法局组织律师在区少年科技站设立法律咨询接待，配合地铁 2 号线（静安段）居民动拆迁工作，沟通政府和动迁居民对话渠道，共接待咨询 300 多人次。

1998 年 8 月，卢湾区因斜土路等 6 处地块动迁，引发群体性社会矛盾。接受指派的律师，协助区政府研究、分析矛盾起因，就区政府动迁行为的合法性、法院判决的严肃性、判决外的调解幅度、律师代理动迁案件注意事项、法院审理动迁案件的协调、信访接待与法院审理的关系等问题，提出具体的法律意见，为区政府解决疑难问题起到了重要的参谋作用。10 月始，南汇县司法局成立有 20 名律师组成的服务队，参与县级领导干部周四上午信访接待工作，主动为县委、县政府当好参谋，引导来访当事人运用法律手段解决经济和民事纠纷，为维护社会稳定发挥了应有的作用。

1999 年 9 月 16 日，市司法局与市政府信访办公室联合组建上海律师志愿团。

2000 年 1 月，市司法局开始系统组织律师参与接待群众来访工作。工作正式全面启动以来，由 127 名律师组成的律师志愿团积极参与接待群众来访工作，为各级政府领导提供法律意见，妥善处理了大量群体性上访案件。同时，对难以通过行政手段解决的疑难问题，律师积极为上访者提供法律帮助，寻求新的解决途径。全市 20 个区（县）司法局分别与信访部门组建区（县）政府志愿团，选派素质好、业务精的律师参加每周四的区（县）政府领导信访接待。上海市参加律师志愿团工作的律师已达 300 多人。2000 年，每周一、三、五，直属律师事务所的 27 名律师志愿团成员轮流参加市政府信访办公室的信访接待。仅 2000 年上半年，上海市律师志愿团便接待群众来访共 2 768 批、6 776 人次。

2002 年，律师参与市委市政府信访，共接待群众来访 2 466 批、4 234 人次。

2004 年，黄浦区司法局根据区领导的指示和区工作的实际，相继组建黄浦区律师顾问团、区信访办律师咨询室、律师参与区信访事项复查复核小组、黄浦律师参与世博会动迁工作组和法律服务进社区律师志愿团。顾问团律师在区司法局的组织下，每周四陪同区领导接待信访群众达 128 批 218 人次，解答涉及动拆迁、房屋质量、物业管理、城建规划、相邻关系、市容整治、劳动争议、下岗就业、企业转制、经济纠纷等方面的法律问题。

2005年,徐汇区从区内律师事务所选聘一批业务能力强、熟悉区情的律师组成周四领导接待律师团,和区领导一起共同接待信访;探索建立"律师信访接待日"制度,每周安排半天由律师接待应通过法律途径解决问题的上访对象,提供法律咨询服务。

2006年,市司法局和市律师协会组织律师参加市委组织的化解信访突出问题的督查工作;加强对参与维护社会稳定工作的研究和总结,在司法部会议上专门就《充分发挥律师事务所自律管理作用,不断提高对律师参与维护社会稳定工作的水平》做交流。

2008年,市委、市政府以及19个区(县)政府领导的信访接待均由律师参加。直属律师事务所的律师志愿团成员每周一、三、五轮流参加市委、市政府的信访接待,自2001年以来已有千余人次的律师参加,平均每年接待来访市民3 000多批、7 000人次左右。在区(县),政府律师顾问团的律师随同领导参加周四信访接待。比如,闵行区的新闵所从2005年4月起每个工作日都派一名律师在区信访办值班,为信访群众提供免费的法律咨询,几年来值班超过600个工作日,参与化解30人以上的各类群体性社会矛盾和缠访涉诉纠纷案200余起。

2009年,律师参与市领导调研信访突出矛盾工作成果突出。市司法局联合有关部门制定并落实工作方案,先期进行工作试点和相关准备工作,组建专门队伍并开展针对性培训,草拟了若干份统一的法律文书,设立专门业务研究会,为参与专项工作的律师提供指引及帮助。有15家律师事务所的67名律师参与了11个区的突出矛盾化解工作,核查案件699件,出具律师意见书652件,接待信访人539户,核查材料7万多份。

2010年,虹口区信访律师志愿团参加接待49次,共接待来访人员107人次,涉及法律事务79件。宝山区律师参与突出信访积案核查10件、参与突出信访矛盾核查19件、参与重大矛盾化解6件、参与区街镇领导信访接待624次。嘉定区律师参与区领导信访接待50次,接待群众来访94批613人次。金山区律师参与每周四区领导信访接待日49次,区信访办积案核查2件,接待来访群众119批、679人次,其中接待群体性诉求32批、524人次。青浦区律师参与咨询、调解共计84人次,接待124人次,律师调处纠纷成功12件,电话咨询53人次,达成协议书2份。

二、参与人民调解

90年代末,为充分发挥综合职能优势,全面推进基层司法行政工作,全力维护社会政治稳定,上海逐步探索多方参与的大调解格局,走在全国前列。还探索了人民调解与诉讼调解的衔接机制,并且尝试在基层法院设立了人民调解窗口,提高了化解人民内部矛盾的能力和水平。各区县逐步成立区社会矛盾调处中心,各街道(乡镇)均成立社会矛盾调处分中心。

2005年,律师积极参与各级党委和政府接待群众的来访工作,律师志愿团成员每周轮流参加市委、市政府的信访接待,妥善地处理群体性上访案件和群体性纠纷案件的调处工作。全市180家签约进驻19个区(县)152个街镇的律师事务所通过《文汇报》等新闻媒体向社会公示,表达广大律师守望社区,服务群众的承诺和决心。在参与重大复杂案件的协调处理中,全力维护社会稳定。

2006年4月,按照市委统一部署,市司法局组织15名律师参加"市联席办基层工作组"工作,参与化解社会矛盾,吴益民、江惠强、朱善武、邵柏钧等律师被评为先进个人受到表彰。为了建立和健全律师参与民商事纠纷调解工作机制,推进平安建设的深入开展,构建和谐社会,市高级人民法院、市司法局和市律师协会印发《市司法局关于印发〈上海市高级人民法院、上海市司法局、上海市律师协会关于律师参与民商事纠纷调解工作座谈会纪要〉的通知》,明确律师参与民商事纠纷调解工作的必要性、原则、方式、程序等。

2007 年，市律师协会完成"上海律师参与化解社会矛盾长效机制"的课题研究，初步建立律师事务所评估指标体系，为律师拓展业务、加强管理提供智力支持和规划指导。

2009 年，为发挥律师在基层大调解工作格局中的作用，律师参与化解矛盾形成了四级网络，全市司法所普遍建立"律师调解人才库"和"人民调解志愿者库"。6 月 16 日，市司法局召开专题工作会议，认真贯彻市委主要领导批示精神，积极组织律师参与市领导调研信访突出矛盾工作。联合有关部门组建专门队伍并开展针对性培训，草拟了若干份统一的法律文书，设立了专门业务研究会，为参与专项工作的律师提供指引及帮助。全市 220 家司法所均与律师事务所结对，全市 5 259 家居(村)委调委会均与律师结对。结对律师参与化解矛盾纠纷 8 108 起(参与司法所化解的矛盾纠纷 3 476 起，居村委调委会化解的矛盾纠纷 4 632 起)。

图 3－4－2　2009 年 11 月 3 日，上海市律师协会恢复 30 周年纪念大会暨上海律师调解化解社会矛盾工作表彰会在上海展览中心举行

2010 年 1 月，中央电视台《新闻联播》、中央人民广播电台、人民日报、新华社、光明日报、法制日报、经济日报、中国青年报、今日信息报等 9 家新闻单位综合报道了 12 篇有关上海构建大调解格局及律师、人民调解员等参与化解社会矛盾等方面的主要做法与典型事例。市司法局持续推进律师参与化解信访突出矛盾，吸收律师参与市司法局案件评查及突出信访矛盾调处工作，出具《律师意见书》，为调处工作奠定重要基础。徐汇区开展"青年律师进诉调对接中心"活动和"名律师坐堂调解"活动，推动全区 58 家律师事务所与 13 个司法所结对，304 名律师与 304 个居村委结对，开展"法律进社区、进小区"活动。探索律师参与人民调解工作新模式，派遣 5 名优秀青年律师到区联调委、区法院诉调对接中心从事人民调解工作。年内，签约律师参与化解矛盾纠纷 133 件，为社区举办法制讲座 568 次，提供义务法律咨询 9 283 人次。虹口区结对律师与街道居委共同参与调解纠纷 270 件，提供法律咨询 4 087 人次。青浦区律师参与咨询、调解共计 84 人次，接待 124 人次，律师调处纠纷成功 12 件，电话咨询 53 人次，达成协议书 2 份。嘉定区选派律师参与基层司法所组建的"世博安保应急小组"，各律师事务所积极开展"世博先锋行动"，参与重大矛盾纠纷的化解工作。

上海积极探索和推进律师参与民商事和其他领域的调解工作，拓展律师法律服务的新方式，推进律师进社区、进村镇工作,基层司法所和法律服务所要积极地配合和支持,有效合作,有机联动,建立律师进社区、进村镇的长效工作机制。

三、参与动拆迁

从90年代起,在上海城市快速发展、经济崛起的同时,旧区改造任务仍然非常艰巨。城市动拆迁工作,既是城市开发建设项目工程,也是一项复杂的社会工程,是社会各类矛盾的汇聚点。2000年后,房屋动拆迁工作的力度逐步加大,上海律师积极参与政府动拆迁工作,发挥专业优势,为动拆迁提供法律支持。在保障政府动拆迁行为合法性、维护被拆迁人合法利益方面,实现了良好的社会和经济效果;对于减少拆迁矛盾纠纷,规范拆迁行为发挥了重要作用。在政策制定过程中发挥咨询作用,在拆迁裁决、拆迁强制执行等环节,对事实及政策法律适用出具的法律意见,引导拆迁人、被拆迁人依法处理房屋拆迁及不动产事务,保障居民合法权益通过法律途径实现。同时,对被拆迁人因拆迁而产生的各类矛盾,提供法律咨询,参与协调和化解工作。

2003年9月20日,针对动拆迁矛盾纠纷较为突出的情况下,市律师协会在全市律师中挑选一批政治素质高、业务能力强的律师,组建"上海市为被拆迁人提供法律服务律师志愿团",先后组织两批共264名律师参加志愿团工作。这是中国首个动迁户律师志愿团,志愿团的主要职责是:依法为被拆迁人提供法律服务,维护被拆迁人的合法权益,维护社会稳定,促进上海的经济发展。市委副书记刘云耕出席被拆迁法律服务业务培训班,并讲话。开班仪式上,有关领导为志愿团律师颁发"上海市为被拆迁人提供法律服务律师志愿者"证书。至年底,共接待咨询5 836件,代理案件84件。市委副书记刘云耕盛赞律师志愿团是"为党分忧、为民解愁"。

图3-4-3　2003年9月19日,上海市为被拆迁人提供律师法律服务培训班

2005年,浦东新区司法局在全区100余家律师事务所和新区公职律师中挑选了25名律师,组成第一批世博居民动迁律师志愿团,为25个动迁组提供为期50天的动迁法律咨询服务。志愿团律师以客观、公正的第三人身份,直接参与世博基地的动迁工作,向动迁居民宣传法律和政策,积极提供法律服务。闸北区组建"法律援助律师志愿者团",对上海火车站北广场动拆迁过程中的受援对象,提供法律援助。卢湾区组织律师进入世博园动迁基地,全天候为动迁居民提供法律咨询,帮助居民群众了解掌握法律法规和动迁政策，为世博会动迁工作提供法律服务；虹口区组织30名律师组成动拆迁律师志愿团，轮流到动迁基地法律咨询接待站值班接待，为居民提供法律服务。嘉定区“维护被动拆迁人合法权益律师志愿团”协助政府处理动拆迁矛盾，参与动迁咨询50多起。南汇区组织律师进驻动拆迁现场值班，免费为动拆迁群众进行法律咨询、分发宣传资料，介入周浦四高小区塘东基地二期动拆迁工作，20天内动拆迁142户，完成全部动拆迁任务的94%；介入浦东国际机场二期动拆迁，律师累计现场值班308个工作日，接待咨询3 000人次，解答各类问题7 000余个，调解纠纷106起，达成协议104件，为54户群众、90家企业提供优质法律服务，一个月签约率达100%，全区调解委员会调处动拆迁纠纷1 336件。崇明县成立征地拆迁律师志愿团，在新河镇开展征地拆迁律师志愿团法律咨询。

2006年，“浦东新区律师志愿团外高桥功能区域法律服务工作站”揭牌，在动拆迁工作中建立法律服务保障机制，为动迁群众做好法律服务工作。闸北区组织11家律师事务所参与4个街道动迁基地工作，并指派4名政府法律顾问团成员参加了区房屋拆迁巡查组重点巡查工作。虹口区动拆迁律师志愿团为被动迁居民解答法律咨询131件。金山区“为被拆迁人提供法律服务律师志愿团”，为被拆迁人提供证据保全公证16起、法律咨询62件、代理诉讼5起。

2007年，黄浦区司法局在世博配套工程指挥部设立法律咨询室，针对与世博配套工程相关的西藏路二、三期拓宽工程及斜土路、国货路等前期房屋拆迁工作，每周定时安排律师到咨询室为动拆迁涉及的豫园街道2个居委，半淞园路街道7个居委动迁居民提供法律服务，解答动迁中涉及的法律法规等问题，开展法制宣传、纠纷调处等工作。

2008年，虹口区虹镇老街动拆迁律师志愿团参加接待370人次。南汇区各律师事务所为8个镇1 000余动迁户提供法律服务和咨询。

2009年，浦东新区制定《浦东新区关于律师参与重大建设工程动迁工作的意见》，组织律师参与社会矛盾调解化解工作。杨浦区司法局组织律师常驻在建的轨道交通12号线杨浦段内江路站、隆昌路站、长阳路站和平凉西块旧区改造(二期)16、17街坊5个动迁基地。在律师的积极参与下，轨道交通12号线杨浦段内江路站、长阳路站、隆昌路站共1 794户，签约99.9%，平凉西块旧区改造(二期)16、17街坊共2 252户，签约97.5%，10月份开始拆迁推进的18街坊共1 015户，签约74.4%。普陀区司法局以司法所与律师事务所开展“双结对”活动为平台，在宜川路街道建民村动迁基地设立律师服务站，由3家律师事务所负责安排律师进驻服务站，接待动迁市民法律咨询、宣传和释疑动迁相关法律政策、协助疏导和化解矛盾纠纷，全年接待咨询250余人次。闸北区挑选10余家律师事务所与12个动迁收尾基地、“桥东二期”旧区改造新政试点项目、“北广场三期C－1、C－2、D块”动迁基地结对签约，为依法动迁提供法律保障，全年共受理初审行政许可事项242件。

2010年，浦东新区指派政府法律顾问团成员参与A1地块动拆迁工作。杨浦区组织律师深入平凉西块等重大工程动迁基地，全方位全过程为动迁提供法律服务，共接待咨询1 600余人次，搭建沟通平台158次，成功化解、缓解各类矛盾170起。静安区司法局先后与律师事务所开展调研，在取得《关于律师参与重大事项社会稳定风险处理机制的分析报告》基础上，就“105地块保障性住房专案”，形成《静安区105地块街坊就近安置配套房建设项目社会风险法律评估报告》，并逐步进行推演论证，形成一套完善的律师参与重大事项社会稳定风险处理机制。奉贤区组织12家律师所80余名律师，参与“大型居住社区南桥基地”土地储备、房屋动拆迁重大项目的法律服务。虹口区组织律师参与区重大、群体性纠纷案件的调处与化解，聘任4家律师事务所核查化解动拆迁遗留矛盾。

在动拆迁过程中，各区县建立律师全程参与动拆迁工作机制，发挥律师专业优势，提前介入拆迁前期工作,确保拆迁方案合法、合理,全程参与拆迁实施阶段各项工作,并积极参与动迁遗留矛盾化解。

四、参与重大突发事件处置

上海律师积极参加突发事件应急处置工作,积极参与制订救助、补偿、抚恤、安置等善后工作方案,为妥善解决处置突发事件引发的矛盾纠纷贡献力量。

1988 年,上海真如火车站发生两列客车相撞的重大铁路行车事故。其中,有 36 位日本旅游团旅客死亡、90 余人受伤。这些日本旅客中,很多人是中学生。此事件在日本引起广泛关注。市律师协会指派律师当天赶到事故现场处理善后事宜。而后,作为中国代表团首席律师带队赴日本谈判,先后经历一年。谈判取得重大效果,维护中日两国邦交,受到国务院铁道部和市政府领导的赞扬。

1999 年,律师参与调处"4·15"韩国坠机空难事故,妥善处理全部空难事宜,包括赔偿伤员死者、安置过渡、赔偿企业、改造受损房屋以及赔偿 1 500 余户房屋受损居民等所有事宜。

2003 年,市司法局组织成立由民事、建筑、保险等方面专家律师组成的法律顾问团,处理轨道交通 4 号线工程事故善后工作。

2008 年,市司法局积极协调律师参与"磁悬浮工程""三鹿奶粉事件""袭警案"等重大敏感性案件。

2009 年,"6·27"莲花河畔景苑在建房屋倒塌后,市律师协会组织 5 名建筑房地产律师在罗阳路 225 号内,为莲花河畔景苑的业主义务提供法律咨询,前来咨询现场的业主有 100 多人,律师们从法律角度回答了前来咨询的业主,对业主们提出的有关退房、赔偿、贷款等问题一一作了解答;同时,为便于业主及时聘请到相关的专业律师,市律师协会在现场将精心推选并组织推荐的 74 名建筑房地产专业律师名单及通讯方式发给业主。

2010 年,"11·15"特大火灾发生后,市司法局迅速动员组织了 113 名律师全方位参与到善后处置工作中,一是以政府法律顾问身份,为政府开展救灾帮扶和依法决策提供专业意见;二是以律师志愿者身份,为结对安置接待工作提供第三方法律保障;三是以法律援助律师身份,接待火灾受灾群众 107 批、356 人次,免费为受灾群众提供财产损害赔偿、房屋租赁买卖等方面的法律服务;四是以侵权责任主体法律顾问身份,为责任人提供与受灾居民进行理赔谈判、签署协议书等法律事务;五是以刑事辩护律师身份,为犯罪嫌疑人提供法律服务。律师顾问团以全过程、全方位、全天候的服务形式,为政府开展救灾帮扶和依法决策提供专业法律意见,力求做好受灾群众安置安抚工作。

第三节　参与社会公益事业

一、履行法律援助义务

20 世纪 80 年代以后,律师配合法制宣传教育,纪念《宪法》和重要法律颁布,经常上街举行义务法律咨询活动,也有的律师对贫苦当事人义务办案。普陀区司法局于 1994 年 3 月设立法律咨询部,义务接受群众咨询,不定期到街道开展这一活动。

1995 年 3 月,杨浦区司法局率先设立常年法律咨询处,对群众进行法律援助。该区的竞业、凤凰律师事务所订出法律援助办法，对追讨赡养费、子女生活费、抚恤费“三费案”，残疾人、孤老和生活确有困难的当事人，一律实行减免收费服务。南市、长宁、静安等区还开展多种类型的法律援助活动，有的为市劳动模范义务担任法律顾问，有的为市区优秀教师提供法律服务。

1995 年 6 月，市司法局决定在全市开展法律援助活动，保证每一位律师定期办理一定数量的法律援助事务。以上海市民熟悉的法制电视片《神圣的阳光》主角“陈律师”命名，成立“上海市陈律师义务法律咨询站”，由市属律师事务所全体执业律师轮流参加咨询活动。该站自 1995 年 6 月 2 日起挂牌运行两个月，接受咨询 1 571 人次。

1995 年 8 月，浦东新区率先建立法律援助中心，制订法律援助计划，提出了法律援助对象、范围、主要职责等 18 条措施，有步骤地开展法律援助工作。1995 年底，全市已有 7 个区设立义务法律咨询站。各律师事务所按照市司法局要求，规定每个律师都应参加义务法律咨询活动，并列入每年注册考核项目中，推动了法律援助制度普遍建立。

1996 年，市司法局向全市推广义务法律咨询站和法律援助中心的经验，设立市法律援助中心和法律援助基金。至 1998 年底，全市有 15 个区县建立了法律援助中心(除南市区、闵行区、嘉定区、金山区、崇明县外)。全市各律师事务所在法律援助中心的统一协调安排下承办法律援助事务。至 2000 年，律师提供义务法律咨询 187 622 件(次)，办理法律援助案件 7 368 件。

2001 年 3 月，市法律援助中心在 8 家律师事务所开展律师事务所律师代理公民申请法律援助的试点工作。当年，全市律师提供义务法律咨询服务 45 995 件；办理法律援助案件 2 453 件。

2002 年，全市律师提供义务法律咨询服务 39 120 件；办理法律援助案件 2 159 件。

2003 年，市司法局广泛推行律师事务所代理法律援助申请机制，大幅度增加法律援助办案数量。9 月 15—19 日，市司法局会同市律师协会、市法律援助中心、东方法治网、青年报社等单位联合举办“弘扬法治精神，维护公平正义”主题活动，开展“卓越 · 诚信 · 敬民——上海法律服务志愿活动”主题宣传报道。全市律师提供义务法律咨询服务 36 361 件，办理法律援助案件 3 045 件。

2004 年，市司法局在全市范围内推行律师代理法律援助申请制度，即律师在平时接待咨询和办案过程中，发现当事人符合法律援助条件，可按照有关规定指导当事人申请法律援助，或者接受当事人的委托，代理当事人向法律援助中心申请法律援助，经法律援助中心审批后指派法律服务人员实施法律援助。

2005 年 10 月，为提高法律援助案件的质量和强化案件质量管理，市法律援助中心组建了一支热爱法律援助事业、热心维护贫弱者合法权益的 90 余名社会执业律师组成的法律援助骨干律师队伍。主要负责市法律援助中心的接待咨询，“12348”专线接答咨询，办理刑事、民事法律援助案件等工作，骨干律师队伍为开放式管理，根据工作需要适时调整骨干律师队伍的成员。

2006 年，市法律援助中心与市律师协会共同研究推出促进全市法律援助工作的五项举措：一是建立经常性的工作联系协调机制；二是实行重大、疑难案件讨论制度；三是组织召开律师代理申请法律援助工作经验交流会；四是进一步加强法律援助骨干律师队伍的建设和管理；五是组织对法律援助律师的宣传、表彰活动。

2007 年 6 月 6 日，徐汇区司法局与区公安分局交警支队签署共建和谐城区协议，在交警支队事故审理科设立律师工作室和法律援助联系点。这是首家驻交警支队律师工作室。

2008 年，市法律援助机构试行协作办案机制，贫弱群众可不受案件管辖地限制，就近申请法律援助，法律援助的受援面继续扩大，律师办理法律援助的数量和质量均有较大幅提升。

2010 年，以服务世博为契机，推出服务世博十项举措，律师办理各类法律援助案件 12 273 件，为维护困难群众合法权益、维护社会和谐稳定、确保上海世博会顺利举办做出积极贡献。

二、“双结对”活动

2009年起,为发挥律师在基层大调解工作格局中的作用,市司法局广泛开展律师事务所与司法所、律师与居村委调委会“双结对”活动,全市所有的司法所和居村委调委会都有律师事务所、律师与之结对。推进法律服务进社区工作,200多家律师事务所与120多个街镇签约,定期定点为社区居民提供法律咨询和服务。全市司法所普遍建立“律师调解人才库”和“人民调解志愿者库”,充分发挥律师的专业优势,积极参与各类法律服务,维护社会公平正义。

2009年2月17日,金山区司法局、石化街道联合举行石化街道居委会与律师“构建平安社区、促进社会和谐”共建会议,来自4家律师所的25名律师,与石化街道25个居委会举行“法律服务进社区”签约共建。4月16日,金山区局召开推进律师法律服务进社区专题会议,在律师与石化街道各居委会结对共建试点工作的基础上,正式启动“构建平安社区、促进社会和谐——金山区百名律师与村(居)委会结对共建活动”,全区8家律师所的118名律师与199个村(居)委会开展结对共建活动。

2009年3月6日,青浦区11个基层司法所分别与10个律师事务所签订《司法所与律师事务所结对协议书》(其中,方正律师事务所与两个司法所结对)。年内,青浦区属95名律师分别与256个村居结对签约,携手“送法下乡”,律师参与咨询、调解43人次,电话咨询31人次,接待139人次,律师参与调解纠纷25件,调解成功14件。

2009年5月,普陀区全区30家律师事务所与9个街镇司法所完成结对签约工作。7月,普陀区司法局组织10家律师事务所与园区10个职工法制宣传基地结对签约,由律师定期为企业职工举办法制讲课,并搭建法律援助服务平台。7月28日,普陀区司法局以司法所与律师事务所开展“双结对”活动为平台,在宜川路街道建民村动迁基地设立律师服务站。年内接待咨询250余人次。

2009年6月30日,长宁区司法局和长宁区综治办联合召开律师参与社区纠纷调解工作推进会,并举行司法所与律师事务所签约、居(村)委与律师结对签约仪式。31家律师事务所与全区10个司法所结对签约,2009年上半年律师参与“双结对”活动230人次,成功调解纠纷185件,提供法律援助案件110件。年底,全区已有34家律师事务所与司法所结对签约,律师与居(村)委签约率达100%,初步实现社区法律服务全覆盖。

2009年8月7日,奉贤区召开“整合司法行政资源,共建和谐新农村”——“双结对”签约活动大会,14个司法所与11个律师事务所进行结对续签、律师代表与村(居)委代表进行结对签约。至8月底,奉贤区65名律师与255个村(居)委完成结对签约。推行“所所互动”以来,妥善化解历史遗留、疑难复杂纠纷案件8起;解决重大案件21起;律师协助司法所开展义务法制宣传和法律咨询147次,举办法制讲座59场,培训班10期;参与审查重大协议16件,提出法律意见24条,地方政府采纳10条。

2009年12月2日,陆家嘴社区律师志愿者工作室落成揭牌。浦东新区迎世博律师志愿团的23名律师志愿者们向社区居民提供义务法律咨询。自7月以来,陆家嘴街道与浦东新区迎世博律师志愿团合作,邀请律师志愿者参与街道的信访接待和矛盾纠纷的居间协调,已接待、受理社区居民各类法律咨询2 037人次,调解各类纠纷324件。

2009年,虹口区全区8个司法所与11家律师事务所签约共建,231个居委会与律师签约结对,全区 596 名律师参与调解民事纠纷上千件。

2010 年,律师事务所和司法所"双结对"和"法律服务进社区"实现全覆盖。浦东新区司法局组织 65 家律师事务所与 385 个基层单位开展"双结对"活动,鼓励律师参与社区矛盾纠纷调处和引导社区居民依法解决纠纷。宝山区律师进社区开展"双结对"义务活动 226 次,为 600 余家企业转型升级、自主创新、节能减排等提供法律咨询、诉讼、合同审核、法律风险分析与防范等服务,代理诉讼案件 2 912 件,有 6 名律师受到当事人赠送锦旗和来信表扬。奉贤区以"双结对"工作为平台,妥善化解历史遗留、疑难复杂经济合同纠纷案件 200 余件,解决工程款和被长期拖欠的民工工资近 2.7 亿元。松江区司法局以开展"迎世博,公益法律服务进农村、进社区"活动为推手,推动律师事务所与司法所、律师与村(居)调委会的"双结对"工作。至 9 月底,松江区执业律师下农村、进社区接待法律咨询 345 人次,举办各类法律知识讲座 11 次,办理法律援助案件 146 件,培训人民调解员 656 人次,指导人民调解协议书制作 59 份,参与化解矛盾纠纷 298 件,其中群体性重大疑难纠纷 13 件。

三、参与其他社会公益事业

律师参与社会公益事业,既是自我价值的提升,也是律师职业社会价值的重要体现。

1998 年 12 月,市律师协会组织"上海律师援建灾区希望小学"的捐款活动,在江西省新建、修建小学各 1 所,在安徽省新建小学 1 所。

2001 年开始,市律师协会有计划、有步骤地援助西部地区律师业发展工作,分别与新疆、甘肃、青海三地律协签订为期 3 年的合作协议和合作意向书,共举办新疆、甘肃律师培训班各 2 期,青海律师培训班 3 期,培训西部律师 250 余名。通过"东方律师网"协助西部律师事务所制作网页,开辟专门站点,每年举办信息网络知识培训。在财力、物力上援助西部地区律师业的发展。市律师协会承担到沪学习的西部律师的学习费用近 30 万元。2003 年 9 月,市律师协会被中华全国律协授予"援助西部地区律师发展工作先进律师协会"荣誉称号。

2002 年 12 月 10 日,市律师协会向全市各律师事务所和全体执业律师发出《尽一份责任、献一片爱心,向上海市爱心工程基金会捐款》的倡议书。不到一个月的时间里,收到捐款 17 万元。至 2010 年,上海律师援建的希望小学达 10 余所。

2003 年 5 月,上海律师举办抗击"非典"献爱心捐赠仪式。市律师协会和市直属律师事务所共捐款 20 万元,并接受市红十字会颁发的荣誉证书。在"抗非"工作中,上海市律师事务所通过各种形式捐款达百余万元。

2006 年,上海市律师积极从事社会公益活动,积极参与和谐社会建设,认真参与化解矛盾纠纷。已有 180 家律师事务所与 91 个街道以及 30 多个镇签约,定期定点为社区居民提供法律服务。自 2001 年始,市律师协会组织优秀律师参加市政府信访接待,帮助解答信访者的法律问题。至 2006 年 7 月,五年多来市律师协会共选派律师 1 000 余人次参加市政府信访接待活动,接待人次超过 3 万。

2007 年 4 月 12 日,市总工会、司法局、律协联合召开"学习全国维护职工权益杰出律师朱素宝先进事迹座谈会"。十年来,上海市机电工会法律部部长、公司律师朱素宝为 40 多家企业的职工提供法律援助,有 6 000 多名职工直接受益。

2008 年 3 月,上海市女律师联谊会捐资 30 余万元,援建西部"母亲水窖"。

2008 年 7 月 23 日,市律师协会与复旦大学体育法研究中心、市体育局联合主办"弘扬奥运精

图 3-4-4　2003 年 5 月,上海律师开展抗击"非典"献爱心活动

神,完善体育法治"研讨会,这次研讨会是上海体育界和法律界在体育法治建设方面的创新合作,对推动上海市体育法治进程具有积极意义。8 月 6 日,成立上海律师奥运法律志愿团,积极做好与奥运有关的知识产权、环境保护等法律服务工作。

图 3-4-5　2008 年 8 月 6 日,市律师协会成立奥运律师志愿团

2009 年 4 月,市律师协会决定出资 200 万元,对口支援都江堰律师。这是上海律师又一次以实际行动承担社会责任。在 2008 年汶川大地震灾后重建中,上海律师自发的捐款捐物,累计金额超过 900 万元。2009 年 9 月,市律师协会被中华全国律师协会评为"四川灾后重建律师行业互助先进单位"。

2010 年，世博会开始举办后，市律师协会迅速以“平安世博，律师同行”为主题，开展一系列服务世博活动：成立“上海律师服务世博推进小组”，着力推动上海律师全方位服务世博；制定《关于上海律师承办涉世博纠纷案件的指导意见》，规范涉世博案件的代理工作；组建由 295 名志愿律师组成的“中国 2010 年上海世博会律师志愿团”，随时提供法律咨询、纠纷调处、应急处理等公益性法律服务；在世博举办期间开通“上海律协世博法律帮助热线”，及时为参观者、参展者提供咨询等法律帮助。在“中国 2010 年上海世博会志愿者工作总结表彰大会”上，全市有 10 名律师荣获“中国 2010 年上海世博会优秀志愿者”称号。

第四篇

公　证

自 1979 年 4 月市公证处恢复建立后，上海的公证工作走过了一条探索、开拓、改革、发展的创建之路。公证机构和公证队伍不断健全和发展。全市公证处从原来只有 1 家市公证处发展到 2010 年的 21 家，遍布 19 个区县；公证从业人员从 20 多人发展到 821 余人；公证业务数量从 1980 年的 5 822 件增加到 2010 年的 407 614 件；公证业务范围，从开始单纯地办理涉外民事公证，发展为涉外、国内公证业务并举，从以民事公证为主，发展为以开拓经济公证为重点，从出具公证证明，发展为向社会提供多样化的法律服务。公证为保证法律规范的正确实施，维护社会稳定和社会主义市场经济的建立与发展，积极发挥其“预防、监督、保障”的功能，成为社会主义民主和法制建设中的重要组成部分。

第一章　公 证 管 理

市公证处重建初期，对外开展公证业务，对内为市司法局的一个业务管理部门。1983 年后，公证业务量不断增大，区县公证处相继成立。为适应涉外公证业务大发展的需要，解决群众办证难的问题，1988 年，市司法局率先将涉外公证下放到区县公证处办理。1995 年，《上海市公证条例》的出台将上海公证工作纳入法制化轨道。为更好地适应公证事业的发展，市司法局从 2002 年起对公证机构进行了一系列的改革。2002 年底，全市 22 家公证机构完成事业体制转制工作。2006 年起，根据《公证法》的有关规定，市司法局开始对公证机构的设置进行调整，22 家公证机构统一设置在市级层面，在全市范围内办理公证业务，不再局限于其注册地的区县范围。至 2008 年 3 月，全市各公证机构完成统一名称变更。

第一节　《公证暂行条例》时期的管理

1979 年 4 月，市委组织部同意恢复市公证处，对内为高级人民法院一个处室，编制定立 20 名，为便于工作开展，对外挂上海市公证处牌子。1980 年 4 月，市公证处正式挂牌，对外开展业务。1982 年 4 月 13 日，国务院发布《中华人民共和国公证暂行条例》，规定中国公证的性质、公证的目的、任务和业务范围，公证处的组织和领导，公证管辖，办理公证的程序等。

为适应公证业务的迅速发展，1981 年起，市司法局督促和帮助各区县政府逐步筹建区县公证处。同年 6 月，川沙、宝山两县在全市率先建立了公证处，至 1985 年全市各区县全部建立了公证处。随着涉外公证业务直线上升，1988 年，市司法局决定在全国率先将办理涉外公证业务的权限下放给各区县公证处。至 1995 年，全市各公证处先后开办了涉外公证业务。

1995 年 12 月 29 日，上海市第十届人民代表大会常务委员会第 24 次会议审议通过《上海市公证条例》，以地方立法的形式保障了上海公证工作的健康发展。

1996 年 3 月 1 日，《上海市公证条例》开始实施。该条例明确：(1) 公证机构由区、县司法行政部门组建，经市司法行政部门批准后设立；必要时，市司法行政部门可以组建设立。(2) 公证机构之间无隶属关系。(3) 公证机构应当建立办证接待、质量检查、过错赔偿、档案管理等业务管理制度；实行独立核算。(4) 公证员考试、考核、执业标准。(5) 公证管辖和公证业务范围。(6) 公证程序。(7) 相关法律责任。

1997 年 10 月 17 日，上海市第十届人民代表大会常务委员会第三十九次会议通过修改《上海市公证条例》的决定，依据《中华人民共和国行政处罚法》的有关规定对该条例的 3 个条款做了修改。

2000 年起开始启动公证体制改革。至 2002 年底，全市公证机构全面完成从行政体制改为事业体制的转制工作，并以“执行国家公证职能，自主开展业务，独立承担责任，按市场规律和自律机制运行的公益性，非营利性事业法人”的体制和机制运行。

一、考核及年检注册

1980 年公证制度恢复初期，市公证处 3 名公证员由市司法局任命。

1984 年,市公证处拟订主任(处长)、组长、办证人员、行政人员职责,制订考核奖励制度。把岗位责任制同奖惩挂钩,制定《奖惩试行办法》。

1986 年,市司法局公布《公证人员工作守则》,建立业务人事档案和记分考核。市公证处在完善岗位责任制的同时,修订干部奖惩制度。

1987 年 2 月,市司法局举行全市公证人员考试,在应考 165 人中,优秀 24 人,良好 113 人,及格 27 人,不及格 1 人,然后按条件授予公证员资格。同年,市司法局进行人事制度改革,修订奖惩办法,对公证人员实行工资记分考核,以工作数量、质量、效率和工作态度为考核依据,每月按各类工作实绩进行奖惩。各公证处围绕"提高办证质量,加快出证速度,改善服务态度"要求,做到职责明确,责任到人,认真考核,奖惩分明。杨浦、静安、闸北等区公证处,结合改革,制订考核奖惩办法。

1989 年 7 月,司法部《关于加强律师、公证人员管理工作若干问题的通知》中规定:凡调入公证处的业务人员,必须具有大专以上文化知识的专业人员,一律由厅(局)通过考试、考核,严格按照四级公证员的任职条件,授予公证员资格,然后再按照《公证员职务(试行)条例》评聘专业职务。同年,市司法局组织有关人员参加司法部举行的全国公证员涉外公证业务统一考试报考。

1991 年 8 月,根据《举行全国公证员统一考试的通知》,成立上海市公证员资格统考领导小组,印发《关于组织实施司法部于 1992 年全国公证员资格统一考试的通知》,除符合司法部规定的免试范围条件人员外,一律需经过考试,才能取得公证员资格,申请参加公证员职务评聘。同年,杨浦区公证处率先提出《公证人员工作考核意见》,南市等 5 个区公证处先后建立考核奖惩制度。

1992 年,市司法局发出《授予公证员资格请示》,并向市职称办公室申报,规定公证员职称评定及聘用办法。

1994 年,为加强对公证人员的考核和管理,市司法局制定《上海市公证员注册管理办法》,对公证员实行年度注册制度。《公证员工作执照》由市司法局统一印制、颁发和管理。公证员每年必须办理注册执业执照。公证员经所在公证机构各主管的司法行政部门申报,由司法行政部门批准并办理注册手续。公证员未经注册不得继续执业。全年公证员有 212 人注册。

1995 年 6 月 2 日,《中华人民共和国公证员注册管理办法》颁布,全年公证员有 209 人注册。

1996 年,全市各区(县)司法局和公证处开展公证员注册申报工作。当年,公证员 219 人通过执业注册,4 人延缓注册,2 人因辞职和不符合注册条件而未予注册。

1999 年 8 月 20 日,市司法局印发《上海市公证员执业注册管理暂行规定》,对公证员执业证年度注册时间、注册条件、注册程序、注册审核内容作出明确规定,进一步规范全市公证员执业证注册工作。经市司法局公证员资格审批小组审核,当年公证员 243 人通过执业注册,延缓注册 4 人。

2000 年,有 53 人参加全国公证员统一考试上海考区的考试,其中 31 人通过,合格率达 58.5%,高出全国平均合格率(11.3%)47 个百分点,位居全国前列。当年,有公证员 235 人通过执业注册,因退休、调离等原因不再予以执业注册的有 15 人。

2001 年,首次实行公证机构年检制度。全市各公证处在年检时做到"三个结合",即年检注册工作与公证员的总结考核工作相结合;与公证员职业道德、执业纪律教育相结合;与公证业务质量检查相结合,使公证处和公证员年检注册工作取得实效。经审核,全市 22 家公证处通过年检并取得年检许可证。对申请注册的公证员 245 人,按规定核准注册,换发司法部颁发的新《公证员执业证》,并在《上海法治报》上予以公告。

2001 年开始建立国家司法考试制度。12 月,司法部下发通知,公证处选用公证员将从通过国家司法考试的人员中录用,司法部不再举行全国公证员统一考试。此后,凡通过国家统一司法考

图 4－1－1　2001 年 7 月 11 日，公证员颁证仪式

试，符合司法部规定的公证员任职条件，在公证处实习一年期满，经过岗前培训和业务考核合格的，由司法部统一授予公证员执业证书。

2002 年 4 月 1 日至 5 月 10 日，市司法局开展 2002 年度公证处年检、公证员注册工作。全市 22 家公证处全部通过年检，237 名公证员通过注册。至 2005 年，全市 22 家公证处，260 名公证员全部通过年检，并换发公证员执业证。

二、质量检查监督

1983 年，上海市公证工作先行试点的川沙县公证处，组织专门力量，对 1982—1983 年 7 月办理的公证工作，进行质量检查。在自查基础上，抽查 344 件案卷。检查结果：事实清楚、证据齐全、办证质量好，合乎出证要求的有 290 件，占检查总数的 84%；错证 5 件，文字上有差错 30 件，证据不全 19 件，共计 54 件，占总数 16%。他们对检查出来的问题，逐件进行复议和纠错。对证据不全的，重新调查补充；对文字上有差错的逐一进行更正；对 5 件错证，在做好申请人思想工作的前提下，对公证事项作部分修改或撤销处理。除收回公证书，进行复议和纠错外，并在办证调查、审批制度等方面作了严格规定。

1985 年底到 1986 年初，市司法局公证管理处对市、区、县公证处所办经济合同进行质量检查。首先进行自查，市、区、县 23 个公证处自查经济合同公证总数 2 537 件，占全市办证总数 3 531 件的 72%。其中完全符合办证要求的 1 523 件，占实查数的 60%；基本符合要求 1 002 件，占实查数的 39.3%；错证 12 件，占实查数的 0.7%。在自查基础上，1986 年 3 月中下旬，市司法局组成两个检查组，分赴闵行、长宁、普陀、金山、奉贤 5 个区、县公证处，对经济合同公证的办证质量进行抽查，历时 16 天，共查阅各类经济合同公证 300 件，占被抽查单位办证总数 629 件的 47.7%。其中完全符合办证要求的有 296 件，占抽查数的 98.7%；错证 4 件，占抽查数的 1.3%。查出的主要问题：

(1) 合同名称与内容不符;(2) 合同内容不合法;(3) 合同内容不明确,遗漏主要条款或条款内容过于笼统,造成合同纠纷或无效合同;(4) 查询不细,取证不全,程序不合规定;(5) 尚有一些公证文书没有按司法部规定或批准的格式制作。其他还有文字不够精练,表达不够确切,格式不合要求,收费不符标准。市司法局公证管理处对这次检查中发现的差错件,要求有关单位及时采取措施弥补纠正,严格"办证须知"和收费制度。

1986 年 7 月 30 日,为贯彻司法部关于下半年"要继续狠抓办证质量,把提高质量作为主要工作"的指示,市司法局发出《关于开展民事法律关系公证质量检查的通知》,8—11 月,对 1985 年度办结的民事法律关系公证进行一次普遍检查。质量检查分两个阶段进行。第一阶段 8—10 月,由区、县公证处自查;第二阶段 11 月,由市司法局公证管理处组成检查组,抽查杨浦、虹口、卢湾、闸北 4 个办证较多的公证处。通过检查,找出主要问题是办证人员对民事法律关系不熟悉,重经济公证而轻民事常规公证。针对存在问题,提出改进意见,重视社会效益,规定公证员办证考核不以公证标的额作为提奖计算标准。

1990 年 9 月,市司法局发出对本年度公证质量检查的通知。10 月 4—6 日,市司法局在闸北区召开全市公证质量现场交流会,推广闸北区公证处经验,并从各公证处挑选质量较好的 65 份公证卷宗,供与会人员观摩学习。1992 年,根据司法部《关于开展全国公证质量检查通知》精神,市司法局公证管理处组成两个检查组,对静安、闸北、黄浦、宝山、上海、南汇 6 个区、县公证处的 655 件公证进行抽查,其中合格的 539 件,占 82.29%;基本合格的 108 件,占 16.4%;不合格的 8 件,占 1.22%。不合格的原因,主要是当事人身份未查实,有的不具备行为能力。

1994 年,根据司法部颁布的《公证质量检查标准》,全市公证机关在第 4 季度开展公证质量自查和抽查活动。各区、县司法局组织公证处内部自查互查,市司法局公证管理处进行抽查。对 1993 年 7 月至 1994 年 6 月 30 日办结的 6 779 件公证卷宗进行全面检查,其中合格卷宗 5 884 件,占 86.8%;基本合格卷宗 851 件,占 12.6%;不合格卷宗 44 件,占 0.6%。市司法局检查组抽查普陀、长宁、金山、闵行、崇明、石化地区 6 个区、县公证处卷宗 668 件,其中被定为合格卷宗 474 件,基本合格卷宗 177 件,占 97.5%;不合格卷宗 17 件,占 2.5%。在抽查中发现个别公证处在办证中存在一些问题,有的违反办证规定;有的碍于情面,或由于申办人的领导地位,轻信其陈述而造成错证;有的证明材料不全,缺乏必要的调查笔录和谈话记录;有的在简化办证手续的同时,未按办证程序和出证环节而造成欠缺;有的办案人员由于疏忽而致要件残缺,又未得到及时纠正。针对抽查发现的问题,市司法局采取措施,进一步提高办证人员素质,狠抓办证质量要求;同时对证明材料不全的限期补齐,逐件完善审批手续。对确有问题的证件,予以撤销或收回重新制作公证文书。

1999 年 10 月 25 日至 11 月 20 日,市司法局和市公证员协会联合组织对全市公证处 1998 年 7 月 1 日—1999 年 6 月 30 日办结的公证卷宗进行公证质量大检查。市司法局就公证文书、申请表、谈话笔录、证明材料、审批、送达、收费、卷宗装订归档等 8 个方面制定了统一的检查评分标准。检查以自查、互查和抽查的形式进行。各公证处互查卷宗 1 048 卷,卷宗平均分为 93.3 分,抽查公证卷宗 536 卷,被确定为合格、基本合格、不合格的分别为 340 卷、189 卷和 7 卷,普陀区公证处何巧耘等 8 人承办的 8 件公证卷宗被评选为优秀卷宗。

2001 年 9—12 月,为了进一步健全和完善公证质量的管理、监督、检查、处罚制度,纠正公证质量方面存在的突出问题,市司法局在全市各公证处开展 2001 年度公证质量检查工作。9 月,制定、下发《市司法局关于贯彻〈司法部关于加强公证质量管理深入开展公证质量检查活动的通知〉的意见》,10 月底前各公证处完成自查,并写出自查报告。11 月,市司法局公证管理处、法制处、执业监督处、监察室等有关职能处室，与市公证员协会业务指导委员会成员 20 余人组成 5 个检查小组，分别对全市 22 个公证处 1999 年 7 月 1 日至 2001 年 6 月 30 日已办结归档的公证卷宗，进行统一检查和评定。共抽查卷宗 2 603 件，其中招投标、开奖、现场监督类公证卷宗 236 件；涉外、港澳台地区公证卷宗 1 065 件；金融、房地产类公证卷宗 668 件；继承、赠与、遗嘱类公证卷宗 636 件。经检查小组综合评定，合格卷 2 021 件，基本合格卷 575 件，不合格卷 7 件。检查小组还对 2000 年 7 月 1 日以来，各公证处在办理保全证据、现场监督、合同（协议）三类公证事项推行要素式公证书格式的情况进行检查。

2003 年 1—3 月，在市公证处和各区县司法局公证质量自查的基础上，市司法局组织法制处、执业监督处及部分公证处主任和业务骨干 20 人，分成 3 个检查小组，对全市 22 家公证处进行公证质量抽查，共抽查公证卷宗 3 138 卷，评定合格卷为 2 824 卷，基本合格卷 310 卷，不合格卷 4 卷。5 月，根据中国公证员协会《关于开展涉台公证质量检查通知》，市司法局组织专门检查小组，对涉台公证业务较多的市公证处以及徐汇、浦东、虹口、闸北、卢湾 6 家公证处进行重点检查，共计查阅卷宗 354 卷，没有发现不合格公证书和错证。

2005 年，市司法局印发《关于严格公证执业纪律的通知》，对给协办费，超越管辖，在辖区外设置接待室，擅自减免公证费，以不当方式、方法招揽业务，公证员助理独立办证等六个行为重申禁止。6—12 月，市公证员协会公证质量督察组对全市 22 家公证处、240 名公证员，按照对每个公证员随机抽取 10 本公证卷宗的要求，共抽查公证卷宗 2 358 本，涉及公证文书 3 241 件。通过阅卷检查，在 3 241 件公证文书中，发现在办证程序和证据材料方面有不同程度问题的 909 件，占抽查总件数的 28.05%，其中有严重问题的 82 件，占抽查总件数的 2.53%。

三、业务培训

1980 年初，市公证处建立时有 13 人，主要是从市高级法院调入的公证人员。随着公证业务大量增加，陆续从工厂、企业、机关、农场、部队调入新干部 15 人，占全处总人数的 54%。为使新干部尽快熟悉公证业务，迅速培养具有专业知识和办证能力的干部队伍，市公证处采用以老带新、跟班学习等办法，使新干部较快掌握公证业务，在实践中学会单独办证。

1981 年，市公证处为川沙、宝山、上海、南汇、金山 5 个县 8 名公证人员进行上岗培训。

1982 年，为虹口、徐汇、嘉定、奉贤 4 个区、县公证人员进行培训，采用以老带新、跟班学习，定期上门辅导的办法，使他们尽快掌握办证基本知识，以适应本地区公证工作的需要。

1983 年 9 月，市公证处举办为期 1 个月的短期训练班，来自虹口、黄浦、卢湾、徐汇和奉贤、嘉定等 6 个区、县的 20 名公证人员参加培训。在培训中坚持理论联系实际的教学方法，讲授公证基础知识及民事经济合同等，还邀请房管局及有关律师介绍房屋政策和经济合同法，最后结合实际，讲解如何进行阅卷、接待、调查等工作。通过培训，学员很快就能上岗从事公证工作。

1984 年 9 月至 1985 年 12 月，在市司法学校开办 3 期短训班，已成立的 17 个区、县公证处中 29 名公证人员参加培训。

1987 年 8 月，司法部下达公证人员必须参加业务考试的通知后，市司法局以考带训，组织全市公证人员 165 人参加考试。

1987—1989 年，市司法局组织 3 次公证业务考试，参考者 591 人次。通过考试，公证人员业务素质和办证质量都有很大提高，受到司法部表扬。

1990年,市司法局为加强公证队伍建设,在市政法管理干部学院开办为期2个月的初级公证员培训班,参加人员是公证员助理、大学本科毕业还未取得公证员资格的公证员、已取得大专学历并在1988年参加公证业务工作的人员。学习内容有《民法通则》《经济合同法》《中外合资企业法》《票据法》以及有关房屋买卖、租赁、拆迁,企业的承包、兼并、联营,建筑工程承包的招投标、抵押贷款等方面的有关法规、规章和公证实务等内容。2—7月,司法部委托上海市政法管理干部学院在沪举办第一期高级律师、高级公证员培训班,上海有3名三级公证员准备晋升高级职务的学员参加,顺利毕业。同年,开展公证文书翻译交流,促进了涉外公证文书业务水平的提高。

1992年,市司法局公证管理处先后举办城市拆迁条例培训以及土地制度和商品业务学习讲座,股票和股份制企业专题讲座,市公证处全体办证人员及各区、县公证处有关业务人员参加,并针对上海公证人员统考成绩和业务情况,组织系列辅导活动,因而使上海在沿海城市统考中名列前茅,得到司法部表扬。

1994年11月26日至12月2日,全市举行公证员资格考试辅导,共举办民法通则、经济合同法、土地法、国际私法、国际贸易法、房地产法、著作权法、企业法、公司法、金融法、公证实务等11次辅导讲座。1991—1995年,参加培训1 384人次。到1995年底,全市公证人员全部经过业务培训。

2000年7月1日,上海与北京、天津三地的公证处率先在全国推行合同协议类、证据保全类、现场监督类公证书要素式格式公证书的试行工作,为顺利推行此项改革,市司法局在6月份举办了2期由全市公证员和公律科长参加的培训班,并于8月整理、编印《要素式公证书参考文本》一书。

2001年,上海中法公证法律交流培训中心成立后,每年开展各种形式的公证业务交流和培训,举办中法公证法律专题讲座。

四、职业道德和执业纪律

1986年,市司法局组织公证人员参加局主办的业务讲座,对公证人员进行职业道德教育,使公证人员明确公证职业道德的重要性和必须遵循的职业行为准则。

1987年,根据国务院在《涉外人员守则》中提出的廉政建设要求,徐汇区公证处结合拟定《公证人员守则》,制定《公证人员廉洁办证的具体规定》《公证人员办证业务的具体规定》。虹口区公证处等还拟订《公开办证制度的监督措施》。市司法局结合司法部《公证员职务试行条例》,制定《上海市公证员职务条例实施细则》,组织公证人员学习贯彻、提高公证人员对职业道德规范的认识。

1988年9月1日,司法部做出《关于贯彻中央〈关于党和国家机关必须保持廉洁的通知〉的决定》,市司法局为贯彻《通知》精神,进一步开展公证工作廉政建设,堵塞由于制度不健全而造成私自收证、"开后门"等漏洞,并对内部组织进行整顿。

1989年,市司法局在查处违法违纪案件中,对市公证处经不起物质引诱、被金钱拉拢腐蚀贪污受贿而走上违法犯罪道路的8名工作人员进行严肃查处,问题严重的,报送检察机关,依法追究其刑事责任,由法院分别判处徒刑。市公证处办证人员李海波由于采取重复使用公证文书编号,贪污公证费或制作内容虚假的公证文书,收取贿赂,非法所得3万余元,以及窃取公证档案材料准备销毁等严重问题,被依法判处有期徒刑18年。针对市公证处少数公证人员违纪违法案件,市司法局先后向市委、市政府报送《关于市公证处加强廉政建设、改进内部管理的情况》等4份报告。同时,市政府转发市司法局《关于制止向公证机关提供假证明的请示报告》,要求各区、县政府、各委、办、局等单位贯彻执行。全体公证人员普遍受到一次深刻的清廉教育。同年12月19日,司法部颁布

《关于公证人员清廉服务的若干规定》，上海市各公证处认真贯彻，并结合学习国务院颁发的《涉外人员守则》，重点加强职业道德教育，提高公证人员对保持清廉重要性的认识。

1990 年 3 月，市司法局向市政府作关于《加强公证队伍廉政建设的请示报告》，并制定相关规定。

1992 年，市公证处结合业务情况，制定《上海市公证处工作人员纪律》。1993 年，市公证处在坚持实行《工作人员纪律》规定，加强廉政建设中，开展反腐败斗争，强化内部制约机制。长宁区公证处订立《清廉服务若干规定》。南市区公证处注重内部管理，健全责任制。川沙县公证处订立 19 条《公证人员工作细则》，落实廉政制度。

1994 年 6 月，市司法局转发市公证员协会制定的《上海市公证员职业道德和执业纪律规范》，对公证人员职业道德提出基本要求。全市各公证处实行“两公开”（办证制度公开，收费标准公开），“一监督”（公证员实行挂牌服务，自觉接受群众和有关部门监督）。杨浦区公证处试行公证员“聘用上岗制度”，重订“定岗、定责、定员”规定，采用公开上岗条件，竞争上岗，双向选聘的方式，进行优化组合，进一步提高公证人员的素质。黄浦区公证处试行督导员制度，实行强制性的职业道德和执业纪律监督检查，实行《公证员公证负责制》，形成监督和自我约束相结合的办证机制，进一步加强廉政建设。

1996 年 4 月 29 日，市司法局向全市各公证处发出《关于严禁向公证当事人支付公证协办费的通知》，要求各公证处在拓展公证业务领域或在办理公证事务中，不得以任何名义向公证当事人支付公证协办费、介绍费、劳务费等费用；并强调各公证处要严格财务纪律，加强财务管理，遵守和执行好各项财务管理制度。

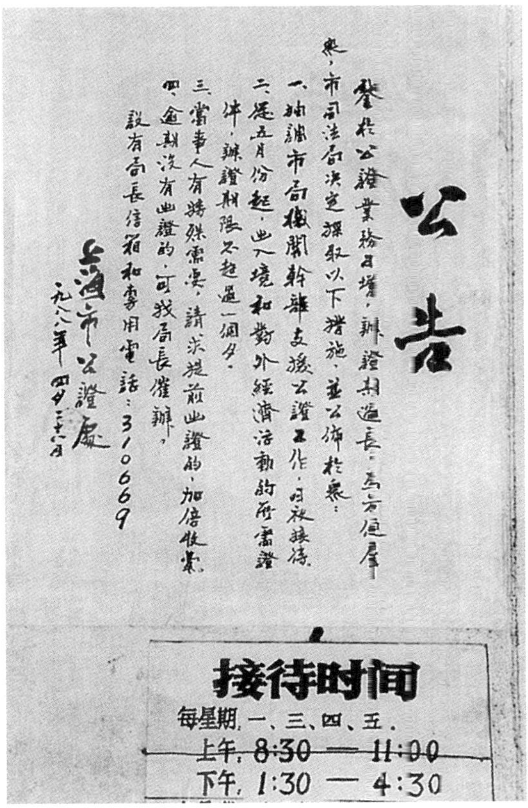

图 4－1－2　1988 年 4 月 28 日，上海市公证处首次发布公告，公示接待时间等事项

1999 年起，市司法局结合公证员执业注册工作，把公证员职业道德教育的学习情况和效果，作为公证员注册的重要条件之一，除在年终公证员考核基础上，着重对每位公证员的职业道德、执业纪律、办证质量、服务态度、业务水平和有无不合格和被投诉方面进行综合评议和鉴定。对不予注册或延缓注册的对象重点教育，专门组织培训，加大职业道德教育的力度。联系公证员队伍思想实际，深入开展争当人民满意的公证员活动和行风教育。纠正和克服公证员中存在的重业务开拓，轻业务学习、重办证数量，轻办证质量、重经济指标，轻社会效益的思想倾向，进一步提高公证员的政治觉悟、增强社会责任感和事业心。

2002 年 4 月，市公证员协会分两期举办全市公证员职业道德教育培训班。全市公证员及部分公证助理人员 280 余人参加培训。

2005 年 2 月，市司法局印发《市司法局关于严格公证执业纪律的通知》，重申禁止协办费、超越管辖、在辖区外设置接待室、擅自减免公证费、以不当方式方法招揽业务、公证员助理独立办证等六项行为。

4—12月,根据司法部的统一部署,全市认真开展公证队伍教育规范树形象活动。市、区(县)两级司法行政机关和各公证处结合各自的实际查找问题,认真开展自查自纠和集中整改工作。

五、服务管理

1988年4月28日,上海市公证处首次发布公告,公示接待时间等事项。同年,徐汇区公证处制订5个不出证:即不具法人资格不出证,超出经营范围不出证,资金不落实不出证,履约能力不落实不出证等。全市公证处均实行“两公开”“一监督”,健全办证程序,公布办证须知,宣传《公证人员守则》,加强企业档案等六大制度。

1996年,徐汇区公证处被司法部列入全国法律服务行业60个文明服务示范窗口之一。

1997年,市公证处和虹口、徐汇、杨浦、长宁、松江等22个区、县公证处,先后通过《新民晚报》或其他新闻媒体,向社会公开推出公证服务承诺制。主要内容:(1)实行三次出证(当事人首次咨询,公证接待人员保证解答清楚并书面开列办证所需证明材料;当事人第二次来公证处能提交上述材料,即予以受理;当事人第三次来公证处即领取公证书);(2)除继承、收养、厨师工作经历等必须外出调查及复杂、疑难的公证事项以外,保证当事人可在受理之日后10天内领取公证书;(3)保证不发生推诿或刁难当事人的现象;(4)对有特殊困难需上门服务的当事人,保证在预约登记后3日内,上门办理;(5)病危人员的遗嘱、赠与等公证事项,随时予以办理;(6)对70岁以上的老人、残疾人员以及法律援助对象,实行优先服务;(7)违背承诺将按规定赔偿当事人损失。

1998年8月24日,市司法局印发《关于开展上海市公证机构规范服务达标活动的通知》随后,各公证处联系公证工作的实际情况,进一步建立、健全公证接待制度、公证处主任接待日制度,并与公证收费标准、公证员廉政守则一起公开张贴在公证接待室,同时公开建立举报联系箱、监督投诉电话等,自觉接受群众的监督。徐汇、普陀、宝山、杨浦、南市、长宁、松江等公证处在接待室醒目处张贴公证员照片、姓名和执业编号,并规定着装挂牌接待等。徐汇区公证处率先在接待桌上安放国旗,同时推出接电话文明规范用语。9月,全市公证行政管理信息正式上网为公众提供服务,进一步公开公证办事制度。

1999年7月,上海市公证行业被上海市精神文明建设委员会确定为上海市开展规范服务达标活动的行业之一,并制定印发《上海市公证行业开展规范服务达标活动的通知》和《公证行业开展规范服务达标活动的考评细则》,公证行业以此活动的开展带动公证“窗口”建设、队伍建设及行业管理,向社会公开办事制度、服务承诺制、收费标准、投诉电话等,接受社会的监督。11月,市司法局举行上海市公证行业规范服务达标宣誓仪式。12月,市公证处被司法部首批授予“司法部部级文明公证处”称号。年底,经市精神文明建设委员会组织的一系列明察暗访和社会测评,市民对公证行业的满意率为96%,位居该年度全市7个规范服务达标行业之首,通过达标评估。

2000年,为推进上海公证行业规范服务达标活动深入扎实的开展,市司法局成立了一支由市、区县人大代表、政协委员、文明办、纠风办、信访办及街道代表13人组成的公证行业行风评议员队伍。5月12日,评议员首次对12家公证处进行明察暗访。11月,市文明办组成考察团,又对全市22家公证处规范达标服务活动情况进行考核检查并进行综合评估,评议员对公证行风规范服务达标的总体满意率在96%以上,确认全市公证行业规范服务各项指标达标,全市22家公证处被市文明办确定开展行业规范服务达标活动的先行单位。

2001年9月,市公证处正式领取由市质量体系审核中心颁发的《质量管理体系认证证书》,成为国内第一家申请并通过ISO质量体系认证的公证机构。

2002年4月，宝山区公证处被授予第二批“司法部部级文明公证处”称号。

2003年11月10日起，全市公证行业推出四项便民服务新举措：(1) 建立午间值班，延长下班时间至20:00，双休日每天对外服务时间不少于半天；(2) 做好为老弱病残当事人提供公证法律服务的工作，对要求上门服务的，公证员随叫随到，按时赴约；(3) 加强办公自动化和公证服务的信息化建设，提倡开设网上申办公证业务，为群众提供方便；(4) 落实“首问负责制”，坚持做到‘二次受理”，在政策允许的范围内做到急事急办、特事特办。

2004年，市司法局印发《上海市公证行业创建文明行业规划》《创建文明行业公证机构考核标准》和《关于上海市公证行业开展文明行业创建活动的实施意见》等文件，规范行业行为，加强行业管理，严格依法办证，促进司法公正，进一步提高队伍素质和行业诚信度，拓展业务领域，提升服务水平。

六、行业管理

1993年11月12日，市公证员协会成立，召开上海市第一次公证员代表大会。市公证员协会是由全市公证人员、公证管理人员、对公证制度有研究有专长的法学教学研究人员及全市各公证机构组成的群众性的社会团体，是公证行业自律性组织。主要职能和任务是：维护公证机构及公证员的合法权益，支持公证员依法执业；承担公证行业的管理工作；对会员进行思想政治教育和专业培训，提高会员的政治素质和业务素质；组织开展公证业务研究活动，总结交流公证工作经验；编辑出版《上海公证》，为会员提供业务信息资料；开展公证员的文化体育活动；举办公证员的福利活动；同境内外公证团体和公证员开展业务交流活动；组织实施公证会员代表大会，完成中国公证协会和司法行政部门下达的任务。

1994—1995年，市公证协会参与《上海市公证处条例》草拟，开展有关公证立法的准备工作，汇编《上海市公证条例》的立法依据和参考资料，举办4期公证专业培训班，编印出版《上海公证》8期。

1996年4月23日，市公证员协会理事会第四次会议讨论决定，建立公证督导委员会，其主要职责是加强对公证人员职业道德、执业纪律的教育、监督、检查。

1999年，市公证员协会加强涉台公证的指导和管理，认真做好涉台公证书副本的寄送、使用和查证工作。

2000年，市公证员协会向市新闻出版局申请《上海公证》期刊刊号，并进行全新改版，由原来的文件转载、上情下达的资料性刊物，转为对公证行业全方位关注与探究的研讨性刊物。会刊增设了封面专题、行业专栏、专题探讨、案例评析、国外公证、阅读、休闲生活等固定栏目。

2001年2月7日，在市公证员协会与法国公证人高等理事会共同努力下，上海中法公证法律交流培训中心正式成立，并举行揭牌仪式。8月，市公证员协会召开第二次代表大会，选举产生名誉会长、会长，成立新一届常务理事会、理事会等机构。

2002年3月1日，市司法局与市政府台湾事务办公室联合印发的《关于台湾地区十四类公证书在上海使用须经核对的通知》开始实施。凡台湾同胞持有的由台湾地区公证机构(含法院公证处及公证人事务所)出具的继承、收养、婚姻、出生、死亡、委托、学历、定居、抚养亲属、财产权利证明、病历、税务、经历、专业证书等14大类公证书，必须经市公证员协会核对后，方可在上海市使用。市公证员协会每周二、四专门设立接待日办理核对手续。

2003 年，市公证员协会制定房地产买卖合同、商品房预售合同、商品房出售合同、赠与、经历、学历、继承权、遗嘱等 8 个公证操作指南。

2005 年，市公证员协会印发房屋强制拆迁证件保全、房屋强制拆迁清点财产、赋予强制执行效力的债权文书和签发执行证书、婚前财产约定协议、夫妻财产约定协议等五个公证操作指南，进一步规范公证行为，提高办证质量。市公证员协会公证质量督查组，把六个禁止行为作为公证质量检查的重点内容，对 22 家公证处的贯彻执行情况进行检查，并对有问题的单位进行通报。

第二节 《公证法》时期的管理

2005 年，《中华人民共和国公证法》通过，自 2006 年 3 月 1 日起施行。《公证法》第五条规定："司法行政部门依照本法规定对公证机构、公证员和公证协会进行监督、指导。"第四条规定："公证协会是公证业的自律性组织，依据章程开展活动，对公证机构、公证员的执业活动进行监督。"在保持既有行政管理的同时，市司法局开始完善公证协会建设，形成以行政管理为主、行业管理为辅的公证工作管理新格局。

一、行政管理

2006 年，按照"遵循法律规定、结合上海实际、着眼于公证事业长远发展"的原则，在深入调研的基础上，市司法局制定《上海市公证机构设置调整方案》。以公证机构设置调整为契机，完成全市公证处使用的统一格式文书稿，开发并启用了"公证业务警示信息系统"。4—6 月，市司法局开展 2006 年度公证处、公证员执业情况监督检查工作，全市 22 家公证处及 285 名执业公证员全部通过检查。4—10 月，根据司法部的要求，结合上海实际，通过集中举办培训班、开展公证知识竞赛、组织公证员和业务辅助人员参加全国公证岗位统一闭卷考试等方式，开展公证岗位训练活动。徐汇、杨浦区公证处获全国公证岗位培训活动先进集体。9 月，组织 5 个检查组，深入各公证处对创建文明活动情况进行全面检查，并对照创建标准提出整改意见。12 月，根据公证业务信息化建设的总体要求，市司法局对全市各区(县)司法局公证管理人员、公证处主任、公证员、业务辅助人员以及公证处内从事收费、发证、财务、翻译、档案管理等岗位的工作人员进行公证业务软件应用能力测试。上海市有 550 人参加测试，测试率达到 98%以上。

2007 年，开展全市公证机构设置调整工作。年初，根据《公证法》规定，在司法部批准上海市公证机构设置的调整方案后，即着手制定实施方案，启动全市公证机构更名的报批程序，全市各公证处分别提出了更名申请。积极与市编办进行沟通，由市司法局与市编办联合下发关于上海市公证机构更名的通知，为机构更名后的登记工作做好准备。4 月起，开始对全市公证处的办证质量进行全面检查。

2008 年，开展全市公证机构的更名工作。2 月底，先后完成机构更名批复、执业证书换发、公证书编号调整、印章牌匾制作、更名情况上报备案、全市电脑办证系统修改以及对外宣传等一系列工作。3 月 1 日，全市公证机构完成机构名称变更，299 名公证员的执业证予以换发。22 家公证处统一设置在市级层面上，按"上海市＋字号＋公证处"方式冠名，执业区域为整个上海市行政区域，每家公证处均可在全市范围内办理公证业务，不再局限于其注册地的区县范围，市民可以自由选择公证机构办理公证。从 3 月起，对新任命公证员与新进公证员助理开展入门培训，并对全市各公证处主任进行相应专题培训。4—5月，对全市公证机构开展年度检查工作。10月24日，新执业公证员颁证仪式在上海中法公证法律交流培训中心举行。年内，在全市开展公证质量检查工作，完成第六轮公证质量的全面检查，共抽查22家公证处的3 284本公证卷宗、涉及4 684份公证文书。

图4-1-3 2008年2月20日，召开上海市公证机构更名新闻发布会

2009年3月初，启动全市公证质量检查工作。共抽查了全市22家公证处的2 669本公证卷宗，涉及3 815份公证文书。4—5月，市司法局根据《公证机构执业管理办法》规定，对全市公证机构开展年度检查考核工作。全市22家公证处全部通过年度考核。7月30日，市司法局印发《关于进一步规范公证机构办公场所管理的通知》。规定公证机构办公地应当与所颁发的《公证机构执业证》"办公场所"栏记载的办公场所相一致；因业务发展，需临时增设接待室的，应当办理核准手续；内部办公场所不得进行接待、受理和发证等对外业务活动等。10月，印发《市司法局关于进一步规范公证机构年度考核工作的通知》，从执业活动、公证质量、组织建设、公证员执业年度考核、公证档案管理、公证收费和财务管理、内部管理制度建设、上级机关需要考核的事项等八方面进行年度考核。年内，先后组织开展全市公证人员职业培训和公证行业窗口接待人员手语培训；结合制定《公证员助理管理规定》，对全市公证员助理集中开展了业务培训。

2010年初，市司法局制定印发《上海市2010年度公证员考核任职工作方案》，明确公证员考核任职适用的对象、条件以及选拔、推荐、初审、报请任命等工作的具体程序和办理时限。同时，确定上海当年通过考核任职公证员的人数，并按司法部的要求开展考核任职审批的前期准备工作。3月初，市司法局启动2010全市公证质量检查工作。年内，按照《公证员执业管理办法》有关规定，对13家公证处上报的33名公证员任职申请进行审核。

二、行业管理

根据2006年3月1日起施行的《公证法》，市公证员协会改称为"上海市公证协会"。协会主要的职责是强化自治和自律，同时，在服务公证行业方面发挥作用，营造有利于人才培养和成长的环境和机制。

2006年3月,市公证协会开发“公证业务警示信息通报系统”,建立了公证处之间的信息共享机制,对实时了解公证业务的办理情况起到了积极作用。9月份,组织5个检查组,深入各公证处对创建活动情况进行了一次全面检查。11月30日,市公证协会召开第二届理事会会议,会议讨论并原则通过了本届理事会的工作报告、财务报告、协会章程修改及其修改说明、第三次代表大会代表及理事候选人产生办法、大会议程等。

2007年6月26日,市公证协会第三届代表大会第一次会议召开,产生的新一届协会理事会及领导人员,全部由执业公证员担任,同时正式设立专职办事机构。7月28日,市公证协会三届第二次理事会议原则通过《上海市公证协会理事会议事规则》《上海市公证协会关于设立业务指导委员会、争议调处委员会、惩戒委员会的决定》及其组成人员名单,并一致通过《公证协会理事在公证执业活动中的若干规定》。11月3日,市公证协会三届第三次理事会会议,通过《上海市公证协会专门委员会规则》《上海市公证协会公证复查争议投诉处理办法(试行)》。全年,共召开七次会长办公会议。

2008年2月2日,市公证协会三届第四次理事会召开,会议通过《关于设立财务资产委员会的意见》及财务资产委员会人选名单,通过《上海市公证协会公证员职业培训办法》。3月28日,市公证协会第三届会员代表大会第二次会议召开,并举行上海公证网正式开通仪式。会议通过《上海市公证协会第三届会员代表大会第二次会议工作报告》《上海市公证协会会员代表大会会议规则(试行)》《上海市公证协会行业规范制定规则》等重要文件。6月27日,市公证协会三届第六次理事会召开,会议通过《关于修改上海市公证协会会员代表大会会议规则的决定(修正案草案)》《上海市公证协会会长、副会长职务终止和罢免的办法》《关于协会会费缴纳标准的决定》。9月23—24日,举行第七次理事会扩大会议,通过《上海市公证协会经费使用规则》《关于进一步做好本市土地使用权交易市场公证法律服务工作有关规定》等七个文件。10月,中共上海市公证协会委员会正式成立。全年,组织两期全市公证人员职业道德培训班,来自全市22家公证处近440名公证员及公证员助理参加了培训。

2009年,为方便公证处工作和有利当事人,市公证协会开通了行业内公证处查询、传真核对台湾地区公(认)证书的专门渠道。3月31日,市公证协会第三届会员代表大会第三次会议召开。5月9日,协会召开了上海市公证行业创建文明行业动员大会,向社会推出若干服务举措。5月15日,协会印发《上海市公证行业创建文明行业规划》,明确公证行业创建文明行业的指导思路、目标、公证行业文明指标体系和考核内容,并制订了阶段性实施计划。8月28日,“96987200”上海公证热线正式开通。该热线是面向社会的咨询类服务窗口,百姓可通过热线获取公证信息,了解公证办理的程序。同时,市公证协会本着“排忧解难、群众满意”的原则,在“96987200”中专设一条投诉建议专线,接受社会监督,倾听群众批评和建议。9月,协会在广泛征求意见的基础上,确定公证行业的行业精神为“诚信崇法,公证为民”,创作了《公证员之歌》。全年共召开12次会长办公会议,5次理事会会议。

2010年1月11日至3月29日,市公证协会举办第11期“聚焦法治人物”——公证专场节目活动,各公证员分别就继承权问题、日常民事法律关系中常见的若干公证事项等公证案例,通过讲述公证故事的形式,讲解分析公证业务知识,解答听众提问。3月18日,市公证协会召开三届第十三次理事会扩大会议,同意设立协会信息化建设委员会。3月30日,协会第三届会员代表大会第四次会议召开。4月27日,召开第三届第三十五次会长办公会议,通过协会起草的《关于做好世博会期间公证服务工作的通知》。6 月 3 日，市公证协会召开上海市公证行业特邀督察员聘任会议，邀请市人大代表、市政协委员、法学教授、公务员、法官、律师、商界人士等 8 名来自社会各界的代表担任公证行业特邀督察员，通过实地走访、随时暗访等方式，加强对全市公证处及公证员的监督和检查。6 月 30 日，召开三届第十四次理事会会议，审议并表决通过《办理民间借贷合同公证的指导意见（讨论稿）》《关于设立上海市公证协会荣誉公证员称号的规定（草案）》及说明。9 月 29 日、12 月 30 日，分别召开三届第十五次、第十六次理事会扩大会议，审议并表决通过《上海市公证行业争创文明行业考评标准（修改稿）》《2010 年度上海市公证行业先进表彰评选活动方案（讨论稿）》等决定。全年共召开 12 次会长办公会议，举办 2 期全市公证人员职业道德培训班，组织全市近 380 名公证人员进行年度业务培训。

第三节　公证管理体制改革

1980 年市司法局重建后，开始恢复管理公证工作。1982 年 4 月 13 日，国务院发布《中华人民共和国公证暂行条例》，正式规定中国公证机构设置及管理体制。《公证暂行条例》规定，公证处是国家公证机关，受同级司法行政机关领导。上海市公证处重建初期，对外开展公证业务，对内则为市司法局的一个业务管理部门。

1983 年 3 月，市司法局重建公证管理处，加强对市、区、县各公证处的管理、监督。公证管理处对各公证处具体是抓公证工作的行政体制及制度建设，机构设置及人员管理，开展思想政治工作及队伍建设，监督、检查公证质量，协调、沟通公证机关之间、公证机关与有关部门之间的关系，调查、研究和拓展业务，做好有关证件的调查处理。之后，公证工作的管理制度逐步完善。

1984 年，市公证处制定岗位责任制，同考核奖惩挂钩；制定《奖惩试行办法》，规定公证人员以分计奖，上不封顶，下不保底，初步做到奖勤罚懒。并在全处工作人员中进行讨论，逐步健全岗位责任制，把责任落实到人。

1986 年，市公证处修订岗位责任制，使全处公证人员进一步明确岗位职责以及相应的权利义务。区、县公证处也逐步建立健全以岗位责任制为中心的各项规章制度，主要是根据工作实绩进行记分考核，收到良好效果。

1987 年，市司法局制订并实行公证岗位责任制。市公证处健全各项制度，制定《公证处工作规范》《定额计划》，把建立岗位责任制作为机构改革的主要环节，作为人事制度改革的一项基础工作。为此修订岗位责任制，规定各个岗位的具体职责。在实行工资记分考核中，以工作数量、质量、效率和工作态度作为考核依据，按每月工作实绩考核，做到岗位职责明确，责任到人，从而调动了公证人员的积极性。办证人员月办结证数超过 150 件的有 14 人。杨浦、静安、闸北等区公证处在建立岗位责任制基础上，对积极开展业务、超额完成任务和工作成绩显著者予以嘉奖。

1988 年，进一步健全和强化公证处的内部管理，进行建章立制试点，在不改变国家机关性质的前提下，发挥公证处法律服务中介的功能和作用，实行事业化管理，把业务水平同考核分配挂钩。徐汇区公证处制订五个不出证：即不具法人资格不出证，超出经营范围不出证，资金不落实不出证，履约能力不落实不出证等。上海县公证处实行“详细询问，对照分析，内查外调，仔细辨认”及对办证制度、办证须知、公证人员守则和公证收费标准四把关制度。南汇县公证处提出受理、审查、调查、审批、出证五把关措施。全市公证处均实行“两公开”“一监督”，健全办证程序，公布办证须知，宣传《公证人员守则》，加强企业档案等六大制度。

1992年,静安区公证处率先酝酿公证体制改革方案,开展事业化管理试点工作,经区政府同意,从1993年起试行自收自支,将公证收入原规定应上缴财政30%的比例,修改为收入30万元以下部分上缴财政50%,实行行政包干。

1993年,静安区公证处进行岗位目标管理责任制,打破原有机关工资,实行岗位责任制目标是否完成及是否达到规定质量,作为每月工资依据。闵行区公证处与财政部门商定,并通过签订协议方式,规定实行自收自支事业化管理,区财政不再向公证处拨款,收入可不上缴财政;公费医疗保留1年,第2年停止,停发机关工资、奖金,公证费收入的10%用于奖励。青浦县公证处对干部落实事业化管理制度,1993年办证1 467件,比上年增加90%。同时实行划片包干、分工、定额,坚持下乡承包公证,做到多办多得,少办少得,不办不得,拉开奖金差距。

1994年,市司法局制定《上海市公证处主任负责制试行办法》,公证处的法定代表人,负责公证处的全面工作;公证处主任可以由司法行政机关任命,也可以由公证员民主推荐,司法行政机关批准。

1995年,南市、黄浦、虹口等区公证处相继试行事业化管理。市司法局作出《公证人员过错责任赔偿》和《公证处对过错责任人员追偿》规定,确立公证责任赔偿制度。12月,市人大常委会通过并颁布《上海市公证条例》,明确规定公证的性质、任务、法律效力、业务范围,强化了对公证队伍管理和对公证人员法律责任的规定,把上海的公证管理工作进一步纳入法制轨道。

1997年10月17日,上海市第十届人民代表大会常务委员会第三十九次会议通过修改《上海市公证条例》的决定,根据《中华人民共和国行政处罚法》的有关规定,《条例》修改如下:(1)第46条:“公证员违反本条例第20条规定,尚不构成犯罪的,主管的司法行政部门可以作出责令具结悔过、训诫、停止执业3个月至1年的处罚,并报上一级司法行政部门备案;情节严重的,由市司法行政部门作出吊销公证员执业证的处罚,并报国务院司法行政部门备案。”修改为:“公证员违反本条例第20条规定,尚不构成犯罪的,主管的司法行政部门可以作出警告或者停止执业3个月至1年的处罚,并报上一级司法行政部门备案;情节严重的,由市司法行政部门作出吊销公证员执业证的处罚,并报国务院司法行政部门备案。”(2)第48条第1款:“公证机构违反本条例第10条第2款、第11条、第22条第2款、第23条、第24条、第35条、第36条第1、2款、第39条第1款、第40条、第43条的规定,由市司法行政部门视其情节轻重,分别给予以下处罚:(1)责令限期改正;(2)5千元以上至5万元以下罚款;(3)停止办理公证业务1个月至6个月。”修改为:“公证机构违反本条例第10条第2款、第11条、第22条第2款、第23条、第24条、第35条、第36条第1、2款、第39第1款、第40条、第43条的规定,由市司法行政部门责令限期改正,并视其情节轻重,分别给予以下处罚:(1)5千元以上5万元以下罚款;(2)停止办理公证业务1个月至6个月。”第48条第2款:“公证机构违反前款所列各条规定的,除按前款规定处罚外,可以对其负责人、直接责任人给予行政处分或者5千元以下罚款。”修改为:“公证机构违反前款所列各条规定的,除按前款规定处罚外,可以对其负责人、直接责任人给予警告或者500元以上5 000元以下罚款。”(3)第53条中的“财政”修改为“国库”。该决定自1997年12月1日起施行,《上海市公证条例》根据本决定作相应的修正。

1999年后,为落实行政执法责任制,市司法局相继制定《上海市公证员执业注册管理暂行规定》《上海市司法局关于公证申诉工作暂行规定》《上海市公证质量管理办法》等规范性文件。为规范上海公证收费,制定下发《上海市公证服务收费管理办法》和《上海市公证服务收费标准》。

公证处体制改革在2000年取得了重大突破。根据国务院批准的《关于深化公证工作改革方案》和《司法部关于贯彻〈关于深化公证工作改革方案〉的若干意见》,2000年7月,市司法局确定市公证处，徐汇、静安、黄浦、普陀、松江等6家公证处试行主办公证员负责制。11月下旬，市公证处率先启动公证体制由国家行政机关向事业单位转制的工作，并自2001年1月1日起转为事业单位法人。

2001年1月12日，市公证处全部聘任人员分别签订《聘任合同》和《任用合同》。同年12月5日市司法局向各区(县)司法局印发《关于做好当前公证体制改革的若干意见》，明确全市公证机构在作为国家法律证明机构、公证员依法行使国家法律证明权、公证书的法律效力不变的前提下，由现有的行政体制改为事业体制，改为事业体制的公证处成为执行国家公证职能，自由开展业务、独立承担责任，依法按照市场规律和自律机制运行的公益性、非营利性的事业法人。改为事业体制的公证处，人员实行聘任制，公证处主任、副主任实行同级司法行政机关聘任或委任的任用制度。公证员由公证处领导集体研究后由主任聘任，并按规定报司法行政机关核准、备案。改制后公证处原则上改为非财政拨款事业单位，实行自收自支的财务管理。

2002年8月14日，市司法局印发《关于公证机构改制若干问题的实施意见》。至年底，全市22家公证机构全面完成从行政体制改为事业体制的转制工作，并以“执行国家公证职能，自主开展业务，独立承担责任，按市场规律和自律机制运行的公益性，非营利性事业法人”的体制和机制运行。各区(县)公证处普遍实行公证处主任负责制，开始试行全员聘用制。实行工效挂钩的工资制度，公证人员的工资由岗位工资和效益工资组成。收取的公证费由行政事业性收费转为经营服务性收费。

2003年，首次开展公证员助理工作证的申领工作。根据《上海市司法局关于公证员助理管理的规定》，公证员助理从业，应当按规定领取公证员助理工作证。2月10日，上海市司法局下发《市司法局关于做好公证员助理工作证申领工作的通知》。“通知”对担任公证员助理的条件、职责范围、考核等分别作出明确规定，共有79人申领了公证员助理工作证。4月，市司法局印发《市司法局关于推行主办公证员负责制的意见》，指出公证机构应当实行主办公证员负责制；明确主办公证员应当具备条件；要求公证机构建立主办公证员业务档案，登录对主办公证员办结的不需要审批的公证事项的质量抽查情况。

2003年，首次建立公证赔偿制度。5月22日，市司法局出台《市司法局关于印发公证赔偿规定的通知》，明确公证机构和公证人员在办证中因过失致使公证当事人、利害关系人造成直接经济损失应依法承担赔偿的责任，有助于保证公证质量，维护当事人合法权益。“规定”对公证赔偿的范围作出具体规定：一是出具错误公证文书造成的直接经济损失；二是出具的公证文书证词中文字或数字出现差错、缺少必备要素或用语不当、公证文书制作不符合规定等瑕疵影响公证文书效力造成的直接经济损失；三是公证人员违反回避规定、违反管辖规定、违反审查规定、违反期限规定和其他公证程序办理公证事项造成的直接经济损失；四是公证机构及其公证人员存在其他违反公证法规、规章的行为造成的直接经济损失。该“规定”是国内第一个关于公证赔偿的规定，中央电视台“新闻联播”栏目对该《规定》的出台进行专程采访。

2007年6月26日，市公证协会第三届代表大会第一次会议召开。大会通过公证协会的工作报告和修改后的《上海市公证协会章程》等重要文件，产生的新一届协会理事会及领导人员，全部由执业公证员担任，这种协会的领导集体全部由执业公证员组成的模式在全国属首例，标志着市公证协会成为真正意义上的自律组织，推动了司法行政管理和公证行业协会自律管理的“两结合”管理模式，不仅增强了行业的自律管理能力，充分发挥协会的管理职能和服务职能，而且为更好地履行行业管理打下了扎实基础。

2008年，根据《公证法》、司法部《公证机构执业管理办法》和《上海市公证机构设置调整方案》有关规定，上海市区域内的1家市属公证处、21家区属公证处统一设置在市级层面上，按“上海市＋字号＋公证处”的方式冠名，其执业范围打破了原来的市级、区级分别，每个公证处均可在全市范围内办理公证业务，不再局限于其注册地的区(县)范围，市民可以自由选择公证机构办理公证。如上海市公证处原是市属公证处，更名为上海市东方公证处，上海市浦东新区公证处原为区属公证处，更名为上海市浦东公证处。原先“级别”分明的两家公证处，更名后不论是在字面上还是实质上，都实现平等竞争。公证处更名后，由市级司法行政部门统一管理。此举的目的在于引入市场竞争机制，打破行业垄断、区域垄断，促进上海公证机构的规模化、专业化建设，实现公证机构之间公平、有序、适度的竞争，为广大群众提供更便捷、更优质的公证法律服务。至2008年3月1日，全市各公证机构完成了统一变更名称的工作。

第二章　公证机构及公证从业人员

公证行业恢复建立后，为适应业务的迅速发展，1981年起，市司法局督促和帮助各区县政府逐步筹建区县公证处。1981年6月，川沙、宝山两县在全市率先建立了公证处，至1985年全市各区县全部建立了公证处，共计24家，公证人员达150余人。至2010年，全市公证处有22家，公证从业人员有821人。

第一节　公 证 机 构

市公证处恢复建立后，一方面恢复开办了收养子女、私房买卖、赠与、财产继承、遗嘱、民事协议等国内公证业务；另一方面继续积极地办理涉外民事和经济公证业务，更好地为改革开放服务。为适应公证业务的迅速发展，市司法局督促和帮助各区县政府逐步筹建区县公证处。1981年，川沙、宝山两县率先试行成立公证处。1983年，虹口、徐汇、上海、嘉定等13个区(县)先后成立公证处。1984年，普陀、吴淞松江、青浦等区、县相继成立公证处。1985年，全市22个区、县及石化地区全部成立公证处。1995年，上海19个区、县，加上浦东新区、石化地区，共有21个区、县(级)公证处。后经区、县行政重新划分调整，以及《上海市公证机构设置调整方案》规定，至2008年，全市共有22家公证处，全部按"上海市＋字号＋公证处"的方式冠名，每家公证处均可在全市范围内办理公证业务，不再局限于其注册地的区县范围。

表4-2-1　1995年上海市公证机构情况表

单　　位	成 立 年 月	地　　址
上海市公证处	1980.4	凤阳路660号
浦东新区公证处	1994.7	浦东蓝村路30弄11号
徐汇区公证处	1983.9	衡山路258号
长宁区公证处	1984.11	武夷路127弄2号
静安区公证处	1984.11	江宁路509号810室
普陀区公证处	1984	普雄路29号6号楼
闸北区公证处	1983.10	中华新路5914弄8号
黄浦区公证处	1983.5	延安路1292弄34号
卢湾区公证处	1983	太仓路258号
南市区公证处	1983	大林路69号
虹口区公证处	1983.3	飞虹路400号
杨浦区公证处	1983	江浦路1064弄7号
宝山区公证处	1981.7	友谊路36号

（续表）

单　　位	成立年月	地　　址
闵行区公证处	1993.4	莘庄镇莘建路132号
嘉定区公证处	1983.5	嘉定镇人民街100号
金山县公证处	1982.8	朱泾镇人民路261号
松江县公证处	1984.9	松江镇谷阳北路309号
青浦县公证处	1984	青浦城中北路4号
南汇县公证处	1983	惠南镇人民西路60号
奉贤县公证处	1982.10	南奉公路15号
崇明县公证处	1983.10	崇明人民路4号
石化地区公证处	1985.7	石化地区三村31号101室

说明：原闵行区公证处成立于1983年10月20日；原上海县公证处成立于1983年7月1日。1993年4月，"撤两建一"成立新闵行区公证处。

表4-2-2　2010年上海市公证机构情况表

单　　位	2008年更名前名称	地　　址
上海市东方公证处	上海市公证处	凤阳路660号
上海市浦东公证处	上海市浦东新区公证处	东方路1381号
上海市徐汇公证处	上海市徐汇区公证处	永嘉路697号4楼
上海市长宁公证处	上海市长宁区公证处	长宁路1055号5楼
上海市普陀公证处	上海市普陀区公证处	长寿路468号15楼
上海市闸北公证处	上海市闸北区公证处	共和新路688弄1号4楼
上海市虹口公证处	上海市虹口区公证处	四平路421弄20号2楼
上海市杨浦公证处	上海市杨浦区公证处	杨浦区平凉路852号
上海市黄浦公证处	上海市黄浦区第一公证处	南苏州路333号
上海市新黄浦公证处	上海市黄浦区第二公证处	国货路117号
上海市卢湾公证处	上海市卢湾区公证处	马当路383号
上海市静安公证处	上海市静安区公证处	胶州路58号12楼
上海市闵行公证处	上海市闵行区公证处	莘庄镇莘建东路198弄10号4楼
上海市宝山公证处	上海市宝山区公证处	宝山区牡丹江路738号
上海市嘉定公证处	上海市嘉定区公证处	嘉定镇人民街100号
上海市金山公证处	上海市金山区第一公证处	朱泾镇人民路261号
上海市国信公证处	上海市金山区第二公证处	金山三村331号101室
上海市松江公证处	上海市松江区公证处	松江区谷阳北路309号
上海市青浦公证处	上海市青浦区公证处	青浦镇城中北路105号
上海市南汇公证处	上海市南汇区公证处	南汇惠南镇人民西路88号

（续表）

单　　位	2008年更名前名称	地　　址
上海市奉贤公证处	上海市奉贤区公证处	南桥镇古华南区808号101室
上海市崇明公证处	上海市崇明县公证处	崇明县人民路8号

第二节　公证从业人员

一、公证从业人员规模

1979年，市委组织部同意恢复市公证处，为市高级人民法院一个处室，设立3个公证小组，公证人员13人。1980年，市公证处由市司法局管理后，分为国内组和涉外组，有公证人员29人。1981年，川沙、宝山两县首先在郊县筹设公证处，有公证员2人，工作人员4人，暂借县司法科编制，专办国内公证业务。1982年，市公证处和6个县公证处，共有公证人员50人，其中市公证处28人。1983年，有9个区8个县成立公证处，上海市公证人员115人，其中：市公证处42人，区、县公证处73人。1984年，市公证处51人，22个区、县公证处103人。1985年，市司法局审批任命公证员49人。至1991年，市、区、县23个公证处，共有公证人员302人，其中一级公证员2人、二级公证员12人、三级公证员68人、四级公证员115人、公证员13人等。1992年，公证人员331人，评定职称的199人。1993年公证人员323人，评定职称的189人。1994年，浦东新区公证处正式挂牌成立，宝山、上海、川沙、嘉定等撤县为区或撤县并区，市公证处加上10个区、9个县及石化地区、浦东新区共有公证处22个，公证人员328人，其中一级公证员1人、二级公证员12人、三级公证员74人、四级公证员115人。1995年，上海市有公证员449人，其中一级公证员1人、二级公证员7人、三级公证员94人。其他初级职务由区、县公证处签署意见报区、县司法局审批。

1996年，有219名公证员通过执业注册，4人延缓注册，2人因辞职和不符合注册条件而未予注册。1997年，有218名公证员通过执业注册。1998年，有249名公证员通过执业注册，因受行政处分而被延缓注册的1人，因办证质量问题须查实及其他原因未予注册的4人。1999年，有243名公证员通过执业注册，延缓注册4人。2000年，有235名公证员通过执业注册，因退休、调离等原因不再予以执业注册的有15人。2001年，上海市22家公证处通过年检并取得年检许可证。对245名申请注册的公证员，按规定核准注册，换发司法部颁发的新《公证员执业证》。2002年，237名公证员通过注册，其中注册涉外公证业务200人，退休返聘人员11人。2003年，245名公证员通过注册，其中注册涉外公证业务的为198人。

2004年，249名公证员通过注册，其中注册涉外公证业务203人。2005年，全市22家公证处，260名公证员全部通过注册。其中，经本人申请，各区（县）司法局审核，市司法局按规定审查批准，新增13名公证员。2006年，285名公证员通过注册。其中，经本人申请，各区（县）司法局审核，市司法局按规定审查批准，新增20名公证员。2007年，297名公证员通过注册。2008年，319名公证员通过注册。其中，经本人申请，各区（县）司法局审核，市司法局按规定审查批准，新增18名公证员。2009年，343名公证员通过注册。其中，经本人申请，各区（县）司法局审核，市司法局按规定审查批准，新增29名公证员。2010年，359名公证员通过注册。其中，经本人申请，各区（县）司法局审核,市司法局按规定审查批准,新增21名公证员;免去5名公证员职务。

二、公证从业人员结构

自复建至1982年9月,公证人员队伍由20人逐步增至28人,平均年龄为42岁,中青年干部占三分之二。其中,大学生15人占40%(法律系毕业5人),党员25人占66%,基本上已建立起一支有一定政治素质、业务素质的公证队伍。

1984年9月,市司法局根据全国司法行政工作会议精神,试行制订《发展公证联络员施行办法》,以适应社会经济发展的需要改变办证人员不足的状况。为此,区、县公证处开始发展公证联络员,组织公证服务网络。公证联络员的主要任务是:传递信息,联络介绍公证事项,协助公证处调查、反馈信息等辅助工作。公证联络员经申请审查批准,由公证处发给《公证联络员证书》,通过协办,按一定比例给予一定报酬。

1987年3月1日,中央职称改革工作领导小组批准颁发的《公证员职务(试行)条例》规定,公证处按岗位职责设一、二、三、四级公证员及公证员助理。一、二级公证员为高级职务。

1988年5月,市司法局根据《公证员职务(试行)条例》和《职务条例(试行)实施意见》,结合上海公证队伍实际情况,制订《上海市贯彻〈公证员职务(试行)条例〉的实施细则》,对公证员任职条件作补充规定,向市职称改革领导小组报批。

1991年,市律师、公证员高级职务评审委员会和市公证员中级评审委员会,对302名公证员进行公证员职务试评,试评出一级公证员2人,二级公证员12人,三级公证员68人,四级公证员115人,公证员助理13人。1992年,有公证人员331人,职称评定199人。1993年,有公证人员323人,职称评定189人。

1994年,市司法局根据中央职称改革小组颁发的《公证员职务(试行)条例》规定,对市公证处53名工作人员进行职务评定,经市公证员高级职务评审委员会评审通过,高级职务8人,其中一级公证员1人,二级公证员7人。经公证员中级职务评审委员会评审通过三级(中级)公证员17人。初级公证员评审委员会批审四级公证员28人。

1995年,全市有公证员449人,经市司法局批复同意调整为一级公证员1人,二级公证员7人。调整为三级公证员94人(市16人,区、县78人)。市公证处四级公证员28人。其他区、县初级公证员由区、县公证处、司法局签署意见后,报市司法局审批。

2003年2月10日,根据《上海市司法局关于公证员助理管理的规定》,市司法局印发《市司法局关于做好公证员助理工作证申领工作的通知》,首次开展的公证员助理工作证申领工作,共有79人申领了公证员助理工作证。4月1日起,为更好地调动公证辅助人员积极性,充分体现各尽所能、按劳分配原则,市公证处制定《关于部分人员效益工资实行计件制》方案,对公证受理、收费、公证书打印、盖章及公证卷宗装订、归档等工种的部分工作人员实行效益工资计件制。

2004年11月,上海市共有公证人员453人,其中公证员260人,公证业务辅助人员193人。公证员队伍包括二级公证员14人,三级公证员134人,以35岁以上人员为主体。其中,51岁以上的33人,占12.7%;46岁～50岁的50人,占19.2%;36岁～45岁的118人,占45.4%;35岁以下的59人,占22.7%,25岁以下仅1人。大学本科及以上211人,占81.2%,其中硕士13人,占5%。公证业务辅助人员相对年轻,以35岁以下为主,占74.6%,其中25岁以下67人,占34.7%。

至2010年,上海市共有公证人员821人。其中,公证员359人,包括一级公证员4人、二级公证员 13 人、三级公证员 146 人、四级公证员 153 人、未评级 43 人；公证员助理 119 人，行政人员 129 人，合同工 214 人。在 821 人中，女性为 353 人，占 43%；博士、硕士、双学士共 68 人，占 8.3%；本科学历 521 人，占 63.5%，大专学历 162 人，占 19.7%，高中及以下学历 70 人，占 8.5%。

表 4-2-3　1988—2010 年上海市一级公证员情况表

姓　名	性别	出生年月	职称年月	认 定 文 件	推荐单位
沈延泽	男	1935.11	1988.12	沪司政法干字(1990)第 19 号	上海市公证处
朱光明	男	1929.11	1988.12	沪司政法干字(1990)第 19 号	市司法局公管处
沈宗仁	男	1951.12	2008.05	—	普陀公证处
叶俊寅	男	1951.01	2008.05	—	东方公证处
顾佩芳	女	1960.05	2010.12	—	东方公证处
潘秀丽	女	1962.12	2010.12	—	东方公证处

第三章　公 证 业 务

公证行业恢复后，从开始单纯地办理涉外民事公证，逐步发展为涉外、国内公证业务并举；从以民事公证为主，发展为以开拓经济公证为重点；从出具公证证明，发展为向社会提供多样化的法律服务。全市公证机构先后参与为建筑市场、房地产市场、股票证券市场、金融市场的服务，发挥了公证的法律服务和法律监督的功能，为市场的建立、规范运行和健康发展，起到了不可替代的作用。

第一节　业务数量和类型

一、公证业务数量

1980—1989 年，公证业务呈现出上升的趋势，其中，1987—1989 年业务量增长率在 100%左右。1990 年，公证业务数量大幅回落，但 1991 年开始重新超过 20 万件，并且基本维持在 20 万件～25 万件的范围内。1997 年，国内公证业务数量首次超过涉外公证业务数量。至 2000 年，国内公证业务数量比涉外公证业务数量高出 39.45%。

随着中国加入 WTO，涉外公证业务显著增长，2001 年突破 20 万件。同时，涉外公证业务数量和国内公证业务数量的差值重新回到 2 万件～5 万件的范围内。2001—2006 年，除 2005 年外，全年全市公证业务数量维持在 50 万件左右。2007—2010 年，上海市公证业务数量下降到 40 万件左右。

表 4-3-1　1980—2010 年上海市公证业务数量情况表

年　份	总计(万件)	年　份	总计(万件)
1980	0.58	1992	25
1981	0.64	1993	20.6
1982	0.71	1994	19.3
1983	0.81	1995	24.5
1984	1.1	1996	22.6
1985	2.1	1997	29.9
1986	2.6	1998	35.6
1987	4.9	1999	48.3
1988	9.3	2000	47.7
1989	20.4	2001	51.3
1990	13.8	2002	47.6
1991	22.7	2003	51.2

（续表）

年　份	总计(万件)	年　份	总计(万件)
2004	53	2008	40
2005	41.8	2009	41.2
2006	52.5	2010	40.1
2007	44.3		

二、公证业务类型

自司法部关于逐步恢复国内公证业务的通知下达以来，1980年5月，上海市公证处正式对外办理公证，大部分业务为收养子女公证，有一部分遗嘱公证、继承公证，少量委托公证。1981—1985年，国内公证中收养子女公证业务仍占较大比例，遗嘱公证、继承公证业务逐步超过收养子女公证，居国内公证业务量首位。其他较多业务类型为：赠与、房屋买卖、协议书等；涉外公证则主要集中在出生、亲属关系、学历、婚姻状况、印章签字、经历等业务。1986—1987年，经济公证增加办理企业租赁、经营、抵押，个体户借贷，农村重点户、专业户、各种经济联合体合同公证等业务。1992年，随着上海市城市发展，着重为房地产交易、动拆迁等提供公证服务，同时，随着上海市股票、债务业务的兴起，各公证处开始办理股票继承、流转、转让、委托等公证。1997年，各公证处开始办理企业兼并、拍卖、承包、租赁等公证。

1999年9月，根据国务院颁布的《娱乐场所管理条例》以及《上海市特种行业和公共场所治安管理条例》有关对全市特种行业的法定代表人、经营负责人、主管人员和专职安全保卫人员的任职、从业条件作出的限制性规定，市公证处对上述人员的受或未受刑事处分行为作出公证证明，开辟了公证业务的新领域。

2000年后，随着公证业务不断拓展，业务种类越来越多，全市各公证处在巩固传统业务的同时，还积极开拓新领域。宝山区公证处开办了个人购买汽车贷款抵押合同公证、公有住房的同住人声明书公证；普陀区公证处对基层人民调解协议书涉及的债权、债务、财产转让、借贷方面的内容进行公证，并开办上海首批公证抵押登记业务；市公证处为向浦东新区建造磁悬浮快速列车工程提供公证服务，与上海市磁悬浮快速列车工程指挥部签订有关《法律服务合同》，为工程办理有关招投标活动公证和提供其他法律服务。

与网络相关的公证业务在2000年有了突破性的发展，一些公证处受理了网上拍卖、保全证据等涉网公证事项。2000年4月，市公证处正式开通域名为“http：//www. sh—notary. com”的上海公证网站。这是全国公证行业开通的第一家能够在网上直接申请办理公证的网站。长宁、徐汇、普陀、静安、浦东新区等公证处也通过在互联网上开设公证网站，新增了网上申办民事、保全证据公证的项目。

2001年9月，首次办理国内保理业务合同公证。2004年8月，由于当事人的申请，市公证处受理上海市第一例“登记摇号”公证。这是根据上海市房屋土地资源管理局《关于商品房网上备案和登记有关问题的处理和操作口径的通知》中，有关“对于预售面积较大、预计需求大于可供房源的商品房项目，可试行采取由公证部门主持的‘登记摇号’等方式确定购房人”的规定进行的公证。

公证业务发展受政策影响较大、呈现出明显的阶段性，如国内民事公证中动迁自谋出路协议公证自2001年逐步增加，至2003年达到34 706件，占当年国内民事公证的29.9%，然而，随着土地批租政策的调整和征用地块的减少，2004年，该类公证减少至6 278件，仅占当年国内民事公证的6.2%，但全市公证业务的类型趋于稳定。

至2010年，公证业务类型包括：(1) 根据当事人的申请，公证机构办理下列公证事项：合同；继承；委托、声明、赠与、遗嘱；财产分割；招标投标、拍卖；婚姻状况、亲属关系、收养关系；出生、生存、死亡、身份、经历、学历、学位、职务、职称、有无违法犯罪记录；公司章程；保全证据；文书上的签名、印鉴、日期，文书的副本、影印本与原本相符；自然人、法人或者其他组织自愿申请办理的其他公证事项。法律、行政法规规定应当公证的事项，有关自然人、法人或者其他组织应当向公证机构申请办理公证。(2) 根据当事人的申请，可以办理下列相关法律事务：法律、法规规定由公证机构登记的事务；提存；保管遗嘱、遗产或者其他与申请办理公证事务有关的财产、物品、文书；代写与申请办理公证事项有关的法律事务文书；提供公证法律咨询。

第二节　国内一般公证

一、一般民事公证

1980年，公证处重建初期，开始试办有关收养子女、继承财产、遗嘱、赠与等几项主要国内民事公证及房屋买卖、委托、转让方面等11种类型的国内民事公证，年办证416件。1981年，市公证处及川沙、宝山县公证处共办理上述内容证件1 316件。继承、收养公证比1980年增加60%。公证处尽量做到“有求必应”，满足群众要求。1980—1984年，办理国内民事公证6 708件。1984年起，开始办理私房拆迁协议公证。

1985年，公证业务量急剧上升。国内民事公证如房屋保全证据、房屋筹资、定向培训、劳务聘用、车辆产权证明、乡邮递员承包协议、肖像合同协议等大量增加，公证项目从38个发展到53个，共办理民事公证9 381件，占公证总数的一半。

1986—1988年，办理国内民事公证55 887件，其中公费出国留学生协议公证数量增加到818件。民事权利中的房产转让、继承、赡养、农村建房宅基地使用协议、企业全员劳动合同制项目等公证占一定比重。

从1983年起，郊县由于经济体制改革，实行责任制以后，社员有70%以上要建造房屋。1986年起，各县公证处对新建房屋宅基地开展公证证明。1990—1991年，全市郊县共办理宅基地使用协议公证3 820件，其中，上海、川沙等县公证处办理宅基地使用协议公证2 962件。

1992年后，随着城市发展，针对市政建设过程中出现的拆迁安置、农村征地等矛盾，全市公证机关主动配合有关部门，开办动拆迁补偿安置协议、证据保全、提存等公证业务。1994年，浦东新区公证处为张江、金桥、张桥、花木、孙桥5个乡办理征地安置协议公证2 338件，推动浦东城市化建设。在市重点建设中，办理与房屋动拆迁补偿、安置、自行就业补贴及此类群体性矛盾相关的各类国内民事公证2万余件，配合有关部门进行旧城改造，预防、化解矛盾。

至2010年，全市公证机构在南北高架工程建设、浦东国际机场的开发建设、磁悬浮列车工程建设、洋山深水港建设等重大工程中，配合市政建设、旧区改造和重点工程项目建设，积极办理城市房屋动拆迁安置、农村征地安置吸劳协议、保全证据、提存业务、现场监督等公证，发挥了公证预防纠

图 4－3－1　1999 年，上海市公证处为体育彩票开奖公证

纷、减少诉讼的作用，受到了政府和群众的肯定。

【婚姻公证】

1949 年 5 月上海解放初，市人民法院有专人负责办理结婚、离婚公证。1980 年 5 月，由市公证处负责后，全年办理此类婚姻公证 543 件，如未婚、已婚、未结过婚、离婚等证明，此项公证主要是供国外境外有关涉外婚姻使用。随着涉外民事公证逐年增加，涉外婚姻情况公证申请大幅度上升。1990 年办理婚姻状况公证 15 664 件。1991 年 15 586 件，1992 年 14 920 件，1993 年 13 977 件，1994 年 13 034 件，1995 年 17 433 件。2001 年，《中华人民共和国婚姻法》修正，同年办理婚姻状况公证数量达到历年最高，21 290 件。而后，逐年下降，2002 年 17 826 件，2003 年 14 974 件，2004 年 12 327 件，2005 年 11 231 件，2006 年 9 371 件，2007 年 5 584 件，2010 年 8 421 件。

【收养公证】

公证制度恢复后，收养公证列入公证处业务范围。1980 年经市公安局批准，办理收养公证报入户口 1 487 件(均是外地和郊县农村户口)。1980 年，市公证处恢复后开始受理有关收养子女公证，至年底共办 216 件。市公证处对公证收养子女和户口迁移工作作了原则上的规定，以满足婚后多年不育的 35 岁以上妇女的要求。1981 年办理收养公证比上年增加 60%，以后逐年有所增加。至 1988 年，共办收养公证 1 926 件。1989 年以后收养有所减少。1990 年 94 件，1991 年 90 件，1992 年 128 件。《中华人民共和国收养法》施行后，收养公证数量逐年增加。1993 年收养公证 223 件，1995 年 325 件。1999 年，《收养法》修改，收养关系的确认制度由民政部门登记和公证证明的双轨确认制度过渡到由民政部门登记的单一确认制度，收养公证大幅减少。2002年7月19日,为进一步规范收养行为,切实保障被收养人的合法权益,维护社会安定,市司法局与市民政局在普陀区公证处召开贯彻《关于解决本市公民事实收养有关问题的处理意见》具体实施办法座谈会。至2010年,办理收养公证118件。

【继承、遗嘱公证】

1980年,上海市公证处恢复国内公证,至年底共办理遗嘱公证121件,占公证业务29%;办理继承公证22件,占5%。立遗嘱的原因主要是,立遗嘱人为保障自己有关继承人的合法权益,防止逝世后继承人为财产发生纠纷,或者由于法定继承人对被继承人不尽赡养、扶养义务,甚至有遗弃虐待行为,被继承人要取消其遗产继承权而立遗嘱。因以上两个原因申办遗嘱公证的约占60%以上。还有鳏寡老人为保持自己的合法权益,保障他们以后的生活来源而立遗嘱等。1990年办继承公证779件,遗嘱公证419件。至1995年,办继承公证2 068件,遗嘱公证1 841件。进入21世纪,与当事人人身有密切关系的公证事项有了较大幅度增长。与2001年相比,2004年遗嘱公证增加了53.3%,继承权公证增加了62.4%,分别为4 153件和9 339件。至2008年,继承权公证15 926件,遗嘱公证4 942件。而后,遗嘱公证数量维持5 000左右,而继承权公证数量继续较大幅度增长,至2010年,达到17 482件。

【涉不动产公证】

1980年恢复国内公证后,开始办理房屋买卖、产权分析等房屋转移和包括房屋的无主财产和无人继承财产的公证;办理产权证明遗失、确认产权的公证证明及侨眷出国房产委托他人代管和房屋买卖等方面的公证证明。

1985年以后,针对农村居民建房中出现的宅基地使用、建房纠纷等,及时开办房屋产权转让、建房协议和宅基地使用协议公证,使农村建房纠纷迅速下降。

1986年市政府批转《加强私房出租非居住房管理意见》后,租赁合同需办理申报,经审核后由公证处办理公证。全年共办非居住私房租赁协议1 572件。

1988年《上海市土地使用权有偿转让办法》公布后,市司法局制定《上海市土地使用权有偿转让公证实施细则》。市公证处参与上海第一块土地使用权——虹桥开发区第25、26号地块出租的招投标公证和该土地使用权有偿出租合同的公证活动。

1990年4月,中央决定开发浦东,市公证处及时与浦东金桥出口加工区、外高桥保税区、陆家嘴金融开发区等3个开发小区签订公证服务协议,办理一大批土地使用权合同公证,为3个开发小区的启动、运转服务。

1992年,市司法局与有关部门联合发出《关于土地使用权有偿出租及转让范围内房地产交易管理、公证、登记的通知》,就房地产预售、出售、买卖、交换、抵押等有关公证事宜,作了相应规定。凡向香港地区销售的房地产,可用委托方式,两地签约方式,境外销售、境外签约方式,经司法部委托香港律师证明,再由市公证处出证。各区、县房地产交易,可就地受理协办业务。

1993年,市政府决定对外滩地区公有房屋进行置换,建设金融、商务区,市公证处主动为外滩公房置换管理部门服务,办理有关房屋置换、转让合同公证。1995年3月,市公证处为上海首次国有土地使用权拍卖,依法办理公证。3月28日,上海国际商品拍卖中心受托拍卖位于金山县朱泾镇罗星路面积496平方米的国有土地使用权。经过公证拍卖,金山县煤炭公司以23万元的价格拍卖下该地块 50 年使用权。

1995 年后，随着城市建设发展，动拆迁协议公证开始大规模出现。至 1995 年底，全市公证机关配合市政建设办理动拆迁协议公证 3 万余件，为历年最高。此后，1996—2000 年，公证数量整体为下降趋势，至 2000 年，当年全市仅办理拆迁协议公证 5 466 件，比 1999 年下降了 53%。2001 年起，动拆迁协议公证数量又开始大幅度增长。至 2003 年，再度接近 3 万件，全年共办理 29 943 件。而后，数量再度显著下降。2004 年动拆迁协议公证仅为 7 763 件，下降 74.1%。至 2005 年，下降至 5 000 件以下。

图 4-3-2　2000 年 6 月 21—22 日，由中国公证员协会主办、上海市公证员协会承办的全国房地产公证业务研讨会在沪举行

2003 年，市司法局出台《市司法局关于印发不动产转让公证管辖规定的通知》，明确市司法局和区（县）司法局对不动产公证事项的管辖权限，对规范房地产公证法律服务市场秩序、提高公证的社会公信力发挥作用。

2004 年 8 月，市公证处受理全市第一例“登记摇号”公证。这是根据上海市房屋土地资源管理局《关于商品房网上备案和登记有关问题的处理和操作口径的通知》中，有关“对于预售面积较大、预计需求大于可供房源的商品房项目，可试行采取由公证部门主持的‘登记摇号’等方式确定购房人”的规定进行的公证。

2010 年 7 月，全市首批经济适用住房申购工作先后在闵行区和徐汇区试点运行。东方公证处、徐汇公证处先后为两区申请户公开摇号排序及选房工作进行全程现场公证，确保经济适用住房供应工作的公正性，推进经济适用住房政策进一步落实。其中，东方公证处还受市住房保障房屋管理局委托参加经济适用住房预（出）售合同的制定，对经济适用住房购买人仅拥有“有限产权”的概念从法律角度进行阐述，提出多项保障各方权利的意见和建议。年内，公证行业累计共派出 50 多位优秀公证人员为经适房申购试点工作提供公证服务。

表4-3-2 1980—2010年上海市一般民事公证业务数量情况表

年份	公证数量(件)	年份	公证数量(件)
1980	376	1996	57 377
1981	796	1997	66 034
1982	1 424	1998	61 880
1983	1 610	1999	63 280
1984	3 442	2000	90 645
1985	4 785	2001	86 361
1986	5 253	2002	83 124
1987	8 890	2003	116 146
1988	13 278	2004	112 302
1989	18 857	2005	88 438
1990	21 580	2006	187 402
1991	24 360	2007	93 889
1992	32 115	2008	88 962
1993	50 120	2009	121 888
1994	41 947	2010	103 726
1995	50 048		

二、一般经济公证

上海解放后，1950年开始办理经济公证。1980年公证制度恢复后，逐步开办经济合同公证，为社会主义经济建设服务。1981年，先后向市建工、轻工、化工、纺织、铁路、海运等12个局级单位和17个科研单位再加工厂共54个部门和单位进行调查研究，广泛宣传经济合同公证的性质和作用，向有关单位发放“经济合同公证简介”，积极发展经济合同公证项目。1982年，先后与市工商行政、经委、建委、轻工、冶金、物资产贸等15个单位联系了解有关经济合同情况，全年办结国内经济公证40件。1983年，市公证处主动为经济建设和改革服务，全年办理经济公证137件，并设立经济组，专门办理经济公证。1984年，市政府转发市司法局《关于进一步开展经济合同公证工作的意见》，经济合同公证全面展开。各县公证处送法上门、送证下乡，积极为农村“两户一体”(专业户、重点户和各种经济联合体)服务，以经济合同公证为重点，开展支农经济工作；区公证处着重办理法人资格、法人委托、开标招标、个体户借贷等为经济建设服务的各种法律行为的公证；市公证处积极办理进出口单位的商标注册、申请专利、法人身份、经营业务、商品成分、技术标准等多种有关公证证明。全市办理经济合同公证1 561件，占民事公证总数的32%。1985年，经济公证以承包为重点，包括工程承包、招投标、购销、技术转让产偿贸易、财产租赁、加工承揽等20余种，共办理经济合同公证

4 596 件，占民事公证总数的 49.5%。公证处在经济公证中严格审查法人资格、经营范围，明确权利和违约责任，有效地防止合同纠纷。

1986—1987 年，公证工作增加办理企业租赁、经营、抵押、个体户借贷等公证项目，各公证处对抵押实行登记，防止重复抵押。为上海市航运局、三航局等单位劳务输出办理公证证明 400 多件。多次为“七五”重点项目之一的上海机电设备进行国际招标服务，有日本、美国、瑞士、荷兰、法国、瑞典、联邦德国、民主德国及中国国营企业等 36 个单位参加招标，共办理经济合同公证 13 620 件。

1988 年，经济公证有新的发展。企业产权转让、兼并、股份制章程、集团公司章程，保险业务中的投保、估价、索赔、理赔，债务清偿中的证据保全和强制执行等，共办理国内经济公证 14 846 件，占全部国内民事公证的一半。同年《上海市土地使用权有偿转让公证实施细则》和《上海市建设工程的招标投标管理办法》颁布，为工程招标公证提供法律依据。

1989 年，经济公证开拓企业租赁、拍卖，企业经营者的聘用、招标，虹桥土地使用权有偿转让，以及南浦大桥、污水合流工程招标公证。全年，区、县公证处与 146 家企事业单位建立常年公证服务，共办国内经济公证 14 451 件，占国内民事公证的 40%，与上年持平。

1990 年，国内经济公证 12 144 件，比上年有所减少。

1991 年，全市各项建设项目，包括重大建设项目进行招投标活动渐呈萎缩之势，其他经济公证则有较大幅度提高，如转让、出租、科技合同公证、商品房出售、法人资格、公司章程、抵押贷款、商标注册、申请专利等，共办 11 948 件公证，占上海市全年国内民事公证一半以上。

1992 年，公证工作在邓小平南方谈话指引下，围绕大中型企业试点改革，金融热及土地批租等经济活动和重点工程项目建设，着重为房地产交易等提供公证服务，同时，随着上海市股票、债务业务的兴起，全市公证处开始办理股票继承、流转、转让、委托等公证，全市共办理国内经济公证 16 775 件。

1993 年，公证工作为建立社会主义市场经济服务，全年办理国内经济公证 16 396 件，公证项目发展到 100 多项，包括外销商品房交易和其他私房买卖合同公证。其间市司法局制定《关于土地使用权有偿出让转让范围内房地产交易外销房销售公证若干规定》。随着银行体制改革转制，不少专业银行改为商业银行，银行的贷款业务纷纷推出抵押贷款方式，并为减少贷款风险，迫切寻求法律保障，各公证机构主动与银行联系，开办各类贷款和抵押贷款合同公证。1992—1994 年，全市每年办理各类贷款合同公证 1 000 多件。1994 年办理 4 000 多件，其中办理抵押贷款合同 2 294 件。

1994 年，公证工作在巩固证券股票、抵押贷款、商品房公证业务的同时，积极开拓国有资产管理、金融投资及产权交易等新领域，全年共办理国内经济公证 21 009 件，比上年上升幅度较大。

1996 年 6 月，浦东国际机场第一期土建、设备安装等工程开始施工。为保证高质量、高效率地把浦东国际机场建成一流的现代化航空枢纽港，机场建设指挥部决定对工程的全部招、投标项目进行法律监督。为此，自 1996 年 6 月至 1998 年 12 月，市公证处承担机场的全部招、投标公证，共计 200 多件。

1999 年，全年办结国内经济公证 247 688 件，为历史最高水平。

2001 年 9 月，市公证处接受交通银行上海分行的申请，为中国大陆首个开放式基金——华安创新证券投资基金在沪接受个人投资者申领预约号及申购过程进行公证。

2005—2010 年，一般经济公证业务数量维持在 8 万件～10 万件。

表 4-3-3　1980—2010 年上海市一般经济公证业务数量情况表

年　份	公证数量(件)	年　份	公证数量(件)
1980	40	1996	46 977
1981	85	1997	86 759
1982	40	1998	141 507
1983	137	1999	247 688
1984	1 561	2000	187 304
1985	4 596	2001	180 974
1986	5 732	2002	145 971
1987	7 888	2003	167 997
1988	14 846	2004	171 569
1989	14 451	2005	104 856
1990	12 144	2006	100 511
1991	11 948	2007	103 040
1992	16 775	2008	77 654
1993	16 396	2009	82 317
1994	21 009	2010	83 704
1995	39 821		

第三节　涉中国港澳台地区公证

一、涉台公证

1987 年 11 月 2 日，台湾地区接受大陆同胞直系亲属赴台探病、奔丧申请以后，各公证机关先后办理亲属关系、出生、死亡、婚姻等各类公证，到 1989 年，共办理 40 余件发往台湾使用。同时台胞到沪探亲，代办落实政策，发还代管房屋，代领发还定息，参加诉讼，购买商品房以及委托继承在大陆亲人遗产，处理大陆遗产立遗嘱等公证，办理 40 件。1987 年 11 月—1989 年 12 月，市公证处共办结 191 件(发往台湾 147 件，大陆使用 44 件)。对台胞、台属申办的各类公证，做到优先接待，优先办理，优质服务，赢得台湾当事人的赞誉，称大陆公证人员“调查慎详，办事敏捷”。1990—1991 年，办理赴台探亲、探病、定居、就读、继承以及诉讼所需各类公证 745 件，比 1988—1989 年增长 4 倍。1992 年办理涉台公证 4 804 件。

1993 年 4 月 29 日，第一次“汪辜会谈”在新加坡举行，之后上海公证行业在向台湾海基会递送公证文书方面，也迈出实质性的一步。仅到 1993 年 8 月底，上海送台湾海基会公证书副本就达 515 份，台湾海基会送市公证员协会的公证书副本达 118 份。

1994 年起，台商在大陆投资办厂、办企业及经商而办理公证的有所增加，全市共办各类涉台公证 2 391 件。1995 年，闸北、南市区公证处被市政府侨务办公室评为“帮侨维权”市级先进单位。1994—2001 年，每年涉台公证数量在 2 000～2 500 件。2001 年后，公证业务数量开始大幅增长。

2002 年起，为加强对台湾地区出具在上海使用的公证文书的核对工作，确保台湾公证书的真实性，市司法局与市政府台湾事务办公室联合下发《关于台湾地区十四类公证书在上海使用须经核对的通知》。3 月 1 日起，凡台湾同胞持有的由台湾地区公证机构（含法院公证处及公证人事务所）出具的继承、收养、婚姻、出生、死亡、委托、学历、定居、抚养亲属、财产权利证明、病历、税务、经历、专业证书等 14 类公证文书，必须经市公证员协会核对后，才能在上海市使用。

2003 年办理涉台公证 3 781 件，比 2002 年增长 30%；2004 年为 5 567 件，比 2003 年增长 47%。2006—2010 年，每年涉台公证数量维持 6 500～7 500 件。

表 4-3-4　1997—2010 年上海市涉台公证业务数量情况表

年　份	公证数量(件)	年　份	公证数量(件)
1997	2 249	2004	5 567
1998	2 369	2005	5 420
1999	2 166	2006	6 432
2000	2 171	2007	7 285
2001	2 469	2008	7 313
2002	2 908	2009	7 332
2003	3 781	2010	6 777

二、涉港澳公证

70 年代后，涉港澳民事公证有所开展，1979 年，办理涉港民事公证 1 316 件（其中出生证明最多，为 412 件）。在改革开放形势下，港澳同胞申办公证数量激增。1981 年 11 月开始，港澳同胞在沪申办公证。主要涉及专利申请、投标、贷款、索赔、商标注册、劳务输出等。

为方便港澳同胞回内地处理民事法律事宜，从 1981 年起，委托香港律师办理所需公证。1981 年 11 月至 1983 年 10 月，上海办理涉港澳公证 555 件。1988 年以前，涉港澳公证一直列在涉外公证统计总数内。1989 年单列，共办理 1 544 件，占境外公证量的第 7 位。随着香港和澳门在 1997 年和 1999 年回归，涉港澳公证业务数量在进入 21 世纪后有了较快的增长，2003 年，达到 2 374 件；2004 年，达到 3 302 件；2007 年，达到 4 492 件。2000—2010 年，年均 2 722.5 件。

表 4-3-5　1997—2010 年上海市涉港澳公证业务数量情况表

年　份	公证数量(件)	年　份	公证数量(件)
1997	1 292	2001	1 490
1998	1 498	2002	1 928
1999	1 403	2003	2 374
2000	1 119	2004	3 302

(续表)

年　份	公证数量(件)	年　份	公证数量(件)
2005	2 855	2008	3 506
2006	3 474	2009	2 562
2007	4 492	2010	2 846

第四节　涉外公证

一、涉外民事公证

公证制度恢复初期，适逢改革开放政策以及刚刚兴起的出国热潮，涉外公证业务量成倍增长。1980 年，涉外民事公证逐年增加，有外国人、华侨收养国内子女；国内亲属申请出国、出境、定居和探亲、继承遗产；外贸公司去国外办理商标注册；国内家属索取海员、华侨在国外因公或车祸伤亡的抚恤金、赔偿金；海员和华侨回国定居后向有关国家领取退休金、保险金；申办亲属关系、出生、结婚、学历、离婚、继承、委托、定居等 17 种类型的公证。1983 年，突破 6 000 件。1984 年，突破 9 000 件。1985 年超过 1 万件。

图 4-3-3　1984 年，上海市公证处涉外办证接待图

1987 年，涉外公证业务有很大发展，超过 3 万件，比上年增长 114.7%。公证文书使用地扩展到 80 个国家和地区，业务项目增加三分之一。

1988 年，涉外公证比上年增长 101%，比较突出的是出国定居、探亲、留学、伴读、劳务输出等民事法律关系公证事项。为适应涉外公证业务大发展的需要，解决群众办证难的问题，经司法部批准，上海率先将涉外公证下放到区、县办理。

由于对外开放不断扩大，公民因私出境申办各类公证逐年增加。在审查中经常发现有的申办公证的当事人提供假证明，伪造或篡改经历、职称、学历、婚姻状况；有的当事人通过关系由单位出具假证明。1989 年 9 月，市政府办公厅批转市司法局《关于制止向公证机关提供假证明材料的意见》，要求各单位制止出具假证明的行为。市司法局对极少数内外勾结，贪污受贿的公证人员，给予严肃处理，情节严重的由司法机关予以刑事处分，有力地刹住了伪证、假证现象。

1993 年以后，随着“出国热”的降温，涉外民事公证以平均每年 5%递减。1994 年，办结涉外民事公证 12 万多件。

至 1995 年，除南汇、青浦、金山 3 个县暂缓办理涉外公证业务外，其余的区、县公证处均办理涉外业务。全年，涉外民事公证 13.7 万件，其中为申请出国就读办理公证 2.98 万件，比上年下降 22%；为出国探亲、定居办理公证 8.8 万件，比上年增长 35%。

随着对外交流的日益频繁和扩大，1996 年出国定居办理公证高达 7.32 万件，出国就读办理公证 2.79 万件，出国探亲办理公证 2.46 万件，出国谋职办理公证 1.48 万件。1997 年出国定居办理公证 5.7 万件，出国就读办理公证 2.77 万件，出国探亲办理公证 2.27 万件，此外，申请入籍办理公证 791 件，比上年增长 40%。1998 年出国定居办理公证 5.92 万件，出国就读办理公证 3.35 万件，比上年增长 17%，出国探亲办理公证 2.24 万件，出国谋职办理公证 1.29 万件，此外，出国旅游办理公证 652 件、移民办理公证 612 件，比往年有明显增长，申请入籍办理公证 1 190 件，比上年增长 50%。1999 年出国定居办理公证 6.75 万件，比上年增长 16%，出国学习办理公证 4.48 万件，比上年增长 34%，出国探亲办理 2.17 万件，出国谋职办理 1.15 万件，申请入籍办理 2 314 件，比上年增长 94%。2000 年，出国定居办理公证 7.79 万件，出国学习办理公证 5.23 万件，比上年增长 17%，出国探亲办理公证 2.43 万件，出国谋职、工作办理公证 1.26 万件。

1997 年 3 月 27 日，依照中国法律的有关规定，市公证处首次举行向收养中国儿童的外国人颁发涉外收养公证书仪式。在颁发涉外收养公证书仪式上，公证员向外国收养人讲明，自收养关系成立之日起，养父母与养子女之间的权利义务关系，适用法律关于父母子女关系的规定。收养人对被收养人享受权利的同时，还必须切实承担起对被收养人的抚养、教育和监护的责任，并不能对被收养人虐待、遗弃和转让。颁发涉外收养公证书仪式，体现中国法律的尊严，显示外国人在中国收养子女的严肃性。1997—1998 年，市公证处共受理 145 件涉外收养公证。

2001 年，涉外民事公证 221 350 件。2002 年，涉外民事公证 206 329 件。2003 年，涉外民事公证 174 270 件。2004 年，涉外民事公证 175 339 件。2005 年，涉外民事公证 173 808 件，和 2001 年相比，出生、婚姻、学历、学位、成绩、经历、亲属关系等传统的涉外民事公证业务数量全面下降。之后，涉外公证数量稳步上升。2006 年，涉外民事公证 187 402 件。2007 年，涉外民事公证 197 867 件。2008 年，涉外民事公证 197 543 件。2009 年，涉外民事公证 190 197 件。2010 年，涉外民事公证 203 095 件。

二、涉外经济公证

涉外经济公证始于 80 年代初。实行对外开放以后，在对外贸易、引进外资、经济合作、技术交流、商标注册、合资谈判、对外诉讼方面，对公证工作提出一些新内容新任务。1980 年，市公证处分别为上海土产、畜产、茶叶等进出口公司及其他法人单位办理涉外公证证明，发往美国、瑞士等 16 个国家使用，为外贸公司办理法人身份、经营业务、商品成分、技术标准等出具公证证明。1984 年 6 月，上海第一家外贸企业美国 3M 公司中国有限公司成立，市公证处首次参与同外商谈判。1980

年—1984年7月,共办涉外经济合同公证213件。

1985年,为上海投资信托公司日航龙柏饭店向日本兴业银行、上海中外合伙公司向法国兴业银行等借贷款办理有关公证,全年涉外经济合同公证超过前4年的总和。1986年,办涉外经济公证565件。1987年636件,项目有对外申请专利、办理商标注册、国际招投标、土地使用权出让、索赔、抵押贷款等。1988年,开拓国际招投标、土地使用权出让、抵押贷款、合作合同、意向书公证。3月,上海进行第一次土地使用权有偿出租的国际招标,市公证处派出公证员提供公证服务。1989年,为合作合同、中外合资、合作意向书及引进利用外资办理担保书、授权书、企业章程、经营进出口贸易所需的外汇许可证、独资证明,以及出口信贷担保、样品封存等办证明书共584件。

1990年,为进一步开拓涉外经济公证领域,为开发开放浦东服务,7月1日市公证处在浦东设立办事处,开拓土地使用权有偿出租、中外合资经营合同、抵押贷款等公证事项。并为陆家嘴金融贸易区、金桥出口加工区和外高桥保税区启动,提供公证法律服务。对首期启动的9.51平方公里土地使用权有偿出租进行公证;对陆家嘴金融贸易区内建造亚洲最高的东方明珠广播电视塔的基础施工招投标及委托购买进口设备合同进行公证等。全年办理涉外贷款公证490件,办理国际招投标、营业证书、样品封存等134件。

1991年,为上海市引进外资、促进进出口贸易和对外技术交往方面提供法律服务,办理营业证书、法人代表资格、授权委托公证613件,此外,尚有资本注册、商品贷款、出口商品的品质、成分、产地等公证。其中,为进出口贸易合同的签订履行及纠纷的有效解决提供法律帮助的公证事项近2 000件。1992年比上年增长40.3%。

1994年,全市公证机构办结涉外经济公证9 407件,其中市公证处办理涉外经济公证7 656件,主要是为上海外销商品房市场服务,办理外销商品房预售合同公证4 500件。

1995年,涉外经济公证有较大发展,全市办结涉外经济公证事项1.5万件,比上年增长60%,其中办理外销商品房预售公证2 829件,比上年下降59%;办理外销商品房出售公证2 830件,比上年增长79%;办理用于涉外劳务输出公证事项3 000多件,比上年增长44%。

1996—2000年,涉外经济公证稳步上升,主要用于购买房屋、提供劳务、对外贸易等方面,其中涉外购屋公证业务量连年上涨,增幅加速。1996年,涉外购房办理公证6 258件,办证量比历史大幅上升,涉外劳务公证1 397件,比前一年下降53%。1997年,涉外购房办理公证10 083件,创历史新高,比上年增长61%,涉外劳务输出办理公证962件,比上年下降31%。1998年,涉外购房办理公证7 671件,比上年下降24%,涉外劳务输出办理公证1 167件,对外贸易、出口、商务共办理公证1 024件。1999年,涉外购房办理公证11 033件,再创历史新高,对外提供劳务办理公证1 631件,比上年增长40%,对外贸易、商务共办理公证1 211件。2000年,涉外购房办理公证13 013件,比上年增长20%,对外提供劳务办理公证2 376件,比上年再增长46%,对外贸易、出口共办理公证676件。1997年6月22日,上海通用汽车有限公司在浦东金桥开发区受让的545 743平方米地块的土地使用权转让合同,依法由市公证处公证员进行公证。

2001—2007年,上海市涉外经济公证业务呈现先升后降的趋势。2001年,涉外经济公证20 488件。2002年,涉外经济公证34 925件,比上年增加70.47%。2003年,涉外经济公证46 932件,比上年增加34.38%。2004年,涉外经济公证61 770件,比上年增加31.62%。2005年,涉外经济公证42 647件,比上年下降30.96%。2006年,涉外经济公证39 688件,比上年下降6.94%。2007年,涉外经济公证36 106件,比上年下降9.03%。

2008年后,受世界金融危机的影响,当年涉外经济公证25 155件,比上年下降30.33%。2009

年，涉外经济公证 7 777 件，比上年下降 69.08%。2010 年，涉外经济公证 7 494 件，比上年下降 3.64%。

第五节　业务收入

1981 年 3 月，司法部、财政部发出《公证费收费暂行规定》，规定公证收费具体标准。1984 年 7 月 30 日，市财政局、市司法局发出《关于试行公证费收支财务处理暂行规定的通知》，规定："各区、县公证处，按征收的公证费总额的 30%上交同级财政，70%留给单位使用。"1985 年市财政局、市司法局发出《关于公证收费留成部分开支范围的通知》，规定："各公证处使用公证费留成的 70%原则是：7%（指占公证费总额的比例，下同）上交同级司法行政机关，3%上交市司法局，10%作奖励基金，50%作业务发展基金。"

1988 年 2 月，司法部、财政部、物价局发出《关于下发〈公证费收费规定〉的通知》，明确"公证处办理公证事项，必须严格按照本规定的收费标准向当事人收取公证费，并发给正式收据。其他任何单位和个人不能向当事人收取或截留公证费。公证员不得私自收费。"并规定收费标准及可减、免收费的条件。

1989 年 12 月，市物价局批复市司法局《行政事业性收费项目和标准》，具体规定公证费收费标准。1989 年上海市各公证处共收取公证费 694 万元。1990 年，业务收入 1 159 239 元。1991 年，业务收入 10 656 335 元，比上年增加 819.3%。

1992 年 7 月，市物价局、财政局发出《关于重新核定市司法系统行政事业性收费项目和标准的通知》，规定行政事业性收费必须按审定后的收费项目和标准执行，不得擅自增设收费项目和提高收费标准。有关收费单位即向物价部门办理《收费许可证》的注册、更改、注销手续，并实行亮证收费、明码标价，使用财政部门统一印制或监制的专用收据。当年业务收入 8 621 731 元，比上年减少 19.1%。

随着浦东开发开放，经济改革和对外开放不断深入，公证业务收入每年显著增加。1993 年，业务收入 15 229 599 元，比上年增加 76.6%。1994 年，业务收入 32 059 792 元，比上年增加 110.5%。1995 年，业务收入 45 961 125 元，比上年增加 110.3%。1996 年，业务收入 67 417 741 元，比上年增加 46.7%。1997 年，业务收入 85 936 891 元，比上年增加 27.5%。1998 年，业务收入 92 784 648 元，比上年增加 8%。

1999 年 8 月 5 日，市物价局与市司法局结合上海市具体情况，根据国家发展计划委员会、司法部《公证服务收费管理办法》《关于调整公证服务收费标准的通知》的规定，联合印发《上海市公证服务收费管理办法》和《上海市公证服务收费标准》的通知，以规范全市公证收费行为，保障申请办理公证事项的公民、法人、其他组织以及公证部门的合法权益。

至 1999 年，业务收入 98 679 537 元，比上年增加 6.4%。2000 年，业务收入 112 758 521 元，比上年增加 14.3%。2001 年，业务收入 131 520 396 元，比上年增加 16.6%。2002 年，业务收入 195 926 277 元，比上年增加 49%。2003 年，业务收入 238 869 399 元，比上年增加 21.9%。2004 年，业务总收入为 308 944 899 元，比上年增加 29.3%。2005 年，业务收入 346 461 594 元，比上年增加 12.1%。2006 年，业务收入 310 635 680 元，比上年减少 10.3%。2007 年，业务收入 333 850 817 元，比上年增加 7.5%。2008 年，业务收入 314 568 781 元，比上年减少 5.8%。2009 年，业务收入 450 619 297 元，比上年增加 43.2%。2010 年，业务收入 470 316 912 元，比上年增加 4.4%。

第六节　案　　例

一、涉外经济公证案例

1980 年 1 月,中美资产解冻生效后,美方按协议规定向中国政府收取 8 050 万元,而中方须逐笔收回在美解冻的全部资产。向原美商上海电力公司索取股票、债务清偿金,是中国在美解冻资产的一部分。按美方规定的清偿登记期限,至 5 月 26 日,需将中国股票权持有人的 47 件公证,突击完成,始可收回股票 33 760 股、债券 120 300 美元,预计收回美元 1 133 100 元。但这种股票是在 1932—1934 年间发行,股权持有人情况不明,而争取证件的时效是首要问题。第一必须正确认定股权继承人身份,使证件具有合法性。股权继承人张某衍申请继承其祖父张某秋持有的股权,要确定张某衍与张某秋的祖孙关系,就从许多旁系血亲中,发现记载其祖父张某秋的材料,以此证明两人的祖孙关系,从而确认张某衍对张某秋的代位继承。股权所有人郑某桂的股票户名是中国染织厂,经调查证实色织二十四厂前身是中国染织厂,郑某桂是原中国染织厂经理,因此公证证明"中国染织厂持有的上海电力公司股权应由该厂经理郑某桂的儿子郑某泉执管"而产生法律效力。朱某云持有以新记公司户名的股票,朱家留有新记公司的印鉴,公证证明即以"朱某云以新记公司名义购置了上电公司股票"作出证明。上海纺织工业局持有原日资丰田纺织厂户名的上电股票,公证证明:"接管国民党官僚资本前身是上海第五纺织厂,而上海第五纺织厂前身是国民党政府接受的日本资产上海丰田纺织厂,其转让过户手续具有法律效力"。对有的股权继承人分别情况作出有权继承或出具亲属关系证明,或以"声明书"的方式证明股票持有权。同时争取 10 天左右完成外交部和美领馆的认证。这样,凡有条件办理公证的,市公证处都在规定期限内出具证件。在认证正本的同时,将副本先交申请人到该公司备案,在规定时效期内,做到件件查实,宗宗有据,而被对方接受,没有一件因失去时效而被宣布无效。

二、服务重大工程案例

1988 年 11 月,建设公司对南浦大桥主桥工程(第 2—2 标)施工在全国范围内进行招标,并向市公证处提出对整个招标过程进行公证的申请。

受理该公证后,公证员及时与建设公司取得联系,并参加整个招、投标的全过程。在 1988 年 12 月 22 日举行的招标预备会上,公证员向所有参加投标的单位详细阐述投标时需注意的法律问题,如应提供法人资格证明、法定代表人身份证件和授权委托书、联合投标协议等。同时,公证员对以往各单位投标时往往对报价及工程量等方面的数据十分注意,而忽略法律上的要求,如不准时投标、投标书内同一当事人对同一标号报价前后不一、"报价编制说明"等必须盖章的文件没有按要求盖章等,作了必要说明。

按标书规定,当年 12 月 26 日下午 2 时至 4 时为投标期限,整个投标期限公证员均在场监督,并当场审查投标单位的有关材料,作了摘抄;下午 4 时整密封了标箱,同时密封了标底和评标办法。

12 月 30 日下午 2 时整,按招标文件规定公开开标。经公证员现场监督,各投标单位均在规定时间内投送标书,并提供相应的授权委托书和代表人的身份证明,标箱在启封前密封完好,打开标箱后,各投标书也密封无损。开标后,即由经上海市招投标管理办公室批准的招标工作小组对整个投标情况以统计、归纳，作为公证员一方面需监督各项统计、归纳无误，一方面还要审核投标单位提交的证明材料是否完整、标书形式上的要素是否完备。经检查确认各投标单位的投标书均为有效。

1989 年 1 月 5—9 日，建设公司先后召开专家座谈会及所有投标单位的答辩会，公证员自始至终参加，严格按照评标办法监督整个评标过程，作了长达 42 页的会议记录。最后，经评委按原定评标办法作出决定，土建工程由上海基础工程公司联合体中标；钢结构由于所有投标单位的报价都超过上海市地方性法规规定的范围而均成为无效标。针对这一情况，经评委决定，上海市招标管理办公室同意，公证处认可，各投标单位对钢结构重新报价后进行议标，最后由上海沪东造船厂中标。

三、服务文化活动案例

上海文汇文化艺术发展公司为适应社会对名家绘画精品的需求，缓解名画难求局面，于 1994 年在国内首先推出“艺术大师绘画精品有限印刷系列”，首选刘海粟大师《国色朝酣图》作为系列第一号，印数 100 张，并以之祝贺大师百岁诞辰。经申请，市公证处对此项活动进行公证。

公证时，考虑到《国色朝酣图》仅有限印刷 100 张，再经刘海粟在印刷品上亲笔署名，具有很高的艺术和收藏价值，但正因为它的价值，更要防止假冒品对真品价值的影响。因此，公证员从公证内容到形式都作了新的尝试。公证处首先证明刘海粟同意将其《国色朝酣图》交文汇文化艺术发展公司有限印刷并同意在印刷品上签名确认，然后公证员在印刷厂监督厂方对该印刷品限额印刷，并在该印刷品首发式上当众监督证明印刷版被销毁；公证员还逐幅证明（共 100 幅）刘海粟在该印刷品上每个签名均系亲笔所署。在形式上，将公证书直接粘贴在刘海粟签过名的印刷艺术品的背后，交加盖公证处骑缝章（因钢印会损坏画面），公证书使用的是防伪专用水印纸。同时，对每一幅经刘海粟签名的印刷品，公证处一一拍照存档。在整个公证活动中，从印刷到刘海粟住处和装配现场，对印刷数量、印刷版、印刷品编号、装框和刘海粟签名等每一公证环节，公证员都一一检查确认，保证艺术品真实性，使印刷艺术品本身的价值也提高了。

同年 4 月 8 日，刘海粟《国色朝酣图》有限印刷首发式在上海举行，市委、市政府领导都到会祝贺。会上在公证员监督下当众毁去《国色朝酣图》印刷版，公证员对此次公证情况在会上作了介绍。参加首发式的领导、艺术家和记者都对艺术品有限印刷的公证表示肯定和赞许，上海各大新闻媒介均对此作了报道。到会祝贺的刘海粟亦为公证员严格依法办事的认真负责精神所感动，连声赞许“公证太好了”。

四、服务中小企业案例

上海电熨斗总厂生产的“红心”牌电熨斗在上海消费者中久负盛名，占据同类产品市场的一半。然而 90 年代以来，这家企业的销售量逐年“滑坡”。经调查，一家坐落于上海市郊的乡镇企业生产的“江心”牌电熨斗质次价廉，然而产品外包装却与“红心”产品外包装几可乱真。无奈之中，上海电熨斗总厂先后 3 次更换、启用重新设计的产品新包装，岂料“江心”牌产品紧追不舍，不断仿效，消费者自然难辨真伪。

1995 年，蒙受重大经济损失的上海电熨斗总厂找到虹口区公证处，申请办理证据保全公证。

证据保全是法律赋予公证机关开展诉前保全证据的一项业务。在“江心”产品的不正当竞争行为存在之时，由公证机关监督收存证据，以此作为日后起诉于法院时可提供的可靠证据。受理此案的虹口区公证处当即决定，由上海电熨斗总厂按拟定的程序到市场实地调查、询问消费者，让其辨别“江心”产品外包装的办法收集证据，公证员作现场监督，并对消费者的证词和取证事实进行公证。几天以后，由公证人任意选择一家企业的35名职工接受调查。在公证员的严格监督下，35名被调查者被依次暂时“隔离”，由上海电熨斗总厂法定代理人先后向他们分别出示“红心”牌和“江心”牌产品的外包装盒让其辨认，辨认询问完毕后的被调查人则迅速离开现场。询问调查进展得十分顺利。调查结果显示，35名被调查人中，有28人将“江心”牌产品误认为“红心”牌；除2人表示难以辨清外，仅有5人将其辨认为“江心”牌。整个调查过程被全部摄像，公证员当即将录像带粘贴封条后交给上海电熨斗总厂。

有了保全证据公证书，上海电熨斗总厂一纸诉状将“江心”电熨斗厂推上被告席。在法庭调查中，保全证据充分显示其法定的证明力，“江心”牌产品以不正当竞争手段误导消费者的事实已一清二楚。浦东新区人民法院迅速做出一审判决：“江心”电熨斗厂立即停止其不正当竞争行为，销毁所有与“红心”产品近似的外包装盒；赔偿上海电熨斗总厂经济损失6万元；一个月中在报纸上刊登启事，澄清事实，向上海电熨斗总厂公开赔礼道歉。

五、服务国企案例

1995年7月26日下午，长江轮船总公司吴淞船厂两名职工受厂长委托，到市公证处要求申办新加坡巴塔明陀公司3号船舶系吴淞船厂制造的公证。他们万分焦急地要求协助，因为外方突然提出在交接、拖走该船舶前，必须由上海的市级公证机关证明吴淞船厂是该船的制造商。若不在当天取到该公证书，则为迟一天交付期，吴淞船厂须交违约金2万美元，出口商上海机械设备进出口公司须交3 000美元违约金。当时离下班时间仅一个小时，如果材料齐全，赶制一份公证书还来得及，但该项公证材料不全，回厂去补，因该厂离公证处甚远，时间已来不及，且公证处停电，电传又无法接收。最主要的是《造船厂证明书》上需由厂长签名，但厂长外出开会不能到公证处。几经联系，厂长因开重要会议不能离开。面对此种情况，公证处接待人员急当事人所急，派出承办人员去厂长开会处取得厂长亲笔签名，接着又去该厂主管部门上海长江轮船公司调查有关材料。必要的材料齐备后，公证处有关工作人员立即加班加点及时出具公证书。当天晚上，新加坡客户收到吴淞船厂送的公证书传真件后十分满意，连称“OK”，并当夜将巴塔明陀3号船舶接纳运往新加坡。长江轮船公司吴淞船厂的领导和工作人员深有感触地说“真没想到上海市公证处的工作效率这么高，为我们挽回了每天23 000美元的经济损失”。

六、服务国际会议案例

2004年11月19日，中国2010年上海世博会会徽最终确定。在会徽征集评审活动过程中，市公证处积极提供公证法律服务。在接受社会各界投稿的阶段，市公证处对全部8 000余件应征作品进行证据保全，对所有稿件的拆封、整理、登记、拍照、初筛、封存等全部程序进行监督，保证所有有效稿件均能完整进入评委会的视野，接受专家的评审。征集活动截止之后，在初评、复评和终评中，该处参与了所有现场专家评审会，严格按照事先拟定并公布的工作程序和评审原则，对整个评审工作进行现场监督。该处还利用专业人才和专业经验的优势，通过主动上门、现场办公等多种形式，及时为世博会会徽征集办公室提供相关法律咨询，出具多份法律意见书，并就征集公告、应征作品处理程序、评审规则在操作上的可行性、在程序和内容上的合法性等提出很多中肯的意见与建议，得到有关方面的重视与好评。

第四章 公证参与重大项目和公益服务

改革开放以来，上海市公证行业广泛开展公益法律服务，积极参与全市的重大工程建设的招投标工作，为经济建设提供法律服务和法律监督。

第一节 政府重大项目工程服务

早在1984年，建筑工程实行了招投标的竞争机制，公证机构就积极投入到一些重大建设项目中去。1988年，《上海市土地使用权有偿转让公证实施细则》和《上海市建设工程的招标投标管理办法》颁布，为工程招标公证提供法律依据。1989年，经济公证开拓企业租赁、拍卖，企业经营者的聘用、招标、虹桥土地使用权有偿转让，以及南浦大桥、污水合流工程招标公证。南浦大桥设计先进，工程复杂，技术难度大，质量要求高，工期又短，确定委托有关单位对工程进行招标。上海市公证处介入后，在制订招标文件、评标办法等方面成功地提供法律服务。中标单位认为公证处代他们讲了要讲但又不敢讲的话。大桥总指挥部为公证员申报立功竞赛记功表彰，并在以后建造杨浦大桥时，所有招标及合同，自始至终都申办公证。

1996年6月，浦东国际机场第一期土建、设备安装等工程开始施工。为保证高质量、高效率地把浦东国际机场建成一流的现代化航空枢纽港，机场建设指挥部决定对工程的全部招、投标项目进行法律监督。为此，自1996年6月至1998年12月，市公证处承担机场的全部招、投标公证，共计200多件。1997年，浦东新区公证处为配合做好浦东新区国际机场前期工程的征地动迁工作，办理自谋职业协议公证4 745件，办理思凡小区等国际机场动迁住宅工程公证17件，办理浦东大道21个标段总投资达1.21亿元的招、投标公证。

1999—2000年，市公证处，浦东新区、长宁区公证处为浦东国际机场二期工程、地铁2号线、世纪大道等重大工程招投标进行公证，对招投标过程进行严格监督，保证招投标的真实性、合法性；浦东新区公证处为张江高科技园区土地使用权转让合同公证；卢湾、闸北、虹口等区公证处为配合延安中路高架绿地的动迁、新七浦商城的动迁、明珠2号线虹口区段的动迁等重点建设项目提供证据保全公证。市公证处为向浦东新区建造磁悬浮快速列车工程提供公证服务，与上海市磁悬浮快速列车工程指挥部签订有关《法律服务合同》，为工程办理有关招投标活动公证和提供其他法律服务。

2002—2004年，市公证处为上海市磁悬浮列车示范线主线隔离网、维修专业道路面层及零星项目工程招标活动，浦东国际机场二期飞行区第二跑道助航灯光工程施工招标活动，中国2010年上海世博会规划设计方案评审会等活动进行监督公证。

2007年2月3日，市公证处为上海机场快速公交系统（徐汇段）工程动迁项目拆迁安置中，由被拆迁人投票确定拆迁房地产价格评估机构的投票过程进行现场监督公证。2月9日，市公证处对市房屋土地资源管理局挂牌出让“上海市虹口区汇山码头东块地块”及“上海市轨道交通七号线浦江耀华站地块”国有土地使用权的挂牌截止活动进行现场监督公证。3月，市公证处对“上海国际航运中心洋山深水港区三期工程供配电系统10 kV中压开关柜采购”招标的投标、开标活动进行公证。

2009 年内，全市公证处为浦东国际机场二期建设、虹桥综合交通枢纽建设办理招投标公证，为确保整个工程建设的质量和进度提供服务。在临港新城建设中，为动迁房安置抽签做好现场监督公证，共办理此类公证 1 000 余件。

至 2010 年，全市公证机构积极参与政府重大项目建设项目等招投标活动，使整个招投标过程从一开始就纳入法制轨道，通过对招投标单位主体资格、招标文件的审查和对招投标整个过程进行现场监督，排除各种干扰，保障了招投标活动公平、公正、合法。

图 4－4－1 2009 年，东方公证处为浦东国际机场提供公证法律服务

第二节 公益服务案例

一、遗赠公证案例

朱某福在 1981 年 3 月申办遗赠公证，朱将自置私房 4 间半，其中 3 间分赠给养子朱某根和侄子朱安某，留有 1 间半，因侄子朱安某平日照顾其生活，在本人去世后自愿遗赠给朱安某。同年 6 月 15 日朱某福死亡，养子朱某根从外地赶回上海，有意主张房屋继承权，当侄子朱安某出示遗赠公证书后，养子还特地来公证处询问公证“效力”，当回答公证遗赠的证书得到法律确认，回去后态度完全改变，其他亲属原来也想得些好处，听到遗赠经过公证，也不再主张，在养子离沪时也没有发生纠纷。公证发挥预防纠纷的作用。

1982 年，钟某妹申办赠与证明，称丈夫吴某义已 82 岁，患病在家，他俩商定，把自置的一幢房屋楼上一间分给儿子吴某发、楼下一间分给吴前妻所生的女儿吴某英。经调查，发现家里为了房屋矛盾日深。公证处未急于出证，在出证前征得钟、吴同意，召开家庭会议，听取各方面意见，承办人员反复宣传党的政策，要求大家从团结的愿望出发，互谅互解，最后达成协议，不仅房屋作了合理安排，而且对已用去的房修费 300 元也由兄妹二人各半负担。从此一家人关系改善，避免了纠纷，促进安定团结。

陈某英系年近70的残疾老人,丧偶无子女,有私房半间,要遗赠给愿意负担她每月生活费20元的男青年胡某铭。公证人员对胡的表现作了调查,发现胡平日表现很差,经常旷工参与赌博,平时为每月贴补家庭5元生活费经常吵闹,原与陈无来往,后见陈年迈有房子,就花言巧语骗得陈的信任,使陈放弃了政府社会救济的机会,答应由胡负担她的生活费而将房子遗赠给他。同时,胡急着要将户口迁过去,为了保护老人的合法利益,公证员向陈说清了利害关系,陈认识后撤销了公证,制止了胡的不良意图,消除隐患,预防了纠纷。

二、继承公证案例

2007年,年近80的王某有一个76岁的弟弟,日前去世。弟弟曾有妻室,但在1980年生下儿子后因感情不睦而离婚。儿子也随之经民政部门办理手续,送养给王某的姐姐,王某和姐姐都未嫁。弟弟生前与两个姐姐和一个孩子共同生活在一个屋檐下。养子已于2006年结婚,他因性格问题,与养母和生父的关系都不和。弟弟生前留下一万多元的保险金。王某想办理财产继承公证,但又不想让姐姐的养子(王某的侄子)知道此事。公证员接到此咨询后,首先向王某讲解了保险金的继承问题。保险金作为遗产继承的有两类情况:一是投保者指定的受益人;二是没有指定受益人,则作为遗产由法定继承人共同继承。作为法定继承人,王某弟弟的父母早已过世,他的儿子已送养,无权继承,配偶也已离异。作为第一程序法定继承人已不复存在,作为第二程序的法定继承人唯有王某和她的姐姐。当公证员得知王某的姐姐长期患病卧床时,便约定翌日上门当面征询王某的姐姐。同时,公证员还进行深入调查,从王某的所在里委到王某的弟弟的退休单位以及民政部门,核实诸如王某的弟弟是否还有子女、其离婚的事实、收养关系法律上是否有效、姐弟三人的亲缘关系等问题,以确认这笔保险金的合法继承人。在出具这份遗产继承公证书后,王某及其姐姐共同继承了弟弟的这笔保险金,姐姐卧床不起,无法双方共同去保险公司领取,公证员为王某增办了一份委托公证书。王某及其姐姐以前就业于街道工厂,后依靠政府的低保,经济十分拮据,虽说公证费用并不高,但鉴于这对姐妹家庭特困,经法律援助中心办理相关手续,两次公证费用全免。

三、残疾人收养公证案例

1999年9月21日,家住浦江镇的一对残疾夫妇(夫妻均为聋哑人)在区民政部门手语翻译的陪同下,来到区公证处要求办理有关收养公证。1999年6月,夫妇二人在田边拾到一名遭遗弃的女婴,一直收养。考虑到收养子女必须符合法律规定,履行法定手续,夫妇二人前往区人口与计划生育委员会及区民政部门办理收养手续,并按要求来到区公证处办理女婴系拾得孩童的旁证公证。区公证处认真核对收养人(两位聋哑人)及证明人的身份和民政部门出具的证明,因事情的特殊情况,以减免公证费形式为其办理旁证公证。其间,上海东方电视台《迎着阳光》节目组对整个公证办理过程进行全程采访和拍摄。

四、特殊群体历史资料公证案例

1999年9—12月,宝山区公证处对“一·二八”“八一三”两次淞沪战争期间,侵华日军在宝山地区所犯的罪行进行调查取证，为 200 多位幸存者和见证人作证人证言公证，出具了 42 份证据保全公证文书。这是上海市首次以法律形式对蒙受灾难的幸存者和见证人的证言给予司法鉴证，成为当年侵华日军暴行无可辩驳的铁证。

图 4-4-2　1999 年 9—12 月，宝山区公证处对“一·二八”“八一三”两次淞沪抗战中，侵华日军在宝山地区的暴行进行证人证言的司法公证，证人均为当年的目击者、受害者和幸存者

2001 年静安区公证处受理了全国首例日军侵华期间遭受日本侵略者凌辱的“慰安妇”证人证言公证；2002 年为 15 名“二战”期间幸存的赴日上海劳工提供法律援助，办理个人苦难史证据保全及委托书公证；2007 年，根据到沪参加由上海师范大学中国慰安妇问题研究中心创立的“慰安妇”资料馆开馆仪式的“慰安妇”的申请，办理相关委托事宜之公证；承办了全市首个历史资料证据保全与公证研讨会。

第五篇

司法鉴定

上海市司法鉴定工作起步较早。1998年6月，市司法鉴定工作委员会成立，委员会下设办公室（设在市司法局内），统一对全市司法鉴定工作进行监督、管理和协调。这是全国第一家省级司法鉴定工作委员会，被司法部称为“上海模式”。2000年7月，上海市司法鉴定中心成立，是全国首家省级司法鉴定质量管理事业单位。同年11月，市司法局鉴定管理处成立，是全国首家省级司法行政机关司法鉴定管理部门。由市司法鉴定工作委员会、司法鉴定管理处、司法鉴定中心这种以政府行政管理、监督和协调为主导，各职能部门共同参加、统一管理的“上海模式”的基本框架完成。2001年9月，市司法鉴定工作委员会召开第三次会议，出台《关于加强上海市司法鉴定管理的若干意见》，全市司法鉴定工作开始步入管理有序、健康发展的轨道。从2002年起，全市陆续出台司法鉴定登记公告制度；司法鉴定人执业证制度；每年制作《上海市司法鉴定机构和司法鉴定人名册》并公告。2004年起，首次对申领《司法鉴定人执业证》人员进行司法鉴定及相关法律业务知识考核、考试。同年10月，制定出台《上海市司法鉴定人职业道德规范》。2005年2月，全国人大出台《关于司法鉴定管理问题的决定》，正式确定由司法行政机关承担司法鉴定管理职能，司法鉴定管理进入新阶段。2006年，市司法局进一步明确了市司法鉴定中心的职能定位。2009年1月，市司法局进一步理顺司法鉴定管理体制，完成全市公安机关所属的26家鉴定机构和376名鉴定人备案登记工作。2010年6月，上海市司法鉴定协会成立，司法鉴定管理进入行政管理和行业自律管理相结合阶段。至2010年，全市共有司法鉴定机构105家，司法鉴定人1 488人，鉴定业务由初期的4大类发展为13大类，还先后成立了6个专家委员会，协助司法机关解决众多疑难、复杂的鉴定案件，促进了司法公正，维护了司法权威。

第一章 司法鉴定管理

1998年6月18日，市政府为加强司法鉴定工作的监督、管理和协调，决定成立上海市司法鉴定工作委员会（简称市司鉴委）。市司鉴委下设办公室（简称市司鉴办），办公室设在市司法局内。2000年7月，上海市司法鉴定中心成立。同年11月，市司法局鉴定管理处成立。2001年9月市司鉴委第三次会议通过《关于加强上海市司法鉴定管理的若干意见》后，全市从2002年起陆续出台了鉴定机构登记公告制度、司法鉴定人执业证制度、统计工作制度、继续教育和业务培训制度。2005年，《全国人民代表大会常务委员会关于司法鉴定管理问题的决定》实施，明确赋予司法行政机关重要的管理职能。此后，司法鉴定管理进入新阶段。市司法局在管理上坚持抓好“五个统一”：一是统一准入管理，面向社会服务的司法鉴定机构核准和司法鉴定人执业，必须经司法行政机关审核登记；二是统一司法鉴定机构和司法鉴定人名册编制、公告管理；三是统一司法鉴定机构专用章（红印、钢印）制作管理；四是统一司法鉴定人签名备案制度；五是统一司法鉴定文书和司法鉴定协议书文本。2010年6月，上海市司法鉴定协会成立，司法鉴定管理进入了行政管理和行业管理“两结合”管理模式。

第一节 基础性管理

从1998年6月市司鉴委成立，至2005年2月全国人大出台《关于司法鉴定管理问题的决定》，其间，市司鉴委及其办公室统一管理全市司法鉴定工作，包括成员单位内部和面向社会服务的司法鉴定机构，管理内容涵盖司法鉴定涉及的所有领域。

一、制度建设

1999年3月16日，市司鉴委第一次会议通过《上海市人身伤害司法鉴定专家委员会工作制度（试行）》和《上海市精神疾病司法鉴定专家委员会工作制度（试行）》。2000年3月6日，市司鉴委第二次会议通过《上海市文检司法鉴定专家委员会工作暂行办法》。这一时期，市司鉴办对有关工作制度进行全面的修订，建立市司鉴办联络员制度，制定包括鉴定委托与受理、鉴定会的组织、鉴定会程序与规则、复核鉴定告知制度、鉴定文书制作与归档制度、信访接待制度、不服专家委员会鉴定结论的复审条件与程序和鉴定收费原则等8个方面内容的《司法鉴定专家委员会办案管理暂行规定》。其中，市司鉴办自2000年1月起启用《复核鉴定情况告知单》，对市人身伤害司法鉴定专家委员会复核鉴定后维持或改变原鉴定结论的情况，及时告知原鉴定单位，使复核鉴定人在作出鉴定结论前能详细了解当时的情况，避免由于鉴定材料不同而造成的错误结论。将鉴定结论及时告知原鉴定单位，有利于信息的及时反馈和沟通。

2001年9月17日，市司鉴办印发《关于加强上海市司法鉴定工作管理的若干意见》和《上海市司法会计鉴定专家委员会工作暂行办法》。《关于加强上海市司法鉴定管理的若干意见》进一步规范了全市司法鉴定工作，加强对司法鉴定机构和司法鉴定人的管理。

2003年5月21日，市司法局、市卫生局联合发出《关于指定精神疾病保(所)外就医鉴定医院和鉴定机构的通知》，指定上海市精神卫生中心、司法部司法鉴定中心、上海市公安局安康医院分别为上海市各监狱、劳教所等罪犯及劳动教养人员精神疾病保(所)外就医鉴定医院和鉴定机构；指定上海市司法鉴定中心为续保鉴定单位。9月29日，市公安局、市司法局、市卫生局联合制定下发《关于对吸食、注射毒品人员成瘾鉴定和戒毒人员尿样检测工作的通知》，确定了成瘾鉴定机构和尿样检测场所，规定了成瘾鉴定和尿样检测的程序，明确了上海市司法鉴定专家委员会受理复核鉴定。10月15日，市司鉴办印发《上海市司法鉴定人职业道德规范》，界定了司法鉴定人的范围，明确了司法鉴定人应遵守的职业道德和应履行的各项义务，如诚信义务、秉公执业义务、回避义务、保密义务、按期鉴定义务、提供司法鉴定援助服务义务、出庭质证义务等。《规范》的出台有利于司法鉴定人接受相关单位和当事人的监督，弥补了上海市司法鉴定行业执业人职业道德规范方面的空白，对司法鉴定工作管理和行风建设将起到积极的推动和促进作用。

2004年11月24日，市司鉴办印发《上海市司法鉴定专家委员会管理意见》，明确市司法鉴定专家委员会专家的聘任程序、聘期、权利义务、受案范围、解聘情况等事项，规范了全市司法鉴定专家委员会专家的管理工作。

二、参与立法

上海市司法鉴定管理工作起步后，碰到最主要的困难和障碍是，缺乏司法鉴定管理方面的法律法规和规章依据。此后，市司法局开始司法鉴定立法探索。

2000年，为适应依法治市、建设社会主义法治城市的需要，在市人大、市政府有关领导和部门的关心支持下，正式启动司法鉴定立法可行性调研工作。市司法局成立立法调研领导小组，制定《上海市司法鉴定管理条例(草案)》(框架内容)和《关于制定〈上海市司法鉴定管理条例〉的立项报告》，并向市人大、市政府办公厅提交了立项报告。

2001年，正式启动司法鉴定立法可行性调研工作。制定司法鉴定立法调研计划，成立《上海市司法鉴定管理条例(草案)》起草小组，聘请立法顾问，确定立法调研主要内容和工作任务，开展司法鉴定立法调研活动。2月22日，市人大常委会第26次会议，确定了《上海市司法鉴定管理条例》等22项法规为立法调研项目。4月和7月，市人大内司委和市司法局联合组团分两批赴渝、川、黑、吉开展立法调研，听取外省市人大关于立法工作的经验介绍；5月，就立法调研中遇到的司法鉴定管理的性质和地方立法的可行性问题，专题向司法部作了《关于明确司法鉴定管理制度性质的请示》，司法部对此作出批复，明确司法鉴定由司法行政机关管理及地方立法的可行性；7月，组织上海市司法鉴定培训考察团赴澳大利亚进行培训考察，完成有关调研报告。在此基础上，及时组织专家起草《上海市司法鉴定管理条例(草案)》，完成《条例(草案)》四稿的修改。

2002年初，市人大常委会第三十七次会议继续将《上海市司法鉴定管理条例》列入市人大立法调研项目之一。市司法局多次召开司法鉴定立法调研座谈会，听取司法机关、司法鉴定机构、专家学者等意见和建议。积极主动向市人大和市政府法制部门汇报司法鉴定立法调研工作情况。市人大内司委、市司法局第三次联合组团赴河南、河北两地学习考察司法鉴定立法工作。8月，市司法局党委书记、局长缪晓宝、市人大内司委副主任委员惠熙荃等领导带队专门赴京，分别向全国人大内司委、司法部汇报上海市司法鉴定立法工作情况。组织专家修订《上海市司法鉴定管理条例(草案)》，形成第七稿。

2003年4月，上海市第十二届人大常委会明确将《上海市司法鉴定管理条例》列入立法预备项目。为推动司法鉴定立法工作顺利开展，5月，市司法局完成《上海市司法鉴定立法调研专辑》的编纂工作。《专辑》收集全市司法鉴定立法的规范性文件、立法调研报告、司法鉴定立法和管理方面的论文以及全国人大常委会有关司法鉴定立法的草案和地方省（市）已经颁布的《司法鉴定（管理）条例》，作为立法参考资料。

2004年，《上海市司法鉴定管理条例》被列入市人大2004年17项立法调研项目之一。2005年2月24日，市人大常委会第18次会议通过《上海市人大常委会2005年工作要点》，将《上海市司法鉴定管理条例》（以下简称《条例》）列入市人大2005年9项立法调研项目之一。

从2001年起至2005年，上海市人大常委会连续5年将《司法鉴定管理条例》列入立法调研项目。在此期间，《上海市司法鉴定管理条例（草案稿）》一共组织修改了8稿，市司法局、市司法鉴定工作委员会办公室还编印了《上海市司法鉴定立法调研专辑》。2005年2月28日，全国人大常委会《关于司法鉴定管理问题的决定》颁布后，上海司法鉴定管理立法工作暂告一段落。

与此同时，市司法局还积极参与司法部司法鉴定立法工作。2004年10月，司法部在上海召开"司法鉴定立法与管理工作座谈会"，11月，全国人大法工委来沪调研司法鉴定立法工作，推进了国家的立法工作。

三、业务建设

1999年11月15—18日，市司鉴办举办司法精神医学鉴定疑难问题研讨班，有全国各地的52名学员参加研讨学习。研讨班内容有：司法鉴定文书、司法精神鉴定的疑难问题及鉴定方法、抑郁性障碍的司法鉴定及责任能力评定、性自卫能力评定、精神损伤评定、偏执性精神障碍、癔症和迷信的司法鉴定、人格障碍及相关问题及司法精神医学研究等。

2000年7月26日，市司鉴办在市司法局召开听力损伤司法鉴定专题研讨会。与会者围绕各医院听力检查的差异、被鉴定人伤情的变化、鉴定时间的不同以及对鉴定标准条文理解不一等因素均影响鉴定结论等难点问题进行研讨，就现行鉴定标准适用达成共识，统一了鉴定标准，规范了鉴定操作，以期进一步提高鉴定结论的准确性。11月9日，为进一步加强和完善听力检测工作，确保听力损伤司法鉴定的质量，司鉴办在市司法局召开上海市部分耳科专家、上海市7家听力定点单位检测人员和法医参加的专题会议，具体商议听力检测工作，以达到各听力检测单位和人员明确检测要求，采取规范、统一的听力损伤检测手段进行检测的目的。会上，耳科专家详细解释了《听力损伤司法鉴定研讨会会议纪要》的有关内容，要求各单位在检测工作中做到手段一致、标准一致、要求一致，进一步提高检测质量；与会法医和听力检测人员互相交流、研讨了听力检测的操作问题，提出对检测结果前后矛盾的处理办法；会议还明确各单位听力检测人员、联系方式以及耳科主任的专家门诊时间等事项，便于司法鉴定机构联系落实检测工作。

2001年共组织4期培训班。7月，市司鉴办与市法医学会法医临床组联合举办学术研讨会；9月，举办2期由司法会计鉴定机构鉴定人员近300余人参加的培训班；10月，组织全市公检法单位的办案人员和部分律师，开展精神疾病司法鉴定基础知识培训班；11月，邀请有关专家对全市各鉴定机构的法医进行放射科知识培训。

2002年，市司法局组织开展各类司法鉴定业务研讨。市文检司法鉴定专家委员会召开工作研讨会，就有关技术难点等问题进行研讨；市精神疾病司法鉴定专家委员会召开研讨会，结合司法鉴定案件现场鉴定，对精神疾病司法鉴定中所存在的重点、疑点问题进行学术研讨；与市道路交通事故鉴定中心联合举办道路交通事故伤残、死亡鉴定研讨会，就《道路交通事故受伤人员伤残评定》新标准组织学习，对新旧标准的区别及运用时限等问题进行讨论。组织专家为服刑人员提供心理健康咨询。为落实《上海市精神卫生条例》中关于“司法行政部门应当创造条件，为服刑人员提供心理健康咨询服务”的规定，邀请市精神卫生中心专家到市新收犯监狱为干警讲课，受到干警欢迎。试行在司法鉴定中开展法律援助工作，对一复核鉴定案件当事人家庭经济条件十分困难不能支付鉴定费用，要求减免鉴定费的情况进行核实，酌情予以减收鉴定费用。10 月 31 日至 12 月 5 日，市司鉴办举办为期六周的上海市司法鉴定人业务知识系列讲座和培训。培训班邀请市高级人民法院、司法部司法鉴定中心、市律师协会以及市司法局司鉴处等专家，分别就司法鉴定的立法及改革思考、如何规范司法鉴定文书、司法鉴定程序操作规范化、司法鉴定人如何做好出庭质证工作、关于民事诉讼证据的若干规定、关于行政诉讼证据规则中的鉴定结论等方面进行专题讲解。通过培训，提高了司法鉴定人的执业水平和业务素质。

2003 年，市司法局组织力量，采取走访、座谈等形式，着手开展知识产权司法鉴定调研工作。11 月，经市司法局审核批准，由 18 名具有高级职称的人员组成的上海市第一家知识产权司法鉴定所——上海公信扬知识产权司法鉴定所宣告成立，拓展了司法鉴定业务范围。11 月 10 日至 12 月 1 日举办 2003 年度司法鉴定人业务知识培训。培训对象为上海市通过 2003 年度年检注册的 47 家司法鉴定机构的司法鉴定人以及部分拟申请设立司法鉴定机构及司法鉴定人执业登记备案的人员。培训内容包括建立和完善司法鉴定管理制度、诉讼程序与鉴定人出庭规则、国外司法会计的发展与案例、刑事技术在司法鉴定中的应用。培训采取定期讲座的形式，共 600 余人参加培训。

2004 年 5 月 19 日，市司鉴中心组织市文检司法鉴定专家委员会专家就文检司法鉴定文书的规范化问题进行研讨，从鉴定结论如何适应法院质证的角度进行讨论，从而进一步提高了文检司法鉴定文书的质量。7 月 16—17 日、7 月 23—24 日，市司法局举办司法鉴定业务培训，近 800 名司法鉴定人分两批分别参加，培训主要内容是司法鉴定基本制度及与司法鉴定工作相关的法律知识。8

图 5-1-1　2004 年，司法鉴定专家委工作人员接待送检案件

月 11 日，市司鉴中心召开医疗纠纷司法鉴定研讨会。与会人员有上海市司法机关、司法鉴定机构、医疗机构、律师事务所、市医学会和市医疗事故技术鉴定中心等单位。研讨中，与会人员围绕医疗纠纷司法鉴定法律依据、医患双方法律关系属性、医疗纠纷司法鉴定与医疗事故鉴定的差异等各个方面的问题展开深入的研讨。

第二节　《关于司法鉴定管理问题的决定》颁布后的管理

2005 年 2 月 28 日，第十届全国人民代表大会常务委员会第十四次会议通过《全国人民代表大会常务委员会关于司法鉴定管理问题的决定》（以下简称《关于司法鉴定管理问题的决定》），明确赋予司法行政机关重要的管理职能，司法鉴定管理进入新阶段。

一、行政管理

《关于司法鉴定管理问题的决定》出台后，市司法局加大了司法鉴定管理工作的力度。

【制度规范】

2005 年 3 月 1 日，市司鉴办印发《上海市法医毒物司法鉴定专家委员会工作暂行办法》，加强禁吸戒毒工作及对吸食、注射毒品人员的成瘾鉴定工作。9 月 14 日，市司鉴办印发《关于启用司法鉴定人和司法鉴定机构审核章的通知》，按照《行政许可法》的要求，制作了上海市司法鉴定人变更登记专用章、司法鉴定人和司法鉴定机构审核章等。

2006 年 6 月 5 日，市司法鉴定工作委员会办公室印发《关于调整和补充上海市司法鉴定专家委员会成员的通知》，对全市人身伤害、精神疾病、文检、司法会计、法医毒物 5 个司法鉴定专家委员会的成员进行了调整和补充。经调整补充后，专家委员会总人数由 158 人增加为 207 人。

2007 年 4 月，市司法局制定《司法鉴定类行政许可工作指南》，规范司法鉴定行政许可工作，修改、增加了“延续申请”“依职权依法注销”等项内容。8 月 2 日，市司鉴办印发《上海市法医物证司法鉴定专家委员会工作暂行办法》知，明确规定：受市司鉴办的委托（授权），市法医物证司法鉴定专家委员会可以组织有关专家对法医物证司法鉴定机构的鉴定质量进行不定期检查，以不断提高鉴定质量。

2008 年 1 月 7 日，市司鉴办印发《人身损害受伤人员休息期、营养期、护理期评定标准[试行]》，这是全市出台的第一个法医类司法鉴定地方性标准。《标准》规定了人体损伤后受伤人员休息期、营养期、护理期评定的原则、方法和内容，适用于人身伤害、道路交通事故、工伤事故、医疗纠纷案件等人身损害赔偿案件。

2009 年，市司法局进一步加强对司法鉴定的管理和指导工作，加大司法鉴定监督、检查工作的力度，出台一系列规范性文件。2 月 20 日，市司鉴办印发《关于迎世博、规范司法鉴定窗口服务的通知》，开展迎世博、规范司法鉴定窗口服务活动。4 月 7 日，市司鉴办制定印发《关于加强上海市司法鉴定机构规范化管理的若干意见》，从优化司法鉴定“窗口”服务、完善司法鉴定工作程序、规范司法鉴定材料管理、加强司法鉴定仪器设备管理、推进司法鉴定机构认证认可工作、严格司法鉴定档案管理、强化司法鉴定人执业管理、依法处理司法鉴定投诉、建立健全司法鉴定机构行政管理制度与财务管理制度等十一个方面对鉴定机构规范化管理提出了具体的要求,并要求各司法鉴定机构加强司法鉴定有关法律法规的学习,坚持依法管理,提升规范化管理水平,确保司法鉴定活动的制度化、科学化。7月23日,市司鉴办印发《关于组织开展法医临床法医病理司法鉴定人转岗培训工作的通知》。9月1日,市司法局印发《申请司法鉴定人执业司法鉴定机构设立等事项审批规定》,规范申请司法鉴定人执业、司法鉴定机构设立等审批事项的审批依据、审批条件、申请材料、办理部门、监督途径、审批职责、审批期限、工作流程等事项。10月26日,市发展和改革委员会、市司法局联合制定下发《关于贯彻执行〈国家发改委、司法部关于印发《司法鉴定收费管理办法》的通知〉的通知》,这是全国人大常委会《关于司法鉴定管理问题的决定》实施以来,全市出台的第一个关于司法鉴定收费的规范性文件。《通知》明确法医、物证、声像资料类司法鉴定收费项目严格按照《司法鉴定收费项目和收费标准基准价(试行)》执行,收费标准在国家规定的基准价的基础上适当上浮,上浮幅度最高不超过50%,下浮不限。同时明确,对个别疑难复杂的司法鉴定,经司法鉴定机构与委托人协商一致,可以在不高于《司法鉴定收费项目和收费标准基准价(试行)》标准的2倍之内协商收费。《通知》还要求司法鉴定机构接受委托提供司法鉴定服务,应当与委托人签订《司法鉴定协议书》,并载明收费项目、收费标准、收费方式、收费金额、结算方式、争议解决办法等条款。

2010年5月,市司法局印发《关于学习贯彻〈司法鉴定执业活动投诉处理办法〉的通知》,要求全市各鉴定机构,要严格鉴定程序和文书规范,确保鉴定意见客观公正,引导当事人依法按协议书办事,同时监督鉴定行为,减少信访投诉案件;要加强鉴定机构内部监督管理,建立司法鉴定受理和实施全过程的质量监控制度,不断提高司法鉴定质量;要严格公示规定,在接待场所公示司法鉴定许可证、司法鉴定税务登记证、司法鉴定收费标准、司法鉴定程序、执业司法鉴定人介绍、监督投诉电话,设置司法鉴定意见箱,接受社会各界监督。7月,印发《关于认真学习和贯彻执行〈关于办理死刑案件审查判断证据若干问题的规定〉和〈关于办理刑事案件排除非法证据若干问题的规定〉的通知》。

【教育培训】

市司法局从2001年起,每年对司法鉴定人进行一次培训。培训的重点内容为鉴定业务、职业道德和法律知识。

2005年2月,全国人大《关于司法鉴定管理问题的决定》出台后,12月6日,市司法局组织全市司法鉴定人统一开展教育培训,学习《全国人大常委会关于司法鉴定管理问题的决定》和司法部的部分相关规章。

2006年5月12日,市司法局在司法会堂举办了司法鉴定新执业人员业务知识培训。培训安排了3个讲座:关于司法鉴定相关法律法规的介绍;关于司法鉴定程序规定的要求;关于司法鉴定文书的制作要求。7月4日,市司法局在市医学会举办了司法鉴定专家委员会成员法律和鉴定知识培训。培训的主要内容是司法鉴定相关法律、法规和规章及司法鉴定文书制作要求。市司法鉴定专家委员会的成员近百人参加了培训活动。至年底,市司法局新批准执业的110余名司法鉴定人员参加了业务培训。

2007年8月28—29日,市司法局举办《司法鉴定程序通则》学习培训班,全市司法鉴定机构负责人、有关专家共80余人参加培训。与会人员就学习贯彻《通则》、推进司法鉴定体制及机制改革、加强上海司法鉴定管理工作、提高司法鉴定质量等问题交流了体会和想法,并提出了一些工作意见和建议。

2008年7月4日，市司法局在市医学会举办了司法鉴定专家委员会成员法律和鉴定知识培训。培训的主要内容是司法鉴定相关法律、法规和规章及司法鉴定文书制作要求。市司法鉴定专家委员会的成员近百人参加了培训活动。10月23日，全市举办新执业司法鉴定人教育培训，有400余名新批准执业的司法鉴定人参加了培训。培训采用讲座形式，内容包括：《上海司法鉴定管理工作发展与思考》《〈司法鉴定程序通则〉解读》《〈司法鉴定文书规范〉解读》等。11月，举办全市司法鉴定机构负责人业务培训班，统一司法鉴定文书格式要求。

2009年8月3—4日，市司法局举办全市司法鉴定机构负责人培训班，全市98家司法鉴定机构的负责人及相关人员共百余人参加了培训。培训班上，有关专家就"司法鉴定的发展趋势"、《司法鉴定机构认定评审准则(试行)》和"司法鉴定服务标准化建设"等内容做了专题讲课。

2010年5月22日，市司法局举办第一期法医临床司法鉴定人转岗培训班。培训时间为5—7月，共有34人参加培训，培训采取集中授课方式，共80个课时，课程学习包括司法鉴定体制与鉴定证据制度、科学证据的基本特征、法医临床学概述、法医临床鉴定的基本程序和方法、《人体重伤鉴定标准》的理解与适用、法医临床鉴定疑难案例分析等。培训结束后，统一进行考试与考核工作。9月10日，市司法鉴定协会、市人身伤害司法鉴定专家委员会、上海市法医学会在市发改委培训中心举办了法医临床司法鉴定培训研讨班，参加培训的有全市各鉴定机构的鉴定人近50人。11月18日，市司法局举办司法鉴定机构负责人培训班，全市35家司法鉴定机构的负责人及相关人员共40余人参加培训。

【专项检查】

2005年5—7月，为进一步规范全市精神疾病司法鉴定工作，提高鉴定文书质量，市司法局开展了精神疾病司法鉴定文书质量检查活动，检查活动分检查和专家评析两个阶段，并召开了精神疾病司法鉴定文书质量检查评析及研讨会，就统一精神疾病鉴定文书格式及规范制作等问题进行了座谈讨论。

2006年9月12日，市司鉴办制定印发《关于对上海市新核准设立的司法鉴定机构开展检查的通知》，对自2005年10月1日《决定》实施以来至2006年6月30日经市司法局核准设立的16家司法鉴定机构进行一次检查。检查的主要内容包括依法开展司法鉴定活动的情况，如案件受理、鉴定文书制作等。10月17日，市司鉴办制定印发《关于贯彻〈司法部关于开展司法鉴定执法检查活动的通知〉的实施意见》，从2006年10月中旬到12月下旬，在全市开展一次司法鉴定执法检查活动，采用机构自查和司法行政机关抽查相结合的方式，共抽查鉴定机构23家。

2007年4月，对全市新设立的16家司法鉴定机构司法鉴定机构开展执法检查活动。

2008年1月，市司法局对在2006年7月1日—2007年10月31日期间经核准设立的16家司法鉴定机构进行执法检查。检查以自查和抽查相结合的方式展开，16家鉴定机构提交了自查报告，市司法局对其中8家进行了抽查。执法检查的情况向全市司法鉴定机构的负责人作了通报。4月1日—6月30日，根据《司法部关于开展司法鉴定专项检查活动的通知》要求，市司法局在上海市范围内集中开展法医类、物证类和声像资料类"三大类"司法鉴定机构和司法鉴定人的资质条件、技术能力和执业行为专项检查活动。5月，市司法局会同市公安局交警总队，开展道路交通事故司法鉴定(法医类)文书质量检查。10月9日，市司法局、市质量技术监督局有关部门，共同召开会议，开展全市司法鉴定机构认证认可工作。

2009年11月，市司法局对在2007年11月1日—2009年10月31日期间经市司法局核准设立司法鉴定机构进行执法检查。执法检查的主要内容包括：司法鉴定机构和鉴定人遵守法律、法规和规章的情况；依法在已登记许可的业务范围内开展司法鉴定活动的情况；司法鉴定机构的执业场所和仪器、设备配置情况；司法鉴定活动执行国家和行业相关技术标准和技术操作规范的情况；司法鉴定机构的案件受理、司法鉴定文书制作、司法鉴定人出庭以及收费、档案等内部管理制度；迎世博，司法鉴定机构窗口服务的建设情况。

2010年9月，市司法局与市公安局交警总队有关部门，在全市开展道路交通事故司法鉴定质量专项检查活动。检查内容分为必查项目和抽查项目两大类，必查项目主要是2009年7月1日—2010年8月31日期间人民群众和相关单位来信来访反映的鉴定案件共26件；抽查项目主要是2010年以来受理的道路交通事故伤残评定案件共143件。其间，共组织18名专家，分5个小组，对上述鉴定案件进行复查，总体看，鉴定质量较好，采信率较高，但在鉴定文书等方面也存在一定瑕疵，相关鉴定机构对这些问题进行整改。

二、行业管理

为贯彻落实司法局的要求，上海在司法鉴定管理中积极探索实行行政管理与行业管理相结合的管理制度。

2010年6月4日，市司法鉴定协会成立。协会会员包括团体会员和个人会员。其中，由市司法局核准登记，取得《司法鉴定许可证》《司法鉴定人执业证》的司法鉴定机构和司法鉴定人为执业会员；其他从事与司法鉴定相关工作的单位和人员为非执业会员。申请加入协会的会员，必须具备下列条件：(1) 拥护协会的章程；(2) 有加入协会的意愿；(3) 从事与司法鉴定相关的工作。

司法鉴定协会遵循"自主办会"原则，工作任务及业务范围包括：(1) 组织会员学习贯彻党和国家有关司法鉴定的法律、法规和政策；(2) 贯彻执行国家司法鉴定标准和技术规范，推进司法鉴定规范化、标准化建设，并对执行情况进行监督和检查；(3) 协调沟通有关部门与会员之间的联系，研究、反映司法鉴定工作中的重大问题，为有关部门制定相关的规章制度提供决策依据；(4) 制定行业自律准则，形成行业自律管理机制，开展职业道德和执业纪律教育，对违反自律准则、职业道德和执业纪律的会员予以惩戒；(5) 接受有关部门委托，对于涉及重大案件或者遇有特别复杂、疑难、特殊的技术问题的鉴定事项，提供鉴定咨询意见；(6) 接受有关部门委托，组织开展司法鉴定人教育培训、执业能力评估、职业道德考核等工作，配合行政主管部门处理对会员的投诉，按照有关规定对会员的违规行为进行处分；(7) 组织开展学术交流和理论研讨活动，加强与国内外同行之间协作交流，总结工作经验，提高鉴定质量；(8) 为会员提供服务，保障会员依法执业，维护行业利益，维护会员的合法权益；(9) 提供咨询意见；(10) 编辑书刊资料；(11) 协助主管单位开展工作及其他经授权或受委托的工作。

协会的组织原则是民主集中制。领导机构的产生和重大事项的决策，须经集体讨论，并按少数服从多数的原则做出决定。最高权力机构是会员代表大会。会员代表大会每届五年，因特殊情况需延期换届的，须经理事会表决通过，报业务主管单位审查并经登记管理机关批准，但换届延期最长不超过一年。会员代表大会由理事会召集，每年召开一次，特殊情况由理事会决定随时召开。会员代表大会的职权是：(1) 制定、修改章程；(2) 决定本会的工作方针、确定协会的工作任务；(3) 选举、罢免理事；(4) 制定、修改本会会费标准；(5) 审议理事会的工作报告和财务报告；(6) 决定更名、终止等事项；(7) 决定其他事项。会员代表大会须有三分之二以上的会员代表出席方能召开，其决议须经到会会员代表半数以上同意方能生效。会员代表可以委托代理人出席会议，代理人应当出示授权委托书，在授权范围内行使表决权。

会员代表大会选举理事，组成理事会。选举产生理事52人、常务理事17人、会长1人、副会长5人。理事会为本会的执行机构，对会员代表大会负责。理事会任期五年，到期应当召开会员大会进行换届选举。

2010年7—8月，市司法鉴定协会开展会员登记工作，共有75家鉴定机构，795名鉴定人递交司法鉴定协会的会员登记材料。8月11—12日，市法医物证司法鉴定专家委员会、市司法鉴定协会联合举办法医物证司法鉴定培训研讨班，参加培训班的有市法医物证司法鉴定专家委员会的专家及各鉴定机构的鉴定人近20人。8月26—27日，市人身伤害司法鉴定专家委员会、市司法鉴定协会和市法医学会联合组织召开法医临床专业的业务培训和研讨会。会上就法医临床鉴定中伤病关系的评定、核磁共振检查在司法鉴定中的应用等专题内容进行研讨与交流。8月31日，市司法鉴定协会召开第一次会长会议，审议通过《上海市司法鉴定协会会长会议议事规则》及各工作委员会、各专业委员会组成人员名单。会议还审议了《上海市司法鉴定协会专业委员会工作规定(草稿)》《上海市司法鉴定协会教育培训规定(草稿)》《上海市司法鉴定协会表彰奖励规定(草稿)》，并同意提交下一次常务理事会审议通过。9月10日，市司法鉴定协会、市人身伤害司法鉴定专家委员会、市法医学会在市发改委培训中心联合举办法医临床司法鉴定培训研讨班，参加培训的有全市各鉴定机构的鉴定人近50人。10月14—15日，市司法鉴定协会、市文检司法鉴定专家委员会在青浦联合举办文检司法鉴定培训研讨会，参加会议的有市文检司法鉴定专家委员会专家、各鉴定机构及公安、检察院系统鉴定人近40人。11月25日，市司法鉴定协会、法医学会、人身伤害司法鉴定专家委员会联合举办法医临床司法鉴定培训研讨班，参加培训班的有法医临床司法鉴定专家委员会的专家及各鉴定机构的鉴定人近70人。与会的专家和鉴定人针对在法医临床司法鉴定中遇到的各类问题及肌电图检查技术的应用进行研讨和交流。12月15日，市司法鉴定协会召开第一届第二次理事会会议，审议通过《上海市司法鉴定协会表彰奖励规定》《上海市司法鉴定协会专业委员会工作规定》《上海市司法鉴定协会教育培训规定》。

第三节　司法鉴定管理体制改革

90年代中后期，为适应修订后的刑事诉讼法相关规定(《中华人民共和国刑事诉讼法》1996修订、第一百二十条)，市司法局向上级请示，对相关司法鉴定工作进行管理，司法鉴定管理工作开始启动。

1998年6月18日，市政府下发了《关于成立上海市司法鉴定工作委员会的通知》，指出"为加强对司法鉴定工作的监督、管理和协调，经市人民政府研究，决定成立上海市司法鉴定工作委员会，委员会办公室设在市司法局"。这是全国第一个省级司法鉴定工作委员会，也是省级人民政府第一次明确对司法鉴定的管理职能。市司法鉴定工作委员会由副市长冯国勤任主任，市政府副秘书长易庆瑶、市司法局局长缪晓宝任副主任，成员单位有市公安局、市检察院、市高级法院、市司法局、市卫生局等5家组成。司法部将上海司法鉴定管理工作中形成的以市司鉴委这一政府行政管理、监督和协调为主导，各职能部门共同参加、统一管理的模式形容为"上海模式"。

1999年2月，第一个专家委员会——上海市人身伤害司法鉴定专家委员会成立，随即又成立了上海市精神疾病司法鉴定专家委员会。上海市司法鉴定工作委员会根据司法鉴定工作需要组织符合法定执业条件、具有相关高级专业技术职称并在专业领域中具有公认的较高业务水平和公信力的专家组建精神疾病司法鉴定专家委员会和人身伤害司法鉴定专家委员会,负责根据本市司法机关的委托,对重大疑难的司法鉴定案件和鉴定的技术性问题提供咨询意见。

1999年3月16日,市司法鉴定工作委员会召开第一次全体会议,会议明确了市司法鉴定工作委员会的主要职责,即:制定全市司法鉴定工作改革与发展规范;指导、监督、管理全市司法鉴定工作;组织、实施市司法鉴定工作委员会的重大活动;筹建各类司法鉴定专家委员会;监督全市重大司法鉴定活动的开展;协调全市各司法鉴定机构间关系。同时,明确司法鉴定统一管理的要求,即统一管理的范围包括全市所有的司法鉴定工作,统一管理的内容涵盖司法鉴定涉及的所有领域和业务范围。会议还通过了市精神疾病司法鉴定专家委员会、市人身伤害司法鉴定专家委员会成员名单;上海市从事精神疾病司法鉴定、上海市从事人身伤害司法鉴定的机构名单。同年9月,司法部发文转发《上海市司法鉴定工作委员会办公室的工作职责》《上海市人身伤害司法鉴定专家委员会工作制度》《上海市精神疾病司法鉴定专家委员会工作制度》,并指出:司法鉴定制度是当代司法制度中一项十分重要的制度,是保证公正司法的基础性建设。通知要求各地加快建立和完善司法鉴定工作制度,创造性开展司法鉴定工作。同时,要求各地组建省级司法鉴定工作管理委员会。这是司法部第一次发文批示,肯定上海市司法鉴定管理工作。

2000年4月25日,市司法鉴定工作委员会决定增补50位临床专家为市人身伤害司法鉴定专家委员会的专家;同时决定成立市文检司法鉴定专家委员会,委员会是上海市笔迹、印章、印文等方面最权威的鉴定部门,司法鉴定管理领域进一步拓宽。7月,市司法鉴定中心成立,该机构为事业单位,主要职责是承担全市各司法鉴定专家委员会的运作和管理(组织各专家委员会对司法机关委托的重大、疑难、复杂案件进行鉴定;组织专家对全市司法鉴定业务进行指导和监督;组织专家开展学术研究,进行相关标准的制定);组织实施对司法鉴定人的业务培训、学术交流。8月7日,市政府办公厅《关于印发上海市司法局职能编制、内设机构和人员编制规定的通知》,明确市司法局的主要职能之一"承担市司法鉴定工作委员会的日常工作",并同意设立"司法鉴定管理处",这是全国最早在省级司法行政机关设立司法鉴定管理部门。司法鉴定管理处主要职责是:拟定全市司法鉴定工作发展规划,制定司法鉴定工作管理制度,起草规范性文件,负责司法鉴定机构的核准登记和鉴定人员的资格审批等各项工作。11月20日,市司法鉴定中心正式揭牌。

至此,市司法鉴定工作委员会、司法鉴定管理处、司法鉴定中心这一以政府行政管理、监督和协调为主导,各职能部门共同参加、统一管理的"上海模式"基本框架完成。

2001年9月3日,市司法鉴定工作委员会召开第三次会议,会议讨论通过了《关于加强上海市司法鉴定管理的若干意见》《上海市司法会计鉴定专家委员会工作暂行办法》;决定成立市司法会计鉴定专家委员会;确定市复兴会计师事务所等36家单位为首批司法会计鉴定机构;决定增补市人身伤害、精神疾病和文检司法鉴定专家委员会的专家。《关于加强上海市司法鉴定管理的若干意见》明确,市司鉴委是全市司法鉴定工作统一管理和协调机构;司法鉴定专家委员会的具体筹建工作由市司鉴办负责;司法行政机关是面向社会服务的司法鉴定工作的行业主管机关,对司法鉴定机构及其鉴定活动进行指导和监督。《若干规定》规定从2002年1月起,全市范围内所有从事面向社会服务的司法鉴定机构都必须登记,对符合条件的颁发司法部统一制作的《司法鉴定许可证》,并向社会公告。在国家有关规定还未出台前,对司法鉴定人执业资格实行登记备案制度。9月,上海市司法会计鉴定专家委员会成立,该委员会由18名具有高级职称的会计专家组成,主要承担对有争议的司法会计鉴定的复核鉴定和对重大、疑难案件的鉴定工作。

图 5－1－2　2001 年 11 月 20 日，市司法鉴定中心成立并举行揭牌仪式

2002 年 4 月，市司法局首次开展司法鉴定机构登记、年检注册及司法鉴定人执业资格登记备案工作，印发《市司法局关于开展司法鉴定人执业资格登记备案工作的通知》《市司法局关于贯彻〈司法部关于开展面向社会服务的司法鉴定机构年度检验工作的通知〉的几点意见》，要求全市面向社会服务的司法鉴定机构及司法鉴定人必须到司法行政机关进行登记。6 月，全市首次启动司法鉴定业务统计工作，并作出司法鉴定数据及情况分析，得到司法部“在我们进行建立新型司法鉴定管理体制的制度创新过程中，为全国起到了表率作用”的高度评价。8 月 21 日和 8 月 27 日，对通过 2002 年度年检注册的 46 家司法鉴定机构和 702 名司法鉴定人，分别在《解放日报》《上海法治报》予以公告，并在东方法治网、上海市司法行政网等网站上予以刊载。此后，市司法局每年都在年底前对全市的司法鉴定机构和司法鉴定人统一编制名册，在有关报纸、网站等新闻媒体予以公告，并将纸质名册分送全市各法院、检察院、公安局、司法局及律师事务所、公证处、仲裁机构等单位，以方便委托和受理鉴定。

2004 年 3 月 30 日，市司法局、市司鉴办召开上海市司法鉴定工作会议，这是上海市自 1998 年成立上海市司法鉴定工作委员会以来，对上海市司法鉴定工作实行统一管理、指导、监督后首次召开司法鉴定工作会议，标志着上海市司法鉴定工作统一管理的加强。8 月 14 日，市司法行政机关举行首次司法鉴定人执业考核，司法鉴定人开始持证上岗。

2005 年 2 月 28 日，全国人大常委会《关于司法鉴定管理问题的决定》，明确赋予司法行政机关重要的管理职能，司法鉴定管理工作从而成为一项法定的管理职能。4 月，法医毒物司法鉴定专家委员会组建成立。9 月，对全市原有已取得《司法鉴定人执业证》《司法鉴定许可证》的司法鉴定人和司法鉴定机构进行重新审核、登记，48 家司法鉴定机构 460 名司法鉴定人予以重新登记。

《关于司法鉴定管理问题的决定》实施后，2006 年，市司法局理顺工作关系，稳妥推进司法鉴定体制改革：一是向有关部门提出了继续保留市司法鉴定工作委员会的意见；二是确定了市司法鉴定中心的职能定位；三是调整和补充了市司法鉴定专家委员会成员。在推进司法鉴定体制改革过程中,市司法局扩大管理范围,将司法会计、计算机、建筑工程、知识产权等司法鉴定纳入统一管理范围之内,新批了7家建筑工程司法鉴定机构。同年4月,上海市法医毒物司法鉴定专家委员会成立,该委员会由全市从事毒品、毒物工作的卫生系统、科研院校、鉴定机构等单位专家组成。6月5日,市司法鉴定工作委员会办公室印发《关于调整和补充上海市司法鉴定专家委员会成员的通知》,对全市人身伤害、精神疾病、文检、司法会计、法医毒物5个司法鉴定专家委员会的成员进行了调整和补充。经调整补充后,专家委员会总人数由158人增加为207人。

2007年,市司法局继续规范司法鉴定行政许可工作,修改、增加了"延续申请""依职权依法注销"等项内容,制定了《司法鉴定类行政许可工作指南》。7月,成立市法医物证司法鉴定专家委员会。9月,为贯彻落实司法部《司法鉴定程序通则》的有关要求,统一司法鉴定管理,规范司法鉴定文书,市司法局统一制作了全市75家司法鉴定机构的司法鉴定专用章,于10月1日起正式启用。同年,上海市法医物证司法鉴定专家委员会成立,并召开了首期法医物证司法鉴定专家委员会工作会议,制定了法医物证鉴定规程,从而进一步拓展了专家委员会工作。

2009年2月,根据全国人大常委会《关于司法鉴定管理问题的决定》以及最高人民法院、最高人民检察院、公安部、安全部、司法部《关于做好司法鉴定机构和司法鉴定人备案登记工作的通知》,市司法局进一步理顺司法鉴定管理体制,完成全市公安机关所属的26家鉴定机构和376名鉴定人备案登记工作。

随着全市司法鉴定工作规模的加大,面对庞大且具多种专业技能的司法鉴定队伍,成立行业协会,推进行业管理,是完善管理体制的重要工作。2009年初,市司法局开始探索建立司法鉴定行政管理与行业协会自律管理相结合管理制度。同年9月8日,召开上海市司法鉴定协会(筹)第一次发起单位会议,正式启动司法鉴定行业协会筹建工作,司法鉴定科学技术研究所司法鉴定中心等上海市十家鉴定机构作为发起单位参加会议。会议讨论修改《上海市司法鉴定协会章程(草案)》。

2010年6月4日,市司法鉴定协会第一届第一次会员代表大会召开,市司法鉴定协会正式成立。会议通过《上海市司法鉴定协会章程》《上海市司法鉴定协会会费收缴、使用办法》《上海市司法鉴定协会理事会工作规则》《上海市司法鉴定协会第一届追事会理事选举办法》《上海市司法鉴定协会第一届常务理事选举办法》《上海市司法鉴定协会第一届会长、副会长、秘书长选举办法》等6个文件。协会下设3个工作委员会及8个专业委员会。协会秘书处设在市司法鉴定中心,由中心负责协会秘书处的各项工作。

市司法鉴定协会的成立是转变政府职能,实现行政管理和行业管理相结合的一项重要举措,对推进司法鉴定行业科学发展、实现行业自律和行业自我服务具有重大而深远的意义。

第二章　司法鉴定机构和司法鉴定人

2002 年，市司法局首次对全市司法鉴定人和司法鉴定机构进行年检注册并向社会公告。2005 年 9 月，市司法局对全市原有已取得《司法鉴定人执业证》《司法鉴定许可证》的司法鉴定人和司法鉴定机构进行重新审核、登记。至 2010 年，司法鉴定机构从 2002 年的 46 家发展到 105 家，司法鉴定人从 2002 年的 702 人发展到 1 488 人。

第一节　司法鉴定机构

1999 年 3 月，市司鉴委发布《关于确定上海市精神疾病、人身伤害司法鉴定机构的通知》，确定上海市高级人民法院法医室、上海市人民检察院法医室、上海市公安局法医鉴定中心、上海医科大学法医学系、华东政法学院法医教研室、司法部司法鉴定科学技术研究所、上海市法医学会、上海市精神卫生中心、上海市安康医院等 9 家单位为首批司法鉴定机构，开始面向社会提供司法鉴定服务。

2000 年 8 月 14 日，司法部制定《司法鉴定机构登记管理办法》，并于 10 月 1 日施行。根据该《办法》，司法鉴定机构的登记事项包括名称、住所、法定代表人（负责人）、司法鉴定人、注册资产数额、鉴定业务范围等。

2001 年 9 月 3 日，市司鉴委第三次会议召开，确定市复兴会计师事务所、市司法会计中心等 36 家单位为首批司法会计鉴定机构，正式将司法会计鉴定纳入管理范围。

2004 年初，市司法局批准设立的 5 家民办非企业司法鉴定机构正式挂牌运作，第一次确认了以民办非企业为主体的鉴定机构。同年 2 月，上海公信扬知识产权司法鉴定所举办成立仪式，这是上海市第一家专门从事知识产权司法鉴定的机构，进一步丰富了全市司法鉴定业务范围，填补了过去没有知识产权司法鉴定所的空白。11 月，上海文艺知识产权司法鉴定中心成立。该中心主要为文学、戏剧、影视、美术、音乐、舞蹈、摄影、曲艺、杂技等文学艺术作品和著作权及著作邻接权的侵权事项提供司法鉴定及相关服务，这是全国首家专门从事文化艺术知识产权的司法鉴定机构。

2005 年 4 月和 6 月，上海东方计算机司法鉴定所与上海上信计算机司法鉴定所等两家专门从事计算机司法鉴定的机构先后成立，填补了上海市计算机司法鉴定领域的空白。

2006 年，核准设立 7 家建筑工程司法鉴定机构，填补全市该业务领域空白，将建筑工程司法鉴定纳入监管范围。

2007 年，核准登记的首家专门从事电子数据司法鉴定的机构正式成立。

一、司法鉴定机构数量

2002 年，全市首次对司法鉴定人和司法鉴定机构进行年检注册并向社会公告，全市共有 46 家司法鉴定机构。2003 年，全市有 52 家。2004 年，全市有 53 家。

2005 年，依照司法部修订《司法鉴定机构登记管理办法》的新标准，市司法局完成司法鉴定机构的重新审核、登记及名册编制和公告工作。经重新审核登记的司法鉴定机构49家,不予登记的司法鉴定机构6家;注销登记的司法鉴定机构1家。

2006年,新批司法鉴定机构19家,注销司法鉴定机构2家,共有司法鉴定机构65家,比上年增加39%。2007年,共有司法鉴定机构77家;2008年,共有司法鉴定机构92家;2009年,共有司法鉴定机构99家;2010年,共有司法鉴定机构105家。

二、司法鉴定机构类型

年检注册制度实施后,司法鉴定机构开始按照机构性质进行分类。

2003年,全市共有司法鉴定机构52家,机构性质为:政法单位组建8家,占15.4%,属文教卫生部门的3家,占5.8%,民办非企业性质鉴定机构5家,占9.6%,其余36家为司法会计鉴定所,占69.2%。

2004年,全市共有司法鉴定机构53家,机构性质为:政法单位组建8家,占15%,属文教卫生部门的4家,占7.6%,民办非企业性质鉴定机构5家,占9.4%,司法会计鉴定所36家,占68%。

2005年起,根据司法部修订的《司法鉴定机构登记管理办法》规定,司法鉴定机构必须有明确的业务范围,因此司法鉴定机构分类从机构性质转变为业务范围。9月重新审核登记前,上海市有司法鉴定机构55家;9月重新审核登记后,为48家。其中,不予登记的司法鉴定机构6家(公安系统3家、检察院1家、法院1家、安全局1家),司法机关鉴定机构退出面向社会司法鉴定服务;另有1家注销登记。至年底,全49家司法鉴定机构中,法医类、物证类、声像资料类(含计算机)司法鉴定机构10家,占20.41%;其他类(司法会计、建筑工程、知识产权)司法鉴定机构39家,占79.59%。

2010年,初步完成公安机关、国家安全机关、检察机关所属司法鉴定机构备案登记工作。到市司法行政机关备案登记的侦查机关司法鉴定机构共30家,备案登记的司法鉴定业务范围包括法医检验、法医毒物、法医精神病、痕迹、微量、文书、声像资料鉴定等。全市"三大类"司法鉴定机构依法通过计量认证或实验室认可的为7家,占"三大类"鉴定机构总数的33%。至年底,全市105家司法鉴定机构中,法医类、物证类、声像资料类(含计算机)司法鉴定机构21家,占20%;其他类(司法会计、建筑工程、知识产权)司法鉴定机构84家,占80%。

第二节 司法鉴定人

2000年8月,根据司法部制定的《司法鉴定人登记管理办法》,司法鉴定人施行职业资格证书制度和执业证书制度。司法鉴定人职业资格,根据鉴定业务的性质不同,划分不同类型。司法鉴定人职业资格的取得和授予,施行全国统一的考试、考核制度。取得司法鉴定人职业资格证书的人员申请执业,经拟执业或拟聘任的司法鉴定机构同意后,向省、自治区、直辖市以上人民政府司法行政机关提出申请。司法鉴定人执业证书每年注册一次,未经注册不得继续执业。此外,该《办法》还对司法鉴定人的权利和义务以及法律责任等事项进行规定。

2001年9月,市司鉴委出台《关于加强上海市司法鉴定工作管理的若干意见》,加强对司法鉴定人的管理,并明确在全国统一的司法鉴定人职业资格考试、考核办法及《司法鉴定人职业资格证书》《司法鉴定人执业证书》没有出台前,上海市实行司法鉴定人执业资格登记备案制度。登记人员包括:已在司法鉴定机构设立登记的机构内从事司法鉴定工作的专业技术人员,其有大专以上学历并有两年以上专业实践经历、经过司法鉴定专业培训的；已被市司鉴委聘任的各类司法鉴定专家委员会的专家。

2005 年 9 月 29 日，修订后的《司法鉴定人登记管理办法》施行。全国实行统一的司法鉴定机构及司法鉴定人审核登记、名册编制和名册公告制度。司法鉴定人为执业登记制，登记事项包括姓名、性别、出生年月、学历、专业技术职称或者行业资格、执业类别、执业机构等。经审核符合条件的，省级司法行政机关应当作出准予执业的决定，颁发《司法鉴定人执业证》；《司法鉴定人执业证》是司法鉴定人的执业凭证。此外，该《办法》还对司法鉴定人的权利和义务、监督管理、法律责任等事项进行规定。

一、司法鉴定人规模

2002 年，上海市首次对司法鉴定人和司法鉴定机构进行年检注册并向社会公告，全市共有 702 名司法鉴定人登记在册。

2005 年，修订的后《司法鉴定人登记管理办法》施行。市司法局完成司法鉴定人重新审核、登记及名册编制和公告工作。9 月，经重新审核登记的司法鉴定人 460 人，不予登记的 182 人。

2006 年，全市新批司法鉴定人 374 人，注销司法鉴定人 13 人，共有司法鉴定人 837 人，比上年增加 81%。

2007 年，全市共有 6 个司法鉴定专家委员会，成员 234 人，其中人身伤害司法鉴定专家委员会成员 151 人、精神疾病司法鉴定专家委员会成员 25 人、文检司法鉴定专家委员会成员 12 人、司法会计司法鉴定专家委员会成员 17 人、法医毒物司法鉴定专家委员会成员 15 人、法医物证司法鉴定专家委员会成员 14 人。

2010 年，全市初步完成公安机关、国家安全机关、检察机关所属司法鉴定人备案登记工作，到市司法行政机关备案登记的侦查机关司法鉴定人共 591 人。至 2010 年，上海市共有司法鉴定人 1 488 人，比 2005 年增长 217.95%。

二、司法鉴定人结构

2002 年，上海市首次对司法鉴定人和司法鉴定机构进行年检注册并向社会公告。至 2003 年，在 751 名司法鉴定人中，政法系统人员 307 人，占 40.8%；大部分鉴定人学历、职称比较高，其中副高以上职称的有 200 人，占 27%，中级职称的有 505 人，占 67%。

2004 年，在 603 名司法鉴定人中，政法系统人员 204 人，占 33.8%；大部分鉴定人学历、职称比较高，其中副高级以上职称的有 169 人，占 28%，中级职称的有 364 人，占 60%。

2005 年，根据《司法鉴定人登记管理办法》规定，申请从事经验鉴定型或者技能鉴定型司法鉴定业务的，应当具备相关专业工作 10 年以上经历和较强的专业技能；所申请从事的司法鉴定业务，行业有特殊规定的，应当符合行业规定。因此，2005 年后司法鉴定人分类从归属机构性质转变为业务范围。全市 468 名司法鉴定人中，法医类、物证类、声像资料类（含计算机）司法鉴定机构 147 人，占 31.41%；其他类（司法会计、建筑工程、知识产权）司法鉴定机构 521 人，占 68.59%。

至 2010 年，全市 1 488 名司法鉴定人中，法医类、物证类、声像资料类（含计算机）司法鉴定机构 486 人，占 32.66%；其他类（司法会计、建筑工程、知识产权）司法鉴定机构 1 002 人，占 67.34%。

表5-2-1　2002—2010年上海市司法鉴定机构、司法鉴定人情况统计表

年　份	总　计		三大类(含计算机)		知识产权		建筑工程		司法会计	
	机构(家)	人	机构(家)	人	机构(家)	人	机构(家)	人	机构(家)	人
2002	46	702								
2003	52	751	13	325	1	8	/	/	38	418
2004	53	603	13	238	2	16	/	/	38	349
2005	49	468	10	147	2	16	/	/	37	303
2006	65	821	11	324	3	27	7	83	44	387
2007	77	1 101	15	404	3	53	13	156	46	489
2008	92	1 268	16	425	3	53	20	220	55	570
2009	99	1 351	20	446	4	70	21	243	54	592
2010	105	1 488	21	486	4	71	26	339	57	608

说明：三大类指法医类、物证类和声像资料类。

第三章　司法鉴定业务

上海司法鉴定业务范围包括法医病理鉴定、法医临床鉴定、法医精神病鉴定、法医物证鉴定、法医毒物鉴定、文书司法鉴定、痕迹司法鉴定、微量物证鉴定、计算机司法鉴定、声像资料司法鉴定等传统三大类鉴定类别和司法会计鉴定、建筑工程司法鉴定和知识产权司法鉴定等其他司法鉴定类别。法医类、物证类、声像资料类(含计算机)等传统三大类鉴定类别在司法鉴定业务中占据主要份额，占比达到九成以上。2001 年全市司法鉴定业务完成 8 997 件，其中三大类鉴定业务 7 946 件，司法会计司法鉴定业务 1 051 件。2003—2010 年，全市司法鉴定业务保持高速增长，年均增幅达到 28.2%。

第一节　业 务 数 量

市司法鉴定工作委员会成立后，相继组建市精神疾病司法鉴定专家委员会和市人身伤害司法鉴定专家委员会，随后又先后成立了文检、司法会计、法医毒物、法医物证等司法鉴定专家委员会开展司法鉴定工作。各司法鉴定专家委员会成立之初，仅对专家委员会的复合鉴定业务进行统计。1999 年，专家委员会的复核鉴定工作正常开展，共完成司法鉴定 120 件。其中，人身伤害和精神疾病两个专家委员会完成复核司法鉴定 104 件，鉴定结论均被司法机关采纳。

表 5-3-1　1999 年上海市司法鉴定专家委员会复核鉴定结论情况统计表　　单位：件

原鉴定单位	受理数	维持鉴定结论	改变鉴定结论	占受理数(%)	其他(不涉及伤情鉴定)
公安系统	31	18	11	35	2
检察院	1	1			
高级法院	17	7	6	35	4
司鉴所	9	4	3	33	2
法医学会	3	2	1	33	
上医大法医系	2		1	50	1
华政鉴定中心	6	3	3	50	

说明：上述受理数含部分案例有 2—3 个鉴定机构重复鉴定。在改变鉴定结论的案例中，由重伤改为轻伤 8 件，轻伤改为重伤 2 件；由轻伤改为轻微伤 7 件，轻微伤改为轻伤 2 件，轻伤改为不构成轻伤的 1 件；其他交通事故伤残等级改变的 5 件。

2000 年，市人身伤害、精神疾病、文检 3 个专家委员会积极受理和开展司法鉴定，完成复核鉴定和少数重大疑难案件的初次鉴定任务。市人身伤害司法鉴定专家委员会共受理委托鉴定 96 件，完成复核鉴定 90 件，初次鉴定 6 件。市精神疾病司法鉴定专家委员会共受理委托鉴定 23 件，完成复核鉴定 21 件，初次鉴定 2 件。市文检司法鉴定专家委员会共受理委托鉴定 13 件，完成复核鉴定 13 件。

2001 年，各司法鉴定机构共完成人身伤害、精神疾病、文检、司法会计鉴定 8 997 件，其中人身伤害司法鉴定6 437件(活体鉴定5 932件,尸体鉴定505件);精神疾病司法鉴定645件;文检司法鉴定864件;司法会计鉴定1 051件,涉案金额近130亿元。全年,市精神疾病、人身伤害和文检3个司法鉴定专家委员会完成鉴定152件。其中,精神疾病复核鉴定16件;人身伤害复核鉴定110件,初次鉴定8件;文检复核鉴定17件,初次鉴定1件。

表5-3-2　2001年上海市司法鉴定司法鉴定机构鉴定数量统计表　　单位:件

单　位	完成鉴定案件				
	合　计	人身伤害	精神疾病	文　检	司法会计
市公安系统	1 819	1 727	92	—	—
市检察系统	479	20	—	459	—
市高级法院	1 874	1 874	—	—	—
司法部司法鉴定中心	1 892	1 184	312	396	—
市精神卫生中心	241	—	241	—	—
华政鉴定中心	408	399	—	9	—
复旦医学院	1 233	1 233	—	—	—
各司法会计事务所	1 051	—	—	—	1 051
合　计	8 997	6 437	645	864	1 051

说明:市公安系统不包括市刑侦总队与浦东公安分局。

2002年6月,上海市首次启动司法鉴定业务统计工作,全市46家司法鉴定机构共完成人身伤害、精神疾病、文检、司法会计鉴定共16 079件,其中人身伤害司法鉴定11 455件(法医临床9 503件、法医病理1 952件);精神疾病司法鉴定835件;文检司法鉴定2 619件;司法会计鉴定1 170件,涉案金额近190亿元。同年,市司鉴中心组织各司法鉴定专家委共完成各类司法鉴定123件,其中人身伤害鉴定92件(初次鉴定2件、复核鉴定90件);精神疾病鉴定16件(初次鉴定1件、复核鉴定15件);文检鉴定13件(初次鉴定1件、复核鉴定12件);司法会计鉴定2件(复核鉴定2件)。复核鉴定案件约占上海市鉴定案件总数的0.76%,其中改变原鉴定结论共31件,复核鉴定改变率25%。司法鉴定委托,法院系统委托84件,占68%;检察系统委托12件,占10%;公安系统委托27件,占22%。

表5-3-3　2002年上海市司法鉴定中心各司法鉴定专家委员会司法鉴定数量统计表　　单位:件

委托单位	人身伤害		精神疾病		文　检		司法会计	
	初　次	复　核	初　次	复　核	初　次	复　核	初　次	复　核
法院系统	2	63		9		8		2
检察系统		7		3		2		
公安系统		20	1	3	1	2		
合　计	2	90	1	15	1	12		2

2003年,上海市共完成司法鉴定16 320件,比上年增加1.5%。人身伤害司法鉴定11 430件,

其中：法医临床 6 527 件，占 40%；法医病理 861 件，占 5%；法医物证 1 316 件，占 8%；法医毒物 2 726 件，占 17%。精神疾病 971 件，占 6%；司法会计 1 394 件，占 9%；文书鉴定 1 670 件，占 10%；痕迹鉴定 492 件，占 3%；微量物证 363 件，占 2%。2003 年，上海市人身伤害、精神疾病、文检、司法会计 4 个司法鉴定专家委员会已经完成各类司法鉴定 163 件。其中人身伤害司法鉴定 122 件、精神疾病司法鉴定 26 件、文检司法鉴定 12 件、司法会计鉴定 3 件。

2004 年，上海市各司法鉴定机构共完成各类司法鉴定 25 689 件，比上年上升 57.41%。其中，法医临床 12 844 件，占 50%；法医病理 2 331 件，占 9.1%；法医物证 3 352 件，占 13.05%；法医毒物 2 651 件，占 10.32%；精神疾病 781 件，占 3.04%；司法会计 1 129 件，占 4.4%；文书鉴定 2 036 件，占 7.9%；痕迹鉴定 345 件，占 1.34%；微量物证 10 件，占 0.04%。上海市 4 个司法鉴定专家委员会共完成司法鉴定 168 件（其中复核鉴定 160 件，初次鉴定 8 件）。在 160 件复核鉴定中，人身伤害司法鉴定 121 件（医疗纠纷复核鉴定 21 件），精神疾病司法鉴定 25 件（保外就医续保鉴定 3 件），文检司法鉴定 13 件，司法会计鉴定 1 件。在 8 件初次鉴定中，人身伤害司法鉴定 4 件，精神疾病司法鉴定 3 件，文检司法鉴定 1 件。

2005 年，《司法鉴定机构登记管理办法》（司法部令第 95 号）和《司法鉴定人登记管理办法》（司法部令第 96 号）实施，上海市司法鉴定机构和司法鉴定人因重新审核、登记分别下降为 48 家和 460 人，全年共完成各类司法鉴定 18 093 件。

随着许可制度推行，2006 年后上海市司法鉴定机构和司法鉴定人数量均稳步提升，每年的司法业务规模也逐步提高，从 2006 年的全年 23 666 件增长至 2009 年的 47 809 件，翻了一番。

2010 年，法医类、物证类、声像资料类鉴定业务数量仍占鉴定业务的绝大多数，计算机司法鉴定增长速度较快。全年，法医类、物证类、声像资料类“三大类”鉴定业务共计 47 064 件，占全市鉴定业务总数的 97%。其中，又以公检法部门委托始终占委托鉴定的绝大多数。2010 年，公检法部门委托鉴定 41 705 件，占全年委托鉴定总数的 86%；律师事务所委托鉴定数量有大幅增长，达 1 940 件，占全年鉴定委托总数的 4%，比上年增长 88%；个人委托鉴定数量持续增长，共计 3 809 件，占全年鉴定委托总数的 4%，比上年同期增长 16%。

表 5-3-4　2003—2010 年上海市司法鉴定业务数量统计表　　单位：件

年份	法医类						物证类			声像资料	计算机	司法会计	建筑工程	知识产权	其他
	法医病理	法医临床	法医物证	法医毒物	法医精神病	其他	文书	痕迹	微量物证						
2003	861	6 527	1 316	2 726	971	—	1 670	492	363	—	—	1 394	—	—	—
2004	2 331	12 844	3 352	2 651	781	—	2036	345	10	—	—	1 129	96	18	96
2005	1 355	8 712	1 854	3 000	624	—	1 038	0	44	0	3	1 226	143	16	73
2006	1 330	12 088	2 325	3 986	914	—	1 612	39	41	20	34	821	422	34	0
2007	1 471	16 723	2 699	4 450	1 239	—	1 566	48	37	6	68	711	450	47	37
2008	2 231	21 359	3 740	7 122	1 886	—	1 237	2 594	46	53	131	856	497	34	37
2009	2 355	27 341	3 528	5 974	1 849	16	1 540	3 493	55	83	231	639	622	40	59
2010	1974	27 356	3 809	3 262	1935	16	1 166	7 069	67	85	325	656	759	47	16

第二节　业 务 类 别

2000 年 11 月 29 日，司法部印发《司法鉴定执业分类规定(试行)》通知，根据 2000 年全国司法鉴定的专业设置情况、学科发展方向、技术手段、检验和鉴定内容，参考国际惯例而制订，对司法鉴定业务类别进行分类。法医类、物证类和声像资料类司法鉴定被称为“三大类”司法鉴定业务。此外还有司法会计、建筑工程、知识产权等大类的司法鉴定。

一、法医类司法鉴定

法医类鉴定，包括法医病理鉴定、法医临床鉴定、法医精神病鉴定、法医物证鉴定和法医毒物鉴定。

法医病理鉴定：运用法医病理学的理论和技术，通过尸体外表检查、尸体解剖检验、组织切片观察、毒物分析和书证审查等，对涉及与法律有关的医学问题进行鉴定或推断。其主要内容包括：死亡原因鉴定、死亡方式鉴定、死亡时间推断、致伤(死)物认定、生前伤与死后伤鉴别、死后个体识别等。

法医临床鉴定：运用法医临床学的理论和技术，对涉及与法律有关的医学问题进行鉴定和评定。其主要，内容包括：人身损伤程度鉴定、损伤与疾病关系评定、道路交通事故受伤人员伤残程度评定、职工工伤与职业病致残程度评定、劳动能力评定、活体年龄鉴定、性功能鉴定、医疗纠纷鉴定、诈病(伤)及造作病(伤)鉴定、致伤物和致伤方式推断等。

法医精神病鉴定：运用司法精神病学的理论和方法，对涉及与法律有关的精神状态、法定能力(如刑事责任能力、受审能力、服刑能力、民事行为能力、监护能力、被害人自我防卫能力、作证能力等)、精神损伤程度、智能障碍等问题进行鉴定。

法医物证鉴定：运用免疫学、生物学、生物化学、分子生物学等的理论和方法，利用遗传学标记系统的多态性对生物学检材的种类、种属及个体来源进行鉴定。其主要内容包括：个体识别、亲子鉴定、性别鉴定、种族和种属认定等。

法医毒物鉴定：运用法医毒物学的理论和方法，结合现代仪器分析技术，对体内外未知毒(药)物、毒品及代谢物进行定性、定量分析，并通过对毒物毒性、中毒机理、代谢功能的分析，结合中毒表现、尸检所见，综合作出毒(药)物中毒的鉴定。

二、物证类司法鉴定

物证类鉴定，包括文书鉴定、痕迹鉴定和微量鉴定。

文书司法鉴定：运用文件检验学的原理和技术，对文书的笔迹、印章、印文、文书的制作及工具、文书形成时间等问题进行鉴定。在实际办案中，作为证据的文书往往超出了公文和书信的范围，如车票、船票、飞机票、发票、收据、人民币等，其内容的真伪及制作方法都需要进行鉴别。2010 年 4 月 7 日，司法部司法鉴定管理局发布《文书鉴定通用规范》。

痕迹司法鉴定：运用痕迹学的原理和技术，对有关人体、物体形成痕迹的同一性及分离痕迹与原整体相关性等问题进行鉴定。运用枪械学、弹药学、弹道学的理论和技术，对枪弹及射击后残留物、残留物形成的痕迹、自制枪支和弹药及杀伤力进行鉴定。在诉讼活动中，最常见的痕迹鉴定主要有指纹鉴定、足迹鉴定、工具痕迹鉴定和枪弹痕迹鉴定等。

微量物证鉴定：运用物理学、化学和仪器分析等方法，通过对有关物质材料的成分及其结构进行定性、定量分析，对检材的种类、检材和嫌疑样本的同类性和同一性进行鉴定。

三、声像资料类司法鉴定

声像资料司法鉴定：运用物理学和计算机学的原理和技术，对录音带、录像带、磁盘、光盘、图片等载体上记录的声音、图像信息的真实性、完整性及其所反映的情况过程进行鉴定；并对记录的声音、图像中的语言、人体、物体作出种类或同一认定。

四、其他类司法鉴定

根据司法部2000年印发的《司法鉴定执业分类规定（试行）》规定，还包括司法会计鉴定、计算机司法鉴定、建筑工程司法鉴定、知识产权司法鉴定等其他类司法鉴定。

司法会计鉴定：运用司法会计学的原理和方法，通过检查、计算、验证和鉴证对会计凭证、会计账簿、会计报表和其他会计资料等财务状况进行鉴定。

计算机司法鉴定：运用计算机理论和技术，对通过非法手段使计算机系统内数据的安全性、完整性或系统正常运行造成的危害行为及其程度等进行鉴定。

建筑工程司法鉴定：运用建筑学理论和技术，对与建筑工程相关的问题进行鉴定。其主要内容包括：建筑工程质量评定、工程质量事故鉴定、工程造价纠纷鉴定等。

知识产权司法鉴定：根据技术专家对本领域公知技术及相关专业技术的了解，并运用必要的检测、化验、分析手段，对被侵权的技术和相关技术的特征是否相同或者等同进行认定；对技术转让合同标的是否成熟、实用，是否符合合同约定标准进行认定；对技术开发合同履行失败是否属于风险责任进行认定；对技术咨询、技术服务以及其他各种技术合同履行结果是否符合合同约定，或者有关法定标准进行认定；对技术秘密是否构成法定技术条件进行认定；对其他知道产权诉讼中的技术争议进行鉴定。

第三节　业 务 收 入

2002年，市司法局试行在司法鉴定中开展法律援助工作，对一复核鉴定案件当事人家庭经济条件十分困难不能支付鉴定费用，要求减免鉴定费的情况进行核实，酌情予以减收鉴定费用。

2003年，市司法局开展了面向社会服务的司法鉴定机构年检工作，各类司法鉴定项目收费标准与收费情况也纳入重点审查范围之中。2003年，全市司法鉴定业务收入为3 816.55万元。

2005年7月，市物价局与市司法局有关业务部门，对全市司法鉴定收费情况进行调研，并召开了部分鉴定机构负责人会议，出台统一的司法鉴定收费项目和收费标准，征求意见和建议。

2007年3月，与市物价局一起启动全市司法鉴定收费调研工作，完成《上海市司法鉴定收费项目和收费标准（第三稿）》，报市发展改革委；根据中政委、司法部关于开展权威鉴定机构调研工作的通知，开展建设权威鉴定机构调研工作，完成了调研报告。

2009年10月,市发展和改革委员会、市司法局联合制定印发《关于贯彻执行〈国家发改委、司法部关于印发《司法鉴定收费管理办法》的通知〉的通知》,明确法医、物证、声像资料类司法鉴定收费项目严格按照《司法鉴定收费项目和收费标准基准价(试行)》执行,收费标准在国家规定的基准价的基础上适当上浮,上浮幅度最高不超过50%,下浮不限。同时明确,对个别疑难复杂的司法鉴定,经司法鉴定机构与委托人协商一致,可以在不高于《司法鉴定收费项目和收费标准基准价(试行)》标准的2倍之内协商收费。《通知》还要求司法鉴定机构接受委托提供司法鉴定服务,应当与委托人签订《司法鉴定协议书》,并载明收费项目、收费标准、收费方式、收费金额、结算方式、争议解决办法等条款。这是全国人大常委会《关于司法鉴定管理问题的决定》实施以来,全市出台的第一个关于司法鉴定收费的规范性文件。

表5-3-5　2003—2010年上海市司法鉴定业务收入情况表　单位:万元

年份	2003	2004	2005	2006	2007	2008	2009	2010
数额	3 816.55	4 798.65	5 776.3	5 945.81	6 866.80	9 717.27	10 252.87	11 342.09

第四节　案　　例

一、法医病理司法鉴定

1998年4月15日,韩国一架货运飞机在起飞后不久坠落于上海市西南部,造成数人死亡。在案件处理和赔偿过程中,死者乔女士(23岁,新婚不久)家属认为她可能已怀孕,因此对赔偿金额不能达成一致意见,尸体冰冻4个多月未能火化。根据通常的鉴定方法必须进行尸检,但死者家属坚决拒绝。市第一中级人民法院委托市人身伤害司法鉴定专家委员会在不采取尸体解剖的前提下对死者生前是否怀孕进行鉴定。专家委员会办公室受理后及时与有关医院的临床专家和法医进行联系,详细了解了此案鉴定的可能性、鉴定方法的科学性和结论的可靠性。由于此次鉴定比较特殊,涉及有关医院(化验必须在实验室进行)、涉及法医(采血须由法医完成),还涉及殡葬部门(尸体的解冻须得到殡仪馆的配合),对此专家委员会办公室对具体环节作了认真安排,并在鉴定前向死者的家属介绍鉴定的有关情况并作了谈话笔录。1999年8月17日一早,有关法医对尸体采血,然后立即送到某医院实验室进行鉴定,检验结果排除了死者生前已怀孕的推测,为案件的处理提供依据。

2000年12月6日,市司法鉴定专家委员会接受市第一中级人民法院委托,对发生在1999年1月24日云都温泉浴场浴客沈某猝死案死因进行病理学鉴定。此案的焦点是原告坚持认为沈某之死纯属云都浴场浴池漏电所致,而被告断然否认浴池漏电,并提供市劳动保护检测站关于浴池不漏电的鉴定结论。12月10日,7名法医及临床专家组成专家小组对尸体进行全面解剖检验,发现死者心、脑、胰等器官未检见致死性病理学改变,心、血、胃内容物中亦未检出常见毒物,故可排除疾病和中毒致死的可能。但死者左臀部皮肤呈电流斑形状,心肌纤维断裂,肺急性淤血、水肿,全身多器官淤血。左臀部电流斑处检出铁元素存在,周边皮肤表面不存在铁元素。根据以上的鉴定情况,7位专家作出沈某系生前遭电击死亡的鉴定结论,市第一中级人民法院采纳了市人身伤害司法鉴定专家委员会的鉴定结论。

2008年1月31日,市司法鉴定中心收到由市司法局转发的中央政法委和司法部司法鉴定管理局要求中心承办安徽谢某案重新鉴定工作的文件。此案案情复杂、社会影响较大，受到了各级领导的高度重视。2月2日上午，中心邀请了相关资深专家召开了鉴定前的筹备会。经中政委审批同意后，此案于4月15日正式委托受理。4月21—25日，本案鉴定组、咨询组、技术组共17位专家和中心有关人员到安徽合肥、淮南进行调查、尸体解剖、现场勘查。5月初，鉴定工作顺利完成。

二、法医临床司法鉴定

1999年3月，市人身伤害司法鉴定专家委员会成立后受理第一起复核鉴定案件。此案系一年前曾引起社会广泛关注的“诸某打伤曙光医院医务处处长许某”案，经法医和神经外科、放射科等有关专家鉴定，对许某颅底骨折的伤情得出了构成轻伤的鉴定结论。卢湾区人民法院采纳了鉴定结论，判处诸某有期徒刑一年、缓刑一年的判决。

1999年10月20日，市人身伤害司法鉴定专家委员会受徐汇区人民法院委托，对董某某损伤程度进行复核鉴定，鉴定结论为董某某的伤情构成轻微伤，改变原鉴定机构对董某某伤情作出的轻伤结论。之后，当事人董某某及有关律师对专家复核鉴定结论提出异议。2000年3月27日下午，司鉴办主持召开专家讨论会，聘请原鉴定人和复核鉴定的专家共同研究分析伤情并对照鉴定标准。讨论会上，与会鉴定人共同复核了当事人提供的原始X线片，并进行充分的讨论，逐一解决当事人提出的疑问。最后，双方鉴定人一致认为：专家复核鉴定作出的轻微伤的结论准确，应予维持。

2001年7月，市人身伤害司法鉴定专家委员会对静安区人民法院委托的一件涉外案件进行司法鉴定。当事人陆某于1998年5月12日乘坐美国联合航空公司飞机回国，途经日本时，因飞机左翼引擎起火致伤。在某省经手术治疗并作伤情鉴定后，陆某起诉美联航要求赔偿。在法院审理过程中，被告美联航对陆某部分伤情提出异议，被告认为：原告在事故发生后半年之久，又提出新的半月板损伤的说法，缺乏证据证明该损伤与航空事故有直接的关联性。法院委托上海市人身伤害司法鉴定专家委对此进行复核鉴定。专家委通过查阅病史和膝关节的MRI片，得出陆某膝关节半月板损伤与航空事故没有直接因果关系的结论，最终，法院采信了专家委的鉴定结论，对陆某膝关节半月板损伤的赔偿不予支持。

三、法医精神病司法鉴定

1999年7月，市精神疾病司法鉴定专家委员会受理市公安局交巡警总队委托的对浦东公安民警吴某某交通肇事时的精神状态进行鉴定，对其责任能力予以评定。由于本案比较特殊，经市司鉴办同意，确定由市人身伤害司法鉴定专家委员会共同参与鉴定。市司鉴办于8月18日召开联合鉴定会，得出最后的鉴定结论。这一联合鉴定的方法，为精神科专家形成可靠的鉴定结论提供技术依据，是两个专家委员会成立后首次进行的一次联合鉴定。

2003年8月12日，根据市司法局、市卫生局《关于指定精神疾病保(所)外就医鉴定医院和鉴定机构的通知》中“需要延长保(所)外就医期限的，由市司鉴中心进行续保鉴定”的规定，市新收犯监狱委托市精神疾病司法鉴定专家委员会对罪犯杨某进行保外就医续保鉴定。市司鉴中心受理鉴定委托后，及时组织专家于8月20日到杨某所在地区的居委会召开鉴定会，听取居委会干部、辖区民警及其家属的情况反映，并派精神科专家对杨某进行精神检查，经讨论后作出鉴定结论。完成首例精神病保外就医续保鉴定。

四、文书司法鉴定

2000年8月18日,市文检司法鉴定专家委员会接受了普陀区人民法院送检的一案,要求对一份"委托保管人事档案协议书"上的签名进行复核鉴定。8月23日,专家委员会在对此案进行复核鉴定时发现,送检"协议书"上有两处署名的字迹极为相似。通过VSC—2000型文检仪放缩后,对应单字基本重合,再经体视显微镜对署名字迹进行观察,发现两处署名字迹的笔画色料由多种颜色构成。综合以上检验结果,专家们一致认定,"协议书"上两处署名的字迹是利用字迹样本经图像处理后喷墨打印而成。这是上海市首次发现的利用新的技术设备进行笔迹伪造的案例。

2002年11月,在一份文检司法鉴定案件中,当事人黄某对原鉴定结论不服,遂向法院提出复核鉴定要求。由于黄某家庭经济十分困难而不能支付鉴定费用,要求减免鉴定费。市司法鉴定中心在受理案件时对此进行核实。在有关单位予以证明的情况下,司法鉴定介入法律援助,酌情予以减收鉴定费用。

五、司法会计鉴定

2002年,市司法会计专家委员会完成首例司法会计复核鉴定。1998年5月,上海某建筑装饰工程公司在完成长宁区娄山浴室的改建工程后,双方因改建工程款的数额之争诉诸法院。长宁法院就此委托上海上审工程造价咨询有限公司对该案进行司法鉴定,但双方当事人对鉴定结论均不服。2002年4月,市司法会计鉴定专家委员会在受理了长宁法院委托的复核鉴定后,组成包括高级会计师、高级造价工程师以及市建设工程定额管理总站相关专家在内的专家鉴定组,多次到现场进行测量、检验,召开专家鉴定会。经反复论证,对双方争议的项目,作出明确的复核鉴定结论。这是市司法会计鉴定专家委员会组织专家完成的首例司法会计复核鉴定。

六、计算机司法鉴定

2005年,上海公信扬知识产权司法鉴定所受理的上海游某私自架设《传奇3》游戏服务器终端司法鉴定案,被评为公安部2005年打击侵犯知识产权犯罪十大案件之一。犯罪嫌疑人游某在2004年8月至2005年3月伙同他人私自架设《传奇3》游戏服务器终端,在互联网上以会员制形式非法提供游戏服务,非法牟利50余万元。2005年7月,市公安普陀分局经侦支队侦办游某等人侵犯著作权案,委托公信扬知识产权司法鉴定所进行鉴定,司法鉴定结论为此案判决提供有力的证据,此案也是公安机关打击利用私设服务器侵犯著作权新型犯罪的一次有益尝试。

2009年1—5月,上海某鉴定机构受理计算机司法鉴定50余起,其中出具正式司法鉴定意见书或司法鉴定检验报告书共计23份。该年度受理的案件类型与往年相比有所变化,新增网络邮件保全的案件类型,同时手机通话记录、短信鉴定也有所增加,为此,该机构自主研发多款计算机取证分析系统,以适应新型案件的需要,其中,计算机介质取证系统(Safe Analyzer)增加了对即时通讯、邮件、上网浏览、事件日志等各类常用应用数据的分析,计算机现场取证系统(Safe Imager)具有针对不同案件的需要进行按需提取、按类处理等功能,加快了案件处理的速度,降低了现场证据提取的难度,增强对国产类以及智能手机的支持。

第六篇

法律援助

上海是中国最早开展法律援助工作的城市之一。1995 年 8 月，浦东新区法律援助中心成为全国首家正式挂牌的法律援助机构。1997 年 6 月，市法律援助中心建立；8 月，市司法局出台《关于法律援助的若干规定(试行)》。该规定对法律援助条件及对象、法律援助的范围和程序等作出相关规定。在市司法局领导下，市法律援助中心行使全市法律援助的组织实施、管理协调和指导监督职能，指导各法律援助中心依法开展法律援助工作。1999 年 3 月 18 日，上海市"16000148"法律服务专用电话开通。2001 年，全市 20 个规范的法律援助中心全部建成，为当年市政府十大实事项目之一。2002 年 1 月，市司法局将原"16000148"法律咨询专线改号为"12348"法律咨询专线，并交由市法律援助中心统一管理。2002 年，市司法局在全市 234 个乡镇(街道)设立"法律援助工作站"，从而形成市、区县、乡镇(街道)三级法律援助组织网络，不仅扩大了法律援助的影响，同时也使法律援助走进社区，更加便民利民。2006 年，《上海市法律援助若干规定》出台，标志着上海市法律援助进一步法治化。同年，上海在全国率先启动在村(居)委会设立法律援助联络点工作。至 2008 年，基本完成区(县)法律援助中心、街镇法律援助工作站、村居委法律援助联络点的法律援助平台搭建工作；至 2010 年，全市法律援助机构一年的接待咨询数量已达 82 316 人次，办理各类法律援助案件 12 273 件，取得良好的社会效益。

第一章　法律援助监督管理

上海市法律援助工作开展初期，管理制度主要有《上海市司法局关于法律援助的若干规定（试行）》和《上海市司法局关于法律援助工作的规定》，管理机构为市法律援助中心，行使全市法律援助的组织实施、管理协调和指导监督职能。2003 年国务院《法律援助条例》颁布实施后，上海法律援助地方立法工作也进入快车道。2006 年上海完成法律援助地方立法工作，标志着上海法律援助工作进入法治化、规范化新阶段。2009 年第五次全国法律援助工作会议后，市司法局成立法律援助工作处，负责管理和指导全市法律援助机构开展法律援助工作，实现"管办分离"管理模式。

第一节　《法律援助条例》颁布前的管理

20 世纪 80 年代以后，律师配合法制宣传教育，经常举行义务法律咨询活动，也有的律师对贫困当事人义务办案。

1995 年 6 月，市司法局决定在全市开展法律援助活动，保证每一位律师定期办理一定数量的法律援助事务。以上海市民熟悉的法制电视片《神圣的阳光》主角"陈律师"命名，成立"上海市陈律师义务法律咨询站"，由市属律师事务所全体执业律师轮流参加咨询活动，受到市民的关注与欢迎。8 月，浦东新区率先建立法律援助中心，制订法律援助计划，提出法律援助对象、范围、主要职责等 18 条措施，有步骤地开展法律援助工作。至年底，全市已有 7 个区设立义务法律咨询站。各律师事务所按照市司法局要求，规定每个律师都应参加义务法律咨询活动，并列入每年注册考核项目中，推动了法律援助制度普遍建立。

1996 年，开始全面推进法律援助活动。以帮助亏损企业摆脱困境和社会帮困对象为重点，设立市级法律援助基金，制定法律援助计划，建立法律援助机制。

1997 年 6 月 6 日，由市司法局设立的市法律援助中心正式成立；9 月，市法律援助中心开始试运行。在市司法局领导下，市法律援助中心行使全市法律援助的组织实施、管理协调和指导监督职能，指导各法律援助中心根据统一受理、统一审查、统一指派、统一监督的"四统一"原则，依法开展法律援助工作。

1997 年 8 月 28 日，市司法局印发《上海市司法局关于法律援助的若干规定（试行）》。该规定对法律援助条件及对象、法律援助的范围和程序等作出相关规定。明确各区（县）司法局行使组织、指导、协调和监督本区（县）的法律援助工作，以及市法律援助中心委托办理的法律援助事务。各律师事务所、公证处和乡镇街道法律服务所在本地区法律援助中心的统一协调下承办法律援助工作；同一法律援助事项，应由同一法律援助中心办理；法律援助事项的承办人员在办理法律援助事项中接受法律援助中心的监督。

至 1998 年底，全市有 15 个区县建立了法律援助中心（除南市区、闵行区、嘉定区、金山区、崇明县外）。全市各律师事务所、公证处和乡镇、街道法律服务所等 3 支法律服务队伍，在法律援助中心的统一协调安排下承办法律援助事务。

1999 年 5 月 9 日，市司法局印发《关于办理法律援助事项费用支付办法（试行）》的通知，规范市法律援助中心法律援助资金的使用。8 月 23 日，安徽、山东、辽宁、湖南、陕西、江苏、河南、黑龙江和北京、上海、天津、重庆等 12 个省、市的法律援助中心本着“自愿、对等、互利、协商、效率”的原则，在安徽省合肥市缔结并签署了《法律援助协作公约》。《公约》的缔结是省级地方间(包括所辖的县、市、区)开展法律援助工作协作、更好地发挥法律援助职能的一次尝试，对于探索中国法律援助制度建设过程中降低成本提高效益、规范跨地区办理法律援助案件等具有积极意义。

2000 年 4 月，全市 19 个区县均成立了法律援助机构。在完善机构建设的基础上，各法律援助中心注重加强内部管理和制度建设。市法律援助中心建立《申办法律援助须知》《律师咨询接待制度》《服务承诺制》《岗位工作职责》等内容的政务公开制度和内部管理制度；浦东新区法律援助中心建立了《刑事指定辩护法律援助情况反馈制度》；松江区法律援助中心制定了《上海市松江区法律援助工作程序(试行)》；黄浦区法律援助中心为完善内部管理机制，建立了受理前调查、案件派发、案件质量检查和援助对象回访等一系列制度；闸北区法律援助中心建立了学习制度，规定每月一次的政治、业务学习；普陀区法律援助中心建立了《法律援助疑难案件评议制度》等。各法律援助中心一系列制度的建立为加强法律援助的队伍建设和内部管理，规范工作程序，改善服务态度和提高办案质量起到有效的保障作用。

为规范法律援助工作，2000 年市司法局与市高级人民法院、市检察院等有关部门联合颁发了《关于办理指定辩护案件法律援助暂行办法》《关于办理指定辩护案件指定律师费用支付办法的通知》《关于在检察阶段对未成年犯罪嫌疑人实施法律援助的办法》等规范性文件，制定了《法律咨询登记表》《法律援助申请表》《刑事指定辩护指派通知书》等 11 种法律援助统一格式文书。

2000 年，首次开展法律援助先进评选活动。市法律援助中心在全市开展了评选 1998—1999 年度法律援助先进律师事务所和先进律师活动。有 26 家律师事务所被评为“法律援助先进律师事务所”，30 名律师被评为“法律援助先进律师”称号。

2001 年，“建立 20 个规范的法律援助中心”被列为市政府便民利民十大实事项目之一。3 月，为保证法律援助实事项目落到实处，市司法局成立了法律援助实事项目建设工作小组，制定并印发《市司法局关于实施市政府建立 20 个规范的法律援助中心实事项目的意见》，进一步阐明重要意义，并就统一建设标准，规范“中心”建设提出具体要求。各区县司法局也迅速成立由局主要领导牵头的实事项目工作小组，及时主动向区县政府领导汇报实事项目的具体要求，积极争取区县政府的支持。各区县按照“接待场所便民、服务设施齐全、人员经费落实、队伍素质较高、规章制度配套”的标准，全力抓好法律援助中心实事项目的落实。各级政府为落实法律援助实事项目一次性投入开办资金达 850 万元。11 月 30 日，20 个规范的法律援助中心全部通过市政府的验收。20 个中心拥有办公场地 4 000 多平方米，人员编制 138 人，投入开办费 800 多万元，是全国唯一的机构、编制、场所、制度“四落实”省市。各“中心”每月接待人数超过 500 人次。

2001 年，为建立规范的行之有效的法律援助运行机制，市司法局、市公安局、市法律援助中心共同制定印发《关于公安侦察阶段对犯罪嫌疑人实施法律援助的规定》，对进一步规范公安侦察阶段的刑事法律援助工作起到了积极的作用。为扩大法律援助的社会影响，市司法局除利用新闻媒体等传统方式外，又通过政府网站、东方律师网、东方法制网宣传法律援助制度。各区县法律援助中心结合本地区实际情况，有针对性地开展法律援助宣传活动。奉贤区法律援助中心在首届全国宪法宣传周期间向社会发放“法律援助告知手册”，普陀、虹口区等法律援助中心向区内贫弱特困群体发放“法律援助卡”。同时，为提高工作质量，各“中心”建立信息反馈预警工作机制；坚持“一周动态”报告制度和每月一报的法律援助情况分析报告制度。各新建的法律援助中心都将制度化建设作为规范化建设的重要组成部分，结合本地区实际情况，对以往的制度进行修订和完善，做到法律援助的每一个环节都有章可循，便于广大市民随时了解法律援助的有关事项。

2002年，市司法局借市政府在乡镇(街道)设立“司法信访综合服务窗口”之机，在全市234个乡镇(街道)设立了“法律援助工作站”。市法律援助中心印发《关于在街道(乡镇)司法、信访窗口设立法律援助工作站的通知》，明确社区法律援助工作站的工作职责和工作程序。黄浦、虹口、卢湾、宝山等区县全面建立街镇(社区)“法律援助工作站”，并举行挂牌仪式。12月2日，市司法局印发《上海市司法局关于法律援助工作的规定》，统一法律援助管辖规定，明确刑事案件中提前介入的范围，完善、健全法律援助的工作程序和法律责任。同时，原设立在市司法局的“16000148”法律咨询专线改号为“12348”，并从2002年1月15日起交由市法律援助中心统一管理。

至此，形成了市、区县、乡镇(街道)三级法律援助组织网络，不仅扩大了法律援助的影响，同时也使法律援助走进社区，更加便民利民。

第二节　《法律援助条例》颁布后的管理

2003年7月16日，国务院第十五次常务会议通过《法律援助条例》，自2003年9月1日起施行。明确法律援助是政府的责任，县级以上人民政府应当采取积极措施推动法律援助工作，为法律援助提供财政支持，保障法律援助事业与经济、社会协调发展；法律援助经费应当专款专用，接受财政、审计部门的监督。8月25—31日，市司法局在全市范围内开展“迎接《法律援助条例》颁布实施宣传周”活动。全市各法律援助机构于8月30日举行“迎接《法律援助条例》9月1日施行”社会宣传咨询活动，中心会场设在徐家汇，各区县设分会场。9月15—19日，市司法局会同市律师协会、市法律援助中心、东方法治网、青年报社等单位联合举办“弘扬法治精神，维护公平正义”主题活动。其间，10名知名律师联合倡议：“以卓越的工作品质、诚信的职业精神、敬民的工作态度，勤勉敬业，为社会提供优质高效的法律服务。”“12348”法律服务专线、“62876000、62716999”青年报热线都有律师坐堂，向社会公众提供法律咨询。

为进一步提高法律援助的质量与水平，推进法律援助机构为社区提供法律服务，2003年4月18日，市司法局《关于在市、区、县法律援助中心开展公职律师试点工作的意见》，明确法律援助中心的公职律师可以从事下列工作：解答法律咨询；接受本部门安排，处理法律援助相关事务；办理法律援助案件及承担其他法律援助义务。同时规定，不得以公职律师身份在律师事务所和其他社会法律服务机构执业、从事有偿法律服务、不得享受办案补贴等。5月12日，市司法局印发《关于加强“法律进社区”活动工作的意见》，要求区县法律援助机构应定期定时深入“窗口”，逐步建立“12348”与法律援助、“窗口”人民调解的联动机制。2003年，市司法局广泛推行律师事务所代理法律援助申请机制，大幅度增加法律援助办案数量，全年各法律援助中心共受理各类法律援助案件3 496件，比上年上升20.43%；受理电话咨询102 916个，接待咨询65 503个。

2004年4月14日，市司法局又印发《关于做好2004年“法律进社区”活动工作的意见》，要求全市各“窗口”法律援助工作站要进一步做好法律咨询服务、法援申请的受理、初审工作，充分发挥咨询服务、受理申请、受托调查、非讼代理、法援宣传等五项职能。之后，市法律援助中心推出加强法律援助接待受理工作的11项便民利民措施。2004年，各法律援助中心受理各类法律援助案件5 217件，比上年增长49%，免费接待咨询79 275个，处理群众来信573封。

2005年，上海在全国首创“法律援助工作新闻通气会”制度。4月27日，市司法局推出“法律援助工作新闻通气会”制度。每季度选定一个主题,向社会通报法律援助最新的工作动态。全年先后组织召开了以“法律援助与构建和谐社会”“法律援助与规范服务”“法律援助与律师队伍”为专题的3次新闻发布会,来自全市几十家新闻媒体的记者参加新闻发布会,从不同视角报道了法律援助工作的情况,扩大了法律援助的社会影响。

为加强法律援助案件的管理监督,规范法律援助案件办理程序,2005年,市法律援助中心制定《上海市法律援助机构案件质量管理办法(试行)》,完善原有的“案件受理审查”“案件归档”制度,设计新的“对案件审批的复查”“办案计划”“重点案件跟踪”“案件庭审旁听”等多项内容,使案件的质量管理从受理、指派、办理、归档等各个环节形成了一个较完整的监督管理体系。6月18日,开展规范服务达标活动动员大会在华夏宾馆召开。标志着为期两年的全市法律援助机构规范服务达标活动正式启动。为提高法律援助案件的质量和强化案件质量管理,10月,市法律援助中心组建一支由90余名执业律师组成的法律援助骨干律师队伍,主要负责接待咨询,“12348”专线接答咨询,办理刑事、民事法律援助案件等工作,骨干律师队伍为开放式管理,根据工作需要适时调整骨干律师队伍的成员。2005年,办理各类法律援助案件5 855件,比上年增长12.23%;“12348”专线接答法律咨询136 446人次,比上年增长11.82%。

市司法局不断推动上海法律援助地方立法工作。2005年,市司法局起草了《上海市法律援助若干规定(草案)》和《上海市法律援助经费管理办法》,并申请将法律援助地方立法列入市人大立法计划。2006年4月26日,市人大审议通过《上海市法律援助若干规定》,于7月1日正式颁布实施。《上海市法律援助若干规定》放宽了受援对象经济困难标准,扩大了法律援助范围、因见义勇为申请法律援助无需审查经济状况、情况紧急可获得先行援助、建立了“全额保障”的法律援助经费保障制度、规定了法律援助机构受理申请的时限。这些内容都体现了上海法律援助立法的特色。同年8月,市政府确定了上海市法律援助对象经济困难标准。同年10月,市司法局和市财政局联合下发了《上海市法律援助经费保障和办案补贴标准》。至此,国务院《条例》授权各省、市、自治区制定的法律援助范围、经济困难标准和办案补贴标准等三项立法内容全部完成。

为做好对农民工的法律援助工作,切实维护农民工的合法权益,2006年2月22日,市司法局印发《关于积极做好进城务工人员法律援助工作的通知》,各区县司法局和法律援助中心分别从建立健全组织、开展宣传、简化受理程序、加大办案力度、加强组织协调、注重统计分析等六个方面开展工作,向农民工提供法律援助。7月1日,市司法局在全市范围内联合开展“迎接《上海市法律援助若干规定》颁布实施暨农民工维权法律宣传咨询日”活动。2006年,全市共受理农民工法律援助案件992件,同比增长79.71%。通过法律援助帮助农民工讨回欠薪465.95万元,工伤、交通事故等赔偿金1 631.68万元。2007年,市司法局进一步采取措施,从三方面落实农民工法律援助:一是简化了农民工法律援助案件的受理程序,对农民工追索劳动报酬和工伤赔偿的案件不再审查其经济状况;部分法援中心对事实清楚、证据充分的法律援助申请,将审批时间由10个工作日缩短到5个工作日内。二是对农民工法律援助案件中涉及人数众多的群体性案件、即将超过仲裁或诉讼时效的案件和区县党委、政府交办的案件等建立法律援助申请便捷通道,做到优先受理、尽快指派。三是与部分农民工输出省建立了法律援助协作机制。先后与安徽、甘肃、宁夏等省(区)法律援助中心建立了农民工法律援助协作机制,就法律援助案件的申请移送、调查取证、送达法律文书等事项进行了协商,达成了一致意见。

2007年,市司法局逐步推进村、居委法律援助联络点建设。2月,市法律援助中心编印《上海市法律援助联络点工作指导手册》,下发至全市村居(委)法律援助联络点。《手册》就联络点的工作职责、工作流程、法律援助的范围、条件等进行了明确。6月，对全市19个区县法律援助中心的规范服务达标工作进行全面检查验收，形成《上海市法律援助机构开展规范服务达标活动的情况汇报》。8月18日，市法律援助中心制定印发《上海市法律援助机构接待服务文明规范（试行）》，将法律援助接待服务工作细分为七个方面加以规范。至年底，全市已有4 316个村、居委设立了法律援助联络点，占全市村、居委总数的82.84%。

2008年，加快建设法律援助联络点，扩大法律援助覆盖面。3月1日，市法律援助中心印发《法律援助调解工作实施办法（试行）》，明确法律援助调解的适用范围、法律援助调解应遵循的原则、法律援助调解的程序和方法、法律援助调解的结案及办案补贴支付等事项，进一步规范法律援助调解行为。同日，《关于上海市法律援助机构协作办案的实施办法》开始试行。法律援助申请人因交通或身体原因不便前往案件管辖地申请法律援助的，可以向住所地的法律援助机构提出申请。这标志着贫弱群众可不受案件管辖地限制，就近申请法律援助。9月，与市高院联合印发《关于加强司法救助与法律援助衔接工作的若干意见（试行）》，建立法律援助与司法救助的衔接机制，之后，所有基层法院都设立了法律援助受理窗口。全年，共建成村（居）委法律援助联络点5 105个，实现了全市村、居委联络点的全覆盖。基层法律援助机构网络基本建成。

2009年4月，市法律援助中心出台《关于对特殊困难、特殊情况对象提供法律援助的实施办法》。明确对经济收入虽然未达到法律援助经济困难标准，但因病致贫、因灾致贫的对象可以提供法律援助。法律援助受援继续扩大面，不断满足困难群众的法律援助需求。

第三节　第五次全国法律援助工作会议后的体制改革

2009年6月9—10日，第五次全国法律援助工作会议在北京召开，为推动法律援助工作提供了强大动力。法律援助工作进入新阶段。

2009年8月19日，市司法局制定印发《关于加强和改进法律援助工作的若干意见》，就深入推进法律援助工作提出六点意见。8月21日，市司法局法律援助工作处成立，工作职责为负责拟定法律援助工作发展规划，起草法律援助工作管理制度和规范性文件；管理和指导全市法律援助机构开展法律援助工作；管理和指导法律援助的队伍建设；指导全市法律援助机构及其工作人员的投诉处理等工作；管理和指导全市社团的法律援助工作；指导、监督法律援助服务质量；完成局党委交办的其他工作任务。法律援助处的成立，标志着法律援助工作“管办分离”管理体制的形成。11月，全市“12348”法律咨询专线的升级改造工作基本完成，按照设计目标，新的“12348”设备可以实现30路电话同时接答，接答量将提高50%以上。12月，全市正式启用司法部法律援助信息管理系统，法律援助案件的受理、指派、跟踪、监督、结案、归档、付费等日常管理工作逐步向信息化管理模式转变。全年，全市法律援助中心全年共接待咨询83 256人次；办理各类法律援助案件10 497件，比上年增长16.93%；“12348”专线接答118 154人次。

2010年1月21日，为迎接世博会，市法律援助中心推出维护稳定“三项制度”，即《重大舆情报告制度》《重要案件督办制度》和《应急情况处置方案》。5月，建立法律援助机构协作受理工作机制，解决困难群众跨区域申请法律援助存在的“申请难”问题。2010年，全市“12348”法律咨询专线的升级改造工作完成，并通过开展区县法律援助中心主任培训、“12348”专线业务培训、接待礼仪培训等一系列培训活动，进一步规范法律援助接待服务工作，提高法律援助服务质量。

第二章　法律援助机构

1997 年 6 月 6 日，上海市法律援助中心成立。自 1995 年 8 月 25 日浦东新区法律援助中心率先成立后，至 2000 年 4 月，全市 19 个区(县)都成立了法律援助中心。2002 年，市司法局在全市 234 个乡镇(街道)设立了“法律援助工作站”，由市、区、街道(乡镇)三级法律援助网络初步建立。2008 年，全市建成村(居)委法律援助联络点 5 105 个，基本完成市、区(县)法律援助中心、街镇法律援助工作站、村居委法律援助联络点的四级法律援助平台搭建工作。法律援助机构服务网络基本建成。

第一节　政府法律援助机构

一、市、区(县)级法律援助机构

1997 年 6 月，经市政府批准，上海市法律援助中心成立，并于同年 9 月试运行工作。1998 年 3 月正式挂牌对外服务。市法律援助中心设办公室、法务室和法律咨询接待室。

图 6－2－1　1997 年的市法律援助中心

1998 年 3 月 1 日，市法律援助中心正式挂牌对外服务，统一受理并组织实施法院指定的刑事法律援助案件。当事人也可向市法律援助中心提出申请，对符合条件者，中心负责指派援助对象所在地的区(县)法律援助中心或有关律师事务所办理。中心还设两个接待窗口：陈律师义务法律咨询站和市法律援助中心接待站。执业律师及法律服务人员每年必须办理一定数量的法律援助事务。各区(县)司法局建立义务法律咨询站(处)或法律援助中心等机构,结合10个文明标志区域建设,在铁路上海站、十六铺客运码头、外滩等区域设立义务咨询点。至年底,全市有15个区县建立了法律援助中心(除南市区、闵行区、嘉定区、金山区、崇明县外)。全市各律师事务所、公证处和乡镇、街道法律服务所等3支法律服务队伍,在法律援助中心的统一协调安排下承办法律援助事务。

2000年4月,全市19个区(县)均成立法律援助机构。黄浦区司法局在撤二建一(撤南市区)过程中,率先在上海市设立法律援助指导科。16个区(县)法律援助中心设置专门的法律援助咨询接待室。浦东、宝山、长宁、卢湾、静安、虹口、闸北、黄浦、南汇、徐汇、普陀等区(县)经过努力,通过财政不同程度地落实法律援助业务经费。

2001年,市司法局在全市范围内建设20个法律援助机构。5月,市司法局印发《关于法律援助中心统一标识规范建设若干要求》,推进全市20个法律援助中心的规范建设。统一标识意为"援助之手、慈爱之心、法律之盾"。各单位名称标牌统一使用铜牌,各区标牌统一为:"上海市××区法律援助中心",各县标牌统一为"××县法律援助中心"。至11月30日,全市20个规范的法律援助中心已全部建成并通过市司法局组织的验收。全市20个"中心"正式编制138人,其中浦东、黄浦、静安法律援助中心工作人员为行政编制,其他为全额拨款事业编制,人数保证在5人以上。其中浦东、南汇、青浦、崇明、松江编制为8人,工作人员基本都具有法学大专或其他专业本科以上学历。市法律援助中心在原10个事业编制的基础上增加至20个。办公用房面积超过200平方米以上的有宝山、闸北、奉贤、长宁、浦东、闵行、嘉定、南汇、虹口、普陀、青浦等11个区(县)。各级政府为落实法律援助实事项目一次性投入开办资金达850万元,是全国唯一在编制、场所、人员、制度方面"四落实"的省市。

图6-2-2　2001年,市政府实事项目建设20个规范的法援中心

2009年8月21日,市司法局法律援助工作处成立,工作职责为负责拟定法律援助工作发展规划,起草法律援助工作管理制度和规范性文件;管理和指导全市法律援助机构开展法律援助工作;

管理和指导法律援助的队伍建设;指导全市法律援助机构及其工作人员的投诉处理等工作;管理和指导全市社团的法律援助工作;指导、监督法律援助服务质量;完成局党委交办的其他工作任务。法律援助工作处的成立,标志着法律援助工作“管办分离”管理体制形成。

表 6-2-1　2010 年上海市各区(县)级法律援助机构情况表

区(县)	成立时间	区(县)	成立时间
浦东新区	1995.08.25	宝山区	1997.10.24
徐汇区	1998.12.24	闵行区	1999.08.14
长宁区	1998.06	嘉定区	1998.12.28
静安区	1995.10	金山区	1999.07.23
普陀区	1998.08.10	松江区	1997.05.27
闸北区	1996.12.03	青浦县	1998.09.17
黄浦区	1997.12.12	南汇县	1997.05.16
卢湾区	1996.10	奉贤区	1996.04
虹口区	1997.03.28	崇明县	2000.04.17
杨浦区	1997.02.28	—	—

说明:1998 年,经国务院批准松江撤县设区;2001 年,奉贤撤县建区。

二、基层法律援助服务网络

1995 年以前,基层法律援助服务主要由街道(乡镇)法律服务所负责。

1996 年 4 月 11 日,全市首家街道级法律援助中心在南市区董家渡街道成立。

2000 年起,卢湾、宝山、浦东、杨浦、青浦等区(县)积极探索开展法律援助进社区工作,并逐步建立健全了街、镇(社区)法律援助工作站或分中心。

2002 年,市司法局在全市 234 个乡镇(街道)设立了“法律援助工作站”。市法律援助中心印发《关于在街道(乡镇)司法、信访窗口设立法律援助工作站的通知》,明确社区法律援助工作站的工作职责和工作程序。黄浦、虹口、卢湾、宝山等区县全面建立街镇(社区)“法律援助工作站”,并举行挂牌仪式。由市、区、街道(乡镇)三级法律援助网络初步建立。

2006 年,上海在全国率先启动在村(居)委会设立法律援助联络点的工作,开始构筑市、区(县)、街(镇)、居(村)委会的四级网络体系。

2007 年 2 月,市法律援助中心编印《上海市法律援助联络点工作指导手册》,下发至全市村居(委)法律援助联络点。《手册》就联络点的工作职责、工作流程、法律援助的范围、条件等进行了明确。

至 2008 年,全市建成村(居)委法律援助联络点 5 105 个,基本完成市、区(县)法律援助中心、街镇法律援助工作站、村居委法律援助联络点的四级法律援助平台搭建工作。法律援助机构服务网络基本建成。

各区(县)在基层法律援助服务网络建设过程中,起到非常重要的作用。

【浦东新区】

1995 年 8 月，浦东新区法律援助中心成立。首创了全国法律援助的“浦东模式”，即以“司法行政为主导、执业律师为主体、政府财政支持、社会各界参与”的工作模式。1996 年 5 月 4 日，浦东新区法律援助中心青少年分中心揭牌。年底开通全国第一条法律咨询热线 58391490（后改为 68609999）。至 2000 年，先后建立妇女、残疾人、工会、未成年人和军人共 6 个社团分中心。2001 年 6 月，浦东新区司法局成立法律援助指导处，为区司法局内设处室。2002 年，浦东新区建立以法律援助中心为枢纽，以公证处和各律师事务所为主体，以各社团和街镇“窗口”为基础的法律援助体系。2007 年，浦东新区 23 个街镇全部设立村、居委法律援助联络点，其中 17 个街镇实现全覆盖，全区共设立 520 个村居委联络点和 13 个社区联络点（覆盖 137 个村、居委），基本形成三级服务网络。2008 年，全区建成 698 个村（居）委法律援助联络点和 13 个社区联络点，并在此基础上创建了 34 个法律援助示范联络点。2009 年，先后在金桥出口加工区和三林世博功能区域建立农民工法律援助工作站。在新区劳动仲裁委员会设立法律援助联络点，组建职工维权律师志愿团。2010 年，浦东新区在全市建立首家劳动仲裁法律援助联络点，成立“浦东新区老干部法律援助工作站”。全年共接待群众法律咨询 18 270 人次，“12348&68609999”接答法律咨询 16 628 人次，受理各类法律援助案件 2 218 件。

图 6-2-3　1995 年 8 月，浦东新区法援中心成立揭牌仪式

【徐汇区】

1998 年 12 月 24 日，徐汇区法律援助中心正式挂牌服务。2002 年，成立军人、职工、妇女、老年人、残疾人、青少年等 6 个社团分中心，在 13 个街道（镇）建立法律援助工作站。形成以中心为主、分中心（工作站）为辅的上下联动两级援助网络。2006 年，组建区总工会法律顾问团，成立进城务工人员法律援助工作站和区职工法律援助分中心社区服务站，并建立进城务工人员法律援助联系点。2007 年，徐汇区法律援助（信访）工作站揭牌，全区在街道（镇）人民调解工作室和居（村）委调解工作站设立法律援助联系点 134 个，成立驻徐汇交警支队法律援助联系点暨律师工作（咨询）室。

2008年,设立法律援助联系点304个,在法院调解室设立法律援助联络点。2009年,法律援助联系点增加到336个。2010年,全年区法律援助中心接待来访咨询5 383人次,其中接待外来务工人员法律咨询3 836人次,提供法律援助309人次,追回欠薪247万余元,各类损害赔偿178万余元。"12348"法律服务热线接待咨询4 831人次,受理法律援助案件920件。

【长宁区】

1998年6月,长宁区法律援助中心成立。2005年,成立长宁区来沪务工人员法律援助工作站和长宁区保护未成年人权益律师志愿团。2007年,区法律援助中心在全区184个居(村)委会全部设立了法律援助咨询点。至此,区、街道(镇)、居(村)三级法律援助网络基本建成。2010年,全年共接待来访咨询2 172件;"12348"专线咨询2 780人次;受理法律援助案件194件,其中刑事法律援助案件48件,民事法律援助案件146件。

【普陀区】

1998年8月,普陀区法律援助中心成立。2000年,成立区法律援助中心妇女分中心、维护军人合法权益法律援助分中心。2003年,各街道、镇建立健全法律援助工作站,成立残疾人法律援助分中心。2007年,建立农民工法律维权窗口、50个居(村)委法律援助联络点和信访法律援助咨询室。2008年,实现区内居(村)委法律援助联络点全覆盖。2010年,全年区法律援助中心办理法律援助案件249件,接待来访咨询5 118件,接答"12348"法律咨询3 826人次。

【虹口区】

1997年3月,虹口区法律援助中心成立。2002年,区总工会、妇联、残联、老龄委、青保办分别建立法律援助分中心,形成区法律援助工作网络。2004年,区维护军人、军属合法权益法律援助分

图6-2-4 2002年,虹口区建立社区法律援助工作站

中心成立。2005 年，区儿童法律援助中心成立。2007 年，在 239 个居委设立法律援助联络点，配联络员 239 人。形成区法律援助中心、街道、镇法律援助工作站、居委法律援助联络点三级网络，并在 10 个街道法律援助工作站设立外来务工人员维权咨询点，形成外来务工人员维权法律援助工作网络。2010 年，全年区法律援助中心累计接待咨询人员 2 854 人次，接答“12348”专线咨询 5 228 人次，受理援助案件 229 件，其中受理刑事法律援助案件 107 件，受理民事法律援助案件 122 件。

【闸北区】

1996 年 12 月，闸北区法律援助中心成立。2000 年成立“维护军人军属合法权益法律援助中心”，先后在天目西路街道、彭浦镇等 5 个街道、镇和区总工会设立法律援助分中心，初步形成以“区中心”为主，“分中心”为辅，上下联动，各有侧重，优势互补的两级网络。2001 年，区消费者协会法律援助分中心正式挂牌成立。2002 年，原街道、镇法律援助分中心更名为街道、镇法律援助工作站，确定了法律援助工作站的工作职能，援助条件，受案范围，受理程序。2006 年，成立闸北区农民工法律援助服务点。2007 年，闸北区法律援助中心在全区各居（村）委会设立法律援助联络点，初步形成“区、街镇、居村”三级法律援助维权网络。2010 年，全年共受理法律援助案件 234 件，提供法律咨询 9 544 人次。

图 6-2-5　1996 年 12 月，闸北区法律援助中心成立揭牌仪式

【杨浦区】

1997 年 2 月，杨浦区法律援助中心成立。之后，逐步建成以“中心”为主，“分中心”为辅的两级法律援助网络。2000 年，区法律援助中心妇女儿童法律援助分中心成立。至此，共建立 30 家法律援助分中心。2002 年，区法律援助中心残疾人分中心成立，标志着以杨浦区法律援助中心、20 家律师事务所、杨浦区公证处以及街道法律服务所为骨干和社会热心专职人员为辅助的残疾人法律服务网络正式形成。2008 年，区法律援助中心在区总工会、妇联、残联、老龄委、人武部设立分中心；

在杨浦区婚姻登记处和12个街道(镇)设立工作站;在300余个居委会设立联络点;在区人民法院立案大厅设立接待窗口,搭建司法救助与法律援助相衔接工作平台。2009年,成立区老干部法律援助分中心。2010年,全年区法律援助中心累计接待咨询5 220人次,接答"12348"专线咨询4 753人次;批准受理法律援助案件642件。其中民事法律援助案件357件,刑事法律援助案件285件,为受援人避免经济损失253万余元。

【黄浦区】

1997年12月,黄浦区法律援助中心成立。2002年,区教师节服务咨询站、区维护老年人权益工作小组正式成立。2006年,区法律援助中心拥军维权分中心建立。2007年,在全区121个居委会设立法律援助联络点和法律援助联络员。2008年,黄浦区法律援助联席会议制度正式建立。联席会议下设办公室,由区司法局负责办公室日常工作。同年建立黄浦区法律援助中心法院联络点。2010年,建立"公安法律援助联络点"。全年,区法律援助中心共接待群众来访2 464人次,接听咨询电话3 294人次,全年办理法律援助案件583件,办结非诉调解案件380件,约占案件数的65%;法律援助案件胜诉率达89.96%。

【卢湾区】

1996年10月,卢湾区法律援助中心成立。1998年,卢湾区法律援助中心开始构建两级法律援助模式,既成立区法律援助中心,又在下属4个街道设立分中心,形成区街两级网络。2000年以后,相继建立"妇联""残联""老龄委""军人、军属""青少年"及"工会"法律援助分中心。2003年,各街道在司法信访综合服务窗口建立法律援助工作站。2007年,全面建成区法律援助中心、街道法律援助工作站、居委会法律援助联络点的三级法律援助平台。2010年,全年区法律援助中心批准办理法律援助案件231件,其中刑事案件50件、民事案件181件,24小时人工法律服务热线——"小

图6-2-6　2004年,卢湾区法律援助中心推出面向社区群众的法律服务热线"小毛热线",由3名公职律师轮流接听,24小时全天候服务。图为"小毛热线"的律师在研究解答法律问题

毛热线"接听来电咨询 375 人次，窗口接待咨询 2 285 人次，"12348"接听咨询电话 7 572 人次。

【静安区】

1995 年 10 月，静安区法律援助中心成立。2000 年 4 月 6 日，成立静安区维护军人军属合法权益法律援助中心。2007 年，建立农民工法律维权窗口和 50 个居(村)委法律援助联络点。2009 年，成立区老干部法律服务中心。2010 年，全年区法律援助中心全年共接待法律咨询 1 213 人次，办理法律援助案件 138 件，街道法律援助工作站接待法律咨询 1 230 人次。

【宝山区】

1997 年 10 月，宝山区法律援助中心成立。2000 年，全区 20 个街道(乡镇)全部建立法律援助机构。之后相继建立残联、妇联、育保、老龄等法律援助分中心以及区维护军人合法权益法律援助中心。2005 年，在全区 246 个村(居)委全部设立"法律援助工作点"。2009 年，在区法院、公安、劳动保障等部门分别设立农民工法律援助工作点，在区公安分局交警支队建立宝山区道路交通事故赔偿纠纷法律援助联络点。2010 年，实现区、街(镇)、村(居)人民调解工作室(站)法律援助接待点全覆盖。全年办理法律援助案件 731 件；窗口接待解答咨询 2 442 件，"12348"专线接听解答咨询 4 517 人次；参与区信访接待 29 批 74 人次，参与群体性纠纷化解 6 件，协调解决当事人生活困难 11 次。

【闵行区】

1999 年 8 月，闵行区法律援助中心成立。2000 年，成立区维护军人合法权益法律援助中心。2002 年，成立"闵行区法律援助青年律师志愿团"，有百余名律师自愿加入。2005 年起，开展法律援助工作站建设。2008 年，闵行区法律援助中心在全区 400 多个村、居委设立"法律援助联络点"，完成法律援助基层网络建设。2010 年，全年区法律援助中心共受理指派法律援助案件 937 件，接待来访法律咨询 6 241 人次，接答"12348"法律服务咨询热线 6 595 人次。

【嘉定区】

1998 年 12 月，嘉定区法律援助中心成立。2001 年，建立维护军人军属合法权益分中心、维护妇女合法权益分中心。2002 年，建立职工分中心、青少年维权分中心。至 2002 年，嘉定区 13 个镇、街道全部建立法律援助工作站。2007 年，在外冈镇长泾村举行"联合工会法律援助联络点"揭牌仪式，标志着全区 268 个村联合工会法律援助联络点建设工作全面完成。2010 年，全年区法律援助中心共办理法律援助案件 930 件，其中办理刑事法律援助案 107 件，办理民事法律援助案 823 件，接受法律援助咨询 3 033 人次，"12348"热线接答 3 787 人次。

【金山区】

1999 年 7 月，金山区法律援助中心成立。2005 年，完成基层司法所派出设置和 11 个镇(街道)及金山工业区基层司法行政工作年度考核，实现法律援助网络全覆盖。2006 年，成立镇(街道、园区)残疾人法律援助基层工作站、残疾人法律援助工作点，在 131 个村委会和 65 个居委会建立法律援助接待站。2007 年，正式建立区、镇(社区、工业区)、村(居)三级妇女儿童维权服务网络。2009 年，成立设立老干部法律服务咨询站。2010 年，全年区法律援助中心接待来访、来电、来信法律咨询 1 295 人次,受理“12348”热线电话咨询 3 942 人次,累计提供法律援助案件 700 件。各镇(街道)法律援助工作站、各村(居)法律援助联络点共受理法律咨询 2 080 人次、非诉讼法律援助调解 572 件。

【松江区】

1997 年 5 月,松江县法律援助中心成立,后更名为松江区法律援助中心。2000 年 6 月 8 日,区维护军人军属合法权益法律援助中心成立。2003 年,建立区法律援助中心与镇、街道、园区法律援助工作站联动工作制度。2007 年,全区 250 家村(居委)法律援助联络点全部挂牌并正式运作,松江区法律援助三级网络正式建成。2009 年,成立老干部法律服务站和法律服务团。2010 年,全年共接待接答、来访来电咨询 7 450 人次。其中“12348”接答 3 304 人次,15 个工作站接待 2 679 人次。咨询人员中外来人员 5 494 人次,妇女 1 013 人次。受理法律援助案件 462 件,703 人获得法律援助。

【青浦区】

1998 年 9 月,青浦县法律援助中心成立。2000 年撤县建区后,更名为青浦区法律援助中心。2003 年 2 月,在全区 16 个街道、镇的司法、信访服务窗口开展法律援助功能整合。5 月,区法律援助中心残疾人分中心成立。2007 年,在全区新设立 8 个法律援助工作室,在各村居设立法律援助联络点。2010 年,全年区法律援助中心共接待来电来访 5 695 人次,办理法律援助案件 466 件。各街镇法律援助工作站共接待法律咨询 2 554 人次,移送法律援助案件 50 件。

【奉贤区】

1996 年 4 月,奉贤县法律援助中心成立,后更名为奉贤区法律援助中心。2006 年,在全区各镇(开发区)设立 13 个法律援助分中心,16 个社区法律援助工作站和 8 个律师事务所的法律援助代理申请点,建立奉贤区法律援助三级网络。2007 年,全区 335 个村(居)委会均设立法律援助联系点,由村(居)委调解主任兼任联络员,健全了覆盖全区农村的法律援助工作网络。2010 年,全年共受理法律援助案件 590 件,接待来访、来电、来信法律咨询 6 666 人次,“12348”热线接答 3 829 人次。

【南汇区】

1997 年 5 月,南汇县法律援助中心成立,后更名为南汇区法律援助中心。2000 年,先后成立南汇县维护军人合法权益法律援助中心、南汇县法律援助中心青少年联络站、南汇县法律援助中心妇女分中心。2001 年,成立南汇县残疾人法律援助服务站和新场镇社区妇女儿童法律援助工作站。2007 年,全区 260 个村(居)委全部设立法律援助联络点,形成区、镇、村的三级法律援助网络。2010 年 9 月 13 日,因南汇区撤销并划归浦东新区,南汇区法律援助中心更名为浦东新区法律援助中心(惠南分部)。

【崇明县】

2000 年 4 月,崇明县法律援助中心成立。2003 年,全县 14 个乡镇司法所全部建立法律援助工作站。2004 年,先后成立崇明县妇女法律援助分中心和县残疾人法律援助分中心,建立由县妇女联合会、县总工会、县人民武装部、县老龄工 作委员会、县残疾人联合会等单位参加的联席会议制度和法律援助联络员队伍。2006年，全县各乡镇司法所建立法律援助工作站，各村(居)建立法律援助联络点，形成全县法律援助三级网络。2010年，全年共受理批准法律援助案件331件。

第二节　社会团体法律援助机构

为推进法律援助业务开展，社会组织、群众组织、高等学校等社会团体陆续建立法律援助机构。为加强与有关部门、社团法律援助机构的沟通和协调，市法律援助中心和部分区(县)法律援助中心主动与工会、残联、老龄委、妇联等有关部门、团体联系，为企业下岗职工、残疾人、老人、妇女、未成年人等特殊对象提供法律咨询服务。

1997年8月12日，市总工会在全国工会系统中率先成立第一家职工法律援助中心。

1998年9月25日，由市民政局、市老龄委联合发起，市慈善基金会、市退管会、市老年基金会共同主办，上海大学法学院、华东政法学院、复旦大学法学院协办的上海市老年人法律服务中心正式揭牌。

2000年8月11日，上海市妇女法律援助中心暨上海市法律援助中心妇女分中心成立。同年12月2日，上海市残疾人法律援助中心暨上海市法律援助中心残疾人分中心成立。2000年后，静安、宝山、卢湾、崇明、松江、南汇、闵行、青浦、杨浦、金山、普陀、徐汇、长宁、浦东、闸北、嘉定、黄浦等17个区县先后建立了“维护军人军属合法权益”法律援助分中心。

图6-2-7　2000年，市法律援助中心开展妇女法援咨询活动

华东政法学院、复旦大学等院校也建立学生法律援助服务中心。2000年4月28日，由卢湾区向明中学策划建立的向明青少年法律援助网(www. saveoneself. com)和法律咨询热线(63845676)正式开通。这是全市第一家由在校中学生自行设计、自我维护、自我管理、自我教育，以12—18周岁中学生为主要服务对象的法制宣传、法律服务网站和法律咨询热线。

第三章　法律援助业务

法律援助业务形式主要分为办理法律援助案件和提供法律咨询。自开展法律援助业务以来，全市办理法律援助案件数量从每年不到1 000件逐步提升为1.2万余件，全年接待咨询人数从2万多人次到最多时超过9万人次。1999年3月18日，上海市率先开通全市"16000148"法律服务专用电话，后改为"12348"法律咨询专线，并交由市法律援助中心统一管理，最多时每年接答超过15万个咨询电话。在提升数量的同时，上海市法律援助工作始终注重服务质量。2005年，市法律援助中心制定《上海市法律援助机构案件质量管理办法(试行)》。同时，通过开展区县法律援助中心主任培训、"12348"专线业务培训、接待礼仪培训等一系列培训活动，规范法律援助接待服务工作，提高法律援助服务质量。

第一节　业务类型和数量

法律援助工作开展以来，全市法律援助业务类型主要为：(1) 解答法律咨询，代拟法律文书，提供法律意见和法律信息；(2) 刑事辩护和刑事代理；(3) 民事诉讼代理；(4) 行政诉讼代理；(5) 非诉讼法律事务代理；(6) 公证证明；(7) 其他形式的法律服务。

随着法律援助工作不断深入，全市各法律援助中心接待咨询人数不断增加，全年接待咨询人数最多时超过9万人次。1996—1998年，全市各法律援助中心接待法律咨询51 964人次(其中市法律援助中心接待法律咨询8 980人次)，年均17 322人次。1999—2000年，全市免费接待法律咨询95 945人次(其中市法律援助中心8 169人次)。2001年，全市各法律援助中心免费接待法律咨询60 700人次(其中市法律援助中心4 958人次)。2002年，接待法律，2010年，全市法律援助机构全年共接待咨询82 316人次。

全市办理法律援助案件数量逐年提升。2000年，全市各法律援助中心共受理法律援助案件2 364件。2001年，共受理2 645件，比上年增长11.8%；其中市法律援助中心475件。至2004年，全年全市各法律援助中心受理法律援助案件5 217件；至2009年，为10 497件。2010年，全市各法律援助中心受理法律援助诉讼案件数量为12 273件，比2002年增长了419.16%。

随着社会发展与市民法治意识的提高，"12348"法律咨询专线逐步成为市民群众了解法律知识、依法维权的重要渠道。2002年，"12348"专线接答法律咨询91 490人次；至2010年，接答法律咨询150 936人次。

表6-3-1　1997—2010年上海市各法律援助中心办理法律援助案件和接待咨询人数情况表

年　份	办理法律援助案件总数(件)	"窗口"咨询(件)
1997	919	25 843
1998	2 020	26 121
1999	2 294	44 721

（续表）

年 份	办理法律援助案件总数(件)	“窗口”咨询(件)
2000	2 366	51 224
2001	2 645	60 702
2002	2 903	63 805
2003	3 761	65 503
2004	5 217	79 275
2005	5 855	80 969
2006	6 993	78 797
2007	7 574	79 876
2008	8 977	92 870
2009	10 497	83 256
2010	12 273	82 316
合计	74 294	915 278

除办理法律援助案件数量、借助窗口和服务专线开展法律服务咨询外，法律援助业务类型还包括发挥法律援助窗口作用，积极与政府信访部门配合，做好群访纠纷的疏导和化解工作。2001 年，全市各法律援助中心共办理信访部门转来的涉法事项和群众来信 380 多件。其中接待和配合调处有影响的群访事项 13 件。至 2010 年，每年办理来信 350 件～450 件。

第二节 法律援助案件类型

自 1996 年起，全市法律援助案件的业务类型分为刑事法律援助案件和民事(行政)法律援助案件。

一、刑事法律援助案件

在刑事诉讼中，公诉人出庭公诉的案件，被告人因经济困难或者其他原因没有委托辩护人，人民法院为被告人指定辩护时，法律援助机构应当提供法律援助。

【援助范围】

根据 1997 年《上海市司法局关于法律援助的若干规定(试行)》，刑事法律援助的对象包括：(1) 公诉人出庭公诉的案件，被告人因经济困难或者其他原因没有委托辩护人的，由人民法院指定辩护的可以获得法律援助。(2) 公诉人出庭公诉的案件，被告人是盲、聋、哑、未成年人没有委托辩护律师的，由全市人民法院指定辩护的应当获得法律援助。(3) 公诉人出庭公诉的案件，被告人可能被判处死刑而没有委托辩护律师的，由人民法院指定辩护的应当获得法律援助。(4) 老年人、妇女、残疾人为犯罪嫌疑人或者刑事被告人没有经济能力聘请辩护律师的，可以获得法律援助。

2002年，市司法局修订《上海市司法局关于法律援助工作的规定》，印发《上海市司法局关于法律援助工作的规定》，将刑事法律援助的对象分为：(1) 盲、聋、哑等残疾人和未成年人为刑事被告人或犯罪嫌疑人而没有委托辩护人的；(2) 可能被判处死刑的刑事被告人没有委托辩护人的；(3) 刑事被告人因经济困难或者其他原因没有委托辩护人，经法院指定辩护的；(4) 犯罪嫌疑人因经济困难没有委托辩护人，本人提出法律援助申请的。

2003年，国务院《法律援助条例》发布，规定刑事诉讼中有下列情形之一的，公民可以向法律援助机构申请法律援助：(1) 犯罪嫌疑人在被侦查机关第一次讯问后或者采取强制措施之日起，因经济困难没有聘请律师的；(2) 公诉案件中的被害人及其法定代理人或者近亲属，自案件移送审查起诉之日起，因经济困难没有委托诉讼代理人的；(3) 自诉案件的自诉人及其法定代理人，自案件被人民法院受理之日起，因经济困难没有委托诉讼代理人的。公诉人出庭公诉的案件，被告人因经济困难或者其他原因没有委托辩护人，人民法院为被告人指定辩护时，法律援助机构应当提供法律援助。被告人是盲、聋、哑人或者未成年人而没有委托辩护人的，或者被告人可能被判处死刑而没有委托辩护人的，人民法院为被告人指定辩护时，法律援助机构应当提供法律援助，无须对被告人进行经济状况的审查。

【援助案件数量】

1996—1998年，上海市各法律援助中心办理刑事法律援助案件1 962件，其中市法律援助中心402件。随着各区(县)法律援助中心的设立，法律援助案件数量有了大幅度增长。1998年，办理刑事法律援助案件1 253件，比上年增长76.7%。

1999—2000年，办理刑事法律援助案件3 288件，其中市法律援助中心933件。

2001—2003年，全市各法律援助中心每年共办理刑事法律援助案件维持在1 500件～2 000件。

2004年，办理刑事法律援助案件3 259件，比上年增长64.76%。此后，至2010年，每年办理刑事法律援助案件数量维持在3 000件～4 500件。

二、民事(行政)法律援助案件

公民需要代理民事、行政事项，因经济困难没有委托代理人的，可以向法律援助机构申请法律援助。

【援助范围】

根据1997年《上海市司法局关于法律援助的若干规定(试行)》，法律援助的范围主要包括：请求给付赡养费、抚育费、扶养费的事项；因公受伤害请求赔偿的事项(责任事故除外)；请求国家赔偿的行政诉讼案件；请求发给抚恤金、救济金的事项；需要予以公证的与公民个人人身、财产密切相关的法律事实或法律关系等。公民法律援助需要同时具备的条件为：为保障自己合法权益确实需要法律援助；因经济困难，确无能力或无完全能力支付法律服务费用的(公民最低生活标准参照民政部门规定执行)。

2002年，《上海市司法局关于法律援助工作的规定》，对法律援助业务范围进行调整和补充，民事(行政)法律援助范围主要包括：请求给付赡养费、抚育费、扶养费的法律事项；因工受伤害请求补偿、赔偿及医疗费的法律事项（责任事故除外）；盲、聋、哑等残疾人、未成年人、老年人、军人和军属追索侵权赔偿的法律事项；请求国家赔偿的案件；请求发给抚恤金、救济金、社会保险金、劳动报酬的法律事项；请求对个人人身、基本生活密切相关的法律事实或法律关系予以公证的事项；见义勇为者及其亲属请求见义勇为行为收益人补偿的法律事项。公民申请法律援助需要同时具备的条件为：有充分理由证明为保障自己的合法权益需要法律帮助；确因经济困难，无能力或无完全能力支付法律服务费用。“经济困难”的标准参照申请人户籍所在地人民政府规定的最低生活保障标准。

2003 年国务院《法律援助条例》规定，公民对下列需要代理的事项，因经济困难没有委托代理人的，可以向法律援助机构申请法律援助：(1) 依法请求国家赔偿的；(2) 请求给予社会保险待遇或者最低生活保障待遇的；(3) 请求发给抚恤金、救济金的；(4) 请求给付赡养费、抚养费、扶养费的；(5) 请求支付劳动报酬的；(6) 主张因见义勇为行为产生的民事权益的。省、自治区、直辖市政府可以对前款规定以外的法律援助事项作出补充规定。

2006 年 4 月 26 日，《上海市法律援助若干规定》出台，对国务院《法律援助条例》规定的法律援助事项做出补充规定，经济困难的公民还可以对下列事项申请法律援助：(1) 在签订、履行、变更、解除和终止劳动合同过程中受到损害，主张权利的；(2) 因工伤、交通事故、医疗事故受到人身损害，主张权利的；(3) 因遭受家庭暴力、虐待、遗弃，合法权益受到损害，主张权利的；(4) 法律、法规和规章规定应当提供法律援助的其他事项。

同时，根据《上海市法律援助若干规定》，公民因见义勇为导致诉讼或者仲裁需要法律援助的，法律援助机构应当提供法律援助，无需审查其经济状况。

【援助案件数量】

法律援助工作覆盖面和受益面不断扩大，有效维护弱势群体合法权益。1997 年，全市办案总数为 919 件，其中民事（行政）法律援助事项 210 件。随着各区（县）法律援助中心的设立，法律援助案件数量有了大幅度增长。1998 年，办理民事（行政）法律援助事项 767 件，比上年增长 265.24%。

2002—2003 年，全市各法律援助中心每年办理民事（行政）法律援助案件从 1 204 件增长到 1 783 件，增长 48.83%。

2006 年，办理民事（行政）法律援助案件 2 356 件。而后，在《上海市法律援助若干规定》的指引下，每年办理法律援助案件数量都有较大幅度增长。2007 年 3 045 件；2008 年 4 587 件；2009 年 6 490 件；至 2010 年，办理民事案件 8 946 件。

表 6-3-2　1997—2010 年全市各法律援助中心办理法律援助案件数量情况表

年　　份	办理法律援助案件情况		
	办案总数(件)	刑事案件(件)	民事案件(件)
1997	919	709	210
1998	2 020	1 253	767
1999	2 294	1 681	613
2000	2 366	1 607	759
2001	2 645	1 836	809

(续表)

年　份	办理法律援助案件情况		
	办案总数(件)	刑事案件(件)	民事案件(件)
2002	2 903	1 699	1 204
2003	3 761	1 978	1 783
2004	5 217	3 259	1 958
2005	5 855	3 899	1 956
2006	6 993	4 637	2 356
2007	7 574	4 529	3 045
2008	8 977	4 390	4 587
2009	10 497	4 007	6 490
2010	12 273	3 327	8 946
合　计	74 294	38 811	35 483

第三节　接待咨询活动

一、窗口接待及活动

1995 年 6 月 2 日,“上海市陈律师义务法律咨询站”正式挂牌运作。至 7 月,市属各律师事务所共派出 200 余名律师在此接受法律咨询 1 571 人次。

1998 年 5 月 17 日,是全国助残日,市法律援助中心组织全市 20 个区县法律援助中心开展残疾人法律援助咨询活动。

1999 年 6 月 12 日,市法律援助中心和上海市老年人法律服务中心共同举办“1999 年国际老年人年大型法律援助咨询活动”4 家律师事务所律师和市公证处公证员共 22 人为 315 位老人提供法律咨询,受理了 5 件法律申请。

2002 年,各法律援助中心利用“三八”国际妇女节、敬老日等节假日,组织大型义务法律咨询活动。市法律援助中心编印了 12 类法律知识宣传活页,制作法律援助宣传画板,内容涉及婚姻、劳动、老年维权等社会热点和典型的法律援助案例等。各区县法律援助中心结合自身特点,开展法律援助宣传活动。同年 4 月 27 日,由上海市法制宣传教育领导小组办公室、上海电视台新闻综合频道、上海市法律援助中心共同举办的《上海市劳动合同条例》颁布实施专题咨询活动在司法会堂举行。19 个区县法律援助中心均组织律师、仲裁员等专业人员开展咨询服务活动。全市各咨询点共接待来访者 2 000 余名。

2003 年 8 月 25—31 日,在全市范围内开展“迎接《法律援助条例》颁布实施宣传周”活动。9 月 15—19 日,市司法局会同市律师协会、市法律援助中心、东方法治网、青年报社等单位联合举办主题为“弘扬法治精神,维护公平正义”的“卓越、诚信、敬民——上海法律服务志愿活动”。活动期间,沪上 10 位知名律师联合倡议:“以卓越的工作品质、诚信的职业精神、敬民的工作态度,

图 6－3－1　1998 年 5 月 17 日，市法律援助中心与市残联共同开展免费法律咨询活动

勤勉敬业，为社会提供优质高效的法律服务。”“12348”法律服务专线、“62876000、62716999”青年报热线都有律师坐堂向社会公众提供法律咨询。东方法治网、东方律师网、“148 网”和“上海公证网”四家司法行政专业网站以“律师坐堂”“社区讨论”等形式在网上为群众答疑解惑。东方法治网成立了一支由 20 多名律师、律师助理和热心网友组成的法律服务“志愿军”，为群众答疑解惑；“东方律师网”为群众聘请律师提供检索，登录网站可以查到全市 500 多家律师事务所和 5 000 多名律师的基本信息。全市 20 家法律援助中心均有 5 位执业律师轮流坐堂，围绕有关主题为市民提供服务。

2004 年 2 月，市司法局系统开展“法律援助在上海”公益活动，局机关、各中心及司法会堂广大机关干部及工作人员共 364 人踊跃参与法律援助一日捐活动。

2007 年，在开展司法部“法律服务和法律援助工作为构建社会主义和谐社会服务”主题实践活动中，市法律援助中心制定下发了主题实践活动实施方案，重点突出“抓好 2 件实事，做好 8 项工作”。

2008 年 9 月 1—7 日，全市组织开展以“维护困难群众合法权益，构建社会主义和谐社会”为主题的纪念《法律援助条例》颁布实施五周年活动。活动中，共发放法律援助宣传资料 23 300 份，发放环保袋和纪念品 4 880 件，现场咨询 3 832 人次，当场受理法律援助案件申请 24 件。

2009 年，全市法律援助机构组织开展“擦亮窗口、迎接世博”活动，通过营造窗口迎世博氛围、积极参与全市迎世博“三五”行动、推出《迎世博法律援助机构接待服务文明规范》、组织评选优质服务示范员和优质服务示范窗口、开展法律援助便民服务活动、举办迎世博手语培训班等系列活动。

2010 年 9 月，市法律援助中心组织全市法律援助机构积极开展《法律援助条例》颁布实施七周年宣传活动。全市法律援助中心结合自身工作实际，通过媒体报道、法律咨询、法律知识讲座、文艺演出等形式进行广泛宣传。其间,共开展各类咨询活动 18 场次,向群众发放各类法律援助宣传资料 71 000 余份,书籍 1 600 册,实物宣传品 1 800 余份,制作法律援助宣传横幅近 300 幅,宣传展板 130 余块,海报 1 650 张,并当场受理法律援助申请 3 起。

图 6-3-2　2010 年 8 月,市法律援助中心在徐家汇公园开展《上海市法律援助若干规定》颁布实施四周年宣传咨询活动

表 6-3-3　2010 年全市窗口接待咨询情况表

各　中　心	接待咨询(人次)	各　中　心	接待咨询(人次)
市法律援助中心	5 309	杨浦区	5 220
浦东新区	18 270	宝山区	2 442
徐汇区	5 383	闵行区	6 241
长宁区	2 172	嘉定区	3 033
静安区	1 213	金山区	1 295
普陀区	5 128	松江区	1 763
闸北区	9 544	青浦区	3 144
黄浦区	2 464	奉贤区	2 837
卢湾区	2 285	崇明县	1 719
虹口区	2 854		

二、"12348"法律专线咨询

1996 年 12 月 9 日,浦东新区司法局开通法律咨询热线电话(58391490),这是全国第一条法律

咨询热线电话。

1999 年 3 月 18 日，市司法局和全市 20 个区县司法局开设的 44 部“16000148”法律服务专用电话全线开通，成为全国各省、自治区、直辖市中第一个全面开通法律服务专用电话的地区。

2002 年 1 月 15 日，根据司法部关于在全国范围内开通、使用统一的法律咨询专线号码的要求，市司法局将“16000148”法律服务专线改为“12348”法律咨询专线，并交由市法律援助中心统一管理。专线开通当日，“12348”法律咨询专线来电呼入总量为 2 285 个，语音信箱查询量为 568 件。

2003 年 8 月 25—31 日，市司法局在全市范围内开展“迎接《法律援助条例》颁布实施宣传周”活动。“12348”法律咨询专线在宣传周期间组织专题咨询活动，解答市民有关《条例》内容的咨询。

2005 年，“12348”法律咨询专线与司法行政其他服务形成联动，将法律咨询与人民调解、公证、司法鉴定、法制宣传教育相结合。

2006 年 7 月 1 日，市司法局、总工会、法宣办、律协联合在全市范围内联合开展“迎接《上海市法律援助若干规定》颁布实施暨农民工维权法律咨询日”活动。“12348”法律咨询专线在宣传周期间组织专题咨询活动，解答有关《规定》和农民工维权内容的咨询。

2010 年，全市“12348”热线接答系统升级工作完成。此次升级，对专线机房进行重建，采用了较为先进的网络 IP 电话技术和电信专网，有效提高了“12348”系统的稳定性和信号传输速率。同时，增加了语音传真法律法规功能，优化了语音菜单，使市民能更为便捷地得到法律咨询服务。全年共接答法律咨询 150 936 件，比上年增长 27.75%。其中，市法律援助中心接答 70 278 件，占全市接答量的 46.6%，比上年增长 132.1%。上海世博会期间，“12348”热线承担上海市司法行政世博服务热线职能，共接答法律咨询 77 001 件。从咨询内容看，占前 3 位的分别是婚姻家庭、劳动争议和房产纠纷问题。为进一步提高全市“12348”法律咨询热线的服务和管理水平，市法律援助中心建立健全了“12348”日常管理制度、接答规范、重大事项处理规范、系统硬件维护规范和应急处置规范等制度，并在 2010 年开展全市“12348”法律咨询热线优秀接答岗、优秀接答员评选活动，共评选出 6 家优秀接答岗和 20 名优秀接答员。

表 6-3-4　2002—2010 年“12348”专线接答法律咨询人数情况表

年　份	“12348”专线接答法律咨询人数(人次)
2002	91 490
2003	102 916
2004	122 020
2005	136 446
2006	146 230
2007	150 969
2008	138 987
2009	118 154
2010	150 936
合　计	1 158 148

第四节　服务质量内控

法律援助案件质量关系到困难群众的合法权益能否得到切实的维护,是法律援助的核心。在法律援助制度不断发展的过程中,在提高法律援助案件质量方面,市司法局主要采取了以下五项措施:一是各法律援助机构普遍建立骨干律师队伍,指派业务胜任、责任心强的律师承办法律援助案件;二是制发《法律援助案件质量管理办法》,加强对办案过程的动态管理,及时发现和解决法律援助服务人员在办案中遇到的困难和问题;三是建立重大案件讨论制度,对疑难重大案件组织专家、律师分析讨论,研究对策,提高办案质量;四是组织法律援助业务培训,提高法律援助机构的管理水平和法律援助服务人员的业务能力;五是建立全市法律援助机构办案协作机制,提高法律援助办案效率。

1999年11—12月,市法援中心组织全市各律师事务所对1998—1999年6月所办理的法律援助案件进行自查和抽查,向部分受援人发出意见征询书,并走访法院等有关部门听取意见。通过案件质量检查和调研,发掘了法律援助的先进事迹和典型案例,找到了存在的问题,研究了具体的改进措施。

至2000年,市法律援助中心先后建立《申办法律援助须知》《律师咨询接待制度》《服务承诺制》《岗位工作职责》等内容的政务公开制度和内部管理制度,制定《法律咨询登记表》《法律援助申请表》《刑事指定辩护指派通知书》等共11种法律援助统一格式文书。

2001年,建立信息反馈预警工作机制。全市各法律援助中心坚持"一周动态"报告制度和每月一报的法律援助情况分析报告制度。

2002年,制订《上海市文明法律援助中心标准》,就工作制度、硬件设施、服务质量、协作关系等多个方面提出要求。

2004年,市法律援助中心推出加强法律援助接待受理工作的11项便民利民措施,其中,规定:受理、审查法律援助申请实行首问责任制,做到一次告知清楚、二次受理立案;安排值班人员引导来访人员申请法律援助或咨询,在接待场所设立意见箱,工作人员和值班律师实行挂牌服务,接受群众监督;对受援当事人的投诉,及时进行核查,在5个工作日内将核查结果和处理意见答复投诉人等。

2005年,法律援助服务质量内控进一步制度化。市法律援助中心制定《上海市法律援助机构案件质量管理办法(试行)》。《办法》完善了原有的"案件受理审查""案件归档"制度,设计了新的"对案件审批的复查""办案计划""重点案件跟踪""案件庭审旁听"等多项内容,使案件的质量管理从受理、指派、办理、归档等各个环节形成了一个较完整的监督管理体系。根据规定,法律援助机构可根据案件承办人员在办案中的时效性、办理结果、工作态度、档案材料等综合情况,对办案质量作出"优秀、合格或不合格"的评估。法律援助机构对案件质量管理和检查结果,应当及时报告上级机关有关部门和通报市律师协会有关部门,并可提出对法律援助先进个人、先进集体和"优秀"案件给予必要的奖励建议;对于违法违纪的案件承办人员或不合格的案件作出通报批评或建议有关部门、协会给予必要的处罚建议。

2005年6月,市法律援助机构开展规范服务达标活动动员大会在华夏宾馆召开,为期两年的全市法律援助机构规范服务达标活动正式启动。规范服务达标活动的考评依据上海市《法律援助机构规范服务达标标准及考核细则》实行。达标标准分咨询接待、受理审查、指派监督和质量保证四个项目，每个项目都相应附有一定的要求。为便于法律援助工作人员掌握，整个标准概括为4句话32个字，即“接待周到、有问必答；依法受理、规范操作；及时指派、督促检查；加强管理、接受监督”。为便于考核人员的检查考评，在每个项目上又列出具体的子项目并附有分值。整个规范服务达标活动计划用两年左右的时间完成，活动共分四个阶段进行。第一阶段学习动员阶段（2005年6月中旬至下旬），第二阶段试点达标阶段（2005年7月至2006年3月），第三阶段全面实施阶段（2006年4月至2007年1月），第四阶段总结验收阶段（2007年2月至2007年6月）。

2006年，市法律援助中心制定了《上海市律援助案件质量评估体系》，规定了法律援助案件质量评估的标准和办法，从事中和事后两个阶段对法律援助案件进行评估，以提高法律援助办案质量。

2007年6月，市法律援助中心对全市19个区县法律援助中心的规范服务达标工作进行了全面检查验收，起草了《上海市法律援助机构开展规范服务达标活动的情况汇报》，在总结规范服务达标工作的基础上，提出了下一步创建文明的规划和措施。

2008年，市法律援助中心开展行风检查工作，文明服务水平明显提高。9月份，组织对卢湾、闸北、徐汇、闵行、黄浦、虹口、长宁、静安、浦东、南汇、普陀、嘉定、松江、青浦、杨浦等15个区的法律援助中心行风建设情况进行检查，通过问卷调查，电话随访、实地察看、开会座谈等方式征求当事人对法律援助行风建设的意见，总体反映较为满意。

2009年，推出《迎世博法律援助机构接待服务文明规范》，提高法律援助服务水平。

2010年，市法律援助中心通过开展区县法律援助中心主任培训、“12348”专线业务培训、接待礼仪培训等一系列培训活动，规范法律援助接待服务工作，提高服务质量。全市法律援助机构全年共收到锦旗113面，感谢信71封，有7家法律援助中心被评为世博先进集体，19名个人被评为世博先进个人。

第五节 法律援助案例

一、刑事法律援助案例

2001年6月，徐汇区法律援助中心为一起故意伤害案被告人袁某提供法律援助。袁某系未成年人，于6月22日在徐家汇公园附近与他人发生争斗将被害人打伤，后被害人经医院抢救无效于6月24日死亡。袁某被公安机关捉拿归案后，对犯罪行为供认不讳。该案移送法院审理后，徐汇区法律援助中心根据法院通知，为袁某指派叶律师提供法律援助。叶律师在办案过程中发现此案疑点重重，6月22日打架行为发生后，两人和好如初并结拜为兄弟，当时被害人系自己骑车离去，却在时隔两日后伤重身亡。最终经过调查得出导致被害人死亡的直接原因并不是殴打伤害，而是医院延误治疗所致。袁某从可能被判死缓到最终仅获刑4年，并在出狱后主动赡养被害人父母，被害人父母也在叶律师的帮助下向医院提起民事诉讼，得到了十余万元的赔偿。

2003年11月，奉贤区法律援助中心为一起故意杀人案被告人王某提供法律援助。该案系一起亲母杀子案。被害人系被告人王某之子，常年吸毒、打架斗殴，且频频因索要毒资对妻子和母亲王某实施家暴，家人遭其百般折磨忍无可忍，决定一同搬离。在搬家时因撞破被害人与其姘居女友之奸情，本案被告人王某及其儿媳妇遂与被害人发生口角。争执中，想到被害人平时的种种言行，王某一怒之下将其子勒死。事发后，王某即到居委会用电话拨打“110”报警自首。奉贤区人民检察院以王某犯故意杀人罪提起公诉,并依法通知奉贤区法律援助中心为王某提供法律援助,援助律师接受指派后,通过走访居委和派出所,取得了证明被害人劣迹斑斑的证人证言,以及村民自发书写请求司法部门对王某从宽处理的"联名书"。在法庭上,援助律师为王某作罪轻辩护。最终辩护意见被法院采纳,王某被判犯故意杀人罪,判处有期徒刑三年,缓刑五年。

二、民事法律援助案例

1997年1月21日下午,中学生蒋某放假在家时,被楼下发生的火灾烧成重伤,致使面部严重毁容,活动功能受到障碍。蒋家为此到处奔波,百般无奈之下,求助于复旦律师事务所。该所季律师、王律师接受此案后决定给予蒋家法律援助,一切费用全免。由于此案较复杂,办案时间长达3年,承办法官也换了3个人。尽管如此,季、王两位律师仍然一次次地在法庭上据理力争、仗义执言。法院最终采纳了律师的意见,蒋家由此获得了30多万元的赔偿。

1997年5月,卢湾区法律援助中心受理了一件法律援助案件。受援人吴某37岁,曾7次判刑,在牢中度过了21个春秋。当他再度刑释回家后,父已过世,母已改嫁,兄长不许他报进户口和居住,他哭诉至区法律援助中心接待室。为保障吴某的合法权益,避免因无处居住、无经济来源等客观原因重蹈覆辙,区法律援助中心和街道联手帮助、挽救他。卢湾区法律援助中心指定律师为他免费提起诉讼;街道寻找一间房供其暂时栖身,并主动与公安、民政部门联系,为他报上内册户口、办妥帮困卡和待业证,还为他创造条件做起小生意,使他有了生活保障。吴某终于摒弃自身恶习,成为一名自食其力的人。为此,他给援助中心送了一面锦旗,上书"人间有情,失足救星"。东方电视台专门摄制了2集专题电视片。

1997年,刘某在上海市第X人民医院做了左小腿截肢手术,术后因下肢只剩5公分而无法安装假肢。刘某向该医院申请医疗事故鉴定,因刘某曾在江西插队时左小腿患骨髓炎致溃烂,被确认为非医疗事故。1999年,刘某向普陀区法律援助中心申请法律援助,朝华律师事务所律师张律师主动承接此案,先后6次去医院协商、查阅资料,提出该医院向病人隐瞒了手术中发生的重要偏差,因此导致的纠纷属医疗差错。最后,院方同意一次性补偿4万元给刘某,一场历时两年的医疗纠纷圆满解决。

2001年,徐汇区法律援助中心受理王某诉侵权案。1997年,未满15岁的安徽省繁昌县女孩王某只身来到上海某印务有限公司从事印刷工作。在一次操作机器时,王某的右手不慎被轧进机器致伤,老板将其送往医院扔下8 000元后就不再过问,由于缺乏足够的治疗费用,致使王某臂弯10厘米以下被截肢,构成四级伤残。区法律援助中心受理该案后,两度指派律师为其提供法律帮助。2001年2月7日,该案一审开庭审理。汤律师在庭上驳斥了对方所谓"不属工伤,自己已尽责任"的答辩观点,指出被告违反了国家禁止使用童工的有关规定,严重侵害了青少年的身心健康权;同时,被告未对王某进行上岗培训,导致事故的发生,为此,被告应承担主要责任。5月21日,法院判决被告赔偿原告各类款项共计176 457元。

2002年5月,吴某解除劳教回来,发现自己的房屋被安徽到沪的侄子占用居住,并以种种理由拒不迁出。为此,吴某多次来到社区司法科、信访办等部门上访。浦东新区司法局法律援助工作指导处获悉后,及时指派律师为吴某提供法律援助。通过工作人员和律师的耐心劝说,反复取证,终于帮他赢得了房屋使用权。吴某感激地说:"我今后一定好好做人,回报社会。"

2005年,朱某的老伴病故后,她的儿子为了独占其房屋,三天两头吵闹威胁,造成朱某无法正常生活起居，身心疲惫。忍无可忍之下朱某向青浦区法律援助中心寻求帮助，鉴于朱某年迈且无经济收入，青浦区法律援助中心决定为朱某提供法律援助，保障老年人的合法权益。经律师多次实地调查了解到：该房屋属于老夫妻共同财产，朱某老伴临终前立有遗嘱明确将属于他的房产份额归朱某继承，律师先以要求确认遗嘱有效为请求向法院提起了诉讼，但由于遗嘱有一定瑕疵，法院判决该遗嘱无效，在朱某茫然无措之际，援助中心再次伸出了援手，帮助朱某以要求继承分割这套房屋的份额为请求继续向法院起诉，最终此案判决所争房屋归朱某及其女儿共有，由朱某与女儿共同向儿子支付房屋继承折价款 39 166.67 元。朱某终于迎来了久违的安宁，万分感激之余，她向援助中心送来了一面锦旗，上面写着：真心诚意，排忧解难。

2006 年，闵行区法律援助中心为 87 名农民工讨薪。9 月 14 日，殷某等人来到闵行区法律援助中心申请法律援助。援助中心工作人员了解到，殷某等百余名到沪务工人员在某台资公司工作数年，竟没有得过一分钱的加班工资和津贴补偿。获悉此事，闵行区法律援助中心及时给予法律援助。15 日，闵行区法律援助中心会同四方律师事务所律师为 87 名农民办理法律援助、指派手续，确保在 15 天仲裁时效内提起诉讼。

2006 年 9 月，河南到沪务工人员杨某在工地作业时意外摔成重伤。用工单位捏造虚假劳动关系，胁迫其家人签订一份一次性支付 26 万元的事故处理协议。但这远不能满足后续治疗费用，杨某家人只能靠卖血筹集医药费。2007 年初，黄浦区司法局偶然得知杨某的不幸，当即决定为他提供法律援助，并聘请擅长处理劳动争议的方律师担任其代理人。经过 1 次仲裁、5 次诉讼，有关部门确认了杨某与单位的劳动关系，认定了工伤事实，撤销了原事故处理协议。2009 年 6 月 29 日，用工单位与杨某家人重新签订赔偿协议，7 月 1 日，杨某的父亲、哥哥专程从河南到上海，请市司法局代其向黄浦区司法局和办案律师转送两块锦牌，以及当地乡党委政府、村支委和 50 余名村民联名撰写的感谢信。

第四章　法律援助便民利民服务

为了方便困难群众获得法律援助，上海法律援助机构从推进“文明窗口”建设入手，2007 年，出台《上海市法律援助机构接待服务文明规范(试行)》，对窗口接待咨询工作提出要求。与此同时，积极推出各项便民利民举措，为困难群众申请法律援助提供便利。2003 年 1 月，市司法局印发《关于开展律师代理法律援助工作的通知》，在全市范围推广律师代理申请法律援助申请、法律援助中心审核指派的工作机制。2004 年，市法律援助中心推出加强法律援助接待受理工作的 11 项便民利民措施。2009 年，全市法律援助机构开展“擦亮窗口　迎接世博”活动，营造良好的窗口环境。2010 年 5 月，市法律援助中心推出“服务世博十项便民措施”。

法律援助机构是为民办实事的工作窗口。为提高法律援助的社会效益，市司法局组织全市各法律援助机构开展创建文明活动：一是将一些法律援助机构在多年工作实践中建立起来的文明接待制度予以总结推广，成为整个系统的文明规范；二是积极开展便民利民活动，采取各种积极有效措施，提高为民办实事的质量和效果；三是巩固规范服务达标活动成果，认真检查验收各法律援助机构开展规范服务达标活动的情况，全面总结规范服务达标工作；四是组织全市法律援助机构开展“法律援助工作为构建社会主义和谐社会服务”主题实践活动。细化服务内容，拓展服务领域，把援助工作做实、做深，并使之制度化、常态化。

第一节　接待窗口建设

1998 年 3 月，市法律援助中心成立正式挂牌对外服务，开设法律咨询接待室。之后，全市各区(县)相继建立法律援助中心，受理公民申请法律援助事项。各法律援助中心通过咨询接待窗口，受理经济困难的居民提出的法律援助申请和各社团组织法律援助服务机构转来的法律援助申请事项。

1999 年 7 月 6 日，《上海市法律援助中心接待室咨询接待制度》印发，对法律援助中心接待人员和值班律师提出全面要求，明确窗口接待咨询标准。法律援助中心接待人员和值班律师应准时到岗，做到衣着整洁、仪表端庄。接待咨询做到态度和蔼，平易近人、文明用语；严格遵守职业道德和执业纪律，不得收受财物、礼品等馈赠；对当事人表示不同意见，并进行缠询的，应依法疏导。接待人员首先应对咨询当事人进行预检、登记，指导当事人填写“咨询登记表”，当事人不会填写的，接待人员可代其填写，然后依次安排值班律师接待；咨询当事人反映较重大的、紧急的情况和事项的，应立即向法援中心负责人或办公室反映。值班律师应认真听取当事人的提问和陈述，仔细审阅当事人提供的有关材料，择要记录咨询内容，依法予以解答；对申请法律援助的当事人，值班律师应当详细了解申请事项的事实情况，着重审查当事人是否具有充分理由和证据证明自己的合法权益受到侵害，对认为基本符合受援条件的当事人，应在咨询登记表或法律援助申请表“律师意见”栏上填写律师对申请事项事实的认定和处理意见，并签署姓名和接待日期。在这一规范的指引下，各法律援助中心接待咨询业务顺利开展。

2001 年，全市各法律援助中心窗口在做好日常的接待工作的同时，注重提高咨询服务质量。

建立信息反馈预警工作机制。坚持“一周动态”报告制度和每月一报的法律援助情况分析报告制度。遇到重要情况和突发事件，做到急事急报、特事特报。各法律援助中心根据来访当事人的不同情况和法律援助需求，提供多层次、多形式的法律援助。一是运用非诉讼代理和协调有关行政执法部门解决问题；二是通过跟踪指导当事人运用法律武器维护自身合法权益；三是通过基层法律援助网络配合调处纠纷；四是通过指派律师免费提供诉讼代理，维护合法权益。

2002年，市法律援助中心制定《上海市文明法律援助中心标准》，推进法律援助“文明窗口”创建活动。各区县法律援助中心开展创建文明单位，争创“共青团号”“三八红旗集体”“维权示范岗”等活动，推动法律援助的队伍建设。年内，市法律援助中心等6家法律援助中心被评为2001—2002年度司法行政系统文明法律援助中心，市法律援助中心被中共上海市市级机关工作委员会评为2001—2002年度文明单位。浦东新区法律援助中心荣获司法部、全国残联授予的“残疾人维权先进集体”称号，闸北区法律援助中心金宗祥荣获“全国助残先进个人”称号。浦东、杨浦、徐汇、闸北、宝山、嘉定、卢湾、闵行、奉贤、南汇、黄浦等17个法律援助中心分别被授予“老年人维权示范岗”“市妇女儿童维权先进集体”“市开拓老龄事业先进集体”“青少年维权岗”“市扶残助残先进集体”“区县文明单位”“区政法系统先进集体”“区文明窗口”“区巾帼英雄文明示范岗”以及“妇女发展实事奖”等称号。

2003年5月12日，市司法局印发《关于加强“法律进社区”活动工作的意见》，要求区县法律援助机构应定期定时深入“窗口”，指导做好法律援助的申请接待登记、初审及申报区县法律援助中心批准的工作，指导做好其他受托办理的法律援助事务以及相应的统计、分析工作；各“窗口”应挂设“法律援助工作站”匾牌，积极宣传法律援助制度，在实践中逐步总结形成法律援助工作站工作流程和规则；要建立“12348”法律咨询专线与街道、乡镇司法科(所)及其“窗口”的沟通联系，配合处理好部分易激化的人民内部矛盾和纠纷，逐步建立起“12348”与法律援助、“窗口”人民调解的联动机制。

2004年4月14日，市司法局在推进“法律进社区”活动过程中，要求各“窗口”法律援助工作站要进一步做好法律咨询服务、法援申请的受理、初审工作，做好相应的统计、分析工作，切实加强规范化、制度化建设，形成比较明确的法律援助工作站工作流程，充分发挥咨询服务、受理申请、受托调查、非讼代理、法援宣传等五项职能。各区县法律援助中心要加强对工作站的工作指导、检查和考核。年内着重考核法律援助工作站咨询接待量、初审受理量两项指标。

2005年6月起，启动为期两年的全市法律援助机构规范服务达标活动，不断提高窗口建设水平。

2007年8月18日，出台《上海市法律援助机构接待服务文明规范(试行)》，对窗口接待咨询提出进一步要求。明确窗口接待以人民群众满意作为服务标准，对接待来访的软件服务和硬件环境都做出明确规定，强调在咨询服务时做到事实经过问清楚、法律条文用清楚、解决途径讲清楚。

2008年，市法律援助中心向全市各法律援助中心发出“擦亮窗口、迎接世博”活动倡议书，倡议全市法律援助机构做好“宣传法律援助、创建文明窗口、坚持便民利民、保证‘12348’专线高效运转”四项工作。

2009年，市司法局印发《市司法局关于加强和改进法律援助工作的若干意见》，要求改进窗口建设，积极开展“擦亮窗口 迎接世博”活动，认真践行《上海市法律援助机构接待服务文明规范》，营造“迎世博”氛围、优化接待环境、规范服务行为，树立良好的窗口形象。全市法律援助中心以“服务环境一流、服务态度一流、服务质量一流”为目标，从规范服务做起，从小事细节抓起，完善服务设施，优化窗口服务环境，提高窗口服务质量。

2010年,世博期间,全市法律援助机构采取积极措施加强窗口建设,取得了良好的成效。一是加强了法律援助接待场所建设。如静安、卢湾、长宁区法律援助中心先后迁入临街底层、交通便利的主干道,并设置了醒目的指示牌。二是完善了服务设施。大多数法律援助机构均设立了私密的候谈室、改进了残疾人无障碍设施、放置了电子触摸屏、便民服务箱、饮水机、资料架等设施。闵行区法律援助中心还安装了排队叫号系统,实行咨询排队叫号制,并在接待室安装了满意度评价器,受到了来访者的好评。三是建立了窗口应急情况处置方案。遇有来访人数较多导致等候时间过长、群体纠纷当事人来访和来访人情绪激动等复杂情况,分别采取增设接待窗口、开通绿色通道、开展心理安抚等措施,确保正常的窗口接待秩序。四是实行了法律援助双语(英语、手语)接待服务。全市法律援助机构部分工作人员参加了法律援助双语接待的专项培训,并通过了相关考试,实现全市法律援助的双语接待服务,满足了来访群众多层次、多样化的服务需求。五是开展了接待礼仪培训。全市法律援助中心工作人员参与了窗口服务形象的培训,包括接待礼仪、接待形象、接待语言等方面的内容,对进一步提升窗口服务形象起到了较好的促进作用。全市法律援助机构还分别开展了以"擦亮窗口""诚信服务在窗口""平稳畅通在窗口"为主题的三次窗口服务日集中行动,分别从美化环境、诚信服务、保障安全三个方面对窗口进行了集中整治,使窗口环境、服务质量和安保措施得到了进一步的完善和提高。在迎世博倒计时100天之际,全市法律援助中心举行了"法律援助为世博做贡献"主题活动启动仪式,全市19个法律援助中心的负责人集体在倡议书上签名,向全社会承诺重点做好加强窗口建设、热情周到服务、简化受理程序三个方面的工作。

图6-4-1　2010年1月21日,市法律援助中心举行"法律援助为世博做贡献"主题活动启动仪式

第二节　便民服务举措

2001年,市法律援助中心出台《关于法律援助中心统一标识规范建设若干要求》。明确:为方便群众，便于识别和寻找，法律援助中心可在中心建筑外墙以及沿马路口的适当位置设置法律援助的统一标识。群众法律咨询区域应当设有专人接待咨询室和候谈大厅两大部分。专人接待室（一般可在6～10平方米一间）2间～3间，设置要求具有一定的私密性。候谈大厅应当比较宽敞、明亮，并配有专门的等候休息及填写法律援助申请表的桌椅。在大厅的合适墙面应设有法律援助公开办事制度及有关法律援助知识的告示宣传栏，便于群众观看了解。有条件的法律援助中心可设置触摸屏显示器，便于群众查阅、了解法律援助的有关信息。同时，该要求明确法律援助中心进出通道应当设置无障碍设施，包括残疾人专用通道和盲人标识走道，并提出具体施工要求。

2002年起，市司法局开展法律援助进社区工作，各区县纷纷开展便民服务措施。奉贤区组织法律援助大篷车“三下乡”、徐汇区组织“法律援助进军营”、闵行区组织“法律援助进学校”、宝山区组织“法律援助进大墙”活动，并在社区散发法律援助宣传资料，设立宣传版块等。奉贤、徐汇、普陀、闸北、黄浦等区县有针对性地向一些特困对象、军烈属家庭发放法律援助爱心卡。

2003年，在落实“法律服务进社区”活动中，在市司法局统一部署、组织下，各区县司法局制定律师事务所与街道对口法律服务计划，签订为社区提供无偿法律服务协议，包括参加窗口接待、提供免费法律咨询、参与重大专题法律咨询活动等内容。

2004年，市法律援助中心推出加强法律援助接待受理工作的11项便民利民措施。主要内容有：在午休时间安排专人值班，开展免费咨询服务，进一步加强“12348”专线免费法律咨询服务；受理、审查法律援助申请实行首问责任制，做到一次告知清楚、二次受理立案；安排值班人员引导来访人员申请法律援助或咨询，在接待场所设立意见箱，工作人员和值班律师实行挂牌服务，接受群众监督；法律援助中心在收到设在街道（社区）“社区司法信访综合服务窗口”的法律援助工作站或者律师代理当事人申请法律援助的材料后，在3个工作日内指派律师事务所落实承办律师，一周内检查律师落实承办案件的情况；对不符合法律援助条件或范围的事项，耐心做好疏导说服工作，引导、帮助当事人到相关部门解决；对受援当事人的投诉，及时进行核查，在5个工作日内将核查结果和处理意见答复投诉人等。

2005年6月开始，启动为期两年的全市法律援助机构规范服务达标活动。

2006年，在开展规范服务达标工作中，各法律援助中心在便民利民上下功夫。各法律援助中心均实行了中午不休息连续接待，承诺对80岁以上、重残、重病卧床的申请人实行上门服务等便民措施。全市各法律援助中心共收到表扬信100余封，锦旗30余面。同年3月27日，嘉定区法援中心在全国首创开通网上法律援助视频对话平台。该中心在各乡镇、街道安装了视频对话摄像头，利用QQ视频，面对面地为群众提供法律咨询和法律援助的初审，使群众不出社区便可获得法律服务和法律援助。

2007年，全市各法律援助机构采取措施，促进了农民工法律援助工作的落实。一是简化了农民工法律援助案件的受理程序，对农民工追索劳动报酬和工伤赔偿的案件不再审查其经济状况；部分法援中心对事实清楚、证据充分的法律援助申请，将审批时间由10个工作日缩短到5个工作日内。二是对农民工法律援助案件中涉及人数众多的群体性案件、即将超过仲裁或诉讼时效的案件和区县党委、政府交办的案件等建立法律援助申请便捷通道，做到优先受理、尽快指派。三是与部分农民工输出省建立了法律援助协作机制。先后与安徽、甘肃、宁夏等省（区）法律援助中心建立了农民工法律援助协作机制，就法律援助案件的申请移送、调查取证、送达法律文书等事项进行了协商，达成了一致意见。8月18日，出台《上海市法律援助机构接待服务文明规范（试行）》，对窗口接待咨询提出进一步要求。明确窗口接待以人民群众满意作为服务标准,对接待来访的软件服务和硬件环境都做出明确规定,强调在咨询服务时做到事实经过问清楚、法律条文用清楚、解决途径讲清楚。

2008 年 3 月 1 日,《关于上海市法律援助机构协作办案的实施办法》开始试行。法律援助申请人因交通或身体原因不便前往案件管辖地申请法律援助的,可以向住所地的法律援助机构提出申请。这标志着贫弱群众可不受案件管辖地限制,就近申请法律援助。全年,法律援助机构向全市经济困难老年人、残疾人和农民工发放 25 000 份《法律援助证》,持证人在规定期限内可凭《法律援助证》直接申请法律援助,免予经济状况审查。

图 6-4-2 2003 年,市法律援助中心开展老年人免费法律咨询活动

2009 年,开展"擦亮窗口 迎接世博"活动,完善服务设施,优化窗口服务环境,提高窗口服务质量。具体措施有:在等候大厅设置便民小器具、阅报栏、饮水机等服务设施,方便来访群众;以一张笑脸相迎、一把椅子让座、一杯清茶暖心,舒缓来访者焦虑的情绪;接待人员用语规范、热心接待、耐心解答,展现热情文明的服务礼仪,为来访群众提供优质高效的服务。如:静安区法律援助中心在接待大厅显著位置放置工作人员与接待律师照片,便于当事人监督服务;黄浦区法律援助中心形成岗位角色互换互动的运作模式,确定了岗位互换 A、B 角,使中心工作人员能够适应不同岗位,优化了团队战斗力;徐汇区法律援助中心联系相关部门,合力整治门口流动摊贩乱设摊现象,营造良好的窗口环境。同时,在全市范围进一步推行司法部提出的十项便民措施,即努力扩大法律援助覆盖面、建立健全法律援助便民服务窗口、拓宽法律援助申请渠道、做好法律援助接待咨询工作、简化法律援助受理审查程序、方便群众异地申请获得法律援助、建立受援人联系告知制度、选择有利于受援人的服务方式、提高法律援助服务质量、主动接受受援人和社会监督。

2010 年 5 月 1 日,市法律援助中心推出"服务世博十项便民措施",主要内容为:接待时间实行"五加一模式";接待人员提供"双语服务";接待服务做到"五个一";来访人数过多时开设"应急窗口";对老弱病残者提供"上门服务";对残疾人、军人军属、外宾和 70 岁以上老年人开辟"绿色通

图 6-4-3　2009 年 10 月，农民工受援人为市法律援助中心赠送锦旗

道”；对于农民工讨薪、工伤赔偿和见义勇为者主张相关权益的三类案件经济困难“予以免审”；对符合法定条件者做到“快审快批”；对情况紧急者提供“先行援助”；对重大法律援助案件实行“全程督办”。

第七篇

人民调解和基层法律服务

20 世纪 80 年代后，在基层普遍建立人民调解组织的基础上，从 1982 年起，街道乡镇逐步建立由司法助理员、派出所所长、房管所所长、法院民庭联系地区的审判员参加的调解联席会议制度。到 1985 年，工厂企业普遍建立调解组织，同时建立工厂、地区、乡镇“三位一体”的大型联合调解组织。1986 年后，青浦、嘉定、金山、松江等县还与外省毗邻地区建立联合调解委员会。1993 年，全市基本形成街道（乡镇）、居委会（村委会）、居民组（村民组）调解工作三级网络。1995 年，浦东新区率先建立社会矛盾调解中心，负责调解处理重大群体性社会矛盾。进入 21 世纪，市司法局逐步构建以人民调解为基础，人民调解与行政调解、司法调解相衔接的大调解工作体系。2010 年，《中华人民共和国人民调解法》颁布，进一步明确了司法行政机关指导人民调解工作的职责。

在人民调解形成基层网络的同时，市司法局开始推进基层法律服务，建立乡镇法律服务所试点工作。至 1989 年，市郊各县普遍建立乡镇法律服务所。2000 年 3 月，《基层法律服务所管理办法》通过，明确乡镇法律服务所转型为基层法律服务所，城市街道也可建立基层法律服务所。2001 年重新登记注册后，全市共有基层法律服务所 200 个。至 2010 年，全市共有基层法律服务所 84 个。人民调解和基层法律服务在发展过程中，积极调解民间纠纷，防止矛盾激化，努力把纠纷化解在基层、化解在萌芽状态，为推进全市法治建设发挥了独特作用。

第一章　人民调解

市司法局恢复建立后，人民调解工作重新得到恢复与发展。1979 年全市有调解委员会 4 522 个，调解人员 2.69 万人。1985 年后，市区街道和郊县乡镇政府逐步配备专职司法助理员和兼职司法助理员，负责管理基层调解工作。1989 年 6 月，《人民调解委员会组织条例》颁布实施后，全市调解工作走向制度化、规范化。1993 年，全市基本形成街道（乡镇）、居委会（村委会）、居民组（村民组）调解工作三级网络。1996 年，上海市人民调解协会成立。1999 年，市司法局对人民调解工作实施改革，探索走人民调解专业化、规范化、社会化发展之路。2006 年，推进民事纠纷案件、轻伤害等轻微刑事案件、治安案件、信访事项委托人民调解工作，大力参与房地物业纠纷、医患纠纷、劳动争议等专业性纠纷调解，参与消费、保险等行业纠纷化解，探索构建人民调解与司法调解、行政调解以及其他行业组织调解相衔接配合的大调解工作体系。至 2010 年，全市共有人民调解委员会近 6 000 个，全年共排查出纠纷 39 921 件，化解 39 919 件。全市各级司法行政机关，调处化解了一大批群体性社会矛盾纠纷，维护了社会安定，发挥了人民调解“第一道防线”的作用。

第一节　人民调解指导管理

一、《人民调解委员会暂行组织通则》时期的管理

1980 年，国务院重新颁布《人民调解委员会暂行组织通则》（该《通则》于 1954 年 3 月 22 日首次颁布）。

上海市司法局重建后，全市调解工作由局业务处管理指导。1980 年 3 月，市司法局在全市调解工作表彰大会上提出加强人民调解工作的意见。会后组织力量，深入基层，督促检查，推动区、县司法行政机关贯彻落实。9 月，市司法局召开区、县法院指导调委会工作座谈会，静安、南市、奉贤、松江等 4 个区、县法院在会上交流指导调委会和司法助理员工作的情况和经验，并将上述经验介绍书面材料印发全市街道、乡镇，组织调解干部学习，促进调解工作开展，调解工作逐步程序化、规范化。

1981 年 12 月 3 日，市司法局召开全市人民调解工作会议，传达贯彻全国首次人民调解工作会议精神。随着调解委员会的组织建设、思想建设和业务建设的加强，调解委员会的作用得到良好发挥。

1982 年 3 月，市司法局组织推广长宁区江苏路街道、静安区武定路街道等单位建立调解联席会议制度的经验。至 1982 年，全市 260 个基层单位建立调解联席会议制度。全市调解组织依照市政府批转的市司法局《关于贯彻第一次全国人民调解工作会议精神的情况和意见的报告》要求，努力做好民间纠纷调解工作。

随着联席会议制度的建立与发展，调解工作的网络体系逐步形成。1983 年，建立调解工作联席会议制度的单位 298 个。1983 年 8 月 20 日，市司法局、市高级人民法院、市公安局、市人民检察院、市房地产管理局联合发出《关于贯彻执行〈关于民事纠纷引起打架、伤害、损害赔偿问题处理的若干规定（试行）〉的联合通知》（共 6 条），该《规定》对打架、伤害、损害赔偿纠纷，根据损伤程度和不

同情节,分别由不同部门负责处理作出明确规定。其中因民间纠纷引起打架,情节轻微,危害不大,由调解委员会为主,会同有关单位进行调处。因为打架轻度受伤,被害人自愿放弃追究行为人的刑事责任,只要求民事赔偿的,由调解委员会调处,或直接向人民法院起诉。

1984 年 3 月,市司法局业务处改为调解处。各区、县司法局调解科(股)为指导管理各区、县人民调解工作的职能部门。6 月 13 日,市司法局召开上海市人民调解工作经验交流大会,卢湾区五里桥街道鲁南调委会提出开展民间纠纷“三下降”(民间纠纷发生率下降、矛盾激化率下降、非正常死亡率下降)竞赛活动倡议书,得到与会者普遍赞同和热烈响应。会后,市司法局根据大会倡议,发出《关于开展民间纠纷“三下降”竞赛活动的通知》,各区、县司法局立即行动起来,狠抓贯彻落实,进一步推动了全市人民调解工作的开展。8 月 6 日,市司法局制定《关于加强司法助理员工作的几项规定》,指出司法助理员是司法行政机关的基层工作人员,其人事、供给关系由区、县司法局统一管理。司法助理员在区、县司法局和乡(镇)人民政府、街道办事处领导下工作。区、县司法局主要负责司法助理员的政治、思想工作。司法助理员人选由区、县司法局和乡(镇)人民政府、街道办事处商定,由区、县司法局任命。1984 年,各级调解干部普遍建立工作责任制和工作联系点,任务落实到人,能及时发现纠纷,调处纠纷和防止纠纷激化,发挥社会治安第一道防线作用。

1985 年,调解工作岗位责任制不断完善,一些地区出现对调解主任、调解委员、调解员实行岗位责任制百分考核和推行调解工作目标管理责任制。根据新形势的需要和司法助理员业务素质差的情况,市司法局采取长计划、短安排、小集中、不断线、工学两不误的方针,对司法助理员用办讲座的形式,进行法律专业培训。贯彻全国第二次司法行政工作会议精神,学习《司法助理员工作暂行规定》《婚姻法》《经济合同法》《继承法》《治安管理处罚条例》、房管政策等法律法规,历时 4 个月,32 天时间,到课率为 70%,有效地提高了司法助理员的政策法律水平。9 月,市司法局发出《关于在国庆期间做好民间纠纷防激化工作的通知》,各基层调委会对民间纠纷动态进行全面摸底排查,调查研究,落实专人,加强调处,防止激化。

1986 年,全市街道、乡镇基本建立调解工作联席会议制度,分居委、街道、区三级或街道(乡、镇)、居(村)委两级联席会议,实行“三定”(定期召开联席会议、定人员、定任务)原则。3 月 18 日,为贯彻司法部召开的第二次全国调解工作会议精神,市司法局召开全市第二次调解工作会议,提出坚持定期检查评比,把调解工作“三包”责任制(调委会包面、调解小组包片、调解员包户),落实到全市调解组织。普陀区普陀街道等 4 个单位介绍防止纠纷激化的经验。4 月,首届司法助理员岗位中专班开学,由市司法干部学校负责授课,学员 39 人。经过 1 年时间的学习,考试和考查成绩全部合格,均予毕业,成为第一代具有中等法律专业知识的调解干部。全年,各区(县)普遍组织调委会人员学习法律知识;市司法局调解处对 500 余名基层调解干部,分期分批举办民法通则讲座。

1987 年国庆节前,根据中共上海市委、市政府关于做好国庆节和中共“十三大”期间安全保卫工作的指示,市司法局组织力量对区、县调解工作进行检查、指导。全市调解组织通过摸底,排出有可能激化的重点纠纷 841 件,会同有关部门予以调处,维护了社会秩序。

1987—1989 年,市司法局每年召开 2～3 次防纠纷激化现场会、经验交流会、研讨会、座谈会,总结交流工作经验,推动防纠纷激化工作广泛深入地开展。普遍建立纠纷信息员,抓信息反馈,抓纠纷排查。区、县很多基层调委会开展“夜门诊”。

随着知青子女回沪就读入户引起纠纷不断发生,1989 年 4 月 14 日市司法局发出《关于做好因知青子女回沪就读入户引起纠纷的预防工作的通知》,全市调解组织认真贯彻落实,进行调查摸底,及时掌握纠纷苗子,加强调处和防止纠纷激化。

二、《人民调解委员会组织条例》时期的管理

1989 年 5 月 5 日，国务院通过《人民调解委员会组织条例》。11 月，市司法局制定《上海市防止民间纠纷激化奖励办法(试行)》，目的是为了调动广大人民调解员防止和制止民间纠纷激化的积极性，更有成效地推动民间纠纷防激化工作。其中规定，对于预防和制止民间纠纷激化有功人员和集体采取一事一奖，根据先进事迹，分别由市、区(县)、街道(乡镇)给予精神鼓励和物质奖励。奖励经费列入各级政府的财政预算，由各级财政按年度核发。

1990 年 5 月，市司法局为贯彻司法部颁布的《民间纠纷处理办法》，在南市区蓬莱路街道和川沙县洋泾乡进行试点，11 月在蓬莱街道召开现场会。对在改革和建设中出现的房屋动拆迁、企业经营机制转轨、外来人员管理中的纠纷，对一些多发性易激化的诸如房屋、婚姻、宅基地、赡养等纠纷，开展专项治理。

1992 年 8 月 28 日，市委政法委转发市司法局、市高级人民法院、市人民检察院、市公安局、市房管局、市房屋纠纷仲裁委员会共同制定的《关于处理民间纠纷的若干规定》。该《规定》是全市调处民间纠纷实践经验总结，体现方便群众、各司其职、密切合作、齐抓共管、综合治理的原则。在市政建设过程中，南市、静安、杨浦、闸北等区，主要是调解因市政建设动迁引起的民间纠纷，保证南浦大桥、杨浦大桥、城隍庙改造等重点工程顺利进行。

1993 年 5 月，为保证东亚运动会在沪顺利举办，市司法局分别召开区、县调解工作会议，部署民间纠纷防激化任务。在迎“东亚运”期间，全市调解组织排出易激化纠纷 300 多件，与公安、法院等部门配合，采取有效措施，确保社会稳定。随着改革开放不断深入发展，因利益关系调整引起的人民内部矛盾、不安定因素增多，全市调解组织围绕难点、热点，主动发挥人民调解工作“第一道防线”的作用。11 月 25 日，市司法局在金山县召开传达贯彻第三次全国人民调解工作会议暨表彰大会。会上向被司法部授予的 4 家“模范人民调解委员会”和 4 名“模范人民调解员”颁发锦旗、奖状。

1993 年，市区街道与居民委员会、郊县乡镇与村民委员会，都建立调解组织，形成两级网络，后又发展到每个居民组或村民组都有调解员，形成三级网络。至 1994 年，全市司法助理员、调解人员及其他司法行政人员，直接调处和参与调处 5 人以上的群体性社会矛盾和纠纷 857 件，涉及当事人 1.36 万余人次。

1995 年 2 月，市司法局召开会议，部署全市司法行政部门参与处理群体纠纷的专题调查工作，要求全市调解人员把处理群体纠纷放在重要位置。6 月，浦东新区成立社会矛盾调解中心，负责调处重大群众性社会矛盾纠纷，并进行调研，提出预防性建议。至年底，全市有人民调解组织近 1.1 万个，其中居(村)民调委会 5 847 个，企业调委会 4 046 个，事业及其他调委会 1 032 个，形成全方位、多层次的调解网络体系，发挥社会治安综合治理第一道防线的作用。1995 年底，全市配备了 382 名司法助理员，其中 298 人是国家单列编制干部，其他的是区、县大集体和乡镇小集体编制干部。全市有在职职工、干部担任义务调解员 3 万余人，提高了调解人员整体素质，增强了活力，壮大了调解组织队伍。到年底，共培训司法助理员 3 763 人次，司法助理员队伍的整体素质明显提高。

1996 年 1 月 24 日，市人民调解协会成立，并召开第一次会员代表大会。会议通过《上海市人民调解协会章程》《上海市人民调解协会会员管理办法》《上海市人民调解协会会费管理办法》。市司法局副局长陈鹤鸣任市人民调解协会会长，调解协会理事 64 人，团体会员 109 家。协会编辑的《上

图 7-1-1　1993 年 11 月 25 日,传达贯彻第三次全国人民调解工作会议暨表彰大会在金山县召开

海人民调解》和《人民调解工作手册》,成为基层调解组织的工具书。协会还与市法学会、复旦大学法律系等单位成立联合调研组,就新形势下人民调解工作问题开展调研,撰写了《人民调解新发展》等文章。

1997 年起,市司法局为全市基层法律工作者开辟了新的"团体执法人员人身伤害、意外事件保险"的险种,使基层法律工作者与律师、公证员享受同等待遇。为展现基层司法助理员的精神面貌和人民调解工作"第一道防线"的作用,市司法局编写的《千家事》出版。

1998 年 6 月,市司法局与市公安局开展"110"公安、司法联动试点。公安"110"报警台接、处的案件中有 30%～40%属于民间纠纷,司法行政参与调处民间纠纷可以大大减轻公安的压力,对维护社会稳定有积极作用。之后,市司法局在部分区、县展开调研,并确定在浦东新区梅园、洋泾两个街道开展试点。9 月 1 日至 9 月底,试点取得初步成功。随后,各区县司法局相继启动,选择试点单位开展此项工作。联动的各环节程序为:公安根据"110"处警指令,在第一时间赶赴现场,首先平息激化事态,视情况将民事纠纷移交街道司法科,或第二天移交司法科调处;街道司法科 24 小时值班,如遇激化纠纷或群体性纠纷即刻调解处理,并跟踪调解实效。

1999 年 1 月,市司法局与市公安局在全国率先开通使用"110"公安司法联动系统,发挥公安机关在第一时间控制和稳定局面的职能优势和司法行政部门参与调解民间纠纷的专业优势。4 月,长宁区在全市率先成立人民调解干部培训中心,区司法局承担培训中心日常工作,对全区各街道(镇)司法科干部、调解委员会调解员、信息员进行与日常调处工作密切相关的法律法规和业务知识培训,以提高业务能力和依法调处纠纷的水平。6 月,黄浦区实行基层调解主任考核合格上岗制。为全面提高全区调解干部的业务素质,在对其进行民法通则、调解工作制度、"110"公安司法接处警、"148"法律咨询专线等相关业务知识培训的基础上,经考核合格者,由区司法局统一颁发证书并持证上岗。这是为了适应新形势下调解工作的需求而推出的一项重要举措,在全市尚属首次。

2000年,试行首席人民调解员和社区人民调解庭制度;开始探索人民调解制度和诉讼程序的衔接。杨浦、长宁、奉贤、普陀先后推行人民调解协议书审核制、指导制、公证制的改革,提高了人民调解协议书的法律效力;创建面向社区居民的司法行政综合服务窗口。至年底,有95个街道(乡镇)成立人民调解庭,聘请首席人民调解员84名;有15个区县建立了社会矛盾调解中心,同时,192个街道(乡镇)建立社区民间纠纷调解中心,占街道(乡镇)建制数的67.4%,初步形成以区(县)社会矛盾调解中心、街道(乡镇)社区民间纠纷调解中心和基层调解委员会为中心的新三级调解网络。

2001年,全面推行人民调解庭和首席人民调解员及人民调解协议书制度。年初,召开市人民调解工作指导委员会第一次工作会议。制定《关于加强人民调解工作的若干规定》。至年底,全市所有区县都试行首席人民调解员和人民调解庭制度,全市建立人民调解庭94个,选聘首席人民调解员84人。《若干规定》的实施在全国引起很大反响,受到司法部和最高人民法院的高度重视。在司法部召开的全国人民调解工作改革研讨会上,推行上海试行人民调解协议书审核制、指导制经验。

2002年,市司法局会同有关部门制定《上海市高级人民法院、上海市司法局关于认真贯彻中央"两办"〈通知〉精神进一步加强新时期人民调解工作的意见》《上海市人民调解工作指导委员会关于进一步推进本市人民调解工作的意见》。司法部、最高人民法院专题调研组来沪调研时,对上海人民调解工作取得的成绩给予很高评价。

2003年,建立法院、公安、司法行政三个系统解决民间纠纷的协调机制,使三种调解资源得到有效配置;整合律师、公证员、基层法律服务工作者等队伍的力量,推动人民调解与法律进社区相结合;提高人民调解协议书制作的规范化水平,推动人民调解与民事诉讼制度相衔接。至年底,全市221个街道(乡镇)已全部建立起人民调解委员会,各级人民调解组织共受理各类纠纷68 052件,调解解决纠纷68 026件,调结率为99.9%,其中,解决群体性矛盾纠纷674件,将矛盾化解在基层和萌芽状态,构筑维护社会稳定的第一道防线。

2004年,市司法局推进人民调解与诉讼调解、行政调解、仲裁等的衔接与配合。组建"人民调解李琴工作室"等工作机构,发展一批行业性、区域性调委会。

2005年,创新人民调解工作机制,试点民事纠纷诉前委托调解和轻伤害案件委托人民调解。长宁区开展民事纠纷诉前委托调解试点。杨浦区司法局针对轻伤害案件逐年上升的趋势,加强与公、检、法各部门的配合,开展轻伤害案件委托调解试点工作。在全国人民调解先进集体先进个人表彰工作电视电话会议上,上海有3个调委会和4名调解员受到表彰。

2006年,市司法局全面开展民事纠纷、轻伤害案件委托人民调解工作。年初,在总结3年来试点工作经验的基础上,与市高级人民法院联合出台《关于规范民事纠纷委托人民调解的若干意见》,将民事纠纷委托人民调解工作向全市推开。5月,公检法司四家联合出台《关于轻伤害案件委托人民调解的若干意见》,推动此项工作在全市开展。2006年开始,普陀、浦东开始积极探索医患纠纷人民调解,建立了区医患纠纷人民调解委员会。全年两区医患纠纷调委会共接待咨询160余次,成功调解纠纷90余起,累计赔偿数额达到190余万元,且极少出现当事人反悔、上访或再诉至法院的情形。

2007年,开展治安案件、医患纠纷、劳动争议及物业管理纠纷的委托人民调解工作。5月,市司法局邀请有关部门及专家学者在普陀区召开医患纠纷人民调解论证会,总结普陀、浦东等区医患纠纷人民调解工作经验。6月,市公安局、司法局联合下发了《关于治安案件委托人民调解的若干意见》。8月24日,市高级人民法院、市司法局、市社会治安综合治理委员会办公室联合出台《关于进一步加强人民调解工作的若干意见》。8月30日,市高级人民法院、市司法局联合召开上海人民调解工作推进大会。市委常委、市委政法委书记吴志明出席会议并讲话。9月,静安区成立劳动协会人民调解委员会,第一个在区域性的劳动关系行业组织中开展了劳动争议的人民调解工作。金山、普陀、松江、徐汇、杨浦、奉贤、卢湾、浦东等区也已利用街镇调解工作室的平台开展了劳动争议的人民调解工作。

2008年,初步形成以人民调解为基础的大调解工作格局。5月,市司法局与市房地局联合下发了《关于规范人民调解组织参与房地产和物业管理纠纷调解的若干意见》;7月与市卫生局联合下发了《关于规范人民调解组织参与医患纠纷调解的若干意见》,并且得到市委政法委的支持,对这两份规范性文件进行了转发。

2009年,大力开展以"迎世博"为主题的矛盾纠纷排摸化解工作。3月,与市综治办联合下发了《关于开展"一般矛盾不出村(居),疑难矛盾不出镇(乡、街道),矛盾不上交"活动(简称"三不"活动)的通知》,着力加强人民调解预防矛盾纠纷功能。9月16日,市司法局下发《关于印发人民调解平安志愿者服务活动工作方案的通知》,组建了15 000人的人民调解平安志愿者服务队,并在"12·4"宪法宣传周期间举办全市人民调解平安志愿者服务队授旗暨人民调解平安志愿者服务活动启动仪式,启动人民调解平安志愿者服务活动。11月23日,市司法局与市公安局联合下发《关于规范人民调解组织参与交通事故争议调解的若干意见》。该《意见》共12条,对人民调解组织参与交通事故争议调解的目的和宗旨、原则、范围、阶段、期限等内容作了较为具体的规定。

2010年,开展世博园区人民调解工作。5月31日,市司法局下发《关于人民调解组织参与上海世博会园区纠纷调解工作的通知》,明确人民调解组织受理和调解发生在世博园区内参观者与园区管理单位之间的纠纷,对世博园区人民调解组织的人员配备、办公地点、工作制度等提出指导性意见,统一制定《人民调解申请书》《上海世博会园区纠纷人民调解反馈函》《人民调解协议履行情况记录》等格式文书。6月3日,市社会治安综合治理委员会、市司法局联合召开上海市专业调解工作推进大会。市委常委、市委政法委书记、市综治委主任吴志明出席会议并讲话。会议强调从三个方面进一步提高专业调解工作水平:一是以完善大调解工作体系为目标,进一步巩固和拓展专业调解工作领域;二是以提高专业调解工作质量为目的,进一步加强专业调解组织和队伍建设;三是以深

图7-1-2　2010年6月3日,市司法局召开全市专业调解工作推进会

入推进社会矛盾化解工作为中心，进一步完善矛盾信息分析研判制度。6 月 11 日，市司法局又根据世博园区人民调解工作初始运作情况，下发《关于世博园区纠纷人民调解工作有关注意事项的通知》，明确纠纷调处的程序和具体要求，进一步规范了世博园区纠纷人民调解工作。

三、《人民调解法》的颁布

2010 年 8 月 28 日，《中华人民共和国人民调解法》通过，自 2011 年 1 月 1 日起实行。明确人民调解工作的三项原则，即在当事人自愿、平等的基础上进行调解；不违背法律、法规和国家政策；尊重当事人的权利，不得因调解而阻止当事人依法通过仲裁、行政、司法等途径维护自己的权利。规定“人民调解委员会调解民间纠纷，不收取任何费用”。

《人民调解法》进一步明确各级司法行政机关对人民调解工作的指导和基层人民法院对人民调解委员会调解民间纠纷进行业务指导，划分了司法行政部门和法院的指导职责。规范了村民、居民调解委员会和企事业单位调解委员会的设立、组成及任期制度。同时，为街道、乡镇人民调解委员会及一些特定区域，如集贸市场、旅游区、开发区设立的人民调解组织和基层工会、妇联、消协等群众团体、行业组织设立的新型人民调解组织保留了制度空间。加强对人民调解工作的经费保障，县级以上地方人民政府对人民调解工作所需经费应当给予必要的支持和保障，对有突出贡献的人民调解委员会和人民调解员按照国家规定给予表彰奖励。确认了人民调解与其他纠纷解决方式之间的衔接机制。明确人民调解协议的效力和司法确认制度。

2010 年 9 月 14 日，市司法局印发《关于在全市深入学习宣传〈中华人民共和国人民调解法〉的通知》。9 月 17 日，市司法局召开“学习贯彻《中华人民共和国人民调解法》”座谈会，要求充分利用《人民调解法》正式实施之前的这段时间，采取多种形式，整合各种资源，集中进行学习和宣传。

第二节　人民调解组织和人民调解员

一、人民调解委员会的数量和类型

1979 年，恢复建立人民调解委员会 4 522 个。1980 年国务院重新颁布《人民调解委员会暂行组织通则》，规定人民调解委员会的设立区域。至 1980 年，全市街道居委会和公社、生产大队的调解组织共 4 563 个。

1980 年，吴泾化工厂首先建立调解委员会，很快带动整个地区的工厂企业都建立调解组织。市司法局通过宣传和召开企业领导人座谈会等措施，推动全市工厂企业建立调解组织。

1984 年 7 月 25 日，闵行区司法局在吴泾化工厂召开吴泾地区工厂、街道联合调解办公室第一次协调会议。全市第一个工厂、地区联合调解办公室诞生，街道的联席会议制度进一步得到发展。继之，杨浦区司法局在殷行地区建立厂、地联合调解组织；宝山区以吴淞地区为中心，组织宝钢总厂、上海拆车厂、石洞口电厂等 10 多家大中型企业与友谊街道、吴淞乡等 10 多个乡镇、街道分别建立工厂、地区、乡镇“三位一体”的大型调解组织。

1985 年，工厂企业共建调解组织 4 065 个，基本上健全了工厂、车间、工段三级调解网络。3 000 人以上的企业设有调解办公室，1 000 人以上的企业设有专职调解干部，1 000 人以下企业设有兼职调解干部。1992 年 7 月 21 日，市司法局就如何搞好企业人民调解组织，召开企业人民调解工作研讨会。1994年,有62%的大中型企业建立人民调解组织,全市共有工厂企业调委会3 818个。

1986年,上海开始在江苏、浙江毗邻地区建立跨省跨县联合调解委员会。

1987年5月,嘉定县司法局与江苏省太仓、昆山毗邻地区建立联合调解委员会。继之,青浦、金山、松江与浙江省毗邻地区建立联合调解委员会。这些联合调解委员会互通信息,互相协调,调处纠纷,进一步维护毗邻地区的安定。

1991年,南市区福民调委会组建以调处个体户纠纷为主的调解小组。黄浦区东宁集贸市场成立调处个体工商户民事纠纷的调委会。

1993年7月,青浦县成立首家区(县)级人民调解协会。继之,杨浦、闸北等11个区(县)分别成立人民调解协会。同年,静安区余姚街道在来沪务工人口成建制的施工队工地建立调委会。至1993年底,全市已基本实现市区街道与居民委员会、郊县乡镇与村民委员会都建立调解组织、每个居民组或村民组都有调解员的三级网络体系。借助稳步搭建的人民调解工作平台,市司法局通过建章立制的方式,指导人民调解工作。

1995年6月,浦东新区成立社会矛盾调解中心,负责调处重大群众性社会矛盾纠纷,并进行调研,提出预防性建议。同年,长宁区司法局在114个来沪务工人员成建制的建筑单位和集贸市场建立人民调解委员会。当年,全市有人民调解组织10 925个,其中居(村)民调委会5 847个、企业调委会4 046个、事业及其他调委会1 032个。

表7-1-1 1980—1995年上海市人民调解组织情况表

年 份	调解委员会(个)	年 份	调解委员会(个)
1980	4 563	1988	12 906
1981	6 490	1989	12 359
1982	7 960	1990	11 776
1983	8 617	1991	11 813
1984	9 207	1992	11 602
1985	10 992	1993	11 255
1986	11 941	1994	10 785
1987	11 896	1995	10 925

1995年后,人民调解委员会组建逐步专业化、规范化。部分调委会因为不符合标准或依托平台变更,被撤销。人民调解委员会数量逐渐下降。

1998年,全市156个街道、乡镇司法科(所),共有调解组织10 070个,其中居(村)调委会6 249个、企事业调委会3 028个、联合调委会42个、集贸市场调委会118个、流动人口聚居区调委会143个、其他调委会490个。

2000年,全市共有各级人民调解组织8 920个,其中居(村)调委会6 188个,企事业调委会2 119个,联合调委会74个、集贸市场调委会155个、流动人口聚居区调委会103个、其他调委会281个。

2001年,全市共有各级人民调解组织7 924个,其中,居(村)调委会6 024个,企事业调委会1 527个,联合调委会39个,集贸市场调委会120个,流动人口聚居区调委会31个,其他调委会

183个。

2002年，全市已建人民调解委员会6 979个，其中居(村)调委会5 409个、企事业调委会1 278个、联合调委会27个、集贸市场调委会113个、流动人口聚居区调委会48个、其他调委会104个。全市所有的居(村)委会都建立调委会，基本实现“哪里有人群，哪里就有调解组织”。

2003年，全市共有人民调解委员会6 434个。

2004年9月，上海市保险同业公会人民调解委员会举行成立揭牌仪式。区域性行业性调解委员会出现。当年，全市共有人民调解委员会6 541个。

2005年，全市共有人民调解委员会6 226个，其中居村调委会5 200个、街镇调委会215个、企事业调委会457个、区域性行业性调委会77个、其他调委会277个。

2006年，全市共有人民调解委员会5 912个，其中居村调委会5 194个、街镇调委会214个、企事业调委会341个、区域性行业性调委会92个、其他调委会71个。

2007年，全市共有人民调解委员会5 968个。

2008年，全市共有人民调解委员会6 002个。

2009年，全市共有人民调解委员会6 044个。

2010年，全市共有人民调解委员会5 528个。

二、人民调解员规模和结构

1980年，市司法局重新建立后，根据重新发布的《人民调解委员会暂行组织通则》以及组织设置的有关条文的修正，进一步加强人民调解委员会的组织建设。经调整充实，至1980年全市有调解委员30 295人。

80年代，人民调解委员会重新得到恢复的时候，调解委员会委员主要由离退休干部和工人组成，工作热情高，但年龄偏大，文化水平偏低。1982年，全市调解人员有较大发展，调解委员增至35 489人。1985年，调解人员又有进一步发展，全市调解委员有41 000余人。1987年上升为56 000余人。1989年调解委员为59 000余人。以后的几年经调整，调解委员数略为下降，至1993年为50 927人。这一期间，调解人员年龄老化、文化水平偏低更为突出。

为解决调解人员年龄老化，文化水平偏低的问题。1994年7月起，黄浦区以公开向社会招聘为主、内部调整为辅，新聘任调解主任40人，以改善调解队伍整体素质。在新聘的调解主任中，初中文化32人，高中文化5人，大学、中等师范、高小文化各1人；年龄一般在40～50岁之间，使全区调解主任的平均年龄由65岁降为54岁。而后，卢湾、徐汇、虹口、长宁等区也积极试行调解主任聘任制。

1995年，调委会主任中，60岁以下的男性和55岁以下的女性占77.3%，初中以上文化程度占80%。较80年代有了较大改善。

1998年，全市居(村)调解主任6 249人，调解委员43 407人，调解信息员80 624人(包括在职职工义务调解员)。

2000年，全市居(村)调解主任6 188人，调解委员32 758人，调解信息员61 309人。

2001年起，上海市在全国首创了首席人民调解员制度。人民调解组织通过规范的程序，在社区内选聘具有一定法律知识和较高威望的人民调解员担任首席人民调解员。人民调解委员会首席人民调解员由人民调解委员会委员担任，社区矛盾调解中心首席人民调解员在本社区内选聘。首席人民调解员是调解本社区内复杂、疑难民间纠纷的人民调解员。符合人民调解员要求,在社区内具有较高威望,有较强的协调能力,并具备下列条件之一:(1)从事人民调解工作满6年的;(2)从事法律工作满5年的;(3)具有中级以上专业技术职称的;(4)担任或者曾经担任一定领导职务的,可以聘其担任首席人民调解员。

首席人民调解员任职不仅要具备较高的资格条件,同时,也有特定的协调权力,并可以运用人民调解庭的特别调解形式。首席人民调解员制度是上海市推进社区建设的一种新型治理形式,也是人民调解制度的一个重要突破与创新。至2001年底,全市所有区县都试行首席人民调解员和人民调解庭制度,全市建立人民调解庭94个,选聘首席人民调解员84人;全市有调解主任6 024人,调解委员39 392人,调解信息员84 393人。

2002年,全市居(村)调解主任5 409人,调解委员32 153人,调解信息员65 807人。

2003年,全市有人民调解员36 250人。

2004年,全市有人民调解员36 291人。

2005年,全市有人民调解员35 802人。其中,调解主任5 200人。全市215个街道、乡镇已组建107个街镇调委会人民调解工作室,共聘请专职人民调解员300余名。

2006年,全市有人民调解员31 316人。全市214个街道、乡镇已组建115个街镇调委会人民调解工作室,共聘请专职人民调解员320余名。

2007年,全市有人民调解员29 870人,全市"联调委"配备专职调解员107名。各区县全部建成"人民调解工作室"210家,聘请专职人民调解员773名,各区县每个街镇工作室均已配备3名以上专职调解员。

2008年,全市有人民调解员29 940人。各区县"联调委"共计配备专职调解员180名;全市224个街镇一级的调解工作室(218个街镇建制数,加上闵行、嘉定、金山6个开发区或工业园区的工作室),聘请专职人民调解员939名;各区县均在50%以上的居村委配备了专职人民调解员,居村委专职调解员的数量达到5 876人。

2009年,全市有人民调解员29 067人。全市"联调委"配备专职调解员242人,全市221个"街镇人民调解工作室"共聘请专职人民调解员1 126人,全市居村委调委会共配备专职调解员6 694人。各区(县)均在所有的居村委调委会配备了1名以上专职调解员。全市共有专职人民调解员8 062人。

2010年,全市有人民调解员29 995人。全市"联调委"配备专职调解员273名,全市街道乡镇人民调解委员会共聘请专职人民调解员1 172名,全市居村委调委会共配备专职调解员7 468名,全市有专职人民调解员8 913名。

三、优秀人民调解员事例选

李琴,全国模范调解员,长宁区江苏路街道首席人民调解员。1996年1月10日,李琴把街道16个居委调委会联合起来,成立4个小组,首创了"110调解联动小组";建立了"社区维老后方基地",开通了"江苏街道李琴调解热线"。自热线开通以来,影响遍及华东六省一市,成为上海市人民调解工作的一个品牌。2003年11月11日,长宁区成立了全市首家专业化人民调解机构——"人民调解李琴工作室"。李琴人民调解工作法有三大特点:人民调解全过程的"六步工作法",矛盾纠纷调处"'听、看、问、劝、禁'五字工作法",调解员和当事人的"心态调理法"。她对调解工作经验进行了理论和方法的总结汇编，出版了以“社区红叶情”为题的《李琴调解工作法》一书。她曾于1993年、1997年两次荣获全国模范调解员的称号，1994年还随全国报告团进行巡回演讲，《东方一支花》和《中华巾帼》两书也收录了李琴的先进事迹。

杨伯寿，杨浦区延吉新村街道“杨伯寿调解工作室”的负责人。2002年，他被授予上海市001号“首席人民调解员”的光荣称号；2003年，延吉街道和杨浦区司法局总结他的调解经验，编辑出版《人民调解工作艺术——杨伯寿工作法》一书。2004年11月，杨浦区成立“杨伯寿工作室”“杨伯寿带教点”。他的“一听、二看、三问、四细、五准、六劝、七签、八督、九访、十记”的人民调解“一字工作法”，成为向全市调解员推广传授的经验和方法。他的事迹被《解放日报》、《文汇报》、中央电视台、上海东方电视台、上海电视台等40余家新闻媒体采访报道。2002年以来，老杨分别荣获“全国模范人民调解员”“全国标兵人民调解员”，上海市第二届“平安英雄”“老有所为精英奖”“‘红烛’精神标兵个人”“先进人民调解员”“群众身边好党员”等荣誉称号。

图7－1－3　2003年11月，上海成立第一家以个人名义命名的调解工作室——“李琴工作室”

图7－1－4　2008年1月，杨伯寿荣获第二届上海市十大“平安英雄”称号

第三节　人民调解工作领域

一、传统民间纠纷调解

上海解放初期，调解委员会成员主要依靠政府法令和党的方针政策，对民间一般的婚姻、家庭、债务、房屋等纠纷和轻微刑事案件，通过摆事实、讲道理说服教育的方法进行调处。

1980年，《人民调解委员会暂行组织通则》重新实施后，市司法局组织力量，深入基层，督促检查，推动区（县）司法行政机关贯彻落实。80年代，调处的民间纠纷，数量上占据前三的一般为家庭纠纷、邻里纠纷、房屋（宅基地）纠纷，另有防止因纠纷激化可能引起非正常死亡事件调处这一特殊调处领域。

1980—1981 年，全市调解组织调处各类民间纠纷 170 990 件，其中一般民事纠纷 152 532 件、轻微刑事案件(主要是伤害)18 458 件、防止因纠纷激化可能引起非正常死亡事件 671 起。

1982 年，全市调解组织依照《关于贯彻第一次全国人民调解工作会议精神的情况和意见的报告》要求，努力做好民间纠纷调解工作。随着经济建设的发展，居民翻建私房越来越多，因此引发的纠纷不断。因占用公共部位及因用电、用水引起的邻里纠纷也较为突出。在郊县，随着各种形式的生产责任制的实施，围绕农业生产引起的争田、争水、争农具、争牲畜等纠纷明显上升。许多调委会挨家挨户调查访问排查纠纷情况，掌握纠纷激化苗子，主动上门调处。对于复杂、疑难纠纷，邀请有关单位共同调处。并且有针对性地开展法制宣传和新道德教育。积极参加制订“乡规民约”“文明公约”，创建“文明里弄”“文明村”“五好家庭”等。

1982—1983 年，全市调处各类民间纠纷 197 729 件，其中：占前三位的分别是邻里纠纷 59 009 件，占 29.8%；家庭纠纷 46 584 件，占 23.6%；房屋纠纷 32 186 件，占 16%；防止因纠纷激化可能引起非正常死亡事件 1 581 起，涉及 1 666 人。

1984—1986 年，全市调处民间纠纷 189 490 件，其中：前三位的分别是家庭纠纷 53 505 件，占 28%；邻里纠纷 51 466 件，占 27%；婚姻恋爱纠纷 27 179 件，占 14%；防止因民间纠纷激化可能引起非正常死亡事件 2 139 件，涉及 2 521 人。家庭纠纷数量首次超越邻里纠纷。

1987—1989 年，全市调解组织调处各类民间纠纷 212 187 件(居民调委会 89 118 件，占 42%，村民调委会 7 723 件，占 33%；工厂企业调委会 53 046 件，占 25%)，其中前三位的分别是家庭纠纷 70 021 件，占 33%；邻里纠纷 55 131 件，占 26%；婚姻恋爱纠纷 35 982 件，占 17%；调解成功率为 95%以上。

1990 年 5 月，市司法局为贯彻司法部颁布的《民间纠纷处理办法》，在南市区蓬莱路街道和川沙县洋泾乡进行试点，11 月在蓬莱街道召开现场会。对在改革和建设中出现的房屋动拆迁、企业经营机制转轨、来沪务工人员管理中的纠纷，对一些多发性易激化的诸如房屋、婚姻、宅基地、赡养等纠纷，开展专项治理。全年，全市各级司法行政部门配合有关方面，妥善处理 21 起因各种矛盾和纠纷激化引起的突发性事件。

1992 年 8 月 28 日，市委政法委员会转发市司法局、高院、检察院、公安局、房管局、房屋纠纷仲裁委员会共同制定的《关于处理民间纠纷的若干规定》。该《规定》是全市调处民间纠纷实践经验总结，体现方便群众、各司其职、密切合作、齐抓共管、综合治理的原则。在市政建设过程中，南市、静安、杨浦、闸北等区，主要是调解因市政建设动迁引起的民间纠纷，保证南浦大桥、杨浦大桥、城隍庙改造等重点工程顺利进行。

1990—1992 年，全市调解组织调处各种民间纠纷 234 848 件(居民调委会 119 211 件，占 50.7%；村民调委会 64 515 件，占 27.5%；工厂企业调委会 51 122 件，占 21.8%)。其中，前三位的分别是家庭纠纷(包括婚姻赡养扶养、继承等)119 985 件，占 51%；邻里纠纷 63 115 件，占 26.9%；房屋宅基地纠纷 30 589 件，占 13%；调解解决 222 672 件，调解成功率 94.8%。1993—1995 年，全市调解组织调处各类民间纠纷 177 837 件，其中：前三位的分别是家庭纠纷 80 308 件，占 45%；邻里纠纷 49 046 件，占 27.5%；房屋宅基地纠纷 28 676 件，占 16%。三大调解领域占接近 90%。

1996—1998 年，全市调委会调处各类民间纠纷 191 794 余件，防止自杀、凶杀和其他民转刑案件 551 件，避免因民间纠纷激化可能引起的非正常死亡 600 余人。

1999—2000 年，全市各级人民调解组织共调处各类民间纠纷 150 406 件，调处群体性纠纷 1 245 起，防止民转刑案件 173 件，防止凶杀案件 235 件。

2001 年,全市各级司法行政机关和人民调解组织共受理各类民间纠纷 73 459 件,已调处 71 379 件,防止因矛盾激化引起的自杀案 65 件,防止凶杀案 97 件,调处群体性纠纷 779 件。

2002 年,各级调解组织调解各类纠纷 65 081 件,其中防止民转刑 138 件、防止非正常死亡 68 件、调处群体性纠纷 1 025 件。

2003 年,全年各级人民调解组织共受理各类纠纷 68 052 件,调解解决纠纷 68 026 件,调结率为 99.9%。其中,解决群体性矛盾纠纷 674 件。

2004 年,全市各级人民调解组织共调处各类纠纷 128 680 起,调结 126 669 件。其中,达成调解协议书 10 864 份,化解群体性纠纷 878 件,防止可能引起的自杀 71 件,防止民转刑 113 件。

2005 年,全市各级人民调解组织共调处各类纠纷 158 867 起,调解成功 145 029 起,其中化解群体性纠纷 1 058 起。全年共制作调解协议书 11 948 份。

2006 年,民事纠纷、轻伤害案件委托人民调解工作全面启动。全年全市各级人民调解委员会共受理各类民间纠纷 91 182 件,调解成功 90 106 件,调解成功率 98.8%。其中,调处群体性纠纷 931 件,防止民间纠纷可能引起自杀的 80 件,防止民间纠纷转化为刑事案件的 575 件。

2007 年,全市基层治理矛盾主要集中在动拆迁、劳动争议、医患纠纷、产权和物业纠纷等方面。全年全市各级人民调解委员会共受理各类民间纠纷 120 395 件,调解成功 115 424 件,调解成功率 96%;防止民间纠纷可能引起自杀 85 件,防止民间纠纷转化为刑事案件 323 件。

2008 年,全市人民调解组织全年共受理调解各类民间纠纷 160 307 件,调解成功 153 016 件,成功率达 95.5%。其中,调解群体性纠纷 1 446 件,防止自杀 65 件,防止民间纠纷转化为刑事案件 205 件。特别是 6 月以后,为保障北京奥运会期间全市的安全稳定,全市人民调解组织全力开展矛盾纠纷的排摸化解工作。奥运期间,全市人民调解组织共受理调解各类民间纠纷 44 424 件,调解成功 42 154 件,成功率达 95%,防止自杀和"民转刑"共计 102 件。

2009 年,全市各级人民调解组织开展"三不"活动[一般矛盾不出村(居),疑难矛盾不出镇(乡、街道),矛盾不上交],共排查出纠纷数 38 312 件,化解 33 641 件,移交其他机关处理 3 133 件。

2010 年,全市各级人民调解组织通过开展"人民调解专项攻坚活动"和"三不"活动共排查出纠纷 39 921 件,化解了 39 919 件,移交其他机关处理 312 件。全市各级人民调解机构共受理各类民间纠纷 214 925 件,调解成功数 211 735 件,调解成功率 98.5%。其中,群体性纠纷 1 513 件,调解成功 1 301 件。

二、新型复杂疑难纠纷化解

进入 21 世纪,医患纠纷、劳动争议纠纷、行政争议纠纷呈逐年上升趋势,在全市社会矛盾纠纷类型中位居前列。

从 2006 年开始,普陀区、浦东新区等区(县)开始探索医患纠纷人民调解,建立区医患纠纷人民调解委员会,调解医疗机构与患者在就医过程中发生的患者与医生、患者与医疗机构之间的民事纠纷。2006 年,两区医患纠纷调委会共接待咨询 160 余次,成功调解纠纷 90 余起,累计赔偿数额达到 190 余万元,且极少出现当事人反悔、上访或再诉至法院的情形。普陀区、浦东新区、徐汇区、青浦区、嘉定区等都组建医患纠纷人民调解工作室。2008 年 7 月,市司法局与市卫生局联合印发《关于规范人民调解组织参与医患纠纷调解的若干意见》。全年共受理医患纠纷 516 件,调解成功 407 件,调解成功率为 78.9%,制作人民调解协议书 305 份,涉及赔偿金额共计 1 214 万。2009 年,全市人民调解组织共受理医患纠纷737件,成功调解了580起,调解成功率为78.7%,共制作人民调解协议书339份,累计赔偿数额达到1 553万元。2010年,共受理医患纠纷745件,成功调解557件,调解成功率为74.8%,共制作人民调解协议书351份,累计赔偿数额达到1 587.2万元。

同样从2006年开始,为了更好地化解劳动争议纠纷,加强行政复议阶段的和解工作,全市部分区(县)探索人民调解参与劳动争议调处的工作程序与方法,探索人民调解介入行政复议阶段和解的工作机制。在静安区、金山区、普陀区、松江区、徐汇区、杨浦区、奉贤区、卢湾区、浦东新区开展人民调解参与劳动争议调处的试点工作。并在总结经验的基础上,和市劳动和社会保障局召开论证会。至2008年,全年共受理劳动争议5 991件,调解成功5 538件,调解成功率为92.4%,制作人民调解协议书4 728份,涉及赔偿金额共计3 537万元。2009年,全市人民调解组织共受理劳动争议22 020件,成功调解了17 491起,调解成功率为79.4%,共制作人民调解协议书11 352份,累计赔偿数额达到9 708万元。2010年1月6日,市司法局和市人力资源和社会保障局联合印发《关于规范人民调解组织参与劳动争议调解的若干意见》。全年,共受理劳动争议15 973件,成功调解11 307件,调解成功率为70.8%,共制作人民调解协议书10 635份,累计赔偿数额达到9 549.36万元。

2008年5月,市司法局、市房地局联合印发《关于规范人民调解组织参与房地产和物业管理纠纷调解的若干意见》。2008年全年共受理房地物业纠纷3 789件,调解成功3 587件,调解成功率为94.7%,制作人民调解协议书3 161份,涉及赔偿金额共计1 143万元。2009年,全市人民调解组织共受理房地物业纠纷11 799件,成功调解了10 895起,调解成功率为92.3%,共制作人民调解协议书8 170份,累计赔偿数额达到3 613万元。2010年,全市人民调解组织共受理房地物业纠纷16 298件,成功调解14 406件,调解成功率为88.4%,共制作人民调解协议书8 235份,累计赔偿数额达到4 295.85万元。

2008年开始,部分区(县)探索人民调解工作介入交通事故损害赔偿领域。2008年4月15日,徐汇区司法局在徐汇区交警队事故审理科召开交通事故争议人民调解委员会成立仪式。会议下发由区法院、公安徐汇分局和区司法局联合制订的《关于交通事故争议处理推行人民调解与行政调解、司法调解衔接的实施办法》。此举在全市首次将人民调解与行政调解、司法调解"三调联动"机制引入交通事故争议处理。当年,全市共受理交通事故损害赔偿纠纷4 489件,调解成功4 247件,调解成功率为94.6%,制作人民调解协议书3 792份,涉及赔偿金额共计9 407万。

2009年11月,市司法局印发《关于规范人民调解组织参与交通事故争议调解的若干意见》。当年,共受理交通事故争议11 749件,成功调解11 028起,调解成功率为93.9%,共制作人民调解协议书10 987份,累计赔偿数额达到19 752万元。2010年,共受理交通事故争议15 991件,成功调解15 473件,调解成功率为96.8%,共制作人民调解协议书15 416份,累计赔偿数额达到26 542.6万元。

此外,进入21世纪,市司法局大力发展行业性、区域性调委会,引导和借助社会组织、社会力量调处矛盾纠纷。自2003年上半年开始,在市、区两个层面的消费者权益保护委员会中相继成立人民调解委员会,运用人民调解的程序和方法依法调解消费纠纷,有效维护消费者的合法权益。2004年9月,上海保险同业公会组建人民调解委员会,专门调解部分保险合同纠纷,为保险合同当事人提供新型、快捷、低成本的纠纷解决方式。2007年12月20日,上海市浦东新区知识产权保护协会人民调解委员会揭牌仪式在张江高科技园区浦东创新港举行。调解委员会聘请8名知名律师担任第一届调解委员会委员，为知识产权纠纷的有效化解提供一种新的解决途径。这是人民调解工作功能的外向延伸，也是将人民调解工作引入知识产权领域的一种新的探索和尝试。

部分区还在个体工商业者协会、私营企业协会、残疾人联合会、物业管理协会及两新组织聚集的特定区域建立各类专门的人民调解委员会，调解涉及该行业、该领域发生的纠纷。

三、大调解工作体系建设

进入21世纪，市司法局以化解矛盾纠纷为主线，积极推进以人民调解为基础的，人民调解与司法调解、行政调解、仲裁调解有机衔接配合的大调解工作体系，初步形成大调解制度体系框架，化解了大量社会热点、难点纠纷，充分发挥了人民调解在大调解工作体系中的基础性作用。人民调解化解矛盾纠纷的领域大大拓展，基本覆盖主要的社会热点、难点纠纷，民事案件、轻伤害案件、治安案件、医患纠纷、房地物业纠纷、劳动争议、交通事故赔偿纠纷等七类行业性、专业性纠纷，占人民调解受理纠纷总量的50%以上。

【民事纠纷委托调解】

民事纠纷委托调解，是人民法院在民事纠纷受理前，或者受理后开庭审理前以及审理过程中，在征得双方当事人同意后，将纠纷委托人民调解委员会进行调解。

2005年，长宁区开展民事纠纷诉前委托调解试点，以驻区法院"人民调解窗口"为工作平台，明确规定七类纠纷在征得当事人同意的前提下，可以委托"人民调解窗口"调解，实行先调后诉，包括第一次起诉的离婚案件、三费案件、小额债务、解除收养、改变抚养、家庭邻里间的损害赔偿等，为探索建立人民调解前置制度作出积极尝试。

2006年初，全面开展民事纠纷委托人民调解工作。在总结3年试点工作经验的基础上，市司法局联合市高级人民法院出台《关于规范民事纠纷委托人民调解的若干意见》，将民事纠纷委托人民调解工作向全市推开。至年底，全市人民调解组织共接受法院委托调解民事纠纷10 269件，共调解成功7 449件，调解成功率为72.54%，共制作人民调解协议书3 994份。随着民事案件委托调解工作的推行，部分区出现了法院一审民事案件受理量同比大幅下降的现象。

图7-1-5　2006年5月23日，市司法局召开委托人民调解工作专题新闻发布会

2007 年,全市共接受法院委托调解民事纠纷 32 668 件,调解成功 24 897 件,调解成功率为 76%,共制作人民调解协议书 17 846 份。基层人民法院一审案件的受案量,各法院平均减少了 30%以上。

2008 年,全市人民调解组织共受理法院委托调解民事纠纷 45 343 件,比上年上升了 39%,占同期法院民庭收案数的 30%,调解成功 37 645 件,调解成功率为 83%,制作人民调解协议书 30 088 份。

2009 年,受理法院委托调解民事纠纷 59 714 件,占同期法院民庭收案数的 33.4%;调解成功 53 469 件,调解成功率为 89.5%;制作人民调解协议书 41 205 份。

2010 年,全市人民调解组织共受理司法机关委托调解民事纠纷 74 815 件,委托受理数占同期法院民庭收案数的 37%;调解成功 68 638 件,调解成功率为 91.7%;共制作人民调解协议书 48 946 份。

实践证明,民事纠纷委托人民调解工作,促进了人民调解与法院民事调解、民事诉讼的有机结合,减轻了法院的诉讼压力,节省了国家的司法资源,同时也增强了人民调解工作的权威性和公信力,实现了二者的优势互补,而且也为探索建立调解前置的法律制度,即“先调解后诉讼”的民事诉讼程序提供了实践经验。

【轻伤害案件委托调解】

轻伤害案件委托调解,是对于一些已经进入或者可能进入刑事诉讼程序、由民间纠纷引发的轻伤害案件,在征得当事人同意后,通过委托人民调解委员会进行调解,促进当事人交流和解,达到不立案、撤案、不起诉、免予或减轻刑事处罚等处理结果。委托方是公安、检察、法院等刑事司法机关,受托方是区(县)一级的联合人民调解委员会或者是街道、乡镇的人民调解委员会。

2005 年,杨浦区司法局针对轻伤害案件逐年上升的趋势,加强与公、检、法各部门的配合,开展轻伤害案件委托调解试点工作,促进“刑转民”,有效拓展了人民调解工作领域,有效节约了司法资源和司法成本,同时也是探索刑事自诉案件和解制度的有效做法,在一定程度上减少了刑事处罚数量,增进了社会和谐。

2006 年 5 月,市公安局、检察院、高院、司法局联合出台《关于轻伤害案件委托人民调解的若干意见》。法院委托程序同民事纠纷委托。检察机关在审查起诉阶段认为可以委托人民调解且当事人愿意调解的,检察机关可以将案件委托给相关街道(镇)的调委会进行调解,经调解达成协议的,案件退回公安机关另行处理或作不起诉处理。全年,各人民调解委员会共受理委托调处轻伤害案件 602 件,其中:接受公安机关委托 561 件、检察院委托 24 件、法院委托 17 件,共调解成功 582 件,调解成功率 96.7%,赔偿金额合计约 650 万元,制作人民调解协议书 420 份。

2007 年 4 月 9 日,在虹口区司法局、虹口区联调委和市公安局刑侦总队三支队的共同努力下,全市首例“涉外轻伤害案件委托人民调解”在虹口区联合人民调解委员会人民调解工作室调解成功。区联调委工作室仅用 2 天时间调解成功原本最快需要 2 个月行政调解或数月诉讼结案的涉外轻伤害案件,为缩短涉外轻伤害案在境内调解或诉讼的时间,降低司法成本,缓解双方当事人对立情绪,减少社会负面效应开启了成功先例。全年,各人民调解组织共接受轻伤害案件委托调处 1 579 件,其中公安委托 1 480 件、检察院委托 53 件、法院委托 46 件、调解成功 1 512 件,调解成功率为 96%,制作人民调解协议书 1 505 份,调解成功达成的赔偿数额共计 1 991 万元。

2008 年,全市人民调解组织共接受委托调解轻伤害案件 2 497 件,比上年上升了 58%,其中公安委托 2 359 件、检察院委托 44 件、法院委托 94 件,调解成功 2 403 件,调解成功率为 96%,累计赔偿金额达 3 245 万元，比上年上升了 63%，制作人民调解协议书 2 309 份。

2009 年，接受委托调解轻伤害案件 2 877 件，调解成功 2 786 件，调解成功率为 96.8%，累计赔偿额达 4 505 万元，制作人民调解协议书 2 762 份。

2010 年，共接受委托调处轻伤害案件 2 329 件，调处成功 2 291 件，调解成功率为 98.4%，累计赔偿额达 4 735.3 万元，制作人民调解协议书 2 280 份。

实践中，轻伤害案件委托人民调解工作取得"两高、两低"的效果，即调处成功率高、协议履行率高，解决成本低、再犯率低；促进人民调解与公安、检察院、法院刑事司法活动的有机结合；探索了刑事自诉案件和解制度。轻伤害案件委托调解促进了人民调解与公安、检察院、法院刑事司法活动的有机结合，同时还是探索刑事自诉案件和解制度的有效做法，充分体现了国际上倡导的"恢复性司法理念"，也符合中国"宽严相济刑事司法政策"中"宽"的要求，在一定程度上减少了刑事处罚数量，增进了社会和谐。

【治安案件委托人民调解】

治安案件委托人民调解，是公安机关对于情节较轻的、因民间纠纷引起的打架斗殴或者损毁他人财物等违反治安管理行为，根据当事人申请委托人民调解委员会进行调解，经调解达成协议并履行的，公安机关对违反治安管理行为人不予处罚。

从 2002 年下半年起，杨浦区试点"警民联调"的工作模式，在实践中取得良好的法律效果和社会效果。从全市范围来看，每年有近 30 万件治安案件，其中有相当的比例适合用人民调解的方式解决。

2007 年 6 月，市司法局和市公安局印发《关于治安案件委托人民调解工作的意见》，明确规定衔接程序、案件受理范围、委托实效等内容，在全市开展治安案件委托人民调解工作。全年，共受理治安案件 655 件，调解成功 636 件，调解成功率为 97%，共制作人民调解协议书 597 份，赔偿金额 570 余万元。全年，共受理案件 2 964 件，调解成功 2 892 件，调解成功率 97.6%；共制作人民调解协议书 2 865 份，赔偿金额 1 835 万元。

2008 年，全市各级人民调解组织共受理治安案件 2 964 件，比上年上升了 350%，成功调解 2 892 件，调解成功率为 97.6%，制作人民调解协议书 2 865 份，累计赔偿额达 1 835 万元，比上年上升了 222%。

2009 年，接受委托调解治安案件 5 287 件，调解成功 5 226 件，调解成功率为 98.8%，累计赔偿额达 2 707 万元，制作人民调解协议书 5 145 份。

2010 年，共受理治安案件 5 947 件；成功调解 5 906 件，调解成功率为 99.3%；制作人民调解协议书 5 773 份；累计赔偿额达 2 798 万元。

实践中，治安案件委托人民调解工作取得了较好的法律效果和社会效果：一是促进了司法所与公安派出所基层基础工作的衔接配合；二是通过人民调解代替治安处罚的方式更有助于建立和谐的邻里、家庭关系；三是减轻了派出所的办案压力，有助于节省警力。

【信访委托人民调解】

2002 年，司法信访综合服务窗口在全市所有街道、乡镇建立。"窗口"以"立足社区，服务群众"为宗旨，集人民调解、法律服务、法律咨询、法制宣传、安置帮教、信访接待、"110"公安司法联动和"12348"法律咨询专线及化解社区矛盾等功能为一体。

依托“司法信访综合服务窗口”,开展信访事项委托人民调解工作,具体做法是:窗口负责人对居民上访的事项进行分类,属于民间纠纷的,移交至街道人民调解委员会调解。信访委托调解把行政协调、行政调解的成果,通过人民调解协议书的形式固定下来,防止了矛盾纠纷的反复,解决大量反复重访、集访和经多次调解未决的疑难事项。

2008 年,全年共受理各类民间纠纷及来信来访 16 万件左右,化解了大量重信重访问题,解决了一批容易引发信访突出问题和群体性事件的矛盾纠纷及隐患。2010 年,“窗口”已经成为整合人民调解和信访资源、促进人民调解和行政调解有机结合、提高基层政府工作效率的有效工作载体。全年全市司法信访综合服务窗口共接受法律咨询 102 404 件;窗口直接受理纠纷 16 007 件,调处成功 15 592 件,成功率 97.4%;来信来访 53 910 件,办结 48 520 件,办结率 90%。

第四节　人民调解协议书及司法确认

一、人民调解协议书

人民调解协议书是经人民调解委员会或者社区矛盾调解中心调解,纠纷当事人自愿达成解决纠纷的协议。

1999 年 10 月,杨浦区司法局率先在上海市试行人民调解协议书审核制。人民调解协议书审核制,是指民间纠纷经过居委会调解达成协议的,送街道(镇)调解中心确认后,出具人民调解协议书。如当事人反悔或拒不履行协议,其中一方当事人向法院起诉的,法院应当对当事人在街道(镇)调解中心达成的协议书进行审核。如协议不违反法律,不损害国家、集体、第三人及社会公共利益,也无重大误解或显失公平的,法院就可以直接在判决中支持原协议条款,或主持调解,达成新的协议。11 月,杨浦区司法局拟定了人民调解协议书“审核制”工作 10 项配套制度,即《调解中心工作暂行规定》《调解中心纠纷调解程序》《调解中心档案管理办法》《关于出具调解协议书的规定》《调解中心廉政规定》《调解中心工作人员守则》《调解中心工作考核办法》《调解中心接待登记制度》《调解中心统计报表制度》《调解中心回访制度》。这 10 项配套制度的建立,标志着杨浦区人民调解协议书审核制工作纳入了规范化管理的轨道。

2000 年 4 月,普陀区率先在全市推出人民调解协议书公证制,以曹杨、石泉街道为试点,自 9 月起在全区 9 个街道(镇)全面实施。人民调解协议书公证制是指由居委调委会或社区纠纷调处中心直接受理的有关房屋产权、债权债务和家庭财产的民间纠纷,除及时结付外,达成协议的,须由社区民间纠纷调处中心出具人民调解协议书,协议当事人可就协议内容申请公证,公证处对人民调解协议书予以审核后,在确保协议不违反法律、法规、规章的前提下出具公证书。该制度的推行,对提高人民调解协议书的法律效力,克服调解工作的反复性,维护调解工作的权威性起到积极作用。同年 6 月,长宁区司法局和长宁区人民法院联合印发《关于试行人民调解协议书指导制的实施意见》,以华阳路、天山路、虹桥路、仙霞新村街道为试点,自 2000 年 7 月起试行。人民调解协议书指导制从规范基层人民调解协议书文书格式和协议内容着手,严格调解工作程序,提高协议书的合法性、有效性,从而保证其履约率。

2001 年 6 月,市司法局制定《关于加强人民调解工作的若干规定》,全面推行人民调解协议书制度。杨浦区、奉贤区、青浦区全面推行人民调解协议书审核制,长宁的指导制、普陀的公证制得到进一步规范和拓展。在司法部召开的全国人民调解工作改革研讨会上,推行上海试行人民调解协议书审核制、指导制经验。

2002 年，杨浦、普陀、奉贤、长宁和浦东新区等区（县）不断深入探索人民调解协议书审核制、公证制、指导制及确认制等做法，为实现人民调解与诉讼制度相衔接提供有益的依据，得到最高人民法院和司法部的认可。

图 7-1-6　2002 年，杨浦区成立驻法院人民调解工作室，推进民事委托调解工作

2005 年，全市共制作人民调解协议书 11 948 份，协议书达成后起诉到法院的有 101 件，其中被法院确认 52 件，变更撤销 2 件。

2006 年，全市共制作人民调解协议书 25 196 份，协议书达成后起诉到法院的有 511 件，其中被法院确认的为 382 件。

2007 年，市司法局继续加强对人民调解协议书的指导与审查，提高了人民调解协议书制作质量和数量。至年底，全市共制作人民调解协议书 45 044 份，全市未出现被人民法院确认无效或撤销的情况。

2008 年，市司法局推进民事纠纷、轻伤害案件委托人民调解，治安案件、信访事项委托人民调解等工作机制，人民调解工作领域进一步拓展。全市共制作人民调解协议书 68 980 份，比上一年同期增长了 75%。

2009 年，全市共制作人民调解协议书 100 415 份，全市平均每个居村调委会制作 19.09 份。

2010 年，全市共制作人民调解协议书 102 695 份。

二、人民调解协议书司法确认

随着人民调解与司法调解相衔接机制的确立，人民调解协议书的效力获得了司法确认。

在轻伤害案件委托人民调解案件中，如人民调解经检察机关委托且调解达成协议的，则案件退回公安机关另行处理或作不起诉处理。

经法院委托的，人民调解协议书的效力主要有如下三种情况：(1) 经法院诉前调解达成的调解协议以及审中委托调解制作的人民调解协议书，人民法院遵循“法律不禁止即为合法”的原则对人民调解协议进行合法性审查、确认，经司法确认的人民调解协议书，具有与法院判决同等法律效力。当事人持已经生效的人民调解协议向人民法院申请支付令的，只要符合民事诉讼法规定的条件，人民法院应当支持。(2) 当事人向法院起诉，请求变更、撤销调解协议，或请求确认调解协议无效的，法院不应轻易支持当事人对变更权尤其是撤销权和请求确认无效权的行使，以维护人民调解组织的权威，提高人民调解公信力。(3) 当事人对轻微刑事案件达成的人民调解协议反悔提起诉讼的，对民事赔偿的人民调解协议书，经审查，人民调解协议书可以直接制作刑事附带民事判决书。

2001 年 8 月 24—26 日，司法部在湖南长沙召开人民调解工作改革研讨会。这次会议是在 6 月份司法部会同最高人民法院、中国政法大学的专家学者对上海市试行人民调解协议书审核制等工作进行全面调研的基础上进行的。会议的主要议题是向全国推广上海市试行人民调解协议书审核制方面的经验。与会代表对上海市率先试行人民调解协议书审核制给予了高度评价。

第二章　基层法律服务

改革开放以来，上海市郊农村商品经济有了较快发展，经济纠纷日益增多。当时，上海律师制度也正处于恢复和重建阶段，远远满足不了广大人民群众特别是农村居民对法律服务的需求，乡镇法律服务机构应运而生。

1984 年 9 月，市郊开始建立乡镇法律服务试点工作。1985 年，市郊各县全面推广。1987 年 5 月，《关于乡镇法律服务所的暂行规定》发布实施后，乡镇法律服务所建设走向制度化、规范化。1989 年，市郊各县普遍建立乡镇法律服务所。1990 年 7 月，市政府发布《上海市乡镇法律服务工作暂行规定》。1992 年后，乡镇法律服务所逐步实行自收自支、自负盈亏、自我约束、自我发展的"四自"机制。

2000 年 3 月，《基层法律服务所管理办法》通过，明确乡镇法律服务所转型为基层法律服务所，城市街道也可建立基层法律服务所。2001 年重新登记注册后，至当年 10 月，全市共有基层法律服务所 200 个，其中乡镇所 135 个、街道所 65 个。

2010 年，全市共有基层法律服务所 84 个。随着上海城市化建设的推进，以及律师行业的繁荣发展，基层法律服务业务在数量上逐渐减少，但依然是上海依法治市不可或缺的一部分。

第一节　指 导 管 理

一、《关于乡镇法律服务所的暂行规定》时期的指导管理

1985 年 5 月，市司法局根据试点经验并参照律师、公证管理制度，制订《上海市街道、乡、镇法律事务所工作暂行规定》，明确法律事务所是在街道办事处或乡、镇人民政府领导下，在区、县司法局指导下，为本地区企业事业单位、群众团体和公民法律服务的事业单位。

1986 年 9 月，市司法局制定《上海市乡、镇法律事务所工作试行细则》和《上海市乡、镇法律服务所业务档案暂行规定(试行)》，明确法律服务所以乡、镇为单位建立，受乡、镇人民政府与县司法局双重领导，并接受县律师事务所和县公证处的业务指导。同时还规定，乡镇法律服务所主任、副主任需经乡、镇人民政府和县司法局商定后任免，干事经主任提名，由乡、镇人民政府和县司法局审批聘任和解聘。乡镇法律服务所定期向乡镇人民政府、县司法局汇报工作，重大疑难问题及时请示汇报，并在规定时间按司法行政机关的要求上报统计报表。

1987 年，根据司法部提出司法助理员不再兼任乡镇所主任职务要求，市司法局进行司法行政管理职能与乡镇法律服务职能分离工作。全市各县司法局对乡镇法律服务所逐步建立以目标管理为主以岗位责任制为核心的考核制度。

1989 年初，上海市乡镇法律服务所工作由初创阶段转入完善、发展时期。各县司法局把乡镇所工作当作重要工作来抓，列为考核各县司法局领导工作实绩的主要依据。各县司法局加强调解股编制，配备既懂乡镇所业务，又有指导能力的骨干，协助局领导管理乡镇所的业务指导、人员培训、岗位考核、经验交流、财务监督和制度建设。9 月，市司法局制订《上海市乡镇法律服务业务工

作程序(试行)》和《上海市乡镇法律服务工作业务卷宗归档、管理办法(试行)》,规定乡镇法律服务所各项业务工作的必经程序,保证乡镇法律服务工作的质量。

1990年7月,《上海市乡镇法律服务所工作暂行规定》确定,乡镇法律服务所在乡镇人民政府领导和县(区)司法局指导下,为本地区机关、团体、企事业单位和公民提供法律服务的集体所有制事业单位;市、县(区)司法局应加强对乡镇法律服务所的监督管理和业务指导,制订工作规划,开展业务培训,对乡镇法律服务所及其工作人员进行考核,协调乡镇法律服务所与其他有关业务部门的关系;乡镇法律服务所的设立,由乡、镇人民政府决定,并经县(区)司法局审核批准。

1991年,按照市司法局、市财政局的规定,各县司法局提取乡镇法律服务所收入的部分经费作为乡镇所人员的奖励基金,按岗位责任考核办法进行合理分配。

1992年后,全市乡镇法律服务所在深化改革中进一步完善岗位责任考核制,落实奖优罚劣、奖勤惩懒、多劳多得,按劳取酬等措施。

1995年,全市乡镇法律服务所的各项制度逐步健全,各类登记簿册齐全,卷宗质量达到《上海市乡镇法律服务工作卷宗归档、管理办法(试行)》的要求。

1998年8月,市司法局印发《关于加强对基层法律服务所管理的通知》。对成立基层法律服务所的条件、申请流程、变更情形、业务范围、人员要求等方面予以规定。规定基层法律服务所应建立健全各项规章制度,如人事、业务、财务、统计以及档案等方面的管理制度。明确自该《通知》发出之日起,区(县)司法局不得批准在街道设置基层法律服务所。并首次采取公告制度将年检、注册合格的基层法律服务所及法律服务工作者刊登在《上海法制报》,向社会公告。

【考核及培训】

上海市乡镇法律服务所成立初期,人员来自四面八方,其中大多数人没有系统学习过法律,业务不熟,对法律服务工作的重要意义缺乏足够认识。各县普遍采取办短训班或到县律师事务所、县公证处跟班学习办法,提高乡镇所工作人员业务水平。

1986年,市司法局对全市各街道乡镇的司法助理员进行覆盖所有人员的脱产法律培训,培训共分2期,每期半年。4月,市司法局委托市司法学校开办法律培训班,每期2个月。主要学习经济合同法、民法、司法文书写作以及公证、律师制度等知识。

1987年,全市各县司法局对乡镇法律服务所逐步建立以目标管理为主以岗位责任制为核心的考核制度。同时,市司法局委托市政法管理干部学院举办新法规知识短训班,邀请法律专家为乡镇法律服务工作人员讲授新法规,介绍法律新知识。到年底,全市80%左右的乡镇法律服务工作人员都参加培训。

1988年7月,为适应改革开放需要,市司法局举办3期法律服务人员涉外经济法律常识培训班,每期一周,3期共培训乡镇所工作人员160人。

1990年,根据司法部《关于进一步加强乡镇法律服务组织建设的若干意见》中提出的“巩固、提高、完善、发展”的方针,市司法局从1990年3月至1991年6月,对全市乡镇法律服务所从组织、业务、制度、廉政建设4个方面进行一次全面检查、整顿,使乡镇所法律服务工作逐步走上规范化轨道。

1992年后,全市乡镇法律服务所在深化改革中进一步完善岗位责任考核制,落实奖优罚劣、奖勤惩懒、多劳多得,按劳取酬等措施。

从1998年起,市司法局组织全市基层法律工作者每年定期进行政治思想和业务的轮训。培训对象为当年有注册资格的乡镇、街道法律服务工作者(以下简称基层法律工作者)。在法律服务所工作具有律师资格,已参加律师年度轮训的,可以根据有关的证明,免予轮训。每人每年参加轮训时间不少于40课时(5天)。学习期间缺课超过20%的,须重新参加轮训。轮训内容包括:政治思想方面,以讲政治、讲正气、讲学习和职业道德、执业纪律为主;业务方面,以新颁法律、法规和现有法律、法规适用中的热点、难点为主,一般采用讲座形式。1996—1998年,市司法局共举办5期基层法律工作者新上岗人员学习班,市司法局还与同济大学联合开设基层法律工作者法律大专升本科学历班。

1999年10月,市司法局印发《关于在全市基层法律服务工作者队伍中开展纪律检查、整顿的通知》,结合职业道德和执业纪律教育,在全市基层法律服务工作者队伍中开展检查整治活动。

【收费管理】

1985年5月30日,市司法局制定《上海市街道、乡、镇法律事务所收费试行办法》,把乡镇法律服务所的收费标准限制在县律师事务所收费标准的一半以下,规定法律服务所根据承办业务的繁简程度、所需时长、诉讼标的(实际数额)多少等实际情况,在收费标准所列幅度内确定具体收费数额,并规定收取的费用主要作为乡镇所工作人员的劳务报酬与业务支出。《试行办法》还要求乡镇法律服务所要加强现金管理,严格收支审批手续,不得违反国家的财务制度。1985年,经对全市68个乡镇法律服务所收支情况分析,有三分之一以上法律服务所的收入扣除支出外,尚有较多积余;大部分法律服务所收支相当,略有积余;少数因未全面开展业务,还不能达到收支平衡。

1986年,川沙县司法局对乡镇法律服务所首先实行"自收自支,自给自足,积余上交,适当留成"的经费管理办法。1988年6月,根据司法部关于乡镇法律服务所实行"有偿服务、适当收费"的原则,市司法局制定《上海市乡镇法律服务收费办法》和《关于乡镇法律服务所和县律师事务所、县公证处联合办理有关业务收费分成的规定》,并制定《上海市乡镇法律服务收费标准》。收费办法规定,乡镇法律服务所为上海市公民和法人提供法律服务时,按照收费标准向当事人收费,并出具收据。乡镇法律工作者应聘担任常年法律顾问,由法律服务所依照双方订立的合同向聘请单位收费;为顾问单位担任民事代理人参加诉讼调解、仲裁活动,由法律服务所按收费标准另外减半收费。乡镇法律工作者到外地办理案件,除按规定标准收费外,并按国家差旅费有关规定,向委托人收取伙食补助费、住宿费和交通费。协办有关公证事项,由县公证处按《公证处收费暂行规定》收费。主持调解本地区民间纠纷,达成书面协议后向当事人双方收费,费用的负担由双方当事人协商解决。法律服务所总收入的4%作为管理费上交县司法局(县司法局将其中25%上交市司法局),管理费主要用于对法律服务所的指导管理和业务建设。

1990年7月,《上海市乡镇法律服务所工作暂行规定》明确乡镇法律服务所对交费确有困难的,可以酌情减免。乡镇法律服务所的经费,可以实行全额管理,差额由乡镇人民政府补贴或由乡镇人民政府统支,有条件的地方也可以实行自收自支。1991年2月,市司法局重订《上海市乡镇法律服务业务收费标准》《上海市乡镇法律服务收费管理办法》。《管理办法》规定:乡镇法律工作者解答法律咨询,根据咨询内容计件收费。乡镇法律工作者为法律顾问单位办理简单法律事务时不再收费,办理比较复杂,如顾问单位委托法律顾问参加项目谈判或代理诉讼等,按收费标准的最高额另行减半收费。办理涉及财产关系和民事案件,经济纠纷案件,除收取手续费外,还应按争议标的收取一定比例的报酬。办理非诉讼经济纠纷,可参照经济纠纷案件收费标准收费。乡镇司法助理员协助人民调解委员会调解民间纠纷,以及司法助理员代表乡镇人民政府处理民间纠纷,一律不得收费。凡经当事人申请，由乡镇法律工作者主持调解本地区民事、生产经营性纠纷，达成书面协议后按规定收费。同时，对交费确有困难的还规定酌情减免收费的条款。

1991年12月23日，市司法局、市财政局规定：全市全年业务收费在2万元以上的乡镇法律服务所应建立事业发展基金、奖励基金和福利、保险基金。其中事业发展基金一般不低于年终业务收支总数的60%。县(区)司法局业务主管部门按乡镇法律服务所业务收入总数的10%提取管理费。对全年业务收费低于2 000元或建所不满一年的可以免提。管理费的80%留县(区)司法局主管部门，提取的管理费纳入预算外资金管理，管理费主要用于培训、表彰、印购发放学习和业务资料，补充业务经费，不得挪作他用。市、县(区)司法局对乡镇法律服务收费和经费使用情况进行管理和监督。各乡镇法律服务所根据市、县(区)司法局的要求，定期上报业务收费情况和使用情况。南汇县司法局从支持、扶植乡镇法律服务所出发，规定在乡镇所和县律师事务所联合办理业务收费分成中，乡镇法律服务所得大头，县律师事务所得小头为基本原则，对所所联合开展业务的报酬统一规定分成办法，凡是乡镇所与县律师事务所共同担任法律顾问收入，县所得30%，乡镇所得70%；合办的案件收入，县所得60%，乡镇所得40%。凡是以县所名义签订合同而由乡镇所人员独任的法律顾问收入，县所得10%，乡镇所得90%。独办的案件县所得20%，乡镇所得80%，凡乡镇所内的公证联络员协办的公证，收费的35%归乡镇所，介绍的公证收费的10%归乡镇所。

1992年5月，全市乡镇法律服务工作深化改革，在乡镇法律服务所经费管理上，将统收统支、差额补贴、自收自支三种并存状况，逐步向自收自支过渡，建立人才培养基金或奖学金制度，对自学成才者给予奖励，以提高乡镇所工作人员素质。

1994年，随着改革的全面深化，全市乡镇法律服务所进一步走上自收自支、自我服务、自我约束、自我发展的“四自”发展道路，实行独立核算的财务管理制度，遵循按劳分配原则，建立健全福利保障制度，办理医疗、人身、养老保险。

1998年，根据《关于加强对基层法律服务所管理的通知》，基层法律服务所必须使用《上海市乡镇法律服务所收费专用收据》，作为向当事人出具收取代理费的凭据及归档凭证，业务收据不准挪作他用。基层法律服务所使用的业务收据由各区(县)司法局统一到市司法局购买。业务收据应编号登记。基层法律服务所的业务收据要专人购买，专人保管，严格领用、结存和核销手续。使用后应当完整保存业务收据的存根联单，以备查验和回收；因故遗失的业务收据，应查明原因，明确责任并及时声明作废。基层法律服务所应按照有关规定严格遵守财务、分配等制度。

二、《基层法律服务所管理办法》时期的指导管理

2000年3月30日，司法部发布《基层法律服务所管理办法》和《基层法律服务工作者管理办法》。《基层法律服务所管理办法》明确基层法律服务所接受县级司法行政机关或者乡镇、街道司法所的委托，协助开展基层司法行政工作；基层法律服务所按照事业法人体制进行管理和运作，独立承担民事责任；基层法律服务所依法自主执业，其执业活动不受干涉，其财产权益不得侵犯。司法行政机关依照该《办法》对基层法律服务所进行管理和指导。《基层法律服务工作者管理办法》明确司法行政机关依照本办法对基层法律服务工作者进行管理和指导。基层法律服务工作者执业资格考试，由司法部统一组织，省级司法行政机关负责承办。基层法律服务所对基层法律服务工作者实行聘用制，基层法律服务所应当建立对基层法律服务工作者执业实绩和遵守职业道德、执业纪律情况的年度考核制度。司法行政机关进行执业资格审核、执业登记管理、执业证年度注册、行政处罚

的各种文书格式统一等工作,《法律服务工作者执业证》和年度注册印章式样,由司法部统一制定。

2000年5月16日,市司法局转发司法部《基层法律服务所管理办法》和《基层法律服务工作者管理办法》,促进基层法律服务工作规范化管理。12月24日,举行首次全国基层法律服务工作者执业资格考试考核,全市有775名基层法律服务工作者报名参加考试,其中600人通过考试取得基层法律服务工作者执业资格,另有510人通过考核取得基层法律服务工作者执业资格。考试科目包括:法学基础知识,民事、经济、刑事和行政方面法律知识和基层法律服务制度和实务知识。

2001年,市司法局建立"基层法律服务执业证机构审批小组",健全审批制度,完善了监督机制;结合全市基层法律服务工作者重新执业登记暨年检注册工作,严把准入关,对全市200家基层法律服务所和941名基层法律服务工作者进行年检注册,并按时换发新证;加强行风建设,制定基层法律服务行业行风标准。

2002年,根据司法部有关文件精神和市司法局的工作部署,自1月起,分两个阶段对全市的基层法律服务所实施脱钩改制工作。中心城区(黄浦、杨浦、虹口、闸北、普陀、徐汇、卢湾及浦东新区城区部分)的街道法律服务所和区县司法局直属基层法律服务所为第一阶段实施脱钩改制单位。至6月30日,第一阶段基层法律服务所脱钩改制工作按计划完成。"全国大中城市街道社区法律服务工作座谈会"后,市司法局根据新形势要求,发文停止第二阶段基层法律服务所脱钩改制工作。市司法局还编写《上海市基层法律服务工作手册》及《上海市基层法律服务机构脱钩改制工作手册》,印发《关于发挥基层法律服务所为社区服务职能的通知》,完善指导管理制度。

2005年,根据《行政许可法》及国务院的有关规定,制定了过渡时期全市基层法律服务管理的若干措施,对全市法律服务工作者进行了监督检查。根据市局关于行政许可工作的统一部署,制作关于基层法律服务行政许可的公示材料,并按照新的行政许可流程规定办理基层法律服务工作执业登记。同时,积极贯彻司法部"三个面向"的要求,引导基层法律服务工作者服务社区,尤其是鼓励他们加入专职人民调解员队伍,在调解岗位上发挥他们的专业特长。如松江、浦东、南汇、宝山等区的部分法律服务工作者采用政府购买服务的形式,参与街镇调委会"人民调解工作室"的工作。

2007年,根据《行政许可法》《国务院对确需保留的行政审批项目设定行政许可的决定》《基层法律服务工作者管理办法》,实施基层法律服务工作者执业核准的行政许可。对全市法律服务工作者进行集中检查,并对检查情况进行公告。与市技术监督局有关部门进行协调,解决法律服务所机构代码证年检的难题。贯彻司法部"三个面向"的要求,引导基层法律服务工作者服务社区,尤其是鼓励他们加入专职人民调解员队伍,在调解岗位上发挥他们的专业特长。根据"三个面向"和"两个性"的发展方向,进一步要求基层法律服务工作积极参加社区建设。至2007年,全市已有90%以上基层法律服务所均指派人员参加司法信访综合服务窗口值班,成为窗口工作的重要力量。

2009年,市司法局制定《关于申请基层法律服务工作者执业等事项审批的规定》,规范基层法律服务工作者执业核准的审批事项、审批依据、审批条件、申请材料、办理部门、监督途径、审批职责、审批期限、工作流程等。

2010年,市司法局对全市基层法律服务工作者执业情况进行监督检查。

三、基层法律服务指导管理体制改革

1992年后,市、县司法局积极探索改革新举措,推动基层法律服务适应新形势。乡镇法律服务所实施改革步骤:(1)不断深化财务、分配和人事等内部改革,实行自收自支、自负盈亏、自我约束、自我发展的“四自”机制。至1994年，124个乡所实行“四自”，占总数的57.9%。其中，青浦、金山两县的乡所100%实行自收自支。分配制度实行以岗位目标考核为核心、以工效挂钩为特征的改革，择优聘用人才。(2) 理顺司法助理员与乡镇所的关系，实行司法助理员与乡镇所主任分离。至1994年，已有41个乡镇所实行分离，占总数的19.2%。奉贤县21个乡镇中有14个乡镇所司法助理员与乡镇所主任分离，占66.7%。(3) 建立乡镇律师事务所，把乡镇法律服务提到一个新的层次。1994年，有5个乡镇在乡镇所基础上组成律师事务所。

1996年，《律师法》颁布，对乡镇法律服务所工作提出更高的要求。已经建立的街道法律服务所，逐渐纳入基层司法行政工作“法制宣传、人民调解、法律服务”集一体的职能中。继续在有条件的乡镇建立律师事务所，以取代乡镇法律服务所。对仅有1名律师，既无法单独建所又不能联合建所的乡镇法律服务所，转为县律师事务所的分支机构，办理诉讼案件由律师出面，其他人员作为律师的助手对外工作。保留部分既没有律师，又不可缺少的乡镇法律服务所，只为顾问单位办理非诉讼事务，并依法以公民身份代理诉讼，除规定收取顾问费外，办理诉讼案件不再收费。

上海的基层法律服务所基本上由街道、镇政府组建，是维护社区稳定的重要力量。法律服务所的办公用房一般由街道、镇政府无偿提供，甚至有的所水电等办公费用也由街道、镇政府承担。经济上不能自收自支的法律服务所工作人员工资也是由街道、镇政府进行差额补贴。1994年，金山县(现金山区)为基层法律服务工作者解决大集体事业编制，之后在市司法局和区(县)司法局的努力下，奉贤、青浦、浦东、松江等区(县)先后解决大集体事业编制。其中，南汇等区(县)，在解决编制的同时，还将一批非基层法律服务工作者归入法律服务所，并由区(县)人事局刻制印章。这种做法虽然在2001年重新审核注册时导致少数不符条件、不能注册的法律服务所无法摘牌，但也表明街道、镇政府对基层法律服务的大力支持。

2000年，根据国务院办公厅转发国务院清理整顿经济鉴证类社会中介机构领导小组《关于经济鉴证类社会中介机构与政府部门实行脱钩改制意见的通知》和《关于进一步明确经济鉴证类社会中介机构清理整顿范围的通知》，基层法律服务所被纳入社会中介机构，属于脱钩改制对象，即有必要与街道、乡镇政府脱钩。

2001年8月，金山区作为试点，启动法律服务机构脱钩改制工作，采取“先脱钩，后改制”的做法，公务员编制人员全部退出法律服务所。2001年12月17日，根据司法部《关于印发基层法律服务机构脱钩改制实施意见》的精神，市司法局制定《上海市基层法律服务机构脱钩改制实施办法》，并成立市司法局基层法律服务机构脱钩改制领导小组，启动全市基层法律服务所脱钩改制第一阶段工作。上海开始实施先在中心城区脱钩改制，待时机成熟再全面推向乡镇的体制改革方案。中心城区(含杨浦、虹口、闸北、普陀、黄浦、卢湾、长宁、徐汇8区及浦东新区的街道部分)以及由区(县)司法行政部门组建的基层法律服务所为第一阶段脱钩改制单位。这一方案符合2001年司法科(所)建设的分布状态，也和“控制街道所，发展乡镇所”的思路一致。基层法律服务机构应按照国务院和司法部的要求，在人员、财务、业务、名称4个方面与街道、乡镇政府和有关区(县)司法行政部门脱钩。第一阶段脱钩改制工作完成后，各区(县)司法局及时总结经验，积极推进全市基层法律服务所的脱钩改制工作，2003年内全部完成。

脱钩改制后基层法律服务所的执业组织形式为合伙制，实行自主执业、自收自支、自我管理、自我发展的自律性运行机制。脱钩改制后基层法律服务所具备下列条件：有规范的名称、合伙协议和章程；3名以上的合伙人(具有2年以上执业经历的基层法律服务工作者方可为合伙人)；5万元以上的开办资金和40平方米(建筑面积)以上的办公用房。

自2008年始，由于近郊大多数区县事业单位性质的基层法律服务所被所在乡镇政府撤销，截至2010年底，上海市共有基层法律服务所共计84家，执业人员598人。执业基层法律服务所中有街道所71家(其中50家为合伙所)，乡镇所13家。

第二节　机构队伍

一、基层法律服务所数量和类型

1984年9月，市司法局在川沙县洋泾乡及普陀区朱家湾街道开展法律服务机构试点工作。1985年1月4日，川沙县洋泾乡法律服务站成立。同年3月，全市成立乡镇法律服务所29个，其中南汇县24个，川沙县2个，上海、青浦、嘉定县各1个。郊县共建乡镇法律服务机构87个，占全市乡镇数的37%。南汇、川沙两县乡镇全部建立法律服务机构。

1987年12月，根据司法部规定，全市乡镇法律服务机构统一定名为“××乡(镇)法律服务所”，工作人员称为“乡镇法律工作者”。1987年，全市成立乡镇法律服务所212个，占全市乡镇总数的91%。南汇、川沙、上海、奉贤、金山县各乡镇均组建法律服务所。

1989年，市郊各县共建乡镇法律服务所227个，基本上完成法律服务所的组建工作，形成完整的乡镇法律服务网络。

1990年7月2日，市人民政府发布《上海市乡镇法律服务所工作暂行规定》，以行政规章形式规定了乡镇法律服务所的性质、任务及其隶属关系，确定了法律服务所的法律地位。这是上海市关于乡镇法律服务所的第一个行政规章，是指导乡镇法律服务工作的主要依据。

1991年，市司法局组织全市乡镇法律服务所法律工作者重新考核、注册、换证。乡所人员取得律师资格的以特约律师身份从事律师业务。由于部分乡镇合并，1991年底，全市有乡镇所225个。

1993年开始，市区部分街道逐步成立法律服务机构。到1995年，市区成立街道法律服务所58个；全市共有乡镇法律服务所217个，3个乡镇法律服务所转建律师事务所。

1998年7月3日，市司法局首次在《上海法制报》发布公告，全市274家基层法律服务所通过1998年度年检、注册。

1999年7月，金山卫城区法律服务中心正式成立，成为全市首家打破行政区划组建的基层法律服务机构。

进入21世纪，随着律师业务的拓展，基层法律服务所资质审核标准的提高，以及基层法律服务所脱钩改制的进程，基层法律服务所的数量呈现下降趋势。

2000年4月25日，法律服务业务发展相对滞后的兴塔镇、朱泾镇、朱泾乡3个法律服务所进行优化组合，撤三建一，成立跨区域的朱泾地区法律服务中心。至年底，全市共有基层法律服务所257家，其中街道所69家、乡镇所188家。

2001年，依照《基层法律服务所管理办法》重新登记注册后，至10月，全市共有法律服务所200个，其中乡镇所135个，街道所65个。与街道、镇的建制数相比较，街道建所率为67%，镇的建所率为88%。经济上自收自支的有122个，占总数的61%；体制上与司法科(所)分离的有114个，占总数的57%。

2002年，根据司法部关于基层法律服务所脱钩改制工作的部署，按照《上海市基层法律服务机构脱钩改制实施办法》要求，市司法局对列入第一阶段实施脱钩改制工作的69个基层法律服务所进行改制。至6月30日,中心城区65家基层法律服务所中被注销18家,改制为合伙所47家。至年底,全市基层法律服务所163家,其中合伙制基层法律服务所58家。

2004年,全市19个区(县)共有144家基层法律服务所,其中,合伙制所41家,街道所16家,乡镇所87家。2009年,全市有基层法律服务所94家。至2010年,全市有基层法律服务所84家,其中合伙所50家。

二、基层法律服务工作者的规模和结构

1985年初,上海市乡镇法律服务工作人员不到10人,1986年已有388人。乡镇所人员基本上有离休、退休的政法干部和教师、乡镇企业干部以及经过锻炼的农村青年。1987年,从事乡镇法律服务工作人员721人。1988年为807人,其中司法助理员230人,调配干部64人,聘用专职干部272人,聘用兼职干部241人。

在乡镇法律服务所发展过程中,人事制度不断健全。根据司法部《关于乡镇法律服务所的暂行规定》,凡进入乡镇法律服务所的人员,都需经过地方政府和县司法局共同考核,逐个批准。1989年全市乡镇法律服务工作人员增至848人。新进人员年龄大都在40岁以下,文化程度在高中以上。

1990—1992年,全市乡镇法律服务工作进入巩固和提高阶段。青浦县政府发文,明确乡镇法律服务所为县属大集体事业单位,工作人员分批列入编制,实行合同制,退休费统筹,享受机关事业单位工资福利待遇,经费实行自收自支,户口不动。其他郊县纷纷仿效青浦县的做法。

1990年10月,根据《上海市乡镇法律服务所工作暂行规定》,市司法局在整顿乡镇法律服务所过程中,对乡镇法律服务工作者进行考核:(1)能自觉遵守《乡镇法律服务所人员守则》,有良好的职业道德。(2)经过脱产2～3个月的法律专业培训,有一定的法律基础理论知识。(3)能积极开展乡镇所各项业务,并达到规定的工作量。全年,全市乡镇法律服务工作人员884人,其中司法助理员230人、调配干部70人、聘用专职人员387人、聘用兼职人员197人;取得乡镇法律工作者资格639人,取得律师资格4人。

1991年1月,市司法局对乡镇法律工作人员进行业务知识考核,考试及格率95%。同年底,全市887名乡镇法律服务工作人员中,有650名经过考核、考试合格,准予注册,领到司法部统一印发的《乡镇法律工作者证》。1992年,全市有乡镇法律服务工作人员843人。人员结构有较大变化,司法助理员222人,调配干部由1990年的70人增加到246人;聘用专职人员348人,略有下降;聘用兼职人员由1990年的197人下降到27人。取得律师资格的由4人增加到30人。

1993年,全市乡镇所人员实行全员合同制。乡镇所工作人员一律由乡镇所主任聘用,并签订合同。实行合同制后,打破了身份、所有制性质区别和城乡界限,择优聘任。

由于部分乡镇合并以及有些乡镇所升格为律师事务所,乡镇所人员数有所减少。1995年,全市乡镇法律工作人员809人,其中具有大专以上学历381人,占总人数的47.1%;高中专258人,占总人数的31.9%。参加法律大中专学习139人,占高中以下人员总数的32.5%,参加大中专专业证书培训102人,此外,参加其他各种形式培训326人。取得乡镇法律工作者资格662人,占总人数的81.8%;取得律师资格130人,占总人数的16.1%。

1998年,首次采取公告制度,将年检、注册合格的基层法律服务所及法律服务工作者刊登在《上海法制报》,向社会公告。全年,基层法律工作者注册人数为859人,其中:本科37人,法律大专

286 人，岗位大专 214 人，高中、中专 325 人。闵行、松江、嘉定、南汇等区（县）司法局都与有关大专院校联合开设国家教委承认的法律大专、本科学历班。

2000 年 12 月 24 日，举行首次全国基层法律服务工作者执业资格考试考核，全市有 775 名基层法律服务工作者报名参加考试，其中 600 人通过考试取得基层法律服务工作者执业资格，另有 510 人通过考核取得基层法律服务工作者执业资格。至年底，全市共有基层法律服务工作者 1 084 人，是当年注册基层法律服务工作者数量最多的一年。

2001 年，依照《基层法律服务工作者管理办法》重新登记注册后，至 2001 年 10 月，全市共有基层法律服务工作者 941 人。其中有公务员编制的 197 人（含已退休的 34 人），占总数的 21%；有司法行政编制的 81 人（含已退休的 1 人），占总数的 9%；大集团事业编制的 290 人，占总数的 31%；小集体事业编制的 178 人，占总数的 19%；农民或无编制的 49 人，占总数的 5%。

随着律师业务的拓展和基层法律服务所脱钩改制的进程，基层法律服务工作者的数量开始逐步下降。2004 年，当年注册的基层法律服务工作者有 753 人，其中专职的 742 人、兼职的 11 人。2010 年，当年注册的基层法律服务工作者为 340 人。

表 7-2-1　1985—2010 年上海市基层法律服务所和基层法律服务人员情况表

年　份	基层法律服务所（家）	基层法律服务工作者（个）
1985	87	261
1986	120	388
1987	212	721
1988	227	807
1989	227	848
1990	229	884
1991	238	887
1992	232	843
1993	219	810
1994	257	912
1995	217	809
1996	272	1 065
1997	276	1 041
1998	274	1 048
1999	280	1 014
2000	257	1 085
2001	200	941
2002	163	796
2003	156	773
2004	144	753

(续表)

年　份	基层法律服务所(家)	基层法律服务工作者(个)
2005	148	762
2006	145	746
2007	142	739
2008	131	655
2009	94	559
2010	84	340

第三节　业务开展

基层法律服务业务是对律师业务的补充，以便满足基层群众对法律服务的需要。因此，除不能进行刑事诉讼代理之外，基层法律服务业务涵盖了接待法律咨询、代写法律文书、民事诉讼代理、行政诉讼代理、经济诉讼代理、非诉讼代理、担任法律顾问、调解各类纠纷、协办公证见证等一系列领域。

自 1984 年试点工作开展以来，基层法律服务业务在 20 世纪有了长足发展。进入 21 世纪之后，随着上海城市化建设的推进，以及律师行业的繁荣发展，基层法律服务业务在数量上逐渐减少，但依然是上海依法治市不可或缺的一部分。

一、接待法律咨询、代写法律文书

1985—1986 年，各乡镇法律服务所建立来访来信接待制度，指定专人对来访来信登记，实行全天接待，做好法律咨询和代写法律文书工作。其间，全市乡镇法律服务所解答法律咨询 17 927 人次，其中生产经营咨询 5 853 件；代写法律文书 1 824 件，其中代写经济合同 1 380 件，标的 2 248 万元。

1987—1989 年，全市各乡镇所解答法律咨询 62 136 人次，其中生产经营咨询 9 037 起；代写法律文书 14 353 件，其中代写经济合同 5 037 件，分别比前两年增长 3.5 倍和 7.8 倍。其间，川沙县各乡镇法律服务咨询数和代写法律文书数为各县之最，接待法律咨询 9 088 人次，其中生产经营咨询 2 444 件；代写法律文书 1 634 件。乡镇所在法律咨询中不仅认真解答法律问题，同时还解答当事人有关技术、市场预测和合同可行性等问题。

1990—1991 年，全市乡镇法律服务所解答法律咨询 30 185 人次，其中生产经营 3 575 起；代写法律文书 11 047 件，其中代写经济合同 1 577 件，标的 4 121 万元。

1992—1994 年，全市乡镇法律服务所解答法律咨询 32 148 人次，其中生产经营咨询 4 742 起；代写法律文书 20 164 件，其中代书经济合同 3 850 件，标的 7 447 万元，比前两年有较大增加。

1995 年，全市乡镇法律服务所解答法律咨询 14 576 人次，其中生产经营咨询 2 248 起；代写法律文书 6 680 件，其中代写经济合同 885 件。

1996—1998 年，全市乡镇法律服务所共代写法律文书 24 408 件。

1999—2000 年，乡镇法律服务所和街道法律服务所开始一并统计，统称基层法律服务所。全市基层法律服务所共接待法律咨询 76 525 人次，代写法律文书 17 108 件。

2001 年起，全市基层法律服务所接待解答法律咨询 41 947 人次，代写法律文书 9 148 件。2002 年，接待解答法律咨询 37 015 人次，代写法律文书 6 006 件。2003 年，接待解答法律咨询 39 976 人次，代写法律文书 4 895 件。2004 年，接待解答法律咨询 44 424 人次，代写法律文书 4 199 件。2005 年，接待解答法律咨询 49 283 人次，代写法律文书 3 603 件。2006 年，接待解答法律咨询 53 593 人次，代写法律文书 3 071 件。2007 年，接待解答法律咨询 52 264 人次。2008 年，接待解答法律咨询 42 812 人次，代写法律文书无统计。2009 年，接待解答法律咨询 35 939 人次，代写法律文书无统计。至 2010 年，全市基层法律服务所接待解答法律咨询 28 044 人次；代写法律文书 916 件。

二、调解纠纷

1985—1987 年，全市乡镇法律服务所参与调解各类民间纠纷 16 756 件。其间，川沙县各乡镇所协助人民调解组织解决复杂疑难纠纷 438 起。1985 年该县洋泾乡法律服务所配合调委干部开展民间纠纷“三下降”（民间纠纷发生率、矛盾激化率、非正常死亡率下降）流动红旗竞赛活动，1986 年开展以防激化为重点的竞赛活动，共排出纠纷苗子 234 起，把纠纷消灭在萌芽状态。宝山县淞南乡法律服务所在参与调处纠纷中做到三及时：及时发现纠纷苗子并将其消灭在萌芽状态；及时赶到现场，防止纠纷扩大和及时反映纠纷信息，汇报处理情况。在调处中做到“三宜”“三忌”“三防”原则，即宜说服、忌训斥、防粗暴，宜疏导、忌处罚、防简单，宜亲近、忌疏远、防对立。

1988—1990 年，全市乡镇法律服务所参与调解各类民间纠纷 26 648 起。

1991—1994 年，全市乡镇法律服务所参与调解各类民间纠纷 22 124 起。各县乡镇所调解纠纷数呈下降趋势。1991 年比上年下降 15.7%，1992 年比上年下降 12.4%，1993 年比上年下降 12.11%，1994 年比上年下降 15.8%。在此期间崇明县各乡镇法律服务所参与调解数量最多，达 4 146 起。

1995 年，全市乡镇法律服务所参与调解各类民间纠纷 3 825 起，比上年下降 22.1%。

1996—1998 年，全市乡镇法律服务所担负非诉讼代理 9 303 件家。

1999—2000 年，乡镇法律服务所和街道法律服务所开始一并统计，统称基层法律服务所。全市基层法律服务所调解纠纷 10 946 件。

2001 年，全市各基层法律服务所共调解纠纷 5 512 件。2002 年，调解纠纷 3 392 件。2003 年，调解纠纷 2 893 件。2004 年，调解纠纷 3 459 件。2005 年，调解纠纷 3 424 件。2006 年，调解纠纷 3 425 件。2007 年，调解纠纷 3 809 件。2008 年，调解纠纷 3 059 件。2009 年，调解纠纷 2 163 件。2010 年，调解纠纷 2 182 件。

三、非诉讼代理

乡镇法律服务所通过非诉讼代理起到调解纠纷、安民息讼作用。1987 年乡镇所开始办理非诉讼代理业务，至 1989 年，共担任非诉讼代理 11 319 件，其中经济非诉讼代理 4 779 件。

1990—1994 年，全市乡镇法律服务所担负非诉讼代理 16 843 件，其中经济非诉讼代理 7 560 件。

1995 年,全市乡镇法律服务所担负非诉讼代理 3 481 件,比上年下降 18%,经济纠纷非诉讼代理 2 174 件,比上年下降 8.9%。

1996—1998 年,全市乡镇法律服务所担负非诉讼代理 9 303 件。

1999—2000 年,乡镇法律服务所和街道法律服务所开始一并统计,统称基层法律服务所。全市基层法律服务所代理非诉讼案件 6 903 件。之后,代理非诉讼案件数量逐年下降。

2001 年,全市基层法律服务所共代理非诉讼案件 2 760 件。2002 年,代理非诉讼案件 2 240 件。2003 年,代理非诉讼案件 1 962 件。2004 年,代理非诉讼案件 1 822 件。2005 年,代理非诉讼案件 1 745 件。2006 年,代理非诉讼案件 1 382 件。2007 年,代理非诉讼案件 1 365 件。2008 年,代理非诉讼案件 1 151 件。2009 年,代理非诉讼案件 750 件。2010 年,代理非诉讼案件 574 件。

四、诉讼代理

上海乡镇法律服务所在各县律师事务所的支持和帮助下,1986 年开始民事、经济、行政诉讼代理业务。在代理经济纠纷诉讼中,主要做法是:掌握法律知识,熟悉企业业务;充分收集证据,认真做好诉前准备;发挥集体智慧,保证诉讼代理质量。

1986—1989 年,代理民事诉讼 5 033 件,经济诉讼 3 930 件。

1990—1992 年,全市乡镇法律服务所代理民事诉讼 5 162 件,比前 4 年增加 2.6%;代理经济诉讼 6 859 件,比前 4 年增加 74.5%。各乡镇所参与诉讼代理,缓解了农村企业“打官司难,请律师难”的状况。

1993—1994 年,全市乡镇法律服务所代理民事诉讼 10 881 件,比前 3 年增加 110.8%;代理经济诉讼 8 589 件,比前 3 年增加 25%。之后,代理诉讼案件数量逐年下降。

1995 年,全市乡镇法律服务所代理民事诉讼 3 070 件,代理经济诉讼 4 353 件。

1996—1998 年,全市乡镇法律服务所担负诉讼代理 27 370 件。

1999—2000 年,乡镇法律服务所和街道法律服务所开始一并统计,统称基层法律服务所。全市基层法律服务所共代理民事、行政诉讼案件 25 008 件。

2001 年,全市基层法律服务所共代理诉讼案件 12 038 件。之后,代理诉讼案件数量逐年下降。2002 年,代理诉讼案件 9 492 件。2003 年,代理诉讼案件 10 641 件。2004 年,代理诉讼案件 8 475 件。2005 年,代理诉讼案件 7 418 件。2006 年,代理诉讼案件 6 742 件。2007 年,代理诉讼案件 9 663 件。2008 年,代理诉讼案件 4 888 件。2009 年,代理诉讼案件 3 782 件。2010 年,代理诉讼案件 3 247 件。

五、担任法律顾问

上海乡镇法律服务所在各县律师事务所的合作和指导下,1985 年开始担任企事业单位法律顾问工作。乡镇法律服务所成立初期主要是为乡镇企业排忧解难,追讨拖欠款。

1986 年,全市 131 个乡镇法律服务所担任企业法律顾问 604 家,比上年增加 191 家。

1987—1989 年,市乡镇法律服务所担任企事业法律顾问单位由 1 153 家发展到 3 099 家。乡镇法律服务所在帮助追讨拖欠款同时,注重对企业内部加强经济合同管理,法律服务由讨债型转为指导型。主要做法是:法律顾问参与经济项目谈判,为企事业草拟经济合同;协助企业把好经济合同的审查、修改关；解决纠纷后，有针对性地出具法律顾问建议书，吸取教训，杜绝后患。松江县天马乡法律服务所在担任法律顾问中，指导和帮助企事业加强经济合同管理，举办法律知识培训班；帮助企事业建立合同管理制度，确定合同管理人员；建立顾问联系手册。金山县金卫乡企事业在乡法律服务所帮助下，企事业合同纠纷减少，因合同纠纷引起经济损失减少，不合法、不完备的合同减少。

1990—1994 年，全市乡镇法律服务所担任企事业法律顾问单位从 3 395 家发展到 5 269 家，增加 55.2%。1991 年，全市有 70 多个乡镇法律服务所担任乡镇政府法律顾问，为乡镇政府依法行政、依法决策提供帮助。

1995 年，全市乡镇法律服务所担任法律顾问单位 5 454 家，比上年增加 35%。追讨拖欠款 22 984.52 万元，避免经济损失 17 004.84 万元。

1996—1998 年，全市乡镇法律服务所担任顾问单位 4 585 家，追讨拖欠款 8.5 亿元，避免经济损失 6.5 亿元。

2000 年后，乡镇法律服务所和街道法律服务所统称基层法律服务所。2001 年，全市基层法律服务所担任法律顾问 3 551 家。之后，担任法律顾问数量逐年下降。2002 年，全市基层法律服务所担任法律顾问 2 588 家。2003 年，担任法律顾问 2 361 家。2004 年，担任法律顾问 1 691 家。2005 年，担任法律顾问 1 552 家。2006 年，担任法律顾问 1 278 家。2008 年担任法律顾问 1 025 家。2009 年，担任法律顾问 419 家。2010 年，担任法律顾问 307 家。

六、协办公证与见证

1985 年，乡镇法律服务所接受县公证处委托协办公证业务。当年全市 87 个乡镇法律服务所协办公证 352 件。

1986—1989 年，全市乡镇法律服务所共协办公证 19 594 件，其中经济合同公证 4 112 件，标的 20 447 万元。之后，乡镇法律服务所协办公证业务逐年增长。1987 年比上年增加 337%，1988 年比上年增加 280%，1989 年比上年增加 33.87%。

上海县各乡镇法律服务所协办公证，抓三项措施落实：(1) 配备一名协证员，并规定协办公证的五项工作任务：宣传公证意义和业务范围；接待申请公证；协助对简单证件的调查取证；初步协商修改条文内容；送达公证代理收费。(2) 利用广播，结合普法及各种会议，广泛宣传公证的作用、任务和方法。(3) 与乡镇土地管理部门共同研究，明确规定对转让土地、买卖房屋以及少量使用土地的，均需先办公证，杜绝纠纷隐患。

1990—1994 年，全市乡镇法律服务所共协办公证 90 909 件，其中经济合同公证 2 793 件，标的 14 732 万元。

1993 年 1 月 12 日，市司法局向各县(区)司法局印发《上海市乡镇法律服务所见证业务暂行规定》。《规定》明确，要在积极开展协办公证基础上，根据当事人的要求，可以对上海市乡镇辖区范围内容单一、权责明确、标的额小、履行期短的协议、合同或民事行为办理见证业务。同年 3 月 3 日，市司法局印发《关于乡镇法律服务所做好协办公证工作的通知》，要求全市乡镇法律服务所在开展协办公证义务时，除国家有关规定必须公证的事项外，对诸如农村承包合同业务，必须坚持自愿原则，要坚决纠正在协办公证工作中采取强制或变相强制的做法，切实减轻农民负担。

1995 年，全市乡镇法律服务所协办公证 7 723 件。由于一些乡镇所转为律师事务所，乡镇所协办公证数比上年下降40.9%,其中经济合同公证346起,比上年下降50.4%。

1996—1998年,全市乡镇法律服务所协办公证18 178件。

1999—2000年,乡镇法律服务所和街道法律服务所开始一并统计,统称基层法律服务所。全市基层法律服务所协办公证40 367件。

2001年,全市基层法律服务所协办公证3 226件,见证4 257件。2002年,协办公证3 971件,见证2 289件。2003年,协办公证2 540件,见证29件。之后不再统计见证事项。2004年,协办公证4 545件。2005年,协办公证345件。2006年,协办公证111件。2007年,协办公证139件。2008年,协办公证144件。2009年,协办公证277件。2010年,协办公证352件。

第八篇

法学教育

市司法局恢复建立后，先后建立上海市司法干部学校、上海市司法学校、华东政法学院上海函授站、上海市政法干部自修大学、上海市政法管理干部学院、上海法律专科学校和上海市劳改工作警察学校。开设培训、自学考试助考、成人函授、脱产干修班和全日制大中专学历教育以及专业证书教育。从市司法局恢复到80年代末，上海法学教育恢复并蓬勃发展，特点是司法行政机关承担统管法学教育，原有的法学教育机构恢复，新机构和新形式的发展雨后春笋，在数量上缓解了政法系统法律人才紧缺的情况。

90年代后，上海法学教育结构不断调整，法律职业教育建设不断推进。市司法局开展法学专升本，律师复合型教育，法律职业教育，推动全市的法学教育与法治建设需求相适应。1993年4月，市司法局与上海大学共同商定并报教育行政部门批准，在上海法律高等专科学校、上海大学文学院法律系基础上，组建上海大学法学院。2004年9月，市政府批准在上海市政法管理干部学院、上海大学法学院基础上，组建独立设置的本科院校，即上海政法学院。2008年4月，市司法局决定将直属的上海市司法学校委托上海政法学院管理。通过市司法局的不懈努力，局属院校基本形成从基础教育到研究生教育，从硕士、本科、大中专学历教育到开展岗位培训教育，从全日制普通大中专院校到成人大中专业余教育的多种层次、多种规格、多种形式办学的完整体系。

第一章　法学教育指导管理

市司法局根据形式发展和工作需要，坚持推进教育改革，改进培训机制，创新培训方法，拓展培训渠道，加强宏观指导，逐步形成立足全市，内外并重，利用优质资源，多形式、多渠道培养政法干部和法律人才教育培训格局。通过制定和实施《干部教育工作的八年规划》《上海市司法行政工作"九五"规划纲要》等，夯实素质教育基础，积极探索教育管理和教育形式，把传授知识、培养能力、提高素质作为教育培训总体目标，构建起培养高素质法律人才的新模式。1980 年始，上海市政法管理干部学院、上海法律(高等)专科学校、上海市司法干部学校、上海市司法学校、上海市劳改工作警察学校等法学教育机构相继成立，法律函授、自学考试、业余大学、电视大学等法律专业大、中专班先后开班，各种形式的法律培训班、人才培训班普遍举办，逐步形成全局的法学教育体系。

第一节　教育工作计划

市司法局恢复建立后，积极承担培训在职政法干警、培养法律专业人才的任务，先后建立市司法干部学校、市司法学校和上海政法干部自修大学。

1983 年，市司法局制定《关于教育工作的八年规划》，力争在 1983—1990 年内完成司法队伍的知识化和专业化，要求各级各类司法业务人员普遍达到法律大专层次，并为经济部门培养 4 000—6 000 名法律顾问，措施包括夜大、函授、自考、干修班及举办中专班、大专班(专业证书班)等。

1984—1986 年，市司法局先后建立上海市劳改工作学校、上海市政法管理干部学院、上海法律专科学校等 3 所学校，聚集师资 205 人，在校学生发展到 1 200 人。至 1990 年，毕(结)业学生 1 783 人，专业证书和岗位培训结业 1 521 人，受到用人单位的称赞和欢迎，很多成为政法战线的骨干。

与此同时，市司法局坚持"两条腿走路"的方针，既抓全日制学校教育，又抓面广量大的在岗业余教育，不断建立教育网络。采取多形式、多渠道、多层次的办法，通过建立成人高等法律专业函授站，委托上海大学法学院为郊县定向培训法律人才，司法学校进行中专自学考试，成立培养大专学历的电大辅导站，试行岗位专业证书教育，支持社会力量举办法律顾问培训班，建立中华全国律师函授教育上海辅导站等十几种教育形式。

1983—1990 年，共计为企业单位、经济部门和党政机关各界培训输送法律人才共达 5 000 多人，数量远超 8 年规划制定的目标。全市司法局系统干警的文化专业水平大大提高，其中律师、公证人员大专水平分别由 16%和 50.7%上升到 56.5%和 78.7%；劳改局干警大专水平由 6%上升到 19.2%，大中专水平共达 40.3%。根据教育改革的不断深化和用人单位的需求，通过院校与司法局联合举办岗位培训、短训，还培训了一批财会人员、机关干部等，进一步发挥教育基地的职能作用。

1991 年，市司法局制定《上海市司法行政工作"八五"规划纲要》，提出：实施全员培训，注重提高队伍的整体素质。根据不同岗位的要求，"干什么、学什么，缺什么、补什么"，有计划、分层次对在职干警进行岗位业务培训，逐步建立健全上岗、转岗、晋升培训制度。充分发挥政法院校在全员培训教育中的作用。1993 年，市司法局在上海法律(高等)专科学校和上海大学文学院法律系的基础上，建立上海大学法学院，与上海市政法管理干部学院实行两块牌子、一套班子。1994 年，建立市政法人才培训中心和市涉外法律人才培训中心。“八五”期间,市司法局重点开展以提高质量为目标的法学教育,促进了全市的法学教育与法治建设,培养了一批较高层次的法律专业人才。

1996年5月,市司法局制定《上海市司法行政工作“九五”规划纲要》,提出加强干部的岗位培训和继续教育,分层次开展业务培训。抓紧法学教育工作改革,建设好上海大学法学院。坚持“三个面向”,高起点,高要求,花大力气培养社会急需的法律专业人才,尤其是培养外向型、复合型、应用型的高级法律人才和高级管理人才。

“九五”期间,市司法局采取多种途径,提高在职人员的学历文化层次,鼓励在职人员参加各种层次和形式的学历教育。除了利用和发挥局属教育机构的作用外,还委托上海大学和中央党校函授学院上海分院举办专升本班,委托复旦大学举办研究生班。至1998年9月,全系统大专以上在学人员共达1 705人。广泛开展岗位培训和大学后的继续教育,全面提高司法行政干警和法律服务人员的素质。1996—1998年,共举办各类岗位培训班139期,22 504人次参加了培训。在司法行政系统各单位,普遍建立了培训证书和继续教育证书登记和考核制度。

进入21世纪后,市司法局进一步推进教育资源整合,完善教育网络。2004年9月,经市政府批准,在市政法管理干部学院和上海大学法学院的基础上组建上海政法学院,是独立设置的本科院校。

2001—2005年,按照司法部对干部教育培训规划的要求,市司法局完成基本素质教育,实现司法行政工作人员持证上岗,岗位培训逐步规范、干部学历提升,处级领导干部本科以上学历达标,高层次人才、复合型人才培训进一步加强。至2005年8月,共组织各类培训班2 317期,149 556人次参加培训,人均参加培训18次以上,为司法行政系统各项工作的推进提供了智力支持,科教强警取得了较为明显的效果。五年间,全系统参加各级各类政治理论培训的干警88 267人次,对新任职的领导干部实施任职培训4 999人次。局属各院校以教学质量为重点,在办学体制、办学方向、教改科研、师资队伍建设等方面取得明显进展。

2006年,《上海司法行政工作“十一五”时期发展规划纲要》提出,以创建学习型组织为抓手,加强干警培训基地建设,做好干部教育培训工作。不断优化院校师资结构,提升教学的层次与水平,努力造就高素质的法律专业人才。

2006—2010年,市司法局以建立健全科学、规范的干部教育培训体制机制为目标,全面落实大规模培训干部、大幅度提高干部素质。上海政法学院切实加强内涵建设,有效提高了教学科研水平,培养了大量专业人才。五年间,全系统共培训干部9 500余名,累计开展各级各类培训班6 910期,累计培训10.4万人次。其中,举办政治理论集中培训385期,累计25 600课时,18 400人次。

第二节 人才培养

一、干部业务培训

市司法局恢复建立后,对司法干部的业务培训主要是法律培训。通过开展法律专业短训班、法律培训班、法律岗位专业教育、法律专业成人学历教育的形式,对全系统干部队伍进行培训。

80年代中期至90年代中期,市司法局把提高干部的文化水平作为大事来抓,采取在职、离职学习等多种形式,提高干部的文化水平和素质。

1996年后,市司法局开始实施国家公务员制度,对司法行政系统的干部开展以初任和岗位培训为主的业务培训工作。通过轮训班、培训班、边干边学等形式，组织全系统干部学习法律、法规、工作方针、专业技术知识等，不断提高干部的业务素质和工作能力。

二、社会法律培训

1983 年，市司法局为适应企事业法律顾问工作需要，会同市企业管理协会、市经委、民盟市委、市工商联合会、市物资局、普陀区政协、南汇县司法科等单位，举办企事业单位法律顾问培训班，招收学员 513 人。1985 年，市司法局制定《上海市举办法律人才培训班的管理办法》，经市政府批准执行。该《办法》规定：凡举办法律顾问培训班，需经市司法局审批，已办的班也应补办审批和登记手续。学员条件：以上海企事业单位在职干部为对象，具有大专以上学历或取得经济师、助理会计师、助理工程师以上职称，年龄 50 岁以下，有 2 年以上工龄，由单位同意，经办单位审批录取。学制 1 年，业余学习为主，脱产实习 3 个月。学习期满，考试成绩合格，通过实习，由办班单位发给结业证书。课程有民法、民事诉讼法、经济法、国营工业企业法、经济合同法、涉外经济合同法、中外合资经营法、商标法、专利法、税法、经济司法、律师业务、法律文书等 15 门，以及劳动法、保险法、公司法、海商法、环境保护法等 10 门考查课。至 1995 年，共培训 5 600 人。其中，上海工交财贸经济法培训中心办班 20 期，结业 3 638 人；市司法局与上海社会科学院联合办班 8 期，结业 858 人；市司法干部学校办班 6 期，结业 440 人；市政法管理干部学院办班 3 期，结业 217 人等。随着上海法学高等教育的发展，各高校法学专业设置数和招生人数不断增加，专业的法学教育成为主流。

三、岗位专业证书教育和法律专业成人学历教育

【大专层次的证书教育】

1986 年，司法局设置法律岗位专业证书教育，由上海市政法管理干部学院举办属于大专层次的专业证书班。培训对象为劳改管理人员、政法机关各部门管理人员、司法行政与行政管理人员、企事业法律顾问等。

专业证书教育是为特定年龄的人员提供大专层次教育的形式。1986—1988 年，市政法管理干部学院在劳改农场举办一期劳改专业岗位大专班，委托司法干部学校举办一期司法行政专业班，试验和成人大专学历教育并轨。招收对象：具有高中文化水平的劳改、司法行政在职干部。全脱产学习 1 年。劳改专业考试课目有：劳改劳教总论、改造教育学、劳改劳教文书等。司法行政专业考试课目有：民法、民事诉讼法、经济合同法。两期获得证书的学员共 90 人。但随着社会上专业证书教育出现过滥情况，当时上海有 24 个办学机构举办法律专业证书教育，市司法局逐步放弃了这种形式。

【函授形式的法律学历教育】

1981 年，市司法局成立华东政法学院上海函授站（助学机构），办事机构设在市司法局宣教处。专科学制 3 年，主要为司法系统培养大学专科法律人才。开始招收 3 个班，在校生 250 多人。凡具有高中毕业或高中毕业同等学力者都可报考。当时招生对象主要限于在职政法干部。1985 年扩大招生范围，企事业单位、人民团体的工作人员均可报考。学习 14 门课程。成绩合格发大专毕业证书，国家承认其学历。学习以业余自学为主，辅以必要的面授辅导。1981—1995 年，经上海函授

站辅导的法律专业大专函授毕业生有935人。

1988年,司法部通知试办专科起点的法律专业本科函授班,规定招收政法部门在职人员。1989年,华东政法学院上海函授站,对54名法律专业本科函授生予以辅导。1992年,司法部发出扩大招收本科函授生范围的通知。上海招收法律专业本科函授生241人。必修课内容有:中国革命史、中国法律思想史、外国法制史、国际经济法、立法学、证据学、英语及专业英语等。选修课4门~6门。还开设法理、宪法、刑法、民法、行政法等专题讲座。学制3年,修完全部课程,经考试、考核合格,准予毕业。凡申请学位的毕业生,要参加地方组织的学位外语统一考试。1989—1995年,经上海函授站辅导的法律专业本科函授毕业生共228人。

90年代中期以后,随着政法院校迅速发展,市司法局行政职能变化,上海函授站移交给司法学校管理,直到司法学校委托上海政法学院管理时结束此项工作。

【自学考试助考培养专科、本科及中专学历人才】

1982年,上海开办法律大专自学考试,华东政法学院为主考学校。同年,为加强上海司法干部参加法律专业自学考试,区(县)司法科成立法律专业自学考试辅导学习小组。11月,上海首次进行法律专业自学考试。370名司法人员报考,有55%取得一门以上单科合格证书。1983年6月,上海市政法干部自修大学(自学考试助学机构)成立。自修大学统一管理在职政法干部参加高等法律专业自学考试,协调各方面关系,组织学员面授辅导。1988年,中华全国律师函授中心大专部上海辅导总站成立。招生对象为具有高中文化程度的政法系统工作人员和其他人员。该法律专业,学制3年半,7个学期。设法律专业课14门,每学期考2门。学期考试由全国高等自学考试指导委员会统一命题。上海市自学考试委员会组织考试,考得一门合格者,发给一门单科合格证书,考完全部课程,成绩合格,发给法律大专毕业证书,国家承认其学历。1990年,黄浦、奉贤、松江、南汇、崇明、宝山等区(县)及上海石油化工总厂地区成立分站,学员1 178人。总站连续3年被司法部评为全国先进辅导站,获一等奖。1995年,增设律师专业,学制2年半,开律师专业课15门,每学期考3门课。同年经上海辅导总站辅导并通过自学考试取得大专学历证书的学员110人。

1982年,上海大多数司法干警不具备高中毕业学历。劳改系统干警70%为初中文化程度。为此,市司法局决定举办法律中专自学考试。市司法学校在卢湾区成立法律中专自学考试试点。1984年,市司法学校承担上海市法律中专自学考试任务。参加自学考试的主要是上海市司法系统具有初中毕业以上文化水平的工作人员。开考第一年报考3 000多人,其中劳改局农场近1 000人。法律中专自学考试,开设11门必修,6门选修课,每年举行两次考试,发给单科合格证,各门成绩合格,由市司法学校发给法律中专毕业证书。1990年,市劳改专业中专自学考试,纳入法律专业自学考试范围,侧重学习劳改法总论和狱政管理、犯罪心理学、改造教育学、劳改经济管理学等,市司法学校统发毕业证书。至1995年,取得法律中专自学考试毕业证书的学员共1 384人。

90年代中期以后,政法干警参加自学考试人数大减。

【电视大学法律专业班】

1984年,司法部、最高人民法院、最高人民检察院联合下达关于认真组织司法干部参加"电大"法律专业学习有关问题的通知,要求各地司法行政部门牵头成立相应机构。1986年初,市司法局批准静安区司法局成立"电大"助学机构上海电视大学政法系统辅导站,办公地点在北京西路1 440号。招生对象:法院、检察院、司法行政机关在职干部。学制3年,基本业余学习,进行面授辅导。

辅导站负责学籍管理工作。聘请专职教师 3 人，兼职教师 14 人。设置专业课 20 门，有刑法、民法等必修课 17 门，选修课 3 门。1997 年，电视大学成为联合国教科文组织关于“远程与开放学习的姊妹大学网络”主持单位。1998 年，学校独立举办开放专科(注册试听生)教育。2010 年，经市政府批准，在上海电视大学的基础上建立上海开放大学。

【由局属院校举办大中专成人学历教育】

法律专业大专班　1985 年，市政法管理干部学院设法律专业专修科，学制 2 年，脱产学习。1992 年设法律专业大专班，学制 3 年，业余学习。课程为基础课 6 门、法律专业课 19 门。另开设公安、检察、审判、公证、律师、经济仲裁等专题讲座。招生对象为上海法院、检察、司法、公安、劳改单位的在职干部。

双专科学历班　市政法管理干部学院为适应社会对复合型法律人才的需要，从 1990 年起，进行第二专科试点工作，招收经济法专业 2 个班，基本业余学习，学制 2 年。1992 年秋，举办涉外经济法专业第二专科学历班，学制 2 年半，采取业余办学形式。招收对象：凡持有国家教委承认的(非涉外经济法专业、法律专业)大专以上毕业证书，在上海政法部门、国家机关、企事业或社会其他部门从事或准备从事涉外经济司法和其他经济法制工作的在职人员，同时兼收待业人员。课程有基础英语、经济管理学概论、司法理论学、计算机应用、司法会计、经济法概论、科技法、国际贸易法与技术转让、国际金融法、涉外经济法概论、海事、海商法、涉外法律文书、涉外经济法实务、涉外经济法谈判技巧等 28 门课。凡按学制修完全部课程，经考核合格的学员，颁发涉外经济法专业毕业证书，享受本科生工资待遇。

成人中专学历教育　1986—1987 年，市司法干部学校即市司法学校举办两期司法助理员法律中专岗位学历班。培训对象：司法助理员，区(县)司法行政干部。每期脱产学习一年。开设刑法、民法、经济法等 9 门考试课和公证制度、律师制度两门考查课，举办民事、刑事审判政策、司法助理员讲座，旁听民事、经济案件公开审理。

90 年代后，随着成人法学教育的选择越来越多，市司法局职能进行调整，局属院校进行改革，高等专业法律人才培养成为主流。

四、高层次复合型法律人才培训

【委托培养硕士研究生】

1989 年，市、区(县)司法机关干部大专以上占 63%，律师、公证员大专以上占 70%，劳改干警中专以上占 70%，局处级以上干部大专以上占 83%，但比较突出的问题是紧缺懂法律、懂经济、懂外语的高层次法律人才。1993 年，市司法局委托复旦大学、华东师范大学培养硕士研究生和进修研究生。招收对象：具有大学本科毕业或有同等学力者，专业工作 4 年以上，年龄 40 岁以下，在职律师或其他法律服务人员。硕士研究生学习 3 年，进修研究生学习 2 年。进修研究生 2 年内学完各自专业规定的课程(同硕士生课程)，成绩合格，发给进修研究生结业证书。通过外语统一考试，按国务院在职人员申请硕士学位办法申请学位，硕士研究生学完 2 年规定课程，第三年撰写毕业论文、答辩、考试成绩合格并经审查合格者，发给硕士研究生毕业文凭，授予硕士学位。特别是在全国最早提出并实施让法律本科生就读经济类硕士，在当时条件下以此解决复合型法律人才的培养问题。至 1995 年底，共招生学员 136 人，其中硕士研究生 59 人、进修研究生 77 人。

1993 年,复旦大学法制史专业录取硕士研究生 20 人,进修生 21 人。开设课程有:马克思主义法学原著、英语、外国法律制度、西方政治法律思想史、香港法律制度、比较刑法、国际投资法、国际贸易法、国际金融法和国内公司法等课程。同年,华东师范大学世界经济专业(国际金融和贸易方向)录取硕士研究生 11 人,进修生 32 人,设置马列主义经济理论、专业外语。中级宏观和微观经济学、货币银行学、国际金融和国际贸易研究、世界经济研究、国际证券投资和国际会计学等课。

1994 年,复旦大学增设国际经济法专业,录取硕士研究生 14 人,进修生 12 人。设马克思主义原著选读、专业英语、比较法理论专题、国际法(公法、私法)等课程,有国际经济法、国际金融法、比较与国际知识产权专题,还有国际海法研究、国际诉讼与仲裁、证券法研究等课题。同年,华东师范大学世界经济专业录取硕士研究生 14 人,进修生 12 人。

上海大学法学院成立后,先后与吉林大学法学院联合培养法学刑法学专业硕士研究生,并成功申办法学第二学士学位点。在此基础上,上海大学法学院于 1998 年成功申报法学硕士学位点,并于当年开始招收法学硕士研究生。至 2004 年,上海大学法学院独立培养了 7 届法学硕士研究生,联合培养了 1 届法学硕士研究生。2003 年与法国巴黎第二大学合作,向国务院学位办成功申请中法联合培养法学硕士双学位项目并得以实施。2004 年 9 月,上海政法学院独立设置后,学院继续独立承担了在读的原上海大学法学院 2002 级、2003 级、2004 级研究生的培养任务和联合培养 2005 级研究生任务,直至该 4 届硕士研究生毕业。

图 8-1-1　2002 年 2 月 8 日,市司法局院与上海大学举行共建法学院续签仪式

【复合型、外向型人才培训班】

1994 年,上海市涉外法律人才培训中心成立,旨在培养懂经济、懂法律、同时能熟练掌握法律专业外语的高层次、复合型、外向型法律人才。同年,涉外法律人才培训中心与上海对外经济贸易学院联合举办律师涉外经济贸易高级进修班,培训对象为上海律师、公证员。主要请有关专家、教授讲授涉外经济贸易,共 13 讲,以业余学习为主,学习 7 周,取得培训证书的学员 160 人。

1995 年 8 月,涉外法律人才培训中心举办首期涉外法律进修班,培训对象主要是上海部分律师事务所主任、副主任共 20 人,先在国内培训一个月,然后应美国华盛顿大学法学院邀请,赴美进修法律专业，考察美国律师事务所，9 月结束。同年第三季度，涉外法律人才培训中心与上海对外贸易学院举办英语班，招收学员 29 人，期限 1 年半，主要是学习业务英语，强化听力训练，精读英语托福课程，收听大学英语广播。1996—1998 年的 3 年中，市涉外法律人才培训中心举办金融、房地产经营和土地批租等涉外法律培训；组织 4 期 76 名律师事务所主任、公证处主任和骨干律师赴美国华盛顿大学法学院进行短期研修，每年还选送青年律师赴英国进修或攻读硕士学位。

1996 年 12 月，在上海大学法学院的努力和上海大学、市司法局的领导、支持下，国家教委批准上海大学具有法学第二学士学位的授予权，具体办学任务由上海大学法学院承担，并于 1997 年 3 月开始招生，从而使上海大学跻身于拥有双学位授予权资格的为数不多的上海高校行列。该教育点的设立，是法学院在高起点的基础上培养复合型、外向型、高层次法律人才的一种教改新举措。它与培养研究生方式相辅相成，成为培养高层次专门人才的一种途径。

第二章　上海政法学院

上海政法学院前身为创建于1984年的上海市政法管理干部学院。初创期为成人高等学院建制，从事成人法学教育，培养应用型法律人才的高等学校。学院由市委政法委领导，市司法局主管，教学上受市高教局领导。1985年成立上海法律专科学校；1992年4月，更名为上海法律高等专科学校，与上海市政法管理干部学院实行“两块牌子、一套班子”的制度；1993年4月至2004年9月，上海法律高等专科学校与上海大学文学院法律系合作办学，组建上海大学法学院；2004年9月，经市政府批准，成为独立设置的本科院校，更名为上海政法学院。2008年4月，上海市司法学校由上海政法学院委托管理。

第一节　教育设施

一、校园基础建设

学院基本建设工作主要经历了三个发展阶段。

1984年8月，经市政府批准，上海市政法管理干部学院建立，纳入全市成人高等学校建制序列，基本建设第一批按照600人办学规模进行设计，由市司法局从青东农场划拨212.628亩土地用于校舍建设。1985年第一批基建项目教学楼、学生宿舍、食堂、浴室等校舍按照“当年施工、当年开学”的要求完成建设任务，并于1985年9月投入使用，建筑面积共计14 623平方米。

图8-2-1　1984年12月，上海市政法管理干部学院开工建设

1985 年底，市政府批准，成立上海法律专科学校，实行与上海市政法管理干部学院“两块牌子、一套班子”的管理体制，基本建设按照在校生 2 000 名的规模进行规划和设计。1986 年，第二批基建项目图书馆、学术报告厅、学生宿舍、教工宿舍及住宅、变电所、水泵房等开工建设，并于 1988 年相继完工，总建筑面积达到 29 931 平方米。其中：图书馆被评为市优质工程，馆舍总面积 5 400 平方米，藏书容量为 50 万册，共 550 个座位。图书馆于 1988 年 2 月 7 日举行验收典礼，《新民晚报》同日刊登消息，3 月 5 日正式开放。

图 8－2－2　1986 年 9 月，上海法律专科学校首届、上海市政法管理干部学院第二届开学典礼召开

1988 年，第三批基建项目教学楼及行政用房、多功能活动中心、单身教工宿舍、分变电所等开工建设，并于 1989 年投入使用，校园总建筑面积达到 37 313 平方米。1993 年 4 月，经市政府批准，在原上海法律高等专科学校和上海大学文学院法律系的基础上成立上海大学法学院，与上海市政法管理干部学院实行“两块牌子、一套班子”的建制。自 1994 年开始，学院开始招收全日制本科生，于 1997 年开始招收硕士研究生，并于 1999 年开始扩大招收高职生。至 2000 年，学院在校生规模数达到 4 700 余名。其间，学院通过自筹资金和内部挖潜等多种方式，又陆续建设了教工宿舍、学生公寓、后勤用房等配套用房的建设，至 2002 年校园总建筑面积达到 65 696 平方米。

2001 年，根据当年教育设施和条件以及学院教育发展规划，按照满足 6 000 名在校生的办学规模需求，学院开始筹建上海市政法管理干部学院扩建工程，于 2001 年 12 月获市计委项目建议书批复，2002 年与佘山镇政府签订了征用 205.49 亩土地的协议，并于 2003 年获上海市土地局批准。经上海市发展计划委员会批准，学院于 2003 年 5 月开始进行位于松江校区的上海市政法管理干部学院扩建工程建设任务，并于 2007 年全部投入使用，新建主教楼、信息中心、行政中心、学生宿舍、学生餐厅、水泵房以及一个 400 米跑道标准运动场等配套设施，新增建筑面积 63 564 平方米。其中，主教学楼获得上海市建设工程白玉兰奖。

2004年9月,经市政府批准,上海政法学院成立,按照满足10 000名在校生的办学规模,学院于2005年向上海市发展改革委员会上报了上海政法学院新校区改扩建项目建议书,并于同年获批复,于2006年获上海市发展改革委员会可行性研究报告批复。按照"一次规划、分期实施"的原则,上海政法学院确定了新校区改扩建工程总体规划和设计方案,分五期进行全面建设。2007年经上海市土地局批准征用土地630.76亩。一期项目于2007年开工建设,主要建设内容为图文信息中心、非法学教学楼、教师公寓、学生公寓等,于2009年投入使用,其中,图文信息中心项目获得上海市建设工程白玉兰奖,采用的地源热泵系统获得了十一五期间上海市建筑节能示范项目,采用的3M自助借还书系统是国内第一家。二期项目于2008年开始建设,主要建设内容为学生公寓、综合研究中心、教工活动中心等,于2011年投入使用。三期项目于2009年开始建设,主要建设内容为非法学教学楼、配电房和学生公寓配套活动用房,于2011年投入使用。

二、资产管理

1985年建校之初,后勤工作部门在短期内筹办了一批课堂教学、办公、住宿、餐饮等必须用具,基本上保证了教学工作和师生生活的需要。在克服了初期一度存在的物资管理方面的混乱之后,物资管理工作也逐步走向了正轨。配合电化教育研究室,结合教学大楼的施工对有关电化教育器材设备的安装条件进行设计和指导,同全市电化教育和北京中央电化教育馆建立联系,循着"勤俭节约、讲究实效"的原则开展工作。

1987年底,学院明确行政处总务科为资产管理和物资采购实施部门,具体负责校舍、宿舍、场地的管理和修缮,住房的调整分配,全院办公用具、宿具、教具、部分设备、维修材料、日常杂品、五金交电、化轻等物资的采购、入库验收及保管发放,仓库的内务管理、器材安全管理,定期清仓盘点、调整搬迁、处理,要求做到物资的账、卡、物三符,并做好防火、防盗、防潮工作。

1988年和1993年,总务科先后两次组织力量对全院固定资产进行普查核实。

1991年,总务科进一步加强对学院教具、宿具和办公用品的管理,基本上实现了报损少,账、卡、物一致的目标。基本设备科和房修队,配合104支工程队完成11 000平方米的培训中心和第二教学楼建设,完成日常房屋、设备、水厂、锅炉、教室、理发室、洗衣房共47项38.5万多元的维修、扩建等任务。

2002年,计财处、总务处合署后,学院采取多项积极措施,最大限度地挖掘办学潜力,紧缩办公用房用作教室,将5幢教工宿舍和总务处办公楼改建为学生宿舍。

2006年,计财处(设备处)进一步加强和完善固定资产的账卡管理,清查全院的固定资产。

2008年,设备处采取措施加强固定资产设备的管理,规范全院固定资产的发放、变更、更新、报废及账目登记工作,完成各种教学、新进教师办公、后勤保障方面的设备及固定资产设备验收单及卡片的签认、资产条码标签的粘贴等工作。为学院教学评优、本科学位评估、申硕、高等院校实验室建设、司法系统审计和学院各部门提供相关统计数据12份。做好各系教学实验室的建设,审议系部的规划,现场考察建设方案,并提出合理化建议,完成社工系社会工作实训中心、政治系实训实验室、社会科学系"新闻采编实验室"、经管系电子模拟实验室、法律系知识产权专业实验室及刑司系刑事技术实验室的建设工作。配合总务处做好电梯、锅炉、变配电所、泵房及水厂水库等大型设备的维护保养工作,定期做好安全检查,确保大型设备安全运行;完成老浴室的设备改造,新增热水锅炉(供学生开水用)等工作;完成设备处库房搬迁;协助保卫处完成安保监测系统建设;配合图书馆完成电子阅览室管理系统的安装及图书目录查询检索系统设备更新。

2009年，配合计财处进行国有资产清查，清理资产账面，将固定资产报废、报损等在与相关部门核对后，报送到上级主管单位。完成对全院设备的资料建档和计算机管理工作，完成全院设备的贴标工作，健全设备的网络化管理，建立起完整的学院设备资产数据库；以现代教育技术中心和总务处为试点单位，进行固定资产清点工作。

2010年，协助完成新图书馆重点建设项目，包括新图书馆的网络综合布线系统、基于RFID的智能图书馆信息系统、多媒体信息发布系统、电子阅览室、普通书架和密集书架；与计财处共同完成固定资产的报废和清理工作。

三、图书馆建设

1985年3月，学院委派教师开始筹建图书馆，并陆续采购图书、派人学习图书馆业务。图书馆筹建组与学院筹备组同设在上海市裕德路45弄2号三楼。同年6月，图书馆迁入校园内（现为上海市委党校第二分校）临时用房。8月，图书馆迁入新建的第一教学大楼，使用面积为900平方米，开辟了校刊阅览室和流通书库，并设立采编组，实行分工负责。同年9月，首批学员188人进校开学，图书馆同时开馆，并对师生实行全开架借阅服务。年内采购中文图书12 368册。

1986年9月起，图书馆确立了院校合用一个图书馆的服务体制，全院学生与在编教工持证读者达793人，馆内藏书达73 762册，校刊300种。12月，经市计划委员会批准，图书馆单体建筑列入正式在建项目，着手筹建工作。

1987年，馆内藏书达94 666册，报刊500种。

1988年1月，图书馆大楼竣工。建筑面积5 400平方米，可容藏书50万册。2月7日，举行图书馆验收典礼。图书馆大楼被评为市优质工程。3月15日图书馆正式开放。5月，图书馆由学院教务处管理的体制改为编制独立、直属主管教学副院长领导的管理体制。9月，开始着手修订“图书馆业务规范和规章制度”，并汇编成册，历时近一年告成。

1990年7月，图书馆编辑完成《馆藏法学书目》（1985—1990年3月），收编法学著作3 000余种。自1990年起，图书馆逐渐使用电脑操作和管理，开始向使用现代化手段进行管理过渡。

1997年，图书馆基本完成由传统图书馆向现代化图书馆的重要转变。学院图书馆采集以法学专业为主的文献资料，进行科学的加工整理和管理，为学院的教学、科研提供文献情报保障，培养师生的情报意识和利用文献情报的技能，参与学院学术研究和交流活动，开展馆际交流，实行资源共享。

2001年，图书馆加入上海市文献联合编目中心。2003年，上海市政法管理干部学院图书馆工作委员会成立，成员由分管图书馆工作的副院长、图书馆馆长、各系、部及有关职能部门副职组成，成员构成实行席位制。

2009—2010学年初，图书馆完成对内部管理机构和岗位进行调整的总体方案，并对岗位职责作了新的修订。2010年，图书馆新馆建成并完成整体搬迁。新馆馆舍坐落于河东校区中心位置，紧邻河东学生宿舍区和学生食堂。图书馆采取分类、逐步闭馆的方式，开展加工搬迁工作，并对馆藏的近30万册常规流通图书和3万册阅览图书进行相应的加工整理，以适应新的借阅条件。

四、信息化建设

学院于2001年10月筹备成立信息中心,2006年7月信息中心更名为网络中心,2007年7月组建现代教育技术中心。

【校园网络建设】

2002年,学院完成总价为131万元的校园网络项目建设。2003年,实现与市司法局以及上海大学的网络互联,推进多媒体教学和网络管理。2004年,学院实现校园网络的优质稳定运行,构建完善的数字化校园网络。完成了分配固定各部门工作电脑的IP参数,实现校园网络系统的扩容和教科网的接入。2005年,实施了校园网的扩容及改造工程,校园网的区域由河西扩展到了河东,校园网的拓扑结构由单纯的星型结构改造为具有核心环的冗余结构,在核心环路中,采用高性能的网络交换设备(Extreme)。完成了校园网与教科网的连接,学院校园具有教科网和电信网的双出口。

2007年,学院在进一步强化校园网络功能的基础上,逐步实现校园网络信息的稳定运行,免费在学生公寓安装了201校园电话,对电话线路、网线重新布线,并更换了电话机,为师生通信及上网提供了便利条件。2008年,完成了校园网络核心机房的建设工作,完成校园网整网安全改造工作,实现网络接入安全认证。校园网络的电信出口带宽从10M增加到70M,机房面积增加到原来的两倍,机柜和UPS容量增加一倍,实现了动力设备的备用供电及主备供电自动切换,增加了机房温湿度的精密控制,并且对机房进行了合理的功能区域划分。同时,增加了大量软硬件对校园网进行监测和管理,提升网络的性能:增加了网络存储系统,增加链路负载均衡设备,增加带宽理和流量控制功能,升级防火墙系统(包括增加VPN模块,增加入侵防御系统和网络安全分析系统,增加KVM网络设备远程管理系统以及网络测试设备)。2009年,新增开通60M电信出口带宽,并且实现了校园网的青浦松江两路电信出口冗余;更换校园网两台核心交换设备,重新规划校园网拓扑结构,实现核心交换的热备;重新整理分配IP地址资源,重新划分子网,实现一卡通、多媒体教室、机房等关键应用网络的隔离,同时部署了网络流量控制设备。完成新图书馆、教师公寓、非法学楼群A1—A5的校园网接入,增加网络信息点近1 100个,保证图书馆、经济管理系等7个系的顺利搬迁。

【数字校园平台建设】

2004年,完成学院校园网主页改版工作。2005年,完成学院电子邮件系统的建设,引进亿邮邮件系统,为学院教职工提供工作信箱。配合教务处实施教务管理系统的建设,完成了教务管理系统硬件的采购。开始实施校园一卡通和统一身份认证系统,在校园内借助校园一卡通,凡有使用现金、票证或需要识别身份的场合均采用一张卡来完成。一卡通将拥有身份认证、校园消费、门禁、考勤、图书借阅等多种功能,并提供人事、学籍管理系统接口,该方案进入论证阶段。2008年,完成了数字化校园建设项目的招标工作,人事信息系统、学生工作信息系统、科研信息系统和办公自动化系统等进入实施阶段。完成了人事、学工和科研系统的开发工作和有关职能部门的人员培训。完成了校园一卡通系统升级工作。2009年,数字化校园平台搭建完成,确立了统一的信息标准,完成了单点登录、统一身份认证,实现了面向用户的一站式综合网络信息服务的学院信息门户。完成了学院网站的改版,结合信息门户实现了信息内容内外网有别,个人信息定制整合。建立了上海政法学院"课程中心",用户数1万,已有104门课程上网。

第二节　教职工管理

一、教职工规模与结构

1984年12月,市编制委员会批复,上海市政法管理干部学院编制暂定为100人。

1990年初,由部门根据岗位、任务确定编制数。在定编的基础上实行定员,同时核定经费,逐步实现管理工作的规范化、科学化。

1994年3月,学院向市司法局申请增加编制,由原核定的400人编制增加至450人。

1997年,根据《市司法局关于上海市政法管理干部学院增加人员编制的通知》,同意上海市政法管理干部学院增加人员编制30人,连同原定392人,共422人,所增编制用于上海市政法党校。

2005年,根据《上海市机构编制委员会关于同意调整上海政法学院人员编制的通知》,上海政法学院人员编制由422人调整为730人(其中30人用于上海市政法党校)。所增编制从司法行政系统事业编制数中划转。

从学院建校初至2010年,教职工总人数保持了稳中有增的状态。建校初1985—1986学年,有124人;1989—2004年基本保持300~400人规模,2004—2007年教职工总人数为400~500人。从2007年开始,教职工总人数以每年递增的形式达到500人以上的水平。

表8-2-1　1985—2010年上海政法学院教职工人数情况表

学　　年	总人数(人)	教师(人)	教辅(人)	行政(人)	工勤(人)
1985—1986学年	124	64	1	37	22
1986—1987学年	219	96	23	52	48
1987—1988学年	—				
1988—1989学年	—				
1989—1990学年	373	131	24	98	87
1990—1991学年	368	131	35	87	68
1991—1992学年	289	86	16	64	60
1992—1993学年	382	125	21	74	81
1993—1994学年	398	112	24	83	73
1994—1995学年	395	110	42	123	47
1995—1996学年	395	121	30	90	120
1996—1997学年	405	131	30	90	120
1997—1998学年	393	120	29	101	110
1998—1999学年	386	128	26	119	113
1999—2000学年	352	119	13	120	100
2000—2001学年	337	108	17	110	101

(续表)

学　　年	总人数(人)	教师(人)	教辅(人)	行政(人)	工勤(人)
2001—2002 学年	320	94	17	110	98
2002—2003 学年	336	128	12	103	93
2003—2004 学年	362	155	53	83	57
2004—2005 学年	400	233	45	56	53
2005—2006 学年	487	286	71	20	47
2006—2007 学年	483	282	73	70	47
2007—2008 学年	509	310	45	86	56
2008—2009 学年	538	333	45	92	56
2009—2010 学年	563	374	36	104	45
2010—2011 学年	563	381	24	109	46

二、引进与招聘

建校初始，市司法局在市司法学校调集专职教师，从全市有关院校、实际工作部门调集工作人员，并从法学界中聘请教授、专家为兼职教师，组成了学院基本的教职工队伍。至 1985 年 6 月，调集了各科专业教师及教学辅助人员、行政人员共 187 人，筹备开学事宜。这些从上海市有关院校、实际工作部门及法学界调入的教师队伍中，有审判、检察、司法行政等部门的审判员、检察员、律师等专业人员。但从教学系列来看，具有相应教学职称的教学人员比较少。从列入教师编制的教学人员来计算，1985 年在编教学人员中具有副教授职称的 1 人，讲师 14 人，助教 1 人(具有政法部门高、中级职称的不计入)。

1984 年，学院向司法局请示将《招聘启事》送报社刊登。此后数年间，学院的教工队伍通过以下三种方式不断充实师资队伍：一是继续从上海市有关院校、实际工作部门及法学界等调入法学专业人才；二是以公开招聘的方式招聘上海市和外地的师资；三是接收计划分配来校的应届大学毕业生。

1987 年，学院成立职称改革工作领导小组，李庸夫任组长，黄顺才、薛明仁任副组长，成员有曹昌祯、陈燕卿、沈沉、桂晓民、康忠堂。下设办公室，桂晓民任办公室主任。通过职称评审，自主评聘 1 名教授、7 名副教授、36 名讲师。

1995 年，制订上海大学法学院、上海市政法管理干部学院《关于引进人才的管理办法》，规范引进人才工作程序，制订人才引进目标。

1997 年，学院以加强学科建设和充实紧缺师资为中心，加快优化师资队伍结构，通过“内培外引”的方式，继续实施“50 人工程”。学院采取“上北京、下西南、赴武汉、去吉林”的引进策略，引进较高层次的人才。

1998 年，学院制订《关于引进人才和选留人员的暂行管理办法》，废止原有的《关于引进人才的管理办法》。以加强学科建设和充实紧缺师资为中心，通过“内培外引”的方式，努力优化师资队伍结构。

1999 年 2 月 13 日，学院聘请市一中院一批资深法官为兼职教授，市一中院近 50 名法官受聘。

2001 年，学院首次向社会公开招聘高层次教师，引进教授 2 名（其中具有博士学历的 1 名）、副教授 3 名、硕士研究生 3 名。

2003 年，在加大人才引进力度的同时，学院颁布并实施《新任教师试用期管理及考核暂行办法（试行）》《助教试用期管理及考核执行办法》《在职教师攻读博士学位的暂行办法》等一系列管理和培养措施，促进青年教师提高职业素养。

2006 年，根据学院发展、学科建设的需要，加大了人才引进力度，贯彻实施“百人计划”，提高师资队伍整体素质。人事处先后在《光明日报》和校园网、教育网上发布了招聘启事，组织了 4 轮大规模招聘面试。至 2010 年，年度组织大规模招聘面试四至五轮。

三、教职工培养

学院创办初期，通过如下方式进行师资培养：（1）选送教师参加主教科目进修班。（2）选送教师参加业务课程单科进修班。（3）选送教师参加教育有关理论培训。（4）选送教师参加青年师范培训。（5）举办校内计算机、英语、俄语等培训，提高教师整体教学水平。（6）包括“以老带新”培养青年教师在内的其他多种类型的师资培养工作。

至 1992 年，学院教师进修人数达 54 人，其中参加主教科目进修班有 5 人，参加单科业务进修班培训的有 16 人，参加教育理论培训的有 14 人，各类校内培训参加人数有 19 人。具体进修形式绝大部分是面授，并且除教育理论、校内外培训外，基本都是全脱产。全院进修合计 14 170 学时。选派教师前往进修人数最多的单位是西南政法学院、上海高师中心，其他还有司法部、华东政法学院、华东师范大学、吉林大学、南开大学等。

选派教师进修一般依据学科建设需要、教学任务及行政管理需要。校内培训依教师自愿原则进行。包括“以老带新”在内的师资队伍培育工作，则属于教师与教学管理的常规工作。教师进修完成后，一般回原岗位工作。

1999 年 2 月 13 日，学院聘请司法部门专家为客座教授，促进法学理论与司法实践的进一步结合，促使教学改革的深化和教学质量的提高。

2001 年起，学院积极鼓励、规范、支持中青年教师专业进修。

2006 年起，学院每年秋季学期开展新进教职工入职培训工作，内容包括校史校情介绍、师德教育、教学科研讲座等系列活动。技能培训采取集中培训与个人自学于一体、理论讲授与现场演示相结合的多样形式，并结合专题讲座、行动学习、录像观摩、交流研讨、拓展活动、网络资源支持等多种学习方式，促进教师主动学习、团队学习，提升师资队伍的综合素养。

四、专业技术职务

1984—2010 年，在专业技术职务评聘工作上历经了三个阶段：第一阶段是 1984—2006 年，偏重法律工作实务，没有正式的职称评审文件，发展主要以培养法律工作实务为主；第二阶段是 2006—2008 年，开始有正式的职称评审文件，即《上海政法学院专业技术职务聘任暂行办法（试行）》，评审条件主要按照市教委主导下的上海市高职高专联合评议中心的相关要求，评审条件相对较低；第三阶段是 2008 年起，根据自身发展定位和特点，开始制定实施高于上级部门职称评审条件的文件,即《上海政法学院专业技术职务聘任暂行办法(试行)》,在评审条件中,对于学术水平及技术能力要求有所提高,明确思政系列高级职称的评审按照上级部门规定的条件评审。

五、在职与离退休教职工管理

【在职教职工考核】

自建校以来,学院相继发布一系列个人考核办法。2005年出台《上海政法学院教学科研人员岗位考核暂行办法》,该办法中明确岗位类别和相应的任务、考核的等次等内容,同时还专门规定在职攻读博士学位的人员考核,在该办法中考核的时段为每学年。2007年,发布了新的教学科研人员岗位考核暂行办法,对原岗位类别和任务进行细化,同时将考核等级从4档变为5档。同年,发布《上海政法学院行政、工勤岗位考核暂行办法》,对行政、工勤人员的考核作了规定。2008年,发布《上海政法学院辅导员考核暂行办法》,对辅导员队伍的考核内容、标准、程序等作了详细规定。为进一步完善岗位管理,调动全校教职工的工作积极性,提高教学、科研和管理水平和学院对个人考核的宗旨,学院在每年的下半年开展个人年度考核,考核时间段为每年的1月1日—12月31日。

为进一步完善处级单位考核评价体系,全面、客观、公正地评价各处级单位年度工作,充分调动各处级单位的工作积极性,推动各项事业科学发展。处级单位考核采取学院以考核通知的形式进行,考核以处级单位(二级学院、行政部门)为对象,综合考察各处级单位在考核时间段内的综合情况。2007年以前,考核每半学年开展一次,即上半年(当年3月1日—8月31日),下半年(当年9月1日—次年2月末)各一次。从2008年开始,处级单位考核时间段变为每学年进行一次(前一年的9月1日—当年的8月31日),这种考核周期一直延续至2012年。学院提供一定数量的经费作为对全校处级单位进行综合考核的激励款项为考核奖金。考核奖金的数量依据当年度上级有关部门核准的绩效额度并结合学院财力确定。考核工作相关人员须实事求是、客观公正,如有弄虚作假、徇私舞弊的,除依据事实和情节扣减当年考核奖金的一部分或全部外,并予以相应的纪律处分。

【离退休教职工管理】

1988年11月15日,学院成立"上海市政法管理干部学院、上海法律专科学校退休教职工管理委员会"(简称"退管会")。退管会是在党政领导下的全校离退休教职工管理服务和工作协调机构,成员由党办校办、组织部、人事处、工会、计财处、后勤保障处、离退休办公室等职能部门负责人组成。

除服务职能外,退管会承担以下管理职能:及时向离退休人员传达上级和学校有关文件、会议精神;认真听取离退休人员对学校改革、发展的合理建议和意见,做好调查研究和信息反馈,并及时向学校汇报,做好离退休人员的来信来访和接待工作;建立离退休人员信息数据库,负责离退休人员的信息统计、数据更新、资料保管和归档等工作;建立帮困、慰问、抚恤等常态化工作机制;做好离退休活动室的建设、管理工作,为离退休人员学习、娱乐营造良好的环境;做好离退休人员临终及丧葬善后等工作;及时处理其他日常工作及突发事件。

第三节　教学科研

一、教学工作

1993—2010 年，学院教学工作以本科教学培养为主。

【本科教学培养工作】

1993 年，学院仅 1 个法学专业，4 个法学专业方向，实行各专业方向设置学科基础课。1998 年，调整修改教学计划，改变根据各专业方向设置学科基础课的模式，将法学学科主要基础课程（法理学、宪法学、民法学等 14 门课程）确定为法学专业的学科基础课程，作为学生的必修课。2000 年，学院为适应法学学科发展和专业调整要求，培养高层次、复合型、外向型人才，及时对课程结构进行优化，开设大量专业选修课和任意选修课。2000 年教学计划中专业选修课是 28 学分，开设 108 学分的专业选修课程供学生选修。2005 年，学院在全市政法系统共建立 64 个社会实践基地。2007 年，学院建立以"公共基础课""学科基础课"和"实践教学环节"为主干，以"专业选修课""跨学科跨专业选修课"和"任意选修课"为支撑的课程体系。教学计划适度减少课堂教学的总学分和总学时，总学分为 186±5，学时为 2 490 左右，与 2005 年相比分别减少 25.6%和 5.3%。2009 年，本科教学获得三项上海市教学成果奖；关保英负责的行政法教学团队获上海市级教学团队。

2010 年，为实现主干学科法学与其他相关学科的双向复合交叉，学院在各专业本科指导性教学计划中设置 10～16 学分的跨学科跨专业选修课程模块，学生对此模块课程可以自主选择。为了培养应用型人才，各专业增大实践教学内容和实践教学课时比例，实践教学学时占总学时 30.25%。王蔚负责的国际政治教学团队获上海市级教学团队。

2010 年，学院新建新模拟法庭、刑侦实验室、法律诊所、国际贸易实训室、管理沙盘模拟实训室等校内实训场所。

【研究生教学培养工作】

上海大学法学院期间，硕士研究生学位论文要求学生根据学科特点，着重选择对国民经济具有一定实用价值或理论意义的课题。课题要具有先进性，课题分量和难易程度要恰当，并尽量结合国际和省、市的科研任务选题。1998 年起，制定《上海大学法学院硕士研究生导师教书育人守则》《上海大学法学院研究生导师职责条例》《上海大学授予学位工作细则》等规章制度。

上海政法学院期间，要求研究生学位论文选题应具有一定的学术价值与实践意义；应对所研究的课题有新见解或新成果，并在理论或实践上对社会主义建设或本门学科发展具有一定的意义；应有一定的工作量，在论文题目确定后，用于硕士学位论文工作的时间，一般不少于一年；硕士研究生的论文需进行预答辩。

联合培养硕士生的学位论文在两方教授共同指导下完成，须分别向两方院系提交两本不同的学位论文，并分别通过两方的答辩和学位审议。整个培养环节完成并合格后，达到两校硕士学位授予要求，可申请获得两校学位。

二、学科建设

【专业学科建设】

在上海大学法学院办学阶段，严格根据教育部和上海市教育委员会专业建设的精神，结合上海社会经济发展和人才需求的实际，开展法学专业调整。

1993年，学院从大专层次的学历教育提升为本科层次的学历教育，设法律系、经济法系、国际法商系和劳改法系，所设专业有法律学专业(含法律与计算机应用专门化、科技法学专门化)、经济法学专业(含国际经济法学专门化、海商法学专门化)、劳改法学专业(含劳改企业管理专门化)等。

1998年，学院以国家教育部调整本科专业目录为契机，将3个专业(法学、经济法、劳动改造学)合并为1个法学专业。同年，经国务院学位办批准，设立刑法学、宪法学与行政法学2个法学二级学科硕士学位授权点。研究生学位点属于上海大学，市司法局参与学科点建设。

2000年，学院新设置高职两个专业：司法文秘和律师事务。这两个专业修业年限均为3年，招生对象面向社会上职校毕业生、中专毕业生、中技毕业生和应届高中毕业生。2003年，成功获批法学理论专业硕士学位授予权，2004年开始招生。

2004年，学院成为独立设置的本科院校，成功申报法学、国际经济与贸易、行政管理、社会工作4个本科专业。2005年，又申报了英语、政治学与行政学、经济学、工商管理、社会学、知识产权6个专业。2006年，在已有法学、社会学、经济学、国际经济与贸易、行政管理等专业的基础上，进一步确定了“以法学为龙头，多学科协调发展”的学科建设构想。“十一五”期间(2006—2010年)，由5年前的单一法学学科发展为拥有15个本科专业，并形成以法学为主干，政治学、经济学、社会学、管理学、语言文学等多学科协调发展的办学体系。

2010年，学院对所有专业及专业方向进行全面梳理，并按照各专业的实力、发展势头，以及区域经济社会发展需求，对其进行国家级、市级、院级(一线、二线、三线)培育与发展定位。同时，依据各专业自身发展优势、特色及社会需求，将大部分专业规划入“扶强”“扶特”“扶需”3种发展类型。

【重点学科建设】

“十一五”期间，学院获得了3个国家级教学建设成果(分别为国家级特色专业——监狱学；国家级双语示范课程——国际关系概论；国家级精品教材——犯罪社会学)，市级教学成果达到35个，其中法学(刑事司法方向)、监狱学、社会工作、法学、国际政治、应用型人才培养的模式与实践等6个专业和项目获批市教委本科教育高地。

2007年，首次开展校级重点学科建设，以两年为一个建设周期，持续投入380万经费支持四期重点学科建设。10月，行政法学被市教委批准为上海市教委重点学科(第五期)，建设周期为2007年10月—2012年10月。

2009年6月，行政法学、刑法学、经济法学分别被市教委批准为上海市教委重点学科(第五期)，建设周期为2009年10月—2012年10月。

在重点学科建设期间，学院重视建章立制，制定《上海政法学院重点学科建设经费使用暂行办法》《上海政法学院学科带头人管理暂行办法》《上海政法学院校级重点学科带头人工作职责》《上海政法学院“十二五”内涵建设重点学科绩效标准》《上海政法学院“十二五”内涵建设重点学科绩效目标》,并在此基础上进一步启动重点学科建设经费使用办法的修订工作,细化内涵建设重点学科季度报告及档案管理相关要求,为各类重点学科管理的规范化、制度化奠定基础。

三、科学研究

【机制建设】

1986年,学院建立科研行政管理部门——科研处。科研处的主要任务是负责全院的科学研究和学报编辑出版的组织管理工作。

1990年,学院学术委员会成立,确定由科研处承担其日常工作。1990年11月30日,院长办公会议通过《学术委员会工作细则和章程》,确定学术委员会是在院长领导下对科研工作的发展规划和学术成果的奖励进行审议,对学术问题进行评价的机构。

1991年9月,学报《法治论丛》编辑部脱离科研处独立。同年,学院制订"八・五"规划,明确科研处负责执行各项有关科研的政策、法规;编制全院科研中期规划,制定年度科研计划;编制年度科研经费预算,掌管全院性科研活动经费;组织和督促各部门实施各项科研任务,保证科研项目的落实;负责与校外学术团体的联络;组织好全院性学术讨论会和报告会;做好科研成果的考核、鉴定和奖励;做好科研情报工作,收集、整理、研究法学情报,编辑法学动态,开展资料交换;做好科研统计工作;承担学术委员会的日常工作。

1992年,科研处以"八・五"规划为纲制定"科研八・五计划"。同年,实行科研工作责任经费承包。按《承包协议书》规定,科研处长对全院教师的科研组织工作承担具体责任,负责每年两次学术讨论会的稿源组织工作和讨论会的会务组织工作,论文集的出版工作,负责科研处日常管理工作以及学术委员会的日常工作等。1995年,科研处探索科研管理体制,初步建立以学术带头人为首,以多争取院外课题为目标,跨学科、跨专业、几乎不占编制的开放性研究中心模式。先后成立国际知识产权研究中心、犯罪问题研究中心、建设现代化文明监狱问题研究中心和法律文化研究中心,并开始以研究中心为整体向外联合研究课题。1996年,科研处制定相关措施落实硕士学位点的筹建工作。

1999年,科研处强化科研的竞争激励机制,重新组建学术委员会,提高科研水平。

2002年,科研处成立科研发展规划起草小组,结合"升本"的目标,制定高标准、严要求的科研规划,并以此为抓手,将科研成果的数量与质量推上一个新台阶。

2004年,科研处落实学院要求,将科研发展定位为"直接服务于工作实际,直接服务于政法部门,直接服务于市场经济"。

2006年,科研处转换职能角色,从单纯管理向管理与服务并重转变。在项目申报、奖项申报、项目管理、经费申请和经费报销等方面为广大教师提供信息、服务和咨询,主动跟踪各级各类科研项目的进程,帮助解决项目承担人或团队遇到的困难,调整科研政策,加大奖励力度。

2007年,科研处落实学院提出的"围绕教学搞科研,搞好科研促教学"的工作思路,将科研管理与服务工作进行条线划分。

2009年,科研处以服务学科发展为思路,重点扶持研究中心建设。

【规章制度建设】

1997年,科研处强化科研管理工作,强化科研竞争机制,落实《关于加强科研工作的决定》,明确科研工作目标管理,并对学术队伍建设制定多项科研规章制度,重点对课题管理和学术队伍建设进行规范。同年科研处首次公布科研工作量的考核情况。此后每年学院认真抓好科研基本工作量的考核工作,加强科研经费管理,强化竞争激励机制,使科研成果与激励措施相结合;修订科研课题经费配套管理办法,积极鼓励、引导、规范教师争取科研课题。

1998 年,科研处以落实基本科研工作量制度为重心,推出科研工作目标管理责任制等多项规章,积极引导和激励教师争取高层次、跨学科的研究课题。2000 年,科研处持续推进科研基本工作量考核制度的实施,进一步规范科研经费的使用管理,向有科研成果和科研成果突出的教师倾斜;调整充实学术专著编审委员会;积极鼓励、引导教师争取科研课题。2001 年,科研处逐步推进科研改革,使科研成果与激励措施相结合,修订并制定《在职教师参加学术会议经费管理暂行规定》和《关于出国参加国际性学术交流活动的若干规定》,调整充实了校学术专著编审委员会。

2002 年,制订《2002—2004 年科研发展规划》,召开科研工作座谈会,推出《关于奖励优秀科研成果的暂行规定》《关于学院科研课题资助的暂行规定》《法学系列丛书出版资助管理暂行办法》等征求意见稿交广大教职工讨论,并制定《关于科研工作量计分办法的说明》《科研工作量考核试行办法》《青年教师科研基金资助管理暂行办法》等制度。

2003 年,颁布并实施《关于举办讲座的管理暂行办法》《学术著作出版资助管理暂行办法》等一系列科研工作相关规定。

2004 年,修订完善《教师科研工作量考核》《学院级科研课题管理的暂行规定》等。

2005 年,科研处将工作重心落实在规范管理、课题申报、科研考核、成果统计、产学研结合、学术讲座、信息发布、课题配套、优秀科研成果奖励、学科建设等方面,起草了学院科研规章制度 17 项,涉及科研管理工作中的科研工作量考核与统计、优秀科研成果奖励、优秀科研奖评选、学术讲座管理、研究中心管理、学术著作出版资助管理、学术委员会章程、著作编审委员会章程、科研项目管理、课题配套资金管理、学术会议管理、教师外出参加学术会议经费补贴管理、院级课题资助管理、教授指导青年教师等。

2006 年,学院进一步制定并完善科研管理规章制度,如《上海政法学院学科建设规划实施办法》《上海政法学院学科(学术)带头人评选与考核管理条例》《上海高校培养选拔优秀青年教师科研专项基金项目管理办法》。

2007 年,科研处从建立凝聚学科方向的科研工作机制、尊重研究成果,构建研究的奖励机制、校内外科研活动的联动机制等方面制定或修订了科研管理规章制度 21 个。

2008 年,科研处制定或修订了《上海政法学院著作编审委员会章程》《上海政法学院学术著作出版资助管理办法》《上海政法学院教学科研人员岗位考核暂行办法》《上海政法学院科研工作考核细则》《上海政法学院开展"优良学风建设年"学术活动实施方案》。

2010 年,科研处继续完善《上海政法学院科研工作考核细则》《上海政法学院优秀科研成果奖励办法》,同时科研处还协同人事处、教务处共同制定新的《上海政法学院教学科研人员岗位考核暂行办法》,制定《上海政法学院重点学科建设经费使用暂行办法》等规章。

【科学研究成果】

纵向科研项目　学院建院早期,科研水平、科研能力有限,因此在建院前期纵向省部级科研项目较少。申请的最早的省部级(含)以上项目是在 1991 年,当年申报省部级以上课题 2 项,其中国家级科研项目1项、省部级科研项目1项。1992年，获批的省部级（含）以上课题3项。但在1993、1995年都未获得相关科研项目的立项，在1984—2004年这20年间，省部级（含）以上课题获批的数量都在10项以下，仅在1997年获得过6项省部级（含）以上科研项目立项。但在前期20年的积淀中，科研工作夯实了基础，因此在2004年之后，科研项目立项数开始有较大幅度提升，2004—2010年，共承担省部级（含）以上科研项目71项。

表8-2-2　2004—2010年上海政法学院获省部级（含）以上科研项目立项情况表

分　类	2004年	2005年	2006年	2007年	2008年	2009年	2010年
国家级	1	0	1	2	3	3	1
省部级	2	3	11	9	8	7	20
合　计	3	3	12	11	11	10	21

横向课题建设　横向课题指各级政府及政府职能部门、企事业单位、社会团体等委托学院进行研究的课题。横向课题的种类包括科学研究类、技术攻关类、决策论证类、设计策划类、软件开发类等。横向科研项目有记载始于1991年，但由于早年统计方式并未按照纵向课题与横向课题进行区分。直到1999年，才有了第一次横向课题的详细记录。记录显示，当年受企事业单位委托项目2项，两项横向课题经费共计37000元。自此，横向课题数量逐年增长。2004年后，开始注重纵向课题与横向课题的单独统计。2004年，立项的横向课题仅有3项，经费仅为15万元。经过4年发展，2008年，横向课题有19项，经费96.7万，项目数量增长630%，经费总额增长645%。

论文类成果　建院初期，学院每年发表的论文数量较少。1989年，发表的论文总数仅为44篇，之后每年发表的论文数量总的趋势在增长但也都保持在100篇以下。2002年，论文数量首次突破100篇，达到116篇；2003年突破200篇，达到205篇。自2004年成为独立设置的本科院校后，2006年教师发表论文数量突破500篇，2007年教师发表论文数量突破600篇。同时，开始增加高水平论文统计，2008年，高水平论文数量首次突破100篇，2010年突破200篇。

表8-2-3　2004—2010年上海政法学院教师发表科研论文情况表

分类	2004年	2005年	2006年	2007年	2008年	2009年	2010年
篇数	221	243	566	662	530	671	681
CSSCI期刊篇数	—	30	56	53	112	134	213
EI/SCI/SSCI期刊数据库	—	—	—	2	3	8	10

著作类成果　1990年9月，学院从教师和科研人员发表的120余篇论文中精选44篇汇集成《法学理论与实践》一书，涉及法律、宪法、刑法、民法、国际法、经济法和法学教育等多门学科，约20万字，由光明日报出版社出版。该书于同年11月在校庆5周年学术讨论会（第三届综合学术讨论会）上举行首发式。1990年9月，院长办公会议研究决定校内的学术著作以后均以《法学丛书》的名义出版、发行。同时成立《法学丛书》总编辑委员会，专门审定该丛书的编写项目，确定编写的指导思想并审查其执行情况，听取学术著作主编的工作汇报，组织对学术著作成果的评审、出版和发行事宜。至1992年底，《法学丛书》共出版了6册。1994年之后的10年间，除1996年出版著作26部外，出版的著作都在20部之下。自2004年成为独立设置的本科院校后，教师出版著作数量持续攀

升，全院科研水平持续提高。

表 8-2-4　1994—2010 年上海政法学院著作类成果数量情况表

年　份	1994	1995	1996	1997	1998	1999	2000	2001	2002
著作(部)	7	14	26	14	15	1	7	6	14
年　份	2003	2004	2005	2006	2007	2008	2009	2010	—
著作(部)	17	11	31	41	55	71	55	82	—

科研获奖　1994 年，田保传主编的《市场潮中色彩斑斓的校园文化》获高校思想政治教育科研优秀成果奖。1996 年，郭延曦《中国关于主权豁免问题的对策》获上海市哲学社会科学科研成果奖论文类二等奖。1997 年，田保传《在法制保障条件下提高城市文明的程度》获司法部"金剑文化工程"文章类三等奖。1997 学年，曹昌祯《科技法学原理》获 1996 年度上海市哲学社会科学科研成果奖著作类二等奖。1998 年，田保传主编的《法制建设与上海城市文明》获司法部"金剑文化工程"著作类三等奖。倪振峰《邓小平人权思想初探》获上海市邓小平理论研究和宣传优秀成果论文类三等奖。2000 年，共有 11 项科研成果获奖，其中倪正茂《科技创新与法制建设》获市政府第三届决策咨询三等奖。李建勇《完善庭审中的证人立法制度》获中国法学会奖励。2001 年，共 7 项科研成果获奖。2002 年，共 12 项科研成果获奖，其中汤啸天《基因及基因研究的法律控制》获上海市哲学社会科学优秀论文三等奖。2003 年，共 10 项科研成果获奖。2004—2010 年，上海政法学院共有 21 项省部级科研成果奖。

表 8-2-5　2004—2010 年上海政法学院省部级科研成果获奖情况表

姓　名	获奖成果名称	成果形式	颁 奖 单 位	获奖等级	学科门类	时　间
汤啸天	"三个代表"重要思想与人民的选择	论文	获上海市第六届邓小平理论研究和宣传优秀成果(2002—2003)	三等奖	马克思主义	2004 年 9 月
金国华	法制建设和社会治理丛书之一《中国共产党法治思想研究》	著作	获上海市第六届邓小平理论研究和宣传优秀成果(2002—2003)	一等奖	法学	2004 年 9 月
阎　立	法制建设和社会治理丛书之一《矛盾与化解》	著作	获上海市第六届邓小平理论研究和宣传优秀成果(2002—2003)	一等奖	法学	2004 年 9 月
阎　立	法制建设和社会治理丛书之一《公正与效率》	著作	获上海市第六届邓小平理论研究和宣传优秀成果(2002—2003)	一等奖	法学	2004 年 9 月
李维宜	知识产权激励机制和分配方案	调研报告	获第四届全国知识产权优秀调研报告暨优秀软课题研究成果(中华人民共和国国家知识产权局颁发)	一等奖	法学	2006 年 1 月
吴鹏森	全面理解"共同富裕"思想，正确认识当代中国的社会分化	论文	获上海市第六届邓小平理论研究和宣传优秀成果(2004—2005)	三等奖	社会学	2006 年 10 月

（续表）

姓　名	获奖成果名称	成果形式	颁奖单位	获奖等级	学科门类	时　间
王文革	城市土地市场供应法律问题	著作	获上海市第八届哲学社会科学优秀成果（2004—2005）	三等奖	法学	2006年10月
李维宜	合资合作企业知识产权保护研究	研究成果	获第五届全国知识产权（专利）优秀调研报告暨优秀软科学研究成果（国家知识产权局颁发）	二等奖	法学	2007年10月
剧宇宏	公民的社会保障权及其实现路径分析	论文	获2007年中国社会保障论坛（中华人民共和国劳动和社会保障部颁发）	优秀奖	社会学	2007年9月
章友德	贫困大学生的政治认知研究	论文	获上海市第九届教育科学研究成果教育改革实验	二等奖	社会学	2008年5月
张森年	思政课课堂教学与实践教学相结合探索与实践	论文	获上海市第九届教育科学研究成果教育改革实验	三等奖	教育学	2008年5月
阎　立	秩序的中国解读——转型期中国社会矛盾之研究	著作	获上海市第七届邓小平理论研究和宣传优秀成果（2006—2007）	三等奖	法学	2008年10月
关保英	行政法学分析逻辑的认识	论文	获上海市第九届哲学社会科学优秀成果（2006—2007）	三等奖	法学	2008年10月
金国华	青少年法律援助的新途径：志愿者从事公民代理	课题研究	获共青团中央2006—2007年度青少年和青少年工作研究课题	优秀成果奖	法学	2008年11月
剧宇宏	基于清洁生产的节能减排技术研究与应用	课题研究	江西省人民政府（江西省科学技术进步奖）	三等奖	环境科学	2009年5月
王文革	城市土地节约利用法律制度研究	专著	中华人民共和国司法部（第三届全国法学教材与科研成果奖）	优秀奖	法学	2009年8月
陈晓敏	老年婚姻与社会干预——老龄化社会中的老年婚姻	论文	中华人民共和国民政部（获全国婚姻家庭研讨会暨纪念新中国首部婚姻法颁布60周年大会）	三等奖	社会学	2010年4月
吴鹏森	犯罪社会学	著作	上海市第十届哲学社会科学优秀成果奖（著作类）	三等奖	社会学	2010年12月
张远新	延安时期中国共产党领导集体与马克思主义中国化	论文	上海市第十届哲学社会科学优秀成果奖（论文类）	三等奖	马克思主义	2010年12月
倪正茂	隋代法制考	著作	上海市第十届哲学社会科学优秀成果奖（著作类）	二等奖	法学	2010年12月
祁志祥	中国美学通史（1—3卷）	著作	上海市第十届哲学社会科学优秀成果奖（著作类）	三等奖	新闻学	2010年12月

第四节 学生培养

一、研究生教育

学院在上海大学法学院期间,先后与吉林大学法学院联合培养法学刑法学专业硕士研究生,并成功申办法学第二学士学位点。1998年,经国务院学位办批准,学院设立刑法学、宪法学与行政法学2个法学二级学科硕士学位授权点。研究生学位点属于上海大学,市司法局参与学科点建设。至2004年,独立培养7届法学硕士研究生,联合培养1届法学硕士研究生。

2003年与法国巴黎第二大学合作,向国务院学位办成功申请中法联合培养法学硕士双学位项目并得以实施。同年,成功申请法学理论专业硕士学位授予权。2004年,开始招生。

2004年9月,上海政法学院独立设置后,硕士研究生停止招生。学院继续独立承担在读的原上海大学法学院2002级、2003级、2004级研究生的培养任务和联合培养2005级研究生任务,直至该四届硕士研究生毕业。

二、本科教育

1993年4月,经市政府批准,同意在上海法律高等专科学校和上海大学文学院法律系的基础上,建立上海大学法学院,培养具有本科、专科层次的法律人才。学院1993年起招收普通本科生。

2004年9月,市政府批准上海政法学院为独立设置的普通本科院校,以实施本科教育为主,并从2005年起列入上海市普通高校本科招生计划。

学院本科专业1993年仅设1个法学专业(含4个方向),2010年底共设15个本科专业,覆盖法学、经济学、管理学、文学4大学科门类。

三、高职高专教育

1985年11月24日,经市政府批准,上海法律专科学校成立,与上海市政法管理干部学院两块牌子、一套班子。主要为上海培养审判、检察、律师、公证、劳改等部门的法律专门人才,为普通全日制高等法律学校,学制两年。建校时设单一专业,招收上海市应届高中毕业生。1988—1989年,陆续分设法律、经济法、劳改法3个系和公共基础课部。1993年,上海法律高等专科学校与上海大学文学院法律系合并建成上海大学法学院,专科教育并入上海大学法学院本科教育体系。

建校初期,法律专业开设刑法、民法、刑事诉讼法、民事诉讼法等21门专业课。1988年课程设置重新调整,并着手进行课程改革,将刑事诉讼法、民事诉讼法、行政诉讼法合并为诉讼法学,增设司法制度课。法律、经济法、劳改法3个系,各设专业基础课和专业课、选修课、讲座等。公共基础课有:马列主义原理、中国革命史、中国社会主义建设、计算机应用等9门课。专业基础课和专业课有:法学基础理论、中国法制史、宪法、刑法、民法、诉讼法学等必修课,以上3个系大致相同。法律系另设法医学、科技法学、公证律师实务、司法口才、英文打字等课。经济法系另设司法会计、应用数学、经济合同法、金融财税法、企业商法、涉外经济法学、国际贸易法、国际技术转让、土地农业法等课，还设海商法、保险法、澳港台法等9门选修课。劳改法系设中国法制史与监狱史、劳改法学基础理论、警训、狱政管理、犯罪改造心理学、改造教育学、狱内侦查学、劳改企业管理、监控技术应用等课，另设外国监狱制度、犯罪统计学、劳动教养学、公安学概论等9门选修课。1993年，增设法商系专业，设英语及法律英语、计算机程序编制、比较经济合同、票据证券法、国际商务、国际金融法、国际货币市场等课。法律专科升本科班，课程有国际贸易法、国际商务、国际金融、国际投资法、国际税法、商事诉讼与仲裁、期货市场、专业英语、合同法、票据证券法等课。教学方法分课堂教学、实验教学、业务实习、社会调查等，注重提高教学质量。为加强教学科研，1986年，创办《法治论丛》内部双月刊。1989年，成立上海市司法研究所。1992年，成立中国犯罪研究会预防犯罪委员会、上海科技法研究会等。

2000年1月31日，经市教委批准，上海市政法管理干部学院举办高职教育。律师事务和司法文秘两个专业当年招收新生239人。2000年12月1日，由市教委批复同意该学院设置"狱政管理"专业。2002年5月30日，市教委专家组在对该学院进行高职高专教学检查和调研后，给予该学院高职办学情况以较高评价。2007年，成立高等职业教育学院，2012年正式独立运行。

学院自2000年起招收高职学生，招收专业为律师事务专业和司法文秘专业，律师事务专业自2005年起停止招生，司法文秘专业自2013年起停止招生。2001年起新设狱政管理专业，2004年停止招生。2003年新设社区管理专业，2005年停止招生。2005年新设法律事务专业，2015年停止招生。公共行政管理专业仅2005年招生1年。2006年新设公共事务管理专业、国际商务专业、社区管理与服务专业、司法助理专业和商务英语专业开始招生。

2001年，学院成立论文专家评审组，加强对高职毕业生论文指导、把关工作。同年3月，为加强英语及计算机教学，提高高职学生的英语及计算机水平和应用能力，学院申请设立"CET考试""计算机等级考试"考点，每年组织高职学生和本科生参加"CET考试"及"计算机等级考试"。2003年8月，编纂《高等职业教育学生管理制度汇编》，从学生行为准则、学籍管理、违纪处罚、奖励、帮困助学等方面制定相应学生管理制度。学院总结高职教学实践与学生管理经验，全面修订《学生手册》。2012年高职学院独立运行后，学生管理统一纳入高职学院管理。

高职学生经市司法局、上海政法学院统一安排，至全市司法行政系统各单位进行实习、实训。与专业教学配套的校外实习基地有：全市各级人民法院、检察院、律师事务所、监所、企业、公司、基层行政部门。

四、继续教育

上海市政法管理干部学院创建于1984年11月，是一所成人教育高等学校，自建校以来就承担成人学历教育和非学历继续教育培训的任务。2004年11月，市教育委员会批复，同意上海政法学院设立继续教育部，将原上海市政法管理干部学院承担的成人高等学历教育、非学历培训等办学内容划转至继续教育部。2007年1月，继续教育部更名为继续教育学院。

学院继续教育分为成人干部教育学历教育和非学历教育两种。学历教育有法律专业干部专修科及法律专业第二专科班。

【法律专业干部专修科】

法律专业干部专修科属于脱产两年制大专学历教育。招收对象是全市检察、法院、司法及公安、安全、劳改单位任职，具有高中毕业文化水平，工作年限满5年，40周岁以下的中青年干部。通过成人高考录取入学，按照不同的部门的业务需要编班授课与安排有关教学活动。自1985年秋季开始招生入学，全部脱产学习。1991年起，法律专业干部专修科改为法律专业大专班，由脱产学习改为基本业余的办学形式，学制3年，在市区教学点上课。上述班级学员学习期满，经考试合格准予毕业，颁发大专毕业证书。

【第二专科】

学院自1990年起进行第二专科教育的试点工作。1990年、1991年先后招收法律专业第二专科两个年级，学制两年，采取基本业余的办学形式。至1992年，继续试办第二专科教育，在1992年秋新开办涉外经济法专业第二专科学历班。学制两年半，采用基本业余办学形式。招收对象是持有国家教委承认的非涉外经济法专业大专以上毕业证书(不含结业)，在全市政法部门、国家机关、企事业和社会其他部门从事或准备从事涉外经济司法和其他经济法治工作的在职人员。同时兼收待业人员，工龄年龄不限。经由该学院组织的语文、英语两门学科的入学考试后，择优录取。第二专科教育兼有大学后继续教育和学历教育的双重性质。按教学计划修毕全部课程，经考核合格的学员，由学院颁发统一印制的经高教局验证的涉外经济法专业毕业证书，证书上注明“第二专科”字样。

2000年以来招生专业不断增多，2005年专升本层次开始招生，学制三年，学习形式业余。2007年高起本层次开始招生(高中起点直接读自考本科)，学制五年，学习形式业余。

上海市政法管理干部学院除了成人学历教育外，还有非学历教育和大学后继续教育。非学历教育包括专业证书班和岗位培训班。大学后继续教育包括中国高级律师高级公证员培训班、中国科学技术合同仲裁员培训班、政法院校青年教师(师范)培训班等多种形式。

2004年11月，继续教育部成立后，承担起成人高等学历教育、非学历培训等办学内容。非学历教育培训有自主办学、合作办学、单位委托培训3类。

五、创新培养模式

2001年11月，为了进一步拓展学院的办学空间，扩大其社会影响，为社会培养更多适应世界贸易组织需要的法律人才，与香港中国法律文化出版有限公司就法国埃克斯—马赛法律、经济与科学大学欧盟商法硕士网上课程进行合作招生教学。该公司与学院合作在上海设点进行网上教学和面授辅导。教学内容由法国埃克斯—马赛大学提供，理论教学分设欧盟法律制度比较、基本权利、欧盟商法、欧盟竞争法、欧盟法律体系、欧盟社会法、欧盟金融税收与货币法和欧盟政策等8门课程，均由埃克斯—马赛大学的教授以双语进行教学。招生对象为具有本科学历或专科学历，并在实际部门工作两年以上或有论文者。学习方式以网络远程教育为主，适当进行实地面授教学。学生按规定完成所修课程和论文后，由法国埃克斯—马赛大学授予“欧盟商法硕士”学位证书。

2006年9月，学院在本科培养推进完全学分制、全面选课制、三学期制、导师制的“四制”改革。(1) 完全学分制。在完全学分制体制下，学生可在完成教学计划所规定的学习任务后，提前或推迟毕业，学习年限可最长延至6年；学生可多修、少修、缓修、免修有关课程。该体制能使学生在学习期间出国进修或工作一段时间，然后返校继续完成其学业，返校后学生学习的目的性更强。(2) 全面选课制。推行学生可跨年级、跨专业选择课程和任课教师，学生在不断的选择中提高其专业知识体系的认知能力和个人才智兴趣的延伸能力；使教学管理工作遵循“以人为本”的原则，从学生角度出发，整体促进教学水平和管理水平不断提升。(3)“两长一短”三学期制。推行“2+1”新学期制度，即理论教学为2个学期(春季学期、秋季学期)，社会实践为1个学期(夏季短学期)，为实践教学和学生应用能力的培养提供体制支持。(4) 导师制。推行由学院选拔教授、副教授和具有博士学位的教师为本科生导师，并把导师工作作为教学工作的考核指标。采取“1∶20”方式，即1个导师带20个学生。要求导师在学生的学习计划制定、课程选修、学习方法、科研及人生规划等方面给予指导和帮助。

2008年，学院与市监狱局等部门，创办监狱学专业“订单式”人才培养新模式。该模式实行普教招生与招警合一的考试方式，学生入学即具有准公务员身份，通过2年培养，毕业后由市司法局安排工作。2009年起招收“全国政法干警培养模式改革试点班”学生，开设法学(司法行政)和监狱学两个本科专业，执行司法部指定的指导性教学计划，学生最后半年回到预定工作单位顶岗实习。

第五节　学 生 管 理

一、学生规模与结构

学院在校学生结构为研究生、本科生和高职生。继续教育培养学生不列入统计范畴。

【在校研究生规模】

上海大学法学院自1998年起开始硕士研究生招生，招生人数逐年增加。上海政法学院独立设置以后，停止招生。1999年硕士研究生在校生15人。随后，硕士研究生在校生规模快速扩大，2004年，在校人数达到231人。2005年，由于上海政法学院独立设置，上海大学法学院硕士研究生停止招生，研究生在校生人数呈现下降趋势。2006年，在校研究生(上海大学法学院最后一届研究生)人数为93人。

【在校本科生规模】

上海政法学院1993年起开始本科学历教育，随着发展，1996年本科在校学生数超过千人，2005年本科在校学生数超过两千人。随后，本科在校学生规模快速扩大，2007—2010年，本科在校学生人数以每年超过千人的速度递增。2010年，有学生7 072人。

【在校专科(高职)生规模】

学院自1985年起开始专科学历教育，随着发展，招生人数逐年递增，1993年专科在校学生数超过千人。1993—2000年，随着体制的变化，专科学生在校生人数有所波动，维持在200—500人规模。2000年后，高职在校生规模增加，2004年，达到专科在校生人数最高峰，2 344人。2005年后，高职在校生规模逐渐缩小，2010年，人数为1 699人。

表 8-2-6 1985—2010 年上海政法学院在校学生规模与结构情况表 单位:人

年份	研究生人数	本科生人数	专科(高职)生人数	年份	研究生人数	本科生人数	专科(高职)生人数
1985	—	—	189	1998	8	1 468	282
1986	—	—	240	1999	15	1 496	479
1987	—	—	474	2000	28	1 637	239
1988	—	—	686	2001	59	1 685	725
1989	—	—	655	2002	110	1 716	1 561
1990	—	—	655	2003	177	1 783	2 118
1991	—	—	805	2004	231	1 970	2 344
1992	—	—	934	2005	173	2 236	2 185
1993	—	177	1 064	2006	93	1 948	1 973
1994	—	454	800	2007	—	3 401	1 871
1995	—	772	543	2008	—	5 246	1 790
1996	—	1 017	435	2009	—	6 366	1 750
1997	—	1 291	365	2010	—	7 072	1 699

二、学生管理

【学生管理工作机构】

1984 年,学院成立之初即设立学生处。同年,成立学生总支委员会,专门负责学生的政治思想等工作。1987 年,出台《学生考勤与纪律补充规定》,要求充实和调整学生处、班主任的力量,学生处工作人员实行坐班制,专职班主任要求每周至少有 3 天晚上在校;并明确要求严格执行纪律制度,规定课堂内的学生纪律由教务处负责抓,学生处为辅,课外由学生处负责,教务处协助。同年,对《上海法律专科学校学生学籍管理办法》进行修订与增补,明确请假手续、对旷课学生及违纪学生的处理规定。

1988 年,明确学生处兼有党委学生工作部和行政学生处的双重职能。学院成立院学生工作委员会,由 1 名副院长担任主任,并设专、兼职副主任 1 名,党委副书记也是学工委的成员,统筹学生处、团委、学生会及各系的学生工作。办事机构设在学生处。

1990 年 10 月,学院召开首届学生工作会议。

1995 年,发布《关于进一步加强我院学生工作的若干意见》,重申学生管理工作的几项规定。1998 年,出台《上海大学法学院学生管理规章制度汇编》。2002 年,健全"三支队伍"——辅导员队伍、学生干部队伍和宿管员队伍,增强班主任和政治辅导员力量。

2003 年,学院成立学生工作办公室,转换学生管理模式,实施学生分系管理制度。从 2003 年秋季学期开始,学生管理模式由学工办集中管理转换为学工办与分系管理相结合的模式,各系部设班主任及辅导员,负责本系部学生的管理工作。同年,召开学生工作会议,制定并实施《关于进一步加强学生教育管理工作的实施意见》。2008 年,学工办成立学生成长发展中心,设立办公室、(简报)

编辑部、调研部3个部门。2010年，成立“大思政”工作领导小组，结合“服务世博”，将思想政治工作与学院的精神文明建设、校园文化建设、推进就业工作相结合。

【辅导员队伍】

1984年，学院设立班主任，负责深入班级、寝室，与学生谈心，了解思想情况，帮助解决困难。1986年，学院要求院领导全部兼任德育课的教员，另有10名机关和各系的党政干部担任兼职德育教师，组成思想政治教育研究室，每学期都进行一次教学质量的调查与分析。领导每讲一个新的专题(一般是一个学期讲授一个专题)，都要认真到班主任及学生中听取意见。

1988年，学院试行《班主任工作条例》。同年，设置系级教育行政管理机构，系的思想政治工作由系党总支负责。1989年1月，在法律系、经济法系设政治辅导员1人，各班实行班主任制。1989年，建立起党政干部、教师定点包干深入班级、寝室做思想工作的制度。此后，每学期开学头两周，建立以1∶10的师生比例，下班级、小组、寝室调研学生思想状况的制度，以及各机关处室在平时与班级间里经常性联系的制度。1990年，在劳改法学系设政治辅导员1人。1990年，通过《班主任工作条例》，对班主任的岗位和任务、人选和聘任、班主任职责、考核和奖惩进行明确规定。1992年，学生处发布《加强班主任队伍建设，实现校风学风的根本好转》报告。

2002年，学院开始发放岗位津贴以来，凡是被聘用的辅导员均按照副科级待遇享受岗位津贴。2004年3月，组织学生辅导员队伍去苏州大学开展学习及交流活动。2005年，专职学生辅导员队伍达到1∶180的师生比标准，取消了原有的兼职班主任。

2006年，从秋季学期开始，学工办建立每月一次的辅导员学习会制度，学习形式有专题讲座、理论学习、个案讨论、参观交流等。同年，学工办拟订《上海政法学院政治辅导员岗位聘任实施细则》，实行学生辅导员六级制的管理模式；建立辅导员就业工作博客并开始推行辅导员工作日志制度。2007年，党委提出辅导员队伍培训的“四个一”工程，即每年举办一次辅导员培训班、每季度举办一次辅导员学习会、每月举办一次辅导员沙龙、不定期组织一次校外考察。2007年下半年，市教委组织开展对高校辅导员队伍建设的督查工作，学院顺利通过市教委专家督查。

2008年，学院首次采用专兼职学生辅导员的模式。2009年10月，举办上海政法学院第一届辅导员学术论坛。2010年，成立辅导员协会，通过“辅导员理论学习”“辅导员沙龙”“辅导员专题培训”等形式帮助提高辅导员的理论水平及实际工作能力水平。

【学生社区管理制度】

从1994年9月开始，学院提出对学生宿舍试行社区管理模式。1994—1995学年，初步制定宿舍社区管理制的实施办法。1998年，提出：“加强学生工作的研究和探索，努力实现学生工作模式由行为管理为主向行为塑造为主的转变，全面提高学生的综合素质和创新能力”，在分解的具体措施中强调：“健全学生宿舍的社区功能，努力实现‘教育、管理、服务’三位一体化”。

1999年，学生宿舍社区管理部下设文化建设部、生活服务部、心理咨询室，其中文化建设部设有打印、复印、油印服务，重点开展寝室文化建设。如组织开展羽毛球比赛、学生舞会、学生桥牌比赛、书画比赛等活动，编辑学生信息栏和《社区生活》期刊，组织考研技巧报告会，邀请上海戏剧学院专场演出等。

2002年9月，学院成立心理咨询中心，社区成立社区心理咨询室，每周二晚定期开放，均设有专人负责。学生社区活动试行学生勤工俭学进行自我管理。宿舍楼管理实行学生宿舍社区管理部领导下的管理员、楼长、层长、寝室长负责制，通过系、部推荐，学生宿舍社区管理部选拔，各楼共有楼长4人，层长16人，寝室长208人。

2002年，学院制定《上海大学法学院学生宿舍社区生活指南》。2003年，制定《学生违反社区管理规定处理细则》。2009年，修订《上海政法学院学生宿舍管理办法》。

【大学生思想政治教育】

1984年9月28日，学院举行首届学生开学典礼。同年，成立学生总支委员会，专门负责学生的政治思想等工作。

1990年10月25日，学院召开首届学生工作会议，坚持把德育放在首位，积极引导学生自觉成才。至2010年，引导学生利用课余认真开展书法展览、演讲、辩论、写作竞赛等“第二课堂”活动，组织学生学习邓小平理论、“三个代表”重要思想、社会主义荣辱观教育等活动。

2006年，学院实行学生党员挂牌制，成立学生党员自律委员会，建立“党员之家”活动室。2007年，对学生进行以考风考纪为主要内容的诚信系列教育和学风教育，专门成立学工队伍考风考纪建设工作小组。2008年，成立优良学风建设工作领导小组，召开辅导员、学生党员和学生骨干等多个层面的学风建设调研座谈会，充分听取意见，掌握学生思想动态，形成学风建设调研报告。

【评优资助工作】

在上海市政法管理干部学院和上海法律专科学校时期，学院设立学生奖学金、助学金和勤工助学制度。1989年9月，公布《学生奖励基金实施办法(试行)》，全面实行奖学金制度，对经济上确有实际困难的学生则给予一定补助。学生奖励基金由学院从事业经费中提取一定金额与学生家长交纳一定数额的学生成才保证金组成。分设特别奖、优秀奖和基本奖三种，每月评定、兑现一次。特别奖金额为每月80元，占学生总数5%左右；优秀奖金额为每月70元，占学生总数15%左右；基本奖金额为每月60元，占学生总数70%左右。表现一般，学习成绩较差，未获奖者，给予每月50元的生活补助费。对家庭经济确有困难的学生，如果需要补助生活费的，由家长提出申请，补助总共每月不超过80元(包括学院支付给学生的奖励基金)。对表现不好、学习成绩较差的学生，不予发放生活补助费，同时在全校给予通报批评，发出“黄牌”警告，通知家长。

1992年9月8日，学院出台《校长奖励基金条件》。各门课程学习成绩优秀，通过英语四级以上考试和电脑一级统考或在校内外各项竞赛中成绩优异，某一方面有独到专长者，可获参评资格，经校长审核批准即可获奖。设奖项目有学习成才一等奖(每次1名)、二等奖(每次3名)、三等奖(每次3名)，其中：有重大贡献者，设特等奖以资鼓励；特等奖3 000元，一等奖1 000元，二等奖500元，三等奖300元。

2002年9月，学院根据财政部、教育部印发的《国家奖学金管理办法》，结合实际情况，开始“国家奖学金”评选，以资助家庭经济困难、品学兼优的全日制在校本专科学生。

2004年，学生处对学生奖助规章制度进行全面清理与修订工作，发布《学院学生奖学金评审细则》；根据《上海市高校勤工助学管理办法》精神，学生处制定《勤工助学管理办法》；制定《学生助学贷款管理办法》。2006年9月，成立学生资助管理中心，专门负责学生的奖(助)学金、国家助学贷款、困难补助、学费减免、绿色通道、帮困建档等工作，确保无一名学生因家庭经济困难而辍学。2007年，根据上海市教委出台的国家奖学金、上海市奖学金、国家励志奖学金评选办法，制定相应的奖学金实施办法。同年，设立上海政法学院校长奖学金，用以奖励在校全日制二年级以上学习成绩特别优异且在某一方面具有专长的本科、高职学生。

此外，2003—2010 年，学工办制定《帮困助学制度》、修订《学生减免学费管理办法》《学生困难补助管理办法》、调整为《上海政法学院学费减免管理办法》《上海政法学院学生冬令困难补助、火车票补贴、春节补贴管理办法》、制定《上海政法学院学生临时困难补助管理办法》，规范学费减免与困难补助。

【学生心理健康教育】

心理咨询中心是为全校学生提供心理健康服务的专业机构。2006 年初，学院批准正式设立心理咨询中心，隶属于学生工作部。心理咨询中心设有咨询预约接待室、个别咨询室、沙盘游戏室、音乐放松治疗室、情绪宣泄室、团体活动室、心理测评室、档案资料室等。

心理咨询中心构建上海政法学院、二级学院和班级的三级网络体系，保障学生心理健康教育工作和学生心理危机预警相关工作开展。自中心成立以来，每年新生入学时，心理咨询中心都会对全校新生进行人格和心理健康的测评，在此基础上建立心理健康档案，排查心理异常的学生并进行约谈；为在校学生提供免费的个别咨询，主要形式有面谈、电话、电子邮件等。

三、毕业分配与就业

1988 年，学院对毕业学生实行预分配制度；同时，把见习工作结合到预分配工作中去，用人单位在见习期间考察学院学生的政治素质、工作能力及学院的教学质量。1991 年，在党委的直接领导下，成立由学生处、法律系、经济法系共同派员组成的分配班子负责毕业生分配工作。

1993 年，成立上海大学法学院招生就业办公室，开展相关就业工作。

1998 年，毕业生分配制度改革，毕业生与用人单位双向选择。学院积极发挥各地校友的作用，

图 8-2-3　2009 年 11 月 19 日，上海政法学院举行建院 25 周年庆。市人大常委会主任、上海政法学院名誉院长刘云耕（前排左五）出席仪式并讲话

开展毕业生就业指导、咨询和服务、组织公务员考试辅导等活动,为毕业生提供求职引导。

2003 年,制定《上海市政法管理干部学院就业工作指导手册》。

2004 年,就业模式从之前的统包统分逐步转变为学生自主择业,就业办公室负责对学生进行就业指导与就业推荐工作。学院独立设置招生就业指导机构;加强招生就业专兼职队伍建设;拓展学生就业渠道,建立完善的就业信息来源网;加强就业指导的力度,培养学生适应社会的能力。

2005 年,完成上海政法学院毕业生就业网的建设,实现信息共享、政策发布、网上招聘、远程面试和指导咨询五位一体。建立毕业生就业咨询室,配备 50 台电脑供毕业生使用。

2007 年,上海政法学院首届本科(专升本)学生毕业,学院开设《职业发展》必修课程。

2009 年,学院被评为上海市"三支一扶"(支农、支教、支医、扶贫)工作先进集体。

第三章　局属其他法学院校和教育机构

市司法局恢复建立后，坚持推进教育改革，改进培训机制，拓宽培训渠道，先后建立市司法干部学校、市司法学校、市政法干部自修大学、市司法警官学校(市劳改工作学校)等局属法学院校，为全市政法各部门及其他经济及行政部门培养和输送了大量法律人才。

第一节　上海市司法学校(上海市司法干部学校)

1980年2月，经市委组织部批准，成立上海市司法干部学校，由市司法局主管。这是司法局恢复建立后的第一个教育机构。1982年5月，上海市司法学校成立，与市司法干部学校两块牌子、一套班子，属全日制中等法律专业学校。2000年，转为招收四年制初中毕业生。2008年4月，市司法学校由上海政法学院委托管理。

一、师资队伍

市司法学校建校初期，有教师33人，主要是20世纪中叶原政法院校毕业生，也有政法归队干部，经中央政法干校专业培训后上岗任教。1984年，教师增至61人。1987年，教师评定职称，高级讲师5人，讲师15人，助理讲师61人。1989年，由于部分教师支援市政法管理干部学院建校和成立律师事务所，教师减少到36人。1995年，有教师25人，其中高级讲师6人，讲师7人，助理讲师1人。

1999年12月，司法学校实行全员聘任聘用制。本着精简高效的原则，共聘任中层干部8人，比原来减少33%，科室人员编制确定26人，比原来减少21%。除专职教师外，在这次聘任用中全校有10人工作岗位变动，占学校总人数30%，从而达到双向选择，竞争上岗，择优录取的目的。

2002年6月，司法学校在新一轮教职工聘任聘用中，调整了机构设置，专门设立“教学研究室”和“网络中心”，并进一步完善了《岗位聘任聘用制度》，真正做到科学设岗，合理定编，双向选择，优化组合，最大限度地调动广大教职工的工作积极性，促进学校工作质量的提高。

二、教学建设

1982—1990年，市司法学校开设的普通课有哲学、语文、政治经济学、文书等。法律专业基础课与专业课有宪法、法学基础理论、中国法制史、刑法、刑事诉讼法、民法、民事诉讼法、经济法、婚姻法、国际私法、犯罪心理学等。并开设律师、公证制度讲座。建校初，还设书法课。教学方法注重启发式，请区法院来校开庭，组织学生深入实际，现场观摩学习。

1993年，实行教育改革，增设专门化班，聘请外校学有所长的教师兼课。开设文秘、司法会计、英语、涉外经济、司法行政、法警等6个专门班，注重技能学习和应用。文秘班设文秘工作、行政管理、公共关系、计算机应用等课。司法会计班设会计原理、工商会计、审计、财政法规、税法等课。英语班设国际经济法、基础英语、口才训练、听力训练、法律英语等课。涉外经济法班设国际私法、国际经济总论、涉外文书等课。司法行政管理班设法学教育、法制宣传管理、公证律师行政管理、中国司法制度等课。法警班设治安管理处罚条例、法警工作实务、枪械警具构造使用、犯罪侦查学等课。1994年,招收4年制检察班,除普通课外,设宪法、刑法、刑事诉讼法、民法、民事诉讼法、经济法总论、检察学、检察书记员实务等30门课。

1982—1995年,共有12届毕业生1 287人。分配到上海市各级法院456人,检察院122人,市、区司法局等机关(律师、公证)202人。其余委托代培毕业生返原地分配。该校毕业生大部分已成为所在单位业务骨干,少数被提拔为基层司法部门领导。

至1998年底,学校共培养全日制中专毕业生1 884人,中专自学考试毕业生1 486人,中等专业证书结业38人。历届毕业生除委托代培毕业生返原地分配外,还分配到上海市各级法院、检察院以及市、区司法局等机关(律师、公证)。该校毕业生大部分已成为所在单位业务骨干,少数被提拔为基层司法部门领导。

1996—1998年,司法学校在努力搞好全日制教育的同时,充分发挥司法干校职能作用,积极探索为上海司法行政系统干警培训的新路子,把干部培训工作重点放到对司法干警岗位实务培训上来,并专门落实机构和人员实施培训计划。1997—1998年,学校先后为市司法局系统干警举办3期共150名学员参加的基层法律工作者学习班;1995年12月—1997年7月,学校以涉外法律培训中心的名义与上海电视大学联合举办4期《国际财务与会计证书》培训班,每学期学员参加统考的合格率均为85%以上;1998年6—10月,分别为市司法局机关人员及学校二年级在读学生共94人开办两期办公自动化培训班,经参加上海市计算机办公自动化应用能力统考,合格率达93%。

1999年,学校进行教育制度改革,停止全日制中专招生,转为招收四年制初中毕业生。2000年,学校共招收240名学生,完成转制后首次招生任务。

1999—2000年,在搞好全日制教育的同时,司法学校充分发挥司法干校和律师函授中心上海辅导总站、华东政法学院上海函授站职能,认真实施函授教育和培训计划。其中报考律函法律专业专科567人,1 083门次;律师专业专科964人,2 714门次;本科761人,2 087门次,考试平均合格率为50%以上。华政函授专升本1999年招收40人,2000年招收46人。学校还先后举办2期91人参加的基层法律服务所新进人员上岗培训班,4期564人参加的全国基层法律服务工作者执业资格考试辅导班。与市工商学院联办律师资格考试考前辅导班,招收学员148人。

2001年,招收法律专业专科生26人,律师专业专科生114人,本科生129人。

2002年,学校先后开设司法考试考前辅导班、华政函授专升本班、公共英语等级培训班以及律函大专、本科辅导班,有1 000余人次参加各类培训与考试。

2004年,招收"高起本高复班"69人。

2005年,开设第一届高中起点本科函授班。

2006年,开设成人高中学历强化辅导班。

2007年6月,学校承接上海市涉外法律人才培训中心的工作。8月,受中华全国律函总站的委托授权,学校作为上海函授站,承接其卫星远程教育上海地面接收站的培训任务。

2008年8月中旬,受百联集团委托,由上海政法学院委培的2008年法律基础知识专题培训班在学校开班。培训历时3个月,共计培训百联集团管理人员40余人,为院校教育资源整合作了有益尝试。

三、校园文化活动

学校自成立以来，坚持举办融体育、文化、艺术等为一体的艺术节。不定期在全校范围内开展摄影、书法、插花、邮展、辩论赛、演讲赛、篮球赛、乒乓球赛、卡拉 OK、扑克赛、影视评析、大型文艺汇演、运动会等活动，营造校园文化氛围。

1998 年 3 月，校团委与中山北路街道团委联合组织志愿者服务，开展为期一个月的法律咨询活动，参加的学生达 60 多人次。

2001 年 5 月，学校团委举办第一届“进取杯”学科知识竞赛系列活动，包括政治、语文、数学、历史、英语、法律、书法等学科知识。

2002 年，以培养学生自我教育、自我管理能力为出发点，试行专职年级辅导员制。

2005 年，举行首届“成才杯”辩论赛、首届“‘漫’无边际”动漫作品展、首届“翰墨缘”师生书画展，开展“未成年人保护条例”讲座、青少年心理健康教育、青少年法制教育、国防教育、校纪校规教育、安全消防教育等活动。

2006 年 3 月，学校开展“说普通话，写规范字”活动。

2007 年，学校开展为期二个月的“崇尚科学、反对邪教、珍爱生命”警示教育活动。

第二节　上海市司法警官学校（上海市劳改工作警察学校）

1984 年，经市政府批准，上海市劳改工作学校成立，1985 年改称上海市劳改工作警察学校。为培养从事劳改劳教工作专门人才的半军事化学校，招收上海应届高中毕业生。1989 年，与申江公司技术学校合并，实行“两块牌子、一套班子”管理体制。1992 年，改名为劳改工作警官学校。1995 年，又更名为司法警官学校。1996 年，停止社会招生，转入对在职干警政治、文化、业务等方面培训。

一、课程设置

建校初期，狱政管理专业设有特色理论、人生与道德、时政、语文（含口才）、英语、逻辑学、法学概论（宪法、法理）、刑法、刑事诉讼法、计算机应用、美育、劳改学基础理论、劳改工作应用文、劳改生产经营管理、犯罪心理、劳动教养学、调查与统计、监狱史、警体和狱政业务讲座等课。1986 年后，还承担职工岗位中专班、岗位大专班、干部训练等培训教学任务。1991 年，随着深化教育改革，对新设文秘、劳改应用微机、犯罪心理诊断与治疗等 3 个专门化班办学模式和课程作了改革。将原有 28 门课压缩成 17 门。文秘班通过见习课，加强学生的打字、写作、书法和辩论能力。劳改工作微机班，要求具备编辑能力，掌握汉字字型输入法，懂 DOS 主要命令及使用。在上海市微机等级考试中，该校学生平均成绩 90 分以上。罪犯心理诊断与治疗班，采用上课、讨论、自学相结合的方法，并到上海少年心理行为障碍诊断所进行专业见习。

1993 年，开始招收 4 年制初中应届毕业生，设狱政管理、文秘档案、计算机应用等专业。狱政管理专业课程，增设政治经济学、哲学、历史、地理、音乐、书法(讲座)、生理卫生(讲座)、计算机基础教程(初级)等课程。文秘档案专业课程，增设管理心理学、行政管理学、统计与会计、公共关系、中外文学作品(讲座)、摄影(讲座)、档案管理学、秘书学、文献学检索、秘书实务、办公自动化、写作、英文打字等课。计算机应用专业，增设物理、化学、电工学、电子技术、操作系统、计算机组成原理、数据结构、会计电算等课。

二、师资队伍

1984 年，建校时在编教师 20 人。1987 年，增至 30 人。同年教师评定职称，高级职称 5 人、中级职称 13 人、初级职称 12 人。1995 年底，在编教师 47 人，其中高级职称 7 人、中级职称 19 人、初级职称 21 人。来校兼课教师 10 人，其中高级职称 1 人、中级职称 5 人。1989—1995 年，在编教师评为全国优秀教师 1 人，获上海市教师园丁奖 6 人。

三、学生

1984—1995 年，通过 10 届办学，共有普通中专毕业生 800 余人、岗位中专毕业生 968 人、岗位大专毕业生 196 人、干训结业生 1 875 人。该校历届普通中专毕业生分到劳改劳教农场 275 人、劳改支队 214 人、各公安分局 121 人、市监狱 73 人、劳教收容所 73 人、劳改局企业单位 70 人、少教所 44 人等。1995 年，劳改工作警察学校开办 2 年制成人大专班。1996 年，停止社会招生。

第三节　上海市政法干部自修大学

1983 年 6 月，上海市政法干部自修大学(自学考试助学机构)成立，校务会主任由市委常委、市委政法委领导小组副组长王鉴担任。校长由华东政法学院院长徐盼秋兼任。市公、检、法、司负责人兼任副校长，市司法局副局长王庄霄任常务副校长。办公机构设在市司法局宣教处。主要任务是统一计划，并领导全市检察院、法院、司法局在职干部的自学考试工作。

自修大学统一管理在职政法干部参加高等法律专业自学考试，协调各方面关系，组织学员面授辅导。报名学习的政法干部 2 000 多人。学员以自学为主，辅以必要的面授辅导。1984 年 5 月，市司法局局长李庸夫兼任政法干部自修大学校长。卢湾、闵行、崇明等区(县)和白茅岭、军天湖、川东、上海农场等都成立自修大学分校。分校扩大到 15 所。

自修大学的建立是司法行政法学教育的一个创新，是高等教育自学考试制度实施后司法局实际管理运作的第一个网格化助学机构，当时是政法干警和法律服务人员青睐的专业学历教育形式。

1987 年，市司法局副局长薛明仁任常务副校长。1989 年，经自修大学辅导、参加法律大专自学考试并获得法律大专毕业证书的共有 850 人。

90 年代后，成人法学教育的形式越来越多样化，由于受到专业证书制度的冲击和自学考试的难度影响，政法干警参加自学考试人数大减，第一批学员逐渐毕业后，人数下降。同时，司法行政体制变更，中华全国律师函授中心律师专业自考开设，市司法局成立辅导总站，自修大学逐渐停止办学。

第四节　其他教育培训机构

一、中华全国律师函授中心大专部上海辅导总站

1988年，中华全国律师函授中心大专部上海辅导总站成立，属成人高等教育法律专业自学考试助学机构，承担参加自学考试学员的辅导和学籍管理工作。市司法局副局长薛明仁兼任上海辅导总站站长，办事机构设在市司法局教育处。

二、上海市涉外法律人才培训中心

1994年，上海市涉外法律人才培训中心成立，旨在培养懂经济、懂法律、同时能熟练掌握法律专业外语的高层次、复合型、外向型法律人才，为实施上海《九十年代紧缺人才培训工程》之一。1999年9月，经市机构编制委员会同意，建立上海市涉外法律人才培训中心，该中心与上海市政法人才培训中心实行两块牌子、一个机构。中心属于事业单位。

三、上海大学法学院司法警官分院

1996年9月10日，上海大学法学院司法警官分院举行揭牌仪式。该院是在上海大学法学院监狱学系和上海市司法警官学校的基础上，由市监狱管理局、劳教局与上海大学法学院联合组建的一所高等专科学校。

四、上海律师学院

1996年11月1日，上海律师学院成立。该院位于青浦区，由上海市律师协会和上海市政法管理干部学院联合共建，负责对上海市执业律师的在职继续教育和新批准执业律师的上岗前培训，是律师教育培训规范化、制度化，全面提高上海律师的政治、业务素质，以适应上海经济、社会发展的需要。

五、上海市劳教局教育培训中心

1999年4月，市编委批准建立市劳教局教育培训中心，其前身为市劳教局招待所，主要承担劳教人民警察的警衔晋升和业务培训等工作。

六、上海中法公证法律交流培训中心

2001年2月，上海中法公证法律交流培训中心在沪成立。中心是中法双方公证人员业务交流培训的民间的非营利性机构，旨在促进中法两国法律工作者之间的交流。中心设立董事会，董事长由中法双方轮流担任，任期两年。

第九篇

社区矫正

20世纪末，市监狱学会专家组的老同志根据长期的执法经验、借鉴世界行刑的发展趋势以及上海位于改革开放前沿的客观需要，提出了扩大社区矫正的建议和方案，引起了市委、市政法委的重视和支持。2000年9月，市女子监狱试行了对罪犯半监禁刑处遇的探索，对于符合条件的罪犯，允许从周一到周五回社会参加劳动，周末回监狱服刑。同时，市少年管教所对关押对象实行了“试工试读”的制度。

中国加入WTO后，进一步促进了上海建设国际化大都市的步伐，为了社会的稳定，为适应国际行刑现代化的趋势，刑罚制度的改革势在必行。上海于2002年8月开始在徐汇区斜土路、普陀区曹杨新村和闸北区宝山路三个街道扩大社区矫正的试点，试点的管理对象包括缓刑、假释、管制、保外就医和剥权人员。2003年初，市委政法委提出在全市构建预防犯罪工作体系的思路，即按照“政府主导推动、社团自主运作、社会各方参与”的方式，由政府出钱购买服务，引入社团和社工帮助吸毒者、社区青少年、社区矫正人员三类特殊人群树立生活的信心和能力，从源头上预防犯罪。同年9月，市社区矫正工作办公室成立。2004年1月，市司法局组建非营利专业社区矫正组织——市新航社区服务总站；8月起，社区矫正试点由5个区的59个街道、镇扩大到全市19个区(县)的185个街道、镇。初步形成市、区(县)、街道(乡镇)三级社区矫正的组织体系。2007年，全市223个街镇(开发区、工业园区、农业区)社区矫正达标创建工作全部完成，分类、分阶段、分级矫正框架基本搭建完成。上海社区矫正工作逐步走上规范化、法制化、科学化的轨道。

第一章　社区矫正指导管理

2002年8月，在市委政法委的直接领导和推动下，上海率先在全国拉开了社区矫正试点工作的帷幕。2003年，市社区矫正工作办公室成立，负责管理全市社区矫正工作，区（县）司法局由基层工作科或安置帮教工作科承担各相关区（县）社区矫正工作的推进。街道（乡镇）司法所（科）明确专人负责社区矫正的日常管理工作，社区矫正试点工作指导管理体制基本确立。2010年，市高级人民法院、市人民检察院、市公安局、市司法局联合制定下发《关于贯彻最高人民法院、最高人民检察院、公安部、司法部〈关于在全国试行社区矫正工作的意见〉的实施意见》，进一步明确社区矫正工作的工作职责任务。

为加强一线的司法所及专职干部的执法能力和专业素质，市矫正办于2005年起，先后开展“2005—2007年社区矫正达标街镇创建活动”和“2008—2010年社区矫正目标管理考核活动”。在考核活动中，成立市、区（县）两级考评小组，从组织落实、日常管理、教育学习、心理矫正、公益劳动、志愿者帮教、帮困解难、与社工工作关系和工作效果等方面具体制定考评内容，形成百分制考核机制。

第一节　管　理　体　制

2002年，市委政法委在《关于推进全市社区矫正工作的实施意见（试行）》指出：“为有效推进此项工作的顺利开展，由市委政法委牵头，市公安局、检察院、高级人民法院、司法局、监狱局参加，成立社区矫正工作领导小组，统一部署、指导和推进社区矫正试点的各项工作，协调工作中所涉及的政策法律问题，并根据社区矫正工作的性质、特点和要求，明确政法各部门的职责。领导小组下设办公室，办公室设在市司法局，负责日常工作事务。”市司法局配合市委政法委推动社区矫正试点工作。

2002年8月，全市在徐汇区斜土路、普陀区曹杨新村和闸北区宝山路3个街道进行试点，试点的管理对象包括缓刑、假释、管制、保外就医和剥权人员。3个街道各有社区服刑人员30多人，共有104名矫正对象，分布在3个街道的64个居委会中。试点的3个街道都成立以街道党工委副书记、政法书记为组长，由警署（派出所）、综治办、司法所、劳动服务所、工商所、民政科、妇联和团工委等部门负责参加的社区矫治试点的工作领导小组及办公室。

2003年7月10日，最高人民法院、最高人民检察院、公安部、司法部联合印发《关于开展社区矫正试点工作的通知》，决定在北京、天津、上海、江苏、浙江、山东等省市开展社区矫正的试点工作。《通知》确定五种罪犯可适用社区矫正：“被判处管制的、被宣告缓刑的、被暂予监外执行的、被裁定假释的、被剥夺政治权利并在社会上服刑的。”

2003年9月，市社区矫正工作办公室成立，作为市司法局下设的副局级机构，负责领导和管理全市社区矫正工作。这是全国第一个领导和管理社区矫正工作的副局级机构。

市矫正办主要职责是：负责牵头组织有关单位和社区基层组织开展社区矫正试点工作；研究制定社区矫正工作有关的政策、制度；督促、检查和指导各区（县）社区矫正工作；负责审批社区服刑人员的日常管理奖惩，审核社区服刑人员的司法奖惩；做好与政法各部门的沟通与协调工作；指导、评估、监督社区矫正社会组织的工作；负责政府购买服务项目的评估及经费核定、申请；负责社区矫正有关的宣传与对外交往工作等。区(县)司法局在已有的编制内指定基层工作科或安置帮教工作科具体负责，落实人员，承担各相关(县)社区矫正工作的推进。街道(乡镇)司法所(科)按照《关于开展社区矫正试点工作的通知》精神，进一步健全街道(乡镇)独立的司法所(科)，明确专人负责社区矫正的日常管理工作。

2004 年是上海全面推进社区矫正工作的起步之年。社区矫正试点由 5 个区的 59 个街道、镇扩大到全市 19 个区县的 185 个街道、镇，4 921 名社区服刑人员被纳入矫正工作范围。初步形成了市、区(县)、街道(乡镇)三级社区矫正的组织体系。

2005 年，根据市司法局党委的总体部署，市矫正办以创建社区矫正达标街镇为抓手，依法规范，整体推进，初步实现了全市社区矫正工作的均衡发展。

2007 年 8 月，全市 223 个街镇(开发区、工业园区、农业区)创建工作全部完成，达标率 100%，初步实现了全市社区矫正基础管理工作规范有序、发展均衡。初步形成了由社区服刑人员风险评估、社区矫正质量评估与社区矫正社会效果评估共同构成社区矫正评估体系。全市分类、分阶段、分级矫正框架搭建完成。在部分区(县)探索了"心理诊疗室""青少年矫正中心""回归人员技能培训中心""补偿性公益劳动""新农村地区社区矫正与安置帮教网格化管理"等试点课题，取得一定效果。至此，上海市社区矫正指导管理体制进入新阶段。

2010 年 1 月 28 日，市高级人民法院、市人民检察院、市公安局、市司法局联合制定印发《关于贯彻最高人民法院、最高人民检察院、公安部、司法部〈关于在全国试行社区矫正工作的意见〉的实施意见》，进一步明确社区矫正工作的指导思想、基本原则、适用范围和主要任务，为全市下一步深入推进社区矫正工作指明工作方向。实施意见也明确了司法行政机关的工作职责：市司法行政机关承担领导和管理全市社区矫正工作。主要职责：牵头组织有关单位和社区基层组织开展社区矫正工作；负责规划、协调、指导和推进全市社区矫正工作；制定社区矫正相关政策和制度，组织开展课题研究；检查考核区县社区矫正实施情况；审批社区服刑人员的日常行为奖惩，审核社区服刑人员的司法奖惩；做好与全市政法各部门及其他政府相关部门的协调和沟通工作，解决社区矫正工作中的重大问题；监督、指导和评估参与社区矫正的社会组织的工作；负责政府购买服务项目的评估及经费核定和申请；负责社区矫正相关宣传与对外交往工作。监狱管理部门应当依法准确办理暂予监外执行，对符合假释条件的罪犯，应当事先征求社区矫正职能部门的意见，及时提请人民法院裁定。对确属不宜在监外执行的社区服刑人员应当根据社区矫正职能部门的建议或法院裁定，及时收监执行。区、县司法行政机关是社区矫正工作的职能机构，负责本区、县社区矫正工作的推进。主要职责：负责与区县综治办及相关政法部门联系和沟通，通报工作情况，协调需要解决的重大问题；指导、监督、检查基层司法所开展社区矫正工作的情况；按权限审核并承办社区服刑人员的奖惩；收集和上报有关统计报表；审核社会帮教志愿者的资质并颁发聘书；监督、指导和评估区县有关社会组织及社工的工作。基层司法所负责社区矫正刑罚执行的具体实施工作，其主要职责包括：(1) 依法履行刑罚执行任务。司法所应当按照有关规定严格执行接收法律文书、主持社区矫正宣告会，开展集中教育和个别教育、组织公益劳动、加强请销假管理、开展日常行为奖惩、配合执行机关提请司法奖惩、期满鉴定等刑罚执行任务；配合公安派出所做好社区服刑人员户籍迁移变动、治安管理行政处罚等工作。(2) 加强对社区服刑人员的教育矫正。采取多种手段.整合各方资源，对社区服刑人员开展分类分阶段分级矫正、心理矫正和个性化教育矫正等工作，努力提升社区矫正的质量和效果。(3) 加强对社区服刑人员的帮困扶助。协调人保、民政等相关部门，组织社会团体、民间组织和志愿者，开展形式多样的帮扶活动，帮助社区服刑人员解决基本生活保障等方面的困难和问题。

上海的社区矫正试点工作与国内其他5个试点省(市)有一个显著的区别，是将社会运作的社会化手段纳入构建预防和减少犯罪体系。在社区矫正试点工作中引入社会工作的理念，由政府购买服务，社会各方参与，优化组合社会资源，解决社会问题。2004年1月19日，新航总站成立，是市矫正办指导的非营利专业社区矫正组织。2006年开始，市矫正办指导市帮教志愿者协会顺利完成换届改选，对协会功能重新合理定位，使协会成了真正意义上社会化自主运作的社团。同时，搭建全市社会帮教志愿者网络，积极推进各区(县)尽快建立区级层面的社会帮教志愿者协会。2009年，全市18个区县全部成立社会帮教志愿者协会，市社会帮教志愿者协会个人会员9 500人，全市范围单位会员128家。

第二节　规范化建设

一、构建社区矫正制度体系

在试点开展社区矫正工作之初，上海坚持非监禁刑罚执行活动的规范统一，由司法行政部门主动牵头，积极协调公安、检察、法院和监狱管理部门。为确保试点工作的顺利开展，在以公安机关为执法主体、维持现行法律框架不变的前提下，市司法局调整充实力量，以街道(镇)司法所(科)为工作主体，构建社区矫正制度体系。

2004年，市司法局开始建章立制，推动社区矫正试点工作的制度化、规范化。1月5日，出台《市司法局关于社区服刑人员日常行为奖惩的规定(试行)》。该《规定》界定了社区服刑人员日常行为奖惩的种类，将奖励分为表扬、记功和评为社区矫正积极分子3种，处分分为警告和记过2种。同时，明确社区服刑人员日常行为奖励作为提请司法奖励的基础。《规定》还设置对社区服刑人员的奖惩决定应当在社区中公开，以及社区服刑人员对奖惩有异议的可提出复核等程序。

2004年10月，为配合社区矫正工作由徐汇、普陀、闸北、卢湾、浦东等5个区的试点向全市推开、确保社区矫正工作的顺利进行，市司法局出台《关于全面推进社区矫正工作的意见》。《意见》明确全面推进社区矫正工作的指导思想和需要把握的5个原则，明确司法行政机关的主要职责以及提高社区矫正工作质量和宣传力度的要求。市司法局还会同公、检、法等有关政法部门修订了《社区矫正工作流程》，修改《社区矫正服务指南》，起草了《市司法局关于社区服刑人员分类矫正的暂行规定》《街道司法所社区矫正工作职责》等规定。

2005年，市矫正办发布《社区服刑人员个性化教育暂行办法》《社区服刑人员心理矫正工作暂行办法》，探索心理矫正工作、风险评估工作和个性化教育矫正工作；出台《关于实施〈关于办理减刑、假释案件实施细则(修订)〉程序的暂行规定》，加强对执法环节的指导和检查。同年，市司法局和市公安局联合印发《上海市社区服刑人员分类矫正暂行规定》，正式实施社区服刑人员分类矫正。此外，市、区司法局均与公检法等部门会签了有关社区矫正工作的文件，拓展社区矫正工作职能。

2006年，市矫正办印发《关于全市社区矫正工作达标街镇动态管理的实施意见》，制定《关于加强和规范社区矫正教育学习工作的意见》《上海市社区服刑人员公益劳动管理暂行办法》等。强化工作职能意识,与市高院、检察院、市公安局等联合印发《关于全市社区服刑人员违反社区矫正规定的处置办法(试行)》,在全国首次用制度的形式对严重违反社区矫正管理规定的社区服刑人员如何从严管控进行规范。同时,鼓励各个区(县)建立"法院缓刑判决前征求社区矫正工作职能部门意见"的制度。

2007年4月,市矫正办在全市范围试行《上海市社区矫正指导手册》。指导手册以分类、分阶段、分级矫正的工作流程为主线,对社区矫正规范性文件进行系统梳理和有机结合。指导手册的试行,全面提升了上海社区矫正工作的规范化水平,也为探索建立本土化社区矫正工作模式提供一种参考范式。同年7月,市矫正办又编印印发《上海市社区矫正指导手册——法规文件分册》。该分册共收录了99个文件法规文本,主要内容为与社区矫正工作相关的法律、法规、司法解释和规范性文件,以及涉及社区服刑人员切身利益的劳动、民政、房地等相关部门的政策性文件等。

2008年4月,市矫正办制定印发《关于进一步加强青少年社区服刑人员分类矫正工作的实施意见》,规定阶段式教育和模块式教育相结合的教育矫正模式,提高青少年对象的矫正效果。同月,制定印发《关于开展社区服刑人员补偿性公益劳动的实施意见》,引导社区服刑人员积极主动采取向被害方或社会提供切实可行的补偿劳动或服务。

2010年1月28日,市有关部门联合发布《〈关于在全国试行社区矫正工作的意见〉的实施意见》,明确市社区矫正工作联席会议成员由市高级法院审监庭、市检察院监所处、市公安局治安总队和市司法局矫正办、市监狱局刑罚执行处等部门组成,研究解决全面试行社区矫正工作中体制和机制方面的重大问题,切实加强协调和组织领导工作。联席会议的日常工作由市社区矫正办承担。各区县参照以上要求建立相应的社区矫正联席会议制度。

二、建立完善部门间协同配合机制

协同配合的基础是明确各协同部门的职责。2003年上半年,市高院出台《上海法院参与社区矫正工作的若干意见(试行)》,市人民检察院出台了《上海检察机关参与社区矫正工作的试行办法》,市公安局治安总队向试点区公安机关印发《公安派出所社区矫正工作规范(试行)》,市监狱局出台了《上海监狱推进假释工作的实施办法》,市司法局印发《关于开展社区矫正工作试点的意见》,制定《社区矫正工作流程(试行)》,对公、检、法、司各部门参与社区矫正工作的基本职责作了明确界定。同年11月6日,市司法局制定印发《市司法局关于贯彻落实市委"构建预防和减少犯罪工作体系"的总体部署,进一步推进社区矫正试点工作的意见》,着重明确各级司法行政机关的工作职责和工作要求,并明确要求积极培育扶持社团组织参与试点工作。这些规范性文件的出台和实施,初步形成司法机关密切配合、共同推进社区矫正试点工作的格局。

为了逐步完善各部门间的协同配合机制,2004年开始,市高院每季度向市司法局提供有关裁判数据,并协调基层法院提供社区矫正必要的法律文书。市公安局印发《关于公安派出所配合做好社区矫正工作的规定》,市司法局与市公安局治安总队共同对社区矫正的衔接工作、社区服刑人员分类矫正的具体措施等进行调研,将对这些问题及社区服刑人员档案管理、社区矫正工作中突发事件的预案工作等问题作进一步的明确。市检察机关履行检察职能,积极提供相关法律法规和工作建议,出台《上海市监外执行(社区矫正)检察工作流程》。市监狱管理局每月向市司法局提供相关监禁数据,积极为司法行政机关提供社区矫正必要的法律文书。

2005年初，全市建立公检法司社区矫正职能部门联席会议制度，由市高院刑一庭庭长、市检察院监所处处长、市公安治安总队副总队长、市监狱管理局刑务部部长、市矫正办主任及有关人员组成，市矫正办主任担任召集人。会议由召集人组织召开，每半年1次，会议的主要任务是通报工作情况，交流工作信息，研究有关措施。在会议召开前，召集人向各成员提供会议议题。联席会议成员的职责包括：督办、落实会议确定的涉及本部门的各项工作，及时通报在工作中遇到涉及社区矫正的重大问题。在市级层面，市高院、检察院和司法局联合印发《关于办理减刑、假释案件实施细则(修订)》，进一步规范缓刑、假释的适用；市公安局、司法局联合印发《上海市社区服刑人员分类矫正暂行规定》，首次从制度层面对社区服刑人员实施"区别处遇"制订了操作性办法；市矫正办印发《关于实施〈关于办理减刑、假释案件实施细则(修订)〉程序的暂行规定》，对区(县)司法局提出明确的有关程序上的要求。区级层面，徐汇、闸北、普陀、卢湾、虹口、南汇、长宁、浦东新区等八个区司法局与法院建立缓刑判决前征求意见制度。同年6月，卢湾法院在听取社区矫正工作部门对1人不适宜适用非监禁刑的意见后，对该人判处了监禁刑，这是上海法院系统运用该制度判处监禁刑的第一例。

2006年8月16日，市高级法院、检察院、公安局、司法局联合印发《关于全市社区服刑人员违反社区矫正规定的处置办法(试行)》，规定警告、记过等社区矫正日常行为处分和罚款、拘留等治安管理处罚以及撤销缓刑、假释、暂予监外执行等司法惩处的适用情形，明确三种处罚之间的相互衔接、操作程序以及各部门的职责划分等问题。该文件在全国首次用制度的形式，对严重违反社区矫正管理规定的社区服刑人员如何从严管控进行规范，为社区矫正工作顺利开展提供制度支撑，尤其是对缓刑、假释以及监外执行人员严重违反社区矫正管理规定又尚未构成犯罪的情形，明确可以予以撤销并收监执行，从制度层面和操作层面强调了社区矫正工作的刑罚执行性质，增强严肃性，解决一直困扰基层的严重不服管社区服刑人员的管控难题，同时也为将来的社区矫正相关立法工作提供实践经验。该文件下发后，仅2006年就有3例因严重违反社区矫正管理规定而被矫正机构建议撤销缓刑或假释并收监执行的个案发生，法院对3例个案均采纳了社区矫正机构的建议，作出撤销缓刑或假释并收监执行的裁定。此外，市矫正办鼓励各个区(县)对建立"法院缓刑判决前征求社区矫正工作职能部门意见"制度进行探索和试点，仅2006年，便有浦东、徐汇、卢湾、长宁、普陀、闸北、杨浦、虹口、宝山、嘉定、松江、奉贤、青浦等13个区的法院和司法局达成一致，以会签文件方式共同推行缓刑判决前征求意见制度。至2006年12月底，13个区法院共对247名缓刑对象在判决前征求了社区矫正工作职能部门的意见。

自2005年，市矫正办与市高院协商建立"法院判决缓刑前征求社区矫正工作职能部门意见"制度，并选择有条件的区开展试点，经过2年多的努力，至2007年，全市已在18个区建立这项制度。在试点实践基础上，2007年上半年，市高院、检察院、公安局、司法局召开联席会议，以会议纪要形式正式确立"缓刑判决前征求社区矫正工作职能部门意见"制度，使缓刑判决与缓刑执行之间的职能衔接有了制度性规范，同时也为上海探索"人格调查"制度奠定了良好的基础。2007年1—12月，各级法院共对335名缓刑对象在判决前征求了社区矫正工作职能部门的意见，比2006年增加34.5%。行政奖惩与司法奖惩衔接规范。2007年，市矫正办加大了对日常行为奖惩与司法奖惩衔接制度的规范执行力度，一方面规范对日常行为奖惩的办理程序严格监督，另一方面，通过培训以及个案研究等途径，提高基层社区矫正工作人员组织证据材料的能力水平，确保提请收监以及申请减刑案件材料的规范性，有效维护刑罚执行严肃性。2007年1—12月，共有10名社区服刑人员因违反社区矫正管理规定而被法院裁定撤销缓刑或假释收监执行，有2名社区服刑人员因表现突出被给予减刑(缩短考验期)的司法奖励。

2008年8月,市司法局和市高院、检察院、公安局联合制定印发《上海市非监禁刑罚执行衔接工作规定(试行)》。市矫正办与市监狱管理局协商,启用《监狱假释人员承诺书》《罪犯假释告知书》。

至2009年,全市社区矫正和其他部门间的配合日益完善。主要建立以下制度:

(1) 建立缓刑前征求意见执行情况反馈制度。2009年初,市矫正办与市高院就进一步推进上海市缓刑前征求意见制度的落实进行商讨并达成共识,市高院负责敦促各级基层法院落实制度,市矫正办将缓刑征求意见情况信息及时反馈市高院。浦东新区积极探索法院审判前征询意见和罪犯接受社区矫正告知承诺,并建立罪犯家属配合监管教育的承诺书制度,取得良好效果。全年上海各级法院共对746名缓刑对象在判决前征求了社区矫正工作职能部门的意见,比上年上升10%。

(2) 试点推行人格调查制度。2008年,市矫正办指导推动南汇、长宁区进行人格调查制度试点,并取得一定进展。2009年,长宁区继续试行未成年人刑事案件判决前人格调查制度,并在实践中进一步将"人格调查"程序的启动时间由审判阶段前移至检察机关审查起诉阶段,由市检察院发出委托调查函,由社区矫正机构作为独立的第三方组织开展调查和评估,检察机关根据调查报告决定对未成年犯罪嫌疑人不起诉、开展诉前考察或者提起公诉。对于提起公诉的未成年人刑事案件,调查报告将随案移送审判机关,案件审理开始后,调查员应出庭参与庭审,调查报告将作为法院判决的参考依据。人格调查制度探索延伸了社区矫正工作,实现社区矫正与司法程序的有效衔接,更好地保护未成年人合法权益,也为拟定针对性的社区矫正方案打下了基础。

(3) 建立假释前征求意见执行情况通报制度。全市继续贯彻落实监狱机关提请假释前征求意见制度,市矫正办和市监狱管理局通过专题会议研商工作中的有关问题,进一步扩大假释面,建立信息通报和联络员制度,努力实现假释工作和社区矫正工作的有机衔接。市矫正办督促各区(县)司法局职能部门认真做好假释前征求意见制度的反馈工作;市监狱管理局及时提供《假释前征求意见表》,并认真做好该表信息的采信和使用工作,严格执行保密制度。2009年全市共办理假释前征求意见971件,比2008年增加了11%。通过规范职能衔接,社区矫正工作有效监管率达99.9%。

(4) 积极探索未成年人社会观护工作。为了实现对到沪未成年人的平等保护和教育改造,全市政法各部门共同研究、积极探索未成年犯罪预防工作,2009年下半年,在市矫正办的积极推动和具体指导下,黄浦、虹口两区相继建立未成年人社会观护体系。检察、司法、公安等有关部门,对情节较轻的涉罪未成年人,采取非羁押的方式进行考察教育,对确有悔改自新或立功表现的未成年人,不再予以治安处罚,或作出不起诉决定,或向法院提出缓刑建议。未成年人社会观护工作,主动延伸了社区矫正工作职能,充分发挥社会工作者和社会帮教志愿者的帮教作用,为全市开展涉罪未成年人教育帮教工作提供有益经验。

2010年1月,市矫正办牵头组织有关部门制定印发《关于贯彻最高人民法院、最高人民检察院、公安部、司法部〈关于在全国试行社区矫正工作的意见〉的实施意见》,进一步明确社区矫正工作的指导思想、基本原则、适用范围和主要任务,进一步强调了全市政法各部门在承担社区矫正工作中的各自职责,完善了相互协作配合的长效机制,为进一步深化全市社区矫正工作提供制度保障。3月10日,市司法局、市高级人民法院、市人民检察院、市公安局联合召开全市社区矫正工作推进会,传达贯彻全国社区矫正工作会议精神,总结、部署全面推进本市社区矫正工作,对公、检、法、司各家从事社区矫正工作的110个先进集体、276名先进个人进行联合表彰。各区(县)积极贯彻落实全市推进会精神,建立健全社区矫正工作联席会议等制度,落实工作经费,加强队伍建设,切实推动社区矫正工作不断发展。浦东新区司法局在总结工作的基础上,深入调研工作现状,客观分析工作不足之处，从工作体制、工作机制入手，进行深化社区矫正工作的试点探索。闸北区司法局与区法院、检察院、公安局联合印发《关于缓刑人员纳入社区矫正管理的衔接办法》，加强有关部门的协作与配合，更好地发挥各自的职能作用，共同做好缓刑人员的教育、管理、监督工作。

三、达标街镇创建和目标管理考核活动

达标街镇创建与目标管理考核是社区矫正"上海模式"的重要特征之一。

创建达标街镇。2005 年 3 月 14 日，为了贯彻司法部《司法行政机关社区矫正工作暂行办法》，凸显社区矫正刑罚执行的严肃性和统一性，切实落实街镇司法所(科)履行社区矫正日常管理职责，确保全市社区矫正工作有序推进和均衡发展，市矫正办印发《关于开展创建社区矫正工作达标街镇活动的实施意见》。

2005 年，全市共有 101 个街镇申报创建社区矫正达标街镇。市矫正办对申报的单位分两批进行考评，经主任办公会议审议通过，确定 94 个街镇通过验收，达标街镇占全市街镇总数的 41.2%。其中，卢湾、静安 2 个区率先实现 100%街道达标。通过创建达标街镇，进一步确立了社区矫正工作的规范化标准，明确工作要求，起到了交流、促进、培训的作用。同时，促进街镇党政领导对社区矫正工作的重视和支持，扩大司法行政工作在基层的影响。如杨浦区针对该区社区服刑人员多，工作基础较薄弱，社区矫正初期启动较慢的现状，紧紧抓住创建社区矫正工作达标街镇活动这一契机，以达标街镇的考评标准作为开展工作的标杆，加强基层基础工作，通过培育典型，推广经验，提升了各街道、镇社区矫正工作水平。奉贤区、嘉定区将申报达标街镇的单位作为该区的工作样板，在工作中采用了"重点突破，以点带面"的形式，在第一批达标街镇考评结束后，及时总结，适时召开社区矫正推进会，带动了整个区的工作发展；长宁区司法局在每一阶段考评之后，立即行动，从区级层面开展整改活动，制定整改方案，扎扎实实地推进工作；虹口区借创建达标街镇工作之际，大力宣传社区矫正工作，在《虹口报》上整版宣传创建社区矫正工作达标街镇的活动，扩大社区矫正的影响。

在考评达标街镇工作的过程中，市矫正办还加强调研，召开由司法所(科)、社工、公安干警、志愿者等参加的近百个座谈会，了解全市社区矫正工作取得的进展和存在的问题。2005 年，共随访 106 名社区矫正人员，从矫正人员的角度了解对象接受矫正的情况以及基层司法所和社工开展工作的情况：(1) 社区矫正人员普遍对开展社区矫正工作持欢迎态度。有 95 名社区矫正人员认同社区矫正，对司法所(科)实施日常管理、社工参与的工作模式给予了充分肯定，占被调查人数的 89.6%，认为社区矫正的刑罚执行方式有利于他们融入社会，提高改造效果。(2) 对社工的态度。有 99 名社区服刑人员对社工的评价较高，认为社工热心、能真诚帮助社区服刑人员解决面临的各种困惑或实际困难，占被调查人数的 93.3%。(3) 对集中教育、个别教育、公益劳动等表示接受，但也希望教育能因人而异，有所区别，内容更具针对性。

2006 年，市矫正办继续抓住创建达标街镇契机，整体推进全市社区矫正工作稳步前进，印发《关于本市社区矫正工作达标街镇动态管理的实施意见》。至 11 月，全市达标街镇总数累计已达 176 个，占全市街镇总数的 77.5%。

2007 年 8 月，11 个区(县)的 30 个创建街镇(工业园区、农业区)全部通过检查验收，成为社区矫正工作达标街镇。至此，全市 223 个街镇(开发区、工业园区、农业区)创建工作全部完成，达标率 100%。三年达标创建任务完成，初步实现全市社区矫正基础管理工作规范有序、发展均衡；通过制定和执行《达标街镇考评方法》，明确以日常管理、教育学习、公益劳动、心理矫正以及帮困解难等为

主要组成部分的上海社区矫正工作框架的实际操作标准,使全国非监禁刑罚执行第一次有了统一的量化考核指标,有力地增强刑罚执行的严肃性。

2007年,市矫正办对除崇明县以外的18个区各抽查了一个街镇进行动态考核,各区(县)司法局坚持贯彻“达标创建在先,动态管理跟进”的工作思路,着力指导各街镇司法所(科)进一步巩固达标创建工作成果。杨浦区四平路街道把社区矫正工作列入街道社会稳定工作大局统一思考部署、落实工作经费;长宁区新华路街道、南汇区六灶镇成立社区矫正工作领导小组,加强组织领导;卢湾区打浦桥街道、徐汇区长桥街道、闵行区华漕镇、嘉定区南翔镇、宝山区顾村镇、金山区山阳镇等街镇领导也从人力、物力、财力等方面予以充分保障,确保社区矫正工作深入推进。经考核,18个被抽查街镇均符合《关于全市社区矫正工作达标街镇动态管理的实施意见》相关规定和要求,顺利通过达标街镇动态管理检查。

建立矫正质量评估指标。2006年,上海开始探索建立社区矫正评估体系,并确立“矫正质量评估指标的设计和运用”试点课题。探索高效的个性化教育矫正措施、更有针对性的分类矫正模式,确定“青少年分类”“暴力型、侵财型分类”等细化标准。3—5月,市矫正办对社区矫正工作进行调查评估。在此基础上,2008年初,市矫正办制定印发《2008—2010年全市社区矫正工作目标管理实施意见》,对进一步加强上海市街镇司法所的基础规范工作提出3年的目标管理要求。

2008年,全市19个区(县)第一批申报的70个街镇中有69个街镇经过复查达到社区矫正工作目标管理规定要求,通过率为98.6%。2009年,又有18个区(县)(原南汇区并入浦东新区)的93个司法所通过复查考核,占全市222个司法所的73%。2010年5月10日,浦东新区上钢新村司法所等56个司法所达到社区矫正工作目标管理规定要求,被确定为2010年度社区矫正工作目标管理合格司法所。至2010年,全市已有218个司法所通过市矫正办的目标管理考核,实现社区矫正工作3年目标管理创建的预定工作目标。

建设社区矫正宣告场所。2009年4月14日,市矫正办印发《社区矫正宣告场所规范化建设标准(暂行)》,对社区矫正宣告室场所名称、建筑面积、设施配置、着装要求、标识徽章、工作流程等提出明确要求,对于验收合格的司法所统一颁发“社区矫正宣告室”标牌和“中国司法”徽章。至12月底,全市已建成60个规范化的社区矫正宣告室。2010年,全市18个区(县)已有68个司法所建立规范化的社区矫正宣告室。另外,卢湾、静安区还积极开展社区矫正工作体制机制试点,探索在中心城区整合资源、集中管理的社区矫正工作运行模式,建成了区级社区矫正宣告室。

建立“认罪、悔罪、赎罪指标体系”。2009年12月10日,市矫正办在专项调研了卢湾、静安、浦东、杨浦、嘉定、青浦区19个街镇司法所的基础上,制定印发《关于试行开展“认罪、悔罪、赎罪指标体系”工作的通知》(2010年施行),设定了31个一级指标、80个二级指标,共同反映社区服刑人员个体教育矫正质量。

2010年,根据2009年印发的《关于试行开展“认罪、悔罪、赎罪指标体系”工作的通知》,指导各区、县司法局以2010年矫正期满的社区服刑人员为测试对象进行“三罪指标体系”测试。全市共测试社区服刑人员2 184人。测试结果显示,认罪2 003人,认罪率达91.7%;悔罪929人,悔罪率达42.5%;赎罪217人,赎罪率达9.9%。数据表明,就大多数社区服刑人员而言,“三罪指标体系”测试结果与司法所专职干部的主观判断相吻合,“三罪指标体系”体现出一定的科学准确性。

第二章　社区矫正人员规模与结构

2004年，上海开始全面推进社区矫正工作，当年累计接受社区矫正社区矫正人员4 921人。自2008年起，全市当年累计矫正社区服刑人员人数均超过1万。从历年在册社区服刑人员数据来看，在缓刑、假释、管制、暂予监外执行和剥夺政治权利等5类对象中，除2004年外，缓刑类社区矫正人员占比最高，保持在50%以上，剥夺政治权利类和假释类对象占比分列二、三位。

第一节　人员规模

2004年是上海全面推进社区矫正工作的起步之年。社区矫正范围从5个区的59个街镇扩大到全市19个区(县)的185个街道、镇，共4 921名社区服刑人员被纳入矫正工作范围。

2005年12月底，全市在册社区服刑人员4 983人，新收3 609人。全年累计矫正社区服刑人员8 530人，期满解除矫正2 937人。

2006年，随着社区矫正管理软件的使用，统计数据更为精准。至2006年12月底，全市在册社区服刑人员5 445人，新收3 728人。全年累计矫正社区服刑人员8 895人，期满解除矫正3 010人。

2007年，分类、分阶段、分级矫正框架落实，非监禁刑罚执行逐渐被社会接受。全年累计接收社区矫正人员9 633人，12月底在册人数5 939人。2名社区服刑人员因表现突出而获得减刑的司法奖励，占总数的0.02%，另有893人次获得表扬、记功等日常行为奖励，占总数的9.27%；全年有3 409人矫正期满顺利回归社会。

2008年，全市累计矫正社区服刑人员突破10 000，达10 206人。至12月底，在册人数6 226人，有效监管率达99.89%；10名社区服刑人员因表现突出而获得减刑(缩短考验期)的司法奖励，占总数的0.10%，另有661人次获得表扬、记功等日常行为奖励，占总数的6.48%；全年共有3 689人矫正期满顺利回归社会。

2009年，全市累计矫正社区服刑人员10 446人，12月底在册社区服刑人员6 201人。全市社区服刑人员获得表扬的726人次，记功66人次，被评为积极分子25人次，获得减刑或(暂予监外执行人员)被依法裁定假释6人。由于违反矫正规定被警告的80人次，记过32人次，严重违反矫正规定被收监的27人。全年共有3 976人矫正期满顺利回归社会，有效监管率达99.9%。

2010年，全市累计矫正社区服刑人员10 516人，矫正期满4 131人，在册社区服刑人员6 121人。全年度社区服刑人员获得减刑8人，由暂予监外执行被依法裁定为假释6人。

第二节　人员结构

矫正人员结构一般划分为缓刑人员、假释人员、管制人员、暂予监外执行人员和剥夺政治权利人员。

2004年，上海社会矫正工作正式起步。同年，全市在册社区服刑人员缓刑2 414人，假释975

人,管制 32 人,暂予监外执行 160 人,剥夺政治权利 1 340 人。至 2010 年,在册社区服刑人员中,管制 18 人,缓刑 4 137 人,假释 653 人,暂予监外执行 209 人,剥夺政治权利 1 104 人。

表 9-2-1　2004—2010 年上海市社区矫正人员结构情况统计表　　单位:人

年　份	社区矫正人员结构				
	缓　刑	假　释	管　制	暂予监外执行	剥夺政治权利
2004	2 414	975	32	160	1 340
2005	2 665	823	28	182	1 276
2006	3 049	963	30	178	1 218
2007	3 476	983	32	194	1 204
2008	3 939	879	29	180	1 199
2009	3 969	900	24	190	1 118
2010	4 137	653	18	209	1 104

2010 年,全市累计接收社区服刑人员 10 516 名,矫正期满 4 131 名,在册社区服刑人员 6 121 名;其中,管制 18 名,缓刑 4 137 名,假释 653 名,暂予监外执行 209 名,剥夺政治权利 1 104 名。

第三章　社区矫正衔接与执行

2002年，市政法委颁布《社区矫正工作流程（试行）》，2004年，市高院、检察院、公安局、司法局联合颁布《关于印发〈社区矫正工作流程〉的通知》，社区矫正衔接与执行主要规范体系基本确立。根据社区矫正流程的先后顺序，社区矫正衔接与执行可以分为：适用社区矫正前，主要是由区（县）司法局社区矫正工作职能部门和司法所组织对被告人或罪犯基本情况、犯罪情形、家庭状况、邻里关系等进行调查，并出具意见；人员和文书衔接，主要是社区服刑人员报到和法律文书转递；社区服刑人员入矫和解矫，主要包括入矫宣告、组建矫正小组、制定矫正方案以及期满解矫等。

第一节　调 查 评 估

根据2003年《关于开展社区矫正试点工作的通知》，在人民法院判处非监禁刑、减刑、假释工作中，可以征求有关社区矫正组织的意见，并在宣判、宣告后，将判决书、裁定书抄送有关社区矫正组织。

2006年3月17日，市社区矫正办公室、市监狱管理局印发《关于试行监狱（所）上报假释案件前征求社区矫正工作职能部门意见的通知》。根据该《通知》，各监狱（所）刑务部门在上报提请罪犯假释材料之前，应当向罪犯实际居住地所辖区（县）司法局社区矫正工作职能部门告知并征求意见。

为了提供更为准确的事实依据，区（县）司法局将根据《情况调查表》开展调查评估工作。区（县）司法局可以指导相关司法所（科）开展并完成调查工作。判处缓刑前征求意见，一般应当在4个工作日内完成调查并通过区（县）司法局向相关人民法院反馈意见；上报假释前征求意见，一般当在3个工作日内完成调查，并在10个工作日内向发放《情况调查表》的监狱（所）反馈意见。

司法所（科）在接到《情况调查表》后，应当立即向公安派出所、居委会、有关单位以及罪犯家庭调查情况并听取社区意见。调查被告人或罪犯的基本情况（受教育情况、工作与生活情况及对未来的态度和计划等）、犯罪情形（犯罪原因、主观恶性、认罪表现等）、家庭状况（家庭结构是否完善、是否履行家庭责任、家庭成员关系是否和谐等）、邻里关系等。有些区（县）社区矫正工作职能部门还在实践中总结摸索出一套适合该区（县）特点的工作方法。如宝山区的"三个针对"和"三个注重"工作方法，根据罪犯的犯罪情节和影响后果等方面区别采用不同的调查和审批程序，对犯罪情节严重的对象充分听取社区意见，集体分析研究反馈意见，既有助于提高工作效率，又有效保障了职能衔接规范。

街道（乡镇）司法所接到《判处缓刑意见征求表》或《办理假释意见征求表》后，应按要求对犯罪被告人或罪犯的综合情况进行调查核实，在调查核实的基础上，对是否应该适用缓刑或假释出具意见，区（县）司法局对司法所出具的意见进行审核把关并在规定时间反馈至征求意见方。对于可能裁判缓刑、假释的人员，司法所应做好社区矫正的前期准备工作。缓刑、假释前征求意见，其目的是为法院的判决裁定提供参考，这样做有利于增强审判机关、监狱及社区矫正机关的工作合力，加强社区矫正工作的衔接与配合，促进矫正工作对象的教育改造、适应社会、保持社区和谐。

2007年，全市已有18个区建立缓刑前征求意见制度，共办理335名缓刑前征求意见的情况反馈,全市所有监狱系统都建立假释前征求意见制度,共办理690名假释对象征求意见的情况反馈。2007年全年新纳入的社区服刑人员4 043人,缓刑和假释征求意见数量占全年新收入数的25.35%。2008年,全市共办理447名缓刑前征求意见的情况反馈和703名假释对象征求意见的情况反馈,两者合计占全年新收社区矫正人数26.95%。2009年,全市共办理746名缓刑前征求意见的情况反馈,占全年度新纳入缓刑人数的24.06%;共办理971名假释前征求意见的情况反馈,全年度新纳入假释的社区服刑人员662人,占假释前征求意见人数的68.18%。2010年,共办理缓刑前征求意见1 217件,占全年度新收缓刑人数的35.90%,比上年增加63.14%。共办理假释前征求意见677件,比上年减少30.28%,全年度新收假释人员419人。

此外,2008年,南汇区和长宁区开始进行人格调查制度的试点。该"人格调查"制度规定在涉及未成年人的刑事案件判决前,由司法机关委托社区矫正部门作为第三方对未成年犯罪嫌疑人(被告人)的个人情况、社会背景、犯罪前后表现等进行专门调查,对其心理状况、人身危险性及重犯可能性进行系统的评估,并向法院提交调查评估报告,供法院在定罪量刑时参考;社区矫正部门的人格调查员还有权作为特殊诉讼参与人参与刑事诉讼,出庭宣读调查报告、应对质证,并对未成年犯罪嫌疑人(被告人)的处理提出建议。

第二节　法律文书衔接

2002年,全市社区矫正试点工作已在徐汇、闸北、普陀三区开展,根据市政法委颁布的《社区矫正工作流程(试行)》,对人民法院判处缓刑、管制、剥夺政治权利和裁定假释以及司法行政机关监狱管理部门批准暂予监外执行(保外就医)的社区矫正对象的法律文书转递工作做出试点规定。

2004年,市高院、检察院、公安局、司法局联合颁布《关于印发〈社区矫正工作流程〉的通知》,正式确立了社区矫正的法律文书衔接制度。

人民法院对被告人判处管制,书面告知罪犯在3个工作日内到居住地公安机关报到,在判决生效后5个工作日内将有关法律文书送达罪犯居住地公安机关,在判决生效后5个工作日内将裁判文书送达罪犯居住地的人民检察院监所检察部门。判决为定期宣判的,人民法院可通知罪犯居住地街镇司法所(科)派员参加,有关法律文书可由司法所(科)人员转交罪犯居住地公安机关。必须接收的法律文书包括:生效判决书、执行通知书。

人民法院对被告人宣告判处缓刑,书面告知罪犯在3个工作日内到居住地公安机关报到,在判决生效后5个工作日内将有关法律文书送达罪犯居住地公安机关,在判决生效后5个工作日内将裁判文书送达罪犯居住地的人民检察院监所检察部门。判决为定期宣判的,人民法院可通知罪犯居住地街镇司法所(科)派员参加,有关法律文书可由司法所(科)人员转交罪犯居住地公安机关。必须接收的法律文书包括:生效判决书、执行通知书。

人民法院对被告人决定暂予监外执行,书面告知罪犯在3个工作日内到居住地公安机关报到,在判决生效后5个工作日内将有关法律文书送达罪犯居住地公安机关,在判决生效后5个工作日内将裁判文书送达罪犯居住地的人民检察院监所检察部门。定期宣判的,人民法院可通知罪犯居住地街镇司法所(科)派员参加,有关法律文书可由司法所(科)人员转交罪犯居住地公安机关。法院判决的,必须接收的法律文书包括生效判决书、暂予监外执行决定书、执行通知书;监狱(公安)机关批准的,必须接收的法律文书包括:生效判决书、暂予监外执行证明书、暂予监外执行延长通知书。

人民法院对罪犯裁定假释,通知罪犯居住地街镇司法所(科)派员参加法庭宣判,书面告知罪犯在3个工作日内到居住地公安机关报到，在判决生效后5个工作日内将裁判文书送达罪犯居住地公安机关和人民检察院监所检察部门。必须接收的法律文书包括：生效判决书、假释裁定书。

人民法院对被告人单处剥夺政治权利，书面告知罪犯在3个工作日内到居住地公安机关报到，在判决生效后5个工作日内将有关法律文书送达罪犯居住地公安机关，在判决生效后5个工作日内将裁判文书送达罪犯居住地的人民检察院监所检察部门。判决为定期宣判的，人民法院可通知罪犯居住地街镇司法所(科)派员参加，有关法律文书可由司法所(科)人员转交罪犯居住地公安机关。必须接收的法律文书包括生效判决书、执行通知书。被附加判处剥夺政治权利的罪犯，主刑刑期届满前，监狱机关或者公安看守所在罪犯主刑服刑期届满前两个月，应将《刑满释放预报通知书》寄送罪犯居住地公安机关、人民检察院和司法局。在罪犯主刑服刑期届满前两个月内，应开展有关教育工作，促使罪犯在刑满释放后能自觉接受社区矫正机构的管理和教育，书面告知罪犯在刑满释放后3个工作日内到居住地街镇司法所(科)报到。必须接收的法律文书包括：生效判决书、释放证明书、其他改变剥夺政治权利期限的裁判文书。

一般情况下，社区矫正所需要的与服刑人员相关的法律文书(复印件)，由公安派出所提供。监狱、看守所决定服刑人员暂予监外执行的或者人民法院宣告裁定假释的，由监狱、看守所直接交付或送达司法所。法律文书收集不全的，司法所可以通过有关机关协助收集。可以从区(县)检察院收集；公安机关批准的暂予监外执行人员、公安看守所释放的附加剥夺政治权利人员，从区(县)公安分局收集；法院判决管制、缓刑的人员，裁定假释的人员，法院决定的暂予监外执行人员，从原判法院收集；监狱管理局批准的保外就医人员，监狱刑满释放的附加剥夺政治权利人员，从市监狱管理局或者原押监所收集；外省市法院裁判或执行机关决定的，发函向所在省市的原判法院、原决定机关、原押机关收集法律文书；外省市监狱管理局批准的暂予监外执行人员，可通过市监狱管理局收集法律文书。对于收到的法律文书和有关手续应认真查验，发现法律文书和有关手续不齐全或有误的，应立即通知人民法院或执行机关补正。

社区矫正文书衔接工作以市高院、检察院、公安局、司法局联合发文为主要依据。2005—2010年未颁布新的会签文件。但在操作层面，有进一步改善。自2005年开始，在徐汇等最早试点的区试点效果良好的基础上，上海法院系统在相关裁判文书上全面推广诫勉语，发挥法律文书的教育作用，增强社区矫正的执法严肃性，督促社区服刑人员服从职能部门的监督管理。卢湾区法院还根据被告人具体案情充实了诫勉语内容，增加"如果在缓刑考验期内，违反相关监督管理规定，情节严重的将撤销缓刑，执行原判刑罚"等警示语。奉贤区法院要求每一个被宣告缓刑的人员签署接受社区矫正的承诺书。

第三节　社区服刑人员交接

根据市政法委印发的《社区矫正工作流程(试行)》，市社区矫正办公室于2003年规定社区服刑人员交接制度。

社区矫正对象的管理采用以居住社区矫正机构为主管理、户籍地矫正机构协助管理的制度。主要内容如下：(1) 人户分离是指户籍地和居住地不属同一社区矫正机构管辖，社区矫正对象不住在户籍地满3个月的状况。居住地是指社区矫正对象离开户籍地后连续实际居住时间达3个月以上的住地。(2) 对社区矫正对象人户分离的管理应当采用居住地社区矫正机构为主管理，户籍地社区矫正机构协助管理的办法。户籍地社区矫正机构应当及时向居住地社区矫正机构寄发《人户分离联系单(第三联)》并要求转递有关材料。社区矫正机构收到联系单的,应将掌握的情况如实通报对方,逐项详细填写。居住地社区矫正机构留存收到的第二联,将第三联填妥后于15日内回复对方;户籍地社区矫正机构留存收到的第三联,将第二联填妥后于15日内回复对方。不属于社区矫正对象的,也要回函说明。转递的材料应当包括社区矫正对象在刑期间有关法律文书复印件以及社区矫正期间的矫正材料。对户籍地发生变化,居住地尚未落实的社区矫正对象,原户籍地社区矫正机构应当先行管理,待社区矫正对象居住地落实后,再通知居住地社区矫正机构管理。(3)社区矫正机构要及时做好统计工作。社区矫正对象人数转入或转出应以收到回复为准。接收社区矫正对象的社区矫正机构在收到有关材料后,由公安机关向社区矫正对象宣告后即纳入社区矫正范围。

2004年市高院、检察院、公安局、司法局《关于印发〈社区矫正工作流程〉的通知》详细规定缓刑假释人员的交接流程。2010年以前均按照此规定开展工作。

第四节　社区矫正宣告

社区矫正宣告由基层司法所负责。司法所应当按照有关规定严格执行接收法律文书、主持社区矫正宣告会,同时开展集中教育和个别教育、组织公益劳动、加强请假、销假管理、开展日常行为奖惩、配合执行机关提请司法奖惩、期满鉴定等刑罚执行任务。

2004年,市高院、检察院、公安局、司法局《关于印发〈社区矫正工作流程〉的通知》中,明确社区矫正宣告流程。自罪犯向住所地公安机关报到之日起5个工作日内,公安机关应当向其宣读《监督管理通知书》和《社区矫正宣告书》,明确告知其在社区服刑期间必须遵守的有关规定,并服从、接受街镇司法所(科)的日常监管和教育。街镇司法所(科)收到公安机关复印的有关法律文书后,应当做好以下工作:(1)指派人员参与公安机关对罪犯的社区矫正宣告。(2)及时找社区服刑人员开展谈话活动,谈话时可邀请家属参加。(3)向社区服刑人员发放《社区矫正服务指南》。(4)书面告知社区服刑人员的权利、义务。(5)明确要求社区服刑人员必须遵守社区矫正日常管理、行为奖惩、教育学习和公益劳动等规定。

宣告会由公安派出所组织召开,一般在公安派出所办公场地内进行。公安派出所通知司法所派员参加,街镇司法所(科)应通知社工一并参加,可以邀请居(村)委会干部、社区居民代表、社区服刑人员家属参加。在宣告会上,首先,公安民警宣读《社区矫正宣告书》,告知社区服刑人员在社区矫正期间必须遵守的有关规定,并接受司法所的日常监管、接受社工的帮教和服务。接着,街镇司法所(科)工作人员介绍社区矫正工作的基本要求和有关规定,要求社区服刑人员按规定参加个别教育、集中教育、公益劳动等日常管理活动,并按时上交个人活动情况的书面报告。然后,社工向社区服刑人员介绍社工的职责和开展社区矫正工作的情况。帮教志愿者参加宣告会的,街镇司法所(科)工作人员、社工向社区服刑人员介绍帮教志愿者,签订帮教协议书,并介绍志愿者帮教的相关内容,公安民警、街镇司法所(科)工作人员、社区服刑人员在《社区矫正宣告书》上签名。

至2010年,社区矫正宣告流程均按照2004年《关于印发〈社区矫正工作流程〉的通知》执行。

第五节　矫 正 小 组

社区矫正刑罚执行的具体实施工作由基层司法所负责,其中包括加强对社区服刑人员的教育矫正。基层司法所的重点是采取多种手段，整合各方资源，落实个别化矫正措施，以矫正小组为载体，对社区服刑人员开展分类分阶段分级矫正、心理矫正和个性化教育矫正等工作，努力提升社区矫正的质量和效果，以及加强对社区服刑人员的帮困扶助。

司法所负责执行的各矫正小组的日常管理工作，主要包括：(1) 街镇司法所(科)应做好与社区服刑人员(被剥夺政治权利的适当放宽)的谈话工作，每月定期收取社区服刑人员报告自己的思想、工作、生活等情况的书面材料。(2) 街镇司法所(科)应当认真审核社区服刑人员(被剥夺政治权利的除外)因事暂时离开上海市及改变居住地的申请，申请符合条件的，应报公安机关批准，并督促社区服刑人员办理请销假或者相关手续。(3) 街镇司法所(科)根据社区服刑人员接受矫正的情况按月、季度进行考核，并根据《市司法局关于社区服刑人员日常行为奖惩的规定(试行)》，对社区服刑人员的日常行为实施奖惩。

为进一步加强矫正小组作用，市社区矫正工作着重引入社会工作理念，加大社团组织的培育扶持力度，充分发挥社团和社会工作者的作用，积极参与社区矫正试点工作，具体举措有：(1) 2003年11月份注册成立“上海市新航社区服务中心”。该中心为民办非企业单位性质，根据市社区矫正工作办公室设定的总体工作目标，依据法律、法规及其章程的规定，组织社会工作者参与社区矫正试点工作。主要职责包括：依照法律、法规及章程开展活动；与社会工作者签订服务协议并组织社会工作者对社区服刑人员和刑释解教人员进行帮教和服务；负责对区(县)新航社区工作站及社会工作者进行工作评估；确保政府购买服务费用的合理使用；维护社会工作者的合法权益等。(2) 区(县)设立新航社区工作站。工作站主要负责向各相关区(县)各街道(乡镇)派出社会工作者，对各区(县)社会工作者进行业务指导、绩效考核和日常管理。(3) 向街道(乡镇)派出社会工作者，其主要职责有：为社区服刑人员制定个性化矫正方案，经常与社区服刑人员联系沟通，掌握其思想、学习、工作、生活等情况，积累工作资料，做好案例分析；组织社区服刑人员的教育学习、公益劳动和技能培训等工作；掌握社区服刑人员的现实表现，为社区服刑人员的日常管理、司法奖惩及期满鉴定提供基本依据；帮助社区服刑人员和刑释解教人员解决心理、生活、就业等方面的实际问题或困难；做好社会志愿者的组建、管理和培训，指导他们开展工作。

第六节　矫 正 方 案

2004年，市高院、检察院、公安局、司法局《关于印发〈社区矫正工作流程〉的通知》中，明确社区矫正方案由基层司法所具体负责实施，一般应为每名社区矫正人员制定个别化矫正方案。

矫正方案主要包括：(1) 社区矫正人员基本情况，包括社区矫正人员犯罪案由、犯罪类型、刑期及认罪表现，禁止令内容和期限，前科或因违法而受到行政处罚的情况，悔罪表现，家庭成员、主要社会关系及日常交往情况，个人或家庭主要收入来源、工作状况等。(2) 风险评估和需求评估结果。(3) 监督管理和教育矫正的主要措施及责任人。(4) 适应性帮扶的主要措施及责任人。

如杨浦区的矫正方案，即对社区服刑人员和刑释解教人员实施动态跟踪，及时掌握信息，对重点人员制定针对性预案，实行一天一会面制度、日报告制度和重大情况实时报告制度，防范重新违法犯罪迹象发生；加强与公安、劳动、民政等部门协作，妥善解决社区服刑人员和刑释解教人员的实际困难和问题；加强心理矫正工作，开展心理测试和访谈，制定分类矫正方案，实施个案矫正；注重效果评估，实行日计分、月考察、季鉴定、年考评。

第七节　矫 正 终 止

终止是社区矫正工作流程中的最后一个环节,标志着社区矫正的解除,包括期满终止和非期满终止两种情形。

一、期满终止

期满终止是指由于社区矫正的期限已到而结束社区矫正。期满终止社区矫正,需要对社区服刑人员进行期满鉴定,召开矫正期满宣告会,办理刑期未满的暂予监外执行人员的收监手续,衔接安置帮教工作。

关于对社区服刑人员的期满鉴定。首先,在社区服刑人员矫正期届满前2个月,指导社区服刑人员作出自我鉴定。接着,召开由公安民警、司法所工作人员、社工、志愿者、社区服刑人员及其家属参加的评议会,对矫正期届满的社区服刑人员服刑情况进行评议,根据评议结果作出鉴定结论,填写《社区服刑人员期满鉴定表》。除暂予监外执行的之外,对矫正期届满的社区服刑人员,公安派出所审核《社区服刑人员期满鉴定表》后,根据社区服刑人员的社区矫正的法定依据事由,分别签发《缓刑期满证明书》《假释期满证明书》《解除管制通知书》《恢复政治权利证明书》。

关于召开矫正期满宣告会。对于期满终止社区矫正的,要召开矫正期满宣告会,告知社区服刑人员期满鉴定结果,提出对社区服刑人员回归社会要求。矫正期满宣告会,通常在社区服刑人员实际居住地的公安派出所举行,标志着对社区服刑人员执行刑罚正式结束。公安派出所召开矫正期满宣告会,由公安民警主持,通知司法所、社工参加,可邀请居委干部、社区居民代表、社区服刑人员家属参加。期满宣告会上,一般应由社区服刑人员宣读自我鉴定。司法所工作人员宣读社区服刑人员期满鉴定意见,发放《社区矫正期满宣告书分》。公安民警宣布对社区服刑人员的矫正期满并发给《缓刑期满证明书》《假释期满证明书》《解除管制证明书》《恢复政治权利证明书》,社区服刑人员在期满宣告书和相关法律文书上签字。

关于对刑期未满的暂予监外执行人员的办理。对暂予监外执行的社区服刑人员,执行期届满前1个月,由司法所出具鉴定材料,经公安机关审核后,由原决定机关签发《暂予监外执行监督考察期满通知书》。刑期未满的暂予监外执行人员,监外执行期满,应当作出期满鉴定,并且及时与原执行机关——监狱联系,办理收监手续。

关于衔接安置帮教工作。社区服刑人员矫正期满后,应做好与安置帮教工作的衔接。与安置帮教工作的衔接分为3种情况:(1) 管制、缓刑、假释人员期满后,纳入安置帮教。(2) 暂予监外执行人员,刑期期满的,纳入安置帮教。(3) 剥夺政治权利人员,在社区矫正期限未满5年的,纳入安置帮教。

二、非期满终止

非期满终止是指由于出现特定情形在社区矫正的期限没有届满时而结束社区矫正。导致非期满终止的特定情形包括死亡和重犯,因此非期满终止分为因死亡终止和因重犯或收监终止两种。

关于因死亡终止。在矫正期间内社区服刑人员死亡,居住地公安机关应及时书面通报当地人民检察院、原判人民法院或原押监狱、公安看守所,并且附相关证明材料。在矫正期间内,由于社区服刑人员死亡，就自然终止社区矫正。

关于因重犯或收监终止。对因违法违规被依法决定撤销缓刑、决定撤销假释而收监执行以及因重新犯罪被依法惩处的社区服刑人员，从作出收监决定或判决之日起，社区矫正即告结束，公安机关应及时向司法所提供收监执行的法律文书。

第四章　社区服刑人员监督管理

社区服刑人员在社区矫正期间应当服从社区矫正机构的监督管理，遵守各项监督管理规定，定期报告个人工作、生活、学习、思想及社会交往等情况，因事暂时离开上海市及改变居住地的需要提前申请并经社区矫正机构批准。同时，为加强对社区服刑人员的监督管理，社区矫正机构还在信息化监管、档案管理、人户分离对象管理以及社区服刑人员考核奖惩等方面采取了必要措施或制定相应规范。

第一节　报　　告

由基层司法所负责的社区矫正刑罚执行的具体实施工作中，明确定期报告制度。街镇司法所(科)应做好与社区服刑人员(被剥夺政治权利的适当放宽)的谈话工作，每月定期收取社区服刑人员报告自己的思想、工作、生活等情况的书面材料。

报告内容包括工作、生活、学习、思想及社会交往等。其中，本人或家庭有重大变故，住址、电话变更等情况必须报告。

社区矫正分为三级，就报告制度而言，一级矫正的矫正措施应当包括：社区服刑人员每月由本人向司法所(科)送达书面活动情况报告；二级和三级矫正的矫正措施应当包括：社区服刑人员每月向司法所(科)书面报告活动情况不少于1次(剥夺政治权利人员除外)。

被判处管制、缓刑、被裁定假释和暂予监外执行的社区服刑人员，在社区矫正期间应当每月向司法所(科)书面报告自己的活动情况。

被保外就医的罪犯确因治疗、护理的特殊要求，需要转院或者离开各相关区(县)当日不回居住地的，应当报告司法所(科)，并经公安机关批准；被保外就医的罪犯进行治疗疾病以外的社会活动应当事前向司法所(科)报告，并经公安机关批准。

被判处剥夺政治权利的社区服刑人员，在社区矫正期间应当定期接受司法所(科)组织的个别教育，并报告活动情况。

第二节　外 出 管 理

社区矫正人员的外出管理由基层司法所负责。街镇司法所(科)应当认真审核社区服刑人员(被剥夺政治权利的除外)因事暂时离开上海市及改变居住地的申请，申请符合条件的，应报公安机关批准，并督促社区服刑人员办理请销假或者相关手续。

2006年起，规定“违反外出请假制度，无正当理由，脱离监管不满1周的”社区服刑人员，应予警告处分；“违反外出请假制度，无正当理由，脱离监管1周以上的”社区服刑人员，应予记过处分。对受到警告处分的，应当由街镇司法所(科)和公安派出所共同予以教育谈话，并督促改过。对受到记过处分的，应当由街镇司法所(科)和公安派出所共同予以教育谈话，并责令改过。通过严格执行外出请假审核制度，落实外出超过3个月的当地监管措施等，加强了对社区服刑人员日常管理。

第三节　变更居住地管理

社区矫正对象变更居住地的管理工作由基层司法所负责。街镇司法所(科)应当认真审核社区服刑人员(被剥夺政治权利的除外)因事暂时离开上海市及改变居住地的申请,申请符合条件的,应报公安机关批准,并督促社区服刑人员办理请销假或者相关手续。

社区矫正人员变更居住地的,应当提前提出书面申请,填写《社区矫正人员居住地变更审批表》;司法所应当核实其变更理由和变更地址,提出审核意见,在3个工作日内报区(县)司法局审批。

社区矫正人员在同一区(县)范围内变更居住地的,区(县)司法局收到《社区矫正人员居住地变更审批表》后,应在2个工作日进行审核,经审核同意的,出具《社区矫正人员变更居住地证明》,并且通知社区矫正人员现居住地司法所和新居住地司法所,做好文书档案衔接和人员交接工作。现居住地司法所应在3个工作日内向新居住地司法所办理移交手续,并且填写《社区矫正工作档案移交清单》;社区矫正人员应自收到《社区矫正人员变更居住地证明》之日起3个工作日内到新居住地司法所继续接受社区矫正。

社区矫正人员跨区(县)变更居住地的,现居住地区(县)司法局收到《社区矫正人员居住地变更审批表》后,经审核同意的,应在3个工作日内向新居住地区(县)司法局书面征求其意见。新居住地区(县)司法局应当及时通知新居住地司法所,对社区矫正人员新居住地址的真实性和合法性进行核查。新居住地区(县)司法局应在3个工作日内将核查结果反馈至现居住地区(县)司法局。

第四节　其他事项管理

其他事项管理主要包括两个方面,一方面是台账档案管理和社区服刑人员矫正档案管理,另一方面是人户分离社区服刑人员的管理。这两个方面都与社区服刑人员监督管理密切相关,是社区服刑人员日常管理规范性的体现。

一、台账档案管理和社区服刑人员矫正档案管理

2003年,市司法局《关于加强社区矫正基础工作的通知》明确建立社区矫正工作台账和社区服刑人员矫正档案。

社区矫正工作台账是开展社区矫正日常管理必不可少的基础工作,及时准确地登记工作台账能客观反映社区矫正工作的过程和状况,为此,街道(乡镇)司法所(科)建立的工作台账应当完整地记录以下几个方面的情况:

社区矫正日常管理工作情况。(1)收集社区服刑人员的法律文书(复印件);(2)社区服刑人员人户分离的情况;(3)社区服刑人员外出请销假情况;(4)社区矫正工作的接待情况;(5)社区服刑人员日常管理奖惩和司法奖惩情况;(6)社区服刑人员期满鉴定情况。区(县)司法局基层工作科或安置帮教科参照上述要求建立相应的社区矫正工作台账。

社区矫正教育学习情况。(1)组织、开展社区服刑人员集中或分类教育的情况,包括制定教育计划、教育活动的工作记录和有关教育工作的专题材料;(2)运用社区资源,多种形式开展对社区

服刑人员辅助教育的情况及专题材料;(3) 组织技能培训的情况;包括制定组织技能培训的计划、落实情况和有关技能培训的专题材料。

组织社区服刑人员参加公益劳动的情况。(1) 与公益劳动基地签订的《公益劳动协议书》和开展公益劳动的情况;(2) 公益劳动基地、公益劳动单位联络员、社区服刑人员公益劳动分布情况。

帮困解难的工作情况。(1) 社区服刑人员的特殊问题或困难情况;(2) 缓解或解决困难、问题的情况;(3) 收集相关典型材料。

组织社区矫正志愿者开展工作的情况。(1) 签订《社区矫正志愿者帮教协议书》的情况;(2) 社区矫正志愿者队伍建设基本情况;(3) 社区矫正志愿者工作的专题材料。社区矫正工作台账应当严格按照市司法局制定下发的工作表式填写,除涉及日常管理的刑罚执行工作外,可以由社区矫正社会工作者协助填写。工作台账应当由街道(乡镇)司法所(科)负责保管。

建立社区服刑人员矫正档案。对纳入社区矫正的社区服刑人员必须建立矫正档案。矫正档案应当正确反映社区服刑人员接受社区矫正的法律依据、社区矫正的类型和期限,应当全面反映社区服刑人员接受社区矫正的过程,客观评价社区服刑人员接受社区矫正的现状,评估社区服刑人员接受社区矫正的效果。社区服刑人员矫正档案应当包括以下内容:(1) 社区服刑人员法律文书的复印件。被判处管制、宣告缓刑或被单处剥夺政治权利的社区服刑人员的法律文书应当包括生效判决书(裁定书)和执行通知书;被裁定假释的社区服刑人员法律文书还应当包括假释裁定书;被决定或批准暂予监外执行(保外就医)人员的法律文书还应当包括暂予监外执行(保外就医)证明书(或暂予监外执行决定书)、暂予监外执行(保外就医)延长通知书、保外就医征求意见书、保外就医取保书;刑释后被执行附加刑剥夺政治权利人员的法律文书应当包括判决书、释放证明书或其他能反映剥夺政治权利期限变更的法律文书。(2)《社区服刑人员工作记录簿》。(3)《社区矫正宣告书》。(4) 社区服刑人员日常管理奖惩、司法奖惩材料。(5)《社区服刑人员个别教育记录》。(6) 社区服刑人员每月情况汇报。(7)《社区服刑人员公益劳动记录卡》(矫正期满归档)。(8)《社区矫正期满鉴定书》。(9)《社区矫正期满宣告书》。社区服刑人员矫正档案应当由街道(乡镇)司法所(科)保管,社区服刑人员矫正期满后,街道(乡镇)司法所(科)应当按上述顺序装订成册,按季度上交到区(县)司法局。年底,各区(县)司法局交市社区矫正工作办公室统一保存。

二、人户分离社区服刑人员的管理

社区矫正对人户分离社区服刑人员实行实际居住地管理原则,由人户分离社区服刑人员实际居住地的司法所管理,并按规定办理转递、接收手续,落实矫正措施。对尚未查明现在居住地的人户分离的社区服刑人员,由户口所在地司法所先行管理,并落实矫正措施。在转递和接收手续未按规定办理完毕之前,现行管理部门应当继续履行管理职责,不得造成对人户分离社区服刑人员的脱管现象。因管辖发生异议的,应及时向上级部门报告。

第五节　社区矫正信息管理系统

2006 年,市社区矫正办公室开始推进全市社区矫正的信息化建设,委托专业公司研制开发社区矫正信息管理系统。7 月,“社区矫正管理软件”单机版和网络版软件开发完成,市司法局组织 19 个区(县)司法局和 19 个街道乡镇试点单位进行培训。

2007 年初，系统开发基本完成，在嘉定、普陀、徐汇、虹口等四个区试运行，并根据运行结果及时修订了相关功能。5 月，全市 19 个区（县）全面推广运行了该套管理系统。该信息系统包括了社区矫正基础管理的大部分重要内容。6 月，刑释解教人员管理信息系统与公安、监狱、劳教、社区矫正等应用软件数据交换接口全面建成。

2008 年 4 月，经过 1 年多的试运行，优化升级后的社区矫正管理系统在全市所有街镇司法所推广运行，初步构建全市实时管理、动态管理、综合管理相结合的社区矫正数据体系和工作管理平台。

2010 年，全市启动社区矫正人员移动定位管理系统，利用现代通信技术和信息技术，进一步提高社区矫正工作管理水平。

第六节　考核与奖惩

社区矫正考核是指司法所在对罪犯实施社区矫正过程中，根据一定的标准和程序，对罪犯一定时期内的改造表现进行综合考察与评定。社区矫正奖惩是指司法所在对罪犯实施社区矫正过程中，按照有关规定，在考核的基础上对罪犯区分好坏表现，分别实施奖励或惩罚。社区矫正考核奖惩工作，坚持依法奖惩的原则，坚持公平、公开、公正的原则，坚持实事求是的原则，坚持准确及时的原则；坚持考核奖惩与教育相结合的原则。

社区矫正人员的考核奖惩工作由基层司法所负责。

2004 年 1 月 5 日，市司法局发布《关于社区服刑人员日常行为奖惩的规定（试行）》，落实日常行为奖惩制度。该《规定》界定了社区服刑人员日常行为奖惩的种类，将奖励分为表扬、记功和评为社区矫正积极分子 3 种，处分分为警告和记过 2 种。强调对社区服刑人员实施处分行为，应当事实清楚，证据充分，严格掌握标准。对主动承认违规事实并有正确认识的社区服刑人员可以减轻处分；对违规后能主动检举他人违规、违法行为，或自动有效防止或减轻违规结果发生的，或有其他立功表现的社区服刑人员，可以免除处分。同时，该规定明确社区服刑人员日常行为奖励作为提请司法奖励的基础，还设置对社区服刑人员的奖惩决定应当在社区中公开，以及社区服刑人员对奖惩有异议的可提出复核等程序。

根据市高院、检察院、公安局、司法局《关于印发〈社区矫正工作流程〉的通知》，规定考核与奖惩制度，主要包括：(1) 街镇司法所（科）根据社区服刑人员接受矫正的情况按月、季度进行考核，并根据《市司法局关于社区服刑人员日常行为奖惩的规定（试行）》对社区服刑人员的日常行为实施奖惩。(2) 社区服刑人员在社区服刑期间有突出悔改表现或重大立功表现的，街镇司法所（科）应根据情况相应提出减刑、假释等书面建议，报公安机关审核；由公安机关按照相关规定办理，并通报原押监狱、公安看守所。人民法院对社区服刑人员作出减刑、假释裁定的，应当同时通知社区服刑人员原押监狱或看守所，原押监狱或看守所应将社区服刑人员减刑、假释的案卷副本归入原档案。(3) 社区服刑人员严重违反有关监督管理规定，依法应当给予治安处罚的，行为发生地公安机关应当依照治安管理处罚条例予以处罚，并及时通知原判人民法院、原押监狱和看守所及居住地公安机关。社区服刑人员违法情况符合撤销缓刑、撤销假释、收监执行等条件的，居住地公安机关应当依照法律规定办理相关手续，并负责将社区服刑人员移送监狱和看守所执行。社区服刑人员暂予监外执行情形消失的居住地公安机关应及时向监狱或者公安看守所提出收监执行的书面建议，同时通知本地区人民检察院监所检察部门。监狱机关或者公安机关作出收监执行决定的，由原押监狱、公安看守所负责将社区服刑人员提回执行。(4) 区（县）人民检察院对本辖区内社区服刑人员刑罚的执行、变更及司法奖惩工作实施法律监督。

2006 年,市高院、检察院、公安局、司法局联合颁布了《关于全市社区服刑人员违反社区矫正规定的处置办法(试行)》,明确社区服刑人员在接受社区矫正期间,违反社区矫正规定,尚未构成违法犯罪和《刑法》规定应予以收监的情形,经教育不改,应当依据《市司法局关于社区服刑人员日常行为奖惩的规定》予以处分。对社区服刑人员予以警告,应由街镇司法所(科)日常行为奖惩评议小组讨论,填写《社区矫正日常行为奖惩申报表》上报区(县)司法局社区矫正工作职能部门,区(县)司法局社区矫正工作职能部门自收到材料后 5 个工作日内交区(县)司法局日常行为奖惩评议小组讨论决定并报市社区矫正办公室备案。对社区服刑人员予以记过,应经街镇、区(县)司法局两级日常行为奖惩评议小组讨论并填写《社区矫正日常行为奖惩申报表》上报市矫正办,市矫正办自收到材料后 5 个工作日内作出决定。至此,全市社区矫正工作的考核与奖惩制度日益完善。

第五章　社区服刑人员教育矫正

教育矫正工作是社区矫正工作的主要内容之一。根据2004年市高院、检察院、公安局、司法局《关于印发〈社区矫正工作流程〉的通知》等规定，上海市社区服刑人员教育矫正包括教育学习、心理矫正、分类矫正和个性化矫正等四个方面，目的是通过教育矫正工作改造罪犯，消除社区服刑人员行为恶习，使之成为守法公民。

第一节　教育学习

2004年，市高院、检察院、公安局、司法局《关于印发〈社区矫正工作流程〉的通知》规定社区矫正人员的教育学习制度。

通知规定，社区矫正社会工作者应在街镇司法所(科)的组织与指导下，认真做好以下工作：(1) 根据社区服刑人员接受矫正的情况，结合工作实际，制订各类教育学习计划，实施因人而异、因材施教的教育帮助工作，定期组织社区服刑人员参加形式多样的教育学习活动，以矫正其不良的心理和行为。(2) 要高度重视并认真开展对社区服刑人员有针对性的个别教育工作。(3) 根据社区服刑人员参加就业技能培训的实际需求，制定就业技能培训计划，联系当地劳动部门为社区服刑人员参加各类就业技能培训提供支持和帮助。(4) 要重视社区矫正志愿者在社区矫正工作中的辅助作用，积极组织社区矫正志愿者参与对社区服刑人员多种形式的教育学习活动。(5) 对社区服刑人员中存在的户口(暂予监外执行除外)、就业(保外就医除外)、生活中的特殊问题或困难，积极联系有关部门帮助解决。

2004年，在规范社区矫正工作台账的同时，普陀区还建立和规范了社区服刑人员矫正档案及社区矫正信息管理系统，初步形成包括社区服刑人员的日常管理、教育学习、公益劳动、帮困解难、志愿者队伍为内容的社区矫正工作的基本框架和运作模式。

2005年，社区矫正切实做好日常教育工作，寓教育于管理之中。深入探索并实施风险评估、心理矫治、个性化教育、集中教育、公益劳动、奖惩引导等科学矫正方法。各级社区矫正职能部门认真组织实施社区服刑人员集中教育、个别教育、公益劳动等。集中教育的内容一般包括思想道德教育、政策宣讲、法律法规学习等。浦东、徐汇、卢湾等先行试点区运用日常行为奖惩和司法奖惩典型案例，充实了集中教育的内容，提高了社区服刑人员的服刑意识；长宁、杨浦、黄浦等区部分街道从教育内容、对象出勤与教育后的反映等方面对集中教育进行季度评议；卢湾区组织旁听社区服刑人员不服从管理而被撤销原判刑罚的庭审；南汇、金山等区把有关社区矫正工作规定作为初期集中教育的主要内容。社区服刑人员个别教育以面谈为主，特殊情况下采取电话形式，同时要求按月书面汇报情况。实行“刑罚执行的强制性”与“具体安排的人性化”相结合，落实每月不低于10小时的公益劳动。绝大多数社区服刑人员能积极参加公益劳动，认为起到了敲警钟的作用，使自己不忘记服刑身份，增强赎罪意识，也对社会作出一定的补偿。徐汇区试行《徐汇区社区服刑人员公益劳动管理暂行规定》，规范公益劳动的执行；杨浦、宝山等区建立公益劳动定期反馈制度。

2006年，在教育学习方面，市社区矫正办公室于年初印发《关于加强和规范社区矫正教育学习工作的意见》,对集中教育和个别教育的阶段、内容以及组织方法进行规定,着力提高教育质量和效果。

一、集中教育

根据该《意见》,教育资源与教育内容各级社区矫正工作部门要充分挖掘社区资源,利用公共图书馆、文化活动中心、爱国主义教育基地等建立集中教育基地。区(县)司法局社区矫正工作职能部门要组织协调其他职能部门或单位,借用其他教育性资源,为街镇司法所(科)开展集中教育创造条件。集中教育一般以街镇为单位开展,个别情况可以由区(县)司法局统一组织。街镇司法所(科)要充分利用社区矫正与安置帮教工作指导手册、文件资料汇编等有关资料,充分发挥本地区的资源优势,结合本地区情况,开展集中教育学习。

集中学习具体包括以下几个方面内容:

法制教育。包括《中华人民共和国宪法》《中华人民共和国刑法》《中华人民共和国刑事诉讼法》《中华人民共和国民法》等各类法律法规的学习和《上海市社区服刑人员分类矫正暂行规定》等工作规定的学习。对缓刑、管制人员注重《中华人民共和国刑法》《中华人民共和国刑事诉讼法》等刑事法制教育,强调社区矫正刑罚执行的工作性质,增强在刑意识:对假释、暂予监外执行、剥夺政治权利人员应侧重社区矫正工作规定教育和实用民事法律教育,增强遵纪守法的法律意识。

思想道德教育。包括公民道德教育、家庭、社会伦理讲座、良好生活观念养成、励志教育等。根据社区服刑人员的年龄层次、家庭背景、罪错案由的具体情况,有侧重地进行思想道德教育。

社会保障政策教育。包括劳动就业政策、民政救助救济政策等。对有就业援助或帮困扶助等特殊需求的人员应该进行社会保障政策教育。

心理健康教育。包括心理健康知识讲座、小组活动、心理量表测试等。心理健康教育应占到全年教育内容的40%以上,社区服刑人员均应接受系统完整的心理健康普及教育。

文化素质教育。包括各类知识普及讲座、文化知识辅导等。特别是对一些年纪较轻、文化程度低的社区服刑人员应增加文化知识补习教育。

其他动态教育。包括集中教育的效果讲评、定期公益劳动讲评、社区服刑人员奖惩情况通报、实例讲评、警示教育、社区服刑人员专题座谈会等。集中教育主要解决社区服刑人员的共性问题,教育内容应当具有普遍性和系统性,提倡针对不同类别和不同需求的人员设计不同的分类教育内容。

集中教育由区(县)司法局社区矫正工作职能部门制定年度教育计划,教育计划应当系统、周密、全面,项目包括教育主题、每次教育参加的社区服刑人员类别、组织形式和教育时间。街镇司法所(科)应当根据区(县)司法局的工作计划制定本街镇的实施计划并报区(县)司法局社区矫正工作职能部门备案。街镇司法所(科)根据教育计划,严格按照《上海市社区服刑人员分类矫正暂行规定》有关规定,定期组织开展集中教育。假释、暂予监外执行人员每月进行一次集中教育;缓刑、管制人员每季度进行一次集中教育。每次集中教育时间不得少于1小时。街镇司法所(科)可以根据实际情况,在教育计划的范围内调整教育内容。注重教育内容的多样化,要综合运用法学、社会学、教育学、心理学、行为科学等学科知识和方法开展集中教育。提倡教育形式的多样化,可采用授课、座谈、讨论、咨询、参观等多种教育形式,增强教育效果。

区(县)司法局组织人数众多、规模较大的集中教育时,应当事先做好预防突发事件的处置预案。社区服刑人员因客观原因缺席集中教育的，应当以书面请假的形式，报街镇司法所（科）批准，并通过个别教育等形式进行补课教育；因主观原因不参加集中教育的，要开展针对性的个别教育；无故缺席集中教育并不愿补课的，应当予以警告处分并进行训诫教育，经教育仍不改过，严重违反社区矫正工作有关规定的，应及时提请公安机关和审判机关予以处置。

街镇司法所（科）应当认真做好集中教育学习记录，重点记录教育主题和内容，并通过个别教育和审阅社区服刑人员情况汇报等形式及时掌握社区服刑人员的反映。每半年进行一次集中教育的效果评定。通过问卷测试和召开座谈会等形式对集中教育的内容、形式、效果进行总结和评定，避免集中教育流于形式。

在该《意见》指导下，2006 年，全市组织集中教育 2 800 场次，有 30 616 人次参加集中教育；2007 年，组织集中教育 2 498 场次，有 36 950 人次参加集中教育；2008 年，组织集中教育 2 509 场次，有 38 183 人次参加集中教育；2009 年，共组织集中教育 2 663 场次，有 39 759 人次参加集中教育；2010 年，共组织集中教育 2 708 场次，有 45 943 人次参加集中教育。

二、个别教育

在街镇司法所（科）的指导下，社区矫正工作人员或社工依据《上海市社区服刑人员分类矫正暂行规定》，针对社区服刑人员的不同矫正期限，结合社区服刑人员的动态表现，分阶段地开展个别教育。

在矫正开始阶段（社区服刑人员矫正宣告后的 3 个月），个别教育的目的是全面掌握社区服刑人员的罪错案由、文化程度、生活工作经历、家庭、社交等基本情况，基本了解社区服刑人员的思想动态、个性特征、心理状况等情况，告知社区矫正的性质、概念、任务、适用范围等，明确社区矫正工作的有关规定。此时的教育内容是宣告教育及矫正工作有关规定学习，包括：(1) 认罪服法教育。根据社区服刑人员的案由、刑罚种类及矫正期限，引导其正确认识所犯罪错的社会危害性，增强在刑意识。(2) 社区矫正告知教育。依据分类矫正的有关规定，告知集中教育、个别教育、情况汇报、公益劳动的规定和要求，强调社区服刑人员外出请销假有关规定和要求，告知社区矫正工作有关日常行为奖惩和司法奖惩的规定及实施办法等。(3) 心理健康教育。通过心理量表测试，了解、掌握社区服刑人员的心理状态。教育、帮助社区服刑人员调节心理状态，重点帮助社区服刑人员渡过回归社会的心理适应阶段。

在矫正中间阶段（矫正的第 4 个月至矫正期满前 1 个月），个别教育的目的是教育矫正社区服刑人员的思想、行为，增强公民道德意识，提高心理健康水平，提高社会适应能力。此阶段的教育内容，需要根据社区服刑人员接受宣告教育的情况、社区矫正的日常表现进行，针对思想行为的变化轨迹以及工作、生活等方面出现的新情况、新问题，进行个别教育。此时的教育内容：(1) 法制教育。教育社区服刑人员在日常生活和工作中，学法、知法、守法、用法，增强法律意识和观念，帮助解决实际生活中遇到的法律问题。(2) 思想文化教育。向社区服刑人员传递健康的思想文化信息，逐步提高社区服刑人员的文化水平，纠正社区服刑人员不良的价值观念；及时沟通社区服刑人员的思想，正确处理社区服刑人员工作、家庭生活上的矛盾，妥善解决工作生活上遇到的突发事情；引导他们维系良好的人际关系，逐步形成正常的社交环境；对文化程度低的社区服刑人员，开展文化补习。(3) 行为矫正教育。针对社区服刑人员日常表现和行为举止，注重改变不良的语言表达方式和行为特征，引导社区服刑人员运用正确的语言和行为待人接物，养成良好的行为习惯，培养正常、健康的社会交往能力。(4) 心理辅导。根据心理量表的测试结果,在心理咨询师的指导下,开展心理健康教育的辅助工作;听取社区矫正人员对参加心理健康讲座的效果和反映,必要时,配合心理咨询师志愿者开展定期的心理咨询活动。

在矫正期满阶段(社区服刑人员结束矫正前 1 个月),个别教育的目的是辅导社区服刑人员做好自我鉴定;结合社区服刑人员的自我鉴定,教育、引导社区服刑人员增强法制观念和公民社会责任意识,做合格的社区公民;了解社区服刑人员对社区矫正工作的评价。此时的教育内容包括:(1) 期满总结教育。辅导社区服刑人员回顾、总结接受社区矫正以来的思想转变、矫正表现、矫正效果等情况。(2) 思想教育。了解社区服刑人员矫正期满后的打算,劝诫并勉励社区服刑人员遵纪守法,正确处理家庭、社交等各种社会关系。(3) 心理辅导。通过期满前心理量表的测试,了解社区服刑人员矫正初期和结束时的心理变化情况,辅导社区服刑人员做好正式回归社会的心理准备工作。(4) 安置帮教工作衔接。对于社区矫正期满后转为安置帮教对象的社区服刑人员,告知安置帮教工作的性质及相关工作内容,引导社区服刑人员正确认识安置帮教工作,为继续开展帮教活动做准备。

个别教育主要是通过个别谈话、家庭走访等形式来进行,特殊情况下,如社区服刑人员外出期间,可通过电话方式开展个别教育。个别教育主要解决社区矫正人员的个性问题。针对人员的年龄、罪错、矫正类别及不同矫正阶段,开展个别教育;结合集中教育的内容开展个别教育,巩固集中教育的成果。

按照《上海市社区服刑人员分类矫正暂行规定》,对管制、缓刑、剥夺政治权利人员每月进行不少于 1 次的个别教育;对假释、暂予监外执行人员每月进行不少于 2 次的个别教育。社区服刑人员在接受矫正的前 3 个月内,每周进行 1 次个别教育。对家庭发生变故、身患重病、生活出现困难、有自杀倾向、发生矛盾纠纷、有报复社会或他人的言论和苗子、社会交往异常等特殊需求或特殊情况的对象,结合个性化教育矫正工作的开展,应当增加个别教育的次数。个别教育时间每次一般不少于半小时。社工应当做好个别教育记录,包括教育主题、教育内容、拟采取的工作措施、教育效果初步分析等。

社区服刑人员接受个别教育的情况是日常管理考核的重要依据之一。连续 2 次无故不接受个别教育的,应当予以警告并进行训诫教育;经教育仍不改过,严重违反社区矫正工作有关规定的,应及时提请公安机关和审批机关予以处置。

第二节　心 理 矫 正

2004 年,市高院、检察院、公安局、司法局《关于印发〈社区矫正工作流程〉的通知》规定社区矫正对象的心理矫正制度。该《通知》规定,社区矫正社会工作者应在街镇司法所(科)的组织与指导下,根据社区服刑人员接受矫正的情况,结合工作实际,制订各类教育学习计划,实施因人而异、因材施教的教育帮助工作,定期组织社区服刑人员参加形式多样的教育学习活动,以矫正其不良的心理和行为。2004 年,市司法局《关于全面推进社区矫正工作的意见》明确心理矫正方法,2005 年,市矫正办制定《社区服刑人员心理矫正工作暂行办法》,进一步完善和细化全市社区矫正人员的心理矫正制度。

2004 年 8 月 31 日,徐汇、卢湾、闸北、普陀、浦东新区等 5 个区的司法行政部门为首批 29 名心理咨询师颁发社区矫正心理咨询志愿者聘书。

2004年10月18日，卢湾区金武官心理工作室举行揭牌仪式。该工作室由15位心理专家、学者、心理咨询师组成，特聘华东师范大学心理学教授、上海社会心理协会副理事长马文驹为首席顾问，上海第二医科大学主任医师、心理学教授金武官为首席咨询师兼咨询师督导。工作室负责对全区的社区服刑人员开展心理咨询工作。2005年6月，卢湾区司法局与区检察院、区法院联合下发实施了《关于配合做好社区矫正工作的若干规定》。发挥金武官心理工作室的作用，通过举办心理讲座培训，积极开展心理矫正，在心理上纠正他们的行为偏差起到了较好效果。全区社区服刑人员，无一人重新犯罪。

2006年，全市在册的心理咨询师志愿者237人，常态参加工作的133人。共开展心理健康教育454次(其中区级54次，街镇级400次)；共有735名社区服刑人员接受了个案心理咨询，比2005年增加了96.5%，其中167人经过心理咨询后在心理状况、行为表现等方面得到改善。在普遍开展心理矫正工作的同时，为了进一步深化心理矫正方法的探索，提高心理矫正的实际效果，市矫正办于年初选取浦东、卢湾和闵行三区进行试点，主要就几个心理测评量表的适用性进行实践比对，以在全市形成统一的心理测评标准，确定了“青少年分类”“暴力型、侵财型分类”等细化标准，同时也进一步探索更为科学有效的心理矫正方法，积累典型个案。

2007年，全市开展心理健康教育633次，个案心理咨询941人，心理治疗15人，已有123名社区服刑人员经过心理咨询或心理治疗后得到改善。

2008年，全市开展心理健康教育768次，个案心理咨询824人，心理治疗23人，已有109人经过心理咨询或心理治疗后得到改善。

2009年，建设区(县)级心理矫正工作室12个，街镇级心理矫正工作室82个；134名社工获得国家二级心理咨询师及助理心理咨询师资质，组建282名具有心理咨询(助理)师资质的专业志愿者队伍；共开展各级心理健康讲座890次，开展个案心理咨询1 020人次，进行心理治疗51人，已有175名心理状况获得改善。

2010年，区(县)级层面开设心理健康教育讲座127次，街镇级层面开设心理健康教育讲座937次，共有20 444人次接受了心理健康教育。全年度开展个案心理咨询927人次；开展心理治疗或心理危机干预66人次。全年度通过个案心理咨询取得初步成效的个案125人，占个案心理咨询总数的13.70%。其中，徐汇区司法局在斜土社区试点的基础上，开发完成“CARE”心理矫正工作法。通过心理矫正与日常管理及帮教措施相融合、心理咨询师专业力量与司法所专职干部、社工、帮教志愿者、社区矫正人员家属等社区力量相配合，将心理矫正落实到社区矫正的日常管理中，为社区矫正提供一个较系统、科学、动态的心理评估、咨询与干预模式。“CARE”工作法有“收集信息、社区综合评估、分流矫正、跟踪反馈”四大模块。强调在矫正工作中，矫正工作者以接纳、尊重、平等的理念，运用倾听、共情等技巧，设身处地地去了解矫正对象的内心和愿望，让他们自由表达感受，学习如何承担责任和重新走上社会。

第三节 分类矫正

2004年，市高院、检察院、市公安局、司法局《关于印发〈社区矫正工作流程〉的通知》规定社区矫正对象的分类矫正制度。

2005年，市司法局和市公安局联合印发《上海市社区服刑人员分类矫正暂行规定》，首次从制度层面根据被判处管制、被宣告缓刑、被裁定假释、被暂予监外执行和被剥夺政治权利并在社会上服刑等5种社区服刑人员的不同特点,结合社区服刑人员接受社区矫正时间和矫正表现制定五种社区服刑人员区别处遇的可操作性办法。

被判处管制的社区服刑人员,在社区矫正期间应当遵守下列规定:(1)遵守法律、行政法规和社区矫正的有关规定,服从司法行政机关的监督管理。(2)未经公安机关批准,不得行使言论、出版、集会、结社、游行、示威自由的权利。(3)每月向司法所(科)书面报告自己的活动情况。(4)遵守公安机关关于会客的规定。(5)离开全市或者迁居,应当报告司法所(科),并经公安机关批准;离开居住地区(县)7日以上(含7日)的,应当报告司法所(科)。(6)每月接受个别教育不少于1次。(7)有劳动能力的,每周应参加公益劳动,每月不少于10小时。(8)遵守其他具体的监督管理措施。

被宣告缓刑的社区服刑人员,在社区矫正期间应当遵守下列规定:(1)遵守法律、行政法规和社区矫正的有关规定,服从司法行政机关的监督管理。(2)每月向司法所(科)书面报告自己的活动情况。(3)遵守公安机关关于会客的规定。(4)离开全市或者迁居,应当报告司法所(科),并经公安机关批准;离开居住地区(县)7日以上(含7日)的,应当报告司法所(科)。(5)每月接受个别教育不少于1次。(6)每季度参加集中教育学习不少于1次。(7)有劳动能力的,每周应参加公益劳动,每月不少于10小时。(8)附加剥夺政治权利的缓刑人员还必须遵守本规定第八条的规定。(9)遵守其他具体的监督管理措施。

被裁定假释的社区服刑人员,在社区矫正期间应当遵守下列规定:(1)遵守法律、行政法规和社区矫正的有关规定,服从司法行政机关的监督管理。(2)每月书面报告自己的活动情况。(3)遵守公安机关关于会客的规定。(4)离开全市或者迁居,应当报告司法所(科),并经公安机关批准;离开居住地区(县)7日以上(含7日)的,应当报告司法所(科)。(5)每月接受个别教育不少于2次。(6)每月参加集中教育学习不少于1次。(7)有劳动能力的,每周应参加公益劳动,每月不少于10小时。(8)附加剥夺政治权利的假释人员还必须遵守本规定第八条的规定。(9)遵守其他具体的监督管理措施。

暂予监外执行的社区服刑人员,在社区矫正期间应当遵守下列规定:(1)遵守法律、行政法规和社区矫正的有关规定。(2)在指定的医院接受治疗。(3)确因治疗、护理的特殊要求,需要转院或者离开各相关区(县)当日不回居住地的,应当报告司法所(科),并经公安机关批准。(4)每月书面报告自己的活动情况。进行治疗以外的社会活动应当事前向司法所(科)报告,并经公安机关批准。(5)每月接受个别教育不少于2次。(6)每月参加集中教育学习不少于1次。(7)遵守其他具体的监督管理措施。

被判处剥夺政治权利的社区服刑人员,在社区矫正期间应当遵守以下规定:(1)遵守法律、行政法规和社区矫正的有关规定,服从司法行政机关的监督管理。(2)不得享有选举权和被选举权。(3)不得组织或者参加集会、游行、示威、结社活动。(4)不得出版、制作、发行书籍、音像制品。(5)不得接受采访,发表演说。(6)不得在境内外发表有损国家荣誉、利益或者其他具有社会危害性的言论。(7)不得担任国家机关职务。(8)不得担任国有公司、企业、事业单位和人民团体的领导职务。(9)每月接受个别教育不少于1次,并报告活动情况。(10)遵守其他具体的监督管理措施。

2006年初,随着上海市社区矫正工作的不断深入,为了进一步提高矫正质量与效果,市矫正办确定了"青少年分类""暴力型、侵财型分类"等按照不同标准的更加细化的分类模式,以增强针对性、提高矫正效果。

针对青少年犯罪类人员的矫正措施。在社区矫正中，青少年犯罪类人员是指25周岁以下的社区服刑人员。对青少年犯罪类人员的矫正，以帮教使之成为身心健康、生活态度积极、人际交往良好、具有一定的文化和就业技能，能较好适应社会发展的青少年作为工作目标。可采取以下主要分类矫正措施有：(1) 加强法制教育、行为养成教育。(2) 利用家人、亲属力量，营造家庭关怀的环境氛围。(3) 对未完成高中阶段教育的人员，督促其参加学历教育。(4) 改善人际交往能力，培养团队合作意识，根据年龄与身心发展特征，开展丰富多样的文化娱乐等辅助活动。(5) 推荐参加相关的就业技能培训，掌握一技之长。

针对暴力犯罪类人员的矫正措施。在社区矫正中，暴力犯罪类人员主要是指犯有杀人、伤害、强奸、抢劫、寻衅滋事5种犯罪年满25周岁以上的社区服刑人员。对暴力犯罪类人员的社区矫正，以改变其不计后果的不良心理与行为习惯、建立以合法途径解决问题的处事模式为矫正工作目标。可采取的主要分类矫正措施有：(1) 组织法制教育，使社区服刑人员充分认识其行为对家庭、对社会造成的严重后果。(2) 开展人际关系教育，使他们学会正确处理各种矛盾和人际关系。(3) 引导社区服刑人员正确认识社会问题，认清社会发展的主流方向。(4) 加强心理矫正与行为训练，必要情况下进行生理矫正。(5) 鼓励社区服刑人员在条件许可的情况下向被害人提供补偿服务，条件不具备的则应加强公益劳动强度。(6) 落实技能培训，掌握一技之长。

针对侵财犯罪类人员的矫正措施。在社区矫正中，侵财犯罪类人员主要是指犯有盗窃、诈骗2种犯罪年满25周岁以上的社区服刑人员。对侵财犯罪类人员的社区矫正，以树立健康向上的道德观、价值观，掌握必要的谋生技能，提高自助能力为矫正工作目标。可采取的分类矫正措施主要有：(1) 加强世界观、人生观、价值观教育。(2) 开展法制教育，强化遵纪守法意识，引导他们通过合法途径实现个人的发展。(3) 强化劳动教育，培养正确的劳动观念。(4) 对惯骗、惯窃犯罪的人员，强化心理矫正。(5) 整合资源，强化帮困解难，提供基本生存条件。

针对涉毒犯罪类人员的矫正措施。在社区矫正中，涉毒犯罪类人员主要是因吸食、注射毒品而实施犯罪年满25周岁以上的社区服刑人员，以及部分非法持有毒品、贩卖毒品、运输毒品情节轻微的年满25周岁以上的社区服刑人员。对涉毒犯罪类人员的社区矫正，以远离毒品，掌握一技之长，培养积极健康的生活方式作为矫正工作目标。可采取的分类矫正措施主要有：(1) 增加接触、教育的频率，密切关注其人际交往状况，避免或减少不良交往。(2) 引导确立积极向上的人生奋斗目标和生活方式，开展有关毒品问题的专项教育，使他们充分认识毒品的危害性。(3) 加大心理矫正力度，切实降低对毒品的依赖性，注重帮困解难，改善生存环境。

针对其他犯罪类人员的矫正措施。在社区矫正中，除去青少年犯罪类、暴力犯罪类、侵财犯罪类、涉毒犯罪类4种类型以外的社区服刑人员，统归为其他犯罪类人员，其他犯罪类人员仍然同年满25周岁以上的社区服刑人员。可采取的分类矫正措施主要是，根据有关文件规定，开展常规的日常管理、教育学习、心理矫正、公益劳动、帮困解难等工作。

对被剥夺政治权利人员的矫正。被剥夺政治权利人员，虽然具有原犯罪年龄特征或案由特征，但他们的法律地位与管制、缓刑、假释、暂予监外执行人员有明显区别。不根据年龄或案由进行分类，而是作为独立类别，专门规定相应的分类矫正措施。采取"情法并举，宽严相济"的矫正模式。

2007年，市司法局和市公安局联合印发《上海市社区服刑人员分类矫正规定》，完善分类矫正。除了将五种社区服刑人员的集中教育学习、个别教育学习和公益劳动事项予以调整之外，该规定还新增了分阶段分级矫正。

对社区服刑人员的矫正工作，一般经过初期矫正阶段、分级矫正阶段和期满前矫正阶段。社区服刑人员接受社区矫正满3个月后进入分级矫正阶段。分级矫正阶段分为一级矫正、二级矫正与三级矫正等3种矫正级别。初次分级根据风险评估的结果确定。不同的矫正级别可相互调整,调整依据是社区服刑人员矫正效果评估或奖惩情况。

风险评估是对社区服刑人员实施新的违法犯罪行为的危险程度进行评议估计。对社区服刑人员风险评估的适用于全体社区服刑人员,在社区矫正开始宣告后3个月内进行首次评估。对社区服刑人员的风险评估,以《社区矫正风险评估初次测评表》作为评估工具。对社区服刑人员的风险评估应遵循客观真实性的原则、系统全面性的原则、方法科学性的原则。

经风险评估评定为高风险度的社区服刑人员、经阶段性矫正效果评估评定为矫正效果差的社区服刑人员、根据惩处结果调整到本级的社区服刑人员列入一级矫正;经风险评估评定为一般风险度的人员、经风险评估评定为高风险度的剥夺政治权利人员,应实施部分二级矫正措施、经矫正效果评估评定为矫正效果一般的社区服刑人员、根据奖惩结果调整到本级的社区服刑人员列入二级矫正;矫正效果评估评定为矫正效果好的社区服刑人员、根据奖励结果调整到本级的社区服刑人员列入三级矫正,被剥夺政治权利人员一般列入三级矫正。

同在2007年,市矫正办在《社区矫正工作指导手册》中对深化分类矫正进行制度规定,首次按照案由进行分类矫正。着重按照年龄和案由进行有针对性的分类矫正,根据不同年龄和案由的社区服刑人员群体性特征制定相应的矫正方案。该《手册》还进一步规定分阶段、分级矫正工作框架。根据社区服刑人员在矫正不同阶段的特点。将整个矫正过程按时间纵向分为宣告开始后3个月的初期矫正阶段、分级矫正阶段和矫正结束前1个月的期满前矫正阶段等3个阶段。

初期矫正阶段。一般采取主要措施为:(1)司法所告知社区矫正的有关规定,司法所落实公益劳动场所。(2)社工落实帮教志愿者,社区服刑人员每半个月接受个别教育不少于一次。(3)假释、暂予监外执行人员每月参加集中教育不少于1次,缓刑人员参加集中教育不少于1次。(4)除被剥夺政治权利的人员之外,社区服刑人员每月由其本人向司法所书面报告活动情况。(5)除被剥夺政治权利的人员之外,有劳动能力的社区服刑人员,应当在矫正宣告后1个月内参加公益劳动。

期满前矫正阶段。在期满前矫正阶段,不对社区服刑人员的矫正级别进行调整,分级矫正阶段的矫正措施自然延续到期满前矫正阶段。期满前矫正阶段,可采取以下措施:(1)司法所按照分级矫正阶段的矫正措施继续开展分级矫正,并且应当开展以期满教育为主的个别教育。(2)社工辅导社区服刑人员做好自我鉴定,司法所组织并落实期满鉴定工作。(3)公安派出所负责完成期满宣告工作,司法所负责完成社区服刑人员档案管理工作。

2008年4月,在试点经验基础上,市矫正办制定印发《关于进一步加强青少年社区服刑人员分类矫正工作的实施意见》,规定阶段式教育和模块式教育相结合的分类教育矫正模式,并鼓励各区(县)在统一模式下根据各自情况和资源特点,采取有针对性的矫正方法和措施,以提高对青少年社区服刑人员的矫正效果。杨浦区五角场镇建立25周岁以下社区服刑人员每月家庭联系沟通例会制度,定期与家长沟通,聘请家庭教育专家帮助家长树立正确的教育观念,掌握科学的教育方法,加强与子女的沟通互动,为青少年社区服刑人员创造良好的家庭环境;闵行区依托市新收犯监狱,建立社区矫正青少年教育基地,通过参观交流互动活动,加强对青少年社区服刑人员的在刑意识教育;青浦区练塘镇在青少年社区服刑人员中开展"同在蓝天下"主题活动,收到了较好的效果,并得到区检察院司法建议表扬。经过近一年的努力,全市青少年社区服刑人员的重犯率明显下降,低于全市平均水平。

2009年，青少年社区服刑人员重新犯罪率远低于同年全市平均重新犯罪率，青少年社区服刑人员重新犯罪得到有效控制。

第四节　个性化矫正

在针对社区矫正人员进行教育学习、心理矫正和分类矫正的基础上，市社区矫正办公室进一步探索个性化矫正制度，并于2005年和2006年先后制定《社区服刑人员个性化教育暂行办法》和《关于开展社区矫正个性化教育矫正的实施意见》。

在社区矫正中，个性化教育矫正是指针对危险性较大的社区服刑人员个体采取的教育矫正手段或方式。个性化教育矫正的适用对象是危险性较大的社区服刑人员个体，共有8类具体社区服刑人，第一类是经社区矫正风险评估评定为高风险度的人员；第二类是违法犯罪恶习较深，有2次以上包括2次犯罪前科或劳动教养处罚记录，现实矫正表现起伏不定的；第三类是经心理量表测试或经诊断为存在心理危机或心理疾病症状明显，不进行心理危机干预或心理疾病治疗，可能重新违法犯罪的；第四类是受到日常行为处分和司法惩处的；第五类是有事实或行为证明有明显偏执或缺乏自控能力，严重影响其接受社区矫正的；第六类是社会交往或家庭环境不良，影响其接受社区矫正，有重新违法犯罪危险的；第七类是社会矛盾、家庭矛盾或个人问题尖锐特殊、影响其接受社区矫正，有重新违法犯罪危险的；第八类是其他需要开展个性化教育矫正的人员。

对社区矫正服刑人员，开展个性化教育矫正应经过4个主要环节，即选择确定对象、设置预期工作目标、落实工作措施及跟踪评、撰写结案报告。开展个性化教育矫正可采取的措施有：强化日常管理、加强常规教育、主动帮困解难、培养文化素养、实施心理矫正、提高自助能力、注重亲情辅助、动员社会力量、进行科学激励、及时跟踪评估。开展个性化教育矫正应把握四个要领。第一仔细筛选，以现实表现为主，合理确定个性化教育矫正对象。第二准确把握对象存在的问题症结，重点了解对象最大的困难是什么、最关心的问题是什么、最大的愿望是什么、谁对其最有影响力等，设定主要措施和辅助性措施。第三根据对象现实表现的发展变化适时调整措施。第四撰写结案报告时，评估要客观，着重总结科学有效的矫正方法。

2005年，各区（县）社区矫正职能部门选择确定497名个性化教育矫正对象，其中管制3人、缓刑267人、假释99人、暂予监外执行18人、剥夺政治权利110人。司法所和社工从矫正犯罪恶习、加强心理健康辅导、帮困解难等多方面进行因人而异的个性化教育。至11月，在497名个性化教育中，有212人取得较好的工作效果，10人被撤销原判刑罚或重新犯罪。浦东新区司法局拟制了个性化教育方案表式，明确个性化教育的五个环节，指导街镇司法所根据《社区服刑人员个性化教育暂行办法》的规定认真筛选辖区内对象，选择重点，找准突破口，循序渐进，开展工作，取得初步成效，并在年底专题召开个性化教育研讨会，组织各街镇交流个性化教育的做法和心得。此外，静安、长宁、嘉定、松江等区组织司法所（科）专职干部和社工认真学习个性化教育的文件，明确工作要求；闵行、奉贤、卢湾、南汇等区统一、规范个性化教育的表式；杨浦区组织街镇司法所（科）对全部的社区服刑人员进行排摸，对一些重点人员综合分析，确定个性化教育的对象。个性化教育的逐步推开，对探索提高教育矫正质量，强化管理手段提供有效的方法和途径。

至2006年11月底，上海市共有747名社区服刑人员被纳入个性化教育矫正范围，与2005年相比增加了50%，已结案338人，经个性化教育矫正后已取得较好效果的216人，占总数的28.9%，还有14名个性化教育矫正对象因为重新违法犯罪而被收监，占总数的1.9%。在上海市普遍开展个性化教育矫正工作的同时,市矫正办选取了浦东新区、杨浦、普陀、闵行等 4 个区进行试点,探索更为有效的个性化教育矫正方法和模式。至 2006 年,在册接受个性化教育矫正的社区服刑人员 838 人,占累计人数的 9.4%,其中 402 人为 2006 年度新纳入的,占个性化教育矫正对象总数的 48.0%,占累计人数的 4.5%。2006 年度已结案的有 378 人,占个性化教育矫正对象总数的 45.1%,其中取得较好效果的有 247 人,占个性化教育矫正对象总数的 29.5%;重新违法犯罪或收监的 11 人,占个性化教育矫正对象总数的 1.3%。数据显示,个性化教育矫正工作的开展,在一定程度上促进社区服刑人员思想的转化、良好心理和行为习惯的养成,从而增强社区矫正工作的针对性和有效性。

2007 年 6 月,市矫正办联合市新航社区服务总站召开个性化教育矫正工作研讨会,对个性化教育矫正工作模式中的教育管理、资源整合、心理矫正、风险防范、重犯反思和青少年矫正等 6 个版块内容进行系统梳理和总结。并从上海市征集的 422 个个性化教育矫正案例中,审核挑选 60 篇,汇编成《社区矫正工作指导手册——个性化教育矫正分册》。2007 年,上海市共对 847 名社区服刑人员开展个性化教育矫正,其中 448 人已经结案,取得较明显效果的 279 人,比 2006 年同期上升了 32.8 个百分点;有 10 人在个性化教育矫正过程中或者结案后重新违法犯罪,仅占接受个性化教育矫正总数的 1.18%,比 2006 年同期下降了 0.49 个百分点。至 2007 年底,在册个性化教育对象 399 人。全年接受个性化教育矫正的社区服刑人员共 847 人,其中为 2007 年度新纳入的对象的有 411 人,占个性化教育矫正对象总数的 48.5%,占累计人数的 4.3%。2007 年度已结案的有 448 人,占个性化教育矫正对象总数的 52.9%,其中取得较好效果的有 279 人,占个性化教育矫正对象总数的 32.9%;重新违法犯罪或收监的 10 人,占个性化教育矫正对象总数的 1.2%。

2008 年,在册个性化教育矫正对象 414 人。全年接受个性化教育矫正的社区服刑人员共 786 人,占全年社区服刑累计人数的 7.7%,其中:2008 年度新纳入的有 387 人,占个性化教育矫正对象

图 9-5-1　2006 年 12 月 31 日,市新航总站个性化教育矫正研究会、心理矫正研究会在虹口区凉城街道举行成立大会

总数的 49.2%。全年已结案的有 372 人，占个性化教育矫正对象总数的 47.3%，其中取得较好效果的有 166 人，占个性化教育矫正对象总数的 21.12%；重新违法犯罪或收监的 14 人，占个性化教育矫正对象总数的 1.78%。

2009 年，上海市共对 834 名社区服刑人员开展个性化教育矫正，已结案的 410 人，其中取得较明显效果的 230 人；因严重违反矫正规定被收监的仅有 13 人，占接受个性化教育矫正总数的 1.56%，比上年下降了 0.22%。至 2009 年，在册个性化教育矫正对象 424 人。2009 年度接受个性化教育矫正的社区服刑人员 834 人；2009 年度新纳入的个性化教育矫正对象 404 人；全年度已结案的个性化教育矫正对象 410 人，占个性化教育矫正对象总数的 49.16%。个性化教育矫正对象因违反矫正规定或重新犯罪被收监的 13 人，占累计接受个性化教育矫正对象的 1.55%（其中，因违反矫正规定被收监的 5 人、因重新犯罪被判决的 8 人）。

至 2010 年，在册个性化教育矫正对象 420 人。全年度接受个性化教育矫正的社区服刑人员 810 人；全年度新纳入的个性化教育矫正对象 386 人；全年度已结案的个性化教育矫正对象 390 人，占个性化教育矫正对象总数的 48.15%。个性化教育矫正对象因违反矫正规定或重新犯罪被收监的 12 人，占累计接受个性化教育矫正对象的 1.48%（其中，因违反矫正规定被收监的 6 人、因重新犯罪被判决的 6 人）。

第六章　社 区 服 务

社区服务，也称作公益劳动，是社区矫正的重要内容，体现刑罚执行的性质，是增强社区服刑人员在刑意识、组织社区服刑人员对社会作出补偿、提高社区矫正效果的重要手段。根据上海市相关规定，被判处管制、被宣告缓刑、被裁定假释的社区服刑人员，有劳动能力的，应按规定参加公益劳动。

第一节　服务时间与项目

2004 年，市高院、检察院、公安局、司法局《关于印发〈社区矫正工作流程〉的通知》规定社区服刑人员的公益劳动制度。除保外就医人员、剥夺政治权利人员之外，具有生活自理能力的不满 70 周岁的男性和不满 65 周岁的女性社区服刑人员均应当在社区矫正宣告后 1 个月内开始参加公益劳动，且每月参加公益劳动时间不少于 10 小时。

公益劳动项目项目可以包括以下内容：(1) 在公共场所从事清洁、环保、看护等辅助性劳动。(2) 在公益劳动场所从事由签约双方认可的为社会服务的公益活动。(3) 为被害者(被害单位或被害人)开展补偿性劳动。(4) 在工作单位从事非本岗位性、非营利性、为公众服务的服务性工作。(5) 其他适宜社区服刑人员从事的为社会、公众服务的劳动。

2006 年和 2007 年，市司法局先后发布《上海市社区服刑人员公益劳动管理暂行办法》和《关于印发〈上海市社区服刑人员分类矫正规定〉的通知》，细化了社区服务制度。通知规定，被判处管制、被宣告缓刑、被裁定假释的社区服刑人员，有劳动能力的，应按规定参加司法所(科)组织的公益劳动。经司法所(科)同意，社区服刑人员可以自主选择公益劳动场所，每月参加公益劳动不少于 10 小时(剥夺政治权利人员除外)。司法所(科)在征得被害人同意后，鼓励社区服刑人员向被害者提供补偿服务。

2008 年 4 月 9 日，市矫正办颁布《关于开展社区服刑人员补偿性公益劳动的实施意见》，将上海市社区服刑人员的公益劳动向“补偿性”方向引导，确定以修复谅解型(直接为被害方提供义务劳动和服务)和社区服务型(应被害方要求为社区提供义务劳动和服务)为主、经济补偿型(捐资)为辅的公益劳动形式。进一步强化社区服刑人员“认罪”“悔罪”和“赎罪”意识，通过提供补偿性服务争取被害方和社会的谅解，提高社区矫正质量和效果。

社区服刑人员一般应在指定的公益劳动场所参加公益劳动。具有特殊情况，经本人申请、司法所同意，工作单位愿意接受，可允许个别社区服刑人员在本单位参加公益劳动，但是一般不准安排处于“一级矫正”阶段的社区服刑人员在本单位参加公益劳动。司法所为社区服刑人员落实公益劳动场所时，应当由司法所、公益劳动场所、社区服刑人员三方签订公益劳动协议，内容包括劳动项目、劳动时间、劳动区域、劳动纪律、公益劳动场所应当负有的管理职能、司法所的教育职责及违反劳动协议应负的责任。

长期在外省市工作的社区服刑人员应当落实当地公安机关监管并在有条件的情况下依托当地的社区矫正机构落实公益分动，不能在当地落实公益劳动的，应当要求每个季度回上海市参加 10

小时公益劳动。公益劳动场所的联络员负责对公益劳动的社区服刑人员进行考核和管理，记录劳动内容和时间，并及时将劳动情况反馈给司法所或社工。因患病或者身体残疾或者患有精神疾病，按照规定可不参加公益劳动的社区服刑人员，应由本人提出要求不参加公益劳动的申请，并提供区级以上（含区级）医院（或专科医院）的相关证明或相关法律文书，报区（县）司法局批准。社区服刑人员参加补偿性公益劳动，应当由司法所、被害方、社区服刑人员三方签署补偿性公益劳动协议书，明确约定补偿性公益劳动或服务的内容、时间、区域范围、社区服刑人员应当遵守的纪律。司法所应将补偿性公益劳动的开展情况及实际效果及时向被害方反馈。

第二节　服务场所与基地

2004 年，全市试点建立公益劳动场所。至 2005 年 11 月底，全市共建立公益劳动场所 1 282 个，其中区（县）级 17 个。在前期试点工作的基础上，2006 年市司法局颁布《上海市服刑人员公益劳动管理暂行办法》，规定区（县）司法局社区矫正工作职能部门和街镇司法所（科）应当建立一定数量的公益劳动场所作为社区服务场所与基地。公益劳动场所必须具备以下条件：签订公益劳动协议书、确定联络员负责日常管理和考核、有符合国家劳动安全规定的公益类劳动项目。2007 年，颁布《上海市社区服刑人员分类矫正规定》，规定经司法所（科）同意，社区服刑人员可以自主选择公益劳动场所。

2009 年初，为规范公益劳动管理工作，扩大社区矫正工作的社会影响力，市矫正办着力推进街镇级公益劳动基地建设。街镇级公益劳动基地主要以养老院、社区图书馆、公共绿地、纪念馆等场所为主，承担安排初期和一级矫正对象的集中式公益劳动。

至 2010 年，上海市 222 个司法所均建立 1 个以上的街镇集中式公益劳动基地。静安、松江区司法局在规范公益劳动基地运作管理制度方面成效明显；浦东新区惠南镇针对女性社区服刑人员多的情况，建立女性社区服刑人员集中式公益劳动基地；嘉定区马陆镇建立以镇辖范围公路段为主的集中式公益劳动基地；闸北区司法局利用大宁公园，徐汇区司法局依托区图书馆，建立区级集中式公益劳动基地。

表 9－6－1　2006—2010 年上海市社区服务基地数量及使用情况统计表

年　份	公益劳动场所数量（个）	区（县）级公益劳动场所数量（个）	街镇级公益劳动场所数量（个）	全年公益劳动时间（小时）	全年公益劳动人次
2006	2 021	15	2 006	421 688	41 947
2007	2 455	20	2 435	500 349	52 381
2008	2 759	24	2 735	543 711	52 448
2009	2 395	16	2 379	511 315	50 601
2010	2 398	12	2 386	541 158	28 708

第七章　社会适应性帮扶

对社区服刑人员开展针对性社会适应性帮扶，目的在于帮助其更好地重返社会、融入社会，减少不稳定因素。全市逐步建立完善了过渡性安置就业基地，加强协调解决社区服刑人员特殊困难、就业培训、子女关爱等，维护其合法权益。

第一节　帮困救助活动

2004年，市高院、检察院、公安局、司法局《关于印发〈社区矫正工作流程〉的通知》规定对社区服刑人员的教育帮助工作。

社区矫正社会工作者应在街镇司法所（科）的组织与指导下，对社区服刑人员遇到的户口、就业、居住、生活、学习、教育等特殊问题或困难，积极联系有关部门帮助解决。联系落实技能培训，实现助人自助。根据社区服刑人员参加就业技能培训的实际需求，制定就业技能培训计划，为社区服刑人员参加各种类型的就业技能培训，联系当地劳动部门提供支持和帮助，帮助他们所的适应社会生活所需的就业技能。加强对社区服刑人员未成年子女的关爱，促进未成年人健康成长，预防社区服刑人员未成年子女违法犯罪，使社区服刑人员无牵挂未成年子女之忧地安心服刑。提供法律援助帮助社区服刑人员维护合法权益。

帮困救助的项目建设主要为社区服刑人员技能培训中心和中途驿站。建立建设社区服刑人员技能培训中心是社区矫正项目建设工作中的重要内容之一。组织社区服刑人员参加相关技能培训，切实提高他们在劳动力就业市场上的综合竞争力和就业成功率，是最大化地发挥社区矫正工作成效的重要手段。而中途驿站主要为无家可归、无亲可靠、无生活来源的社区服刑人员提供居住和工作。

2006年，安置就业的人数为3 801人次（其中推荐就业的696人次），占累计矫正人数的42.7%。推荐技能培训527人次，占累计矫正人数的5.9%。全年解决住房困难问题33人，解决子女助学或社区服刑人员复学95人，解决低保840人，解决养老金84人，临时性补助694人，解决其他困难1 689人。至11月，上海市共有过渡性就业基地172个（其中：区级8个，街镇级164个），成功推荐就业388人（502人次），开展技能培训268人（367人次），帮助26名社区服刑人员解决住房问题，助学复学98人，协助703名社区服刑人员办理低保，为80人解决养老金，向718人提供临时性补助，解决其他问题和困难1 456件。

2007年，解决住房困难问题17人，解决子女助学或社区服刑人员复学54人，解决低保773人，解决养老金27人，临时性补助1 017人，解决其他困难1 800人。

2008年，解决住房困难问题40人，解决子女助学或社区服刑人员复学120人，解决低保685人，解决养老金39人，临时性补助1 327人，解决其他困难1 764人。

2009年，共为4 509人次提供帮困救助，其中解决住房40人、助学复学119人、解决低保593人、解决养老金54人、临时性困难补助1 666人、解决其他困难2 037人。解决临时性困难补助人数为历年最高。

2010 年，共帮助解决住房困难 91 人，是 2009 年的 1.27 倍；助学复学 131 人，比上年增加 10.08%；解决低保 424 人，比上年减少 28.50%；解决养老金 37 人，比上年减少 31.48%；提供临时性补助 1 659 人，比上年减少 0.42%；解决其他困难 1 592 人，比上年减少 21.85%。其中，解决低保人数连续 3 年下降。

第二节　过渡性安置基地、就业基地建设

2004 年，市司法局印发《关于全面推进社区矫正工作的意见》明确针对社区服刑人员展开过渡性安置基地、就业基地建设制度。其中，过渡性安置基地包括教育学习基地和技能培训基地。在实际建设过程中，过渡性安置基地和过渡性就业基地区分并不明显，一般统称为过渡性安置就业基地。

2005 年，全市共建立过渡性就业基地 100 个，其中市级 2 个，区级 5 个（徐汇、长宁、静安、闸北、宝山），街镇级 93 个。

2006 年，全市街镇层面建立过渡性就业基地 245 个，全年推荐就业成功的 696 人次中通过区级过渡性就业基地安置有 36 人次、通过街镇过渡性就业基地安置有 247 人次；全年推荐接受技能培训的 527 人次。

2007 年，共建成过渡性就业基地 298 个（其中：区级 14 个，街镇级 284 个），全年安置就业的人数为 3 915 人（其中推荐就业的有 605 人次，占就业人数的 15.5%），占累计矫正人数的 40.6%。推荐技能培训 570 人次，占累计矫正人数的 5.9%。

2008 年，共建成过渡性就业基地 293 个（其中：区级 21 个，街镇级 272 个），全年安置就业的人数为 3 957 人（其中推荐就业的有 473 人次，占就业人数的 12.0%），占累计矫正人数的 38.8%。推荐技能培训 219 人次，占累计矫正人数的 2.1%。

2009 年 11 月 25 日，市司法局、人保局、安帮办联合召开全市过渡性安置就业基地规范化建设推进会，浦东新区南码头路街道南风新航四保服务社、静安区洪智城市小区管理服务中心等 5 家单位被命名为“2006—2009 年度上海市过渡性安置就业示范基地”，并被授予“上海市过渡性安置就业示范基地”匾牌和相关荣誉证书。当年，共建成过渡性就业基地 318 个（其中：区县级 16 个，街镇级 302 个），共安置就业人数为 911 人，占累计矫正人数的 8.72%。

2010 年，共建成区（县）级过渡性就业基地 21 个，街镇级过渡性就业基地 262 个。

第八章　社会力量参与社区矫正

上海社区矫正自起步就重视社会力量参与，培育专业社工组织和社工队伍，引导各类社会力量广泛参与，彰显了专业化特点和社会化优势。借助社会组织力量，实行社会化管理，是上海社区矫正试点工作的一大亮点。2003 年，“新航社区服务总站”正式挂牌成立，按照“政府主导推动，社团自主运行，社会多方参与”的运作模式，通过政府购买服务参与社区矫正工作，建立起一支专业化、职业化的社会工作者队伍。上海还建立了遍及全市的志愿者帮教网络，市社会帮教志愿者协会与各区县帮教志愿者协会共同努力，积极发动那些热心社会公益事业的公私企业及各界人士加入社会帮教事业，为社区矫正工作提供了广泛的社会资源。社工和志愿者在参与社区矫正工作的过程中，将“平等、尊重、接纳、助人自助”的服务理念传递给每一名社区服刑人员，鼓励他们增强立足社会、直面人生的信心和能力，并为他们提供多方面真诚的帮助和服务，发挥了政府部门不可替代的独特作用。

第一节　社工与社会帮教志愿者

2003 年 10 月 13—25 日，市综治委举办首期禁毒、社区矫正、青少年事务社会工作者培训班。首批从政法系统选聘和向社会招聘的社会工作者 399 人参加了培训，其中社区矫正专业社工 119 人。11 月起，社工全部上岗。

2004 年 2 月 18 日，市新航总站正式挂牌。6 月 18 日，上海自强社会服务总社、新航社区服务总站、阳光社区青少年事务中心 3 个社团，以及浦东、卢湾等 8 个区在上海体育场设立咨询报名点，正式招聘禁毒、社区矫正和青少年事务社工。10 月，市司法局出台《关于全面推进社区矫正工作的意见》，明确各级司法行政机关帮助搞好志愿者队伍建设和民间资金的募集工作；用好“政府购买服务”政策，加强对有关社会组织的社工站、社会工作者的监督、指导、评估，要以工作评估为重点，更好地发挥有关社会组织的社工站及社会工作者的作用。至 8 月，全市社区矫正社工有 422 人。11 月 2 日，市矫正办和市新航社区服务总站签订《政府服务采购合同》。合同明确规定了服务对象、服务内容和服务要求，用法律形式确定政府购买服务这种新的社会管理机制。

2005 年，市司法局推动社团做好建章立制工作，先后指导市新航总站制定《上海市社区矫正社会工作者业务培训暂行规定》和《上海市社区矫正社会工作者服务考核办法》等内部规章，指导修订了社工考核办法。

2006 年，市司法局指导社团建立社工培训制度，加强内部交流研讨，拓宽资金募集渠道，并以徐汇区为试点探索政府购买服务方式的改革。1 月，市帮教志愿者协会完成换届改选，对协会功能重新合理定位，使协会成了真正意义上社会化自主运作的社团。至 10 月，新航社工共接触服务对象 118 941 人次，开展个案服务 38 041 人次。

2007 年，社会组织自主运作能力进一步提升。新航总站和市社会帮教志愿者协会不断完善内部管理制度，职业化步伐不断加快。两个社会组织之间交流协作机制初步建立，逐步形成“协会组织资源、社工合理利用”的良好局面。社工专业化服务水平不断提高，全市社工全年接触对象

210 657 人次，其中社区矫正对象接触率为 100%。形成了如环境激励法、“五步”心理矫正工作法、罪错人员分类分析帮教法等一系列行之有效的工作方法。新航社工中拥有心理咨询师（或助理）资质的人员已增加到 102 人，占总数的 21%。

2008 年 2 月 29 日，在市矫正办的指导下，市社会帮教志愿者协会与新航总站举行首次工作例会。两个社团的互动常态化。5 月，市新航总站完成董事会换届工作，进一步完善了总站内部治理结构，为社团自主运作奠定了基础。市司法局还协调、指导区县司法局筹建社会帮教志愿者协会，全市区级社会帮教志愿者协会数量升至 18 个。社会组织专业化服务水平和自主运作能力不断提升。

2009 年，市新航社区服务总站社工 445 人（另外，市中致社从事社区矫正和安置帮教工作 54 人），其中社会招聘占 94%；本科以上文化程度 267 人，占 60%；具有社工师（助理）资格的 288 人，占 64.71%、心理咨询师（助理）资格的 147 人，占 33%，有双证的占 29%。新航社工接触服务对象 64 000 余人次，社区矫正对象和刑释解教重点对象接触率、建档率 100%，制作个案分析材料 4 965 份；成功推荐就业 784 人、技能培训 256 人，协助成功申请低保 2 065 人、办理《劳动手册》809 份、复学 63 人，提供其他服务 7 700 余人次。全市 18 个区县全部成立社会帮教志愿者协会。

至 2010 年，全市从事社区矫正和安置帮教工作的社工 523 名。其中，本科以上学历社工 353 名，占 67%；具有社工师（助理）资格 333 名，占 64%；具有心理咨询师（助理）资格 177 人，占 33.8%。社工开展个案服务 56 654 人次；成功推荐矫正人员就业 757 人次，协助申请低保 1 877 人、协助办理《劳动手册》689 份、复学 23 人。市社会帮教志愿者协会登记注册个人会员 12 192 人、单位会员 495 个。

第二节　开 展 活 动

2004 年 1 月，市新航社区服务总站成立以来，作为全国最早从事社区矫正、安置帮教社会工作的社会组织，成为上海预防和减少犯罪工作体系、创新社会治理的重要组成部分。

2005 年 1 月 1 日，新航总站静安工作站的社工们，在静安公园门口招聘静安区社会帮教志愿者协会等推出的 20 个岗位，包括清洁工、市场管理员、仓库保管员、运输工等工种，专门解决假释、保外就医、缓刑等社区矫正对象和刑释解教人员的就业困难。

2006 年 2 月 10 日，在“新航”虹口工作站举行“法律志愿工作协议书”签约仪式，有上海电视大学法律与行政系的教师被聘为矫正志愿者，参与社区矫正与安置帮教工作，为社区矫正、安置帮教对象提供法律咨询，开展法制教育、在刑意识教育。2 月 22 日，虹口区曲阳路街道与德瑞姆职业心理咨询事务所签约，成立“心灵家园”心理咨询工作室。6 名心理咨询师接受聘请，每周六为社区居民尤其是社区矫正人员、安置帮教对象解决心理问题。3 月 28 日、5 月 26 日、8 月 24 日，新航总站组织“上海市十佳社会工作者”事迹报告团一行 11 人分别走进高校、监狱、社区，为上海政法学院的师生、周浦监狱的监狱干警及服刑人员、宝山社区居民作专场事迹报告，累计 1 000 余人次参加宣传活动。4 月 26 日，新航总站、爱心帮教基金会、社会帮教志愿者协会在艺海剧院联袂举办“社区矫正·平安上海——优秀社工主题报告会”。8—10 月，市爱心帮教基金会、新航总站联合举办社会主义荣辱观教育“爱心杯”读书征文活动，上海市共有 5 000 余名社区服刑人员参加活动，收到征文 1 000 余篇，评出 100 篇获奖文章。12 月 15 日，在徐汇区图书馆召开表彰大会，向获奖者个人和单位颁发证书和奖金。同年，新航社工积极利用各种社会资源对工作对象的实际困难进行帮助，得到社区和对象的广泛肯定与认可,宝山、虹口、浦东、普陀等区 4 名社工因工作表现突出被列为上海市"平安英雄"候选人。

2007 年 2 月 10 日和 9 月 30 日,社会帮教志愿者协会联合新航总站成功举办主题为"帮扶·新航·和谐"的社区矫正与安置帮教专场招聘会。累计 108 家企业提供 500 余个就业岗位,500 余名矫正安帮对象及其家属到现场应聘,共有 115 人通过招聘实现就业。同年 7 月 3 日,"心理咨询师讲堂"第一讲在新航总站会议室开课。心理矫正研究会会长金婉仙主讲《勇气心理学在心理咨询中的应用》,她通过柔软体操、现场案例的沟通讲解,调动了大家参与的积极性。各区(县)联络员聆听了讲座,现场气氛热烈,活动效果良好。同年 8—10 月,新航总站和新航心理矫正研究会联合在全市社区矫正社工中开展心理矫正"实践与探索"征文活动。在历时 2 个多月的活动中,累计收到征文 87 篇,经由市矫正办、新航总站、新航心理矫正研究会及个性化教育矫正研究会联合组成的评委评选,最终评出一等奖 1 篇,二等奖 2 篇,三等奖 4 篇,优胜奖 22 篇及优秀组织奖 1 个。为总结和交流此次活动的成果,新航总站和新航心理矫正研究会不仅将获奖的 29 篇文章收录于《心理矫正"实践与探索"优秀征文汇编》,而且于 11 月 16 日下午,在虹口区凉城街道社区服务中心召开"心理矫正'实践与探索'优秀征文交流暨表彰大会",7 名获奖代表在会上作了交流。

图 9-8-1　2007 年 2 月 10 日,"帮扶·新航·和谐——上海市社区矫正安置帮教"专场招聘会现场

2008 年 2 月 22 日,"凤凰亮翅,新航添辉"沪港两地青少年社区矫正工作交流活动,在黄浦区绿苑大酒店顺利举行。香港基督教循道卫理联合教会交流团一行 3 人与新航总站社工就沪港两地青少年社区矫正工作的理念、实践进行交流,双方就工作方法、工作模式的异同进行热烈的探讨。通过为期一天的活动,新航社工分享了香港青少年社区矫正工作的先进理念和成熟经验,香港社工也了解了上海在开展青少年社区矫正工作方面的特色工作及取得的成效。新航 18 个区(县)60 余名社工参加交流活动。5 月 12 日,四川省汶川县发生里氏 8.0 级强烈地震,新航总站向全市社工和服务对象发出"四个一"行动倡议,各区(县)和街镇组织各种形式的援助活动。至 5 月 21 日,有 2 117

名社区矫正人员参与了募捐，累计捐款 171.06 万元、捐赠消毒物品 20 吨，另有多名服务矫正人员参加义务献血。

2009 年 5—9 月，新航总站和市社会帮教志愿者协会牵头以邻近区（县）分片联办的方式先后举办 5 场专场招聘会，分别是 5 月 28 日徐汇、长宁、闵行专场，6 月 28 日静安、普陀、闸北专场，7 月 26 日虹口、杨浦、宝山专场，8 月 22 日黄浦、卢湾专场以及 9 月 28 日浦东与南汇专场。先后共组织 837 名社区服刑、刑释解教人员及家属参与五场专场招聘会。8 月 7 日，新航总站首期心理咨询督导培训班开班仪式在虹口区教师进修学院举行。心理咨询督导培训系新航总站委托上海知音职业技能培训中心为新航社工提供的在心理咨询师（助理）资质培训之外的又一类心理咨询培训，内容更具深入性、精细性和前沿性，旨在为已取得心理咨询师资质的社工提供进一步深入学习和实践的机会。同年，经社工本人申请和总站核定后，25 名新航一线社工心理咨询师成为首期督导班的学员，他们将在知音安排下参加包括案例督导、心理咨询技术授课、社会实习等内容共 120 课时的督导培训。

图 9-8-2　2009 年 2 月 12 日，新航总站和市帮教协会在上海音乐学院贺绿汀音乐厅联合举办 2003—2008 年度先进表彰大会

2010 年 12 月 31 日，由新航闵行工作站承办的新航创投项目"'旭日心航'青少年社区矫正及跟进服务计划"经过 1 年的项目运作和实施，顺利完成"新航义工""心盾小组"等活动近 200 次，累计吸引了 167 名青少年社区矫正人员参与，该项目获得公益创投资金 18 万余元。

第十篇

安置帮教

20世纪90年代，中共中央、国务院、全国人大常委会和中央社会治安综合治理委员会相继印发了《关于进一步加强对刑满释放、解除劳教人员安置和帮教工作的意见》等一系列文件，把刑释解教人员安置帮教工作列为社会治安综合治理一项重要工作，明确做好刑满释放解除劳教人员安置帮教工作任务和要求。

根据中央要求及上海刑释解教人员安置帮教工作的实际情况，90年代中期至21世纪初，上海出台了一系列政策性文件，为安置帮教工作的扎实开展提供了政策和制度保障。这一阶段，全市安置帮教工作主要呈现以下特点：一是成立“市刑释、解教人员安置帮教工作协调小组”（2005年改为“领导小组”），明确领导机构和领导小组各成员单位工作职责，三次增补成员单位，安置帮教工作体制和工作机制不断健全。二是出台了一系列政策性文件，内容涵盖安置帮教工作各个环节、各个方面，为安置帮教工作的扎实开展提供了政策和制度保障，有力地促进了安置帮教工作的规范化，特别是专项措施成为上海安置帮教工作的一大特色。三是适应加强和创新社会管理的需要，注重培育社会组织，率先推动成立市新航社区服务总站、市社会帮教志愿者协会，专业社会工作者、社会帮教志愿者成为安置帮教工作不可或缺的重要力量，社会力量组织化参与安置帮教工作成为上海安置帮教工作的亮点。

第一章　安置帮教组织、协调与指导

1998年7月，市安帮协调小组成立。协调小组下设办公室，办公室设在市司法局。2002年9月，上海对刑释解教人员安置帮教工作提出“狱内必访”“出监所必接”“户口必报”“基本情况必知”“有困难必帮”等专项措施，并于2003年7月制定实施细则，全市安置帮教工作规范化程度不断提高。2004年，市社区矫正办公室成立后，市司法局决定将安置帮教职能划归市矫正办承担。2005年后，市司法局以预防和减少重犯为重心，以促进刑释解教人员回归为根本，全力推动过渡性集体户口、过渡性安置就业基地建设，建立疑难问题处置机制，在维护社会稳定与平安方面作用逐渐凸显。同时，为加强和创新社会管理，上海率先成立了市社会帮教志愿者协会、市新航社区服务总站等社会组织。随着安置帮教工作的深入开展，社会组织和社会工作者成为上海安置帮教工作的重要力量。

第一节　组织协调机制

1998年7月27日，市综治委印发《关于“上海市刑释解教人员安置帮教工作协调小组”组成人员的通知》，决定成立“上海市刑释解教人员安置帮教工作协调小组（简称市安帮协调小组）”，成员单位由市司法局、市公安局、市综治办、市总工会、团市委、市妇联、市委老干部局、市民政局、市劳动和社会保障局、市工商局、市青保办、市监狱管理局、市劳教局13家单位组成。市安帮办设在市司法局，由市司法局基层工作处（安置帮教工作指导处）承担协调小组的日常工作。7月28日，市安帮协调小组召开第一次会议，13家成员单位的负责人和代表参加会议，讨论各成员单位的职责和任务分工。

1999年6月，全市20个区（县）都成立由有关部门领导组成的刑释解教人员安置帮教工作协调小组，并在区、县司法局内设立办公室，承办协调小组日常事务。闸北、虹口、杨浦3个区协调小组组长由分管区长担任，其余区（县）协调小组组长由司法局局长担任，徐汇、闸北、嘉定、松江4个区司法局内设安置帮教工作科。年底，全市288个街道、镇（乡）都建立安置帮教工作机构，5 309个居（村）委建立帮教工作小组，占居（村）委总数的85.8%。

至2000年，全市基本形成市、区（县）、街道（镇、乡）、居（村）委“三级网络、四个层次”的帮教体系。

2003年8月，经市综治委批准，增补市房屋和土地资源管理局成为第14家成员单位。

2004年，市社区矫正办公室成立后，市司法局将原由基层工作处职能中的“指导和协调刑释解教人员安置帮教工作；负责市刑释解教人员安置帮教工作协调小组办公室的日常事务”调整至市社区矫正办公室。

2005年7月19日，市综治委印发《关于调整市综治委刑释解教人员安置帮教工作协调小组名称及人员的通知》，明确市、区（县）综治委刑释解教人员安置帮教工作协调小组更名为市、区（县）综治委刑释解教人员安置帮教工作领导小组，调整充实市安帮协调小组领导力量，发挥成员单位的职能作用。至此，上海市安置帮教组织领导协调机制基本成型。

2007年,为进一步理顺安置帮教工作与社区矫正工作的内在关系,市司法局向市编办报送了将安置帮教工作职能划转至市社区矫正办公室的请示,拟撤销挂在局基层工作处的"安置帮教工作指导处"牌子,在市矫正办增设安置帮教工作指导处,承担全市安置帮教工作管理职能。同年,增补市公安局监管处、市矫正办为市安帮领导小组成员单位。

2009年12月24日,市安帮领导小组印发《上海市综治委刑释解教人员安置帮教工作领导小组成员单位及办公室工作职责》,明确要求各成员单位由各自相关分管领导为市综治委安置帮教工作领导小组成员、相关职能处室负责人为联络员;按时参加市综治委安置帮教工作领导小组会议和联络员会议以及有关专项活动;及时传达市综治委安置帮教工作领导小组会议和联络员会议精神,研究部署工作任务;切实履行职责,按时完成交办任务,协调、督促、检查本系统落实情况;在制订本系统相关政策文件时要反映和体现安置帮教工作内容;按时上报有关工作计划和总结;不断充实和完善"党委政府统一领导、综治牵头、司法行政协调、成员单位配合、街镇实施、社工介入、志愿者参与"的工作机制。

自2010年10月,增补市财政局、市地方税务局、中国人民银行上海分行为领导小组成员单位。

第二节　制度化建设

1998年市安帮协调小组及办公室成立后,相继制定《协调小组及办公室工作职责》和《协调小组及办公室例会制度》等文件,保证安置帮教工作规范、有序开展。

2000年,市综治委、司法局、公安局、民政局联合印发《关于进一步做好服刑人员刑满释放和在教人员解除劳教时衔接工作的通知》,规范刑释解教人员衔接工作。

2001年,市安帮办实施刑释解教预报制度,向全市22家看守所发放统一制作的《刑释解教人员通知书》。

2002年10月,市综治委印发《关于进一步加强本市刑释解教人员安置帮教工作的意见》,要求做到监所内必访、出监时必接、户口必报、基本情况必知、有困难必帮等工作要求。建立19个基层联系点,试行《基层刑释解教人员安置帮教工作规范》,会同有关部门对浦东、黄浦、徐汇、普陀、闸北、虹口、杨浦、闵行等区吸毒刑释人员开展重点帮教工作。

2003年7月28日,市综治委印发关于刑释解教人员安置帮教工作实施细则等3个文件。

2004年2月,市综治办和市安帮办联合制定《关于进一步落实本市刑释解教人员落户就业和社会保障等工作的意见》。《意见》明确了刑释解教人员可根据现行户籍政策及时落户。对于因家庭变故、离异、原集体户口注销、原住房出售后无住所等原因无法落户的,采用过渡性集体户口申报办法予以临时落户。同时,在劳动就业和社会保障、医疗、就学、住房等方面,也依据相应政策作出规定。

2005年,市安帮办全力推动"双过渡"(过渡性集体户口、过渡性安置就业基地)建设。为及时有效地处置刑释解教人员安置帮教工作中因申报户口、就业、生活以及居住等基本生活保障问题引起的疑难问题,市安帮办联合各有关部门印发《关于刑释解教人员置帮教工作中疑难问题处置的意见》,联合各区县司法局,要求各公安分局、县公安局,各区县民政局、劳动和社会保障局、房屋土地管理局、安帮办,对安置帮教工作疑难问题的界定、管理权属和工作流程等作了详细规定。市安帮办制定《关于做好刑释解教人员"监所内必访"和"出监所必接"工作的意见》等文件,健全安置帮教工作机制。2006年9月,市安帮办印发《关于开展来沪人员中刑释解教人员帮教试点工作的方案》。

10月，启用《服刑/劳教人员走访情况表》，加强"必访"和重点"必接"工作。

2009年9月28日，由市安帮领导小组3家成员单位联合编写的《回归指南》正式发行，纳入全市各监狱、劳教所、公安看守所回归教育，帮助服刑在教、社区服刑和刑释解教人员全面了解上海市的入户就业、社会保障、法律援助等政策。

2010年7月29日，市委办市府办转发《市综治委关于进一步加强本市刑满释放解除劳教人员安置帮教工作的实施意见》，将21项工作任务进一步细化，同时深化上海安置帮教工作经验做法，如"双过渡"建设、服刑在教人员和社会回归人员未成年子女"关爱行动"、安置帮教社工队伍建设、刑释解教人员信息管理系统等。12月31日，市安帮领导小组成员各单位联合下发《关于进一步做好刑满释放解除劳教人员促进就业和社会保障等工作的实施办法的通知》，要求加大对刑释解教人员的就业援助力度、规范就业政审制度、鼓励刑释解教人员自主创业、进一步加大过渡性安置就业基地政策扶持力度、鼓励各区(县)建立"过渡性安置(就业)基地"吸纳刑释解教人员就业等。

第三节　信息化建设

为了适应安置帮教工作的需要，信息技术在安置帮教工作中得到运用和发展。

2004年10月，市刑释解教人员信息管理系统一期开发研制工作基本完成，系统设有业务管理、查询统计、系统设置、网络平台四大模块，初步实现市刑释解教人员安置帮教工作办公室与公安局、高级法院、监狱局、劳教局及各区(县)安帮办的信息交换。

2005年4月，虹口区安帮办完成"上海市安置帮教信息管理系统"联网工作，率先将试点范围扩大到整个区、可在市政府网站上查阅安置帮教信息。10月，安置帮教管理信息系统建设完成，并开始在徐汇、虹口、闵行、嘉定、金山等5个区司法局、20个街道乡镇司法所进行试运行。

2006年，市司法局继续推进"上海市刑释解教人员信息管理系统"的应用，完成与市监狱局、劳教局的公务网数据链接，实现数据统一和联网操作。

2008年，市安帮办组织公安、监狱、劳教等各部门联合开展对2003—2007年刑满释放、解除劳教的上海户籍刑释解教人员生存状况进行调查，内容涉及家庭、入户、住房、就业和收入、社会保障及心理等方面，促进了安置帮教信息管理系统的完善。

第四节　社会帮教组织

一、专业帮教组织

2004年1月19日，为了更好地推进构建预防和减少犯罪工作体系建设，在市司法局牵头下，市新航社区服务总站成立，系民办非企业单位。2月18日，新航总站正式挂牌。2月24日，新航总站与徐汇、卢湾、闸北、浦东等4个试点区的48名社工进行签约。8月，市新航总站正式在全市19个区县均设立工作站，在218个街道(乡镇)均设立社工点。

2007年10月、2009年6月和2010年7月，为进一步推进上海预防和减少犯罪体系试点工作，浦东新区、奉贤区和松江区先后成立了浦东中致社区服务社、奉贤思齐社会工作服务中心、松江茸平社区平安服务社，将原自强、新航、阳光等3个社工站改组成为一家综合的区域性社团，标志着市新航总站服务覆盖面调整为除浦东新区、奉贤区、松江区外的14个区县(黄浦区与卢湾区合并后为

14 个区县)。

2010 年 7 月 29 日,市委办公厅、市政府办公厅印发《中共上海市委办公厅、上海市人民政府办公厅转发〈市综治委关于进一步加强本市刑满释放解除劳教人员安置帮教工作的实施意见〉的通知》,进一步加强安置帮教社工队伍建设,按 1∶100 的比例配置安置帮教社工。至此,全市安置帮教社工配比由 2004 年的 1∶150 调整为 1∶100。

二、志愿帮教组织

上海市社会帮教志愿者协会成立于 2000 年 9 月 16 日,是由全市热心社会帮教事业的各界人士自愿组成的、为刑释解教人员提供帮教服务的非营利性社会团体。这是全国首家省级社会帮教志愿者协会,行业主管部门为市司法局。同月,宝山区社会帮教志愿者协会成立,成为上海首家区(县)级社会帮教志愿者协会。

市协会成立之初,机构办公地设立在市司法局基层处内,由基层处的工作人员具体负责组织志愿者开展帮教服务工作。2004 年,安置帮教工作职能由基层处调整至市矫正办后,市社会帮教志愿者协会也随之由上海市社区矫正办负责指导、联系。期间,静安、徐汇、黄浦、宝山、长宁、闸北等 6 个区县也陆续参照市协会的运作模式建立了区县层面的帮教志愿者协会。

2005 年,全市共有注册社会帮教志愿者 1 572 人,其中中共党员 1 190 人。

2006 年 1 月 24 日,在市司法局的指导下,市社会帮教志愿者协会换届,产生了第二届理事会。此次换届最大的特点就是改变了原来由退休的领导干部担任理事长的做法,由长期热心社会帮教工作的个体私营企业家王元洪担任理事长,理事会中一半以上理事和常务理事都由社会人士(企业家、高校专家学者等)担任。

图 10-1-1　2006 年 11 月 3 日,市帮教协会举办帮教志愿者第一期培训班开学典礼

2009年7月，崇明县社会帮教志愿者协会成立，标志着上海区县级社会帮教志愿者组织全覆盖。9月，全市各区县全部登记成立区级社会帮教志愿者协会的独立社团法人机构，并作为市协会的团体会员加入市协会。市协会向各区县协会提供志愿者培训和社会资源拓展等工作支持。

2010年1月，市协会召开第三届会员代表大会，王元洪连任市协会理事长，原有的部分在职公务员不再担任理事，理事和常务理事全部由社会人士担任。全年共有社会帮教志愿者12 192人，其中，男性5 990人、女性6 202人，高中以上文化程度5 152人，中共党员6 238人。

市社会帮教志愿者协会每年广泛挖掘社会资源、募集资金、招募爱心人士充实志愿者队伍，为安置对象提供资金支持和社会保障。对于少数无家可归、无业可就、无亲可投的“三无”人员，积极动员单位会员建立为这类人员提供过渡性安置的“中途之家”。通过“爱的黄丝带”社会帮教活动月、“帮扶·新航·和谐”专场招聘会、联手帮教、特殊人员未成年子女关爱行动等活动，协助安置帮教工作部门做好服刑人员和刑满释放人员安置帮教工作。

第二章　安置帮教措施

2002年，市综治委提出以“监所内必访”“出监所必接”“户口必报”“基本情况必知”“有困难必帮”等安置帮教工作措施。2003年，市安帮协调小组针对这些专项措施，制定实施细则，规范具体操作办法。至2010年，通过全市各级安置帮教工作部门多年的共同努力，安置帮教工作进一步规范化、系统化。

第一节　监所内必访

“监所内必访”，帮教工作前移。根据监狱、劳教所、看守所(以下简称监所)提供的服刑在教人员名单，地区要在其刑释解教前6个月内到监所内进行访问，了解服刑在教人员的表现及本人的思想情况，协助监所做好教育改造工作，并保持与监所的联系。

针对“监所内必访”，实施细则主要规定：

(1) 市监狱局、市劳教局综治办在每年11月30日前，向市安帮办通报下一年度刑释解教的服刑劳教人员名单；市安帮办及时将名单转各区(县)安帮办。

(2) 各区(县)安帮办在接到名单后，通报街道(乡镇)安帮办。街道(乡镇)安帮办及时了解服刑劳教人员的家庭情况，安排帮教工作人员，做好到监狱、劳教所对其访问的准备。

(3) 到监狱、劳教所对服刑劳教人员访问，由各区(县)安帮办统一组织，应安排在其刑释解教前6个月内进行，并提前3个工作日与各监狱(少管所)和市劳教局综治办联系。

(4) 监狱、劳教所对各区(县)安帮办组织的对服刑劳教人员访问，要安排帮教工作人员与服刑劳教人员见面，并详细向帮教工作人员介绍其在监狱、劳教所内的表现和思想情况，特别是刑释解教后需重点帮教的情况。

(5) 对服刑劳教人员和其家庭的访问，安帮小组应做好记录，主要是服刑劳教人员家庭的情况、服刑劳教人员在监所内的表现、本人刑释解教后的打算等。

2006年，为强化“监所内必访”的规范化、制度化工作，市安帮办通过调研和征求意见，启用《服刑/劳教人员走访情况表》，规定“必访”的范围和程序，使社区能够提前与有关服刑人员建立联系，了解其合理诉求，并尽可能帮助他们解决面临的特殊困难，从而促进其狱内改造效果，也为出狱后的帮教工作做好准备；还规定“必访”必须以区为单位，改变以往各街镇零散组织的情况，减轻了监所的压力，提高了“必访”的规范和实效。

第二节　出监所必接

出监所必接，做好内外衔接。地区根据到监所了解的情况，对一般刑释解教人员，可通知其家属将其接回；对重点对象，要组织地区干部、帮教志愿者到监所将其接回。社区民警对所有回归的刑释解教人员都要做好衔接工作，做到底数清、情况明。

针对“出监所必接”，实施细则主要规定：(1) 各区(县)安帮办根据到监所内和服刑劳教人员家庭所了解、掌握的实际情况，分别不同对象，做好接回的工作。(2) 对在监所内表现差、本人或家庭有特殊困难、刑释解教后有特殊问题的服刑劳教人员，在其刑释解教时由街道(乡镇)派员接回；其余服刑劳教人员在刑释解教一周前，由街道(乡镇)安置帮教工作办公室通过安置帮教工作小组通知其家属按时接回。(3) 对于街道(乡镇)接回的刑释解教人员，街道(乡镇)安帮办应及时告知公安派出所。对于家属接回的刑释解教人员，安置帮教工作小组应与其本人见面，宣传有关政策和提出要求。(4) 监狱、劳教所要结合服刑劳教人员在刑释解教前的出监所教育，宣传申报户口、就业、低保等政策。(5) 对于接回的刑释解教人员，安置帮教工作小组做好记录，主要是组织接或家属接、何时接回、与刑释解教人员及家属见面的情况、与公安派出所衔接的情况等。

2006 年，市安帮办印发《关于做好刑释解教人员“监所内必访”和“出监所必接”工作的意见》，将区县职能部门“必接”的范围限定在特殊情况和问题的对象，既集中力量实现“无缝衔接”，有效降低“下落不明”率，又保护了其他刑释解教人员及其家属的情感。

第三节　户口必报

户口必报，强化户籍管理。刑释解教人员回归社会后，应要求其本人在一周内到公安派出所(警察署)申报户口；社区民警、居(村)委干部对逾期未报的刑释解教人员，要督促其到公安派出所(警察署)申报户口。对刑释解教人员在申报户口中遇到实际问题(如房屋动迁、家庭成员不同意等原因)，社区民警、居(村)委干部要摸清情况，做好工作，帮助其申报户口；对涉及现行户籍政策的特殊问题，地区要及时上报上级户籍主管部门，协调有关方面，妥善解决。

针对“户口必报”，实施细则主要规定：(1) 监狱、劳教所应根据了解、掌握的情况，在服刑劳教人员刑释解教前 2 个月向市公安局治安总队书面通报因各种原因而落户困难的人员名单。区(县)安帮办到监所内访问和服刑劳教人员家庭访问时所了解、掌握有关申报户口有难度的情况，应及时通报区县公安分局治安支队。(2) 刑释解教人员回归社会后，安置帮教工作小组应在一周内督促其到公安派出所申报户口；逾期不报的，安置帮教工作小组应及时告知公安派出所。(3) 公安派出所对逾期不报户口的刑释解教人员，应上门宣传户籍政策，其中对符合户籍政策应报不报的予以直接报入户口，并依法对其予以处罚。(4) 对刑释解教人员在申报户口中涉及的特殊问题，街道(乡镇)安置帮教工作办公室应及时商有关部门，妥善解决。(5) 对申报户口的刑释解教人员，安置帮教工作小组应做好记录，主要是何时申报户口、户口变动情况等。

2005 年，市司法局全力推动“双过渡”(过渡性集体户口、过渡性安置就业基地)建设，初步缓解了刑释解教人员的就业难和入户难问题，全市区县一级均已建立过渡性安置基地。至 11 月底，全市共设立“过渡性集体户口”的街镇占全市街镇总数的 1/3。五年内刑释解教人员申报户口率 96.77%。

2006 年，全市共设立“过渡性集体户口”99 个。五年内刑释解教人员申报户口率 98.20%。

2007 年，全市有 18 个区县建立过渡性集体户口 199 个，入户 136 人，离户 11 人。五年内刑释解教人员申报户口率 99.35%。

2008 年，全市过渡性集体户口实现 19 个区县全面覆盖，为 199 名刑释解教人员解决了“落户难”问题，最大限度减少不安定因素。五年内刑释解教人员申报户口率 99.59%。

2009 年，全市五年内刑释解教人员申报户口率 99.45%。

2010 年，全市五年内刑释解教人员申报户口率 99.50%。

第四节　基本情况必知

基本情况必知,强化分类管理。地区对户籍在本地区且居住在本地区的刑释解教人员的基本情况,要切实掌握。对户籍在本地区但居住在外地区的刑释解教人员,知其去向的,公安派出所(警察署)与街道乡镇安置帮教工作办公室要分别通过区县公安局和安置帮教工作办公室,通知其居住地的公安派出所(警察署)、街道乡镇安置帮教工作办公室。

"基本情况"包括刑释解教人员本人基本情况、思想情况、家庭情况、落户、就业、生活情况、社交情况、人户分离情况等。在具体实施过程中,安置帮教工作小组根据刑释解教人员的具体情况,落实帮教工作人员,定期或不定期走访其本人和家庭,了解、掌握情况。同时,建立刑释解教人员档案,详细记载动态情况;定期建立纵向(安置帮教工作小组)、横向(公安、劳动、民政、工商等部门)例会制度,及时沟通情况,研究解决问题。

第五节　有困难必帮

一、困难救助

对刑释解教人员生活困难的救助措施主要包括:(1)对符合低保条件的刑释解教人员及其家庭给予上海市城镇最低生活保障;对不符合低保条件,但家庭突发临时性困难的,可给予临时生活困难补助;对无合法收入、无法定赡养、抚养义务人、无劳动能力的、男性60周岁(女性55周岁)以上的刑释解教人员,在按规定办理好社会孤老手续后,按照有关规定安排其进社会福利机构。刑释解教人员在服刑、劳教前已参加失业保险或养老保险,刑释解教后符合享受失业保险和养老保险的,可以在当地劳动和社会保障部门办理登记,按规定领取保险金,恢复失业和养老保险待遇。(2)对发生大病重病的刑释解教人员,根据现行的医疗救助政策,及时实行医疗救助。(3)对刑释解教人员的子女,在其就学发生困难时,教育部门要落实好各项救助措施。服刑、劳教前为在校生,刑释解教后,本人有意愿继续求学的,学校(院)可按规定为其继续学业提供便利。(4)刑释解教人员由于原住单位集体寝室(集体户口)、原来住房出售拍卖等各种原因,无经济能力买房、租房,确实无房可住的,原来户口所在区(县)廉租房办公室要配合协助所在街道(乡镇)安置帮教工作机构,可按规定办理手续后,减免有关费用安排临时居住地,不得出售、出租、交换,水、电、煤费用由本人承担,有条件的可以按廉租房的有关规定,安排廉租房给其居住,有关部门要及时给予办理相关的证明。对符合农村贫困户条件的刑释解教人员及其家庭的危旧房,给予适当的修建补贴,以缓解其困难。市、区(县)、街道(乡镇)安帮机构可根据实际情况,利用原有设施或社会救济场所,建立刑释解教人员过渡性安置住所(如中途旅舍等)。

二、促进就业

2003年,实施细则规定:劳动部门就业援助员应把刑释解教人员作为就业援助的重点对象之一,建立一人一档的职业指导卡,宣传就业形势和就业政策,加强择业指导,实施动态管理,提高刑释解教人员就业率。工商部门对申办个体工商户、私营企业的刑释解教人员,在法律法规允许的范围内依法予以登记，并保护其合法权益。发动和鼓励个体工商户、私营企业主，积极吸纳刑释解教人员就业。街道（乡镇）要根据实际情况，充分利用地区优势，积极创办刑释解教人员过渡性就业基地，安置刑释解教人员就业。

2004年2月，《关于进一步落实上海市刑释解教人员落户就业和社会保障等工作的意见》出台，规定对享受“低保”且就业特别困难的刑释解教人员发放“就业困难人员社会保险费补贴卡”。凡用人单位正式录用“补贴卡”持有者，并按规定办理用工手续，依法缴纳社会保险费，个人收入不低于上海市企业职工最低工资标准的，由劳动和社会保障部门给予用人单位社会保险费补贴，补贴期限为2年。对就业有困难的刑释解教人员，各级就业服务机构应帮助其进行失业登记，提供相关就业服务。对其中生活困难且符合申领失业保险金条件的，各级就业服务机构帮助其申领失业保险金。对其中符合特困人员认定条件的，可到街道（乡镇）劳动保障事务所申请就业特困认定。对经认定为就业特困对象的刑释解教人员，区（县）就业服务机构应在就业特困人员确认之日起3个月内指定公益性劳动组织安排其从事社区“保洁、保绿、保养、保安”工作。4月9—10日，市安帮协调小组成员单位联络员会议在市少教所召开，市公安局、民政局、劳动和社会保障局、工商局、房地局、市委老干部局、妇联、青保办、监狱管理局、劳教所等成员单位联络员参加会议。会议明确2004年安帮工作的重点是贯彻落实中央八部委《关于进一步做好刑满释放、解除劳教人员促进就业和社会保障工作的意见》及上海市相关文件。随后，市安帮办对各区（县）贯彻落实情况进行专项调查。

2006年，全市回归社会的五年内刑释解教人员安置就业率为83.56％。

2007年，部分区（县）安帮办加强与劳动等部门的联系，推动出台帮扶政策。宝山、闵行、嘉定、卢湾、长宁等区安帮办分别会同劳动、财政、民政等部门联合制定下发刑释解教人员社会救助或就业岗位补贴等文件；宝山、闵行两个区以区政府文件转发全区，为促进刑释解教人员就业发挥积极作用；继静安区安帮办在洪智公司建立上海市第一个“中途驿站”后，虹口区也在荣伸洗衣工场建立“中途驿站”。当年，五年内刑释解教人员安置就业率为89.16％。

2008年，先后有黄浦、普陀、杨浦、南汇、松江等5个区安帮办、市司法局与劳动、民政等部门联合制定下发刑释解教人员社会救助和就业补助等相关文件。全市五年内刑释解教人员安置就业率达到93.78％。

2009年2月23日，市人力资源和社会保障局发布《关于进一步加强稳定援助就业局势的若干意见》，明确刑释解教等有特殊困难的人员可以认定为“就业困难人员”，鼓励用人单位吸纳“就业困难人员”，就业困难人员灵活就业。同时，加大公益性岗位就业援助力度，进一步完善就业援助服务。同年，长宁区、徐汇区、闵行区联手举办“2009年‘帮教、新航、和谐’特殊对象及其家属专场招聘会”，鼓励用人单位招用刑释解教人员。当年，五年内刑释解教人员安置就业率为93.44％。

2010年12月，市人力资源和社会保障局、市司法局等部门印发《关于进一步做好刑满释放解除劳教人员促进就业和社会保障等工作的实施办法的通知》，明确做好刑释解教人员就业促进等工作，要求加强对刑释解教人员的就业援助力度；规范就业政审制度；鼓励刑释解教人员自主创业；进一步加大过渡性安置就业基地政策扶持力度；鼓励各区（县）建立“过渡性安置（就业）基地”吸纳刑释解教人员就业等。当年，五年内刑释解教人员安置就业率为94.81％。

三、职业技能培训

2004年2月，《关于进一步落实本市刑释解教人员落户就业和社会保障等工作的意见》出台，要求监狱、劳教所和拘留所、拘役所根据实际情况,充分运用社会各方面力量,继续抓好服刑、劳教人员职业技能和专业技术培训。劳动和社会保障部门积极配合、支持监狱、劳教所和拘留所、拘役所的培训工作,对考核合格的发给相应的职业资格证书。动员和鼓励刑释解教人员参加社会各类技能培训。根据不同的对象,安排他们参加由政府补贴的技能培训和创业培训,加强职业指导。8月,市司法局与市劳动和社会保障局联合制定了《服刑、劳教人员参加职业技能培训予以政府经费补贴的实施意见》。《意见》规定,凡属本市监狱、劳教所在押、收容的上海籍服刑、劳教人员,经监狱、劳教所批准可以免费参加政府经费补贴的职业技能培训。《意见》还对培训机构、培训方式、考核发证等问题予以了明确。

2005年3月31日,由市司法局、市劳动保障局举办的服刑、劳教人员职业技能培训设备捐赠仪式在五角场监狱举行。市劳动和社会保障局向市监狱局、劳教局捐赠机械加工、炊饮、美容美发技能培训设备。

2006年,市劳教局设立首个全局性职业技能培训基地,劳教人员技能培训全部采用社会招标培训学校的方式进行。建立健全与社会团体、帮教志愿者、劳教人员家属帮教工作机制,上海市籍在教人员接受帮教率达95%。

2007年市劳教局初步建成劳教人员职业技能培训、所外试工和安置就业“三大基地”。

2009年2月,“帮扶新航和谐”中途驿站正式启用,全年安置61名回归人员就业。

四、过渡性就业基地建设

1999年8月25日,徐汇区综治委刑释解教人员安置帮教工作协调小组在上海飞翔电子电器厂成立全市首家刑释解教人员安置基地——田林街道特殊温暖基地。

2001年,静安区建立和完善上海洪智贸易有限公司在安置就业、思想帮教方面的工作机制,创造各种条件,使之逐步成为相对稳定的安置基地。

2003年起全市加强对刑释解教人员过渡性就业安置基地的指导扶持,凡是经过区(县)安帮办批准建立、核准或与之签订安置帮教协议、常年为刑释解教人员提供固定就业岗位的企事业单位或其他经济组织,可以视作基地。

2004年,全市各区县共建有过渡性基地132家。

2005年,通过全力推动“双过渡”基地建设,全市区县一级均已建立过渡性安置基地,共建各类刑释解教人员过渡性基地215家。

2006年,全市共建立过渡性安置基地258个,安置刑释解教人员就业1 363人(2 405人次)。各区在安置就业方面开展积极有效的工作,如虹口、宝山等区对刑释解教人员就业加大政策扶持力度;杨浦区设立14个过渡型安置就业基地,在岗刑释解教人员达75人;南汇区因深水港建设,企业大量进入,带动就业机会增加;农村地区小城镇保险的推广也使一部分刑释解教人员受益,使全市刑释解教人员的安置就业率进一步上升。

2007年,全市共建成街镇、区(县)和市3个层面不同形式的过渡性安置基地390个;在岗人数2 068人,累计安置5 151人次。

2008年,全市共建成过渡性就业安置基地363个。

2009年2月14日,“帮扶新航和谐”中途驿站正式启用。6月,全市已建立“基地”352个,实现“一个街镇至少建立一个基地”的工作目标。9月8日,市安帮办印发《关于做好申报推荐首批“上海市回归安置就业示范基地”工作的通知》，开展首批“上海市回归安置就业示范基地”的申报推荐工作。11 月 18 日，市司法局、人力资源和社会保障局、安帮办联合印发《关于开展“过渡性安置就业基地”规范化管理创建活动的通知》要求，通过“创建活动”，促使全市承担“基地”使命的企业、公益性劳动服务组织等单位，进一步规范内部管理，适应市场经济运作模式；体现对刑释解教人员扶助、引导、教育、管理的功能，增强“基地”获得政府相关部门政策支持的自转能力；鼓励和动员更多的企业、公益性劳动服务组织成为“基地”；在各级司法行政和人力资源社会保障部门的帮助下，“基地”逐步规范化。11 月 25 日，市司法局、市人社局、市安帮办联合召开市过渡性安置就业基地规范化建设推进会，市“新航驿站”（上海仕操洗涤有限公司）、浦东新区南码头路街道南风新航四保服务社、静安区洪智城市小区管理服务中心、虹口区利民下水道疏通服务队、徐汇区上海铭言企业管理有限公司等 5 家单位被命名为“2006—2009 年度上海市过渡性安置就业示范基地”，并被授予“上海市过渡性安置就业示范基地”匾牌和相关荣誉证书。

第三章　社会帮教组织活动

2004年起，全市各级司法行政机关整合社会资源，统一使用社会工作者和志愿者力量，推进社区矫正与刑释解教人员安置帮教工作发展。市新航社区服务总站(简称新航总站)及其他专业帮教组织、市及各区社会帮教志愿者协会配合安置帮教工作部门认真落实安置帮教各项政策措施，积极适应加强和创新社会管理的需要，为上海社会稳定作出了贡献。

第一节　社 会 工 作 者

2004年1月，市新航社区服务总站(简称新航总站)成立。年底，新航总站所属19个区(县)共聘有专业社工436人，其中具有社工师、助理社工师、心理咨询师、助理心理咨询师资格的社工共117人，占社工总人数的26.8%。

2005年12月，市社区矫正工作办公室印发《上海市社区矫正社会工作者服务评估暂行办法》，对市新航社区服务总站所属的全体社工进行评估，评估主体为区县司法局、街道(乡镇)司法所(科)，评估内容主要包括专业伦理、实际工作、工作成效、自身建设等内容。

2006年2月27日，市综治办召开市“十佳”社工表彰大会，新航总站的胡美蓉、李雪西、聂晶、徐德平、林惠婧当选为上海市“十佳社会工作者”。4月1日，新航总站与知音职业技能培训中心联合举办“国家职业资格心理咨询师培训班”，共有16个区的47名社工完成了全部课程，其中40人通

图10-3-1　2006年2月27日，市综治办召开市“十佳”社工表彰大会

过国家职业咨询师考试，合格率达85%，这是新航总站委托培养的第一批国家心理咨询师。年底，新航总站所属19个区(县)共聘有专业社工463人，其中具有社工师、助理社工师、心理咨询师、助理心理咨询师资格证书的社工共311人，占社工总人数的66%。

2007年，新航社工中拥有心理咨询师(或助理)资质的人员增加到102人，占总数的21%。2月7日，新航总站宝山工作站社工胡美蓉被评为“2006上海十大平安英雄”，市委副书记、市综治委主任刘云耕，市委常委、政法委书记吴志明，市委常委、宣传部长王仲伟，副市长周太彤出席颁奖晚会，为“平安英雄”颁奖。

图10-3-2　2007年7月，全国安置帮教工作先进个人、优秀帮教志愿者聂容书信集出版

2009年，市新航总站社工445人，其中社会招聘占94%；本科以上文化程度267人，占60%；具有社工师(助理)资格的288人，占64.71%、心理咨询师(助理)资格的147人，占33%，有双证的占29%。4月28日，由市司法局、共青团上海市委员会主办，市司法局团工委、市律协、市公证协会、新航总站联合承办的首届“上海司法行政系统十大杰出青年”评审会暨颁奖典礼在华夏宾馆隆重召开，新航社工陶思杰被授予“上海司法行政系统十大杰出青年”称号，新航虹口社工朱晓雷被授予“上海市司法行政系统青年新秀奖”称号。

2010年全市从事社区矫正和安置帮教工作的社工523名。其中，本科以上学历社工353名，占67%；具有社工师(助理)资格333名，占64%；具有心理咨询师(助理)资格177人，占33.8%。

表10-3-1　2005—2010年上海市社工接触安置帮教对象情况统计表

年　份	接触安置帮教对象(人次)	接触率(百分比)	重点对象接触率(百分比)
2005	154 912	82%	100%
2006	165 316	83%	100%
2007	210 657	84%	100%
2008	135 600	85%	100%
2009	129 508	85%	100%
2010	123 992	85%	100%

第二节　专业与志愿帮教活动

一、组织进监狱帮教服刑人员

2005年4月22日，市新航社区服务总站率3名社工到新收犯监狱参与对即将出狱的犯人进行

“出监教育”,拉开了新航总站服务工作延伸进大墙的序幕。

2006年5月26日,新航总站与周浦监狱在周浦监狱签署帮教协议。根据协议书约定,双方互换工作信息,共同开展监禁刑、非监禁刑人员和刑满释放人员帮教服务工作。9月26日,普陀区司法局与青浦监狱共同举行“普陀区安置帮教志愿团进大墙结对帮教签约仪式”,由6家企业组成“普陀区安置帮教志愿团”与青浦监狱在押的部分普陀籍罪犯签订“一对一”帮教协议书。12月27日,由市监狱管理局、市社会帮教志愿者协会和新航总站联合主办的“岗位进大墙,关爱暖人心”帮教安置签约仪式在市提篮桥监狱举行,拉开了百名企业家送岗位进大墙活动序幕。

图10-3-3　2006年5月26日,新航总站与周浦监狱签订共建协议书

2008年1月18日,金山区帮教志愿者协会一行前往南汇监狱对8名金山籍服刑人员进行帮教。双方签订帮教协议书,确立长期帮教关系。这是金山区协会成立后第一次较大规模的帮教活动。4月17日,市社会帮教志愿者协会一行70余人到白茅岭监狱开展帮教暨业务培训活动。11月14日,由市爱心帮教基金会、新收犯监狱、新航总站主办,虹口区司法局、普陀区司法局协办的“爱心进大墙,新航助回归”赠书帮教活动,在上海市新收犯监狱成功举办。活动中,由市爱心帮教基金会和新航总站向新收犯监狱赠送爱心书籍,进行回归教育讲座,介绍社会就业形势和政策,虹口、普陀社工对20余服刑人员进行个性化帮教座谈,并与他们签订了帮教协议。12月12日,杨浦区司法局联手区帮教志愿者协会带领街道司法干部和志愿者30余人到上海市女子监狱开展帮教活动,帮教对象为即将回归社会的杨浦籍服刑人员,志愿者与他们见面,就他们回归后的落户、就业、住房等问题进行了解,研究制定解决方案,做到未雨绸缪。

2009年10月10日,市安帮办、监狱管理局、新闻晚报、市社会帮教志愿者协会、新航总站等在青浦监狱联合举办“世博阳光暖回归之路,‘关爱行动’扬人生新航——‘特殊对象未成年子女关爱行动'大墙内反馈暨迎世博倒计时 200 天主题活动"。市综治委安置帮教工作领导小组各成员单位、市社会帮教志愿者协会、新航总站和各区(县)安帮办、司法局、帮教协会、社工站共 130 余人和青浦监狱干警 100 余人,以及服刑人员 2 500 余人参加了活动。

二、特殊对象未成年子女关爱活动

2006 年 1 月 20 日,新航总站与市爱心帮教基金会联合举行"爱心帮困资助款发放仪式",资助全市 72 名生活困难特殊对象未成年子女开展帮困资助总计 36 000 元。至 2010 年,累计向全市 364 人提供帮困金 14.98 万元。8 月 18 日,市爱心帮教基金会、新航总站等单位在徐汇区图书馆联合举行"2006 年爱心秋季助学款发放仪式",30 名服务对象未成年子女获"爱心"助学款 24 000 元。此后,爱心助学活动每年分春、秋两季开展,并定向对品学兼优的学生发放奖励金。截至 2010 年,累计有 491 人次的服务对象未成年子女接受爱心助学款 37.95 万元。

2008 年 6 月 18 日,"让阳光洒向每一个青少年——特殊对象未成年子女关爱行动推进会"召开。此后,市安帮办相继举办"沐浴阳光迎世博——特殊对象未成年子女特别关爱系列活动暨招募社会志愿者会议""世博伴我成长——名师辅导写作比赛暨观摩活动""世博伴我成长——中小学生写作演讲比赛等多项活动"。同年,有 434 名特殊对象未成年子女得到"一对一"结对式关爱帮助。8 月 15 日,在市爱心帮教基金的资助下,新航总站组织来自全市 18 个区(县)特殊人员未成年子女 30 余人,前往浦东参观海洋水族馆。

2009 年 2 月 10 日,黄浦区政府、司法局、帮教志愿者协会领导和志愿者到市未成年犯管教所举行结对共建签约仪式。未管所回春艺术团和新航社工、帮教志愿者同台演出以示祝贺。签约仪式后,律师志愿者接待了回春学员的有关法律咨询;帮教志愿者与黄浦籍学员进行结对帮教。7 月 31 日,由市爱心帮教基金会、新航总站、市社会帮教志愿者协会、上海市徐汇区司法局主办、新航徐汇

图 10-3-4　2009 年 7 月 31 日,市爱心帮教基金会、新航总站、市帮教志愿者协会、徐汇区司法局主办"迎世博 关爱行动"专场演出

工作站承办的"迎世博关爱行动——声声入耳爱心专场演出"在徐家汇社区文化活动中心报告厅隆重举行，社工、志愿者、服务对象及未成年子女近200人参加。由服务对象未成年子女表演的节目精彩纷呈，取得较好的社会反响。11月6日，由市爱心帮教基金会、新航总站、徐汇区司法局共同举办的"迎世博——爱满新航艺术作品展暨颁奖仪式"在徐汇区图书馆举行，来自全市的特殊对象未成年子女、热心公益事业的捐赠代表、社工代表共100余人参加活动。活动上，集中展出了受关爱的未成年子女的获奖作品，并对获奖者进行了颁奖，还向历年来对募集社会资金作出重大贡献的企业、个人代表作了专项宣传。

2010年7月28日至8月10日，由市爱心帮教基金会主办、新航总站承办的"世界在你眼前，美好在你身边"世博夏令营活动顺利完成，35名接受过爱心帮教基金会学业资助的服务对象子女在社工的带领下参观了世博会。

三、建设中途之家(中途驿站)

2008年2月，由市社会帮教志愿者协会主办，虹口、宝山区社会帮教志愿者协会协办，全市首家兼具就业、技能培训、心理辅导、食宿、帮教等多种服务功能为一体的过渡性安置基地——"帮扶新航和谐"中途驿站正式启用。面向全市接收有特殊困难的社区服刑人员和刑释解教人员，全年安置了61名回归人员就业。

驿站主要接收上海市社区服刑人员和五年内刑释解教人员中有就业愿望，具备一定就业能力，其他途径暂时难以安置就业的无业、无生活来源、无家可归人员(以下简称"三无"人员)，为他们提供就业、技能培训、心理辅导、食宿、帮教等服务项目。

驿站实行个人自愿申请、组织审查批准的方法接收服务对象。市社会帮教志愿者协会负责入站审批工作。市协会批准同意后，服务对象与驿站管委会签订服务帮教协议，同时与企业签订劳动合同。服务对象可以自愿退出驿站。

第三节 "两类"组织其他活动

2006年12月27日，市社会帮教志愿者协会与市监狱管理局综治办、新航总站联合在提篮桥监狱举行"岗位送大墙，关爱暖人心——安置帮教签约仪式"。上海成协物流配送有限公司等10家民营企业为临近释放的服刑人员提供53个就业岗位。

2007年2月10日，市社会帮教志愿者协会联合新航总站在静安区青少年活动中心举办"帮扶·新航·和谐——上海市社区矫正安置帮教专场招聘会"，面向全市社区服刑人员、刑释解教人员及其家属招聘。25家爱心企业提供200余个就业岗位。活动总应聘人数300余人，其中刑释解教人员190余人。共有219人与企业达成初步意向，63人达成就业协议。3月1日，市社会帮教志愿者协会与市爱心帮教基金会签订协议设立"众扶爱心帮教专项基金"。12月28—29日，"爱心帮教书画展暨义卖会"活动中，30多位沪上著名画家捐赠的书画作品通过展览和义拍认购，共募集资金近20万元，全部进入"众扶爱心帮教专项基金"用于社会帮教工作。

2009年2月12日，为了弘扬先进，宣传典型，激励新航社工和帮教志愿者在预防和减少犯罪体系建设中更好开展社会帮教服务工作，市新航总站、市社会帮教志愿者协会在上海音乐学院贺绿汀音乐厅举行"'帮扶·新航·和谐'——2003—2008年度先进表彰大会"。共有32家先进集体、127

名先进个人受到表彰(市新航总站：新航之星4人,新航先进工作站6个,新航先进个人39人;市帮教志愿者协会：十佳社会帮教志愿者10人,社会帮教先进集体26个,优秀社会帮教志愿者74人)。9月19日,市社会帮教志愿者协会与市爱心帮教基金会共同举办“迎国庆、迎世博中华爱心慈善晚会”。晚会由新航总站和文广演艺中心协办,上海滑稽剧团承办。本次活动共募得善款近200万元。9月28日,黄浦区司法局、区综治办、区人民检察院等部门联合建立黄浦区未成年人社会观护帮教体系暨观护帮教中心,整合社会各方资源,突出发挥司法社工的帮教作用,有效实现对罪错未成年人“非刑事化、非监禁化”。

图10-3-5　2009年9月19日,市帮教协会、市爱心帮教基金会共同举办“迎国庆 迎世博 中华爱心慈善晚会”

2006—2009年,市社会帮教志愿者协会联合市新航总站等单位举办全市性“帮扶·新航·和谐”专场招聘会11场,300余名社区服刑人员、刑释解教人员就业上岗;创建的集就业、技能培训、心理疏导、食宿等多种帮教服务功能于一身的过渡性安置基地——“新航驿站”,安置82名“三无”人员就业、食宿;参与化解矛盾,仅2009年就解决动拆迁、家庭邻里矛盾、闹访、缠访等重大疑难矛盾7起,区(县)协会配合有关部门参与处置各类矛盾1 000多起;举办志愿者培训班266期,5 500人次志愿者参加培训;举办“迎国庆 迎世博 中华爱心慈善晚会”,开展募捐善款80余万元。协会还通过其他形式和渠道开展志愿帮教工作,帮困解难1 590人次、助学及学业辅导1 244人次、其他服务919人次,涌现出一批优秀帮教志愿者。

第十一篇

劳动教养和戒毒

1980 年 10 月，上海市劳动教养管理委员会恢复建立。1983 年 7 月，劳改、劳教工作由市公安局整建制移交市司法局管理。1984 年 5 月，市劳动教养管理委员会重组。80 年代中期后，全市劳教工作以“教育、感化、挽救”为方针，在逐步将劳教场所办成特殊学校的过程中，着力创办劳教工作特色和创建现代化文明劳教所。1995 年 5 月 26 日，市劳教局正式成立，全市劳教工作与监狱工作完全分开管理，劳教工作进入新的发展时期。90 年代中期后，在市委政法委、市禁毒委和市司法局的统一部署下，市劳教局先后承担劳动教养戒毒、戒毒康复和强制隔离戒毒执法任务。2008 年 6 月《中华人民共和国禁毒法》实施后，各劳教所增挂强制隔离戒毒所牌子。2009 年 10 月 23 日，上海市戒毒管理局成立，与市劳教局两块牌子、一套班子。

第一章　劳动教养管理体制

1983年7月，劳改、劳教工作由市公安局整建制移交市司法局管理。1984年5月，市劳动教养管理委员会重组。1995年5月26日，市劳教局正式成立，隶属市司法局。2008年起，随着《禁毒法》的实施，劳动教养管理体制开始向戒毒管理体制转型，各劳教所开始收治强制隔离戒毒人员，并增挂强制隔离戒毒所牌子。之后，市劳教局调整为市司法局内设机构。2009年10月，市戒毒管理局正式挂牌，与劳教局两块牌子、一套班子，统一领导和组织开展戒毒工作。

2009年8月21日，市政府办公厅在《上海市司法局主要职责、内设机构和人员编制规定》中，将市劳教局列入市司法局内设机构，同时将原劳教局的职责划入市司法局。10月23日，市戒毒管理局正式挂牌，与市劳教局两块牌子、一套班子，即市劳教局(戒毒局)。

至2010年，市劳教局(戒毒局)共有8个劳教所(强制隔离戒毒所)及局机关、教育培训中心、逢福公司等共11个局属单位。

第一节　领导和管理机关

1980年10月18日，根据国务院《关于劳动教养的补充规定》的精神，重新成立由市民政局、公安局、劳动局、教育局负责人组成的市劳动教养管理委员会，领导和管理劳动教养工作，并在市公安局设劳动教养工作办公室，作为市劳动教养管理委员会的办事机构。

1983年，根据中央关于对公安部门管理的劳改、劳教工作移交给司法行政部门管理的决定，上海市劳改、劳教工作于7月1日起由市公安局整建制移交给市司法局管理。1984年5月19日，市劳动教养管理委员会作了重大调整，由市司法局、公安局、民政局、劳动局、教育局负责人组成。市劳动教养管理委员会办公室设在市司法局，与市劳改局劳动教养处两块牌子、一套班子，负责处理市劳动教养管理委员会的日常工作。劳动教养审批机构仍设在市公安局，受市劳动教养管理委员会的委托，审查批准需要劳动教养的人员。5月29日，市司法局批准劳教管理科升格为劳教处，负责劳教人员的收容、管理、教育等业务。

1991年3月2日，劳教处设立教育科、管理科和综合科。

1994年5月19日，根据中央关于劳改、劳教工作管理机构分别设置的指示，经中共上海市委同意，组建上海市劳动教养工作管理局，负责管理全市劳动教养工作，隶属市司法局。

1995年3月25日，市政府办公厅下发通知，明确市劳教局是市政府主管劳教工作的职能部门和市劳教委的工作机构。5月26日，市劳教局正式成立，副市长孟建柱和司法部劳教局副局长王运生揭牌。

2008年8月19日，经市编委批复同意，市劳教局所属8个劳教所增挂强制隔离戒毒所牌子。10月18日，市委、市政府印发《上海市人民政府机构改革方案》，将市劳教局职责划入市司法局，调整为市司法局内设机构。

2009年8月21日，市政府办公厅在《上海市司法局主要职责、内设机构和人员编制规定》中，将市劳教局列入市司法局内设机构，同时将原劳教局的职责划入市司法局。10月23日，市戒毒管理局正式挂牌,与市劳教局两块牌子、一套班子,即市劳教局(戒毒局)。

至2010年,市劳教局(戒毒局)共有8个劳教所(强制隔离戒毒所)及局机关、教育培训中心、隆福公司等共11个局属单位。

图11-1-1 2009年10月23日,上海市劳教局增挂上海市戒毒管理局牌子,实行两块牌子、一套班子管理

第二节 执行机关

自1957年11月执行劳教工作任务以来,全市先后筹建和转为劳动教养场所的有14个。1960—1965年期间撤销3个。1978年后,白茅岭农场、军天湖农场、第四劳动改造管教队转变职能。至2010年,市劳教局共有8个劳教所,均为处级行政单位。

上海市第一劳动教养管理所(第一强制隔离戒毒所)。前身是1950年6月成立的上海市人民政府垦区劳动生产管理局。1977年9月恢复收容劳教人员。1981年9月25日,改称第一劳动教养总队。1982年12月30日,改称第一劳教所。2008年9月18日,增挂第一强制隔离戒毒所牌子。2009年7月15日,劳教所与农场彻底分开。

上海市第二劳动教养管理所(第二强制隔离戒毒所)。前身是上海农场所属川东分场,1978年接受劳教人员。1982年10月26日,经市公安局批准,川东农场从上海农场划出,组建第二劳教所。1983年1月1日正式挂牌,企业名称为川东农场。从1993年8月起,暂停收容劳教人员,保留劳教所建制。1997年11月10日,恢复执行劳教工作任务。2008年9月18日,增挂第二强制隔离戒毒所牌子。2009年体制调整,农场移交上海光明食品集团管理,劳教所保留劳动教养职能。

上海市第三劳动教养管理所(第三强制隔离戒毒所)。前身是1952年4月建立的江苏省第二十四劳动改造管教队。1959年划归上海市,更名为上海市地方国营青东农场,又称第六劳动改造管教队。1972年更名为上海市青东农场。1974年改称第六劳动改造管教支队。1981年9月25

日，改称第三劳动教养支队。1982 年 12 月 30 日，正式定名第三劳动教养管理所。2008 年 9 月 18 日，增挂第三强制隔离戒毒所牌子。

上海市第四劳动教养管理所(第四强制隔离戒毒所)。1998 年 9 月 8 日，经市编委同意组建。1999 年 4 月，司法部批复同意建立并按照部级现代化文明劳教所标准进行建设。1999 年 9 月 8 日举行挂牌仪式。2008 年 9 月 18 日，增挂第四强制隔离戒毒所牌子。

上海市第五劳动教养管理所(第五强制隔离戒毒所)。1996 年 11 月 15 日，经市编委同意组建，原名戒毒劳教所。1998 年 6 月 25 日正式挂牌。2006 年 12 月起承担市司法局、劳教局戒毒康复中心试点任务。2008 年 9 月 18 日，更名为第五劳教所并增挂第五强制隔离戒毒所牌子，是全市集中收容、收治吸毒人员的专门场所。

上海市劳动教养收容所(强制隔离戒毒收容所)。前身是 1957 年 11 月建立的市民政局、公安局劳动教养处收容站。经多次职能调整，1984 年 11 月 26 日，劳教收容站改称劳教收容所。1986 年 6 月 24 日，确定为科级行政单位。1996 年 4 月 8 日，确定行政机构级别为处级。2008 年 9 月 18 日，增挂强制隔离戒毒收容所牌子。

上海市女劳动教养管理所(女强制隔离戒毒所)。前身是 1958 年 1 月建立的白茅岭农场枫树岭分场三中队。1984 年 1 月，中队扩建为大队，名称为女劳动教养队。1990 年 2 月 20 日，改称女劳动教养管理所，仍隶属于白茅岭农场。1991 年 4 月，从皖南白茅岭农场迁至上海市青浦县；5 月 16 日挂牌，隶属于劳改局；6 月 11 日，市编委同意建立女劳教所。1996 年 4 月 8 日，市编委确定行政机构级别为处级。2008 年 9 月 18 日，增挂女强制隔离戒毒所牌子。

上海市未成年人劳教所(未成年人强制隔离戒毒所)。原名少年教养所，1996 年 8 月 8 日建立，行政级别为副处级，是全国第一个成立的少年教养所。1999 年 7 月 13 日，确定行政级别为处级。2006 年 9 月 4 日，少年教养所改称未成年人劳教所。2008 年 9 月 18 日，增挂未成年人强制隔离戒毒所牌子。

第二章 劳教执法

全市劳教工作经历了两个时期：1957年10月—1983年6月，隶属于市公安局管理；1983年7月以后隶属于市司法局管理。

第一节 审 批

1980年10月，市劳教委成立，在市公安局设劳教办，具体负责审批劳动教养案件。

1983年7月，劳改劳教工作由市公安局整建制移交市司法局管理。

1984年5月，市劳教委经市政府调整，由市司法、公安、民政、劳动、教育等局的负责人组成。办公室设在市司法局，与劳改局劳教处两块牌子、一套班子，负责处理市劳教委日常工作和对劳教人员的管理、教育工作，并受市劳教委委托，办理劳教人员提前解除劳动教养、延长或减少劳动教养期限、所外就医、所外执行等审批工作。劳动教养审批办公室则设在市公安局。

1995年3月，根据市政府下发的通知，明确市劳教局是市政府主管劳教工作的职能部门和市劳教委的工作机构，根据职责，市劳教局负责审查批准劳动教养期的延长、减少以及提前解除劳动教养等事宜。

第二节 申诉、行政复议、行政诉讼

一、申诉

劳动教养创建初期，劳教人员对劳动教养决定不服，可以提出申诉，由接受申诉的部门对申诉案件进行复查。1966年，市公安局在向市劳教委报告中，提出对劳教人员的申诉处理采取不予平反、予以纠正、维持原案三种不同方法。

1978年以后，劳教人员的申诉得到进一步重视。1981年3月，市劳教委出台具体办法，要求有关部门对每个申诉案件都要认真复查，重证据，重调查研究。原处理正确的，依法驳回；确属搞错的，本着实事求是、有错必究的原则，全错全究，部分错部分究。劳动教养申诉案件，由批劳动教养的单位进行复查。经复查需要改变原处理决定的，报市劳教委批准，作出撤销改变原处理决定的《决定书》，并由有关部门做好善后工作。

二、行政复议

1999年10月1日，《中华人民共和国行政复议法》施行以后，劳教人员对劳动教养决定不服可申请行政复议。根据规定，在知道自己被收容劳动教养之日起60日内，由本人委托代理人以书面或口头形式向本市行政机关（市公安局）申请复议。复议机关在收到申书之日起2个月内作出决定。超过复议时效的，劳教人员可以向信访部门提出申诉。复议机关受理申请复议的案件后，经调查依法作出处理结论：一是劳动教养决定正确，维持原决定；二是认定事实有出入，但仍符合劳动教养条件，撤销原决定，重新作出劳动决定；三是对不应劳动教养的，撤销劳动教养决定。

三、行政诉讼

1990年10月1日，《中华人民共和国行政诉讼法》施行以后，按照行政诉讼法的规定 劳教人员不服劳动教养决定，可以向市劳教委所在地的人民法院起诉，也可以向自己原籍的人民法院起诉。上海籍劳教人员向人民法院起诉，由市劳教委所在地的黄浦区人民法院管辖。外省籍劳教人员一般向原籍所在地法院起诉，也可向黄浦区人民法院提起诉讼。

劳教人员对劳动教养决定不服，可先申请复议。对复议不服，可在收到复议决定书之日起15日内向人民法院起诉。也可在自己被收容劳动教养之日起3个月内直接向人民法院起诉。复议机关接受复议申请60日内不作决定的，劳教人员可在复议期满之日起15日内向人民法院起诉。

人民法院受理劳教人员起诉的行政案件后，经审理可根据不同的案情分别作出维持劳动教养、变更劳动教养、撤销劳动教养的裁定或判决。

第三节　所外执行和所外就医

一、所外执行

所外执行在1980年之前称保外执行。劳教人员符合规定的条件，可以所外执行。所外执行期间，劳教人员身份不变，所外执行的时间计入劳动教养期限。在劳教人员所外执行条件消失或表现差、重犯罪错时，应依法将劳教人员收回劳教所执行。

1984年，人民检察院实施劳教所执法检察后，所外执行受人民检察院监督，以后成为“两公开一监督”内容之一。

1992年，市劳教局出台劳教人员所外执行的规定，此后各劳教所多次修改所外执行实施细则。

2007年12月，市劳教局对所外执行程序进一步作了规范。劳教人员获准所外执行离所前，劳教所对其进行教育，宣布纪律。

二、所外就医

劳教人员所外就医在不同时期有不同的条件。不论何时，患有较严重的慢性病或突患疑难疾病或因工致重伤、重残，劳教单位的医疗部门不具备治疗条件或在短期内无法治愈、劳教人员的家庭有生活保障，是所外就医的共同条件。

1992年起，劳教人员办理所外就医，由劳教所医院出具诊断证明，家属或原单位提出书面申请并同意担保。劳教人员所在中队填写呈批表，提出意见，经劳教所审核同意，报主管机关批准。劳教所根据批准意见，办理所外就医手续，填发《劳教人员所外就医证明》，通知担保人将所外就医劳教人员领出，并通知当地公安机关。劳动教养期满，劳教所通知所外就医劳教人员回劳教所办理解除劳动教养手续。

2007年12月，劳教局将32类近百种疾病列为劳教人员所外就医医疗鉴定范围，确定监狱总医院、第一劳教所医院等8家医院为医疗鉴定机构。其中,精神病患者的病情鉴定由精神病医院或司法鉴定中心作出。

第四节　劳动教养期限

1979年11月,国务院《关于劳动教养的补充规定》将劳动教养期限定为1—3年。

80年代初开始实行减少劳动教养期的奖励规定,1983年起,市劳教局实施考核评比积分折减劳动教养期的奖励。

1992年2月,根据上海实际情况,市劳教局制定考核奖罚试行办法,对劳教人员减少和延长劳动教养期做了具体规定。

2001年4月,市劳教局规定增加了减少劳动教养期的幅度。劳教人员在服教期间有立功或突出表现的奖励,不受上述幅度限制。

2004年起,试行劳教人员处罚听证制度,规定对劳教人员作出延长劳动教养期限等处罚决定之前,除当事人签名放弃听证外,必须组织听证。延长劳动教养期限处罚,由市劳教局所政部门组织。劳教人员在听证过程中可提出申诉和答辩。报批处罚材料,必须有听证会笔录。民警代表、劳教人员代表参加听证。监察、检察部门可派代表参加。

2007年4月,劳教局和劳教所分别成立考核奖惩委员会,劳教大队成立考核奖惩组。劳教人员减少、延长劳动教养期以及提前解除劳动教养,经市劳教局考核奖惩委员会讨论通过,报市劳动教养管理委员会审批。劳教人员对奖惩有异议的,可以申请复议。对复议结果不服的,可向劳教所考核奖惩委员会提出诉求,劳教所考核奖惩委员会接到申请后,在10个工作日内以书面形式予以答复。

第五节　解除、撤销劳动教养

一、提前解除

1981年以前,实行提前解除劳动教养。随着劳教人员考核制度的建立健全,在各种考核评比中符合提前解除劳动教养条件的劳教人员可以提前解除劳动教养,符合减少劳动教养期条件的劳教人员可以减少劳动教养期。

1981年以后,提前解除劳动教养被规定为奖励的一种,对有立功表现、改造表现突出或有特殊情况的劳教人员,给予提前解除劳动教养。

劳教单位在接到上级主管机关批准提前解除劳动教养的文件之日起3日内,向劳教人员宣布,填发《解除劳动教养证明书》。提前解除劳动教养的时间自审批机关批准之日起算。

二、按期解除

在计算按期解除劳动教养期时,延长的劳动教养期与原决定的劳动教养期合并执行,减少的劳动教养期从原决定的劳动教养期中减除。逃跑在外、逾假不归,所外就医、所外执行被决定归所拒不返回的时间,旷工、抗工的时间,不计算已执行的劳动教养期。准假、放假、所外就医、所外执行的时间，计算已执行的劳动教养期。

劳教中队在劳教人员期满前 1 个月，对劳教人员作出鉴定，填写《解除劳动教养鉴定表》，逐级上报审批。经批准的，劳教所管理部门按期填写《解除劳动教养证明书》，由中队宣布并发给劳教人员本人。对已宣布解除劳动教养的，劳教中队发还代管的财物，结清账目，发给路费，送出所外。劳教所同时通知解除劳教人员原住地公安机关。

三、撤销

不符合劳动教养条件，认定劳动教养的事实不清、证据不足或适用法律和程序不当而被劳动教养的，依法可以撤销劳动教养。

劳教人员不服劳动教养决定，提出复议申诉，由复议机关核查属实的，由市劳教委决定撤销劳动教养。劳教人员不服劳动教养决定提出行政诉讼，经人民法院审理认定不应劳动教养的，由人民法院判决或裁定撤销劳动教养。

人民检察院在履行法律监督时发现劳动教养决定不当，提出检察建议，市劳教委采纳建议后，可决定撤销劳动教养。

原批准劳动教养的机关自行发现所作劳动教养决定应当撤销的，由市劳教委决定撤销劳动教养。

第三章　劳教人员管理

劳教场所担负着教育、挽救劳教人员的任务。对劳教人员实行严格、科学、文明管理，是维护劳教场所正常秩序、教育矫治劳教人员的重要手段。市劳教局依法对劳教人员实施管理，不断推进劳教工作规范化、法治化建设。

第一节　日 常 管 理

一、制度

1980 年，市劳改局逐步恢复各项工作规章制度，并统一修订和公布了《劳教人员守则》。

1986 年 10 月 14 日，根据劳教工作面临的新情况和对劳教人员管理规范化、制度化、法律化的要求，市劳改局以市劳教委名义制发 8 项劳教人员制度。

为贯彻司法部劳教局制定的《劳动教养管理工作若干制度》，结合全市实际，1992 年 2 月 1 日，市劳改局制定了 10 项相关制度和规定，进一步强化劳教场所的管理工作。1994 年 2 月，劳改局开展创建现代化文明劳教所活动，要求劳教人员举止文明礼貌、日常活动合乎生活准则，全面推行定置管理。

市劳教局成立后，为适应创建现代化文明劳教所需要，进一步加强对劳教人员依法、严格、文明、科学管理，提高管理工作水平，促进劳教工作制度化、规范化、法制化建设，在深入调查研究的基础上，对原市劳改局制定的一些规章制度作了修改、补充和完善。1996 年 5 月 3 日，劳教局印发 15 项有关劳教人员管理的制度。之后又相继制订公布了有关劳教人员奖励、所外就医等制度。

2003 年 2 月 26 日，为贯彻司法部劳教局推进 3 种管理模式改革，深化劳教办特色工作，加强执法规范化建设，市劳教局修订了劳教人员奖惩规定，体现了对劳教人员考核奖惩依法、客观、公开、公正的原则。

2006 年 12 月 18 日，市劳教局印发了 4 项有关劳教人员奖惩、考核、管理的制度，并于 2007 年 4 月 1 日起正式施行。

为严格执法程序，规范执法行为，切实推进执法规范化建设，有效确保执法过程和结果的公平、公正、公开，2007 年 6 月 15 日和 12 月 5 日，市劳教局分别制定了劳教人员奖惩审核委员会的工作规则和劳教人员所外执行实施办法。同年 8 月 6 日，整理汇编涵盖劳教人员守则、劳教人员行为规范、日常生活规范以及集“社会主义荣辱观”“戒毒三字经”等内容的劳教人员服教指南性读物《劳教人员须知》，在全局全面开展学习《劳教人员须知》教育活动。

二、准假和放假

1982 年 1 月 21 日，国务院转发公安部《劳动教养试行办法》中规定，“劳动教养期执行半年以上，表现好的或有特殊情况的，经劳动教养管理所批准，可以准假或放假回家探望，路费自理”。

1992年8月，司法部第二十一号令发布的《劳动教养工作执法细则》规定，劳教人员“在所执行劳动教养半年以上，表现好的，经劳动教养管理所批准，可以准假或放假回家探望；直系亲属病危、死亡或有其他特殊情况，需要本人亲自处理并有医疗单位的诊断证明和原单位或街道（乡、镇）的证明材料的，可以准假回家看望或处理”。

为充分体现劳教工作方针政策，进一步完善分级管理，落实区别对待原则，1998年11月，市劳教局规定，“对劳教人员中符合放假条件，但由于种种原因难以兑现的，其放假日期可采用折抵劳动教养期的方式予以兑现”。

三、通信

劳教工作初期，劳教人员的通信由各劳教所根据情况自行规定。1962年12月，市公安局劳改处统一规定：劳教人员国内通信一般不受限制，来往信件一般不检查。

1992年8月，司法部规定，劳教人员来往信件不受检查（法律、法规有特殊规定的除外）。来往信件由中队统一登记、收发，信件内不得夹寄违禁品。经劳教所批准，劳教人员可以与亲友通电话，可以与国外、境外亲属通话，特殊情况可由民警代转通话内容。

四、会见

劳教人员会见，在初期劳改处没有作统一规定，由各劳教农场根据各自情况分别规定。1961年8月，市公安局劳改处统一规定：劳教人员会见家属一般不予限制，在不影响劳动、学习和便于其家属的情况下也可统一安排会见探望日期，特殊情况临时准其会见。家属远道来场要求夫妻同居的，有条件的单位也可准许。会见时由干部在场管理，对重点人员应予监督。

1986年9月，市劳改局规定，劳教人员在服教期间每月准许亲属会见一次，直系亲属会见持会见通知书、户口簿、本人身份证明。旁系亲属和恋爱对象还须持单位、街道、派出所证明方可会见。劳教人员在国外和港澳台的亲属要求会见，按1979年8月市公安局《关于海外人员探望正在劳动教养亲属的通知》规定办理。

五、财物保管

1982年1月21日，国务院批转公安部制定的《劳动教养试行办法》第二十四条规定：劳教人员的现金、票证和贵重物品，由劳教所代为保管，解除劳动教养时发还。1992年1月，市劳改局制定劳教人员现金管理制度，规定由民警专人负责管理劳教人员现金，做到手续齐全，账目清楚。家属会见时带入或邮汇给劳教人员使用的现金，由劳教所根据分级管理处遇作出具体规定。劳教人员私藏带入的现金，一经发现予以收缴，存入劳教人员存折冻结使用，解除劳动教养时发还。劳教人员调换执行场所或被逮捕时，将其存款转交有关单位。劳教人员死亡的，代管钱物列入遗物，发还家属。

1995年5月，市劳教局依据司法部规定，增加“发放给劳教人员的工资、奖金和零用钱等均转入劳教人员个人现金代用卡”。

六、劳教档案

劳教人员进入劳教场所后,劳教单位逐人建立"一人一袋一卡"档案,并指定专人保管。除按公安部规定应转交所在地区公安局或城市分局(派出所)的材料外,均由劳教单位长期保管不得外转。

1992 年 9 月,市劳改局与市档案局联合印发《上海市劳改罪犯、劳教人员档案管理暂行实施办法》,对档案的立卷归档、管理转递作了具体规定。1994 年 6 月,市劳改局根据司法部、国家档案局《劳改罪犯、劳教人员档案管理暂行规定》,规定解除劳教后的材料应正副卷合并。

1997 年 4 月,市劳教局规定劳教人员在劳动教养期间由各劳教所负责改造档案的收集、管理和立卷归档工作,还对档案的保管期限、管理移交、鉴定销毁等作了具体规定。

2007 年 4 月,市劳教局印发《关于进一步规范档案工作的通知》,规范档案管理工作。

第二节　生活卫生管理

一、伙食

80 年代起,各劳教单位根据上级机关要求,相继建立并规范劳教人员伙食与食堂管理制度,包括:食堂卫生管理制度、食堂炊事人员卫生制度、严防食物中毒制度、按月公布账目制度、计划用粮与节约燃料制度、照顾病号饭和尊重少数民族生活习惯等制度。1987 年初,市劳改局对全市劳教人员伙食标准的执行情况进行全面检查,劳教农场均建立副食品生产基地,各劳教所全部成立伙食管理委员会,并切实执行《食品卫生法》。

市劳教局建立后,根据司法部颁布的《劳教人员生活卫生管理办法》和《劳教场所生活卫生暂行标准》,结合全市劳教人员生活卫生工作实际,制定相关管理制度。各劳教所根据标准要求,对劳教人员的伙食管理相继制定细化制度。

【常规伙食】

劳教人员一日三餐按定量供应。常规伙食按规定的伙食费标准执行。恢复劳教工作后,劳教人员的伙食费标准虽未变动,但因物价因素,1979—1993 年,全市对劳教人员的伙食标准先后有 13 次调整。1994 年 9 月后,伙食费由以货币为标准改为实物标准。为保障劳教人员伙食水平的稳定和劳教人员身体的营养需求,各劳教所通过自种自养或额外补贴来解决,以保证伙食实物标准的实施。

【特种伙食】

劳教人员特种伙食包括清真伙食、患病人员伙食及生日伙食。

清真伙食　劳教单位设清真专灶、专窗,配备清真伙食,做到设备、器具(如灶具、盛器、冷柜等)专用,洗菜、配菜场地独立划分,副食品(牛羊肉、鸡、鸭等)分别采购,操作人员的卫生及烹饪都有一整套严格规范的制度。

患病人员伙食　患病人员伙食由劳教单位医生根据不同病情或康复要求,开出伙食通知单或证明,食堂按患病人员伙食费标准进行烹饪。劳动教养创建初期,患病人员的伙食补助标准参照

《上海市犯人生活供给标准》规定执行。1992 年以后，患病人员伙食补助标准与常规伙食标准同步联动，市劳改局和市劳教局不再专门出台患病人员伙食补助标准，各劳教单位在执行患病人员伙食补助标准时均比常规伙食标准高出一定的幅度。

生日伙食　为进一步体现人文关怀，各劳教单位 2000 年以后陆续在劳教人员中实施生日餐制度。每逢劳教人员生日，各劳教单位均会将本周人员的生日名单公布在劳教人员食堂内，劳教人员在生日当天可挑选适合自己口味的生日套餐。

【劳教人员食堂】

劳教人员食堂由劳教所或大队主管领导负责，并经常研究、指导、督促伙食管理工作，定期开展“三查”(查账、查物、查制度落实)。司务长由专职民警担任。计划、账目、现金、仓库、采购及烹饪等均由民警或职工直接管理。

按照创建现代化文明劳教所的标准要求，劳教人员食堂基本设施、设备配套齐全，伙房、餐厅内外环境整洁，厨房冷库、粮食仓库、副食品仓库布局规范，防暑、防冻、防蚊、防蝇及消毒实施设备一应俱全，餐具洗涤机、搅面机、绞切机等基本电器设备和厨房机具有效运转，实物定位、定量存放，食物无腐烂变质，炊具严格消毒并按生、熟两条线管理使用。

90 年代至 2005 年，开展标准化食堂评选和争创“合格食堂”“文明食堂”“优秀司务长”活动。标准化食堂的评选采取现场检查、查阅资料等方式进行综合考核评定。

二、被服

劳教人员被服分为服装、床上用品和鞋 3 个类别。

【管理制度】

市公安局劳改处于 1964 年 1 月 29 日公布修订后的《关于三类人员的生活卫生管理制度(试行草案)》中“被服的供应和管理”有 6 条，《关于行政工作管理制度(试行草案)》中“被服使用和管理”有 3 条，并特别强调发给“三类”人员的被服“不准民警占用、挪用或购买”。

此后，各劳教单位对劳教人员的被服管理基本按上述制度制定具体实施细则并执行。2005 年 11 月 1 日，市劳教局开展劳教场所医疗和卫生标准化工作。此项工作自 2005—2006 年分 3 个阶段实施。为进一步规范劳教人员的被服供应和管理，2008 年 10 月劳教人员被服开始按照“统一配发标准，公开招标采购，合理使用经费”的原则供应。

【配备标准】

初期，劳教人员被服及其他日用品规定由本人处理。60 年代后，对于经济上确有困难的劳教人员，给予补助。

1990 年 2 月 7 日，市公安局、财政局、劳改局通知，劳教人员中确属既无衣被等生活用品又无购置能力的，均由劳改、劳教部门按有关标准予以供应。劳教人员的衣着用品由财政给予适当补贴。同时规定“配备被服及日用品标准”，从 1990 年 1 月 1 日起执行。从 1993 年起，各劳教所陆续试行统一的劳教人员服装式样，费用由市劳改局(1995 年后由市劳教局)承担。

为规范劳教人员的服装发放，市劳教局于 2008 年 10 月 23 日开始执行统一的劳教人员被服发放标准。

【被服管理】

劳教人员被服由生活卫生或后勤保障部门统一管理。市劳教局成立以后,各劳教单位及大(中)队根据劳教局的相关制度均建立了被服登记、发放、使用、洗涤、消毒、保管等管理办法与规程。

被服采购办法 市劳教局成立被服招标采购领导小组,负责制订或修改招标采购办法,监督招标采购办法的执行。在生活卫生处设被服采购招标办公室,具体落实被服采购的招标工作。为确保招标工作的公平、公正,在领导小组下设被服采购评标委员会,负责每次被服招标采购的评标工作。被服采购招标原则上每两年进行一次。

配发被服价格和质量标准 采购被服的质量标准和价格标准以供应商中标时所封样品为准。被服采购招标办公室对各劳教所采购被服的质量进行监督检查,发现不符合质量标准和价格标准的被服,责成退货或采取其他相应措施。在劳教所与供应商签订的被服采购供应合同中明确供货方,确保被服质量的义务及违约责任。

被服式样 各劳教所实行统一的服装式样,分别为男式劳教人员服装、女式劳教人员服装、男式强制隔离戒毒人员服装、女式强制隔离戒毒人员服装。劳教人员和强制隔离戒毒人员床上用品的样式一致,但着装的样式有明显区别,以全局招标采购时所封样品为准。从 2010 年 1 月 1 日起,劳教局统一规定劳教人员着装。

被服费使用 被服费由基本被服费和补贴被服费组成。从 2009 年起,生活卫生处负责制订年度被服费预算计划,报市劳教局领导审核同意后,由局计划财务处(财务管理处)按计划向各劳教所核拨经费。

三、作息

劳教制度恢复初期,各劳教单位根据公安部制定的《劳教人员守则》等制度,在实践中不断对劳教人员的生活规范进行细化。1986 年 3 月 17 日,市劳改局制定了劳教人员每日活动准则,对劳教人员从起床至就寝等 10 个方面作出具体的规定和要求。1992 年 8 月 10 日,根据司法部规定,市劳改局制定了劳教人员日常生活规范。2000 年以后,劳教人员的作息时间在全局范围内实现了统一。

四、卫生

【个人卫生】

从 1982 年起,各劳教单位按规定定期组织劳教人员洗澡、理发并经常换洗衣服。

1986 年 3 月 17 日,市劳改局劳动教养处制定劳教人员卫生制度。民警在日常管理中,严格要求并督促劳教人员搞好个人卫生,做好环境卫生。各劳教所注重培育"文明从卫生抓起,卫生从个人做起"的观念,自 90 年代起开展了以"七不"规范为主要内容的行为养成教育活动。

进入 21 世纪后,市劳教局制定劳教人员生活卫生管理制度,对劳教人员个人卫生要求做到"三有""三勤""三不"。积极开展以语言文明、行为文明、卫生文明为主要内容的"三文明"竞赛,并在每年"世界卫生日"前后,结合春季卫生防疫工作,开展"关注卫生,共享健康"等活动。2008 年 8 月以后,根据市劳教局制定的劳教人员生活卫生管理细则,各劳教所在劳教人员个人卫生管理工作中做到床上用品统一配置、清洁、摆放整齐；有固定的集中洗衣设施，有足够的室外晒衣场所。

【环境、内务卫生】

80年代开始，为贯彻"对劳教人员要切实做到依法、严格、文明、科学管理"的要求，根据公安部、司法部规定，各劳教所均设立生活管理机构，建立卫生制度。规定劳教人员必须严格遵守生活卫生管理制度，注意个人和公共卫生，内务卫生由民警定期组织检查评比。1990年，劳教场所普遍开展"生活卫生上等级活动"。1992年，各劳教所达到生活卫生三级所标准。1993年，各劳教所全部达到二级所标准，其中女劳教所达到一级所标准，并获司法部授予的"生活卫生先进集体"称号。

2002年7月16日，根据司法部颁布的《劳教人员生活卫生管理办法》，市劳教局制定劳动教养管理所环境、内务卫生制度。2008年8月7日，依据司法部劳教局《劳教场所生活卫生工作暂行标准》，市劳教局制定并实施场所生活区及个人卫生工作规范。

五、医疗

1992年4月30日，市劳教局制定若干医疗卫生制度，对劳教场所医院、卫生室的建立，对劳教人员体检、卫生教育，对传染病患者的隔离、检查、治疗及医务人员的规范等作了明确规定。

1994年起，各劳教所相继修订完善各项医疗卫生制度，并制订了急诊、传染病、艾滋病职业暴露等处置预案。

2002年7月16日，市劳教局制定劳教人员体检制度和卫生防疫制度。

2005年11月1日，市劳教局制定劳教场所医疗和卫生标准化工作实施办法。

2010年6月24日，市劳教局制定内设医疗机构工作规定，进一步规范劳教所内设医疗机构的工作职责、设施配置、人员配备和业务操作要求。

劳教场所的医疗工作主要采取巡回、门诊和住院治疗的方法。劳教人员一般疾病由劳教所医院（医务室、保健站）治疗，遇到疑难病症或危重病者，劳教所医院不能处理时，则请人会诊或转送监狱总医院及当地医院医治。各劳教场所定期对劳教人员进行体格检查，并建立劳教人员就诊制度，有病及时治疗。经常开展爱国卫生运动，进行卫生常识教育，培养劳教人员的卫生习惯。在工作中，各劳动教养单位医疗部门认真贯彻"预防为主"的方针，采取防治结合的治疗措施，有效地控制各类常见的多发病和传染性疾病的蔓延和流行。

劳教单位医疗机构：

第一劳教所医院（上海农场劳动医院），计3 159平方米，设内科、外科、妇产科、小儿科、五官科、中医科、针灸科、放射科、检验科等，下辖1个卫生所，28个医务室，病床100张。

第二劳教所医院（川东农场医院），下辖17个医务室，病床72张。

第三劳教所医院（青东农场医院），下设8个医务室，医疗业务用房面积1 148平方米，辅助用房360平方米，病床50张。

劳教收容所、第四劳教所、第五劳教所、未成年劳教所、女劳教所不设医院建制，单独成立设医务室或保健站，配备必要的医务人员。

2000年后，劳教场所条件进一步改善，医疗机构的设置有所改变。2008—2010年，由于农场移交上海光明食品集团管理，第一劳教所、第二劳教所、第三劳教所医院下设医务室均有所调整。

第三节 分类分级管理

80年代中期,市劳改局开始尝试分类管理。1986年,女劳教所对多次劳教、判刑的劳教人员实行集中编队、单独管理,取得成功。1987年,第一劳教所以大队为单位,以罪错性质为主体,摸索总结出一套与之适应的管教方法。1988年3月,第二劳教所在九大队实行宽松管理、普通管理和严格管理的分级管理试点。

市劳改局及时总结推广上述单位的经验,并制定规划全面推行分类分级管理。经过探索实践,逐步形成以罪错性质为主,结合恶习程度、不同改造阶段,以大队为单位第一层次分类编队。第二层次分类编队,按照劳教人员主观恶习程度分编中队,针对不同类型劳教人员的心理、行为特征等类型进行。

1987年开始,各劳教单位在试行分类编队的同时,按照劳教人员改造表现好坏,划分不同等级,在政策、法规范围内,给予不同的处遇。除了在整体上(以大队、中队为单位)和群体上(以班组为单位)实行不同管束度的分级管理外,对劳教人员个体以及改造过程的前期、中期、后期不同阶段,按现实表现实行"三等五级"累进式分级管理。由严到宽,具体分为:严管一级(所级严管)、严管二级(大队严管),普通管理级,宽管二级(大队宽管)、宽管一级(所级宽管)。

至1992年,全市劳教系统已形成以罪错性质为主,结合恶习程度、劳动教养阶段,分别建立不同类型的大队与出、入所大(中)队。

第四节 民主管理

在劳教人员中实行民主管理,是劳动教养性质的重要举措,也是对劳动教养行政管理体制的进一步完善。

1980年部分劳教单位在劳教人员中曾试行过民主管理。1989年,在总结经验的基础上,通过试点,在劳教人员中逐步进行民主管理的探索和实践。

1992年8月,市劳改局根据司法部规定,结合上海实际,研究制订了民主管理制度实施细则。各劳教单位全面推行民主管理,并在劳教人员中试行劳教人员代表大会制度,每半年召开一次。同年11月,第一劳教所五大队根据规定条件,召开首届劳教人员代表大会。翌年该所各大队相继召开大会,并建立"民主接待日"制度,以"民主对话会""劳教人员矛盾纠纷调解小组"等形式,开展民主管理活动。

在劳教人员中实行民主管理,对帮助部分劳教人员的思想转化,对稳定劳教场所的改造秩序起到积极作用。

2001年4月,市劳教局对奖惩办法中有关奖励规定作出修改和调整,进一步调动劳教人员的服教积极性和教育矫正质量。

2007年4月,市劳教局对奖惩制度作了修改,增加奖分、升级,取消物质奖(因适度工资中已含物质奖),形成奖分、升级、表扬、记功、减少劳动教养期、提前解除劳动教养6种奖励。

第五节 选举权行使

劳教人员除极少数经司法机关依法判处剥夺政治权利外,一般都享有选举权。

1958—1982 年，全市劳教场所根据内务部党组 1958 年 2 月在《关于劳动教养分子有无选举权问题的意见》中的规定，对劳教人员停止行使选举权。

1983 年 3 月 5 日，五届全国人大常委会第二十六次会议通过《关于县级以下人民代表直接选举的若干规定》；4 月 30 日，公安部印发《关于修改〈劳动教养试行办法〉第十九条的通知》；9 月，市八届人大常委会第四次会议通过的《关于本市县级以下人民代表大会直接选举的实施细则》，对未宣布剥夺政治权利的劳教人员作出准予行使选举权的规定。经市人大办公厅选举办公室会同市政法部门研究确定，劳教人员中除抗拒改造表现极差的停止行使选举权以外，都准予行使选举权。因此，1983 年开始，全市劳教场所的劳教人员可以依法行使选举权。

劳教人员参加的第一次选举，自 1983 年 10 月开始，至 1984 年 1 月结束。市劳改局组织可以行使选举权的劳教人员采用填写委托书的办法，委托自己的亲属或原工作单位的班、组长代为选举。在 1983 年、1987 年、1990 年 3 次选举中，参加全市选举的劳教人员均采用委托投票的方法。从 1993 年开始，劳教人员选举采用在劳教所设立投票站直接投票选举的方法。

1983—2010 年，全市劳教人员共参加 7 次区(县)人民代表大会代表的选举。

第六节　考 核 奖 惩

一、考核

劳动教养工作创办初期就建立考核劳教人员的有关制度，内容涉及劳教人员的纪律、学习、劳动、生活卫生等。

1983 年，根据开展评比活动和实行考核制度的规定，市劳改局制定考核奖罚试行办法，提出具体指标，每项指标规定具体分数。

1987 年 2 月，市劳改局完善百分考核制度。

1993 年 7 月，劳改局实行无奖分式考核办法，以考核情况决定奖罚，以奖罚结果确定处遇级别及其升降。考核分为日常考核、特殊考核、群体考核 3 种。

1996 年 5 月，市劳教局对劳教人员表现仍采用百分考核的方法。每月通过对劳教人员考核的奖罚分进行一次结算，奖罚分作为每月评定劳教人员改造表现等第的依据。劳教人员每月改造表现等第，由劳教所根据本所实际制定的奖罚分参数和具体标准评定。

1997 年起，各劳教所严格执行市劳教局规定要求，改变了以奖分折减劳动教养期和以奖分折减表代替决定书的做法，考核更为规范。

二、奖励

劳教工作创建初期，奖励的种类分为表扬、物质奖励、依法恢复政治权利、撤销管制、记小功、记功、评为劳动教养积极分子、放探亲假、减少劳动教养期、提前解除劳动教养、奖分、记绩、评定优秀学员等。80 年代初开始实行放探亲假、减少劳动教养期、提前解除劳动教养的奖励。1983 年起实施每奖 100 分折减 1 天劳动教养期的奖励，1986 年实施记绩，1990 年起实施评定优秀学员的奖励。

2001 年 4 月，市劳教局对奖惩办法中有关奖励规定作出修改和调整，进一步调动劳教人员的服教积极性和教育矫正质量。

2007 年 4 月,市劳教局对奖惩制度作了修改,增加奖分、升级,取消物质奖(因适度工资中已含物质奖),形成奖分、升级、表扬、记功、减少劳动教养期、提前解除劳动教养 6 种奖励。

三、惩罚

1957 年起对劳教人员实行惩罚。1982 年以后,对劳教人员的惩罚按照《劳动教养试行办法》规定执行。1983 年起实行评分考核制度。1992 年 1 月,劳改局对劳教人员的惩罚作了具体规定。

2006 年 12 月 18 日,市劳教局规定对劳教人员的惩罚分为罚分、警告、记过、延长劳动教养期 4 种。2007 年 4 月,市劳教局对奖惩制度作了修改,惩罚的种类调整为降级,形成罚分、降级、警告、记过、延长劳动教养期 5 种。在劳教人员奖惩程序中增加复议环节,切实保障劳教人员的合法权益,进一步规范民警的执法行为。试行劳教人员奖惩听证制,变书面审核为公开审核,劳教人员享有充分的陈述和申辩权利。

第四章　劳教人员教育矫治

改革开放以后，根据中央确定的“教育、感化、挽救”的劳教工作新方针和把劳教场所办成特殊学校的要求，对劳教人员的教育工作有了改进、加强和发展，逐步形成以政治思想教育为核心，以技术教育为重点，辅之以文化教育的三课教育。1986 年，上海市劳动教养特殊学校成立。1993 年起推行复合式分类教育，以课堂化教育为主导，丰富教育内容和方式，组织开展法律常识、思想道德、形势政策、文化知识和职业技术等方面教育培训活动，增强教育的针对性和实效性。逐步实现职业技能培训由零星化向正规化的转变，引入社会资源对劳教人员进行职业技术教育。2004 年印发《关于全面推进心理矫治工作的实施意见》，2006 年设心理矫治工作指导中心，在各劳教所教育科设心理矫治机构，建立心理辅导室，组织专兼职心理咨询师队伍，完善心理矫治工作体系。2009 年，劳教局全面推行教育矫治个别化，着力提高劳教人员教育的针对性和有效性。

第一节　组 织 实 施

1986 年，全市劳动教养特殊学校成立后，坚持以政治思想、道德品质教育为核心，以技术教育为重点，辅之以文化教育，帮助劳教人员转化思想、矫正恶习，成为遵纪守法的合格公民和自食其力的劳动者。1993 年 8 月，司法部发布《劳动教养教育工作规定》，规范劳教人员教育工作。1994 年以后，随着创建现代化文明劳教所工作的推进，心理矫治逐渐发展成教育改造劳教人员的重要内容。2006 年，形成以基本法律常识、公民道德、科学知识、行为规范为主要内容的四项基础教育加矫治劳教人员罪错的“X”教育，即“4＋X”教育体系。2009 年 4 月，司法部劳教局（戒毒管理局）印发《强制隔离戒毒教育工作规定（试行）》，规范强制隔离戒毒教育工作。年内，市劳教局全面推行教育矫治个别化，实行劳教人员每周 5 天劳动、1 天课堂集中学习教育、1 天休息的教育模式，着力提高劳教人员教育的针对性和有效性。

一、机构

1984 年 5 月市劳改局劳动教养处成立时未设教育科，只有专人负责。1991 年 3 月，设立教育科。1995 年 5 月，市劳教局成立时设教育处，但劳教所仍设管教科。2000 年以后，劳教所分设管理科、教育科。

2010 年，劳教人员教育机构包括劳教局教育处（综合治理处）、劳教所教育科、教研室和心理矫治中心、劳教大队教研组等。

二、师资

80 年代中期，随着办校工作的开展和劳教人员教育的系统化、正规化，市劳改局于 1985 年 4

月决定,建立一支适应教学需要的师资队伍。教师配备比例由当时的不少于2.5%,逐步增加到5%,其中政治教师占教师总数的40%,文化、技术教师各占30%,并配备一定的专职教师。政治教育专、兼职教师必须由民警担任。文化教育以专职民警教师为主,具有一定教学水平的劳教人员经挑选也可任教。技术教育以民警、职工或劳教人员中的技术人员兼职为主,所有教师都应具备相应的文化水平和教学能力。1986年8—9月,市劳改局举办政治教师培训班,对专职政治教师进行培训。翌年7—8月,在第二教育学院和同济大学的支持配合下,举办了一期政治、文化教师进修班,将特殊学校的教学纳入成人教育的轨道,并使特殊教育教师获得国家教委和市教育局规定的合格师资地位。1992年4月,市劳改局对特殊学校教师实行颁发聘书制度,聘书颁发对象是在岗的专、兼职教师及教育行政管理人员。教师每届聘期2年,可续聘。

市劳教局成立后,按照《中华人民共和国教育法》《中华人民共和国教师法》和《教师资格条例》等有关规定,2002年首次参加全市教师资格认定工作。经市教师资格认定办公室专家委员会审核,市成人职业教育中心复核,同年12月有197名民警获得中等职业学校教师资格证书。

2010年,市劳教局有专职教师147人,兼职教师537人。

三、设施

【教室】

办特殊学校、创建现代化文明劳教所期间,均规定教室标准,教室从无到有并快速增加。

2010年,劳教场所共拥有标准教室面积9 582平方米,课桌椅3 037套。

【图书室】

80年代以后,中队建立图书阅览室,图书来源主要是教育部门配置及外单位捐赠。劳教人员定期到图书阅览室阅读书报,并可结合读书活动借阅图书。90年代以后,除中队阅览室外,劳教大队先后建立图书室,劳教人员定期凭借书卡到图书室借阅。同时利用社会资源为劳教所增加藏书量,添置设备,开展读书指导活动。

【电教中心】

1995年,女劳教所率先建立电教中心,其余劳教所也先后建立电教中心。至2007年,每个电教中心配置音控、灯光、摄像等设备,以及后期制作系统、电脑、幕布和远程传送设施(INSTGEC闭路电视播放系统)。劳教所在每间劳教人员宿舍配置1台20英寸以上的电视机,通过电教中心对劳教人员开展电化教育,同时丰富劳教人员的文娱生活。

【心理矫治室】

2001年起,各劳教所陆续建立心理矫治室。心理矫治室初建时为2部分,一为咨询谈话室,一为情绪宣泄室。2004年,女劳教所除情绪宣泄室和咨询谈话(心理咨询)室外,还设立了音乐诊疗室、脱敏治疗室和厌恶治疗室,进一步充实完善心理矫治室的设施和功能。

第二节　政治、文化、技术教育

一、政治教育

政治教育包括法制教育、公民道德教育和形势政治教育。

80年代初，开展“五讲”“四美”“三热爱”及“四有”（有理想、有道德、有文化、有纪律）教育。1983年3月开始，逐步实行课堂化教学、备课制度和考试制度。劳教人员以中队为单位进行编班，以一年为一个教学周期。每项教育任务结束后对劳教人员进行测试。1986年7月，首次举行以“共产主义道德”为内容的劳教人员政治教育统考。1989年起，使用司法部统编的《法律常识》《思想道德修养》《爱国主义基础知识》课本，将市法制宣传教育领导小组办公室编写的《市民法律常识ABC》作为补充。1993年8月以后，劳教人员政治教育严格按照司法部《劳动教养教育工作规定》要求，年教育时间达到230课时。1994年4月，推行劳教人员共性的基础教育和教育再分类前提下的专题教育相结合的复合式教育模式。从劳教人员实际出发，重视劳教人员内在的认知需求，改变教条式、灌输式的教学方法，缩短了教育周期，增强教育的针对性和时效性。2002年，在劳教人员中开展公民道德教育。自2004年起，每年举行劳教人员法律常识统一考试，检验教育效果。2010年，在劳教人员中开展“弟子规”国学教育，以优秀的传统文化和中华美德启迪、引领、引导劳教人员。

二、文化教育

1980年以前，劳教人员文化教育以识字为主。1980年8月，各劳教场所按照办学要求，先后在部分劳教中队试办劳教人员文化学习班，对初中以下文化程度的劳教人员进行文化教育，并逐步推开。至1985年，文化教育基本普及，纳入社会成人教育范围。凡年龄45周岁以下、文化程度初中以下（含初中未毕业）、劳动教养期1年以上的劳教人员，按实际文化程度分扫盲（初小）、高小、初中3个层次编班入学。对已具有初中以上文化程度的劳教人员，根据本人自愿，鼓励和支持他们自学高中或大专课程。1988年7月，在市教育部门支持下，按照教育部颁布的《职工业余中等学校初中语文、数学教学大纲（草案）》，结合劳教人员特点，市劳改局组织摄制《初中语文、数学电视教育片》供文化教育使用。1989年，针对劳教人员文化程度普遍提高但应用文写作能力差的状况，试办以应用文写作为主要内容的文化班。自编的8万字应用文教材，由浅入深地编入日记、书信、周记、小结、协议、合同等文体的写作要点和例文，收录了张海迪日记、思想汇报、帮教协议等范文和浅显的古文。1990年以后，各劳教所脱盲率均达到90%以上。1991年初，在市教育局、虹口区教育局等有关部门的支持帮助下，联合编写具有特殊教育特色的小学《语文》《算术》教材，供教学使用。1993年2月，市劳改局编印《应用文教材》，在劳教人员中全面开展应用文教学。

2007年7月，劳教局对未成年劳教人员义务教育状况进行普查。2008年，在全市有关部门的支持下，按照社会学校办学标准，依托未成年人劳教所创新未成年劳教人员教育矫治模式，开创了义务教育进大墙的先河，在全国率先对未完成义务教育的未成年劳教人员实施义务教育，依法保障了未成年劳教人员享受九年义务教育的权利。

图 11-4-1　对未成年劳教人员进行九年制义务教育(图为 2007 年拍摄)

三、技术教育

技术教育的原则是“立足改造思想,着眼解教就业,服务所内生产,因人因地制宜”。技术教育分为 2 种,一是对从事习艺劳动的劳教人员进行岗位技术培训;二是对劳动教养前无职业、无技术专长、具有初中以上文化水平、年龄在 40 周岁以下、劳动教养期在 1 年以上的劳教人员进行职业技术(含等级工)培训。1982 年起,从劳教人员解除劳动教养后回归社会就业谋生考虑,以劳教大队、中队为单位,因地制宜地举办各种技术培训班,对劳教人员开展技术教育,以后逐步形成以岗位技术培训和职业技术培训为主,辅之以等级工培训的教育结构。进入 21 世纪后,技术教育以社会支持为依托,实现职业技术培训由零星化向正规化转变。职业技术培训工作得到了市劳动和社会保障局的政策支持,2003 年起,全免劳教人员各类培训的技术鉴定费,2004 年起,上海籍劳教人员技能培训全额纳入政府经费补贴。由市劳动保障部门出资 132 万元、上海大众汽车有限公司提供部分物资帮助建立的劳教人员技术培训实训基地,2006—2007 年,共完成汽车维修工培训 600 余人。2010 年,各劳教所全部配备或更新计算机,建立了专门的计算机教室。

以市场需求为导向,劳教人员职业技术教育逐步向社会的多元化过渡。根据劳动力市场的需求设置培训项目,借鉴社会职业技术教育办学经验和管理模式,引入社会职业技术教育资源,增强技术教育的针对性,形成 5 大类 20 多个培训项目。以解除劳动教养后就业为目标,实现职业技术教育由单纯的技术培训向技术培训与就业意识并重转变,端正劳教人员学习态度,树立学习信心,使他们对当前就业形势、就业政策和就业必须具备的素质有正确的认识。树立正确的择业观,把思想教育贯穿于职业技术教育的全过程,既教技术又育人,为社会输送一批适应市场、为社会所需的新人。在对劳教人员这一特殊群体实施技术教育的过程中,按照“考证促学”的思路,邀请市劳动就业培训中心到劳教所进行鉴定、考核,为合格的劳教人员颁发全国通用的职业资格证书。

四、社会力量教育

上海各劳教单位在对劳教人员实施教育中，拓宽教育渠道，多形式运用社会力量对劳教人员进行教育。主要有三个方面力量：一是劳教人员的亲属，二是社会各界人士，三是地区、单位、群众团体。

劳教人员的亲属是一支重要的经常的教育力量。各劳教单位对来所会见劳教人员的亲属热情接待，或视情需要派干警走访劳教人员家庭，向劳教人员的亲属宣传党的劳教工作方针、政策，介绍劳教人员的生活、学习、劳动和思想等情况，引导他们在与被劳教的亲人通信、会见中有针对性地进行规劝教育。劳教场所还与劳教人员亲属签订共同帮教协议，有时邀请有代表性的劳教人员亲属组成规劝演讲队，到各劳教大队向劳教人员进行规劝教育。他们以亲人的关怀、诚挚的感情，肺腑之言句句打动人心，使劳教人员深受教育。

邀请社会人士给劳教人员作报告，进行帮教活动；发挥地区、群众团体和劳教人员原工作单位的作用，也成了劳教场所运用社会力量教育劳教人员的重要方法之一。各劳教所还与部分区、街道签订帮教协议，与青年志愿者结对子，通过通信、来所帮教、座谈会、个别谈心、送温暖等形式进行帮教活动。

第三节　分类教育

为了提高教育工作的针对性和有效性，从1986年起，根据分别编队、分管分教要求，各劳教场所先后经过试点，以大队、中队为单位，在对劳教人员按不同类型实施分别编队、分类管理的基础上，针对不同类型劳教人员的情况，确定重点课题，调查研究，编写教材，陆续对劳教人员进行分类教育的试点工作，并不断总结，充实教材，点面结合，逐步推开。到1992年，基本形成全面推开、重点深入的格局。

1988年，市劳改局在各试点单位自编教材的基础上，编写全国第一本《性罪错矫治课本》（试用本）。1992年1月起，正式使用司法部劳教局编印的课本，作为对劳教人员分类教育的基本教材。各劳教所结合实际编写讲义进行教学，有的大队（中队）仍按实际情况使用自编盗窃、赌博等类型的分类教材。

1993年，在原分类教育的基础上，第三劳教所一大队在教学实践中，开始施行复合式分类教育模式，即针对劳教人员共性的基础课教育和再分类前提下的专题教育相结合的分类教育模式，提高教育针对性和有效性。1994年，复合式分类教育模式在上海各劳教所全面推行。

新收容入所的劳教人员和临近解教出所的劳教人员均分别集中编队（组），进行一定时间的入所、出所教育。入所教育，主要由劳教收容所对新收容的劳教人员进行短期的新收入所教育，1989年后规定入所教育为1个月。教育内容针对新收劳教人员的特点和思想状况，着重进行劳动教养方针、政策教育，劳教场所的规章制度和纪律教育等，以达到初步稳定情绪，消除疑虑，适应劳教环境，为服教打下基础。出所教育由各劳教所以大队或中队为单位建立出所队（班），对解教前3个月的劳教人员集中编队编班，进行1—3个月的出所教育，以达到巩固教育改造成果，使解教人员能适应社会的需要，成为遵纪守法的公民。教育内容，除组织劳教人员对改造进行回顾总结、作出自我鉴定外，着重进行理想前途教育、遵纪守法教育，以及就业指导和社会生活指导等方面的教育。有的把"七不"规范列入出所教育中。1993 年和 1995 年起,先后试用司法部劳教局编印的《入所教育课本》和《出所教育课本》。

1995 年,在市劳动局的支持和配合下,社会上实行的就业前思想教育培训(就业常识培训)引入劳教场所。经过女劳教所试点,在部分临近解教的上海籍劳教人员中进行就业前思想教育培训。经考试,劳教人员获得市劳动局颁发的合格证,解教后可凭此证换取《劳动手册》,为劳动就业创造条件。

2004 年以后,出所教育增加"员工式培训""求职情景训练"等形式,帮助临近解除劳教人员提前适应社会环境。2009 年 1 月,市安置帮教办公室发放的《回归指南》成为劳教人员出所教育的补充教材。

第四节　个 别 教 育

个别教育是确保场所安全和秩序稳定,促进劳教人员思想转化的重要教育手段。个别教育遵循以下原则:实事求是、以理服人;解决思想问题和解决实际问题相结合;循序渐进、巩固提高;因势利导、因人而异;多渠道、全方位实施教育。个别教育通过对劳教人员基本情况的了解、个别谈话、个案矫治等方法进行。

1987 年 3 月,劳改局决定开展"争创五好中队、争当个别教育能手"活动,制定考核标准和评比表彰办法,每年评出局、所两级个别教育能手,推动个别教育工作深入开展。

1995 年,女劳教所在全体干警中开展了"结对帮教,人人争当好教师"活动,每名干警均在劳教人员中确定一名包帮教对象,结成对子,定期谈话,开展帮教活动。对重点人员,搞好个案分析,建立"矫治手册",有计划、有准备、有针对性地进行个别谈话教育。

2007 年,各劳教所先后召开劳教人员个别化问题处理研判会,编纂《个别化问题处理手册》,帮助民警增强个别教育的针对性,及时、合理地处理现场管理中的突发事件。

第五节　辅 助 教 育

1980 年后,各劳教单位在对劳教人员进行课堂、基础教育的同时,针对劳教人员的特点,根据各自的条件,结合主题教育,广泛开展各种形式的有益的文化、娱乐、体育活动,作为对劳教人员的辅助教育,并形成劳教场所的所区文化,丰富劳教人员的精神生活,陶冶劳教人员的思想情操,对转化思想、矫正恶习起到了潜移默化的作用。这些辅助教育主要有:读书活动、演讲活动、征文活动、说书会(故事会)、书评、讲座、智力(知识)竞赛、文明礼貌月活动、争创"文明小组""新风小组"、歌咏活动、文艺活动、体育活动、队列操练、举行升国旗仪式、黑板报评比、编印"劳教小报"、劳教人员《教育材料》,办图书室(馆)、阅览室和文化活动室、广播站,放映电影、电视、录像片,组织影评、诗歌创作、书法美术活动,举办小型展览会、座谈会、汇报会、联欢会、纳凉晚会、茶话会、送旧迎新会,组织学习英雄模范人物,开展心理咨询、美育教育活动,组织部分劳教人员代表清明祭扫烈士陵墓,外出参观中共"一大"会址、东方明珠塔、金茂大厦、禁毒教育馆等,参加市政建设重点工程工地劳动,到敬老院劳动,为群众办好事,以及运用多种形式进行专题系列教育活动。

2000 年 2 月,司法部举办全国劳教场所第二届文艺汇演,市劳教局"祖国颂"文艺演出获集体一等奖,5 个单项节目中 3 个获一等奖,1 个获二等奖,1 个获三等奖。2002 年 11 月,司法部举办全国劳教人员预防艾滋病主题绘画比赛，上海劳教人员绘画作品获一等奖5幅、二等奖6幅、三等获7幅、优秀奖22幅，获奖总数居全国劳教系统之首。2004年，上海劳教人员“向着太阳飞翔”文艺节目参加全国劳教场所第三届文艺汇演获集体一等奖，第四劳教所舞台剧《又见阳光》获小品、戏剧类节目一等奖，另有7个单项分获二、三等奖。2008年起，每年由市劳教局统一确定主题教育。2008年以“感恩”、2009年以“尽责”、2010年以“明礼”为主线开展主题教育活动，并检查考核各劳教所主题教育的开展情况和效果。

第六节 心理矫治

劳教人员中患有心理疾病或存在心理障碍的占有一定比例，服教期间出现各种心理问题的也为数不少。运用心理矫治方法和技术帮助劳教人员克服心理障碍和服教期间出现的心理问题，养成健康的心理素质，有利于稳定场所秩序，确保安全，增强教育挽救的有效性，减少和预防犯罪。心理矫治运用于监管改造工作，起步于80年代后期，发展于90年代，真正引起重视是进入21世纪以后。

一、机构和人员

2004年7月，市劳教局印发《关于全面推进心理矫治工作的实施意见》。《意见》规定，由局教育处负责心理矫治工作。各劳教所设心理矫治科，配备2～3名经过专业培训合格的专职民警。2006年，市劳教局在教育处设心理矫治工作指导中心，各劳教所在教育科设心理矫治中心，行使原心理矫治科职能，劳教大队成立心理辅导室。至此，心理矫治工作形成三级网络。

市劳教局心理矫治工作指导中心的成员由局、所相关人员和外聘心理学专家组成。劳教所心理矫治中心配备具有国家心理咨询师职业资格的专职心理咨询师1～2名。劳教大队配备1名取得心理咨询师资格的民警担任心理辅导员。

二、心理健康教育

劳教所和大队积极开展心理健康教育的目的，是使劳教人员初步了解心理健康知识，掌握自我心理调节的一般方法和寻求心理救助的途径。劳教人员在所期间接受心理健康教育的时间不少于30课时。

心理健康教育分为新收期、常规期、临解除劳动教养期。新收期以预防性心理保健为主，帮助劳教人员正确面对挫折，重树信心，建立积极的服教心态。常规期本着矫正劳教人员违法心理，重塑健康心态，开展矫治性心理健康教育。临解除劳动教养期围绕劳教人员社会功能的康复，开展适应性心理健康教育。

心理健康教育主要以课堂化教学、“5·20”心理健康日活动、心理健康知识讲座等形式开展。同时结合所区文化建设，组织劳教人员开展心理健康知识竞赛、征文、演讲、现身说法等活动，运用所内小报、墙报、广播、闭路电视等多种载体进行心理健康知识宣传。

心理健康教育内容包括学习辅导、生活辅导、人格辅导、升学和择业辅导。此外，从培养劳教人员健康心理的目的出发，心理健康教育内容还包括认知教育、情感教育、意志力教育、人际关系教育、自我意识教育等。从开展专题教育类型出发,心理健康教育还包括季节性教育、特殊日期(如会见日、传统节日)教育、社会突发事件(如流行性疾病、灾害)教育等。

三、心理测试

市劳教局组织开发《心理健康测试软件》,统一了全局心理测试量表。劳教所设立心理测试室,配置心理测试软件和电脑等设备。测试的方法主要是心理测量和个别谈话。通过测试了解劳教人员的性格、气质、态度、情绪、动机等个性心理特征,建立以个体为单位的心理档案,随人移交接收单位,为今后开展针对教育矫治奠定基础。测试中发现劳教人员有心理问题或主动要求心理咨询的,劳教所心理矫治中心及时安排心理咨询。平时,根据教育矫治工作的需要,定期安排劳教人员进行心理测试。在测试结果的基础上,筛选出存在攻击性、悲观抑郁、精神障碍等较为严重心理问题的劳教人员,补充完善其心理矫治档案,以便开展针对性措施或教育。

四、心理咨询

在劳教所开展的心理咨询主要有个体心理咨询和团体心理咨询 2 种。

2004 年以来,各劳教所根据劳教人员的实际情况开展以下几类团体心理咨询:(1) 矫治违法罪错行为的团体心理咨询。根据不同的罪错类型,在分类管理的基础上,对同一罪错类型的群体开展以矫治违法行为为目的的团体心理咨询。(2) 发展与适应性团体心理咨询。适用于劳教人员服教期中出现的阶段性、群体性的普遍问题,促进劳教人员适应场所环境,掌握改善人际关系的技巧和方法,积极面对服教生活。(3) 促进自我成长的团体心理咨询。促其自我探索,深化自我认识,增强自省能力。

五、心理治疗(心理危机干预)

心理治疗,是专职心理咨询师与劳教人员之间建立起来的一系列专业性的人际关系的互动过程。心理治疗主要在心理危机干预和戒毒人员预防复吸康复训练两方面。

劳教人员入所后,及时建立心理矫治档案,随劳教人员调动而转交,解除劳动教养后由所心理矫治中心存档并严格保密。心理矫治档案主要包括:劳教人员基本情况、心理测试记录、心理咨询记录、心理健康状况评估报告、教育矫治提示报告、心理危机干预和治疗效果等。

第五章　戒　　毒

在市委政法委、市禁毒委和市司法局的统一部署下，市劳教局先后承担了劳动教养戒毒、戒毒康复和强制隔离戒毒执法任务。自1992年开始收治吸毒人员后，随着戒毒劳教人员数量的急速增长，1996年11月，市戒毒劳教所成立，并于1998年6月25日正式挂牌，作为全市集中收治吸毒人员的专门场所。2003年6月，市劳教局在上海农场、川东农场、青东农场、女劳教所分别设立戒毒康复中心。2007年3月，集"戒毒、治疗、劳动、康复、就业"为一体的"上海市司法局青浦戒毒康复中心"正式启用，由市司法局委托市劳教局管理，开展戒毒康复中心试点工作。2008年6月《禁毒法》实施后，市劳教局承担起强制隔离戒毒工作职能，制定相关规章制度、统一收治工作。同年9月，劳教收容所接收首批强制隔离戒毒人员，各劳教所增挂强制隔离戒毒所牌子。2009年10月，市戒毒管理局正式挂牌，与市劳教局两块牌子、一套班子。在近20年劳动教养戒毒、戒毒康复工作基础上，市劳教局（戒毒局）和各劳教场所遵循戒毒工作的基本规律，经过实践和探索，初步形成适合全市实际的强制隔离戒毒模式及工作规范。

第一节　劳教教养戒毒

1990年12月，全国人大常委会通过了《关于禁毒的决定》，明确了强制戒毒体系，规定对吸毒者的处置原则，并成为劳动教养戒毒的执法依据。1992年，全市劳教场所首次收容2名外省籍戒毒劳教人员，1993年仅收容1人。此后，戒毒劳教人员收容数量呈几何级数上升。根据司法部建立戒毒劳教人员专所的要求，市编委同意组建戒毒劳教所。1997年1月起，戒毒劳教所边筹建、边收容戒毒劳教人员。至2008年8月，劳教局先后共有7个劳教所的23个大队63个中队承担了劳动教养戒毒任务。

一、管理

1995年8月，根据司法部有关规定，结合全市的具体情况，市劳教局制定对戒毒劳教人员日常管理的暂行规定，对戒毒劳教人员的收容入所、会见、生活卫生、药物管理、日常学习、习艺劳动、行为规范、管理要求等予以明确。根据司法部劳教局1999年制定的《劳动教养戒毒工作管理办法（试行）》《加强对戒毒劳教所（队）使用戒毒药品和戒毒方法管理的通知》和2003年5月20日司法部七十八号令《劳动教养戒毒工作规定》等要求，市劳教局完善相关制度，先后制定戒毒劳教人员日常管理制度、考核奖惩办法等规章制度。承担劳动教养戒毒任务的专所及大、中队（以下统称戒毒场所），对戒毒劳教人员的管理除按照非涉毒类劳教人员的基本管理要求外，还须遵循戒毒的规律与流程，根据戒毒劳教人员的特点进行科学、系统、人性化、针对性的管理。

二、教育矫治

针对戒毒劳教人员特点，戒毒场所在教育矫治中根据戒毒劳教人员处于不同管理、治疗阶段的特点,制订针对性的教育矫治计划、教学内容,并保证教学时间。对戒毒劳教人员采取共同教育与分类教育,所内教育与家庭、社会帮教,课堂教育等多种教育相结合的形式,进行心理与行为矫治。通过学习《吸毒型罪错矫治课本》和有关禁毒工作的法律法规及教材,进行法律、思想道德教育,使戒毒劳教人员认清吸毒的危害,树立正确的人生观,坚定戒除毒瘾的决心。针对戒毒劳教人员认罪认错态度差、意志薄弱、缺乏自控能力、对毒品的依赖心理强、信心不足等问题,采取有针对性的教育矫治方法。第五劳教所首创在戒毒劳教人员中开展"两性"(吸毒违法性和危害性)教育,要求民警树立"系统教育"观念,将劳教人员行为管理、思想教育、毒瘾戒治、心理辅导纳入戒治教育体系,并自编一套12万字的教材进行系统的毒品危害教育和心理疏导,帮助劳教人员树立戒毒信心。注重典型教育,邀请解除劳动教养后不再复吸、表现突出的典型人物现身说法,增强戒毒劳教人员戒除毒瘾的信心和自觉性。女劳教所采取"三结合""三为主"(吸毒危害性、违法性教育与戒毒信心教育相结合,以信心教育、意志培养为主;知识性思想教育与实践性心理干预相结合,以实践性心理干预为主;灌输式教育与自我教育相结合,以自我教育为主)的方法,逐步引导戒毒劳教人员树立戒毒信心,增强戒断毅力,通过这些方法使大部分戒毒劳教人员认识到"吸毒能戒,关键在己""吸毒能戒,毒瘾能戒"。针对戒毒劳教人员的不同情况,加强个别教育,开展心理矫治工作,促使其改变吸毒恶习,矫正对毒品的依赖心理。对解除劳动教养的人员定期进行调查,了解劳动教养戒毒工作的效果,认真总结经验,不断提高戒断率。

在教育矫治中,戒毒场所注重运用各种载体,丰富教育内容,增强教育矫治效果。2001年6月13日,第五劳教所举办首期"劳教人员文化艺术作品展",共征集劳教人员绘画、书法、篆刻等习艺作品50余件。2003年6月,第五劳教所编辑出版《戒毒警示教育画册》,以图文并茂的形式诠释了《戒毒三字经》的全部内容。2004年7月,从吸毒危害、所内戒治、幸福人生3个主题入手,第五劳教所录制"立志戒毒、走向新生"纪录片,播出后在戒毒劳教人员中引发强烈的反响。2004年12月,第五劳教所编制完成《戒毒劳教学员心理健康教育教材》,教材分5个章节共计2.8万字。针对戒毒劳教人员中流传的"一日吸毒,十年戒毒,终身想毒""是人戒不掉,戒掉不是人"等戒毒亚文化影响,民警身带照相机、摄像机拍摄了大量毒瘾戒断巩固者的工作、生活片断,编成《吸毒能戒,关键在己》纪录片,编印《走近戒毒者》宣传画册和《醒悟的强者》摄影集,组织现身说法制宣传讲团,创办《戒毒报》,开设《戒毒之声》广播,努力营造"吸毒能戒,关键在己"的戒治新文化。还多次邀请癌症俱乐部、老年人俱乐部和残疾人文化艺术团到劳教所演讲、演出,激发戒毒劳教人员对生命和生活的珍爱。2009年6月8日,女劳教所历时半年完成走访、摄制及后期制作的戒毒成功典型回访影视片《重绽生命之花》,在所内首播。该回访录特别甄选了5名已成功戒毒平均5年以上的解除劳教人员,采用访谈形式展现她们回归社会后如何调整心态、战胜挫折、坚定戒毒信念、充实自我、重塑新生的健康、积极的精神面貌。该片的播出强烈震撼了戒毒劳教人员。

三、戒治康复

分期治疗。全市收容的戒毒劳教人员,均已在市公安局强制戒毒所进行了为期1个月左右的急性脱毒。经劳教收容所转送至其他戒毒场所后,各戒毒场所根据戒毒劳教人员入所时的戒断症状,对其进行分期治疗。生理脱毒期:对生理尚未完全脱毒的戒毒劳教人员进行脱毒巩固治疗,时间为入所初期的1个月。康复期:对生理戒断症状已基本消失的戒毒劳教人员开展康复治疗,除进行常规教育、体能训练外,组织他们参加适度的劳动,同时治疗并发症,时间为1年6个月左右。

巩固期：对身体已经康复的戒毒劳教人员进行心理矫治和道德、法制、职业技术、文化教育，组织开展文体活动和参加习艺性劳动，消除其因心理依赖产生的复吸欲望，时间至劳动教养期满。

综合戒治。按照分期治疗的要求，戒毒场所坚持“以人为本”的戒治理念，探索综合戒治途径，并运用药物治疗、心理治疗、体育治疗及体能康复等多种手段对戒毒劳教人员进行综合戒治与康复。戒毒劳教所等从戒毒劳教人员的生理、心理特征入手，积极探索意志磨炼法，让戒毒劳教人员首先做到身静，然后经过自身调节，逐步达到“心静”，增强他们的自控能力；改变诊治方式，减少咳嗽糖浆、镇痛片等药物用量，逐步改变吸毒人员用镇痛性药品来满足“心瘾”的不良习惯；运用现代医学成果，采用公安部批准的“韩氏”戒毒治疗仪和中草药帮助他们戒治毒瘾。

心理依赖和心理障碍是导致吸毒者复吸的重要原因。戒毒场所与华东师范大学心理学专家合作，成立心理矫治课题研究组，建立心理矫治室，为戒毒劳教人员提供心理咨询服务，指导、解决他们在戒治期间遇到的心理问题。为提高戒毒劳教人员防复吸能力，2001 年，第五劳教所与第二医科大学、市精神卫生中心合作开展戒毒劳教人员预防复吸心理训练研究，并开设《预防复吸心理》课程，对即将解除劳动教养的戒毒劳教人员进行心理治疗与防复吸训练。为增强戒毒劳教人员戒毒的信心，第五劳教所 2002 年抽调民警对部分吸毒解除劳教人员进行调查，重点与 68 人座谈并制作纪实录像片和戒断人员掠影画册一本，运用成功典型对正在服教的戒毒劳教人员进行教育，帮助他们破除无望心理，树立戒毒信心。同年 10 月，第五劳教所正式启动“手拉手”临界戒毒活动，建立具有上海特色的“专业心理矫治与辅导、社区帮教”戒治新体系。女劳教所积极完善个性化戒毒方案，对戒毒劳教人员心理行为特征、意志品质、吸毒动因等进行分析调查，归纳出 5 种吸毒类型，并在此基础上根据不同类型特征，制订具有普遍适用性的戒毒基础方案和 5 种个别化“菜单”。民警根据吸毒人员特点灵活搭配选用，做到一人一策。

四、生活卫生

医疗卫生。戒毒劳教人员的康复治疗工作由劳教所的医院或卫生所承担，并配备相应专业水平的医务人员，设置专门的病床和设备。在确保每一名戒毒劳教人员基本医疗保障的同时，各单位制定针对性的《戒毒劳教人员普查迁延性戒断症状制度》《每日巡诊 24 小时就、急诊制度》和科学、系统的戒治措施，使每一名戒毒劳教人员在入所后都接受体检，并建立健康、医疗及戒治档案。各戒毒场所购买、管理和使用戒毒药品严格按照卫生部《戒毒药品管理办法》的有关规定执行，对戒毒劳教人员依照卫生部《阿片类成瘾常用戒毒疗法的指导原则》进行脱毒治疗。戒毒劳教人员在脱毒、康复期间，医生根据其吸毒量、健康状况、临床反应等制订脱毒和心理康复治疗方案。轻症者一般留大(中)队治疗，每日定时接受巡诊，重症者住院治疗。戒毒医生全面了解和熟练处置戒毒劳教人员急性脱毒期和康复期出现的各种临床反应，根据病情决定护理等级，实施有效治疗。对因医疗条件限制不能处置的危重病戒毒劳教人员，做到及时转送全市有条件的医院进行救治，符合条件的戒毒劳教人员可办理所外就医。

1998—2000 年，市疾控中心曾连续对所内戒毒劳教人员的健康状况进行普查。在随机抽样的 300 人中，70%以上患有皮肤、肝、肺、心脏、肾、哮喘、关节等疾病，其中不少人同时患有两种以上疾病，且吸毒人员体质很差，极易感染流行病。根据这一情况，各戒毒场所除购置先进的医疗设备和努力提高医生的行医水平外，建立了一整套医疗方案：(1) 在戒毒劳教人员入所 2 天内，实施严格的体检，建立专门的个人健康档案，将以后的就诊、医治情况详细记录在档案中，为以后开展针对性治疗积累资料。(2) 实行每月定期检查,每天深入“三大现场”巡诊,实行 24 小时门诊。(3) 对重点病号实行严密监控、突发疾病汇报抢救和疑难疾病会诊。(4) 加强疫情预防、防暑降温、场所消毒和季节性疾病防治工作。(5) 调换克感敏、止咳糖浆等含有镇静剂的药品。

饮食与伙食。戒毒场所针对戒毒劳教人员的身体状况,在生活上给予适当照顾,合理调剂饮食,伙食标准高于非涉毒劳教人员平均水平。伙食由民警专门管理,对戒毒劳教人员的膳食进行科学配置,并制定相应的食物量标准,确保劳教人员吃饱、吃熟、吃卫生、吃足标准,每顿下灶原料确保新鲜,并留有食物样。针对戒毒劳教人员普遍患有消化道疾病的情况,戒毒场所在营养师指导下,注重伙食的合理搭配,增加水果供给,并在伙食中加入戒毒劳教人员普遍缺少的维生素和钾、钙等微量元素。为普及营养知识,第五劳教所于 2003 年 4 月 1 日邀请著名营养学家蔡东联教授到劳教所讲授食疗戒毒知识,并为民警、戒毒劳教人员作配餐示范。

预防控制艾滋病。根据司法部《劳动教养戒毒工作规定》和司法部劳教局《劳动教养戒毒工作管理办法(试行)》中有关预防和控制艾滋病的规定,针对戒毒劳教人员群体的特殊性,市劳教局和各戒毒场所在进行戒毒治疗的同时,积极进行预防控制艾滋病的相关工作。1996 年以后,随着戒毒劳教人员收容量的不断增加,全市劳教场所面临艾滋病病毒进入的威胁。根据司法部劳教局重申“重点做好预防常见传染病和艾滋病工作”的指示,市劳教局在市疾控中心等卫生防疫部门的指导、帮助下,对戒毒劳教人员进行艾滋病检测。市艾滋病监测中心在劳教(戒毒)收容所和女劳教(戒毒)所各设 1 个监测哨点。根据艾滋病病毒特有的传播途径及较长的潜伏期等特性和劳教人员分布状况,劳教局又向市艾滋病监测中心申报增设第三劳教所四大队(系戒毒劳教人员集中收容场所)和一大队(系性罪错劳教人员集中收容场所)2 个监测新哨点,纳入市艾滋病监测中心的监测范围,对在劳教所医院住院的劳教人员作艾滋病病毒抗体检测,初筛疑似者再送市疾控中心认定。一旦发现劳教人员感染艾滋病病毒,立即进行单独管理,采取紧急隔离措施,并将情况上报市有关部门。各戒毒场所对劳教人员中的艾滋病病毒感染者关心爱护,不歧视,不随意扩散感染者的名单和病情,采取有效措施防止所内同性性行为,阻断经血液等传播艾滋病的途径。同时,对感染艾滋病病毒的劳教人员按照法律、法规规定,及时办理所外就医。此后,此项工作纳入劳教场所医疗卫生的常规性工作。

第二节　司法戒毒康复

根据《司法部关于依托劳教场所建立戒毒康复中心试点的意见》精神,2006 年 12 月 30 日,市司法局制定《上海市司法局青浦戒毒康复中心试点工作方案》,明确戒毒康复试点工作的重要意义、指导原则、接收对象、办理程序、管理方式和保障措施等。同时明确在第五劳教所建立“上海市司法局青浦戒毒康复中心”,并委托市劳教局管理。同日,市司法局成立戒毒康复中心试点工作领导小组,市司法局局长缪晓宝任组长,市劳教局党委书记蔡永健任副组长,局所政处、教育处、计划财务处负责人以及相关劳教所领导为组员,办公室设在局生活卫生处。为做好试点工作,市劳教局成立戒毒康复中心建设领导小组,并决定依托具有丰富戒毒经验的戒毒劳教所完成此项任务。

2007 年 3 月 12 日,集“戒毒、治疗、劳动、康复、就业”为一体的青浦戒毒康复中心正式启用,中心设主任 1 人,由第五劳教所 1 名副所长兼任。首批 10 名自愿戒毒康复人员于当天入住。该中心遵循戒毒康复内在规律,探索戒毒康复工作方法,为劳动教养戒毒、强制戒毒、强制隔离戒毒期满和社会其他戒毒人员提供戒毒康复,帮助戒毒人员彻底戒除毒瘾、适应社会并最终成功回归社会。截至2010年10月31日，该中心累计收治戒毒康复人员，尿液检测3 520人次，无1人涉毒。

一、制度规范

为确保工作进行，青浦戒毒康复中心先后制定和完善《戒毒康复中心管理办法》《戒毒康复中心工作人员守则》《戒毒人员日常生活规范》《戒毒康复人员职业技能培训制度》等30多项规章制度。对社区康复人员，青浦戒毒康复中心制订定期归所、定期汇报、定期走访、定期尿检和指导就业的"四定一指导"工作规范。

依据司法部《关于依托劳教场所建立戒毒康复中心的意见》，青浦戒毒康复中心制定戒毒康复人员准入制度。起初，收治对象是劳动教养戒毒、强制戒毒期满后自愿接受戒毒康复的人员和社会上自愿接受戒毒康复的人员。收治强制隔离戒毒人员后，中心的收治对象有所调整，增加了强制隔离戒毒解除后自愿戒毒康复的人员。但未满16周岁、无戒毒愿望人员、生理未脱毒人员、精神病患者、盲聋哑等生活不能自理的残疾人、艾滋病感染者、严重病患者、怀孕或哺乳未满一年的妇女等对象不予收治。

收治程序为：(1) 由自愿戒毒人员向青浦戒毒康复中心提出书面申请，或由其家属提出申请并征得本人同意；(2) 由青浦戒毒康复中心对申请人进行审查、体检，并作出是否同意接收的决定；(3) 青浦戒毒康复中心与戒毒康复人员签订自愿戒毒康复协议，内容包括戒毒康复期限、管理方式、双方的权利和义务、违约责任等；(4) 戒毒康复人员向青浦戒毒康复中心缴纳保证金(劳动教养戒毒或强制隔离戒毒期满后继续接受戒毒康复的人员免缴保证金)；5 由青浦戒毒康复中心负责填写《药物滥用调查表》和《体格检查表》等，建立戒毒康复人员档案，并送至戒毒康复人员户籍所在地公安机关备案。

二、管理模式

采取"住读与走读相结合、康复中心自愿戒毒与社区康复自愿戒毒相结合"的戒毒康复模式。住读人员以中心康复为主、社区康复为辅，通过周末放假举措，让戒毒康复人员提前感受社会气息，不断增强预判能力、适应能力及脱离戒毒监管环境下的自我控制能力。走读人员则以社区康复为主、中心康复为辅，通过中心的电话回访和戒毒康复人员定期汇报方式了解、掌握其戒毒康复情况。

日常管理工作主要由民警负责，同时吸纳禁毒社工和社会志愿工作者协助中心开展工作，按照本人自愿、协议管理、制度约束违约必纠的原则进行管理。在管理方式上，中心以戒毒康复人员自我约束为主、工作人员指导为辅，通过民主式、信任式和启发式的管理，帮助戒毒康复人员逐步学会自我约束。成立自愿戒毒康复人员自助小组，鼓励自愿戒毒康复人员自我管理、自我教育、互相帮助、互相监督。对自愿戒毒康复人员开展定期不定期尿检、安检等措施，严防毒品流入及戒毒康复人员复吸毒品。

三、教育矫治

对戒毒康复人员的教育矫治主要内容有：(1) 开展禁毒、戒毒及防止艾滋病宣传教育；(2) 开展法律、法规教育；(3) 进行择业观教育，开展职业技能培训和就业指导，并与劳动保障部门、社区、企业等建立合作关系,为自愿戒毒康复人员回归社会搭建平台,创造就业条件和机会。在充分运用劳教人员职业技能培训资源的基础上,不断开辟职业培训和就业指导的新途径,多渠道解决培训经费,帮助他们树立正确的劳动观念,领会劳动保障政策,学会一至两项社会就业形势乐观的职业技能,同时加大就业推荐力度,促使戒毒康复人员早日成为自食其力的守法公民;(4) 对不良行为进行矫正。

四、身心康复

戒毒人员的身心康复始终贯穿于整个戒毒康复过程。除进行体能康复及职业技能教育、培训外,中心着重对戒毒康复人员进行心理矫治和防复吸训练。通过开设心理讲座、心理咨询与辅导、团训及课堂教学等形式,将法律法规、道德伦理、心理康复、防复吸技能及健康养生等知识有效地融入各项康复活动中。针对戒毒康复人员普遍存在家庭责任感不强、感恩意识较弱及戒毒信心缺乏等情况,开设文明礼仪讲坛,播放成功人士经验交流录像片,进行社交礼仪道德准则及成功教育,在一定程度上激发他们的戒毒热情。同时还与市精神卫生中心开展共建活动,制订《戒毒人员心理康复实施方案》,有效利用家庭、社区、禁毒社工等社会联系,构建起家庭、社区、中心“三位一体”的综合帮教体系。同时开展模拟吸毒的情景训练,教会他们如何应对在特定场景下对毒品的渴求感,提高自身的拒毒能力。

第三节　强制隔离戒毒

2008 年 6 月 1 日颁布的《中华人民共和国禁毒法》正式实施后,市劳教局(戒毒局)担负起强制隔离戒毒工作职能,负责强制隔离戒毒人员的收治、管理和康复工作。同年 9 月 13 日,劳教收容所接收第一批强制隔离戒毒人员。

一、收治工作

收治范围。市劳教局(戒毒局)收治的强制隔离戒毒人员是由市公安局强制戒毒所转送来的人员。根据《禁毒法》有关强制隔离戒毒的规定和 2008 年 6 月 25 日、2009 年 9 月 18 日市高院、检察院、公安局、司法局、禁毒办等十单位印发的《关于贯彻执行〈中华人民共和国禁毒法〉有关戒毒措施的暂行办法》及补充规定精神,收治此类吸毒人员必须是吸毒成瘾者,且具有下列之一的情形:(1) 拒绝接受社区戒毒的。(2) 在社区戒毒期间吸食、注射毒品的。(3) 严重违反社区戒毒协议的。(4) 经社区戒毒、强制隔离戒毒后再次吸食、注射毒品的。(5) 本市户籍人员但在本市无固定住所,或者非本市户籍人员的户籍地不具备社区戒毒条件的。(6) 不提供真实姓名、住址,无法核实其真实身份的。(7) 因吸毒曾被行政处罚、强制戒毒或劳动教养的。(8) 曾使用两种以上毒品,或者采用注射方式使用毒品的。(9) 使用海洛因、杜冷丁等阿片类毒品,或者在使用“摇头丸”、冰毒、氯胺酮(K 粉)等毒品后,出现故意伤害他人、自伤自残等暴力倾向的。(10) 其他不适宜社区戒毒的。

管理机制。强制隔离戒毒人员收治工作是强制隔离戒毒人员转入强制隔离戒毒场所的第一步。市劳教局(戒毒局),建立收戒专所管理机制,由劳教(戒毒)收容所统一接收全市 18 个区(县)

公安机关决定送治的男性强制隔离戒毒人员，女劳教(戒毒)所负责收治全市女性强制隔离戒毒人员，起到统一收戒、集中管理的作用。强制隔离戒毒人员进入收戒专所后，在分流到各常规强制隔离戒毒场所前要进行为期15天左右的新收集训，按照统一的运作标准和流程，对其做好材料审核、信息采集、纪律教育、新收体检、防病治病等工作，为分流后的管理和教育矫治工作打好基础。

新收集训期满后，在确保安全的前提下，由劳教(戒毒)收容所将强制隔离戒毒人员统一分流遣送至其他强制隔离戒毒场所，女性留在女劳教(戒毒)所内。针对新收强制隔离戒毒人员脱毒期的生理、心理特点及健康体质状况，市劳教局(戒毒局)建立了收治遣送运作保障机制，先后制定《强制隔离戒毒人员收戒遣送实施方案》《新收强制隔离戒毒人员收戒遣送运作流程》等。实行"区域隔离、分块管理"，依法实施收戒遣送。根据市公安局、司法局联合制定的《关于患有疾病、躯体残疾的吸毒成瘾人员适用强制隔离戒毒措施的暂行办法》，市劳教局(戒毒局)制定关于收治强制隔离戒毒人员身体状况的规定。

二、戒毒模式

管理模式。根据强制隔离戒毒人员不同年龄段、性别、省籍区域、民族、不同戒毒阶段、不同处遇实行分类、分期及分级管理，具体做法有：(1) 分类管理：一是按照性别、年龄、所属省籍区域以及民族情况进行划分，实行定向分类、专所收治。二是按照既往吸毒戒毒史、吸食毒品类型及身体情况进行划分，实行定性分类、区域管理。三是按照脱毒、康复、巩固和回归4个阶段的戒治情况进行划分，实行动态分类、阶段管理。(2) 分期管理：分期，即分为脱毒期、康复期和巩固期。脱毒期重在治疗，突出生理脱毒后的巩固功能，采取严格的康复矫治措施，重点包括集中整训、体能测试、体检与救治、早期心理干预等。康复期重在训练，突出脱毒后的康复功能，采取适度宽松的康复矫治措施，重点包括医疗、食疗、行疗、体疗、仪疗和心理矫治康复训练等。巩固期重在适应，针对强制隔离戒毒人员保持操守难的特点，采取较为宽松的康复矫治措施，包括高危情景模拟、心理剧等教育训练活动，帮助强制隔离戒毒人员提高自控能力和防复吸能力。(3) 分级管理：在计分考核标准的基础上，对强制隔离戒毒人员实行"六级"处遇管理，以激励强制隔离戒毒人员的矫治积极性。对一、二级人员，严格限定日常活动范围和处遇；对三、四、五级人员，严格规定所内活动范围及管理要求，处遇上适度宽松；对六级人员，实施所内戒治为主、所外戒治为辅方式，处遇及活动空间较为宽松。

教育矫治。为切实搞好强制隔离戒毒人员教育矫治工作，市劳教局(戒毒局)于2008年9月16日制定强制隔离戒毒人员教育矫治实施意见。各强制隔离戒毒场所以戒除毒瘾、身体康复、回归社会为目标，根据不同戒毒阶段对强制隔离戒毒人员进行普及禁毒知识、培训职业技能、开展毒品危害教育、实施拒毒训练，帮助强制隔离戒毒人员增强戒毒信心，树立弃毒从正决心，提高自觉戒毒、拒毒能力和社会生存能力。其中，前期阶段的30天时间(新收待遣阶段)内，前15天的教育分别在劳教(戒毒)收容所和女劳教(戒毒)所完成，以解决"谁要戒毒"这个问题为目的，重点加强对新收强制隔离戒毒人员"在戒身份意识"教育，通过教育使新收强制隔离戒毒人员对自己的身份能正确定位，自觉适应强制隔离戒毒场所的环境，服从管理、教育。以课堂化集体教育为主要形式，重点围绕《禁毒法》第四章"戒毒措施"和第六章"法律责任"，进行《禁毒法》的宣传教育和纪律、行为养成训练、心理健康教育。后15天在各劳教(戒毒)所完成，重点进行"吸毒危害性"教育，使强制隔离戒毒人员明确戒毒目的、端正戒毒态度，另有心理健康教育和国务院有关禁毒工作规定的教育；中期阶段,以解决“怎样戒毒”问题为目的,全面实施强制隔离戒毒人员生理、心理脱毒,开展戒毒与拒毒的技能培训,主要以课堂或集体形式进行法律常识、思想道德、文化、职业技术、心理健康、禁毒、戒毒专题、行为养成等教育,并进行体能恢复训练。其中文化教育是对尚未完成国家规定的九年制义务教育、年龄不满45周岁的强制隔离戒毒人员进行。一般分扫盲班、高小班、初中班、提高班4个层次,帮助他们提高接受教育的认知和理解能力。心理健康教育以课堂化集体教育、团训和个别矫治相结合的形式进行。课堂化集体教育的内容包括正确认识自己、学会正确归因、培养积极的情绪、建立和谐的人际关系等。团训活动和个别化矫治,针对强制隔离戒毒人员的“恋毒”心理和病态人格进行生理康复和心理治疗,不断提高强制隔离戒毒人员的生理和心理健康程度。行为养成教育和体能恢复训练则通过队列基础训练、生理康复训练等,增强强制隔离戒毒人员体质,逐步养成良好的行为习惯;后期阶段(3个月),以解决“如何禁毒和拒毒”问题为目的,重点加强强制隔离戒毒人员“守法意识”教育和防复吸训练,主要进行法律常识教育、择业与就业教育、心理健康教育、拒毒与禁毒专题及社会适应等教育。择业与就业教育通过就业形势报告会和社会就业形势分析,使强制隔离戒毒人员对社会就业形势有正确的认识,对自我有正确的定位,做到择业时不攀高、不盲从、不自弃。心理健康教育通过课堂集体教育,教会强制隔离戒毒人员如何化解个人的不良情绪,提高心理调节的自救能力和自控能力。禁毒和拒毒专题教育通过组织开展亲情规劝会、戒毒成功实例教育、防复吸训练等,使强制隔离戒毒人员增强拒毒能力和彻底戒毒的信心。课时设置:前期阶段,每天课堂化教学3课时,体能恢复训练2课时,每周30课时;中期阶段,每周课堂化教学5课时、每月25课时,每天队列训练和体能恢复训练2课时、每周12课时;后期阶段,每周课堂化教学5课时、每月25课时。专题、辅助教育、文化教育和职业技术培训课时按照实际情况由各劳教(戒毒)所自行拟定。教育教材以部编和局编为主,各劳教(戒毒)所根据需要,结合本所实际也组织编写教材,用于辅助和补充强制隔离戒毒人员的教育。

为提高教育矫治质量,市劳教局(戒毒局)始终把培育主流文化、建设戒毒文化作为一项战略性工程来抓。2009年8月,市劳教局(戒毒局)召开强制隔离戒毒场所文化建设研讨会,从“为什么、是什么、怎么办”三个方面研讨戒毒文化建设的意义,明确戒毒文化的内涵、外延和特征,确立了“一、二、三、四、五”文化建设格局,即打造一个全市戒毒文化品牌,立足全市、强制隔离戒毒场所两个基础,调和法治文化、人文文化、和谐文化三种成分,突出以“美”为标签的物质文化、以“活”为神韵的精神文化、以“厚”为内涵的制度文化和以“信”为核心的形象文化4个标签,发挥吸引力、凝聚力、创造力、整体合力和辐射力5种力量。2010年4月,市劳教局(戒毒局)出台《所区文化建设规划》,提出戒毒文化建设的总体要求、主要目标任务和具体措施,计划用5年时间形成具有时代特征、上海特色的戒毒文化体系。

心理矫治。通过生理脱毒、初步的心理脱瘾,强制隔离戒毒人员吸毒成瘾后的心理恶习还没矫正,与吸毒相关的心理及精神障碍并未得到充分的治疗。因此,还需要进行心理修复,用心理治疗的各种方式帮助强制隔离戒毒人员解决与毒品相关的不良心理和行为,进一步戒除心瘾,重新构建健全的人格和行为模式,为下一阶段及回归社会打下良好的基础。市劳教局(戒毒局)和强制隔离戒毒场所着重从以下几方面开展工作:(1)将心理健康教育纳入常规教育内容,运用课堂化教学、心理专题讲座和活动等多种形式,深入浅出地普及心理健康知识,使强制隔离戒毒人员在轻松愉悦的情景中掌握情绪调节技术,学会自我调适心理。(2)开展专题活动,将每年的5月20日定为心理健康日,开展“和谐·从我心开始”系列心理健康月活动。各强制隔离戒毒场所认真组织强制隔离戒毒人员开展“互爱,让心共暖”“互助,让心共融”“互谅,让心共和”系列活动,通过举行心理健康知识统考、课堂化教学评比、心理电影赏析、心理保健操展示、专家来所咨询等活动，营造关注心理健康的氛围。(3) 结合实际编写《强制隔离戒毒人员心理健康教育》《心理自助与互助读本》等教材，在所报上开辟心理咨询专栏，开播“戒毒之声”心灵驿站广播栏目，传授心理保健知识，解答心理困惑，提供心理服务。(4) 按照情绪宣泄、音乐治疗、团体训练、反馈训练、沙盘表达的功能划分，配备计算机、生物反馈仪、音乐治疗仪、呐喊仪等适合强制隔离戒毒人员特点和心理矫治需要的仪器设备。(5) 对强制隔离戒毒人员进行全员测试，建立心理档案，对心理异常人员发出心理提示报告。

为帮助强制隔离戒毒人员提高心理素质，完善健全人格，增强预防复吸的能力，强制隔离戒毒场所在强制隔离戒毒人员中积极开展防复吸心理训练。第五劳教(戒毒)所与市精神卫生中心合作，修改、完善《预防复吸心理训练教材》《防复吸训练手册》《心理团训活动操作指南》和《心理训练实施办法》。在专家指导下，分两批对强制隔离戒毒人员开展生物反馈心理训练活动。第三、第五劳教(戒毒)所和女劳教(戒毒)所多次与市精神卫生中心、华东师范大学心理学院等专业机构，联合开展强制隔离戒毒人员防复吸心理训练的专题活动。根据矫治工作的需要，第一劳教(戒毒)所2008年11月建立毒品考验室，定期对强制隔离戒毒人员进行毒品依赖性测试。2010年，第三劳教(戒毒)所启动预防复吸心理训练工作，首批组建6个预防复吸心理训练小组。同年5月19日，在强制隔离戒毒人员中开展“换位思考，互谅和谐”心理团训暨心理辅导员教学观摩活动。

生理康复。强制隔离戒毒人员长期受毒品侵害，生理机能严重损伤。市劳教局(戒毒局)本着以人为本的精神，遵循科学、客观、可操作的原则，在第五劳教(戒毒)所“四疗并举”基础上积极探索，初步形成适合强制隔离戒毒人员特点的生理康复模式——“五种疗法”(医学治疗、饮食治疗、行为治疗、体育治疗、仪器治疗)，促进强制隔离戒毒人员身体与生理的康复。

实施生理康复工作以后，强制隔离戒毒人员生理疾病发病率大大减少，一年半评估的体能测试合格率达到100%，优秀率达到54.79%。通过生物反馈仪对强制隔离戒毒人员进行入所后、一年后和一年半后的3次测试反映，强制隔离戒毒人员的体质状况明显好转，绝大部分人的稽延性症状减轻。据对在所强制隔离戒毒人员调查显示，有60.24%的人认为生理康复对身体有很大好处，有59.11%的人认为与入所初期相比体质有所增强。

后续照管。强制隔离戒毒人员经过一年多时间的戒治后，将回归社会并接受社区康复。在这一过程中，强制隔离戒毒人员无论从思想上还是从心理上，对即将面临的社会生活会产生担忧与不适应。对此，各强制隔离戒毒所在继续巩固康复、矫治效果的同时，以增强再社会化功能、提高社会适应能力、降低复吸率为着力点，加强对强制隔离戒毒人员的后续照管，主要进行以下工作：(1) 提升社会适应能力，开展拒毒及防复吸训练、心理健康教育、健康生活方式教育、就业技能培训、就业指导及就业形势、就业政策、社会保障政策、救济途径的教育和适应社会训练等。(2) 积极开展后续照管，加强与强制隔离戒毒人员家属、原单位及社区的联系，为强制隔离戒毒人员顺利回归社会提供支持。当强制隔离戒毒人员在生理、心理、生活、社会关系、职业等方面出现问题或面临危机时，采取多样有效的方法予以干预或帮助。

此外，市劳教局(戒毒局)和各劳教(戒毒)所还充分依托市内社区戒毒康复资源丰富的优势，做好强制隔离戒毒人员重返社会的教育与衔接工作。2009年2月10日，市自强社会服务总社与女劳教(戒毒)所举行“场所—社区联动戒毒支持系统”签约仪式，并启动“心荷”同伴教育小组系列活动。该活动通过志愿者、社工及家属的提前介入，帮助成员改变不良认知，唤醒戒毒动机，培养戒毒毅力，树立戒毒信心，成功戒断毒瘾。2010年3月起，第三劳教(戒毒)所邀请禁毒社工对每月出所的强制隔离戒毒人员进行衔接教育。同年3月17日，该所举办新型毒品知识讲座，邀请市精神卫生中心副院长赵敏对新型毒品的种类、作用、发展趋势、滥用原因、滥用方式、临床表现、治疗措施等进行专业讲解。5 月 28 日,禁毒社工进驻场所试点工作启动仪式在女劳教(戒毒)所举行。6 月 7 日起,禁毒社工先后进驻女劳教(戒毒)所和第三、第五劳教(戒毒)所。6 月 22 日,市自强社会服务总社同伴辅导员作题为《新生》《走过风雨、又见阳光》的教育报告,与第三劳教(戒毒)所的强制隔离戒毒人员分享戒毒成功的经验。7 月,市自强社会服务总社再次与女劳教(戒毒)所合作,深化构建"场所—社区联动戒毒支持系统"。

图 11-5-1　2010 年 5 月 28 日,禁毒社工进驻场所试点工作启动仪式举行

三、诊断评估

诊断评估,是指强制隔离戒毒场所对强制隔离戒毒人员生理、心理、认知、行为、家庭和社会功能等方面的状况进行综合考核、客观评价戒毒治疗效果的过程。市劳教局(戒毒局)和强制隔离戒毒所按照《禁毒法》第四十七条规定,对强制隔离戒毒人员按期进行诊断评估,并将诊断评估结果作为衡量戒毒效果的主要依据。至 2010 年 12 月 31 日,各强制隔离戒毒场所共进行 10 012 人次诊断评估。

为规范强制隔离戒毒人员诊断评估工作,根据有关法律、法规精神,结合戒毒工作实际,市劳教局(戒毒局)于 2009 年 9 月 18 日、10 月 26 日先后制定强制隔离戒毒人员诊断评估实施办法和实施细则。此前,市劳教局(戒毒局)于 2008 年 9 月制定过渡性制度。2009 年 12 月 3 日,市第二届禁毒专家委员会在第五劳教(戒毒)所召开第三次会议,会议评审通过强制隔离戒毒人员诊断评估实施办法。为确保诊断评估工作的有序进行和诊断评估工作的公正、合法,在市劳教局(戒毒局)和强制隔离戒毒场所实践、探索的基础上,市司法局、市公安局和市卫生局联合制定《强制隔离戒毒人员诊断评估实施办法(试行)》,进一步明确诊断评估协调机制、机构设置、诊断评估的内容和标准、诊断评估程序和审批权限等。

为确保诊断评估工作的进行,各强制隔离戒毒所成立了强制隔离戒毒人员诊断评估工作委员会,负责制订强制隔离戒毒人员诊断评估工作计划,审核强制隔离戒毒人员诊断评估结果。诊断评估工作委员会由所长任主任，管教副所长任副主任，监察、管理、教育、生活卫生、医疗、心理咨询等职能部门负责人为成员。诊断评估工作委员会下设办公室，办公室设在所政管理科，负责对诊断评估工作的组织、协调和实施，并提出提前、按期解除或延长强制隔离戒毒期限的意见，报所诊断评估工作委员会审核。由于诊断评估工作的需要，在办公室还设立工作小组具体开展生理、心理、认知、行为、家庭与社会等方面的诊断评估工作。

四、变更执行

为规范强制隔离戒毒人员变更执行方式，根据《禁毒法》规定，结合戒毒工作实际，市劳教局（戒毒局）于2008年9月制定过渡性制度。2009年以后，市高院、检察院、公安局、司法局、禁毒办等十单位联合制定的《关于贯彻执行〈中华人民共和国禁毒法〉有关戒毒措施的暂行办法》及补充规定精神和市司法局、公安局、卫生局联合制定的《强制隔离戒毒人员诊断评估实施办法（试行）》规定，对强制隔离戒毒人员在强制隔离戒毒场所执行强制隔离戒毒期间，因身体患病或经诊断评估符合变更强制戒毒措施规定条件的，可依法变更执行。具体条件与程序为：（1）对执行戒毒期限满一年后、一年半的强制隔离戒毒人员，由强制隔离戒毒场所提出提前解除戒毒并变更为社区康复的建议，报经市劳教局（戒毒局）批准后，代原作出强制隔离戒毒决定的公安机关开具有关法律文书并宣布决定。（2）对患严重疾病的强制隔离戒毒人员，强制隔离戒毒场所受内部条件限制无法有效救治的、可能危及其生命的，强制隔离戒毒场所应通知原作出强制隔离戒毒决定的公安机关，由公安机关协助处理相关事宜。对确需外出救治的强制隔离戒毒人员，强制隔离戒毒场所应根据病情诊断书和戒毒情况诊断评估提出变更戒毒措施的建议，报经主管部门批准后，代原作出强制隔离戒毒决定的公安机关开具有关法律文书并宣布变更为社区戒毒或社区康复的决定。

五、解除戒毒

强制隔离戒毒人员在戒毒期满或延长戒毒期满前，经诊断评估得分为60—80分的，大队根据所诊断评估工作委员会意见，填写《解除强制隔离戒毒审批表》，并按照相关目录准备材料逐级呈报，由强制隔离戒毒所批准并开具《解除强制隔离戒毒证明书》。出所前由强制隔离戒毒人员在《责令社区康复决定书》上签名。

第四节　戒 毒 研 究

一、自主研究

戒毒是一个世界性的难题。90年代初，劳教场所对戒毒领域十分陌生。在无经验可借鉴、无模式可套用的情况下，各劳教场所面对现实，勇于实践，对戒毒工作进行了有益的探索。

市劳教局成立以后，对戒毒研究工作高度重视。为更好地承担起戒毒工作新任务，劳教局组织由局领导、戒毒劳教所、女劳教所和局教育处参加的课题组，通过无记名问卷调查、阅档、座谈、走访和个别谈话等多种方式，对戒毒劳教人员的状况和戒治工作进行调查和分析，提出理性思考和教育矫治对策。

1999年6月25日，国际禁毒日前夕，劳教局召开戒毒劳教人员矫治工作研讨会。司法部预防犯罪研究所劳教研究室负责人就当时劳教戒毒工作的理论和实践问题作辅导讲课。当年，劳教局科研课题《劳教戒毒工作对策研究》获市司法行政系统调研报告及论文三等奖。

2001年6月20日，为探索劳教戒毒模式，增强教育戒治的针对性和有效性，市劳动教养学会与戒毒劳教所联合举办“劳教戒毒工作专题研讨会”邀请学会外聘理事、华东政法学院和市警察学会的专家共同进行研讨。市劳教局调研课题《上海市劳教戒毒状况调查报告》获2001年市司法行政系统调研报告及论文二等奖。

针对戒毒劳教人员骨质疏松症较普遍的状况，第二劳教所成立课题组，于2002年完成《对吸毒劳教人员骨质疏松状况的调查分析及其预防》课题，课题论文刊登在北京大学主办的2003年第4期《药物依赖研究》杂志上。课题的完成，对患有骨质疏松症戒毒劳教人员的身体康复工作具有指导性意义。

2006年，市劳教局科研课题《劳教场所戒毒模式的实践与思考》获市司法行政系统调研报告及论文二等奖。

2007年11月，科研课题《劳教人员个体戒毒效果评估指标体系研究》在“首届江、浙、沪禁毒工作论坛”上获奖。

面对强制隔离戒毒这一新的执法任务，《上海戒毒康复方法研究》课题被市禁毒委列为重大攻关课题，2008年4月课题研究正式启动，10月完成课题汇报会。2009年初，市司法行政系统2009年专项调研课题——《戒毒流程与诊断评估研究》课题组成立。课题首次提出以“四流程”(生理脱毒、心理脱瘾、康复矫治、回归适应)为主导的上海强制隔离戒毒流程。经专家评审，该课题获市司法行政系统专项调研课题一等奖。同年10月27日，劳教局(戒毒局)在第五强制隔离戒毒所召开戒毒工作研讨会，围绕“强制隔离戒毒模式的实践与思考”这一主题对戒毒心理矫治与戒毒康复模式等多个分课题进行深入探讨。2010年初，市司法行政系统2010年重点调研课题——《强制隔离戒毒模式研究》课题组成立，11月底课题完成，获市司法行政系统2010年重点调研课题一等奖。为探索强制隔离戒毒和自愿戒毒康复工作的规律，劳教局(戒毒局)成立强制隔离戒毒暨自愿戒毒康复课题组。

作为实践向理论转化的产物，劳教局(戒毒局)和各劳教(戒毒)所调研或撰写的26篇戒毒科研课题论文获司法部、司法部劳教局、市禁毒委、市司法行政系统奖励。

二、对外合作

为进一步提升戒毒科研工作水平，劳教局(戒毒局)和各劳教(戒毒)所积极联合科研机构、大专院校、专家等共同开展戒毒研究。2000年，戒毒劳教所、第三劳教所等成立心理矫治课题组，在华东师范大学、上海第二医科大学和市精神卫生中心专家、教授的指导帮助下，开展心理健康调查、心理咨询服务及心理矫治研讨等一系列活动。

2001年，课题组编写《预防复吸心理训练》教材，对临近解除劳动教养的戒毒劳教人员进行心理治疗及预防复吸心理训练，收到初步成效。

2002年下半年，戒毒劳教所在对首批经过预防复吸心理训练的戒毒者跟踪调查得知，3个月不复吸的占42%，与同期解除劳动教养未参加心理训练的戒毒者比较，戒断率高出22%。

2003年1月6日，戒毒劳教所成立韩氏戒毒仪戒治研究室，按照“科学指导，由点及面，循序渐进，推广运用”的工作思路，制订巩固戒治的实施方案。6月下旬，经市禁毒办牵头，戒毒劳教所与市精神卫生中心签订协议，联合开展吸毒人员预防复吸心理训练模式研究，利用先进仪器对戒毒劳教人员进行长期监测。

2007年3月7日，劳教戒毒工作研讨会暨戒毒课题论证会在女劳教所召开，会议就如何深化劳教戒毒工作进行深入研讨，并对《上海地区海洛因依赖者五年纵向系统研究》等重大课题进行论证。该课题是市禁毒委、市禁毒基金会的首个禁毒科研课题，由市自愿戒毒中心精神卫生中心、劳教局联合承担。10月24日，“上海市药物依赖人群5年随访系列研究——2007年阶段”课题专题报告会在第三劳教所召开。12月11日，劳教局联合市禁毒办、自强社会服务总社等对本市“绿色戒毒防复吸工程”的进展情况进行阶段性总结。

2008年1月，在市精神卫生中心专家指导下，对部分防复吸心理训练小组的戒毒劳教人员开展生物反馈治疗，旨在进一步深入开展防复吸心理训练活动，提高心理训练的科学含量和训练效果。2月20—21日，市“绿色戒毒防复吸工程”管理小组分别到第三劳教所、女劳教所和戒毒劳教所，对戒毒劳教人员进行“绿色戒毒防复吸工程”动员，并就该工程提供的心理辅导、物理治疗、家庭关怀、就业辅导等方面的帮助与服务进行具体讲解。戒毒社工还对每一名戒毒劳教人员实施“改变阶段及治疗迫切程度量表”测试，为每一位参与人员制订针对性戒毒帮助计划。第一、第三劳教所、戒毒劳教所、女劳教所共完成市禁毒办、食品药品监督局组织的调查项目《药物滥用监测调查表》。根据市禁毒办安排，戒毒劳教所配合华东师范大学心理学系参加《戒毒者心理状态/心理倾向评估系统及基本参照标准的建设》毒基金项目调研。调研期间，华东师范大学心理学系老师配合该所心理健康宣传月活动，对调研对象在矫治过程中的心理困惑、心理冲突进行疏导，提高其心理调适能力，更好地完成矫治生活。同年8月23日，上海市药物滥用监测报告总结会在劳教局召开，市禁毒办、食品药品监督局对劳教局及时准确完成调查、为禁毒工作提供可靠依据给予充分肯定。

2009年7月27日至8月3日，市禁毒办一行8人到第五强制隔离戒毒所，采用个别问卷调查、实验测试等方式，对强制隔离戒毒人员开展“戒毒者心理状态、心理倾向评估系统”调查。

2010年6月3日，市禁毒办组织的“以中药济泰片干预治疗为主的疗效评价及戒毒康复治疗模式的研究”项目启动会在第一强制隔离戒毒所举行。

第十二篇

综合保障

市司法局自恢复建立以来，逐步加强基础建设与后勤保障。90 年代后，组建网络，积极推进司法行政工作信息化，先后开发完成各类方便工作、民生的应用软件。与此同时，始终加强党风廉政和政风行风建设，完善内部审计制度，强化警务督察措施。自 1995 年开始，为促进综合保障工作有序进行，逐步完善区（县）司法行政工作考核、各类执业考评和机关文明处室考评等各项机制。

第一章　基础建设与保障

市司法局负责基础建设和后勤保障的职能部门经过几次调整。1983 年之前，由局办公室兼管，1983 年开始由新成立的行政处负责，1996 年将行政处拆分为计划财务处和后勤保障处；同时，将局基建办公室转隶局计划财务处，其中计划财务处负责局机关和局属事业单位财务管理、计划、指导工作和全市司法行政系统固定资产管理及新建项目计划、立项、审核报批等工作，局机关的车辆管理、实物资产管理、食堂管理和机关大楼服务管理等工作由后勤保障处负责。

第一节　经 费 保 障

市司法局经费来源，主要是财政预算拨款，以限额拨款方式领拨经费。另外，司法部也有部分拨款。拨款类别分行政经费、行政专项经费及司法学校专项经费。财务支出分行政经费支出和专项经费支出两大类。行政经费支出包括工资、津补贴、补助工资、职工福利费、离退休费用、公务费、设备购置费、业务费及其他费用。

80 年代初，财务科隶属办公室，负责财务管理。1983 年成立行政处后，财务科归行政处领导。财务科的职责是：根据国家财政法规和财务制度，实施财务管理和财务监督。负责编制全局年度预算，呈报会计月报，审查费用开支合同与监督合同履行，办理全局的会计手续和会计核算，办理全局职工的工资、奖金和补贴的发放等。

1996 年，计划财务处成立，下设财务科、技术装备（基建）科、车辆管理科，承担局机关财务管理、设备配置、基本建设及局系统车辆、被装、有线通信和无线通讯管理等职能。

1997—1998 年，先后制定《上海市司法局财务工作管理办法》《上海市司法局预算外资金管理暂行规定》《上海市司法局会计机构和会计人员工作暂行规定》，使财务管理制度逐步得到完善。不定期举办财会人员业务培训班，对所属单位的财会人员进行继续教育，充实和补充业务知识。

1999 年，市司法局机关物资采购领导小组成立，分别由计划财务处、机关服务中心、监察室、审计处和办公室等部门组成，采取民主审议、集体审定的工作方法，实行“分级把关，总量限制”的审批原则。

2002 年，制定《市司法局预算经费管理暂行规定》，明确“总额控制，归口管理，确保重点，兼顾一般，切块使用，超支不补”的原则，由过去的“大锅饭”改为“分灶吃饭”，对各处室的经费使用实施会计核算、追踪管理、预算预警，加大了经费预算的管理力度，提高了资金使用效率。在加强预算管理的基础上，对原有的管理模式和会计操作机制作了相应的调整，初步形成计划财务处与机关服务中心财务职能相分离、工作业务相衔接、预算执行相监督的会计核算运作机制。根据市财政局信用等级评定工作的要求，市司法局研究制定《关于认真做好部门会计信用等级评审工作实施意见》。在会计信用等级评审准备过程中，对部分单位的评审准备工作进行检查和指导，并督促各单位自查自纠，逐步规范财务管理工作。

2003 年，制定《局机关预算经费管理的规定》，将预算经费按项目分配到各个职能处室，实行归口管理、限额使用，使机关各处室都参与经费管理，增强节约合理意识和使用预算经费的自觉性，提高了资金使用效益。

2005年,制定《市司法局机关及直属单位财务会计核算管理若干规定》,明确各单位的经费收支管理要求,完善局属单位的财会管理制度。

2006年,市司法局与市财政局联合印发《上海市法律援助经费管理办法》,明确了法律援助案件的补贴标准,并将受助范围扩大至上海市最低生活保障补贴标准1.5倍的人群,所需经费由市财政全额保障。

2007年,推进司法所规范化建设,落实司法所规范化建设资助经费,帮助各区县司法局争取区县以及街道乡镇领导和财政部门的支持,改善司法所的办公场所条件,提高财力保障程度,并按照规范化司法所的标准加强硬件设施建设。同时,市司法局对各区(县)司法局的经费保障情况进行调研,确定将崇明等8个财力保障程度相对较差的区(县)司法局作为补助专款的受益单位,帮助基层单位解决实际困难。

2008年,加强制度化建设,建立和完善机关预算管理、国有资产管理、物资采购管理等方面的内部规章制度,提高规范化管理程度。严格预算管理,将机关所有开支全部纳入预算管理,严格执行市财政局批准的预算项目,力求做到预算编制和执行更加科学、准确、完整。严格经费使用审批程序,所有经费支出全部通过"预算执行审批系统"进行逐级审批,重大支出事项需经局长办公会议批准同意后方可支出。汶川地震发生后,消减经常性预算开支,在局机关经费中安排出200万元援助四川省司法厅,以及64万元购买救灾帐篷捐赠给地震灾区。

2010年,本着"保基本、保基层、扶贫困"原则,全力服务基层,确保政法转移支付资金用于最需要的基层单位的原则。市司法局对崇明、闸北、杨浦、普陀、虹口等财力保障水平和预算经费拨款数相对较低,经费比较紧张,特别是办案(业务)经费缺口较大的区、县,给予145万元的补助;对闵行、奉贤、崇明、金山等4个区、县司法局与司法行政业务工作相关的一些重点的、必需的项目建设给予155万元业务装备项目补贴。同时,建立业务经费的长效保障机制,将社区矫正、人民调解、安置帮教、法制宣传、法律服务等重要工作的办案(业务)费用作为经常性项目纳入预算项目库。

第二节　办公用房和业务用房建设

一、市司法局机关办公用房建设

80年代初,市司法局复建时,在福州路209号市高院一楼北面两间办公室内办公,拥挤不堪。1982年底迁至建国西路648号,同市检察院合一个大院,市司法局使用后面一幢大楼并由吴兴路225号进出,办公条件初步得到改善。原大楼为一幢旧式5层楼房,建筑面积2 600平方米。1986年进行改扩建,将办公大楼南面阳台改建为办公室,北面房屋后立面扩建为办公室,增加面积880平方米。

为进一步改善办公条件,1994年,市司法局与市检察院共同兴建检察司法大楼,地址在原建国西路648号。市司法局机关临时迁至长宁区仙霞路620弄34号虹古大楼过渡办公。1997年8月25日,检察司法大楼全部竣工,由市委政法委、市检察院机关、市司法局机关、市劳教局机关共同使用。

二、其他重大基建项目

上海律师会堂,地址在中山西路1538号。1985年2月13日,市计委批准律师会堂(律师大楼)

列为基建项目。1988年3月2日，市司法局成立律师会堂筹建处。1990年初，律师大楼竣工，建筑面积6 979平方米，共10层。市司法局党组将该项目列为1990年办好十件实事之一。律师会堂于1992年8月竣工，对外挂牌，正式投入使用。1999年3月26日，上海律师会堂更名为上海司法会堂。2008年底，司法会堂开始大修，施工近一年时间。

凤阳路660号办公楼。为解决司法业务用房的实际困难，市司法局于1990年1月19日购买了凤阳路669号私宅一幢，建筑面积920平方米；同时，在该处动迁住户用房330平方米，合计1 250平方米，供市公证处、上海法制报社、法苑杂志社作办公用房。由于该房建于1915年，年久失修，于1990年9月进行大修改建。1991年8月，主楼竣工，实得建筑面积1 870平方米。1991年10月，对附楼进行改建。1992年5月，附楼竣工，建筑面积215平方米。

市劳教局机关大楼改造项目。2005年11月，市发改委同意吴淞路333号大楼改造项目，市劳教局办公大楼改造项目获批。2007年12月，劳教局机关办公大楼装修工程建设完成。

上海政法学院改扩建工程项目。为解决上海政法学院升格为本科院校后办学空间不足的矛盾，进一步改善办学条件，提高办学质量，2005年8月5日，市发改委同意该校项目选址松江区佘山镇，东至盛业路、西至学校现有校区、南至泗陈公路、北接青浦区界，规划占地总面积600余亩。项目主要建设内容为新建教学大楼、体育馆、学术交流中心、学生公寓、学生活动中心、体育场、教师生活用房和其他配套用房。学院改扩建工程一期于2007年12月开工建设，二期项目于2008年开始建设，三期项目于2009年开始建设，于2011年投入使用。

余庆路办公用房装修工程。2008年5月，市社区矫正办公室余庆路办公用房装修工程开工，至9月底全部结束。

市法律援助中心办公用房装修项目。2009年7月，该工程开始施工，年底完工。

三、司法所办公用房建设

2005年，为贯彻司法部《关于创建规范化司法所工作的意见》，市司法局制定实施意见，加大司法所基础设施建设的投入，为司法所提供必要的物质保障，逐步改善司法所的办公设施和办公条件。

2007年，9个中心城区的司法所平均办公用房面积在100平方米以上，10个郊区的司法所平均办公用房面积在150平方米以上。

2009年，全市司法所均拥有独立的办公场所，平均办公用房面积达到143平方米，配备了较为齐全的办公设备和必要的技术装备。

第三节　装 备 管 理

一、交通工具管理

1981年4月，市司法局向市计划委员会申请购置接待外宾用小轿车。1982年，为贯彻执行《中华人民共和国刑法》《中华人民共和国刑事诉讼法》和整顿社会治安工作，市司法局向市政府申请调配小吉普车12辆。1983年，因业务需要，市司法局同意市劳改局购置大囚车。1989年前，全市司法行政系统业务用车严重不足，原有的车辆车况很差，难以满足业务工作需求。

1990 年开始,根据司法部有关文件精神,重新确定车编,并制定配车 3 年规划。至 1992 年,为局属各单位、各区(县)司法局配备业务用车 350 余辆。

1995 年,市属单位(不含区县)有机动车 251 辆,基本解决“用车难”矛盾。

1996 年,因业务需要,市司法局(含监狱局、劳教局)增加警备车 25 辆。

1997 年 5 月,市司法局制定《上海市司法行政系统警车管理办法》,使司法警车管理工作纳入有章可循的轨道,当年市司法局为 16 个区(县)司法局配置 18 辆司法警车。

1997 年 9 月,市司法局建立局机动车检测中心,实现局管车辆自检。

1999 年,市司法局对本系统配置使用的司法警车申购渠道、配置状况、使用管理等情况进行全面检查,以一车一单的方式汇总和核对。

2001 年 8—11 月,市司法局按照《公安部关于开展清理整顿警用车辆专项行动的通知》精神和市公安局要求,在全系统开展专项治理活动,对司法警车使用范围和编制额度等情况进行全面整顿,将律师事务所及挂靠和外借单位的警用车辆全部翻牌为社会民用车辆。

2002 年,为进一步加强机关车辆管理工作,市司法局先后制定《局机关车辆管理使用规定》《关于车管科车辆使用和派车的补充规定》《专职驾驶员车辆管理奖惩规定》等内部制度。为落实全市警用车辆号牌使用管理等规定要求,市司法局对司法警车管理提出 5 个方面意见:明确警用车辆号牌的审批程序、明确警用车辆准驾证的核发程序、明确警用车辆停车证的发放范围、明确警用车辆的检查和处理、明确加强警车和驾驶员管理。

2003 年,市司法局印发《上海市司法行政系统车辆管理专报》,对公务用车管理提出具体要求,明确管理制度,严格管理纪律,并对系统内各种车辆进行登记、统计和汇总,做好车辆管理信息平台的基础工作。广泛开展“严格公务用车管理,塑造干警文明形象”专题教育活动,印发《关于在全市司法行政系统开展“严格公务用车管理,塑造干警文明形象”专题教育活动的通知》,出台《全市司法行政系统公务用车管理办法》,实行统一验车制度,建立用车月报制度。

2004 年,市司法局印发《关于司法行政系统警车管理的规定》,明确警车管理部门和职责、警车配备范围、警车定编管理、警车新增和报废以及警车和警车驾驶员必须遵守的相关规定等内容。

2006 年,为进一步加强全市司法行政系统警用车辆管理工作,市司法局印发《关于启用〈司法警用车辆准驾证〉的通知》,明确司法警车准驾证的适用范围、审核程序、使用管理要求。

2008 年,市司法局印发《区县司法行政系统警车管理规定》,进一步加强区(县)司法行政系统司法警车的统一规范管理。

2009 年,对本系统警车的制式喷涂情况进行了全面检查。

2010 年,市司法局印发《市司法局关于重申司法行政系统警车管理“六条禁令”的通知》,要求驾驶司法警车者必须持有市司法局统一下发的警车准驾证或司法干警警官证,严禁出借、挪用和私自驾驶警车,严禁驾驶警车从事非警务、公务活动等。

二、枪支、警械具管理

1980 年 12 月,根据司法部通知,市司法局获准拥有枪支和子弹。1981 年 11 月,司法部转发国务院办公厅《关于司法警察使用警棍问题的通知》,上海作为 5 个试点城市之一,试行司法警察使用警棍。

1983 年 9 月,市司法局批准市劳教局购置枪支、子弹。此外,市监狱管理局司法警察的枪支、警械也由市司法局和市公安局负责管理。1984年起，各单位相继落实专人担任枪弹管理。

2001年12月，市司法局根据司法部要求，采取单位自查和上级集中检查的方式，对监狱劳教系统公务用枪的配置发放、管理制度、枪弹数量、账册登记、使用情况等进行全面检查，进一步健全和规范了公务用枪的各项管理制度。

2002年，针对市监狱局、市劳教局使用保管枪支弹药的实际情况，市司法局会同市公安局对市监狱劳教系统枪支弹药的配备、使用、保管以及规章制度等方面进行检查。

2007年，市劳教局所配发的各类枪支及子弹全部移交市公安局管理，另行配备防爆性武器。

2010年，市司法局对部分监狱的枪弹管理情况进行检查，核对台账、检查枪弹登记使用情况等，确保全市司法行政系统在“世博”期间的安全稳定。

三、司法警察服装管理

按国家规定，司法警察统一着装。1981年，市司法局参照公安部门相关标准执行司法警察服装的供应。1982年，市司法局为司法警察配置、发放夏装和冬装。1984年4月，对纳入着装范围的干警配发83式制式警服。1990年5月，换发89式警服。

根据司法部要求，市司法局于1990年为乡镇司法助理员配置春秋装。1991年为全市律师配置春秋装和夏装，公证员也按规定配置服装。

2000年9月，市司法局制定印发《上海市司法局关于换着99式新警服的通知》，以人民警察换装为契机，进一步规范警容风纪管理。进行警容风纪抽查，规定每年6月为警容风纪检查月，每两年在全系统评比一次警容风纪管理先进单位，予以表彰。同年10月1日，全市司法行政系统的监狱、劳教工作人民警察统一换着99式新警服。99式警服延至2010年未变化。

第二章　信 息 化 建 设

90 年代末，市司法局开始推进信息化建设。1999 年 8 月，成立市司法局办公自动化筹建领导小组，大力加强信息基础建设。2002 年起，统筹规划信息化建设，加强全市司法行政信息安全建设，实地调研考察多家单位，提出建成“三网、三中心、一平台”的架构，积极推进数据中心、机房改造项目等建设，搭建司法行政系统业务专网，基本实现司法行政系统各单位网络互联互通。2010 年，拓展司法行政门户网站服务范围和内容，提高以行政审批、人民调解、社区矫正、律师管理、公证管理、法律援助等为代表的各项业务应用软件开发和应用水平；推进以全系统一体化办公系统和信息化管理系统为代表的整合性项目的使用推广，各条线主要业务工作实现电子化、网络化、信息化。

第一节　信息化建设规划

1999 年 8 月，市司法局办公自动化筹建领导小组成立，本着“发挥优势、重点突破、服务社会、便利群众”的宗旨，大力加强信息基础建设，加快推进信息技术应用和信息系统开发。

1999—2000 年，按照“上海市司法局办公自动化工程实施计划”，市司法局推进局机关办公自动化系统开发建设。为各处室开通电子邮件信箱，对使用人员进行办公自动化应用信箱软件操作使用培训，通过电子邮件(E-mail)将《上海司法简报》《情况反映》《局长办公会议纪要》及各类通知发送至局机关各处室。

2001 年 7 月，市司法局信息技术中心向市信息办提交《上海市司法局安全办公自动化信息系统建设方案》；8 月 7 日，市信息办组织专家对该方案进行论证；9 月 18 日，市信息办复函市司法局，肯定该方案的可行性；10 月 5 日，市司法局向市计委正式提交《上海市司法局网络系统规划方案书》；12 月 3 日，市司法局向市计委上报《关于申请办公自动化信息系统建设项目计划的请示》；12 月 27 日，市计委批复，原则同意立项。

2002 年，按照市委、市政府和司法部关于全面推进信息化建设的统一部署，局计财处会同有关单位对全市监狱、劳教系统，政法管理干部学院，直属单位，各区(县)司法局等 40 家单位进行实地考察，与 200 多名干警及信息技术人员座谈。通过调研，掌握上海司法行政系统各单位信息化建设的状况和需求。在对全市司法行政系统各单位信息化建设状况和需求全面了解的基础上，完成《上海司法行政系统 2002—2005 年信息化建设规划(征求意见稿)》，提出基本实现上海市司法行政系统信息资源数字化、标准化、网络化，逐步确立完整、准确、安全、高效的信息应用体系的工作目标。该《规划》于 2002 年 6 月初下发各单位征求意见，10 月 15 日正式印发。

根据《规划》，用 4 年时间，建立“三网、三中心、一平台”。“三网”即：司法行政系统各单位办公业务局域网、连接司法行政系统各单位的城域网、为社会提供法律服务的公众信息因特网；“三中心”即：市司法局数据中心，市监狱局数据中心，市劳教局数据中心；“一平台”即：建立统一、标准、先进、安全的司法行政信息管理平台。以“三网、三中心、一平台”为基本框架，确立上海市司法行政系统信息化体系结构，基本实现内部办公无纸化、资源管理数字化、对外服务网络化、辅助决策智能化，使全市司法行政系统信息化建设达到全国司法行政系统一流水平。同时，把安全保密作为信息化规划和建设的一个必不可少的要求。

按照“统一规划、分步实施”原则，上海市司法行政系统信息化建设工作分基础建设（2002—2003年）、应用软件的全面完善和推广（2004年）和系统提升和拓展（2005年）3个阶段进行。在《规划》指引下，2002年内，市司法行政系统各单位根据不同业务需要，配备了相应的计算机和辅助设备，40%单位组建局域网；全市劳教系统、法律援助中心实现网络互联；各单位根据实际工作需要，相继开发了各种业务应用软件，其中包括：办公自动化信息系统、律师管理信息系统、公证管理信息系统、刑释解教人员安置帮教信息系统、基层数据信息填报软件、狱政管理信息系统、劳教管理信息系统、人事管理软件、财务管理软件、档案管理软件、“148”法律咨询服务系统、上海司法行政网站、“148”网站等。

2003年，市司法局抓住市公务网全面建设的契机，统一部署，加强领导，组织专门班子开展全系统信息化建设调研，全力加以推进。在调查研究的基础上，制定《上海市司法局信息化建设三年规划》，提出“全面接入市公务网，建立高速、安全、统一的信息网络，建立起一套安全、先进、高效、实用、可扩展的司法行政电子政务系统”的信息化建设总体目标。

2007年，在全系统全面联网和业务软件全覆盖的基础上，进入“一纵一横”的信息化整合阶段。市司法局积极推进跨系统、跨部门的集成性软件开发和使用，进一步凸显各单位各部门互联互通、信息资源共享的应用效果和作用。经过1年多的调研和认证，正式启动“上海司法行政信息化管理系统”和“上海司法行政一体化办公系统”2个标志性的集成项目，部分应用模块投入了试运行。对公证和律师业务管理2个重点软件进行升级改造，实现司法部、市、区（县）司法行政机关管理工作协调有序，信息交换及时、准确。全系统信息共享、协同办公的架构全面建成，电子政务水平上了一个新台阶。

2008年，司法行政门户网站改版顺利完成，改版后的网站以深化信息公开、整合信息资源、强化网上办事、增强互动交流、提高服务能力等为重点。3月，司法行政一体化办公系统开发工作基本完成。6月，司法行政信息化管理系统投入试运行。该系统是一个包括监狱、劳教、律师管理、公证管理、社区矫正、安置帮教、行政许可、法律援助等所有业务在内的综合性平台，建成后将有效提高信息及时性和准确性，并帮助司法行政工作人员全面掌握各类业务管理数据。

2009年，市司法局进一步加强全市司法行政信息安全建设。配置监狱、劳教系统网络加密机，保障监狱、劳教系统场所监控图像实时传输；实施分级保护工作，确保党政机关信息安全；局办公室组织保密、信息技术等部门人员分成3个小组对市司法局机关进行拉网式检查，确保计算机系统安全使用；开发并部署了文件交换系统，避免各类移动介质的交叉混用现象，保证内外网信息交互的及时性、安全性。

2010年，信息化建设进入“以整合见效用”阶段。司法行政一体化办公系统进入实质性应用阶段，全系统各单位实现邮件互发和信息共享；基本完成计算机硬件系统改造和信息安全集成系统部署；推进监狱、劳教系统指挥中心建设以及基层司法所信息化应用进程，扩展数据利用、分析、共享多种渠道；完成市司法局信息化建设“十二五”规划。

第二节　硬件建设

一、机房建设

1999年起，市司法局大力加强信息基础建设，加快推进信息技术应用和信息资源开发。

2003 年,印发《上海司法局关于局机关信息技术设备使用管理规定》,规范并完善了计算机、打印机、扫描仪、网络设备及其相关配件建设。3 月 11 日,市司法行政系统信息数据中心正式建成并投入使用。该中心采用国内技术领先的超级并行服务器和集中式的网络接入设备,构建起全市司法行政业务应用系统运行的主环境,形成全市司法行政系统计算机网络汇结点。

2005 年 4 月,市司法局机关机房改造项目建设完成,经国家保密局电磁泄漏发射防护产品检测中心检测,局中心屏蔽机房达到国家保密标准 C 级的要求。

2006 年 6 月,局机关电子政务中心建设完成,为机关工作人员网上学习和查询资料提供保障。

2010 年,为推进信息化建设,为信息化网络的安全运行提供良好保障,市司法局再次启动局数据中心机房改造。

二、网络铺设

90 年代,随着网络技术的发展,市司法局逐步开展信息化网络建设。全市司法行政系统(包括市监狱局、劳教局、政法学院、局属单位和区县司法局)业务网络主要租用电信 ISDN、DDN 专线或利用因特网实现组网,网络不稳定,保密性也不够强,应用受到严重限制,业务工作开展主要基于纸质传递、电话联系等传统方式。

1999 年 7 月 19 日,"16000148"法律咨询服务电话正式投入使用。随着法律咨询业务量的不断增加,原有的法律服务电话组网模式已不能满足实际需要。市司法局在原法律服务平台基础上,引进先进的计算机及通信技术,对整个"148"系统进行提升,使市局和各区(县)局的局域网互联,构建一个快速、准确、高效、覆盖面广的法律服务计算机管理平台,发挥该网络在加强业务管理指导、传递业务数据等方面的重要作用。

为加快司法行政机关办公设施建设,建立以网络运行为标志的办公自动化体系,至 2000 年,全市司法行政系统建成计算机局域网系统,并且实现与市政府、司法部的连接。以电信 ISDN 网为载体,形成市司法局与 19 个区(县)司法局计算机相连接的广域网络,实现非密级公文的传送。

2001 年,市司法局完成局机关计算机综合布线改造工程以及办公自动化软件的需求调研、开发设计、安装调试、操作培训等工作。实现浦东、卢湾、静安等 19 个区县"148"法律咨询信息平台与市司法局"148"法律咨询总台的联网,以及"148"语音信箱的调整和语音卡升级改造等工作。

2002 年,市司法行政系统各单位根据不同业务需要,配备相应的计算机和辅助设备,有 40%的单位组建了局域网。全市劳教系统、法律援助中心实现了网络互联。

2004 年,"110"公安司法联动联网方案和区(县)接警系统自动受理系统升级改造完成,接处警自动化程度大幅度提升。

2005 年,市司法局全面实施全市司法行政系统联网工程。自 3 月起,市司法局对浦东、徐汇等 13 个区司法局进行实地调研,印发《关于推进司法行政系统业务网络建设有关问题的通知》,进一步明确接入方式、方案制订、责任人员、实施完成的时间节点等要求。至 2005 年底,浦东、虹口、黄浦、嘉定、徐汇、松江、奉贤、卢湾、金山、闵行、南汇、普陀、静安等 13 个区司法局已完成市公务网接入方案;市司法局鉴定中心、预防青少年犯罪帮教中心、公证处、司法学校、司法会堂、法律人才交流中心等 6 家局属单位已经完成市公务网接入工作。市司法局完成局机关全屏蔽网络布线工程,在具备千兆主干、百兆桌面的网络交换能力的基础上,建设完成包括公务网、局域网、外网等 3 套网络独立布线,形成安全、可靠的机关网络环境。

2006年8月，视频和电话会议系统建设完成并投入使用；10月，完成全机关互联网接入点重新核定和外网监控管理软件安装调试工作，加强对全机关互联网使用的管理工作；12月，完成机关外网宽带扩容工作，网络宽带从原有的1兆升级到6兆；12月底，市监狱局、市劳教局依托市公务网顺利完成网络升级改造，提高了信息化网络应用环境；市矫正办、上海政法学院、市法律援助中心、市司法宣传资料中心及19家区（县）司法局的联网工作已全面完成，市法学会、市律师协会、市政法人才培训中心等3个直属单位接入市公务网的工作开始进行。

2007年，依托市公务网，全市司法行政系统各单位组建成了一个高速、稳定、可靠的业务专网，市监狱管理局、市劳教局、市矫正办、上海政法学院、15家局属单位和19家区（县）司法局全部接入了市公务网，彻底扫除了联网"盲点"。在此基础上，根据信息化应用软件的实际需要，对各单位信息点进行扩容，以进一步加强信息化系统应用面。基于市公务网组建成的司法行政系统专网，既节约了大量的电信网络租用费用，又达到了千兆主干、百兆桌面的良好网络环境，保证了信息传输的安全。

2008年，乡镇司法所信息化全面展开，市、区（县）、街道乡镇三级应用深入推进，基于市政务外网，构建司法行政法律援助、12348法律咨询专线、人民调解、安置帮教、社区矫正业务网络，提高了业务协同和管理能力，实现全系统信息共享，进一步规范了司法行政管理工作。

2009年，市司法局推进了全市20家法律援助中心网络建设，统一了全市法律援助审批流程和援助标准，依托管理信息系统，分析了不同地区、不同人群法律需求，更好地发挥法律援助工作作用。同年，市司法局办公室和基层处围绕"大力推进司法所规范化建设，促进司法所实现业务管理信息化"两大课题，深入部分区（县）司法局和司法所调研。通过调研了解到，部分区（县）通过政务外网实现和街道乡镇的联通，但大部分区（县）政务外网并没有延伸到街道乡镇。根据该情况，借助"上海市司法行政基层信息管理系统"二期系统升级改版为网络版，市司法局明确全市司法所电脑、网络、防火墙、交换设备、服务器等配置的要求，督促各区（县）司法局落实司法所信息化建设的硬件标准。2010年1月，全市司法所实现全面联网。

第三节 软件建设与应用

一、司法行政系统信息平台和一体化办公系统

2005年11月，市司法局启动"上海司法行政系统信息平台"项目建设，该平台的建设将为全市19个区县司法局提供统一的信息门户，实现与市统计局机关OA系统之间的大范围信息共享，同时也将为各类辅助办公系统、公共服务系统和业务应用系统的整合提供现实基础。

2006年3月，"上海司法行政系统信息平台"建设完成并投入使用。至年底，信息平台总访问量为25 166人次，市局发送动态信息和各类文件1 876件，上传国际国内新闻63 509件，各类视频学习材料及重大新闻456部；各区（县）司法局发送各类信息16 950条，该平台作为全系统信息共享和协同办公基础性平台的功能逐步显现。

2007年10月，经政府采购，正式启动全系统一体化办公和信息化管理系统两大整合性项目。

2008年3月，司法行政一体化办公系统开发工作基本完成，在完善和优化原市司法局办公自动化系统的基础上，为19个区（县）司法局专门定制并部署办公自动化系统，并试运行。6月，司法行政信息化管理系统正式投入运行，对全系统各类工作人员进行分期分批培训。该系统是一个包括监狱、劳教、律师管理、公证管理、社区矫正、安置帮教、行政许可、法律援助等所有业务在内的综合

性平台,建成后将有效提高信息及时性和准确性,并帮助司法行政工作人员全面掌握各类业务管理数据。10月,司法行政一体化办公系统投入运行,系统实现市、区两级司法行政部门间的即时通讯、邮件收发、任务布置和业务数据共享。

2009年,司法行政系统信息平台为全市19家区(县)司法局分别建立二级门户,大大增加了平台的信息量。该平台自2006年3月开通以来,累计点击率达到13万多次,上传各类文件信息8万多件。

2010年,进入"以整合见效用"的新阶段。司法行政信息化管理系统启动全系统整合性应用。该系统主要包括"一门式登录"全市司法行政一体化办公系统;实现按职能权限使用各类业务软件;提供所有信息数据的全文检索、法律法规库、律师事务所及律师、公证处及公证员等基础信息的公共服务;集成了监狱、劳教系统场所等系统,增强了对突发事件和不规范行为的处置能力;建立数据中心库。司法行政一体化办公系统进入实质性应用阶段。包括市司法局、市监狱管理局、市劳教局、政法学院、市矫正办、局直属单位及19个区县司法局在内的所有单位实现邮件互发、任务驱动、通知拟发、信息共享等应用,有效提高了工作效率,节约了工作成本。

二、各类业务应用软件的开发与应用

【上海司法行政网建设】

2001年,"上海司法行政网"(www. justice. gov. cn)开通。网站主要功能是推进政务公开和信息发布,开设有政务动态、政务公开、公示公告、服务指南、网上办事、监督投诉等栏目。2002年,根据市政府关于网站建设的有关要求,市司法局以网上办事和网上服务为重点,对上海司法行政网站进行第一次改版,拓展网上办事范围,增强网上办事功能,开通"网上申请办理公证、网上申请法律援助、网上法律咨询、司法考试网上服务"等4项网上办事项目,并提供行政管理事项表格供市民下载打印。

2003年,为落实市政府提出的"建设服务政府、责任政府和法治政府"的要求,市司法局以便民利民为主导理念,贯彻人性化设计原则,对司法行政网站进行第二次改版。从增强网站功能出发,市司法局结合"三年信息化建设规划"实施,组织开发"行政审批网上办理软件",增加"网上新闻发布会、网上直播、网上评议、网上调查"等功能模块,集成本系统的"学法网校""法律咨询""聘请律师"等服务资源。网站首页划分成4个功能区,上端的是导航区,提供网页快速定位功能,分为"政务公开""为民服务""网上办事"3个主频道;居中的是核心区,主要宣传司法行政业务工作,提供网上电子政务快速通道;居左的是互动功能区,包括网上评议,网上调查,公务信息;居右的是信息发布区,包括专题报道、媒体关注、多媒体演播室、网上新闻发布会等。

2004年10月,司法行政网站完成第三次改版。此次改版着重首页面的调整,改变以往信息发布占多数版面的情况,将信息尽可能归类合并,突出政府网站评议和政府信息公开重点内容。通过调整网站页面布局和风格,进一步体现功能性网站特点,突出为民服务、网上办事、咨询投诉等功能,从而使市司法局网站建设水平有了新的提高。

2008年,司法行政门户网站完成第四次改版。改版以深化信息公开、整合信息资源、强化网上办事、增强互动交流、提高服务能力等为重点,体现三个特点:一是对司法行政各项重点业务工作进行了人性化的展现,开发了"司法行政业务树"功能,将与某一项业务有关的信息动态、网上办事、投诉咨询、网上服务等功能整合在一个智能树下,便于使用者获取相关的信息。二是对司法行政各项资源进行了集中展示，设置了“司法行政直通车”功能，将直属单位网站和各区县司法局网站的主要项目在新版网站上做了集中展现，突现了门户的概念。三是对司法行政信息化建设的成果作了人性化的展现，网站大量整合了司法行政地理信息系统、法律服务百姓平台、法律服务行业信用信息系统、行政许可外网服务系统、司法考试网上服务平台、律师管理系统等应用系统的功能，突现了网站的功能性。

【信用信息系统】

2004 年 8 月 26 日，法律服务行业信用信息系统（http：//chengxin. justice. gov. cn）正式开通。系统以市、区（县）司法局和行业协会的登记注册信息、日常监督管理信息和奖惩信息为基础，以各有关部门、各级司法机关及客户提供的法律服务机构信用信息为内容，初步构建涵盖律师、公证和基层法律服务 3 个行业有关执业机构和执业人员的信用信息平台。

系统主要包括公告、信息查询、我要投诉、参与评议、诚信信箱、法律法规、咨询等 7 个模块。“公告栏”主要向社会公告法律服务机构和执业人员受到的行政奖励和行政处罚信息。通过信息查询栏目，社会公众可以对法律服务行业机构和执业人员的基本信息和信用信息进行查询，综合了解有关法律服务机构和执业人员的基本信用信息。通过“我要投诉”模块，社会公众可以对法律服务机构和执业人员执业活动中的违法、违纪、违规行为进行投诉。相关执业监督机构将对投诉内容加以核查，并根据情节轻重，做出相应处理。通过“参与评议”模块，社会公众可以对法律服务机构和执业人员在职业道德和执业操守方面进行综合评价，系统会自动将评议内容提交到有关机构。另外，通过“法律法规”和“咨询”两个模块，社会公众可以查询有关律师、公证员、基层法律服务人员诚信执业方面的法律、法规和规范性文件，得到系统回复。

法律服务信用信息系统的开通，为社会各界了解、查询有关法律服务机构信用信息提供帮助，同时也有助于司法行政机关借助社会监督的手段，加强对法律服务机构和从业人员的管理，提高全市法律服务行业诚信的整体水平，推动行业的持续快速健康发展。

【地理信息系统】

2005 年 11 月 16 日，司法行政地理信息系统（GIS）开通。根据司法行政系统数据中的地理信息属性，地理信息系统将所有的各个分系统之间的应用整合起来，实现资源共享，增加行政透明度，降低成本，提高效率。地理信息系统实现地理数据的显示、查询以及统计功能，同时平台上封装各种与司法行业有关的地理信息应用，为其他方面的业务应用系统提供基础。系统直观、形象地在电子地图上反映出司法行政相关工作机构的地理信息及其他相关业务信息，为司法行政系统内的协作和联动创造条件，有利于公众更好的采用法律武器保护自身利益；同时，将为实施应急指挥系统打下坚实的基础，也体现司法机关服务于民的宗旨。

【法律服务百姓平台】

为贯彻司法部“面向基层、面向社区、面向弱势群体提供法律服务和法律援助”的要求，进一步向公众提供方便、优质的法律服务，市司法局运用信息化的手段，以地理信息系统（GIS）、法律服务行业信用信息系统等为依托，构建“法律服务百姓平台”，全方位整合全市各项法律服务资源，为广大市民提供“一站式”法律服务。2005 年 7 月，市司法局启动“法律服务百姓平台”建设工作。年底，已基本建设完成并投入试运行；2006 年 3 月，“法律服务百姓平台”正式开通，引起了上级领导机关和新闻媒体的广泛关注，中央政法委专门编发信息，中央人民政府网站在首页面作了报道，中国上海门户网站在首页面作了链接，《人民日报》《解放日报》《文汇报》等各大报刊网站以较大篇幅进行了专题宣传报道。2007 年，“法律服务百姓平台”深受广大市民欢迎与好评，被评为优秀公益网站，市司法局还被授予市文明办网先进单位。

该平台打破以往“以政府为中心，按部门职能划分”的服务模式，根据不同的用户群特征，对网上服务的事项合理分类，在导引页面设置“寻找您身边的法律服务”“我要法律咨询”“我要聘请律师”“我要公证”“我要法律援助”“我要司法鉴定”“律师志愿团”7 项快捷方式，实现为不同的对象提供各类特色的导向服务，方便用户查找所需事项，凸显“为民、便民、利民”的宗旨。其中，在“寻找您身边的法律服务”栏目，百姓只需选择所在的区(县)和街道，其身边的法律服务资源将立即显现，与街道、乡镇签约的律师事务所，司法、信访综合服务窗口以及基层法律服务所将提供贴身的法律服务。此外，平台还开设了“社会加入”栏目，及时发布免费的法律服务信息，那些具备合法执业资格的律师事务所、公证处等法律服务机构将为公众提供公益性的法律服务信息。

2008 年，法律服务百姓平台设置“百姓搜索”专栏，内容涉及“法律服务行业信用信息系统”“律师管理系统”“上海司法行政地理信息系统”“司法鉴定”等查询项目，为社会公众提供快捷、方便的服务。还设立“百法百众”栏目，借助搜索引擎的概念，把全市法律咨询的资源渠道集中起来，为公众提供各种专业或特色信息。这些社会资源的加入，使“百法百众”成为独特创新的品牌栏目，并为群众提供实实在在的服务。此外“官方打造”栏目还整合了市司法局组织建立的几个精品栏目，能够提供全方位的法律资源，如“法律服务信用信息系统”可以查找律师、公证员、基层法律服务工作者的信用信息；“司法行政地理信息系统”可以查找选定区域的法律服务资源；“问不倒法博士”可以直接咨询法律问题；公众还可以进入“12348”法律服务热线，得到相关的信息。

【基层信息管理系统】

2005 年 9 月 8 日，市司法局基层信息管理系统上线试运行。2009 年，市司法局将原有的“上海市司法行政基层信息管理系统”二期系统升级改版为网络版，对系统各项功能进行升级完善。2009 年 12 月初，系统完成改版并上线测试运行。新系统共有“单位人员”“业务管理”“统计查询”“报表系统”“数据传输”“系统管理”“站内通讯”7 个功能模块，首页还有“工作动态”“工作帮手”“基层之声”“通知通告”和“最新更新”5 个栏目。市、区(县)、街镇工作人员通过登录管理系统，能够在第一时间了解司法所或人民调解组织的单位、人员变动情况，掌握矛盾纠纷的排摸情况、调解化解进展情况。调解员还可以通过“业务管理”模块自动生成规范格式的调解协议书，在便利工作的同时也规范了调解协议书的格式。“报表系统”在原单机版系统的基础上进行升级，数据更加详细，也便于进行汇总统计分析。

【其他业务应用软件】

2002 年，各单位根据实际工作需要，相继开发了各种业务应用软件，包括：办公自动化信息系统、律师管理信息系统、公证管理信息系统、刑释解教人员安置帮教信息系统、基层数据报表软件、狱政管理信息系统、劳教管理信息系统、人事管理软件、财务管理软件、档案管理软件、“148”法律咨询服务系统、上海司法行政网站、“148”网站等。9 月，上海公证管理软件在北京召开的全国公证行业专用软件成果展示会上获一等奖。11 月，市监狱管理局信息数据中心正式启用，实现局机关与市内监狱的“三网合一”互联，满足了信息化建设要求，成为展示上海监狱工作的重要窗口。

2004年10月，市刑释解教人员信息管理系统一期开发研制工作基本完成，并通过专家评审。系统设有业务管理、查询统计、系统设置、网络平台四大模块。系统的试运行工作首先在徐汇、虹口、闵行、金山、嘉定等5个区及所属的11个街道、乡镇进行。

2005年5月，根据档案管理信息化的工作部署，市司法局委托市档案局完成局1991—2002年共12年、20万页纸质文书档案的数字化扫描工作；同时，开发完成"上海市司法局综合档案管理系统"，实现与OA系统的一次登录、全文检索、模糊查询等功能。9月，市司法局启动"公证行业业务警示信息通报平台"的建设工作，平台以全市公证行业的信息共享，防范因信息时滞产生错证。至2005年，平台已基本建设完成。12月，财务审批和智能查询软件基本开发完成，主要包括财务预算审批、财务经费执行审批、追加经费执行审批等功能，该软件于2006年正式启用。

2006年，"行政许可管理系统"于7月开发完成并正式投入运行，至12月该系统共受理行政许可1 109件；"社区矫正管理软件"完成单机版和网络版软件开发，并组织实施19个区(县)司法局和19个街道、乡镇试点单位的培训工作；启动"刑释解教人员管理信息系统"全市推广工作，完成3批16个区(县)司法局205个街道乡镇司法所的应用推广；完成"基层管理信息系统"开发及网络版软件全市培训和试运行工作；"司法鉴定管理系统""司法考试管理系统""律师管理系统"升级项目建设完成并投入使用。

2007年5月，公证工作管理系统和公证档案管理系统项目启动。公证工作管理系统主要包括机构管理、人员管理、诚信信息、办证监管、专用纸管理、业务管理、协会管理、警示系统、档案管理、统计报表、资产管理、财务管理、信息交流、公告管理等应用模块。基于全市22家公证处组建的VPN专网，以公证业务办证系统为基础，规范办证、出证、收费、归档等各个工作环节，优化和加强各公证处信息化基础建设，运用信息化手段保证自动化办证、规范化管理的需要，增强行政机关监督管理的针对性和有效性，实现信息互通和共享，以减少假、错证以及违反公证程序和管理制度的事件发生。6月，刑释解教人员管理信息系统与公安、监狱、劳教、社区矫正等应用软件数据交换接口全面建成，预报人员、重犯人员及各类统计报表网络化运作取得实质性进展，各单位、各部门协同工作初见成效。7月，正式启动律师管理平台升级改造工作。对律师和机构的执业、审批等进行规范和优化，增加了律师协会、律师事务所管理系统数据交换功能，实现与行政许可管理系统和信用信息系统的实时衔接。8月，局财务管理系统升级工作顺利完成，并实现与办公自动化系统集成应用、年度预算、经费审批、财务统计、查询等"一门式"操作。

2008年，法律援助工作信息化取得新进展。一是法律援助工作管理系统全面使用，分3批对全市20家法律援助中心工作人员进行操作培训，培训人员达120多人。截至年底，共处理公民申请案件3 668件，法院指派案件1 242件，受理咨询43 115件。二是全市20家法律援助中心全部接入市政务外网，联网工作全面完成。三是12348法律服务专线系统改造项目正式启动。

2009年，安置帮教管理系统2期、社区矫正工作管理系统在全市19个区县、200多个街道乡镇全面使用，对全市刑满释放人员基础信息、安置情况、帮教数据及社会工作者工作记录等进行管理，社区矫正管理系统归集管理全市社区服刑人员的信息。公证管理系统在市司法局、区县司法局和全市22家公证处正式运行，对公证办证全过程实现实时监管，按照管理规范，对办证收费、办证质量、资料归档等情况进行信息比对和分析，及时查处办证不规范行为，防止假、错证发生。在法律援助中心网络建设中，统一全市法律援助审批流程和援助标准，依托管理信息系统，分析了不同地区、不同人群法律需求，更好地发挥法律援助工作。基层司法行政工作管理系统(一期)项目，实现全市200多个街道乡镇人民调解组织机构、人员、业务及基层法律服务工作队伍等数据采集及上报，市、区县、街道乡镇对人民调解工作进行可控的全过程管理，对重点纠纷、重点人员实施科学有效分析。行政许可管理系统分别部署在局域网和互联网，方便当事人外网申请、查看审批状态和结果，内网管理系统实现全市司法行政系统各部门之间网上流转、审批，规范行政审批工作。至年底，行政审批系统共受理审批近 4 000 件行政许可事项。档案管理系统的使用，实现了所有档案电子化，共归档案 171 948 件，53 458 卷。

2010 年，市司法局组织多方力量提升信息系统可用性和业务符合程度。在行政审批管理系统增设告知承诺模块，进一步缩短审批时限，提高行政审批效能；在安置帮教管理系统中增设并完善“零报告”功能，消除世博会期间的安全隐患；启动社区矫正对象移动定位管理系统，利用现代通信技术和信息技术，提高社区矫正工作管理水平；开发并完成干部表决管理系统，实现干部信息登录、会议表决和表决结果存档等全过程信息化、无纸化管理，提高干部管理工作质量和效率；完成东方法治网改版工作，突出以上海法制宣传为主的法律宣传、法律服务等多种网上宣传模块，更好地发挥网站作用；完成公证处办证软件，并实施安装自动上报办证业务、收费情况等数据子系统，加大对公证处监管力度；以市律师协会会员管理平台为基础，开发并完成律师管理系统改造工作，实现各个管理部门数据无缝衔接，保证全市律师管理数据唯一性和准确性。

第三章　考核考评

自1995年开始，为进一步提升工作人员积极性，促进综合保障工作有序进行，市司法局开始严抓内部考核考评，逐步完善区（县）司法行政工作考核、各类执业考评和机关文明处室考评等各项机制。

第一节　区县司法行政工作考核

根据“定责、定人、定岗”的要求，各区（县）司法局开始全面推行目标管理考核制度。1996年，法律宣传工作纳入考核范围。1997年，金山区司法局由局政治处制定考核目标，将全年工作任务分解到各科、室、处、所，并负责考核；各部门将本部门的工作任务分解到人，细化量化，自行考核。考核采取个性目标（满分为120分）和共性目标（满分为80分）相结合的办法，内容包括业务建设和精神文明建设两方面，按季考核，并与奖金挂钩。各律师事务所和公证处参照这一考核办法。

1999年，市司法局制定《上海市司法局行政执法责任考核办法》，明确对行政执法人员的考核结合公务员考核进行，分为平时考核和年度考核，平时考核每季度一次，年度考核以平时考核为基础。

2003年，市司法局出台《机关公务员考核实施方案》。该方案规范公务员的考核内容、标准及运行秩序，变过去一年一次考核为月度检查，季度点评，半年、年终考核，全面提高考核工作的质量和效果。

2006年2月，市司法局印发《市司法局关于开展对区县司法行政工作年度考核的意见》，首次开展对区（县）司法行政工作的年度考核。

2007年，市司法局结合区县司法局法制调研项目检查考核，实施层级监督新机制，对区（县）行政执法工作实施监督检查和现场指导。3月，印发《上海市区县司法行政工作年度考核办法（修订稿）》。其中，重点推进工作的加分项包括：专职人民调解员队伍建设推进有力；协议书制作数量较多、质量较高；《社区矫正指导手册》全面推行；刑释解教人员入户率、就业率、帮教率较高，下落不明人数明显减少；律师队伍数量有较大增长，规模化律师事务所建设成效明显；律师参与社会经济建设、化解社会矛盾作用明显；公证员队伍数量有较大增长；公证机构改革各项任务完成较好；推进领导干部、公务员法制教育制度化、规范化建设有较大进展，形成系列的学法用法和考核制度，并贯彻落实；积极推进基层民主法治建设，全面开展创建民主法治小区、民主法治村活动，并取得较大成效；法律援助办案质量高，服务热情、周到；法律服务行业行风测评在区（县）排名前三位，或排位上升较为明显；信息化建设推进扎实，成效明显。

2010年4月，印发《上海市区县司法行政工作年度考核办法（2010年修订稿）》，明确考核以坚持方法科学、重点明确，操作简便、依据可查，客观公正、激励引导的原则；坚持考绩与考效、自查与核查相结合的方法。以“世博安保”为中心，完成上海市司法行政系统《迎世博600天行动计划》等重点工作12项。根据考核依据，对每项考核内容按“好”“比较好”“一般”“差”分别设定考核评估标准，每项考核分数按20分计算。日常考核情况由市局机关职能处室及时向区（县）司法局反馈；年中考核情况由市局机关职能处室通过业务例会形式反馈；年末考核结果由市局办公室分别向区

(县)委、区(县)政府书面通报考核整体及各单项优秀工作情况,向区(县)司法局书面反馈整体及各单项工作全面情况。

第二节 执业考评

律师制度恢复后,1984年市司法局成立律师管理处,全面管理全市律师工作。随着司法行政部门行政管理和律师协会行业管理"两结合"管理体制的逐步推进,2002年起,市司法局将年度律师和律师事务所年检注册工作移交市律师协会承办。2008年,修订后的律师法实施,市司法局依法下放行政许可受理权,各区(县)司法局均依职权开展律师类行政许可受理及相应投诉查处和行政处罚工作。

公证制度恢复后,1986年,市司法局公布《公证人员工作守则》,建立业务人事档案和记分考核。1999年,市司法局对公证员执业证年度注册时间、注册条件、注册程序、注册审核内容作出明确规定,规范全市公证员执业证注册工作。从2001年起,每年实行公证机构年检制度。

市司法鉴定工作委员会成立后,负责司法鉴定机构资格审核工作。从2002年起,每年对司法鉴定人和司法鉴定机构进行年检注册并向社会公告。2004年8月14日,市司法行政机关举行首次司法鉴定人执业考核,司法鉴定人开始持证上岗。

市法律援助中心成立后,1997年起,法律援助事项的承办人员在办理法律援助事项中接受法律援助中心的监督。2005年,市法律援助中心完善原有的"案件受理审查""案件归档"制度,形成了一个较完整的监督管理体系。2005年起,市法律援助机构开展为期两年的全市法律援助机构规范服务达标活动。2007年6月,市法律援助中心对全市19个区县法律援助中心的规范服务达标工作进行了全面检查验收。

乡镇法律服务工作全面推广后,1987年,全市各县司法局对乡镇法律服务所逐步建立以目标管理为主以岗位责任制为核心的考核制度。1990年,《上海市乡镇法律服务所工作暂行规定》确定,市、县(区)司法局应加强对乡镇法律服务所的监督管理和业务指导,制订工作规划,开展业务培训,对乡镇法律服务所及其工作人员进行考核。1998年,市司法局首次采取公告制度,将年检、注册合格的基层法律服务所及法律服务工作者刊登在《上海法制报》,向社会公告。2005年,根据《行政许可法》,对全市法律服务工作者进行了监督检查。2007年,实施基层法律服务工作者执业核准的行政许可,对全市法律服务工作者进行集中检查,并对检查情况进行公告。

第三节 机关文明处室考评

2001年10月,市司法局党委在机关各科室中开展创建文明科室活动。成立创建活动领导小组,制订创建活动规划,确定指导思想、创建内容、考评标准和实施办法。规定只有经考评达到"五好"标准(思想政治工作好、岗位目标完成好、廉洁自律表率作用好、科室内部管理好、环境卫生保持好)的科室才能被评为"文明科室"。在评定中,科室成员若有"严重的政治、经济问题,当年受党纪政纪处分"等6种情形之一的,将对其执行一票否决制。

2003年起,机关文明处室考评工作和机关公务员的平时考核相结合。

2010年起,市司法局机关(包括市社区矫正办)处室及各中心考核结果由局机关创建文明处室(中心)考评领导小组提出建议等次,报市司法局党委审定。

第四章 监督制约

市司法局始终认真贯彻落实中央、市委、司法部关于党风廉政建设的工作部署，加强政风行风建设，完善内部审计制度，强化警务督察措施，发挥党委巡查优势，查处了一系列违法违纪案件，切实为全市司法行政系统提供坚强的政治纪律和组织保障。

第一节 党风廉政建设

1984年4月，市司法局党组建立纪检组，在党组领导下开展工作，整顿机关作风，克服官僚主义，提高工作效率，并逐步建立纪检信息网络。

1988年成立监察室，与纪检组两块牌子、一套班子，把行政监察与群众监督相结合，开展廉政建设，查处违法违纪案件。

1996年10月，市司法局党委制定《关于党风廉政工作责任制的实施细则》，明确党委、纪委在党风廉政工作中的责任范围及责任部门、责任人的主要职责，以及具体规定党风廉政工作评议考核、登记报告、监督检查、奖惩等有关制度。

1997年8月，建立《领导干部廉政档案》，了解和掌握领导干部廉政情况。

1999年8月，市司法局印发《关于党风廉政建设责任制的实施办法》，举办全局系统纪委书记专题学习研讨班，统一思想认识，明确责任制的各项要求和纪检监察部门的责任。局党委召开贯彻落实党风廉政建设责任制大会，全系统4个局级单位和26个设党委的处级单位相继制订党风廉政建设责任制实施办法和细则。各党委成员根据分工职责，在抓业务的同时，对职责范围内单位、部门、条线的党风廉政状况负责。各级党委把党风廉政建设责任制落实情况纳入年度考核的重要内容，同中心工作完成情况相结合，一起布置、一起检查、一起考核。

2000年3月，在市司法局党风廉政建设干部大会上，市司法局党委要求各级党政领导干部认真落实江泽民关于从严治党的重要讲话和中纪委四次全会精神，把《上海市司法行政工作人员违反纪律的处理规定》专题学习教育和正确实施提高到加强队伍纪律建设和从严治警重要措施的高度加以认识。在教育过程中，市司法局纪委举办了全局系统纪委书记专题学习研讨班，市监狱局、市劳教局也相继组织政工、纪检部门负责人举办学习班，各基层单位都认真组织开展不同类型、不同层次的专题培训。市监狱局、市劳教局还组织干警和工勤人员参加规定的学习轮训和统一考试；市司法局、市监狱局、市劳教局3个机关和5个监所的270余名干警参加了市司法局组织的抽考。

2001年，根据中纪委和市纪委的要求，落实关于"两不准"的延伸工作。3月份起对全局系统处级领导干部对照"两不准"规定进行填表登记、核对甄别上报，起草制定市司法局《关于处级领导干部配偶、子女"两不准"的规定》。对1997年以来领导干部收受、上交现金、有价证券方面的情况进行登记汇总，同时完成全局系统处以上领导干部持有因私护照情况的登记工作。8月，市司法局纪委制定《上海市司法局党风廉政建设责任制专门考核办法(试行)》，印发《关于开展党风廉政建设责任制考核的通知》。2001年，完成对第一劳教所、第二劳教所、戒毒劳教所、提篮桥监狱、宝山监狱、白茅岭监狱、军天湖监狱等单位党风廉政建设责任制的考核。

2002年,根据《上海市司法局党风廉政建设责任制专门考核办法(试行)》,组织考核组对青浦监狱、女劳教所及市司法学校等7个单位进行专门考核。

2003年7月,市司法局党委召开会议,对部分党委班子成员的分工进行调整,对党委委员党风廉政建设责任制范围作相应调整,并印发《市司法局党委委员党风廉政建设责任范围》。

2004年,市司法局系统学习贯彻《中国共产党党内监督条例(试行)》和《中国共产党纪律处分条例》,加强对党员领导干部的监督。认真开展"坚持执法为民、确保公正司法"主题教育活动。

2005年,市司法局就学习贯彻中纪委五次全会、司法部党风廉政建设电视电话会议及市加强党风廉政建设干部大会会议精神进行专题研究,召开全市司法行政系统加强党风廉政建设干部大会。局党委根据领导班子成员变动情况,印发《市司法局党委关于调整上海市司法局党风廉政建设责任制领导小组组成人员的通知》,明确领导责任。各级纪委结合党员先进性教育,开展形式多样的警示教育。市司法局纪委对2005年21位新提任的处级领导干部进行廉政教育谈话,全系统组织开展处级领导干部廉政教育谈话。各级领导干部执行廉洁自律各项规定,遵守个人重大事项报告制度、收入申报制度。

2007年,市司法局党委召开扩大会议,传达学习全市警示教育动员大会精神。市司法局纪委组织对14名新任处级领导干部进行廉政集体谈话。各单位积极开展廉政文化建设年活动,努力营造"扬正气、赞清廉、斥腐恶"的廉政文化氛围。同年,市司法局纪委认真学习贯彻中纪委《关于严格禁止利用职务上的便利谋取不正当利益的若干规定》与市纪委《关于贯彻落实中纪委〈若干规定〉的实施意见》,成立贯彻落实中纪委《若干规定》工作领导小组,设立举报电话,加强监督检查。

2008年,召开市司法行政系统纪检监察工作会议,传达中纪委十七届二中全会精神、市纪委九届二次全会精神及全国司法行政系统反腐倡廉建设会议精神。根据《中共上海市司法局委员会巡察工作实施办法》,市司法局局党委成立巡察组。

2009年,开展对司法行政系统党风廉政建设责任制自查。对部分基层处级领导班子落实党风廉政建设责任制情况进行检查和考核。制定印发《市司法局机关贯彻落实〈建立健全惩治和预防腐败体系2008—2012年工作规划〉内部分工方案》《2009年市司法局党风廉政建设和反腐败工作部门分工》。继续开展以党员领导干部为重点的"讲党性、重品行、作表率"主题教育活动。组织开展一系列警示、廉政文化教育,组织干警参观"上海公安廉政文化书画展";观看戏剧电影《廉吏于成龙》;观看讴歌纪检监察战线优秀人物的大型现代沪剧《红叶魂》。在处级党员领导干部中组织开展廉洁从政知识学习测试活动。

2010年,市司法局召开全市司法行政系统党风廉政建设干部大会,传达贯彻十七届中央纪委五次全会、九届市纪委五次全会,以及全国司法行政系统党风廉政建设电视电话会议精神。根据市委办公厅《关于认真学习宣传贯彻〈中国共产党党员领导干部廉洁从政若干准则〉的通知》,市司法局纪委制定实施方案,对全局系统处级干部进行《廉政准则》知识测试。

第二节　政风行风建设

根据党的十五大提出的"直接涉及群众切身利益的部门要实行公开办事制度"的方针,监狱、劳教所政务公开工作和律师事务所(市属所)服务公开工作,在1997年试点基础上全面推行,并逐渐纳入日常管理工作。全市公证处和律师事务所政务公开(服务公开)内容进入市信息信箱和全市联网。在开展执法执纪检查工作中,市司法局连续印发《关于开展1997年行风检查工作的通知》《关于开展1998年执法执纪检查的通知》《关于执法（行风）督察员工作的通知》，并从外系统聘请一批执法（行风）督察员，加强对司法行政工作的监督。

1999年初，市局制定《执法（行风）督察员内部工作规定》，编印了《执法（行风）督察员工作手册》，使督察员活动更加规范。两年内，组织督察员检查律师、公证行业的行风状况，对全市公证行业规范服务达标活动多次进行明察暗访和评议；视察基层法律服务工作；参加对全市"三五"法制宣传教育工作的检查活动；向督察员报告"148"法律服务专线和监所执法执纪大检查等工作情况。在部分监狱、劳教所、直属律师事务所和市公证处开展定点挂牌督察活动。各监所纪检监察部门加强执法监督工作力度。

2001年6月，市纠风办印发《关于在全市开展政风行风测评的通知》，律师、公证、基层法律服务等项工作被纳入行风测评范围。7月，市司法局局长办公会议研究决定，以全市开展政风行风测评为契机，在全市律师、公证和基层法律服务行业中大力开展宣传教育，努力提高法律服务水平，树立行业的良好形象。印发《关于加强行风建设参加全市行风测评工作的意见》。成立以局主要领导挂帅的市局纠风领导机构。制定律师、公证和基层法律服务工作者3个行业规范，并召开专题会议进行部署。

2002年，市司法局监察室加强与市纠风办的联系和沟通，会同业务处室，修订行风规范，配合测评组开展工作，并到部分区（县）司法局进行检查。各区（县）司法局召开专题会议传达市司法局关于加强行风建设接受测评的通知，并进行动员部署，将行风规范印发到各法律服务机构，要求开展宣传教育和自查活动，落实整改措施，制定相关规定。

2003年，市司法局制定《市司法局关于进一步加强法律服务行业行风建设的若干意见》，下发至全市各律师事务所、公证处和基层法律服务所。市司法局召开市司法行政系统法律服务行业行风建设工作大会。市司法局纪委下基层调研，加强跟踪指导，召开区（县）司法局行风建设片会，编发情况通报推广经验。市司法局机关开展以"卓越、诚信、敬民"为主题的大型宣传活动，制定律师事务所财务会计核算管理办法和不动产转让公证管辖等文件。律师协会加强行业自律，制定有关规章制度，加大监督查处力度。区（县）司法局建立行风建设领导小组与工作机构，推进法律服务行业行风建设；加强制度建设、推进规范服务；大力弘扬徐宏祥先进事迹，强化法律服务队伍的职业道德观念和服务意识；组织律师为政府领导决策提供法律咨询、参与信访接待和动拆迁纠纷调处，为群众提供法律服务，扩大法律服务业的社会影响。

2004年，建立法律服务行业行风督察队和惩戒评审委员会，加大行风监督力度，建立完善对违法违纪的惩戒机制。深入开展职业道德和执业纪律教育，大力宣扬法律服务行业的先进人物和先进典型。

2005年，以市纠风办将法律服务行业列入"重点评议"为契机，市司法局党委把迎接行风"重点评议"、推进行风建设列入年度工作重点。市司法局纪委加强与市纠风办、市政风行风监督员的联系，向党委汇报重点评议的进展情况。发挥组织协调和监督检查的作用，与局机关有关部门及市律师协会、法律援助中心配合，形成齐抓共管的合力。深入19个区（县）司法局及法律服务机构进行具体指导、帮助。

2007年，全市法律服务机构和广大法律服务人员通过深入开展"为构建和谐社会服务"主题实践活动和法律服务行业行风建设。年初，由上海市纠正行业不正之风办公室和上海人民广播电台联合开通了"政风行风热线"。4月21日，市司法局局长缪晓宝首次代表上海法律服务行业走进电台直播室，听取、处理市民咨询投诉。10月27日，市司法局局长吴军营又一次参加节目，介绍上海

图 12-4-1 2007 年 10 月 27 日,市司法局党委书记、局长吴军营(后排右一)参加"政风行风热线",解答听众问题

法律服务行业行风建设的主要做法及便民措施等,接听听众来电,解答有关法律问题。

2008 年,市司法局推进法律服务行业窗口和行风建设,启动"迎世博树法律服务文明窗口形象活动",制定窗口服务行业立功竞赛方案,推出多项便民利民措施。

2010 年,印发《市司法局关于加强政风行风建设的通知》,对加强政风行风建设、为廉洁办博作贡献提出要求。市司法局与各区(县)司法局加强对法律服务行业迎世博窗口服务的检查,促进司法行政系统政风行风进一步好转。市司法局和行业协会领导多次上"政风行风热线",受理群众投诉、解答法律服务疑难问题,督促有关部门查核、整改。开展"纠风在线"网上测评政风行风工作,据《2010 年上海市政风行风网上测评满意度情况》显示,司法行政系统的政风、行风的综合满意度较好。

第三节 内 部 审 计

市司法局恢复建立后,开始建立审计制度。1986 年 1 月,司法部印发《关于在司法行政机关建立审计机构的通知》。1987 年 4 月,市司法局配备一名专职审计员,挂靠纪检组(后属监察室)。同年 5 月,市劳改局成立审计室,配备 3 名专职审计人员。1989 年 8 月,根据审计署"边组建、边工作、打基础、抓重点、上水平"的工作方针,市司法局成立审计处。按照《中华人民共和国审计法》《审计署关于内部审计工作的规定》,审计处围绕机关财务工作,配合党组纪检组,开展审计工作。其职责是依照国家法律、法规和政策,以及有关规章制度,对机关及其下属部门的财务收支、经济活动和经济效益,进行内部审计监督。审计处的审计范围包括市司法局机关、市劳改局系统以及市属律师事务所、公证处、律师协会、直属大中专院校、上海法制报社、法苑杂志社等 20 余个单位。按照审计要求和各单位不同情况,审计项目有:基建审计、财务收支审计、调查审计、违纪审计、离任审计以及鉴证审计等。

1989 年,全系统成立 7 个审计机构,其中处级 2 个,科级 5 个。1990 年市劳改局增设审计机构 6 个。1991 年,全系统成立 13 个审计机构。其余不设审计机构的部门,另行聘请或特邀有一定政治业务素质的财会人员兼任审计员。

1993—1997年，内审工作由初创的阶段逐步走上了成熟发展的道路。内审机构由1993年的11个增加到1997年的37个，专兼职审计人员由1993年的33人增加到1997年的73人，形成局系统审计工作网络，为审计工作上新台阶提供组织保证。审计项目由以前的以财务收支审计为主，逐步向内控制度和经济效益以及离任审计延伸。其中年度决算审计、离任经济责任审计已成为每年必审项目。

1996—1998年，共完成审计项目1 510项，审计金额87.57亿元，作出审计决定和审计意见书1 419份，提出审计建议3 985条。先后制定《上海市司法局关于内部审计机构和内部审计人员的规定》《上海市司法局关于企事业单位法定代表人离任经济责任审计的规定》，明确内审机构的配置要求和人员的条件，把审计评价列入干部考核内容。至1998年，全局共有内审机构32个，内审人员66人，形成审计监督网络。1998年完成审计项目487个，审计金额22.33亿元。

1999—2000年，两年间各级内审机构共完成审计项目917项，审计金额63.03亿元，作出审计报告和审计意见书761份，提出审计建议1 651条。市司法局推进依法审计，完善内审制度，制定《律师事务所资产界定审计工作要点》《律师事务所脱钩改制审计中应重点查证的内容及必须提供的资料》等审计工作规定和制度；印发《关于实行统一文书格式的补充通知》《内部审计程序规范》《内部审计档案管理工作规范》及《内部审计工作程序》等文件，使审计监督与服务在制度上得到保障。至2000年，全局共有内审机构26个，内审人员64人。

2001年，全系统共有内审机构26个，内审人员67名，为审计工作的开展提供组织保障。年内，各级内审机构共完成审计项目534项，其中：财务收支审计304项(律师事务所审计206项)，经济效益审计38项，经济责任审计61项，基本建设审计4项，审计调查及专项审计等127项。审计金额46.48亿元，作出审计报告534份，审计意见、审计决定书276份，提出审计建议700条。

2002年，全系统共有内审机构26个，内审人员69名，其中专职内审人员43名。各级内审机构共完成审计项目240项，其中：财务收支审计97项，经济效益审计44项，经济责任审计51项，基本建设审计3项，专项资金等审计45项，提出审计意见520条。

2003年全系统共完成审计项目255项，其中：财务收支审计115项，经济效益审计32项，经济责任审计66项，基本建设审计1项，专项资金审计23项，内控评审18项。查出损失浪费金额25.94万元，促进增收节支119.07万元、提出审计意见及建议被采纳482条。

2004年全系统共完成年度审计项目261项，其中：财务收支审计93项，经济效益审计32项，经济责任审计60项，基本建设审计5项，专项资金审计17项，内控评审及其他54项。提出审计意见及建议被采纳460条。

2005年度共完成各类审计项目245个，其中：经济责任审计项目55个，财务收支审计项目95个，经济效益审计项目28个，专项资金审计项目22个、基本建设审计项目33个、审计调查项目12个。审计纠正违规金额288.52万元，促进增收节支1 661.53万元，提出合理化建议被采纳320条。

2006年度各级内审机构共完成审计项目271个，其中：经济责任审计项目42个，财务收支审计项目131个，经济效益审计项目27个，专项资金审计项目26个，内控评审项目15个，基本建设审计项目30个。审计纠正违规金额2 000.83万元，促进增收节支2 694.48万元，提出审计意见及建议被采纳355条。

2007年全系统各级内审机构共完成审计项目242个，其中：经济责任审计项目28个，财务收支审计项目 102 个,经济效益审计项目 33 个,专项资金审计项目 13 个,内控评审项目 15 个,基本建设审计项目 22 个,其他项目 29 个。促进增收节支 79.43 万元,提出审计意见及建议并被采纳 305 条。

2008 年度各级内审机构共完成审计项目 168 个,其中:经济责任审计项目 36 个,财务收支审计项目 69 个,经济效益审计项目 15 个,专项资金审计项目 13 个,内控评审项目 3 个,基本建设审计项目 13 个,其他项目 19 个。促进增收节支 586.98 万元,提出审计意见及建议并被采纳 267 条。

2009 年度各级内审机构共完成审计项目 221 个,其中:经济责任审计项目 33 个,财务收支审计项目 109 个,经济效益审计项目 22 个,专项资金审计项目 10 个,内控评审项目 6 个,基本建设审计项目 5 个,其他项目 36 个。提出审计意见及建议并被采纳 473 条。

2010 年,完成审计项目 20 项,审计总金额 495.72 亿元,提出审计意见 59 条,其中:经济责任审计意见 37 条,财务收支审计 18 条,专项审计 4 条。

第四节　警 务 督 察

市司法局始终把警容风纪管理作为一项重要工作。1996 年成立市司法行政系统人民警察警容风纪检查纠察工作领导小组后,每年初,召开市司法行政系统人民警察警容风纪检查纠察工作领导小组会议,制定下发年度《警务工作要点》。

1996 年 9 月 19 日,为严格司法行政系统人民警察警容风纪,从严治警,加强队伍的正规化、规范化建设,树立司法行政系统人民警察良好形象,提高干警的综合素质,市司法局决定成立上海市司法行政系统人民警察警容风纪检查纠察工作领导小组,由市司法局、监狱局和劳教局分管领导任正副组长,指导全系统人民警察警容风纪管理工作。年底,制定《警容风纪检查实施细则》。

1997 年 5 月 6 日,制定下发《上海市司法行政系统人民警察警容风纪管理暂行办法》,要求各监狱、劳教单位成立警容风纪管理领导小组,建立警容风纪检查纠察队,规定每年 6 月、12 月为警容风纪检查月,每两年在全系统评比一次警容风纪管理先进单位,予以表彰。并将《暂行办法》印成小册子 8 000 本,分发给本系统人民警察人手一册。

1998 年 8 月 11 日,经市司法局局长办公会议讨论通过,市司法行政系统人民警察警容风纪检查纠察工作领导小组制定印发《上海市司法行政系统警容风纪纠察队工作暂行规定》,明确规定本系统建立监狱局、劳教局和各监狱、劳教所两级警容风纪纠察队体系。据此,各监狱、劳教单位相继成立和调整了警容风纪纠察队。12 月 14 日,市司法局政治部印发《上海市司法行政系统警容风纪纠察队纠察证件和纠察标志使用管理规定》。12 月 22 日,在市新收犯监狱召开全系统警容风纪管理现场会,总结交流警容风纪管理经验,并提出新的要求。

1996—1999 年期间,重点开展"外塑内强"活动,活动分三个阶段。第一阶段活动(1996 年 10 月至 1997 年 5 月),以塑形象为重点,以"整警姿、正警容、树警风、扬警威"为要求,全局干警普遍进行队列训练和顶案演练,举行中华人民共和国成立以来上海首次监狱人民警察阅兵式。第二阶段活动(1997 年 5 月至 1998 年 7 月),以职业道德建设和职业技能培训为重点,组织全局性岗位练兵、技术比武活动和竞赛。第三阶段活动(1998 年 7 月至 1999 年 12 月),以教育培训、岗位练兵为抓手,学理论,铸警魂,树正气,倡警德,抓练兵,强警务,从而把队伍的综合素质提高到一个新水平。根据中央政法委和司法部部署,从 1998 年 3 月起,开展以整顿刑罚执行中的违法违纪现象为重点的干警队伍集中教育整顿活动。经过动员部署、组织学习,联系实际、查摆问题,建章立制、认真整

图 12－4－2　1998 年 12 月 22 日，上海市司法行政系统警容风纪管理现场会召开

改 3 个阶段，全局干警普遍受到一次反腐倡廉和执法执纪教育，刑罚执行中的一些问题得到纠正，执法执纪意识有了明显增强。为把阶段性的教育整顿活动向长效管理过渡，修订了《政务公开实施内容》《监狱人民警察职业道德规范》《监狱人民警察辞退办法》和《违反职业纪律处分暂行规定》，制定《干警岗位交流实施办法》《关于对监狱人民警察实行诫勉谈话制度的暂行办法》等制度，进一步把队伍建设和反腐倡廉工作纳入法制化、规范化轨道。

1999 年 8 月，市司法局重新修订《上海市司法行政系统人民警察警容风纪规范要求》。11 月，召开市司法行政系统人民警察警容风纪管理研讨会，各监狱、劳教所警容风纪纠察队队长及政治处主任等共 60 余人参加会议。

2000 年起，上海各监狱、劳教所实行警容风纪讲评制度，由负责政治思想工作的党委主要领导或政委主讲。9 月，制定印发《上海市司法局关于换着 99 式新警服的通知》，以人民警察换装为契机，进一步规范警容风纪管理。进行警容风纪抽查，规定每年 6 月为警容风纪检查月，每两年在全系统评比一次警容风纪管理先进单位，予以表彰。市司法局通过全面考核、检查和评比，并经市司法行政系统人民警察警容风纪检查纠察工作领导小组研究，决定授予市少管所、新收犯监狱、宝山监狱、劳动教养收容所和第二劳教所共 5 个监所为“1998—1999 年度警容风纪管理先进单位”，在全系统予以表彰。

2003 年 10 月 13 日，市司法局对《上海市司法行政工作人员违反纪律的处理规定》进行修改，明确执行警务中的违纪处理办法，警务管理日趋规范。

2005 年，组织市监狱管理局和市劳教局机关，对其所属 7 个监(所)警容风纪管理情况进行检查验收；组织监狱劳教所业务干部学习《警务管理工作制度汇编》。

2006 年，市司法局启用司法行政系统警用车辆准驾证。向市司法局、市监狱管理局、市劳教局及基层司法所(科)警车驾驶员核定发放。

2008 年，市司法局提出《进一步加强警务管理工作的意见》，对警衔审批、警容风纪建设、警务督察提出明确的实施意见。12 月 17 日，市监狱管理局成立专职的警务督察队。次日，局警务督察培训动员大会在司法警官学校召开。12 月 25 日，市监狱局制定并印发《上海市监狱管理局警务督察工作办法(试行)》,该办法共6章36条。主要对督察机构与人员、督察的职责与方式、督察的权限与处理等内容作了规定。

2009年,市司法局先后制定《关于加强本市司法行政系统人民警察警衔管理的规定》和《上海市司法行政系统人民警察警务督察工作规定(试行)》,进一步严格警衔晋升报批审核,为局系统开展警务督察工作提供制度性保障。8月27日,市监狱管理局在司法警官学校召开上海监狱系统现代警务机制推进研讨会,就推进现代警务机制提出要求。9月,市劳教局制定《上海市劳教人民警察警务督察工作实施办法(试行)》。11月,市司法局警务督察办公室以及市监狱管理局警务督察队、市劳教局警务督察队,开展了司法警车专项督察工作,重点对全市司法行政系统警车的车容、车况,车辆行驶证、驾驶证、工作证、准驾证,警灯警报器装置及使用,遵守道路交通法规和警车管理等有关规定的情况,进行现场督察。

2010年,市司法局开展"执法规范化建设,提升执法公信力"专项清理工作,印发《关于加强世博会期间警务督察工作的通知》。市劳教局制定《关于进一步加强劳教人民警察纪律作风建设的意见》《上海劳教人民警察十条禁令》等配套制度。为加强世博会期间警务督察工作,市司法局联合监狱局、劳教局有关督察队员,组建9个专项警务督察组,围绕警车管理、安全防灾、执法规范用语、安保措施落实等内容开展警务督察。

第五节　党委巡察

2007年12月,市司法局党委印发《中共上海市司法局委员会巡察工作实施办法》。根据该《办法》,巡察对象为市司法局系统处级领导班子及其成员。巡察工作主要监督的情况包括:贯彻落实邓小平理论、"三个代表"重要思想、科学发展观,执行党的路线、方针、政策和决议、决定的情况;落实上级的指示、决定和工作部署的情况;执行民主集中制及"三重一大"制度的情况;反腐倡廉建设和落实党风廉政建设责任制的情况;严格执法、依法行政和依法办事的情况;处理改革发展稳定有关问题的情况。

2008年,市司法局党委成立巡察组,先后对五角场监狱、新收犯监狱、白茅岭监狱及社区、第一劳教所、第四劳教所和未教所等7个基层党委领导班子开展巡察工作。对发现基层单位在落实党风廉政建设责任制、执行"三重一大"制度及干警执法执纪等方面存在的问题高度重视,以通报、反馈、提出限期整改意见和"回头看"等方式,强化监督,促进基层党委领导班子建设。

2009年,根据局党委要求,党委巡察组对青浦监狱、第三劳教所、提篮桥监狱、劳教收容所、女子监狱、女劳教所等基层单位开展巡察工作。

2010年,进一步规范巡察工作组织实施程序,共对6个处级单位开展巡察。市监狱管理局、市劳教局通过联合检查、专项督察等形式,加强对干警日常执法行为的监督检查。上海政法学院纪委、监察室全程参与学院招生录取工作,对执行阳光招生政策情况进行监督,确保招生工作的公开、公平、公正。各级纪检监察和审计部门加强对物资采购、工程建设、资产处置、资金使用及招投标的专项监督。

第十三篇

调查研究与合作交流

自恢复建立以来，市司法局坚持把调查研究作为一项基础性工作，摆上重要议事日程，建立健全调研工作机制，按年度组织开展局级立项重点课题、专题课题调研工作，通过编发工作简报调研专刊、内部发行的调研报告专集等形式出版和推广调研工作成果，用调研成果推动实际工作，在工作实践中不断丰富、完善和发展司法行政工作理论。

市司法局认真做好对口支援与合作交流工作。通过干部培训、挂职锻炼、支援资金物资等方式，对西藏、新疆、青海、甘肃等地司法行政工作支援和支持。通过多角度、多层次、多领域交流的方式，增进相互了解，扩大合作，宣传司法行政工作成就，展示对外开放形象。

第一章　调查研究

市司法局法制工作机构按年度组织局级立项的重点课题和专题课题调研工作，通过征求立项课题建议、编制年度立项课题调研计划、实施中期检查督促立项课题调研工作、年终汇总收缴立项课题调研报告、组织专家学者论证评估结项、评选和表彰优秀课题研究报告、编辑出版优秀调研报告专辑等形式，努力营造全市司法行政系统理论和实务研究的良好氛围。局属各研究机构、协会、学会和院校，均结合自身性质和特点，找准定位，发挥优势，成为司法行政理论研究的基地。本系统所属杂志、网络等媒体，也都注意刊发司法行政理论研究成果，促进理论成果交流。从 80 年代开始，市司法局先后通过编发工作简报调研专刊、内部发行的调研报告专集等形式，保存和推广调研工作成果，为领导决策和工作交流服务。之后，市司法局又先后委托上海财经大学出版社、上海社会科学院出版社和法律出版社编辑出版调研报告专集，赢得广大司法行政干警的欢迎和社会各界的好评。

第一节　调研组织工作

1980 年，市司法局恢复建立后，为推动调研工作，明确内设的局办公室履行调研管理职责。1982 年，为全面推动调研工作，报经市编制部门批准，增设局研究室专司调研管理职责。1996 年，因职能强化，市司法局调整了内设机构设置，仍保留局研究室建制，继续承担调研管理职责。1998 年，研究室起草《律师发展纲要》调研报告，关于《上海市律师条例》《上海市基层司法行政工作条例》立法前期的调研论证报告等。1999 年，研究室完成各类专题调研项目 23 项，包括普法依法治理、新时期人民调解工作、社会中介组织的发展、公证工作疑难情况、罪犯保外就医问题等。

2000 年 11 月，市司法局在新一轮机构改革后，决定撤销局研究室，增设监狱劳教政策研究室、法制处等新的内设机构。局办公室负责调研管理；监狱劳教政策研究室负责调查研究监狱、劳教工作规划、重大决策等事项；法制处负责拟定司法行政法制工作发展规划，起草司法行政法制工作管理制度和规范性文件，对司法行政业务中所涉及的法律、法规问题进行研究等。当年，法制处参加各类专题调研项目 23 项，包括普法依法治理、新时期人民调解工作、社会中介组织的发展、公证工作疑难情况、罪犯保外就医问题等。

2001 年，组织开展监管改造、农场经济发展专项调研；开展司法鉴定立法调研；开展基层党委建设调研；开展局系统教育资源整合问题的调研等司法行政业务中所涉及的法律、法规问题的研究。

2002 年，开展个人开业律师事务所试点调研、扩大公职律师试点专题调研、“司法行政机关对律师协会管理工作加强监督、指导”专题调研；开展医疗纠纷司法鉴定工作调研；开展上海市戒毒管理办法立法调研；开展社区矫治试点工作调研；开展财务管理和信息化建设调研；对行政审批规范优化方案实施课题调研等。

2003 年，调研工作管理进一步细化，全系统的信息调研工作由局办公室承担，应用理论研究工作由局法制处承担。从 2003 年起，法制处每年组织编制、印发年度上海司法行政系统调研计划，协调、配合市司法局重点课题调研任务以及全系统调研工作的开展。

2004年,为建立健全司法行政理论研究工作机制,市司法局在完成局级立项重点课题调研工作的同时,按年度组织开展局级立项专题课题调研工作,通过征求立项课题建议、编制年度立项课题调研计划、中期检查督促立项课题调研工作实施、年终汇总收缴立项课题调研报告、组织专家学者论证评估结项、评选和表彰优秀课题研究报告、编辑出版优秀调研报告专辑等形式,开展司法行政理论研究。

2009年,根据市政府批准的"三定方案",市司法局重新核定各处室职能,法制处新增组织、协调全市司法行政系统调查研究工作。

市司法局指导局属单位相继建立了若干研究机构、科研社团和理论刊物及专栏。80年代初期,市监狱管理局建立了市犯罪改造研究所,还组建市监狱学会、编印监狱学研究内刊。90年代中期,市劳教局组建了市劳教学会,编印了劳教工作研究内刊。上海政法学院也于80年代中期建立了司法研究所,编印司法研究所系列研究丛书,编辑法学期刊《法治论丛》(后更名为《上海政法学院学报》)。

在工作中,全系统还借助社会研究力量,采用合作、委托等多种方式,积极鼓励支持高等院校、科研机构和专家学者参与司法行政理论研究。如市司法局分别委托上海社会科学院开展了有关律师业发展规划的课题研究,委托华东政法大学开展了有关司法鉴定地方立法可行性、公证工作地方立法草案起草、司法考试与法律人才培养等课题的研究,委托上海交通大学开展有关人民调解前置于民事诉讼可行性的课题研究等。

市司法局恢复建立后,多次承办全国司法行政系统理论研讨会。特别上海成功申办世博会后,市司法局还多次成功承办各类有关司法行政理论研讨的大型活动,组织推进法学研究、开展法制宣传、活跃对外法学交流、加强理论研究等方面,都取得非常大的进展。

2005年5月,由中国司法部和芬兰司法部主办、上海市司法局承办的中芬司法合作十周年庆典暨公证、公司法国际研讨会在上海举行。中芬两国司法部官员、两国公证和公司法方面的专家、国际拉丁公证联盟公证和物权方面的专家约100人与会。12月20日,由市法学会、上海世博会事务协调局、市知识产权局和市工商行政管理局共同主办的"第二届世博会与法治化论坛"在上海举行。来自上海市相关政府部门工作人员、知名法学专家、资深律师及企业界人士等近250名中外代表参加论坛。整个论坛围绕着"世博会标志的知识产权保护、世博会展品的知识产权保护、世博会商业化运作中的法律问题、世博会标志许可经营中的法律问题"等主题展开多层次的交流。

2006年8月18日,市司法局、市法学会、市法制研究会联合召开"法治理念・法治文化・法制宣传"理论研讨会,探讨如何在社会主义法治理念指导下,推进全市法治文化建设和法制宣传教育工作的创新与发展。市委副书记刘云耕出席会议并讲话。10月,由上海政法学院与美国马里兰大学联合举办的"刑事司法与犯罪控制的新发展"国际学术研讨会在上海举行。此次研讨会共有三个主题:社区警务、犯罪预防与控制(包括毒品犯罪的预防与控制)及监狱行刑与社区矫正。与会代表围绕警务制度改革的路径选择、预防犯罪对策的实施、罪犯社区矫正的探索、预防控制犯罪的战略构想等前沿性学术问题展开学术交流与讨论。

2007年6月,市司法局会同市高级法院、市法学会联合举行"化解社会矛盾和多元解决机制"研讨会,与会专家学者就如何进一步拓展调解工作空间,完善调解工作机制,建立大调解工作体系,有效化解社会矛盾等课题,进行了深入而热烈的研讨。11月,第二届"长三角"监狱学(学术)论坛开幕式在上海举行。这次论坛的主题是"行刑个别化及恢复性司法"。来自华东4省市的监狱专家、学者和干警50多人出席了论坛。与会者就行刑个别化与恢复性司法的内在关系以及恢复性司法对罪犯悔罪的积极作用等问题进行了深入探讨。会议认为，恢复性司法作为当代刑事司法变革的最新成果，应当积极引入全国司法实践。

2009年8月18日，市司法局、上海世博会事务协调局和黄浦区政府联合举办"世博会与市民法律素质"理论研讨会。市委常委、市委政法委书记吴志明出席并讲话。

2010年12月9日，市依法治市领导小组办公室、市法学会、市法治研究会和市法官协会共同主办第二届"城市法治论坛"。此次论坛以"社会转型与金融法治——'国家创新型试点城区'建设中的金融审判与金融司法服务"为主题，围绕小额贷款公司法律问题研究、助学贷款纠纷的防范与化解、金融创新的法律规制与安全防范等三项议题，深入探讨金融创新发展中的法律问题和金融司法立足审判、服务社会经济建设的有效途径。市高、中级法院、司法行政机关、高等法学院校和相关部门的代表70余人参加论坛。

第二节 调查研究成果

市司法局自恢复建立以来，先后通过编发工作简报调研专刊、内部发行的调研报告专集等形式，保存和推广调研工作成果，为领导决策和工作交流服务。全系统每年汇总涉及司法行政工作调研和理论研究的专题报告，仅局机关收到立项调研报告年均上百篇，并且部分优秀报告被编辑列入司法行政理论研究成果专集。其中，有的研究报告作为《上海市公证条例》《上海市法律援助若干规定》《上海市律师管理办法》等地方法规规章的起草说明报告的参阅文件，有的调研报告或理论文章被《中国法学》《法学》《政治与法律》等法学类核心期刊登载，有的被司法部编辑的《司法行政发展研究报告》收录，有的则作为各级领导重大决策的参考依据。

1999年起，市司法局开始编辑出版《上海司法行政发展研究报告》系列丛书，先后委托上海社会科学院出版社、法律出版社编辑出版调研报告专集。这是上海司法行政系统调查研究成果的集中展现。

《上海司法行政发展研究报告(1999)》，上海社会科学院出版社2000年6月出版，收录调研报告65篇，设置"综合篇""监狱劳教篇""法制宣传篇""法律服务篇""基层工作篇""队伍建设及其他篇"6个篇章。该报告反映了在即将进入21世纪，在由计划经济体制向社会主义市场经济体制过渡的社会转型时期，上海司法行政工作为维护上海的政治安定和社会稳定、为上海的经济建设和改革开放所做出的保障工作的整体情况，侧面展现了1999年度上海司法行政系统最新理论研究成果和政策研究水平。

《上海司法行政发展研究报告(2000)》，上海社会科学院出版社2001年10月出版，收录调研报告68篇，设置"司法行政""监狱劳教""律师管理""公证管理""法制宣传""人民调解""基层法律服务""法律援助""安置帮教""司法鉴定管理""队伍建设及其他"11个篇章。该报告在展现2000年度上海司法行政系统管理成果和政策研究水平的同时，突出思想政治工作是司法行政工作生命线这一本质特征，明确司法行政工作紧密围绕党和国家的中心工作，实施依法治国方略，加强业务队伍建设，结合广大司法行政工作人员思想实际，突出理想信念教育、纪律作风教育和职业道德教育。

《上海司法行政发展研究报告(2001)》，上海社会科学院出版社2002年7月出版，收录调研报告49篇，设置"监狱劳教""律师管理""公证管理""法律宣传与依法治理""人民调解""法律援助""司法鉴定""司法行政、队伍建设与其他"8个篇章。进入21世纪之后，上海司法行政工作面对的形势更加复杂:一方面,维护社会稳定的任务更加艰巨繁重;另一方面,社会对司法行政各项业务工作的要求越来越高,特别是体制改革处于攻坚阶段和中国加入 WTO 的态势下,随着开放性、透明度不断增大,国内外全方位的竞争,尤其是法律服务领域的竞争越来越激烈。该报告从侧面展示了进入 21 世纪之后,上海司法行政工作的前进步伐和取得的成就。

《上海司法行政发展研究报告(2002)》,上海社会科学院出版社 2003 年 9 月出版,收录调研报告 53 篇,设置"监狱、劳教""律师管理""公证管理""法制宣传""人民调解""法律援助""司法鉴定""司法考试""司法行政、队伍建设及其他"9 个篇章。随着依法治国基本方略的深入推进,司法行政的职能不断拓展,司法鉴定、法律援助、司法考试等新职能不断增加,对于这样一个职能庞杂、层多面广、条块交织的工作系统,需要用先进的文化理念来统一思想,因此,2002 年,上海司法行政系统以"三个代表"重要思想为指导,以"红烛"精神教育为主线,立足司法行政工作条线多、分布面广的实际,丰富和发展政法文化的内涵,推进司法工作。该报告从侧面展示了 2002 年度,上海司法行政工作的前进步伐和取得的成就。

《方向・规律・思考(上海司法行政发展研究报告 2003)》,法律出版社 2004 年 8 月出版,收录调研报告 62 篇,设置"监狱、劳教及社区矫正""律师、公证及基层法律服务""人民调解、法制宣传及司法鉴定""法律援助、安置帮教""队伍建设""综合、其他工作"6 个篇章。2003 年,上海司法行政系统继续通过调研的促进作用,进一步提高机关干部的专业化水平,进而在拓展司法行政工作的同时,规范司法行政工作,将有限的资源和力量聚焦到重点领域,形成合力予以推进。

《目标・路径・探究(上海司法行政发展研究报告 2004)》,法律出版社 2005 年 10 月出版,收录调研报告 57 篇,设置"监狱工作""劳教工作""社区矫正工作""安置帮教工作""法制宣传工作""人民调解工作""律师管理工作""公证管理工作""基层法律服务管理工作""法律援助工作""司法鉴定管理工作""行政执法工作""队伍建设工作"13 个篇章。随着市场经济体制建设的不断完善和依法治国进程的不断深入,律师事业取得长足发展,已初步形成一支具有一定规模、具备较高素质的律师队伍,律师执业机构的专业化、规模化程度也不断加强,在维护法律的正确实施、维护当事人的合法权益方面发挥重要作用。

《愿景・策略・研析(上海司法行政发展研究报告 2005)》,法律出版社 2006 年 11 月出版,收录调研报告 60 篇,设置"监狱、劳教工作""社区矫正、安置帮教工作""法制宣传教育工作""人民调解工作""律师、公证工作""法律援助、司法鉴定和行政执法工作""队伍建设工作""其他工作"8 个篇章和 1 个附录"市司法局共青团系统调研报告选编"。上海处在改革开放的前沿,是中国国际化程度最高、人口流动最频繁的区域之一,各种矛盾错综复杂,随着社会的发展,特别是法治建设进程的加快,人民群众对公正执法的要求越来越高,司法需求也日益增强。同时,上海确立了"四个中心"的发展目标和"增强城市国际竞争力"的发展主线,司法行政各项工作不仅要走在全国的前列,还要向国际先进水平看齐。该报告从侧面展示了在 2005 年这样一个新起点上,上海司法行政系统为了迎接新的机遇和挑战,开展的一系列工作。

2006 年起,为推动司法行政工作发展,市司法局继续按年度编辑出版下列调研报告文集,并依据《上海司法行政工作"十一五"时期发展规划纲要》指导思想的主要内容命名。

《构建和谐社会背景下的司法行政工作(2006—2007 年度上海司法行政发展研究报告)》,法律出版社 2008 年 3 月出版,收录调研报告 50 篇,设置"综合工作""监狱、劳教工作""社区矫正、安置帮教工作""法制宣传教育工作""人民调解工作""律师、公证与基层法律服务工作""法律援助、司法鉴定和行政执法工作""队伍建设工作""其他工作"9 个篇章。司法行政工作,要正确把握形势和工作规律，做到统筹兼顾，努力以司法行政各项业务工作的协调发展促进整体工作的和谐发展，以司法行政工作的整体和谐发展促进社会的和谐稳定。十六届六中全会强调，化解社会矛盾纠纷是政法机关的主要任务之一，要更多地运用调解的手段和方法，以人民调解为基础，化解社会矛盾纠纷。上海司法行政系统响应这一政法系统工作指导思想上的转变，在2006—2007年度推进各项工作展开。

《科学发展观统领下的司法行政工作(2007—2008年度上海司法行政发展研究报告)》，法律出版社2008年12月出版，收录调研报告52篇，设置"监狱、劳教工作""社区矫正、安置帮教工作""法制宣传教育工作""人民调解工作""律师、公证与基层法律服务工作""法律援助、司法鉴定和行政执法工作""队伍建设工作""其他工作"8个篇章。该报告侧面展现，在2007—2008年度，上海司法行政系统充分发挥法律保障职能，切实做好刑罚执行、劳动教养、社区矫正和人民调解等工作；充分发挥法制宣传职能，全面落实依法治国方略，创新和丰富法制宣传教育形式；充分发挥法制服务职能，不断丰富法律服务的内容，完善法律服务的手段，扩大法律服务的覆盖面，为上海贯彻"四个着力"、推进"司法率先"、建设"四个中心"和社会主义现代化国际大都市做贡献。

《推动经济社会发展视野下的司法行政工作(2008—2009年度上海司法行政发展研究报告)》，法律出版社2010年1月出版，收录调研报告53篇，设置"监狱、劳教工作""社区矫正、安置帮教工作""法制宣传教育工作""人民调解工作""律师、公证与基层法律服务工作""法律援助、司法鉴定和行政执法工作""队伍建设工作""其他工作"8个篇章。该报告侧面展现，上海司法行政系统积极应对金融危机，为确保上海市经济平稳较快发展、确保民生持续得到改善、确保社会和谐稳定、确保世博会筹办有序推进，聚焦影响司法行政工作改革和发展的瓶颈问题，以推进上海司法行政工作走在全国前列为目标，开展一系列工作。

《化解社会矛盾视域下的司法行政工作(2009—2010年度上海司法行政发展研究报告)》，法律出版社2010年12月出版，收录调研报告48篇。自本年度报告开始，不再设置篇章，转为标注重点调查研究报告。该报告揭示深入推进社会矛盾化解、社会管理创新和公正廉洁执法等3项重点工作，是上海司法行政机关的主要工作。上海司法行政工作发挥司法行政部门在化解矛盾纠纷中的职能优势，不断提高工作效果，切实加强组织领导，以实际行动深入推进矛盾纠纷化解工作，为世博会的成功举办贡献力量。

《维护社会稳定视角下的司法行政工作(2010—2011年度上海司法行政发展研究报告)》，法律出版社2012年1月出版，收录调研报告49篇。该报告延续了2009—2010年度报告不设置篇章的模式，以加粗字体显示重点调查研究报告。该报告显示，2010年8月，《人民调解法》颁布后，上海以此为契机，全面加强人民调解工作，大力化解矛盾纠纷，推进以人民调解为基础的大调解体系建设，为服务和保障上海的全面协调可持续发展发挥作用。

部分公开发表的上海司法行政理论研究报告，观点鲜明、论证充分、逻辑严密、富有新意，引起了司法行政干警和理论研究工作者的高度关注，成为一个阶段的热点议题。如《正确认识律师的本质属性》，该研究报告认为，"律师是依法取得律师执业证书，为社会提供法律服务，维护法律正确实施，维护当事人合法权益的法律工作者，其本质属性就是维护法律的正确实施。法律的根本问题是权利义务问题，律师通过为当事人提供法律服务，使法律规定的当事人的权利得以实现或者得以正确地享有、行使，使得法律规定的权利义务关系得以正常有序、合理准确地实现，进而使法律得到正确的实施"。

《积极改革创新工作制度探索设计人民调解前置》，该研究报告认为，"对法律规定的特定类型的民事纠纷,当事人欲通过民事诉讼程序解决,人民调解是必经程序,即这些类型案件的解决施行'先调后诉',人民调解是民事诉讼的前置程序。当事人在起诉前需先提出调解申请;如未提出调解申请而直接向人民法院起诉的,人民法院不予受理。同时告知当事人向人民调解机构申请调解,或者依据职权将案件移送相关人民调解机构调解。经人民调解机构调解不成或当事人不愿调解的,人民调解机构应出具调解不成的证明书,当事人可持该证明书向人民法院提起民事诉讼"。

《积极拓展公证业务新领域》,该研究报告认为,"党中央提出了构建社会主义和谐社会的目标,而构建和谐社会一项不可或缺的手段就是运用国家法律、法规和政策,对各种社会关系进行条理化和合法化的梳理,将其纳入法制化的轨道。根据公证的职能,其在构建和谐社会的过程中,具有独特的作用"。

再如,《司法行政系统应当履行好化解矛盾和法律服务的基本职能》认为,"当前,以民生问题为主的人民内部矛盾比较突出,司法行政机关将继续以化解矛盾为主线,发挥人民调解预防矛盾、化解纠纷和教育引导群众等积极作用,创新人民调解工作,善于运用群众宜于接受的方式进行调解,善于整合司法行政资源搞好调解,全面提高人民调解工作的效率和质量。要更加重视矛盾纠纷预防工作,做好经常性的排查调处工作。要广泛参与涉及民生问题相关纠纷的调解,着力促进解决'群众关心、社会热点、历史旧账'等方面的疑难矛盾。以定纷止争为目标,深入推进民间纠纷委托人民调解工作,更多采取诉前调解、法庭调解、庭外和解和其他非诉讼手段,引导帮助当事人消除矛盾纷争。鼓励律师通过担任人民调解组织法律顾问、驻调委会接访、设立调解接待日等方式,参与疑难复杂纠纷调解。要加快推动医患纠纷、劳动争议、物业管理纠纷等案件委托人民调解工作"。

2008年,司法部举办全国司法行政理论研究优秀成果评选活动,参评范围涵盖了全国司法行政系统包括各级司法行政机关及所属机构、院校、科研单位在2003—2008年间撰写的有关司法行政工作的理论研究成果。同年底,揭晓的优秀成果奖共评出一等奖10人,二等奖30人,三等奖60人。市司法局选报的调研文章共有5篇获奖,其中,《劳教人员分级管理办法及危险性分类标准研究》(市劳教局撰稿)、《社区矫正试点工作若干问题研究》(市社区矫正撰稿)、《进一步推进"大调解"体系建设的若干问题研究》(市司法局基层工作处撰稿)等3篇文章获得二等奖;《法律援助地方立法的调研报告》(市法律援助中心撰稿)和《司法行政发展规划制定工作若干问题研究》(市司法局法制处撰稿)等2篇文章获得三等奖。

此外,还有许多研究报告刊发于《人民日报》《法制日报》《中国法学》《中国司法》《中国律师》《中国公证》等权威级报纸和期刊,其中部分研究报告荣获司法部、市政府和中国法学会的奖项。

第二章　合作交流

改革开放后，司法外事活动与合作交流不断增多。1982 年，市司法局办公室下设外事科，专门负责外事工作。1992 年，外事科改为外事办公室。

20 世纪 90 年代后，上海对口支援工作全面展开。市司法局逐步与西藏、新疆、青海、甘肃等地签订司法行政系统合作协议，建立健全了工作机制，通过干部培训、挂职锻炼、支援资金物资等方式，加大对当地司法行政工作的支援和支持。

随着上海对外交往日益频繁，上海司法行政系统通过多角度、多层次、多领域交流的方式，开展外事接待和参访交流，增进相互了解，扩大合作，促进了国际司法交流。

第一节　对口支援

20 世纪 90 年代后，市司法局对口支援工作全面展开。

1996 年 4 月 15—28 日，新疆司法厅律师代表团访问上海。两地律师进行座谈交流。4 月 27 日，市律师协会与新疆律师协会签署友好协作备忘录，共同商定：新疆律师协会将不定期邀请上海律师到新疆讲学；新疆选派律师到上海律师事务所实习，两地律师承办需赴对方所在地办理的法律事务，如因故不便前往时，可办理转委托手续或给予对方多方面的协助；两地律协经常互通工作信息等。市律师协会还向新疆律师协会赠送电脑、打印机、传真机等现代化办公设备。1996 年 8 月 20—9 月 4 日，上海律师代表团访问新疆。在疆期间，两地律师同行就律师事务所的改革和管理、房地产法律事务和新刑事诉讼法颁布后的律师刑事辩护工作等进行交流。上海新华律师事务所和新疆赛德律师事务所还就两地互助事项签订协议。

1996 年 11 月 4 日，市司法局与西藏自治区司法厅达成双方交流协议。日喀则地区司法局分批派人到沪考察进修，上海向日喀则地区司法局提供 10 年的物资援助。

根据 1996 年沪藏两地司法行政机关签订的《沪藏交流合作协议》，至 1998 年，西藏日喀则地区司法处先后选派 5 批 14 名司法行政工作人员到沪参加为期 3 个月的法制宣传、基层工作、办公室业务等对口培训，使培训人员的思想和业务素质得到明显提高。

1999 年 8 月 2 日，在市监狱局资助 100 万元设备并派出技术人员指导下，具有一类汽车维修规模的西藏拉萨监狱桑伊汽车修理厂正式投产。8 月 9 日，自治区监狱局致电感谢市监狱局表示拉萨桑伊汽修厂的建成，不仅是上海监狱系统在经济上援助拉萨监狱的一个生产项目，更是民族团结的生动体现。

2000 年 8 月中旬，市律师协会先后与新疆维吾尔自治区律师协会签订《加强西部开发全面合作协议》，与甘肃省律师协会、青海省律师协会签订《加强西部开发合作意向书》，并于年底签订正式协议，议定每年分别为新疆、甘肃、青海三地律师开办一期专门培训班，每个班次各培训 30 名律师。

2001 年，市律师协会相继举办沪青、沪新、沪甘律师实务研修班，青海、新疆、甘肃来沪律师与上海律师进行了广泛的交流；6 月，组织 3 名业务精湛、授课能力强的律师奔赴西宁，与 250 多名青海律师在房地产、证券、企业资产重组上市等方面进行法律业务研讨与实际操作经验交流。部分上海律师事务所通过结盟、购并、或把市场主体锁定在“西部开发”等方式，着力加强与西部律师事务

图 13-2-1　2001 年 2 月 12 日,上海律师服务西部开发青海律师培训班开班仪式在沪举行

所的联系。

2002 年,根据市委组织部和市委政法委要求,市司法局起草了援疆干部选派工作实施方案。通过座谈动员、自愿报名、组织决定等方式推荐 1 名正处级干部赴新疆阿克苏地区挂职锻炼。这是上海司法行政系统第一次派出援疆干部。7 月,市司法局党委书记、局长缪晓宝等一行赴西藏日喀则地区考察,双方就下一步合作事项达成协议。市司法局按照原定计划完成援助任务,考虑到对方的实际困难,提前实施经费援助计划。继续承担日喀则地区司法行政干部的来沪培训任务,每年两期,每期两人,时间 2～3 个月。市律师协会举办 3 期新疆、甘肃、青海律师实务研修班,100 余名西部律师参加了培训和研修。

2003 年 9 月,市律师协会被中华全国律协授予"援助西部地区律师发展工作先进律师协会"荣誉称号。2003—2004 年期间,市律师协会有计划、有步骤地援助西部地区律师业发展工作,共举办新疆、甘肃律师培训班各 2 期,青海律师培训班 3 期,培训新疆、甘肃、青海律师 250 余人。通过"东方律师网"协助三地律师事务所制作网页,开设专门站点,每年举办信息网络知识培训,共承担到沪学习的三地律师学习费用近 30 万元。

2005 年 4 月,市司法局召开对口支援工作专题会议,成立了以分管局领导为组长,局办公室、计财处、机关服务中心、市律师协会、市公证处等部门主要负责人为成员的对口支援工作领导小组,并结合全市司法行政系统工作特点,制订具体实施计划,进一步明确支援地区、支援对象、支援项目、支援方式,解决支援资金、物资筹措等问题,建立和健全了对口支援工作的运行机制。

2006 年,大力支持援疆干部开展对口支援工作,推动新疆阿克苏地区司法局与卢湾区司法局的结对帮扶工作。积极协调、落实援疆培训团项目,推动新疆阿克苏地区公证律师培训团赴上海培训考察,加强两地公证员、律师之间的交流。

2007 年 8 月 4 日,市公证协会在青海西宁分别与四川、甘肃两省公证协会签订对口支援协议。按照"团结进取、合作交流、协商互助、共同发展"的原则,对川、甘两省公证协会进行了为期两年的支援活动。

2008 年"5·12"汶川大地震发生后,全市司法行政系统积极开展赈灾募捐救助活动。全市司法行政系统通过个人捐款、特殊党费、对口支援等形式先后累计捐款 2 015 万元。其中,单位、集体捐款 780 万元，包括市司法局向四川省司法厅对口捐赠 200 万元，通过司法部捐赠帐篷款 64 万元，市劳教局向四川省劳教局对口捐赠 30 万元；律师事务所捐款 840 万元；本系统干警和法律服务工作者个人共捐款 1 235 万元；党员缴纳特殊党费 249 万元；向灾区政法干警对口捐赠 301 万元。同时，迅速采取措施为涉灾地区到沪人员提供法律服务，积极开展对口支援都江堰市司法局和川北监狱、新源监狱的恢复重建工作。此外，还采取义务献血、志愿者等各种方式大力支援灾区。

2009 年 4 月 13 日、10 月 26 日，根据沪甘两地对口支援协议确定的方案，甘肃省公证协会选派 50 余名公证人员到沪，参加 2009 年度沪甘两地公证人员交流研讨活动。在沪期间，甘肃公证代表团与上海公证人员就金融、继承、遗嘱等有关公证事项进行了探讨，并到东方、黄浦、卢湾、静安、普陀、闸北等公证处实地交流学习。同年 6 月 24—25 日，中国公证协会在新疆乌鲁木齐市召开全国公证行业东西部对口支援工作座谈会。市公证协会与四川省公证协会、甘肃省公证协会续签了《公证行业东西部对口支援协议书》，协议期限自 2009 年 8 月 4 日至 2011 年 8 月 3 日止。

2010 年 8 月，市司法局系统各级党组织开展全体党员"情系舟曲一日捐"活动，向甘肃舟曲特大泥石流灾区捐款，捐款总额为 978 596 元。

第二节　对中国港澳台合作交流

一、对港澳合作交流

1984 年，在市律师协会原有涉外组的基础上，成立以办理涉外法律事务为主的第三律师事务所，凡涉及香港与上海相互委托办理的法律事务，由该所负责。

1985 年 8 月 10—17 日，市律师协会代表团赴香港交流。

图 13-2-2　1985 年 8 月，上海律师代表团访问香港

1990 年 11 月 19—21 日，香港律师代表团来沪交流，与市律师协会领导及部分律师进行座谈。

1996 年 3 月 18—26 日，香港惩教事务职员协会访问团来沪交流。11 月 13—17 日，澳门律师工会代表团来沪交流。

1997年5月12—14日,香港地区惩教署监狱考察团来沪交流。7月26日,市政协、市律师协会与香港杜伟强律师事务所在沪联合举办"香港法律制度及律师事务所管理"讲座。上海市部分政协委员、律师事务所负责人和律师管理机关人员共90余人参加讲座。10月22—25日,美国纽约法律协会在香港召开国际司法会议。经市政府侨务办推荐,市司法局局长薛明仁参加会议并作专题发言,介绍上海的经贸投资环境、香港回归后香港与上海在经济发展中的地位和作用,以及有关的法律问题。11月24—30日,应澳门律师公会邀请,上海律师代表团赴澳门交流。期间,与澳门律师公会进行工作会谈,参访李陶林黄律师事务所、市政厅、监狱、少年感怀院、司法官培训中心和保安部队高等院校等单位,旁听法院审判了解澳门回归前法律人才本地化的实施情况。

1999年3月5日,应中国监狱学会邀请,香港善导会代表团到沪考察交流,先后听取曹杨街道、南京西路街道的刑满释放人员帮教工作经验介绍。代表团认为,上海各级政府重视刑释人员的回归工作,全社会形成有序的工作网络,大墙内外通力协作,社会各界积极配合,形成较好的帮教氛围,认同上海社会帮教志愿者对社会帮教工作认真负责的态度和无私奉献的精神,同时介绍香港善导会在香港特区政府的财政资助下,开展刑释人员回归社会工作所积累的经验。11月22—23日,市法学会与澳门基金会、上海社科院法学所、复旦大学法律系在上海光大会展中心联合主办"迎澳门回归法律论坛"。澳门基金会管理委员会委员吴志良博士,澳门特别行政区筹备委员会委员、澳门大学预科部主任杨允中博士,澳门政府立法事务办公室主任高德志(葡萄牙籍)等澳门学者及上海法学界专家、学者55人参加论坛。

2001年10月15—17日,香港惩教事务职员协会来沪交流。

2002年5月29日,上海・香港律师行业管理研讨会在上海衡山宾馆举行。研讨会由市司法局、市律师协会与香港律政司、香港律师会联合举办,共60余人参加会议。市司法局局长缪晓宝出席会议并讲话,与会双方就两地律师管理问题进行研讨。6月,应香港基本法研究中心邀请,上海律师代表团赴香港参加"上海——香港律师培训计划"开幕典礼。其间,代表团拜会了香港政府律政司的部分官员,参加由香港基本法研究中心举办的"两地律师制度的发展和法律服务交流的前瞻"研讨会。9月,应香港惩教署邀请,市监狱管理局代表团赴香港交流。期间,双方就香港的监狱管理、外籍犯管理、刑满释放人员回归社会后的安置情况等进行了交流。

2003年3月19—21日,香港长期监禁刑罚复核委员会来沪交流。9月17—18日,香港惩教署代表团来沪交流。12月12日,由市司法局与香港律政司共同举办的"加强沪港法律服务紧密合作研讨会"在上海国际会议中心举行,香港律政司司长梁爱诗率律师团,副市长周太彤、司法部副部长胡泽君等出席开幕式。有全市人大法工委、外经贸委、市金融办、市世博局等单位以及司法部律公司的有关负责人向出席会议的近150名代表介绍上海城市法治化建设,以及全市外贸、金融服务业、世博会筹办和司法部落实CEPA承诺的有关情况。两地律师代表就沪港律师的合作模式、香港律师在CEPA框架下的作用发挥等共同关心的问题,进行广泛而深入的研讨。

2006年3月21—23日,澳门法务局代表团来沪交流。

2007年4月9—11日,澳门法务局登记暨公证委员会代表团到市公证处参观访问。

2008年4月6—8日,应市政府邀请,香港律政司司长黄仁龙到沪进行访问。其间,市长韩正、副市长唐登杰会见并宴请了代表团。代表团拜会了市司法局、市高院、市律师协会等机构,并就CEPA的落实、上海法院执行香港仲裁裁决,以及香港律师在沪发展等问题进行讨论。7月,香港律政司来沪培训团来沪交流。

图 13-2-3　2003 年 12 月 12 日，香港律政司司长梁爱诗（中）率队参观市公证处

图 13-2-4　2008 年 4 月 6—8 日，市司法局与香港律政司在市司法局会议室座谈交流

2009 年 3 月，香港国际仲裁中心代表团来沪交流。8 月，香港特别行政区基本法研究中心实习律师代表团来沪交流。10 月，香港法律专业人员代表团来沪交流。

2010 年 12 月，香港惩教署代表团来沪交流。

二、对台合作交流

90 年代之后，与台湾地区在司法行政相关领域的合作交流日益密切。

1993 年 8 月 31 日，台湾地区法学界人士一行 60 人访沪，参访市监狱。

1994 年 8 月 28—30 日，台湾文化大学法学院代表团访沪，参访市律师协会、市法学会和市公证处。

1995 年 5 月 10—17 日,市司法局代表随司法部大陆公证参访团赴台湾交流访问。

1996 年 6 月,应台湾东吴大学邀请,市司法局代表随全国律师协会赴台湾参加海峡两岸法学实务问题学术研讨会。

1997 年 5 月 4—7 日,台湾地区公证学会代表团来沪交流。

1998 年 10 月 24—26 日,市司法局接待台湾地区公证学会参访团。

2000 年,市法学会应邀组团赴台湾参加“两岸青少年成长及其权益学术交流研讨会”。5 月 5—7 日,应中国法学会海峡两岸法律问题研究会邀请,台湾学者代表团到沪访问。9 月 14—16 日,由市法学会和台湾海峡两岸经贸促进会联合主办的“第六次沪台经贸法律理论与实务研讨会”在沪举行。会议主要就两岸经贸投资的现状与展望、两岸经贸投资交流的利益保障问题、两岸加入 WTO 后的经贸发展与合作等方面进行了研讨。

2001 年 6 月,应台湾地区中华都市研究发展学会的邀请,上海法律代表团赴台湾访问。期间,代表团参加“不动产法律保障”研讨会,就城市建设发展中出现的不动产权益纠纷的解决和权益维护等问题,与台湾法律界同仁进行研讨。12 月,应台湾地区公证协会的邀请,上海公证代表团赴台湾交流,主要了解台湾地区公证机构的运作体制、公证人员的资格审定、公证业务的范围、公证法律文书的形式及其在诉讼中的效力、公证制度改革等方面的情况。双方一致认为要定期开展两岸公证业务和学术交流活动。

2002 年 5 月 28 日,台湾地区学者代表团来沪参访市法学会。9 月 1—5 日,应市公证协会邀请,以台湾公证学会理事长刘瑞村为团长的台湾公证人代表团来大陆访问。在沪期间,双方就两岸公证制度和公证业务进行交流。9 月 8—10 日,台湾犯罪矫正协会参访团来沪交流。10 月 8 日,参访团拜会市法学会,市法学会秘书长曹文建参加会见。10 月 24—27 日,市法学会接待台湾韩忠谟教授法学基金会大陆参访团。

2005 年,市法学会与台湾地区“两岸经贸交流权益保障促进会”联合举办第八届“沪台经贸法律理论与实务研讨会”。

2006 年 10 月 18 日,台湾地区公证学会代表团到沪交流,参访市公证协会涉台公证业务办公室、协会热线电话服务组等,了解上海市涉台公证业务办理以及涉台公证书副本寄送的相关情况,双方围绕继承公证、现场监督公证制度在两地适用情况等议题进行交流会谈。

2008 年 8 月,台湾地区前法务部门负责人廖正豪来沪交流。

2009 年,上海律师代表团赴台湾地区交流,两地律师首次在业务、文化等层面进行广泛交流。同年,市律师协会邀请台北律师公会,参加在上海举办的“首届城际法律服务研讨会”,百余名法律工作者欢聚一堂,共同探讨现代法律服务业发展前景以及律师业之间合作网络和联盟建设的可行性。

2010 年 6 月 30 日至 7 月 9 日,市法学会开展台湾法政专业青年学生“夏令营”活动。其间,邀请上海社科院法学所尤俊意研究员和上海社科院社会学所卢汉龙研究员分别作题为《中国大陆的法制建设》《上海的民俗文化》的专题讲座,围绕大陆民主法制建设情况、上海地域文化的历史发展等问题,与台湾学生进行互动;组织 90 多位台湾师生参访世博园区,重点参观中国馆和台湾馆,台湾馆馆长叶明水先生在台湾馆内会见“夏令营”的带队领导和老师。10 月 19—23 日,应司法部邀请,台湾地区海峡两岸共同打击犯罪及司法互助协议矫正业务参访团来沪交流。10 月 20—21 日,台湾地区矫正业务参访团到市监狱局参访,并参访提篮桥监狱、女子监狱。

第三节　对外合作交流

一、出国交流

1984年6月4—14日，司法部外事司、市司法局代表率中国法律工作者代表团访问日本，了解日本司法人才培训、法学教育、违法者少年管教及公证工作。

1985年3月30日，上海司法代表团赴日本交流，参访日本有关司法机构，以及大阪刑务所（监狱）。4月13—29日，上海司法代表团访问美国，了解美国司法制度和监狱管理情况。

1986年11月24日至12月2日，上海律师代表团访问日本，了解日本律师制度。

1987年8月8—17日，以市律师协会会长韩学章为团长的上海律师代表团访问美国旧金山。

图13-2-5　1987年8月8—17日，以市律师协会会长韩学章（左二）为团长的上海律师代表团访问美国旧金山

1988年7月20日至8月5日，上海狱政代表团赴美访问，了解美国狱政管理。

1989年4月28日至5月9日，上海司法代表团访问泰国，了解泰国律师制度。

1990年6月11—25日，上海法学教育代表团赴美访问，了解美国法学教育、司法研究及律师制度。

1991年8月，上海司法代表团赴美国芝加哥伊利诺斯大学，参加"恐怖主义新动向——迈向新世纪"国际研讨会。

1992年8月，上海司法代表团访问泰国。9月25日至10月8日，上海司法代表团赴美国访问，考察美国狱政管理和律师工作。

1993年3月，上海律师代表团赴韩国釜山，交流律师制度。10月，上海司法代表团访美，与美国伊利诺斯大学国际刑事司法研究所商谈有关1994年中美司法交流项目，交流狱政管理和律师事务所管理等事务。11 月 21—30 日,上海司法代表团访问德国、法国,交流两国的司法制度和律师事务所。

1994 年 4 月 24 日至 5 月 9 日,上海律师代表团 5 人,访问美国律师协会。8 月 29 日—9 月 14 日,上海司法代表团访问美国,出席段和段律师事务所西雅图分所开业仪式,并了解美国律师事务所。10 月,上海司法代表团赴法国、英国,出席"中国贸易与投资法律"研讨会。

1995 年 4 月 3—12 日,上海司法代表团访问日本。7 月 30 日至 8 月 19 日,市司法局和涉外法律人才培训中心组织首期律师涉外法律进修班,赴美进行法律专业研究。10 月 30 日—11 月 15 日,市司法局和市律师协会组织上海律师团赴美国朴克大学法学院讲学,宣传中国法制建设和投资环境。12 月 10—24 日,上海司法代表团赴德国、法国访问,交流两国司法制度。

1996 年 4 月 22 日,应美国伊利诺斯大学、加拿大温哥华宝德杨律师事务所的邀请,上海司法代表团出访美国、加拿大,参访当地的监狱、律师事务所、律师协会、伊利诺斯大学国际刑事司法研究中心和温哥华法律援助机构等。6 月 19 日至 7 月 1 日,应法国高等公证人协会会长礼·埃弗尔和荷兰皇家公证人协会的邀请,上海市公证人代表团参访法国、荷兰。9 月 29 日至 10 月 7 日,应法国巴黎律师公会的邀请,上海市律师代表团参访法国。10 月,应澳大利亚墨尔本大学法学院、新西兰 BUDDLE FINDLAY 律师事务所的邀请,上海市司法代表团参访澳大利亚、新西兰,交流两国的司法制度、律师事务所的发展、监狱管理、法学教育。

1997 年 4 月 15 日,应澳大利亚昆士兰州教养事务委员会的邀请,上海市司法代表团出访澳大利亚。5 月,应奥地利 KUBAC、SVOBDA & KIRCHWEGER 律师事务所、瑞士 WIEDERKEHR FORSTER 律师事务所的邀请,上海市律师代表团出访奥地利、瑞士。9 月下旬,应加拿大 BC 省律师公会及美国段和段律师事务所的邀请,上海市律师代表团出访加拿大、美国。

1998 年 4 月,应亚太律师协会和日本大江桥律师事务所的邀请,上海市司法代表团出访日本、韩国。5 月,应法国高等公证人协会及意大利公证委员会的邀请,上海市公证人代表团出访法国、意大利。10 月,应加拿大律师公会、美国戴维斯律师事务所的邀请,上海市律师代表团出访加拿大、美国。

1999 年 5 月,应意大利公证人协会、法国公证人协会高等理事会的邀请,上海公证员代表团应邀赴意大利、法国访问。6 月,应英国法学院、德国威博斯朗律师事务所的邀请,上海律师代表团赴英国和德国访问。11 月,应美国纽约律师协会邀请,上海市律师代表团赴美国访问。

2000 年 5 月,应英国赫德福大学和法国铁法理律师事务所的邀请,上海市律师代表团赴英国、法国访问。9 月,应芝加哥市友好城市姐妹委员会的邀请,上海律师代表团赴美国访问。9 月,应日中刑事法研究会的邀请,上海司法代表团赴日本考察该国的更生保护制度。10 月,应意大利公证人协会与法国公证人协会高等理事会的邀请,上海公证代表团赴意大利、法国访问。11 月,应澳大利亚悉尼科技大学、新西兰 TNC 法律咨询有限公司的邀请,上海司法代表团赴澳大利亚、新西兰访问。

2001 年 5 月,应法国公证人协会高等理事会和德国公证人协会的邀请,上海公证代表团赴法国、德国访问。6 月,应加拿大魁北克公证协会、美国国家公证协会的邀请,上海公证代表团赴加拿大、美国访问。10 月,应挪威卑尔根市政厅和法国欧中友好协会的邀请,上海安置帮教代表团出访挪威、法国。

2002 年 7 月,应美国芝加哥地区法律援助中心和巴西诺劳亚律师事务所邀请,上海司法代表团出访美国、巴西。7 月,应英国东米德兰地区政府办公室和荷兰安置帮教服务机构邀请,上海安置帮教代表团赴英国、荷兰考察。10月，应瑞典斯德哥尔摩市政厅和英国弗利卡斯怀特律师事务所邀请，上海社区综合治理代表团赴瑞典、英国考察。

2003年7月，应英国德比郡国家缓刑服务机构和德国汉堡州司法部邀请，上海安置帮教代表团一行6人赴英国、德国访问。9月，应法国公证人高等理事会邀请，上海公证业务培训团，赴法国进行为期21天培训。是月，应亚洲与太平洋法律协会的邀请，上海市法学会代表团，赴日本参加第十八届亚洲与太平洋法律协会大会。10月，应加拿大刑事法律改革和刑事司法政策国际中心的邀请，上海社区矫治代表团赴加拿大考察。11月，上海社区综合治理工作培训团赴澳大利亚新南威尔士惩教学院接受培训。是月，应古巴商业协会和巴西诺劳亚律师事务所的邀请，上海律师代表团，赴古巴、巴西进行访问。

2005年7月，应西班牙马德里司法局和意大利国际警察总署的邀请，上海综合治理代表团赴西班牙、意大利访问。9月，市司法局组织涉外高级公证实务培训团赴法国培训。10月，应古巴驻华使馆、阿根廷布宜诺斯艾利斯特别行政区立法委的邀请，上海监狱代表团赴古巴、阿根廷，考察两国监狱管理机构的运作模式、罪犯的分类矫治和分级监管以及安置帮教等。12月，应韩国德路律师事务所和日本森・滨田松本法律事务所的邀请，上海司法代表团赴韩国、日本访问。

2006年4月，应阿根廷公证人联合理事会和巴西诺劳亚律师事务所邀请，上海公证代表团赴阿根廷、巴西交流，了解阿根廷、巴西两国的公证体制、公证事务所管理、公证业务拓展等，就双方今后的交流与合作进行商讨。6月，应泰国和印度律师事务所邀请，上海司法代表团赴泰国、印度交流，了解泰国和印度在法律援助和非诉讼调解的法律制度、机构设置、运作模式、人员培训和经费设置等方面的具体措施。7月，应埃及马塔瑞市政厅和土耳其律师协会的邀请，上海律师代表团赴埃及、土耳其交流。7月，应瑞典马尔默律师协会、俄罗斯亚太地区国家合作中心的邀请，上海司法代表团赴瑞典、俄罗斯交流。9月，市司法局组织涉外民事法律服务培训团赴法国进行培训。

2007年5月，应阿根廷公证人联合理事会、巴西公证人协会的邀请，上海公证代表团赴阿根廷、巴西交流。6月，涉外民事法律服务培训团赴法国，对法国司法制度特别是公证法律制度进行了解并接受了培训。8月，应俄罗斯圣彼得堡法学会和瑞典马尔默律师协会的邀请，上海非诉讼调解考察团赴俄罗斯、瑞典交流。9月，应德国慕尼黑外国人法律援助协会、奥地利维也纳专家律师行的邀请，上海司法代表团赴德国、奥地利交流。10月，应埃及开罗省议会和土耳其伊斯坦布尔律师协会的邀请，上海司法代表团赴埃及、土耳其交流。11月，应英国皇家检察院、法国公证人高等理事会的邀请，上海司法代表团赴英国、法国交流，了解英国在对轻刑犯、假释人员等非监禁刑罪犯开展社区矫正方面的经验，以及法国在加强公证系统规范化管理等方面的做法。

2008年5月中旬，应法国公证人高等理事会、国际拉丁公证联盟秘书处的邀请，上海公证代表团赴法国、意大利交流。6月下旬，应瑞士NIKLAUS—CROTTAZ—MONOD—BIANCHI公证处以及年利达律师事务所葡萄牙分所的邀请，上海司法代表团赴瑞士、葡萄牙交流。6月下旬至7月上旬，涉外民事法律服务培训团赴法国，对法国公证法律制度进行的培训。7月上旬，应联合国亚洲及远东预防犯罪、罪犯待遇研究所、美国戴维斯律师事务所的邀请，上海司法代表团赴日本、美国交流社区矫正以及法律服务工作。

2009年4月下旬，应联合国亚洲远东防止犯罪研修所和美国洛杉矶警察局的邀请，上海司法代表团赴日本、美国交流。5月中旬，应法国公证人高等理事会、英国年利达律师事务所，以及英格兰及威尔士律师公会的邀请，上海司法代表团赴法国、英国交流。5月下旬至6月上旬，应日本矫正协会、韩国矫正学会的邀请，上海司法代表团赴日本、韩国交流。8月下旬，应芬兰司法部刑事制裁局和挪威皇家司法警察部矫正局的邀请,上海司法代表团赴芬兰、挪威交流。10月中旬,应南非丹尼斯・瑞茨律师事务所、西班牙嘉里盖斯律师事务所的邀请,上海司法代表团赴南非、西班牙交流。11月下旬至12月上旬,涉外民事法律服务培训团赴法国培训。

2010年4月,应荷兰浩达律师事务所和年利达律师事务所葡萄牙里斯本分所的邀请,上海司法代表团赴荷兰、葡萄牙交流。6—7月,公证培训团赴法国培训。11月,应法国公证人高等理事会、埃及埃中友好协会的邀请,上海司法代表团赴法国、埃及交流。11—12月,社区矫正培训团赴新西兰进行社区矫正制度培训。

二、对外接待

1980年12月21—24日,斯里兰卡司法代表团访沪,参访市监狱,并同市律师协会律师座谈。

1982年8月26—28日,美国"国际人民交流协会"筹备组织的司法专业代表团访沪参观市监狱,并与律师代表进行座谈。

1983年5月7日,联合国区域间犯罪与司法研究所协调员泽里基奇博士参访女劳教所。10月24—27日,泰国司法部部长披波・阿西迪拉来沪访问,旁听基层调委会调解民间纠纷。12月1—3日,以日本律师联合会副会长安原正子为团长的日本律师代表团访沪,参访市少年管教所,并与律师代表进行座谈。

1984年4月1—4日,以比利时副首相兼司法大臣让・高乐为团长的司法代表团访沪,参访市监狱。6月29日至7月3日,澳大利亚司法部部长埃文斯访沪,参访市少年管教所。9月7日,以瑞典王国司法大臣斯坦・维克伯姆为团长的司法代表团访沪,参访市监狱。11月15—18日,法国国立法官学校校长巴古一行访沪,参访市监狱、市少年管教所。

1985年5月26—29日,由加拿大司法部副部长泰赛率领的司法代表团访沪,与街道调解人员进行座谈。5月31日至6月5日,由日本律师联合会会长石井成一率领的日本律师代表团访沪,与律师代表座谈。11月11日,美国"国际人民交流协会"女律师、女法官访华团参访市监狱。

1986年3月14—18日,美国伊利诺斯大学副校长查理・H. 澳德博士率美国律师代表团访沪,参访市监狱、市劳改工作警察学校。7月2—6日,波兰司法部中央监管局局长斯・雅布罗诺夫斯率司法代表团访沪,参访访问市少年管教所。

1987年7月14日,美国艾森豪威尔基金会主席恩・柯蒂斯率代表团访沪,旁听民间纠纷现场调解,参访市政法管理干部学院。9月21—24日,以美国佐治亚州高级律师阿伯特梵狄为团长的美国国际人民交流协会法律代表团访沪。10月5—12日,日本关西大学法学部村井教授访沪,并到市政法管理干部学院讲学。

1988年1月9日,意大利司法部部长朱利亚诺・瓦萨利一行访沪,并参访市监狱。2月12—13日,经司法部批准,日本铁木真电视公司来沪拍摄电视片,通过日本NHK广播公司向日本观众介绍具有中国特色的劳教工作。3月,由市司法局、市律师协会和加拿大刑事辩护律师协会代表团共同组织的中加法律讨论会在沪举行,中方介绍了中国司法、律师和调解制度。6月3—6日,以保加利亚司法部部长斯维特拉・达斯卡洛娃为团长的保加利亚司法代表团访沪,旁听公开审判。6月26—29日,美国特多勒布朗教授率美国狱政代表团访沪,参访司法部司法鉴定科学技术研究所。9月12—14日,捷克司法部副部长贝纳率司法代表团访沪,参访市监狱。9月26—28日,芬兰司法部部长马蒂・罗埃科斯基率代表团访沪,参访市少年管教所。10月31日至11月1日,以日中法律家交流协会会长北山文郎为团长的代表团访沪，参访市第一律师事务所和市少年管教所。

1989 年 4 月，美国多赛慧特尼律师事务所蒙代尔律师(前美国副总统)访沪，与市法学会及涉外经济法律咨询中心人员交流座谈。5 月 13—17 日，肯尼斯·潘尼戈教授率美国法学教育代表团访沪，参访市监狱，与外经贸律师事务所部分律师进行座谈。12 月 4—6 日，以苏联律师联合会沃斯克利先斯基为团长的苏联律师联合会代表团访沪，与对外经济律师事务所律师进行座谈，并参访市监狱。

图 13-2-6　1989 年 4 月，美国多赛慧特尼律师事务所来沪进行交流座谈

1990 年 3 月 25—28 日，朝鲜中央律师协会主席李东锡率朝鲜中央律师代表团访沪，参访市第一律师事务所和市少年管教所。11 月 19—21 日，乌干达司法部部长兼总检察长卡涅汉巴访沪，参访市少年管教所。

1991 年 3 月 24—27 日，以美国律师协会主席柯廷为团长的美国律师协会代表团访沪，参访市监狱并与上海律师及法律界人士座谈。3 月 26—28 日，泰国司法部上诉法院副院长阿塔维·瓦塔那威尼率司法代表团访沪。4 月 23—26 日，以苏联法律家联盟第一副主席仪格纳季耶维奇为团长的苏联法律家联盟代表团访沪，参访对外经济律师事务所。6 月 4 日，古巴司法部部长卡洛斯·阿马特率团访沪，参访对外经济律师事务所。6 月 20—24 日，由律师和公证人组成的日本日中法律家交流协会由会长北山六郎率团访沪，并与市公证处工作人员座谈。6 月 26—29 日，蒙古律师协会副主席刚包乐德率律师代表团访沪，参访市少年管教所和市第一律师事务所。7 月 18—19 日，阿根廷司法部部长莱昂·阿尔斯拉尼率团访沪。9 月 22—25 日，澳大利亚刑法研究所所长查佩尔访沪，参访市监狱。12 月 22 日，罗马尼亚司法部部长米尔恰·约内斯库·昆图率团访沪。

1992 年 1 月 15—18 日，由联合国亚太经济社会委员会和联合国亚洲及远东预防犯罪与罪犯待遇研究所组成的代表团来沪考察，参访市少年管教所及华东政法学院少年犯罪研究所。4 月，美国旧金山律师协会中国法律委员会前任主席罗伯特·罗斯访沪，拜会市律师协会会长，参访市监狱。

5月3—5日,西班牙司法大臣托马斯·德拉夸德率团访沪,参访市监狱。6月9日,以日本律师联合会前会长中坊公平为团长的日本律师联合会代表团访沪,参访律师事务所。6月20日,美国伊利诺斯大学副校长兼国际刑事司法所所长理查德·澳德率美国司法代表团访沪。10月24日,奥地利总检察长米勒博士率团访沪,参访市第三律师事务所。10月28日,美国驻沪总领事苏佩秋参观女劳教所。11月20日,澳大利亚议会代表团参访女劳教所,与所长座谈并观看劳教人员演出。

1993年4月17日,德国联邦议院外委会工作组参访女劳教所。4月25日,匈牙利司法部部长鲍尔绍伊率司法代表团访沪,参访浦东开发区和浦东涉外律师事务所。5月10日,日本法务大臣后藤田正晴率队来沪访问。8月4日,以韩国釜山市律师协会会长金哲基为团长代表团访沪,签订两地律师友好交流协议,参访律师事务所。9月9—11日,以新加坡司法部部长特派专员杨力行为团长的律师代表团访沪,参访浦东开发区和律师事务所。10月17日,以原日本律师联合会副会长小堀树为团长的日本日中法律家交流协会代表团访沪。

图13-2-7　1993年5月10日,市司法局党委书记、局长薛明仁(右一)接待来沪访问的日本法务代表团

1994年3月17—19日,泰国司法部部长沙怀诺率团访沪。4月21—22日,阿根廷司法部部长何塞·路易斯·马行拉率团访沪,参访市监狱。5月27—30日,以独联体法律家联盟主席特列布科夫为团长的独联体法律家联盟代表团访沪,与市法学会有关专家学者进行座谈。

1995年1月8—9日,芬兰司法部部长安内莉·加蒂玛基访沪,参访市监狱等单位。4月28日—5月5日,以日本日中青年律师友好协会理事长中野比登志为团长的日中青年律师协会代表团访沪。5月26—27日,葡萄牙司法部部长拉博里尼奥·卢西奥访沪,参访浦东律师事务所。7月3—5日,波兰司法部部长兼总检察长耶日·雅斯凯尔尼亚访沪,参访提篮桥监狱。8月21—22日,联合国亚洲及远东预防犯罪和罪犯待遇研究所副所长北田翰直访沪,参访青浦监狱。9月23—24日,以川中宏为团长的日中法律家交流协会京都律师代表团访沪。10月11—12日,匈牙利司法部部长澳什道格·帕尔访沪,参访青浦监狱。11月22—24日,摩洛哥司法大臣阿卜杜·拉赫曼·阿马卢率司法代表团访沪。

1996年5月7—9日，以色列司法部部长戴维·利巴伊率以色列司法代表团到沪访问。戴维·利巴伊部长来访是中以建交后两国司法部的首次交往，旨在了解中国法制建设和司法制度的改革发展情况，上海市副市长孟建柱会见代表团。代表团参观了提篮桥监狱。11月13—16日，芬兰司法部秘书长科斯蒂·丽莎宁率领芬兰司法代表团到沪访问，了解中国的司法制度、律师制度、人民调解制度、法制宣传等。市人大常委会副主任漆世贵会见代表团，市司法局局长薛明仁、副局长陈鹤鸣陪同会见。代表团参观了浦东律师事务所、华东政法学院、中芬合资阀门有限公司等。

1997年10月14日，联合国任意拘留问题工作组主席希巴尔、副主席儒瓦内访问市女劳教所。11月21—23日，由韩国矫正局局长金寿长为团长的到沪访问，了解中国的监狱管理制度。市司法局副局长杨全心、市监狱局局长朱济民会见代表团。在沪期间，代表团参访市少管所。12月15—18日，由越南司法部部长阮庭禄率领的越南司法代表团到沪访问。主要就社会主义市场经济和法制建设，司法机构的组织、职能与管理，司法干部的培养等问题与中方探讨并交流经验。副市长冯国勤会见代表团，市司法局副局长缪晓宝、杨全心陪同会见。

1998年3月11—12日，由荷兰司法大臣索赫德拉赫率荷兰司法代表团来沪访问。上海市副市长冯国勤会见代表团，市司法局局长薛明仁、副局长杨全心参加会见并陪同代表团活动。代表团参观上海市法律援助中心，与参加援助的律师和有关工作人员就市法律援助工作情况进行座谈，对中方在法律援助工作中取得的成绩表示赞赏。6月30日，美国国务卿奥尔布赖特率团参访浦东新区法律援助中心。7月19—26日，应市公证员协会邀请，由法国公证人协会高等理事会副主席德科尔率领的法国公证人代表团来沪访问，期间共同举办为期2天的“上海——中法公证制度研讨班”。10月15—17日，阿根廷司法部部长劳尔·格拉尼略·奥坎波到沪访问，了解中国法制建设、司法制度改革，以及人民调解工作等。市人大常委会副主任漆世贵会见了代表团，市司法局局长缪晓宝陪同会见。代表团参访了青浦监狱、虹口区乍浦街道人民调解委员会。

图13-2-8　1998年6月30日，美国国务卿奥尔布赖特(中)率代表团参观浦东新区法律援助中心

1999年3月4日,日本关西电视台参访市女劳教所,拍摄中国对女性违法犯罪人员实行教育、感化和挽救的纪实片,向日本观众宣传。7月7—9日,澳大利亚司法部部长达里尔・威廉姆斯率领司法代表团到沪访问,了解中国法制建设、司法制度改革与发展、检察制度、监狱管理与罪犯改造工作,以及中国律师和公证、法学教育和人民调解工作,深入探讨加强两国间法律合作的途径。副市长冯国勤会见并宴请代表团一行,市司法局局长缪晓宝陪同会见。在沪期间,参访市仲裁委、市检察院、市中级人民法院、华东政法学院等。9月14—16日,英国上议院议长兼法律大臣欧文勋爵到沪访问。此次访问是为了进一步发展中英两国司法界的交流与合作关系,是中英两国关系发展中的一次重要访问,在沪期间,拜会了中国国际经济贸易仲裁委员会上海分会、市检察院、市中级人民法院、华东政法学院,深入了解中国法制建设、司法制度改革与发展;了解中国的审判和检察制度,以及律师和公证、法学教育等,通过访问探讨加强两国间法律合作的问题。市长徐匡迪会见并宴请代表团,市司法局局长缪晓宝、副局长杨全心陪同会见。

2000年5月25日,古巴最高人民法院院长雷米希奥率团参访上海市女劳教所。7月16—22日,应上海市公证协会邀请,法国公证人协会高等理事会主席德克尔率代表团访沪,法国最高法院院长加尼维特随团来沪。8月6—8日,苏丹司法部长阿里・莫哈麦德・奥斯曼・亚辛到沪访问。在沪期间,副市长冯国勤会见并宴请了代表团,市司法局局长缪晓宝陪同会见。代表团参访了市人民调解协会、上海博物馆、城市规划馆等。

2001年2月6—11日,法国公证人协会高等理事会名誉主席让・保罗・德科尔来沪出席中法上海公证法律交流培训中心揭牌仪式,参加中心成立后召开的第一次董事会议。10月12日,荷兰司法部国际部司长马丁・约森以及库比奥行政法院首席法官里斯特・哈卡任宁率团,参访徐汇区徐家汇街道基层司法行政工作综合服务窗口。中、荷双方就涉及婚姻家庭以及子女抚养等方面的法律问题进行交流。10月26—29日,由塞浦路斯司法兼公共秩序部部长尼考斯・科西斯率司法代表团来沪访问。

2002年9月15—17日,摩洛哥王国司法大臣奥马尔・阿齐曼来沪访问,了解上海司法行政改革和法制建设等。9月20—22日,南非共和国司法和宪法发展部部长马杜纳来沪访问,了解上海司法行政改革和法制建设等。9月20—22日,肯尼亚司法部长兼检察长瓦科先生来沪访问,了解上海司法行政改革和法制建设等。

2003年3月12—13日,应司法部邀请,老挝司法部部长坎温・布法到沪访问,了解中国司法行政工作、法律制定、法院系统建设、经济特区和地方管理等方面的情况和成功经验。7月24—25日,应司法部邀请,澳大利亚司法部部长兼总检察长达里尔・威廉姆斯到沪访问,拜访了市高级人民法院和市律师协会,参访市第二中级人民法院和方达律师事务所。11月2—6日,应司法部邀请,芬兰司法部副部长科斯蒂・丽萨宁率团到沪访问,深入了解中国的司法行政工作,特别是监狱管理及社区矫正方面发展的新情况,根据《中芬司法部2001—2003年司法领域合作执行计划》,召开"中芬监狱管理与社区矫正研讨会"。

2004年1月12日,国际劳工组织专家罗杰・布朗、提姆・德梅尔和庄古访问女劳教所。2月2—6日,应司法部部长张福森邀请,奥地利司法部部长迪特・伯姆多夫访华。期间,参访青浦监狱,就监狱的规模、软硬件设施、押犯结构、罪犯教育改造、劳动生活等情况进行考察,并参观了监区、食堂、教学楼、劳动场所以及监狱陈列室等。迪特・伯姆多夫部长对青浦监狱在现代化管理、尊重罪犯人权、注重教育改造等方面的工作表示肯定。副市长周太彤会见了代表团一行,双方就司法行政领域的交流与合作问题进行了会谈。3月17日,美国法医护理人员代表团来沪交流司法鉴定工作，这是“中美民间大使交流项目”活动之一。

2005年5月15—18日，经国务院批准，应司法部邀请，芬兰司法部部长约翰内斯·高斯基宁到沪访问，考察了解中国的司法体系和法律制度的最新发展，进一步拓展中芬法律与司法合作。其间，代表团出席了“中芬司法合作十周年庆典暨公证、公司法国际研讨会”，副市长周太彤会见代表团。

2006年6月28—29日，应司法部邀请，乌兹别克斯坦共和国司法部部长穆斯塔伐耶夫·布里托西来沪访问。代表团参访了司法部司法鉴定科学技术研究所等，了解中国民主与法制建设、司法体制和法律制度，进一步加强乌中两国之间在法律与司法领域的合作。在沪期间，市政协副主席俞云波会见了代表团。7月1—7日，应司法部邀请，澳大利亚司法部部长菲利普·鲁多克率队来沪访问。代表团拜访了市司法局和市律师协会，了解中国司法行政、法律制定和地方管理等方面的情况和成功经验，并商讨进一步加强澳中两国之间在法律与司法领域的合作等事宜。期间，副市长周太彤会见了代表团。11月27日至12月1日，应司法部邀请，希腊司法部部长阿纳斯塔西奥斯·帕帕利古拉斯率希腊司法代表团到沪访问，了解中国民主与法制建设、司法改革等情况，探讨进一步加强希中两国之间在法律和司法领域的合作事宜。在沪期间，副市长周太彤会见并宴请了代表团。

2007年1月5—8日，应司法部邀请，法国司法部部长克莱芒率领法国司法代表团到沪访问，了解中国民主与法治建设、司法体制和法律制度、司法部门的职能和作用等情况，交流工作经验，并探讨进一步加强中法两国在法律和司法领域的合作事宜。11月25—27日，应胡锦涛主席邀请，法国总统萨科齐对中国进行国事访问，并于11月27日对上海进行访问，法国掌玺和司法部长哈施达达蒂随行，参访了上海中法公证法律交流培训中心。

图13-2-9　2007年11月27日，市司法局党委书记、局长吴军营（右三）接访法国司法代表团

2008年5月28—30日，应中国人民外交学会邀请，多米尼加共和国总检察长希门内斯对中国进行访问。在沪期间，常务副市长杨雄会见并宴请了代表团，代表团拜会了市司法局、市检察院等机构，并参观青浦监狱。6月25—27日，应司法部邀请，希腊司法部部长索蒂里奥斯·哈奇哈基斯到沪访问,代表团拜会了市司法局和复旦大学等机构,考察中国民主与法治建设、司法体制改革,以及司法部门的职能和作用等情况,并探讨进一步加强中希两国在法律和司法领域的合作事宜。在沪期间,市长韩正会见了代表团。10月17—19日,应司法部邀请,苏里南司法警察部部长昌得利卡波萨德·单多吉到沪访问,了解中国民主与法治建设、法律体系和司法体制,并探讨建立和加强中苏两国在法律和司法领域的合作等。在沪期间,市司法局局长吴军营会见了代表团。

2009年9月,泰国上议院司法及警察委员会主席率团到沪访问。在沪期间,代表团拜会了市司法局、市高级人民法院,并参访上海市未成年犯管教所。10月,应公安部邀请,瑞士司法警察部部长代表团到沪访问,拜会了市公安局等机构,并参访上海市未成年犯管教所。

2010年7月,澳大利亚司法部第一副部长罗杰·威尔金斯到沪访问,拜会市司法局,就澳中双方法律服务合作及澳大利亚律师事务所上海代表处与中国律师事务所合作等议题进行交流。同时,代表团还介绍澳大利亚政府推行的全国法律职业改革及外国律师管理上的做法等内容。10月,应司法部邀请,越南司法部副部长阮翠贤来沪访问,代表团参访市司法局、有关律师事务所和社区矫正机构等,就司法体制改革、司法部门的职能和作用等进行交流,并就进一步加强双方在法律和司法领域的合作事宜进行探讨交流。

三、重要外事合作交流活动

【中法公证法律交流培训活动】

1996年起,市公证员协会与法国高等公证人协会不断开展友好交流与合作,多次举行互访,举办中法公证制度研讨班,开展中法公证行业学术交流活动。

2000年7月16—22日,应上海市公证员协会邀请,法国公证人代表团来沪访问。7月18日,市公证员协会与法国公证人协会高等理事会在上海签署了设立中法上海公证法律交流培训中心的协议,通过了中心章程。

图13-2-10　2002年7月11日,举行上海中法公证法律交流培训中心新址落成典礼

2001 年 2 月 7 日，上海中法公证法律交流培训中心正式成立。该中心是国内第一家中外合作公证法律交流培训机构，在全国各地开展中法公证行业合作，举行专题研讨会，每年定期举办中法公证法律专题讲座和交流培训。自 2004 年起，上海政法学院、法国巴黎二大、中法中心联合设立培养法国法欧盟法硕士研究生项目，组织法国各高等学校公证法专业的优秀学生来沪实习，使法国学生更加直观、深入地了解中国的公证及司法制度。2010 年 10 月 16 日，在上海世博会期间，由该中心承办的“在城市里更好地生活——公证和法律的贡献”专题研讨活动在世博会法国馆成功举行。

图 13 - 2 - 11　2002 年 7 月 19 日，法国公证人代表团到市公证处参观访问交流

【“犯罪与罪犯改造”国际研讨会】

1992 年 6 月 21—24 日，国家外国专家局、市司法局、华东政法学院与美国芝加哥伊利诺斯大学国际刑事司法所共同举办的“犯罪与罪犯改造”国际研讨会在沪举行，80 多名中外专家、学者参加

图 13 - 2 - 12　1992 年 6 月 21—24 日，“犯罪与罪犯改造”国际研讨会在沪举行

会议。22 日,有 20 名专家、学者参观女劳教所。这是上海劳教场所首次对外开放。

【中外律师业务交流研讨会】

1998 年 5 月 8 日,上海中外律师业务交流研讨会举行。在沪的外国及香港律师事务所律师和上海律师 60 余人参加会议。中外律师就合资企业法、公司法、融资及企业兼并、重组等问题作了专题演讲。

图 13-2-13　1998 年 5 月 8 日,上海中外律师业务交流研讨会在沪举行

【中英律师职业道德研讨会】

1998 年 10 月 13—15 日,经司法部批准,中英律师职业道德研讨会在上海召开。此次研讨会是司法部和英国英中文化协会交流合作项目的一个组成部分,旨在就两国律师职业道德问题进行交流和探讨,以促进中国律师制度的完善和发展。中英双方 30 多名律师代表参加研讨会。

【国际金融法律研讨会】

1998 年 11 月 5—7 日,国际金融法律研讨会在上海举行。来自中国、美国、丹麦、奥地利、日本等 17 个国家和地区的 200 余名律师代表就亚洲金融危机等议题展开研讨。会议由国际律师协会亚太论坛、中华全国律师协会、上海市律师协会共同主办。讨论议题涉及有关金融与经济方面的法律实务问题,如证券、股票上市、国有企业改造及律师在该领域中的作用等。国际律师协会成立于 1947 年,总部设在伦敦,现有 17.5 万名个人会员,164 个国家和地区的律师组织为其团体会员,是世界上规模和影响最大的国际性律师组织。经国务院批准,中国律师协会于 1987 年加入该组织,任继圣会长为理事。国际律协主席 Dr. Klaus Bohlhoff、国际律协商法部副主席 Mr. Jacpues、香港律师会会长周永健、亚太论坛共同主席 Mr. Simon Ip 等参加了会议,司法部副部长段正坤、副市长冯国勤、全国律协会长任继圣等参加会议并出席开幕式。

图 13-2-14　1998 年 11 月 5—7 日，国际金融法律研讨会在上海举行

【行政程序法国际研讨会】

1998 年 11 月 16—17 日，由中国法学会主办的行政程序法国际研讨会暨东亚行政法研究会第三次年会在上海举行。此次会议由市法学会、市行政法研究会、市法制办公室联合承办。会议主题为“行政程序法研究”，旨在深入研究各国行政程序法，促进中国行政程序立法，并加强国际法学界的交流与合作，履行国际义务。参加会议的国内外专家、学者共计 100 人。

【中英刑事诉讼研讨会】

1999 年 9 月 17 日，司法部、英国英中文化协会和英国驻华大使馆文化处在上海共同举办中英刑事诉讼研讨会，这是 1998 年 10 月“英国法律周”的系列项目之一。会议主要涉及双方刑事诉讼程序介绍、预审调查和程序、审判模式和程序、司法鉴定实践等内容。英国上议院大法官奥顿勋爵、皇室法律顾问罗伯特·席布鲁克等参加，中方有法官、律师和部分专家、学者等共 40 余人参加。

【中美知识产权专题研讨会】

2000 年 6 月 12 日，市司法局协办的中美知识产权专题研讨会在浦东举行。市高级人民法院、华东政法学院、上海大学法学院和市律师协会的 20 余人参加会议。

【中美法律援助实务研讨会】

2001 年 9 月 24—25 日，由市司法局与美国伊利诺斯大学合作举办的中美法律援助实务研讨会在沪举行。市司法局局长缪晓宝、副局长杨全心，美国驻沪总领事馆总领事李凡出席。会议就美国的法律援助制度、法律援助的运作体系、法律援助的资金筹集与项目经费的监控等内容开展讨论。美国大芝加哥地区法律援助中心执行主管谢尔顿·鲁德曼、项目主管华莱士·温特、大芝加哥地区库克郡公众辩护人法律办公室丽塔·弗莱以及弗理拜·彼德斯律师事务所威廉·斯潘塞分别就相关议题作了介绍。市、区(县)法律援助中心负责人,市、区(县)司法局分管领导,妇联、残联、工会以及法学院校专家学者及工作人员,市律师协会代表及律师代表60余人参加会议。这是上海市第一次举行法律援助涉外交流活动。

图13-2-15　2001年9月24—25日,中美法律援助务实研讨会在上海召开

【中芬司法合作十周年庆典暨公证、公司法国际研讨会】

2005年5月16—17日,由中国和芬兰两国司法部共同主办,市司法局承办的"中芬司法合作十

图13-2-16　2005年5月16—17日,中芬司法合作十周年庆典暨公证、公司法国际研讨会在上海召开

周年庆典暨公证,公司法国际研讨会”在沪举行。中芬两国司法部官员,两国公证和公司法方面的专家,国际拉丁公证联盟公证和物权方面的100余位专家参加了会议。

【第三届环境纠纷处理中日韩国际学术研讨会】

2005年11月26—27日,“第三届环境纠纷处理中日韩国际学术研讨会”在华东政法学院举行。此次会议由市法学会和华东政法学院主办,中国政法大学污染受害者法律援助中心、日本环境会议协办。来自中国、日本、韩国50多所高校、研究团体、政府机构、法院、律师事务所和其他实务部门的120多名代表参加会议。

【刑事司法与犯罪控制新发展国际学术研讨会】

2006年10月18—19日,由上海政法学院与美国马里兰大学联合举办的“刑事司法与犯罪控制的新发展”国际学术研讨会在上海举行。研讨会共有三个主题:社区警务、犯罪预防与控制(包括毒品犯罪的预防与控制)及监狱行刑与社区矫正。与会代表围绕警务制度改革的路径选择、预防犯罪对策的实施、罪犯社区矫正的探索、预防控制犯罪的战略构想等前沿性学术问题展开学术交流与讨论。

【中国—拉美法律合作论坛】

2007年10月31日至11月4日,由中国法学会主办、上海市法学会承办的首届“中国—拉美法律合作论坛”在上海召开。该论坛旨在积极落实中央有关“加强对拉合作”的指示精神,推动中拉经贸互利合作的健康发展,巩固中拉友好的社会和法律基础,加强与拉美国家法学界的友好互信合作关系。来自阿根廷、巴西、古巴、西班牙、苏里南以及委内瑞拉等国的法学、法律界人士共16人参加了论坛,中国法学会会长韩杼滨同志,市委常委、市委政法委书记吴志明出席了开幕式并致辞。

第十四篇

队　伍

市司法局重建后，各级党委始终把队伍建设放在各项工作的首位，针对司法行政队伍“多兵种”特点，强调队伍建设要抓住根本、突出重点、注重实效。以提高队伍整体素质，保证司法行政工作任务实现，维护社会稳定为目的，以各级领导班子建设为核心，以社会主义精神文明建设创建活动为抓手，实行分类指导，充分发挥司法行政工作职能作用，调动广大干警、群众的积极性。在工作中，市司法局重视对司法干警的法治、业务、文化的教育培训，坚持把履职能力建设作为重要任务，深入推进专业化建设；加强法律服务从业者的职业道德和执业纪律教育，针对不同时期出现的问题，集中开展专项教育治理，创建精神文明单位；坚持反腐倡廉，严肃查处少数干警违法违纪案件，坚决清除队伍中的腐败分子；为上海司法行政工作健康、持续发展，提供有力的组织保障和人员素质保障。至 2010 年，已经形成较为完备的人才建设、业务培训和监督考核机制。至 2010 年，已经形成较为完备的人才建设、业务培训和监督考核机制。

第一章　队伍规模结构

市司法局重建以来，在局党委的领导下，大力推进全系统组织建设，机关公务员队伍的整体素质逐步提高，干部队伍整体结构逐步优化，司法干部队伍从最初的人员短缺，逐步发展成系统化、规模化、结构合理的市级、区（县）级梯队。

第一节　组织建设

市司法局重建后即恢复党组。1980年7月1日成立机关党总支，党总支书记胡文楼，下设4个党支部。1982年9月4日，机关党总支改选，经市直机关党委批准，同年10月12日，成立市司法局重建后第一届机关党委会，党委委员6人，党委书记史焕章、副书记张兰田，下设5个党支部。1983年10月，增设行政处党支部。

1984年10月30日，市司法局机关党委进行改选。同年11月13日，组成第二届局机关党委会。下设9个党支部。

1988年12月10日，市司法局召开机关党代会，改选机关党委，组成第三届机关党委会，党委委员10人，党委书记薛明仁，副书记陈伯兴、王汉祥（专职）、文荣生，下设22个党支部。

1992年4月24日，市司法局召开机关党代会，改选机关党委，组成第四届机关党委会，党委委员10人，党委书记陈鹤鸣，副书记文荣生、陈伯兴、专职副书记牛敏，下设28个党支部。同时选举产生市司法局机关纪律检查委员会，纪委成员5人，纪委书记文荣生，专职副书记刘校书。

1995年，市司法局机关党委1个，党支部19个；市监狱局所属党委20个、党总支5个、党支部234个；市劳教局所属党委6个、党支部97个；市政法管理干部学院党委，下设党总支6个、党支部27个；司法学校党委，下设党支部6个；律师党委，下设党支部21个；司法鉴定科研所党委，下设党支部10个。全市司法行政系统共有党委31个、党总支17个、党支部414个。

1996年9月24日经市司法局党委批准，建立市司法局直属律师事务所党委，从组织上保证党对律师队伍的政治领导，使律师队伍政治工作有了专门的管理机构，得到进一步加强。党委成员由缪晓宝、江宪法、李海歌、缪林风、王学顺、徐瑶、宋乃生7人组成。缪晓宝任党委书记，江宪法、李海歌任副书记。

1998年，全局系统（不含区县司法局）建立党委7个，直属基层党委27个，党总支部20个，党支部429个。

1999年5月6日，市委组织部印发《关于同意建立上海市律师协会党组的批复》，明确委托市司法局党委任免市律师协会党组书记及成员，并领导市律师协会党组的日常工作。6月24日，市司法局党委印发《市司法局党委关于建立市律师协会党组的通知》，任命张凌任市律师协会党组书记；吴伯庆、朱洪超、缪林风、武延年、李海歌为党组成员。

2000年，全市349家律师事务所已成立党支部，占律师事务所总数的86%；建立政治指导员（政治联络员）制度，市司法局机关和17个区县司法局向律师事务所选派了181名政治指导员（政治联络员),使律师事务所党建工作的覆盖面达到100%。

2002年,市司法局系统7个单位共有433个党支部。

2003年,市司法局机关党委所属33个党支部,完成换届选举。

2007年,制定印发《关于加强律师党建工作规范化建设的意见》。至年底,全市共建立律师事务所党支部351个,其中独立党支部(一个所一个支部)307个;联合党支部(几个距离相近但分别因正式党员数不满3个的所联合建立的一个支部)44个,覆盖283家律师事务所。

2008年9月,撤销市司法局直属律师事务所党委,成立市司法局律师行业党建工作专项办公室。

2010年7月23日,市司法局机关召开党员代表大会,完成市司法局机关党委、机关纪委换届选举工作。市司法局机关党委成员:党委书记李和平,党委副书记邓骏,组织委员王兴和,学习宣传委员牛海陵,纪检委员郑林奇,生活委员徐彤,群众工作委员徐润立;市司法局机关纪委成员:纪委书记邓骏,纪委副书记麻汉云;纪委委员王滨、顾潇斐、曹家侃。9—10月,机关党委所属34个党支部严格按照"公推直选"和规定程序召开党员大会,分别采取等额和差额选举方式选举产生支部书记(副书记)和支部委员。

图14-1-1　2010年10月28日,2010年度市司法局党委民主生活会征求意见座谈会召开

第二节　规模与结构

1980年,全市司法干部(包括法院)2 080人,其中市司法局机关及直属单位138人。1983年7月,劳改劳教工作划归司法行政系统管理后;同年8月23日,市司法局党组以《关于增配劳改劳教工作干警的请示报告》上报市委。经市委办公厅批复同意,当年劳改局充实干警1 531人,警力不足的状况有所缓解。全市司法行政系统工作人员6 689人,其中市、区(县)司法行政人员906人。之后,人员有较大幅度增加。1986年,全市司法行政系统工作人员10 005人,其中市区(县)司法行政人员为1 679人。

1987年后,随着改革开放的深化,社会主义建设的发展,法制建设不断完善,全市司法行政人员数量显著增加。1995 年，市、区（县）司法行政系统机关及事业单位人数为 2 219 人；劳改劳教工作人员也有较大幅度增长。

表 14-1-1　1980—1995 年上海市司法行政系统机关及事业单位人员统计表　　单位：人

年　份	合　计	市级机关	区县机关	事业单位
1980	138	88	—	50
1981	411	190	—	221
1982	609	265	—	344
1983	906	128	249	529
1984	1 172	192	324	656
1985	1 313	162	395	756
1986	1 679	168	629	882
1987	1 951	—	—	—
1988	—	—	—	—
1989	2 127	170	870	1 087
1990	2 105	177	779	1 149
1991	2 134	185	783	1 166
1992	2 187	127	826	1 234
1993	2 187	127	826	1 234
1994	2 515	181	797	1 537
1995	2 219	155	784	1 280

说明：1. 本表根据历年报表统计；2. 1983 年监狱局（原劳改局）划归司法局后，劳改劳教干警人数另行单独统计。

1996 年后，随着司法体制改革的不断深入，律师和公证人员情况另行统计，事业单位人数逐渐减少。统计报表项目中的事业单位变更为局属事业单位，包括局属政法类院校及其他事业单位工作人员。至 1996 年，全市司法行政系统市级机关人数为 215 人，区县机关为 776 人，局属事业单位为 411 人。

随着乡镇建立司法所（科）的步伐加快，原先由司法助理员和乡所共同履行的基层司法行政职能，逐步由司法所（科）承担。2002 年，市司法局全面启动司法所（科）建设。在区县机关人员统计中，司法助理员变更为乡镇司法所人员。当年乡镇司法所人员共有 390 人。

2010 年，全市司法行政系统机关及事业单位人员共 2 582 人，其中机关人数为 199 人，区县机关为 1 291 人，局属事业单位为 828 人。全系统学历水平显著提高，大专以上学历达到 98%以上。

表 14-1-2　1996—2001 年上海市司法行政系统机关及事业单位人员统计表　　单位：人

年　份	市级机关	区县机关				局属事业单位
		合　计	区级机关	县级机关	司法助理员	
1996	215	776	260	141	375	411
1997	240	810	320	89	401	408

（续表）

年　份	市级机关	区县机关				局属事业单位
		合　计	区级机关	县级机关	司法助理员	
1998	255	862	383	74	405	398
1999	278	885	442	24	419	379
2000	258	880	413	55	412	379
2001	253	815	440	26	349	353

表 14－1－3　2002—2010 年上海市司法行政系统机关及事业单位人员统计表　单位：人

年　份	市级机关	区县机关				局属事业单位
		合　计	区级机关	县级机关	乡镇司法所	
2002	248	842	430	22	390	416
2003	185	946	513	25	408	460
2004	180	995	541	25	429	804
2005	180	1 065	578	20	467	740
2006	182	1 138	580	21	537	828
2007	178	1 173	586	19	568	881
2008	184	1 266	603	25	638	893
2009	208	1 261	607	27	627	1 030
2010	199	1 291	593	24	674	1 092

说明：1. 本表根据历年报表统计；2. 2002 年起. 区县机关的统计中，由司法助理员变更为乡镇司法所。

第二章　干部队伍建设

市司法局复建之后，在各级党委的领导下，全市司法行政系统以提高队伍整体素质，保证司法行政工作任务实现，维护社会稳定为目的，通过考察培养、干部交流等方式，全面推进司法行政干部队伍建设。

第一节　干部选拔培养

市司法局恢复建立时，司法干部"青黄不接"。为解决司法行政队伍迫切需求，市司法局向市委上报《关于动员司法干部归队的请示报告》，市委批示同意后，即着手对全市法律专业和做过司法工作的人员进行普查及动员归队工作。

1983 年 10 月，市司法局政治部成立，职责之一就是负责局管干部的考察、培养和后备干部队伍建设等。在落实知识分子政策后，逐步启用知识分子担任科级以上干部，发展近百名知识分子入党，干部队伍在年龄、知识结构上逐步提高。

1984—1986 年，市司法局、市劳改局在落实知识分子政策中，先后启用知识分子担任科以上干部 243 人，其中提拔局、支队、场级领导 27 人。发展近百名知识分子入党。对 1 039 名知识分子的工作进行调整。从农场(厂)职工知识分子中吸收企业干部 274 人、司法干部 41 人。使劳改、劳教第一线的干部队伍在年龄、知识结构上有了合理变化。至 1995 年，全市法律专业和做过司法工作人员先后归队近 200 人。

1996 年，市司法局开始实施国家公务员制度。机构改革后，确定由组织干部处(老干部处、机关党委)负责局管干部的考察、培养和管理后备干部队伍的建设，调整、配备各级领导班子，负责干部的交流和任免等工作。

1998 年，为认真贯彻执行《党政领导干部选拔任用工作暂行条例》，市司法局党委决定在全市司法行政系统开展一次民主推荐选拔局机关处级干部的工作。目的是通过这次民主推荐选拔干部，在全局系统努力营造一个公开、平等、竞争、择优的用人环境，进一步提高广大干警参政、议政的积极性，敞开举荐之门，充分发扬民主，坚持党的干部路线和群众路线。在民主推荐选拔干部工作中，严格做到"五公开""三坚持""三结合"(公开推荐拟任干部岗位、公开拟推荐岗位干部的任职条件、公开民主推荐结果、公开推荐选拔的方法、公开具备任职资格干部的基本情况；坚持党的民主集中制原则，做到集体领导，民主集中，个别酝酿，会议决定，坚持照章办事，坚持"群众公认"原则；同学习宣传党的干部工作的路线、方针、政策相结合，同推进干部交流相结合，同改善干部队伍结构相结合)。不仅增加干部选拔任用的透明度，而且注重工作规范，推荐的参与面广。市局机关在编 170 位干部，有 120 人分别填写了民主推荐干部表。各直属单位和区(县)司法局也提出意向。经过民主推荐、充分酝酿、民主集中、反复比较、全面考察几个阶段，有 16 人被提拔任用。

1999 年 1 月起，首次在市司法局机关选拔任用处级干部中试行民主推荐制度。

2000 年 3 月 29 日，市司法行政系统首次试行干部任职前公示制度。9 月 18 日，市司法局党委召开党委会议，就市司法局以及监狱局、劳教局机关机构改革工作，决定：市司法局以及监狱局、劳教局机关所有处级领导干部重新任命,并实行公示制、任期制,对新提拔的处级干部应实行为期半年的试用期制。选拔任用处级领导干部必须经过民主推荐,组织考察,党委集体讨论决定。选拔任用处级干部,要有大多数人公认,对民主推荐得票少的干部,不予任用。

2001年起,在选拔任用干部中坚持民主推荐、民主测评、民主评议等制度,扩大了广大干部群众对干部选任工作的知情权、参与权、选择权和监督权,使民主推荐、"群众公认"成为干部选拔任用工作的必经程序。干部任职前公示成为干部选拔任用的必经程序。对拟提任干部在党委正式任命前公示,是加快干部人事制度改革,扩大群众在干部选任上的知情权、参与权、选择权和监督权的重要举措。公示的内容包括公示的对象、姓名、性别、出生年月、籍贯、学历学位、政治面貌、现任职务、拟任职务和工作简历等情况。公示的方式采取在单位(部门)或系统内张贴公示通知,公示时间一般为7—10天。公示结束后,由具有任免权的党委下发任职通知。4月起,市司法局党委对任命的干部试行试用期,试用期为半年。6月,根据中组部要求,试用期延长为一年。9—10月,市司法局党委对局系统各单位贯彻执行《党政领导干部选拔任用工作暂行条例》情况进行检查和调研,通过听取汇报、开座谈会、个别访谈、查阅干部任免材料等方法,了解各单位贯彻执行《暂行条例》的情况。共召开10次座谈会,有100余人参加,个别访谈60余人,查阅160余人次的干部任免材料。11月,以机构改革为标志,在全系统全面推行干部选拔任用试用期制度。全年,局级干部的任免、兼职36人次,局机关和直属单位处级干部、其他人员的任免14人次,市监狱局、市劳教局、上海政法学院处级干部任免51人次。

2002年,开展差额考察选拔副局级干部工作和考察预告制度。经市委同意,市委组织部在市司法局开展差额考察局级领导干部的试点工作。局党委确定在市监狱管理局副局长人选中实行差额考察选拔工作。这是继2001年公开选拔副局级领导干部后,再次在局级领导层次上进行干部人事制度改革的探索和实践,从思想观念、工作方法到制度机制等方面进行了创新,受到市委组织部的好评,并在市委政法委、市委组织部干部人事制度改革座谈会上进行交流汇报。实行考察预告制度。为进一步扩大广大干部群众对干部选任工作的知情权、参与权、选择权和监督权,发挥干部群众在选拔任用干部中的积极作用,自在市监狱局副局长差额考察选拔工作中首次实行考察预告制度以后,局党委明确,处级以上干部选拔任用都要实行考察预告制度。局政治部下发《关于推行干部考察预告制度的实施意见(试行)》通知,使考察预告制度成为市司法行政系统干部人事制度改革的又一重要举措。同时,完善民主推荐制度,局政治部制定《关于在干部选拔任用中加强民主推荐工作的意见(试行)》通知,使民主推荐成为干部选拔任用工作的必经程序。该制度不仅在处级干部的选拔任用中实行,而且运用到市监狱局副局长和市劳教局副局长及局级非领导职务干部的选拔任用工作之中。

2003年,市司法局按照《党政领导干部选拔任用工作条例》的要求做好干部选拔、考察工作。3月,在市局机关开展担任一线正职领导职务的定向推荐工作,上半年,办理局级干部任免14人次,局机关和直属单位处级干部任免2人次,办理市监狱管理局、劳教局、政法管理干部学院的处级干部任免38人次。同时,市司法局不断加大后备干部培养力度。推行后备干部培养登记制度,印发《关于做好调整充实司法局系统处级后备干部人选工作的通知》;落实市委有关后备干部培养计划,积极落实人选推荐工作;根据市委政法委要求,对2000年8月以来局系统贯彻市委政法委关于培养选拔优秀青年干部情况进行自查、汇总,并向检查组汇报执行情况。此外,还加强对区(县)司法局领导班子和领导干部的协管。

2005年,市司法局加大了干部队伍的分析研究工作,先后对机关处级干部、基层领导班子岗位任职情况、年龄、文化结构、岗位与司法行政工作发展的适应情况、思想作风、工作作风等方面的情况进行分析。完成干部任免128人次。有5名局级干部参加市委党校学习，选派73名处级干部参加全国监狱、劳教领导干部培训班、市政法党校轮训班及市委党校的学习，推荐29名中青年后备干部参加市委、市政法党校中青年干部培训班，选派1名处级干部至境外参加组织部组织的中长期外向型培训。

2006年，市司法局在局机关及局属单位副处级干部选拔任用中采取竞争上岗的办法。对2005年度局系统挂职锻炼工作进行总结，召开挂职锻炼干部座谈会，编印《上海市司法局挂职锻炼干部总结与体会材料汇编》，促进共同交流。积极与外单位联系、沟通，落实挂职锻炼点，组织市监狱管理局、市劳教局各5名后备干部分别到市纪委、杨浦区街道挂职锻炼，期间对他们挂职锻炼的情况进行跟踪了解和走访，深入掌握干部挂职锻炼的实况。

2007年，市司法局协助市委组织部做好局级干部年度考核工作，配合完成7人次的局(处)级干部任免相关工作。完成本系统处级干部任免近140人次。按照后备干部队伍建设有关规定，经过民主推荐、差额考察、党委集体讨论等程序，确定本系统23名局级副职后备干部。根据2007年区(县)司法局领导班子调整较多的情况，主动履行对区(县)司法局领导干部双重管理职能，共完成10个区(县)21名干部任免酝酿有关工作。

2008年，全年共完成局系统处级干部任免106人次，其中提任15人。配合市委组织部做好7人次的局级干部任免相关工作。完成对区(县)司法局双重管理干部任免有关工作12人次。选拔产生108名处级正职后备干部。共组织落实各级党校培训223人。

2009年，全年共完成170名处级干部任免，其中：续任7人，试用期满5人，提任26人，转任、兼任62人，免职7人，区(县)协管干部17人，其他任职4人，免职退休32人，领导职务改任非领导职务10人。通过提拔、交流等方式调整了19名基层主要领导，加强13个基层领导班子队伍建设。完成市司法局领导出任“市禁毒委”等35个机构的兼职及联络员的推荐、报送工作。

2010年，全年共完成处级干部任免211人次，其中提任28人次，任职期满49人次，试用期满18人，转任、兼任23人次，免职8人次，改任非领导职务8人次，免职退休22人次，区(县)协管干部14人次，其他41人次。其中，采取提拔、交流等方式调整4名正处级单位主要领导，加强2个正处级单位领导班子队伍建设。完成48人次领导兼职及联络员提名、审批及报送，完成局系统2个正处职职位、1个副处职职位选拔任用工作。

第二节 干部交流

市司法局实施国家公务员制后，不断加强人才建设。1996年5月15日，市司法局制定并印发《上海市司法行政工作“九五”规划纲要》，提出建立处、科级干部定期交流制度。

1998年，市司法局在处级干部中实行交流、轮岗的干部，占局机关处级干部的41%；处级干部平均年龄由48岁降为45.9岁，大专以上学历由83.7%上升为86%。

2000年10月31日，市司法局制定《关于实施〈上海市司法局职能配置、内设机构和人员编制规定〉的方案》的通知中，也明确择优定岗，要按照局党委关于干部交流、轮岗的有关规定执行，对部分干部实行交流、轮岗。

2001年，市司法局有23名正处职干部轮岗交流，每个基层领导班子中均有一名年龄在35岁以下干部。

2002年,市劳教局开始试行后备干部赴外省市挂职锻炼制度,制定《关于2002年选送后备干部挂职锻炼的实施意见》,明确挂职锻炼的对象、范围、组织管理及程序,并选送了19人赴外省市挂职锻炼。

2003年,市劳教局先后选派14名干部赴江西省劳教局、上海市黄浦区挂职锻炼。

2005年,市司法局组织15名青年干部和后备干部到杨浦、黄浦、市经委跨部门、跨行业进行挂职锻炼,有目标地安排任职前的多岗位锻炼。挂职锻炼前,组织15名挂职锻炼干部召开一次座谈会,请分管领导、主要领导到场讲话提出要求。其间,到挂职单位看望挂职干部,了解他们的工作环境和工作情况,并分别召开了黄浦区、杨浦区挂职干部座谈会,听取了他们学习锻炼的体会。2005年还选派了一名青年处级干部任职新疆阿克苏地区司法局副局长,全面锻炼培养青年干部。

2006年,市劳教局各5名后备干部分别到市纪委、杨浦区街道挂职锻炼,其间对他们挂职锻炼的情况进行跟踪了解和走访,深入掌握干部挂职锻炼的实况。12月27日,市司法局印发《上海司法行政工作"十一五"时期发展规划纲要》,明确要逐步扩大干部交流力度。

2007年,市司法局选派9名后备干部到市委组织部、市纪委、杨浦区等进行锻炼。

2008年7月10日,市司法局制定《关于进一步加强和改进青年工作的若干意见》,指出,要加大青年轮岗、交流和挂职锻炼工作力度,全方位、多层次培养青年,鼓励青年到基层一线和艰苦的岗位上去,通过建立青年实训基地等方式,鼓励青年积极参与重点工作,经受磨炼,接受锻炼,尽力为青年成长搭建舞台。

2009年,市司法局选派12人到有关部门以及局党委巡察组、局信访办进行锻炼。

2010年,市司法局制定《关于进一步加强和改进新形势下党的建设的实施办法》,提出,要注重多岗位锻炼干部,有序推进干部交流轮岗工作,重点加强对监狱劳教所领导班子成员以及政工、纪检监察、狱(所)政管理等部门主要负责人和执法岗位的监狱劳教人民警察的定期轮岗和交流,逐步实现经常化、制度化。全年,市司法局组织选派25人到有关部门以及局党委巡察组、信访办进行锻炼。

第三章 教育培训

市司法局始终坚持思想政治教育和业务培训，以此提高党员干部的政治素养和业务能力，打造精干的司法行政队伍。

第一节 思想政治教育

1983年，市司法局政治部成立，下设宣教科。1995年，宣教科改为宣传教育处，负责全系统的思想政治教育工作。

1996年，开始实施公务员制度，市司法局各级党委始终把队伍建设放在各项工作的首位，大力加强社会主义精神文明建设，以社会主义精神文明创建活动为抓手，开展创文明单位、现代化文明监(所)、文明公证处、文明律师事务所、文明法律服务所、文明司法科(所)等活动，通过多种形式弘扬先进，用先进事迹和典型激励人、鼓舞人，发挥典型引导示范作用。

1997年10月，市司法局党委制定下发《关于加强基层党支部建设的若干意见(试行)》，规范和健全基层党组织建设，从思想上、组织上、行动上保证党的政治核心领导，基本形成党委书记带头抓，党委成员分工抓，党员行政干部共同抓，全体党员齐心协力抓的良好局面。

1998年2月开始，按照中央政法委、司法部、市委政法委的统一部署，市司法局在全系统开展集中教育整顿活动，为期10个月。市司法局党委成立由局党委书记缪晓宝任组长的集中教育整顿领导小组，并针对司法行政队伍"多兵种"特点，分别制定监狱、劳教人民警察、律师、公证员和机关干部等不同对象的集中教育整顿实施意见，明确各支队伍集中教育整顿的重点。2月下旬至3月初，分别召开监狱、劳教系统、区县司法局、局机关等干警参加的集中教育整顿动员大会。在集中教育整顿活动期间，设立举报中心5个、举报电话33门、举报信箱64个，向社会各界和当事人发放意见征询表2.1万份，召开各类座谈会200多次，参加人员2 000多人次，制定和修订各种规章制度、整改措施300多件，达到了预期效果。

1999年，根据《中共中央关于在县级以上党政领导班子、领导干部中深入开展以"讲学习、讲政治、讲正气"为主要内容的党性党风教育的意见》，市司法局开展系列"三讲"教育活动，8月31日召开"三讲"教育动员大会，10月27日召开总结大会，活动历时2个月。"三讲"教育分"思想发动、学习提高；自我剖析、听取意见；交流思想、开展批评；认真整改、巩固成果"4个阶段依次推进、全面开展。教育活动开展前期，制定《"三讲"教育准备阶段学习计划》，通读"三讲"教育必读篇目，广泛听取各基层单位对局党委领导班子和领导干部的意见和建议，端正态度，提高对"三讲"教育重要性和必要性的认识；建立组织机构，成立"三讲"教育领导小组和"三讲"教育办公室。明确工作责任，党委书记为"三讲"教育的第一责任人；制定"三讲"教育方案，抓好思想发动，全局系统各单位负责人175人参加动员大会，明确开展"三讲"教育的重要意义、指导思想、主要原则和目标要求，统一思想认识。局党委坚持走群众路线，广泛动员群众积极参与，并结合司法行政工作特点，采取多种形式，先后多次在较大范围内征求干部群众的意见，发放《征求意见表》175份，回收率达到100%，填写率达到95%，召开不同类型座谈会13次，共227人参加座谈。党委班子及班子成员个人剖析材料形成后，再次广泛听取群众意见，召开民主评议大会，以无记名的方式接受群众的评议，共发出《民主评议表》171份，回收率达到100%，对党委班子的剖析材料表示满意或比较满意的有160份，达到95%。根据党委班子的自查剖析和群众提出的批评意见，党委拟定了整改措施，并分片召开5次座谈会(75人参加)，听取对整改措施的意见并加以完善。

继市司法局党委“三讲”教育后，全局系统(不含区县司法局)37个处级单位及市司法局、市监狱管理局、市劳教局3个局机关和市政法管理干部学院开展处级干部“三讲”教育工作，于2000年3月22日启动，至11月29日结束，历时8个月。市司法局、市监狱局、市劳教局联合选派16个巡视组对各单位“三讲”教育进行具体指导，并分批对巡视组成员进行集中培训。市监狱局、市劳教局、市政法管理干部学院党委也结合实际，对本系统各单位组成的“三讲”教育办公室成员进行培训，分别制定下发本系统《处级领导班子和领导干部“三讲”教育实施意见》。各单位“三讲”教育严格按照中央和市委规定的步骤进行，借鉴市司法局党委开展“三讲”教育的经验，在抓好理论学习的基础上，重在实行开门整风，坚持走群众路线，认真查找领导班子和领导干部个人在党性党风方面存在的突出问题，并制定了整改措施，共召开不同类型座谈会280次，参加座谈人数3 595人，发放《征求意见表》1 635份，回收率有38个单位达到100%，2个单位达到98%以上。各单位党委个别访谈1 899人次，听取意见共7 223人次，巡视组个别访谈1 273人次；发放《民主评议表》1 409份，回收率有39个单位达到100%，1个单位达到98%。

2000年9月，市司法局召开市司法局思想政治工作会议，全系统各单位党政负责人152人出席会议。市司法局党委书记、局长缪晓宝作题为“振奋精神，增强信心，努力开创司法行政系统思想政治工作新局面”的工作报告；市委副书记刘云耕到会并作重要讲话。会后，市司法局党委下发了《关于加强和改进思想政治工作的实施意见》，明确司法行政系统加强和改进思想政治工作的指导思想、原则和任务目标。

2001年初，根据市委统一部署，在处级以上领导班子和领导干部中开展“三讲”教育“回头看”活动，局党委下发了关于“回头看”的实施意见以及对“回头看”和执法执纪专项教育开展检查的通知。通过“加强学习、提高认识；自查自看、听取意见；制定措施、落实整改”等3个阶段，认真回顾“三讲”教育以来处级领导干部的工作和思想情况。针对“三讲”教育中查找出的突出问题及时制定相应的整改措施，并对照检查。局机关及直属单位共有67名处级干部参加“三讲”教育“回头看”活动，并分别写了学习体会。机关处级领导干部普遍接受了一次马克思主义教育，思想政治素质有了较大的提高。11月，局系统“三讲”教育“回头看”活动基本结束。各基层单位党委对“回头看”活动十分重视，第一责任人较好地履行了职责。“三讲”教育中提出的整改措施得到贯彻落实，党群关系、干群关系进一步融洽，领导班子和领导干部的作风建设进一步改进。

2002年，党的十六大召开以后，各级党委把学习十六大文件作为首要政治任务，制订学习计划，明确学习要求，认真组织学习，在整个系统掀起了学习十六大精神的热潮，推进干部队伍的思想政治建设。集中部署开展以弘扬“爱岗敬业、公正廉洁、纪律严明、求真务实、开拓创新、无私奉献”为主要内容的新时期“红烛”精神宣传教育活动，历时半年，经历了“思想发动、理论学习；案件剖析、专题讨论；对照检查、制定整改措施；评选‘红烛’精神先进个人；学习交流、教育总结”等五个阶段。在教育活动过程中与市委政法委开展的“坚持艰苦奋斗、反对享乐主义”专题警示教育活动以及学习优秀民警肖玉泉先进事迹活动有机结合。

2003年，开展以学习党的十六大精神为主要内容的宣传教育活动，用“三个代表”重要思想统领司法行政系统队伍的思想作风建设。认真组织学习党的十六大文件，开展主题讨论。局党委组织开展了4个专题的十六大精神学习，安排党委中心组成员参加市委宣传部和市委党校举办的辅导讲座。在机关全体党员干部中开展十六大学习活动，制定印发《关于开展学习十六大精神活动的实施意见》和《关于兴起学习贯彻“三个代表”重要思想新高潮的实施意见》，分6个专题有计划、有步骤地学习。认真组织新党章学习活动。各党支部通过新党章的学习，使每个党员干部弄清党章修改的主要内容，充分认识新党章在指导当前和今后一个时期党的工作和党的建设的重要现实意义和深远历史意义。上半年，在机关全体党员中还开展“新时期司法行政机关共产党员形象”大讨论活动，做到“四个结合”，即与突出弘扬身边的先进典型和先进事迹紧密结合，与局党委号召弘扬宣传司法行政系统推出的先进典型人物徐宏祥学习活动紧密结合，与纪念建党82周年教育活动紧密结合，与联系党员干部思想、工作实际、争当优秀共产党员，发挥党员先进模范作用紧密结合。

2004年，开展以“坚持执法为民、确保公正司法”和“文明执法树形象”主题教育活动为主线，狠抓干警队伍的思想政治建设；以“让人民高兴、让党放心”活动为主线，进一步加强领导班子和领导干部队伍建设；以“凝聚力工程”为抓手，全面加强党的基层组织建设。

2005年，根据中央和市委的部署，局党委把先进性教育列为2005年工作的重点，在全系统8 100多名党员中开展保持共产党员先进性教育活动。同年，按照市委政法委要求，市司法局组织安排严德海烈士先进事迹报告会，并转发中政委、司法部等上级单位关于向吴光林、宋鱼水等先进典型学习的通知，在全系统掀起学先进的热潮。组织广大干警深入学习人民日报《论责任》一文，并结合上半年全市政法干警发生的部分重大违法违纪案件和余祥林等5个典型案件的剖析材料，要求各级领导中心组班子和全体干警联系本单位实际，联系工作岗位和职责，进一步增强工作的责任感和事业心，特别强调要在增强“三个意识”（责任意识、规则意识、进取意识）上下功夫。

2006年，按照中央、市委、司法部、市委政法委有关文件要求，以市司法局党委名义起草、下发关于全系统学好用好《江泽民文选》的实施意见，在全系统掀起学习《江泽民文选》的热潮。按照中政委、司法部、市委政法委统一部署，在全系统开展社会主义法治理念教育活动。举办全系统正处级以上领导干部社会主义法治理念教育专题研讨班。结合社会主义法治理念教育和中央关于学习《江泽民文选》的决定和胡锦涛在专题学习会上的重要讲话，认真组织好党委中心组学习和局级干部集中学习，及时制订和调整学习计划，落实学习内容。为了进一步弘扬新时期“红烛”精神，先后印发《关于进一步深入开展弘扬新时期“红烛”精神宣传教育活动及评选表彰标兵集体、标兵个人的实施方案》《关于开展“我是共产党员做新时期‘红烛’”践行先进性活动的实施方案》，共评选表彰2个“红烛”标兵集体并记局机关集体三等功，3名“红烛”标兵个人并记局机关个人三等功。

2007年，党的十七大召开后，市局党委及时印发《关于认真学习宣传贯彻党的十七大精神的意见》，组织广大干警认真学习党的十七大精神，在党委中心组学习和局级干部集中学习中，也及时调整学习计划，贯彻落实党的十七大精神，全年共举办高层次的学习讲座6次。按照中央政法委、司法部、市委政法委统一部署，在全系统继续深入开展社会主义法治理念教育活动，上半年主要是集中教育，下半年转入经常化教育，印发《市司法局党委关于在全市司法行政系统进一步深化社会主义法治理念教育的通知》。组织落实社会主义法治理念教育活动考试考核的工作，检验教育成效，展示活动成果，进一步推进社会主义法治理念教育走向经常化、规范化、持久化。各单位在进一步深化社会主义法治理念教育中组织广大干警积极开展理论研究，踊跃参加市司法局政治部组织的专题征文活动，全系统各单位共报送文稿109篇，经评审后确定一等奖2人、二等奖6人、三等奖11人。

2008年3月12—14日，市司法局党委举办全系统正处级以上领导干部学习十七大精神培训班。培训班邀请市委党校有关教授分别就高举中国特色社会主义伟大旗帜、深入贯彻落实科学发展观、推进以民生为重点的社会建设、以改革创新精神推进党的建设新的伟大工程等内容进行了系统辅导,并组织了分组讨论和交流发言。7月29—30日,按照中央政法委、司法部和市委政法委关于深入推进大学习、大讨论活动有关要求,市司法局党委举办了全市司法行政系统正处级以上领导干部大学习、大讨论活动集中教育培训班。市司法局党委书记、局长吴军营作了关于学习贯彻中央政法委专题研讨班重要精神的宣讲报告。10—12月,市司法局系统作为全市第一批单位开展深入学习实践科学发展观活动,顺利完成学习调研各项任务,如期完成分析检查阶段工作。市司法局系统共有392个党支部5 800名党员干部参加学习实践活动。

2009年,围绕"坚持科学发展,充分发挥司法行政工作在'四个确保'中的职能作用,努力使上海司法行政工作走在全国前列"的主题,完成了对全市司法行政系统正处级以上干部的集中教育培训工作。以学习实践科学发展观整改落实为契机,制定印发《市司法局党委中心组学习制度》,使党委成员理论学习、调查研究等制度经常化、常态化。紧密联系司法行政工作实际,全年安排纪检监察、保密、审计、政府法制、党的建设、党风廉政建设等高层次系列讲座9次。根据中央政法委、司法部、市委政法委的部署要求,继续深化社会主义法治理念教育,组织全市司法行政系统广大干警、教职工、法律服务工作者开展《学习实践科学发展观暨深入开展"大学习、大讨论"活动读本》的学习,并对其中必须掌握的基本知识组织统一测试。

2010年,市司法局认真落实党委中心组学习制度,紧密联系当前经济社会形势和司法行政工作实际,先后安排信访工作的形势、任务和要求、当前经济形势和上海转变发展方式、干部选拔任用工作4项监督制度、上海世博会、中国电信的发展与未来、关于上海社会治安等专题讲座。继续深化社会主义法治理念经常性教育。认真贯彻落实党的十七大、十七届四中全会精神,在全市司法行政系统开展"社会主义核心价值体系主题教育活动"。进一步加强思想政治工作,筹备召开上海市司法行政系统思想政治工作研究会成立大会暨上海市司法行政系统思想政治工作交流会。

第二节　业务培训

1980年初,市委批准成立上海市司法干部学校,主要承担检察、法院、司法机关业务干部的培训任务。1981年,与铁路、水运法院、检察院联办两期新进干部培训班,每期3个月,共培训200多人。同年,对上海631名部队转业干部进行短期司法业务培训。1982年,市司法干部学校对全市法院审判人员、书记员、检察人员、律师、司法行政人员进行轮训,每期2～4个月,每次45～100人,共办4期。对294名在职干部进行脱产培训,每期开设2～6门刑法、民法等主要课程。

1983年司法行政体制改革以后,市司法干部学校主要培训司法行政系统人员。举办6期乡镇法律工作者法律专业短训,每期3个月,共培训266人;举办崇明、南汇、青浦、嘉定、上海5县司法行政人员法律专业短训,每期3个月,共培训286人。培训内容主要是民法、民事诉讼法等。举办6期乡镇法律服务者调解工作短训班,每期2个月,开设民法、经济合同法等6门课,共267人。以后陆续举办过5期司法助理员、乡镇法律服务所工作人员法律专业短训,每期2～4个月,35～41人,共183人,学习8～10门法律课。

1986—1994年,市政法管理干部学院举办13期大学后高级培训班,培训对象为法医人员、科技合同仲裁员、高级律师、高级公证员、政法学院青年教师、中青年涉外律师等;举办各类岗位专业短训班25期,培训2 363人。培训对象为政法干部和劳改劳教管理干部、企业法律顾问、组织人事干

图 14－3－1　1990 年 7 月 30 日至 8 月 4 日，在青浦培训中心举办局机关新上岗处级干部培训班

部等。课程设置除法律课外，还根据不同专业岗位，增设有关课程。

1996 年，市司法局开始实施国家公务员制度，为了做好向国家公务员过渡的准备，市司法局组编出版了《司法行政业务知识读本》，8 690 名干警参加该业务知识的培训和考试。各级各岗位根据职务职责和具体业务的不同，分别参加由有关部门或司法局组织的相关培训。司法科新进人员，必须经过司法行政部门的业务培训后方能上岗。同时对律师、公证员和基层法律服务人员分别作出规定，把参加培训的情况与注册和考核结合起来。同年 11 月，建立上海律师学院，负责对全市执业律师在职继续教育和职业道德、执业纪律、法律知识培训，使律师教育培训更趋规范化、制度化。

1998 年 3 月 17—18 日，举办案件审理干部业务培训班，市司法局、监狱局、劳教局、上海大学法学院纪委及部分基层单位的 27 名纪检监察干部参加。10 月起，市劳教局组织市内各劳教所确定的 14 名干警集中到苏北第一、第二劳教所进行为期一年的离岗培训，这是上海市首批干警离岗培训。

1996—1998 年，共举办各类岗位培训班 139 期，22 504 人次参加培训。其中，举办警衔晋升培训班 13 期，已取得一级警司警衔拟晋升三级警督警衔的干警参加培训，经过考试，全部取得司法部颁发的合格证书，获得晋升三级警督警衔的资格。同时，选送已取得一级警督警衔拟选升三级警监警衔的 4 名干警参加了司法部举办的警衔晋升培训班。

1999—2000 年，共举办 11 期警衔晋升培训班，监狱劳教单位的 362 名干警参加培训；选送 16 名干警参加司法部举办的警衔晋升培训班。举办局属单位财会人员业务培训，120 人通过考核并获得财会人员继续教育结业证书。举办“内审作业指导”“审计人员职业道德”“会计错弊检查”“会计电算化”“会计法”等内容的业务和技能培训，共培训 249 人次。与市信息化培训中心共同举办信息技术应用基础培训班，市局机关及局属有关单位约 180 人次参加。举办 2 期由全市公证员和公律科长参加的培训班，整理、编印了《要素式公证书参考文本》一书，提高了公证文书的使用效能。

2001 年，市司法局先后举办 3 期首席人民调解员、司法助理员、“148”接答员和基层法律服务工作者培训班,有1 000多人次参加。举办4期"司升督"警衔晋升培训班,共有207名监狱、劳教干警接受培训。市律师协会举办新执业律师、主任律师、专兼职律师培训班24期,大型业务讲座20次,参加听讲达11 120人次,平均每次讲座听讲者为556人。

2002年,上海司法行政系统处级干部全年共有100多人参加由市委党校、行政学院、政法党校举办的培训班。市劳教局政治部举办3期"干部教育培训系列讲座",有90余名处级以上领导干部参加。市司法局纪委举办由基层纪委书记、监察室主任参加的研讨班,就进一步充分发挥纪检监察部门职能,加强行政监察工作等问题进行专题研讨,明确司法行政系统开展行政监察工作的要求、方式和重点。同年4月,市公证员协会分两期举办全市公证员职业道德教育培训班,全市公证员及部分公证助理人员280余人参加培训。10月31日至12月5日,市司法鉴定工作委员会办公室举办为期6周的全市司法鉴定人业务知识系列讲座和培训。律师等法律服务工作者队伍也相继开展各种类型的培训班。

2003年,制定《市司法局关于举办2003年度警衔晋升培训计划》,组织市司法警官学校完成3期186名监狱劳教人民警察"司升督"警衔晋升培训工作。9月19—20日,举办新一届党支部书记培训班。局机关和直属单位30余名新一届党支部书记、副书记参加培训。9月起,对全市各区县司法局分管基层工作领导,基层科长,安邦科长,各街道、乡镇司法科(所)长进行社区矫正、人民调解工作专题培训。

2004年,开展"坚持执法为民、确保公正司法"和"文明执法树形象"主题教育活动。举办了全市司法行政系统纪委书记培训班。5月27—28日,市司法局系统100名纪检监察干部参加了以《中国共产党党内监督条例(试行)》《中国共产党纪律处分条例》为主要内容的学习培训班。12月9—10日,市司法局举办了2004年全市司法行政系统纪委书记培训班。12月,市直属律师事务所党委举办党支部书记培训班。

2005年,共落实各类培训班学员107人。5月25—27日,在市政法人才培训中心进行了由系统审计人员参加的计算机软件操作培训。6月,市劳教局纪委以提高案件查处及审理工作能力为主题,组织20多名纪检监察干部参加培训。7月,市监狱管理局纪委以加强罪犯释前谈话为主题,组织40名纪检监察干部参加业务培训。此外,还举办全系统处级以上领导干部专题研讨班;组织3名局级干部参加市干部教育中心举办的信息化培训班。

2006年,市司法局出台《市司法局党委关于加强全市司法行政系统教育培训管理工作的意见》,规范全系统的教育培训管理工作。组织全市监狱劳教系统开展岗位练兵活动。举办局系统政治处主任培训班,监狱、劳教系统政工部门负责人50余人参加培训。3月1—3日,在市政法人才培训中心举办计算机辅助审计软件的操作培训;11月13—14日,组织局系统内审人员参加了市审计局培训中心举办的《会计准则》培训。

2007年,根据中央、司法部、市委、市政府关于干部教育培训有关规划、意见和局党委对干部教育培训工作提出的各项要求,市司法局制定印发《全市司法行政系统2006—2010年教育培训工作规划》《2007年教育培训工作重点》《市司法局2007年教育培训计划》,进一步理顺全系统教育培训管理工作。3月7—9日,在市政法人才培训中心举办了计算机辅助审计软件的操作培训。4月28—30日,市司法局举办局系统政治处主任培训班。9月4日,市劳教局组织百余名干警参加教育业务培训。12月14—15日,市司法局举办律师管理干部社会主义法治理念教育培训班。

2008年,组织监狱劳教所业务干部学习《警务管理工作制度汇编》,完成117名干警司升督警衔培训工作,共组织40名农场团干部参加团市委后方基地培训。11月17—21日,机关党委举办全体副处级以下机关干部“深入学习实践科学发展观”集中驻训培训班。全年，组织落实各级党校培训223人；举办4期区县和委办局法宣干部培训班，提高法宣干部的政治、业务素质；组织开展3次局系统专兼职内审人员业务培训班。

2009年，建立政治教育定期培训制度，改革警衔晋升培训制度，初步形成评估考核制度。利用网络资源，对市、区司法行政机关公务员开设“科学发展观背景下的司法行政工作”系列讲座，加强对法律服务工作者开展现代服务业知识培训。举办上海司法行政系统教育培训工作评估研修班。3月下旬，市司法局办公室和宣传资料中心联合举办司法行政系统新闻宣传通讯员培训班。6月1—2日，市司法局举办局系统政治处主任培训班。市委组织部、市委党校有关专家就党代会常任制、公推直选、干部选任政策与实务以及领导方法与艺术等分别作了专题辅导。10月13—15日，市矫正办在市政法人才培训中心举办为期3天的2009年度街镇司法所社区矫正和安置帮教专职干部业务培训班。全市18个区县共223个街镇司法所共计250余人参加培训。11月19—20日，市司法局举办局系统基层党委书记培训班，邀请市委组织部、市委党校等有关方面专家进行授课，加深对党的十七届四中全会和市委九届九次全会精神的了解，加强对党建工作和干部选拔任用工作政策实务的掌握。此外，市司法局还组织市、区县司法局法制工作人员培训班；举办4次局系统内审人员业务培训班，共有200余人参加；举办以查信办案为重点的纪检监察业务培训班；举办3期每期2天的培训班，对全市500名律师事务所党支部书记和政治指导员（联络员）进行集中培训。

2010年，围绕服务世博，组织开展“文明观博”学习培训活动。根据司法部《关于开展监狱劳教人民警察执法大培训、岗位大练兵活动的意见》要求，在全市监狱劳教人民警察队伍中深入开展执法大培训、岗位大练兵活动。与市委党校签订了为期3年的合作办班协议，联合举办中青年干部培训班和处级干部轮训班。举办市司法局系统第一期中青年干部培训班（48人，2个月）和第一期处级干部轮训班（43人，1个月）。选送20名监所政委参加司法部组织的全国监狱政委培训班。举办两期全市监狱、劳教所领导班子“执法大培训、岗位大练兵”专题培训班（88人）。选送6个区（县）、11名司法局局长参加全国司法局局长培训班。举办首届区（县）司法行政机关新进公务员培训班（50人）。举办司升督培训班，全市85名监狱劳教人民警察参训。

第四章　精神文明创建活动

1984 年起，创建文明单位的活动在全市大规模开展并迅速发展。1986 年 9 月 28 日，党的十二届六中全会通过《中共中央关于社会主义精神文明建设指导方针的决议》，市委制定《“七五”期间社会主义精神文明建设实施规划》，强调坚持“两个文明一起抓”的方针，以“做文明市民，创文明单位，建文明城市”为主要内容，大力推进经济建设、改革开放和精神文明建设的协调发展，确定上海精神文明建设“宏观规划、重点部署、个别突破、带动全局”的工作方针。2005 年，评选出第一批全国文明单位。其间，市司法局立足司法行政职能，深入开展群众性精神文明建设工作，着力发挥文明单位、文明行业示范者作用。

第一节　文明单位创建

一、全国文明单位创建

2003 年 9 月，中央精神文明建设指导委员会印发《关于评选表彰全国文明城市、文明村镇、文明单位的暂行办法》明确，全国文明单位是授予物质文明、政治文明、精神文明建设协调发展、精神文明建设成绩突出、能够在全国发挥示范作用的单位的荣誉称号。根据该《办法》，全国文明单位评审标准为组织领导有力，创建工作扎实；思想教育深入，道德风尚良好；学习风气浓厚，文体卫生先进；加强民主管理，严格遵纪守法；内外环境优美，环保工作达标；业务水平领先，工作实绩显著。

全国文明单位每 3 年评选表彰一次。每届期满后，获得荣誉称号的单位须重新参加申报、评选。连续 3 届保持荣誉称号的，中央文明委授予“全国文明单位标兵”的荣誉称号。全国文明单位的评选按照自愿申报、逐级推荐、提前公示、择优评选的程序进行。

2005 年，在第一批全国文明城市（区）、文明村镇、文明单位评选中，上海市女劳动教养管理所被评为“全国文明单位”称号。

二、市级文明单位创建

1986—1987 年，上海市第一律师事务所连续获得市级文明单位称号。

1987 年，上海市司法学校获得市级文明单位称号。

1989 年，市第二律师事务所获得市级文明单位称号。

1996 年，上海市文明单位：浦东新区司法局、上海市女劳动教养管理所、上海市第一律师事务所、上海市新华律师事务所、上海市震旦律师事务所。

1997—1998 年度上海市文明单位：上海市青浦监狱、上海市女劳动教养管理所、上海市公证处、浦东新区司法局、长宁区司法局、上海市新华律师事务所、上海市华亭律师事务所、上海市第一律师事务所、上海市震旦律师事务所。

1999—2000 年度第十届上海市级文明单位：上海市新收犯监狱、上海市少年管教所。

2003—2004 年度第十二届上海市文明单位：少年管教所、青浦监狱、女劳教所、新华律师事务所、少年教养所、上海政法学院、市公证处、华夏宾馆、浦东新区司法局、长宁区司法局、杨浦区司法局、崇明县司法局、长宁区公证处、普陀区公证处、闸北区公证处、松江区公证处、国浩律师集团(上海)事务所、建纬律师事务所、中建律师事务所、三石律师事务所、九州丰泽律师事务所、前和律师事务所、君悦律师事务所、北京市金杜律师事务所上海分所、华亭律师事务所、毅石律师事务所、段和段律师事务所、锦天城律师事务所、申达律师事务所、浦栋律师事务所、小耘律师事务所、天一律师事务所、公民律师事务所。

2005—2006 年度第十三届上海市文明单位有：上海政法学院、上海市未成年犯管教所、上海市女劳动教养管理所、上海市未成年劳动教养人员管理所、上海华夏宾馆、上海市公证处、国浩律师集团(上海)事务所、上海市建纬律师事务所。

2007—2008 年度第十四届上海市文明单位，全系统有 41 家单位其中 8 家单位由市司法局推荐，分别是上海市未成年犯管教所、上海华夏宾馆、上海市第一劳动教养管理所、上海市女劳动教养管理所、上海市未成年劳动教养人员管理所、上海政法学院、上海市东方公证处、上海市法律援助中心，其余 33 家分别由所在区(县)推荐。

2009—2010 年度第十五届上海市文明单位，全系统有 49 家单位其中 11 家单位由市司法局推荐，分别是上海政法学院、上海市东方公证处、上海市法律援助中心、上海华夏宾馆、上海市未成年犯管教所、上海市女子监狱、上海市宝山监狱、上海市女劳动教养管理所、上海市未成年劳动教养人员管理所、上海市第一劳动教养管理所、上海市第二劳动教养管理所；其余 38 家分别由所在区(县)推荐。

三、市级机关文明单位创建

1996 年，上海市市级机关文明单位：上海华夏宾馆、上海市司法学校、上海市监狱总医院。

1998 年，上海市市级机关工委文明单位：上海市第一律师事务所、上海市震旦律师事务所、上海市女劳动教养管理所、上海市青浦监狱、上海市公证处。世纪就干系统文明单位有：上海市司法学校、上海华夏宾馆、上海市监狱总医院、上海市少年管教所、上海市万国律师事务所。

2002 年，市司法学校、市法律援助中心等 6 家单位荣获 2001—2002 年度“上海市市级机关文明单位”称号。

2005 年，上海市级机关文明单位：上海市联合律师事务所、上海市司法警官学校、上海市女子监狱、上海市司法学校、上海市法律援助中心、上海市邦信阳律师事务所、上海市劳动教养收容所、上海市金茂律师事务所。

2007—2008 年度第十四届上海市市级机关系统文明单位：上海市白茅岭监狱、上海市女子监狱、上海市宝山监狱、上海市监狱总医院、上海市司法警官学校、上海市第二劳动教养管理所、上海市司法学校。

2009—2010 年度第十五届市级机关文明单位评选中，市司法局推荐的 7 家单位获得市级机关文明单位称号。

第二节　文明行业创建

一、规范服务达标行业创建

公证创建服务达标行业。1998年，全市各公证处率先开展创建规范服务达标行业活动。8月，市司法局发出《关于开展上海市公证机构规范服务达标活动的通知》后，各公证处联系公证工作的实际情况，进一步建立、健全公证接待制度、公证处主任接待日制度，并与公证收费标准、公证员廉政守则一起公开张贴在公证接待室，同时公开建立举报联系箱、监督投诉电话等，自觉接受群众的监督。徐汇、普陀、宝山、杨浦、南市、长宁、松江等公证处在接待室醒目处张贴公证员照片、姓名和执业编号，并规定着装挂牌接待等。徐汇区公证处率先在接待桌上安放国旗，同时推出接电话文明规范用语。1999年7月，市公证行业被市精神文明建设委员会确定为全市开展规范服务达标活动的行业之一。根据市文明委对规范服务达标的要求，市司法局制定印发《全市公证行业开展规范服务达标活动的通知》和《公证行业开展规范服务达标活动的考评细则》，公证行业以此活动的开展带动公证"窗口"建设、队伍建设及行业管理，向社会公开办事制度、服务承诺制、收费标准、投诉电话等，接受社会的监督。同年11月，市司法局在外滩陈毅广场举行全市公证行业规范服务达标宣誓仪式。同年12月8日，上海市公证处在司法部首次评选部级文明公证处的活动中，被授予"司法部部级文明公证处"称号，成为上海公证行业中第一家部级文明单位。2000年，经市精神文明建设委员会组织的一系列明察暗访和社会测评，市民对公证行业的满意率为96%，位居2000年度全市7个规范服务达标行业之首，顺利通过达标评估。2001年4月，全市公证行业22个"窗口"被评为上海市规范服务达标行业。

法律援助创建服务达标行业。2005年3月，市司法局委员会、沪司委印发《市司法局党委关于全市法律援助行业创建规范服务达标行业活动的函》，为进一步优化和改善全市法律援助工作，使之更好地成为党和政府联系人民群众的桥梁，成为构建社会主义和谐社会的必要纽带，经过较为充分的论证，市司法局决定向市文明委申报，从2005年上半年起在全市法律援助机构中开展规范服务达标活动，并以此项活动为抓手，不断完善规范服务标准，完善各项制度建设，提升服务质量和水平，提高队伍的整体素质。2006年，在开展规范服务达标工作中，各法律援助中心在便民利民上下功夫。各法律援助中心均实行了中午不休息连续接待，承诺对80岁以上、重残、重病卧床的申请人实行上门服务等便民措施。全市各法律援助中心共收到表扬信100余封，锦旗30余面。2007年6月，市法律援助中心对全市19个区(县)法律援助中心的规范服务达标工作进行全面检查验收，起草了《上海市法律援助机构开展规范服务达标活动的情况汇报》，在总结规范服务达标工作的基础上，提出下一步创建文明的规划和措施。2008年，全市法律援助行业开展"法律援助为和谐社会服务"主题实践活动和法律援助规范服务达标活动，并顺利通过市文明办的验收。2009年获上海市新增规范服务达标行业。

二、文明行业创建

2000年，市司法局规划，公证机构在实现规范服务达标的基础上争创文明行业。

2004年7月6日，为推动全市公证队伍精神文明建设，提高公证人员的素质，树立公证行业良好的社会形象，市司法局向市文明办提出全市公证队伍开展创建文明行业活动的申请报告，得到市文明办的认可。市司法局印发《上海市公证行业创建文明行业规划》《创建文明行业公证机构考核标准》和《关于全市公证行业开展文明行业创建活动的实施意见》等文件。为激励公证人员创建文明行业的热情和积极性，11 月 6 日，市司法局召开公证行业创建文明行业誓师大会，向社会表示：时刻牢记服务人民、奉献社会的宗旨，依法办事，诚实守信，恪守公证秩序，接受社会监督，力争将全市公证行业建设成为文明行业。

2006 年，结合文明行业创建工作，市司法局组织开展"内强素质、外树形象"岗位培训，举办《公证法》和公证质量研讨会。市公证处积极推进文明单位和文明行业创建活动。在办证过程中，贯彻服务承诺制，坚持为年老体弱的当事人提供上门办证服务，指派经验丰富的公证员专门办理遗嘱公证。同时将文明单位与文明行业创建活动有机结合起来，将创建活动落实到具体的为民措施上。做到行风监督专业化，反映渠道多样化，投诉处理明确化，奖惩措施制度化，拓宽言路，接受行风监督，多渠道推进行风建设。继续与公证处所在街道居委会联手，共建社区精神文明。

2008 年，各级公证处继续推进文明单位和文明行业创建活动。市公证处坚持向社会发放《当事人意见征询表》，及时听取当事人的意见和建议，拓宽言路，接受行风监督，并根据当事人的意见和建议及时作出整改。

2009 年 3 月 27 日，经市精神文明建设委员会审议通过，命名上海市公证行业为"2007—2008 年度上海市规范服务达标先进行业"。5 月 9 日，市司法局召开全市公证行业争创文明行业动员大会。5 月 12 日，为贯彻落实《上海市公证行业创建文明行业规划》，积极参与文明行业创建活动，东方公证处制定《参与公证行业创建文明行业实施计划》。5 月 15 日，市公证协会印发《上海市公证行业创建文明行业规划》，明确公证行业创建文明行业的指导思路、目标、公证行业文明指标体系和考核内容，并制订阶段性实施计划。

2010 年，上海市公证行业获评"2009—2010 年度上海市文明行业"。

第三节　现代化文明劳教所创建

1994 年 1 月，司法部提出，劳改、劳教工作的目标是坚定不移、量力而行地逐步将监狱、劳教所建成现代化的文明监狱和劳教所。现代化文明劳教所是以比较先进的设施装备、完善的教育改造制度为基础，依法对劳教人员实施文明的教育挽救，具有较高教育改造质量的场所。劳教场所各项业务工作都围绕这一目标进行，当时正在开展的创办劳教工作特色、举办劳动教养学校和生活卫生达标升级等活动都纳入创建现代化文明劳教所的轨道。现代化文明劳教所的标准概括为"六好"，即：改造质量社会效益好、所政设施建设好、所政管理好、生产劳动好、教育效果好、民警队伍建设好。

1996 年 3 月，劳教局根据各劳教所的实际情况，决定将创建工作分为 4 个层次：部级现代化文明劳教所、市级现代化文明劳教所、创建工作先进单位、现代化文明劳教大队。基本具备条件的单位直接创建部级现代化文明劳教所，其他单位先创建市级现代化文明劳教所，在此基础上予以提高。同年 5 月，司法部颁布《创建现代化文明劳教所试行办法》。

一、部级现代化文明劳教所创建

部级现代化文明劳教所，先由拟报劳教所对照司法部颁布的标准自行检查，达到标准后提出申请,由市司法局委托劳教局考核评审委员会考核后报司法部考核评审委员会复核、批准,由司法部命名。

1997年,司法部现代化文明劳教所考核组对女劳教所进行考核。考核组听取女劳教所创建工作汇报,考察了场所设施,查阅各类台账,检查管理教育工作、政工工作、生产安全工作情况,进行民警队列操练、掌握劳教人员“四知道”情况、队前讲评、熟记队情、撰写小论文、应急预案演练等测试。经评审,当年12月,女劳教所被司法部命名为全市第一个部级现代化文明劳教所。

2004年10月,司法部修订的《现代化文明劳教所标准》规定,部级现代化文明劳教所考核期为3年。申报验收工作原则上每年进行一次,每年4月30日前完成申报工作。命名为部级现代化文明劳教所后3年复查一次,对不符合条件的取消命名。对被命名为现代化文明劳教所的单位,颁发证书、奖牌,并给予相应的物质奖励。对被命名为部级现代化文明劳教所的单位,记集体一等功一次,对有功人员记个人一等功或二等功一次,并颁发奖金;对被命名为市级现代化文明劳教所的单位,记集体二等功一次,对有功人员记个人二等功或三等功一次,并颁发奖金。

二、市级现代化文明劳教所创建

市级现代化文明劳教所和现代化文明劳教大队及授予创建现代化文明劳教所先进单位的,由各拟报单位在对照标准自查后提出申请,劳教局考核评审委员会进行考核、批准,由市司法局命名,报司法部备案。

1999年11月,劳教局成立市级现代化文明劳教所考核评审委员会,下设考核组。劳教局领导分别担任评审委员会主任和考核组组长。现代化文明劳教所的申报、评审和命名工作,原则上每年进行一次,考核周期为2年。考核周期内发生重大恶性案件、经营性亏损、重大生产安全事故或民警队伍中发生重大违法违纪案件以及劳教人员脱逃超过控制指标的场所,不得申报。

至2010年,全局有4个劳教所被司法部命名为部级现代化文明劳教所,3个劳教所被市司法局命名为市级现代化文明劳教所。

表14-4-1 1997—2010年上海市现代化文明劳教所情况表

单位	市级现代化文明劳教所批准时间	部级现代化文明劳教所批准时间
第一劳教所	2007.11	2009.2
第二劳教所	2009.4	—
第三劳教所	2000.4	2001.6
第五劳教所	2002.1	2005.12
劳教收容所	2002.1	—
女劳教所	—	1997.12
未成年人劳教所	2000.4	—

说明:女劳教所于1997年直接申报部级现代化文明劳教所。第四劳教所正在创建中。

第十五篇

人　物

上海司法行政人坚守初心、勇担使命，不懈追求、砥砺前行，涌现出许多英雄楷模和卓越团队。这些人物为司法行政系统的建设和发展做出较大贡献，有力地推动了全市司法行政工作的进程。本篇收录1978—2010年担任市司法局主要领导、获得革命烈士、司法部一级英模、先进集体、先进个人等。根据记述的需要，本篇采用单独传略、单独简介的方式记述，其余均以表录方式记述。其中，人物传略遵循“生不立传”的原则，依卒年为序排列，人物简介按照主要领导出生时间先后排列，因公牺牲人员表依卒年为序。

第一章 人物传略

袁金娣(1915.9—1981.3)

女,江苏常州人,中共党员。1957年参加里弄工作,历任生产组长、生产主任、居委会副主任,1964年兼任居委会调解委员会主任。曾被评为上海市“三八”红旗手,多次被评为市、区调解先进工作者。1981年3月23日,在调解民事纠纷中,为保卫人民生命安全和国家财产,被犯罪分子引爆炸药而英勇牺牲。4月15日,被市人民政府批准为革命烈士。4月29日,被长宁区委决定追认为优秀共产党员。

谷志明(1965.9—1984.6)

安徽定远人,中共党员。1984年5月,被吸收为白茅岭农场干警。在农场新干警训练期间,担任训练班临时团支部书记。6月16日,白茅岭农场所处安徽省郎溪、广德地区发生特大洪水,在抗洪抢险过程中为救援当地群众英勇牺牲。9月25日,被市人民政府批准为革命烈士。被团市委授予“抗洪抢险青年英雄”光荣称号。被白茅岭农场党委追认为中共正式党员。

鞠　华(1912.1—1992.10)

山东掖县人,中共党员。1980年1月至1983年9月,任市司法局局长。他牵头恢复重建市司法局,在百废待兴时期为上海司法行政工作恢复重建做出了开创性贡献。担任市司法局局长期间,他带领大家艰苦创业,重建市律师协会、法律顾问处和市公证处,建立上海司法行政制度,通过各种渠道帮助50年代被调离司法岗位的干部“归队”,创办上海市司法干部学校和上海市司法学校,开展在职司法干部培训和培养中专法律人才,他长期带病工作,为健全社会主义法制鞠躬尽瘁。

李庸夫(1927.6—1997.6)

河南孟县人,中共党员。1983年10月至1991年2月,任市司法局局长。他坚定不移地贯彻党的十一届三中全会以来的路线、方针、政策,坚持以经济建设为中心,以改革为动力,推动上海司法行政各项工作全面发展。担任市司法局局长期间,他解放思想,大胆探索,不断提高对罪犯、劳教人员的改造质量,开创了监狱劳教工作新局面;他率先倡导律师制度改革,有效推进上海律师事业发展;他把握机遇,果断决策,大力发展法学教育,相继办起法律大中专院校,建成颇具规模的法学教育基地;他爱护人才,求贤若渴,创造条件让年轻干部脱颖而出,使上海司法行政系统干警队伍整体素质明显提高。

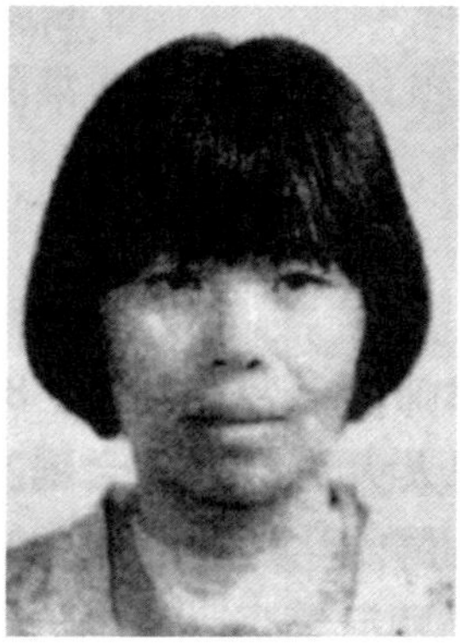

唐美玲(1950.4—1997.10)

女,上海市人,中共党员。1984年2月任虹口区家用电器公司下属新浦弹簧厂党支部书记,兼任人民调解员工作。连续多年被评为公司和虹口区的先进生产者、“三八”红旗手、工会工作积极分子。1997年10月27日,在调处本厂职工家庭纠纷时,为制止暴力行为、保护职工,奋勇与歹徒搏斗,被连捅数刀英勇牺牲。被市人民政府批准为革命烈士,被司法部追授为模范人民调解员,被市社会治安综合治理委员会追授为上海市社会治安见义勇为先进个人,被市司法局追授为优秀人民调解员。

黄　裕(1930.3—2002.4)

上海市人,中共党员。1948年7月,加入中国共产党。历任市公安局杨浦分局经保科科长、市公安学校教师等职。1958年3月被错误定为“托匪分子”,开除党籍,送甘肃、新疆劳教。1979年9月平反,11月起,历任白茅岭农场基建科窑厂厂长、基建科科长、劳动阀门厂厂长。1983年10月,任第二劳改总队党委副书记、总队长。1984年7月,历任华东电焊机厂厂长、党委书记,申江企业总公司副总经理。1985年12月,授予一级英模荣誉称号。1986年1月,任市劳改局副局长、党委委员。1991年1月,离职休养。

薛明仁(1936.5—2006.3)

山东莱西人,中共党员。1991年2月至1998年4月,任市司法局局长。他尊重知识、尊重人才、勇于创新,推动上海司法行政各项工作跃上新台阶。担任市司法局局长期间,他带领班子成员攻坚克难基本完成监狱布局调整,显著提高上海监狱和劳教管理工作的水平,结合上海实际在全国率先推动律师事务所实行“不要国家编制、不要国家经费,自收自支、自主管理、自我约束、自我发展”的管理机制,使上海法律服务业的发展规模和服务水平保持全国前列。

第二章 人物简介

吴军营(1952.6—)

江苏邳州人,中共党员。2007 年 10 月至 2013 年 3 月,任市司法局局长。他带领上海司法行政系统全力服务全市改革发展大局,全力服务保障改善民生,取得显著成效。担任市司法局局长期间,全市监狱、劳教(戒毒)场所持续安全稳定,他领导上海司法行政系统首创上海公证行业公益服务月活动,推动建立医患纠纷人民调解制度,率先开展社区矫正中心规范化建设,推动出台地方性法规《上海市安置帮教工作规定》,指导律师等法律服务队伍全力保障上海世博会成功举办,市司法局被司法部记集体一等功。

缪晓宝(1953.9—)

江苏海安人,中共党员。1998 年 4 月至 2007 年 10 月,任市司法局局长。在党的十五大提出"依法治国,建设社会主义法治国家"之际,他敢闯敢试,将上海打造成为全国司法行政制度改革发展的先行者和排头兵。担任市司法局局长期间,他推进监狱体制改革,在全国率先探索律师、公证管理体制改革,率先开展法律援助、司法鉴定统一管理、法律服务网站建设、社区矫正试点等工作,推动司法所和人民调解工作改革发展,建成独立设置的本科院校——上海政法学院。

第三章　人物表

第一节　先进集体

表 15－3－1　1985—2010 年上海市司法行政系统先进集体情况表

单　　位	所获荣誉	授予单位
市监狱八大队	1985 年全国司法行政系统先进集体	司法部
卢湾区五里桥鲁南调委会	1985 年全国人民调解工作先进集体	司法部
黄浦区东南新村调委会	1985 年全国人民调解工作先进集体	司法部
川沙县洋泾乡东华村调委会	1985 年全国人民调解工作先进集体	司法部
上海县塘北调委会	1985 年全国人民调解工作先进集体	司法部
崇明县三星乡包房村调委会	1985 年全国人民调解工作先进集体	司法部
上海吴泾化工厂调委会	1985 年全国人民调解工作先进集体	司法部
上海压缩机厂调委会	1985 年全国人民调解工作先进集体	司法部
章华毛纺织厂调委会	1985 年全国人民调解工作先进集体	司法部
白茅岭农场女劳教大队	1988 年全国司法行政系统集体一等功	司法部
市第七劳改支队	1989 年全国司法行政系统集体一等功	司法部
白茅岭农场劳动阀门厂	1989 年全国司法行政系统集体一等功	司法部
万象汽车厂 SXC6601 豪华旅行车试制组	1990 年全国司法行政系统先进集体	司法部
崇明县竖河乡法律服务所	1990 年上海市模范集体	市政府
上海电线塑料制品厂新产品试制小组	1990 年上海市模范集体	市政府
市监狱七大队	1993 年上海市模范集体	市政府
南市区普法办公室	1990 年全国普法先进集体	司法部
普陀区教育局	1990 年全国普法先进集体	司法部
静安区江宁街道办事处	1990 年全国普法先进集体	司法部
南汇县普法办公室	1990 年全国普法先进集体	司法部
嘉定县桃浦乡	1990 年全国普法先进集体	司法部
松江县华阳桥乡官绍村	1990 年全国普法先进集体	司法部
上海市五爱中学	1990 年全国普法先进集体	司法部
卢湾区黄陂南路第一小学	1990 年全国普法先进集体	司法部
中国船舶工业总公司第七研究院第七一一研究所	1990 年全国普法先进集体	司法部

（续表）

单　　位	所 获 荣 誉	授 予 单 位
上海市仪表电讯工业局	1990 年全国普法先进集体	司法部
上海石油化工总厂	1990 年全国普法先进集体	司法部
上海吴泾化工厂	1990 年全国普法先进集体	司法部
上海第一钢铁厂	1990 年全国普法先进集体	司法部
上海自行车厂	1990 年全国普法先进集体	司法部
上海第三十一棉纺织厂	1990 年全国普法先进集体	司法部
市交通运输局	1990 年全国普法先进集体	司法部
市邮电管理局	1990 年全国普法先进集体	司法部
中国人民银行上海市分行	1990 年全国普法先进集体	司法部
市第一百货商店	1990 年全国普法先进集体	司法部
市粮食局	1990 年全国普法先进集体	司法部
市市政工程管理处	1990 年全国普法先进集体	司法部
市委党校法学教研室	1990 年全国普法先进集体	司法部
市司法局法制宣传处	1990 年全国普法先进集体	司法部
市劳改局监察室	1991 年全国监察工作先进集体	监察部、人社部
青浦县练塘镇法律服务所	1992 年全国优秀法律服务所	司法部
上海县梅陇乡法律服务所	1992 年全国优秀法律服务所	司法部
嘉定县南翔镇法律服务所	1992 年全国优秀法律服务所	司法部
青浦县莲盛乡法律服务所	1992 年全国优秀法律服务所	司法部
川沙县洋泾乡法律服务所	1992 年全国优秀法律服务所	司法部
南汇县公证处	1992 年全国公证质量先进集体	司法部
闵行区西村调委会	1993 年全国模范人民调解委员会	司法部
中华造船厂调委会	1993 年全国模范人民调解委员会	司法部
虹口区安乐调委会	1993 年全国模范人民调解委员会	司法部
南市区福民调委会	1993 年全国模范人民调解委员会	司法部
平板玻璃厂浮法锡退甲班	1995 年上海市模范集体	市政府
徐汇区	1991—1995 年全国法制宣传教育先进单位	司法部
虹口区	1991—1995 年全国法制宣传教育先进单位	司法部
市对外经济贸易委员会	1991—1995 年全国法制宣传教育先进单位	司法部
市法制宣传教育办公室	1991—1995 年全国法制宣传教育先进单位	司法部
市工商行政管理局	1991—1995 年全国法制宣传教育先进单位	司法部
市邮电管理局	1991—1995 年全国法制宣传教育先进单位	司法部

(续表)

单　　位	所 获 荣 誉	授 予 单 位
市人事局	1991—1995 年全国法制宣传教育先进单位	司法部
市市政工程管理局	1991—1995 年全国法制宣传教育先进单位	司法部
市卫生局	1991—1995 年全国法制宣传教育先进单位	司法部
市文化局	1991—1995 年全国法制宣传教育先进单位	司法部
市技术监督局	1991—1995 年全国法制宣传教育先进单位	司法部
上海物资(集团)总公司	1991—1995 年全国法制宣传教育先进单位	司法部
上海市锦江(集团)公司	1991—1995 年全国法制宣传教育先进单位	司法部
江南造船(集团)有限责任公司	1991—1995 年全国法制宣传教育先进单位	司法部
上海第一钢铁(集团)有限公司	1991—1995 年全国法制宣传教育先进单位	司法部
市第一百货商店股份有限公司	1991—1995 年全国法制宣传教育先进单位	司法部
市高级人民法院法制宣传处	1991—1995 年全国法制宣传教育先进单位	司法部
上海柴油机股份有限公司	1991—1995 年全国法制宣传教育先进单位	司法部
上海太平洋化工(集团)公司吴泾化工总厂	1991—1995 年全国法制宣传教育先进单位	司法部
凤凰股份有限公司	1991—1995 年全国法制宣传教育先进单位	司法部
静安区教育局	1991—1995 年全国法制宣传教育先进单位	司法部
普陀区桃浦镇	1991—1995 年全国法制宣传教育先进单位	司法部
松江县新桥乡春申村	1991—1995 年全国法制宣传教育先进单位	司法部
上海电视台《案件聚焦》专栏	1991—1995 年全国法制宣传教育先进单位	司法部
平板玻璃厂	1996 年全国司法行政系统先进集体	司法部
白茅岭监狱教导大队	1997 年上海市模范集体	市政府
市女子监狱	1999 年全国“三八”红旗集体	全国妇联
市公证处	1999 年司法部部级文明公证处	司法部
劳动钢管厂高频焊管车间	2000 年上海市模范集体	市政府
市新收犯监狱	2001 年全国司法行政系统先进集体	司法部
浦东新区法律援助中心	2001 年全国法律援助先进集体	司法部
浦东新区法律援助中心	2002 年全国巾帼文明岗	司法部
宝山区公证处	2002 年司法部部级文明公证处	司法部
浦东新区法律援助中心	2002 年残疾人维权先进集体	司法部、中国残联
宝山区法律援助中心	2002 年残疾人维权示范岗	司法部、中国残联
市青浦监狱	2001—2003 年度上海市模范集体	市政府
市女子强制隔离戒毒所	2001—2003 年度上海市模范集体	市政府

（续表）

单 位	所获荣誉	授予单位
闵行区司法局	2004年全国法律援助先进集体	司法部
卢湾区法律援助中心	2004年全国法律援助先进集体	司法部
上海市震旦律师事务所	2004年全国法律援助先进集体	司法部
长宁区法律援助在中心	2004年全国优秀青少年维权岗	共青团中央、司法部
黄浦区司法局	2001—2005年度全国法治宣传教育先进集体	司法部
宝山区司法局	2001—2005年度全国法治宣传教育先进集体	司法部
普陀区桃浦镇	2001—2005年度全国法治宣传教育先进集体	司法部
市女子监狱	2006年全国司法行政系统先进集体	司法部
未成年劳动教养人员管理所	2006年全国司法行政系统先进集体	司法部
卢湾区司法局	2006年全国司法行政系统先进集体	司法部
市公证处（现东方公证处）	2004—2006年度上海市模范集体	市政府
市女子监狱	2004—2006年度上海市模范集体	市政府
市女子强制隔离戒毒所	2004—2006年度上海市模范集体	市政府
宝山区法律援助中心	2006年全国老年维权示范岗	全国老龄办、公安部、司法部
奉贤区法律援助中心	2006年全国老年维权示范岗	全国老龄办、公安部、司法部
金山区法律援助中心	2006年全国老年维权示范岗	全国老龄办、公安部、司法部
闵行区法律援助中心	2007年全国巾帼文明岗	全国妇联
市女劳动教养管理所	2007年全国“三八红旗集体”	全国妇联
市军天湖监狱	2007年全国监狱工作先进集体	司法部
浦东新区陆家嘴街道人民调委会	2007年人民调解工作先进集体	最高人民法院、司法部
南汇区大团镇金园村人民调委会	2007年人民调解工作先进集体	最高人民法院、司法部
长宁区江苏路街道人民调委会	2007年人民调解工作先进集体	最高人民法院、司法部
崇明县法律援助中心	2007年全国妇联系统信访工作先进集体	全国妇联、国家信访局
奉贤区司法局	2008年全国法律援助先进集体	司法部
卢湾区司法局	2008年全国法律援助先进集体	司法部
浦东新区法律援助中心	2008年全国法律援助先进集体	司法部
徐汇区法律援助中心	2008年全国法律援助先进集体	司法部

（续表）

单　位	所　获　荣　誉	授予单位
上海市华诚律师事务所	2008 年全国优秀律师事务所	司法部
上海市联合律师事务所	2008 年全国优秀律师事务所	司法部
上海市建纬律师事务所	2008 年全国优秀律师事务所	司法部
国浩律师集团(上海)事务所	2008 年全国优秀律师事务所	司法部
上海市君悦律师事务所	2008 年全国优秀律师事务所	司法部
上海市段和段律师事务所	2008 年全国优秀律师事务所	司法部
市白茅岭监狱	2008 年司法部现代化文明监狱	司法部
市军天湖监狱	2008 年司法部现代化文明监狱	司法部
虹口区法律援助中心	2009 年全国扶残助残先进集体	国务院残疾人工作委员会
第一劳动教养人员管理所	2007—2009 年度上海市模范集体	市政府
浦东新区法律援助中心法律援助服务窗口	2007—2009 年度上海市模范集体	市政府
市南汇监狱	2007—2009 年度上海市模范集体	市政府
市女子监狱	2009 年全国三八红旗集体	全国妇联
市第一劳动教养管理所(上海市第一强制隔离戒毒所)	2009 年全国司法行政集体二等功	司法部
奉贤区法律援助中心	2009 年全国巾帼文明岗	全国妇联
南汇区法律援助中心	2009 年全国巾帼文明岗	全国妇联
市女劳动教养管理所	2009 年全国巾帼文明岗	全国妇联
上海政法学院	2009 年全国精神文明建设工作先进单位	全国文明委
奉贤区司法局	2009 年全国“五五”普法中期先进集体	司法部
南汇区普法依法治理领导小组办公室	2009 年全国“五五”普法中期先进集体	司法部
黄浦区法制宣传教育联席会议办公室	2009 年全国“五五”普法中期先进集体	司法部
嘉定区法制宣传教育领导小组办公室	2009 年全国“五五”普法中期先进集体	司法部
徐汇区法制宣传教育领导小组办公室	2009 年全国“五五”普法中期先进集体	司法部
浦东新区法制宣传教育领导小组联席会议办公室	2009 年全国“五五”普法中期先进集体	司法部
市第一劳动教养管理所	2009 年司法部“现代化文明劳教所”	司法部
卢湾区打浦桥街道人民调解委员会	2010 年全国模范人民调解委员会	司法部
静安区静安寺街道人民调解委员会	2010 年全国模范人民调解委员会	司法部
普陀区医患纠纷人民调解委员会	2010 年全国模范人民调解委员会	司法部
卢湾区打浦桥街道人民调解委员会	2010 年全国模范人民调解委员会	司法部

（续表）

单　　位	所　获　荣　誉	授　予　单　位
杨浦区联合人民调解委员会	2010年全国模范人民调解委员会	司法部
浦东新区花木街道人民调解委员会	2010年全国模范人民调解委员会	司法部
市女劳动教养管理所	2010年全国监狱劳教工作先进集体	司法部
市南汇监狱	2010年全国监狱劳教工作先进集体	司法部
黄浦区司法局	2010年全国维护妇女儿童权益先进集体	全国妇联
市女律师联谊会	2010年全国维护妇女儿童权益先进集体	全国妇联
市法律援助中心	2010年全国维护妇女儿童权益先进集体	全国妇联
徐汇区司法局法制科	2010年全国司法行政机关行政复议工作先进单位	司法部
市南汇监狱	2010年上海市世博工作优秀集体	市委、市政府
长宁区北新泾街道司法信访窗口	2010年上海市世博工作优秀集体	市委、市政府
市劳教局所政管理处	2010年上海市世博工作优秀集体	市委、市政府
市律师协会世博与会展业务研究委员会	2010年上海市世博工作优秀集体	市委、市政府
徐汇区司法局安置帮教工作科	2010年上海市世博工作优秀集体	市委、市政府
卢湾区司法局世博园区人民调解工作室	2010年上海市世博工作优秀集体	市委、市政府
浦东新区司法局基层工作处	2010年上海市世博工作优秀集体	市委、市政府
市律师协会	2010年上海市世博工作优秀集体	市委、市政府
共青团上海政法学院委员会	2010年上海市世博工作优秀集体	市委、市政府
浦东新区律师党委	2010年创先争优世博先锋行动“五好”基层党组织	市委
浦东新区司法局社会矛盾调解指导处党支部	2010年创先争优世博先锋行动“五好”基层党组织	市委
市公证协会	2010年创先争优世博先锋行动“五好”基层党组织	市委

第二节　先 进 个 人

表15-3-2　1982—2010年上海市司法行政系统先进个人情况表

姓　名	工　作　单　位	所　获　荣　誉	授予单位
吴大毛	—	1982年度上海市劳动模范	市政府
黄　裕	—	司法部一级英模	司法部
方振基	市劳动钢管厂	1983年度、1985年度上海市劳动模范	市政府
朱赞尧	—	1985年全国司法行政系统先进工作者	司法部

(续表)

姓 名	工 作 单 位	所 获 荣 誉	授予单位
赵菊蟾	—	1985年全国司法行政系统先进工作者	司法部
黄中法	—	1985年全国司法行政系统先进工作者	司法部
冯金荣	—	1985年全国司法行政系统先进工作者	司法部
王桂发	—	1985年全国司法行政系统先进工作者	司法部
曹云祥	上海县公证处	1986年度、1987年度、1989年度上海市劳动模范	市政府
钟华霖	市少年管教所	1989年上海市劳动模范	市政府
丁幸纯	市第二劳改总队	1990年全国司法行政系统劳动模范	司法部
金国基	—	1991年上海市劳动模范	市政府
夏解平	市万象汽车厂	1992年上海市劳动模范	市政府
白玲杰	市白茅岭农场	1992年全国劳改系统个别教育能手“十佳”标兵	司法部
周引新	市白茅岭农场	1992年全国劳改系统个别教育能手	司法部
何锡金	市监狱	1992年全国劳改系统个别教育能手	司法部
徐金德	市监狱	1992年全国劳改系统个别教育能手	司法部
戴卫东	市监狱	1992年全国劳改系统个别教育能手	司法部
苗建军	市监狱	1992年全国劳改系统个别教育能手	司法部
金晓东	市军天湖农场	1992年全国劳改系统个别教育能手	司法部
陈富林	—	1993年上海市劳动模范	市政府
周介昆	市青浦监狱	1995年度上海市劳动模范	市政府
		2003年全国“五一”劳动奖章	司法部
陶俭荣	市申江特钢公司	1995年度全国司法行政系统劳模	司法部
陈林仲	市第一劳动教育管理所	1995年度全国司法行政系统劳模	司法部
刘新华	市女子监狱	1996年度全国先进女职工	全国妇联
翁炳富	市提篮桥监狱	1997年度上海市劳动模范	市政府
毛柏根	浦东律师事务所	1997年度上海市劳动模范	市政府
吴桂堂	市第一劳动教养管理所	2000年全国先进工作者	国务院
李希东	市提篮桥监狱	2000年度上海市劳动模范	市政府
厉 明	上海四维乐马律师事务所	2000年度上海市劳动模范	市政府
张根兰	浦东新区川沙镇司法科	2000年度上海市劳动模范	市政府
蒋绮琼	市女劳动教养管理所	2000年度上海市劳动模范	市政府
		2005年全国先进工作者	国务院
姚兰章	市平板玻璃厂	2001年全国司法行政系统劳模	司法部

（续表）

姓　名	工　作　单　位	所　获　荣　誉	授予单位
施基雄	市军天湖监狱	2001 年全国司法行政系统先进工作者	司法部
吕　祥	市劳教局	2001 年全国司法行政系统先进工作者	司法部
汤伟民	静安区南京西路街道	2001 年全国司法行政系统先进工作者	司法部
殷畹秋	上海市公民律师事务所	2001 年全国法律援助先进个人	司法部
金宗祥	上海市闸北区法律援助中心	2002 年残疾人维权先进个人	司法部、中国残联
宋蔚彬	宝山区法律援助中心	2001 年全国法律援助先进个人	司法部
张善美	上海市天一律师事务所	2001—2003 年度上海市劳动模范	市政府
王晨波	上海尚伟律师事务所	2001—2003 年度上海市劳动模范	市政府
徐炳和	市司法局计财处	2001—2003 年度上海市劳动模范	市政府
吕红兵	国浩律师事务所	2001—2003 年度上海市劳动模范	市政府
黄亚忠	上海市申江律师事务所	2001—2003 年度上海市劳动模范	市政府
屠国明	上海市总工会法律工作部	2004 年全国法律援助先进个人	司法部
严新力	徐汇区司法局	2004 年全国法律援助先进个人	司法部
徐宏祥	上海市大众律师事务所	2004 年全国法律援助先进个人	司法部
绍　甫	奉贤区法律援助中心	2004 年全国法律援助先进个人	司法部
吴　郁	上海市公证处	2004 年全国优秀公证员	司法部
沈宗仁	普陀公证处	2004 年全国优秀公证员	司法部
杨伯寿	杨浦区延吉新村街道人民调解委员会	2005 年全国标兵人民调解员	司法部
李　琴	长宁区江苏路街道人民调解委员会	2005 年全国标兵人民调解员	司法部
陈富林	松江区车墩镇人民调解委员会	2005 年全国模范人民调解员	司法部
张奎良	金山区漕泾镇人民调解委员会	2005 年全国模范人民调解员	司法部
钱俭峰	青浦区练塘镇司法所	2005 年全国模范司法所所长	司法部
蒋文魁	闵行区莘庄镇司法所	2005 年全国模范司法所所长	司法部
林国斌	市第二劳动教养管理所	2006 年全国司法行政系统先进个人	司法部
严观愿	市提篮桥监狱	2006 年全国司法行政系统先进个人	司法部
陈四龙	金山区司法局漕泾司法所	2006 年全国司法行政系统先进个人	司法部
徐晓青	上海徐晓青律师事务所	2006 年全国司法行政系统劳动模范	司法部
倪　宁	市劳动教养所收容所	2004—2006 年度上海市劳动模范	市政府
朱树英	上海市建纬律师事务所	2004—2006 年度上海市劳动模范	市政府
阮华根	军天湖农场天湖茶叶公司	2004—2006 年度上海市劳动模范	市政府
张　毅	金杜律师事务所上海分所	2004—2006 年度上海市劳动模范	市政府

(续表)

姓　名	工　作　单　位	所　获　荣　誉	授予单位
李慈玲	上海市理诚律师事务所	2004—2006年度上海市劳动模范	市政府
何全胜	市未成年犯管教所	2007年全国优秀监狱人民警察	司法部
徐　英	市女子监狱	2007年全国优秀监狱人民警察	司法部
薛　凡	上海市公证处	2007年全国优秀公证员	司法部
杨伯寿	杨浦区延吉新村街道人民调解委员会	2007年全国模范人民调解员	司法部
蔡祥云	闸北区临汾街道人民调解委员会	2007年全国模范人民调解员	司法部
翟　建	上海市翟建律师事务所	2008年全国优秀律师	司法部
钱丽萍	上海市君和律师事务所	2008年全国优秀律师	司法部
游闽键	上海市协力律师事务所	2008年全国优秀律师	司法部
朱树英	上海市建纬律师事务所	2008年全国优秀律师	司法部
龚晓航	上海市段和段律师事务所	2008年全国优秀律师	司法部
曹海燕	上海市曹海燕律师事务所	2008年全国优秀律师	司法部
潘鹰芳	黄浦区司法局	2008年全国法律援助先进个人	司法部
关明泉	市法律援助中心	2008年全国法律援助先进个人	司法部
范仲兴	上海市范仲兴律师事务所	2008年全国法律援助先进个人	司法部
陈加友	东方公证处	2009年全国优秀公证员	司法部
蔡　煜	杨浦公证处	2009年全国优秀公证员	司法部
俞　英	浦东新区司法局新场司法所	2007—2009年度上海市先进工作者	市政府
邵曙范	上海震旦律师事务所	2007—2009年度上海市劳动模范	市政府
戴岱元	嘉定区司法局外冈司法所	2007—2009年度上海市先进工作者	市政府
张森年	上海政法学院	2007—2009年度上海先进工作者	市政府
阚春芳	市女子监狱	2009年上海市"人民满意的公务员"	市委、市政府
秦振达	崇明县新村乡司法所	2009年上海市"人民满意的公务员"	市委、市政府
王根云	青浦区朱家角镇司法所	2009年全国"五五"普法中期先进个人	司法部
王伏才	松江区司法局	2009年全国"五五"普法中期先进个人	司法部
冯　珏	虹口区司法局	2009年全国"五五"普法中期先进工作者	司法部
赵　俊	闸北区司法局	2009年全国"五五"普法中期先进工作者	司法部
夏威俊	静安区司法局	2009年全国"五五"普法中期先进工作者	司法部
倪　宁	市劳动教养所收容所	2010年全国先进工作者	国务院
付聚滨	市夏阳强制隔离戒毒所	上海世博会先进个人	中共中央、国务院

（续表）

姓　名	工　作　单　位	所　获　荣　誉	授予单位
朱　峰	闵行区司法局	上海世博会先进个人	中共中央、国务院
吴保国	浦东新区六灶镇汤店村人民调解委员会	2010年全国模范人民调解员	司法部
朱春香	闸北区大宁路街道人民调解委员会	2010年全国模范人民调解员	司法部
张兴法	徐汇区斜土路街道人民调解委员会	2010年全国模范人民调解员	司法部
周　进	长宁区联合人民调解委员会	2010年全国模范人民调解员	司法部
梁惠英	虹口区联合人民调解委员会	2010年全国模范人民调解员	司法部
张平胜	黄浦区联合人民调解委员会	2010年全国模范人民调解员	司法部
梅小莺	闵行区联合人民调解委员会	2010年全国模范人民调解员	司法部
朱海若	宝山区友谊路街道宝山十村人民调解委员会	2010年全国模范人民调解员	司法部
朱世瑛	嘉定区司法局劳动争议人民调解委员会	2010年全国模范人民调解员	司法部
谷志荣	金山区吕巷镇人民调解委员会	2010年全国模范人民调解员	司法部
薛亚贤	松江区石湖荡镇人民调解委员会	2010年全国模范人民调解员	司法部
潘金兴	青浦区香花桥街道人民调解委员会	2010年全国模范人民调解员	司法部
张勤龙	奉贤区青村镇人民调解委员会	2010年全国模范人民调解员	司法部
秦振达	崇明县新村乡人民调解委员会	2010年全国模范人民调解员	司法部
孙永山	闵行区司法局梅陇司法所	2010年全国模范司法所长	司法部
严观愿	市提篮桥监狱	2010年全国监狱劳教工作模范个人	司法部
熊　玲	市未成年犯管教所	2010年全国监狱劳教工作先进个人	司法部
黄　薇	市女子监狱	2010年全国监狱劳教工作模范个人	司法部
王节明	市第三劳动教养管理所	2010年全国监狱劳教工作模范个人	司法部
李建军	市北新泾监狱	2010年全国监狱劳教工作先进个人	司法部
刘年华	市青浦监狱	2010年全国监狱劳教工作先进个人	司法部
杨宝贵	市新收犯监狱	2010年全国监狱劳教工作先进个人	司法部
丁俊龙	市军天湖监狱	2010年全国监狱劳教工作先进个人	司法部
吴　杰	市五角场监狱	2010年全国监狱劳教工作先进个人	司法部
沈正海	市白茅岭监狱	2010年全国监狱劳教工作先进个人	司法部
肖　敏	市监狱管理局办公室	2010年全国监狱劳教工作先进个人	司法部
李念旗	市南汇监狱	2010年全国监狱劳教工作先进个人	司法部
张新春	市第四劳动教养管理所	2010年全国监狱劳教工作先进个人	司法部

(续表)

姓　名	工　作　单　位	所　获　荣　誉	授予单位
郭培勇	市第二劳动教养管理所	2010年全国监狱劳教工作先进个人	司法部
章继良	市周浦监狱	2010年全国监狱劳教工作模范个人	司法部
陈耀鑫	市宝山监狱	2010年全国监狱劳教工作先进个人	司法部
秦　臻	市宝山监狱	2010年全国监狱劳教工作先进个人	司法部
李玲莉	市监狱总医院	2010年全国监狱劳教工作先进个人	司法部
周文林	市第一劳动教养管理所	2010年全国监狱劳教工作先进个人	司法部
刘希成	市第五劳动教养管理所	2010年全国监狱劳教工作先进个人	司法部
倪　宁	市劳动教养收容所	2010年全国监狱劳教工作先进个人	司法部
陆　敏	市女劳教所所政管理科	2010年全国监狱劳教工作先进个人	司法部
庄新军	市劳动教养工作管理局	2010年全国监狱劳教工作先进个人	司法部
姚根扣	市未成年劳动教养人员管理所	2010年全国监狱劳教工作先进个人	司法部
陈　校	上海政法学院	2010年创先争优　世博先锋行动“五带头”共产党员	市委
戴卫东	市南汇监狱	2010年创先争优　世博先锋行动“五带头”共产党员	市委
周军蓉	浦东新区塘桥社区(街道)司法所	2010年创先争优　世博先锋行动“五带头”共产党员	市委
张　劼	上海艾帝尔律师事务所	2010年创先争优　世博先锋行动“五带头”共产党员	市委
黄红梅	徐汇区漕河泾街道人民调解工作室	2010年创先争优　世博先锋行动“五带头”共产党员	市委
陈　刚	上海瑞富律师事务所	2010年创先争优　世博先锋行动“五带头”共产党员	市委
王剑烈	上海中成永华律师事务所	2010年创先争优　世博先锋行动“五带头”共产党员	市委
邵曙范	上海市震旦律师事务所	2010年创先争优　世博先锋行动“五带头”共产党员	市委
李建军	普陀区司法局基层工作科	2010年创先争优　世博先锋行动“五带头”共产党员	市委
李　旻	杨浦区司法局基层科	2010年创先争优　世博先锋行动“五带头”共产党员	市委
李建军	普陀区司法局基层工作科	2010年创先争优　世博先锋行动“五带头”共产党员	市委
黄震尧	上海市中和律师事务所	2010年创先争优　世博先锋行动“五带头”共产党员	市委
夏威俊	静安区司法局安置帮教科	2010年创先争优　世博先锋行动“五带头”共产党员	市委

（续表）

姓　名	工　作　单　位	所　获　荣　誉	授予单位
朱广平	上海市天华律师事务所	2010年创先争优　世博先锋行动“五带头”共产党员	市委
周有根	宝山区司法局	2010年创先争优　世博先锋行动“五带头”共产党员	市委
王为农	嘉定区司法局	2010年创先争优　世博先锋行动“五带头”共产党员	市委
陈海林	金山区司法局	2010年创先争优　世博先锋行动“五带头”共产党员	市委
张小英	青浦区司法局	2010年创先争优　世博先锋行动“五带头”共产党员	市委
邢　德	奉贤区司法局	2010年创先争优　世博先锋行动“五带头”共产党员	市委

第三节　因公牺牲人员

表15-3-3　1978—2010年上海市司法行政系统因公牺牲人员情况表

姓　名	出生年月	单位及职务	牺牲时间
蔡宏基	1933年10月	市军天湖农场船队司务长	1981年1月28日
倪德富	1925年8月	市第三劳动教养管理所民警	1984年3月12日
谷志明	1965年9月	白茅岭农场干警	1984年6月12日
倪远昌	1958年11月	第一劳动教养管理所民警	1986年5月8日
陆建忠	1967年12月	青东农场二大队二中队民警	1990年4月27日
沈皖平	1962年9月	市军天湖农场龙狮山分场副股长	1990年7月26日
徐宝兴	1952年10月	市青东化工厂政工干事	1990年12月12日
陈建荣	1957年12月	市劳改工作警察学校干部	1991年4月21日
程志平	1960年10月	市军天湖监狱民警	1991年7月3日
王俊荣	1935年5月	华东电焊机厂车间主任	1994年8月2日
孙宝发	1950年7月	市监狱管理局政治部宣传教育处教育科科长、副处级干部	1996年6月7日
曹维忠	1945年7月	市监狱管理局办公室电脑中心主任	1998年1月9日
徐　明	1940年8月	市第一劳动教养管理所（现四岔河监狱）民警	1998年10月4日
倪进旺	1939年11月	市第二劳教所（现吴家洼监狱）民警	1999年5月31日
朱振邦	1957年10月	市周浦监狱民警	2001年6月16日
蔡建华	1957年1月	市崧泽强制隔离戒毒所副主任科员	2001年10月26日

(续表)

姓　名	出生年月	单位及职务	牺牲时间
韩发臣	1953 年 5 月	市劳动教养收容所主任科员	2003 年 7 月 27 日
何宝娣	1950 年 12 月	市周浦监狱民警	2003 年 8 月 31 日
张志民	1951 年 6 月	市北新泾监狱三监区副处级管教员	2004 年 3 月 25 日
赵新生	1977 年 1 月	市第三劳动教养管理所民警	2007 年 1 月 16 日
王秋野	1966 年 11 月	市第一劳动教养管理所(现四岔河监狱)民警	2010 年 8 月 18 日

专 记

一、司法行政工作服务保障 2010 年上海世博会纪实

2002 年 12 月 3 日，在摩洛哥蒙特卡洛举行的国际展览局第 132 次大会上，经投票决定，上海获得 2010 年世界博览会（以下简称“世博会”）的举办权。

在市委、市政府、市委政法委的领导下，上海司法行政系统整体工作协调并进，以优质的服务，切实保障“世博会”的成功举办。

（一）2003—2008 年服务保障世博会工作渐次展开

首先，为与世博会召开直接相关的法律事项提供公证服务和律师、法律援助服务支持。

在公证服务方面，2003 年，在上海世博会会徽征集评审活动过程中，市公证处积极提供公证法律服务，通过主动上门、现场办公等多种形式，及时为世博会会徽征集办公室提供相关法律咨询，出具多份法律意见书。2007 年 4 月，市公证处对“中国 2010 年上海世博会公共活动中心工程施工监理招标”的评标活动及该活动中心桩基础工程招标的评标活动分别进行现场监督公证，对世博会有关项目的法律服务从招投标现场监督公证扩展至对评标活动的现场监督公证；6 月，对“中国 2010 年上海世界博览会吉祥物设计征集活动”评选委员会从已筛选的应征作品中评选出“候选优秀设计作品”的评选活动进行现场监督公证；8 月，对“中国 2010 上海世博会中国馆项目建筑方案征集评审会”进行现场监督公证。

在律师、法律援助服务方面，上海申博成功后，上海律师就开始全面融入世博会筹办的整个过程，在土地储备、动拆迁、工程建设、参展招商、知识产权保护、特许经营、票务、理论研究与规章规则制定方面提供了优质的法律服务。2005 年 4 月起，为使世博园基地动迁顺利进行，卢湾区公证处、中和律师事务所、胡菁律师事务所等法律服务机构进入世博园动迁基地，为世博会动迁工作提供法律服务。2007 年，锦天城所、上正所、南光所成为 2010 年上海世博会法律服务类推荐服务供应商。2008 年 10 月 21 日，市法律援助中心向上海市各法律援助中心发出“擦亮窗口、迎接世博”活动倡议书，倡议上海市法律援助机构做好“宣传法律援助、创建文明窗口、坚持便民利民、保证‘12348’专线高效运转”4 项工作。全市各律师事务所、公证处、法律援助中心和司法鉴定机构都以塑造清洁卫生的服务环境为目标，对接待窗口及办公环境进行集中整治活动。很多事务所合伙人和党员律师带头履行“从我做起”的职责，和事务所其他律师一起，全面清扫律师事务所每一个角落，并做到各类办公用品实施摆放到位，做到前台窗口整齐明亮，接待人员穿着大方得体，接待用语礼貌规范，执业许可和收费标准上墙明示，营造了一种规范、整洁、高效的窗口服务氛围。

其次，积极参与“世博会与法治化论坛”，搭建实务部门和专家学者的交流平台，为世博会筹划献言献策。

首届“世博会与上海法治化论坛”由上海世博会事务协调局和上海法学会联合举办、市律师协会协办，于 2004 年 5 月 8 日召开。上海世博会事务协调局副局长周汉民主持开幕式，市领导周禹鹏、刘云耕及中国法学会会长韩杼滨先后致辞。

此后,论坛平台常态化,每年一次,定名为“世博会与法治化论坛”。2005 年 12 月 20 日,“第二届世博会与法治化论坛”由上海市法学会、上海世博会事务协调局、上海市知识产权局和上海市工商行政管理局共同主办,结合 2004 年 12 月 1 日开始实施的《世博会特殊标志保护条例》,选定主题为“世博会标志及展品的知识产权保护”“世博会市场开发中的法律问题”(以世博会标志许可使用和赞助为主),论坛围绕着世博会标志的知识产权保护、世博会展品的知识产权保护、世博会商业化运作中的法律问题、世博会标志许可经营中的法律问题等主题展开多层次的交流。2006 年 12 月 29 日,上海市法学会与上海世博会事务协调局在上海图书馆多功能厅共同举办主题为“世博会运营中的法律问题”的第三届世博会与法治化论坛,围绕世博会运营所面临的园区商业设施的设立和运作、园区参观者权利的保护、运营中对参展者服务等法律问题展开深入讨论。2007 年 12 月 25 日,上海市法学会与上海世博会事务协调局共同举办的“第四届世博会与法治化论坛”在上海国际会议中心召开,主题为“世博会与公共安全”。2008 年 12 月 23 日,上海市法学会与上海世博会事务协调局、市律师协会共同主办、中茂律师事务所承办的第五届“世博会与法治化论坛”围绕“上海世博会园区管理的法律问题”这一主题展开,就世博会园区管理规则的法律效力以及园区管理涉及的安保措施、安全检查、知识产权保护、无线电管理、参观者意外伤害保险等问题展开讨论。

再次,从世博会召开倒计时 600 天起,以规范性文件的方式,进一步规范和明确相关法律服务工作的目标和细则,推进世博会服务工作的深入进行。

2008 年 8 月 29 日,市司法局印发《上海市司法局迎世博 600 天行动计划》。同年 12 月 9 日,市司法局印发《迎世博窗口服务行业立功竞赛方案》。

以两份规范性文件为指引,市司法局和各区(县)司法局先后召开司法行政系统迎世博 600 天行动动员大会,上海市法律服务窗口就努力实现法律服务行业“四个一流”“四个无障碍”和“四个标志”的要求,为上海经济社会发展和世博会的成功举办做出应有贡献达成共识。各区(县)司法局积极督促法律服务窗口在接待场所放置了上海市统一印制的世博读本、世博法律知识读本以及印有律师、法律援助、公证业务知识和世博知识的宣传活页资料;在接待场所统一张贴了世博会宣传画、标贴、易拉宝等宣传资料,悬挂世博会吉祥物,同时还在电子显示屏、触摸屏和叫号显示器上增设了世博知识的内容;上海市法律服务窗口还详细制定迎世博“三五”集中行动计划,积极开展内容丰富、形式多样的“三五”集中行动。上海市法律服务窗口通过多种方式和手段,迅速形成“人人了解世博、人人关心世博、参与世博、服务世博、建功世博”的浓厚氛围。

(二)2009 年服务保障世博会工作深入推进

2009 年,按照《上海市司法局迎世博 600 天行动计划》的部署,上海司法行政系统扎实做好服务迎世博各项工作,不断提高服务世博会的质量和水平。

市局机关做好服务保障世博会的工作

1 月 9 日,市司法局召开上海司法行政系统工作会议,明确工作总体要求之一即为“确保世博会筹办有序推进”。

3 月 23 日,市司法局印发《上海市司法局迎世博,讲文明,树新风——“窗口服务日”集中行动方案》《上海市司法局“窗口服务日”集中行动安排》,紧密联系迎世博每 100 天窗口行业服务文明测评结果和 2008 年上海市 37 个窗口行业社会公众满意评价调查结果,结合上海市法律服务行业窗口建设现状,针对部分法律服务窗口存在的环境不整洁,举止不规范,投诉处理不及时,顾客满意度低等问题，大力开展集中行动，使上海市法律服务行业窗口的文明程度和文明素质有新的提高。

公证服务继续推进。上海市22家公证机构继续为世博会筹办过程中的场馆建设及相关配套工作、动拆迁提供服务。3月27日，东方公证处制定《迎世博"三五"集中行动计划》，对参与和服务世博作出具体部署。3月30日，东方公证处接受市司法局窗口检查组检查。4月，东方公证处在"迎世博600天行动"中，荣获上海市精神文明建设委员会等部门颁发的迎世博优质服务贡献奖。6月25日，为迎世博，东方公证处公证人员在威海路—成都路路口、南京西路—成都路路口开展"和谐交通，文明出行"活动。

基层调解全面展开。4月24日，上海市"迎世博 促和谐 构建基层大调解格局现场推进会"在浦东新区高东镇人民政府召开。12月4日，上海部分优秀中青年法学家、青年律师和上海司法行政系统青年志愿者共200余人，在世纪公园开展"青春世博 12·5我志愿"上海司法行政系统世博青年志愿者健康走暨中青年法学家法律咨询活动。15 000余名人民调解平安志愿者、3 000多名政法学院大学生志愿者积极投身于服务世博各项活动中。

法制宣传服务工作成果突出。上海市司法宣传资料中心围绕"学法律、促发展、保稳定、迎世博"主题，开展"推进平安建设，构建和谐上海"系列宣传活动。3月，上海市法制宣传办公室启动迎世博社区法制文艺优秀节目评选活动，举办优秀社区法制文艺节目汇演，先后演出近20场，观摩演出的社区群众近万人。4月，启动"迎世博网上法律知识月月赛"活动，在"东方法治网"上开展面向全国的网上法律知识竞赛，向上海市民免费发放由上海市版权局、文广局与世博局联合制作的世博会版权保护知识宣传手册。4月29日，《2010年上海世博会市民法律知识手册》和《折页》首发式暨社区法制宣传教育巡讲活动开讲仪式在上海市卢湾区举行。12月3日，市法律援助中心会同市残联联合印制了盲文版《迎世博法律援助宣传手册》，在国际残疾人日来临之际发至各区（县）法律援助中心及各乡镇、街道法律援助工作站。上海市2009年全年共发放手册17万册、折页401万份。上海市法制宣传办公室成立市迎世博法制宣讲团，各区（县）同时组建迎世博法制宣传小分队，依托东方讲坛，深入基层社区农村，向广大市民宣讲交通安全、知识产权保护、公共安全、预防犯罪、和谐家庭等方面的法律知识，全年共举办社区法制巡讲近400场。8月18日，市司法局、上海世博局和黄浦区政府联合举办"世博会与市民法律素质"理论研讨会。11月，上海市法制宣传办公室组织开展法制宣传精彩案例评选活动，会同上海市教卫党委、市教委、团市委开展"迎世博、讲法制、促和谐"上海市青少年法制宣传书画作品征集活动。12月4日，举办"迎接世博盛会、推进法治建设"社区法制文艺汇演暨人民调解平安志愿者服务活动启动仪式。与此同时，全年还举办区（县）和委办局（集团公司）法制宣传工作会议暨法制宣传干部培训班各两次，交流工作并邀请专家就当前经济社会形势及世博知识进行培训讲座。

2009年，在公证、法律援助、安置帮教、律师服务等领域成效明显，荣获多项奖励。

以《上海市司法局迎世博600天行动计划》和《迎世博窗口服务行业立功竞赛方案》为基础，进一步完善服务工作的制度保障。在上海市公证、法律援助窗口服务行业开展迎世博员工培训工作，上海市共487人（次）参加培训，对41家培训合格的窗口颁发《培训合格证书》。公证、法律援助等行业立功竞赛活动持续开展。至2009年12月，共有15家单位，8名个人荣获上海市总工会、上海市文明办、上海市迎世博600天行动指挥部颁发的各类荣誉。

上海市安置帮教办公室在4月16日组织开展的"沐浴阳光迎世博—特殊对象未成年子女关爱行动"荣获上海市精神文明建设委员会、上海市迎世博600天行动社会动员指挥部、上海市迎世博600天行动城市管理指挥部、上海市迎世博600天行动窗口服务指挥部共同颁发的迎世博"宣传教育贡献奖”和“志愿服务贡献奖”。

上海市律师与世博会相关机构建立经常性的沟通和联系,在土地储备、工程建设、特许经营、援助项目等领域提高法律服务水平。60多家律师事务所为世博会筹办累计提供法律服务达万余小时,起草、审核合同4 000余份次,参加各类谈判、会议600余次。市律师协会组织律师为上海世博会的筹办提供法律服务。与上海世博会筹办工作领导小组志愿者组签约,组建“中国2010年上海世博会志愿者工作法律顾问团”,与世博会筹办工作领导小组志愿者组合作,为招商、保险、活动方案设计等各方面志愿工作提供专业性的建议与意见,并参与了30多个重要合同文本的起草与审核,为世博会志愿者工作的顺利进行发挥积极的作用,展示了上海律师服务世博、奉献世博的崭新风貌,市律师协会因此被上海市精神文明建设委员会、上海市迎世博600天行动社会动员指挥部等单位联合授予“上海市迎世博志愿服务贡献奖”。

各区(县)司法局做好服务保障世博会的工作

与此同时,在市司法局的领导下,各区(县)司法局有序推进司法行政服务世博会工作,彰显“精彩世博、法治先行”主题。

浦东新区司法局全面开展迎世博工作,营造浓厚的迎世博氛围。浦东新区法律援助中心和浦东公证处以“迎世博窗口服务行业立功竞赛”为抓手,积极开展“擦亮窗口、迎接世博”活动,优化接待场所环境,细化便民利民措施。浦东新区司法调解中心积极参与化解各类突发性矛盾纠纷,配合推进轨道交通、怡东变电站等重大工程建设,有效化解群体性矛盾,促进新区的稳定与发展。新区综治委刑释解教人员安置帮教工作领导小组开展“迎世博、降重犯、保平安”活动,实现重点不稳定对象无一人重犯和36个司法所矫正对象零重犯。2009年5月15日,浦东新区成立世博法律志愿团,为世博会票务项目、场馆建设、“网上世博”等提供法律服务等方式为世博各项工作提供优质高效的法律服务。6月3日,浦东新区司法局举办“迎世博百场禁毒电影进社区进工地、浦东新区2009年公益电影放映暨上海世博会市民法律知识手册发放仪式”。12月2日,陆家嘴社区律师志愿者工作室落成揭牌暨社区法律服务双结对签约授牌仪式在浦东通用汽车展示广场举行,新区迎世博律师志愿团的23名律师志愿者向社区居民提供义务法律咨询。

徐汇区司法局党委在全区司法行政系统党组织和党员中深入开展“建功世博会、奉献在徐汇”活动。将活动分为倒计时100天冲刺阶段、世博会举办期间、世博会结束后3个阶段。仅2009年,共举办迎世博农民工基本素质教育培训1万人次,发放《中国2010年上海世博会市民法律知识手册》32万册。2009年3月,徐汇区刑释解教人员安置帮教工作领导小组办公室、徐汇区图书馆、新航徐汇工作站及区社会帮教志愿者协会决定在年内联合举办“同迎世博、共创和谐”系列主题活动,内容包括“四个一”,即观看一部专题宣传片、聆听一次专家讲座、组织一次实地参观、开展一次征文比赛。4月22日,徐汇区司法局在徐家汇街道社区活动中心召开社会帮教志愿者工作会议,发出“迎世博、促稳定、让我们行动起来”的倡议。10月10日,徐汇区司法局和青浦监狱在青浦监狱礼堂联合举办“世博阳光暖回归之路,‘关爱行动’扬人生新航——‘特殊对象未成年子女关爱行动’大墙内反馈暨迎世博倒计时200天主题活动”。12月24日,徐汇区社会帮教志愿者协会第三届代表大会在崇明县根宝足球基地召开,发出“迎世博,争当合格志愿者”的倡议。至年底,徐汇区社会帮教志愿者协会有会员单位57家,注册会员576人,占上海市帮教志愿者的67%。

长宁区司法局根据《迎世博窗口服务行业立功竞赛方案》,对长宁公证处和法律援助中心等基层法律服务窗口人员进行文明礼仪培训,对接待环境进行改造,改善了残疾人通道等服务设施,增加了便民服务措施。长宁公证处自编《公证服务英语规范用语100句》,在“长宁公证之窗”网站开设英语版“迎世博公证服务网上窗口”专栏，开展双语公证服务，扎实推进迎世博窗口服务工作，获得上海职工迎世博窗口服务行业立功竞赛活动“世博服务卓越奖”和“迎世博贡献奖——优质服务贡献奖”。长宁区司法局、区法宣办、区社会动员指挥部、区机关党工委共同组织全区公务员开展以“迎世博、与法律同行”为主题的世博法律知识竞赛活动，促使广大公务员在营造和谐城区的进程中起到模范带头作用，为2010年上海世博会的成功举办营造良好的法治氛围。2009年，长宁区司法局分别被长宁区政府和市司法局综合考评为优秀，并被评为2009年度上海市司法行政系统先进集体。

静安区司法局于2009年3月组织召开“乘‘世’而上，发展静安法律服务业——静安律师、公证如何进一步为世博提供优质高效全方位法律服务”研讨会，世博会事务协调局法律事务部部长章克勤应邀出席，并对律师参与世博服务提出建议。12月2日，静安、长宁两区司法局、社工委、法宣办共同主办“精彩世博法治先行”——第三届“和谐·长安杯”商务楼宇从业人员迎世博法律知识竞赛决赛。

普陀区司法局围绕世博法治服务，确立世博宣传全部覆盖、世博知识全部知晓和服务环境一流、服务态度一流、服务质量一流的“2＋3”工作目标，举办讲座、汇演、竞赛、演讲、征文等系列活动1 500余场，发放世博法制宣传折页30万册、年历片1万份、宣传品6 000件。开展世博知识培训、“窗口服务日”宣传，以及法律服务窗口竞赛活动，在公证处、法律援助中心设立英语口语、手语接待点，组建1 100余名世博人民调解平安志愿者队伍。2009年4月30日，“精彩世博·法治先行——区司法行政系统迎世博倒计时一周年誓师大会暨法律服务宣传日”活动在普陀区梅川路休闲街中心广场举行，法律服务者代表宣誓并签名承诺提供优质、高效、规范的法律服务。

闸北区司法局开展“精彩世博，法治先行”东方讲坛——迎世博社区法制宣传系列讲座12场，编印世博市民法律知识手册28万本，举办迎世博社区法制文艺节目评选汇演，组织开展迎世博法律知识网上月月赛活动，以“手拉手迎接精彩世博，肩并肩保护知识产权”为主题，在七浦路举办宣传咨询活动。2009年6月15日，闸北区司法局在大宁灵石公园组织举办以“创平安世博，建和谐家园”为主题的百名社区服刑人员迎世博倡议签名活动。

卢湾区司法局认真做好迎世博各项工作。3月，卢湾区司法局完成《建立多方联动机制，提高法制宣传工作有效性调研报告》，探讨大法制宣传工作模式；3月30日，卢湾区司法局指导、整合、确定卢湾区各部门共21项年度区级重点法制宣传教育活动，制定《2009年区迎世博法制宣传教育活动月月行项目》。5月13日，卢湾区迎世博社区百场法制讲座开讲仪式在银杏居委举行。同时，各居委结对律师走入社区，围绕《2010年上海世博会市民法律知识手册》主要内容和社区居民法律需求开展百场法制讲座。9月起，卢湾区司法局协同卢湾区迎世博600办、卢湾区文明办、卢湾区人保局、卢湾区公务员局、卢湾区法宣办联合举办“司法杯”卢湾区公务员世博知识竞赛。

虹口区司法局以服务世博会为契机，营造良好的法治氛围。2009年4月15日，在虹口区职工文体中心举行“虹口区百场迎世博法制讲座”启动仪式，上海市法制宣传办向虹口区授“迎世博法制宣传小分队”队旗。至2009年12月底，在虹口区各社区（街道）、机关和单位举办法制讲座105场，听众19 500余人次。

杨浦区司法局组织参加迎世博法律知识网上月月赛，举办杨浦区政府信息公开知识竞赛，共收到答题卡2 617份；在中小学校开展“精彩世博我参与，文明守法我践行”主题教育活动、法制辩论赛；举办“迎国庆、迎世博、学法律”进城务工人员法律知识竞赛；深入建筑工地举办“迎世博，安全生产”法制讲座等学法活动70次；组织迎世博法制宣讲团深入基层开展法律知识普及和世博知识宣传;依托东方讲坛举办“精彩世博,法治先行”专题讲座32场。

黄浦区司法局围绕大局,积极做好迎世博各项工作。积极参与世博等动拆迁工作,连续第三年获得黄浦区政府表彰。积极组织律师参与世博动迁矛盾化解,积极组织本系统干部职工参与多项世博志愿服务活动。8月28日上午,黄浦区委宣传部、区法宣办在黄浦区机关大楼报告厅联合举办2009年黄浦区处级领导干部现代知识讲座,邀请上海社科院法学所副所长殷啸虎教授作《世博会与公民意识》专题辅导报告。

闵行区司法局紧紧围绕“保增长、迎世博、促和谐”工作主线,不断推进司法行政各项工作。共组织综合性法制宣传活动587场,法律咨询2 462次,制作法制宣传版面13 923块,发放法制宣传资料65万余份,举办法制讲座801场,举办各类法制培训1 565次,举办法制文艺汇演52场,各类法制宣传活动的受教育者约60万人。联手媒体,与上海电视台《新老娘舅》节目组举办“迎世博‘300天’法制宣传进社区活动暨‘闵行老舅妈’与社区居民见面会”。2009年1月,在“迎世博600天行动”中,闵行区法律援助中心在闵行区各村、居委设立“法律援助联络点”,向群众发放“闵行区法律援助中心法律援助联络点”工作台卡490件,《法律援助指南》宣传资料13 000份,张贴宣传画册1 000份,制作发放《闵行区法律援助联络点工作指导手册》1 000册,对各村、居委联络点负责人进行分批培训。同时,闵行区法律援助中心在闵行区400多家村、居委“法律援助联络点”中开展“迎世博法律援助示范联络点”评选工作,在闵行区各镇、街道和工业区分别推出1～2家“村、居委示范联络点”。闵行区司法局被评为2009年度上海市司法行政系统先进集体。

宝山区司法局开展“迎世博,树法律服务文明窗口形象”主题实践活动,贯彻“五五”普法规划,突出“精彩世博,法治先行”主题,推进“法律六进”活动。结合迎世博600天行动计划,举办“迎世博”百场讲座进社区、百场电影进工地、百幅法制作品进学校、百名志愿者进社区开展法律咨询服务、百场法律知识竞赛等“五个一百”系列活动,开展世博法律知识网上月月赛和“迎世博”百场交通安全法巡讲活动,为世博会营造良好的法治氛围。2009年5月,宝山区法宣办、宝山区知识产权局和宝山区文广局等单位在泗塘公园联合举办“手拉手迎接精彩世博,肩并肩保护知识产权”社区宣传活动,共分发知识产权保护法律法规、报刊、书籍、宣传画6 000多份,接待咨询110多人次。10月,宝山区司法局招募了一支由局基层科工作人员、司法所所长、街镇人民调解工作室调解员和律师等组成的26人的宝山区化解社会矛盾平安志愿者服务队,以及一支由各司法所矫正安帮干部、宝山区矫正社工和法制科工作人员等组成的45人的宝山区矫正平安志愿者服务队。

嘉定区司法行政系统充分履行司法行政职能。2009年4月8日,嘉定区司法局和嘉定区法宣办在徐行镇劳动村举行“法律服务直通车”巡回宣传活动暨“世博·普法”嘉年华活动启动仪式。8月16日,由嘉定区司法局联合上海文广新闻传媒集团、嘉定区依法治区办、嘉定区法宣办等单位联合主办的“迎世博盛会,创法治嘉定”——《百姓戏台》嘉定法治专场演出在菊园文化活动中心举行。

金山区司法行政工作平稳展开。2月16日,金山区司法局、金山区妇联联合召开组建“世博进家庭,平安促和谐”婚姻家庭法制巡讲团座谈会。3月25日,金山区婚姻家庭法制巡讲团正式成立。5月7日,金山区“迎世博、庆国庆”法制宣传系列活动暨《食品安全法》宣传月活动启动仪式在朱泾镇紫金广场举行。9月,金山区司法局开展人民调解与矫正安帮平安志愿者招募活动,共招募人民调解平安志愿者863人,矫正安帮平安志愿者20人。

松江区司法局法治宣传办公室制定《“平安世博·与法同行”“五五”法制宣传教育系列活动方案》,组织区“五五”普法讲师团深入各镇(街道)开展“平安世博·与法同行”社区法制宣传系列讲座;采购《2010年上海世博会市民法律知识折页(手册)》18万余份发放到每家每户,广泛动员松江区居民参与市迎世博法律知识网上月月赛活动;举办法制讲座达70余场次;举办"迎世博、讲法制、促和谐"青少年法制宣传书画征集活动,共收到各类书画作品180余幅。松江区司法局印发《松江区"迎国庆、迎世博"社区矫正与安置帮教维稳工作预警方案》,切实加强社区服刑和刑释解教人员中重点对象在国庆和世博期间的管控和帮教工作。松江公证处制定《松江公证处迎世博活动方案》,免费发放中英文对照的《便民服务指导手册》《办证须知》手册;在松江区开展"服务新农村、公证进乡村"活动;与松江区司法局团委联合举办"庆国庆、迎世博、建新功——公证杯松江区司法行政系统学习实践科学发展观演讲比赛";积极参与全国公证行业文明公证处评选活动,并荣获全国文明公证处。松江区法律援助中心制作中英文对照法律援助迎世博宣传合页5 000册,5月13日,法律援助中心工作人员及法律服务人员到驻松73176部队教导队,开展以"法律援助进军营,共建和谐迎世博"为主题的系列活动,现场为部队官兵提供免费法律咨询并发放了各类宣传手册。同时,区法律援助中心与73176部队政治部签订结对共建协议书。

青浦区司法局围绕迎世博宣传主题,有序推进普法依法治理各项工作。5月7日,由青浦区法制宣传办公室牵头,青浦区司法局、红十字会、爱卫办、人口与计生委、公安分局交警支队和消防支队、检察院、法律援助中心等部门共同组织的以"精彩世博,法治同行"为主题的"法制主题月"活动启动,宣传内容包括世博知识、卫生防疫、婚姻家庭、劳动合同、交通安全等方面的法律知识,共发放宣传资料3 500余份,有500多名群众在现场参与了有奖法律知识竞答,现场提供法律咨询和便民服务400多人次,文艺演出11场,9 000余名群众观看演出。5—6月,青浦区在各街镇广泛开展以"精彩世博,法治同行"为主题的"领导干部下村讲法"活动,从不同方面向村民介绍世博会的有关知识,青浦区50多个委办局和相关街镇的70多名处级领导干部分赴70余个行政村,直面群众开展讲法,直接受教育村民5 000多人次。

奉贤区司法行政系统迎世博、保平安,维护社会稳定,积极参与上海市、奉贤区开展的各项迎世博主题活动,在迎世博立功竞赛活动中,法律援助中心荣获"全国巾帼文明岗""上海市世博服务品牌奖"和"区迎世博文明服务岗"等称号,公证处被评为"区迎世博文明服务岗"。4月24日,奉贤区"精彩世博法治同行"主题宣传活动启动仪式暨"宣传大篷车"巡回下乡活动启动,现场举行现场法律咨询和法制文艺演出,发放世博法制宣传图书。12月3日,奉贤区司法行政召开主题宣传活动总结表彰大会,表彰优胜单位8家和优秀单位22家。

(三) 2010年为世博会成功召开提供有力保障

2010年5月1日—10月31日,上海世博会举行。上海司法行政系统全面完成迎世博600天行动计划,提高服务世博会的质量和水平。

1月25日,市司法局世博工作领导小组成立,组长吴军营,副组长郑善和、李和平,成员刘忠定、郜荀、蔡永健、庄孝志、魏玉琦、朱久伟。领导小组下设由市局机关各处室主要负责人为成员的领导小组办公室,日常工作由市局办公室承担;下设安保组、窗口服务组、宣传组、志愿者服务组、接待组5个工作组。

2月8日,市司法局召开上海市法律服务行业窗口迎世博"冲刺100天"会议,全面部署法律服务行业窗口迎世博"冲刺100天"工作。市律师协会、市公证协会会长、秘书长、副秘书长,市司法鉴定协会(筹)、市东方公证处、市法律援助中心负责人,市司法局办公室、律管处、公管处、司鉴处、法援处、监察室、宣教处负责人,各区(县)司法局局长、分管副局长、办公室主任、政治处(部)主任、律公科(处)长,各区(县)法律援助中心主任,各公证处主任等参加会议。会议强调,要重点抓好3方面工作:一是要针对法律服务行业存在的突出问题和薄弱环节,认真落实好针对性整改措施;二是要进一步完善各项制度,形成长效工作机制,尤其要注重完善投诉处理、应急处置预案、法律服务质量考核或监测等3类制度;三是要认真开展窗口服务应急演练,不断提高应急处置能力。

图S-1-1　2010年4月9日,市司法局机关成立世博工作志愿者队

2月23日,市司法局召开世博会安全保卫工作动员大会,强调"四个不发生"(不发生危害国家安全和社会稳定的重大政治事件、不发生严重暴力恐怖和个人极端事件、不发生重大群体性事件、不发生重大公共安全事件)的安保工作目标,要求各级司法行政部门要以保障平安世博为各项工作的首要目标和重中之重,本着"条块结合,以块为主,属地管理"的原则,着力抓好世博会期间的社区矫正和安置帮教工作。

世博会安全保卫工作动员大会召开后,全市司法行政系统认真抓好会议精神贯彻落实。在这一阶段,市司法行政工作围绕以下几方面展开:

一是全力服务保障"平安世博"。组织监狱劳教所全面开展安全隐患排查整治和应急预案演练,积极推进场所警戒机制建设。市监狱局于3月10日召开迎世博保安全视频动员大会,签订2010年世博安全稳定工作责任书。4月7日,市监狱局机关召开全体民警大会,明确第一批抽调38名机关民警,参与派出所的社会面防控工作,同时第二批再抽调40人成立应急志愿者队伍。4月16日,市监狱局在虹口体育馆举行"迎世博、保安全"暨防暴队成立誓师大会。与此同时,市监狱局加强狱情犯情研判,在罪犯中开展"迎世博专题教育",个别谈话覆盖率达100%。市劳教局(戒毒局)于3月9日召开世博安保动员视频会议。4月8日、4月23日,市劳教局连续召开世博安保动员会议和再动员会议,4月22日,召开市劳教局青年世博先锋行动誓师大会。其后,市劳教局集中开展以"积极投身世博安保、乐于奉献世博盛会"为主要内容的"青春世博行动",并持续开展"安全隐患专项排查整治""平安世博,我的责任"安全竞赛等活动,连续实施六轮世博安保大检查。市劳教局持续推进科学性、预见性和可控性相结合的应急处置体系建设,建立应急指挥部、应急工作小组和应急小分队，组织所级应急演练36次；持续提升所情研判质量，形成一整套危机预警、预防和快速反应机制。此外，还从劳教局机关抽调20余名民警驰援世博安保一线，完成交通枢纽安保警戒任务。扎实推进“明理，从我做起”主题教育和“人人都是主人翁，个个都是东道主”世博专题教育活动。

社区矫正与安置帮教工作注重整合社会资源，切实加强对社区服刑和刑释解教人员的教育管控和帮困扶助，全覆盖开展巡查督导，确保“四个不发生”，即在世博园区内和园区周边不发生社区服刑人员和刑释解教人员重新违法犯罪，不发生社区服刑人员和刑释解教人员参与上访、闹访和群体性事件，在世博会期间社会面不发生社区服刑人员和刑释解教人员重大恶性刑事案件，不发生社区服刑人员和刑释解教人员参与影响社会稳定的重大群体性事件。8月18日，市司法局召开社区矫正与安置帮教世博安保工作交流会，总结部署世博安保工作的阶段性任务。

充分发挥人民调解化解矛盾纠纷的独特优势，跨前一步，主动开展世博园区人民调解工作，为世博会的平稳有序运行发挥重要作用。世博期间实行24小时来访接待制度，全系统未发生到世博会场及其他涉世博场所上访和极端上访事件。5月31日，市司法局印发《关于人民调解组织参与上海世博会园区纠纷调解工作的通知》，统一制定《人民调解申请书》《上海世博会园区纠纷人民调解反馈函》《人民调解协议履行情况记录》等格式文书。6月11日，市司法局根据世博园区人民调解工作初始运作情况，印发《关于世博园区纠纷人民调解工作有关注意事项的通知》，明确纠纷调处的程序和具体要求，进一步规范了世博园区纠纷人民调解工作。年内，共完成7次综合性的矛盾纠纷信息研判；世博期间，每周完成1篇世博园区内纠纷信息分析。推进参观者与园区管理方之间纠纷的人民调解工作。强化组织建设，各人民调解工作室均配备5名以上业务能力强、政治素质高、群众工作经验丰富的资深人民调解员，并配备2名文职人员。完善园区人民调解工作受理点、工作室、区(县)人民调解组织以及世博局参观者服务中心之间的工作衔接机制。推进世博园区治安纠纷人

图S-1-2　2010年10月22日，市世博人民调解工作表彰会召开

民调解工作。4家世博园区人民调解工作室累计受理纠纷370件,涉及当事人近610人,调解成功305件(其中与世博方纠纷188件,治安纠纷117件),调解成功率为82.4%,涉及补偿(赔偿)金额近400万元。至12月31日,共受理纠纷381件,调解结案343件,调解成功率达90%。2010年,共排查出各类纠纷44 468件,化解43 130件;全市各级人民调解机构共受理各类纠纷232 439件,调解成功率达98.14%。

二是努力提供优质高效的法律服务。与世博会相关机构建立经常性联系,为法律工作者及行业协会服务世博搭建平台,创造条件。

为有效发挥律师在世博会举办过程中的积极作用,市律师协会以"平安世博、律师同行"为主题,开展一系列服务世博活动。世博会开始举办后,市律师协会制定《关于上海律师承办涉世博纠纷案件指导意见》,成立"上海律师服务世博推进小组""上海世博会志愿者工作法律顾问团"和由295名志愿律师组成的"上海世博会律师志愿者团"。2010年4月,"64180280——上海律协世博法律帮助热线"开通。世博期间,每天(包括节假日和双休日)有两名律师志愿者在市律师协会接听、接待各界人士的法律咨询和法律求助电话或来访,共处理法律咨询和法律求助138次,包括世博会门票、护照咨询,场馆劳务人员劳动关系咨询,场馆人身损害咨询以及劳动合同、交通肇事、婚姻家庭、保险合同纠纷等。在世博会筹备与举办期间,世博会志愿者工作法律顾问团为世博会志愿者组提供全面、专业的法律服务,至10月31日,由顾问团律师参与起草、修改的合同等法律文件超过70份,涉及金额以亿元计。

认真做好世博期间公证服务工作,优质高效地为参展方提供公证服务。东方公证处开展迎世博"三五"集中行动,提升窗口服务效率;制定《上海市东方公证处窗口服务应急处置预案》,确保窗口服务高效优质,提升应变能力;派员积极参与迎世博公交网站守护工作,保障平安世博。世博会举办期间,东方公证处多次为世博场馆提供法律服务,9月20日,为"中国2010年上海世博会世博资产(网络在线竞价)拍卖"活动的相关数据进行保全证据公证,保障世博资产拍卖活动的有序进行。深入推进法律服务行业窗口建设,加大监督检查力度,加强服务情况监测,规范投诉处理,窗口服务质量和水平不断提高,公证行业在世博"城市服务文明"调查中连续三次进入"优异"档。

全市法律援助机构以服务世博为契机,展示法律援助良好形象。在每月5日的窗口服务日、15日的环境清洁日及25日的公共秩序日开展一系列活动;通过开展"擦亮窗口,服务世博"活动,提升法律援助窗口服务水平。5月1日,市法律援助中心推出法律援助服务世博10项举措,主要内容为:接待时间实行"五加一模式";接待人员提供"双语服务";接待服务做到"五个一";来访人数过多时开设"应急窗口";对老弱病残者提供"上门服务";对残疾人、军人军属、外宾和70岁以上老年人开辟"绿色通道";对于农民工讨薪、工伤赔偿和见义勇为者主张相关权益的三类案件经济困难"予以免审";对符合法定条件者做到"快审快批";对情况紧急者提供"先行援助";对重大法律援助案件实行"全程督办"。全市法律援助机构全年共收到锦旗113面,感谢信71封,有7家法律援助中心被评为世博先进集体,19名个人被评为世博先进个人。

三是深入开展世博法制宣传活动。为积极应对世博会举办期间城市安全运行面临的挑战,市法制宣传办公室印发《关于认真做好世博安保相关政策规范宣传工作的通知》,作为全年重点工作进行认真部署和广泛动员。市司法宣传数据中心《法苑》内刊重点围绕如何做好"平安世博"工作,开设专栏,增加篇幅。司法行政系统紧紧围绕"精彩世博,法治先行"的主题,大力开展各类宣传活动。与中国全国普法办联合,设计编印世博法制宣传明信片20余万份,在世博场馆周围免费发放。3月8日,市法制宣传办公室与市妇联、市司法局联合开展主题为"关注妇女民生,建设平安家庭,服

图 S-1-3　2010 年 1 月 21 日，法律援助为世博做贡献——迎世博倒计时 100 天启动仪式

务精彩世博”的“三八”妇女维权周系列活动，隆重纪念“三八”国际劳动妇女节 100 周年，强化妇女维权意识、男女平等和谐发展观念，为办好世博会营造良好的社会氛围。6 月 5 日—7 月 20 日，举办“学法伴我世博行”全国网上法律知识竞赛活动，吸引近 4 万网民参与，进一步扩大世博法制宣传的社会影响。市法学会以世博接待工作为契机拓宽交流管道：在世博会试运行及正式举办期间，接待中外来宾 660 余人，接待境外代表团 4 批，共 260 余人。6 月 30 日—7 月 9 日，上海市法学会开展台湾法政专业青年学生“夏令营”活动；8 月 15—17 日，上海市法学会开展“爱祖国、学法律、创和谐”港澳与内地青年法律交流周活动，期间组织港澳台师生参观世博会。10 月 26 日，上海世博局法务部副部长邱一川在上海公安博物馆作《上海世博会筹办中的法律问题漫谈》报告。

四是认真做好志愿服务活动。司法行政系统组织全市 15 050 名人民调解平安志愿者投入志愿服务活动；市司法局系统 57 名干部到轨道交通线执勤，6 名干部到上海市联席办、市信访办和世博会外事接待指挥部支援工作；筛选 40 人组建机关世博应急志愿者队伍，筛选 40 人组建世博安保工作队；上海政法学院 1 174 名大学生志愿者完成世博园区志愿者服务。同时，上海政法学院作为上海市 22 所高校园区志愿者培训基地之一，完成上海政法学院、上海体育学院以及普陀、闸北、徐汇、青浦等区（县）共计 2 205 名园区志愿者的培训工作。上海政法学院在志愿者招募选拔、培训演练、上岗服务和后勤服务等方面组织保障有力，2 000 余名世博园区志愿者、城市网站志愿者完成世博园区内外的志愿服务工作，荣获上海市精神文明建设委员会颁发的“迎世博宣传教育贡献奖”。2010 年 4 月 29 日，市律师协会组织首批上海世博会律师志愿者团进行专项培训。2017 年 1 月，上海世博会执委会对在中国 2010 年上海世博会志愿者工作中做出突出成绩的单位及个人进行表彰，市律师协会荣获“上海世博会志愿者工作突出贡献奖”，同时，上海世博会志愿者工作法律顾问团的 11 名律师获得“中国 2010 年上海世博会优秀志愿者”称号。

在服务世博会进程中，上海市各区（县）司法行政也发挥着重要作用。

浦东新区司法行政工作把服务世博会作为 2010 年全年中心任务。首先，明确“确保世博会顺利举办，全力化解矛盾纠纷，促进社会和谐稳定”的主要任务。全区 38 个街、镇全部成立“三不”工作小组,完善基层矛盾纠纷预防和调处工作网络。组织对居(村)委调解、治保主任进行大规模培训,提高一线调解员工作能力。新区各级调解组织全年共受理矛盾纠纷 41 549 件,调处 41 508 件,成功率为 99.9%。99.6%的居(村)委实现“一般矛盾纠纷不出居(村)”。先后成立世博核心区域社会矛盾调解工作室、世博园区人民调解工作室和南码头世博园区(治安)联合调解工作室,将人民调解工作从园区外延伸覆盖到园区内。世博期间共化解世博周边核心区域纠纷 132 起,化解世博园区内纠纷 241 起,接待市民法律咨询 1 500 余件。浦东新区世博园区人民调解工作室、南码头世博园区(治安)联合调解工作室被司法部授予“模范人民调解工作室”荣誉称号。参与调处市、区内重大群体性矛盾及疑难个案 126 起。选派干部加入新区推进信访突出矛盾化解督导组,化解历史遗留动迁矛盾。成功化解区领导交办的多起重大群体性矛盾,有效处置多起突发性应急事件。与相关单位联手清理疑难矛盾并出具《社会矛盾调解意见书》《社会矛盾调解协议》《承诺书》140 件;司法“110”联动接处警 17 043 起。其次,浦东新区司法局制定下发《社区矫正和安置帮教世博安保方案》,对 1 300 余名村(居)委干部、1 万余名志愿者进行培训。再次,以与世博会相关的知识产权、社会治安等有关法律法规为重点,以“精彩世博,法治同行”为主题,抓好世博园区周边、来沪务工人口聚集区、重点旅游区的法制宣传教育。开展世博户外法制公益广告宣传活动,共制作各类户外法制公益广告 2 000 多幅,在世博核心区域发放世博法律知识明信片 20 万张。最后,主动参与世博法律服务。起草《浦东新区关于进一步发挥律师在法治政府、法治社会建设中重要作用的实施意见》,探索建立律师预防和化解社会矛盾,控制法律风险、减少矛盾隐患、消除不和谐因素的工作机制。组织 260 多名律师、公证员组成“浦东新区迎世博法律服务志愿团”,开展“迎世博先锋行动”“送法到世博工地”等活动,指派律师在世博核心区域调解工作室和陆家嘴社区律师志愿者工作室值班接待,提供咨询指导和法律服务。20 多家律师事务所直接参与世博会专项法律服务,其中包括为场馆建设全过程、为参展国和参展各方、为网上世博提供法律服务;全面参与世博会开、闭幕式等一系列重大活动相关谈判和法务工作;参与演出、票务专项法律事务工作;协调处理纠纷案件等。浦东

图 S-1-4 2010 年 4 月 27 日,世博法制宣传明信片发行仪式在卢湾区举行

公证处对有世博会参展方的公证需求开辟绿色通道，对“涉博”公证项目安排专人办理。南汇公证处多次为世博安保武警部队提供上门公证服务。法律援助、公证、律师事务所等法律服务窗口单位开展“擦亮窗口，迎接世博”“法律援助为世博作贡献”、迎世博“3·5”窗口服务日活动和“诚信服务在窗口”集中行动等活动，设立世博服务热线，优化接待服务环境，细化便民利民措施，进一步提高服务质量和效果。

2月25—26日，浦东新区“三不”工作办公室组织举办为期两天的新区迎世博社会和谐稳定培训班暨2010年“三不”工作培训班。新区“三不”工作办公室成员单位分管领导、各街镇“三不”工作小组组长、稳定办(综治办)主任、司法所所长、信访办主任、派出所所长计240余人参加培训。3月15日，浦东新区召开“确保世博和谐稳定，深入开展‘三不’工作”推进会。3月18—19日，浦东新区迎世博社会和谐稳定(居村委)培训班在新区党校南校开班。此次培训历时一个月，前后分八期，共有1200余名居(村)委调解主任参加。6月25日，浦东新区召开“三不”工作年中会议，对上半年“三不”工作进行情况通报，并对下半年重点工作作出统一部署。12月22日，新区召开“三不”工作总结表彰大会，总结2010年工作和部署2011年工作。4月8日，浦东新区司法局世博核心区域社会矛盾调解工作室揭牌成立。7月6日，浦东新区社会帮教志愿者协会与上海中致社区服务社联合建立的浦东新区特殊人员“世博之光服务计划”暨“心苑心理工作室”成立。10月22日，浦东新区司法局世博园区人民调解工作室、南码头路街道与世博治安派出所联合人民调解工作室陆秋红等8位调解员被评为“世博园区优秀人民调解员”。

2010年，徐汇区司法局以“精彩世博，与法同行”为主题开展法制宣传活动。举办迎世博社区法制讲座500余场；举办领导干部学法讲座2期，800余名处级干部参加听讲；举办企业经营管理人员普法培训班4期，参训人数300余人；区企业职工法制培训学校举办法制培训班69期，参训职工12 536人。2月5日，徐汇区司法局召开司法行政工作会议暨服务世博推进会。4月14日，召开“服务世博，宣传世博”——2010年法制宣传教育工作会议暨法治城区创建工作推进会。9月3日，徐汇区司法局召开徐汇区律师行业“服务世博、奉献世博”阶段性讲评会，印发《关于表彰徐汇区司法行政系统“建功、奉献”红旗党组织、优秀共产党员、优秀党务工作者的决定》和《关于表彰2010年上半年度徐汇区司法行政系统迎世博窗口服务行业立功竞赛活动奖项的决定》。年内，徐汇区司法局被司法部评为全国人民调解宣传工作先进单位，安置帮教科被上海市委、市政府授予上海世博工作优秀集体称号，斜土街道人民调解委员会首席人民调解员张兴法被司法部评为全国模范人民调解员。

长宁区司法局紧扣“平安世博”工作主线，制定印发《长宁区司法局关于世博会运营期间指挥运行、力量部署、值班备勤等安保工作的实施方案》，成立长宁区司法局世博安保指挥部，落实世博安保志愿者队伍，召开世博安保值班备勤动员会和培训会，按照安保等级要求进入值班备勤状态。5月1日起，在长宁区全区开展民间纠纷百日“三无”(无因民间纠纷激化引起的非正常死亡案件、伤害案件和群体性上访事件)竞赛活动，开展民间纠纷排摸、控制、化解和法制宣传，预防和减少民间矛盾纠纷的发生。长宁区安置帮教和社区矫正工作整合各种队伍力量参与社会管理，印发《2010年世博会期间长宁区社区服刑人员和刑释解教人员社会面防控工作方案》。1月23日，长宁区青年律师联合会成立，并向长宁区青年律师发起倡议，为世博法律志愿服务和“平安长宁”建设贡献力量。3月9日，长宁区司法局和长宁区公安分局、长宁区检察院联合召开世博会期间长宁区社区服刑人员和刑释解教人员社会面防控工作动员大会，并印发《2010年世博会期间长宁区社区服刑人员和刑释解教人员社会面防控工作方案》《关于进一步加强长宁区社区矫正和安置帮教工作的意见》。8月6日,长宁区司法局牵头召开世博会期间加强社区服刑人员监管和刑释解教人员管控帮教工作联席会议,就进一步做好世博运行期间社区服刑和刑释解教人员稳控,加强涉及两类人员的矛盾化解工作进行探讨和交流。10月18日,长宁区司法局组织开展《人民调解法》专题讲座暨"我为平安世博作贡献"人民调解主题实践演讲比赛活动。11月10日,长宁公证处荣获"上海世博会窗口服务先进集体"称号。

普陀区司法局以服务保障平安世博为首要任务和核心目标。3月22日,普陀区司法局成立世博工作领导小组,编发《世博工作手册》,设立安保稳控、矛盾纠纷化解、窗口服务、宣传、志愿者服务和办公室等五组一室,分别制定工作方案及开展专题培训。4月23日,普陀区司法局向全体律师发出"服务世博当先锋、立足岗位作贡献"的倡议。全年无一起律师违纪违法案件,投诉数量较2009年下降29.4%,有责投诉为零,法律服务行业行风测评在全区14个公共服务行业中列第5位。此外,还招募人民调解平安志愿者1 100余人,切实做好矛盾纠纷排摸化解工作,保障法律服务窗口平稳畅通。普陀区司法行政系统获上海市、普陀区世博相关先进集体13个、先进个人34人。

闸北区司法局举办12场迎世博社区法制宣传系列讲座,印制28万本世博市民法律知识手册,举办迎世博青少年法制宣传书画作品征集活动、社区法制文艺节目评选汇演活动、法律知识网上月月赛活动等,为"和谐上海、平安世博"发挥积极作用。成立上海市首个"世博法律援助青年律师志愿团",在世博期间开展法律援助、法制宣传和法律咨询。1—12月,共受理法律援助案件234件,提供法律咨询9 544人次。

虹口区司法局开展法律"六进"活动,加强世博法制宣传。举办"迎世博"主题领导干部法制报告会;开展迎世博宣传进千家万户活动,发放世博宣传折页25万份;开展迎世博法律知识网上月月赛,共有8 030人次参与;举行"迎世博百场法制讲座"105场,听众达19 500余人次。

杨浦区司法局以确保世博成功举办、推进创新城区建设为重点展开工作。4—11月,杨浦区司法局组织力量赴基层开展五轮世博安保巡查。局机关明确专人24小时负责110联动值班,各街镇也建立健全相应的工作制度。4月15日开始,杨浦区各司法所、各人民调解委员会每日上报《世博期间纠纷排摸统计表》,重大纠纷发生后,人民调解全程参与,做到2小时内有书面报告,1天内有调处意见和稳控方案。5月,杨浦区司法局组织全区公务员参加"迎世博"网上法律知识月月赛活动,点击率名列上海市第一;制作法制宣传展板在全区12个街镇巡展,内容涉及《世界博览会标志保护条例》《专利法》《治安管理处罚法》和《道路交通安全法》等与世博相关的法律法规;制作世博宣传条幅和法制宣传画册近6 000张,在居委会法制宣传栏等公众场合张贴。

黄浦区司法局在2010年2月成立"黄浦区推进世博法律服务领导小组",并组建"黄浦区世博法律服务律师志愿团",积极为世博会提供优质法律服务。4月12日,黄浦区司法局与黄浦区人民法院联合设立社区立案信访便民工作站,工作站由区法院民庭法官分片包块,定点联系,巡回指导,每周定期到工作站指导立案信访便民联络员、人民调解员、人民调解志愿者,开展业务培训,宣讲法律法规,带教疑难案件调解,协助重大信访矛盾化解,发挥基层"大调解"在服务平安世博、服务经济转型、服务社会和谐稳定中的作用。5月14日,黄浦区司法局在黄浦政法大楼召开"世博期间加强公证队伍执业道德纪律、确保公证质量教育活动动员大会"。7月23日,黄浦区"世博园区人民调解工作室"成立。工作室重点解决世博园区内无法当场处理的投诉,共受理47件人身伤害案件,调解成功47件,成功率100%。9月29—30日,黄浦区司法局、黄浦区联调委和黄浦区人民调解协会举办"2010年黄浦区人民调解与平安世博"工作论坛。年内,黄浦区世博园区人民调解工作室被司法部评为"模范人民调解工作室"。黄浦区司法局、局矫正科、半淞园路司法所被评为上海市司法行政系统先进集体。黄浦区司法局矫正科、法律援助科被评为“上海市司法行政系统服务保障2010年上海世博会先进集体”。黄浦区法律援助中心被评为上海市“为上海世博会增光添彩巾帼文明岗”。

卢湾区司法局将社区矫正与安置帮教世博安保任务列为2010年工作的重中之重，先后制定下发“世博安保实施方案”“世博安保排查方案”等文件。2月3日，卢湾区法宣办召开法制宣传成员单位工作会议，布置世博安保法制宣传工作重点项目申报工作，并确立21项全区性世博安保重点法制宣传项目，将其作为年度法制宣传工作要点。2月开始，黄浦区司法局开展“平安世博法律知识社区行”活动，利用社区电子宣传广告屏，每月3次宣传与世博相关的法律知识；3月10日，对来沪务工人员开展“共享世博盛会，争做新上海人”世博法律知识讲座暨参观世博展示厅等多项活动。4月27日，举行“平安世博、文明观博”上海市世博法制宣传明信片发放仪式，将55 000张“平安世博、文明观博”法制明信片投放到城市志愿者服务站、公共休闲场所以及社区文化活动中心，供市民和游客取阅；4—6月，举办“规范公民公共行为，树立法律责任意识”迎世博法制宣传社区行活动，组织律师开展法制巡讲；组织3 000多名社区居民参加网上“学法伴我世博行”竞赛；对世博志愿者开展“法律路径”主题培训，并将相关法律服务信息编入《区世博会志愿者培训手册》。6月23日，卢湾区世博园区人民调解工作室建立，至12月31日，共受理世博园区矛盾纠纷75件，成功调解65件。工作室被司法部评为“全国模范人民调解室”，被市委、市政府评为“上海世博工作优秀集体”。此外，在迎世博倒计时100天即将来临之时，卢湾区律师设立世博会律师志愿服务站。服务站主要由有卢湾区40余家律师事务所的青年律师志愿者们组成，是全市200个左右的户外城市志愿服务站中唯一的由律师全面负责的志愿服务站。世博会期间，青年律师志愿者们将在淮海公园服务站点无偿地为国内外宾客提供文明宣传、信息咨询、语言翻译、应急救援等4类志愿服务。4月18日，区司法局在淮海公园门口设立律师世博志愿者服务站，全区200多位律师志愿者为国内外宾客提供志愿服务，累计提供信息查询服务18 000余次，语言翻译服务1 800余次，文明宣传服务9 000余次。

静安区司法局以“服务世博盛会，建设国际静安”为工作主线，发挥专业优势，国浩、兆辰汇亚、得勤、佳信达等7家律所成为2010年上海世博会指定法律服务供货商。静安公证处接受上海东方投资监理有限公司(世博中心项目的招标代理单位)的委托，为世博中心项目共办理30余件工程及设备项目的招标投标公证。为落实安保工作，静安区各司法所建立工作制度，将世博维稳工作切实落到实处。法律援助方面，区法律援助中心全年共接待法律咨询975人次，办理法律援助案件113件，街道法律援助工作站接待法律咨询1 230人次。年内，静安区司法局荣获“上海市司法行政系统世博先进集体”；静安寺街道人民调解委员会被司法部评为“全国模范调委会”；江宁路司法所先后被评为“上海市司法所规范化建设示范性司法所”“上海市先进司法所”“上海市世博先进集体”等称号；夏威俊荣获“上海市关心下一代工作先进工作者”等荣誉称号，并被市委评为世博先锋行动“五带头”共产党员。

宝山区司法局建立健全矫正安帮“世博”安保防控预警、巡查督导、应急处理、后勤保障等4项工作责任机制，开展人户分离等5大问题专项大排查活动，对全区所有社区服刑人员和刑释解教人员建立“四对一”帮教小组；刑释解教人员落户率达到99.8%；安置率达到97.5%；刑释解教人员重新违法犯罪率比上年下降25%，社区服刑人员重新违法犯罪率低于上海市1%警戒线。3月，宝山区司法局成立宝山区世博会社区矫正与安置帮教安保预警工作领导小组。3月15日，宝山区司法局召开世博安保重点工作推进会议，印发《宝山区世博期间加强对社区服刑与刑释解教人员开展矫正安帮工作的安保方案》和《矛盾、纠纷排查调处工作方案》。5月，宝山区司法局、宝山区人民调解协会在宝山区开展“我为世博作贡献,我为稳定促和谐”活动。整个世博期间,宝山区社区服刑人员和刑释解教人员没有发生涉博事件。

闵行区司法局围绕平安世博,积极发挥司法行政职能优势,扎实推进工作。闵行区司法局在闵行区开展矫正安帮“勤走访、重排查、实帮教、强巡查、保平安”世博安保百日安全活动,开展“迎世博、保春运、促和谐”“加强法制宣传教育、促进社会矛盾化解”等主题活动,通过法制版面巡展、知识巡讲、文艺巡演等形式,让老百姓充分了解世博内涵,文明有序观博。年内,闵行区区法律援助中心落实“五项措施”服务世博。一是抓好窗口环境建设,设计制作“迎世博”倒计时钟,营造窗口迎世博氛围。二是抓好队伍建设,建立窗口服务晨会制度,把窗口文明规范服务落到实处。三是抓好服务质量,组织青年律师业务培训,窗口人员“双语”训练,开展“优化服务树形象、转变观念创一流”主题实践活动。四是抓好行风建设,规范受理、审批、行政给付工作流程,强化窗口接待咨询、“12348”热线接答工作纪律和服务标准。五是抓好服务拓展延伸,推行便民利民举措,开设午间绿色通道,畅通法律援助申请管道。闵行区法律援助中心被评为“上海市迎世博优质服务贡献奖”“上海市世博服务卓越奖”。

嘉定区司法局于2010年3月26日,举行世博安保工作签约仪式,各基层司法所所长与区局签订《嘉定区司法局世博安保工作责任书》。嘉定区司法局切实做好社区矫正和安置帮教世博安保专项工作,对社区服刑人员和刑释解教人员定期进行排摸,招募重点人员帮教平安志愿者2 171人。成立世博期间处置突发事件领导小组,下设7个工作组,每个组负责1～2个街镇的突发事件处置协调工作,世博安保工作巡查组对12个基层司法所先后进行5次世博安保工作巡查督导。各基层司法所共救助对象54人,资助金额39 285元。嘉定区全区12家基层司法所与律师事务所签订《嘉定区司法局世博安保工作责任书》,积极选派律师参与基层司法所组建的“世博安保应急小组”,各律师事务所积极开展“世博先锋行动”,参与重大矛盾纠纷的化解工作。嘉定公证处、嘉定区法律援助中心、各律师事务所等窗口单位积极参与迎世博主题活动。嘉定司法局开展形式多样世博法制宣传活动,在《上海法治报》开设“‘海宝’·‘法宝’话世博”系列漫画栏目,联合区新闻办、上海嘉定门户网站开展“平安世博·法治嘉定——‘海宝’·‘法宝’话世博”系列漫画网上评议活动,组织开展为期半年的“平安世博·法治嘉定——嘉定区加强法制宣传教育,促进社会矛盾化解”主题宣传暨《农村土地承包经营纠纷调解仲裁法》宣传活动,举办“嘉定法宝杯——迎世博盛会、创法治嘉定”法制春联有奖征集活动。世博期间,嘉定公证处被评为“上海市司法行政系统服务保障2010年上海世博会先进集体”,被市公证协会评为“优质服务示范窗口”和“世博服务奖”。年内,嘉定司法局系统共有39个部门(单位)、115名个人获得各类世博表彰奖励。

金山区司法局以世博安保为中心,完成世博安保社会面防控各项工作。3月5日,金山、青浦、嘉善、平湖四地司法局在嘉善县联合举行第一次联席会议,决定从2010年3—10月推出四地社区矫正“护城河”工程协作联动机制,落实联动措施,确保社区矫正世博安保工作。6月起,金山区司法局在金山区开展“建设平安金山,构建和谐社会”法制系列教育活动,开展金山区经济建设和社会发展形势、世博法律知识等各类法律、法规知识学习。年内,金山区司法行政系统有矫正安帮世博安保志愿者461人、人民调解世博安保志愿者863人,上级交办维稳任务完成率100%,无重点对象管控帮教不力影响世博和区经济社会发展重大事件。金山区司法局获市老龄工作先进单位称号;开乐律师事务所获“迎世博600天上海市五一巾帼文明示范岗”称号。

松江区司法局以世博安保和化解社会矛盾纠纷为重点,开展“人民调解化解矛盾纠纷专项攻坚活动”“人民调解迎世博竞赛活动”。以“世博安保”为重心,以目标管理实施细则为要求,组织泗泾、车墩、方松、新浜4个司法所申报目标管理，对前两年完成创建任务的司法所结合世博安保巡查进行跟踪复查，全区社区矫正目标管理三年创建任务顺利完成。开展“法律援助进军营、共建和谐迎世博”为主题的系列活动，与73176部队建立长期、稳定共建长效机制。

青浦区司法局围绕“世博”宣传主题，加强节点法制宣传，开展“五五”普法总结验收、“三八”妇女维权周、“3·15”国际消费者权益法制宣传、组织“法制主题月”、第二十二届宪法宣传周以及法律“五进”(法律进“农村、社区、学校、企业、机关”)等活动，有效推进普法依法治理各项工作。通过司法所、基层调委会和街镇司法、信访综合服务窗口等管道共排查出社会不稳定因素520件，特别是在全国“两会”召开及上海世博会开幕期间，对排查出的85件社会矛盾纠纷均落实化解责任单位和责任人。3月11日，青浦区司法局举办世博安保工作动员大会暨人民调解平安志愿者骨干培训班。4月1—9日，“全民参与迎世博，法制宣传映夕阳”为主题的青浦区“法制主题月”，内容包括世博会、财产继承、交通安全、法律法规等知识宣传。活动共发放宣传资料1 000余份，为80余名老年人现场提供法律咨询和便民服务，文艺演出11场，1 200余名老年群众现场观看文艺演出。

奉贤区司法局制定《关于贯彻“上海市司法局迎世博600天行动计划”实施方案》和《关于贯彻落实〈奉贤区司法局2009年迎世博600天活动安排分解表〉的通知》，充分履行司法行政职能，为世博会的成功举办提供法律服务和开展法制宣传。世博期间成功化解社会各类矛盾纠纷11 229起，群体性矛盾纠纷292起；律师代理各类诉讼案件4 459起，参与奉贤区重要经济项目服务8起、避免经济损失35 585万元，接待咨询3 727人次；公证服务案件32 999起；奉贤区法援中心受理法律援助案件833件，接答“12348”来电咨询、来访咨询和来信咨询14 389人次，其中“12348”来电咨询8 732人次，来访咨询5 608人次，来信咨询49人次；“迎世博”法制宣传496次，印发宣传资料1 048 034份，依法专项治理活动654次，开展法律咨询、讲座、故事、文艺、竞赛、演讲等9 509次，普法志愿者队伍48支、1 523人；每月15日及重要时间节点组织机关和司法所工作人员参加清洁卫生活动出动3 000余人次，每月25日及重要时间节点组织机关和司法所志愿者人员参加文明出行维护秩序活动出动1 500余人次；组织世博人民调解平安志愿者中队(45人)应急实战演习4次。在迎世博600天立功竞赛活动中，奉贤区司法局在政风测评中获得全区政府综合职能部门中排名第一，上海市司法行政系统中排名第一的佳绩；奉贤区法援中心被评为“全国巾帼文明岗”“上海市世博服务品牌奖”“上海市爱心助老特色基地”，奉贤区法援中心和奉贤公证处被评为“区迎世博文明服务岗”等荣誉称号。

崇明县司法局以世博安保为工作主线，加强组织领导，推动工作重心下移，努力维护社会和谐稳定。4月14日，崇明县司法行政、党风廉政建设暨世博安保工作推进会召开，部署2010年世博安保工作重点，号召全县司法行政干警充分发挥司法行政职能，确保世博安保任务完成。

(四) 服务保障上海世博会获得表彰情况

2010年，市司法局系统开展两次“服务世博、奉献世博”立功竞赛评比表彰活动，共评选表彰二等功1人，三等功232人，嘉奖489人；同时，在世博会期间，市司法局开展两次上海市司法行政系统服务保障2010年上海世博会先进集体、先进工作者奖励表彰活动，共评选表彰服务世博先进集体31个，先进工作者47人。

2010年，围绕2010年上海世博会，市司法局制定印发《关于开展“我是党员我带头，我是党员我奉献”共产党员世博先锋行动的通知》《关于2010年在市司法局系统各级党组织和党员中广泛深入开展以“世博先锋行动”为主题的创先争优活动的实施方案》《关于开展我为司法行政工作服务世博献一策优秀建议措施征集推选活动的通知》，策划开展6项活动。其间，还召开市司法局系统创先争优世博先锋行动座谈会；开展局系统世博先锋优秀共产党员、先进党支部和优秀组织者评选工作，共表彰31个先进党支部、80名优秀共产党员和20名优秀组织者；向上海市市级机关工委推荐上报1家先进党组织和2名先进个人；开展世博先锋慰问活动，市司法局党委委员对21个监所和62名参与世博安保及在市信访办协助工作的人员进行慰问。同时，做好创先争优网站专栏、简报编发、工作部署、情况总结等工作。创先争优网站专栏共发布各类信息200余条，编发创先争优活动专刊17期。

2010年12月8日，市司法局举办以“艰辛铸就成功，奋斗成就精彩”为主题的服务保障世博先进事迹报告会。市司法局及市监狱局、上海政法学院、市劳教局、市社区矫正办、市法学会、市律师协会、市公证协会、市东方公证处、市司法局党委第一、第二巡察组、各区(县)司法局的有关领导以及上海市司法行政系统广大干警、上海政法学院世博园区志愿者代表共700余人参加本次上海市司法行政系统服务保障世博先进事迹报告会。

在整个世博会筹办和举办期间，市司法局通过成立“上海律师服务世博推进小组”“上海世博会律师志愿团”、开通世博法律服务帮助热线等举措，为世博会提供法律服务累计工作时间1万余小时；起草、审核世博会相关合同文本4 000余份；全年受理各类矛盾纠纷23.2万余件，调解成功率达98%。世博会举办期间，又分别在浦东、卢湾、黄浦区组建4个世博园区人民调解工作室，受理园区内各类矛盾纠纷381件，调解成功率达90%；组织上海市1.5万名人民调解平安志愿者和上海政法学院1 174名大学生投入志愿服务活动，抽调近百名司法行政干警到轨道交通线帮助维护秩序等，为世博会成功举办作出突出成绩。2011年，司法部印发通知，鉴于世博会筹办和举办期间，市司法局成绩突出，记集体一等功；授予上海市浦东新区世博园区人民调解工作室、浦东新区南码头世博园区(治安)联合调解工作室、卢湾区世博园区人民调解工作室、黄浦区世博园区人民调解工作室“模范人民调解工作室”荣誉称号。

二、国家司法考试上海考区组织实施工作纪实

从2001年开始，市司法局承担起组织实施国家司法考试的职责。根据有关法律规定，凡担任初任法官、初任检察官和律师、公证员的，必须通过国家司法考试。国家司法考试制度的建立，是司法改革的一项重大举措。2002年起，市司法局秉承以人为本、效率优先的发展理念，坚持改革创新引领，充分发挥信息化驱动助力和标准化建设，组织每年的司法考试，依法规范法律职业资格审核。至2010年，市司法局已组织实施九次国家司法考试。

（一）制度建设

2001年6月30日经第九届全国人大常委会第十二次会议审议通过的统一国家司法考试制度。同年10月31日，最高人民法院、最高人民检察院和司法部联合发布《国家司法考试实施办法（试行）》。12月，司法部下发通知，公证处选用公证员将从通过国家司法考试的人员中录用，不再举行全国公证员统一考试。

司法考试制度是统一法律职业准入门槛，保证法官、检察官、律师、公证员等法律职业人基本素质，从而维护司法公正和社会公平正义的重要制度。国务院授权司法部负责国家统一司法考试的组织实施，全国各地司法行政机关负责本地区国家统一司法考试组织实施管理工作，成为司法行政机关的一项重要职能。

2002年起，市司法局逐步建立健全各项制度，分别制定《上海市司法局国家司法考试组织实施办法》《上海市司法局国家司法考试试卷保密管理实施办法》《上海市司法局国家司法考试突发事件应急处置预案》《上海市司法局国家司法考试监考、督考规范流程》《上海市司法局国家司法考试宣传工作方案》等相关工作制度和工作规范，在考试期间统一编印《国家司法考试上海考区政策咨询宣传手册》《考务工作培训手册》等一系列工作制度和规范，覆盖到了司法考试组织实施的各个工作环节。

国家司法考试制度建立后，市司法局依法规范法律职业资格行政审批。将法律职业资格审核列入行政许可受理审批事项，制定了审批管理规定，明确了审批事项、审批依据、审批条件、申请材料、审批工作流程、监督途径等，并及时向社会公开，确保了法律职业资格审核工作的效率和质量。

落实保密承诺机制。在司法考试过程中，市司法局加强对涉密人员的审核、安全教育，对接触试卷的涉密管理人员进行保密安全教育，并签订保密承诺书。凡当年有直系亲属参加国家司法考试或从事国家司法考试培训的人员不得从事试卷涉密与考务工作。

严格考试监考机制。每个考点设总监考1人、副总监考1人，督考工作人员2人，并持证上岗。总监考对本考点试卷保密工作负总责，副总监考负责落实各项保密措施。督考人员负责对试卷存放管理场所和安全进行监督、指导，对监考人员保密纪律提出严格要求。

完善巡考应急机制。司法考试期间，市司法局成立应急指挥小组坐镇指挥，应急处理考试期间可能出现的各种问题。同时，成立巡考组、行政监察组负责进行巡考、行政监察，重点对试卷保密工作情况、监考人员履行职责情况、违纪行为处理情况及遇到的突发性问题进行巡考、监察和应急

处置。

建立多方协调机制。在组织实施国家司法考试工作中，市司法局主动协调市国家保密局、公安局、环保局、无线电管理局等单位的大力支持和配合，充分发挥相关协作单位的职能作用和专业优势，多方配合，多措并举，共同做好国家司法考试试卷的全程保密管理、考试秩序维护以及考点学校周边交通管理、治安巡查、固定噪声污染源排查和有效控制等工作，并通过无线电监测车电子扫描检测，防范和打击利用非法无线电信号等高科技手段进行考试作弊的违法行为，使从严治考、热情服务的总原则得到有效贯彻执行。

(二) 机构建设

2002 年 3 月，经上海市机构编制委员会批准，市司法局机关增设司法考试处。其主要职责是：研究制定司法考试的工作规划和规范，制定上海市国家司法考试工作规章制度，组织管理司法考试及考务工作，对考试工作进行监督等。

2003 年起，市司法局组成由监察室牵头，有关部门参加的上海市国家司法考试工作行政监察小组，每年对上海市国家司法考试工作全程开展行政监察。制定国家司法考试行政监察工作方案，采取同步监察、查阅文件资料、追踪查验、推进自律等方式，对计划、报名，考务准备，考试实施，资格申请、证书发放等四个阶段开展监察活动，保证司法考试工作顺利进行。

成立国家司法考试保密工作小组，由主管国家司法考试工作的局领导担任组长，对全市国家司法考试保密工作负主要领导责任，领导小组成员分别由市国家保密局查办处、市司法局办公室、监察室、司法考试处等部门负责人组成。市司法局司法考试处作为职能部门负责国家司法考试保密具体工作的落实，并自觉接受市国家保密局和司法行政监察部门的指导、监督和检查。保密工作小组主要负责制定全市国家司法考试保密工作实施方案，指导、监督、检查保密工作各项措施的落实情况；审定考试试卷存放保管场所和涉密人员，并对涉密人员进行保密安全教育，签订保密承诺书；严格按照规定要求，监督、指导、检查考试试卷的接收、整理、保管、分发、回收、运送、返运等全过程各个环节的保密工作；对加强和改进国家司法考试保密工作事项和管理措施提出意见和建议，并逐级及时上报。

同时，市司法局把加强国家司法考试队伍建设列入重要工作议程，重点抓好 3 项工作：一是在机构编制、办公条件、专项经费等方面给予支持保障；二是加强队伍思想政治建设，教育引导工作人员必须牢固树立科依法治考和管理就是服务的理念，各项工作必须要围绕中心、服务大局、开拓进取、创新发展；三是加强队伍政策和业务能力建设，要求职能部门汇编了政策指南学习材料和宣传手册，建立处室政策和业务集中学习制度，确定每位工作人员重点学习主讲主题，并进行相互点评、集体研讨，努力培养熟政策、懂业务、会办事的工作队伍，提高管理能力，提升工作水平。

(三) 工作举措

便民服务。市司法局建立服务平台，创建考试数据的综合统计分析功能，为考生提供查询服务，并在报名上海司法行政门户网站开辟网上咨询模块，及时答复考生咨询，与考生进行互动。规范和简化行政审批程序，采取多种措施服务考生，努力为考生提供一站式专业化精细化的服务，让考生办证办事少跑路、少花钱、少费时。

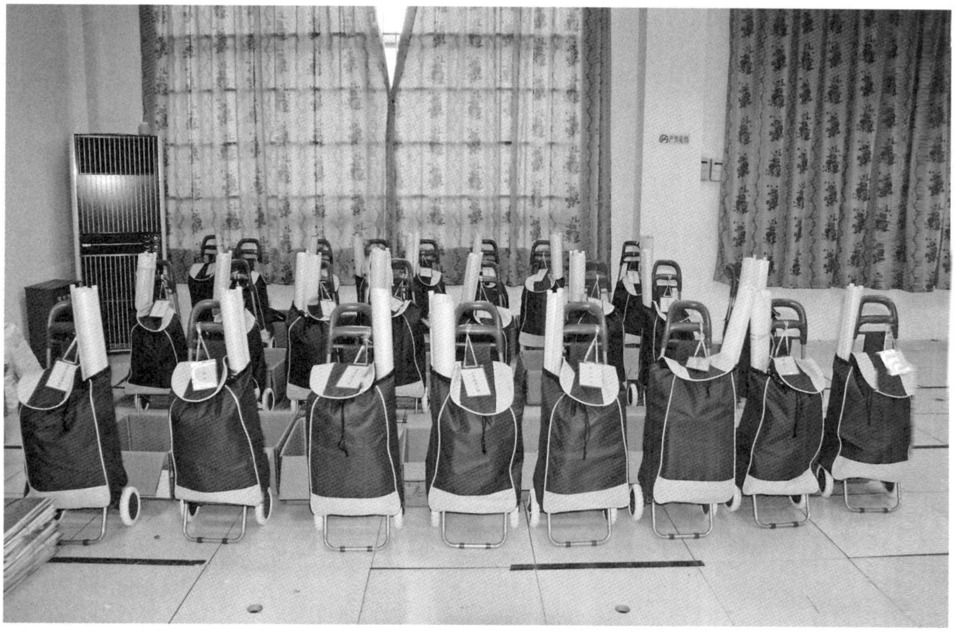

图 S－2－1 2010 年，国家司法考试考点考务用品准备就绪

科学管理。试卷存放在专用保密室中，保密室区域装有视频监控设备，实行重点部位 24 小时全程录像监控，双人双岗值班，保密室安装红外线报警器。凡进入保密室人员必须佩戴工作证件，2 人以上进入，并实行严格的登记制度，与考试无关人员一律不得进入保密室。所有试卷运送工作统一使用警车，配备统一试卷运送专用通行证。运送警车必须直达考点学校，沿途不得停留在考点学校以外任何场所，做到人不离卷、卷不离人。试卷存放考点学校的保密室后，实行专人及封条管理，确保试卷到达考点后始终在可控视线范围内。

图 S－2－2 2005 年，国家司法考试试卷运送警车保障

创新模式。在上海市人力资源与社会保障局的大力支持推动下,自2009年以来通过协议方式将部分考务工作委托专业考试机构或具备考试组织实施的、有经验的院校进行管理,强化司法行政机关的协调管理能力,具体方式上通过依法公开和单一来源竞标响应和项目专家组评审,最终确定委托单位。考试试卷管理安全等重要工作环节坚持以司法行政机关直接掌控为主;具体事务性工作主要由委托单位承担。建立并形成了良好的工作合作机制,取得了较好的实际效果,确保了司法行政提出的工作要求和工作质量,得到了司法部认可。

图S-2-3　2006年,国家司法考试试卷回收复核入库

加强宣传。市司法局坚持正确舆论导向,创新宣传方式方法,加强对司法考试政策措施、报名条件、考务管理、评卷组织、成绩发布和资格申领等的宣传力度,方便考生和社会及时获取相关信息,充分保障考生的知情权、参与权。

(四)信息化建设

市司法局立足于上海实际,注重科学决策、科学管理,把信息化建设作为国家司法考试工作的基础工程,先行先试,实现3次跨越式发展。

2003年,上海考区首次采用网上预报名和现场报名相结合的方法开展国家司法考试的报名工作,通过统一报名信息数据处理,将考生信息管理、考试成绩查询、法律职业资格申请等纳入网络系统管理轨道,对推进司法考试信息化建设发挥了积极的作用。

2009年,在司法部的大力支持和推动下,市司法局再次对国家司法考试信息化管理系统进行了个性化升级改造,首次实现考试网络系统管理与全国并轨,通过采用局域网管理方式,提高现场报名管理的可控性和工作效率。同时,市司法局将法律职业资格初审工作列入局行政许可受理事项，并与网络信息化管理相结合。实现了网上申请及预审，现场受理及审核，并当场向申请人出具《行政审批审查意见通知书》的一体化工作流程，确保初审工作程序的依法、公开、透明、规范和高效。市司法局还积极进行司法考试社会化管理的新举措，与市职业能力考试院签订了部分考务工作委托管理协议书，首次将部分考务工作委托给市职业能力考试院进行。

2010年，市司法局又提出国家司法考试工作实行报名全程网络化管理的可行性分析报告及试点方案。这一改革举措得到了司法部的高度重视和大力支持，经过司法部组织论证验收得到充分认可，同意2010年在上海先行试点。市司法局实行全国平台统一网上报名，并通过采取局域网方式实行报名现场确认，首次实现国家司法考试（上海考区）网络服务平台与全国司法考试管理网络系统并轨。通过网络信息平台，将国家司法考试政策及工作要求，与网络信息化管理有效衔接，实现网上报名、信息确认承诺、上传电子照片、交纳考务费、下载准考证和考试成绩通知书、法律职业资格申请审核等全程网络化管理服务。报名全程网络化管理试点的启动，为全国司法考试信息化管理工作提供了新思路。

（五）考生报名情况

首次国家司法考试于2002年3月30—31日举行，上海考区报考的10 241名考生中有86%参加考试，其中1 127人考试合格，合格率占参加考试人数的12.7%。2003年上海考区首次采用网上预报名和现场报名相结合的方法开展国家司法考试的报名工作，有9 864人报名参加考试。2004年报名人数为9 132人，首次允许港澳居民报名。2005年报名人数11 043人。2006年报名人数11 569人。2007年报名人数12 486人。2008年因普通高等学校翌年应届毕业生获得考试资格，报名人数又大幅度提升至15 858人。2009年报名人数17 112人。2010年报名人数16 008人。以参考人数为基数统计，考试合格率从2002年的10.8%上升至2010年的23.8%，均高于全国平均合格率。

表S-2-1　2002—2010年国家司法考试上海考区报名基本情况统计表

年度(年)	报名人数(人)	年龄25以下(人)	年龄26～55(人)	年龄56以上(人)	考点(个)	考场(个)
2002	10 241	1	9 748	369	16	410
2003	9 864	0	9 657	112	17	395
2004	9 132	10	9 044	78	14	366
2005	11 043	74	10 894	75	17	442
2006	11 569	897	10 608	64	19	463
2007	12 486	2 820	9 618	48	19	500
2008	15 858	9 155	6 664	39	28	635
2009	17 112	10 220	6 853	39	27	685
2010	16 008	9 683	6 292	33	25	641

表 S-2-2 2002—2010 年国家司法考试上海考区考生学历情况表

单位：人

年度(年)	法学专业	非法学	本科	二学士学位	硕士研究生	博士研究生
2002	7 337	2 904	6 331	226	659	35
2003	7 116	2 748	8 911	220	687	36
2004	6 941	2 191	8 255	168	675	27
2005	8 456	2 587	9 989	210	786	16
2006	8 712	2 857	10 486	233	799	21
2007	9 566	2 920	11 284	245	898	24
2008	12 388	3 470	12 276	268	988	33
2009	13 000	4 112	12 642	169	908	37
2010	11 783	4 225	11 653	150	766	25

附 录

上海市人民代表大会常务委员会关于在本市公民中基本普及法律常识的决议

（1985年12月27日上海市第八届人民代表大会常务委员会第十九次会议通过）

在全体公民中普及法律常识是我国人民政治生活中的一件大事。将法律交给广大人民掌握，使广大人民知法、守法，树立法制观念，对于发展社会主义民主，健全社会主义法制，促进社会主义物质文明和精神文明的建设，保障国家长治久安，实现我国在新时期的奋斗目标和总任务，具有重要意义。为贯彻执行全国人大常务委员会《关于在公民中基本普及法律常识的决议》，用五年时间，有计划、有步骤地在本市公民中普及法律常识，特作如下决定：

一、在全市公民中普及法律常识是一项长期任务，必须精心组织。从1986年开始，在有接受教育能力的公民中普及法律常识教育的任务，要求在五年时间内完成。明年是普及法律常识全面展开的第一年，至关重要，务必切实抓紧、抓好。

二、全市各级干部，特别是领导干部，是普及法律常识的重点对象，要认真组织培训、考核，务必做到带头学法、懂法、守法，依法办事，做群众的表率。

三、青少年是国家的希望和未来，必须在对青少年进行理想、道德、文化和纪律教育的同时，认真进行法律知识的教育。学校是普及法律常识的重要阵地，全市各类学校都要设置法制教育课程，或者在有关课程中增加法制教育的内容，将青少年真正培养成一代有理想、有道德、有文化、有纪律，知法、守法的共产主义新人。

四、普及法律常识的内容，以《宪法》为主，包括刑事、民事、国家机构等方面的基本法律的基本内容。上海是全国最大的经济中心城市，各有关部门还应当注重学习经济法律、法规，以及与本专业有关的法律知识，并要注重实效。

五、普及法律常识任务艰巨，必须在市委和各级党委的领导下，动员和依靠全社会力量进行。全市各级国家机关、武装力量、各社会团体、企事业组织，要根据不同情况，区别不同对象，制订普及法律常识的规划。各报刊、广播、电影、电视、出版、文化艺术等部门在普及法律常识中，应与有关部门密切配合，根据准确、生动、通俗、健康的原则，更有成效地进行宣传教育。

六、市、区、县人民代表大会常务委员会和各级人民政府，对本决议的实施要加强领导和监督，保证决议的贯彻施行。

上海市企业法律顾问工作暂行办法

（1988年7月27日上海市人民政府发布，2007年11月30日废止）

第一条　为了加强经济法制建设，建立、健全企业法律顾问制度，适应企业运用法律手段管理经济的需要，根据国家有关法规，制定本办法。

第二条　企业应逐步建立、健全法律顾问制度，可根据需要设置法律顾问室，也可配备专职或兼职法律顾问。

第三条　企业法律顾问室是企业内部的法律事务工作机构，是在企业法定代表人领导和授权下处理企业内外法律事务的工作部门。

第四条　企业法律顾问是受企业法定代表人领导并向其负责的企业内部经济法律工作者。

凡毕业于法律院校或经过正规法律培训,并具有一定经济法律工作实践经验的人员,可由企业法定代表人聘任为企业法律顾问。

第五条　企业法律顾问依法履行职责,受国家法律保护,任何个人和组织不得无理阻挠或打击报复。

第六条　企业法律顾问工作应遵循以下原则:

(一)坚持以事实为根据,以法律为准绳,维护国家法律、法规的正确实施,维护企业的合法权益;

(二)坚持运用法律手段管理经济和依法治厂,为完善企业经营管理制度提供法律帮助;

(三)坚持注重调解协商,妥善解决企业经济活动中的争议;

(四)坚持以处理经济法律事务为主,努力为提高企业的经济效益服务。

第七条　企业法律顾问室和法律顾问的职责是:

(一)协助企业领导人和各职能部门正确实施、执行国家法律、法规,将企业各项经营管理活动纳入法制轨道;

(二)为企业的重大经济活动和经营决策提供法律意见或法律信息;

(三)对企业的经济合同管理工作进行指导和监督,接受法定代表人的委托,参与重大经济合同、涉外经济合同和横向经济联合等项目的谈判、签约活动,并对其合法性负责;

(四)根据法定代表人的要求,参与制订、修改以加强经济合同管理为中心的各项规章制度;

(五)在法定代表人授权范围内,代理参加协商、调解、仲裁、诉讼等活动,维护企业合法权益;

(六)对企业发生的需要追究法律责任的重大事故,提供法律意见;

(七)办理企业商标注册、专利申请等法律事务,维护本企业工业产权和科技成果权;

(八)整理、汇集与本企业有关的法律、法规,为企业领导人和各职能部门提供法律资料;

(九)配合企业有关部门进行法律常识教育;

(十)办理企业领导人交办的其他法律事务。

第八条　企业专职从事经济法律工作人员的职务系列,按照国家经委职称改革工作办公室下达的《关于企业经济法律工作专业人员纳入经济专业职务系列的实施意见》(见附件)执行。

第九条　企业法律顾问享有以下权利:

(一)根据有关规定和工作需要,阅读与办理法律事务有关的文件,查阅本企业有关资料和统计报表;

(二)根据工作需要可列席企业管理委员会或其他形式的经营决策会议;

(三)根据企业领导人要求,对企业重大的经济合同、协议和其他重要法律文书及其合法性进行审查。

第十条　企业法律顾问应承担下列义务:

(一)为本企业提供优质法律服务,为加强企业法制建设尽职尽责;

(二)对所提供的法律咨询、法律意见和法律文书的合法性负责;

(三)对国家和本企业属于秘密的技术、经济及其他有关资料、情况严格保密。

第十一条　企业法律顾问室或法律顾问在业务上受上级主管部门和企业所在地司法行政机关的指导。

第十二条　企业法律顾问室与企业其他职能部门在工作上应互相支持。

第十三条　设有法律顾问室或法律顾问的企业，根据需要仍可聘请专职担任企业的常年法律顾问，或委托专职律师代理诉讼、参加谈判等，本企业的法律顾问应协同其工作。

第十四条　企业聘请专职律师担任法律顾问时，双方的权利、义务，应由合同或协议规定。

第十五条　担任企业常年法律顾问的专职律师与企业的法律顾问应互相学习、互相配合，各展所长，共同提高。

第十六条　企业、企业主管部门和司法行政机关，对于认真执行本办法，忠于职守，作出显著成绩的企业法律顾问，应当给予奖励。

对于明知有违反国家法律、法规的行为，不向企业法定代表人提出纠正意见，也不向有关部门如实报告，甚至参与不法活动，情节严重的，应当解除其法律顾问职务，并追究其责任。

第十七条　本办法适用于本市全民所有制企业，集体所有制企业可参照执行。

第十八条　本办法自1988年9月1日起施行。

上海市乡镇法律服务所工作暂行规定

（1990年7月2日上海市人民政府发布，2010年12月废止）

第一条　为加强农村法律服务工作，适应农村社会经济发展的需要，制定本规定。

第二条　乡镇法律服务所是在乡镇人民政府领导和县（区）司法局指导下，为本地区机关、团体、企业事业单位和公民提供法律服务的集体所有制事业单位。

第三条　市、县（区）司法局应加强对乡镇法律服务所的监督管理和业务指导，制定工作规划，开展业务培训，对乡镇法律服务所及其工作人员进行考核，协调乡镇法律服务所与其他有关业务部门的关系。

第四条　乡镇法律服务所的业务范围是：

（一）解答法律咨询；

（二）代写法律事务文书；

（三）接受民事诉讼当事人的委托，担任代理人；

（四）接受非诉讼事件当事人委托，在代理权限内进行民事活动；

（五）应聘担任乡镇人民政府、企业事业单位、承包经营户、个体工商户的法律顾问；

（六）受公证机关委托办理公证业务的辅助工作；

（七）根据当事人的申请，调解生产、经营方面的纠纷和其他民间纠纷；

（八）宣传国家法律、法规、规章、政策，教育公民遵纪守法，尊重社会公德。

第五条　乡镇法律服务所的设立由乡、镇人民政府决定，并经县（区）司法局审核批准。

第六条　乡镇法律服务所应由四名以上工作人员组成，其组成人员的半数以上须具备乡镇法律工作者资格。

乡镇法律服务所设主任一人，可设副主任一人。组成人员可以聘用。

第七条　乡镇法律服务所的工作人员必须热爱法律服务工作，办事公道，作风正派，并具有高中以上文化程度和一定的法律知识、政策水平。

第八条　乡镇法律服务所的工作人员从事乡镇法律服务工作两年以上，业经六个月以上法律专业培训，经市司法局考核合格后，方可取得乡镇法律工作者资格。乡镇法律工作者符合律师条件的，可以依法取得律师资格。

第九条　乡镇法律工作者按本规定办理各项业务活动时,有权向单位、个人调查。有关单位、个人应予支持、配合。

第十条　乡镇法律工作者办理各项业务,必须以事实为根据,以法律为准绳,方便人民群众,遵守工作纪律;对业务活动中接触的国家机密和个人隐私,有保守秘密的责任。

第十一条　乡镇法律服务所须建立以下各项制度:

(一) 接待制度。定人定时接待来访人员。

(二) 登记制度。办理各项业务均应及时登记和记录,并按规定统计上报。

(三) 回访制度。对已调解达成协议的纠纷,有重点地进行回访,听取反映,发现问题及时研究解决。

(四) 请示报告制度。定期向乡镇人民政府和县(区)司法局报告工作,对重大、疑难问题应集体讨论并及时请示报告。

(五) 档案制度。承办业务均应分别立卷,办理结束后分类归档,以备查考。

第十二条　乡镇法律服务所实行有偿服务、适当收费的原则。收费办法由市司法局会同市财政局、市物价局另行制订。

乡镇法律服务所的经费,有条件的乡镇法律服务所,可实行自收自支;无条件实行自收自支的,其收支差额由乡镇人民政府予以适当补贴。具体经费管理方式,由乡镇人民政府决定。

第十三条　本规定由市司法局负责解释。

第十四条　本规定自1990年8月1日起施行。

上海市律师管理办法

(1994年12月23日上海市人民政府发布,根据1997年12月19日上海市人民政府令第54号修正并重新发布,2010年12月废止)

第一章　总则

第一条　(目的和依据)

为了加强对本市律师工作的管理,保障律师依法执业,发挥律师的作用,根据《中华人民共和国律师法》和其他有关法律、法规,结合本市实际情况,制定本办法。

第二条　(适用范围)

凡在本市行政区域内登记、注册的律师和批准设立的律师事务所,均适用本办法。

第二章　律师管理机构

第三条　(主管部门)

上海市司法行政部门(以下简称市司法行政部门)是本市律师工作的主管部门,其职责是:

(一) 制定律师行业的发展规划;

(二) 制定律师工作的管理制度;

(三) 授予或者取消律师资格,颁发或者收回《律师工作执照》;

(四) 决定律师事务所及其分支机构的设立、变更、终止和撤销;

(五) 指导、监督上海市律师协会的工作。

各区、县司法行政部门负责本辖区内申请律师资格人员的审核、律师事务所及其分支机构的设立或者撤销的审核、违反本办法有关活动的查处以及市司法行政部门委托的其他律师管理工作。

第四条　(律师协会)

上海市律师协会(以下简称市律师协会)依法由本市律师组成,受市司法行政部门指导、监督,其职责是:

(一) 负责律师的执业登记、注册和律师事务所开业登记、变更登记、注销登记;

(二) 负责对律师事务所的年度检验,并向有关部门报告年度检验情况;

(三) 保障律师依法执业,维护律师合法权益;

(四) 指导律师业务活动;

(五) 负责律师业务培训;

(六) 负责律师职业道德、执业纪律的教育和监督检查;

(七) 按照国家有关规定,组织与境外民间律师团体的交流活动;

(八) 负责市司法行政部门委托办理的其他律师管理工作。

第三章　律师资格

第五条　(资格的授予)

按照国家有关规定,取得律师资格应当经过必要的考试或者考核。

申请律师资格考试的人员,应当参加全国律师资格考试。对考试合格的人员,其户籍所在地的区、县司法行政部门应当在接到考试合格通知书之日起30日内提出审核意见后报市司法行政部门。市司法行政部门应当在接到审核意见之日起30日内作出授予或者不授予律师资格的决定。决定授予律师资格的,发给律师资格证书;决定不授予律师资格的,应当书面通知参加考试的人员。

申请律师资格考核的人员,应当接受本市司法行政部门的考核。对申请律师资格考核的人员,其户籍所在地的区、县司法行政部门应当在接到申请之日起30日内提出审核意见后报市司法行政部门。市司法行政部门应当在接到审核意见之日起30日内作出授予或者不授予律师资格的决定。决定授予律师资格的,发给律师资格证书;决定不授予律师资格的,应当书面通知接受考核的人员。

第六条　(不授予资格的情形)

有下列情形之一的,不得授予律师资格:

(一) 故意犯罪,曾被判处刑罚的;

(二) 被国家机关、事业单位开除公职未满5年的;

(三) 无民事行为能力或者限制民事行为能力的;

(四) 其他依法不授予律师资格的情形。

第四章　律师事务所

第七条　(性质)

律师事务所是律师的执业机构,接受司法行政部门和市律师协会的管理和监督。

律师事务所的形式依照国家的有关规定确立。

第八条　(设立条件)

设立律师事务所,应当向司法行政部门提出申请,并具备下列条件:

(一) 有律师事务所的名称;

(二) 有固定的工作场所;

(三) 有律师事务所的章程;

(四)有3名以上取得律师资格的专职人员；

(五)有必要的开业经费。

第九条　(申请与审批)

申请设立律师事务所,应当向拟设立的律师事务所所在地的区、县司法行政部门提出申请。区、县司法行政部门应当在接到申请之日起30日内提出审核意见后报市司法行政部门。市司法行政部门应当在接到审核意见之日起30日内作出审批决定。批准设立的,由市司法行政部门颁发《律师事务所执业许可证》;不予批准设立的,应当书面通知申请人。

未经批准,不得以律师事务所的名义开业。

第十条　(开业登记)

批准设立的律师事务所,应当在接到《律师事务所执业许可证》之日起的10日内,到市律师协会办理开业登记手续,并按规定向税务部门办理税务登记,依法纳税。

未办理开业登记手续的,不得以律师事务所名义开业。

第十一条　(规章制度)

律师事务所应当制定人事、业务、财务以及档案等方面的管理制度,并报市司法行政部门、市律师协会和该律师事务所所在地的区、县司法行政部门备案。

第十二条　(基金)

律师事务所应当按照规定从业务收入中提取事业发展基金、集体福利基金和业务风险基金。

前款所列各类基金的提取标准,由市司法行政部门会同市财政部门核定。

第十三条　(过错赔偿)

律师事务所对本所律师因执业过错造成当事人的合法权益损害的,应当承担赔偿责任。

律师事务所赔偿后,可以向有故意或者重大过失的律师追偿全部或者部分赔偿费用。

第十四条　(年度检验)

律师事务所应当接受市律师协会的年度检验。每年第一季度,由律师事务所向市律师协会报告上一年的人员、机构、业务工作、财务收支和预算等情况,并附送审计部门的审计报告。

第十五条　(变更)

律师事务所分立、合并、迁移,变更名称、负责人、组织形式、业务范围等,应当报市司法行政部门批准,并自批准之日起10日内到市律师协会办理变更登记手续。

第十六条　(终止)

律师事务所有下列情形之一的,应当予以终止：

(一)申请解散并经市司法行政部门核准的；

(二)违反法律、法规和规章而被撤销的；

(三)其他原因应当终止的。

律师事务所终止,应当向市司法行政部门缴回《律师事务所执业许可证》,向市律师协会办理注销登记手续,发布终止公告。

律师事务所终止,应当按照规定清算财产,清理和移交档案。

律师事务所已终止的,不得开业。

第十七条　(登记费、年度检验费)

律师事务所办理开业登记、变更登记、注销登记及年度检验,应当按照规定缴纳登记费、年度检验费。

第五章　执业管理

第十八条　（执业申请与审批）

凡取得律师资格、要求以律师身份执业的人员，应当在律师事务所实习1年。

前款人员实习期满，可以通过律师事务所向该所所在地的区、县司法行政部门提出执业申请。区、县司法行政部门应当在接到申请之日起30日内提出审核意见后报市司法行政部门。市司法行政部门应当在接到审核意见之日起30日内作出批准或者不批准执业的决定。

对批准执业的，由市司法行政部门颁发《律师工作执照》；不予批准的，应当书面通知申请人。

未取得《律师工作执照》者，不得以律师名义执业。

第十九条　（执业登记）

被批准执业的人员领取《律师工作执照》后，应当在10日内持《律师工作执照》到市律师协会办理登记手续。

第二十条　（执业要求）

律师不得同时在2个或者2个以上律师事务所中执业。

律师应当服从律师事务所的管理，遵守律师事务所的章程。

律师在受理案件时，不得拒绝律师事务所的业务指派。

第二十一条　（变更与注销登记）

律师登记的事项发生变化时，应当由其所在的律师事务所在登记事项发生变化之日起30日内，向市律师协会办理变更登记或者注销登记手续。

第二十二条　（执业注册）

律师事务所应当于每年第一季度持本所律师的《律师工作执照》到市律师协会注册。

对不符合执业条件的律师，区、县司法行政部门可以向市律师协会提出不予注册的书面意见。市律师协会对有关区、县司法行政部门的意见持异议的，应当上报市司法行政部门作出决定。

未经注册者，不得以律师名义执业。

律师事务所不得委派未经注册的律师承办业务。

第二十三条　（申请执照与登记、注册的费用）

律师申请工作执照与登记、注册，应当按照有关规定缴纳费用。

第二十四条　（注册公告与备案）

市律师协会每年应当将准予注册的律师名单及其所在律师事务所的名称在市司法行政部门指定的报刊上予以公告，并报市司法行政部门以及中华全国律师协会备案，送上海市高级人民法院备查。

第二十五条　（执照收回）

律师不能执业时，由市司法行政部门收回《律师工作执照》。

第二十六条　（执业范围）

律师除依法担任刑事、民事、行政、经济等诉讼案件的辩护人、代理人外，可以从事下列业务：

（一）接受委托，担任国家机关、企业、事业单位、社会团体或者个人的法律顾问；

（二）接受委托，提供法律咨询，代写诉状、合同等有关法律事务的文书；

（三）接受委托，出具法律意见书、律师见证书；

（四）接受委托，代理贸易、投资、知识产权、证券、金融、税务、房地产、海商海事等民事、经济活动中的法律事务；

(五)接受委托,代理参与仲裁活动;

(六)接受委托,依法办理其他法律事务。

国家和本市对律师执业范围另有规定的,按照有关规定执行。

第六章　律师权利与义务

第二十七条　(依法执业权)

律师依法执业,受法律保护,任何机关、团体和个人不得妨碍、干涉或者威胁其行使合法权利。

第二十八条　(调查取证权)

律师应当持律师事务所出具的介绍信和《律师工作执照》,向有关组织和个人调查、收集与承办法律事务有关的证据材料,有关组织和个人应当协助提供有关材料。法律、法规另有规定不予提供的除外。

第二十九条　(建议权)

律师执业中发现本市机关、企业、事业单位、社会团体及其负责人在遵守法律、法规和规章方面存在问题,可以提出意见或者建议。接到意见或者建议书的单位应当认真研究处理。

第三十条　(拒绝辩护、代理权)

对侮辱律师人格或者向律师提出无理要求的被告人或者被代理人,律师可以拒绝为其辩护或者代理。

第三十一条　(执业权的法律监督)

对侵犯律师执业权利的行为,律师、律师事务所或者市律师协会可以请求法律监督机关实施法律监督。

第三十二条　(守法、守纪的义务)

律师在执业中应当遵守法律、法规和规章,遵守职业道德和执业纪律,坚持“以事实为根据,以法律为准绳”的原则,严格依法执业。

第三十三条　(学习、进修的义务)

律师应当参加政治理论学习、业务培训与进修。司法行政部门、市律师协会以及律师事务所应当为律师提供学习、进修的条件。

第三十四条　(遵守统一收案、收费规定的义务)

律师应当遵守由律师事务所统一收案、统一收费的规定,不得私自收案、收费。

第三十五条　(对当事人履行的义务)

律师应当依法为当事人提供法律帮助,维护当事人的合法权益。

律师受理案件时,应当接受律师事务所指派,为无能力交纳费用的当事人提供法律援助。

第三十六条　(遵守司法、仲裁活动有关制度的义务)

律师执业时,应当遵守司法、仲裁活动的有关制度。

第三十七条　(保密义务)

律师应当保守执业中接触到的国家机密、商业秘密,维护当事人的隐私权。

第七章　惩戒与罚则

第三十八条　(律师惩戒组织)

市律师协会设立律师惩戒委员会。

任何组织和个人可以向律师惩戒委员会投诉律师的违法、违纪行为。

第三十九条　(惩戒)

对违反职业道德和执业纪律的律师,律师惩戒委员会可以按照律师协会章程的规定给予惩戒。

第四十条　(申诉)

被惩戒的律师对律师惩戒委员会的惩戒不服的,可以向市司法行政部门提出申诉。

第四十一条　(行政处罚)

对违反本办法的单位和个人,由市或者区、县司法行政部门按照下列规定给予处罚:

(一) 违反本办法第九条第二款规定的,责令停业,没收违法所得,可以并处违法所得 1 倍以上 5 倍以下罚款;

(二) 违反本办法第十八条第四款规定的,责令停止非法执业,没收违法所得,可以并处违法所得 1 倍以上 5 倍以下罚款;

(三) 违反本办法第二十条第一款规定的,给予警告,没收违法所得,情节严重的,给予停止执业 3 个月以上 1 年以下的处罚;

(四) 违反本办法第二十二条第四款规定的,责令改正,并处以 5 000 元以上 2 万元以下的罚款。

第四十二条　(处罚程序)

司法行政部门作出行政处罚,应当出具行政处罚决定书。收缴罚没款,应当开具市财政部门统一印制的罚没财物收据。

罚没收入按规定上缴国库。

第四十三条　(复议与起诉)

当事人对司法行政部门的具体行政行为不服的,可以依据《行政复议条例》和《中华人民共和国行政诉讼法》的规定,申请行政复议或者提起行政诉讼。

当事人在法定期限内不申请复议,不提起诉讼,又不履行具体行政行为的,司法行政部门可以根据《中华人民共和国行政诉讼法》的规定,申请人民法院强制执行。

第四十四条　(对管理人员的要求)

司法行政人员和市律师协会管理人员应当严格遵纪守法,秉公执法。对玩忽职守、滥用职权、徇私舞弊的,由其上级部门或者所在单位给予行政处分;构成犯罪的,依法追究刑事责任。

第八章　附则

第四十五条　(境外律师事务所在沪机构、常驻代表)

外国律师事务所、港澳地区律师事务所在本市设立律师事务所或者设常驻代表的,按照国家有关规定执行。

第四十六条　(收费标准)

律师事务所缴纳的登记费、年检费的标准,律师缴纳的执照费、登记费和注册费的标准,由市物价部门会同市财政部门核定。

第四十七条　(应用解释部门)

本办法的具体应用问题,由市司法行政部门负责解释。

第四十八条　(施行日期)

本办法自 1995 年 2 月 1 日起施行。

上海市公证条例

(1995年12月29日上海市第十届人民代表大会常务委员会第二十四次会议通过,根据1997年10月17日上海市第十届人民代表大会常务委员会第三十九次会议《关于修改〈上海市公证条例的决定》修正,2010年8月废止)

第一章　总则

第一条　为了规范公证行为,发挥公证的证明、服务、沟通、监督作用,预防和减少纠纷,维护国家利益和公民、法人及其他组织的合法权益,根据国家有关法律、法规的规定,结合本市实际情况,制定本条例。

第二条　本条例所称的公证,是指公证机构依法证明当事人的法律行为和有法律意义的事件、文书的真实性、合法性的行为。

第三条　本条例适用于本市行政区域内的公证活动及其管理。

第四条　公证机构依法出具的公证书,具有法律上证明力,应当作为司法机关、仲裁机构、行政管理部门认定事实的根据。但有相反证据足以推翻公证书的,由原公证机构、主管的司法行政部门撤销,或者由人民法院依法确定其效力。

第五条　公证机构办理公证事务必须遵守下列原则:

(一)根据事实,依照法律;

(二)依法独立公证,不受行政机关、社会团体和个人的干涉;

(三)保守国家机密和当事人的秘密。

第六条　市司法行政部门主管本市的公证工作。

区、县司法行政部门主管本辖区的公证工作。

第七条　市公证员协会是依法维护公证员合法权益,开展公证业务培训和交流,对公证员进行职业道德、执业纪律教育和监督的自律性社会团体法人,受市司法行政部门的指导、监督。

第二章　公证机构

第八条　公证机构是国家设立的统一行使公证权的专门证明机构。

公证机构由公证员和其他工作人员组成。

公证机构之间无隶属关系。

第九条　公证机构由区、县司法行政部门组建,经市司法行政部门批准后设立;必要时,市司法行政部门可以组建设立。

公证机构的变更、终止,需经市司法行政部门批准。

公证机构的组建条件,由市司法行政部门另行规定。

第十条　经主管的司法行政部门同意,公证机构可以按有关规定决定内部机构设置、人员聘用和分配办法。

公证机构应当建立办证接待、质量检查、过错赔偿、档案管理等业务管理制度。

公证机构实行独立核算。

第十一条　公证机构办理公证事务,应当按照国家和本市有关部门规定的收费标准收费。

第三章　公证员

第十二条　公证员是在公证机构专门从事公证事务,并依法获得公证员执业证的法律专业人员。

第十三条　凡需获得公证员执业证的，必须通过国务院司法行政部门组织的统一考试或者考核。

第十四条　具备下列条件的，可以申请参加考试：

（一）户籍地在本市的中国公民；

（二）年满二十三周岁；

（三）拥护《中华人民共和国宪法》；

（四）品行端正，身体健康；

（五）具有高等院校法律专科以上学历，或者具有高等院校其他专业本科以上学历并经一年以上法律专业培训。

第十五条　具备本条例第十四条第（一）、（二）、（三）、（四）项条件，并同时具备下列条件之一的，可以申请参加考核：

（一）曾任审判员、检察员、律师；

（二）具有法学高级专业技术职称；

（三）具有其他高级专业技术职称并经一年以上法律专业培训。

第十六条　经考试、考核合格，并被公证机构录用，要求获得公证员执业证的，应当经所在的公证机构同意，向主管的司法行政部门提出申请。

区、县司法行政部门应当自收到申请书之日起十五日内提出审核意见，并报市司法行政部门审批。

市司法行政部门应当自收到申请书或者审核意见之日起三十日内作出审批决定。批准的，授予统一的公证员执业证；不批准的，应当书面通知申请人，并告知原审核部门。

第十七条　具有下列情形之一的，不得授予公证员执业证：

（一）曾被刑事处罚的；

（二）曾被开除公职的；

（三）曾被吊销公证员执业证的；

（四）有其他不得授予公证员执业证情形的。

已获得公证员执业证，发现有前款规定情形之一的，市司法行政部门应当吊销其公证员执业证。

第十八条　公证员每年必须办理执业注册。执业注册由公证员经所在的公证机构向主管的司法行政部门申报，由市司法行政部门批准并办理注册手续。

公证员未经注册不得继续执业。

第十九条　具有下列情形之一的，由市司法行政部门收回公证员执业证：

（一）丧失民事行为能力的；

（二）辞职或者调离公证机构的；

（三）有其他应当收回公证员执业证情形的。

第二十条　公证员执业时必须诚实信用、尊重事实、忠于法律、秉公办证。禁止下列行为：

（一）无正当理由推诿或者拒绝公证；

（二）向当事人作虚假承诺；

（三）出具违背事实，违反法律的公证书；

(四) 收受、索取金钱、实物或者谋取其他不正当利益;

(五) 私自接待当事人或者其代理人;

(六) 贬损、诋毁其他公证机构、公证员的声誉;

(七) 兼任与公证员职责相违背的其他职务;

(八) 其他违法违纪的行为。

第二十一条　公证员依法履行职责,应当享有执业权利和必要的工作条件。

公证员持有效证件,有权向有关单位和个人调查取证。

公证员的执业权利非因法定事由,非经法定程序,不得被剥夺。

第四章　公证管辖

第二十二条　当事人住所地或者法律事实发生地在本市的公证事务,由本市的公证机构管辖。

涉外公证事务,必须由开办涉外公证业务的公证机构管辖。

第二十三条　涉及当事人人身关系的民事公证事务,由设在当事人住所地或者法律事实发生地区、县范围内的公证机构管辖。

第二十四条　收养公证,由设在收养人住所地区、县范围内的公证机构管辖。

涉及台湾地区居民的收养公证,由设在被收养人住所地区、县范围内的公证机构管辖。

涉及香港、澳门居民或者华侨的收养公证,由设在被收养人住所地范围内指定的公证机构管辖。

外国人收养公证,由指定的开办涉外公证业务的公证机构管辖。

第二十五条　同一公证事项,应当由同一公证机构管辖。

两个以上当事人办理同一公证事项的,当事人应当协商向一个公证机构申请。

两个以上公证机构对同一公证事项均享有管辖权的,由当事人选择其中一个公证机构管辖。

当事人向两个以上有管辖权的公证机构申请公证的,由最先受理的公证机构管辖。

第二十六条　当事人申请的公证事项,有管辖权的公证机构因特殊原因不能办理的,由市司法行政部门指定管辖。

公证机构之间因管辖发生争议的,应当协商解决;协商不成的,由市司法行政部门指定管辖。

特殊的公证事项,可以由市司法行政部门指定管辖。

第五章　公证业务

第二十七条　公证机构可以证明下列法律行为:

(一) 合同(协议)的设立、变更或者终止;

(二) 委托、赠与及遗嘱的设立、变更或者撤销;

(三) 财产分割、转让或者放弃财产权、继承权的声明;

(四) 有价证券的发行、上市,票据的拒绝付款、承兑,与股票权益有关的委托;

(五) 拍卖、招标、投标、开奖、评奖;

(六) 债务的担保;

(七) 债权的追索或者债务的承认;

(八) 夫妻财产的约定(协议);

(九) 收养关系的成立、解除,亲子认领;

(十) 其他法律行为的设立、变更或者终止。

第二十八条　公证机构可以证明下列有法律意义的事件或者文书:

（一）继承权的享有，商标权、专利权、著作权等民事权利的享有、转让和使用许可；

（二）出生、生存、死亡、学历、经历、亲属、居住、婚姻、刑事处分等状况；

（三）法人或者其他组织的资格、章程、资信状况和财产的清点、评估和清算，股份有限公司的创立大会及股东大会决议；

（四）不可抗力事件；

（五）保险财产的估价或者保险损失的确定；

（六）匿名作品的作者身份；

（七）合同（协议）或者其他文书上的签名、印鉴、作成日期；

（八）文件的副本、节本、译本、复印本与原本相符；

（九）其他有法律意义的事件、文书。

第二十九条　下列法律行为和文书，应当办理公证：

（一）土地使用权的转让、抵押；

（二）重点建设项目和大型建设项目的招标、投标；

（三）国有企业的租赁、产权出售及拍卖；

（四）房屋的赠与、抵押，外销商品房的买卖，非居住用私房的租赁合同；

（五）股票和其他记名有价证券的赠与、继承和灭失；

（六）其他法律、法规规定应当公证的事项。

公证机构对应当公证的事项，必须根据该公证事项的特殊期限要求，依法简便、及时地办理。

第三十条　符合下列条件的债权文书，公证机构可应当事人的申请，依法赋予其强制执行效力：

（一）以给付货币、物品、有价证券为内容的；

（二）当事人双方债权、债务关系明确，对债权文书规定的给付内容无疑义的；

（三）债务人明示不履行义务时自愿接受强制执行的。对赋予强制执行效力的债权文书，一方当事人不履行的，对方当事人可以依照民事诉讼法的有关规定，向有管辖权的人民法院申请强制执行，受申请的人民法院应当执行。

赋予强制执行效力的债权文书确有错误的，人民法院裁定不予执行，并将裁定书送达双方当事人和公证机构。

第三十一条　公证机构可以办理符合下列情况之一的货币、贵重物品、担保物（金）或者替代物、有价证券的提存公证：

（一）债权人无理由拒绝或者延迟受领，使债务人无法按时给付的；

（二）债权人地址不明或者失踪，债权人死亡而继承人不清，债权人无行为能力而其法定代理人不清，致使债务人无法交付或者履行义务的；

（三）债权人与债务人约定以提存方式履行的。

办理提存公证后，应当被视为已交付或者已履行义务。

公证机构应当于出具提存公证书之日起七日内，通知或者通告债权人领取提存物。超过二十年未领取的提存物，由公证机构上缴国库。

第三十二条　公证机构可以为当事人办理证据保全。

第三十三条　公证机构可以办理与公证相关的以下法律事务：

（一）清点、保管遗产，保管遗嘱或者其他文书；

(二)执行遗嘱;

(三)代写法律文书;

(四)法律咨询;

(五)根据当事人的申请,监督公证事项的履行或者调解在履行过程中发生的纠纷;

(六)其他法律事务。

第六章　公证程序

第三十四条　需要办理公证的,可以向公证机构直接申请或者委托他人代理申请。

遗嘱、遗赠扶养协议、赠与、亲子认领、收养、解除收养、委托、声明、生存、签名印鉴和其他与当事人人身有密切关系的事项,不得委托他人代理。

香港、澳门地区的当事人委托代理人申请办理涉及财产转让或者重大公证事项的,其委托书应当经国务院司法行政部门认可的当地机构和人员证明;居住在国外 的当事人委托代理人申请办理涉及财产转让或者重大公证事项的,其委托书应当经当地公证人公证,我国驻外使、领馆认证或者证明。

第三十五条　公证机构对符合下列条件的申请事项应当受理:

(一)与当事人有利害关系;

(二)属于公证业务范围;

(三)该事项无争议;

(四)属于本公证机构管辖。

公证机构对不符合条件的申请事项,应当作出不予受理决定,并书面通知当事人。

第三十六条　公证员有下列情形之一的,应当回避:

(一)本人或者近亲属的公证事项;

(二)与本公证事项有利害关系;

(三)本人以一方当事人的代理人身份参与的公证事项;

(四)与本公证事项的当事人有其他关系,可能影响正确办证的。

前款规定适用于公证机构其他工作人员,以及公证机构聘请的翻译、鉴定等人员。

当事人或者委托代理人可以在公证文书作成前,以口头或者书面方式向公证机构申请回避。

公证机构负责人的回避,由主管的司法行政部门决定;其他人员的回避,由公证机构负责人决定。

第三十七条　公证机构受理公证申请后,应当审查当事人的身份、民事行为能力以及有关的材料。当事人提供的材料不齐全或者有疑义的,公证机构可以要求当事人补充或者澄清。当事人举证有困难的,公证机构可以接受当事人的委托,调查取证。

第三十八条　公证机构有权调查与公证事项有关的档案、材料、资产等情况,并对物证或者现场进行勘验,有关单位和个人应当予以协助。

第三十九条　符合公证办理条件的公证事项,公证机构应当在受理公证申请之日起十日内出具公证书;需要经过调查取证的,应当在三十日内出具公证书。但复杂、疑难的公证事项,经公证机构负责人批准,可以延长办证期限,延长期限不得超过六个月。

因不可抗力事件致使公证机构无法工作的期间,不计入上述期限。

第四十条　公证机构在办理公证中对不真实、不合法的行为、事件和文书,应当作出不予公证的决定,并于作出决定之日起五日内书面通知当事人。

第四十一条　公证书由当事人、委托代理人到公证机构领取，或者由公证机构发送。

当事人、委托代理人应当在公证书的送达回执上签名或者盖章。邮寄发送的，以回执上注明的收件日期为发送日期。

第四十二条　办理招标、投标、开奖、拍卖等现场监督公证事项，公证员应当当场宣读公证词，并在宣读公证词之日起七日内出具公证书送达当事人。该公证书从宣读公证词之日起生效。

对有弄虚作假、违反活动规则或者其他违法行为的招标、投标、开奖、拍卖等现场监督公证事项，公证员应当当场宣布不予公证。

第四十三条　公证机构对出具的有严重违反公证程序或者不真实、不合法的公证书，应当予以撤销。

当事人或者利害关系人向公证机构申请撤销公证书的，公证机构应当自收到书面请求之日起三十日内，作出撤销或者拒绝撤销的决定，并书面通知申请人。

市司法行政部门或者主管的区、县司法行政部门发现严重违反公证程序或者不真实、不合法的公证书，应当责成公证机构撤销或者直接作出撤销的决定。

第四十四条　有下列情形之一的，公证机构应当终结公证：

（一）因当事人原因致使在六个月内不能办结的；

（二）公证书生效前当事人撤回申请的；

（三）因当事人死亡、法人或者其他组织终止不能继续办理或者办理已无意义的。

第四十五条　对公证机构作出的不予受理、不予公证、撤销公证书或者拒绝撤销公证书的决定有异议的，可以在接到决定书之日起十五日内，向主管的司法行政部门提出申诉。司法行政部门应当自收到申诉书之日三十日内作出处理决定。

第七章　法律责任

第四十六条　公证员违反本条例第二十条规定，尚不构成犯罪的，主管的司法行政部门可以作出警告或者停止执业三个月至一年的处罚，并报上一级司法行政部门备案；情节严重的，由市司法行政部门作出吊销公证员执业证的处罚，并报国务院司法行政部门备案。

第四十七条　区、县司法行政部门的处罚决定不当的，市司法行政部门可以责令其纠正，必要时，可以直接作出处罚决定。

第四十八条　公证机构违反本条例第十条第二款、第十一条、第二十二条第二款、第二十三条、第二十四条、第三十五条、第三十六条第一、二款、第三十九条第一款、第四十条、第四十三条的规定，由市司法行政部门责令限期改正，并视其情节轻重，分别给予以下处罚：

（一）五千元以上至五万元以下罚款；

（二）停止办理公证业务一个月至六个月。

公证机构违反前款所列各条规定的，除按前款规定处罚外，可以对其负责人、直接责任人给予警告或者五百元以上五千元以下罚款。

第四十九条　公证机构因过错出具错误公证书，或者办证行为不当，给公民、法人或者其他组织造成直接经济损失的，应当依法赔偿。公证机构赔偿后，可以向有过错的公证员追索部分或者全部赔偿费。

第五十条　当事人提供虚假证明材料的，公证机构有权作出对该公证事项一年内不予办证的决定，并通告本市其他公证机构。

当事人或者当事人以外的单位和个人提供虚假证明材料的行为，给公证机构造成直接经济损失的,公证机构有权追索赔偿。

第五十一条　公民、法人或者其他组织冒用公证人员、公证机构名义进行证明活动,伪造、变造公证书、公证机构印章或者拒绝、阻碍公证员依法执行职务,违反治安管理的,由公安机关依法给予治安处罚。

第五十二条　违反本条例规定,构成犯罪的,依法追究刑事责任。

第五十三条　司法行政部门根据本条例作出的行政处罚决定,应当出具行政处罚决定书。罚款时,应当出具市财政局统一印制的收据。罚款全部上缴国库。

第五十四条　当事人对司法行政部门作出的具体行政行为不服的,可以依照《行政复议条例》和《中华人民共和国行政诉讼法》的规定,申请复议或者提起行政诉讼。

第八章　附则

第五十五条　本条例的具体应用问题,由市司法行政部门负责解释。

第五十六条　本条例自 1996 年 3 月 1 日起施行。

上海市人民代表大会常务委员会
关于本市继续开展法制宣传教育的决议

(1996 年 6 月 21 日上海市第十届人民代表大会常务委员会第 28 次会议通过)

本市自 1986 年开展法制宣传教育以来,公民的法制观念和法律意识得到了提高,全市依法治理工作得到了发展,对推动社会主义民主法制建设、维护社会稳定、保证改革开放、促进经济建设和各项事业的发展,发挥了积极的作用。为了贯彻《全国人民代表大会常务委员会关于继续开展法制宣传教育的决议》,进一步增强全市公民的法制观念和法律意识,不断提高各级干部依法办事、依法管理的能力和水平,适应率先在本市建立社会主义市场经济运行机制,把上海建成国际经济、金融、贸易中心之一的现代化大都市的需要,保证国民经济和社会发展“九五”计划和 2010 年远景目标的实现,上海市人民代表大会常务委员会认为有必要从 1996 年到 2000 年,在全市公民中实施法制宣传教育第三个五年规划,继续开展法制宣传教育。为此,特作决议如下:

一、本市继续开展的法制宣传教育,应当以宪法、基本法律和社会主义市场经济法律知识为主要内容。同时,要结合本市经济建设和社会发展的实际情况,根据不同对象,有重点地开展相关法律、法规的宣传教育。

二、本市一切有接受教育能力的公民都应当接受法律宣传教育,努力学习宪法和公民工作、生活相关的法律知识,增强权利义务观念,做到知法、守法,依法维护国家、集体和个人的合法权益。

三、各级干部特别是领导干部应当带头学习宪法和有关的法律知识,加强法制观念,模范遵守宪法和法律、法规,切实做到依法决策、依法管理和依法办事,在学法、用法和守法中发挥表率作用。

各级各类干部学校应当开设法制课,并将法制教育作为干部教育的必修课程。各部门应当把是否具备必要的法律知识和能否严格依法办事作为干部考核的一项重要内容。

四、司法机关、行政执法部门的执法人员应当认真学习并熟练掌握、运用与本职工作相关的法律、法规,提高自身法律素质和执法水平,加强执法力度,严格执法、公正执法。

司法机关、行政执法部门应当组织执法人员参加有关法律、法规的培训和考试,逐步建立部门执法责任制度和行政执法部门执法人员持证上岗制度。未经培训或者考试不合格者不得上岗。

五、企业、事业单位的经营管理人员和个体工商户应当接受有关法律知识的培训,把掌握社会主义市场经济的法律知识和与本职工作密切相关的其他法律知识作为必备的素质，做到依法经营、依法管理，自觉遵守市场秩序，维护社会公共利益。

六、青少年应当具备必要的法律知识。小学、中学（包括中等技术学校）、大专院校都应当开设法制教育课，做到教学有大纲，学习有教材，任课有教师，课时有保证。乡、镇人民政府和街道办事处应当重视并加强对社会青少年的法律常识教育。

七、外地来沪务工经商人员应当学习并遵守国家和本市有关的法律、法规。使用和管理外地来沪务工经商人员的地区、部门、单位应当建立健全外地来沪务工经商人员的学法制度，定期对他们进行法制教育。

八、文化、新闻、出版和广播、电影、电视等部门应当针对不同时期的法制宣传教育重点和不同对象的特点，运用多种形式，主动、全面、准确地开展法制宣传教育，充分发挥大众传播媒介的作用，并注重法制宣传教育的社会效果。

九、法制宣传教育应当注重实效，坚持与法制实践相结合，与经济建设、精神文明建设和社会发展的实际相结合，促进各项事业的依法治理。坚持依法治市，积极推进依法治村、依法治乡（镇、街道）、依法治区（县）以及行业、部门的依法治理工作。

十、实施法制宣传教育第三个五年规划，继续深入开展法制宣传教育，是全社会的共同责任，必须在各级党组织的领导下，动员和依靠全社会的力量去完成。本市一切国家机关、社会团体和企业、事业单位都应当建立法制宣传教育的领导责任制，认真开展本地区、本系统、本单位的法制宣传教育。法制宣传教育所需的经费，由各级人民政府及有关单位予以保证。本市各级人民代表大会常务委员会和各级人民政府应当加强对实施法制宣传教育第三个五年规划和本决议的领导与监督。

上海市人民代表大会常务委员会
关于本市进一步开展法制宣传教育的决议

（2001 年 8 月 20 日上海市第十一届人民代表大会常务委员会第三十次会议通过）

自 1986 年以来，本市已实施了三个五年法制宣传教育规划，各级领导干部和广大公民的法律意识和法制观念不断增强，社会各项事业的依法治理工作逐步开展，为本市经济持续快速健康发展，发挥了有力的保障作用，为坚持依法治市、建设社会主义法治城市，发挥了重要的基础性作用。为了贯彻《全国人民代表大会常务委员会关于进一步开展法制宣传教育的决议》和《上海市进一步推进依法治市工作纲要》，有必要制定并实施 2001 年至 2005 年法制宣传教育第四个五年规划。进一步开展法制宣传教育，要以邓小平理论和江泽民同志“三个代表”的重要思想为指导，贯彻依法治国基本方略，深入宣传学习宪法和法律法规，努力实现由提高全民法律意识向提高全民法律素质的转变，实现由注重依靠行政手段管理向注重运用法律手段管理的转变，提高城市的管理水平，增强城市的综合竞争力，保障和促进本市国民经济和社会发展第十个五年计划纲要确定的目标顺利实现。为此，特作决议如下：

一、开展法制宣传教育，要以宪法为重点，宣传与公民权利义务密切相关的法律法规，注重培养权利与义务相一致、权力与责任相统一的法制观念，增强公民依法规范自身行为、维护自身合法权益和民主参与、民主监督的意识；宣传社会主义市场经济的法律法规，宣传保障和促进西部大开发的法律法规,宣传我国加入世界贸易组织后需要熟悉的法律法规,宣传加强社会治安、维护社会稳定等方面的法律法规,为深化改革、促进发展、确保稳定、推进社会全面进步创造良好的法治环境。

坚持依法治国与以德治国相结合,法制宣传教育与思想道德教育相结合,促进社会主义民主法制建设和精神文明、物质文明建设的同步发展。

二、本市全体公民都应当接受法制宣传教育,重点对象是各级领导干部、司法人员和行政执法人员、青少年、企业经营管理人员。还要重视对中介机构服务人员、社区工作人员和外地来沪务工经商人员的法制宣传教育。

各级领导干部应当带头学习宪法和法律法规,熟悉履行职责所必需的法律知识,牢固树立宪法和法律权威的观念,做到依法决策、依法管理、依法办事。

司法人员和行政执法人员应当深入学习宪法和法律法规,熟练掌握与本职工作相关的法律知识,自觉维护宪法的尊严和国家法制的统一,做到公正司法、依法行政。

青少年应当养成遵纪守法、尊重社会公德的良好习惯,逐步掌握必要的法律知识,学会依法维护自己的合法权益。

企业经营管理人员应当认真学习和掌握与社会主义市场经济相关的法律知识,提高依法经营管理的能力和水平,遵循诚实信用的原则,自觉遵守和维护市场经济秩序。

三、法制宣传教育要同法治实践紧密结合,按照依法治市的要求,深入开展各地区、各系统、各单位的依法治理工作,逐步实现各项事务管理的法制化;积极开展基层依法治理工作,正确处理人民内部矛盾,维护社会稳定,推进基层民主政治建设;围绕党和国家的中心工作,开展各种形式的专项依法治理活动,促进各项事业顺利健康地发展。

四、开展法制宣传教育应当紧密结合形势和民主法制建设的实际,有针对性地进行,注重实效。文化、广播影视、新闻出版等大众传媒应当运用现代科技和传播手段,开展形式多样、生动活泼的法制宣传教育。各级、各类教育培训基地要继续发挥法制宣传教育作用。要充分发挥居民委员会、村民委员会等基层组织的作用,从公民实际需要出发,开展法律“进社区、进乡村、进企业、进家庭”活动。

五、进一步开展法制宣传教育,是全社会的共同责任,必须在各级党委的领导下,动员和依靠全社会的力量做好工作。本市的一切国家机关、社会团体、企事业组织,要根据不同对象的特点和要求,建立和健全与之相适应的法制宣传教育运行机制和工作责任制,认真开展本地区、本系统、本单位的法制宣传教育工作。法制宣传教育所需的经费,由各级人民政府及有关单位予以保证。各级法制宣传教育主管部门要认真制订法制宣传教育规划,并做好组织、协调、指导、检查工作。

六、本市各级人民代表大会及其常务委员会,要加强对法制宣传教育和依法治理工作的监督,开展视察和执法检查等活动,听取贯彻决议情况的报告,督促本决议的执行。

上海市法律援助若干规定

(2006 年 4 月 26 日上海市第十二届人民代表大会常务委员会第二十七次会议通过,根据 2020 年 5 月 14 日上海市第十五届人民代表大会常务委员会第二十一次会议《关于修改本市部分地方性法规的决定》第一次修正)

第一条　为了保障经济困难的公民获得必要的法律服务,促进和规范本市的法律援助工作,根据《法律援助条例》，结合本市实际，制定本规定。

第二条 本规定所称的法律援助机构，是指由市或者区人民政府司法行政部门依法确定的组织开展法律援助工作的专门机构。

第三条 市和区人民政府司法行政部门监督管理本行政区域内的法律援助工作。

法律援助机构具体负责组织实施所在区域内的法律援助活动。

第四条 市和区人民政府应当将法律援助经费纳入政府财政预算，对符合规定的各种法律援助事项提供经费保障。经费保障的具体办法，由市司法行政部门会同市财政部门确定。

法律援助经费应当专款专用，并接受财政、审计部门的监督。

第五条 除《法律援助条例》第十条第一款规定的法律援助事项外，经济困难的公民还可以对下列事项申请法律援助：

（一）在签订、履行、变更、解除和终止劳动合同过程中受到损害，主张权利的；

（二）因工伤、交通事故、医疗事故受到人身损害，主张权利的；

（三）因遭受家庭暴力、虐待、遗弃，合法权益受到损害，主张权利的；

（四）因突发事件受到人身损害，请求赔偿的；

（五）法律、法规和规章规定应当提供法律援助的其他事项。

第六条 本市根据经济社会发展状况和法律援助事业的需要，逐步扩大受援范围，保障困难群众的基本权益。

法律援助对象经济困难的标准，应当高于本市最低生活保障标准的数额。具体标准，由市人民政府另行规定。

法律援助对象经济困难的标准，应当向社会公开。

经济困难证明由法律援助申请人户籍所在地或者居住地的街道办事处、乡镇人民政府出具。经济困难证明应当包括本人的劳动能力、就业状况以及家庭成员、家庭月（年）人均收入、家庭财产等内容。

第七条 公民因见义勇为导致诉讼或者仲裁需要法律援助的，法律援助机构应当提供法律援助，无需审查其经济状况。

见义勇为行为的认定，按照国家和本市有关规定执行。

第八条 公民申请法律援助，应当向义务人或者被请求人所在地的区法律援助机构提出申请；申请法律援助的案件属于本市高级或者中级人民法院管辖范围的，应当向市法律援助机构提出申请。

按照前款规定，两个以上法律援助机构都可以受理申请的，申请人应当向其中一个法律援助机构提出申请。申请人如果向两个以上法律援助机构提出申请的，由最先收到申请的法律援助机构受理。

法律援助机构应当自收到公民法律援助申请之日起十个工作日内作出是否给予法律援助的决定，并书面告知申请人。

本市律师事务所以及社会团体、企事业单位等社会组织可以为公民申请法律援助提供帮助。

第九条 诉讼或者仲裁法定时效即将届满，当事人需要申请法律援助的，法律援助机构可以先行提供法律援助。

法律援助机构先行提供法律援助的，应当及时进行审查，以确定是否符合法律援助的条件。

第十条 市法律援助机构受理的法律援助事项，可以委托区法律援助机构办理。区法律援助机构受理的法律援助事项有特殊原因的,也可以移送市法律援助机构办理。

法律援助机构之间发生受理争议的,由市司法行政部门指定受理。

第十一条　受援人应当向法律援助机构、办理法律援助案件的人员如实陈述案件事实,提供有关证据材料,并协助办案人员调查取证。

第十二条　受援人提出不符合法律规定或者实际情况的要求,经解释仍坚持不合理要求,致使法律援助活动难以继续进行的,经受理申请的法律援助机构审查同意,可以中止该项法律援助。

除《法律援助条例》第二十三条规定的情形外,受援人采取虚假陈述等欺骗手段获得法律援助的,经受理申请的法律援助机构审查核实,应当终止该项法律援助,并视情追索其应承担的法律服务费用。

第十三条　法律援助机构工作人员、办理法律援助案件的人员应当严格按照相关办案规范办理法律援助案件,及时向受援人通报法律援助案件的进展情况,依法维护受援人的合法权益。由于法律援助机构工作人员、办理法律援助案件人员的过错给受援人造成损害的,应当按照有关法律、法规的规定予以赔偿。

第十四条　法律援助机构工作人员、办理法律援助案件的人员在承办法律援助事项时,凭法律援助机构的证明,依法调查取证和查阅、调取、复印相关资料,本市有关部门和单位应当予以协助,并免收或者减收相关费用。

第十五条　法律援助案件办理过程中,法律援助机构承担的法律援助办案人员的差旅费、文印费、交通通讯费、调查取证费、翻译费等必要开支,可以由受援人列入诉讼或者仲裁请求。

第十六条　法律援助办案补贴的标准,由市司法行政部门会同市财政部门核定,并可以根据需要进行调整。

第十七条　本市鼓励工会、妇联、共青团、大专院校以及其他社会团体和事业单位利用自身资源为经济困难的公民提供法律援助。

本市鼓励社会对法律援助活动提供捐助。

第十八条　法律援助机构及其工作人员、办理法律援助案件的人员违反法律援助有关规定的,由司法行政部门依法给予处分和行政处罚;构成犯罪的,依法追究刑事责任。

第十九条　本规定自 2006 年 7 月 1 日起施行。

索　　引

主题索引

H

J

L

P

Q

R

S

T

W

X

Y

Z

编　后　记

2010年，市政府、市地方志编纂委员会分别下发《上海市第二轮新编地方志书编纂规划》和市地方志编纂委员会《上海市志（1978—2010）编纂实施方案》，明确在全市第二轮修志工作中，市司法局承编《上海市志·公安司法分志·司法行政卷（1978—2010）》（以下简称《司法行政卷》）。在各方共同努力下，历时8年，经过7个阶段，现付梓出版。

一、组织动员阶段

2013年2月，市司法局成立《司法行政卷》编纂委员会（简称编委会），召开编纂工作动员部署会议，正式启动《司法行政卷》修编工作。编委会主任由局主要领导担任；副主任由各分管领导担任；委员由局机关各处室负责人，市监狱管理局、上海政法学院、市戒毒管理局办公室主任、秘书处处长，其他局属单位负责人担任。编委会下设志书编纂室，具体负责修志工作。各承编单位设立联络员，组成通讯员队伍。相关部门积极协调解决编纂人员、办公场地、业务经费等服务保障。

二、确定篇目阶段

在编纂启动初期，重点抓好篇目框架的制定。编纂室在走访、收集、借鉴各省、市及市内部分单位方志篇目的基础上，经过多方调研论证，六易其稿，拟定志书篇目。之后，编纂室对各承编单位和机关处室负责人发出篇目征求意见信，邀请多位局领导审阅篇目并征求意见。2013年4月，形成《上海司法行政卷（1978—2010）篇目》，内容覆盖司法行政工作方方面面，由序、凡例、编纂说明、概述、大事记、正文、附录等组成，其中正文分篇、章、节、目四级。篇目框架突出了上海司法行政工作的重点和特色，体现了上海司法行政工作的发展脉络。

三、资料收集阶段

2014年5月，市司法局召开编委会委员和修志人员会议，部署启动搜集资料工作，下达《篇目分解及搜集资料任务书》。本着“先内后外、先易后难、先书面后口述”的原则，编纂室查阅局机关及直属各单位的档案，收集整理《上海司法行政志》《上海农场志》《上海劳动教养志》和历年《上海司法行政年鉴》、机关简报等资料，将大部分纸质资料进行数字化，并制作成电子资料卡片。

编纂室还先后在《上海法治报》“东方法治网”“上海司法行政网” “东方律师网”“上海公证网”发布面向社会征集资料的启事，并邀请部分离退休老同志撰写回忆录。通过历史见证人用笔记、日记、书札、回忆录、社会调查等形式追述历史事件或个人经历，形成口碑资料，补充现存档案存量的不足。

四、资料长编阶段

2016年8月起，编纂室进一步扩充资料范围，拾遗补阙，按照志书的篇、章、节对资料进行编辑，以完成从资料收集到志稿试写的过度。在此过程中，编纂人员分析已有资料内容，梳理行文脉络，明确缺口所在，充分发挥各方力量，丰富《司法行政卷》的资料来源。

2017年1月，为统一资料卡片的收集渠道，完善保密和信息公开审核，编纂室在OA办公软件中开发了地方志管理系统，设置方志卡片“录入”和“审核”模块，利用信息化手段完成资料收集、整理、资料卡片录入、资料长编制作，建立局系统地方志数字化资料数据库。

五、初稿编纂阶段

2017年8月起，编纂室按照“分工负责、把握进度、集中讨论、注重质量”的要求，开展志稿撰写工作。

与此同时，根据市政府《上海市志·人民政府分志(1978—2010)》的编纂要求，我局还承担其中4个章节的纂稿任务。2018年5月，编纂室完成此项任务的撰写和评议工作。

2018年11月，编纂室在地方志管理系统中增设初稿审核功能，完善志稿的统计分析和对外接口功能，为各承编部门和处室开设了相应权限，对志稿进行分级分类管理和审核。

2019年1月，为解决入志图照匮乏的问题，编纂室整理了自1980年以来档案室中1万多张老照片，并扫描制作成电子照片。

编纂室还通过座谈和书面形式广泛征求司法局离退休老领导意见，努力达到框架脉络清晰、文字表述规范的要求，对有疑义之处反复斟酌核实，力求全面、客观地反映改革开放以来上海司法行政发展的历史进程。在此基础上，编纂室完成卷首照片、概述、大事记、正文、专记、附录以及志稿的总纂统稿工作，形成100万字《司法行政卷》初稿。

六、内评内审阶段

2019年4月起，编纂室开展内评内审工作，采用分散审阅评议，集中修改的办法，分别邀请司法行政系统退休的老领导、老同志和熟悉司法行政工作的领导干部、专家，召开评审会10会场。8月，梳理意见建议，适当调节框架结构，平衡篇幅，减少重复，补充内容，纠正错讹。10月，再次向各承编单位和部门对保密、信息公开、史实内容、文字数据等方面征求意见。综合各方意见后，编纂室继续打磨初稿，并提请编委会进行内部评审。12月11日，《司法行政卷》编委会全体成员内部评审会召开，对本卷进行全面内评内审。

七、评审验收阶段

2020年1月14日，在市方志办组织专家召开的评议会上，《司法行政卷》评议稿通过评议。根据市方志办和评议专家的意见，编纂室逐条进行修改，形成审定稿，送市方志办进行审定。7月3日，市方志办组织专家对审定稿进行审定，并通过审定。之后，再次根据市方志办和专家的审定意见，认真进行修改形成验收稿，于9月送交市方志办验收。10月19日，《司法行政卷》通过验收。编纂室根据验收意见进行认真修改后，于2021年7月交付印刷出版。

历任市司法局领导高度重视修志工作，编委会每年召开全体会议，对编纂工作重要节点给出明确的指导和有力的支持。各参编单位分工负责，积极参与资料收集和稿件校核等工作。编纂室认真负责、切实把修志工作作为首要任务，克服联络员队伍人员变化大、编纂人员不足的困难，在加强政治理论学习的同时加强业务能力，严把志书编纂的史实关、文字关、保密关，把责任担在肩上，以“凭丹心、下苦功、著华章”的态度投入工作，付出了大量心血和汗水。

本卷编纂过程中，得到各级领导、各单位、各部门和多位老同志、知情人的关心和支持，得到上海市地方志办公室的指导和帮助，在此一并表示衷心感谢！

《司法行政卷》编纂史料范围广，时间跨度长，工程量浩大。尽管编作者作了很大努力，但限于经验和水平，难免存在诸多疏漏和错误，敬请读者批评指正。

《上海市志·公安司法分志·司法行政卷(1978—2010)》编纂办公室

2021年7月

图书在版编目(CIP)数据

上海市志. 公安司法分志. 司法行政卷：1978—2010 / 上海市地方志编纂委员会编. —上海：上海人民出版社，2021

ISBN 978-7-208-17343-9

Ⅰ. ①上… Ⅱ. ①上… Ⅲ. ①上海—地方志②司法机关—行政管理—工作概况—上海—1978-2010 Ⅳ. ①K295.1②D927.51

中国版本图书馆 CIP 数据核字(2021)第 189125 号

责任编辑 邵 冲

封面设计 严克勤

上海市志·公安司法分志·司法行政卷(1978—2010)

上海市地方志编纂委员会 编

出 版	上海人民出版社 (201101 上海市闵行区号景路 159 弄 C 座)
发 行	上海人民出版社发行中心
印 刷	上海中华商务联合印刷有限公司
开 本	889×1194 1/16
印 张	42.25
插 页	25
字 数	1,060,000
版 次	2021 年 12 月第 1 版
印 次	2021 年 12 月第 1 次印刷

ISBN 978-7-208-17343-9/K·3138

定 价 280.00 元